GRAETZ · GESCHICHTE DER JUDEN

Geschichte der Juden

von den ältesten Zeiten
bis auf die Gegenwart

Aus den Quellen neu bearbeitet von
Dr. H. Graetz

Neunter Band

Vierte durchgesehene Auflage

Geschichte der Juden

von der Verbannung der Juden
aus Spanien und Portugal
(1494)
bis zur dauernden Ansiedelung
der Marranen in Holland
(1618)

Von

Dr. H. Graetz

arani

Reprint der Ausgabe letzter Hand, Leipzig 1907

© arani-Verlag GmbH, Berlin 1998
Gesamtherstellung: Ebner Ulm
ISBN 3-7605-8673-2

Geschichte der Juden

von

den ältesten Zeiten bis auf die Gegenwart.

Aus den Quellen neu bearbeitet

von

Dr. H. Graetz,

weil. Professor an der Universität und am jüdisch-theologischen Seminar zu Breslau.

Neunter Band.

Vierte durchgesehene Auflage.

———•◆•———

Leipzig,
Verlag von Oskar Leiner
1907.

Geschichte der Juden

von der

Verbannung der Juden aus Spanien und Portugal
(1494)

bis zur

dauernden Ansiedelung der Marranen in Holland
(1618).

Von

Dr. H. Graetz,
weil. Professor an der Universität und am jüdisch-theologischen
Seminar zu Breslau.

Vierte durchgesehene Auflage.

Leipzig.
Verlag von Oskar Leiner.
1907.

Das Recht der Übersetzung in fremde Sprachen behält sich der Verfasser vor.

Vorwort
zur
dritten Auflage.

Meine gewiß nicht unberechtigte Freude darüber, daß die dritte Auflage einiger Teile meiner „Geschichte der Juden" nötig geworden ist, wurzelt weniger in der Befriedigung der Schriftstellereitelkeit als vielmehr in dem erhebenden Bewußtsein, daß die Kenntnis dieser Geschichte mit ihrem wunderbaren Verlauf, in ihrer Glorie und ihrem beispiellosen Martyrium in weite Kreise gedrungen ist.

Diese erhöhte Interessenahme wird von der auch sonst gemachten Wahrnehmung bestätigt, daß hervorragende jüdisch-geschichtliche Tatsachen und ihre Träger gegenwärtig auch vielen gebildeten Laien bekannt sind, welche früher, zur Zeit als ich vor vier Jahrzehnten zuerst mit meiner Darstellung begonnen habe, auch universell gebildeten Theologen nur bruchstückweise und nebelhaft bekannt waren. Die Teilnahme an dem eigenartigen Geschichtsgange des jüdischen Volksstammes nimmt noch täglich zu. Man könnte versucht sein, dem ebenso giftigen, wie gewissenlos heuchlerischen und verlogenen Antisemitismus Dank dafür zu wissen, daß er diese Interessenahme geweckt und gefördert hat.

Diese neue Auflage erscheint vielfach erweitert und verbessert infolge neuer Funde, welche seit dem Erscheinen der zweiten Auflage von Forschern gemacht und beleuchtet worden sind. Zur

Vermehrung und Klärung des faktisch geschichtlichen Materials — von der Literaturgeschichte abgesehen — haben wesentlich beigetragen: Amador de los Rios, Fidel Fita, Francisco Fernandez y Gonzales, Güdemann, Halberstamm, Kaufmann, J. Krakauer, Isidor Loeb, Neubauer, Emile Ouverleaux, Perles, Elie Scheid, Schorr und andere.

Zu besonderem Danke fühle ich mich meinem verehrten akademischen Kollegen, Pater Fidel Fita, in Madrid verpflichtet, daß er das von ihm gefundene und verwertete Material für die jüdisch-spanische Geschichtsepoche mir freundlichst zugestellt hat.

Breslau, Januar 1891.

Der Verfasser.

Inhalt.

Vierte Periode des dritten Zeitraumes.

Epoche neuer Wanderungen und Ansiedelungen.

Erstes Kapitel.
Seite

Folgen der Vertreibung der Juden aus Spanien und Portugal. Rundblick. Nachwehen der Vertreibung. Wanderungen; Überlegenheit der sefardischen Juden. Die Schicksale der Jbn-Jachja, der Abrabanel und des Isaak Akrisch. Die nordafrikanischen Staaten; Samuel Alvalensi, Jakob Berab, Simon Duran II. Schicksale der Juden von Bugia, Algier, Tripolis und Tunis. Abraham Zacuto und Mose Alaschkar. Ägypten: Isaak Schalal, David Jbn-Abi Simra; Ende der Nagid-Würde, Aufhören der seleucidischen Zeitrechnung. Errettung der kairoanischen Gemeinde vor der Unmenschlichkeit des Pascha Achmed Schaitan . . . . 1—21

Zweites Kapitel.

Rundblick. (Fortsetzung.) Hebung und Sittenverbesserung Jerusalems. Obadja di Bertinoro und Isaak Schalal. Safet und Joseph Saragossi. Die Juden in der Türkei, Suleiman I. und Mose Hamon. Die Gemeinde von Konstantinopel. Elia Misrachi; die Karäer. Der Kehaja Schaltiel. Die Gemeinde von Salonichi und Adrianopel. Die griechischen Gemeinden. Elia Kapsali, Rabbiner und Geschichtserzähler. Die Juden in Italien und die Päpste; Bonet de Lates. Das erste Ghetto in Venedig. Samuel Abrabanel und Benvenida Abrabanela. Abraham Farissol und sein Verkehr am Hofe von Ferrara. Die deutschen Juden und ihre Plagen. Jakob Loans und Joseph Joselin von Rosheim. Vertreibung der Juden aus Steiermark, Kärnten, Krain, Nürnberg und andern Städten. Die Juden in Böhmen. Jakob Polak und seine Schule. Die Juden in Polen und die deutschen Einwanderer . . . . 22—62

Drittes Kapitel.

Die Reuchlin-Pfefferkornsche Fehde oder der Talmud ein Schibolet der Humanisten und der Dunkelmänner. Das Aufblitzen einer bessern Zeit; Pfefferkorn und die Cölner Dominikaner, Hochstraten, Ortuin Gratius und Arnold von Tongern. Viktor von Karben und seine erzwungenen Angriffe auf den Talmud. Pfefferkorns oder der Dominikaner Schmähschriften gegen Juden und Talmud. Die Herzogin-Äbtissin Kunigunde, Hilfsgenossin der Dominikaner gegen den Talmud. Erstes Mandat des Kaisers Maximilian gegen denselben. Konfiszierung der Exemplare in Frankfurt. Einmischung des Erzbischofs von Mainz. Das Augenmerk der Judenfeinde auf Reuchlin. Reuchlin und seine hebräischen und kabbalistischen Studien. Vereitelung der Konfiszierung durch die Juden. Wühlerei der Dominikaner. Mandat des Kaisers, ein Gutachten von den Universitäten, von Reuchlin, Viktor von Karben und Hochstraten über das jüdische Schrifttum einzuholen . . . . 63—92

Viertes Kapitel.

Der Streit um den Talmud, ein Schibolet der Humanisten und Dunkelmänner. (Fortsetzung.) Reuchlins Gutachten zugunsten des jüdischen Schrifttums und der Juden. Die anderen Gutachten; Hochstraten für ein ständiges Inquisitionsgericht gegen die Juden. Die Mainzer Universität gegen die Bibel. Mißbrauch der Dominikaner von Reuchlins Gutachten. Der Handspiegel; erste Schmähschrift gegen Reuchlin; dessen Augenspiegel zugunsten der Juden schafft eine öffentliche Meinung. Freude der Juden und Jubel des Humanistenkreises darüber. Engherzigkeit und Kurzsichtigkeit Erasmus', Pirkheimers und Mutians¹. . . . . 93—111

Fünftes Kapitel.

Der Streit um den Talmud, ein Schibolet der Humanisten und Dunkelmänner. (Fortsetzung.) Pfefferkorn predigt in Frankfurt gegen die Juden und Reuchlin. Ränke der Dominikaner gegen den Augenspiegel und dessen Verfasser. Einschüchterungsmittel der Dominikaner gegen Reuchlin. Zuerst schüchternes und dann mutiges Auftreten Reuchlins gegen sie. Ausbruch des Kampfes, Streitschriften, Parteinahme des Kaisers Maximilian gegen Reuchlin und das jüdische Schrifttum; Verbot des Augenspiegels. Parteinahme des Publikums für Reuchlin und den Talmud. Neue Schmähschrift des Dominikanerkreises gegen Reuchlin und die Juden (Brandspiegel). Reuchlins Schrift gegen die Cölnischen Verleumder für den Kaiser. Das schwankende Benehmen des Kaisers Maximilian in dieser Angelegenheit. Hochstraten als Ketzerrichter ladet Reuchlin als Gönner der Juden vor ein Inquisitionstribunal. Der Mainzer Prozeß. Plötzliches

Einschreiten des Erzbischofs Uriel. Vorläufiger Sieg Reuchlins
und der jüdischen Literatur. Anmeldung des Prozesses beim
Papste; die Vermittelung des Bonet de Lates angerufen. Das
Speyersche Tribunal und die Sentenz gegen Hochstraten. Seine
Machinationen. Verschwörung des ganzen Dominikanerordens
gegen Reuchlin und die Juden. Gegenbund der Humanisten
für beide. Das junge Deutschland unter Ulrich von Hutten.
Morgenanbruch durch die Fehde zwischen Reuchlinisten und
Dominikanern. Die ersteren von ihren Gegnern als Talmudisten
verschrieen. Intrigen in Rom und Paris. Spruch der Pariser
Fakultät gegen Reuchlin. Die Sturmglocke. Rapp oder der
Pfefferkorn von Halle. Die Dunkelmännerbriefe und die Juden.
Tagesatzung zu Frankfurt gegen die Juden . . . . 112—156

Sechstes Kapitel.

Der Reuchlinsche Streit und die lutherische Reformation.
Größere Verwickelung des Streites; Spruch der Konzilskommission. Zweideutige Entscheidung des Papstes Leo. Der Kampf
wird immer leidenschaftlicher. Fortsetzung der Dunkelmännerbriefe.
Klagen der Dominikaner über Verachtung beim Volke. Schwärmerei
christlicher Gelehrten für die Kabbala. Paulus Ricius; kabbalistische Fälscher. Reuchlin über die kabbalistische Theorie, eine
Empfehlungsschrift für den Papst Leo. Galatinus' kabbalistische
Abgeschmacktheiten. Mischehe zwischen Kabbala und Christentum.
Luthers Auftreten, begünstigt durch die Reuchlinsche Bewegung.
Wirren durch Maximilians Tod. Reuchlin und Luther, Talmudfrage und Reformation zusammengeworfen. Die Dominikaner
verleugnen Hochstraten und der Papst wünscht den Talmud gedruckt
zu sehen. Erste Ausgabe des babylonischen und jerusalemischen
Talmud von Bomberg. Fortschritt der Reformation. Pfefferkorns
letzte Schmähschrift gegen Reuchlin und die Juden. Quälerei
der Juden von Regensburg. Der fanatische Prediger Hubmayer.
Schmähliche Ausweisung der Juden von Regensburg. Vollendung
der Reformation. Luther anfangs für die Juden. Der Eifer
für Bibel und hebräische grammatische Studien. Elia Levita,
Lehrer christlicher Meister. Die hebräische Literatur in Frankreich;
Justinianis More Nebochim. Die Bibelübersetzungen: Biblia
Rabbinica 157--195

Siebentes Kapitel.

Die messianische Schwärmerei, die Marranen und die Inquisition. Innerer Zustand der Juden; Synagogenritus und
Predigtweise. Elia Kapsali und die griechische Haftara. Zersplitterung in Gemeindeparzellen und Zerfahrenheit. Dürre
und Poesielosigkeit. Interessenahme an Geschichte. Achtung
philosophischer Forschung. Leon Medigos Dialoghi d'amore.
Die Herrschaft der Kabbala. Messianische Berechnungen und

Erwartung. Lämmlein und das messianische Bußjahr. Die spanischen Marranen und die Inquisition; Luceros Mordtaten. Die portugiesischen Marranen; Gemetzel in Lissabon; der Marrane Mascarenhas. João III. Schliche gegen die Marranen. Henrique Nunes — Firme Fés — Spionage und Tod. Schritte zur Einführung der Inquisition und plötzliches Einstellen derselben. Der Abenteurer David Reubeni in Rom und Portugal von João III. mit Auszeichnung behandelt. Messianische Verzückungen unter den Marranen . . . . 196—223

Achtes Kapitel.

Die kabbalistisch-messianische Schwärmerei Salomo Molchos und die Einführung der Inquisition in Portugal. Diogo Pires-Salomo Molchos schwärmerische Verbindung mit David Reubeni. Seine Auswanderung nach der Türkei. Sein Umgang mit Joseph Karo und sein Einfluß auf ihn. Karos Maggid. Molcho erweckt überall messianische Hoffnung, Aufregung unter den spanischen und portugiesischen Marranen. Reubenis Rückkehr nach Italien. Neue Schritte zur Einführung der Inquisition in Portugal. Clemens VII. günstig den portugiesischen Marranen, Asyl in Ancona. Molcho in Ancona und Rom, seine Träume und seine Beliebtheit beim Papste und einigen Kardinälen. Seine Vorausverkündigung eingetroffen. Verfolgung durch Jakob Mantin. Prozeß gegen ihn und Flucht aus Rom. Clemens bewilligt die Inquisition für Portugal. Grausamkeiten gegen die Marranen. Schritte desselben zur Aufhebung der Inquisition. Molchos Tod auf dem Scheiterhaufen und Davids Gefangennahme. Schwärmerei für Molcho auch nach dessen Tode, Minen und Gegenminen zur Vereitelung der Inquisition. Duarte de Paz. Neue Intrigen unter Paul III. Karl V. und die Juden. Emanuel da Costa. Die Nuntien zugunsten der Marranen . . 224—276

Neuntes Kapitel.

Einheitsbestrebung der Juden im Morgenlande und ihre Leiden im Abendlande. Bedürfnis nach synhedrialer Einheit; messianischer Anflug dabei. Jakob Berab und die Wiederherstellung der Ordination. Levi Ben-Chabibs Gegnerschaft mit Winkelzügen. Gegenseitige Erbitterung und Anklagen. Joseph Karo, seine Jugend, seine talmudische Gelehrsamkeit, seine Verbindung mit Salomo Molcho und seine Visionen. Seine Schwärmerei für das baldige Eintreffen der Messiaszeit und die dazu führende Ordination. Sein Eifer für die Vollendung eines neuen Religionskodex. Hinneigung mancher Christen zum Judentum im Reformationszeitalter. Halbjuden, Judenzer. Michael Servet gegen die Dreieinigkeit, Antitrinitarier, Judenhaß bei Katholiken und Protestanten. Ausweisung der Juden aus Neapel. Samuel

Seite

Abrabanel und Benvenida Abrabanela. Ausweisung der Juden aus Prag und Zurückberufung. Beschuldigung gegen sie in Bayern. Das Judenbüchlein. Dr. Eck und seine judenfeindliche Schrift. Luthers giftige Ausfälle gegen die Juden im Alter. Verfolgungen in Genua. Die drei jüdischen Geschichtswerke. Joseph Kohen, die Ibn-Verga und die drei Usque. Die Druckerei des Abraham Usque, die Ferrarisch-spanische Bibel. Salomon Usques Dichtungen, Samuel Usques „Tröstungen" . . . . . 277—315

Zehntes Kapitel.

Die Reaktion in der katholischen Kirche, Carafsa und Loyola, der Theatiner- und der Jesuitenorden. Allgemeine Inquisition; die strenge geistliche Bücherzensur. Neue Anklagen gegen den Talmud. Die boshaften Täuflinge Eliano Romano und Vittorio Eliano. Neue Talmudkonfiskationen. Paul IV. und seine judenfeindlichen Bullen. Inquisitionen gegen die Marranen in Ancona. Amatus Lusitanus. Märtyrertod der Marranen in Ancona. Repressalien von Seiten der türkischen Juden. Doña Gracia Mendesia. João Miquez-Joseph Nassi mit großem Gefolge in Konstantinopel. Drohendes Schreiben des Sultans an den Papst wegen der Juden. Repressalien der levantinischen Juden gegen den Papst. Verkappte Juden in Mönchsorden. Neue Scheiterhaufen für den Talmud. Verschonung des Sohar, erster Druck desselben. Ausweisung der Juden aus Österreich und Böhmen. Papst Pius IV. und die Juden. Das tridentinische Konzil und der Talmud. Pius V. Härten gegen die Juden. Ausweisung der Juden aus dem Kirchenstaate . . . . 316—357

Elftes Kapitel.

Die Juden in der Türkei, Don Joseph Naßi. Stand der Politik in der Türkei unter Suleiman, Joseph Naßis steigende Gunst unter diesem Sultan, wird Vertrauter des Prinzen Selim. Feindseligkeit Venedigs und Frankreichs gegen ihn. Er wird Herzog von Naxos und der zykladischen Inseln. Ränke der französischen Diplomatie gegen ihn. Verräterei gegen ihn fällt zu Josephs Vorteil aus. Parteinahme der Rabbinatskollegien für ihn. Der cyprische Krieg durch ihn durchgesetzt. Einfluß der Juden in der Türkei. Salomo Aschkenasi, jüdischer Diplomat. Er entscheidet über eine polnische Königswahl. Er schließt Frieden zwischen der Türkei und Venedig. Günstige Rückwirkung für die Juden Venedigs. Gehobene Stellung und Stimmung der Juden in der Türkei. Mose Almosnino, Samuel Schulam, Gedalja Ibn-Jachja und seine Poetenschule, Jehuda Sarko, Saadia Longo und Israel Nagara. Sinn der türkischen Juden für Unabhängigkeit. Joseph von Naxos will einen jüdischen Staat gründen; erbaut Tiberias als kleines jüdisches Gemeinwesen. Er zeigt wenig Sinn für jüdische Wissenschaft. Sein despotisches Benehmen gegen die Rabbinen. Joseph Karos Kober Schulchan Aruch. Asaria bei Rossi. Gedalja Jbn-Jachja und seine Kette der Überlieferung. Die schwärmerische Kabbala Isaak Lurjas und Chajim Vitals; ihre schädlichen Wirkungen. Tod des Joseph von Naxos und der Herzogin Reyna. Salomo Aschkenasi unter Murad; die jüdische Haremsvertraute Esther Kiera. Abnahme des Einflusses der Juden in der Türkei . . 358—409

Zwölftes Kapitel.

Die Juden in Polen. Lage der Juden in Polen; die judenfeindlichen deutschen Zunftkolonien. Zahl der Juden Polens. Ihre Beteiligung an den Wissenschaften. Das Talmudstudium. Schalom Schachna, Salomo Lurja und Mose Isserles, erste drei rabbinische Größen Polens. David Gans' Geschichtswerk. Suprematie der polnischen Rabbinen, talmudische Atmosphäre. Die Wahlkönige; Heinrich von Anjou, feindselig gegen die Juden. Stephan Bathori und Sigismund III. judenfreundlich. Die jüdisch-polnischen Synoden. Mardochai Jafa und Falk Kohen. Die Reformation in Polen, die Antitrinitarier, Simon Budny und Martin Seidel. Disputation zwischen Juden und polnischen Dissidenten. Jakob von Belzyce und der Karäer Isaak Troki. Das polemische Werk Chisuk Emuna . . . . 410—438

Dreizehntes Kapitel.

Ansiedelung der Juden in Holland. Erste schwache Anfänge zu ihrer Gleichstellung. Rückgang der Bildung. Verfolgungen in protestantischen und katholischen Ländern. Kaiser Rudolph II. und der hohe Reb Leb. Mardochai Meisel und seine erstaunliche Wohltätigkeit. Die Juden Italiens und Papst Gregor XIII. Bulle gegen jüdische Ärzte, jüdische Gönner der Marranen und den Talmud. Bekehrungseifer. Papst Sixtus V. David de Pomis. Unterhandlung mit dem Papste wegen Abdruck des Talmud. Die Zensurplackereien. Clemens VIII. Ausweisung aus Mantua und Ferrara. Die Niederlande und die Marranen. Samuel Palache. Die schöne Marie Nuñes und die Auswanderer nach Holland. Jakob Tirado und sein Zusammentreffen mit Mose Uri Halevi in Emden. Erste heimliche Synagoge in Amsterdam. Neue Ankömmlinge; Alonso de Herrera. Überraschung der ersten Gemeinde in Amsterdam am Versöhnungstage. Der erste Tempel Jakob Tirados. Beteiligung der portugiesischen Juden an der indischen Handelskompanie. Märtyrertod des Proselyten Diego de la Ascension. David Jesurun, Paul de Pina-Rëul Jesurun, Elia Montalto. Zuwachs der Amsterdamer Gemeinde, ihr Tempel, Rabbinen und Begräbnisplatz. Joseph Pardo, Juda Vega und Jakob Usiel. Beschränkte Duldung in Holland . . 439—472

Noten.

Seite

1. Die Nagid-Würde in Ägypten und der letzte Träger derselben, Isaak Schalâl . . . . 473—476
2. Chronologischer Verlauf und tiefere Exposition des Streites zwischen Reuchlin einerseits und Pfefferkorn und den Dominikanern anderseits in Betreff des Talmuds . . . . . . 477—506
3. Der Pseudomessias Ascher Lämmlein . . . . 506—507
4. Zur Geschichte der Vertreibung der Juden aus Regensburg (1519) und Anton Margaritha . . . . 508—510
5. Salomo Molcho und David Reubeni . . . . 510—528
6. Urkunde zur Entstehungsgeschichte der Inquisition in Portugal; Italienische Information; die Familie Mendes-Naßi . . . 528—538
7. Die drei Usque und die Ferraren'sische Bibel . . . . . . 538—544
8. Der Arzt und Staatsmann Salomo Aschkenasi und die Favoritin Ehster Kiera . . . . 544—550
9. Isaak Lurja und Chajim Vital Calabrese . . . . 550—553
10. Die regelmäßigen Generalsynoden in Polen . . . . . . 553—559
11. Die erste Einwanderung der Juden in Amsterdam . . . . 559—561

Berichtigung.

Seite	Zeile	zu lesen	statt
39	4 v. u. Note 2	Literaturbl. 1845	1855

Nachträge zu

Seite	Zeile		
27	9		

Als Ergänzung zur Bedeutung des Hofarztes Moje Hamon dient die Notiz in der Schrift ברכת אברהם von Abraham Treves (f. S. 250 Note) zum Schlusse: והיתה השלמת הבאר ‎ וחבורו יום ג' כ' לדרוש המ"ו שנת ה' אלפים רכ"ד לב"ע פה קוסטנטינא רבתא תחת ממש"ת אדוננו המלך סולימאן ובבית החכם דגולל אביר הרועאים רופא המלך אדוני וקצין הנגיד כמה"ר משה המון אשר דביאני לחסות תחת כנפיו . . בבית החכם הכולל אין גורעין עליו את ההלל הנגיד על ישראל וכספו וזהבו בנה בית המקדש פה . . . . ונוהן הספקה ללומדים.

Diese Notiz verdanke ich Herrn Halberstamm, wie manche andere

29 Note 3 Elia Misrachis Todesjahr war 1526. Joseph Tahtajak hielt ihm die Leichenrede. Ms. Halberstamm Nr. 256. פה שדבר דרו"ט (ר' יוכף טאטאצאק) שנת הרפ"ו על פטירת הר' אליה מזרחי.

37 Zeile 20 v. u. Über die Bedeutung der Benennung Ghetto in Venedig worüber vielfach gemutmaßt wurde, gibt ein Italiener das Richtige an, daß der Platz, worin die Juden aus allen Teilen der Stadt eingeschränkt wurden, der Kanonengußplatz hieß, früher davon Gietto genannt, und später Ghetto ausgesprochen: del 1516 furono (gli Ebrei) ridutti in parte della città, dove si fondava l'artiglierie, chiamata Gietto che poi alterandosi il vocabulo s'è detto „Ghetto". Mitgeteilt von D. Kaufmann in Quarterly Review vol. IX. Jahrg. 1890 p. 302 f. aus dem Staatsarchiv von Modena.

191 Elia Levitas Grabinschrift hat M. Soave aus Venedig aus einer Sammlung von Inschriften mitgeteilt in Abr. Geigers Zeitschr. für Wissenschaft und Leben Jahrg. 1871 S. 208 f.

Vierte Periode des dritten Zeitraumes.

Epoche neuer Wanderungen und Ansiedlungen.

Erstes Kapitel.

Folgen der Vertreibung der Juden aus Spanien und Portugal. Rundblick.

Nachwehen der Vertreibung. Wanderungen; Überlegenheit der sefardischen Juden. Die Schicksale der Ibn-Jachja, der Abrabanel und des Isaak Akrisch. Die nordafrikanischen Staaten; Samuel Alvalensi, Jakob Berab, Simon Duran II. Schicksale der Juden von Bugia, Algier, Tripolis und Tunis. Abraham Zacuto und Mose Alaschkar. Ägypten: Isaak Schalal, David Ibn-Abi Simra; Ende der Nagid-Würde, Aufhören der seleucidischen Zeitrechnung. Errettung der kairoanischen Gemeinde vor der Unmenschlichkeit des Pascha Achmed Schaitan.

(1496 bis 1525.)

Die ebenso unkluge, wie unmenschliche Ausweisung der Juden aus der pyrenäischen Halbinsel bildet nach manchen Seiten hin einen ausgeprägten Wendepunkt in der Gesamtgeschichte des jüdischen Stammes. Sie war nicht bloß für die Verbannten, sondern auch für die Gesamtjudenheit von weittragenden, allerdings meistens trüben Folgen begleitet. Ihr Glanz war damit erloschen, ihr Stolz gedemütigt, ihr Mittelpunkt verschoben, die starke Säule an die sie sich bisher gelehnt, war gebrochen. Der Schmerz über dieses traurige Erlebnis durchdrang daher die Juden aller Länder, soweit sie Kunde davon hatten. Es war allen zumute, als wenn der Tempel zum dritten Male zerstört, die Söhne Zions zum dritten Male in die Verbannung und das Elend geschickt worden wären. Mag es Einbildung oder Überhebung gewesen sein, daß die spanischen (richtiger die sefardischen)[1] Juden dem

---

[1] Konventionell wurde in dieser Zeit das Bibelwort Sepharad auf die ganze pyrenäische Halbinsel angewendet, so daß der Name Sephardim oder Sefardim sämtliche Juden Spaniens, Kastilianer, Aragonesen, Leonesen, Navarresen und auch Portugiesen umfaßt.

edelsten Stamme entsprossen seien, und daß sich unter ihnen Nachkommen des Königs David in gerader Linie befunden hätten; in den
Augen sämtlicher Juden galten sie tatsächlich als die edelsten und vor-
züglichsten, als eine Art jüdischen Adels. Und nun hatten gerade sie
die härtesten Leiden getroffen. Die Verbannung, die Gewalttaufen,
der Tod in jeder scheußlichen Gestalt durch Verzweiflung, Hunger,
Pest, Feuer, Schiffbruch, alle diese Plagen vereint hatten ihre Zahl
von Hunderttausenden auf kaum den zehnten Teil heruntergebracht,[1])
und die Übriggebliebenen wandelten größtenteils wie Gespenster
umher, wurden von einem Lande zum andern gehetzt und mußten,
sie, die Fürsten unter den Juden, als Bettler an die Türen ihrer Brüder
pochen. Die mindestens 30 Millionen Dukaten, welche die spanischen
Juden allein bei der Vertreibung in Besitz hatten,[2]) waren ihnen unter
der Hand zerronnen, und so standen sie völlig entblößt da in einer
feindlichen Welt, welche an den Juden nur noch das Geld schätzte.
Auch viele deutsche Juden wurden zur selben Zeit aus einigen Städten
des Westens und Ostens ausgewiesen; aber ihr Elend glich keineswegs
dem der spanischen Juden. Sie kannten weder die Süßigkeit eines
Vaterlandes, noch die Bequemlichkeiten des Lebens, sie waren mehr
abgehärtet, wenigstens an Schmach und freche Behandlung gewöhnt.

Ein halbes Jahrhundert nach der Verbannung der Juden aus
Spanien und Portugal begegnete man überall Flüchtlingen, hier
einer Gruppe, dort einer Familie oder auch vereinzelten Züglern. Es
ist eine Art Völkerwanderung im kleinen, die ostwärts ging, meistens
nach der Türkei, als sollten sich die Juden wieder ihrer Urheimat nähern.
Aber auch ihre Wanderungen, bis sie wieder sichere Wohnungen erreichten und einigermaßen zur Ruhe gelangen konnten, sind herz-
beklemmend durch die Unfälle aller Art, die Erniedrigungen, die Schmach
die sie betroffen haben, schlimmer als der Tod. Einige herausgegriffene
Beispiele von der Pilgerfahrt hochstehender Persönlichkeiten, die mehr
oder weniger in den Lauf der jüdischen Geschichte eingegriffen haben,
können wenigstens einen schwachen Begriff davon geben.

Ein alter Zweig der Jachjiden aus Portugal, **Don David ben
Salomo** (geb. um 1440, gest. in Konstantinopel 1504)[3]), ein Mann

---

[1]) Abrabanel Einl. zum Daniel-Komment. und im Texte p. 132; Isaak
Akrisch Einl. zu dem von ihm edierten Tripel-Kommentar zu Canticum.

[2]) Abrabanel das.

[3]) Vergl. über ihn Carmoly: Die Jachjiden, p. 17 ff. und Band VIII.³,
S. 482 ff Davids zwei Schriften sind לשון למודים, eine kurzgefaßte hebräische
Gramma'ik nebst Poetik (Titel שקל הקדש) und ein kompilatorisches exegetisches
Werk zu den Sprüchen (קב ונקי), beide noch in Lissabon verfaßt.

in einer geehrten Stellung, von mannigfachen Kenntnissen und mit
reichen Mitteln versehen, ein Spender und Wohltäter der Armen,
er mußte für seine Familie um Almosen betteln. Dieser Don David
(der III. in der weitverzweigten Familie der Jachjiden) war Prediger
in Lissabon gewesen, hatte sich bereits durch zwei Schriften, in Lissabon
verfaßt, einen Namen erworben und einen Kreis von Jüngern um
sich gesammelt, als ihn der Zorn des portugiesischen Königs João II.
traf. Er war beschuldigt worden, den spanischen Marranen auf portu=
giesischem Boden hilfreiche Hand zur Rückkehr zum Judentum gereicht
zu haben. Ein schmählicher Tod war David Jbn Jach'a zugedacht.
Indessen rechtzeitig gewarnt, war es ihm gelungen, sich mit seiner Familie
durch schnelle Flucht zu retten. Aber den größten Teil seines großen
Vermögens hatte er durch Konfiskation verloren. In Neapel, wohin
er geflohen war, traf ihn, sowie viele seiner Leidensgenossen ein noch
härteres Los.

Es war die Zeit, in welcher der aus Tollkühnheit und Schwäche
zusammengesetzte König Karl VIII. von Frankreich den hochfliegenden,
abenteuerlichen Plan faßte, Italien zu erobern, Griechenland zu unter=
werfen, das türkische Reich zu stürzen, einen Kreuzzug anzutreten, um
den Ruhm französischer Waffentaten auf dem ganzen Erdenrunde
erschallen zu lassen. Es war ihm aber nur gelungen auf kurze Zeit,
kaum zwei Jahre, (Febr. 1495 bis Ende 1496), das Königreich Neapel
zu erobern, und zwar mehr durch die Verworfenheit und Doppel=
züngigkeit der italienischen Fürsten, durch die Intrigen des ver=
worfensten aller Päpste, Alexanders VI., und durch die Zerfahrenheit
der italienischen Zustände, als durch einen glänzenden Waffengang.
Aber diese kurze Zeit genügte, um die vielen jüdischen Verbannten,
welche durch Abrabanels Vermittlung im Neapolitanischen einen Halte=
punkt gewonnen hatten, elend zu machen. Die „französische Fliege"
hat sie nicht weniger empfindlich gestochen als der „spanische Skorpion".
Benahmen sich doch die Franzosen gegen die christlichen Bewohner
Neapels wie eine zuchtlose Räuberbande, wie durften da die Juden
auf Schonung rechnen! Wie Tauben vor den Klauen eines Raub=
vogels, so flohen die jüdischen Verbannten vor den Griffen der Fran=
zosen auseinander, wenn ihnen die Würger Zeit gelassen hatten, mit
Zurücklassung ihrer Habe ihr nacktes Leben zu retten. Diejenigen,
welche der Wanderungen müde waren, nahmen die Taufe an. David
Jbn = Jachja büßte dabei den aus Portugal geretteten Rest seines
Vermögens ein und konnte nur mit Not durch den Verkauf seiner wert=
vollen Büchersammlung nach der Insel Corfu und von da nach
Arta (Larta) in Griechenland gelangen. Er wollte nach der Türkei
übersiedeln, konnte aber weder das Schiffsgeld, noch Lebensunterhalt
für seine Familie erschwingen, und war gezwungen, einen Bettel=

brief an einen gelehrten und vermögenden Glaubensgenossen, Jesaia Messeni, zu richten, ihm in der Not beizustehen.¹) David Jbn-Jachja konnte doch wenigstens das Ziel seiner Wünsche, das Eldorado für die Unglücklichen, die Türkei und Konstantinopel, erreichen und dort ruhig seine Tage beschließen.²)

Nicht so gut erging es seinem Verwandten Don Joseph Jbn Jachja,³) der als siebzigjähriger Greis aus Portugal hatte entfliehen müssen. Mit seinen drei Söhnen, Schwiegertöchtern, anderen Verwandten und einem Vermögen, das sich auf 100 000 Crujados belaufen haben soll, wurde das Schiff, das ihn und die Seinigen trug, an die spanische Küste getrieben. Hier sollten er und die Seinigen dem Scheiterhaufen überliefert werden, weil sie es gewagt, als Juden den spanischen Boden zu berühren. Indessen hatte sich ihrer ein portugiesischer Grande angenommen, Don Alvaro de Braganza, welcher mit Joseph Jbn Jachja wie mit Abrabanel von früher her befreundet war und vor der Habsucht und dem Despotismus des portugiesischen Königs João II. in Spanien eine Zuflucht gefunden hatte. Don Alvaro hatte der Familie Joseph Jbn Jachja die Erlaubnis vom spanischen Hofe erwirkt, weiter segeln zu dürfen. Erst nach fünfmonatlicher stürmischer Fahrt konnte sie in Pisa landen. Aber hier hausten damals die Franzosen von Karls VIII. Raubscharen. Die blühende jüdische Gemeinde von Pisa, in deren Mitte die Söhne Jechiels von Pisa (VIII,³ S. 358) so viel für die jüdisch-spanischen Emigranten getan hatten, war ausgeplündert, verringert und verarmt. Auch Don Joseph und die Seinigen wurden, wahrscheinlich, um von ihnen Geld zu erpressen, von den Franzosen in Ketten geschmiedet und eingekerkert. Eine von dessen Schwiegertöchtern, jung und schön, welche in Mannskleidern aus Portugal geflohen war, stürzte sich in

¹) Vergl. Bd. VIII, daf.
²) Carmoly, Biographie der Jachjiden. Daj.
³) Seine Lebensschicksale in der Einl. zum philosophischen Werke תורה אור seines Enkels Joseph b. David J. Jachja und als Ergänzung dazu im Schalschélet seines Urenkels Gedalja J. Jachja p. 49b (vergl. Carmoly a. a. O., p. 14, 26). Der Widerspruch, den Carmoly zwischen dem Berichte des Enkels und dem seines Urenkels finden will, ist nicht so klaffend, um nicht applaniert werden zu können. Der erstere wollte nur die Leiden seines Großvaters erzählen, d. h. sie sich in Erinnerung bringen, überging daher die Züge, welche nicht direkt dazu gehören, namentlich die anfänglich günstige Behandlung desselben von seiten des Herzogs von Ferrara. Der letztere dagegen wollte Biographisches geben und hat daher Züge aus Familientraditionen ergänzt. Aus der genannten Einleitung zu תורה אור geht hervor, daß dieser Joseph J. Jachja, der dritte dieses Namens, als Märtyrer starb. Er wird יוסף הקדוש genannt und dabei bemerkt: לא חטא דון יוסף בשפתיו . . . ומת בקדושתו. Er muß also der Folterqual in Ferrara erlegen sein.

schwangerem Zustande, um nicht zur Taufe gezwungen zu werden, von einem zwanzig Ellen hohen Turm herab, blieb aber mit ihrer Frucht wunderbarerweise unversehrt. Die gefangenen Jachjiden erhielten erst durch Übergabe des größten Teiles ihres Vermögens als Lösegeld ihre Freiheit. In Florenz, wohin sie von Pisa übergesiedelt waren, war auch keines Bleibens für sie. Denn diese Stadt war nach Abzug der Franzosen ein Tummelplatz wilder Leidenschaften geworden zwischen den Anhängern des politisch-kirchlichen Schwärmers Girolamo Savonarola und seinen Gegnern. Don Joseph begab sich daher nach Ferrara. Anfangs vom Herzog dieses Landstriches freundlich aufgenommen, wurde er später einer Anklage unterzogen, die entweder vom portugiesischen Hofe oder von jüdischen Denunzianten gegen ihn erhoben war, er habe mit seinem Vermögen und seiner Stellung die Marranen in ihrer Anhänglichkeit an das Judentum bestärkt und unterstützt. Zum zweiten Male wurde diese vielgeprüfte jachjidische Familie in den Kerker geworfen, woraus sie wiederum nur durch große Summen befreit wurde. Der Greis Don Joseph erlag aber diesen Qualen und starb gleich darauf (1498).

Die edle Familie Abrabanel blieb von herben Schlägen und unsteten Wanderungen nicht verschont. Der Vater Isaak Abrabanel, der in Neapel am Hofe des gebildeten Königs Ferdinand I. und seines Sohnes Alfonso eine angenehme hohe Stellung gefunden hatte (VIII³, 347), mußte bei Annäherung der Franzosen die Stadt verlassen und mit seinem königlichen Gönner eine Zuflucht in Sizilien suchen. Die einrückenden französischen Banden plünderten in seinem Hause alle Kostbarkeiten und zerstörten eine wertvolle Büchersammlung, die ihm das Kostbarste war. Nach dem Tode des Königs Alfonso begab sich Isaak Abrabanel nach der Insel Corfu zu seiner Sicherheit, blieb jedoch daselbst nur bis zum Abzug der Franzosen aus dem Neapolitanischen, dann ließ er sich in Monopoli (Apulien) nieder, wo er mehrere seiner Schriften aus- und umarbeitete. Die Reichtümer, die er im Dienste des portugiesischen und spanischen Hofes erworben hatte, waren zerronnen, Frau und Kinder von ihm getrennt und zerstreut,[1]) und er lebte in düsterer Stimmung, woraus ihn nur die Beschäftigung mit der heiligen Schrift und den Urkunden des Judentums zu reißen vermochte. — Sein ältester Sohn Jehuda Leon Medigo Abrabanel hielt sich in Genua auf, wo er sich trotz des unsteten Lebens und des nagenden Schmerzes um sein ihm entrissenes und im Christentum in Portugal erzogenes Söhnchen mit Idealen beschäftigte. Leon Abrabanel war nämlich viel gebildeter, gedankenreicher und überhaupt bedeutender als sein Vater und verdiente mehr Beachtung,

---

[1]) Abrabanels Antwortschreiben an Saul Kohen, p. 8d und dessen Biographie von Chasklitu.

denn bloß als Anhängsel zu diesem behandelt zu werden. Leon
Abrabanel trieb die Arzneikunde nur als Brotstudium (wovon er den
Namen Medigo erhielt), Astronomie, Mathematik und Metaphysik
dagegen als Lieblingsfächer. Mit dem zugleich begabten und ver-
schrobenen Pico de Mirandola wurde Leon Medigo kurz vor
dem Ableben des letzteren bekannt und befreundet.[1])

Leon Medigo kam merkwürdigerweise mit Bekannten aus der
Zeit seiner Jugend, mit spanischen Granden und selbst mit dem König
Fernando, der seine Familie und so viele Tausende in die Verbannung
und den Tod getrieben hatte, in nahe Berührung. Er wurde nämlich
Leibarzt des spanischen Großkapitäns, Gonsalvo de Cordova,
des Eroberers und Vizekönigs von Neapel. Der heldenmütige, liebenswürdige und verschwenderische de Cordova teilte nämlich nicht den
Haß seines Gebieters gegen die Juden. Er hat der jüdischen Literatur
in einem seiner Nachkommen einen Pfleger geliefert. Als König
Fernando nach Eroberung des Königreiches Neapel (1504) befohlen
hatte, die Juden von hier ebenso wie aus Spanien zu verweisen, hinter-
trieb es der Großkapitän mit der Bemerkung, daß sich im ganzen
nur wenig Juden im Neapolitanischen befänden, indem die meisten
Eingewanderten entweder wieder ausgewandert oder zum Christentum
übergetreten wären. Die Ausweisung dieser wenigen würde dem
Lande nur zum Nachteil gereichen, weil sie nach Venedig übersiedeln
und ihren Gewerbfleiß und ihre Reichtümer dorthin tragen würden.
Infolgedessen durften die Juden noch einige Zeit im Neapolitanischen

---

[1]) Den Biographen des Leon Medigo (Carmoly, histoire des Médecins
juifs, auch Biographie des Abrabanel in Ozar Nechmad II., und Delitzsch,
Orient. Literaturblatt No. 6 ff.) ist ein wichtiger Punkt aus seinem Leben entgangen, nämlich dessen Bekanntschaft mit Pico. Der marranische Arzt Amatus
Lusitanus, der mit Leons Enkel Jehuda in Salonichi zwischen 1559—1562
bekannt war, erzählt von Leon Medigo folgendes (Centuria VII curatio 98):
Jehuda Abrabanelius, magni illius Jehudae sive Leonis Abra-
banelii Platonici philosophi, qui nobis divinos de amore dialogos scriptos
reliquit, nepos . . . supremum diem obiit . . . apud se librum justae
magnitudinis, quem avus suus composuerat, reservatum habebat, cui
de Coeli armonia titulus erat, non nisi longobardis literis in-
scriptus, et quem bonus ille Leo divini Mirandulensis Pici precibus
composuerat, et ex ejus prooemio elicitur; quem librum ego non semel
percurri et legi, et ni mors immatura nepoti huic ita praeveniat, eum
brevi in lucem mittere decreveramus. Est sane opus hoc doctissimum,
in quo bonus ille Leon quantum in philosophia valebat, satis indica-
verat; scolastico tamen stilo inscriptum. Die Bekanntschaft Leon Medigos
mit Pico steht also fest; sie muß innerhalb der zwei oder drei Jahre 1492—94,
zwischen der Einwanderung des erstern in Italien und dem Tode des letztern,
gemacht worden sein. Über seinen angeblichen Übertritt zum Christentum
vergleiche weiter unten.

bleiben. Aber gegen die eingewanderten Marranen aus Spanien und Portugal ließ Fernando die grausige Inquisition in Benevent einführen.¹) Bei diesem freigebigen, klugen und heldenhaften Großkapitän Gonsalvo de Cordova war Leon Medigo über zwei Jahre Leibarzt (1505 bis 1507); dort sah ihn der König Fernando bei seinem Besuche in Neapel. Nach der Abreise des Königs und der ungnädigen Entlassung des Vizekönigs (Juni 1507) kehrte Leon Abrabanel, ohne eine anderweitige angemessene Tätigkeit zu finden, zu seinem Vater zurück,²) der inzwischen in Venedig lebte.

Der zweite von Isaak Abrabanels Söhnen, Isaak II., lebte nämlich als Arzt zuerst in Reggio (Kalabrien) und später in Venedig und ließ seinen Vater auch dorthin kommen. Der jüngste Sohn Samuel, später ein hochherziger Beschützer seiner Glaubensgenossen, hatte es noch am besten; er weilte unterdessen im Schatten des stillen Lehrhauses in Salonichi, wohin ihn der Vater zur Ausbildung im jüdischen Wissen gesandt hatte.³) Der ältere Abrabanel betrat noch einmal die politische Laufbahn. In Venedig hatte er Gelegenheit, einen Konkurrenzstreit zwischen dem portugiesischen Hofe und der venetianischen Republik zu schlichten, welcher infolge der von den Portugiesen angelegten ostindischen Kolonien und besonders des Gewürzhandels ausgebrochen war. Einige einflußreiche Senatoren erkannten bei dieser Gelegenheit Isaak Abrabanels richtigen politischen und finanziellen Blick und zogen ihn seitdem bei wichtigen Staatsfragen zu Rate.⁴) Aber seine Kraft war durch die vielen Leiden und Wanderungen gebrochen. Noch vor dem siebzigsten Lebensjahre hatte ihn die Hinfälligkeit des Greisenalters beschlichen. In einem Antwortschreiben (vom Jahre 1507) an einen wissensdurstigen Mann aus Candia, an Saul Kohen Aschkenasi, einen Jünger und Geisteserben des Elia Del Medigo (VIII,₃ S. 244), welcher gewichtige philosophische Fragen an ihn richtete, klagte Abrabanel über zunehmende Schwäche und Greisenhaftigkeit.⁵) Und wenn er es auch verschwiegen hätte, so würden seine schriftstellerischen Arbeiten aus dieser Zeit seine Altersschwäche verraten haben. Die gehetzten Opfer des spanischen Fanatismus hätten einen Leib von Erz und Kraft von Stein haben müssen, um dem Andrang solcher Leiden nicht zu erliegen.

Ein anschauliches Bild von der unstäten Wanderung der jüdisch-spanischen Verbannten gibt das Leben eines Leidensgenossen, der

---

¹) Zurita, Anales de Aragon V, p. 327 b.
²) Abrabanel, Antwortschreiben an Saul Kohen Aschkenasi, ed. Venedig von 1574, p. 20 b.
³) Schem-Tob Athias, Einl. zum Psalmkommentar.
⁴) Chaskuni, Biographie des Abrabanel.
⁵) Abrabanels Antwortschreiben.

an sich ohne besondere Bedeutung durch seinen Eifer den gesunkenen
Mut der Unglücklichen zu heben, sich einen Namen gemacht hat. Es
war ein rühriger Sendbote, ein Bücherwurm, der Spanier Isaak
ben Abraham Akrisch (geb. um 1489, starb nach 1578),¹) dem
die jüdische Literatur die Erhaltung manches Wertvollen zu verdanken
hat. Akrisch sagte halb im Scherze und halb im Ernste von sich, er
müsse wohl zu einer Stunde geboren sein, als der Planet Jupiter
durch das Tierkreiszeichen der Fische hindurchging, ein Zusammentreffen,
welches nach der astrologischen Nativitätsstellung ein Wanderleben
vorausverkünde. Denn obwohl lahm an beiden Füßen, habe er sein
ganzes Leben mit Wanderungen von Stadt zu Stadt, zu Wasser und
zu Lande zugebracht. Noch als junger Knabe wurde Akrisch aus Spanien

¹) Die Data aus der Biographie des Isaak Akrisch verdienen eine eingehende Untersuchung, weil manche andere unbekannte Data dadurch ins Licht
gesetzt werden können. Er war der Editor: I) des Briefwechsels zwischen Chasdai
Jbn-Schaprut und dem Chazarenkönig (V S. 366) unter dem Titel: קול מבשר;
II) der Geschichte Bostanais (das. S. 459) unter dem Titel: מעשה בית דוד בימי
מלכות פרס; III) des Efodischen polemischen Briefes (VIII₃ S. 88): אגרת אל
תהי כאבותיך; IV) eines Tripel-Kommentars zu Canticum und anderer Schriften.
Um seine Lebensdauer zu fixieren, muß man vom Ende anfangen: 22. Tebet 5338
= 1. Januar 1578 kopierte für ihn Jacob Catalani Schemtob Jbn-Schaprut's
polemisches Werk: . . . כהבתי הספר; Schlußangabe . . אבן בחן; . . אני . . יעקב קאטלאני
הלוה ס׳ אבן בחן לגבי נבון וחכם . . מהרי יצחק עאקריש והכל מלאכת עבודתי . . ב״ך לחדש
טבת השל״ח פה בבית השר הרוממ דון יוסף דוקוס נשיא. Er war damals im Hause des
Herzogs von Naxos, lebte also noch anfangs 1578. Dann erzählt er von sich
(in der Einl. zu Nr. IV): אמר יצחק בן אברהם עקריש מגולה ספרד ומגופולים כי לא קבל . . . .
עלי המים הזונים וגרוש עם יתר הפליטה הנשארת מכל ממלכות אישפיניה ופראנסה . . גם
עלי עבר רוח הטלטול ללכת מעיר אל עיר . . וממשכלה לממלכה . . . ויהי כי התעו אותי אלהים
מבית אבי ומארץ מולדתי ללכת אל עם אשר לא ידעתי . . בתוך אהלי אדום וישמעאלים . . הלוך
ונסוע הנגבה עד בואי למצרים. Daraus folgt, daß er zu den Vertriebenen aus
Spanien von 1492 und den Unglücklichen von Neapel nach 1495 gehört hat. Er
muß also noch vor 1492 geboren und folglich sehr alt geworden sein. In derselben
Einl. erzählt Akrisch, wie er nach langer, langer Wanderung von David Jbn-
Abi-Simra in Kairo ins Haus genommen worden, dort Ruhe gefunden und
ungefähr 10 Jahre dessen Enkel und Urenkel unterrichtet habe. Er habe erst
Ägypten verlassen, als auch sein Gönner Jbn-Abi-Simra es verließ, d. h. von
da nach Palästina übersiedelte: . . . (צל של ר׳ דוד נ׳ אבי זמרה) מעלי ובראותי כי סר צלן
לקחתי את כל רכושי ואקום ואבא לקושטאנדינה. Hier ist keineswegs von J. A. Simras
Tod, sondern von dessen Scheiden die Rede. Akrisch gibt das. an, derselbe
sei 40 Jahre Rabbiner in Ägypten und 20 Jahre in Palästina gewesen. Da
nun Jbn-Abi-Simra ein im Frühjahr 1569 eine Entscheidung der Rabbinate in Safet mit unterzeichnet hat (Respp. Mose di Trani מב״ט I, Nr. 131):
ביום ה' כ"ח אדר הש"כ"ט נמצאתי בבית הועד עם הרבנים הר' דוד ג' אבי זמרה, והר' יוסף
קארו יצ״ו, so hat man daran wenigstens einen Terminus ad quem. Jbn-Abi-
Simra soll noch Isaak Lurjas kabbalistischen Ruhm erlebt haben, etwa 1569
bis 1572. In der Schrift Nr. III gibt Akrisch an, daß seine Büchersammlung
im Jahre der Verbrennung des Talmud von der venetianischen Behörde

ausgewiesen, und in Neapel trafen ihn die Leiden, welche sich gegen die
Verbannten verschworen zu haben schienen. So hinkte er von Volk
zu Volk, „deren Sprache er nicht verstand und die nicht Greise, nicht
Kinder verschonten", bis er in Ägypten, im Hause eines Verbannten,
der indes daselbst eine angesehene Stellung eingenommen hatte, für
einige Jahre einen Ruheplatz fand. Wer vermag den umherirrenden Verbannten mit wunden Füßen und mit noch mehr wundem Herzen zu
folgen, bis sie irgendwo Rast oder die Ruhe des Grabes gefunden haben!

Aber gerade diese Riesenhaftigkeit des Elendes, das sie erduldet,
hob das Bewußtsein der sefardischen Juden zu einer Höhe, welche
an Hochmut streifte. Wen Gottes Hand so wuchtig schwer, so nachhaltig
getroffen, wer so unsäglich viel gelitten, der müsse eine Sonderstellung
haben, müsse ein besonders Auserwählter sein, dieser Gedanke oder
dieses Gefühl lebte in der Brust aller Übriggebliebenen mehr oder
minder klar. Sie betrachteten ihre Vertreibung aus der pyrenäischen
Halbinsel als ein drittes Exil und sich selbst als besondere Lieblinge
Gottes, die er gerade wegen seiner größeren Liebe zu ihnen nur um
so härter gezüchtigt habe. Wider Erwarten stellte sich bei ihnen eine
gehobene Stimmung ein, welche die erduldeten Leiden zwar nicht vergessen machte, aber sie verklärte. Sobald sie sich nur von der Wucht
ihres tausendfachen Elends ein wenig frei fühlten und aufzuatmen
vermochten, schnellten sie wieder empor und trugen wie Fürsten ihre
Häupter hoch. Alles hatten sie verloren, nur ihre spanische Grandezza,
ihr vornehmes Wesen nicht. So gedemütigt sie auch waren, verließ
sie ihr Stolz nicht, und sie machten ihn überall geltend, wo ihr wandernder
Fuß einen Ruhepunkt fand. Sie hatten auch einigermaßen die Berechtigung dazu. So sehr sie auch seit der Überhandnahme der wissensfeindlichen streng frommen Richtung im Judentum und seit der er-
fahrenen Ausschließung aus den Gesellschaftskreisen in den höheren

---

konfisziert worden sei: שרפה לי בעיר קנדיא שהלכתי שם בשנה שנורו לשרוף התלמוד. Das
Edikt zum Verbrennen der Talmudexemplare erging im Herbst 1553: in Venedig
wurden sie konfisziert im Oktober desselben Jahres, also in Candia etwas später.
Ende 1553 war also Afrisch auf seiner Wanderung von Ägypten nach Konstantinopel in Candia. Er verließ also Ägypten in demselben Jahre und hat
daselbst geweilt um 1543—53. Auch die biographischen Data für J. A. Simra
lassen sich dadurch fixieren. Er hat zu gleicher Zeit mit Afrisch Ägypten
verlassen und lebte in Palästina noch 20 Jahre, also 1553—73. In Ägypten
war also Ibn-Abi-Simra bis dahin 40 Jahre im Rabbinatskollegium, d. h.
1513—53. Er ist über 100 Jahre alt geworden (nach Asulaï). Folglich war
er vor 1473 geboren. — Wenn Afrisch nun in Einl. zu Nr. I angibt: Im
Jahre 1545, ungefähr vor 32 Jahren habe ein gewisser Angelo Fabeln von
dem Ansammeln althebräischer Stämme mit Fahnen und Fahnenzeichen geschmiedet, und er sei damals 15 Jahre alt gewesen, so muß diese Zahl korrumpiert
sein, denn er kann unmöglich erst im Jahre 1530 geboren sein. Vgl. Note 6.

Wissenschaften zurückgekommen waren und ihre Jahrhunderte lang behauptete Meisterschaft eingebüßt hatten, so waren sie doch den Juden aller übrigen Länder an Bildung, Haltung und auch an innerem Gehalt bei weitem überlegen, die sich in ihrer äußeren Erscheinung und in ihrer Sprache zeigte. Ihre Liebe zu ihrer Heimat war so groß, daß sie keinen Raum in ihrem Herzen für den Haß ließ, den sie gegen die Rabenmutter, die sie ins Elend gestoßen, hätten empfinden müssen. Wo sie hinkamen, gründeten sie daher spanische oder portugiesische Kolonien. Sie brachten die spanische Sprache, die spanische Würde und Vornehmheit nach Afrika, der europäischen Türkei, nach Syrien und Palästina, nach Italien und Flandern und überall mit; wohin sie verschlagen wurden, hegten und pflegten sie dieses spanische Wesen mit so viel Liebe, daß es sich unter ihren Nachkömmlingen bis auf den heutigen Tag lebendig erhalten hat. Weit entfernt in den Ländern, die sie gastlich aufgenommen, in der Mehrzahl der übrigen jüdischen Bewohner aufzugehen, hielten sie sich als ein bevorzugter Menschenschlag, als die Blüte und der Adel der Judenheit, von ihren Stammgenossen gesondert, blickten verächtlich auf sie herab und schrieben ihnen nicht selten Gesetze vor. Das kam daher, daß die spanischen und portugiesischen Juden die Sprache ihrer Heimat (welche durch die Eroberungen und Entdeckung von Amerika Weltsprache geworden war) rein sprachen, an der Literatur teilnahmen, dadurch auch im Verkehr mit Christen ebenbürtig und männlich ohne Scheu und Kriecherei auftraten. Sie bildeten in diesem Punkte einen Gegensatz gegen die deutschen Juden, welche gerade das, was den Menschen zum Menschen macht, eine reine und schöne Sprache, mißachteten und dagegen verwahrlostes und kauderwelsches Sprechen, so wie das sich Fernhalten von der christlichen Welt als Religiosität betrachteten. Die sefardischen Juden legten überhaupt Gewicht auf die schöne Form, auf Geschmack in ihrer Tracht, auf Eleganz in den Synagogen und ebenso auf die Mittel zum Gedankenaustausch. Die Rabbinen spanischer und portugiesischer Zunge predigten in ihrer Landessprache und legten auf reine Aussprache und Wohllaut großen Wert. Daher artete ihre Sprache niemals, wenigstens nicht in den ersten Jahrhunderten nach ihrer Ausweisung, in einen lallenden Jargon aus. „In den Städten Salonichi, Konstantinopel, Alexandrien, Kairo, in Venedig und anderen Handelsplätzen machen die Juden nur in spanischer Sprache Geschäfte. Ich kannte Juden aus Salonichi, welche, obwohl sie noch jung waren, das Kastilianische eben so gut und noch besser als ich aussprachen", so urteilte von ihnen ein christlicher Schriftsteller etwa ein halbes Jahrhundert nach ihrer Vertreibung.[1]

---

[1] Gonsalvo de Illescas, historia pontifical y catolica (1606) bei de los Rios, Estudio sobre los Judeos, p. 469 Note.

Selbst der milde und bereits gebrochene Isaak Abrabanel sprach verächtlich von den deutschen Juden wegen ihrer barbarischen Mischsprache. Er war nämlich erstaunt darüber, in dem Sendschreiben des aus Deutschland stammenden S a u l K o h e n aus Kandia bei diesem eine so gewandte (hebräische) Sprache und eine so geschlossene Ordnung der Gedanken zu finden, und sprach seine Verwunderung freimütig aus: „Ich erstaune, eine so wohlgesetzte Sprache unter den Deutschen (Juden) zu finden, welche auch im Munde ihrer Großen und Rabbinen selten ist, wie bedeutend sie auch sonst sein mögen. Ihre Sprache ist voll Ungeschicklichkeit und Unbeholfenheit, ein Stottern ohne Einsicht".[1]) Diese Überlegenheit der Juden spanischer und portugiesischer Abstammung an Bildung, Haltung, gesellschaftlichen Manieren und Welterfahrung wurden auch von den übrigen Juden, namentlich den deutschen, mit denen sie überall zusammentrafen, anerkannt und bewundert. Daher durften jene sich herausnehmen, überall die Herren zu spielen und oft trotz ihrer Minderheit die Mehrheit der Gemeinden anderer Zunge zu meistern. In dem Jahrhundert nach ihrer Verbannung sind sie fast ausschließlich die Träger der geschichtlichen Begebenheiten; die Namen ihrer Stimmführer erklingen überall, sie lieferten Rabbiner, Schriftsteller, Denker und Phantasten, während die deutschen und italienischen Juden in dieser Zeit ein bescheidenes Plätzchen einnahmen. In allen Ländern, mit Ausnahme Deutschlands und Polens, wohin sie niemals oder nur vereinzelt gedrungen waren, wurden die sefardischen Juden die Tonangeber.

Der nordafrikanische Küstenstrich und das bewohnbare Binnenland waren mit Juden spanischer Abkunft gefüllt, wo sie sich in dem Jahrhundert der großen Verfolgung von 1391 bis zur vollständigen Vertreibung zahlreich angesammelt hatten. Von Safi (Assafi), der südwestlichsten Stadt Marokkos, bis Tripolis im Nordosten befanden sich viele größere und kleinere Gemeinden spanischer Zunge. Obwohl von den kleinen barbarischen Tyrannen und der verkommenen maurischen Bevölkerung meistens gehaßt, mit Willkür behandelt und öfter zum Tragen einer schändenden Tracht gezwungen, blieb doch für die Gewandtheit hervorragender Juden daselbst Spielraum genug, sich auszuzeichnen, sich zu einer hohen Stufe emporzuschwingen und einen

---

[1]) Abrabanel's Antwortschreiben an Saul Kohen: לשון בל יכון בארץ אשכנז הצור אשר ממנה חוצבת, ולא בפי רבניה ובן רבים דמה. תחת לשונם עמל ואון, נלעג לשון אין בינה. Vergl. Reuchlins Urteil über die deutschen Juden seiner Zeit in seinem Werke de verbo mirifico ed. Lyon p. 33: Germania quamquam religiosos, tamen parum doctos Hebraeos nutrit, quoniam studiosis potius abhorrendum a philosophis, quam per incuriam aut potius curiositatem in errores cadendum esse persuadent, quorum eos potissimum credunt autores.

umfangreichen Wirkungskreis einzunehmen. In Marokko stand ein reicher und geschichtskundiger Jude, welcher dem Fürsten dieses Staates bedeutende Dienste geleistet, bei diesem in hohem Ansehen.¹) In Fez, welches Flüchtlinge aus Spanien massenhaft aufgesucht haben, bestand, trotzdem Hungersnot und Pest viele Tausende derselben aufgerieben hatten,²) doch eine Gemeinde von 5000 jüdischen Familien, in deren Händen die meisten Gewerke lagen.³) Hier lebte ein Jude spanischer Abkunft, Samuel Albalensi, wohl ein Enkel des Rabbiners gleichen Namens,⁴) der wegen seiner Tüchtigkeit und seines Mutes bei dem König beliebt war und bei der Bevölkerung so viel Vertrauen genoß, daß sie ihn zum Führer annahm. In dem Streite zwischen den zwei regierenden Familien, den Merinos und Xerifs, stand er auf seiten der ersteren, führte 1400 Mann Juden und Mauren gegen die Anhänger der letzteren und schlug sie bei Ceuta aufs Haupt.⁵) — In der Residenzstadt Tlemsen (Tremcen) nahm die sehr zahlreiche jüdische Gemeinde spanischer Abkunft den größten Teil ein.⁶) Hier traf nach der Flucht aus Spanien der achtzehnjährige Jakob Berab ein (geb. 1474, gest. 1541)⁷), einer der rührigsten Männer unter den spanischen Auswanderern, der scharfsinnigste Rabbiner seiner Zeit nächst seinem deutschen Namensgenossen, Jakob Polak, aber zugleich ein querköpfiger, rechthaberischer und unverträglicher Mann, der viele Gegner, aber auch viele Verehrer hatte. In Maqueda bei Toledo geboren, war Jakob Berab unter vielen Gefahren, unter Mangel, Hunger und Durst nach Tlemsen gekommen, und von da begab er sich nach Fez, dessen Gemeinde ihn, den brotlosen Jüngling, wegen seiner Gelehrsamkeit und seines Scharfsinnes zu ihrem Rabbiner wählte. Dort leitete er ein Lehrhaus, bis die fanatischen Spanier Eroberungen in Nordafrika machten und das stille Asyl der dortigen Juden beunruhigten.

¹) Leo Africanus, Africae descriptio L. II. No. 45, p. 105.
²) Abraham b. Salomo aus Terrutiel, Neubauer Anecdota Oxon., p. 113.
³) Leo Africanus III, No. 52, p. 243 ff., vergl. Respp. Levi bi Chabib, Abhandlung über die Ordination p. 298 b.
⁴) Bd. VIII₃ S. 218.
⁵) Imanuel Aboab, Noemologia p. 305 ff.
⁶) Leo Africanus das. IV, No. 10, p. 334; Abraham Gavison, Omer ha-Schikcha p. 29 b und Ende.
⁷) Berabs Geburtsjahr ergibt sich aus seiner eigenen Angabe, daß er nach der Vertreibung aus Spanien 18 Jahr alt war, in der Abhandlung über die Ordination (Respp. Levi Ben-Chabib, Ende). Daß er auch in Tlemsen war, bezeugt Gavison a. a. O. p. 68 c: בניכוש של שנת גר״ש באר לתלמסאן רבנים גדולים
. . . הכנסת ברבים . . . ושינחים חכמי איהה דכנסיה . . . ומכללם ר' אברהם גבישון בבית הכנסת ברבים . . . ושבת אחת דרשו בתלמסאן ר' יעקב קינו . . . ומכללם שנים
Über Berabs Todesjahr vergl. weiter unten.

Die Juden in Nordafrika.

In Algier führte die bereits verringerte Gemeinde ein Abkömmling spanischer Flüchtlinge von 1391, Simon Duran II. (geb. 1439, gest. nach 1510),¹) ein Sohn des philosophisch gebildeten Rabbiners Salomon Duran (VIII₃, 166), Nachfolger im Rabbinate nach dem Tode seines Bruders Zemach Duran II. Er galt zu seiner Zeit gleich seinem Bruder als hochangesehene rabbinische Autorität, und beide wurden von vielen Seiten mit Anfragen angegangen. Von edler Gesinnung wie sein Vater war Simon Duran eine Schutzwehr für seine Glaubensgenossen und ein Rettungsanker für die spanischen Verbannten, die bis in seine Nähe versprengt worden waren; denn er scheute weder Geldverlust, noch Lebensgefahr, wo es galt Religiosität, Sittlichkeit und Rettung seiner Stammesgenossen durchzusetzen.²) Fünfzig Juden, versprengte Flüchtlinge, die Schiffbruch erlitten hatten, waren an die Küste von Sevilla geworfen, von den fanatischen Spaniern — dem Worte des Ediktes gemäß — in Kerker gesperrt und zwei Jahre lang darin gehalten worden. Sie hatten täglich den Tod erwartet, wurden aber zuletzt doch begnadigt, d. h. als Sklaven verkauft. Als solche kamen sie in kläglichem Zustande nach Algier und wurden durch die Bemühung Simon Durans um 700 Dukaten, welche die kleine Gemeinde zusammengeschossen, ausgelöst.³) Die Eroberungssucht und der Fanatismus der Spanier vergällten sein Alter und brachten über die Juden einiger nordafrikanischer Städte neue Drangsale. Nachdem der Kardinal Ximenes, der dritte Großinquisitor, der Gründer der Universität Alkala und der Begründer des finsteren, grauenhaften Despotismus in Spanien, die Stadt Oran mit dem Kreuze und dem Schwerte erobert hatte — ein Jude soll ihm dabei als Spion behilflich gewesen sein — ließen dessen Lorbeeren den neidischen König Fernando den Katholischen nicht schlafen. Er sandte eine Flotte unter dem Feldherrn Pedro Navarra zur Eroberung der Königreiche Bugia und Tunis aus. Die Stadt Bugia wurde nach zweiwöchentlicher

---

¹) Simon Durans II. Geburtsjahr folgt aus seiner eigenen Angabe im zweiten Teil der Respp. יכין ובועז No. 48 (der erste Teil gehört seinem Bruder Zemach Duran an). Daselbst klagt er über Leiden und drohende Gefahren und resumiert sie mit den Worten: העולה על כלנה פחד חיילות דנוצרים אשר חנם שותה רוחי עד שהודעכתי לכתת את נפשי מעיר לכפר . . ואף על פי שאני זקן ע״ב שנה וקפצה עלי זקנה . . . . כל ספרי קשרחים בשקים ושלחתים ללמדיא אשר חפצי לנוס שמה. Es ist offenbar hier von den Kriegszügen die Rede, welche Fernando der Katholische nach der Eroberung von Oran gegen Bugia, Algier und Tunis unternehmen ließ. Die Zeit dieser Kriege war Januar und Februar 1510 (bei spanischen Annalisten, Zurita IV C. 1—13; falsch bei Leo Africanus das Jahr 1508 und ebenso bei Joseph Kohen in der Chronik und Emek ha-Bacha 1509). Simon Duran war also 1510 zweiundsiebzig Jahr alt.
²) Vergl. die genannten Respp. II, No. 51.
³) Zacuto Jochasin ed. Filipowski, p. 227b.

Berennung erobert (31. Januar 1510) und ausgeplündert; die Einwohner hatten sich vor der drohenden Gefahr nach allen Seiten zerstreut. Den Juden dieser Stadt¹) erging es dabei schlimm genug; diejenigen, welche nicht die Flucht ergriffen hatten, gerieten in Gefangenschaft und hatten kein beneidenswertes Los unter den Händen der von der Inquisition zu Blutmenschen abgehärteten spanischen Soldateska. Sobald die Nachricht von der Einnahme Bugias nach Algier gelangte, zitterten die jüdischen Bewohner, sowie die ganze Stadt wegen der ihnen unausbleiblich drohenden Gefahr, und viele von ihnen suchten ihr Heil in der Flucht. Der bereits zweiundsiebzigjährige Greis Simon Duran schleppte sich von Dorf zu Dorf und wollte nach dem fern liegenden Almadia auswandern. Indessen lief es doch nicht so schlimm ab, die Einwohner von Algier unterwarfen sich freiwillig, leisteten dem König von Spanien den Eid der Treue und versprachen jährlichen Tribut zu zahlen. Das Leben der Juden blieb verschont; sie mußten aber volles Lösegeld wie Kriegsgefangene an die mohammedanischen Bewohner zahlen.²) Die mehr denn achthundert Familien zählende Gemeinde von T r i p o l i s (Tarablus) in Nordafrika geriet größtenteils zur selben Zeit in Gefangenschaft.³)

Den Juden von Tunis ging es wohl nicht besser, da auch diese Stadt gezwungen war, mit Pedro Navarra zu kapitulieren. Hier hatten zwei bedeutende jüdisch-spanische Männer einige Jahre eine Zuflucht gefunden; der eine, der Geschichtschreiber und Astronom A b r a h a m Z a c u t o, der bereits am Abend seines Lebens stand, und ein jüngerer Mann, M o s e A l a s ch k a r. Zacuto, welcher auf der pyrenäischen Halbinsel bereits eine Schule von christlichen und mohammedanischen Jüngern in der Mathematik und Astronomie hatte, dessen Schriften, durch den Druck veröffentlicht, vielfach gelesen und benutzt worden waren, war indes gezwungen, wie ein Geächteter umherzuirren, und war nur mit Not dem Tod entronnen. In Tunis scheint er einige ruhige Jahre verlebt zu haben, und hier hatte er seine mehr berühmte als brauchbare Chronik vollendet. Geschichtswerk darf man sie nicht nennen (Sefer Jochasin 1504),⁴) sondern einen Abriß der jüdischen Geschichte

---

¹) Joseph Kohen, Chronik p. 54, Emek ha-Bacha p. 39, Respp. Mose Alaschkar, No. 39.

²) Zurita, Anales de Aragon VI, p. 9.

³) Joseph Kohen a. a. O. Respp. Jakob Berab, Nr. 56. Respp. Levi Ben-Chabib p. 318. Respp. Moïe Alaschtar Nr. 6.

⁴) Daß das Zacutosche Jochasin (יוחסין, nicht Juchasin) in T u n i s verfaßt wurde, sagt der Verfasser selbst ed. Amsterdam 13 b; ed. Filipowski 22 a. Das Jahr 1504 kommt in einem Passus in dem universalgeschichtlichen Teil vor, ed. Fil. p. 231 a: . . . . כי לפ״ק סניננו אנו בזאת השנה ה׳ אלפים ורס״ד ליצירה. Ich weiß nicht, woher der letzte Herausgeber Filipowski die Notiz hat, daß dieses Werk 1506 verfaßt sei. Daß Zacuto nicht in Afrika geblieben, sondern nach

und auch mehr Literaturgeschichte. Ein Anhang dazu war ein Jahrbuch der allgemeinen Geschichte. Zacutos Werk hat aber nur das Verdienst, die Geschichtsforschung unter den Juden angeregt zu haben; denn es ist weit entfernt von künstlerischer Anlage wie von Vollständigkeit. Er hat bloß aus Schriften, die ihm zugänglich waren, formlos zusammengetragen. Nicht einmal die Geschichte seiner Zeit, die Leiden der spanischen und portugiesischen Juden, hat Zacuto vollständig oder in übersichtlicher Ordnung dargestellt. Seine chronologischen Angaben sind auch nicht immer zuverlässig. Zucutos Chronik war aber ein Kind des Alters und der Trangsale; er hat sie mit zitternder Hand und mit bangem Gemüt wegen der nächsten Zukunft und ohne genügende literarische Hilfsmittel zustande gebracht, und insofern verdient sie Nachsicht.

Gleichzeitig mit Zacuto lebte in Tunis **Mose ben Jsaak Alaschkar** (Aschakar, geb. um 1470, gest. zwischen 1532 bis 1538),[1]) der früher in **Zamora** geweilt und bei der Vertreibung aus Spanien in Gefangenschaft geraten und in den Meeresfluten dem Tode nahe war. Alaschkar war ein scharfsinniger Talmudist, wie sein jung verstorbener Lehrer Samuel **Alvalensi**, ein richtig denkender Kopf, ohne beschränkte Einseitigkeit. Er vertiefte sich einerseits in die dunkeln

der Türkei ausgewandert ist, teilt Jmanuel Aboab (Nomologia p. 301) mit: Tambien passó á Turquia el excellente Astronomo Rabi Abraham, hijo de Semuel Zacuto. Von einem seiner mohammedanischen Schüler berichtet der abenteuernde mystische Arzt **Cornelius Agrippa** von Nettesheim (epistolae L. I, Nr. 10, gegen Ende): ... ad magnum illam Valentiam (Valencia in Spanien) proficiscimur, ubi apud Comparatum Saracenum, philosophum, astrologumque excercitatissimum, olim Zacuti discipulum, de te percuntanti. Über seinen christlichen Jünger Augustin Ricio vergl. Katalog der Druckwerke der Bodleiana s. v.

[1]) Nach einem Zitate bei Conforte p. 32 b stammte M. Alaschkar aus Zamora בעיר צמורה (so zu lesen statt כעיר סמכה, Katalog d. Bodleiana p. 1765) und war ein Jünger des Samuel Valensi. Da dieser nun bereits 1487 starb, nach Zacutos Angabe, so muß der Jünger mindestens 1470 geboren sein. Das Jahr 1530 kommt in seinen Respp. vor, Nr. 67. Er lebte aber noch nach der Eroberung von Patras durch Andrea Doria und nach der Gefangenschaft der dortigen Juden, also nach 1532 (Respp. Nr. 52 Ende). Dagegen war Alaschkar zur Zeit der Einführung der Ordination durch Jakob Berab 1538 bereits tot. Daß er in Tunis gelebt, gibt die Überschrift zu Respp. יכין ובועז II, Nr. 23 zu: הנה לותיק ר' מש- יצ"ו בר יצחק בן אלאשקר נ"ע. Daß er später in Ägypten und Jerusalem gelebt, ist aus mehreren zeitgenössischen Responsen bekannt. — Es ist nicht richtig, daß er seine Replik gegen Schem-Tobs Polemik contra Maimuni (רשות על ס' אמונות) 1495 verfaßt habe. Dieses Datum kommt darin nicht vor, wohl aber in einem seiner akrostichischen Gebete, die weder mit der genannten Replik, noch mit den Responsen im Zusammenhange stehen. In einem dieser Gebete: במה אקדם spricht er von seinen Schicksalen: ונתרומות הים העליהני, וכבור ושבי רואהנו. Über seine Schriften geben die Bibliographen Auskunft.

Irrgänge der Kabbala und erhob anderseits seine Augen zu den lichten Höhen der Philosophie. Eine solche Mißverbindung zweier unverträglicher Denkweisen war damals noch möglich. Alaschkar ging so weit, Maimuni und dessen philosophisches System gegen die verketzernden Ausfälle der Finsterlinge in Schutz zu nehmen.

Vor dem Schrecken, den die spanischen Waffen über die nordafrikanischen Juden gebracht haben, scheinen Zacuto und Alaschkar mit vielen andern Tunis verlassen zu haben. Sie hatten die Unmenschlichkeit der überkatholischen Spanier gegen die Juden hinlänglich kennen gelernt. Der erstere wanderte nach der Türkei und scheint gleich darauf müde ins Grab gestiegen zu sein (vor 1515).[1]) Alaschkar floh nach Ägypten und nahm dort vermöge seiner vielseitigen Kenntnisse und seines Reichtums eine geachtete Stellung ein.

In Ägypten und namentlich in der Hauptstadt Kairo hatten sich ebenfalls viele jüdisch-spanische Flüchtlinge angesammelt und hier in kurzer Zeit ein bedeutendes Übergewicht über die jüdischen Ureinwohner erlangt. Als sie dort eintrafen, fungierte noch über sämtliche ägyptische Gemeinden wie in früherer Zeit ein jüdischer Oberrichter oder Fürst (Nagid, Reš) in der Person des ebenso edlen, wie reichen Isaak Kohen Schalal (oder Scholal, blühte um 1490, gest. 1525;[2]) er war seinem Verwandten Nathan Schalal in dieser Würde nachgefolgt. Er war ein biederer Charakter, auch talmudisch gelehrt, der sein hohes Ansehen, welches von dem ägyptischen Mamelukensultan anerkannt war, und seinen Reichtum zum Wohl seiner Gemeinde und der dahin versprengten Flüchtlinge verwendete. Isaak Schalal stand daher bei seinen Zeitgenossen in hoher Achtung. Ohne Neid beförderte er verdienstvolle Männer unter den spanischen Auswanderern zu Ämtern, und dadurch gelangten diese nach und nach zu bedeutendem Einflusse. Unter ihnen fand in Kairo eine Zufluchtsstätte der spanische Gelehrte Samuel Sidillo (oder Sid, Jbn-Sid, geb. um 1455, gest. um 1530,[3]) ein Jünger des letzten toledanischen

---

[1]) Zacutos Todesjahr ergibt sich annähernd aus dem Umstande, daß er in der ersten Edition des kompilatorischen Werkes אבקת רוכל, unter dem Titel כורות גדולים (angeblich von Machir), das 1515 in Konstantinopel erschien, bereits als Verstorbener zitiert wird: משפט אשר רוצו החכם השלם ר' אברהם זכותו ז"ל (vgl. Kerem Chemed des Sen. Sachs VIII, p. 210 und Katalog der Druckwerke der Bodleiana s. v. Abraham Sacut und Machir).

[2]) Vergl. Note 1.

[3]) Dieser Name erscheint bei den Bibliographen verstümmelt. Er selbst nennt sich im Eingange zu seinem talmudisch-methodologischen Werke כללי שמואל, das er im Alter, 1522 verfaßt hat (als Anfang zum Sammelwerke חיים דעים p. 29 b:) אמר שמואל ן' סדליי. Seine Zeitgenossen, Jakob Berab, Levi ben Chabib und andere, nennen ihn סיד ן' שמאל. Die sein Andenken tragende Synagoge hieß כנסת סידילי (in Meoraot Olam p. 19a). Salomo Athia nennt in seinem

Rabbiners Isaak de Leon, zu seiner Zeit wegen seiner Frömmigkeit und seines tiefen und klaren rabbinischen Wissens hochgeachtet. Samuel Sidillo wurde als Rabbiner im Kairoanischen Kollegium angestellt. Einen noch bedeutenderen Namen erlangte daselbst ein anderer gelehrter Flüchtling von spanischer Abkunft, David Ibn-Abi Simra (geb. um 1470, gest. um 1573),[1] ein Jünger des Mystikers Joseph Saragossi, reich an Kenntnissen, Tugenden, Schätzen und Nachkommen, der bald die Einheimischen überstrahlte und die höchste rabbinische Autorität in Ägypten erlangte. Noch viele andere spanisch-rabbinische Gelehrte fanden einen Ruhepunkt in Ägypten, nächst den bereits genannten auch Jakob Berab und Mose Alaschkar, auch ein sonst wenig bekannter Abraham Ibn-Schoschan, die sämtlich nach und nach ins Rabbinatskollegium traten.

Eine politische Wandlung in Ägypten brachte die Spanier an die Spitze der dortigen Judenheit. Das Nilland mit dem dazu gehörigen Syrien und Palästina, dessen Eroberung den Sultanen von Konstantinopel so schwer wurde, weil auch die rechtgläubigen Türken dagegen waren, fiel endlich Selim I. als sichere Beute zu. In einer entscheidenden Schlacht unweit Aleppo erfocht er einen glänzenden Sieg über den letzten Mameluckensultan Kanßu Algawri, und sein Marsch von Syrien nach Ägypten glich einem Triumphzuge. Selim wurde (Anfang 1517) Herr aller der ausgedehnten Länderstrecken, welche in früheren Zeiten eine Reihe größerer und kleinerer Staaten bildeten. Der letzte ägyptische Sultan fand ein tragisches Ende und ebenso der in aller Eile erwählte Eintagssultan Tumanbeg. Eigen ist es, daß türkische Juden sich sehr warm für die Eroberung Ägyptens interessiert haben. Ein Kabbalist Salomo Del Medras verlegte sich darauf, durch bedeutungsvolle Träume zu erfahren, ob Selims Feldzug gegen Ägypten einen glücklichen Erfolg haben, und in welchem Jahre er die Eroberung vollführen werde. Beides soll ihm durch Schriftverse im Traum offenbart worden sein.[2] Den Sommer desselben Jahres brachte Selim damit zu, eine neue Ordnung in Ägypten zu schaffen, es in vollste Abhängigkeit von der Türkei zu bringen und überhaupt es in eine Provinz zu verwandeln, die von einem ihm ergebenen Pascha als Vizekönig regiert werden sollte. Einen Juden

Gelehrtenkatalog zum Pf.-Kommentar in Ägypten einen ר׳ יצק סידילו, vermutlich dessen Sohn. Nun gab es in dieser Zeit einen שלמה סירילו, auch שיריליו und גיריליו geschrieben, von Immanuel Aboab Seralvo wiedergegeben, Verf. eines Kommentars zum jerus. Talmud. Die Bibliographen haben daher die Namen סידילו und סירילו mit einander verwechselt und somit fälschlich den Dajan von Kairo Samuel Seralvo benannt.

[1] Vergl. o. S. 9, Anmerk. 1.
[2] Meoraot Olam p. 2b.

spanischer Abkunft, **Abraham de Castro**, setzte Selim zum
Münzpächter für die neue türkische Prägung ein, und dieser erlangte
durch seine Reichtümer und seinen Einfluß eine gewichtige Stimme
im türkischen Beamtenkreise und in der ägyptischen Judenheit. De
Castro war sehr wohltätig, spendete alljährlich 3000 Goldgulden
für Almosen und nahm überhaupt ein lebendiges Interesse an den
Angelegenheiten seiner Glaubensgenossen.[1])

Die alte Ordnung der ägyptischen Judenheit scheint nun Selim I.
oder der Vizesultan **Cheibeg** verändert zu haben. Bis dahin bestand seit Jahrhunderten ein Oberrabbinat und Oberrichteramt über
sämtliche Gemeinden, dessen Inhaber eine Art fürstliche Gewalt hatte,
ähnlich derjenigen, welche die babylonischen oder bagdadensischen
Exilsfürsten ehemals inne hatten. Der Oberrabbiner oder Fürst (Nagid)
ernannte die Rabbiner für die Gemeinde, entschied die Streitigkeiten
unter den Juden ganz allein in höchster Instanz, hatte das Recht,
jede neue Einrichtung oder Maßregel zu bestätigen oder zu verwerfen,
durfte selbst gewisse Leibesstrafen über Vergehen und Verbrechen
von seiten der Glaubensgenossen unter seiner Gerichtsbarkeit verhängen und bezog für diese Funktionen bedeutende Einnahmen. Diese
Ordnung wurde seit der Herrschaft der Türken über Ägypten aufgehoben.[2]) Jede Gemeinde erhielt fortan die Selbständigkeit, ihren
Rabbiner selbst zu wählen und ihre Angelegenheiten ohne Bevormundung zu ordnen. Der letzte jüdisch-ägyptische Fürst oder Großrabbiner, **Isaak Schalal** (o. S. 16), wurde seiner Würde entsetzt
und begab sich mit seinen Reichtümern nach **Jerusalem**, wo er
ein Wohltäter der anwachsenden Gemeinde wurde. Das Rabbinat von
Kairo erhielt darauf der spanische Einwanderer David Ibn-Abi-Simra[3])
wegen seines biederen Charakters, seiner Gelehrsamkeit, seines Wohl-
tätigkeitssinnes und wohl auch oder noch mehr wegen seines Reichtums.
Man erzählte sich, er habe in seinem Hause einen Schatz gehoben,
den er dazu verwendete, die armen Talmudbeflissenen in Ägypten,
Jerusalem, Hebron und Safet zu unterstützen.[4]) David Simras Ansehen stieg so bedeutend, daß er die jahrelang andauernden Streitig-

---

[1]) **Meoraot Olam** p. 17b: בנה את הובנות טבריה על יד (שולטאן שולימאן) והוא. **Athia's Gelehrten-** רנגיד ר' אברהם די קאשטרו אשר היה בממצרים כושל על בית המטבע **katalog**: ובארץ מצרים ר' יעקב בירב . . . . והחכם ואיש גדול ר' אברהם די קאשטרו שהיו יוצאים מביתו בכל שנה שלשת אלפים זהובים לצדקה. Es war sein Sohn, den Amatus Lusitanus kuriert hat, und von dem er berichtet (Centuria V. No. 77): Maalem ex Castris Hebraeus, vir qui Solimani Turcarum imperatoris omnes reditus in se habet. Is Pisaurum venit, ut a nobis curaretur.

[2]) Vergl. Note 2.

[3]) Vergl. dessen Respp. ed. Livorno No. 44: ואף על פי שאני טרוד בעול מלכות ודרך ארץ.

[4]) Conforte Kore ha-Dorot p. 36 b.

keiten zwischen zwei Gemeindegruppen den Moghrebin (Afrikanern) und Mostarabern, schlichtete,¹) und daß er einen sehr alten Brauch aufheben durfte,²) der sich in allzu übertriebener Erhaltungssucht von Jahrhundert zu Jahrhundert wie ein abgestorbenes Glied hingeschleppt hatte. Die babylonischen Juden hatten vor mehr denn achtzehn Jahrhunderten die s y r i s ch e oder s e l e u c i d i s ch e Z e i t r e ch n u n g (Minjan Jawanim, Minjan Schetarot) zum Andenken an den Sieg des syrischen Königs S e l e u k o s über die anderen Feldherrn Alexanders des Großen angenommen. Das syrische Reich und die Seleuciden waren längst untergegangen, Syrien war nacheinander eine Beute der Römer, der Byzantiner, der Mohammedaner, der Mongolen und der Türken geworden; nichtsdestoweniger hatten die babylonischen und von ihnen die ägyptischen Juden dieselbe Zeitrechnung beibehalten und sich derselben nicht bloß für geschichtliche Erinnerungen und weltliche Urkunden, sondern auch für religiöse Zwecke, Ausstellung von Scheidebriefen und ähnlichen Urkunden, bedient. Während die palästinensischen und europäischen Juden nacheinander eine andere Zeitrechnung eingeführt hatten: seit der T e m p e l z e r s t ö r u n g und seit E r s ch a f f u n g d e r W e l t (Aera mundi), hielten die babylonischen und ägyptischen Juden an der seleucidischen Ära so fest, daß jede Scheidungsurkunde, die nicht nach derselben datiert war, als ungültig angesehen wurde.³) Diese veraltete Zeitrechnung hob Jbn-Abi-Simra für Ägypten auf und führte dafür die bereits allgemein angenommene seit der Erschaffung der Welt ein;⁴) seine Neuerung fand keinen Widerspruch. — Das Übergewicht der eingewanderten sefardischen Juden über die Mehrzahl der Urgemeinde (die Mostarabi) war so groß und fest, daß jene es wagen und durchsetzen konnten — gegen deren Widerspruch — einen alten, schönen, von Maimuni selbst eingeführten Brauch aufzuheben. Die mostarabischen Juden waren nämlich seit mehr denn drei Jahrhunderten gewöhnt, das Hauptgebet in den Synagogen ohne Selbstbeteiligung, nur vom Vorbeter laut vorgetragen, anzuhören. Dieser Brauch schien aber den Frommen von der pyrenäischen Halbinsel, gegentalmudisch, wo nicht gar ketzerisch, und sie arbeiteten mit Eifer daran, ihn zu verdrängen, obwohl der von allen verehrte Maimuni dessen Urheber war.⁵) Die grausigen Leiden hatten die sefardischen Juden herbe gestimmt und sie nur allzu geneigt

---

¹) Joseph Sambari, Neubauer Anecdota Oxon. p. 158.
²) Vergl. seine Respp. I., Nr. 29.
³) Vergl. Traktat Aboda Sara p. 10a, Jebamot p. 91b, Gittin 80a; das Wort שטרות umfaßt auch Scheidebriefe, gegen die Ansicht der Tosafisten daselbst.
⁴) Asulaï s. v. דוד ׳ן זמרה.
⁵) Respp. David Jbn-Abi-Simra ed. Livorno Nr. 94; vgl. Bd. VI, S. 338.

gemacht, auf religiösem Gebiete die äußerste Strenge walten zu lassen und dem Buchstaben knechtisch zu folgen. Der Rabbiner David Jbn-Abi-Simra war ihr Wortführer.

Während seines Rabbinats schwebte eine schwere Gefahr über den Häuptern der Kairoaner Gemeinde. Der vierte vizekönigliche Pascha von Ägypten, A ch m e d S ch a i t a n (Satan), der mit dieser hohen Würde für seine Heldentaten bei der Eroberung von Rhodus belohnt worden war, hegte einen Plan, Ägypten von der Türkei wieder loszureißen und sich zum selbständigen Herrscher desselben aufzuwerfen. Als ihm die ersten Schritte dazu gelungen waren, stellte er an den jüdischen Münzpächter A b r a h a m d e C a s t r o das Ansinnen, die Prägung der Münzen mit seinem Namen zu versehen. Dieser ging zum Schein darauf ein und ließ sich den Befehl dazu schriftlich von Achmed ausstellen. Damit versehen, suchte er sich heimlich aus Ägypten zu entfernen und eilte nach Konstantinopel an den Hof Suleimans II., um Anzeige von dem verräterischen Abfall des Paschas zu machen. Dadurch fand sich Achmed in der Ausführung seines Planes gehemmt. Seinen Zorn über de Castros Flucht ließ er daher an den Juden aus, warf einige derselben, wahrscheinlich de Castros Verwandte und Freunde, in Kerker und gestattete den Mameluken, das Juden-quartier in Kairo zu plündern. Auf die Bemerkung eines Ratgebers, daß das Vermögen der Juden von Rechts wegen ihm, dem Herrscher, überhaupt gebührte, tat Achmed Schaitan dem Plündern Einhalt, um seine eigene Kasse nicht geschmälert zu sehen. Er entbot darauf zwölf angesehene Juden in seinen Palast und legte ihnen das Herbeischaffen einer unerschwinglichen Summe binnen kurzer Zeit auf mit der Drohung, wenn sie seiner Forderung nicht nachkämen, sie mit Weib und Kindern unbarmherzig umkommen zu lassen. Zur größern Sicherheit hielt er die berufenen Vorsteher, wahrscheinlich die Rabbiner David Jbn-Abi-Simra und andere als Geiseln zurück. Das Flehen der Gemeinde um Nachsicht und Aufschub beantwortete der Wüterich mit noch schrecklicheren Drohworten. In dieser hoffnungslosen Lage wendeten sich die Hauptstadtjuden im inbrünstigen Gebet zu Gott. Der Greis S a m u e l S i d i l l o sammelte die unmündigen Kinder unter zwölf Jahren, welche ebenfalls dem Tode geweiht waren, zum Gebet in seiner Synagoge, und dieses jammervolle Flehen der Unschuldigen machte einen so tiefen Eindruck auf die Gemüter, daß die Szene unvergeßlich blieb. Inzwischen hatten die Sammler eine bedeutende Summe zusammengebracht und boten sie vor der Hand als Abschlagszahlung an. Da sie aber kaum dem zehnten Teil der von Achmed Schaitan geforderten Summe entsprach, ließ sein Geheimschreiber auch die Sammler in Fesseln legen und bedrohte sie, sowie sämtliche Gemeinde-glieder, klein und groß, noch an demselben Tage mit dem sichern Tode,

sobald sein Herr nur das Bad verlassen haben werde. In demselben
Augenblick, als der Katib diese Drohung ausgesprochen, wurde der
Pascha von einem seiner Wesire, Mohammed-Bey, der ihn
zu täuschen gewußt, und von einigen Mitverschworenen im Bade
überfallen und schwer verwundet. Es gelang ihm zwar, sich in seine
befestigte Burg zu werfen, aber diese wurde von der aufgebotenen
Bevölkerung Kairos gestürmt, weil Mohammed-Bey ihr die Plünderung
derselben verheißen hatte. Achmed Schaitan entfloh zwar aus dem
Schlosse, wurde aber verraten, eingeholt, gefesselt und dann enthauptet.
Mohammed Bey befreite darauf die gefesselten jüdischen Vorsteher
aus dem Kerker und sämtliche Juden Kairos von der Todesgefahr.
Der Tag der Errettung (der 27. oder 28. Adar 1524)[1]) wurde eine Zeit-
lang von den ägyptischen Juden als Gedenktag (Kairoanische Purim,
Furin al-Missrajin) gefeiert.

[1]) Es existierte ehemals eine vollständige Geschichtsrolle (מגלה) über diese
Begebenheit und daraus haben den Inhalt mitgeteilt: Der anonyme Verfasser
des Meoraot Olam (p. 19), Conforte (Kore p. 32a) und Joseph Ibn-Verga
in den Additamenta zu Schebet Jehuda p. 111. Diese Sekundärquellen
stimmen daher in den Hauptpunkten überein, differieren jedoch in Nebenumständen, namentlich in Betreff des Monatsdatums. Die zwei ersten Quellen
geben den 28. Adar als Tag der Errettung an, die erstgenannte sogar den
Wochentag. Ibn-Verga dagegen hat dafür den 27. Adar. Joseph Sambari, welcher in Kairo lebte und also diese Feier mitmachte, bestimmt ebenfalls
als Datum den 28. Adar (Neubauer, Anecdota Oxon. p. 145): וחכמי מצרים
עשו אותה מגילה לקרותה בליל כ"ח ויומו ולעשות אותו יום משתה ושמחה . . . Worin die
Differenz ihren Ursprung hat, ist schwer zu ermitteln. Dazu kommt noch eine
andere chronologische Differenz. v. Hammer, der das tragische Ende des
Achmed Schaitan ausführlich erzählt (Geschichte des Osmanischen Reiches III,
S. 35), setzt dessen Hinrichtung unbestimmt nach einer türkischen Quelle in
Februar 1521 (das. Noten p. 294): „Achmed der Verräter hingerichtet in
Rebiul-Achir (Februar)." Aber der 27. Adar desselben Jahres fiel auf den
2. März, der 28. also auf den 3. März. Die eine oder die andere Datum-
angabe beruht demnach auf einem Irrtum. Vergl. hebr. Zeitschrift Maggid,
Jahrg. 10, Beil p. 7—9.

Zweites Kapitel.

Rundblick. (Fortsetzung).

Hebung und Sittenverbesserung Jerusalems. Obadja di Bertinoro und Isaak Schalal. Safet und Joseph Saragossi. Die Juden in der Türkei, Suleimann I. und Mose Hamon. Die Gemeinde von Konstantinopel. Elia Misrachi; die Karäer. Der Kehaja Schaltiel. Die Gemeinde von Salonichi und Adrianopel. Die griechischen Gemeinden. Elia Kapsali, Rabbiner und Geschichtserzähler. Die Juden in Italien und die Päpste; Bonet de Lates. Das erste Ghetto in Venedig. Samuel Abrabanel und Benvenida Abrabanela. Abraham Farissol und sein Verkehr am Hofe von Ferrara. Die deutschen Juden und ihre Plagen. Jakob Loans und Joseph Joselin von Rosheim. Vertreibung der Juden aus Steiermark, Kärnten, Krain, Nürnberg und andern Städten. Die Juden in Böhmen. Jakob Polak und seine Schule. Die Juden in Polen und die deutschen Einwanderer.

1496 bis 1525.

Durch die Einwanderung der Spanier und Portugiesen erhielt auch J e r u s a l e m und mehrere palästinensische Städte einen großen Zuwachs an Gemeindemitgliedern und eine hohe Bedeutung, und auch hier wurden diese binnen kurzer Zeit ganz besonders Stimmführer und Tonangeber. In der allerkürzesten Zeit von sieben Jahren (1488 bis 1495) war die Zahl der Juden in der heiligen Stadt von kaum siebzig auf zweihundert Familien angewachsen, und wiederum in einem Zeitraum von zwei Jahrzehnten (1495 bis 1521) war sie von zweihundert auf fünfzehnhundert gestiegen.[1]) Der Wohlstand der jüdischen Bewohner Jerusalems hatte sich durch den Zufluß neuer Ansiedler außerordentlich gehoben. Während früher fast sämtliche Gemeindemitglieder beinah bettelarm waren, gab es drei Jahrzehnte später nur noch zweihundert Almosenempfänger. Was noch höher

---

[1]) Obadja di Bertinoro berichtet in seinem Schreiben von 1488: ובן היהודים (בירושלים) לא נשארו בה היום שבעים בעלי בתים (Jahrbuch des Literaturvereins Jahrg. 1863, p. 213) Vom Jahre 1495 berichtet ein anonymer italienischer Pilger (das. p. 218): בירושלים עיר הקדש הם כמו מאתים בעלי בתים und vom Jahre 1551 referiert ein anderer anonymer italienischer Pilger (שבחי ירושלים p. 21): הקהל (בירושלים) מכל מיניו יש ט"ו מאות בעלי בתים אשכנזים וספרדים לרוב. ומסהארבים דם מוריסקוס הושבי הארץ מקדם, ומערבים דם שבאו ממברבריה בין כלם כמו ג' מאות בעלי בתים מלבד אלמנות שר"ב יותר מד' מאות וסמהרנכות בירושלים כשופי ואין מקבלי צדקה דם יותר ממאתיב נפשות.

anzuschlagen ist, auch die Sittlichkeit hatte sich durch die Einwanderer bedeutend gehoben. Jerusalem war nicht mehr die Räuberhöhle, welche Obadja di Bertinoro angetroffen hatte. Die Gemeindemitglieder wurden nicht mehr von einem habsüchtigen, gewalttätigen, verräterischen Vorstand bis aufs Blut gequält und zur Verzweiflung oder zur Auswanderung getrieben;[1]) Eintracht, Verträglichkeit, Gerechtigkeitsgefühl und Ruhe waren in ihrer Mitte eingekehrt. Es herrschte zwar darin eine übertriebene äußerliche Frömmigkeit vor; aber diese stand nicht mehr in grellem Widerspruche zu einem empörend unsittlichen Lebenswandel. Viel, sehr viel hatte zu dieser Hebung der Sittlichkeit und der Gesinnung in Jerusalem der sanfte und liebenswürdige italienische Prediger Obadja di Bertinoro beigetragen, der mehr als zwei Jahrzehnte der anwachsenden Gemeinde mit Wort und Beispiel innige Religiosität, Gesinnungsadel und Entwöhnung von barbarischer Rohheit lehrte. Als er in Jerusalem eingetroffen war, schrieb er an seine Verwandten: „Wenn es in diesem Lande einen einsichtsvollen Juden gäbe, der die Leitung einer größeren Körperschaft mit Billigkeit und Sanftmut verstände, so würden sich ihm nicht bloß die Juden, sondern auch die Mohammedaner gern fügen, denn die letzteren sind gar nicht judenfeindlich gesinnt, vielmehr voller Rücksicht gegen Fremde. Allein es gibt keinen einzigen Juden von Einsicht und geselligen Tugenden in diesem Lande, sondern alle sind sie roh, menschenfeindlich und gewinnsüchtig".[2]) Damals ahnte di Bertinoro nicht, daß ihm selbst diese schöne Rolle zufallen würde, die Rohheit zu sänftigen, die Unsittlichkeit zu verbessern, die Niedrigkeit zu veredeln. Mit seinem milden, herzgewinnenden Wesen entwaffnete er die Bosheit und heilte die Schäden, welche er in der Jerusalemer Gemeinde angetroffen, beklagt und schonungslos aufgedeckt hatte. Obadja di Bertinoro war ein Segenspender für die heilige Stadt, entfernte den Schmutz von ihr und umgab sie mit einem sauberen Feierkleide. „Wollte ich sein Lob verkünden," so berichtete von ihm ein italienischer Jerusalempilger, „würde ich nicht fertig werden. Er ist der angesehenste Mann im Lande, und nach seinem Befehl wird alles geleitet, seinen Worten wagt niemand zu widersprechen. Von allen Seiten wird er aufgesucht und um Rat gefragt, auch in Ägypten und Babylonien ist er anerkannt, und selbst die Mohammedaner erweisen ihm Ehre. Dabei ist er bescheiden und demütig, seine Worte sind sanft, er ist für jedermann zugänglich. Alles preist ihn und sagt er gleiche keinem Erdensohne. Predigt er, so lauscht jedes Ohr auf sein Wort, und man vernimmt dabei nicht das leiseste Geräusch, so still andächtig sind seine Zuhörer."[3]) — Verbannte aus der pyrenäischen Halbinsel, die dahin

---

[1]) Vergl. Bd. VIII, S. 278 ff. [2]) Sein Sendschreiben a. a O. S. 213.
[3]) Sendschreiben a. a. O. S. 280.

versprengt waren, unterstützten ihn in seinem edlen Wirken, darunter ein spanischer Arzt, David Jbn-Schoschan, gelehrt und von edler Gesinnung, der nach seiner Einwanderung in hohem Ansehen bei der Jerusalemer Gemeinde stand.

Wahrscheinlich kamen durch die Vermittlung des Obadja di Bertinoro und seiner Gesinnungsgenossen die trefflichen Beschlüsse zustande, welche sich die Gemeinde selbst als unverbrüchliche Gesetze auferlegt und in eine Tafel in der Synagoge zur Erinnerung eingegraben hatte;[1]) sie waren gegen früher eingeschlichene Mißbräuche gerichtet. Solche Bestimmungen waren: Die mohammedanische Behörde sollte in Streitsachen zwischen Juden nur im äußersten Falle angerufen werden. Der jüdische Richter oder Rabbiner dürfe nicht wohlhabende Mitglieder zwingen, Vorschüsse für die Gemeindebedürfnisse zu machen. Talmudbeflissene und Witwen sollten von Gemeindebeiträgen befreit sein. Juden sollten keine falsche Münze kaufen, und wenn zufällig dazu gelangt, sie nicht ausgeben. Ferner: Dem Spender eines Weihgeschenkes für Synagogen in Jerusalem sollte nach geschehener Übergabe kein Verfügungsrecht darüber mehr zustehen. Endlich, daß die Wallfahrer zum Grabe des Propheten Samuel keinen Wein trinken dürften. Denn an diesem Tage pflegten Männer und Frauen gemischt dahin zu wallen und zwar die letzteren unverschleiert, so daß, wenn der Weinrausch die Sinne benebelt hatte, großer Unfug entstand. — Eine noch größere Bedeutung erhielt die heilige Stadt durch die Einwanderung des Isaak Schalal (v. S. 18) mit seinen Reichtümern, seiner Erfahrung und seinem Ansehen; sie fing dadurch an, wieder mitzuzählen.

Nächst Jerusalem hatte die verhältnismäßig jüngste Stadt Palästinas, Safet in Galiläa, eine starke jüdische Einwohnerzahl und Gewicht erlangt, die allmählich so sehr zunahmen, daß sie mit der Mutterstadt nicht bloß rivalisieren, sondern ihr auch den Rang ablaufen konnte. Sie beherbergte zwar am Ende des fünfzehnten und im Anfang des nächsten Jahrhunderts nur etwas über dreihundert jüdische Familien, Urbewohner (Moriscos), Berber und Sefardim.[2]) Auch hatte sie anfangs noch keinen bedeutenden einheimischen

---

[1]) Diese Beschlüsse teilt der anonyme italienische Pilger mit (in שבחי ירושלים p. 24b): תקנות והסכמות ש"ט לק"ק ירושלים והם כתובים על לוח בבית הכנסת; sie scheinen nicht lange vor seiner Ankunft 1526 eingeführt worden zu sein. Wenigstens wissen wir von einem derselben, die Weihgeschenke betreffend, daß er 1514 vereinbart wurde; vergl. Note 1. In diesem Jahre hat Obadja di Bertinoro höchst wahrscheinlich noch gelebt, vergl. Respp. Elia Misrachi Nr. 45 und Respp. David Jbn-Abi-Simra I. Nr. 108. Dieses, im hohen Alter ausgestellte Responsum gibt an, derselbe sei noch nicht 40 Jahre tot.

[2]) Die Itinerarien der zwei genannten italienischen Pilger im Jahrbuch a. a. O. und in שבחי ירושלים.

Talmudkundigen, dem die Führerschaft zugefallen wäre. Sie erhielt ihre Bedeutung und ihren weitreichenden Einfluß erst durch die Einwanderung eines spanischen Flüchtlings, der ihrer Gemeinde Halt und Richtung gab. Joseph Saragossi wurde für Safet ungefähr dasselbe, was Obadja di Bertinoro für Jerusalem geworden war. Aus Spanien (Saragossa) vertrieben, war er über Sizilien, Beirut und Sidon, wo er sich längere Zeit aufgehalten, endlich nach Safet gekommen und hatte dort einen Ruhepunkt gefunden. Joseph Saragossi war ebenfalls eine sanfte, herzgewinnende Persönlichkeit und betrachtete es als seine Lebensaufgabe, Friedfertigkeit zu predigen und die gestörte Eintracht in den Familien und im Gemeindeleben wieder herzustellen. Selbst unter den Mohammedanern wirkte er in diesem Sinne versöhnend und beschwichtigend, und sie liebten und verehrten ihn deswegen wie einen Friedensengel. Als er einst Safet wieder verlassen wollte, klammerte sich die Gemeinde förmlich an ihn und setzte ihm, um ihn zu behalten, einen Jahrgehalt von 50 Dukaten aus, wozu der mohammedanische Stadthauptmann zwei Drittel aus seiner Kasse beisteuerte.[1]) Joseph Saragossi verpflanzte das Talmudstudium nach Safet, aber auch die Kabbala. Durch ihn wurde die bis dahin jungfräuliche Gemeinde ein kabbalistisches Nest.

Auch in der halbpalästinensischen Hauptstadt Syriens, in Damaskus, bildete sich neben einer uralten mostarabischen Gemeinde durch den Zuwachs von Flüchtlingen eine sefardische, und sie zählte in dieser Zeit fünfhundert jüdische Familien. Die Spanier bauten in kurzer Zeit nach ihrer Ankunft eine Prachtsynagoge in Damaskus, Khathaib genannt; bald vermehrten sie sich so sehr, daß sie sich in mehrere Gruppen nach der Landsmannschaft aus ihrer Heimat spalteten.[2])

Die Hauptströmung der jüdisch-spanischen Verbannten floß nach der europäischen Türkei;[3]) der größte Teil der Überbleibsel von dreihunderttausend Geächteten fand in dem Lande ein Asyl, dessen Einwohner nicht die Liebe zu ihrem Aushängeschilde hatten. Die Sultane Bajazet, Selim I. und Suleiman II. haben nacheinander die eingewanderten Juden nicht bloß geduldet, sondern sie auch mit außergewöhnlicher Zuvorkommenheit aufgenommen und ihnen dieselbe Freiheit eingeräumt, welche andere Völkerschaften, Armenier und Griechen, dort genossen. Der Dichter Salomo Usque schilderte mit Begeisterung die freie Stellung, welche seine Glaubensgenossen dort einnahmen.

---

[1]) Beide italienische Itinerarien das. Jahrbuch, a. a. O. 275, 277, שבחי ירושלים p. 16 b.

[2]) Itinerarium שבחי ירושלים p. 21 b, Respp. Jakob Berab Nr. 33.

[3]) Salomo Melech, Verfasser des Bibelkommentars מכלל יופי, ein Zeitgenosse, bemerkt in der Einleitung: במלכות הזה, מלכות הנגרמה אשר באו בה רוב הקהלות ספרד.

„Die große Türkei, ein weites und ausgedehntes Meer, welches unser Herr mit dem Stabe seiner Barmherzigkeit öffnete (wie beim Auszuge aus Ägypten), damit darin die Hochflut deines gegenwärtigen Mißgeschickes (Jakob), wie die Menge der Ägypter einst sich darin verliere und untergehe. Dort hast du die Pforten der Freiheit und die Stellung auf gleich und gleich zur ungehemmten Befolgung des Judentums stets offen; sie verschließen sich dir nie. Dort kannst du dein Inneres erneuern, deinen Stand ändern, die Gebräuche abstreifen, verlassen die falschen und irrtümlichen Lehren, deine alte Wahrheit wieder in dich aufnehmen, die dem göttlichen Willen zuwiderlaufenden Gewohnheiten hinter dir lassen, die du durch die Gewalttat der Völker, unter denen du als Pilger gewandert, nachzuahmen gezwungen warst. In diesem Reiche empfängst du hohe Gnade vom Herrn, da er dir darin die ausgedehnte Freiheit gewährt, mit deiner späten Reue den Anfang zu machen".[1])

Die eingewanderten Juden hatten in der Türkei in der ersten Zeit außerordentlich glückliche Tage, weil sie dem verhältnismäßig jungen Staate wie gerufen gekommen waren. Die Türken waren gute Krieger, aber schlechte Bürger. Den Griechen, Armeniern und Christen anderer Bekenntnisse konnten die Sultane bei ihrem oft gespannten Verhältnisse zu den christlichen Staaten wenig trauen; sie galten ihnen als geborene Spione und Verräter. Auf die Treue, Zuverlässigkeit und Brauchbarkeit der Juden dagegen konnten sie rechnen. Sie bildeten daher einerseits die Geschäftsführer und anderseits den Bürgerstand in der Türkei. Nicht bloß der Handel im großen und kleinen zu Wasser und zu Lande war in ihren Händen, sondern auch die Handwerke und Künste. Sie, namentlich die aus Spanien und Portugal geflohenen Marranen, verfertigten für die Kriegslust der Türken neue Rüstungen und Feuerwaffen, gossen Kanonen, fabrizierten Pulver und lehrten den Türken die Kunst, damit umzugehen.[2]) So hatte die verfolgungssüchtige Christenheit ihren Hauptfeinden, den Türken, gewissermaßen selbst die Waffen geliefert, mit denen diese in den Stand gesetzt waren, ihr Niederlage auf Niederlage und Demütigung auf Demütigung zu bereiten. Besonders beliebt waren jüdische Ärzte in der Türkei, geschickte

---

[1]) Samuel Usque, Consolaçāo p. 233 a b.
[2]) Nikolaus de Nikolai, Schiffahrt in der Türkei (vom Jahre 1554), ursprünglich französisch, IV c. 16: vergl. die Rede des venetianischen Baile Jacopo Soranzo im Nachtrag zu Joseph Kohens Emek ha-Bacha p. 118, auch Paul Jovius Novocomensis, de legatione ad Clementem VII., in Straczewski historiae Ruthenicae scriptores I, No. II, p. 10: Sed ante alia Judaeorum genus vel memoria quidem horrent (Moscovitae), nec eos intra fines admittunt, qui etiam novissime Turcas aenea tormenta docuerint. Novissime ist hier vor etwa 1530.

Jünger aus der Schule Salamancas, und sie wurden wegen ihrer Gewandtheit, ihrer höhern Bildung, ihrer Verschwiegenheit und Klugheit den christlichen, ja sogar den mohammedanischen Ärzten vorgezogen. Diese jüdischen Ärzte, meistens spanischer Abkunft, erlangten an dem Hofe der Großsultane und bei Wesiren und Paschas weitreichenden Einfluß.[1]

Sultan Selim I. hatte zum Leibarzte den aus Spanien, wahrscheinlich aus Granada eingewanderten Joseph Hamon,[2] und dessen Sohn und Enkel nahmen nach einander dieselbe Stellung ein. Sein Sohn Mose Hamon (geb. um 1490, gest. vor 1565),[3] Leibarzt des klugen Sultans Suleiman, war noch viel angesehener und einflußreicher als der Vater, wegen seiner Geschicklichkeit und seines männlichen, festen Charakters. Er pflegte den Sultan auf seinen Kriegszügen zu begleiten; aus Persien, wohin er Suleiman auf einem Siegeszuge gefolgt war, brachte Mose Hamon einen gelehrten Mann, Jakob Tus oder Taws, mit (um 1535), der den Pentateuch ins Persische übersetzt hat. Diese Übersetzung ließ Hamon später auf eigene Kosten nebst einer chaldäischen und arabischen Übersetzung drucken.[4] Mose Hamon galt als Beschützer seiner Stammgenossen und Beförderer des Judentums.

Auch, als Sprachkundige und Dolmetscher wurden die Juden im türkischen Reiche gebraucht und gesucht, da sie wegen ihrer Wanderungen durch so viele Völker und Zungen die Sprachen ihrer Peiniger lernen mußten und dadurch eine besondere Fertigkeit erlangt hatten, in Zungen zu sprechen.

Die Hauptstadt Konstantinopel hatte eine sehr zahlreiche jüdische Gemeinde, welche täglich durch neue Flüchtlinge aus der pyrenäischen Halbinsel anwuchs, die größte in Europa wurde und wohl dreißigtausend Seelen zählte. Sie hatte vierundvierzig Synagogen

---

[1] Nikolaus de Nikolai das. III c. 12.

[2] Gedalja Ibn-Jachja. Schalschelet p. 50 b; Imanuel Aboab, Nomologia p. 306. Joseph Hamon I. war wohl jedenfalls verwandt mit Isaak Hamon aus Granada in Schebet Jehuda Nr. 37.

[3] Nikolaus de Nikolai sagt über ihn: Der türkische Kaiser hat zum Teil Juden als Ärzte mit großer Besoldung. Zu meiner Zeit (d. h. 1551—1554) war der vornehmste Arzt Ammon, seines Alters etliche und fünfzig Jahre, in großem Beruf und Ansehen, nicht allein wegen seines Reichtums, sondern auch wegen seiner Geschicklichkeit und Tapferkeit (a. a. O.). Zur Zeit als Mose Almosnino in Konstantinopel petitionierte (1565), war Mose Hamon bereits tot; denn er zählt dessen Sohn Joseph Hamon zu den Beförderern seines Gesuches.

[4] Über M. Hamons Verhältnis zu pentateuchischen Versionen ist manches Falsche geschrieben und nachgeschrieben worden; daher sei hier kurz das Richtige gegeben. Bekannt ist, daß 1546 in Konstantinopel auf Kosten Hamons der Pentateuch mit Onkelos, Saadias arabischer Version und einer persischen Version von Jakob טאוס gedruckt wurde. Daß aber Hamon selbst die letzte veranlaßt hat, ist nicht bekannt, weil die Bibliographen jene Edition nicht vor

d. h. eben so viele Gemeindegruppen. Denn die jüdische Körperschaft in der türkischen Hauptstadt und in den übrigen Städten bildete nicht eine geschlossene Einheit, sondern zerfiel in verschiedene Gruppen und Bruchteile, je nach dem Lande oder dem Orte ihrer Heimat, von denen jede ihre Eigenart bewahren, ihre Erinnerungen erhalten, ihre Liturgie und ihren Ritus beibehalten und sogar ihre eigene Synagoge und ein eigenes Rabbinatskollegium haben wollte. Die Gesamtgemeinde teilte sich daher in lauter Landsmannschaften, die sich gegeneinander abschlossen und nicht zu einem großen Ganzen verschmelzen mochten. Es gab also nicht bloß **kastilianische**, **aragonische** und **portugiesische** Gemeinden, sondern noch engere Verbände, **Corduanische, Toledanische, Barcelonenische, Lissaboner Kahals** (Gruppen), neben **deutschen, apulischen, messinischen, zeitunensischen** oder **griechischen**.[1]) Jede Kleingemeinde verteilte die Steuern unter ihre Mitglieder selbst-

Augen hatten. Das Vorwort des Editors (Salomo Masal-Tob) sagt es aber deutlich. Es verdient überhaupt trotz seines schwärmerischen Stiles, mitgeteilt zu werden. Es lautet: תורת ה' תמימה . . . . הנה כתיבה כפתורה . . . ומתורגמת בשלש לשונות תרגום אינקלוס וערבי לרב סעדיא גאון ופרסי אשר באר לנו איש נבון וחכם כר' יעקב בן כמר' יוסף טאוס נ"ע הביאו אדונינו מאור גלותנו . . . הוא אב המון עם ה' החכם הרווא המובהק שר וגדול בישראל כמהר"ר משה המון . . . עלינו לשבח . . . שלא השבית גואל בישראל גדול שבו ונשוא פנים . . . אב הוא לאום עיר ועם עיר שערה . . . קושטנטינא ש"ו. Das Verbum הביאו bezieht sich doch wohl auf den Übersetzer, daß ihn Hamon aus Persien mitgebracht hat. Über diese persische Übersetzung haben Walton in der Einl. zur Londoner Polyglotte, Rosenmüller in einer Dissertation: de versione Pentateuchi persica commentatio, und noch andere nur vages mitgeteilt; Munk hat, wie über viele Materien der jüdischen und arabischen Literatur, auch darüber Licht verbreitet in seinen Notices sur Saadia Gaon p. 62 ff. Dieser Übersetzung hat Alexander Kohut eine eingehende Schrift gewidmet: Kritische Beleuchtung d. pers. Pent.-Übersetzung, Leipzig und Heidelberg 1871. — Da diese Übersetzung 1546 gedruckt wurde, so muß sie M. Hamon bei seiner Begleitung Suleiman's im ersten persischen Feldzuge (1534—35) mitgebracht haben.

[1]) Die Zahl der Juden Konstantinopels in dieser Zeit läßt sich nicht genau ermitteln. Nach Relatione de Constantinopoli zählten es 11300 erwachsene Steuerpflichtige über 12 Jahren, ohne Frauen, was etwa 30000 ergeben würde. Stephan Gerlach bemerkt in seinem Tagebuche (p. 90), daß bis zum J. 1574 über 10000 Juden nach Konstantinopel eingewandert sein sollen, welche alle früher Christen gewesen, d. h. Marranen. Zinkeisen (Geschichte des osmannischen Reichs III, S. 309, Note) hat die Zahl mißverstanden und sie als die Gesamtgemeinde aufgefaßt; daher findet man bei ihm die Zahl zu gering angeschlagen Gerlach schreibt das. S. 174: Die Deutschen und Ungarischen haben Schule zu Hause, die Welschen, Spanier, Griechen ihre besonderen Schulen. Vor der großen Brunst (Sept. 1560 bei v. Hammer III 528; Charrière, Négotiations de la France dans le Levant III, p. 88 ff.) waren deren 44, jetzt (1575) sind hier etliche dreißig. Über die partiellen Gemeinden und Synagogen vergl. die zeitgenössischen Responsa.

ständig nicht bloß für ihren Kultus, ihre Gemeindebeamten, ihr Armen-
wesen, ihre Hospitäler und Schulen, sondern auch für ihre Abgaben
an den Staat. Die Staatssteuern, welche die Juden zu leisten hatten,
waren anfangs geringe, eine Kopfsteuer für jeden Steuerfähigen
(charag) und eine Art Rabbinersteuer, welche die Gemeinde
unter sich verteilte in drei Sätze für drei verschiedene Vermögens-
klassen von 200, 100 und 20 Aspern (4, 2 und $^2/_5$ Dukaten).[1]) Nur
die Familie des Arztes Hamon war von Abgaben frei. — Auch in der
europäischen Türkei erlangten bald die sefardischen Juden die Führerschaft, und ihre Riten wurden maßgebend.[2])

In der ersten Zeit hatten allerdings die angesessenen Juden,
welche die Mehrzahl bildeten, das Übergewicht über die eingewanderten.
Das Großrabbinat bekleidete nach dem Tode des verdienstvollen, aber
verkannten Mose Kapsali (VIII, 206), der wahrscheinlich aus einer
eingewanderten griechischen Familie stammende Elia Misrachi,
welcher unter den Sultanen Bajazet, Selim I. und vielleicht auch
unter Suleiman Sitz im Divan hatte, wie sein Vorgänger, und der
offiziell-religiöse Vertreter der türkischen Gesamtjudenheit war. Diesen
hohen Posten verdiente er auch wegen seiner rabbinischen und anderweitigen Gelehrsamkeit und seines biedern, unparteiisch gerechten
Charakters. Elia Misrachi (geb. um 1455, starb zwischen 1525 bis
1527[3]) war als ein Zögling der deutschen Schule und als ein Jünger

---

[1]) Vergl. Respp. E. Misrachi Nr. 89: אני טרור כעת מרוב טרדות הקהלות שנפלו
עלי מחמת שהשליכו עלינו מן דבותינו לקחת אלף לבנים מכל מי שעורך עם ר' לבנים, וח"ק
לבנים מכל מי שעורך עם ק' לבנים, ומ' לבנים מכל מי שעורך כ' לבנים ועלה חשבונו על
הירדוים לבדם קרוב ו' אלפים פרחים. (Über den Wert der Asper = לבנים in dieser
Zeit vergl. v. Hammer III, S. 18, Note c; 50 Asper = 1 Dukaten.) Vergl.
noch über die Judensteuer in der Türkei Respp. Samuel de Medina (alte Ausgabe von Salonichi, Chosen Mischpat Nr. 64) und Zinkeisen, Geschichte des
osmanischen Reichs III, S. 368, nach einer handschriftlichen Quelle.

[2]) Respp. Samuel di Medina das. I, Nr. 53.

[3]) Seine Geburtszeit und Lebensdauer läßt sich nur aus seinem Todesjahr
ermitteln. Er lebte noch, als der Streit zwischen Benjamin Seeb und
David aus Corfu (רד"ך) schwebte. Noch 28. Schebat 5285 = Januar 1525 hat
der erstere an E. Misrachi ein Sendschreiben gerichtet (Respp. Benj. Seeb,
Nr. 284). Dagegen war er 1527 bereits gestorben, als sein Sohn dessen Pen-
tateuch-Superkommentar in Venedig ediert hat. Da Misrachi sehr alt geworden
ist, wie aus einigen seiner Respp. hervorgeht, so ist damit seine Geburtszeit
annähernd gegeben. Daß er ein Jünger des Juda Menz war, folgt aus der
Quelle Bd. VIII.₃ S. 448. Er polemisierte aber mit Elia Baschjazi, also noch
vor 1490, vor dem Tode des letztern, wie aus der Beilage zu אדרת אליהו ed.
Goslow-Eupatoria (anfangs) hervorgeht. Über seine edierten Schriften: Super-
kommentar zu Raschis Pentateuch-Kommentar, Glossen zu de Couchys סמ"ג, zwei
Responsensammlungen, 100 השובות in שו"ת כים עבובים, eine hebräische Arithmetik,
die auch ins Lateinische übersetzt wurde (Basel 1546), vergl. die Bibliographen.

des Rabbiners Juda Menz von Padua ein tiefer Talmudkundiger und ein strengfrommer Mann; aber er war darum doch nicht der Wissenschaft abgeneigt. Er verstand und lehrte Mathematik und Astronomie, hielt öffentliche Vorträge darüber, wie über den Talmud und verfaßte Handbücher über diese Fächer,[1] die zum Teil so beliebt waren, daß sie ins Lateinische übersetzt wurden. In der Jugend war er ein Heißsporn und führte eine Fehde mit den Karäern in der Türkei. Im Alter dagegen war Elia Misrachi milder gegen sie gestimmt und legte sein gewichtiges Wort ein, um eine Ungerechtigkeit der Stockfrommen gegen sie abzuwenden. Einige Finsterlinge, namentlich von der apulischen Gemeinde in Konstantinopel, wollten den freundnachbarlichen Verkehr, welcher seit einem halben Jahrhundert und darüber zwischen Rabbaniten und Karäern bestanden hatte, auf eine gewaltsame Weise stören. Sie versammelten ihre Gemeindemitglieder und sprachen mit der Thorarolle im Arme den Bann über diejenigen aus, welche noch ferner Karäern, Erwachsenen wie Unmündigen, in Bibel oder Talmud Unterricht erteilen oder ihnen auch nur profane Fächer, Mathematik, Naturkunde, Logik oder Musik lehren, ja auch über diejenigen, welche ihnen auch nur das Alphabet beibringen sollten. Auch sollten rabbanitische Dienstboten nicht mehr bei karäischen Familien in Dienst treten. Diese Überfrommen beabsichtigten eine dichte Scheidewand zwischen den Talmudgläubigen und Bibelgläubigen zu ziehen. Der größte Teil der Konstantinopolitaner Gemeinde war aber mit dieser unduldsamen Maßregel sehr unzufrieden. Namentlich klagten die rabbanitischen Lehrer, welche bis dahin vom Unterrichtgeben bei den Karäern gelebt und in ihren Schulen zugleich rabbanitische und karäische Zöglinge hatten, über Verminderung und Verkümmerung ihres Broterwerbs. Infolgedessen versammelten sich die duldsamen Rabbaniten von Konstantinopel ihrerseits, um den ungerechten Bann der Finsterlinge zu vereiteln. Aber diese verfuhren so ungestüm und so gewalttätig und brachten ein rohes, mit Knitteln versehenes Gesindel in die Synagoge, wo die Beratung stattfinden sollte, daß jene gar nicht zu Worte kommen konnten. So wurde der Bannbeschluß in feierlicher Form von einer trotzigen Minderheit gegen den Widerspruch und die guten Gründe der Mehrheit durchgesetzt. Da trat der Rabbiner Elia Misrachi mit Entschiedenheit gegen dieses ebenso unbegründete und gesetzlose, wie gewaltsame Treiben auf und entwickelte in einer gelehrten Abhandlung, wie ungerecht und selbst talmudwidrig das Abstoßen der Karäer sei. Er berief sich dabei auf die Autoritäten Haï Gaon und Maimuni, daß man rabbanitischerseits nicht bloß berechtigt, sondern auch verpflichtet sei, die Karäer als Juden zu behandeln. Er führte den Finsterlingen

---

[1] Vergl. dessen Respp. Nr. 58.

zu Herzen, wie sie durch ihre unduldsame Strenge den Verfall des Jugendunterrichtes herbeiführen würden, indem bisher der Wetteifer, die karäischen Mitschüler zu übertreffen, den rabbanitischen Schülern zum Sporn gedient habe. Zum Schluß machte Elia Misrachi noch auf den Umstand aufmerksam, wie der Bann gegen das Unterrichten der Karäer vergeblich sei, indem die später eingewanderten und noch in Zukunft einwandernden spanischen und portugiesischen Rabbaniten nicht daran gebunden wären, sich nicht daran zu kehren brauchten und also mit ihnen wie früher verkehren dürften.[1]

Die türkischen Juden hatten zu dieser Zeit auch eine Art politischen Vertreter, Anwalt (Kahya[2]) oder Kämmerling, welcher Zutritt zu dem Sultan und zu den Großwürdenträgern hatte und mit seinem Amt vom Hofe belehnt war. Schaltiel, ein sonst unbekannter, aber als edel geschilderter Mann, hatte diese Würde unter Suleiman inne. Bei jeder Ungerechtigkeit und jedem gewalttätigen Verfahren gegen die Juden im türkischen Reiche, die bei dem Hochmute der türkischen Bevölkerung gegen Andersgläubige, Juden wie Christen, bei dem Willkürregimente des Provinzialpaschas und bei dem Fanatismus der christlichen Griechen und Bulgaren niemals fehlten, trat der Kahija Schaltiel für seine Glaubensgenossen ein und erlangte bei Hofe für Summen die Abstellung derselben. Indessen muß er sich einmal irgend ein Vergehen gegen sie durch parteiische Einmischung in ihre Angelegenheiten oder sonst wie haben zuschulden kommen lassen, denn sämtliche Konstantinopolitanische Gemeinden (Kahals) faßten den feierlichen Beschluß, unter Androhung des Bannes ihn seines Amtes zu entsetzen. Schaltiel ließ sich aber diese Entsetzung nicht nur gefallen, sondern verpflichtete sich noch dazu, für sich und seine Kinder, ohne Zustimmung der Gemeinden, die Würde der Kahijalik nicht zu übernehmen, selbst wenn der Sultan ihn dazu zwingen sollte (Oktober 1518), was jedenfalls von seinem edlen Sinne zeugt. Nach einiger Zeit sahen aber die Juden der türkischen Hauptstadt selbst ein, wie notwendig ihnen ein solcher tatkräftiger Vertreter sei, daß der Nutzen, den seine Verwendung für sie hatte, bei weitem den Nachteil aufwog, den etwaige Übergriffe

---

[1]) Respp. das. Nr. 67. Joseph Bagi in einem Codex der Leydener Bibliothek, Katalog S. 126.

[2]) קהייא, ein türkisches Wort كهيا der praefectus aulae, ein Würdenträger des Hofes, oder wohl auch einfach ein Curtisanus, der Zutritt zum Hofe, zum Serail, hatte. Das Responsum E. Misrachis Nr. 14 Ende und Nr. 15, das Nachricht darüber enthält, ist sehr beachtenswert: ר' שאלתיאל צהיה קהייא עד היום . . . שי"ש לר' שאלתיאל כח לעכור בהיכל המלך לבטל גזירת השר שגזר על היהודים עם כת השרים רואי פני המלך כבן בית עמדו. Aus dem Umstande, daß der Sultan selbst ihn dazu ernannt hat (das.): ד' שאלתיאל אשר ככר גור המלך להשיבו כן, und daß es von Kahija ein Abstraktum gegeben hat, קהיליק (das.) geht hervor, daß es eine beständige Würde war, die der Sultan zu verleihen pflegte.

für sie herbeiführen könnten. Außerdem bestand der Sultan darauf, Schaltiel, der bei Hofe beliebt gewesen zu sein scheint, wieder in sein Amt einzusetzen. So traten denn die Vertreter und Rabbiner sämtlicher Gemeinden Konstantinopels abermals zusammen und beschlossen, den Bann aufzuheben, und ihn als ihren politischen Anwalt wieder anzuerkennen (Mai 1520). Sie schrieben ihm aber einige Bedingungen vor, denen er sich unterwarf, daß er wichtige, die Juden betreffende Angelegenheiten nie ohne Zustimmung der Gemeindevertreter vor den Sultan oder die Wesire bringen, und daß er überhaupt sein Amt nur zum Besten der Judenheit verwalten solle. Einige hämische Überfromme, „welche nichts Ordentliches gelernt und sich von der unwissenden Menge als Heilige anstaunen lassen wollten, kleine Füchse, die den Weinberg des Herrn zerstören und nur Zwietracht zu säen bestrebt waren" (wie sie geschildert werden), erhoben Widerspruch gegen die Aufhebung des Bannes und des ersten Beschlusses. Infolgedessen mußten die Rabbiner der verschiedenen Gemeindegruppen ihr Wort zugunsten Schaltiels und seiner Wiedereinsetzung erheben. Nächst Elia Misrachi sprachen sich für ihn aus: J a k o b T a m J b n = J a c h j a, A b r a h a m J b n = J a i s c h, J u d a B e n = B u l a t und andere spanische wie deutsche Rabbinatsverweser.

Die zweitgrößte Gemeinde des türkischen Reiches war S a l o n i c h i (das alte Thessalonica), eine ungesunde Stadt, die aber nichtsdestoweniger die sefardischen Auswanderer anzog. Die Hauptströmung derselben ging nach diesem Küstenplatze, weil diese ehemals griechische Stadt mehr Muße für friedliche Beschäftigung bot als die geräuschvolle türkische Hauptstadt. Es entstanden hier daher bald mindestens zehn Gemeinden, und die meisten davon waren sefardischen Ursprungs. Später vergrößerten sie sich zu sechsunddreißig Gemeindegruppen. Salonichi wurde eine förmliche Judenstadt, in welcher mehr Juden als Nichtjuden wohnten.[1]) Der Dichter Samuel Usque nannte diese Stadt hyperbolisch „eine Mutter des Judentums, gefestigt auf dem Grunde des Gesetzes, voll von vorzüglichen Pflanzen und fruchtbaren Bäumen, wie man sie gegenwärtig auf dem ganzen Erdenrunde nicht wieder findet. Herrlich sind ihre Früchte, weil sie ein Überfluß von Mildtätigkeit bewässert. In ihr hat sich der größte Teil der verfolgten und verbannten Söhne aus Europa und anderen Teilen der Erde gesammelt, und sie nimmt sie mit Liebe und Herzlichkeit auf, als wenn sie unsere allerehrwürdige Mutter Jerusalem wäre."[2]) In

---

[1]) Respp. Samuel de Medina (רשד״ם, erste Edition, Konstantinopel 1550, unter dem Namen פסקים) I, Nr. 88: שאלוניקי שהיא עיר שרובה ישראל. Die große Zahl der Synagogengemeinden ist in der Gutachtenliteratur des XVI. saecul. angegeben, vergl. Immanuel Aboab: Nomologia p. 307.

[2]) Samuel Usque, Consolação III, Nr. 34.

Die Gemeinde von Salonichi.

kurzer Zeit erlangten hier die sefardischen Einwanderer das volle Übergewicht über ihre Stammgenossen anderer Sprachen und selbst über die Urgemeinde, so daß die spanische Sprache die herrschende in Salonichi wurde, welche sich deutsche wie italienische Juden aneignen mußten, wollten sie im Verkehr mit ihren spanischen Religionsgenossen bleiben. Hier hatte sich der Enkel eines der letzten jüdisch-spanischen Finanzmeister, des Abraham Benveniste, welcher in so hohem Ansehen bei Juan II. und dem Connetabel Alvaro de Luna gestanden (VIII, 141 f.), niedergelassen, Jehuda Benveniste, der so viel von seinem väterlichen Vermögen gerettet hatte, daß er eine großartige Büchersammlung besaß. Er war die Fahne, um die sich die Schwergeprüften sammeln konnten.[1] Vertreter des Talmudstudiums waren hier lediglich Söhne der pyrenäischen Halbinsel; eine Gelehrtenfamilie Taytasak, Elieser Schimeoni (gest. 1530)[2] und Jakob Ibn-Chabib; alle diese waren keineswegs Fachmänner erster Größe. Nur der letztere hat ein literarisches Werk hinterlassen, aber nicht über die strenge Halacha, sondern eine Sammlung sämtlicher agadischer Sentenzen aus dem Talmud mit Erläuterungen eigener und fremder Arbeit.[3] Auch die Philosophie und Astronomie wurde in Salonichi von spanischen Einwanderern einigermaßen gepflegt, von den Ärzten Perachja Kohen, seinem Sohn Daniel Ahron Afia (Affius) und Mose Almosnino.[4] Aber am meisten fand hier die Kabbala Pflege und zwar ebenfalls von spanischen Einwanderern, von Joseph Taytasak, Samuel Franco und anderen.[5] Salonichi in der europäischen Türkei und Safet in Palästina wurden mit der Zeit die Hauptnester für kabbalistisches Brüten. — Weniger Bedeutung hatte die ehemalige Residenzstadt der türkischen Sultane, Adrianopel, obwohl sich auch hier, wie in Nikopolis eine bedeutende Gemeinde mit sefardischem Hauptelement bildete.

Auch in Kleinasien bevölkerten die spanischen Flüchtlinge die Städte Amasia, Brussa, Tria und Tokat. Smyrna

---

[1] Einl. zu Chabibs En-Jakob.

[2] Einleitung zu Athias Psalmenkommentar; Schimeonis Todesjahr bezeichnet eine Grabschrift bei Conforte, p. 32.

[3] En-Jakob oder En-Jisrael, zuerst ediert Konstantinopel 1516 beim Leben des Kompilators, später von seinem Sohne Levi Ibn-Chabib vervollständigt.

[4] Vergl. darüber Frankel-Graetz, Monatsschrift, Jahrg. 1864, S. 25 ff. Zu Ahron Afia ist noch zu ergänzen: Gedalja (Ibn) Jachja edierte 1568 in Venedig: Aron Afia philosopho y metafisico excellentissimo opiniones sacadas de los mas autenticos y antiguos Philosophos que sobre la alma escriveron. Katalog der Bodleiana, p. 1602. Amatus Lusitanus führt in seiner VII. Zenturie (Nr. 15) einen Dialog mit Affius philosophus peripateticus.

[5] Athias Einleitung.

indessen, welches später eine zahlreiche Judenschaft hatte, war in dieser Zeit unbedeutend. Dagegen bestanden in Griechenland mehrere reich bevölkerte Gemeinden. In Arta oder Larta setzten sich neben dem Urstock der Romanioten und Corfioten, auch kalabrische, apulische, spanische und portugiesische Ankömmlinge. Es scheint ihnen auch hier nicht schlecht ergangen zu sein; denn die jüdische Jugend beiderlei Geschlechts war noch zur Heiterkeit und zum Tanz aufgelegt gewesen, allerdings zum großen Verdruß der Strengfrommen. Als einmal bei einer solchen Lustbarkeit ein geschlechtlicher Unfug vorgekommen war — allerdings eine große Seltenheit bei der Züchtigkeit der jüdischen Mädchen und Frauen — untersagten das Rabbinatskollegium und der Gemeindevorstand von Arta das Tanzen überhaupt.. Sie gingen später noch weiter und verboten den Verlobten, in das Haus ihrer Bräute zu gehen, weil hin und wieder einmal die Liebe der Hochzeitsfrist vorausgeeilt war. Dadurch entstanden Zwistigkeiten in den artensischen Gemeinden zwischen den Apuliern, welche gegen diese Strenge protestierten, und den übrigen, welche sie aufrecht erhalten wollten.[1] — In Patras, Negroponte und Theben gab es nicht unbedeutende Gemeinden, bei denen die Thebaner als sehr gelehrt, d. h. talmudkundig galten.[2] Die Gemeinde von Patras besaß einen sehr gelehrten Rabbiner, David Kohen aus Korfu,[3] dessen Autorität sehr weit reichte, einerseits nach Italien und anderseits nach dem Orient. Er war aber zu rechthaberisch und auffahrend in seinen Behauptungen und zu weitschweifig in seinen rabbinischen Auseinandersetzungen. Korfu wurde durch die Seekriege zwischen den Türken und dem christlichen Europa hart mitgenommen, dadurch wurde dieser David öfter zum Auswandern genötigt. — Die Riten der Gemeinde von Korfu waren maßgebend für die übrigen griechischen Juden. Eine ansehnliche Gemeinde war in Canea auf der Insel Candia (Kreta), welche zu Venedig gehörte. Hier standen zwei berühmt gewordene Familien an der Spitze, die Delmedigo, Söhne und Verwandte des Philosophen Elia Delmedigo (VIII$_3$, 244), und die Kapsali, Verwandte des ehemaligen Großrabbiners der Türkei. Hervorragend waren Juda Delmedigo (Sohn des Lehrers von Pico di Mirandola) und Elia ben Elkana Kapsali, ein Neffe des genannten Großrabbiners, auch Neffe und Nachfolger des philosophisch gebildeten Rabbiners Menahem Delmedigo. Beide haben sich unter einem und demselben Rabbiner, Juda Menz in Padua, ausgebildet und waren nichtsdestoweniger einander abgeneigt. Da nun beide die

---

[1] Respp. Benjamin Seeb Nr. 303—8; Respp. Tam Ibn-Jachja Nr. 168.
[2] Respp. Elia Misrachi Nr. 70: חיה (תיבץ) המפורסמת בחכמה.
[3] Von David Korfu. (Abbrev. רד״ק) sind Responsen vorhanden, die sein Schwiegersohn David Vital ediert hat.

Die Gemeinden in Griechenland.

Rabbinatswürde in Canea bekleideten, so gab es fortwährend Reibungen zwischen ihnen.[1]) Hatte der eine etwas für erlaubt erklärt, so konnte man darauf gefaßt sein, daß der andere alle Gelehrsamkeit und allen Scharfsinn aufbieten würde, um das Gegenteil zu beweisen, und doch waren beide würdige, charaktervolle Männer, beide auch in außerrabbinischer Literatur gebildet.

Elia Kapsali (geb. um 1490, gest. um 1555)[2]), dessen Vater Elkana, Gemeindevorsteher (Condestable) von Canea gewesen war, besaß auch gute Geschichtskenntnis. Als einst die Pest Candia verheerte und die Bevölkerung in Trübsinn versetzte, verfaßte er (1523) eine Geschichte des türkischen Reiches, um die Leser von der Todesfurcht abzuziehen, in einem sehr anmutigen hebräischen Stile, in durchsichtiger und gehobener Sprache, fern von Überladungen und mit Vermeidung des Kauderwelsches von Barbarismen. Kapsali bestrebte sich, nur die Wahrheit zu erzählen. Er flocht darin die Geschichte der Juden ein und schilderte in düstern Farben das tragische Geschick der aus Spanien und Portugal Vertriebenen, wie er es aus dem Munde der Flüchtlinge vernommen hatte.[3]) Obwohl er eine Nebenabsicht bei der Abfassung der Geschichte erzielen wollte, die Erheiterung der wegen der Pest Traurigen, so hat er sich dabei doch nicht von der Phantasie leiten lassen, sondern hat die Begebenheiten wahrheitsgetreu wiedergegeben und die Verknüpfung von Ursache und Wirkung verdeutlicht. Auch auf die angemessene Form hat er Wert gelegt, und seine Darstellung kann zum Muster eines schönen hebräischen Geschichtsstils dienen und hat auch als solches gedient und Nachahmung gefunden. Kapsali verließ die trockene Chronikerzählung und war als

---

[1]) Vergl. darüber Respp. Mose Alaschkar Nr. 70 ff., Nr. 111; Respp. Jacob Berab Nr. 54; Respp. Meïr von Padua Nr. 29. Mose Metz, Einl. zu Delmedigos Elim, p. 39b.

[2]) Vergl. über ihn Bd. VIII₃ S. 443 ff Seine biographischen Data ergeben sich aus folgenden Momenten. Um 1525—1528 während des Streites zwischen Benjamin Seeb und David Kohen aus Corfu war Elia Kapsali bereits 16 Jahre Rabbiner (das.); er ist also um 1512 Rabbiner geworden, muß doch aber mindestens damals ein Zwanziger gewesen sein. Damit stimmt überein, daß er das Lehrhaus des Juda Menz in dessen letztem Lebensjahre 1509 besucht hat, etwa als achtzehnjähriger Jüngling. Anderseits richtete er nach dem Ableben des Jakob Berab, d. h. nach 1541, eine Anfrage an dessen Nachfolger in Safet, an Joseph Karo und Joseph di Trani in betreff des Aufstellens eines Marmors mit einer Löwengestalt in der Synagoge (Respp. J. Karo אבקת רוכל Nr. 63—65 und Respp. M. di Trani I, Nr. 30).

[3]) Aus Kapsalis Geschichtswerk דברי הימים oder סדר אליהו teilte Luzzatto eine interessante Piece daraus mit in Wieners deutscher Übersetzung des Emek ha-Bacha Nr. XV ff. Mose Lattes aus Padua hat einen großen Teil desselben 1869 veröffentlicht unter dem Titel לקוטים שונים oder de vita et scriptis Eliae Kapsali.

Geschichtsschreiber seinem Vorgänger, Abraham Zacuto, weit, weit überlegen. Für einen Rabbiner von Fach, der genötigt war, bei gutachtlichen Auseinandersetzungen sich einer verdorbenen Mischsprache zu bedienen, die weder hebräisch noch chaldäisch klingt, ist die reine Sprachform besonders bemerkenswert, und sein Geschichtswerk zeigt von großer Gewandtheit und von Talent.

In Italien wimmelte es damals von flüchtigen Juden. Fast die meisten derer, welche aus Spanien, Portugal oder Deutschland ausgewiesen waren, berührten zuerst den italienischen Boden, um, je nachdem, sich unter dem Schutze eines der duldsamen Machthaber dort niederzulassen oder weiter nach Griechenland, der Türkei oder Palästina zu wandern. Merkwürdigerweise zeigte sich das damalige Papsttum am judenfreundlichsten unter den italienischen Fürsten. Alexander VI., Julius II., Leo X. und Clemens VII. hatten andere Interessen zu verfolgen und anderen Liebhabereien nachzuhängen, als ihr Augenmerk auf Quälerei der Juden zu richten. Sie und ihr Kardinalkollegium beachteten die kanonischen Gesetze nur in so weit, als sie dieselben zur Erhöhung ihrer Macht und zur Füllung ihrer Säckel brauchten. Mit vollständiger Vergessenheit des Beschlusses auf dem Baseler Konzil, daß jüdische Ärzte nicht von Christen zu Rate gezogen werden sollten, wählten diese Päpste und ihre Kardinäle vorzugsweise jüdische Leibärzte. Es scheint, daß bei dem geheimen Kriege, dem Ränkeschmieden und der Giftmischerei, welche seit Alexander VI. in der Kurie im Schwange waren, wo einer in dem andern einen geheimen Feind argwöhnte, jüdische Ärzte deswegen beliebter waren, weil von ihnen nicht zu befürchten war, daß sie statt des Heilmittels einem Papst oder Kardinal den Giftbecher reichen würden. Alexander VI. hatte einen jüdischen Arzt um sich, Bonet de Lates, aus der Provence eingewandert, der auch Sternkunde verstand, einen astronomischen Ring anfertigte und die Beschreibung desselben in lateinischer Sprache dem Papste in überschwänglicher Lobhudelei widmete.[1]) Bonet de Lates war später auch ein sehr beliebter Leibarzt bei Papst Leo X. und hatte auf dessen Entschlüsse Einfluß. Julius II. hatte einen solchen an Simeon Zarfati, der auch sonst in hohen Ehren bei ihm stand;[2]) vielleicht war es derselbe, welcher nach dessen Inthronisierung eine lange lateinische Anrede an denselben hielt. Kardinäle

---

[1]) Vergl. Note 2.
[2]) David de Pomis de medico Hebraeo p. 10. Quos inter (Pontifices medicos Hebraeos habentes) Julius II. fuit, qui celeberrimum Physicum Judaeum Simeonem Zarfati nuncupatum, non sine maximo decore, favore mercedeque ingenti apud se conduxit. Subsequentes etiam summi pontifices (maxima ex parte) Judaeum medicum in eorum curationem vocarunt.

und andere hohe Kirchenfürsten folgten diesem von oben gegebenen
Beispiele und vertrauten ihren heiligen Leib meistens jüdischen Ärzten
an.¹) So waren denn überhaupt jüdische Heilkünstler am meisten damals
in Italien gesucht. Nach dem Vorgange dieser Päpste, welche fast
alle zugleich Gönner der Juden waren, wurden jüdische Flüchtlinge aus
der Pyrenäischen Halbinsel und Deutschland und sogar Scheinchristen,
welche in den Schoß des Judentums wieder zurückgekehrt waren, in
vielen norditalienischen Städten aufgenommen und zur Verkehrsfreiheit
zugelassen.²) Die bedeutendsten Gemeinden in Italien bildeten sich
nach Aufreibung der Juden von Neapel (v. S. 3) durch Zuwachs aus
der Fremde im Römischen und Venetianischen. Hier neben der Stadt
Venedig in der blühenden Stadt **Padua** und dort neben **Rom**
die Hafenstadt **Ancona**. Im Rate der egoistischen venetianischen
Republik herrschten in betreff der Juden zwei entgegengesetzte Ansichten.
Einerseits mochte der Handelsstaat die von den Juden zu erwartenden
Vorteile nicht entbehren und überhaupt nicht mit ihnen anbinden,
um es nicht mit deren Glaubensgenossen in der Türkei (den levantinischen Juden) zu verderben. Anderseits empfanden die venetianischen
Handelshäuser Brotneid gegen die jüdische Kaufmannschaft. Daher
wurden die Juden im Venezianischen, je nachdem die eine oder die
andere Stimmung im hohen Rate der Signoria überwog, bald gehegt,
bald gedrückt. In Venedig wurde zuerst unter allen italienischen
Städten, wo Juden wohnten, ein besonderes **Judenquartier,
Ghetto,** für sie eingeführt (März 1516),³) eine Nachahmung der
deutschen Gehässigkeit gegen sie.

Durchschnittlich erhielten die eingewanderten Juden, Spanier
oder Deutsche, in Italien das Übergewicht über die Einheimischen;
in rabbinischer Gelehrsamkeit oder in gemeindlichen oder anderen
Verhältnissen immer waren jene die Tonangeber. Eine bedeutende
Rolle spielten die Abrabanel in Italien. Das Familienhaupt zwar,
Isaak Abrabanel, war durch Leiden und Alter zu sehr gebrochen, als
daß er nach irgend einer Seite hin hätte eingreifend wirken können.
Er starb, noch ehe die schwankenden Verhältnisse Festigkeit annahmen,

¹) Das. Taceo illustres Cardinales, innumerabiles pene alios antistites,
qui maximo cum eorum gaudio propter Judaei medici diligentissimam
curationem ad bonam valetudinem venere. Taceo et quam maximas
civitates et provincias, quae Judaei medici laudem enarrant. Roma
Bonetum commendat, comprobatque etc.

²) Samuel Usque, Consolação p. 229. E se os Espanhaes te desterr-
ram e queimam na Espanha, quer o Senhor, que aches quem te recolha
e deixe viver livre na Italia; vergl. Note 5.

³) Wolf, Aktenstücke in Maskir I, S. 17, Gedalja Ibn-Jachja, Schalschelet
gegen Ende.

(Sommer 1509)¹) Auch sein ältester Sohn Leon Medigo übte wenig Einwirkung auf seinen Kreis. Er war dazu zu sehr philosophischer Träumer und Idealist, eine Dichternatur, die sich nicht gern mit den Dingen dieser Welt befaßte. Es ist daher gar nichts von ihm bekannt, seitdem er die Stelle als Leibarzt des Großkapitäns in Neapel verloren hatte (S. 6). Einflußreich auf seine Zeit war nur der jüngste der drei Brüder, Samuel Abrabanel (geb. 1473, starb um 1550).²) Er galt zu seiner Zeit als der angesehenste Jude in Italien und wurde von seinen Stammgenossen wie ein Fürst verehrt. Er allein unter seinen Brüdern erbte von seinem Vater die Finanzwissenschaft und scheint nach seiner Rückkehr aus dem talmudischen Lehrhause von Salonichi (o. S. 7) sich darauf verlegt zu haben und bei dem Vizekönig von Neapel Don Pedro de Toledo im Finanzfache verwendet worden zu sein. Er erwarb in Neapel ein sehr bedeutendes Vermögen, das man auf mehr als 200 000 Zechinen schätzte. Den Reichtum verwendete er, um dem in seiner Familie erblich gewordenen Zuge, gewissermaßen Bedürfnisse, Wohltaten zu üben, seinerseits zu genügen. Der jüdische Dichter Samuel Usque entwirft eine schwärmerische Schilderung von dessen Charakter und Herzen. „Samuel Abrabanel verdient Trismegistos (Dreimal Groß) genannt zu werden; er ist groß und weise im Gesetz, groß im Adel und groß im Reichtum. Mit seinen Glücksgütern ist er stets großherzig, eine Hilfe für die Trübsale seines Volkes. Er verheiratet Waisen in Unzahl, unterstützt Bedürftige, bemüht sich, Gefangene auszulösen, so daß er alle die großen Eigenschaften vereinigt, welche zur Prophetie befähigen.³)

Zur Erhöhung seines Glückes hatte ihm der Himmel eine Lebensgefährtin zugeführt, die eine Ergänzung zu seinen hohen Tugenden war und deren Name Benvenida Abrabanela von den Zeitgenossen nur mit andächtiger Verehrung ausgesprochen wurde. Zartfühlend, tiefreligiös, zugleich klug und mutig, war sie auch ein Muster des gebildeten Tones und des feinen Umganges, worauf in Italien mehr Gewicht als in den übrigen europäischen Staaten gelegt wurde. Der mächtige spanische Vizekönig von Neapel, Don Pedro, ließ seine zweite Tochter Leonora mit Benvenida vertraulich verkehren, um sich an ihr zu bilden. Als diese Tochter später Gemahlin Cosimos II. von Medici und Herzogin von Toskana geworden war, hielt sie sich immer noch zu der jüdischen Donna und gab ihr den Ehrennamen Mutter.⁴) Dieses edle Paar, Samuel Abrabanel und Benvenida,

---

¹) Vergl. Bd. VIII.₃ S. 429. Auch Ibn-Jachja in Schalschelet setzt Abrabanels Todesjahr 1509 und nicht wie Chaskitu 1508.
²) Vergl. Carmoly, Biographie der Abrabanel. Ozar Nechmad II, p. 60.
³) Samuel Usque Consolação Dialog III, Nr. 32. Über S. Abrabanel vergl. noch Athias Einleitung zum Psalmenkommentar.
⁴) Imanuel Aboab Nomologia p. 304.

in dem sich Zartheit und Weltklugheit, warme Anhänglichkeit an das
Judentum mit geselligem Anschluß an nichtjüdische Kreise vereinigten,
war zugleich der Stolz und Notanker der italienischen Juden und aller
derer, welche in deren wohltuende Nähe kamen. Samuel Abrabanel
war, wenn auch nicht so talmudisch gelehrt, wie ihn sein dichterischer Verehrer schilderte, doch ein Freund und Förderer der jüdischen Wissenschaft. Er berief mit seiner jungen mutigen Frau den aus Portugal
geflüchteten David Jbn=Jachja als Rabbiner nach Neapel (1518),
da die Gemeinde zu klein war, um einen solchen auf eigene Kosten zu
besolden. In Samuel Abrabanels Hause hielt der gebildete Jbn-
Jachja Vorträge[1]) über Talmud und wahrscheinlich auch über hebräische
Grammatik. So bildete er einen kleinen Mittelpunkt für die jüdische
Wissenschaft in Süditalien. Aber auch der verderblichen Kabbala
räumte Samuel eine Stätte ein, ein Beweis, daß er den klaren Blick
seines Vaters nicht besaß. In seinem Hause hielt ein Kabbalist,
Baruch von Benevent, wahrscheinlich ein spanischer Flücht-
ling, Vorträge über Kabbala und Sohar, und er trug dazu bei, sie auf
Anregung des in die kabbalistische Mystik närrisch verliebten Kardinals
Egidio von Viterbo christlichen Gelehrten zugänglich zu machen.
Auch christliche Männer der Wissenschaft verkehrten in Abrabanels
Kreise. Ein Jünger Reuchlins, Johann Albert Widmannstadt, ein Mann von umfassender Gelehrsamkeit und freiem Blicke,
der zuerst in Europa auf den Nutzen der syrischen Sprache aufmerksam
gemacht hat, vervollkommnete in diesem Kreise seine Kenntnisse der
hebräischen Literatur.

Das Hauptlehrhaus für talmudische oder rabbinische Studien in
Italien war damals in Padua, und zwar geleitet nicht von Italienern,

---

[1]) S. Ibn-Jachja in Schalschelet p. 52 b gibt an, daß David J. J.
von der Gemeinde nach Neapel berufen worden sei. Richtiger erzählt das Verhältnis der deutsche Gelehrte Widmannstadt, der sich in diesem Kreise bewegte.
Seine interessante Relation möge hier einen Platz finden: Don Joseph Jechia
(soll heißen David f. D. Jachiae) Hispanus (Lusitanus) venerandae sancti-
tudinis et traditionis intra Hebraeos excellentis Neapoli traditiones tal-
mudicas docuit in aedibus Samuelis Abrabanel anno Ch. 1532, ubi
eo etiam praeceptore sum usus. Eodem tempore audivi Baruch Bene-
ventenum (e Benevente Hispaniae?) optimum Cabbalistam, qui primus
libros Zoharis per Aegidium Viterbensem Cardinalem in Christianos
vulgavit .... Hujus (Aben Jachiae) memoria mihi refricavit veterem
illorum (Doctorum) consuetudinem, quos non alia de causa conjunxi
quam quod Neapoli tum omnes cognoverim. Die Stelle ist mitgeteilt
aus einer Note Widmannstadts von Landauer, Orient Literaturbl. 1855, Nr. 21
und Perles, Beiträge zur Geschichte der hebräischen und aramäischen Literatur.
Landauer hat daselbst den lapsus calami oder memoriae Widmannstadts
berichtigt: Joseph Aben Jachiae statt David.

sondern von eingewanderten Deutschen. **Juda Menz**[1]) übte bis in sein hohes Alter von mehr denn hundert Jahren eine Anziehungskraft für lernbegierige Jünglinge aus Italien, Deutschland und sogar der Türkei aus, als wenn sie aus seinem Munde die alte Weisheit aus einer untergehenden Zeit vernehmen wollten. Ein Jünger des Juda Menz zu sein, galt für eine besondere Ehre und Auszeichnung. Nach seinem Tode stand seinem Lehrhause in Padua sein Sohn **Abraham Menz** (1504 bis 1526) vor, dessen Autorität aber nicht ungeteilt war.[2]) Die eingeborenen Juden dagegen haben nach keiner Seite einen klangvollen Namen hinterlassen.

Ungleich den deutschen Juden, welche nicht einmal ihre Landessprache rein zu sprechen verstanden, gab es in Italien nicht wenige Juden, welche der lateinischen Sprache kundig waren.[3]) Es war die Zeit der Renaissance, in welcher die Gelehrten auf einen eleganten lateinischen Stil Wert legten. Besonders haben jüdische Ärzte, welche an der Universität von Padua ihre Bildung erlangten, sich diese damalige Weltsprache angeeignet. Die Gelehrtengeschichte nennt aus dieser Zeit **Abraham de Balmes** (geb. um 1450, gest. um 1503) aus Lecce, Leibarzt und Freund des Kardinals **Domenico Grimani**, welcher auch mit dem jüdischen Philosophen Elia Delmedigo befreundet war. Dieser Kardinal war ebenso in die jüdische Kabbala, wie in die Philosophie verliebt, und für ihn übersetzte **de Balmes** mehrere Schriften der arabischen Philosophie aus dem Hebräischen ins Lateinische. Für die jüdische Literatur hat er aber weiter nichts geliefert als die Ausarbeitung einer hebräischen Grammatik, welche der reiche Druckereibesitzer **Daniel Bomberg** ins Lateinische übersetzt und nach Balmes' Tode veröffentlicht hat (1523). Sein jüngerer Zeitgenosse **Calo Kalonymos** aus Neapel, Arzt in Venedig, hat noch weniger geliefert. Er hat nur einzelne Schriften des arabischen Philosophen Averroes ins Lateinische übersetzt und weniges zu Balmes' Grammatik hinzugefügt. — **Juda de Blanis** oder **Laudadeus** in Perugia (gest. nach) 1553)[4]) —

---

[1]) Vergl. über ihn Bd. VIII.₃ S. 429.
[2]) Ghirondi Bibliographen Kerem Chemed III, p. 91.
[3]) Sebastian Münster: In Germania Judaeï Latine non discunt ut in Italia. Widmung zu seiner Grammatica Chaldaica.
[4]) David de Pomis, a. a. O.: Perugia Laudadeum blanis (Blanis) verbis extollit, Bononia tum Servadendo de Sfornis, tum Eliam Nolanum omni scientia praeditum recta ratione perlaudat . . Abram de Palmis . . reverendissimi Cardinalis Grimani Physicus ingenti virtute. De Balmes', des Ergänzers seiner Grammatik מקנה אברהם, und Sfornos Schriften sind in den bibliographischen Schriften verzeichnet. Des ersteren Lebenszeit hat Perles bestimmter eruiert. Er war in dem Jahre der Edition seiner Grammatik, 1523, bereits tot. In derselben bemerkt er, daß er in

jüdische Ärzte liebten es damals, wie die christlichen Gelehrten, ihren Namen einen lateinischen Klang zu geben — huldigte neben der Medizin auch der wüsten Kabbala und war befreundet mit dem Mystiker Baruch von Benevent. Obadja oder Servadeus de Sforno (Sfurno, geb. um 1470, gest. 1550), war Arzt in Rom und Bologna, der neben medizinischen Studien auch biblische und philosophische trieb und einige seiner hebräischen Schriften mit lateinischer Übersetzung dem König Heinrich II. von Frankreich widmete. Aber so weit seine Schriften der Beurteilung vorliegen, erweisen sie sich als sehr mittelmäßig. Alle diese jüdischen Ärzte und Gelehrten standen weit hinter einem spanischen Fachgenossen zurück, hinter Jakob Mantin, der aus Tortosa nach Italien geschleudert, dort als Arzt und Philosoph viel geleistet und einen klangvolleren Namen hinterlassen hat. Mantin (geb. um 1490, starb um 1549),[1]) war sehr sprachkundig; er verstand außer der Sprache seines Geburtslandes und seines Volksstammes noch das Lateinische, Italienische und Arabische. Er war zugleich ein gelehrter Arzt und Philosoph und übersetzte medizinische und metaphysische Schriften aus dem Hebräischen oder Arabischen ins Lateinische. Er

hohem Alter stehe. 1465 ist für ihn ein Aruch kopiert worden, und der Kopist nennt ihn: החכם דרופא התוכן ההללוד מצורו אברדם דבליבי. Er muß demnach um 1440 geboren sein und ein sehr hohes Alter erreicht haben (Perles, Beiträge 104). Sein Verhältnis zum Kardinal Grimani bezeichnet ein Passus in der Widmung einer von ihm übersetzten philosophischen Schrift: tu tuum Abramum . . . non desinas amore (Revue des Etudes j. V. 116). De Blanis Verhalten zur Kabbala hat erwiesen Nehem. Brüll (Jahrbuch I, 237). Da er 1553 für sich das 'ס הקנה kopieren ließ, so hat er alle im Text Genannten überlebt. Laudadeus Blanis scheint identisch mit dem von Ibn-Jachja (Schalschelet p. 34b) erwähnten איש אחד ראוי להאמינו נקרא ר' ירודה דבליניס zu sein. Laudadeus wäre dann eine Übersetzung von ירודה, wie von עובדיה die Übersetzung Servadeus. Möglich, daß der in Athias Gelehrtenkatalog (Einl. zu Pf.) vorkommende: ואיש שירידיאוס כשר שמו מסר ויהודי identisch mit Servadeus oder Obadja Sforno ist.

[1]) Sein Todesjahr ist bei den Bibliographen falsch 1550 angegeben. Amatus Lusitanus deutet ein anderes Datum an, wo er von dessen Tode erzählt (Centuria I, Anfang): Amatus bedauert, daß nicht sämtliche Avicennische medizinische Schriften ins Lateinische übersetzt wurden, und fügt hinzu: Confecerat nam opus hoc Jacobus Mantinus Hebraeus, vir multarum linguarum peritissimus ac medicinae doctissimus . . . nisi malus quidam genius eum a tam felici successu retraxisset. Convocaveram nam ego, quum Venetiis agerem ad hoc complendum opus . . . nisi patricius quidam Venetus Damascum et Syriam petens, . . . secum duxisset, a quo itinere divus Didacus Mendocius, Caroli V apud Venetos orator, illum nunquam retrahere potuit, ubi intra paucos dies vitam cum morte commutavit. Nun beendete Amatus seine erste Centurie 1. Dezember 1549, und in dieser Zeit war J Mantin bereits tot. Vergl. über ihn die Bibliographien von Hartwig, Derenbourg in Revue des Etudes j. VII, 283 ff.

machte die lateinlesende Welt mit der lichtvollen Einleitung Maimunis zu der Sittenspruchsammlung der Väter (Pirke Abot) bekannt, welche das sittliche Ideal des Judentums beleuchtet. Er stand als Leibarzt in hohem Ansehen bei dem Papst Paul III. und bei dem Gesandten des Kaisers Karl V., Diego Mendoso in Venedig. Aber seine Gelehrsamkeit wurde durch sein schlechtes Herz verdunkelt. Neid und Ehrgeiz verleiteten ihn zu schlechten Handlungen, zu Angebereien und Verfolgung Unschuldiger.

Ein Mann lebte damals in Italien, der sich zwar nicht durch glänzende Leistungen hervorgetan hat, aber doch fast allen seinen Glaubensgenossen überlegen war durch etwas, was literarische Leistungen überwiegt und nicht jedermanns Sache ist, durch gesunden Sinn und geraden Verstand, der die Dinge nicht nach dem Scheine und nicht von einem beschränkten Gesichtspunkte aus beurteilt, und dieser Mann, Abraham Farissol, war nicht Italiener von Geburt. Farissol (geb.. 1541, gest. um 1525)[1] stammte aus dem französischen Kirchenstaate, aus Avignon, und war aus einer unbekannten Veranlassung, vielleicht aus Not, nach Ferrara ausgewandert. Er fristete seine Existenz durch Abschreiben von gesuchten Büchern und, wie es scheint, auch durch ein Sängeramt in der Synagoge. Obwohl in einem engen Gehäuse lebend, war sein Blick doch geschärft, sein Gesichtskreis weit, sein Urteil gereift. Farissol beschäftigte sich wie die meisten seiner gelehrten Zeitgenossen in Italien, mit Auslegung der heiligen Schrift, aber nach dieser Seite liegt seine Bedeutung nicht. Seine Überlegenheit beruht auf seiner Kleingläubigkeit inmitten der dickköpfigsten Glaubensseligkeit der Zeit. Er selbst sagte von sich: „Ich gehöre in betreff der Wunder zu den Kleingläubigen."[2] Farissol war der erste jüdische Schriftsteller, der statt sich mit dem gestirnten Himmel, mit Astronomie und Astrologie zu beschäftigen (wozu jüdische Denker im Mittelalter eine allzu große Neigung hatten), sich auf Länderkunde, auf Erforschung des Erdkreises und was auf ihm webt, eingehend verlegte, wozu die wunderbaren Entdeckungen der Südküste Afrikas und Indiens durch die Portugiesen und die Auffindung Amerikas durch die Spanier ihm Anregung gegeben hatten. Durch den mittelalterlichen Nebeldunst und die täuschende Luftspiegelung der Phantasiegebilde hindurch sah Farissol die Wirklichkeit und Tatsächlichkeit der Dinge, wie sie sind und liegen, hielt es für nötig, darauf hinzuweisen und verspottete die Geistesarmen, welche in ihrem gelehrten Dünkel

---

[1] Bunz setzte sein Geburtsjahr 1451 ohne Quellenangabe an im Exkurs zu Benjamins von Tudela Itinerarium, englische Ausgabe von Asher. Farissols Todesjahr folgt daraus, daß er sein geographisches Werk אורחות עולם Okt. **1524** beendete. Vergl. über seine Schriftstellerei die Bibliographen u. B. VIII₃ S. 457.

[2] Geographisches Werk מגן אברהם c. 24.

die Länderkunde als ein geringfügiges Wissen verachteten. Er mußte zu seiner Zeit noch eingehend beweisen, daß auch das Buch der Bücher, die heilige Urkunde der Thora, Wert auf Raum und Ländergrenzen lege, und daß mithin ein solches Wissen nicht so ganz unwichtig sei. Aber daraus ergaben sich ihm Folgerungen, welche den Wahn des Mittelalters zerstörten. Für das Paradies, das die Gläubigkeit in den Himmel versetzte und mit phantastischem Schmuck ausstattete, suchte Farissol einen Platz auf Erden. Damit deutete er einen neuen Gesichtspunkt für Auffassung der Bibel an; sie sei nicht durch Allegorien und metaphysische oder kabbalistische Überschwenglichkeiten zu erklären, sondern durch tatsächliche Verhältnisse nach dem schlichten Wortsinne.

Farissol hatte Zutritt zum Hofe des Herzogs von Ferrara, Ercole (Hercules) d'Este I, eines der besten Fürsten Italiens, welcher mit den Medici in der Förderung der Wissenschaft wetteiferte. Der Herzog fand Vergnügen an dessen Gesprächen und lud ihn öfter ein, über religiöse Fragen mit zwei gelehrten Mönchen, einem Dominikaner und einem Franziskaner, zu disputieren.[1]) Es schien, als sollten sich die häufigen Religionsgespräche und geistigen Turniere in Spanien auf italienischem Boden wiederholen. Farissol tat es mit philosophischer Ruhe, mit nötiger Vorsicht und Schonung der Empfindlichkeit der Gegner, wo er schwache Seiten berühren mußte. Er löste die Dogmen des Christentums durch Vernunftgründe und Bibelverse auf; Erbsünde, Menschwerdung, Dreieinigkeit, Hostienwandlung, Taufe, alles das behandelte er mit einem gesammelten Ernst, ohne den Mund zum Lächeln zu verziehen. Es versteht sich von selbst, daß er die Schriftverse, welche für die Begründung der Jesuslehre oder des Katholizismus angeführt zu werden pflegten, ins rechte Licht setzte und ihre Beweiskraft in nichts auflöste. Auch das Judentum gegen Angriffe zu verteidigen, wurde Farissol in Gegenwart des Herzogs Ercole öfter veranlaßt, und hier fiel seine Beweisführung keineswegs so schlagend und überzeugend aus; sie erscheint vielmehr öfter matt und nichtssagend. Unter anderem wurde ihm auch der häßliche Fleck des Wuchers entgegengehalten, dem die reichen Juden in Italien ergeben waren, wodurch sie nach der Ansicht jener Zeit zugleich gegen die Menschlichkeit und die Bibel sündigten. Farissol rechtfertigte die Zinsnahme von Nichtjuden. Er führte an, daß in einem geordneten, auf Rechten und Pflichten begründeten Staatswesen sich nicht mehr wie etwa im Natur-

---

[1]) Farissols מן אבירם ויכוח הדת und ein apologetisches und polemisches Werk, die Resultate seiner Disputationen (noch Handschrift, verfaßt 1503 — 1504), Anfang: לבקשת אדוננו ס' (סיניור) אירקילוס דוכוס פירדה וויגתו ואחיו שהם הרהבוני זצוני לבא לפני יקר תפארתם פעמים רבות לדבר ולהתוכח עם שני דתכמים המפורסמים להם בזמן ובמקום הלו אח לודירקוס טואלינגא כח הדרסנים הומיניני ואת אמלפיטא מת הקטנים הוכרחתי בצווים וברשיות . . לדבר כפניהם פעמים רבית בשובה וגחת.

zustande die allgemeine Brüderlichkeit durchführen lasse, in welchem jeder gehalten sei, dem Mangel seines Nächsten ohne Gegenleistung abzuhelfen. So wie die Gesetze zulassen, daß für das Überlassen von Besitztümern zur Benutzung ein Mietpreis gezahlt werde, so sei jeder auch berechtigt, sein Geld für Miete, d. h. für Zins auszuleihen. Auch verpflichte sich ja jeder, der von einem Juden eine Anleihe nehmen wolle, von vornherein zu einer bestimmten Mehrzahlung, es beruhe also auf freiwilligem V rzichtleisten. Die Päpste haben deswegen auch den Juden den Wucher gestattet, und die Juden müßten dafür hohe Steuern zahlen, wodurch auch dem Staate Nutzen erwachse. Auch sei der Zins an sich nicht so verderblich, da er im Gegenteile öfter den Geldbedürftigen Vorteil gewähre, Geschäfte zu betreiben, um sich vor größerm Schaden zu schützen. Nur von Juden Zins zu nehmen, verbiete das jüdische Gesetz, als von Brüdern im wahren Sinne. Die Christen aber seien nach dem Wortlaut des Gesetzes nicht als Brüder zu betrachten, wollten es auch gar nicht sein, indem sie sichtlich genug die Juden sehr unbrüderlich behandelten. Diese Rechtfertigung Farissols befriedigt allerdings nur halb. Besser klingt der Schluß seiner Abhandlung: Wer sich von bösem Leumund fernhält, nur würdige, nicht gehässige Geschäfte betreibt und eingedenk ist, gegen alle Dürftige ohne Unterschied Erbarmen zu üben, habe von Gott Segen zu erwarten.[1]

Farissol hatte auf Veranlassung des Herzogs von Ferrara den Inhalt seiner Unterredungen mit den Mönchen hebräisch niedergeschrieben und dann in italienischer Sprache wiedergegeben, damit seine Gegenkämpfer sich auf eine Widerlegung vorbereiten könnten.[2] Dieses polemische und apologetische Werk hat aber weit weniger Wert als sein geographisches, das er im hohen Alter an der Schwelle des Grabes ausgearbeitet hat. Darin zeigen sich Farissols Geistesklarheit, gesunder Sinn, wie umfassende Gelehrsamkeit.

In Italien hatten die Juden damals wenigstens noch die Freiheit und die Fähigkeit, mit den Christen ein Wort zu wechseln. Stiegen sie aber über die Alpen nach Deutschland, so wehte für sie zugleich eine atmosphärisch und politisch rauhe Luft; schwerlich haben sefardische Flüchtlinge in dieses ungastliche Land ihren Fuß gesetzt.[3] Die deutsche Bevölkerung war damals nicht weniger feindselig gegen die Juden als die spanische. Sie hatte sie zwar nicht wie in Spanien um hohe Stellungen und den Einfluß einiger jüdischer Großen an den Höfen zu beneiden; aber sie gönnte ihnen nicht einmal das elende Leben in den Judengassen, worin sie zusammengepfercht wohnten. Aus einigen Gegenden Deutschlands waren sie bereits verjagt, aus dem Cölnischen, Mainzischen,

---
[1] Magen Abraham c. 73.   [2] Das. Einleitung.
[3] Zurita berichtet: Y otros (Judios de España) passaron en Napoles . . . y en Alemania y Francia. Anales de Aragon T. II. p. 9 b.

aus Augsburg; in ganz Schwaben gab es damals keine Juden.¹) Aus anderen Gegenden wurden sie fast gleichzeitig mit denen aus der pyrenäischen Halbinsel vertrieben. Der Kaiser Friedrich III. nahm sich zwar bis in seine letzte Stunde der von aller Welt Geächteten an. Er hatte einen jüdischen Leibarzt — gewiß eine Seltenheit in Deutschland — den gelehrten Jakob ben Jechiel Loans, dem er viele Gunst zugewendet und den er zum Ritter ernannt hat.²) Dieser pflegte den greisen Kaiser in seiner Hofhaltung zu Linz bis zur Sterbestunde. Auf seinem Totenbette soll Friedrich seinem Sohne die Juden warm empfohlen haben, sie zu beschützen und den verleumderischen Anklagen gegen sie, deren Grundlosigkeit er sattsam erfahren hatte, kein Ohr zu leihen.³) Ihm imponierte gewaltig der Fortbestand der Judenheit unter den tausendfachen Verfolgungen seit der Herrschaft des Christentums, und daß diese wunderbare Erhaltung in Moses Gesetzbuch vorausverkündet worden sei: „Und se bst (u — aph) im Lande ihrer Feinde verwerfe ich sie nicht, werde vielmehr des Bündnisses mit den Vorfahren eingedenk sein." Kaiser Friedrich pflegte davon scherzweise zu sagen: „Die Juden haben einen Affen (u — aph) in ihrer Schrift, den sollten sie billig mit goldenen Buchstaben schreiben.⁴) Wie es scheint, stand Jakob Loans auch beim Kaiser Maximilian in Gunst, dem es zugefallen war, Deutschland in den allerschwierigsten Lagen zu regieren. Diese Gunst hat der Kaiser auf dessen Verwandten übertragen.

Dieser Verwandte, war eine außerordentliche Erscheinung, eine tatkräftige Persönlichkeit, wie sie die deutsche Judenheit bis dahin noch nicht besessen hat. Es war Joseph Loans oder, wie er öfter genannt wurde Joselin (Josselmann) von Rosheim (geb.

¹) Reuchlin, de accentibus praefatio ad l. III: Quippe cum fuerint (Judaei) prope toto vitae meae tempore a mea patria exacti et extorres, nec in ullo ducis Suevorum territorio habitare audeant.

²) Reuchlin, Rudimenta linguae hebr. p. 3: Tum reperi ea in legatione (ad Fridericum imperatorem) Judaeum doctum simul atque literatum, nomine Jacobum Jehiel Loans imperiali munificentia et doctorem medicinae et equitem auratum. Jakob Loans lebte noch Oktober 1500, wie aus Reuchlins Schreiben an denselben hervorgeht, datiert vom Kislew 5261 — Okt. 1500 in epistolae Clarorum Virorum I Nr. 101. Er kann also noch 1503 gelebt haben.

³) Joseph Kohen, Emek ha-Bacha p. 92.

⁴) Anthonius Margaritha, der ganze jüdische Glaub gegen Ende. Die Juden haben mit diesem Schriftwort (אף „wenn auch" Leviticus 26, 44) und falschem Trost den frommen christlichen Kaiser Friedrich . . . überredet, daß er gesagt hat, die Juden haben einen „affen" usw. nämlich das bedeutungsvolle Wort aph = aff.

um 1478, gest. 1554.¹) Zu der Zeit, in welcher neue gehäufte Leiden über die jüdischen Gemeinden in Deutschland hereinbrachen, war er ein Schutzgeist für sie und war imstande, lebensgefährdende Anschuldigungen gegen sie verstummen zu machen und Verfolgungen, wenn nicht abzuwenden, so doch zu mildern.

Joselins Jugenderinnerungen waren erfüllt von märtyrerischen Grausamkeiten. Seine Familie, welche von den aus Frankreich im Anfang des XV. Jahrhunderts Vertriebenen aus Louhans (Loons) in der Franche-Comté stammte, hatte sich in der Nordschweiz in Endigen niedergelassen. Einige Jahre vor seiner Geburt wurden mehrere Juden kleiner Gemeinden beschuldigt, einige Christen ermordet, das Blut von gemordeten Kindern gesammelt und nach Frankfurt, Pforzheim und anderen Orten versandt zu haben, wodurch drei Verwandte seines Vaters verbrannt wurden, sein Vater aber hatte sich durch die Flucht gerettet. In Elsaß, wo seine Eltern sich darauf niedergelassen hatten, waren sie zwei Jahre vor seiner Geburt gezwungen, in einer Festung Zuflucht zu suchen, als die wilden Schweizerbanden im Dienste des Herzogs René von Lothringen gegen Karl den Kühnen von Burgund ein fürchterliches Gemetzel unter den Juden von Elsaß und Lothringen angerichtet hatten, um sie zur Taufe zu zwingen, wobei vierundsiebzig Männer, Frauen und Kinder, den Märtyrertod erlitten. In Mühlhausen war nur ein einziger Jude namens Bames geduldet; die übrigen aber mußten im strengen Winter in Höhlen einen Schlupfwinkel suchen. Als auch über achtzig dieser elenden Flüchtlinge der Märtyrertod ver-

¹) Für die Tätigkeit und die Bedeutung Joselin Rosheims sind gegenwärtig reiche Quellen veröffentlicht worden. 1) Sein Tagebuch in der Bodleiana Nr. 2206 aus der Sammlung David Oppenheims, welches von 1471 bis 1541 reichte, abgedruckt in Revue d. Et. j. XVI p. 85 ff. 2) Aktenstücke von ihm und über ihn, welche Mr. Scheid in den Archiven von Wetzlar, Kolmar und Obernai gefunden hat. Die biographischen Data sind ohne chronologische Ordnung zusammengetragen von Isidor Loeb, Revue II. 271 f. V. 93, ferner von Scheid das. XIII. 63 f. und Nachträge von J. Krakauer das. XV. 104 f. — Seine Lebenszeit hat Mr. Scheid annähernd berechnet, da er um 1503 zum „Regierer der Judenheit" ernannt worden ist und um 1553 von sich sagte, er habe bei 50 Jahren dieses Amtes gewaltet. Er muß also 1503 in einem gesetzten Alter gestanden haben. Der Widerspruch, daß einerseits aus Joselins Angaben hervorgeht, der Kaiser habe ihn 1503 zum Regierer ernannt, und er anderseits im Tagebuch bemerkt, er sei im Jahre 1510 ernannt worden, für das allgemeine Beste der Judenheit zu sorgen. (בשנת ע״ר נתמניתי בצירוף האלוף הרר׳ צדוק... לפקוח עין בהשגחה פרטית על הצבור להנהיגם), dieser Widerspruch ist wohl dahin auszugleichen, daß der Kaiser ihn um 1503 zum „Obersten Rabbi" ernannt — die Gemeinden aber ihn erst um 1510, als neue Gefahren für sie drohten, anerkannt haben, ihr Verteidiger und Sachwalter zu sein. Daher nennt ihn Joseph Kohen Nordlingen in יוסף אומץ, ein Zeitgenosse, יוסף מן רושהיים דשתדלן הגדול.

hängt war, traf in der letzten Stunde Hilfe ein, indem Bames von Mühlhausen 800 Gulden durch den Verkauf aller seiner Habseligkeiten als Lösegeld dem Führer der Schweizer einhändigte, um welchen Preis der Unmensch sie verschonen wollte. Das waren die Wiegenlieder, welche der junge Joselin von seinen Eltern in Erinnerung hatte, die sich in Roßheim bei Colmar ansiedelten.

Diesen Joselin, welcher von diesem Aufenthalt seiner Eltern Roßheim (Roschheim) genannt wurde, ernannte Kaiser Maximilian auf Eingebung des Leibarztes Jakob Loans zum Großrabbiner (obersten Rabbi) der jüdischen Gemeinden in Deutschland. Er sollte gewiß für die Leistung der Judensteuer an den Kaiser sorgen und die Säumigen mit dem rabbinischen Bann belegen, der damals unter den Juden dieselbe Wirkung hatte, wie der katholische. Dazu mußte er einen schweren Eid leisten[1]) und dazu erhielt er auch die Befugnis, den Bann zu verhängen.[2]) Sein Amtstitel war Versorger und Leiter der Judenheit (Parnes-Manhig), sogar auch in der Kanzleisprache „Regierer der Juden". Da Joselin aber, wenn auch talmudisch geschult, doch nicht den hohen Grad der rabbinischen Kenntnisse besaß, welche in Deutschland zur Würde eines Rabbiners und noch dazu eines Großrabbiners berechtigten, und er außerdem von den Juden nur als kaiserlicher Fiskal angesehen wurde, so haben ihn die Gemeinden zuerst nicht als solchen anerkannt. Erst als sie wahrnahmen, wie er sich ihrer mutig und unverdrossen angenommen hat, erkannten sie ihn als ihren Vertreter und Beschützer (Stadlan) an, wandten sich an ihn, wo ihnen Unbill widerfuhr oder Verfolgung drohte. Einen solchen treuen, hingebenden und klugen Annehmer haben die deutschen Juden bis dahin noch nicht besessen. Er durfte von sich rühmen, daß er weite Reisen im Interesse der Gemeinden gemacht und daß er vor Königen und Kaisern, in Ratsversammlungen und bei den kaiserlichen Kammern sie verteidigt hat.[3]) Er hat in der Tat bei Fürsten und Magistraten vieles durchgesetzt. So oft er nur zur Audienz beim Kaiser Maximilian und seinem Nachfolger gelangen konnte, fand er bei ihnen Gehör. Joselin war eine allgemein beliebte Persönlichkeit, obwohl er nicht über große Geldmittel verfügen konnte. Nicht selten ist sein Haus von wilden Banden ausgeplündert worden, während Fürsten leutselig mit ihm verkehrten.

Die innige Religiosität und das unerschütterliche Gottvertrauen, die ihn in gleicher Stärke, wie die Psalmensänger beseelten, sowie sein Feuereifer, die Sache der zum Tode Gehetzten zu führen, müssen seinen Zügen einen so verklärenden Widerschein gegeben und ihm so warme Sympathie erweckt haben, daß finstere Machthaber ihn freund-

---

[1]) Aktenstück bei Scheid Revue XIII. 64 unten.
[2]) Aktenstück das. 76.
[3]) Aktenstück bei Scheid das. 257.

lich empfingen und ihn zu Worte kommen ließen. Er wurde mit Recht von seinen Stammesgenossen als ihr großer Verteidiger gepriesen und gesegnet. Ohne diesen ihren Schutzgeist hätten sich vielleicht die Juden in Deutschland nicht behaupten können. Denn die Vertreibung derselben aus Spanien wirkte ansteckend. Fürsten und Städte planten seitdem, sie auch aus den deutschen Gauen zu weisen. Um aber diese Grausamkeit zu rechtfertigen, wofür nicht wie auf der pyrenäischen Halbinsel der Vorwand geltend gemacht werden konnte, daß ihre Anwesenheit zum Schaden für die Neuchristen gereiche, daß diese zum Abfall von der Kirche verführt würden, wurde die Lügenmäre von Christenkindermord und Hostienschändung durch Juden noch häufiger verbreitet. Um recht viele Juden in die Beschuldigung hineinzuziehen, wurde immer hinzugefügt, von dem Kinderblut sei nach solchen Orten versandt worden, wo viele und reiche Juden wohnten.[1)]

Die Dominikaner, welche in Spanien die Ausweisung der Juden durchgesetzt hatten, betrieben mit der ihnen eigenen Schlauheit und Beharrlichkeit denselben Plan für Deutschland. Sie stellten die Juden als Schreckensgespenst dar, das nach dem Blute von Christenkindern lechze. Und Kaiser Maximilian, welcher von seinem Vater die Mahnung erhalten hatte, die Juden vor verläumderischen Anschuldigungen zu schützen, war kein fester Charakter, vielmehr allen Einflüssen und Einflüsterungen zugänglich, und hat den Rat seines Vaters nicht immer befolgt. Sein Verhalten gegen die Juden war daher stets schwankend; bald erteilte er ihnen Schutz oder sagte ihn ihnen wenigstens zu, bald bot er die Hand, wenn auch nicht zu ihrer blutigen Verfolgung, so doch zu ihrer Ausweisung und Demütigung. Den lügenhaften Anschuldigungen gegen sie von Hostienschändung und Kindermord schenkte auch Kaiser Maximilian hin und wieder Gehör. Daher kamen während seiner Zeit nicht bloß Judenvertreibungen in Deutschland und seinen Nebenländern vor, sondern auch Judenhetzen und Marter. Des Todes durch die Folter, des Märtyrertodes, waren sie so sehr täglich gewärtig, daß eigens ein Sündenbekenntnis für solche Fälle formuliert wurde, damit die unschuldig Angeklagten, wenn zum Abfall aufgefordert, ihr Bekenntnis mit dem Tode besiegeln und sich freudig für den einzigen Gott hingeben sollten. Wurden Juden irgendwo mit Bewilligung oder durch passives Verhalten des Kaisers ausgewiesen, so hatte dieser kein Bedenken, ihre zurückgelassenen liegenden Gründe für sich einziehen und zu Geld schlagen zu lassen.

Gleich in den ersten Jahren seiner Regierung vertrieb er die Juden von Steiermark, Kärnthen und Krain. Die Landstände

---

[1)] Aktenstück in Revue XVI, 237 ℵ., ut dixerant Judaei urbis Fiankfurt: Judaei transmiserunt sanguinem ad civitates et loca ubi divites morantur Judaei.

und Prälaten dieser Striche hatten Klagen erhoben, daß die Juden die Sakramente geschmäht, daß sie junge Christen jämmerlich gemartert und umgebracht, Blut von ihnen gezapft, es zu ihrem verdammlichen Wesen gebraucht, daß sie durch gefälschte Briefe und Insiegel Christen betrogen und in Armut versetzt hätten. Sie hatten ferner dem Kaiser 40 000 Gulden als Schadenersatz für den Ausfall der Judensteuer geboten, wenn er deren Vertreibung bewilligen wolle. Maximilian, obwohl einsichtsvoller und gebildeter als sein Vater, hatte alle diese Anschuldigungen für wahr angenommen oder sich gestellt, als glaube er alles, und demzufolge ein Dekret erlassen (4. März 1496),[1]) daß die Juden bis zum Januar des folgenden Jahres bei schweren Strafen diese Länder zu verlassen hätten. Auch den zeitweiligen Aufenthalt oder die Durchreise von Juden daselbst erschwerte er ungemein. Indessen hatte Maximilian doch so viel Menschlichkeit, den Ausgewiesenen neue Wohnplätze in Marchek und Eisenstadt anzuweisen und den Bürgern dieser Städte zu befehlen, sie um billigen Mietzins so lange zu beherbergen, bis sie sich Wohnhäuser erbaut haben würden. Auch gestattete er ihnen kurz vor dem Ausweisungstermin wegen des strengen Winters und anderer Hindernisse noch etwas länger im Lande bleiben zu dürfen. Aber endlich mußten sie doch auswandern. Ihre Häuser, Synagogen und Friedhöfe, welche die Bürgerschaft nicht ankaufen wollte, um sie umsonst zu haben, wurden vom Kaiser veräußert und verschenkt.

Die Nürnberger Gemeinde verjagte der Kaiser zwar nicht geradezu, aber er erteilte den Bürgern die Erlaubnis dazu — um schnödes Geld. Und da machte noch die Christenheit den Juden ungerechten Geldgewinn zum Vorwurfe, während sie — eigentlich doch nur die Reichen — allenfalls solches Unrecht nur im kleinen begingen! Der Hintergrund zur Vertreibung der Juden aus Nürnberg um diese Zeit ist dunkel.[2]) Mißhelligkeiten bestanden zwischen ihnen und dem ehrsamen Rat seit langer Zeit wegen Einführung einer neuen Ordnung oder Reformation des Gemeinwesens mit beschränkenden Punkten gegen sie, deren Ungesetzlichkeit sie behauptet hatten. Gleich nach

[1]) Urkunde darüber in (J. Wertheimers) Juden in Österreich I. S. 107 f., vergl. dazu Wolf, Aktenstücke Maskir, Jahrg. 1860, S. 91 f.

[2]) Quellen dafür: Würfel, die Juden der Reichsstadt Nürnberg, S. 33, 83 f. und Beilagen Nr. 88 — 42. Wagenseil, de civitate Norimbergensi p. 69. Schudt: jüdische Merkwürdigkeiten I. S. 365. Priegleb, Ausweisung der Juden von Nürnberg, Leipzig 1868. Von jüdischen Quellen kenne ich nur eine einzige, welche diese Vertreibung gelegentlich erwähnt, in Naphtali Herz Trewes' kabbalistischem Gebetbuche (דיקדוק תפלה), gedruckt Thingen 1560, Einl. dazu erst nach) בל. (4: ט' ישתבח ראיתי כתב יד דגאון אלופי מהרמ"ם ז"ל נקט מפו
לתלמידו מהר' מאיר ור'שדר' ז"ל לרבניבו בצירוף חפלתו תפילת ק"כ על אשר נדד מקנו ושכו
נהיתה עלוי לגרגול סנת זמן גירוש קהל נורנבורג

Graetz, Geschichte der Juden. IX.

Maximilians Regierungsantritt ging ihn die Bürgerschaft an, die Ausweisung der Judenschaft „wegen loser Aufführung" zu gestatten. Diese „lose Aufführung" formulierte sie in den Anklagen, daß die Juden durch Aufnahme fremder Glaubensgenossen ihre Zahl über die Norm vermehrt, daß sie übermäßigen Wucher getrieben und mit Schuldforderung Betrug geübt, dadurch die Verarmung von Handwerksleuten herbeigeführt, und endlich daß sie schlechtem Gesindel Herberge gegeben hätten. Um den Haß gegen sie rege zu machen, ließ der reiche Bürger Antonius Koberger die giftgeschwollene judenfeindliche Schrift des spanischen Franziskaners Alfonso de Spina auf eigene[1]) Kosten drucken, welche die Lateinischkundigen, d. h. die gebildeten Klassen, in dem Wahne bestärken sollte, daß die Juden Gotteslästerer, Hostienschänder und Kindesmörder wären. Nach langem Petitionieren gewährte endlich Kaiser Maximilian die Bitte des Rates „wegen der Treue, welche die Stadt Nürnberg von jeher dem kaiserlichen Hause erwiesen", hob die Schutzprivilegien der Juden auf, erlaubte dem Rate, eine Frist zur Vertreibung festzusetzen, verlangte aber, daß die Häuser, Liegenschaften, Synagogen und selbst der Friedhof dem kaiserlichen Fiskus zufallen sollten. Er räumte noch dazu der Stadt Nürnberg das Privilegium ein, niemals mehr Juden aufnehmen zu müssen (5. Juli 1498). Nur vier Monate bewilligte der Rat anfangs zur Vorbereitung für die Verbannung — und im Rate saß damals schon der gebildete, mit Tugend und Humanität um sich werfende Patrizier Willibald Pirkheimer, später eine Säule des Humanistenkreises. Auf das Flehen der Unglücklichen wurde ihnen die Galgenfrist um noch drei Monate verlängert. Aber die Juden, von den Schöppen in die Synagoge zusammengerufen, mußten einen Eid leisten, daß sie bis dahin bestimmt auswandern würden. Endlich verließ (10. März 1499) die ohnehin sehr heruntergekommene und geschwächte Gemeinde Nürnbergs die Stadt, wo sie sich nach dem Ende des schwarzen Todes wieder angesiedelt hatte. Der Rat war noch menschlich genug, den Abziehenden einige handfeste Männer zum Geleite mitzugeben, um sie vor Mißhandlungen zu schützen. Die Liegenschaft der ausgewiesenen Juden fiel dem Kaiser zu, der sie für 8000 Gulden der Stadt überließ. Die Verbannten wollten sich anfangs in Windsheim niederlassen, und sie hatten eine Fürsprecherin an der Markgräfin Anna von Brandenburg, welche für sie diese geringe Gunst erwirken wollte. Aber der Rat versagte ihnen

---

[1]) Das Fortalitium fidei Alfonso de Spinas ist zuerst Nürnberg, Febr. 1494, „impensis Antonii Koberger" gedruckt worden. Über die Schrift vergl. B. VIII₃ S. 228 f. Koberger war ein Patrizier und mit dem Angesehensten dieses Standes, mit Willibald Pirkheimer, befreundet, wie aus Huttens Briefwechsel mit dem letzteren hervorgeht.

auch) diese geringe Erleichterung. So wanderten die meisten der ausgewiesenen Nürnberger Juden nach Frankfurt a. M., und wurden dort unter leidlichen Bedingungen aufgenommen. Man erzählte sich, daß zwei Schöppen von Frankfurt sie geradezu eingeladen hätten, sich in ihrer Mitte niederzulassen, weil sich die Stadt bedeutende Vorteile davon versprach. Dafür wurden diese Ratsherren von einem Geistlichen abgekanzelt, weil sie Unglücklichen ein Obdach gewährt hatten.[1]

Um dieselbe Zeit wurden auch die Juden anderer deutscher Städte ausgewiesen, aus Ulm, Nördlingen, Kolmar und Magdeburg.[2]

Der Regensburger Gemeinde, damals der ältesten in Deutschland, erging es noch schlimmer, und sie vernahm bereits die Warnungsstimme, sich auf Verbannung gefaßt zu machen. Seitdem die Bürger dieser Reichsstadt durch die Händel mit den Juden wegen falscher Blutanklage von seiten des Kaisers Friedrich Demütigungen und Geldverlust erfahren hatten, war die ehemalige Verträglichkeit zwischen Juden und Christen daselbst geschwunden und hatte Verbitterung und Gehässigkeit Platz gemacht. Der Ingrimm gegen den Kaiser, daß er den Juden Schutz gegen verläumderische Anklagen gewährt, hatte den Leitern der Stadt den unglücklichen Gedanken eingegeben, sich der kaiserlichen Oberherrlichkeit zu entziehen und sich unter die unmittelbare Herrschaft des ländersüchtigen Herzogs Albert von Bayern-München zu begeben. Diese Lossagung vom Kaiser hatte aber zu unangenehmen Verwicklungen geführt, der Stadt Regensburg die Unabhängigkeit gekostet und ihr bedeutende Verluste sowie Verarmung eingebracht. Der Kaiser Maximilian hatte ihr gar einen Reichshauptmann aufgezwungen, welcher Rat und Bürgerschaft als seine Leibeigene behandelte und sie im Zaum hielt. Anstatt alle diese aufeinanderfolgenden Unfälle ihrem eigenen Unverstande beizumessen, beschuldigte die Bürgerschaft die Juden als Urheber ihres Verfalls und ließ ihren Unmut an denselben aus. Die Pfaffen, verbittert, daß ihr Anschlag gegen die Juden mißlungen war, fanatisierten die Volksmasse täglich mit bitterer Galle gegen sie und predigten geradezu, „die Juden müßten ausgeschafft werden".[3] Infolgedessen wollten ihnen die Müller kein Mehl, die Bäcker kein Brot verkaufen (1499); die Geistlichkeit hatte die Handwerker mit Entziehung der Kommunion bedroht, falls sie den Juden Lebensmittel zukommen ließen. Auch der Rat sann engherzig darauf, Plackereien gegen sie zu dekretieren. An manchen Tagen durften die Juden auf dem Markte gar nicht, an

---

[1] Schudt a. a. II. S. 160.
[2] Pfefferkorn im Brandspiegel D. b. Über die Vertreibung aus Magdeburg (eigentlich Judendorf) 1493, s. Güdemann, Gesch. d. J. in Magdeb. 1866.
[3] Gemeiner, Regensburgische Chronik IV. S. 27 f.

anderen nicht vor einer bestimmten Tagesstunde und erst nach den Christen ihre Einkäufe an Lebensmitteln machen. Den Christen wurde „bei des Rates ernsthafter Strafe" untersagt, für Juden Einkäufe zu machen, und daß ein jeder die Ehre Gottes und seine Seligkeit zu Herzen nehmen möge", herzlos gegen die Juden zu sein.[1]) Die Gequälten klagten bei ihrem nächsten Schutzherrn, dem Herzog von Bayern-Landshut, daß keine Stunde des Tages vergehe, in der sie vor Mißhandlungen sicher wären, wenn einer von ihnen mit Christen zusammenträfe.[2]) Aber dieser konnte oder mochte ihnen nicht helfen. Einen Augenblick glaubten sie, besseren Tagen entgegensehen zu können, als sie durch den Tod des Herzogs Georg von Landshut aus diesem scheinbaren Schutzverhältnisse in das des Kaisers, und zwar als Erzherzogs von Österreich, übergingen und ihm ihre Steuern zu zahlen hatten (seit 1504). Aber dadurch, daß sie sich an die verhaßte Fremdherrschaft anlehnten, wurden sie von der Bürgerschaft nur noch scheeler angesehen und von der Geistlichkeit nur noch mehr geächtet.[3]) Der Rat beschäftigte sich bereits ernstlich mit der Beratung, den Kaiser Maximilian anzugehen, seine Zustimmung dazu zu erteilen, die Juden aus Regensburg zu vertreiben und allenfalls etwa vierundzwanzig Familien zu behalten.[4]) Nur noch wenige Jahre waren ihnen vergönnt, ein elendes Leben daselbst zu führen. Wetterwendische Willkür bewährte Kaiser Maximilian recht oft in seinen Erlassen bezüglich der Juden. Er hatte den Bürgern der Elsässischen Stadt Obernai, deren Rohheit die jüdischen Einwohner ihrer Stadt und die Umherreisenden bis aufs Blut verfolgte, bei seiner Ungnade befohlen, die ausgewiesenen Juden wieder aufzunehmen und ihnen kein Leid zuzufügen. Kaum zehn Jahre später (1507) erlaubte er dem Magistrat von Obernai, die neu Angesiedelten wieder zu vertreiben und Juden überhaupt die Berührung des Staatsgebietes zu verbieten.[5]) Im ganzen gab es mit Regensburg nur noch drei große Gemeinden in Deutschland, nämlich in F r a n k f u r t a. M. und W o r m s,[6]) und auch diese wurden öfter mit Verbannung bedroht.

In Prag wohnten zwar sehr viele Juden,[7]) aber diese Stadt wurde damals nicht zum eigentlichen Deutschland gezählt, sondern als Haupt-

---

[1]) Gemeiner, das. S. 33, 56
[2]) Das. S. 63. [3]) Das. S. 85, 117 ff.
[4]) Das. S. 164.
[5]) Aktenstück Revue XVI. 102, Joselin Tagebuch das. 87 Nr. 4 und Revue XIII. 67 f.
[6]) Pfefferkorn in einigen seiner Schmähschriften, im folgenden Kapitel.
[7]) Epistolae obscurorum virorum (Dunkelmännerbriefe) II. Nr. 16. (Salutes vobis plures)

Quam sunt . . .

. . . .

stadt eines eigenen Kronlandes, über welches Ladislaus, zugleich König von Ungarn, sozusagen regierte. Dieser König war, obwohl ein Sohn des judenfreundlichen Polenkönigs Kasimir IV.,[1]) keineswegs den Juden wohlwollend gesinnt. In Ungarn sah er mit Gemütsruhe an, wie die Juden der Freistadt Tyrnau zuerst gefoltert und dann verjagt wurden, weil sie — die erste Anschuldigung gegen sie in Ungarn — sich des Blutes von Christenkindern zu allerhand Mitteln, zur Stillung des Blutflusses, zu Liebestränken bedient hätten.[2]) Die böhmischen Juden hatten es unter Ladislaus nicht besser; das Judenquartier in Prag wurde öfter von Pöbelhaufen geplündert. Die Vertreibung der Juden war ein Herzenswunsch der Bürger. Doch hatten die Juden auch ihre Gönner, namentlich unter dem Adel. Als auf einem Landtage die Frage wegen Ausweisens oder Verbleibens der Juden zur Sprache gekommen war, ging der Beschluß durch (7. August 1501), daß sie von der Krone Böhmen in ewigen Zeiten geduldet werden sollten. Wenn der eine oder der andere unter ihnen sich gegen die Gesetze verginge, sollten die Schuldigen allein bestraft und deren Verbrechen nicht an der Judenheit insgesamt geahndet werden. Der König Ladislaus bestätigte diesen Landtagsbeschluß, um ihn nur zu bald zu brechen, denn die Prager Bürgerschaft war dagegen und gab sich alle erdenkliche Mühe, ihn zu vereiteln. Sie nahm den König so sehr gegen die Juden ein, daß er ihre Ausweisung bestätigte und diejenigen Christen mit Verbannung bedrohte, die sich unterfangen sollten, eine Fürbitte für die Juden einzulegen. Dennoch blieben sie im Lande,[3]) man weiß nicht, durch welche günstige Fügung. Die Unsicherheit der Zukunft bewog indes eine Anzahl jüdischer Familien nach Polen auszuwandern, von denen ein Teil sich in Krakau ansiedelte.[4]) Täglich der Ausweisung gewärtig, gewöhnten sie sich, sich an dem flammenzuckenden Krater anzubauen. Ein Abkömmling der italienischen Druckerfamilie Soncin, Gerson Kohen, legte eine hebräische

Meretrices in Bamberga,
Artifices in Nuremberga,
In Praga Judaei,
Coloniae Pharisaei,
Clerici in Herbipoli.

[1]) B. VIII, S. 200 fg.

[2]) Über die Verfolgung von 1494 in Tyrnau, Löw, nach Bonifacius Quelle in Zeit. des Judentums, Jahrg. 1839, S. 539.

[3]) Vergl. darüber v. Herrmann, Geschichte der Israeliten in Böhmen, S. 40 f. S. 53; Wolf, Aktenstücke Maskir, Jahrg. 1861, S. 149.

[4]) Lateinisches Aktenstück bei Czacki von den Juden p. 44, wo von adventus Bohemorum die Rede ist. Die Einwanderung muß lange vor 1519, dem Jahre der Entscheidung des Königs Sigismund I. in dem Streit um eine Synagoge in Krakau stattgefunden haben.

Druckerei in Prag an (um 1503),[1]) die erste in Deutschland, beinahe vier Jahrzehnte nach der Entstehung hebräischer Offizinen in Italien.

Viel Gelehrsamkeit scheint damals in der Prager Gemeinde nicht heimisch gewesen zu sein; denn die Gersonsche Druckerei lieferte in einer geraumen Zeit nicht ein einziges wissenschaftliches Werk, nicht einmal ein talmudisch-rabbinisches, sondern sorgte nur für den Synagogenbedarf, während die italienischen und türkischen Druckereien wichtige Schriften aus der ältern Zeit und der Gegenwart verbreiteten. Nur eine einzige rabbinische Autorität Prags wird aus dieser Zeit genannt, und diese, **Jakob Polak** (geb. um 1470, gest. um 1530),[2]) der eine neue Auslegungsweise des Talmud angebahnt hat, war ein Ausländer. Er war nächst seinem Namensverwandten im Morgenlande, **Jakob Berab**, der gründlichste und scharfsinnigste Talmudist dieser Zeit. Merkwürdigerweise sollte die staunenswerte Fertigkeit den Talmud zu behandeln, welche erst in Polen ihre höchste Ausbildung erhalten sollte, von einem geborenen Polen ausgehen. Ein Jünger des **Jakob Margoles** (Margolit) von Nürnberg, wurde Jakob Polak in den bayerischen Talmudschulen in jenes spitzfindige Spiel von Fragen und Antworten über talmudische Themata eingeführt, welches von den Städten, wo es im Gebrauche war, den Namen **Nürnberger, Regensburger und Augsburger** erhalten hatte.[3]) Aber er machte das Spiel zum Ernste. Obwohl diese Methode der Talmudauslegung einen eigenen Namen erhalten hat — **Pilpul** —, so läßt sich doch keine faßliche Vorstellung davon geben. Es ist ein Aufwand von Scharfsinn zu geringfügigem Erträgnisse, das Aufführen eines Riesenbaues auf Sandkörnern, eine Kombinationskunst, welche das Entfernteste in nahe Beziehung zu bringen versteht, eine Haarspalterei, welche zugleich Staunen und Lächeln erregt. Jene Sophisterei der Pumbaditaner, die von den Talmudisten selbst verspottet wurde, daß sie ein Seil durch ein Nadelöhr zu bringen wüßten, wurde von der Pilpul-Methode des Jakob Polak noch bei weitem überboten. Diese Disputierkunst, die ein Seitenstück an der Scholastik der mittelalterlichen Universitäten hatte, wurde zwar von manchen Talmudkundigen getadelt, brach sich aber dennoch Bahn, weil

---

[1]) Zunz, zur Geschichte, S. 261 f. S 270; dessen Analekten in Geigers Zeitschrift V. S. 39; Ersch und Gruber sect. II, P. 28. Artikel: jüdische Typographie, S. 52.

[2]) Vgl. über ihn Note 2 und R. Brüll Jahrbücher VIII 31 f.

[3]) ישעיה הורוויץ (של״ה) שני לוחות הברית p. 181 a: וידיה גם מס׳ שבועות כו
בן חדוד דהינו לתרץ ולהוות בדרכים אמתיים . כל אושטרייננער (או שבורגר) וכל נירן כערגר וכל
רעניר שפורנגור (רענשפורגר) וכן בתוספות לקשר כל יאם תאמר או תימא שהוא בלא זאת —
דברים כאלה הב בכלל הורת אמת והם ג״כ חדוד.

sie dem Hange der Menschen, etwas Neues zu Tage zu fördern, entsprach und Handhaben bot. Zu Jakob Polaks Ehre muß es aber gesagt werden, daß er den Mißbrauch, welcher später damit getrieben wurde, nicht verschuldet hat. Er war so vorsichtig, seine durch diese Methode erzielten Entscheidungen nicht durch Schrift oder Druck zu veröffentlichen oder zu verewigen. Nicht einmal eine Abschrift von seinen erlassenen Gutachten hat er angefertigt, weil er es einerseits als Hochmut ansah und andererseits befürchtete, die Spätern könnten seinen Entscheidungen blindlings folgen und sich an den Buchstaben klammern.¹)

Als angehender Rabbiner hatte Jakob Polak sich etwas herausgenommen, wodurch er sich heftige Gegnerschaft und sogar den Bann zugezogen hatte. Er hatte eine Frau aus einer reichen Familie, und seine Schwiegermutter hatte Zutritt zum böhmischen Hofe. Diese verwitwete Schwiegermutter hatte ihre zweite Tochter vor deren Mündigkeit (vor dem zwölften Lebensjahre) an einen Talmudkundigen David Zedners verheiratet, welche Verbindung sie aber bald so sehr bereute, daß sie die Auflösung der Ehe durchsetzen wollte. Da der Gatte aber auf Scheidung nicht eingehen wollte, so wollte die Schwiegermutter, von Jakob Polak belehrt, die Ehe durch die einfache Erklärung des mündig gewordenen Weibchens: „ich mag ihn nicht", aufgelöst wissen. Diese allzuleichte Ehescheidung unter solchen Umständen — nach talmudischem Gesetze allerdings halb zulässig — war aber seit einem halben Jahrhundert durch Menachem von Merseburg²) aufgehoben worden. Jakob Polak gab sich nichtsdestoweniger dazu her, entweder aus Gefälligkeit gegen seine Schwiegermutter, oder um den talmudischen Standpunkt festzuhalten, die Ehe seiner jungen Schwägerin ohne weiteres als aufgelöst zu erklären. Dagegen erhoben nun fast sämtliche Rabbiner Deutschlands nachdrücklichen Widerspruch, namentlich sein Lehrer Jakob Margoles kurz vor seinem Tod und Pinehas von Prag, und belegten ihn sogar mit dem Bann,³) bis er den ungesetzlichen Schritt aufgeben und

---

¹) Jisrael b. Schachna in Respp. Mose Isserles Nr. 26: ובן קבלתי הלכה מאדוני אבי מה׳ שלום המכונה שכנו . . . אשר העתיר תלמידים הרבה מסוף העולם ועד סופו . . . יהי נפשי דזמנין סגיאין בקשתי עם רבה לובדים ממנו שיעשה פסק, ותשובתו היתה מחמת רוב חסידותו וענותנותו . . . ואמר יודע אני דשוב לא יפסקו כי אם כאשר אכתוב . . . ואין רצוני ש׳שמכו העולם עלי . . . ומהאי טעמא לא עשה נמי רבו הגאון מה׳ יעקב פולק שום ספר גם שום תשובה שאל׳ מרחוק לא העתיקו בכיתם אלו הגאונים מהאי טעמא אף כי היה נחשב בעיניהם כיורא. Eine rabbinische Klügelei von J. Polak inbetreff der Gebetzeit am ersten Abend des Wochenfestes s. bei Jesaia Horwitz Anf. מס׳ שבועות.

²) B. VIII.₃ S. 137 fg.

³) Respp. Juda Menz Nr. 13; Salomo Lurja ים של שלמה zu Traktat Jebamot XIII. Nr. 7, ohne einen Namen zu nennen und die Notiz Nr. 2.

seine Schwägerin entweder in das Haus ihres Gatten zurückführen oder ihre Ehe durch einen vorschriftsmäßigen Scheidebrief auflösen lassen würde. Diese Sache hatte so viel von sich reden gemacht, daß auch die rabbinische Autorität von Padua, Juda Menz, darüber gefragt wurde. Als auch dieser sich gegen Jakob Polaks Verfahren ausgesprochen hatte, sah sich derselbe nach rabbinischen Bundesgenossen um, fand aber nur einen einzigen, den ein Familienunglück gezwungen hatte, sich wider seine Überzeugung für ihn auszusprechen. Meïr Pfefferkorn (in Prag?), ein Jünger des Joseph Kolon, sah nämlich seine Frau und Kinder im Kerker schmachten und konnte seine Hoffnung nur auf Jakob Polaks Schwiegermutter setzen, daß sie, vermöge ihres Reichtums und Einflusses, sich für deren Befreiung verwenden und sie durchsetzen würde. Aber diese war unedelmütig genug, ihre Verwendung nur unter der Bedingung zuzusagen, wenn Meïr Pfefferkorn die Auflösung der Ehe ihrer Tochter ohne Scheidung durch ein rabbinisches Gutachten gutheißen würde. Der unglückliche Gatte und Vater mußte darauf eingehen,[1] und so konnte Jakob Polak sein Vorhaben trotz des Widerspruchs aller Rabbiner durchsetzen. Auf welche Weise er dem über ihn verhängten Bann entging, ist nicht bekannt geworden. Geschadet hat ihm dieser Vorfall keineswegs, denn es scharten sich nichtsdestoweniger zahlreiche Jünger um ihn, und sein Lehrhaus wurde tonangebend, sowie seine talmudische Auslegungskunst so sehr Mode wurde, daß fortan sich fast sämtliche rabbinischen Schulen damit befreundeten und denjenigen nicht für ebenbürtig oder für einen Schwachkopf hielten, der nicht imstande war, den Talmud auf dieselbe Weise zu behandeln. Polaks Schule verpflanzte einer seiner Jünger und Ebenbild nach Polen und gründete ihr dort erst die rechte Heimat.

Nächst Italien und der Türkei war Polen in dieser Zeit eine Zufluchtsstätte für die Gehetzten und Ausgewiesenen, namentlich aus Deutschland. Hier — wozu auch Litauen durch Personalunion gehörte — waren die Juden weit besser gestellt, als in den Nachbarländern jenseits der Weichsel und der Karpathen, obwohl der Mönch Capistrano das gute Verhältnis zwischen dem Königtum und den Juden auf einige Zeit gestört hatte.[2]

Die Könige und der Adel waren auf sie gewissermaßen angewiesen und räumten ihnen in der Regel, wenn nicht andere Interessen ins Spiel kamen, Rechte ein, weil sie mit ihren Kapitalien und ihrem Handel den Bodenreichtum des Landes in Fluß brachten und die für ein geldarmes Land so unentbehrliche Barschaft verschaffen konnten. Zoll-

---

[1] Vergl. Note 2.
[2] B. VIII₃ S. 203.

pacht und Branntweinbrennereien waren größtenteils in den Händen der Juden. Es versteht sich von selbst, daß sie Äcker besaßen, und nicht bloß Handel,¹) sondern auch Handwerke betrieben. Gegen 500 christliche

¹) Für die Stellung der Juden in Polen im XVI. Jahrhundert führt man gewöhnlich einen Passus des päpstlichen Legaten Commendoni an, welcher zweimal sämtliche zu Polen gehörige Landesteile in der zweiten Hälfte des sechzehnten Jahrhunderts bereist hat. Derselbe, der von vielen zitiert und nur von wenigen gelesen wurde, nicht einmal von dem kundigen Czacki, lautet bei Gratian: vita Johannis Commendoni II. c. 15 in dem Bericht über Russia: Judaeorum quoque hae gentes admixtam multitudinem habent, non ut in plerisque locis inopem vitam foenore et servilibus operibus tolerantium — quamquam ne hoc quidem genere quaestus abstineant, sed qui et agros possideant et mercaturam faciant et litterarum quoque studiis, maxime astrorum et medicinae se excolant et fere vectigalibus publicis praesint, ac ad honestam fortunam perveniant, ut non aequentur modo ingenuis, sed interdum etiam imperent. Nec tegumento capitis ut apud alios aut ulla omnino insigni re a Christianis distinguuntur, quia arma ferunt, et cum telis incedunt et plane aequo cum aliis jure vivere videntur. Ferner kann dafür angeführt werden ein Passus aus einem Responsum des Mose Isserles (Nr. 95), daß der Judenhaß in Polen nicht so stark war, wie in Deutschland: שמחתי :שמחה׳ לר בשבי׳ שלות ביאתך לביתך בשלו׳ אף כי אטרחו שתשאר בארץ אשכנז להית להם לרב...ואולי ערי׳ט עפי רחבה וטלה... במדינות הללו (מדינות פולי׳);.. אם אין שנאה במדינת אשכנ Auch das. Nr. 63: .גבדה עלינו במ׳ במדינת אש דעולד שענד במדינת פיהם שהאויב גבר בדבר זו שכלל לב ראשיט... ילוי כי השאיר ד׳ לנו בארץ הזאת (פוליו) פלטה, ח״ו הי׳ ישׂ־אל לאלה ולשׁנונ׳ה בטיטה אך בעוד עישה אורה, אשר לב המלך ודש־ריש אחרינו נוטה שחפץ בנו. Zwar gehören diese Zeugnisse von christlicher und jüdischer Seite der zweiten Hälfte dieses Jahrhunderts an, aber zwei Notizen aus dem Anfang des Jahrhunderts sagen dasselbe aus. Sie stammen von Judenfeinden und sind deshalb um so glaubwürdiger. Viktor von Karben berichtet in seinem judenfeindlichen Buche de vita et moribus Judaeorum vom Jahre 1504 (vergl. darüber weiter unten) c. 32: Siquid hinc (in Germania) plurimi inter Christianos deprehenduntur diffidentes sibi de fide catholica ac proinde adhaerere Judaeorum sectae cupientes, magis tamen atque magis apud Polonos Rutenos (se recipiunt), ubi plurimi Judaei reperiuntur atque existunt cultores illarum terrarum... Quas terras ideo libentius incolunt Judaei, quod per eas... brevis transitus sit ad terram sanctam... vix per sexaginta aut septuaginta milliaria cruces duas vel tres ad summum conspicui (in Polonia et Rutenia). Propter hoc et alias causas... libenter illic Judaei habitant et degunt. Igitur quamprimum apud nostros h. e. apud Germanos, sacculos suos atque marsupia impleverint satis, mox illuc proficiscuntur. — Pfefferkorn gibt in seinem Handspiegel gegen Reuchlin vom Jahre 1510 an (Bl. 2²), daß in Polen Christen offen zum Judentum übertreten durften, wie in der Türkei und unangefochten blieben: Der zum Judentum übergetretene Pfarrer (weiter unten) „ist gewichen in das Land zu Behm in die Stadt Prag, da dann viele Juden wonen. Und ich sie alle, den Doktor (Thomas) mit seiner Hausfrauen, den Priester mit zwei Jünglingen unter den Juden gesehen hab, wo sie über eine Weilen in die Türkei

Großhändler gab es in Polen 3200[1]) jüdische, aber dreimal so viel Handwerker, darunter Gold- und Silberarbeiter, Schmiede und Weber. Die Heilkunde war von jüdischen Ärzten vertreten. Zwar war den jüdischen Wissensdurstigen der Zutritt zu der von Kasimir dem Großen errichteten Universität in Krakau verschlossen. Sie hatte unter seinen Nachfolgern einen kirchlichen Charakter angenommen. Aber lernbegierige jüdische Jünglinge scheuten nicht die weite Reise nach Italien, um an der freien Universität von Padua die Arzneikunde zu erlernen.[2]) Das für die Juden so überaus günstige Statut Kasimirs IV. Jagiello war immer noch für sie in Kraft. Denn wiewohl derselbe es, gedrängt von dem fanatischen Mönche Capistrano, aufgehoben hatte, so hat er es doch um des Nutzens willen, den die polnische Krone von den Juden zog, einige Jahre später wieder eingeführt. So wurden sie im allgemeinen als Bürger im Staate angesehen, brauchten keine schändenden Abzeichen zu tragen und durften gar Waffen führen. Nach dem Tode dieses staatsklugen Königs erhoben zwar zwei Gegner ihre Waffen gegen sie; einerseits die Geistlichkeit, welche in der günstigen Stellung der Juden im Polenreiche eine Schmälerung des Christentums erblickte, und anderseits die deutsche Kaufmannschaft, welche seit langer Zeit in den Städten angesiedelt, ihr Zunft- und Zopfwesen aus Deutschland mitgebracht hatte und den jüdischen Handels- und Handwerkerstand aus Brotneid haßte. Beiden vereint gelang es die Nachfolger Kasimirs, seine Söhne **Johann Albert** und **Alexander** (1492 bis 1505), derart gegen die Juden einzunehmen, daß sie deren Privilegien aufhoben, sie in Judenquartiere einschränkten (in die Vorstadt Kasimierz

oder Reußen gewichen sein. . ." (Das. Bl. 16): „Danach schickten (den Barfüßermönch) die Juden mit dem Rabbi hinein in Reußen in eine Stadt heißt **Rubischow**, da ward er beschnitten."

[1]) Nach der Darstellung in einer Verteidigungsschrift der Juden vom Jahre 1539, betitelt: ad quaerelam mercatorum Cracoviensium, responsum Judaeorum de mercatura bei Thadeus Czacki, Rospraw a o Żydach (Abhandlung über die Juden) p. 84. Czacki ist Hauptquelle über die politische Stellung der Juden im sechzehnten Jahrhundert. Er hat aus handschriftlichen Quellen und selten gewordenen Druckwerken die Tatsachen zusammengestellt. Daraus haben Lubliner (Les Juifs en Pologne 1839), Hollaenderski (Les Israélites de Pologne 1846) ihre Nachricht größtenteils geschöpft. Einige interessante Aktenstücke hat Perles aufgefunden und abgedruckt in: Geschichte der Juden in Posen, Anhang.

Sekundäre Quellen sind hinzugekommen: Kraushaar, Geschichte der Juden in Polen 1866; Berson, Anhang zur Biographie des Arztes Tobias Nophe; J. M. Zunz, עיר הצדק, Anhang zur Geschichte der Gemeinde von Krakau 1874, Hermann Sternberg, Geschichte der Juden in Polen 1878.

[2]) Bei Commendoni oben S. 57 bei Berson und Zunz. Czacki führt den Bericht des polnischen Gesandten in Rom an den König Alexander an, daß sechs polnische Juden die Universität von Padua besuchen.

bei Krakau) oder sie hier und da aus Städten ganz auswiesen.¹) Doch
schon ihr nächster Nachfolger Sigismund I. (1506 bis 1548) war
ihnen günstig und schützte sie öfters gegen Verfolgungen und Aus=
schließung. Diese dauernde Begünstigung empfanden sie indes nur
solange, als der Bischof Tomizki und der Kanzler Szydlowiezki
den Staat leiteten, welche einsichtsvoll den Wert der Juden für das
geldarme Land zu schätzen wußten und Unbill gegen sie abwehrten,
besonders so lange die Königin Bona, zweite Frau Sigismunds,
ihren verderblichen Einfluß auf die Regierungsgeschäfte nicht geltend
machen konnte. Diese Königin aus dem Hause Sforza in Mailand,
eine Nichte Ferdinands des Katholischen von Spanien, war zwar nicht
ähnlich ihrer Cousine, der Königin von Portugal, welche keinen Juden
sehen mochte und Schuld hatte an den Grausamkeiten des Königs
Manoel gegen die portugiesischen Juden (VIII₃ S. 377 f). Die Königin
Bona hatte doch wenigstens eine Art Vorliebe für zwei jüdische Frauen,
Mutter und Frau des Rabbiners Mose Fischel, und ihretwegen
befreite der König diesen und die beiden Frauen von der Judensteuer.²)
Nichtsdestoweniger war ihre Einmischung in die Regierung verderblich
für die polnische Judenheit, zumal als die lutherische Reformation
sie zur verfolgungssüchtigen Katholikin umgewandelt hatte. Die
kräftigste Stütze hatten aber die polnischen Juden an dem polnischen
Adel, der die deutschen Städte aus nationaler und politischer Anti=
pathie haßte und daher die Juden zum eigenen Nutzen und als Werk=
zeug gegen die anmaßenden Deutschen begünstigte. Und da die Ade=
ligen zugleich die Palatine, Wojwoden und hohen Beamte waren,
so blieben die beschränkenden Gesetze gegen die Juden — zum Verdruß
der Geistlichkeit und der deutschen Zünftler — öfter toter Buchstabe.
Polen blieb daher ein gesuchtes Asyl für die irgendwo verfolgten Juden.
Wollte sich ein zum Christentum übergetretener Jude, oder auch ein
geborener Christ frei zum Judentum bekennen, so konnte er es eben
so gut in Polen tun, wie in der Türkei. Günstiger noch als in Groß=
und Kleinpolen waren die Juden in Litauen und den dazu gehörigen
Landesteilen gestellt, die nur durch die Person des Königs mit Polen
vereint waren.

Die Rabbiner waren für die Krone wichtige Mittelspersonen; sie
hatten die Befugnis, die Kopfsteuer von den Gemeinden einzuziehen
und an die Staatskasse abzuliefern. Daher wurden die Rabbiner
großer Städte vom König gewählt oder bestätigt, galten als offizielle
Obrigkeit zur Verwaltung der Gemeindeangelegenheiten und vertraten
sie bei der Krone. Sigismund I. ernannte gleich nach seinem Regie=

---

¹) Bei Czacki und anderen Quellen.
²) Bei Zunz p. 17. Note.

rungsantritte Michael von Brzecz zum Großrabbiner von
Litauen; er hatte seinen Sitz in Ostrog.¹) Die Rabbiner behielten,
wie bisher, die bürgerliche Gerichtsbarkeit; aber auch die peinliche
wurde ihnen hin und wieder eingeräumt, unwürdige Mitglieder zu
verbannen und sogar mit dem Tode zu bestrafen.²) Michael von
Brzecz machte von dieser Befugnis Gebrauch, als sich zwei Juden an
der Insurrektion des Kronmarschalls Glinsky beteiligten. Er verhängte über sie, als Verräter an Gott und dem Könige, den Bann,
den er durch Posaunen in Litauen bekannt machte.³) Er wollte
aber seine Befugnis sogar über die in Litauen wohnenden Karäer
ausdehnen, welche etwa ein Jahrhundert vorher aus der Krim oder
Südrußland eingewandert waren und ihren Hauptsitz in Trok und
Luck hatten⁴) und vom Herzog Witold berufen worden waren, der
ihnen Privilegien eingeräumt haben soll. Diese Privilegien soll
Kasimir IV. ihnen bestätigt haben. Es entstanden daher Streitigkeiten
zwischen Rabbaniten und Karäern; denn diese behaupteten, da sie ein
anderes Judentum bekennten, so unterlägen sie nicht der Gerichtsbarkeit der Rabbiner. In der Tat war es ein Gewissenszwang, den
ihnen Michael auflegen wollte. Der Kanzler Gasthold entschied
daher auch zu ihren Gunsten, daß die Privilegien der Rabbaniten keine
Anwendungen auf die Karäer haben sollten.⁵)

¹) Czacki a. a. O. p. 86 aus Urkunden.

²) Dieses Verhältnis von der eigenen jüdischen Gerichtsbarkeit in Polen
auch nach der Zeit der beiden Kasimire folgt aus einem Privilegium des Königs
Sigismund August für die Posener Gemeinde, das Czacki nur abrupt zitiert
(das. p. 90, Note), das Perles aber vollständig mitgeteilt hat (aus dem Archive der
jüdischen Gemeinde in Posen, a. a. O. Seite 24): Denique si aliquos Judaeos
discolos (δυσκόλους) et in legem Judaicam peccantes ipsi Judaei per Seni-
ores suos juxta morem suum corrigere, castigare et punire in cunctibus
excessibus vel criminibus vel etiam urbe depellere et exturbare ʾaut vita
privare perrexerint, ut in eo nullam illis difficultatem et impedimentum
a Palatinis tunc et pro tempore existentibus imponatur. Aus dem Tenor
juxta morem suum geht mit Entschiedenheit hervor, daß die Befugnis zu peinlicher Gerichtsbarkeit kein neues Gesetz, sondern nur die Erneuerung eines ältern
war und aufgefrischt wurde, um die Behörden anzuweisen, dem jüdischen Gerichte kein Hindernis in den Weg zu legen. Auch aus einem Passus der Ressp.
Moses Isserles folgt, daß die Juden überall in Polen dieselbe Befugnis hatten
(Nr. 45): גם יש תהלה לאל שופטים בארץ הקרובים אל החילול (בריסק) ובידם המקל
והרצועה להרים מכשול להכות ולקלל. Vergl. Ressp. Meir Lublin Nr. 138.

³) Bei Sternberg S. 112 f.

⁴) Nissen, in דוד מרדכי p. 6a; s. Czacki das. p. 262. Ed. Neubauer, aus
der Petersburger Bibliothek, S. 141 Nr. 58.

⁵) Czacki, das. p. 267. Die Karäer scheinen aus Rache diesem Rabbiner
Michael einen Brief unterschoben zu haben, dessen Inhalt den Rabbinismus
bloßstellt. Er soll geschrieben haben: Unsere Gesetzbücher sind mannigfaltig,
befehlen Verschiedenes. Wir wissen oft nicht, wie es zu verstehen ist; wenn

Die Juden in Polen.

In dem Lande, welches mehrere Jahrhunderte die Haupheimat für den Talmud und die Pflanzstätte für Talmudjünger und Rabbiner werden sollte, welches gewissermaßen eine Zeitlang eine talmudische Atmosphäre hatte, in Polen, gab es im Anfang des sechzehnten Jahrhunderts noch keine rabbinische Größe. Erst die zahlreich dort eingewanderten deutschen Talmudkundigen haben dieses Studium dort heimisch gemacht. Von der Rhein- und Maingegend, von Baiern, Schwaben, Böhmen und Österreich hatten sich ganze Scharen jüdischer Familien an den Ufern der Weichsel und des Dniepr angesiedelt, und diese brachten nach dem Verlust ihrer Habe das Teuerste mit, was sie mit dem Leben verteidigten, und das ihnen nicht geraubt werden konnte, ihre religiöse Überzeugung, die Sitte der Väter und ihre Talmudkenntnisse. Die deutsche rabbinische Schule, der in der Heimat jeder Luftzug versperrt worden war, schlug ihr Zelt in Polen und Litauen, in Ruthenien (Reußen) und Volhynien auf, verbreitete sich nach allen Seiten und verwandelte sich unter der Hand, mit slawischen Elementen geschwängert, in eine eigenartige, in eine polnische Schule.

Aber nicht bloß deutsche Talmudkunde haben die jüdisch-deutschen Flüchtlinge nach Polen verpflanzt, sondern auch die deutsche Sprache — in ihrer damaligen Beschaffenheit; sie impften sie den eingeborenen Juden ein und verdrängten nach und nach aus deren Munde die polnische oder ruthenische Sprache. Wie die spanischen Juden einen Teil der europäischen oder asiatischen Türkei in ein neues Spanien verwandelt haben, so machten die deutschen Juden Polen, Litauen und die dazu gehörigen Landesteile gewissermaßen zu einem neuen Deutschland. Die Juden Litauens und überhaupt Ostpolens bedienten sich zwar der Landessprache, Litauisch oder Russinisch;[1] aber sie wurden deswegen von ihren deutschredenden Stammgenossen als Halbbarbaren angesehen. Mehrere Jahrhunderte hindurch zerfielen daher die Juden in **spanisch redende** und **deutsch sprechende**, gegen welche die Italiens als eine wenig zählende Klasse verschwand, da auch hier die Juden Spanisch oder Deutsch verstehen mußten. Das

---

Gamaliel so besiehlt, ist Eleasar einer anderen Ansicht. In Babylonien und Jerusalem sind verschiedene Wahrheiten. Wir gehorchen dem zweiten Moses (Maimuni), und die neuen nennen ihn „Ketzer". Czacki bei Kraushaar und Sternberg S. 112. So etwas kann kein Rabbiner geschrieben haben, es klingt wie Persiflage eines Karäers gegen den Talmudismus.

[1]) Vergl. Respp. גבורה אנשים zweite Abteilung von Meïr Kaz (Vater des Sabbataï Kohen, Schach) aus dem 17. Jahrh., Ressp. Nr. 1: כי זה המנהג נפשט שבני בריהתנו היושבים בקרבנו (כליטא) רובם מדברים בלשון רוסיא . . . . אם יתן רש״ה: המלא הארץ דעה וידברו כלם שפה אחת לשון אשכנו. Mehrere Zeugenaussagen in diesen Responsen sind in slawischer Sprache gehalten; vergl. J. B. Levisohn, העדה בישראל p 34, Note.

deutsche Wesen, die deutsche Unbeholfenheit und Biederkeit haben die in Polen angesiedelten Juden nach und nach abgelegt und überwunden, nur die Sprache nicht. Sie verehrten sie wie ein Palladium, wie eine heilige Erinnerung, und wenn sie sich auch im Verkehr mit Polen der Landessprache bedienten, im trauten Familienkreise, im Lehrhause und im Gebete behielten sie das Deutsche bei. Sie galt ihnen nächst dem Hebräischen als eine heilige Sprache. Es traf sich recht glücklich für die Juden, daß zur Zeit, als sich neue Leiden über ihren Häuptern in Deutschland sammelten, sie an der Grenze ein Land fanden, das ihnen gastliche Aufnahme und Schutz gewährte. Denn es brach damals ein Sturm in Deutschland aus, der sein erstes Wehen im beschränkten jüdischen Kreise hatte und nach und nach die Aufmerksamkeit der ganzen Christenheit auf die Juden mehr als ihnen lieb war, lenkte. Eine weitreichende, weltgeschichtliche Geburt, welche Europa umwandeln sollte, lag, sozusagen, in einer jüdischen Krippe.

Drittes Kapitel.

Die Reuchlin-Pfefferkornsche Fehde oder der Talmud ein Schibolet der Humanisten und der Dunkelmänner.

Das Aufblitzen einer bessern Zeit; Pfefferkorn und die Cölner Dominikaner, Hochstraten, Ortuin Gratius und Arnold von Tongern. Viktor von Karben und seine erzwungenen Angriffe auf den Talmud. Pfefferkorns oder der Dominikaner Schmähschriften gegen Juden und Talmud. Die Herzogin-Abtissin Kunigunde, Hilfsgenossin der Dominikaner gegen den Talmud. Erstes Mandat des Kaisers Maximilian gegen denselben. Konfiszierung der Exemplare in Frankfurt. Einmischung des Erzbischofs von Mainz. Das Augenmerk der Judenfeinde auf Reuchlin. Reuchlin und seine hebräischen und kabbalistischen Studien. Vereitelung der Konfiszierung durch die Juden. Wühlerei der Dominikaner. Mandat des Kaisers, ein Gutachten von den Universitäten, von Reuchlin, Viktor von Karben und Hochstraten über das jüdische Schrifttum einzuholen.

(1506 bis 1510.)

Wer hätte das damals ahnen können, daß gerade von dem plumpen, allerwärts für dumm gehaltenen deutschen Volke, von dem Lande der Raubritter, der täglichen Fehden um die nichtigsten Dinge, der Zerfahrenheit politischer Zustände, wo jeder zugleich Despot und Knecht war, nach unten unbarmherzig tretend und nach oben erbärmlich kriechend, wer hätte es damals ahnen können, daß gerade von diesem Volke und diesem Lande eine Bewegung ausgehen würde, welche die europäischen Zustände bis in ihre Tiefen erschüttern, eine neue Gestaltung der politischen Verhältnisse schaffen, dem Mittelalter den Todesstoß versetzen und dem Anbruch einer neuen Geschichtsperiode das Siegel aufdrücken würde? Eine Reformation der Kirche und des politischen Zustandes, welche erleuchtete Geister damals geträumt haben, hätte man am allerwenigsten von Deutschland erwarten können. Sollte von diesem Lande der größten Ohnmacht, wo der Kaiser selbst, der sich den Herrn der Welt nannte, vergebens befahl und drohte, und wo nur die kleinen Tyrannen, aber auch nur für kurze Augenblicke, etwas zu sagen hatten, von diesem Lande sollte eine Kraftanstrengung ausgehen, welche die europäischen Völker verjüngen sollte! Gewiß, das schien den damals Lebenden als eine baare Unmöglichkeit. Und doch schlummerten in diesem Volke stille Kräfte, welche nur geweckt zu werden brauchten, um eine Wiederverjüngung herbeizuführen. Unter den Deutschen herrschte noch die alte Lebenseinfachheit und Sittenstrenge, allerdings pedantisch und mit lächerlicher Außenseite, während in den tonangebenden romanischen Ländern, in Italien, Frankreich und Spanien, bereits Überfeinerung, Übersättigung und sittliche Fäulnis eingetreten waren. Gerade weil sich bei den Deutschen die urgermanische Plumpheit am längsten behauptet hatte, konnte es den sittenverderbenden höheren Geistlichen nicht ganz gelingen, sie mit dem Gifte ihrer Lasterhaftigkeit zu verderben. Die niedrige Geistlichkeit war hier im Verhältnis zu der der übrigen europäischen Länder keuscher und verschämter. Der angeborene Sinn für das Familienleben und gemütliches Anschließen, welches die Deutschen mit den Juden gemein haben, bewahrte sie auch vor jener Zuchtlosigkeit, welcher die romanischen Völker damals bereits verfallen waren. Und gerade weil der deutsche Volksstamm schwerer zum Begreifen und unbeholfen zum Denken war, hatte er auch seinen Glauben und den Sinn für Recht und Wahrheit bewahrt und sie sich nicht gleich den übrigen Völkern durch Klügelei abhanden kommen lassen. In Rom und Italien verlachte man in den gebildeten Kreisen und am meisten am päpstlichen Hofe das Christentum und seine Glaubenslehren und klammerte sich nur an die daraus entsprungene politische Macht.[1]) In Deutschland dagegen, wo man außer in den Trinkstuben wenig lachte, machte man mit dem Christentume mehr Ernst, dachte es sich noch als ein Ideal, das einmal lebendig gewesen und wieder lebendig werden müßte.

Aber diese sittlichen Keime im deutschen Volksstamme waren so sehr verborgen und vergraben, daß es günstiger Umstände bedurfte, sie ans Licht zu treiben und als geschichtliche Mächte hervortreten zu lassen. Einen großen Anteil an der Erweckung der schlummernden Kräfte hatte — wie sehr es auch die Deutschen selbst verkennen — mittelbar der Talmud. Man darf kühn behaupten, daß der Streit für und wider den Talmud das Bewußtsein der Deutschen wachgerufen und eine ö f f e n t l i c h e M e i n u n g geschaffen hat, ohne welche die Reformation, wie so viele andere Versuche in ihrer Geburtsstunde gestorben, ja gar nicht zur Geburt gelangt wäre. Ein geringfügiges Gerölle hatte einen erschütternden Lawinensturz herbeigeführt.

Das unscheinbare Sandkörnchen, welches diesen Sturz herbeiführte, war ein unwissender, grundgemeiner Mensch, der Abschaum der Juden, welcher nicht verdient hat, daß von ihm in der Geschichte die Rede sei, den aber die Vorsehung bestimmt zu haben scheint, wie den Stinkkäfer, ein nützliches Werk wider Willen zu vollbringen.

---

[1]) Vergl. weiter unten.

Joseph Pfefferkorn[1]) aus Mähren war seines Handwerkes ein Metzger und selbstverständlich unwissend. Allenfalls verstand er Hebräisch zu lesen, aber nicht mehr als jeder Jude der damaligen Zeit, der nicht zum Gelehrtenstande gehörte. Mit der Verlogenheit, worin er eine Meisterschaft erlangte, behauptete er später von seinem Vetter Meïr Pfefferkorn talmudische Gelehrsamkeit erworben zu haben; er konnte aber nur des Hebräischen unkundige Christen damit täuschen. Seine sittliche Verworfenheit war aber noch größer als seine Unwissenheit. Pfefferkorn beging einen Diebstahl mit Einbruch, wurde ertappt, dafür von dem Grafen von Guttenstein mit Kerkerhaft bestraft und nur auf dringendes Bitten seiner Verwandten und Erlegung von Strafgeld davon befreit. Diese Schmach, so scheint es, hatte er mit Taufwasser abwaschen wollen, und die Kirche war nicht sehr wählerisch, sie nahm auch einen solchen gemeinen Wicht auf, als er sich zur Annahme des Christentums im sechsunddreißigsten Lebensjahre mit Weib und Kindern meldete. Als Christ nahm er den Namen Johannes an (um 1505?). In Cöln scheint er die Taufe empfangen zu haben; jedenfalls wurde er dort von den unwissenden, hochmütigen und fanatischen Dominikanern gehegt und gepflegt. Hatten sie in ihm ein brauchbares Werkzeug erkannt, oder hat ihnen sein niedliches, lebhaftes, nicht allzu sprödes Weibchen gefallen?[2]) Genug, die Cölner Dominikaner zeigten ihm sehr viel Wohlwollen und bewirkten für ihn vom Bürgermeister den Posten eines Hospitalaufsehers und Salzmessers. Er hatte den Christen das Märchen aufgebunden, daß er ein Abkömmling des Stammes Naphtali wäre. Cöln war damals ein Eulennest lichtscheuer Großsprecher, welche den Anbruch)

[1]) Vergl. über Pfefferkorn Note 2. Seinen jüdischen Namen Joseph gibt er in der Einleitung zu seiner ersten judenfeindlichen Schrift „Judenspiegel" an. Daß er aus Mähren stammte, folgt aus einer Notiz in epistolae obscurorum virorum I, Nr. 36: Vester Johannes Pfefferkorn in Colonia est unus pessimus trufator; nihil scit in Hebraeo; ipse factus est Christianus, ut suam nequitiam occultaret. Quando fuit adhuc Judaeus in Moravia, percussit unam mulierem in faciem, quod non videret in bancis . . . et accepit plus quam ducentos florenos aufugiens. Er gestand selbst ein, des Diebstahls angeklagt gewesen zu sein, in Defensio contra famosas epistolas obscurorum virorum, Nr. 2 b: fuerunt duo Judaei qui mihi furti infamiam imponere voluerunt . . . . Nomine igitur meo ad cameram imperialem citati etc. Indessen ist aus einer Urkunde bekannt, daß er Diebstahl und Einbruch begangen hat (Aktenstücke zur Konfiskation der jüdischen Schriften. Frankel-Graetz, Monatsschrift, Jahrg. 1875, S. 340).
[2]) Pfefferkorn, Defensio contra famosas epistolas das. Nicht bloß die Spötter der Dunkelmännerbriefe spielen oft auf die Geschäftigkeit von Pfefferkorns Weibchen an, sondern auch der ernste Reuchlin in Defensio contra Colonienses bei v. d. Hardt, historia literaria Reformationis II, p. 57. — In der Defensio 2a sagt Pfefferkorn: ego ex laudabili tribu Nephtalim genitus.

einer hellen Zeit mit den finstern Wolken wissensfeindlicher Dummgläubigkeit verdunkeln zu können meinten. An der Spitze desselben stand Hochstraten (Hoogstraten), Inquisitionsrichter oder Ketzermeister ein gewalttätiger, rücksichtsloser Mensch, der sich nach Brandgeruch verkohlter Ketzer förmlich sehnte, humanistisch gebildete Männer aus Cöln verbannen ließ und in Spanien einen brauchbaren Torquemada abgegeben hätte. Ihm ähnlich war Arnold aus Tongern (Tungern), Professor der Dominikaner-Theologie, der einmal in seiner Vaterstadt ein Verbrechen begangen hatte und darum seine Herkunft vergessen machen wollte. Der dritte im Bunde war Ortuin de Graes aus Deventer, mit seinem lateinischen Namen Ortuinus Gratius,[1] der Sohn eines Geistlichen, der es darin seinem Vater nachtun wollte. Er hatte von den schönen Wissenschaften nur ein wenig gekostet, wurde nichtsdestoweniger von seinen Freunden und Gesinnungsgenossen als Poet und Magister der schönen Künste über die Maßen gepriesen.

Ortuin de Graes hegte einen so glühenden Haß gegen die Juden, daß er nicht bloß aus Glaubenseifer entstanden sein konnte. Er verlegte sich förmlich darauf, durch judenfeindliche Schriften den Haß der Christen gegen sie rege zu machen. Allein zu unwissend, um ein judenfeindliches Buch oder auch nur eine Flugschrift zustande zu bringen, zog Ortuin Gratius getaufte Juden heran, die ihn mit Stoff versehen sollten. Ein Jude, der bei irgend einer Verfolgung oder aus anderen Gründen in seinem fünfzigsten Lebensjahre zum Christentum übergetreten war und den Namen Viktor[2] von Karben (geb. 1442, gest. 1515) angenommen hatte, wurde zum Rabbiner gestempelt — er verstand nur wenig Hebräisch und Rabbinisch — um dessen Bekämpfung des Judentums und Anerkennung des Christentums mehr ins Gewicht fallen zu lassen. Um seine Christgläubigkeit zu prüfen, hatte der damalige Erzbischof und Kurfürst von Cöln, Herrmann, Landgraf von Hessen, gelehrte Juden des Rheinlandes zu einem

---

[1] Die Reuchlinisten und Humanisten gaben ihm den Spitznamen Ortu-Vino.
[2] Vergl. über ihn Wolf, Biblioth. hebr. I p. 354, III. p. 238, IV. p. 268 ff. und 216. Derselbe stellt richtig auf, daß dessen angebliches Werk unter verschiedenen Titeln: de vita et moribus Judaeorum, confutatio Judaeorum, opus aureum novum, zuerst in Cöln 1504 erschien; die ed. von 1509 ist die 2. Auflage. Dasselbe nimmt auch Panzer an, Annalen der deutschen Literatur I, S. 291, Suppl. S. 108, und zwar laut der Identität des opus aureum von 1504 und de vita von 1509. Ein Jahr vorher war bereits eine deutsche Übersetzung davon erschienen. Auffallend ist jedoch, daß die Widmung der Schrift de vita an Erzbischof Philipp vom 8. Febr. 1509 datiert ist, vielleicht die zweite Ausgabe. Raimann hat mit Recht angenommen, daß der eigentliche Verfasser dieser judenfeindlichen Schrift nicht Viktor, sondern Ortuin war; der erstere hat nur das Material dazu geliefert.

Religionsgespräche mit ihm nach Poppelsdorf (bei Bonn) berufen, welches in Gegenwart vieler Hofleute, Geistlicher und Ritter geführt wurde. Man weiß nicht recht, ob freiwillig oder gezwungen, Viktor von Karben (der es mit Schmerz aussprach, er habe beim Übertritt Frau, drei Kinder, Brüder und liebe Freunde verlassen),[1]) machte dabei den Juden zum Vorwurfe, daß sie voller Bosheit gegen die Christen wären und alles Christliche schmähten. Als der Erzbischof Hermann das Gespräch darauf führte, wie die Juden über Jesus und seine Mutter dächten, klagte der sogenannte getaufte Rabbiner seine ehemaligen Genossen der schändlichsten Lästerungen gegen dieselben an, und die Folge war, daß sämtliche Juden aus der Niederrheingegend ausgewiesen wurden.[2])

Von diesem Viktor von Karben ließ sich Ortuin Gratius das Material zu Anklagen gegen die Juden, ihren Talmud, ihre Irrtümer und ihre Abscheulichkeiten liefern und machte ein Buch daraus. Die erste Anklage in dieser Schrift „Von dem Leben und den Sitten der Juden" (verfaßt 1504 lateinisch und ins Deutsche übersetzt) lautet, „daß sie nicht um alle Schätze der Welt vom Judentum lassen möchten. Und wenn man dem Ärmsten unter ihnen tausend Goldgulden böte, seinem Glauben zu entsagen oder auch nur vor einem Kruzifix etwas von der Erde aufzuheben, so würde er darauf Verzicht leisten und lieber in Dürftigkeit bleiben. Auch der Unwissendste unter den Juden würde sich lieber tausendmal verbrennen lassen, als Jesus zu bekennen".[3]) Darum, weil dieses für geldgierig verschriene Volk nicht um Schätze seine Überzeugung aufgeben wollte, weil dieses für feige gehaltene Volk dafür die brennendsten Schmerzen ertrug, darum brandmarkte es Viktor von Karben oder Ortuin als das schlechteste und verderbteste. Absonderliche Gespräche der Juden und agadische Erzählungen im Talmud werden besonders in dieser Schrift lächerlich gemacht. Die Anschuldigung, daß die Juden in ihrem Gebete die getauften und von ihnen abgefallenen Juden verfluchen, fehlt darin nicht; aber vollständig erlogen ist die Behauptung darin, daß die Juden stets dahinter wären, solche durch List und Gewalt zu töten, wovon schauderhafte Märchen erzählt werden.[4]) Natürlich ist an aller

---

[1]) De vita et moribus Judaeorum c. I. Daß Viktor von Karben kein Eingeweihter im Talmud war, verrät die genannte Schrift an vielen Stellen. Er nennt die Verfasser oder Redaktoren des Talmud das. c. 9: Rabbi Asse et Rabbi A k i f o deducerunt (Thalmut); ein kundiger Rabbiner hätte gesagt: Rabbi Jehuda, Rabbi Asse et Ravina oder Rabina. Als Beleg für une Agada vom Raben wird das. c. 10 Nicolaus de Lyra zitiert, statt den Talmud selbst als erste Quelle anzugeben. Dieses Zitat stammt wohl von Ort. Gratius.

[2]) Das. c. 24.
[3]) Das. c. 3.
[4]) Das. c. 2—21.

Schlechtigkeit der Juden der Talmud Schuld, den sie höher als die Zehngebote verehrten.

Viktor von Karben scheint doch nicht recht brauchbar oder schon zu alt gewesen zu sein, um einen von langer Hand angelegten Plan auszuführen zu helfen, damit dem Dominikanerorden, als dem Ketzergericht über Menschen und Schriften, einträgliche Geschäfte zufielen. Sie brauchten aber einen Juden dazu, denn ihre eigene Firma war nicht lange vorher in außerordentliche Mißachtung geraten. Die Dominikaner und Franziskaner waren von jeher Todfeinde. Was die einen lobten, verlästerten die andern. Folgten die erstern der Scholastik des Thomas von Aquino und nannten sich T h o m i s t e n , so hielten sich die andern an einen andern Patron der scholastischen Theologie und waren S c o t i s t e n oder O c c a m i s t e n. Die Franziskaner verteidigten das Dogma, daß nicht bloß Jesus, sondern auch seine Mutter unbefleckt von einer jungfräulichen Mutter geboren sei. Darum eiferten die Dominikaner gegen die unbefleckte Empfängnis Marias. Dieser Streit hatte im Anfang des sechzehnten Jahrhunderts einen hohen Grad von Bitterkeit erreicht. Die Dominikaner wollten ihre Ansicht durch Wunder beweisen. In B e r n hatten sie zu diesem Zweck einen Schneidergesellen gewonnen und ihrem Orden zugesellt, der sich anfangs dazu gebrauchen ließ, auszusagen, nächtliche Unterredung mit Maria gehabt und von ihr selbst die Wahrheit ihrer befleckten Geburt erfahren zu haben. Zuletzt verriet der Schneidergeselle den Betrug der Dominikaner, und infolgedessen wurden der Prior, Subprior und noch zwei hochgestellte Personen dieses Ordens als Ketzer verbrannt. Die Franziskaner verfehlten nicht, die Schmach ihrer Gegner durch populäre Schriften in deutscher und lateinischer Sprache zu verbreiten, um ihren Gegenorden verhaßt zu machen. Daher wagten es die Dominikaner nicht, unter eigenem Namen gegen die Juden zu wühlen, sondern stachelten dazu den getauften Pfefferkorn auf.

Gefügig und brauchbar war Pfefferkorn ganz besonders. Er gab seinen Namen zu einer neuen judenfeindlichen Schrift her, welche wiederum Ortuin Gratius zuerst lateinisch ausgearbeitet hat. Einen „S p i e g e l z u r E r m a h n u n g ",[1]) sich zum Christentum zu bekehren, hielt er den Juden vor. Diese erste judenfeindliche Schrift unter Pfefferkorns Namen tut noch freundlich mit den Juden, streichelt sie noch ein wenig und läßt sich sogar angelegen sein, die häufigen Anschuldigungen gegen sie von Stehlen und Schlachten von Christenkindern als unwahr und verläumderisch zu erklären. Sie richtet noch die Bitte an die Christen, die Juden nicht auszuweisen, da sie bisher stets von einem Exil ins andere gehetzt wurden, ihnen auch keinen

---

[1]) Vergl. Note 2.

allzu unerträglichen Druck aufzulegen, da sie doch gewissermaßen auch Menschen wären. Aber diese Freundlichkeit war nur Maske, es war ein ausgestreckter Fühler, um sichern B o d e n z u g e w i n n e n. Der „Mahnungsspiegel" stellt die Hoffnung der Juden auf die messianische Erlösung als nichtig dar und beruft sich auf den schmählichen Ausgang der jüngsten messianischen Bewegung unter Lämmlein.[1]) Daher kämen viel mehr Bekehrungen von Juden zum Christentum vor als früher.[2]) Dieses Anzeichen, verbunden mit anderen, wies darauf hin, daß sich eine neue Ordnung der Dinge, die Zeit von einem Hirten und einer Herde oder das Ende der Welt vorbereite. Diese Schrift war lediglich eine bloße Plänkelei vor einer Hauptschlacht gegen die Juden.

Die Cölnischen Dominikaner hatten es nämlich darauf angelegt, auf Konfiszierung der talmudischen Schriften zu dringen, wie zur Zeit Ludwigs des Heiligen von Frankreich. Darauf zielte von weitem die erste Flugschrift Pfefferkorns. Sie ging nämlich darauf aus, den Talmud zu verdächtigen. Sie machte abwechselnd mit zärtlichen Anrufungen und boshaften Schmähungen den Juden zum Vorwurf, daß sie Jesus nicht als Messias und Gott anerkennen, mehr noch, daß sie Maria nicht verehren und anbeten. Sie gab für den hartnäckigen Unglauben von seiten der Juden drei Gründe an, daß sie dem Wucher ergeben seien, zum Kirchenbesuch nicht zwangsweise angehalten würden und dem Talmud anhingen. Würden diese Hindernisse beseitigt werden, so würden die Juden sich massenhaft zur Kirche drängen. Die Flugschrift ermahnte daher die Fürsten und Völker, dem Wucher der Juden zu steuern, sie zum Kirchenbesuche und zum Anhören von Predigten zu zwingen[3]) und den Talmud zu verbrennen. Sie gestand zwar ein,

[1]) Vergl. weiter unten.
[2]) In der Tat hatten damals, vielleicht infolge der Lämmleinschen pseudomessianischen Enttäuschung, mehrere halbgelehrte Juden Heil im Christentume gesucht. Pfefferkorn nennt zu Ende seines: in Lob des Kaisers Maximilian, als Konvertiten Fischel aus Krakau, Josephus Treumundt mit drei Brüdern und Leo Hellig. In Italien lebte damals der gelehrte Konvertit Paulus Riccio (vergl. über ihn weiter unten). Galatinus führt einen gelehrten Konvertiten, Libertus Cominto, an (de arcanis catholicae veritatis, B. III c. 6). Es ist vielleicht derselbe, von dem der Verfasser Meorat Olam berichtet: יהודי אחד שהמיר דתו ושמו לפנים בישראל קומינטו מגלה את ערות הארץ ועל ידו לכד כוליאן כוליאמו את רודיס (p. 17a). Erasmus bediente sich öfter der hebräischen Kenntnisse eines Konvertiten, Adrian von Löwen, bei seinen biblischen Arbeiten (Erasmi epistolae III, Nr. 36, 40). Dagegen bemerkt Reuchlin im Augenspiegel: „So ist bey meynen Lebtagen ein Jud in teutschen Landen nie getauft worden, der den Talmud haben finden, weder verstehen noch gar lehren, ußgenommen der H o c h m e i s t e r v o n U l m, der gleich darauf bald wieder Jud' in der Türkei worden ist" (bei v. d. Hardt a. a. O. II, 22 b).
[3]) Speculum hortationis L. II. c. 4, col. 4 ff. Fateor verum esse, nemini suum per vim rapiendum esse, ne Judaeo etiam. Interrogo nunc

daß es nicht billig wäre, das Eigentumsrecht der Juden auf ihre Schriften zu verletzen. Allein da die Christen sich doch nicht scheuen, den Juden allerlei Gewalt anzutun, sie durch Steuern und Erpressungen aller Art zu bedrücken, und zwar nicht aus Bosheit oder Habsucht, sondern zugunsten der Juden, damit sie von ihrem Unglauben ließen, so sei dagegen die Konfiszierung ihrer talmudischen Schriften eine unschuldige Sache. Darauf ganz allein hatte es diese unter Pfefferkorns Namen erschienene Schrift abgesehen. Es war damals ein weit verbreitetes Urteil in Deutschland, daß die Cölner Nachteulen mit Pfefferkorn dabei ein Geschäft machen wollten. Wenn sie auf die Fürsten und die öffentliche Meinung einwirken könnten, die Talmudexemplare mit Beschlag zu belegen — worüber dann die Dominikaner als gesetzliche Inquisitionsrichter die Verfügung hätten — so würden die deutschen Juden, die den Talmud nicht missen konnten, mit vollen Händen kommen, um die Konfiszierung rückgängig zu machen.[1]) Darum traten sie wieder unter Pfefferkorns Schild im nächsten Jahre mit dem gehässigen Inhalt einer Schrift „die Judenbeichte" (1508)[2]) auf, worin zuerst die religiösen Bräuche der Juden lächerlich gemacht werden, wie sie den Hähnen und Hühnern und Fischen beichten und dann ihre Beichtväter verzehrten. Dann aber werden die Christen vor dem Umgang mit ihnen, „als noch gefährlicheren Wesen, denn der Teufel selbst" gewarnt. Die Juden werden als Bluthunde bezeichnet, welche sich von dem Schweiße und dem Blute der Christen nährten. Es sei daher die Pflicht der Fürsten, sie zu verjagen; sind sie doch aus vielen Ländern, Frankreich, Spanien, Dänemark und

vos: quare Judaeis tam gravis et multa per vim persecutio infertur? Notorium est, quod magnis vectigalibus, censibus, teloneis pecunia pro tuitione et securitate onerantur, quasi servum pecus . . . et falsos illos libros, quibus seducuntur et detinentur a veritate, auferte ab eis, in quibus blasphemantur etc.

[1]) Sehr drastisch schildert dieses Motiv ein Brief der epistolae obscurorum virorum (II, Nr. 7): Ipse (Pfefferkorn) instigavit Theologos Coloniae et ipsi instigaverunt eum, et voluerunt libros Judaeorum per totam Alemaniam comburere. Et hoc fecerunt propterea, quod Judaei deberent venire ad Theologos et praefatum Pf. cum magna pecunia, occulte dicens: „Permittatis mihi libros meos, ecce hic habetis quadraginta aureos." Et aliqui dedissent libenter centum atque mille. — Auch Reuchlin deutet dieses Motiv an in dem Briefe an Collin (Epistolae clarorum virorum II, 11): Pfefferkorn — conatus, ut singuli Hebraei libri . . . concremarentur, vel potius . . . ut ante executionem, si mandatum illud auro et argento gravi, ut ipsimet notavit, aliquando revocaretur, particeps fieret auri. Auch im Prolog zu Athanasius bemerkt Reuchlin: profecto nescius illo tempore, quod theologistarum cohors et ministri ad spem futuri sibi lucri aliter consuluissent.

[2]) Vergl. Note 2.

jüngst auch aus Nürnberg, Ulm und Nördlingen vertrieben worden. Welcher Schaden und welcher Nachteil ist den Christen daraus erwachsen? „Billig sollt ihr jenen bei eurem Seelenheil nachfolgen." Wenigstens sollte die Obrigkeit ihnen Geldgeschäfte zu treiben verbieten und sie zur Arbeit und zum Besuche der Kirche zwingen. Der Refrain des giftigen Büchleins von der „Judenbeichte" ist, daß das jüdische Schrifttum an der Verstocktheit derselben Schuld sei, weil es die christliche Kirche schmähte. Eigen ist es, daß Pfefferkorn darin seine Genossen, die getauften Juden, zu geißeln für nötig hielt. „Man findet manchen bösen Juden, der läuft in ein Land und läßt sich taufen, nicht daß er wäre Christ geworden, sondern um Geld zu verdienen, in Freuden und Wollust zu leben und seine Gunst besser verwerten zu können." Zuletzt kämen die Getauften wieder zu den Juden und sprächen: „Ich will nicht länger Christ sein. Und obschon einige derselben bei den Christen bleiben, halten sie es doch heimlich mit den Juden." Wollte Pfefferkorn damit etwaigen Widerspruch gegen seine Gehässigkeiten von seiten anderer getaufter Juden verdächtigen? Jedenfalls hat er selbst Veranlassung gegeben, daß man seine aufrichtige Gläubigkeit stark bezweifelt hat.

Nicht lange darauf (um Februar 1509) erschien unter Pfefferkorns Namen wieder in deutscher Sprache eine Flugschrift, über das jüdische Osterfest,[1]) die an das Volk gerichtet ist und es geradezu zur Gewalttätigkeit gegen die Juden hetzt. Im Widerspruche mit der ersten Schrift klagt sie die Juden an, daß sie es als Verdienst betrachteten, die Christen nicht nur zu betrügen, sondern auch ums Leben zu bringen. Es sei daher Christenpflicht, die räudigen Hunde zu verjagen. Sollten die Fürsten nicht darauf eingehen, so möge das Volk die Sache in die Hand nehmen, zuerst die Fürsten angehen, den Juden alle Bücher mit Ausnahme der Bibel und alle Pfänder mit Gewalt zu nehmen, noch mehr, ihnen auch die Kinder zu entreißen und sie christlich erziehen zu lassen und die Erwachsenen als unverbesserliche Schelme ins Elend zu jagen. Es sei keine Sünde, den Juden das Schlimmste zuzufügen, da sie nicht Freie, sondern als Hörige mit Leib und Gut Eigentum der Fürsten seien. Sollten diese auf das Gesuch des Volkes nicht gutwillig eingehen, so möge dieses sich in Massen versammeln, ja, einen Aufruhr machen und mit Ungestüm die Erfüllung der Christenpflicht zur Schädigung der Juden verlangen. Die Massen sollten sich zu Rittern Christi aufwerfen und sein Testament vollziehen. Wer den Juden Leids zufügt, sei ein Glied Christi, wer sie aber begünstigt, der sei noch schlimmer als sie und werde jenseits mit ewigem Weh und höllischem Feuer bestraft werden.

[1]) Vergl. Note 2.

Aber Pfefferkorn, Ortuin Gratius und die Cölner Judenfresser kamen doch etwas zu spät. Aufläufe zum Totschlagen der Juden waren nicht mehr an der Zeit, wenn diese auch damals nicht weniger als zur Zeit der Kreuzzüge und des schwarzen Todes gehaßt und verachtet waren. Die Fürsten waren noch weniger zu bewegen, die Juden zu vertreiben, da mit ihnen auch ein regelmäßig einlaufender Einnahmeposten weggefallen wäre. Um Bekehrung der Juden war man damals auch nicht sehr eifrig, vielmehr wiesen manche Christen höhnisch und spottend auf getaufte Juden. Es hatte sich damals ein Gleichnis unter den Christen gebildet: Ein getaufter Jude gleiche weißer reiner Leinewand. So lange sie frisch ist, erfreut sich das Auge daran, einige Tage im Gebrauche, wird sie beseitigt und zum Schmutze geworfen. So wird ein übergetretener Jude nach frischer Taufe von den Christen gehegt; gehen dann Tage vorüber, wird er vernachlässigt, gemieden, ausgeschlossen und dann gar verspottet.[1])

Die deutschen Juden, welche von Pfefferkorns Eifer neue Gefahren für sich fürchteten, arbeiteten ihm, soviel sie vermochten, entgegen. Jüdische Ärzte, welche an den fürstlichen Höfen beliebt waren, scheinen ihren Einfluß bei ihren Gönnern geltend gemacht zu haben, um Pfefferkorns Anschuldigungen als erlogen darzustellen und unwirksam zu machen. Selbst Christen zeigten ihre Unzufriedenheit mit den Wühlereien des getauften Juden und äußerten laut, Pfefferkorn sei ein nichtsnutziger Mensch und Heuchler, dem man keinen Glauben schenken dürfe. Er wolle die Einfältigen nur täuschen und sei nur darauf bedacht, seinen Beutel zu füllen. Wenn er seinen Zweck erreicht haben werde, werde er plötzlich verschwinden und dann entweder zum Judentume zurücktreten oder auf einem andern Schauplatze unter einem andern Namen durch eine neue Taufe seinen Gewinn suchen.[2]) Er sah sich daher veranlaßt (März 1509) alsbald eine neue Flugschrift in die Welt zu senden, die er geradezu „J u d e n f e i n d"[3]) betitelte. Diese giftige Schmähschrift widmete er dem judenfeindlichen Fürsten P h i l i p p von C ö l n, den er beschwor, ihn gegen die Juden, die einen Anschlag auf sein Leben gemacht hätten, zu schützen. Pfefferkorn wiederholte darin alle seine früheren Anschuldigungen gegen die

---

[1]) Viktor von Karben, de vita et moribus Judaeorum, c. 4 und c. 24.
[2]) Pfefferkorn, Hostis Judaeorum: Bogen B. 4b: Certis monitis fide dignorum hominum, qui et scripserunt, Judaeos in nonnullis terris et locis conjurasse et conspirasse in necem meam et perniciem ... Nec ipsi modo, sed et falsi nonnulli Christiani ... disseminantes ubilibet de me sermones pravos ... Ajunt: iste Johannes Pfefferkorn est homo levis et simulator, cui adhibenda fides non est ... vestris credulis nimium simplicibusque auribus ingerit quidquid sibi collibitum est, quousque saccum suum impleverit etc.
[3]) Vergl. Note 2.

Juden, setzte handgreiflich auseinander, wie sehr sie durch Zins von Zins die Christen verarmen machten. Er schwärzte darin die jüdischen Ärzte an, daß sie nur Quacksalber wären und das Leben ihrer christlichen Patienten gefährdeten. Es sei daher notwendig, die Juden auszuweisen, wie es der Kaiser Maximilian mit den Juden in Österreich, Steiermark und Kärnthen getan.[1]) Wenigstens sollten sie gezwungen werden, vom Wucher zu lassen und sich mit Arbeit zu beschäftigen, nicht etwa mit edlen und ehrenhaften Hantierungen, sondern mit schändenden und schmutzigen, sie sollten Straßen reinigen, Schornsteine fegen, Unrat ausführen, zum Wegschaffen der Äser und ähnlichen Tätigkeiten angehalten werden.[2]) Ganz besonders sollten ihnen die Talmudexemplare und überhaupt jedes mit ihrer Religion zusammenhängende Buch, außer der Bibel, genommen und Haussuchung danach gehalten werden; sie sollten sogar durch die Folter zum Ausliefern derselben gezwungen werden. Auch bei der Abfassung dieser Schrift hatte der Magister der schönen Wissenschaft, Ortuin Gratius, die Hand im Spiele. Er übersetzte sie ins Lateinische und ließ ihr ein Epigramm in schlechten Versen vorangehen über die Halsstarrigkeit, Unbeugsamkeit und Schlechtigkeit des Geschlechts der Juden.

Aber diese giftigen Flugschriften in deutscher und lateinischer Sprache waren immer nur noch Mittel und Vorbereitungen zu einem Plan, welcher die Hoffnung der Cölner Dominikaner verwirklichen sollte, Scheiterhaufen für die religiösen Schriften der Juden anzünden zu können oder eine Einnahmequelle davon zu haben. Auf den Kaiser Maximilian hatten sie es abgesehen, ihn wollten sie bestürmen, auf ihn, der nicht leicht zu einer Gewalttat die Hand bot, geradezu einen Druck ausüben, damit er die Juden samt deren Schriften und Geldbeutel ihrer Willkür überliefere. Sie bedienten sich dazu der Bigotterie einer unglücklichen Fürstin als Helferin.

Die schöne Schwester Maximilians, Kunigunde, Lieblingstochter des Kaisers Friedrich III., um deren Hand mächtige Könige geworben, hatte ihrem greisen Vater in ihrer Jugend viel Herzleid verursacht. Hinter dem Rücken ihres Vaters hatte sie sich mit dessen erklärtem Feinde, dem bayrischen Herzog A l b r e c h t v o n M ü n c h e n, verheiratet, auf dessen wachsende Macht Friedrich außerordentlich eifersüchtig war, und der erst jüngsthin die wichtige Stadt Regensburg der kaiserlichen Unmittelbarkeit entzogen und sie an sich gebracht hatte. Noch mehr; Kunigunde trug selbst zur Vergrößerung Bayerns bei,

---

[1]) Vergl. oben S. 51.
[2]) Hostis Judaeorum auf der letzten Seite: Compellendi sunt (Judaei) ad labores, nec eos etiam liberales et honestos, sed potius sordidos, puta verrere et mundare vicos, abradere fulginem caminorum etiam et porcorum elevatas sordes etc.

indem sie ihm Tirol und Vorderösterreich als Brautschatz zubrachte. Lange Zeit mochte der tiefgekränkte Vater nicht einmal ihren Namen nennen hören. Es war gar zum Krieg zwischen Friedrich und seinem ihm feindlichen Schwiegersohne, Albrecht von Bayern-München gekommen, der nur durch Maximilians Klugheit in seinem für Deutschland unheilvollen Verlaufe gehemmt worden war. Maximilian hatte auch endlich eine Versöhnung zwischen Vater und Tochter zustande gebracht. Als der Herzog Albrecht im Mannesalter starb (1508), war die verwitwete Kunigunde, vielleicht aus Reue über ihren Jugendfehler, aus ihren herzoglichen Gemächern bald nach der Bestattung ihres Gemahls in ein Franziskanerkloster zu München getreten. Sie war Abtissin der Klarissinnen geworden und kasteite ihren Leib. Auf das verdüsterte Gemüt dieser Fürstin spekulierten die Cölner Dominikaner.[1]) Sie versahen Pfefferkorn mit Empfehlungsschreiben an Kunigunde. Er sollte ihr mit giftiger Zunge das schändliche Treiben der Juden, ihre Schmähungen gegen Jesus, Maria, die Apostel und die Kirche überhaupt schildern; auch sollte er ihr an die Hand geben, daß die Judenschriften samt und sonders all diese Schändlichkeiten enthielten und abgetan zu werden verdienten. Die Cölner Dominikaner hatten richtig berechnet, daß die Anklage, von einem geborenen Juden gegen seine Glaubensgenossen erhoben, mehr Gewicht haben würde, als wenn sie von Christen erhoben worden wäre. Wie leicht ist nicht ein Weib, und noch dazu ein stockgläubiges, in Klostermauern verdumpftes, zu überreden? Kunigunde schenkte den Verläumdungen gegen die Juden und ihr Schrifttum um so mehr Glauben, als sie aus dem Munde eines ehemaligen Juden kamen, der doch deren Gewohnheiten und Bosheiten kennen müsse, besonders auf dessen Versicherung, mit der Vertilgung der jüdischen Schriften würden sich sämtliche Juden nach und nach zum Christentum bekehren.

Pfefferkorn erlangte von der bigotten fürstlichen Nonne leicht, was er gewünscht. Sie gab ihm ein dringendes Schreiben an ihren kaiserlichen Bruder mit, worin sie denselben beschwor, den Lästerungen der Juden gegen das Christentum zu steuern und einen Befehl zu erlassen, daß ihnen sämtliche Schriften mit Ausnahme der Bibel entrissen und verbrannt werden sollten. Sonst würden die Sünden der Gotteslästerung, welche täglich von den Juden begangen würden, auf sein gekröntes Haupt fallen. Mit diesem Schreiben versehen, begab sich Pfefferkorn stracks nach Italien ins Lager des Kaisers, der damals vor Padua gegen die Venetianer im Felde lag.

Dem fanatischen Schreiben Kunigundens und Pfefferkorns mündlichen Anschwärzungen gelang es, Maximilian, der, damals mit Krieg und diplomatischen Wirren vollauf beschäftigt, nicht Muße hatte, die

[1]) Vergl. Note 2.

Sache reiflich zu überlegen, ein Mandat, (vom 19. August 1509) zu erpressen, worin er dem getauften Bösewicht Vollgewalt über die Juden einräumte. Er sollte das Recht haben, die jüdischen Schriften überall im deutschen Reiche zu untersuchen und alle, deren Inhalt gegen die Bibel und den Christenglauben gerichtet wäre, zu vernichten. Jedoch sollten die Pfarrer des Ortes und Stadträte dabei zugegen sein. Den Juden schärfte das Mandat ein, bei Vermeidung von schwerer Strafe an Leib und Gut, keinen Widerstand zu leisten und ihre Schriften zur Prüfung vorzuzeigen.

Triumphierend eilte Pfefferkorn mit dem Vollmachtsschreiben des Kaisers in Händen, das ihn zum Herrn über die Juden gemacht, nach Deutschland zurück, um Jagd auf die jüdischen Schriften oder jüdischen Säckel anzustellen. Er begann sein einträglich zu werden versprechendes Geschäft mit der damals bedeutendsten deutschen Gemeinde Frankfurt, wo es viele Talmudkundige, folglich viele Talmudexemplare und auch wohlhabende Juden gab. Dort lagerten auch Ballen jüdischer Schriften fremder Druckereien zum Verkauf in der Messezeit aufgehäuft. Auf Pfefferkorns Veranlassung versammelte der Rat sämtliche Juden in der Synagoge und verkündigte ihnen des Kaisers Befehl, ihre Schriften auszuliefern.

Im Beisein von drei Geistlichen des Bartholomäusstiftes und zweier Räte wurden sogleich sämtliche Gebetbücher, welche sich in der Synagoge befanden, konfisziert. Es war gerade am Vorabende des Hüttenfestes (Freitag, 28. Sept. 1509). Aus eigener Machtvollkommenheit, aber mit dem Vorgeben, auch dazu vom Kaiser ermächtigt zu sein, verbot Pfefferkorn den Besuch der Synagoge für den Feiertag; er beabsichtigte an demselben Haussuchung zu halten, denn ihm lag viel daran, der Talmudexemplare habhaft zu werden, die jeder Kundige in seinem Hause hatte. Indessen waren die anwesenden Geistlichen nicht so rücksichtslos, das Fest der Juden in Trauer zu verwandeln, und verschoben diese Nachforschung nach den Büchern bei den einzelnen auf den folgenden Montag. Was taten die Juden? Auch das zeugt für das Weben einer neuen Zeit, daß sie es wagten, Einspruch gegen diesen gewalttätigen Eingriff zu tun. Sie ließen nicht mehr, wie früher in Deutschland, Beraubungen, Plünderungen und selbst den Tod mit stummer Lammesgeduld über sich ergehen. Sie beriefen sich auf ihre auch von Kaisern und Päpsten verbrieften Rechte, welche ihnen Religionsfreiheit zusicherten, und der Besitz ihrer Gebet- und Lehrbücher sei darin eingeschlossen. Sie verlangten Aufschub der Bücherkonfiskation, um an den Kaiser und das Kammergericht zu appellieren. Der Vorstand der Frankfurter Gemeinde sandte sofort einen Deputierten an den Kurfürsten und Erzbischof von Mainz, **Uriel von Gemmingen**, nach seinem Sitz Aschaffenburg, um

ihn, dem die deutsche Judenheit unterstand, und zu dessen Sprengel
Frankfurt gehörte, zu bewegen, den Geistlichen ihre Mittätigkeit an der
ungerechten Sache zu verbieten. Als Pfefferkorn am Montag (1. Okt.)
die Haussuchung begann, protestierten die Juden so energisch dagegen,
daß sie aufgeschoben wurde, bis der Rat darüber Beschluß gefaßt
haben würde, ob deren Einspruch Folge gegeben werden solle oder
nicht. Der Beschluß des hochweisen Magistrats fiel zwar ungünstig
aus, aber im Augenblick, als zur Konfiskation geschritten werden sollte,
langte ein Schreiben vom Erzbischof an, welcher zunächst den Geistlichen verbot, Pfefferkorn Beistand zu leisten. Dadurch wurde der
Anschlag vereitelt, denn auch die Ratsherren zogen sich von der
Sache zurück, sobald sie von der Teilnahme des höchsten geistlichen
Würdenträgers in Deutschland für die Juden Kunde hatten. Diese
legten aber nicht die Hand in den Schoß. Denn, wenn sie auch nicht
wußten, daß die mächtigen Dominikaner hinter Pfefferkorn standen,
ahnten sie doch, daß Judenfeinde sich dieses boshaften Wichtes bedienten, um Verfolgungen über sie heraufzubeschwören. Sie sandten
sofort einen Anwalt für ihre Sache an den Kaiser und einen andern
an die nahen und fernen deutschen Gemeinden, zu gemeinsamer Beratung auf einem Gemeindetage für den folgenden Monat zusammenzukommen, um Schritte zur Abwendung der Gefahr zu tun und Gelder
zusammenzuschießen.

Für den Augenblick schien die für die Juden so peinliche An-
gelegenheit für sie eine günstige Wendung zu nehmen. Der Rat von
Frankfurt verhielt sich leidend; er legte allenfalls Beschlag auf die
Bücherballen der jüdischen Buchhändler und verbot sie zu veräußern.
Am günstigsten war für sie das Verhalten des Erzbischofs von Mainz.
Sei es aus Rechtsgefühl — er war ein billig denkender Mann — oder
aus Judenfreundlichkeit oder aus Abneigung gegen die dominikanische
Ketzerriecherei — er war nämlich den humanistischen Bestrebungen
zugetan und ein Feind der Dummgläubigkeit und des religiösen Über-
eifers — oder endlich aus Eifersucht, daß der Kaiser in seine Befugnisse
eingegriffen und einem solchen Wicht geistliche Gerichtsbarkeit in seinem
Sprengel übertragen hatte, genug, Uriel von Gemmingen nahm
geradezu Partei für die Juden. Er richtete sofort ein Schreiben an
den Kaiser (5. Okt.), worin er einen leisen Tadel aussprach, daß der
Kaiser einem so unwissenden Menschen, wie Pfefferkorn, Vollmacht in
dieser Angelegenheit erteilt hatte, behauptete, daß seines Wissens dergleichen lästerliche und christenfeindliche Schriften unter den Juden
seines Stiftes nicht vorhanden seien, und gab zu verstehen, wenn der
Kaiser durchaus auf der Untersuchung und Konfiskation des jüdischen
Schrifttums bestehen sollte, er einen Sachkenner damit betrauen müßte.
So eifrig nahm er sich der Juden an, daß er an seinen Anwalt beim

kaiserlichen Hofe, den Freien von Hutten, sofort Mitteilung von seinem Schreiben an den Kaiser machte und ihm ans Herz legte, den Juden förderlich zu sein, damit ihr Gesuch beim Kaiser erhört werden könnte.¹) Pfefferkorn ließ der Erzbischof nach Aschaffenburg kommen, um seine Parteinahme nicht zu verraten und gab ihm zu verstehen, daß sein vom Kaiser mitgebrachtes Mandat einen Formfehler enthielte, wodurch es unwirksam würde, da die Juden die Gültigkeit desselben anfechten könnten.

Bei dieser Unterredung tauchte zum ersten Male der Name Reuchlins auf, sei es, daß Pfefferkorn oder der Erzbischof ihn zuerst genannt hatte. Es wurde nämlich dabei besprochen, den Kaiser anzugehen, Reuchlin (und auch Viktor von Karben) zu Richtern über die Schriften der Juden zugleich mit Pfefferkorn zu ernennen.²) Der geschäftige Täufling gürtete alsbald seine Lenden, um eine zweite Reise zum Kaiser anzutreten. Ohne Zweifel hat er vorher seinen Beschützern, den Cölner Dominikanern, Kunde davon gegeben und sich von ihnen neue Empfehlungsbriefe an den Kaiser einhändigen lassen. Mit ihrer Zustimmung sollte Pfefferkorn bei dem Kaiser den besten Kenner des Hebräischen unter den Christen als Mitrichter in dieser Angelegenheit in Vorschlag bringen. In allzukluger Berechnung begingen diese Schlauen einen Mißgriff, der ihnen den bereits errungenen Erfolg streitig machte. Pfefferkorn oder die Cölner Dominikaner glaubten sich nämlich der Mithilfe eines Mannes versichern zu müssen, der vermöge seiner Gelehrsamkeit, seines Charakters und seiner geachteten Stellung die Maßregel wirksamer zu machen versprach. Reuchlin, der Stolz Deutschlands, sollte ihr Bundesgenosse werden, um ihre etwaigen Gegner von vornherein zu entwaffnen. Es soll auch im Plane gelegen haben, diesen von den Finsterlingen scheel angesehenen Mann, welcher zu ihrem Verdrusse die hebräischen Sprachstudien wie das Griechische zuerst in Deutschland und in Europa überhaupt unter den Christen angeregt hat, so oder so zu kompromittieren.³) Aber eben durch diese feinen Kniffe haben Pfefferkorn und seine Führer nicht nur ihre Sache vollständig vereitelt,

---

¹) Die beiden Schreiben des Erzbischofs Uriel an den Kaiser und seinen Marschall, Freien v. Hutten, Aktenstücke a. a. O. S. 300.

²) Vergl. Note 2.

³) Reuchlin an Jaque Lefevre, Briefsammlung 2: Cumque optimarum litterarum studiosi omnes nostrates confiteantur, se graeca et hebraica me autore primario didicisse, non potuit adversariorum barbarorum mera superbia aequo animo ferre tanta meae famae praeconia, persaepe formidantium, quod amatioribus doctrinis imbuta posteritas, puerilia studia et seniles disciplinas, quae jam diu nostra consuetudine versantur, contemnat. Erasmus gegen Hochstraten bei v. d. Hardt a. a. O. II, p. 8.

sondern einen Sturm erzeugt, welcher in kaum einem Jahrzehnt das ganze Gebäude der katholischen Kirche tief erschüttert hat. Mit Recht sagte man später der halbjüdische Christ habe dem Christentum mehr geschadet, als es sämtliche unflätige Schriften der Juden vermocht hätten.¹) Johannes Reuchlin ist eine Persönlichkeit, welche das Mittelalter in die neue Zeit hat hinüberleiten helfen und darum einen klangvollen Namen in der Geschichte des sechzehnten Jahrhunderts hat; ihm gebührt aber auch in der jüdischen Geschichte ein glänzendes Blatt.

Johannes Reuchlin aus Pforzheim (geb. 1455, gest. 1522), oder wie ihn die bewundernden Liebhaber der humanistischen Studien nach einer schlechten Hellenisierung seines deutschen Namens nannten, Capnio, hat mit seinem jüngern Zeitgenossen Erasmus von Rotterdam die Schmach der Barbarei von Deutschland genommen und durch ihr Beispiel und ihre Anregung auf weitere Kreise bewiesen, daß die Deutschen in Kenntnis der altlateinischen und griechischen Sprache, in geschmackvoller Darstellung und überhaupt in humanistischer Bildung mit den Italienern, den alleinigen Inhabern dieses Faches in jener Zeit, wetteifern und sie noch dazu übertreffen konnten. Neben einer erstaunlichen Gelehrsamkeit in der klassischen Literatur und einem eleganten Stile besaß Reuchlin einen lautern Charakter, edle Gesinnung, eine in jeder Versuchung bewährte Rechtschaffenheit, eine bewunderungswürdige Wahrheitsliebe und ein weiches Gemüt, welches ihn zum aufopfernden Freunde, zum mitleidvollsten Helfer in der Not machte. Nach dieser Seite hin hatte Reuchlin wenig seines Gleichen in seiner Zeit, und wenn er Huttens Unerschrockenheit und mehr Gedankenklarheit damit verbunden hätte, so wäre er ein viel geeigneterer Reformator der Kirche und der Gesellschaft gewesen, als selbst Luther. Vielseitiger als Erasmus, sein jüngerer Genosse für die Anbahnung und Verbreitung der humanistischen und ästhetischen Bildung in Deutschland, verlegte sich Reuchlin auch auf die Kenntnis des Hebräischen, um die gottbegnadigte Sprache inne zu haben und es darin dem Kirchenvater Hieronymus gleich zu tun, der sein Vorbild war. Freilich hatte er in Deutschland und Frankreich keine Gelegenheit, die heilige Sprache gründlich zu lernen. Die deutschen Juden verstanden selbst zu wenig davon, um sie einem lernbegierigen Christen beizubringen. Reuchlins Lehrer, Wessel in Basel, der ihm Liebe dafür eingeflößt und die ersten Elemente beigebracht hatte, konnte ihn nicht weiter darin bringen. Reuchlins Liebe zur hebräischen Sprache wurde zur Schwärmerei, als er bei seiner zweiten Reise nach Rom (Anfangs 1490) den gelehrten Jüngling, das Wunderkind Italiens, Pico de Mi-

---

¹) Erasmus an Reuchlin in epistolae clarorum virorum II, p. 2b: Plus unus ille Semijudaens Christianus nocuit rei Christianae, quam universa Judaeorum sentina.

randola, in Florenz kennen gelernt und von ihm erfahren hatte, welche tiefe wunderbare Geheimnisse in den hebräischen Quellen der Kabbala verborgen lägen. Reuchlin hatte seit der Zeit einen wahren Durst nach der hebräischen Literatur; aber er konnte ihn nicht löschen. Nicht einmal eine gedruckte hebräische Bibel konnte er erlangen.[1]) Bei seiner Rückkehr nach Deutschland wendete sich Reuchlin, der damals bereits Rat des Herzogs von Württemberg war, an den Rabbiner Jakob Margoles in Regensburg mit der Bitte, ihm einige namhaft gemachte kabbalistische Schriften zu besorgen. Dieser antwortete ihm darauf, er könne ihm damit nicht dienen, weil solche in Regensburg nicht aufzutreiben seien, und riet ihm überhaupt unter höflicher Form ab, sich mit der Kabbala einzulassen, weil sie dunkel und tief sei und mehr Schaden als Nutzen gewähre.[2])

Erst im reifen Alter gelang es Reuchlin, tiefer in die Kenntnis der hebräischen Sprache eingeführt zu werden. Bei seinem Aufenthalte in Linz, am Hofe des greisen Kaisers Friedrich III., den er mit seinem Herrn, dem Herzog Eberhard, besuchte, lernte er den kaiserlichen Leibarzt und jüdischen Ritter Jakob Loans kennen, und dieser jüdische Gelehrte wurde sein Lehrer in der hebräischen Sprache und Literatur. Jede Stunde, die Reuchlin den Geschäften bei Hofe abgewinnen konnte, widmete er diesem Studium und arbeitete sich so gründlich ein, daß er bald auf eigenen Füßen stehen konnte. Sein Sprachgenie kam ihm zustatten, um die Schwierigkeiten zu überwinden. Auf Loans' Anregung schenkte der greise Kaiser kurz vor seinem Tode dem lernbegierigen, sprachgewandten Mann, an dem er seine Freude hatte, eine kostbare hebräische Bibel, welche auf mehr als 300 Dukaten geschätzt wurde. Ein herzliches Verhältnis bestand seitdem zwischen dem jüdischen Lehrer Loans und dem christlichen Jünger. Reuchlin nannte ihn „seinen Freund".[3]) An dem kaiserlichen Hofe hatte Reuchlin Gelegenheit, auch mit anderen gebildeten Juden zu verkehren.[4])

Seine mit so viel Eifer erworbenen hebräischen Kenntnisse suchte Reuchlin alsbald zu verwerten. Er arbeitete ein Werkchen aus **von dem wunderbaren Worte**,[5]) das eine begeisterte Lobrede

[1]) Vergl. Strelers Brief an Reuchlin in epistolae clar. virr. I, Nr. 45.
[2]) Der Brief ist in epistolae clar. virr. mitgeteilt, vgl. B. VIII.₃ S. 417. Er ist nach Reuchlins Rückkehr aus Rom, nach 1490, geschrieben.
[3]) Schreiben des Buonomo Tergestino, kaiserlichen Sekretärs, an Reuchlin vom März 1492, epistolae cll. virr. I. Nr. 9: Jacobus tuus Loans an adhuc Viennae vivat, ignorans sum. Erat tum paucis ante diebus illic, ubi eum reliquisti.
[4]) Reuchlin im Augenspiegel bei v. der Hardt a. a. O. II p. 21 a,
[5]) Capnion sive de verbo mirifico, verfaßt Tübingen 1494, wie aus dem Vorworte des Herausgebers hervorgeht.

auf die hebräische Sprache, ihre Einfachheit, Tiefe und Göttlichkeit ist. „Die Sprache der Hebräer ist einfach, unverdorben, heilig, kurz und fest, in welcher Gott mit den Menschen und die Menschen mit den Engeln unmittelbar und ohne Dolmetsch von Angesicht zu Angesicht verkehren, nicht durch das Rauschen der kastalischen Quelle oder durch die typhonische Höhle oder durch den dodonischen Wald oder den delphischen Dreifuß, sondern wie ein Freund mit dem andern zu sprechen pflegt".[1]) Ein für seine Altertümer eingenommener Jude könnte nicht begeisterter davon sprechen. Dieses Werk, welches Reuchlin dem Bischof Dalberg von Worms gewidmet hat, bildet einen Dialog zwischen einem epikuräischen Philosophen, einem jüdischen Weisen (Baruchias) und einem Christen (Capnio), die in Pforzheim, Reuchlins Geburtsort, zusammengekommen wären. Es stellt sich die Aufgabe, nachzuweisen, daß die Weisheit aller Völker, die Symbole der heidnischen Religion, die Formen ihres Kultus nichts weiter als Anerkennung oder Entstellung der hebräischen Wahrheit seien, welche in den Worten, Buchstaben, ja selbst in den Figuren der hebräischen Buchstaben geheimnisvoll und tief enthalten sei.[2]) Eigentlich hat Reuchlin damit mehr die Sprache der Kabbalisten in schönen lateinischen Wendungen und mit klassischer Gelehrsamkeit verherrlicht, um sie dem christlichen Publikum warm zu empfehlen. Die kindische Auslegung der Namen und Buchstaben in der heiligen Schrift von seiten der Kabbalisten war es, die Capnio anstaunte, und er wendete sie auf die Dogmen des Christentums an.[3]) So schwärmte auch Reuchlin für die Zahlendeutung der Buchstaben des Gottesnamens (Tetragrammaton), wie die Kabbalisten,[4]) für die zehn Sefirot der Geheimlehre[5]) und suchte für alle diese Spielereien pompöse Belege aus der klassischen Literatur. Dieses mystische Kinderspiel übertrug er auf das Christentum, sah in den ersten Worten der Schöpfungsgeschichte die Andeutung der christlichen Dreieinigkeit von Vater, Sohn

---

[1]) De verbo mirifico II p. 124.

[2]) Das. II. p. 134.

[3]) Das. I c. 3 Ende — er läßt den Juden Baruchias sprechen —: At vero de quibuslibet sensibilibus constantem, puram et ineffabilem scientiam homini negavero, nisi non humana disciplina, sed divina traditione jugiter ab uno et item ab altero fuerit recepta, quam nos Hebraei Cabbalam appellamus, id est receptionem. In qua majores nostri praeparatis semitibus exercuere, ut Abraham vel quisquis tandem is fuerit (nempe auctor libri Jezira), ut Simon filius Jocheï, ut Abraham secundus cognomento Abulaphias, ut ille Rambon (l. Ramban, i. e. Rabbi Mose f. Nachman), ut Recanatensis (Menahem Recanati) etc.

[4]) Das. I c. 21.

[5]) Das. I c. 18 u. a. a. St.

und heiligem Geist.¹) In den Buchstaben von Jesu Namen im Hebräischen, die er sich mißverständlich zusammengesetzt hat, erblickte Reuchlin die Spitze aller Wesenheit und aller Geheimnisse.²)

Reuchlin mochte übrigens fühlen, daß seine hebräischen Kenntnisse noch manche Lücke hatten, und so ließ er es sich nicht verdrießen, als Gesandter des Kurfürsten von der Pfalz in Rom, um dessen Sache am Hofe des Papstes Alexander VI. zu vertreten (1498 bis 1500), sich in der hebräischen Literatur weiter zu bilden.

Obadja Sforno³) aus Cesena, zur Zeit in Rom (später Arzt in Bologna) wurde Reuchlins zweiter Lehrer im Hebräischen. Sforno verstand auch Lateinisch und vermittelst dieser damaligen Weltsprache konnte er sich mit Reuchlin verständigen. Er besaß noch einige mathematische und philosophische Kenntnisse und schrieb später Kommentarien zu den meisten biblischen Schriften. Er war zwar kein feiner Kenner der hebräischen Literatur, sah sie vielmehr durch die Brille der Agada und der Kabbala an, aber für Reuchlin wußte er genug. So saß der deutsche Humanist, der bereits ein gefeierter Mann war, dessen lateinische Reden von Italienern bewundert wurden, zu den Füßen eines Juden, um sich durch ihn im Hebräischen zu vervollkommnen.⁴) Wo Reuchlin auch sonst Gelegenheit hatte, sich von einem Juden unterweisen zu lassen, verschmähte er es nicht,⁵) so sehr war ihm das Hebräische eine hochwichtige Angelegenheit. Aber nicht alle Juden, namentlich nicht die deutschen, mochten sich dazu herbeilassen, einen Christen im Hebräischen zu unterrichten; sie beriefen sich vielmehr auf eine mißverstandene Stelle im Talmud, daß es verboten sei, Worte der Lehre einem Nichtjuden zu überliefern⁶)

---

¹) Das. III c. 4: Similiter in verbo ברא, quod est: creavit, et quo in principio Mosis liber incipit; in quibus א (אב) pater, ב (בן) filius ר (רוח) spiritus.

²) Das. III c. 12 u. a. a. Stellen: er kombinierte nämlich den Namen Jesus, bekanntlich aus ישו entstanden, irrtümlich als aus dem Tetragrammaton und ש zusammengesetzt, also יהשו und sah darin das Wort יש = Wesenheit אש = Feuer und noch vieles andere.

³) Vergl. o. S. 41.

⁴) Reuchlin, Einleitung zum I. Buche der Rudimenta: Post vero legatus Romae ad Alexandrum VI, qui reliqui fuerant in lingua (Hebraea) canones eos a Cesenatensi Judaeo scilicet Abdia f. Jacobi Sphurno petivi, qui me quotidie toto legationis tempore perquam humaniter in Hebraeis erudivit, non sine insignis mercedis impendio. Ebenso Einl. zum III. Buche. Melanchthon erzählt vita Reuchlini p. 304: Derselbe habe Sforno für jede Stunde Unterweisung einen Dukaten gezahlt.

⁵) Einl. zur Schrift de Accentibus et Orthographia.

⁶) Epilog zu den Rudimenta: Cum nostrates Judaei vel invidia vel imperica ducti, Christianum neminem in eorum lingua erudire velint etc.

Da er nun in Deutschland, ja man kann sagen, in ganz Europa der einzige Christ war, der sich mit der heiligen Sprache vertraut gemacht hatte, und die Sehnsucht nach Kenntnis derselben, sowie des Griechischen allgemein war, so drängten ihn seine zahlreichen Freunde, eine hebräische Grammatik auszuarbeiten, welche die Lernbegierigen in den Stand setzen sollte, sich selbst darin zu belehren. Die erste hebräische Sprachlehre von einem Christen ausgearbeitet, die Reuchlin als ein „Denkmal, dauernder als Erz" bezeichnete (vollendet März 1506),[1] war freilich dürftig genug ausgestattet. Sie lieferte lediglich das allernotwendigste zur Aussprache und zur Formlehre und damit zugleich ein Wörterbuch, dessen Unvollkommenheit von einem Anfänger nicht überraschen darf. Aber diese Grammatik hatte eine bedeutende Wirkung; sie regte die hebräischen Studien bei einem großen Kreis der Humanisten an, die sich seitdem mit allem Eifer darauf warfen, und bei der lutherischen Kirchenreformation erzeugten diese Studien einen neuen Gärungsstoff. Eine Reihe von Jüngern Reuchlins, Sebastian Münster, Widmannstadt, traten in seine Fußtapfen und hoben die hebräische Sprache zur Ebenbürtigkeit mit der griechischen. Freilich kam auch von einer andern Seite Anregung. Fast um dieselbe Zeit lehrte in Padua Elias Levita[2] — der erste deutsche Jude, welcher sich mit diesem von seinen jüdischen Landsleuten verachteten, wenigstens ungekannten Fache beschäftigte — die hebräische Sprache vor einem Schülerkreise. Bei seiner Auswanderung aus dieser Stadt nach Rom wegen der Kriegsunruhen nahm ihn der damalige Ordensgeneral der Augustiner, Egidio (Ägidius) de Viterbo, in sein Haus, sorgte für alle seine Bedürfnisse und ließ sich von ihm im Hebräischen unterrichten. Diese beiden Beförderer der hebräischen Sprache unter den Christen, Reuchlin und Egidio de Viterbo, wollten sie aber nicht um ihrer selbst willen, auch nicht zur Hebung der Bibelstudien und einer vernünftigen Schriftauslegung gepflegt wissen, sondern lediglich um dadurch in den Stand gesetzt zu sein, in den Abgrund der kabbalistischen Geheimlehre ohne Schwindel blicken zu können. Durch den Kabbalisten Baruch von Benevent ließ Egidio den Sohar (oder Teile desselben) ins Lateinische übersetzen.[3] So hat die Kabbala, von Hause aus eine Feindin grammatischen Verständnisses, gegen ihren Willen dieses angebahnt. Hatte doch der Papst Sixtus IV. angelegentlichst empfohlen, daß kabbalistische Schriften durch die Übersetzung ins Lateinische den Christen zugänglich gemacht werden sollten.[4]

---

[1] Am Ende der Rudimenta linguae hebraeae sagt Reuchlin: exegi monumentum aere perennius.
[2] Vergl. weiter unten.
[3] S. oben S. 39, Anmerk. 1.
[4] S. B. VIII.₃ S. 247.

Wenn Reuchlin in die Judengasse hinabstieg, um einen daselbst vergrabenen Schatz zu heben, so war er darum anfangs doch nicht weniger als seine Zeitgenossen von dickem Vorurteil gegen den jüdischen Stamm befangen. Uneingedenk seines ehemaligen Glanzes und ohne Blick für dessen gediegenen, wenn auch von einer abschreckenden Schale umgebenen Kern, betrachtete Reuchlin ihn nicht nur als barbarisch und alles Kunstsinnes bar, sondern auch als niedrig und verworfen.[1]) Er beteuerte aufs feierlichste, daß er weit davon entfernt sei, die Juden zu begünstigen. Mit dem zerfahrenen Kirchenvater Hieronymus, seinem Musterbilde, bezeugte er, daß er die jüdische Nation gründlich haßte.[2]) Er arbeitete, zugleich mit seiner hebräischen Sprachlehre, für einen Ritter, der mit seinen Juden ein Religionsgespräch einleiten wollte, ein Sendschreiben (Missive) aus,[3]) worin er alles Elend der Juden aus ihrem verblendeten Unglauben herleitete, statt es in der Lieblosigkeit der Christen gegen sie zu suchen. Reuchlin beschuldigte sie nicht weniger als Pfefferkorn der Lästerung Jesu, Marias, der Apostel und der Christen überhaupt. Er berief sich dabei auf die gegenchristlichen Schriften (Lipmanns Nizachon)[4]) und auf die Gebetformel der Juden gegen die Ketzer.[5]) Später hatte es Reuchlin zu bedauern, diese judenfeindliche Schrift verfaßt zu haben. Denn sein Herz teilte nicht das Vorurteil seines Kopfes. Wo er mit einzelnen Juden zusammentraf, wendete er ihnen seine Liebe oder wenigstens seine Achtung zu; er mochte finden, daß sie besser waren, als das Bild, welches sich die Christen von den Juden entworfen hatten. Sein Rechtsgefühl konnte es nicht über sich bringen, den Juden geradezu Unrecht tun zu lassen oder gar die Hand dazu zu bieten.

Als Pfefferkorn und die Cölner Dominikaner mit Reuchlin anbanden, stand er bereits auf der Höhe seines Lebens und Ruhmes. Von Hoch und Niedrig wegen seiner Biederkeit geschätzt, vom Kaiser Friedrich in den Adelstand erhoben, vom Kaiser Maximilian zum Rat und Richter des schwäbischen Bundes ernannt und auch persönlich hochgeachtet, von dem Humanistenkreise, gewissermaßen dem Orden freier Geister innerhalb und außerhalb Deutschlands, verehrt, geliebt und fast vergöttert. Obwohl sich Reuchlin bis dahin auch nicht einmal einen Schatten von Ketzerei hatte zuschulden kommen lassen, mit dem Domini-

---

[1]) Einl. in Reuchlins Schrift de arte Cabbalistica.
[2]) Schreiben an Collin, epistolae cll. virr. II. Bl. r. a.
[3]) Missive an einen Junkherrn, Pforzheim 1505, zum zweiten male abgedruckt in Böckings opera Hutteni supplem. I S. 177.
[4]) B. VIII₃ S. 71.
[5]) Auf die Formel: welaminim oder welameschumadim: ולמינים oder לשומדים, die auch Reuchlin fälschlicherweise auf die Christen im allgemeinen bezog.

kanerorden auf bestem Fuße stand und ihr Sachwalter in weltlichen Angelegenheiten ohne Vergütung war, so sahen die Finsterlinge doch in ihm instinktmäßig ihren geheimen Feind. Das Pflegen der Wissenschaft, die Beschäftigung mit der klassischen Literatur, die Sorgfalt für einen eleganten lateinischen Stil, die Begeisterung für die griechische Sprache, welche Reuchlin in Deutschland zuerst geweckt — in den Augen der Stockkatholiken die Sprache der Schismatiker — und nun gar die Einführung der hebräischen Sprache, die Bevorzugung der „hebräischen Wahrheit", des hebräischen Textes, vor der verdorbenen, in der Kirche als kanonisch und unverbrüchlich geltenden lateinischen Vulgata, das alles galt den Finsterlingen als eben so viele Sünden, gegen die zwar nicht sofort von seiten der Ketzergerichte eingeschritten werden konnte, die ihm aber einen Platz in ihrem schwarzen Buche sicherten.

Der Auftrag an Pfefferkorn, den geheimen Agenten der Cölner Dominikaner, Reuchlin bei der Untersuchung der lästerlichen jüdischen Schriften heranzuziehen, war, wie bereits angedeutet, eine schlau berechnete Falle. Auf seiner zweiten Reise in des Kaisers Lager suchte Pfefferkorn daher Reuchlin in dessen Behausung geradezu auf, zeigte ihm des Kaisers Mandat, bemühte sich, ihn zum Bundesgenossen seiner giftigen Pläne gegen die Juden zu machen. Reuchlin lehnte dieses Ansinnen halb ab, lobte zwar das Bestreben, die jüdischen Schmähschriften gegen das Christentum zu vertilgen, meinte aber, das Mandat des Kaisers habe einen Formfehler, wodurch das Einschreiten gegen die jüdischen Schriften ungesetzlich erschiene, und die Behörden daher nicht willig dazu die Hand bieten würden. Reuchlin soll ihm damals auch zu verstehen gegeben haben, sich dabei zu beteiligen, wenn er dazu aufgefordert werden sollte. Pfefferkorn begab sich infolgedessen zum Kaiser, um ein zweites formgerecht eingerichtetes und unanfechtbares Mandat von ihm zu erwirken. Die Juden waren aber auch nicht müßig gewesen, um vom Kaiser den Widerruf des Mandats und Zurückerstattung der ihnen genommenen Bücher zu erlangen.

Die Frankfurter Gemeinde hatte indes einen eifervollen Mann aus ihrer Mitte, Jonathan Levi Zion, zu ihrem Anwalte beim Kaiser ernannt. Auch die Regensburger Gemeinde hatte einen Anwalt zum kaiserlichen Hofe abgeordnet. Ein bei der Umgebung des Kaisers beliebter Mann, Isaak Triest, wendete allen Eifer an, um mit diesen zusammen Pfefferkorns Plan zu vereiteln. Diese jüdischen Anwälte wurden von angesehenen Christen unterstützt, zunächst von dem Vertreter des Erzbischofs, dann von dem Markgrafen von Baden und endlich von einem „Marschall" Goldecker. Die jüdischen Anwälte machten zunächst die Privilegien geltend, daß den Juden von Kaisern und Päpsten Religionsfreiheit verbrieft sei, wonach es auch dem Kaiser nicht gestattet sei, Eingriffe in ihre inneren Angelegenheiten, in den Besitz ihres religiösen Schrifttums zu machen. Diese Privilegien wurden von einer Person aus der Umgebung des Kaisers geprüft und für bindend befunden. Die jüdischen Anwälte verfehlten auch nicht, dem Kaiser ein beglaubigtes Schreiben zu unterbreiten, daß ihr Ankläger ein verworfener Mensch, ein Dieb und Einbrecher sei. Schon glaubten sie am Ziele ihrer Wünsche zu sein. Der Kaiser hatte ihr Gesuch in einer Audienz angehört und ihnen baldige Antwort versprochen. Der freundliche Empfang erweckte in ihrer Brust die Hoffnung, daß ihr Erzfeind Pfefferkorn zuschanden werden, die ihn abgenommenen Schriften ihnen wieder zurückgegeben werden und die ganze peinliche Angelegenheit abgetan sein würde. Uriel von Gemmingen, ihr Gönner, sollte zum Kommissar in dieser Sache ernannt werden. War das nicht ein günstiges Vorzeichen?

Allein sie kannten Maximilians wankelmütigen Charakter nicht. Sobald Pfefferkorn von neuem bei ihm mit einem eigenhändigen Schreiben von seiner Schwester erschien, worin die überfromme Nonne ihn beschwor, das Christentum nicht durch Rücknahme des Mandats zu schädigen, neigte sich das Züngleins der Wage gegen die Juden.[1]) Ohnehin wurmte es den Kaiser, daß die so tief stehenden Juden es gewagt hatten, seinem Mandat zuwider, die Auslieferung der Bücher in ihren Häusern zu verweigern.

Darauf hin erließ er ein zweites Mandat (10. November 1509). Darin machte Maximilian den Juden zum Vorwurf, daß sie sich erkühnt, Widerstand zu leisten, befahl die Konfiskation fortzusetzen, ernannte allerdings den Erzbischof Uriel zum Kommissar, gab ihm aber an die Hand Gelehrte von den Hochschulen Cöln, Mainz, Erfurt und Heidelberg und auch gelehrte Männer wie Reuchlin, Viktor von Karben und auch den im Hebräischen völlig unwissenden Ketzerrichter H o c h s t r a t e n hinzuzuziehen. Diese Männer sollten die von Pfefferkorn eingezogenen Bücher prüfen, die unschuldigen ihnen lassen, dagegen bezüglich der verdächtig befundenen kundige Juden zu einer Disputation darüber berufen. So glaubte Maximilian beiden Teilen Gerechtigkeit widerfahren gelassen zu haben.

Mit diesem Mandat in der Tasche eilte Pfefferkorn nach dem Schauplatz seiner Tätigkeit in die Rheingegend zurück. Der Erzbischof Uriel ernannte darauf den Regens der Universität Mainz, H e r m a n n H e ß, zu seinem Delegierten, um die Bücherkonfiskation seitens der Juden zu leiten. Mit ihm zusammen begab sich Pfefferkorn abermals nach Frankfurt, und die Jagd auf hebräische Schriften begann von neuem. So wurden den Frankfurter Juden 1500 handschriftliche

---

[1]) S. Note 2.

Werke abgenommen (mit den bereits früher eingezogenen) und in dem Rathaus niedergelegt. Auch in anderen Städten, Worms, Lorch, Bingen, Lahnstein, Mainz (eigentlich Wiensau bei Mainz) und Deutz betrieb Pfefferkorn sein Geschäft mit vielem Eifer. Er behauptete später, die Juden hätten ihm bedeutende Summen geboten, von seiner Anklägerschaft abzustehen, er sei aber den Versuchungen des Satans nicht erlegen.[1]

Schlimmer noch als des Kaisers wankelmütiges Verhalten war die Teilnahmlosigkeit der größeren Gemeinden Deutschlands für die Beschickung eines Gemeindetages und Beratung zur Vereitlung der boshaften Anschläge Pfefferkorns oder richtiger der Dominikaner. Kleinere Gemeinden hatten allerdings ihre Beiträge zu den Ausgaben für diese so peinliche Sache beigesteuert; aber die größeren und reicheren, Rothenburg an der Tauber, Weißenburg und Fürth, auf welche die Frankfurter am meisten gerechnet hatten, zeigten einen gleichgültigen Sinn. Da die erste Frist zur Versammlung nicht eingehalten worden war, hatte die Gemeindevertretung von Frankfurt eine neue angesetzt; aber auch die Zusammenkunft an diesem Tage vereitelten die drei Gemeinden.[2]

Als aber infolge des zweiten Mandats des Kaisers von neuem die jüdischen Bücher nicht bloß in Frankfurt, sondern auch in anderen Gemeinden konfisziert wurden, rafften sich die Gemeinden zu gemeinsamem Eifer auf. Der Rat von Frankfurt wurde zu ihren Gunsten umgestimmt, er brachte die Angelegenheit auf dem Reichstage zu Worms zur Sprache, sandte die bei ihm eingereichte Beschwerdeschrift der Juden an den Kaiser[3] und begleitete sie mit einer Bittschrift, daß der Kaiser Pfefferkorn die Vollmacht entziehen möge, weil dieser „mit Verschweigung der Wahrheit und Behauptung von Unwahrheit" in der Sache vorgegangen sei. Der Rat machte ebenfalls die Privilegien der Juden geltend und setzte auseinander, daß das Schrifttum der Juden auch für Christen von Nutzen sei, und der Papst Clemens angeordnet habe, daß an den Hochschulen und Universitäten darüber Vorlesungen gehalten werden sollten.[4]

Dazu kam noch ein anderer Umstand. Zur Frankfurter Frühjahrsmesse pflegten jüdische Buchhändler ihre Bücherballen zum Verkauf zu bringen. Da nun Pfefferkorn auch diese zu konfiszieren drohte, so weigerte sich der Rat von Frankfurt zu diesem Ansinnen die Hand

---

[1] Über alles gibt Note 2 quellenmäßige Belege.
[2] Vergl. Monatsschrift, Jahrg. 1875, S. 342, 375 fg.
[3] Bürgermeisterbuch von Frankfurt, Frankfurter Archiv für Geschichte und Kunst, Jahrg. 1869, S. 214.
[4] Monatsschrift a. a. O., S. 215.

zu bieten, weil er das Meßrecht nicht verletzen lassen mochte. Ohnehin hatten die jüdischen Buchhändler Geleitschriften von den Fürsten und Herren ihrer Heimat, welche nicht bloß ihre Person, sondern auch ihr Gut schützten, allerdings gegeben im eigenen Interesse, um nicht durch die Schädigung ihrer Juden Verlust an Einnahmen zu erleiden.[1]) Und der Erzbischof Uriel verhielt sich schmollend, und war mehr den Juden zugeneigt. Er berief die vom Kaiser bezeichneten gelehrten Männer zur Prüfung der jüdischen Bücher nicht zusammen, sondern tat nur, was er nicht unterlassen konnte. Auch von seiten mancher Fürsten, welchen die Juden über die Tragweite dieser seltsamen Konfiskation die Augen geöffnet hatten, scheinen Beschwerden an den Kaiser gelangt zu sein.[2]) Die öffentliche Meinung war besonders gegen Pfefferkorn eingenommen.

Dieser und die Dominikaner ruhten aber auch nicht, sondern machten Anstrengungen, den Kaiser und die öffentliche Meinung für sich zu gewinnen, — und es war wunderbar, daß die Feinde der Öffentlichkeit der bis dahin stummen Richterin den Mund geöffnet und ihr zur Macht verholfen haben. Zu diesem Zwecke erschien wiederum unter Pfefferkorns Namen eine neue Schmähschrift gegen die Juden: „Zu Lob und Ehren des Kaisers Maximilian", in deutscher Sprache.[3]) Diese Schrift blies dem Kaiser ganze Wolken von Weihrauch ins Gesicht und bemerkt mit Bedauern, daß die Anschuldigungen gegen die Juden in christlichen Kreisen aus Leichtfertigkeit und Unverstand so wenig beachtet würden. Es wird darin wiederholt, daß der Talmud, der Wucher der Juden und ihr leichter Erwerb Schuld an ihrer Schroffheit gegen ihre Bekehrung zum Christentum wären. Pfefferkorn verhehlte darin nicht, wie seine feindseligen Schritte gegen die Juden von der Herzogin Kunigunde gefördert worden waren, und diese den Kaiser bewogen hatte, das Mandat zur Konfiskation der jüdischen Schriften zu erlassen. In dieser Schmähschrift machte er die außerbiblischen, nach seiner Behauptung von Schmähungen gegen das Christentum strotzenden Bücher der Juden namhaft (worin er jedoch nur seine Unwissenheit an den Tag legte) und stempelte die Juden zu Ketzern, weil sie einige Bräuche und abergläubische Praktiken hätten, welche im Widerspruche zur heiligen Schrift stünden. Der boshafte Verläumder machte es gar den Juden zum Vorwurf, daß sie ihre Töchter lieber an einen Talmudkundigen als an einen Unwissenden zu verheiraten pflegten, und rechnete es den Frommen als Unkeuschheit an, weil sie aus religiösen Gründen in der Ehe enthaltsam wären. Der

---

[1]) Bürgermeisterbuch a. a. O, S. 215
[2]) Monatsschrift, das. S. 400.
[3]) Diese Schrift erschien März 1510, vergl. Note 2.

Messiasglaube der Juden, ihre Ausschmückung des Paradieses, ihre Gebräuche bei Beerdigungen, ihre unschuldigen Sagen (z. B. von einem alten Leichensteine der Wormser Gemeinde), all das wird in dieser Schmähschrift nicht als Torheit verlacht, sondern als Verbrechen gebrandmarkt.

Pfefferkorns Schmähschrift „zum Lob des Kaisers Maximilian" fordert die durchlauchtigsten Fürsten, gnädigen Herren und alle Stände der Christenheit auf, sich die Lästerungen in den jüdischen Schriften gegen den Allmächtigen und seine lobwürdige Mutter zu Herzen zu nehmen, und widerlegt sophistisch alle Einwände gegen die Errichtung von Scheiterhaufen für den Talmud. Dem Haupteinwand, daß die Maßregel nutzlos sein würde, weil die Juden so manches Exemplar verbergen oder die verpönten neu kopieren oder aus dem Auslande beziehen dürften, wollte Pfefferkorn durch ein Verfahren begegnet wissen, welches die ganze Tücke seiner oder der Dominikaner Bosheit verrät. Man sollte den Juden einen feierlichen Eid auflegen, und zwar nachdem man sie einen Tag zu fasten gezwungen, indem man vor sie dampfendes, wohlschmeckendes Fleisch, gesottene Fische, Gläser mit Wein, Öl, Honig und Milch hinstelle, und sie entblößten Hauptes mit Aussprechen des geheiligten Gottesnamens schwören lassen, daß sie sämtliche Schriften ausliefern, keine behalten, kopieren oder von außen beziehen würden. Wenn einer dann noch im Besitz eines Talmudexemplars betroffen würde, sollte er als Meineidiger an Leib und Gut bestraft und von den übrigen Juden mit dem Banne belegt werden. So sollten die Juden selbst durch Körper- und Seelenpein als Werkzeuge der Bosheit gebraucht werden.

In derselben Schmähschrift suchte er auch die Stimmen, welche sich zugunsten der Juden vernehmen ließen, zum Schweigen zu bringen und sie von vornherein zu verdächtigen. Wenn sich getaufte Juden gegen seine Verläumdungen aussprechen sollten, so möge man sie nicht als aufrichtige Christen betrachten; es würden nur solche sein, welche sich nur aus fleischlicher Lust haben taufen lassen, den jüdischen Glauben noch im Herzen trügen und nicht wünschten — diese verruchten und ungöttlichen Herzen —, daß die Schalkheit der Juden an den Tag käme. Solche getaufte Juden, welche seine Schrift Lügen strafen könnten, seien von den Christgläubigen wie die Teufel zu fliehen. Die Christen, die sich etwa günstig für die Juden vernehmen lassen sollten, würden entweder vom Gelde der Juden bestochen oder durch den Umgang mit Juden verderbt worden oder in ihrem Innern vom Christenglauben abgefallen sein. Aber auch auf die Stimme unbescholtener, frommer Christen zugunsten der Juden sei nichts zu geben, denn es würden nur solche sein, die auch das edelste Streben verdächtigten und zum Schlimmsten auslegen, d. h. solche Christen, welche seine gemeinen Absichten durchschauten.

Rückerstattung der konfiszierten Bücher.

Zum Schluß drohte Pfefferkorn, falls die Juden in ihrer Verstocktheit verharren sollten, werde er noch neue Schriften veröffentlichen, gegen welche die bisher erschienenen Anklageschriften sich kaum wie eine Vorrede ausnehmen würden. Er drohte, den ganzen Köcher seiner vergifteten Pfeile gegen die Juden zu erschöpfen. Er würde das verschollene Machwerk von Jesu Geburt[1]) in hebräischer Sprache veröffentlichen und mit Hilfe der getauften Juden Viktor von Karben, Fischel von Krakau und anderer die Christenfeindlichkeit und Gemeinschädlichkeit der Juden aufdecken. Diese deutsch geschriebene Schrift wurde von einem Friesen, Andreas Ruder, ins Lateinische übersetzt, um die ganze christliche Welt, das deutsch und latein lesende Publikum, gegen die Juden zu hetzen.

Damit begnügte sich Pfefferkorn noch nicht, sondern richtete ein besonderes Sendschreiben[2]) an Geistliche und Weltliche, worin er den Stand der Angelegenheit auseinandersetzte, daß der Kaiser, dem das Recht zustände, die Juden an Leib und Gut zu bestrafen, in Gnaden sich damit begnügt habe, bloß ihre lästerlichen Schriften durch ihn konfiszieren zu lassen, und daß er schon in mehreren Gemeinden den Befehl ausgeführt habe. Die Juden hätten ihn aber durch Geld gewinnen wollen, von der Sache abzustehen. Da er aber der Versuchung widerstanden, hätten sie ihn an Leib, Ehr und Glimpf (Ruf) verfolgt, und zwar nicht in eigener Person, sondern durch von ihnen bestochene Christen, damit die Sache rückgängig gemacht werde, was natürlich dem Christentum zum großen Schaden gereichen würde. Darum wolle er „mit diesem Briefe" alle christgläubigen Menschen ermahnen, dem Märchen der Juden, als sei der Kaiser ihr Freund, keinen Glauben zu schenken. Jeder Christ sei vielmehr gehalten, dabei behilflich zu sein, daß das christenfeindliche Schrifttum der Juden vertilgt und vernichtet werde. Zum Schlusse des Sendschreibens werden die angeblichen Schmähworte wiederholt, deren sich die Juden über die Urheber und Sakramente des Christentums bedient haben sollen. So versuchten die Cölner Dominikaner von neuem — sie standen stets hinter Pfefferkorn — durch die öffentliche Meinung einen moralischen Druck auf Maximilian auszuüben.

Diese muß indessen so sehr gegen die Finsterlinge gesprochen haben, daß Maximilian sich bewogen fühlte, einen für einen Kaiser ungewöhnlichen Schritt zu tun, seine früheren Befehle gewissermaßen zu widerrufen und dem Rat von Frankfurt zu befehlen, den Juden ihre Schriften zurückzustellen (23. Mai 1510) „bis zur Vollendung unseres Vornehmens und Beschau der Bücher".[3]) Die Freude der

---

[1]) תולדות ישו, die Geburtsgeschichte Jesu.
[2]) Über dieses handschriftliche Sendschreiben Note 2.
[3]) Vergl. Note 2.

Juden war groß, wie sich denken läßt. Waren sie doch einer großen Gefahr entronnen; denn es handelte sich nicht bloß um ihr Schrifttum, das ihrem Herzen so teuer war, sondern um ihre Stellung im deutsch-römischen Reiche. Wie leicht hätten sich daraus andere Nachteile für sie entwickeln können? Die Dominikaner hätten es nicht an Aufreizung fehlen lassen, neue Demütigungen und Verfolgungen über sie herbeizuführen.

Aber sie hatten zu früh triumphiert. Die Dominikaner und ihr Bundesgenosse und Werkzeug Pfefferkorn, gaben die bereits errungenen Erfolge nicht so leicht auf. Ein trübseliger Vorfall in der Mark Brandenburg gab ihren feindseligen Bestrebungen neue Nahrung und einen Anhaltspunkt zu Anklagen. Ein Pommer hat in einer Kirche ein Ziborium mit einer vergoldeten Monstranz gestohlen. Über die Hostie befragt, machte er Geständnisse, sie an Juden in Spandau, Brandenburg und Stendal verkauft zu haben. Natürlich schenkte man dem Diebe vollen Glauben, und der Bischof von Brandenburg betrieb die Verfolgung der Brandenburger Juden mit glühendem Fanatismus. Daraufhin ließ der Kurfürst Joachim I. von Brandenburg, ein Hauptketzerverfolger, die des Verbrechens Angeklagten nach Berlin bringen. Zu der Anschuldigung der Hostienschändung kam bald eine andere, die des Kindermordes, hinzu, wie früher in Breslau unter Capistrano und anderwärts. Joachim ließ die Angeklagten foltern und dann auf einem Roste achtunddreißig verbrennen. Mit Standhaftigkeit und mit Lobgesang im Munde waren diese Märtyrer von Brandenburg zum Feuertode gegangen (19. Juli 1510), bis auf zwei, welche vor Todesangst die Taufe genommen hatten und scheinbar ehrenvoller, nur enthauptet worden waren. Das ist die erste Kunde von den Juden in Berlin und Brandenburg. Siebenundzwanzig Jahre später kam die Unschuld der Märtyrer an den hellen Tag. Für den Augenblick beuteten die Judenfeinde den Fall aus und veröffentlichten, als wenn die Anschuldigung auf Wahrheit beruht hätte, eine Schrift darüber,[1]) mit häßlichen Holzschnitten versehen, welche die

---

[1]) „Ein wunderbarlich Geschicht, wie die Märkischen Jüdden das hochwürdige Opfer geschändet haben." Pfefferkorn berichtet darüber im Handspiegel und Dr. Eck im „Judenbüchlein" Bl. K. Eine jüdische Quelle darüber teilt Zunz mit, synagogale Poesie, S. 54. Auch die Braunschweiger Juden wurden auf Joachims Anregung verhaftet. Joseph Joselin von Roßheim berichtet darüber in seinem Tagebuche: זבאותו שנה (שנת ה' ע"ר) תקפה הצרה במדינת מארק ושרפו ל"ח נפשות כשרים דורשי ה' בעיר פערלין (Revue des Etudes XVI, 88). An einer anderen Stelle berichtet er: Im Jahre 1537, bei einer Fürstenversammlung in Frankfurt, habe Joachim II. von Brandenburg erfahren, daß die Märtyrer von Berlin unschuldigerweise verbrannt worden waren, indem der Dieb des Ciboriums seine erlogene Anklage bei der Beichte eingestanden habe, und daß

Qualen der Juden veranschaulichen. Dieser Vorfall machte viel Aufsehen in Deutschland, und die Cölner Dominikaner benutzten ihn,[1]) um den Kaiser zu bewegen, ein neues Mandat zur Konfiszierung des jüdischen Schrifttums zu erlassen, da der Talmud allein an der angeblichen Christenfeindlichkeit der Juden schuld sei. Zwar auf gradem Wege konnten sie es von ihm nicht erlangen, denn er war nachgerade von der Lügenhaftigkeit der Anklage überzeugt. Aber sie schoben wieder dieselbe Mittelsperson vor, die bigotte Herzogin-Abtissin Kunigunde, welcher die grauenhafte Schlechtigkeit der Juden durch diesen Vorfall noch greller geschildert wurde; sie sollte abermals auf den Kaiser einwirken. Die Dominikaner wußten ihr beizubringen, zu welchem Nachteil es dem Christentum gereichen würde, und bereits gereiche, daß die hostienschänderischen und kindermörderischen Juden sich rühmen könnten, ihre Schriften seien ihnen auf des Kaisers Geheiß wieder zugestellt worden, der Kaiser billige gewissermaßen die darin enthaltenen Schmähungen gegen die christliche Religion. Darauf bestürmte sie ihren Bruder förmlich und tat bei ihrer Zusammenkunft mit ihm in München einen Fußfall, ihn unter Tränen beschwörend, die Angelegenheit der jüdischen Schriften wieder aufzunehmen[2]). Auch Pfefferkorn belästigte den Kaiser während seines Aufenthaltes in Bayern mit Anschwärzungen. Maximilian war in Verlegenheit. Er mochte einerseits seiner geliebten Schwester einen so innig gehegten Wunsch nicht versagen, anderseits war er von Pfefferkorns Lügengewebe gegen die Juden nicht sehr erbaut. Er fand indes eine Auskunft, um nach beiden Seiten hin billig zu erscheinen. Er erließ ein neues Mandat, das vierte in dieser Angelegenheit (6. Juli 1510), an den Erzbischof Uriel, die Sache wieder aufzunehmen, aber unter einer andern Gestalt. Er wollte sich erst vergewissern, ob es göttlich, löblich und wirklich dem Christentum förderlich sei, die talmudischen Schriften zu verbrennen, wie Pfefferkorn so hartnäckig behauptet hatte. Die Sache sollte nicht als erwiesen angenommen, sondern erst gründlich untersucht werden. Der Erzbischof von Mainz sollte Gutachten darüber

---

der Bischof von Brandenburg den Geistlichen untersagt habe, das Beichtgeständnis laut werden zu lassen. Infolgedessen habe Joachim II. seinen Entschluß aufgegeben, die Juden aus seinem Lande zu verjagen (das. p. 92, Nr. 22): ונעשה לנו נס בתוך גם שנגלה וונדע לרבים ולאחד מארקזוב יובכר (מארקגראף יובםי) שכל אותם האנשים . . . שנשרפו בחיי אביו בשנת ר״ע לפ״ק ל״ח נפשות . . בשקר ועלילה דבה רעה נשרפו. כי כבר חזר הגנב מרודאת שקרו. ואיש רע צר ואויב צוה לגלח שלא להגיד וידויו של גנב לדוכוס.

[1]) Den Zusammenhang zwischen dem Vorfall in Berlin und der Sinnesänderung des Kaisers in betreff der jüdischen Schriften gibt Pfefferkorn selbst an, vergl. Note 2.

[2]) Dieselbe Note.

von den genannten deutschen Universitäten und von den namhaft gemachten Personen Reuchlin, Viktor von Karben und Hochstraten einholen, denen der Kaiser eine besondere Aufforderung in offizieller Form zugehen ließ. Der Ausfall des Urteils oder der Urteile über den Wert des jüdischen Schrifttums sollte.ihm durch Pfefferkorn, als Anreger der Sache, übermittelt werden.[1] Die Juden hatten Ursache, mit bangem Gefühle dem Ausfalle der Gutachten entgegenzusehen. Ihr Weh und Wohl hing davon ab.

[1] Reuchlin, Augenspiegel, Anfang; Pfefferkorn, Defensio contra famosas.

Viertes Kapitel.

Der Streit um den Talmud, ein Schibolet der Humanisten und Dunkelmänner.

(Fortsetzung.)

Reuchlins Gutachten zugunsten des jüdischen Schrifttums und der Juden. Die anderen Gutachten; Hochstraten für ein ständiges Inquisitionsgericht gegen die Juden. Die Mainzer Universität gegen die Bibel. Mißbrauch der Dominikaner von Reuchlins Gutachten. Der Handspiegel; erste Schmähschrift gegen Reuchlin; dessen Augenspiegel zugunsten der Juden schafft eine öffentliche Meinung. Freude der Juden und Jubel des Humanistenkreises darüber. Engherzigkeit und Kurzsichtigkeit Erasmus', Pirkheimers und Mutians.

(1510 bis 1511.)

Es war ein glücklicher Wurf für die Juden, daß der biedere, wahrheitsliebende und für die hebräische und kabbalistische Literatur schwärmerisch eingenommene Reuchlin um ein Urteil über die Zulässigkeit oder Verwerflichkeit des jüdischen Schrifttums angegangen wurde. Die Cölner Dominikaner, welche ihn in Vorschlag gebracht haben mochten, haben dadurch ihr Vorhaben selbst vereitelt und in weiterer Entwicklung ihn zum Feinde ihrer boshaften Bestrebungen gemacht.

Reuchlin machte sich, sobald ihm die Aufforderung vom Kaiser zugekommen war, sofort an die Beantwortung der Frage: „Ob es göttlich, löblich und dem christlichen Glauben nützlich sei, die jüdischen Schriften — worunter namentlich der Talmud gemeint war — zu verbrennen." Er vollendete sein Gutachten in kaum drei Monaten (12. August bis 6. Oktober 1510). Sein Urteil fiel außerordentlich günstig für die angeklagten Schriften aus, und er ließ es dabei nicht an derben Seitenhieben gegen die gewissenlosen Hetzer fehlen. Die Geliebte seines Herzens, die jüdische Literatur, sollte in den Anklagestand gesetzt werden, und er sie nicht mit dem ganzen Aufgebot seines Geistes verteidigen? Reuchlins Gutachten ist zwar sehr pedantisch und in dem schwerfälligen Stile damaliger Rechtsdeduktionen gehalten, aber nicht ohne Geschicklichkeit ausgearbeitet. Er ging dabei von dem richtigen Gesichtspunkte aus, daß man bei Beantwortung dieser Frage die jüdischen Bücher

nicht in Bausch und Bogen als ein gleichartiges Schrifttum zu behandeln habe; vielmehr müsse man darin (außer der Bibel)
sechs voneinander verschiedene Klassen auseinanderhalten. Unter der
Klasse: Poesie, Fabeln „Merlin", Satire, mag es allerdings
Schmähschriften gegen das Christentum geben, von denen jedoch ihm
nur zwei bekannt seien, nämlich Lipmanns gegenchristliche Schrift und
die „Geburtsgeschichte Jeschu des Nazaräers", die aber nach der Versicherung der Juden selbst unter ihnen zum Lesen verboten und vernichtet worden seien. Gegen solche Schmähschriften, wenn sich solche
noch fänden, sollte und müßte mit aller Strenge verfahren und sie
ohne weiteres verbrannt werden. Die Klasse der Auslegungsschriften
oder Bibelkommentarien dagegen — von R. Salomon (Raschi),
Ibn-Esra, den Kimchiden, Moses Gerundensis[1])
und Levi ben Gerson — weit entfernt dem Christentum nachteilig
zu sein, sei vielmehr für die christliche Theologie unentbehrlich. Das
Beste, was die gelehrten Christen über die alttestamentliche Schriftauslegung geschrieben, stamme von Juden, als Brunnen, woraus die
rechte Wahrheit und das Verständnis der heiligen Schrift fließen.
Wenn man aus den umfangreichen Schriften des besten christlichen
Auslegers, des Nikolaus de Lyra, die Bestandteile ausscheiden
wollte, die er von Raschi entlehnt habe, so würde sich das, was er aus dem
eigenen Kopfe hinzugefügt hat, in wenigen Blättern zusammenfassen
lassen. Es sei auch eine Schande, daß viele Doktoren der christlichen
Theologie wegen Unkenntnis des Hebräischen und Griechischen die
Schrift falsch auslegten. Einige christliche Theologen mögen zwar sagen:
„Wir wollen uns mit unseren Kommentarien behelfen, was brauchen
wir die Juden!" Solchen könnte geantwortet werden: „Wer sich behelfen muß, der hat nicht viel übrig, wie wenn sich einer im Winter mit
dünnen Beinkleidern behelfen wollte". — Die Klasse der Predigt-,
Gesang- und Gebetbücher und ähnlicher Schriften darf man den Juden
nach kaiserlichem und geistlichem Recht nicht entziehen, das ihre Synagogen, Zeremonien, Riten, Gewohnheiten, Sitten und Andacht unan-
getastet wissen wolle. — Die Klasse der hebräischen Schriften, welche
Philosophie, Naturwissenschaften und freie Künste enthalten, unterschieden sich in nichts von solchen, welche etwa in griechischer, lateinischer
oder deutscher Sprache geschrieben sind. Ist ihr Inhalt schädlich, dann
möge man sie beseitigen. Was nun den Talmud selbst betrifft, gegen
den die Hauptanklage gerichtet war, so gestand Reuchlin ein, nichts,
gar nichts davon zu verstehen; aber auch andere gelehrte Christen
verständen nicht mehr davon, es sei denn durch die Anklagen, welche
die Gegner desselben, Raimund Martin, Paulus von
Burgos, Alfonso de Spina, Peter Schwarz und in

[1]) Mose b. Nachman — רמב״ן.

neuester Zeit Pfefferkorn dagegen erhoben haben. Er kenne aber auch manche, welche kein Wort vom Talmud verstehen und doch ihn verdammen. Wie will aber jemand gegen die Mathematik schreiben, ohne ein Wort davon zu verstehen? Es wäre ein Bacchantenargument, statt die Angriffe der Juden auf das Christentum zu widerlegen, mit der Faust darein zu schlagen. Er sei daher der Meinung, daß der Talmud nicht verbrannt werden sollte, wenn es auch wahr sein sollte, daß unter vielem andern auch Schmähworte gegen die Stifter des Christentums darin enthalten seien. „Wäre der Talmud so verdammungswert, wie behauptet wird, so hätten ihn unsere Vorfahren vor vielen hundert Jahren, die mehr Ernst mit dem christlichen Glauben gemacht haben, als wir in unserer Zeit, längst verbrannt. Die getauften Juden, Peter Schwarz und Pfefferkorn, die einzigen, welche auf dem Verbrennen desselben bestehen, mögen ihre Privatabsichten dabei haben."

In der bis zum Ermüden langen Auseinandersetzung ist das Bestreben Reuchlins sichtbar, vom Talmud durchaus die Brandfackel fern zu halten. Die Gründe dafür sind wenig stichhaltig und noch dazu, weil zugleich juristisch gehalten, sehr kniffig und rabulistisch. Das Gutachten macht seinem Herzen, aber nicht seinem Kopfe und seiner Rechtsgelehrsamkeit Ehre. Wen könnten folgende Gründe überzeugen? Der Talmud müsse, wenn schlecht, um so eher erhalten bleiben, um den christlichen Gottesgelehrten als Schießscheibe zu dienen, woran sie ihre Fechtkunst üben sollten! Oder: „Die Juden könnten, wenn wir den Talmud verbrennen, sich rühmen, die Christen fürchteten für ihren Glauben, wie wenn ein Herzog mit einem Ritter fechten wollte, und er seinem Gegner vorher sein Messer entzöge!" Oder: „Die Juden würden dann erst recht sich an den Talmud klammern, weil das Verbotene erst recht mundet!" Oder: „Die Christen könnten einmal auf Kirchenversammlungen den Talmud zum Belege brauchen und würden dann kein Exemplar finden!" Oder: „Wenn die Christen nicht mehr mit den Juden disputieren könnten — und das könnte nur auf dem Boden des Talmud geschehen — so würden sie unter einander in Uneinigkeit und Spaltung geraten, „weil das menschliche Gemüt nicht feiern kann, worin der Anfang in dem Streite über Marias Empfängnis zwischen den Dominikanern und Franziskanern bereits gemacht ist, und ob der Apostel Paulus verehelicht und der Kirchenvater Augustinus ein Mönch gewesen." Unter den letzten Gründen ist noch der folgende der leidlichste: Das Verbrennen des Talmud in Deutschland würde das Ziel verfehlen, denn die Juden haben ihre hohen Schulen in Konstantinopel, im Orient überhaupt und auch in Italien, wo sie frei lehren dürfen. Dann brachte Reuchlin noch juristische Kniffe an: das kanonische Gesetzbuch verbietet, den Juden Geld und Geldeswert zu nehmen; wer solches tue, verfalle dem Bann. Der Bann wird aber nur über eine Todsünde verhängt, folglich ist es Sünde, also Gott nicht wohlgefällig, den Juden ihre Bücher zu rauben. Auf dieses Gesetz seien auch Könige und Kaiser verpflichtet, und das kaiserliche Recht hat es bestätigt. Auch ist es kanonisch verboten, den Juden ihre Kinder mit Gewalt zu entziehen. „Darunter sind auch Bücher zu verstehen, denn manchem sind Bücher ebenso lieb wie Kinder, wie man auch von den Poeten sagt, daß sie ihre Bücher für ihre Kinder halten."

Die Klasse der kabbalistischen Schriften zu verteidigen und sie vor dem Brande zu schützen, hatte Reuchlin leichtes Spiel. Er brauchte sich nur auf die Vorgänge am päpstlichen Hofe vor kaum zwei Jahrzehnten zu berufen. Der gelehrte und wunderliche Graf Pico de Mirandola hatte für die Kabbala eine schwärmerische Verehrung angeregt und den Satz aufgestellt, sie sei das festeste Fundament für die Hauptlehren des Christentums. Papst Sixtus IV. hatte einige kabbalistische Schriften ins Lateinische übertragen lassen.[1]) Als nun später der Bischof Peter **Gabifia** gegen Pico de Mirandola auftrat und die Schädlichkeit der Kabbala behauptete, habe Papst Alexander VI. die Streitfrage von einem Kardinalskollegium untersuchen lassen und durch ein apostolisches Breve (1493) Picos Rechtgläubigkeit und die Nützlichkeit der Kabbala bestätigt. Reuchlin schloß sein Gutachten mit dem Resultat: Man sollte den Juden keineswegs ihre Schriften nehmen und verbrennen, vielmehr an jeder deutschen Universität zwei Professoren der hebräischen Sprache auf zehn Jahre anstellen, welche allenfalls auch das Rabbinische zu lehren hätten; dann könnten die Juden auf sanftem Wege durch Überzeugung zum Christentum bekehrt werden.

Reuchlin begnügte sich nicht, in seinem Gutachten sein Urteil über das jüdische Schrifttum abzugeben, sondern er suchte auch die Gründe zu entkräften, welche die Judenfeinde, namentlich Pfefferkorn, dagegen vorgebracht hatten. Wenn es auch wahr wäre, meinte er, daß sie den Stifter des Christentums und seine Lehren leugnen, so wiegen diese Schriften doch nicht schwerer als die Tatsache selbst, daß die Juden beides ein für allemal nicht anerkennen, und doch hat sie die Christenheit vierzehn Jahrhunderte geduldet. Reuchlin bemerkte dabei, daß ja auch die Christen alljährlich in den Kirchen am Charfreitag öffentlich die Juden als treubrüchig (perfidi Judaei) schmähten.

Besonders brandmarkte er unter der Hand den Ankläger Pfefferkorn, zwar ohne ihn zu nennen, aber doch kenntlich genug. Er bemerkte: Er habe keinen einzigen Juden zu seiner Zeit gekannt, der den Talmud

---

[1]) Bd. VIII.₃ S. 247.

verstanden hätte, und deutet dabei geflissentlich boshaft an, er habe nicht nur mit Peter Schwarz, sondern auch mit Pfefferkorn Bekanntschaft gemacht. Er schilderte die gemeinen Beweggründe, welche Juden zur Bekehrung zu führen pflegen: „Ich rede nicht von denen, die aus Neid, Haß, Furcht vor Strafe, Armut, Rache, Ehrgeiz, Liebe zur Welt, schlichter Einfalt zu uns kommen, und allein mit Worten und dem Namen nach Christen werden. Solcher habe ich viele kennen gelernt, aus denen nichts Gutes geworden ist; diese glauben eins wie das andere, und wenn es ihnen auf dieser Seite nicht gut geht, so laufen sie in die Türkei und werden wieder Juden."[1]) In einer andern Stelle seines Gutachtens versetzte Reuchlin Pfefferkorn unter der Blume die allerderbsten Püffe. „Wenn ein Unverständiger käme und spräche: ‚Allergroßmächtigster Kaiser! Ew. Majestät soll die Bücher der Alchemie unterdrücken und verbrennen, weil in denselben lästerliche, schändliche und närrische Dinge gegen unsern Glauben geschrieben sind.' Was sollte die kaiserliche Majestät einem solchen Büffel oder Esel zur Antwort geben, als daß er sagte: ‚Du bist ein einfältiger Mensch, viel mehr zu verlachen, denn zu willfahren.' Weil nun ein so schwachsinniger Kopf nicht die Tiefe einer Kunst begreifen und fassen kann und die Dinge anders versteht, als sie sind, wolltet Ihr raten, daß man solche Bücher verbrennen müßte?"[2])

Reuchlins Parteinahme für die Juden oder sein Unwille über Pfefferkorn brachte ihn dahin, in grellem Widerspruche mit seiner eigenen Äußerung in seinem Sendschreiben an einen Junker (v. S. 83) Pfefferkorns Anschuldigung gegen die Juden aus der Verwünschungsformel in ihrem Gebete so lächerlich zu machen, als wenn diese und andere Klagen auf nichts, gar nichts begründet wären, und als ob er selbst sie nicht erhoben hätte. „Kürzlich ist ein Büchlein gedruckt worden,"[3]) bemerkte Reuchlin, „wider die Juden und darin angezeigt ein Gebet in ihren Gebetbüchlein, das sie wider uns gebrauchen ... Dasselbe wird gar zu schwer wider sie angezogen, als ob sie die heiligen Apostel und ihre Nachfolger ...: die gemeine christliche Kirche und das

---

[1]) Augenspiegel p. 32 b.   [2]) Das. p. 28.
[3]) Reuchlin meinte damit (a. a. O. S. 23) die Stelle in Pf. hostis Judaeorum, wo die Verwünschungsformel im Gebete למשומדים (ursprünglich ולמינים) auf die getauften Juden und ודין מלכות auf das römische Reich bezogen wird Reuchlin stellte sich an, als wenn er gar nicht wüßte, daß למשומדים getaufte Juden bezeichnet, und als ob das Wort ein ganz unschuldiges participium praesentis temporis passivi wäre. Auch die Widerlegung einer anderen Anklage ist mehr den Juden wohlwollend als richtig. Pfefferkorn hatte aufgestellt: Si quando Christianus Judaeum adeat, ille cum eum excepit specie benevola inquit ancipiti verbo teutonico: „Seth vilkumm", quod est Sathanas venisti bene ... Seth diabolus. Allerdings mögen einige rohe Juden das Wort: „Seid oder Sed Willkommen" so gedeutet haben. Dagegen Reuchlin: „Das kann nach richtiger Grammatika der hebräischen Sprache

römische Reich aus Bosheit verfluchten. Dadurch könnten die Juden leicht in einen solchen Haß bei den Ungebildeten gebracht werden, daß sie um Leib und Leben kämen. Bei Lichte besehen, findet man aber kein Wort darin, das die Getauften oder die Apostel oder die Christen überhaupt und das römische Reich bedeute."

Gewiß, seitdem die Juden von der Christenheit gemißhandelt und verfolgt wurden, haben sie keinen so wohlwollenden Sachwalter gefunden, wie Reuchlin und noch dazu in einer amtlichen Erklärung für den Reichskanzler und den Kaiser. Zwei Punkte, welche Reuchlin betont hatte, waren von besonderer Wichtigkeit für die Juden. Der erste, daß die Juden **Mitbürger des deutsch-römischen Reiches seien und desselben Rechtes und Schutzes genießen**.[1]) Es war gewissermaßen der erste stotternd ausgesprochene Laut zu jenem befreienden Worte vollständiger Gleichstellung, welches mehr als drei Jahrhunderte brauchte, um voll ausgesprochen und anerkannt zu werden. Damit war der mittelalterliche Spuk zum Teil gebannt, daß die Juden durch Vespasians und Titus' Eroberung Jerusalems ihren Nachfolgern, den römischen und deutschen Kaisern, mit Gut und Blut verfallen seien, daß diese das volle Recht hätten, sie zu töten und nur Gnade übten, wenn sie ihnen das nackte Leben ließen, daß mit einem Worte die Juden gegenüber den Machthabern durchaus rechtlos wären. Die Juden haben auch ein Recht, das geachtet werden müsse, auch von Kaiser und Reich, von Geistlichen und Weltlichen, das war der erste schwache, zitternde Lichtstrahl nach so langer düsterer Nacht. — Der zweite Punkt, den Reuchlin schon mit mehr Offenheit betonte, war nicht minder wichtig: Die Juden dürfen nicht als Ketzer angesehen und behandelt werden. Da sie außerhalb der Kirche stünden und zum christlichen Glauben nicht gezwungen seien, so seien die Begriffe Ketzerei und Unglauben — jene entsetzenerregenden und lebenverwirkenden Bannwörter im Mittelalter — gar nicht auf sie anwendbar. Entzog das erste Wort die Juden der Willkür des weltlichen Armes, so zog das zweite gewissermaßen ein Asyl um sie, wo sie die damals weit reichende geistliche Macht nicht erreichen konnte. In seinem Unwillen über Pfefferkorns Unverschämtheit ermaß Reuchlin selbst nicht die Tragweite seiner Äußerungen; sie sind ihm gewissermaßen nur entschlüpft; aber seine Feinde ermangelten nicht, sie als Waffen gegen ihn zu gebrauchen.

---

nicht sein. שד, so einen Teufel heißt, hat es einen Punkt auf der rechten Seite des Buchstabens (ש); das kann ein jeglicher Bauer merken, wenn sie sprächen: Sched willkum, daß es nicht sei als: „seid willkumm".

[1]) Daß Reuchlin wirklich das hat sagen wollen, ersieht man aus der Abschwächung, die er in den lat. Argumenta daran anbringt: Arguitur sextum, quod dixerim: Judaeos concives esse nobiscum Romani imperii etc.

Die übrigen Gutachten über den Talmud.

Von welchem Nutzen sein Gutachten für die Juden war, erkennt man erst aus dem Urteil der zu Rate gezogenen Fakultäten,[1]) denen der Talmud natürlich ein Buch mit sieben Siegeln war. Die Cölner Dominikaner samt und sonders, die theologische Fakultät, der Ketzermeister Hochstraten und der graue Täufling Viktor von Karben, welche sämtlich aus einem Munde sprachen, ließen sich gar nicht auf die Beweisführung ein, daß der Talmud Schädliches und Christenfeindliches enthalte; sie schickten das vielmehr voraus, waren daher mit ihrem Rate bald fertig, die talmudischen Schriften und auch alle übrigen, welche wohl desselben Geistes seien, den Juden zu entreißen und zu verbrennen. Sie gingen aber noch weiter, namentlich hatte Hochstraten die Keckheit, es auszusprechen, die Juden sollten auf die Anklagebank gesetzt werden. Kundige Männer sollten nämlich ketzerische Stellen aus dem Talmud und den übrigen jüdischen Schriften (d. h. solche Äußerungen, welche mit dem Schriftworte nicht übereinstimmen, ihm widersprechen oder es aufheben), ausziehen und zusammenstellen. Dann sollten die Juden befragt werden, ob sie die Schädlichkeit der Schriften, in welchen solches gelehrt würde, anerkennen oder nicht. Geständen sie es ein, so dürften sie nichts dagegen haben, wenn solche lästerliche und ketzerische Schriften dem Feuer übergeben würden. Beharrten sie dagegen halsstarrig, solche Stellen als einen Teil ihres Bekenntnisses anzusehen, dann möge sie der Kaiser der Inquisition als offenbare Ketzer zur Bestrafung überlassen. Eine angenehme Aussicht für die Juden und gewinnverheißend für die Beutelust der Cölner Dominikaner! Pfefferkorn oder Viktor von Karben bekämen dann den Auftrag, Stellen aus dem Talmud auszuziehen, welche nicht sehr schmeichelhaft vom Urchristentum sprechen oder mit der Bibel nicht harmonieren. Daraufhin würde sich Hochstraten als Inquisitor darüber zu Gerichte setzen, die Juden des Rheinlandes vor ein Tribunal laden, sie ausfragen, sie natürlich bei ihrer Zähigkeit ketzerisch strafwürdig finden und sie entweder zum Feuertode verurteilen oder wenigstens Geld von ihnen abzapfen! Dieser Einfall macht dem Scharfsinne seines Erfinders Ehre. — Die Mainzer Fakultät gab ein ähnliches Urteil ab, ging aber noch viel weiter. Nicht bloß sämtliche talmudische und rabbinische Schriften seien voll von Irrtümern und Ketzereien (wie gelehrte Männer behaupten, denn aus eigener Anschauung wüßten sie es nicht), sondern auch die biblischen Schriften dürften davon verdorben und verschlechtert worden sein, namentlich im Punkte des Glaubens! Daher seien auch diese den Juden abzunehmen, zu untersuchen, und wenn nach Erwarten befunden, dem Scheiterhaufen zu überliefern. Das war nicht minder schlau angelegt: Der hebräische Text

---

[1]) Vergl. Note 2.

der Bibel stimmt nicht mit dem Text der lateinischen von der Kirche benutzten Vulgata überein, welche von Stümpern herrührt. Die beschränkten Kirchenväter führten stets Klage, die Juden hätten manche Stellen in der Bibel gefälscht und namentlich Zeugnis von Jesus darin ausgemerzt. Wie, wenn man die unverdorbene Mutter der entarteten Tochter gegenüberstellte und ihr bewiese, daß, sofern sie nicht die Fehler der Tochter teile, sie nicht verdiente zu existieren? Ja, es war auch ein guter Einfall der Dominikaner, sich den unbequemen hebräischen Text, „die hebräische Wahrheit", vom Halse zu schaffen, jenen Text, der zu dem Kinderspiele der kirchlichen Deutelei majestätisch den Kopf schüttelte. Torquemada, der allmächtige Generalinquisitor in Spanien, hatte Tausende von hebräischen Büchern und darunter auch die heilige Schrift verbrennen lassen (VIII$_3$, 479), weil ihr Inhalt nicht mit der Vulgata und dem Kirchenglauben übereinstimme und daher ketzerisch sei. Ein so frommes und gottgefälliges Werk müßte in Deutschland nachgeahmt werden. Wenn die Mainzer und Cölner Theologen mit ihrem Gutachten durchgedrungen wären, so wäre das Buch vom flammenden Sinai, die Prophetenworte, die Psalmenlieder, Denkmäler einer gnadenreichen Zeit, den Flammen überliefert und dafür ein Bastard (die verdorbene lateinische Vulgata) untergeschoben worden. Die Mainzer und Cölner Dominikaner scheinen es geahnt zu haben, daß von dem schlichten Wortsinn der Urbibel ihrem Unwesen Untergang drohte. — Die Erfurter theologische Fakultät hat in demselben Sinne geantwortet. Nur die Heidelberger theologische Fakultät war besonnen genug, dem Kaiser zu raten, Gelehrte aus sämtlichen Universitäten zu einer Kommission zusammentreten zu lassen, um die Frage über Duldung oder Vertilgung des Talmud gemeinsam zu beraten. — Die meisten Gutachten erwiesen sich auch in einem andern Punkte als Echo der Pfefferkornschen Gehässigkeit, indem sie damit das Gesuch an den Kaiser verbanden, den Juden Geldgeschäfte auf Zins zu verbieten. Die Cölner und Mainzer hatten sich sämtlich so eng mit Pfefferkorn verbunden, daß sie den Kaiser um Schutz für ihn anflehten vor der angeblichen Verfolgung der Juden wider ihn und ihn als einen vortrefflichen Christen und eifrigen Diener der Kirche empfahlen. Glücklicherweise haben die Cölner ihren schlau angelegten Plan durch ein Bubenstück selbst vereitelt.

Reuchlin hatte sein günstiges Gutachten über die jüdische Literatur versiegelt durch einen vereideten Boten dem Kurfürsten-Erzbischof U r i e l [1]) von Mainz überschickt. Er hatte vorausgesetzt, daß es als Amtsgeheimnis nur von demselben und von dem Kaiser erbrochen und gelesen werden würde. Aber Pfefferkorn, der sich dem Ziele nahe glaubte,

---

[1]) Es ist gewiß von Pfefferkorn erlogen, als wenn der Erzbischof, welcher sich bis dahin der Juden angenommen hatte, sich gutachtlich in Übereinstimmung mit der Mainzer Fakultät geäußert hätte.

Rache an den Juden nehmen zu können, bekam es erbrochen noch vor dem Kaiser in die Hand. Wie dies zugegangen war, blieb ein unaufgehellter Punkt. Reuchlin bezeichnete die Cölner geradezu als gewissenlose Siegelbrecher.¹) Pfefferkorn aber, dem übrigens wenig zu glauben ist, erzählte den Hergang folgendermaßen. Der Kurfürst habe sämtliche Gutachten mit Befugnis geöffnet und sie ihm, als dem vom Kaiser bezeichneten Agenten (Sollizitator) übergeben. Über Reuchlins judenfreundliches Urteil habe derselbe spöttisch gelächelt, als wenn ein Jude hinter diesem beim Niederschreiben gestanden und ihm diktiert hätte. Als es Pfefferkorn aus der Kanzlei habe holen wollen, habe er es vernachlässigt auf einem Schreibpulte, ein Spott des Schreiberburschen, gefunden. Und als dann Pfefferkorn sämtliche Ratschläge über den Talmud dem Kaiser überbracht, habe dieser, zu beschäftigt, um sich selbst ein Urteil darüber zu bilden, drei Männern den Auftrag dazu erteilt, dem Professor der Theologie Hieronymus Baldung, dem Juristen Angelus von Freiburg und dem kaiserlichen Beichtvater, dem Karthäuserprior Georg Reisch, ihm Vorschläge über das Verfahren in betreff des jüdischen Schrifttums zu machen. Diese hätten nach reiflicher Überlegung dem Kaiser geraten, die ganze Bibel den Juden zu lassen, die übrigen Schriften ihnen durch die Bischöfe mit Hilfe des weltlichen Armes zu nehmen, ein Verzeichnis davon anzulegen, diejenigen auszusuchen, welche Philosophie, Medizin und Poesie zum Inhalte haben, und sie den Eigentümern zurückerstatten, die talmudischen und rabbinischen Schriften dagegen, überhaupt alle, welche sich mit verkehrter Auslegung der heiligen Schriften befaßten und daher ketzerisch und lästerlich seien, zur Belehrung für Christen und zum Zeugnis für den Glauben zum Teil in Bibliotheken zu verteilen, sie aber an Ketten zu legen, damit sie nicht wieder in die Hände der Juden gerieten, endlich aber die übrigen zu verbrennen. Über Reuchlins Urteil soll sich der Karthäuser Georg geäußert haben, es sei mit goldener Tinte (d. h. für Geld von den Juden empfangen) geschrieben. Der Kaiser selbst soll geneigt gewesen sein, die Frage über Duldung und Vernichtung der talmudischen Schriften dem nächsten Reichstage vorzulegen. — Dagegen teilt der glaubwürdige Reuchlin mit, der Kaiser sei durch sein Gutachten so sehr von der Falschheit der Anklage überzeugt worden, daß er die noch zurückgehaltenen jüdischen Schriften zurückzuerstatten befohlen habe.²)

¹) Augenspiegel a. a. O. S. 18 und Defensio contra calumniatores Colonienses a. a. O. p. 92 b unten.
²) Vergl. Reuchlins hebr. Brief an Bonet de Lates (Note 2) und Simon Oratio continens historiam Capnionis (B. 4 b): Haec sententia (Reuchlini de Talmud) aequior cum imperatori placuisset, libri in curiam Frankfurdiensem translati Judaeis restituuntur.

Aber die Verbissenheit Pfefferkorns und der Cölner Dominikaner hat ihnen das für gewonnen gehaltene Spiel verdorben. Fast sollte man ihnen dafür dankbar sein, daß sie die anfangs in Amtsgeheimnis gehüllte Sache an die Öffentlichkeit gebracht, dadurch ein anderes Tribunal geschaffen und die Gefährdung der Juden in die Gefährdung der Kirche verwandelt haben. Sie waren nämlich über Reuchlins Urteil außer sich geraten, weil dessen Stimme viel Gewicht beim Kaiser und seinen Räten hatte. Sie machten sich daher bald daran, eine geharnischte Widerlegung gegen dessen Parteinahme für Juden und ihr Schrifttum in die Welt zu schicken und zwar in deutscher Sprache, um ihre Sache volkstümlich zu machen, und die Menge so zu fanatisieren, daß der Kaiser selbst außerstande sein sollte, auf Reuchlin zu hören. Schon der Titel derselben war geeignet, eine Judenhetze heraufzubeschwören: „Handspiegel gegen die Juden und ihre Schriften, die das christliche Regiment schmähen, als gotteslästerlich, ketzerisch und abergläubisch vernichtet werden müssen." Welche Frechheit gehört dazu, eine für den Kaiser ausgearbeitete Urkunde zum Gegenstand eines öffentlichen Angriffes zu machen! Zur Frühjahrsmesse von Frankfurt boten (1511) Pfefferkorn und sein Weibchen den „Handspiegel" feil, gingen auch damit von Stadt zu Stadt, von Tür zu Tür hausieren.

Mehr noch als an Pfefferkorns früheren giftigen Schriften hatten die Cölner Dominikaner an dem „Handspiegel" Anteil. Er gestand es auch ein, daß er sich mit seinen Freunden bei der Abfassung beraten. Die Schrift ist daher gelehrter und nicht so platt gehalten. Schon am Eingange verrät sich die Teilnehmerschaft oder Mitschuld eines derselben, des aufgeblasenen Arnold von Tongern. Vorgeblich ist der Handspiegel eine längst fertige Beantwortung auf Arnolds Frage, warum denn der löbliche Handel betreffs der jüdischen Bücher keinen Fortgang nähme. Die Antwort lautet, schuld sei daran nicht bloß die Anfechtung von seiten der boshaften Juden, sondern auch von seiten mancher Christen. Pfefferkorn stellte sich darin als der Beleidigte und Verletzte, als unschuldig verfolgtes Opfer dar, indem ihm Reuchlin nicht bloß an seine Ehre gegriffen, sondern ihn auch dem Kaiser als strafwürdigen Verleumder gebrandmarkt habe. Die schwachen Seiten des Reuchlinschen Gutachtens waren den Gegnern sofort aufgefallen; gegen diese richteten sie zuerst ihre Angriffe und klammerten sich fest daran, um dadurch den sie so sehr überragenden Riesen zu Falle zu bringen. Reuchlin hatte im Gutachten behauptet, daß die Verwünschungsformel im jüdischen Gebete ganz harmloser Natur und gar nicht auf die Christen und das römische Reich gemünzt sei. Dagegen werden nun im Handspiegel Zeugnisse von getauften Juden, Paulus von Burgos, Geronimo de Santa Fé, auch von Alfonso de Spina und dem Kirchenvater Hieronymus angeführt. Nebenher wird bemerkt, daß Reuchlin das Hebräische, auf das er stolz tue, wenig kenne; nur lateinisch oder deutsch verdolmetschte Wörter verstände er, aber er lese sie so holperig, „wie wenn man einen Esel treppauf treibe". Seine hebräische Grammatik sei gar nicht von ihm selbst verfaßt; Juden hätten ihm dabei geholfen. Wenn er nun in diesem Punkt ein Stümper sei, wie dürfte er sich herausnehmen, ein Urteil abzugeben und an Fürsten und Herren zu schreiben, die Juden sollten nicht als Feinde, sondern als Mitbürger des römischen Reiches geachtet werden?

Die verwundbarste Stelle an Reuchlin war sein fünf Jahre vorher erlassenes Sendschreiben an einen Junker über die Juden (o. S. 83), worin er mit ebenso dickem Vorurteil, ebenso vielen falschen Schlüssen, nur ohne die Giftigkeit Pfefferkorns und der Cölner Dominikaner dieselbe halbe Wahrheit aufgestellt hatte, weil die Juden ehemals Jesus hingerichtet, so hätten sie Gott gelästert und kämen aus der Lästerung des Stifters, Marias, der Apostel, des ganzen christlichen Volkes nicht heraus. Auch Reuchlin hatte sich auf polemische Schriften und auf die Verwünschungsformel berufen. Mit teuflischem Hohn deckt nun der Verfasser des „Handspiegels" die grellen Widersprüche auf, welche zwischen Reuchlins Ansicht über die Juden in jener Sendschrift (Missive) und in seinem Gutachten an den Kaiser herrschen. „Will nun Reuchlin auf dem Inhalte seines Gutachtens beharren, worin er die Juden entschuldigt und verantwortet, so müßte er sein erstes Urteil widerrufen. Hält er aber dieses noch fest, daß die Juden sich in Schmähungen und Lästerungen ergehen, dann hat er den Kaiser und die Fürsten belogen!" Das war eine unerbittliche Logik, und Reuchlin mußte die Versündigung schwer büßen, die er früher an den Juden begangen hatte. Alles übrige, was der „Handspiegel" noch enthält, sind abgehaspelte Gehässigkeiten und boshafte Verleumdungen der Juden. Als Beweis ihrer Lästerung wird die Grausamkeit mitgeteilt, mit der jüngsthin der Markgraf Joachim I. achtunddreißig Juden in Berlin verbrennen ließ (o. S. 90). Auszüge aus den zwei polemischen Schriften von jüdischen Verfassern sollten die Christenfeindlichkeit der Juden belegen. Hätte Pfefferkorn die wuchtigen Einwürfe der spanischen Juden gegen die christliche Urgeschichte und Dogmen gekannt, so hätte er das Sündenregister bei weitem vermehren können. Oberflächliche Auszüge aus dem Talmud, nicht aus eigener Lektüre, sondern anderen nachgeschrieben, sollten die Behauptung erhärten, daß die Juden durchaus — gegen Reuchlins Annahme — Ketzer im verdammlichen Sinne des Wortes seien, ihre Schriften Ketzerei enthielten und also verbrannt werden müßten.

Eine noch schwerere Anklage Reuchlins sollte diesen in den Augen aller Christen brandmarken und Entsetzen vor ihm erregen:

„Reuchlin wird von den Juden gerühmt, folglich ist er bereits ihnen verfallen." Das seien so die jüdischen Künste, Christen in ihr Netz zu locken." Dafür führte der Verfasser des „Handspiegels" haarsträubende Geschichten an, wie die Juden einige Christen zum Abfall vom Christentum verlockt hätten, Geschichten, die eben so gut ganz erfunden wie halbwahr gewesen sein können. Ein christlicher Arzt Thomas, ein wohlberedter Mann, der viel mit Juden verkehrte, habe Jesus verleugnet, sich heimlich zum Judentum bekannt, mit ihnen in den Fastenzeiten gelebt und — entsetzlich — nahe an 600 Christen mit Arznei vergeben. Dieser Doktor Thomas habe auch nach Anleitung der Juden Christen zum Abfall vom Glauben verleitet, unter anderen sogar einen Priester in Aßmannshausen (Rheingau) und dieser wieder zwei junge Christenknaben. Pfefferkorn will alle diese abgefallenen Christen, den Doktor, den Pfarrer und die Kinder in Prag gesehen haben, von wo sie nach der Türkei oder Reußen (Polen) ausgewandert sein dürften. Desgleichen sollten die Juden es einem christlichen Boten aus Deutz jüngsthin angetan und ihn dermaßen verführt haben, daß er die Gebetriemen angelegt hätte. Dabei betroffen, sei derselbe vom Ketzermeister (Jakob Hochstraten?) zu ewiger Kerkerstrafe bei Wasser und Brot verurteilt worden.

Pfefferkorn teilt dabei einen nicht uninteressanten Roman mit von einem judenfeindlichen Mönch in Erfurt, der nicht lange vorher von den Juden durch List zum Übertritt berückt worden wäre. Dieser junge Barfüßer habe öfter von der Kanzel gegen die Juden gedonnert, ihre Schmähungen, ihren Wucher und ihre leichte Beschäftigung gegeißelt und das Volk gegen sie gehetzt. Vergebens hätten die Juden versucht, ihn durch Geschenke zum Schweigen zu bringen, vergebens den Bürgerrat beschworen, ihnen gegen den fanatischen Mönch beizustehen. In der Verzweiflung der Juden habe sich ein alter Rabbi erboten, Hilfe zu schaffen, wenn ihm dazu 1000 Gulden zur Verfügung gestellt würden. Er habe damit angefangen, den Bettelmönchen regelmäßige Gaben an Brot und anderen Nahrungsmitteln zu verabreichen unter dem Vorwande, dadurch die Sünde des Wuchers, deren er sich bisher schuldig gemacht, zu büßen und sein unrechtmäßig erworbenes Vermögen würdigen Christen zukommen zu lassen. Diese ungewöhnliche Bußfertigkeit des Rabbi habe ihn den Mönchen und sogar dem grimmigen Prediger nahe gebracht. Schon träumte der letztere, den Rabbi in den Schoß des Christentums zu führen, da dieser einige Geneigtheit dazu zu zeigen schien. Zum Erstaunen sah die Bevölkerung von Erfurt den Barfüßer und den Rabbi stets zusammen. Der erstere scheute nicht das Haus des Juden, der letztere nicht das Kloster.

Der Rabbiner hatte eine schöne Tochter. Diese zu bekehren, forderte er den Mönch geradezu auf, dem er sie als Waise und als

Pflegetochter ausgegeben. Bei seinen Bekehrungsversuchen der schönen Jüdin überkamen aber den Bekehrer weltliche Gedanken, die sein Herz in Unruhe versetzten. Sobald ihn der Rabbiner in dieser Stimmung gesehen, habe er ihm unter Tränen ein lange in der Brust verschlossenes Geheimnis verraten, daß der Mönch sein eigener Sohn sei, entsprossen aus einem jugendlichen Vergehen mit dessen Mutter. Als Beweis habe er dem erstaunten Barfußprediger ein Muttermal angegeben, das dieser am Leibe trage und habe hinzugefügt, nur deswegen habe er dem Kloster Almosen gespendet, um mit ihm, seinem natürlichen Sohne, in Berührung zu kommen. Der Mönch glaubt es und will sein Gemüt infolge der seltsamen Offenbarung durch Bekehrung seines angeblichen Vaters beschwichtigen. Dieser entgegnete ihm aber: In der Schrift heißt es, der Sohn müsse Vater und Mutter ehren und ihnen folgen, nicht aber umgekehrt. Durch die Aussicht auf die Hand der schönen Jüdin entschließt sich der Mönch endlich, da er von dem Rabbi und seiner Tochter nicht mehr lassen kann, Erfurt und den Schauplatz seiner Kapuzinaden gegen die Juden zu verlassen, die Kutte abzulegen, nach Rubischow in Polen zu entfliehen, dort das Judentum anzunehmen und die Jüdin zu heiraten. Später soll der Barfüßer über seinen Abfall Reue empfunden haben und von den Juden unter Martern erschlagen worden sein. Die Nutzanwendung von diesem Roman machte Pfefferkorn im „Handspiegel": „So man sich mit den Juden einläßt, sie durch Überredung bekehren zu wollen, ziehen sie die Christen in ihren Irrtum und ihren Aberglauben hinein."

Zuletzt greift der Verfasser des „Handspiegels" Reuchlin an seine Ehre. Er sagt zwar nicht mit dürren Worten, aber er deutet es handgreiflich an, daß die Juden ihm Geld gegeben, Pfefferkorn zu unterdrücken. Reuchlin, der vielleicht der Unbestechlichste seiner Zeit war, warfen seine habsüchtigen Gegner vor, er habe sich den Juden verkauft! Pfefferkorn und seine Mitarbeiter hetzten auch den ganzen Franziskanerorden gegen ihn, als habe er unehrerbietig von einem seiner Mitglieder gesprochen. Die Hauptangriffe waren aber dahin gerichtet, Reuchlin habe das schwere Verbrechen begangen, den Juden eine gewisse Gleichberechtigung einzuräumen und sie nicht als Ketzer gelten lassen zu wollen. Mit der Wahrheit nahmen es die Verfasser des „Handspiegels" nicht so genau; sie bürdeten ihm geradezu Dinge auf, die er in seinem Gutachten gar nicht berührt hatte, z. B. daß er den Wucher der Juden in Schutz genommen hätte.

Diese Schmähschrift, in vielen Exemplaren verbreitet, gegen einen so hochgestellten und hochgeachteten Mann, den Vorsitzenden des schwäbischen Bundesgerichts, einen Gelehrten, der einer ganzen Universität gleichkam, machte natürlich außerordentliches Aufsehen; es war seit Erfindung der Buchdruckerkunst das erste geharnischte Pamphlet gegen einen Würdenträger, und noch dazu in deutscher Sprache zu jedermanns Verständnis geschrieben. Reuchlins Freunde — und deren gab es nicht wenige — waren über die Unverschämtheit eines getauften Juden, der sich rechtgläubiger geberdete als ein in Ehren stehender geborener Christ, und der sich herausnahm, ihn mit Schmähungen zu überhäufen, mit Recht empört. Als Pfefferkorn mit einer neuen Ladung Anklagen in die Hofburg kam, fuhren ihn die Hofleute, der **Propst Zobel** und der gebildete Patrizier **Peutinger** wegen seiner Schmähungen hart an.[1]) Die Cölner Dominikaner hatten darin ihrem giftigen Hasse mehr nachgegeben, als die Klugheit riet. — Gegen solche Angriffe mußte Reuchlin etwas tun; seine Ehre war zu tief verletzt. Zunächst eilte er zum Kaiser Maximilian und führte Klage gegen seinen boshaften Verläumder Pfefferkorn, unter dessen Namen der „Handspiegel" erschienen war. Der Kaiser gab durch Wort und Geberden seinen Unwillen über diese Schmähschrift zu erkennen und beruhigte den aufgeregten Reuchlin mit der Aussicht, die Angelegenheit durch den Bischof von Augsburg untersuchen zu lassen. Aber im Drange der Geschäfte in der Verwicklung der italienischen Händel, vergaß er — wie die Großen der Erde zu allen Zeiten — Reuchlin, die ihm widerfahrene Kränkung und die ihm versprochene Genugtuung. Die Frankfurter Herbstmesse nahte heran, auf welcher Pfefferkorn den Rest der Exemplare feilbieten wollte, ohne daß für Reuchlin etwas dagegen geschehen war.[2])

So war denn Reuchlin gezwungen, für die Talmudfrage als eine persönliche Angelegenheit einzutreten, die öffentliche Meinung als Richterin anzurufen und dadurch der Sache einen weittragenden Klang zu geben. Er bereitete eine Verteidigungs- und Anklageschrift gegen den „Handspiegel" für die Frankfurter Messe vor. Vorher versuchte er aber manches, was er in seinem Gutachten teils allzu günstig für die Juden und teils nicht juristisch beweisend dargestellt hatte, abzuschwächen, zu berichtigen und die Ausstellungen dagegen im „Handspiegel" von vornherein zu widerlegen. Er schrieb 52 Artikel, angeblich an den Erzbischof **Uriel** von Mainz als Nachtrag zu seinem Gutachten (18. August 1511).

Kurz darauf (Ende August oder Anfang September) erschien seine weltgeschichtlich berühmt gewordene Gegenschrift „**Augenspiegel**" (eine Brille auf dem Titelblatte gezeichnet), die er in aller Eile druckfertig gemacht hatte. Damit wollte er die Gemeinheit Pfefferkorns und seiner Mitarbeiter dem deutschen Publikum in scharfen Linien zeigen, aber damit deckte er, ohne es zu wollen, die Blößen des damaligen Christentums auf. Das war eine Schrift, von der man ohne

---

[1]) Pfefferkorn Defensio contra famosas Ep.
[2]) Einleitung im Augenspiegel und in Defensio Reuchlini contra calumniatores Colonienses.

Übertreibung sagen kann, sie wog eine Tat auf. Sie war zunächst gegen Pfefferkorn, aber doch auch gegen die Cölner Dominikaner, als öffentliche Gönner, Beschützer und Anreger seiner Schmähungen, gerichtet.

Reuchlins „Augenspiegel" wendet sich an alle diejenigen, welche, „weß Standes, Stellung und Würde auch immer, die Wahrheit lieben und Lügen, hinterhaltige, tückische Überfälle, wie sie sich Pfefferkorn in seiner Lästerschrift gegen ihn erlaubt hat, aus dem Grunde hassen." Er erzählt in schlichten, treuherzigen Worten den ganzen Hergang, wie der getaufte „Jud" alle Anstrengungen gemacht, den Talmud durchaus für gefährlich auszugeben und dem Scheiterhaufen zu überliefern, und wie er auch ihn, Reuchlin, dazu habe benutzen wollen. Er teilt die Aktenstücke des Kaisers und des Erzbischofs von Mainz an ihn und sein Gutachten mit. Er berichtet, wie sich Pfefferkorn auf unehrliche Weise sein Gutachten zu verschaffen gewußt und es zu einer Schmähschrift ausgebeutet habe, welche nicht weniger als vierunddreißig Unwahrheiten gegen ihn enthalte. Der ganze Ton im „Augenspiegel" gibt die gerechte Entrüstung eines Ehrenmannes, dem ein Wicht ein Bein gestellt hat, wirkungsvoll wieder. Ehe Reuchlin an die Aufdeckung der Pfefferkornschen Gemeinheiten gegen ihn geht, verwahrt er sich dagegen, als habe er damit auf sein anderweitig ihm zustehendes Recht verzichtet. Denn Pfefferkorns Schmähschrift erfordere eine peinliche Strafe, die ihn wohl auch treffen würde. Habe er doch auch die Untertanen im Reich aufgefordert, Aufruhr und Auflauf gegen ihre Obrigkeit zu machen, um diese zu zwingen, die Juden zu verfolgen, ein Vergehen, welches mit dem Tode durch den Henker belegt sei. So möge denn entweder das Halsgericht ihn vorladen, oder er möge — was Reuchlin gewünscht zu haben scheint — „dem festen, fürsichtigen, ehrsamen, weisen, echten und rechten Freischöffen des heiligen, heimlichen westfälischen Fehmgerichtes" verfallen. Die Blutrichter der roten Erde sollten gewissermaßen für den Talmud eintreten!

Am meisten war Reuchlin empört über die gegen ihn erhobene Beschuldigung, er habe um Geldeswillen die Schutzschrift für den Talmud erlassen. Mit gerechter Entrüstung beteuerte er daher, daß er sein Lebtag, von seinen Kindeszeiten an bis auf diese Stunde von den Juden oder ihretwegen weder Heller, noch Pfennig, weder Gold, noch Silber, weder Kreuz, noch Münz empfangen habe. „Und wer zur Verletzung seiner Ehre anders geschrieben oder gesprochen, der lüge wie ein nichtsnütziger, ehrloser Bösewicht, und hätte er eine fromme Miene wie ein K a r t ä u s e r!" Das war ein empfindlicher Stich für den Beichtvater des Kaisers, der ihn beschuldigt hatte, mit goldener Tinte geschrieben zu haben (o. S. 101). Nicht minder empfindlich war Reuchlin über die Geringschätzung seiner hebräischen Kenntnisse und namentlich über die Beschuldigung, daß er seine hebräische Sprachlehre nicht selbst verfaßt habe. Würdig ist auch sein Auftreten für die Juden. Der Schelm Pfefferkorn hatte ihm auch zum Vorwurf gemacht, daß er von den Juden hebräisch gelernt und also mit ihnen verkehrt hätte, was gegen die kanonische Satzung verstieße. Darauf Reuchlin: „Der getaufte Jud schreibt, das göttliche Recht verbiete mit den Juden Gemeinschaft zu haben, das ist nicht wahr. Es mag jeder Christ vor Gericht mit ihnen rechten, von ihnen kaufen, ebenso ihnen etwas schenken oder geben. Es kann ein Fall vorkommen, daß ein Christ mit einem Juden eine gemeinsame Erbschaft antritt. Man darf auch mit ihnen sprechen oder von ihnen lernen, wie der heilige Hieronymus und Nikolaus de Lyra getan haben. Und endlich soll ein Christ den Juden lieben wie seinen Nächsten; das alles ist in den Gesetzen begründet." — Hin und wieder hat der „Augenspiegel" auch beißenden Witz. Pfefferkorn hatte aufgestellt, der Jude sei wie der Teufel geartet. Darauf Reuchlin, die wahre Philosophie sei anderer Meinung darüber. Sollte es aber wahr sein, so sei es nicht zu verwundern, daß Pfefferkorn so viel Unwahrheit aufgestellt habe, weil er der teuflischen Natur teilhaftig sei und teuflische Milch getrunken habe. — Reuchlin sagte ihm ins Gesicht, er verstände sehr wenig hebräisch und habe in seinen judenfeindlichen Schmähschriften nichts neues aufgetischt, das nicht schon früher in lateinischer Sprache geschrieben wäre, das eine ausgenommen wie „die Juden den Hühnern und Fischen beichten", das ist die köstlichste Wissenschaft, womit er die christliche Kirche beschenkt hat.[1]

Indessen tat Reuchlin auch Pfefferkorn in manchen Punkten Unrecht. Er behauptete, dieser habe den „Handspiegel" nur um Gewinnes willen veröffentlicht. Da er eingesehen, daß man seiner Judenbüchlein satt geworden und er als Ungeheuer nicht mehr über die Juden schreiben könne, daraus er Geld wie bisher lösen könnte, so wolle er sich mit den Christen herumstreiten, um eine neue „Materie für Geldgewinn zu haben; denn er hat jetzt mehr Gulden aus mir gelöst, als Judas Pfennige aus unserm Herrgott." — Nein, nein, Geldgewinn allein hat Pfefferkorn nicht bewogen, auch nicht Leichtsinn, die Juden und Reuchlin zu verunglimpfen, sondern Haß und Rachegefühl gegen die ersteren und Notwehr gegen den letzteren. Denn wie sehr es auch Reuchlin in seinem „Augenspiegel" beteuerte, er habe ihn nicht in seinem Gutachten an den Kaiser angegriffen, so war das eine Selbsttäuschung. Pfefferkorn war allerdings der Herausgeforderte und Angegriffene, weil er aber die Fehde mit plumpen Faustschlägen und Kotwerfen gegen einen so hochgestellten und feingebildeten Mann geführt, hatte dieser auch das Recht, ihn mit wuchtigen Schlägen zu zermalmen.

---

[1] Augenspiegel a. a. O. p. 47 b und p. 53; die 32ste Unwahrheit.

Man kann sich denken, welches Aufsehen Reuchlins „Augenspiegel" in deutscher Sprache gemacht hat, als er zur Zeit der Frankfurter Messe erschien, damals der Sammelplatz von Tausenden, zu einer Zeit, wo es noch keine Öffentlichkeit gegeben hat und jedermann einer Skandalgeschichte volle Aufmerksamkeit schenkte. Daß ein gefeierter Mann, wie Reuchlin, der zur höchsten Beamtenaristokratie gehörte, einen Ankläger der Juden als Verleumder, Lügner und Wicht an den Pranger stellte, war so neu und überraschend, daß sich die Leser die Augen rieben und sich fragen mußten, ob sie nicht bisher wie in einem Traum gedufelt hätten. Die Juden griffen noch gieriger nach der Schrift, weil zum erstenmal ein Ehrenmann mit gewichtiger Stimme für sie in die Schranken trat und die so oft wiederholte Anschuldigung gegen sie als Verleumdung brandmarkte. Sie jubelten, daß sie endlich einmal einen Verteidiger gefunden und dankten Gott, daß er sie in ihrer Not nicht verlassen. Wer will es ihnen verargen, daß sie für Verbreitung der Reuchlinschen Schrift geschäftig waren?[1])

Am meisten jedoch sorgten die Finsterlinge vom Gelichter der Cölner selbst für deren Verbreitung. Peter Meyer, einer der unwissendsten und unverschämtesten Prediger (in Frankfurt), so wie er Reuchlins Schrift zu Gesichte bekommen und bei einem guten Frühstück mit Pfefferkorn einiges darin gelesen hatte, rief im Zorn: „An den Galgen damit, an den Galgen damit!" — Er geberdete sich über-

---

[1]) Das Dekanat der Cölner theol. Fakultät, d. h. Jakob Hochstraten, in Reuchlins Briefsammlung II, Nr. 12: Judaeis ipsis, qui (uti nobis relatum est) hunc tuum tractatum vernacula nostra lingua editum et impressum, legunt et circumferunt, occasionem praestitisti, quo amplius nos irrideant, quando inter Christianos et quidem inter eos, qui docti reputantur, te unicum invenerint, qui suam causam agat, tueatur ac defendat. Pfefferkorn, — Clag. G. 3 b: „Und da nun die Juden aus allen Landen da waren, da kaufften sie Deinen Augenspiegel allenthalben und konnten seiner nict satt werden." — Auch Defensio contra famosas E. 3 und H. 2. Peter Meyers Schreiben an Arnold von Tongern vom Februar 1512: Dominatio vestra significat, quid de libello Reuchlini actum sit et gaudeo vehementer . . . . ne impii Judaei de nostra religione risum de cetero, ut hactenus fecerunt, moveant, quia manifeste nobiscum dixerint, quod Dominus nunquam deseruit eos, sed semper novos mittit defensores. Der Verf. der Defensio contra famosas (sei es Pfefferkorn oder ein anderer) bezieht diesen Brief P. Meyers auf Reuchlins Anklage gegen die Cölner. Allein da diese erst 1513 erschien, das Schreiben aber vom Februar 1512 datirt ist, so kann unter libellus nur der Augenspiegel verstanden sein.

Die Empfindung der Juden bei diesem Vorgange gibt Joselins Tagebuch wieder (Nr. 5): גם קטו אויבים ובריצים בעמינו לבטל. הורה שבכתב (שבעל פה?) והראה לנו
הש"י נס בתוך נס שע"י חכמי אומות (האחד בחכמי אוכינה?) קם כנגרו להחיר הורה לישנה.
ק"ק פראנקוואדט כסדו את נפשם ומאודם ב"ו. רוצאות מיה על זה. ה. דאה' בעיניו ורצילו
במחשבת המן.

haupt als Kommissarius des Erzbischofs von Mainz und verbot den
Buchhändlern den Verkauf des „Augenspiegels".[1]) Aber fast das
ganze Mainzer Kapitel, fast alle Kanoniker waren mehr humanistisch
als christlich gesinnt und als solche Verehrer Reuchlins. Sie und andere
Freunde haben wohl auf den Erzbischof Uriel zu Reuchlins Gunsten
eingewirkt, daß dieser das Verkaufsverbot, als gar nicht von ihm ausgegangen, aufhob. Durch diesen Aufsehen erregenden Zwischenfall
wurde der „Augenspiegel" nur noch mehr gesucht, gekauft und gelesen.
Von allen Seiten, aus gelehrten und ungelehrten Kreisen, kamen
Glückwünsche an Reuchlin und Äußerungen der Freude darüber,
daß er den unverschämten Pfefferkorn und seine Hintermänner so derb
und mutig abgefertigt habe.

Nur jene Parteigenossen Reuchlins, welche sich nach dem Muster
der heidnischen Literatur einen künstlichen Olymp geschaffen, von dessen
Höhe herab sie auf das sumpfige Treiben der Kirchlichen, auf das
Christentum nicht minder wie auf den Talmud, mit achselzuckender
Verachtung herabblickten, jene mattherzigen Überklugen, Erasmus
von Rotterdam, der Domherr Mutian von Gotha,
der reiche und gelehrte Patrizier Pirkheimer in Nürnberg, sie
tadelten selbstvergnügt Reuchlins Auftreten gegen den Halbjuden
Pfefferkorn und für den verachteten Talmud. Genußsüchtige Egoisten,
schwelgten sie in der wiederaufgegangenen Bildung, mochten ihr aber
keinen Einfluß auf Umgestaltung der verderbten kirchlichen und gesellschaftlichen Verhältnisse einräumen. In ihren Konventikeln und bei

---

[1]) Reuchlin, Defensio contra calumniatores p. 57a und Pfefferkorn,
Clag G. 4a. Meiners und Maierhoff beziehen diese Machination P. Meyers
als gegen Reuchlins „deutsche Erklärung" und nicht gegen den Augenspiegel
gerichtet. Das ist aber durchaus falsch, denn die „Erklärung" ist erst den
22. März 1512 gedruckt, und Reuchlins Brief an Kollin (Briefsammlung II,
Nr. 20) vom V. Idus Mart. = 13. März 1512 berichtet schon von Peter Meyers
faux-pas, daß er Pf. hatte predigen lassen. Diese Predigt fand statt am
Montage des Marienfestes = 7. September, und zwar nachdem schon Peter
Meyers Machination gegen den Augenspiegel mißlungen war def. l. c.:
Plebejus sacerdos . . . defensionis meae volumina . . . mercatoribus
vendere prohibuit . . . sed illustrissimus princeps . . . noluit prohibere
defensionem, immo refutavit confirmare prohibitionem . . . qua re com-
motus et ira punctus idem sacrificulus proclamavit . . Pepricornum . .
in sequenti profesto beat. virg. Mariae praedicare velle. Beide Tatsachen,
das Verbot der Reuchlinschen Schrift und Pfefferkorns Predigt, fielen also
September 1511. Meiners und Maierhoff haben den Ausdruck defensio an
dieser Stelle mißverstanden und sie auf die Erklärung bezogen, während nur
der Augenspiegel darunter verstanden sein kann, der im Grunde eine Verteidigungsschrift war. Auch der Verf. der defensio contra famosas (B. 3) berichtet, P. Meyer habe den Augenspiegel verboten, hat aber die erlogene Wendung,
als wenn der Erzbischof Uriel den Verkauf desselben habe inhibieren lassen.

ihren Schmausereien verlachten sie das Christentum mit seinem Gottmenschen und die Kirche mit ihrem Statthalter und ihren Pfaffen als Erdichtung und Betrug. Aber vor uneingeweihten Ohren wagten sie auch nicht das geringste Wort des Tadels. Erasmus, der bedeutendste Humanist seiner Zeit, aber schwankend wie ein Rohr, äußerte sich gegen Pirkheimer, der Bösewicht (Pfefferkorn) könne gar nicht besiegt werden, weil er nur aus Verleumdung und Anschwärzung zusammengesetzt sei und so und so viel Gesinnungsgenossen habe, die ihm neue Kräfte einhauchten, wenn er ermatten sollte. Durch Schmähungen könne er daher am wenigsten überwunden werden. Gebildete kämpften nicht nur zur eigenen Unehre, sondern auch vergebens gegen ihn, da er siegend oder besiegt seinen Gegnern nur Schande bringe.[1]) Pirkheimer, nur auf das Äußerliche und Vergängliche, auf eitlen Ruhm Wert legend, nahm es Reuchlin übel, daß er durch seine Schrift den Namen des Halbjuden Pfefferkorn, der aus dem Gedächtnisse der Menschen ausgelöscht werden müßte, erst recht verewigt habe.[2]) Am widerlichsten erweist sich das Urteil des feingebildeten, aber verzärtelten Domherrn Mutian. Er machte Reuchlin zum Vorwurf, daß er die Geheimnisse des Gelehrtenkreises der große Menge ausgeplaudert und dadurch das Ansehen des Kaisers, des Reiches, des Papstes, der Kirche und namentlich der geistlichen und gelehrten Kaste erschüttert habe. „Darum laß uns, gelehrter Kapnion, unsern Glauben (oder Unglauben) und begünstige die Juden nicht auf der einen Seite, um auf der andern Seite den Christen Schaden zuzufügen."[3])

[1]) Von allen Biographen Reuchlins zitiert.
[2]) Reuchlins Brieff. I, Nr. 87.
[3]) Bei David Strauß, Hutten I. S. 209.

Fünftes Kapitel.

Der Streit um den Talmud, ein Schibolet der Humanisten und Dunkelmänner.

(Fortsetzung.)

Pfefferkorn predigt in Frankfurt gegen die Juden und Reuchlin. Ränke der Dominikaner gegen den Augenspiegel und seiner Verfasser. Einschüchterungsmittel der Dominikaner gegen Reuchlin. Zuerst schüchternes und dann mutiges Auftreten Reuchlins gegen sie. Ausbruch des Kampfes, Streitschriften, Parteinahme des Kaisers Maximilian gegen Reuchlin und das jüdische Schrifttum; Verbot gegen den Augenspiegel. Parteinahme des Publikums für Reuchlin und den Talmud. Neue Schmähschrift des Dominikanerkreises gegen Reuchlin und die Juden (Brandspiegel). Reuchlins Schrift gegen die Cölnischen Verleumder für den Kaiser. Das schwankende Benehmen des Kaisers Maximilian in dieser Angelegenheit. Hochstraten als Ketzerrichter ladet Reuchlin als Gönner der Juden vor ein Inquisitionstribunal. Der Mainzer Prozeß. Plötzliches Einschreiten des Erzbischofs Uriel. Vorläufiger Sieg Reuchlins und der jüdischen Literatur. Anmeldung des Prozesses beim Papste; die Vermittlung des Bonet de Lates angerufen. Das Speiersche Tribunal und die Sentenz gegen Hochstraten. Seine Machinationen. Verschwörung des ganzen Dominikanerordens gegen Reuchlin und die Juden. Gegenbund der Humanisten für beide. Das junge Deutschland unter Ulrich von Hutten. Morgenanbruch durch die Fehde zwischen Reuchlinisten und Dominikanern. Die ersteren von ihren Gegnern als Talmudisten verschrieen. Intrigen in Rom und Paris. Spruch der Pariser Fakultät gegen Reuchlin. Die Sturmglocke. Rapp oder der Pfefferkorn von Halle. Die Dunkelmännerbriefe und die Juden. Tagesatzung zu Frankfurt gegen die Juden.

(1511 bis 1516.)

Mit der Veröffentlichung und Verbreitung von Reuchlins Augenspiegel und seiner Verteidigung des Talmud war ein Kampf eröffnet, der mit jedem Tag ernster wurde, einen immer größeren Umfang annahm und eine über den Gegenstand weit hinausgehende Tragweite erhielt. Denn die Finsterlinge, welche noch im Vollbesitze ihrer Macht und ihrer Schreckmittel waren, nahmen die Herausforderung nicht gleichgültig hin. Pfefferkorns Sache war auch die ihrige, eigentlich von ihnen angeregt. Und nun hatte es ein Mann gewagt, ihrem Plan entgegenzutreten, die Verdammnis des Talmud nicht gut zu heißen, vielmehr ihn als gewissermaßen unentbehrlich für das Christentum auszugeben, die Verfolgung nicht zu billigen, sondern noch obendrein zu empfehlen, die Juden zu lieben. Welch eine Frechheit! Welche Entwürdigung des Christentums in den Augen der Dunkelmänner! Es hat sie in eine solche heilige Wut versetzt, daß sie über das Ziel hinausschossen, Dummheiten über Dummheiten begingen und so ihrer Sache einen unersetzlichen Schaden zufügten.

Jener Stadtprediger Peter Meyer in Frankfurt am Main, welcher das Verkaufsverbot des Augenspiegels nicht durchsetzen konnte, beging den zweiten Fehlgriff. Er kündigte von der Kanzel beim Gottesdienste an, Pfefferkorn werde an der nächsten Vorfeier des Marienfestes gegen Reuchlins Judenschrift predigen, und er ermahnte die Gläubigen, sich recht zahlreich zur Predigt einzufinden. Nichts konnte verkehrter als dieser Einfall sein. Pfefferkorn mit einer häßlichen abschreckenden Gestalt, mit ausgeprägt jüdischen Zügen und mit Gemeinheit verratender Miene sollte vor einem christlichen Publikum in seinem jüdisch-deutschen Kauderwelsch predigen! Jedes Wort und jede Bewegung an ihm mußte die Zuhörer zum Lachen reizen und die andächtigste Stimmung verscheuchen. Außerdem war es nach katholischer Satzung einem Laien und noch dazu einem verheirateten Laien streng verboten, die Funktionen eines Geistlichen auszuüben. Nicht lange vorher war ein einfältiger Schafhirt auf richterlichen Urteilsspruch wegen angemaßten Predigeramtes verbrannt worden.[1]) Um die Form zu wahren, predigte Pfefferkorn am bestimmten Tage (7. Sept. 1511) nicht in der Kirche, sondern vor dem Eingang derselben vor einer großen Volksmenge. Es muß sich recht possierlich ausgenommen haben, zu sehen, wie dieser häßliche Jude das Zeichen des Kreuzes über die Gläubigen machte und von dem christlichen Glauben in jüdischem Kauderwelsch sprach. Pfefferkorn war es dabei hauptsächlich darum zu tun, die Juden und ihre Gönner dem Abscheu und dem Hasse der Zuhörer zu überliefern.

Doch war dieses nur ein kleines Scharmützel. Der Hauptkrieg wurde in Cöln vorbereitet. Die Dominikaner, welche bisher mit geschlossenem Visier gekämpft hatten, wollten nun offen auftreten. Sie übergaben einem ihrer Genossen, Arnold von Tongern, die Prüfung des Reuchlinschen „Augenspiegels", um Inzichten der Ketzerei darin zu finden, und er fand sie in gehäuftem Maße. Ein Dominikaner, der Beichtiger Ulrich von Steinheim, zeigte diese Tatsache Reuchlin mit einer bewunderungswürdig gespielten Einfaltsmiene und im Tone höchster Verehrung für ihn an (23. Oktober

---

[1]) Reuchlin. Defensio contra calumniatores Colonienses a. a. O. p. 57 b. f.

1511) und fügte hinzu, die Cölner wären noch nicht über das Verfahren gegen ihn einig. Einige hätten geraten, die ketzerische Schrift bloß zu verbrennen, andere strenger, den Verfasser vor das Ketzergericht zum Verhör zu laden, noch andere endlich hätten andere Mittel vorgeschlagen.¹) Dieses Schreiben, das ein Schreckmittel war, tat seine volle Wirkung; Reuchlin geriet in außerordentliche Angst. Man darf es ihm nicht als Kleinmut und Feigheit auslegen. Es war keine Kleinigkeit, damals mit den Dominikanern, welche mehr Großmacht waren als selbst der Kaiser und der Papst, anzubinden. Der Papst Alexander VI., der vor keiner Untat zurückschreckte und über Gift, Dolch und andere Todeswerkzeuge verfügen konnte, hatte eine wahre Angst vor dem Dominikanerorden. Er pflegte zu sagen, er würde es eher wagen, einen der mächtigen Könige zu reizen, als einen der Bettelmönche, welche unter dem Schein der Niedrigkeit eine wahre Tyrannei in der Christenheit üben.²) „Wenn ihnen etwas nicht recht ist," schildert der ebenso geistreiche, wie mutvolle Ulrich von Hutten die Finsterlinge dieser Zeit, „so legen sie die Stirn in Falten, spitzen die Augen, stecken die Nase in die Höhe und rufen: „„ins Feuer, ins Feuer!"" — Diesen Sumpf aufzuwühlen ist ebenso gefährlich wie in Dornen zu greifen. Diesen gegenüber muß man sich hüten, etwas unüberlegt auszusprechen; es ist eine fürchterliche Rotte, die gewohnt ist, über alles abzusprechen und nichts anzuhören."³) Der friedliebende Reuchlin, der bereits im sechsundfünfzigsten Lebensjahre stand und sich nach der Ruhe des Alters sehnte, ist daher nicht zu tadeln, wenn er dem Kampfe mit den nach Scheiterhaufen lüsternen Dominikanern aus dem Wege gehen wollte.

Schon wenige Tage nach Empfang des Briefes von dem Beichtiger Ulrich (1. November) richtete er ein seine Verteidigung abschwächendes Sendschreiben an den Zensor seiner Schrift, an Arnold von Tongern, milderte seine Behauptungen im „Augenspiegel" und entschuldigte sich, er habe nicht als Theologe, sondern als Richter über den Talmud geurteilt und habe nicht wissen können, daß die Cölner Universität anderer Meinung über dieses Schrifttum sei; er habe sein Urteil in voller Harmlosigkeit abgegeben, ohne nach irgend einer Seite hin verletzen

---

¹) Reuchlins Brieff. II. Nr. 10. Dieser Brief mit seinem erbärmlichen Latein und seiner Petersimpel-Miene ist nicht als freundlicher Wink anzusehen, wie sämtliche Biographen Reuchlins ihn auffassen, sondern als ein Schreckschuß, um ihn zur Reue und zum Widerruf zu bewegen. Was liegt nicht alles in den Worten: Sunt diversae sententiae, ut audivi. Quidam, quia libellus (speculum oculare) combureretur. Quidam, quia autor inquireretur. Alii aliter etc. . . Non dubito ita, ut scribo, bono animo accipietur. Concedo me Dominationi vestrae.

²) Erasmus' Sendschreiben an Pirkheimer in dessen opera p. 268.

³) Hutten, Einleitung zum Nemo.

zu wollen. Sie möchten es ihm nicht übel nehmen, wenn er, ein Laie, sich erlaubt habe, über theologische Dinge zu sprechen, und sie möchten es wie den ärztlichen Rat eines Priesters betrachten, der sich zuweilen erlaubt, in Krankheitsfällen mitzusprechen. Er bat flehentlich, man möchte ihm seine Irrtümer nachweisen und ihn nicht ungewarnt verdammen. „Der Hahn möge ihm vorher krähen, ehe es donnert und blitzt." Etwas mutiger schrieb er gleichzeitig an einen ehemaligen Bekannten, den Dominikanerprofessor Konrad Kollin, mit der Bitte, seine Sache bei der theologischen Fakultät in Cöln günstig darzustellen und das drohende Ungewitter von ihm abzuwenden. In diesem Sendschreiben wagte Reuchlin, das Haupt der Finsterlinge, Jakob Hochstraten, anzugreifen. Er teilt dem Freunde mit Miene des Unglaubens von seiner Seite mit, daß viele Hochstraten für den Mitverfasser der Pfefferkornschen Schmähschrift hielten und ihn wegen Undankes verspotteten, den er von den Dominikanern trotz so vieler ihnen geleisteter Dienste erfahre.[1]

Gewiß nicht ohne boshafte Absicht haben die Cölner ihn fast zwei Monate auf Antwort warten lassen, um ihn durch die Ungewißheit über das ihm bevorstehende Geschick mürbe zu machen und zu Kreuze kriechen zu lassen. Erst anfangs Januar (1512) wurden ihm zwei Briefe zugestellt, der eine offiziell von der theologischen Fakultät und der andere privat und scheinbar gemütlich von Kollin; beide sollten einander ergänzen. Das Dekanat machte ihm zum Vorwurf, daß er das löbliche Beginnen des Kaisers, die Judenbücher zu verbrennen, durch sein Dazwischentreten gestört, daß er sich als Begünstiger des jüdischen Unglaubens verdächtig gemacht, daß er den Juden, welche seinen Augenspiegel gelesen und verbreitet hätten Schadenfreude und Gelegenheit geboten habe, noch ferner Christus, die Jungfrau, die Apostel zu schmähen, daß er durch Verdrehung der Worte der Schrift Ärgernis gegeben und seine aufrichtige Gläubigkeit verdächtigt habe. Ohne die Verwendung Tongerns und Kollins müßte die Fakultät eine strenge Zensur über ihn verhängen. So aber wollte sie ihm Nachsicht erweisen und es ihm überlassen, die Steine des Anstoßes, die er hingeworfen, selbst aus dem Wege zu räumen, entweder seine ungenügende Verteidigung (in lateinischer Sprache) mehr zu begründen oder sein günstiges Urteil über den Talmud, als gehorsamer Sohn der Kirche zu widerrufen.[2] Kollin ergänzte dazu in erheuchelter Freundschaft, daß er es gewesen sei, der ihm den Gnadenweg bei der Fakultät gebahnt habe. Er sprach bei dieser Gelegenheit die Formel aus, mit welcher das Riesengebäude der katholischen Kirche steht und fällt, daß ein

---

[1] Reuchlins Brieff. II. Nr. 11, 12.
[2] Das. Nr. 13.

Laie, wenn auch noch so scharfsichtig und rechtgläubig, wie Reuchlin, in theologischen Dingen kein Urteil habe und haben dürfe.¹) Kollin deutete ihm auch die ihm drohende Gefahr an: Die Fakultät werde ihren Spruch nicht lange aufschieben dürfen, was auch nicht mehr in ihrer Macht stehe, indem Geistliche und Weltliche darauf gespannt wären. Er habe viele Feinde, welche auf seine Verdammung warteten. Sein Heil läge daher einzig und allein in den Händen der Cölner; wenn diese ihn freisprechen würden, dann würde ihn niemand verdammen. Er möge sich daher beeilen, sein Gutachten und seine Schrift für den Talmud und gegen Pfefferkorn zu widerrufen. Kollin ließ aber kein Wort darüber fallen, um seinen Herrn und Meister Hochstraten von der Mitverfasserschaft der Schmähschrift gegen Reuchlin zu rechtfertigen.

Reuchlin antwortete gleich darauf (27. Januar 1512)²) an die Fakultät und an Kollin, dankte beiden für die Milde, die sie ihm bewiesen, bekannte, als Laie und als zweimal Verheirateter in theologischen Dingen unwissend zu sein, und reinigte sich von dem Verdachte der Judenbegünstigung, da er mit dem heiligen Hieronymus das Judengeschlecht gründlich hasse. In der Hauptsache blieb er aber fest. Widerrufen könne er nicht, da er nichts Ketzerisches geschrieben zu haben glaube, und sogar unaufgefordert in der beigegebenen lateinischen Rechtfertigung und Erklärung die anstößigen Äußerungen ans Licht gesetzt habe; alles, was er tun könne, wäre, diese Erklärung für jedermann in deutscher Sprache zu veröffentlichen, wozu es ihm früher an Zeit gemangelt habe. Eine neue Erklärung aber würde von der Fakultät ebenso ungenügend befunden werden, wie seine erste. Er bat daher seine dominikanischen Gönner, ihm die anstößigen ketzerisch klingenden Äußerungen in seinem „Augenspiegel" deutlich anzugeben; dann werde er imstande sein, sich entweder vollständig zu reinigen oder sie zu widerrufen.

Endlich rückten die Cölner Finsterlinge, um dem Hin- und Herschreiben ein Ende zu machen, mit ihrem letzten Gedanken heraus (24. Februar); Reuchlin solle dafür sorgen, daß die noch vorhandenen Exemplare seines Augenspiegels zugunsten der Juden und des Talmud auf der nächsten Frankfurter Messe nicht mehr verkauft würden, und überhaupt den Inhalt seiner Schrift geradezu aufheben. Nur dadurch könne er seinen Ruf wiederherstellen und sich als wahren Katholiken und als Feind der ungläubigen Juden und ihrer gotteslästerlichen Schriften erweisen. Sonst würde das Ketzergericht in Cöln ihn zur Verantwortung oder Verurteilung vorladen müssen. Das

---

¹) Reuchlins Brieff. Nr. 14. Non mirum, si Jurista theologicas non attigit subtilitates.
²) Das. Nr. 15, 16.

würde nicht aus Feindseligkeit gegen ihn, sondern geradezu aus christlicher Liebe geschehen. Die Cölner wußten ihn an der schwachen Seite zu fassen. Sollten bei seinem Leben die Händel niedergeschlagen werden, so würde es nicht nach seinem Ableben an Ketzerrichtern fehlen, welche „den toten Löwen am Bart rupfen" und seinen Namen als den eines Ketzers brandmarken würden. Abermals gab sich Kollin die Mühe, ihm zu beweisen, daß er diese Schonung von seiten der Fakultät lediglich seiner Freundschaft zu verdanken habe. Sonst hätten sie schon jetzt an alle deutschen Bischöfe geschrieben, den Augenspiegel aufzusuchen und verbrennen zu lassen und ihn selbst vor das Inquisitionstribunal geladen. Er möge sich daher beeilen, dem Verlangen der Fakultät nachzukommen, ehe Strenge gegen ihn geübt werde. Denn bald werde selbst er, Kollin, nicht mehr imstande sein etwas für ihn zu tun. Unter der Hand gab Kollin ihm zu verstehen, man könne aus seiner Äußerung herauslesen, Jesus sei gesetzlich und ordnungsgemäß von den Juden verurteilt worden. Welche Gotteslästerung! Es würde ihn schmerzen, wenn Reuchlin ein ruhmreiches Leben schimpflich (als Ketzer verdammt) beschließen sollte. Kollin gab ihm auch an die Hand, in welche Form er den Widerruf kleiden sollte, nämlich anzugeben, daß er als Jurist von den theologischen Fragen nichts verstanden und daher verzeihlich geirrt habe.[1])

Als die Cölner die Maske der Freundlichkeit fallen ließen und sich in ihrer häßlichen Gestalt als Menschenopferpriester zeigten, warf auch Reuchlin die Maske der Demut weg und zeigte sich als einen Mann von Mut, der seiner Ehre nichts zu vergeben gedenkt. Er antwortete (3. März) der Fakultät, er könne auf ihren Wunsch, die vorhandenen Exemplare des Augenspiegels selbst zu konfiszieren, nicht eingehen, da sie nicht ihm, sondern dem Buchhändler gehörten. Was er noch ferner erklären sollte, um ihnen (den Cölnern) zu genügen, könne er nicht wissen, selbst wenn er den doppelten Geist Daniels hätte. Allenfalls werde er seine lateinische Erklärung deutsch drucken, um der Schwachköpfigen willen, die seine Worte in dem Gutachten in betreff des talmudischen Schrifttums mißdeuten könnten. Was er aber der Fakultät nicht sagen mochte, das sagte er dem heuchlerischen Freunde Kollin. Wenn dieser der Fakultät geraten, mit dem Verbrennen seines Augenspiegels noch nicht vorzugehen, so möge diese ihm dafür danken; denn er habe lediglich ihr damit einen wesentlichen Dienst geleistet. Er fühle sich durch den Rat erfahrener und durch den Beistand mächtiger Männer so fest und sicher, daß seinen Gegnern ein größerer Schaden an Gütern und Ruf drohe als ihm; das wolle er ihm ins Ohr sagen. Ja, er sei nicht bar der Hilfe allmächtigster

---

[1]) Reuchlins Brieff. Nr. 17, 18.

Personen. Seine Gegner möchten auch bedenken, daß ein Streit leicht beginnt, aber schwer beigelegt wird. Welche Bewegung würde es unter dem Adel und im Volke hervorrufen, wenn er mit beredter Sprache Anfang, Verlauf und Ende dieser Händel auseinandersetzen sollte? „Was wird die Welt dazu sagen, wenn ich ihr erzählen werde, daß ihr den wühlerischen, wie beweibten Laien, den Überläufer, den ehrlosen Verleumder, den getauften Juden, der gegen die Kirchensatzung vor der Versammlung der Gläubigen in Frankfurt gegen mich gepredigt hat, der in Verdacht steht, zu seinen Glaubensgenossen zurückkehren zu wollen, daß ihr einen solchen nähret, begünstiget und in den Himmel hebt? Und er hat diese Händel nur angezettelt, um von den Juden große Summen zu erpressen. Du nimmst Anstoß an einigen unschuldigen Wörtchen, die ich geschrieben, und meinst, daß ich damit fromme Ohren verletzt habe, und du verabscheust nicht solche verwerfliche Taten? Hinter meinen mächtigen Beschützern werden Dichter und Geschichtschreiber kommen, deren es jetzt eine große Menge gibt, und die mich als ihren Lehrer verehren; diese werden die Bosheit meiner Gegner und eurer Hochschule ewiger Schmach übergeben und mich als unschuldig Verfolgten besingen".[1]

Hiermit war die Kriegserklärung zwischen dem Haupte der Humanisten und den Hauptvertretern des wissensfeindlichen, lichtscheuen Stockkatholizismus ausgesprochen. Eine Vermittlung war nicht mehr möglich. Denn von diesen zwei Kreisen verstand einer des andern Sprache gar nicht. Reuchlin trat zwar noch immer schonend auf; er veröffentlichte (22. März 1512) 42 Artikel in deutscher Sprache, welche er früher seinem „Augenspiegel" angehängt hatte, um seine allzuschroff ausgesprochenen Behauptungen zu mildern. Sein „**klares Verständnis in Deutsch**" sollte dem Publikum die Überzeugung beibringen, daß er sich keine Ketzerei habe zuschulden kommen lassen, und daß er die Juden keineswegs begünstigt habe. — Wenn Reuchlin geglaubt hatte, daß er damit die Cölner beruhigen würde, so war er in einer argen Täuschung befangen. Diese wollten Krieg, einen erbitterten, schonungslosen Krieg, der ihnen ihren Gegner verwundet oder tot überliefern sollte. Sie antworteten auch darauf mit der Veröffentlichung einer Anklageschrift: „**Die Artikel oder Propositionen von der allzugroßen Begünstigung der Juden von seiten Reuchlins**" (Sommer desselben Jahres).[2] Es war weiter nichts als ein gemeiner Abklatsch aller früheren Behauptungen Pfefferkorns und der Cölner, eine ermüdende

---

[1] Reuchlins Brieff. Nr. 19, 20.
[2] Articuli sive propositiones de judaico favore nimis suspectae ex libello theutonico Doctoris Johannis Reuchlini; s. Note 2. Ein erschöpfender Auszug bei Majus, vita Reuchlini, p. 315 ff., 345 ff.

Wiederholung aller scheinbaren oder begründeten Anklagepunkte gegen Reuchlin und die Juden, oder eigentlich nur eine Kopie von Reuchlins Selbsteinwürfen. Die Hauptanklagen waren, daß Reuchlin, obwohl nur Jurist, sich angemaßt, in den theologischen Subtilitäten ein Wort mitzusprechen, wovon er vermöge seiner Laienhaftigkeit nichts verstehen könne, und daß er das Gute an den Juden und ihren Schriften mit sichtbarer Vorliebe herausgestrichen, dagegen das Schlechte an ihnen kaum berührt oder gar entschuldigt habe. Das Ganze lief darauf hinaus, daß Reuchlin in einem an Ketzerei streifenden Irrtum verharre und daß der Talmud verbrannt werden müsse. Diese erste Schrift der Cölner, in der Form geschmacklos und im Inhalte größtenteils wahrheitswidrig — bis auf den Punkt, daß Reuchlin selbst früher dieselben Anklagen gegen die Juden und ihre Schriften ausgesprochen hatte — diese Schrift hatte Arnold von Tongern verfaßt, und Ortuin Gratius, der offizielle Dichter der Cölner, hatte schlechte Verse dazu gegeben, worin er Reuchlin in die Hölle verwünschte. Es kam auch der fromme Wunsch darin vor: „Möge der frevelhafte Urheber solchen Unfugs zugrunde gehen."

Arnold von Tongern hatte diese Schandschrift dem Kaiser Maximilian gewidmet und in einem Einleitungsschreiben an denselben die Gründe für die Abfassung auseinandergesetzt: Weil viele Christen an der offenbaren Begünstigung der Juden von seiten Reuchlins Ärgernis nähmen, das um so größer sei, als dessen Schriften in deutscher Sprache verfaßt, von jedermann gelesen würden, und weil die Juden eine Freude daran hätten und sich rühmten, Reuchlin sei ihnen von Gott erweckt, um die gegen ihre Schriften vom Kaiser ausgegangene Verfolgung zu vereiteln. Diese Anklageschrift, wie erlogen auch ihr Inhalt war, machte nichtsdestoweniger Eindruck auf den Kaiser, und er nahm nun Partei gegen Reuchlin, auf dessen Seite er seit Veröffentlichung des verräterischen „Handspiegels" gestanden hatte. Möglich, daß wiederum dieselbe weibliche Hand das Feuer geschürt hat, oder daß der Kaiser die immer mehr um sich greifende Aufregung dämpfen wollte. Bei seiner Anwesenheit in Cöln erließ Maximilian (7. Oktober 1512)[1] einen Befehl an alle Stände des Reichs und besonders an den Bürgermeister und Rat von Frankfurt, Reuchlins Schriften zugunsten der Juden (d. h. den „Augenspiegel" und die 42 Artikel des „klaren Verständnis") nicht feil bieten zu lassen, sondern sie zu konfiszieren und zu unterdrücken, bei Vermeidung seiner Ungnade und Strafe. Als Grund ist angegeben, daß die Juden durch diese ihre Verteidigung von seiten Reuchlins in ihrer Herzenshärtigkeit nur noch mehr bestärkt und einfältige Christen dadurch geärgert würden. Zu den einfältigen Christen

---

[1]) Das Aktenstück mitgeteilt in Pfefferkorns Brandspiegel, s. Note 2.

hätte sich der Kaiser selbst zählen sollen. Denn es nahmen außer ihm und den Finsterlingen nur wenige Anstoß an den Händeln. Diejenigen, welche die Tragweite des Streites erkannten, freuten sich wohl über das Auftreten gegen die Unverschämtheit Pfefferkorns und der Cölner, aber die Juden dadurch zu begünstigen, davon waren alle weit entfernt. Der Kurfürst und Erzbischof von Cöln, **Philipp**, der mit den Dominikanern seiner Hauptstadt in gutem Einvernehmen stand, beeilte sich, dieses Mandat des Kaisers bekannt zu machen (27. November 1512)[1]. Er schrieb an sämtliche Geistliche seines Bistums, dasselbe von der Kanzel zu verlesen und an die Kirchentüren anzuschlagen. Die Widerspenstigen, welche Reuchlins Schrift gegen Pfefferkorn nicht ausliefern wollten, würden dem Bann und anderer Pön verfallen.

Dieser strenge kaiserliche und kurfürstliche Befehl hatte aber keineswegs die erwartete Wirkung. In Cöln selbst hatte Reuchlin mehr Freunde als die Dominikaner, welche durch ihre polternde Anmaßung und die Verfolgungssucht ihres Oberhauptes Hochstraten durchweg verhaßt waren. Hier nahm der gebildete Dompropst **Hermann von Nuenaar** Partei für Reuchlin und den Talmud, weil er in Hochstraten den boshaftesten aller Menschen, den einzigen Störenfried in Deutschland erkannte. Er schrieb später an den Kaiser: „Hochstraten ist die Pest von Deutschland, und wenn du diesen unschädlich machen wolltest, würde alles in Ordnung sein. Frage alle Gelehrten in Deutschland, so wirst du erfahren, daß er sie alle durchweg verletzt, sie alle angefeindet hat!" Fast die ganze vornehme Welt von Cöln hielt es mit Reuchlin gegen die Dominikaner, bis auf einen einzigen Mann, der, wie man sich damals zuflüsterte, mit Pfefferkorns schönem Weibchen ein zartes Verhältnis gehabt haben soll.[2] Ein warmer Bewunderer Reuchlins, obwohl ein ungelehrter reicher Mann, **Franz Struß**, trug trotz des kaiserlichen Mandats und der erzbischöflichen Bannandrohung den Augenspiegel stets bei sich und las ihn so oft, daß er das Buch auswendig konnte. Unerschrocken setzte er damit den Dominikanern zu, hatte auf jeden Einwurf eine Antwort, so daß dieselben ihn mieden. Soweit hatten es die Judenfeinde gebracht, daß der Talmud in vornehmen Kreisen Verteidiger fand.

Je mehr die Cölner in der öffentlichen Meinung täglich Boden verloren, desto mehr strengten sie sich an, sie zu berücken. Pfefferkorn (oder einer seiner Ohrenbläser) erließ abermals eine Schrift, worin Reuchlin nicht mehr wie früher, wie ein hochgestellter Würdenträger, sondern wie ein verworfener Mensch, der nur Lügen häufen und

---

[1] Urkunde in Pfefferkorns Brandspiegel.
[2] Reuchlins Brieff. II. Nr. 40 und 42. Unus tantum est (quod sciam) ex optimatum factione (Coloniensium) tibi non admodum aequus, cui, ut mussitant quidam, morigera solet esse illa bellula (Pepricorni uxor).

Ränke schmieden wollte und sich von Juden bestechen ließe, behandelt wird. Seine Gutachten an den Kaiser und sein Augenspiegel werden darin Lästerschriften genannt. Schon der Titel charakterisiert die bodenlose Gemeinheit des Verfassers, „der Brandspiegel"[1]) oder „Abzutreiben und auszulöschen eines unbegründeten Lästerbüchleins — Augenspiegel — so Reuchlin gegen mich Pfefferkorn veröffentlicht hat". Mehr noch als gegen Reuchlin sprüht dieser Brandspiegel versengende Flammen gegen die Juden. Das Einleitungsgedicht verdient trotz seiner schlechten Verse mitgeteilt zu werden:

> Niemandem zu Schmach, Lieb oder Leid,
> Er sei Christ, Jud oder Haid,
> Noch um Gunst oder um Gut,
> Allein um der Juden Übermut
> Ist das Büchlein worden gemacht
> Und die göttliche Ehre darin bedacht,
> So die falschen Juden fechten an.
>
> — — —
>
> Ach, wie war' es so gut und so fein,
> Daß man ihnen solche Schalkheit nicht zuließ'.
> Sie müßten dennoch tun, was man sie hieß,
> Als heimlich Gemach fegen und Straßen kehren,
> Des Hungers müßten sie sich so ernähren (? erwehren)
> Auch Steinbrüche und Mühlen treten,
> Und das Unkraut auf den Feldern ausjäten.
> Dann würden sie von andern Sinnen,
> Wenn sie ihr Brot durch Arbeit gewinnen.
> So haben sie vormals in Ägypten getan
>
> — — —
>
> Willst du aber, Christ, das nicht merken,
> Und die Juden in ihrem Unrecht stärken
>
> — — —
>
> So bist du in des Teufels List.

In diesem, ja in noch giftigerem Tone ist die ganze Schmähschrift gehalten. Reuchlin, der die Gehässigkeit gegen die Juden nun einmal teilen mußte, wird darin ebenso unverschämt geschmäht: Wie er sich denn unterstehen dürfe, die verschiedenen jüdischen Schriften zu klassifizieren und zu charakterisieren, da er doch die rabbinische Schrift ohne Vokalzeichen gar nicht zu lesen imstande sei. Ja, selbst sein eigenes hebräisches Wörterbuch würde er nicht verstehen, wenn man ihm ein Exemplar ohne die beigefügte lateinische Übersetzung vorlegen würde. Er habe seine ganze hebräische Gelehrsamkeit lediglich durch Rat und

[1]) Vergl. Note 2.

Hilfe der Juden zustande gebracht. Die Juden kommen natürlich noch viel schlechter in dem „Brandspiegel" weg. Pfefferkorn brachte auch darin eine neue Lüge vor, daß selbst Maimuni, dieser jüdische Weise von idealer Sittlichkeit und Menschlichkeit, in seinem Religionskodex vorgeschrieben habe, wie die Christen totgeschlagen werden sollten, und ähnliche Unwahrheiten mehr. Er war frech genug sich anheischig zu machen, gegen jedermann diesen Nachweis zu führen, und wenn er überführt werden sollte, jede Strafe über sich ergehen zu lassen, selbst mitten im Feuer zu stehen. Der Lügenschmied war durch den Schutz der allmächtigen Dominikaner sicher, daß ihn niemand beim Wort nehmen werde. Er wies darin die Anklage Reuchlins zurück, als habe er das Volk aufstacheln wollen, der Obrigkeit zum Trotz die Juden zu mißhandeln. Aber in demselben Atemzuge hetzte er zu den grausamsten Verfolgungen gegen sie. Man sollte die Juden nicht totschlagen, meinte er, aber man sollte ihnen die Güter nehmen und sie denen geben, denen sie gebührten, oder an die Spitäler, Kirchen und Klöster. Die alten Juden sollte man behandeln wie die räudigen Hunde und die jungen Kinder ihnen mit Gewalt entreißen und taufen lassen. Man sollte damit nicht zögern bis morgen oder übermorgen sondern von der Stunde an müßte es geschehen. Es sei keine Sünde, so mit ihnen zu verfahren, da sie der Obrigkeit als verkauftes Eigentum verfallen seien. Die Juden hätten nur noch drei Gemeinden im römischen Reich, Regensburg, Worms und Frankfurt. Wenn die Fürsten, Herren und Städte mit diesen ebenso verfahren wollten, wie es mit den übrigen geschehen sei, so würden die Juden in Deutschland bald verschwinden. Und das wäre „nach dem heiligen Glauben göttlich und löblich". — Was war das für ein Christentum, dessen sich ein rachsüchtiger, blutdürstiger Wicht bedienen durfte, um die grausamsten Unmenschlichkeiten gegen die Zeugen seiner früheren Untaten zu predigen!

Aber Pfefferkorns Rolle war ausgespielt. Nachdem die Cölner Dominikaner in offenen Krieg gegen Reuchlin getreten waren, eine Anklageschrift gegen ihn veröffentlicht und das Verbot seiner Schrift durchgesetzt hatten, richtete sich dessen ganzer gerechter Glühzorn gegen diese. Er arbeitete eine ausführliche Verteidigungsschrift in lateinischer Sprache aus (vollendet 1. März 1513),[1]) gegen die Cölnischen „Verleumder", an den Kaiser Maximilian gerichtet, von zermalmender Kraft; sie war besonders für das außerdeutsche gelehrte Publikum berechnet, hatte aber die deutsche Überschrift: „Wer schreibt oder sagt, daß ich, Reuchlin, in einem Ratschlage die Judenbücher betreffend, anders denn ein christlicher, frommer, ehrbarer Biedermann gehandelt

---

[1]) Vergl. Note 2.

habe, derselbe lügt, als ein unglaubwürdiger, leichtfertiger, ehrloser Bösewicht." Nur vorübergehend beschäftigte er sich in dieser Schrift zur „Entlarvung der Verleumder" mit Pfefferkorn, um dessen Freveltaten selbst gegen den Kaiser zu schildern, daß er eine für denselben bestimmte Urkunde erbrochen und zur Anschwärzung veröffentlicht habe, wofür er den Galgen verdient hätte. Hauptsächlich ging er vom Hammer zu den Schmieden, vom Jünger zu den Meistern, zu den Urhebern aller dieser gemeinen Händel über. Schonungslos zermalmte Reuchlin darin Arnold von Tongern, Ortuin Gratius mit Nennung ihrer Namen, den Rädelsführer Hochstraten dagegen nur durch die Blume. Diese hätten es bei ihrer Hitze gegen die jüdischen Schriften geradezu auf unredlichen Gewinn abgesehen, und weil er sie gestört und ihnen die sicher geglaubte Beute abgejagt, darum richte sich ihr Unwille gegen ihn und sie bedeckten ihn mit Schmähung und Verketzerung. Sie verdienten keineswegs den Ehrentitel Theologen, sondern seien Theologisten. Warum nehmen sich denn gerade die Cölner der Judenschriftenfragen so eifrig an? Warum nicht andere theologische Fakultäten Deutschlands? Die Sache gehöre gar nicht vor ihr Tribunal, sondern vor die Bischöfe. „Wer hat euch, verleumderische Cölner Theologisten, euch, Böcke und Schweine, den Hirtenstab über mich in die Hand gegeben? Wer euch zu Richtern über mich und mein Urteil ernannt, der ich um fast fünf Bistümer von euch entfernt bin, nicht dieselbe Luft mit euch atme, nicht Feuer mit euch teile? — So groß ist ihr Hochmut, daß sie mit dem Teufel im Herzen auf die Wolkenhöhe steigen, dem Höchsten sich gleichstellen wollen. — Erlaube ihnen, o Kaiser, das Geld der Juden zu nehmen und zu behalten, so werde ich Ruhe vor ihnen haben." — Die Juden sind zwar lange vor Christi Geburt in Pompejus' Zeit in das römische Reich eingewandert; Cäsar, Augustus und Tiberius haben ihnen gestattet, nach eigenem Ritus zu leben und ihre angestammten Gesetze zu beobachten; die christlichen Kaiser Gratianus, Valentinianus und Theodosius haben ihnen das volle Bürgerrecht eingeräumt, und Kaiser Honorius hat ihnen denselben Schutz, gleiche Verteidigung und Sicherheit, wie allen übrigen Bewohnern des römischen Reiches verheißen; „Du allein, der erste deutsch-römische Kaiser, ich bitte dich darum, gestatte den Cölnern, die Juden vor ihr Inquisitionstribunal zu ziehen, zu treten und zu berauben, und daß sie es wissen mögen, daß sie es meinem Dazwischentreten zu verdanken haben, ihre Säcke mit jüdischem Gelde zu füllen, von dem sogar der heidnische Eroberer Pompejus beim Betreten des Jerusalemer Tempels seine Hände rein gehalten hat. Wenn du meiner Bitte Gehör schenken wirst, dann werden sie meine geschändete Ehre gern wiederherstellen; denn dann werden meine Äußerungen auch nicht mehr skandalös und ketzerisch klingen. So lange du darauf nicht eingehen wirst, werden sie unaufhörlich gegen mich bellen — glaube es mir nur — daß ich mich der Begünstigung der Juden verdächtig gemacht, und daß ich nicht ehrfurchtsvoll genug von den theologischen Schriftstellern, d. h. von den Cölner Theologisten denke." —

Seine im Vordergrund stehenden Gegner vernichtete Reuchlin förmlich mit seinen wuchtigen Schlägen. „Zum Führer haben sich die Cölner Dominikaner erwählt Arnold v o n Tongern, der sich lieber so nennt als a u s Tongern, weil er aus seiner Geburtsstadt wegen eines Verbrechens verbannt wurde. Und selbst seine Genossen nennen ihn einen Weltpriester, damit nicht der an ihm haftende Schandfleck dem Orden zur Last gelegt werde. Dieser Fahnenträger hat zu seinen beiden Seiten einen Halbjuden P f e f f e r k o r n und einen Halbheiden O r t u i n G r a t i u s, der sich als Poet ausgibt, in heidnischen Weisen Verse macht und nicht einmal das Rechtschreiben versteht. Möge dieser gemietete Korrektor für die Druckerei die Elemente lernen, statt kindische Verse zu schmieden." Einen Halbheiden nannte er Ortuin Gratius deswegen, weil er sich in dem Einleitungsgedicht des Ausdruckes bedient hatte, die unbefleckte Maria sei J u p i t e r s M u t t e r.[1]) Die Lehre der katholischen Kirche hält aber Jupiter, wie sämtliche Götter des Heidentums, für böse Dämonen. Ortuin habe demnach eine Gotteslästerung und eine Ketzerei ausgesprochen, ein derber Rückschlag gegen die Ketzerrichter. Zwei Teilnehmer an der Anklageschrift des Arnold von Tongern, die sich hatten verleiten lassen, Epigramme dazu zu liefern, darunter der edelmännische D i c h t e r H e r m a n n von dem B u s c h e, diese „zwei Trompeter" verschonte Reuchlin oder fertigte sie kurz ab, ohne ihre Namen zu nennen.[2])

Den von Tongern gemachten Hauptvorwurf, das Steckenpferd der Dominikaner, daß Reuchlin sich als Gönner der Juden erwiesen habe, nahm er in seiner Verteidigung mutig auf sich. Ja, er habe die Juden begünstigt, wie es Jesus, die Apostel, die Kirchenväter, die Päpste und die Kaiser getan hätten, wie sich die Richter der Juden in ihrer Prozeßangelegenheit annähmen und sie gegen Ungerechtigkeiten verteidigten.[3]) Auch er habe sie verteidigt, damit ihnen nicht Unrecht und Gewalt geschähe. „Ich weiß, daß meine Gegner es mir übel

---

[1]) Arnold hatte in einem lat. Verse die Worte gebraucht: Flet Jovis alma parens, repetit sua volnera Jesus.

[2]) Defensio a. a. O. p. 71 unten, vergl. mit Brieff. II Nr. 40.

[3]) Das war im Mittelalter keineswegs unbedingt wahr. Manche Richter hatten kaum ein halbes Jahrhundert vorher Gewissensbisse, wenn sie einem Juden in einem Prozesse mit einem Christen das Recht zuerkennen sollten. Der Kaiser Friedrich III. mußte erst die Kurie befragen, und der Papst Paulus mußte entscheiden, daß das keine Sünde sei; Aktenstück v. Jahre 1469, mitgeteilt von Chmel, Materialien z. öftr. Gesch. II. S. 306 f. und Maskir, Jahrg. 1863 S. 67.

nehmen, weil ich ausgesprochen habe, die Juden seien unsere Mitbürger. Nun, mögen sie noch mehr vor Zorn rasen und bersten, wenn ich sage, die Juden seien unsere Brüder, ja, die Brüder des Arnold, die Brüder der Cölner Theologisten, nicht deswegen, weil sie denselben Schöpfer zum Vater haben, sondern weil wir mit ihnen denselben Stammvater haben. Das war auch die Ansicht einiger Kirchenväter."

Mit derben Keulenschlägen zermalmte Reuchlin ferner Arnold wegen seiner Schriftverdrehung. Dieser hatte nämlich den pentateuchischen Vers: „du sollst eine Zauberin nicht leben lassen," wiedergegeben: „du sollst keinen Übeltäter auf Erden am Leben lassen"[1]) und die teuflische Folgerung daraus gezogen: „Weil die Juden viele Übeltaten, Ketzereien, Lästerlichkeiten, Verspottungen Christi, der Kirche und der heiligen Schrift sich zuschulden kommen lassen, darum sollen wir nicht dulden, daß sie in einem Winkel der Erde am Leben bleiben." — „O, unwürdiges Wort eines Gottesgelehrten, unwürdig eines Priesters, der nach Menschenblut dürstet", so rief Reuchlin aus.

Über den Widerspruch, den ihm Pfefferkorn und Arnold von Tongern vorgerückt hatten, daß er selbst früher in seinem Sendschreiben an einen Junker judenfeindlich geschrieben, suchte er durch logische Spiegelfechtereien hinwegzukommen, gab aber zu verstehen, daß er damals Unrecht gehabt hätte. Überhaupt nahm er sich seit der offenen Kriegserklärung gegen die Dominikaner der Juden durchweg kräftig an. Der Anführung der Judenfeinde, daß die Juden für den Untergang des römisch-christlichen Reiches beteten, setzte er eine andere entgegen, daß ein Lehrer des Talmuds eingeschärft habe: „Betet für das Wohl des Reiches" und fährt dann fort: „Wozu führt der Verleumder seine getauften Juden, seine Mitschuldigen, dagegen als Zeugen an? Soll ich i h n e n glauben, ihnen, welche gegen mich offenbare Lügen schmieden? Wenn sie das mir, einem Christen, antun, was nun erst den Juden!" Zum Schluß setzte er seinem Verleumder ein Denkmal: „Arnold aus Tongern, Verleumder und Fälscher für alle Zeiten." Reuchlin überreichte selbst dem Kaiser seine Verteidigungsschrift (Juni 1513) und dieser nahm sie wohlwollend auf.[2])

Diese Verteidigungsschrift Reuchlins, die bald durch den Druck verbreitet wurde, war der erste kräftige, nachhaltige Streich eines Riesen gegen einen der Köpfe der giftigen Hydra, und er hallte im ganzen christlichen Europa wieder. Die gewaltigen Dominikaner, vor welchen sich Kaiser und Päpste fürchteten, diese Schlangen in einer

---

[1]) Exodus 22, 17 מכשפה לא תחיה übersetzte von Tongern; Maleficum non patiaris vivere super terram nach der Vulgata!

[2]) Reuchlins Briefs. II. vorletzter lat. Brief von Jakob Spiegel, Kaiserl. Sekretär, an Jakob Faber (Lefèvre); vergl. Note 2.

ihrer gefährlichsten Höhlen so zu reizen, zu treten und zu verwunden, das erweckte ihm den Beifall und die Bewunderung der verschiedensten Klassen, nicht bloß der Humanisten und Weltlichen, sondern auch der hohen und niederen Weltgeistlichen, welche die Tyrannei der Predigermönche unwillig ertrugen, der übrigen Orden, welche durch deren Anmaßung in den Schatten gedrängt waren, und der Hofkreise, welche ihre Pläne oft durch die unerträgliche Einmischung der Dominikaner durchkreuzt sahen. Diese ciceronianische Beredsamkeit, dieser tiefempfundene, unwillkürlich durchbrechende Unwille, diese Ironie, alles, selbst die uns darin als Ballast erscheinende Gelehrsamkeit aus der klassischen, biblischen und kirchenväterlichen Literatur und die Wortwitze im Geschmack jener Zeit, alles war in dieser Schrift richtig angelegt, einen tiefen Eindruck zu machen, einen um so tiefern, als Reuchlin kein Raufbold, sondern als ein ruhiger, sanfter, friedliebender Mann bekannt war. Die Humanisten waren entzückt über Reuchlins mutigen Angriff auf die Dunkelmänner. Nur die Schwachmütigen unter ihnen tadelten seine Heftigkeit und Derbheit. Reuchlin setzte ihnen die richtige Bemerkung entgegen, daß man weit eher in philosophischer Ruhe den Tod über sich ergehen lassen könne, als Angriffe auf die Ehre zu dulden.

Der Krieg zwischen Reuchlin und den Dominikanern brach seitdem erst recht gewaltig aus. Der Kaiser Maximilian, an den sich beide Parteien mit ihren Schriften gewendet hatten, war nicht imstande, den Streit zu schlichten. Er zeigte sich gerade in dieser Angelegenheit von außerordentlicher Schwäche des Geistes und Unselbständigkeit des Charakters. Je nachdem sein Beichtvater oder einer seiner humanistisch gesinnten Geheimschreiber sein Ohr hatte, schrieb er das eine Mal an Reuchlin, er werde ihn gegen die übermütigen Angriffe der Cölner Dominikaner schützen, und erließ das andere Mal ein Mandat, Reuchlins Verteidigung zu unterdrücken.[1]) Zuletzt legte er beiden Parteien Stillschweigen auf (Juni 1513). Aber der Streit ließ sich nicht mehr beilegen. Die Dominikaner konnten die ihnen beigebrachte Niederlage nicht in christlicher Demut hinnehmen; es handelte sich jetzt um ihren ganzen Einfluß, d. h. um ihre Existenz. Sie sannen daher auf eine entschiedene Rache, verwickelten sich aber immer tiefer in die eigenen Schlingen und brachten dadurch sich und den Katholizismus in Verachtung.

Bisher hatte sich der Haupturheber des ganzen Skandals, der giftig boshafte Ketzermeister Jakob Hochstraten, hinter der Linie gehalten und nur nach und nach seine Kreaturen ins Feuer geschickt, zuerst Pfefferkorn, dann Ortuin Gratius und Arnold von

---

[1]) S. Note 2.

Tongern. Von jetzt an trat er selbst in den Vordergrund mit einer so unverschämten Anmaßung, als müßten sich alle, Geistliche und Weltliche, vor ihm beugen, vor seiner Brauenbewegung in den Staub sinken, als ob er das Recht hätte, Satzung und Herkommen mit Füßen zu treten. Um das geschwächte Ansehen des Ordens durch Gewaltmittel zu retten, mußten sämtliche Dominikaner gemeinsame Sache machen und allen Eifer anwenden, um Reuchlins und des Talmud Verdammung durchzusetzen. Der Kampf erhielt dadurch eine große Ausdehnung, er wurde Ordensangelegenheit.

Unüberlegt, wie der Kaiser in dieser Angelegenheit überhaupt seine Willensäußerung erlassen hatte, hatte er in seinem Mandat, daß beide Teile Stillschweigen beobachten sollten, nur einerseits Reuchlin und anderseits Pfefferkorn und Arnold von Tongern namhaft gemacht. Dadurch blieb es den Spießgesellen der letztern unbenommen, Reuchlin unter einem anderen Namen öffentlich anzugreifen oder gar anzuklagen. Reuchlin fürchtete mit Recht, daß die Cölner Dominikaner, auf diese Unbestimmtheit gestützt, ihm keine Ruhe lassen würden. Er bat darum flehentlich den Erzieher und Berater am Hofe des Kurfürsten Friedrich von Sachsen, diesen zu bestimmen, auf den Kaiser einzuwirken, daß er jedermann ohne Ausnahme Stillschweigen auflegen möchte.[1]) Dieser sein Wunsch erfüllte sich nicht, und was er befürchtet hatte, traf ein. Er wurde noch härter bedrängt.

Angeblich von seinem Provinzial dazu ermächtigt,[2]) erließ Hochstraten plötzlich (15. September 1513) als Inquisitor ein Zitationsschreiben an Reuchlin, sich binnen sechs Tagen in Mainz des Morgens

---

[1]) S. Note 2.
[2]) Die Verlogenheit Hochstratens oder des Dominikanerprovinzials ergibt sich aus der Konfrontierung zweier Äußerungen, die von Reuchlins Biographen unbeachtet geblieben ist. Der erstere behauptete bei der Eröffnung der Untersuchung, er habe dazu die Ermächtigung von seinem Ordensprovinzial: inserendo (Hochstraten) in eadem citatione commissionem sui provincialis cum privilegio ordinis (Acta Judiciorum bei von der Hardt a. a. O. p. 94 b). Dagegen schrieb später der Provinzial Everhard von Cleve im Namen des ganzen Ordens (Mai 1526) an den Papst: Hochstraten habe diesen Streit ohne Auftrag von seinem Orden unternommen und fortgeführt: Cum tamen neque auspiciis nostris, neque consilio aut subsidio ullo praedictus inquisitor (Hochstraten) hanc litem vel susceperit vel sit prosecutus (Friedländer, Beiträge zur Reformationsgeschichte, Briefe Nr. 14). Einer von beiden, Hochstraten oder Everhard von Cleve, hat also geradezu gelogen. — Den Tag der Zitation gibt Reuchlin selbst deutlich an im Sendschreiben an Wimphling (bei Majus l. c. p. 390): 17 Kal. Octobr. J. Hochstraten misit ad me scriptum. In den Act. Judiciorum l. c. p. 94a ist dagegen ein falsches Datum: die nona mensis Sept. Auch andere Daten in den Acta sind nicht zuverlässig. Bei Meiners a. a. O. p. 172 ist wohl als ein Druckfehler anzusehen: 5. Sept. statt 14. Sept.

um acht Uhr zu stellen, um wegen Begünstigung der Juden und Geruches der Ketzerei gerichtet zu werden. Er hatte keine Inquisitionsgewalt über Reuchlin, da dieser zum Bistum Constanz gehörte. Seine Vorladung entbehrte jeder Förmlichkeit und war noch dazu in verletzendem dutzenden Tone gehalten, als wäre Reuchlin schon ein überführter, der Verdammnis verfallener Ketzer, gegen den man keinen Anstand zu beobachten brauche. Reuchlin hätte sich über die Vorladung hinwegsetzen können, da sie nach jeder Seite hin widerrechtlich war. Nichtsdestoweniger sandte er, da er wegen vorgerückten Alters und Schwäche selbst nicht erscheinen konnte, einen Sachwalter nach Mainz, um gegen dieses gewalttätige Verfahren zu protestieren. Am bestimmten Tage (20. September) fand sich Hochstraten mit einer Schar von Dominikanern in Mainz ein, wählte beliebig aus Gesinnungsgenossen Richter zu einer Kommission aus, eröffnete die Sitzung und trat zugleich als Ankläger und Richter in einer Person auf. Er hatte vorher eine geharnischte Anklageschrift gegen Reuchlins „Augenspiegel" und den Talmud ausgearbeitet.[1]) Er hatte sich auch vorsichtig nach Bundesgenossen umgesehen, um in diesem ernsten Streite nicht allein zu stehen. An vier Universitäten hatte er kurz vorher Schreiben gerichtet und sie gebeten, sich gutachtlich über Reuchlins Schrift „Augenspiegel" zu äußern, natürlich in seinem Sinne, und alle hatten seiner Erwartung entsprochen. Die theologische Fakultät von Löwen hatte erklärt:[2]) Sie habe aus Gefälligkeit gegen Hochstraten den „Augenspiegel" untersucht und gefunden, daß er voller Irrtümer und verdächtiger Behauptungen sei, und namentlich Zustimmung zu dem hartnäckigen Unglauben der Juden enthalte. Er sei daher nicht nur dem Gebrauche zu entziehen, sondern auch zu verbrennen.

Wie das Urteil des Cölner Dekanats ausgefallen ist, läßt sich ohne weiteres denken, da Hochstraten Dekan desselben war und also für sich selbst Zeugnis abzulegen hatte. Was die Löwener Fakultät nicht auszusprechen gewagt hatte, das stellte die Cölner auf[3]), daß Reuchlins Schrift nicht nur Irrtümer, sondern geradezu K e t z e r e i e n enthalte, daher sei sie dem Scheiterhaufen zu überliefern und aus dem Andenken der Menschen zu vertilgen. Die lange Auseinandersetzung ist in einem widerlich salbungsvoll-kirchlichen Tone gehalten. — Die Erfurter Fakultät hatte[4]) sich auf ihr früheres Gutachten berufen, daß der Talmud und das jüdische Schrifttum abzutun sei; sie hatte aber auch ehrlich eingestanden, daß sie in Reuchlins Schrift nichts Ketzerisches und Widerkatholisches gefunden. Nur unwillkürlich seien ihm Irrtümer und namentlich Günstiges für die Juden entfahren. Jedenfalls verdiene das Buch vernichtet zu werden, aber ohne Makel für

---

[1]) Eingang der Acta Judiciorum. [2]) 28. Juli 1513 s. Note 2.
[3]) 16. August dess. Jahres. [4]) vom 3. Sept.

den als rechtgläubig bewährten Verfasser. Der humanistisch gesinnte Mutian, damals Führer der Fakultät, hatte die Mitglieder zwar gewarnt, den Cölnern zuzustimmen und es für eine Schmach erklärt, Reuchlin zu verurteilen; aber seine Stimme wurde nicht gehört. Merkwürdigerweise hielt die Mainzer Fakultät mit ihrem Gutachten lange zurück[1]). Mit diesen drei für ihn günstigen Bescheiden trat Hochstraten in Mainz mit anmaßender Unwiderleglichkeit und Siegesgewißheit auf.

Die Anklagepunkte, die er vorbrachte, waren natürlich dieselben, die Pfefferkorn und Arnold von Tongern bereits gegen den „Augenspiegel" geltend gemacht hatten. Es war immer derselbe Grundton, Reuchlin begünstige die Juden allzusehr, betrachte sie, „die unverschämten Hunde" halb und halb als Glieder der Kirche, als gleichberechtigte Menschen, seine Schrift rieche oder schmecke allzu sehr nach Ketzerei. Hochstraten stellte daher den Antrag an die Kommission, die Sentenz auszusprechen, daß Reuchlins „Augenspiegel" voll gespickt von Ketzereien und Irrtümern, allzu günstig für die ungläubigen Juden, beleidigend gegen die Kirche und daher zu verdammen, zu unterdrücken und durch Feuer zu verbrennen sei. Man darf dabei nicht den großen Abstand zwischen einem deutschen und einem spanischen Inquisitionstribunal übersehen. Ein Torquemada, Deza oder Ximenes de Cisneros hätte nicht so viel Federlesens gemacht, sondern hätte mit dem Buche zugleich den Verfasser zum Scheiterhaufen verurteilt. Hochstratens Herz war auch keineswegs zu weich für eine solche Sentenz; er durfte es aber nicht wagen, weil er ganz Deutschland, Geistliche wie weltliche Machthaber, gegen sich gehabt hätte.

Reuchlins Sachwalter protestierte feierlich und energisch gegen diese Anklage und wies ihre vollständige Ungerechtigkeit nach, hauptsächlich aber dadurch, daß Hochstraten, der sich durchweg feindselig gegen ihn erwiesen, sich zu Reuchlins Ankläger und Richter aufgeworfen habe, ohne die geringste richterliche Gewalt über ihn zu haben. Natürlich gaben der Ketzermeister und die von ihm gewählte Kommission nichts darauf, und so blieb denn Reuchlins Vertreter — als auch sein Vorschlag, die Sache von zwei Schiedsrichtern entscheiden zu lassen, verworfen worden war — nur übrig, an den päpstlichen Stuhl zu appellieren und den Gerichtssaal zu verlassen. Nichtsdestoweniger wurde der Prozeß gegen Reuchlins „Augenspiegel" ohne Beisein des Angeklagten oder seines Prokurators eingeleitet und fortgesetzt; nur hatte Hochstraten doch so viel Schamgefühl als Richter zurückzutreten. Aber seine Sache sollte nichts dabei verlieren. Auf Grund einer erschlichenen oder gefälschten Vollmacht vom Kaiser ernannte er mit Bewilligung

---

[1]) Vergl. w. u.

des getäuschten Erzbischofs von Mainz eine Untersuchungskommission, bestehend aus lauter **Thomisten** und Gegnern der Reuchlinschen Richtung, und diese beschleunigte das Verfahren, um nur schnell zur Verurteilung zu gelangen. Um aber der öffentlichen Meinung nicht geradezu ins Gesicht zu schlagen, daß sie den Angeklagten ohne Verhör verdammt hätten, schlug sie an die Kirchtüren eine Art Vorladung an (26. September), nicht direkt für Reuchlin, sondern für „denjenigen, der ein Interesse an der Sache hat", sich auf den andern Tag 3 Uhr nachmittag zu stellen. Tags darauf hielt die Kommission Sitzung, und Hochstraten las die Anklagepunkte gegen Reuchlin und den Talmud abermals ab. Die Inquisitionsrichter nahmen zum Schein das Zeugenverhör vor — natürlich lauter Dominikaner — auch sie waren einig darüber, daß der „Augenspiegel" verbrannt werden sollte. Am nächsten Tage sollte schon das Endurteil öffentlich verkündet werden, und schon wurde in den Kirchen bekannt gemacht, daß jeder Besitzer eines Exemplares bei Vermeidung des Kirchenbannes dasselbe dem Ketzermeister zu überliefern habe. Damit wäre folgerichtig auch der Talmud und das ganze jüdische Schrifttum, vielleicht nicht einmal die Bibel in der Ursprache ausgenommen, zum Scheiterhaufen verurteilt gewesen. Die Cölner Dominikaner rieben sich bereits die Hände, sie glaubten ihrem Ziele nahe zu sein. Es sollte aber doch anders kommen als sie freudigen Herzens erwartet hatten.

Das Rechtsgefühl vieler war denn doch über einen solchen mit Unrecht begonnenen und mit Verletzung aller Formen geführten Prozeß empört. Die von der Fäulnis der Theologie noch nicht angesteckte, von der Scholastik noch nicht verkleisterte und von Rücksichten freie studierende Jugend der Mainzer Universität gab ihren Unwillen über dieses schamlose Inquisitionsverfahren laut zu erkennen, riß die Doktoren der Rechtsgelehrsamkeit mit hin, und das bewog auch ernste Männer von Einfluß einzuschreiten. Einige hochgestellte Personen vom erzbischöflichen Kapitel, namentlich der Dechant **Lorenz von Truchseß**, verwendeten sich bei dem Ketzermeister, da weder Reuchlin noch sein Sachwalter vernommen worden, den Urteilsspruch noch hinauszuschieben, um eine Vermittelung herbeiführen zu können. Obwohl Hochstraten weit davon entfernt war, die Sache auf friedlichem Wege beilegen zu lassen, ging er doch auf eine Verlängerung des Termins um 14 Tage ein, in der Voraussetzung, daß Reuchlin zu erscheinen sich schämen würde. Das Domkapitel richtete aber ein dringendes Schreiben an Reuchlin, ja nicht beim Endtermin zu fehlen. Groß war die Spannung in vielen Kreisen, welchen Verlauf dieser Ketzerprozeß noch nehmen würde.

Zur Überraschung der Dominikaner erschien der bereits gealterte, ehrwürdige Reuchlin in Mainz, begleitet von zwei angesehenen Räten des Herzogs von Württemberg. Nun gab sich das Kapitel die größte Mühe, einen Vergleich zustande zu bringen. Aber Hochstraten, welcher den Rauch des Scheiterhaufens aufwirbeln sehen wollte, ließ sich auf nichts ein und verzögerte die Unterhandlung bis zum 12. Oktober, dem Endtermin, an welchem, wenn kein Vergleich zustande gekommen, das Endurteil gefällt werden sollte. Schon hatte der Ketzermeister an alle Geistliche in Mainz den Befehl erteilt, von den Kanzeln zu verkünden, daß jedermann, Christen wie Juden, gehalten sei, bei Vermeidung empfindlicher Strafen, die Exemplare des „Augenspiegels" für den Scheiterhaufen auszuliefern. Außerdem wurde dem Volke 300 Tage Ablaß verheißen, wenn es sich am anberaumten Tage auf dem Kirchplatze einfinden würde, um dem Autodafé beizuwohnen und ihm Glanz zu verleihen. Am 12. Oktober war der Platz vor der Kirche in Mainz gedrängt voll von Zuschauern, Neugierigen, Teilnehmenden und Ablaßbedürftigen. Pfauengleich aufgeblasen schritten die Väter und Brüder des Dominikanerordens und Theologen von den Universitäten Cöln, Löwen und Erfurt, welche dazu eingeladen waren, auf die Tribüne zu, die dazu errichtet war, und „die Erde zitterte unter ihren Füßen". Hochstraten, bisher Ankläger, nahm wieder den Platz unter den Richtern ein. Schon schickten diese sich an, die Verwünschungsformel auszusprechen und das Feuer anschüren zu lassen, als ein Bote vom Erzbischof Uriel eiligen Schrittes herankam, mit einem Schreiben, welches ihre Lippen verstummen machte.

Das Kapitel und namentlich der Dechant von Truchseß hatten diesem von der halsstarrigen Bosheit der Dominikaner gegen Reuchlin berichtet, daß dadurch jeder Vergleichsversuch gescheitert war, und ihn bestimmt, einen neuen Aufschub des Spruches zu befehlen. Uriel von Gemmingen war, wie die meisten Bischöfe jener Zeit, mehr weltlich als kirchlich gesinnt, und auch gegen Juden hatte er keinen kanonischen Fanatismus. Er hatte ihnen, welche seine Vorgänger schmählich ausgewiesen hatten, wieder gestattet, sich im Mainzer Erzbistum niederzulassen mit Ausnahme der Stadt Mainz. Er hatte einen Rabbiner namens Beifuß, der zugleich Arzt war, kurz vorher (Juli 1513) über dieselben gesetzt, mit Anweisung seines Wohnsitzes in Wiesenau in der Nähe von Mainz. Diesem hatte er Macht über die Gemeinde eingeräumt, nach dem rabbinischen Gesetze zu verfahren, Strafen über die Übertreter zu verhängen und überhaupt alles zu tun, wozu ein jüdischer Hochmeister befugt ist.[1]) Wenn Uriel sich auch nicht bei der seiner Kommission überwiesenen Frage wegen der jüdischen Schriften zu deren Gunsten ausgesprochen, so hatte er doch nichts dagegen getan. Die Anmaßung der Cölner Dominikaner und ihr ungerechtes Ver-

---

[1]) Gudenus Codex diplomaticus IV. p. 580.

fahren gegen Reuchlin empörten aber auch ihn. Daher erließ er ein Handschreiben an die aus seinem Stifte gewählten Kommissäre, das Urteil für einen Monat bis zu neuer Vermittlung aufzuschieben. Sollten sie aber nicht darauf eingehen wollen, so enthebe er sie mit dem Schreiben ihrer Befugnisse als Inquisitionsrichter, und alles, was sie bisher beschlossen hätten, sei null und nichtig. Mit verblüfften Gesichtern hörten die Dominikaner das laute Verlesen dieses ihre Machinationen vereitelnden Schreibens durch den Mund des Notars an. Hochstraten allein wagte zuerst freche Äußerungen über versagtes Recht zu sprühen. Die übrigen Genossen schlichen sich beschämt davon, verfolgt von dem Gespötte der Gassenjugend und dem Rufe der Erwachsenen: „Möchten doch diese Brüder auf Scheiterhaufen verbrannt werden, welche einem Biedermann solche Schmach antun wollen." Noch einen verzweifelten Versuch machte der giftige Hochstraten. Er drängte die Mainzer theologische Fakultät, ihr Gutachten endlich abzugeben, und sie erklärte, daß Reuchlins angeschuldigte Schrift Irrtümer, Judenbegünstigung und Ketzereiverdächtiges enthalte (13. Oktober).[1]) Dann meldete Hochstraten eine Appellation an den Papst an, er, der früher eine solche von Reuchlin vorgeschlagene mit Hohn zurückgewiesen hatte, gab sie aber nach reiflicher Beratung wieder auf. So ging der schwer angeklagte Reuchlin, der Verteidiger der Juden und ihres Schrifttums, aus dem harten Kampfe als Sieger hervor.

Als solchen feierten ihn nicht lange darauf **Hermann vom Busche**, der Missionär für die humanistische Bildung (wie ihn **David Friedrich Strauß** treffend nannte) und **Ulrich von Hutten**, der Ritter für Recht und Wahrheit, in einem schwärmerischen Lobliede „Reuchlins Triumph".[2])

„Jauchze, wofern Du dich selbst erkennst, ja jauchze, mein Deutschland!"

Das ist der Refrain. Deutschland sollte die Augen öffnen und dem Besieger der boshaften Dominikaner bei seiner Heimkehr ins Vaterland einen glänzenden Triumph bereiten, oder wie die dichterische Fiktion lautet: Deutschlands Söhne und Töchter bereiten seinem großen, seinem unsterblichen Reuchlin einen erhebenden Empfang im schönsten Schmucke unter Blumengewinden und rauschender Musik. Hochstraten wird als überwundener, gefährlichster Feind in Fesseln geführt, „der häßliche Feuermann, dessen steter Ruf es ist: ‚ins Feuer mit Schriftstellern und ihren Schriften!' Magst du Wahres oder Falsches, Gerechtes oder Ungerechtes erdenken, er hat immer Feuer für dich bereit. Er verschlingt Feuer, er nährt sich davon, er haucht

---

[1]) Vergl. Note 2.
[2]) Über den oder die Verf. des Triumphus Capnionis vergl. David Strauß und Böcking über Hutten.

Flammen aus." Mit ihm werden seine Spießgesellen in Ketten geschleppt, Ortuin Gratius, Arnold von Tongern und Pfefferkorn. Diesen Erzschelm zerfleischte die dichterische Jugend am schonungslosesten:

„Rufet herbei mir zwei Henkersknechte zum neuen Triumphe!
„Bringet, ihr Schergen, das Werkzeug nur mit, vergesset das Kreuz nicht.
„Bringet die Stricke und den mit Seilen umwundenen Haken.
„So nun gerüstet, erweiset, ihr Henker, folgenden Dienst mir:
„Schleudert ihn hin, das verhaßte Gesicht zur Erde gewendet,
„Aufwärts richtet die Knie, daß er den Himmel nicht schaue,
„Daß sein stierender Blick euch nicht berühre. Mit seinem
„Lästernden Mund beiß er den Boden und speise den Staub auf.
„Zaudert ihr noch, ihr Henker? So sperrt doch ihm hurtig den Mund auf.
„Reißet die Zunge ihm aus, dem Stifter unsäglicher Übel,
„Daß er mir im Triumphzuge Verruchtes nicht spreche.
„Hauet die Nase und Ohren ihm ab, und treibet den Haken
„Fest in die Füße hinein, an den aufgerichteten Knien,
„Zerrt ihn herum, daß Gesicht und Brust den Boden mir fege,
„Schlagt das Gebiß ihm heraus und machet die Lippen unschädlich.
„Habt ihr die Hände hinter dem Rücken ihm fest auch geknebelt?
„Stutzet dennoch ihm ab die Fingerspitzen, ihr Henker.
„ „Schrecklich! Unmenschlich!" (rufet entrüstet mir Tongern entgegen.)
„Schrecklich, unmenschlich wär solch ein Beginnen? Schrecklicher, glaub ich,
„Wären die Laster, die Ihr mit frechem Sinne begangen" [1]).

Daß die Juden auch ihre Freude [2]) an dem Ausgang dieses Ketzergerichtes hatten, läßt sich denken. Handelte es sich doch dabei in erster Reihe um sie selbst. Denn wenn Reuchlins „Augenspiegel" verurteilt worden wäre, so hätte kein noch so wohlwollender Christ sich ihrer annehmen dürfen, wenn er sich nicht als Judengönner dem Verdacht der Ketzerei und der Kirchenstrafe hätte aussetzen wollen. Sodann wäre damit auch das jüdische Schrifttum in feierlicher Weise verketzert worden. Wenn es wahr ist, was die Dominikaner erzählten, daß die Rabbiner infolgedessen aus ganz Deutschland zu einer Synode in Worms zusammengekommen wären und in der Niederlage der wütenden Dominikaner durch Reuchlin ein Vorzeichen von dem Untergang des römischen (päpstlichen) Reiches gefunden hätten, so hätten sie allerdings einen

---

[1]) In Huttens Werken.
[2]) Pfefferkorn Defensio contra famosas. J. 4b: Propter quod Judaei non solum maximopere gavisi sunt, verum etiam per hoc deteriores facti et eorum Rabini circa per totum imperium Wormatiae conventum habuerant . . . . omnino arbitrantes, quando oculare speculum pro se et contra tot universitates et doctos admissum sit, verum haberi possit indicium a Deo destructionis Romani imperii et appropinquationis Messiae . . . . Rabini Judaeorum petierunt loqui cum Reuchlino . . ipse cum Judaeis egressit diversorium.

prophetischen Blick bekundet. Die Dominikaner erzählten sich auch, daß Reuchlin mit Rabbinern heimlich verkehrt habe. Joselin hatte zur selben Zeit vom Kaiser Maximilian ein Privilegium erlangt, des Inhalts, daß die Juden in Deutschland unter kaiserlichem Schutz stehen. Dieses Privilegium sollte sie besonders gegen die boshaften Wühlereien Pfefferkorns und der Dominikaner schirmen (1513).[1]

Indessen war Reuchlin noch lange nicht so weit, über seine und der Juden Feinde triumphieren zu können. Diese waren, wenn auch für den Augenblick gedemütigt, noch lange nicht überwunden. Reuchlin kannte ihre List und Bosheit zu sehr, als daß er sich der Siegesfreude untätig hätte überlassen sollen. Er wußte wohl, daß sie ihre Verfolgung gegen ihn von jetzt an verdoppeln würden. Daher beeilte er sich auch, die Berufung an den päpstlichen Stuhl anzumelden, damit von dort aus seinen erbitterten Feinden Stillschweigen auferlegt werde. Reuchlin fürchtete aber mit Recht, daß bei der Unzuverlässigkeit und Käuflichkeit der päpstlichen Kurie seine Sache eine schlimme Wendung nehmen könnte, wenn die Untersuchung außerhalb seines Gerichtsbezirkes unter dem Einfluß der Cölner Dominikaner geführt werden sollte. Daher wandte er sich an den jüdischen Leibarzt des Papstes Leo X., an Bonet de Lates[2] mit einem hebräischen Briefe, in welchem er ihn bat, den Papst günstig für seine Sache zu stimmen.

Leo aus der erlauchten florentinischen Familie der Mediceer, von dem sein Vater sagte, er sei der klügste seiner Söhne, hatte erst einige Monate vorher den päpstlichen Stuhl bestiegen. Er war ein vornehmer Herr, der sich mehr für Politik als für Religion interessierte, mehr römischer Heide als katholischer Christ war, der von seiner olympischen Höhe mit Verachtung auf theologische Streitfragen wie auf Kinderspiele herabsah und nur darauf bedacht war, wie er zwischen den zwei einander befehdenden Staaten oder richtiger Häusern, Habsburg und Valois, ohne Gefährdung der weltlichen Interessen des Papsttums hindurchlavieren könnte. Mit einer heute überraschenden Offenheit durfte dieser Papst die Äußerung tun: „Wie viel die Fabel von Christus uns und den Unsrigen genützt hat, ist bekannt".[3] Ihm war nun die Frage zur Entscheidung vorgelegt, ob Reuchlins „Augenspiegel" nach Ketzerei rieche und ob er die Juden nach Gebühr oder über Gebühr begünstigt habe. Leo, dessen päpstliche Regierung in eine Zeit fiel, wo die theologischen Fragen Europa in Brand zu stecken drohten, verstand aber davon vielleicht weniger als sein Koch. Es kam also darauf an, in welchem Lichte ihm die Streitfrage zwischen Reuchlin und den

[1] Aktenstück des Frankfurter Stadtarchivs in Revue d. Et. XVI. 104.
[2] Vergl. Note 2.
[3] Quantum nobis nostrisque illa de Christo fabula profuerit, satis est omnibus saeculis notum (Mornaeus historia papatus p. 820).

Dominikanern gezeigt wurde. Darum bat Reuchlin den Leibarzt Bonet de Lates, da er sich stets in den päpstlichen Gemächern bewege und der „Leib seiner Heiligkeit" seiner Hand übergeben sei, Leo X. dafür zu gewinnen, daß die Untersuchung nicht in Cöln oder in dessen Nähe geführt werden sollte; denn da wäre seine Sache verloren. Reuchlin teilte ihm den ganzen Hergang mit, wie Pfefferkorn und die Cölner Dominikaner sich gegen die Juden und den Talmud verschworen und wie nur seine außerordentliche Bemühung den Talmud bisher vor dem Scheiterhaufen gerettet habe. Hätten die Dominikaner diesen Brief in die Hände bekommen und lesen können, so hätten sie den vollgültigen Beweis von Reuchlins Judenfreundlichkeit führen können; denn darin gab er vieles zu, was er öffentlich bestritten hatte.

Es läßt sich denken, daß Bonet de Lates seinen Einfluß beim Papst zugunsten Reuchlins geltend gemacht hat. Wahrscheinlich ist es seinem Eifer zuzuschreiben, daß Leo sogleich (schon am 21. November 1513) ein Breve an die Bischöfe von Speyer und Worms erließ, die Streitfrage zwischen Reuchlin und Hochstraten zusammen oder je einer, selbst oder durch delegierte Richter zu untersuchen und mit Ausschluß jedes anderen Tribunals das Urteil zu fällen, dem sich die besiegte Partei ohne Widerrede zu unterwerfen habe.[1]) Der Bischof von Worms, ein Dalberg, mit dem Reuchlin auf freundschaftlichem Fuße stand, mochte die Kommission nicht annehmen. So setzte der junge Bischof von Speyer, Georg, Pfalzgraf und Herzog von Bayern, zwei Richter ein, Thomas von Truchseß und von Schwalbach, welche beide Parteien binnen Monatsfrist (20. Dezember) vor ihr Tribunal in Speyer vorluden. Reuchlin erschien, von einem Prokurator und anderen Freunden begleitet, pünktlich. Hochstraten dagegen, auf die Macht der Dominikaner vertrauend, stellte sich nicht, noch sandte er einen förmlich genügenden Sachwalter. Er trug ganz offen Verachtung gegen die Kommission, den Bischof, ja selbst gegen den Papst zur Schau. Die Richter betrieben den Prozeß anfangs nicht mit gebührendem Nachdruck, vielmehr mit einer gewissen Mattherzigkeit, vielleicht aus Furcht vor der Rache der Dominikaner. Und so zog sich der Prozeß ein Vierteljahr hin (Januar bis April 1514). Die Cölner Dominikaner hatten sich sogar erlaubt, auf Grund der Mainzer Sentenz

---

[1]) Ausführlich in den Acta Judiciorum bei v. der Hardt a. a. O. von p. 98 bis p. 116. Auch Reuchlins Briefe in Friedländers „Beiträge" erstatten Bericht darüber, Nr. 5 an Kaspar Wilt und Nr. 2 an Questenberg. Der letztere trägt zwar das Datum April 1513; allein da darin vom Speyerschen Prozeß und von dem Verbrennen des Augenspiegels in Cöln die Rede ist, so ist das Datum offenbar korrumpiert; es muß heißen 1514, was der Herausgeber bei diesem und dem folgenden Brief an den Kardinal Hadrian vom 29. Dez. übersehen hat.

(obwohl sie nicht publiziert und von dem betreffenden Hauptkommissarius vernichtet war), mit Verhöhnung des Speyerschen vom Papste autorisierten Tribunals, Reuchlins „Augenspiegel" in Cöln öffentlich zu verbrennen (10. Februar). Diese Rotte hatte eine unwiderstehliche Sehnsucht nach den Flammen des Scheiterhaufens. Hochstraten entschuldigte sich später, der Befehl dazu sei nicht von ihm, sondern von einem andern Inquisitor ausgegangen.[1]) Die Cölner Dominikaner trieben ihre Frechheit noch weiter. Sie beauftragten den unverschämten Pfefferkorn, die Verurteilung des „Augenspiegels" als „ketzerisch, ärgerlich und judengönnerisch", im Gerichtssaale zu Speyer, gewissermaßen unter den Augen des Tribunals anzuschlagen, und nur mit großer Mühe gelang es Reuchlin und seinem Sachwalter, daß diesem frechen Gesellen dafür ein Verweis erteilt wurde. Es bedurfte überhaupt aller Anstrengung Reuchlins, um ein Schlußurteil in dem sich verschleppenden Prozesse herbeizuführen. Erst als er zwei deutsche Schriften über die Streitsache selbst und den Gang des Prozesses veröffentlicht hatte, würdigte der Bischof von Speyer, Einsicht davon zu nehmen und den Spruch zu fällen,[2]) der durchweg zugunsten Reuchlins ausfiel, daß Reuchlins „Augenspiegel" weder Irrtümer, noch Ketzereien enthalte oder „danach röche", daß er nicht über Gebühr die Juden begünstige, daß demnach Hochstraten den Verfasser verleumdet habe, ihm daher Stillschweigen über diese Materie aufzulegen sei, daß die Schrift von jedermann gelesen und gedruckt werden dürfe, und daß Hochstraten in die Kosten verurteilt sei (111 rheinische Goldgulden), die er innerhalb der gesetzlichen Frist zu zahlen habe, widrigenfalls er zuerst mit dem leichten und bei fortgesetztem Ungehorsam mit dem schweren Banne zu belegen sei.

Die Cölner Dominikaner aus dem ganzen Orden knirschten mit den Zähnen, tobten und rasten über diesen Ausfall des Prozesses zu ihrer Beschämung, dachten aber nicht daran, sich dem Urteilsspruch

[1]) In der Tat fungierte damals als Ketzermeister Dr. Call; Reuchlins Schreiben an Witt bei Friedländer, Beiträge p. 29.

[2]) Das Datum 21. April in den Acta Judiciorum p. 111 b. gilt nicht vom ersten Urteilsspruch der Speyerischen Kommission; denn dieser war bereits früher gefällt c. 31. März, bei Böcking II suppl. 550 f., sondern von dem Schlußurteil des belegierten Bischofs von Speyer zur Kontumazierung der nicht erschienenen Partei (Hochstraten), worauf die Exkommunikation erfolgen sollte. Den ersten Urteilsspruch hatte Reuchlin bereits am 21. April in Händen und berichtet darüber an Questenberg: quam sententiam (definitivam) ad te cum praesentibus mitto, ut videas, triumphare veritatem. Es ist bereits o. S. 135 bemerkt, daß das Jahresdatum dieses Briefes (bei Friedländer p. 22, 23) 1513 falsch ist, statt 1514. Auch das Schreiben des späteren Papstes Hadrian vom 21. April 1514 (das. Nr. 28) berichtet schon von der in Speyer gefällten Sentenz.

des apostolischen Kommissars zu unterwerfen. Die Predigermönche in Nürnberg ließen nichtsdestoweniger den Augenspiegel öffentlich verbrennen.¹) War es damals bei der Zerfahrenheit Deutschlands überhaupt schwer, den Urteilsspruch eines Richters in Vollzug zu setzen, so waren die Dominikaner noch weniger geneigt, etwas darauf zu geben, sobald er gegen sie ausgefallen war. Das Erkenntnis des Bischofs von Speyer verlachten sie als ein von einem dummen Jungen ausgegangenes. Den Anschlag des Urteils in Cöln riß der freche Pfefferkorn ab.²) Hochstraten hatte außergerichtlich (extrajudicialiter), d. h. ohne auch nur dem als apostolischen Richter fungierenden Bischof von Speyer eine Anzeige davon zu machen, an den Papst appelliert, obwohl er früher eine solche Berufung verworfen hatte. Seine Hoffnung, den Prozeß gegen Reuchlin dennoch zu gewinnen und den Augenspiegel verdammt zu sehen, gründete er auf die Käuflichkeit am römischen Hofe: „In Rom ist alles für Geld zu haben," äußerte er sich offen, „Reuchlin ist arm, sie, die Dominikaner, sind reich, daher wird das Recht durch Geld unterdrückt werden".³) Hochstraten konnte auch auf Gesinnungsgenossen unter den Kardinälen zählen, die, mit demselben Geifer gegen die freie Wissenschaft schäumend, jedenfalls den Prozeß so lange hinzuschleppen imstande sein würden, daß Reuchlins Vermögen zur Bestreitung der Kosten nicht ausreichen würde. Außerdem rechneten die Dominikaner darauf, von einigen Universitäten, namentlich von der tonangebenden in Paris, ein Verdammungsurteil gegen den Augenspiegel zu erlangen und damit auf die päpstliche Kurie einen Druck ausüben zu können. Sämtliche Dominikaner, Thomisten und Finsterlinge innerhalb und außerhalb Deutschlands machten daher gemeinschaftliche Sache, Reuchlin zu Falle zu bringen.

Diese Kraftanstrengung der Dominikanerpartei hatte aber die Wirkung, daß sich auch die Freunde der freien Wissenschaft, die Feinde der Scholastik, der Verdummung und der kirchlichen Theologie, mit einem Worte die **Humanisten**, aufrafften und zum gemeinsamen Handeln verbanden. Es bildete sich ein förmlicher Humanistenorden, eine **Reuchlinistische Partei** (exercitus Reuchlinistarum) im westlichen Europa, deren Mitglieder stillschweigend einander und

---

¹) Reuchlin Briefs. II. Nr. 42.
²) Bei Friedländer Beiträge 29 f.
³) Friedländers Beiträge Nr. 9, S. 46: Reuchlin an Questenberg: Coeperunt enim isti fraterculi apud nos famam spargere in vulgus: Romam esse venalem, me pauperem, se divites, omne jus meum auro posse oppugnari et supprimi. Ders. an dens. das. Nr. 4, S. 27: audio adversarii ad sedem apostoli appellarunt extrajudicialiter, ut me longius vexent et ad extremam tandem paupertatem redigant, freti eorum multitudine ac mendicitate pecunias vetularum semper corrodente.

Reuchlin in die Hände arbeiteten. „Einer unterstützte den andern und sprach zum Genossen: sei mutig." „Alle, die wir zur Schar der Pallas gehören, sind dem Reuchlin nicht minder ergeben als Soldaten dem Kaiser."[1]) Es war ein förmlicher Bund, dessen Glieder zur Unterstützung Reuchlins um neue Anhänger förmlich warben. Selbst in dem kleinen Städtchen Oels in Schlesien gab es einen Humanisten, der sich mit Stolz einen Reuchlinisten nannte und sich stets so zeichnete. So entstanden in der Christenheit infolge der giftigen Feindseligkeit gegen Juden und Talmud zwei Parteien: Reuchlinisten und Arnoldisten, die einander bitter bekämpften. Es war ein Kampf des mittelalterlichen Dunstes mit dem aufgehenden Tageslicht einer bessern Zeit.

Am kräftigsten arbeitete für Reuchlin und gegen die Finsterlinge das damalige junge Deutschland; nächst Hermann vom Busche, Crotus Rubianus (Johann Jäger) und der feurige Ulrich von Hutten, die kräftigste, männlichste Erscheinung in dieser Zeit. Ja, Huttens Tatendrang erhielt erst durch diese leidenschaftliche Fehde zwischen Reuchlin und den Dominikanern ein rechtes Ziel. Bisher hatte er nur Fechterstreiche in die leere Luft geführt, seinen ritterlichen Mut und seinen feurigen Genius an phantastischen Gegnern ausgelassen. Nun erst gingen dem sechsundzwanzigjährigen Jüngling die Augen auf, und er erblickte den wahren Feind, den mit seinem Ritterschwerte und seiner noch schärferen Geistesklinge auf Tod und Leben zu bekämpfen eine preiswürdige, ruhmreiche Lebensaufgabe wäre. Die Dominikaner, die Pfaffen, die Dunkelmänner zu vernichten, das Reich des Geistes, der freien Wissenschaft aufzurichten, Deutschland von dem Alpdrucke des kirchlichen Aberglaubens und der Barbarei zu erlösen, es aus seiner Niedrigkeit zu erheben und es zum Schiedsrichter Europas zu machen, wozu es vermöge seiner kräftigen Söhne, des todesmutigen Ritterstandes, berufen sei, das schien ihm ein Ziel, nach dem er zu ringen habe. Sobald Hutten dieses Bewußtsein klar wurde, arbeitete er mit dem Aufgebot seiner ganzen Kraft rastlos darauf hin, und zunächst für Reuchlin, welcher als Fahne der humanistischen Bestrebung galt, um ihm zum Siege über seine Todfeinde zu verhelfen.

Aber auch reife Männer in Ansehen und Würden traten immer mehr für Reuchlin auf, der Herzog Ulrich von Württemberg und sein ganzer Hof, Graf von Helfenstein in Augsburg, der Domherr Graf von Nuenaar, die Patrizier Welser, Pirkheimer und Peutinger in Regensburg, Nürnberg und Augsburg mit ihrem Anhange, viele Pröpste, Domherrn und Kapitularen, sogar Kardinäle und hohe Geistliche in Italien und namentlich Egidio von Viterbo, General des Augustinerordens in Rom,

---

[1]) Reuchlins Briefsammlung II, Nr. 44.

der Gönner und Schüler des jüdischen Grammatikers Elias Levita, der in die jüdische Literatur verliebt war. Egidio schrieb an Reuchlin[1]): „Die Lehre (Thora), die den Menschen im Feuer offenbart wurde, ist zum erstenmal aus dem Feuer gerettet worden, als Abraham dem glühenden Kalkofen entkam, und jetzt ist sie zum zweitenmal durch Reuchlin vor dem Feuer bewahrt worden, da die Schriften gerettet sind, wodurch das Gesetz erst Licht erhält, durch deren Untergang ewige Finsternis wieder eintreten würde. Indem wir für deine Sache uns abmühen, verteidigen wir nicht dich, sondern das Gesetz, nicht den Talmud, sondern die Kirche." Bemerkenswert ist es, daß der ganze Franziskanerorden aus Haß gegen die Dominikaner für Reuchlin Partei nahm.[2])

Fast in jeder größeren Stadt gab es Reuchlinisten und Antireuchlinisten, die nicht selten bis zur Schlägerei einander befehdeten.[3]) Das Losungswort der einen war: **Rettung des Augenspiegels und Erhaltung des Talmud** und der andern: **Verdammung und Verbrennung beider.** Unwillkürlich wurden die Reuchlinisten auch Judenfreunde und suchten nach Gründen, sie zu verteidigen. Die Anhänger der Dominikaner dagegen wurden nur noch erbittertere Judenfeinde und stöberten nach jedem verschollenen Buche, um daraus die Bosheit der Juden zu belegen. Namentlich war das judenfeindliche Buch des Spaniers Alfonso de Spina, die „Glaubensfeste" (Fortalitium Fidei), mehrere Jahre vorher in Nürnberg gedruckt (v. S. 50), eine Fundgrube für die Ankläger der Juden. Alle Freunde Reuchlins wurden natürlich von diesen als **Judaisierende und Talmudisten** beschimpft.[4])

[1]) Data hominibus תורה באש (doctrina igne Sinaitico) erepta primo nobis est a deo ex igne, cum Abraham ex igne servatum esse volunt. Nunc secundo a Reuchlin servata est ex igne, cum libri illi servati sunt, quibus stantibus lex panditur et lucem capit, intereuntibus autem tenebris aeternae noctis offunditur. Denique in hoc judicio tuo, ubi hac aestate periculoso aestu laboravimus, **non te, sed legem, non Thalmud, sed ecclesiam**, non Reuchlin per nos, sed nos per Reuchlin servatos et defensos intelligimus. Schreiben an Reuchlin von 1516 in Briefsammlung II, gegen Ende.

[2]) Epistolae obscurorum virorum II, Nr. 18, **Thomas Morus**, ein Franziskaner, übersetzte damals das hebräische Tischgebet Benedicite Hebraeorum ins Deutsche und Lateinische. Panzer, Ergänzung zu Annalen der deutschen Literatur.

[3]) Epistolae obscc. virr. das.

[4]) Vergleiche den Brief des französischen Arztes Guillaume Cope an Reuchlin, Briefsammlung II, Nr. 38. Er hatte dem König von Frankreich Reuchlins Verdienste gerühmt: Tunc adversarius ille . . . dicit: me pariter **judaizare**. Hochstraten, Apologie II, bei Böcking: Ul. Hutteni operum suppl. I, p. 434. Isti Talmutphili sive **Reuchlinistae**.

Immer mehr Geräusch machten diese Händel in Europa. Waren sie bisher nur auf Deutschland beschränkt, so begannen sie jetzt auf zwei entlegenen Schauplätzen zu spielen, in Rom und Paris. Hochstraten und die Dominikaner arbeiteten mit aller Energie daran, daß das Speyersche Urteil hier von der bedeutendsten Universität und dort von der päpstlichen Kurie verworfen und Reuchlins Schrift zum Scheiterhaufen verurteilt werden sollte. Sie hatten hier wie dort mächtige und einflußreiche Verbündete, welche ihrer Partei mit Hingebung dienten. Sie rechneten am meisten auf einen fanatisch kirchlichen Kardinal in Rom, Bernardinus de Santa Croce, der vielleicht ehrlicher, aber jedenfalls nicht minder leidenschaftlich die Wissenschaft und ihre Pfleger haßte und sie vertilgt wünschte. An diesen wandten sich sofort der Dekan und die ganze theologische Fakultät von Cöln und machten ihm blauen Dunst vor, daß der Augenspiegel gar nicht von Christen, sondern nur von Juden gekauft und verbreitet worden wäre und legten ihm ans Herz, ihre Sache beim päpstlichen Stuhl warm zu vertreten.[1]

Reuchlin war daher auch seinerseits genötigt, obwohl sein Prozeß formgültig vor dem apostolischen Gericht in Speyer gewonnen war, Schritte zu tun, damit die Appellation durch die Intrigen seiner Feinde keine Wirkung erlange. Er wendete sich an seine Freunde in Rom an den päpstlichen Staatssekretär Questenberg, an den wissensfreundlichen Kardinal Adrian, an den österreichischen Minister-Kardinal von Gurk, an den Augustinergeneral Egidio von Viterbo, an den Regensburger Propst Welser und an andere, seine Sache beim Papst zu unterstützen.[2] Vorher hatte er auf Veranlassung seiner Freunde eine Sammlung von Briefen von angesehenen Männern in Deutschland und Italien an ihn und seine Sendschreiben an diese veröffentlicht, damit Rom und der Papst aus seinen ausgedehnten Verbindungen und aus seinem eleganten lateinischen Stile, der in Italien als Empfehlung galt, ersehen sollten, mit welchen Männern die Rotte der Dominikaner angebunden hatte. Unter den „Briefen berühmter Männer"[3] waren nicht bloß lateinische, sondern auch griechische und hebräische enthalten, letztere von Reuchlin an seinen Lehrer, den jüdischen Leibarzt Loans und von dem Rabbiner Jakob Margoles (v. S. 79) an Reuchlin. Es fehlte nicht darin die Urkunde des Kaisers Friedrich, womit er Reuchlin hohe Ehren und Würden übertragen hatte, und auch nicht ein Schreiben, woraus hervor-

---

[1] Bei Friedländer, Beiträge, Nr. 27, 28.
[2] Das. Nr. 2, 4, 5.
[3] Epistolae illustrium sive clarorum virorum, März oder April 1514 erschienen, vergl. Note 2.

gehen sollte, wie beliebt Reuchlin beim Vater des Papstes Leo X., bei Lorenzo von Medici von Florenz, gewesen war.

Am meisten war es Reuchlin darum zu tun, daß die Untersuchungskommission in Rom nicht aus feindlichen Parteigenossen, aus Dominikanern oder Thomisten zusammengesetzt würde.[1]) Und es gelang auch seinen Freunden, den Papst dazu zu bestimmen. Leo X. ernannte als Untersuchungsrichter den Kardinal und Patriarchen D o m e n i c o G r i m a n i. Es war bekannt, daß dieser philosophisch gebildete Kirchenfürst, der Freund Elia Delmedigos und Abraham de Balmes'[2]), ein „Judengönner" war, als Patron des Franziskanerordens die Dominikaner haßte und also Partei für Reuchlin genommen hatte.[3]) Ohne Zweifel waren angesehene Juden in Rom ebenfalls für Reuchlin tätig; aber sie wie die deutschen Juden hatten den richtigen Takt, sich im Hintergrund zu halten, um die Streitfrage nicht durch ihr offenes Hervortreten als eine Judensache erscheinen zu lassen und zu kompromittieren. Kardinal Grimani erließ hierauf (Juni 1514) eine Vorladung an beide Parteien, jedoch mit offenbarer Begünstigung für Reuchlin, wegen seines vorgerückten Alters einen Vertreter zu senden, an Hochstraten aber sich persönlich zu stellen. Mit Empfehlungen und gespicktem Geldbeutel versehen, erschien der Ketzermeister in Rom mit unerschütterlicher Zuversicht, den Sieg zu erringen. War nicht alles für Geld in Rom zu erlangen! Es ist nicht übertrieben, wie Hutten den damaligen Petrusstuhl in scharfen Versen schilderte:

„Auf! ihr Männer, wohlauf, legt Hand an, lebet vom Raube,
„Mordet, vom heiligen Gut stehlet, verletzet das Recht.
„Eure Rede sei Gräuel und Eure Händel Verbrechen.
„Wälzt Euch im Pfuhle der Lust, leugnet im Himmel den Gott.
„Bringet Ihr Geld nach Rom, so seid ihr die rechtlichsten Leute:
„Tugend und Seligkeit kauft und verkauft man zu Rom.
„Ja, auch künftig Verruchtes zu tun, verkauft man in Rom sich.
„Drum wenn ihr toll, so seid gut, wenn ihr verständig, seid schlecht.[4])

Reuchlin konnte nichts dergleichen bieten; er war arm. Ihm stand nicht die Wünschelrute über die Goldschätze bigotter Weiber zu Gebote und auch nicht die Zauberformel über Beichtväter, welche geschickte Schatzgräber waren.[5]) So weit war aber damals das Gemeingefühl nicht, daß Reuchlins Freunde zur Bestreitung der Prozeß-

---

[1]) Bei Friedländer das. Nr. 2, S. 23; Nr. 4, S. 27 ff.
[2]) Vergl. oben, S. 40 und Bd. 8, S. 241.
[3]) Über dessen Stellung zum Streite, Reuchlins Brief an ihn das. Nr. 14, S. 56 ff.
[4]) Hutten an Crotus Rubianus, de statu Romano epigrammata, übersetzt von David Strauß, Hutten I, S. 120.
[5]) Vergl. oben, S. 137, Anmerk. 3.

kosten Gelder für ihn zusammengeschossen hätten; er mußte gewärtig sein, dieselben allein zu tragen. An Empfehlungen ließen es aber seine Freunde und Gönner nicht fehlen. Der Kaiser Maximilian, der Urheber aller dieser Wirren — weil er Pfefferkorns Gemeinheiten und der hysterischen Frömmigkeit seiner Schwester ein allzu geneigtes Ohr geliehen, später aber seine Unklugheit bereute — verwendete sich öfter beim Papste für Reuchlin. Er sehe ein, schrieb der Kaiser, daß die Cölner widerrechtlich und durch Ränke den Streit in die Länge ziehen wollten, um den unschuldigen, vortrefflichen, gelehrten und mit der Kirchenlehre wohl übereinstimmenden Reuchlin aufzureiben. „Das was jener (zugunsten des jüdischen Schrifttums) geschrieben, sei in seinem, des Kaisers, Auftrag zu gutem Zwecke und Frommen der Christenheit geschehen."[1] Auch der vielvermögende Minister des Kaisers, Kardinal von Gurk, verwendete sich bei Leo X. für Reuchlin, ferner einige Fürsten, sein Herr, der Herzog Ulrich von Württemberg, der Kurfürst Friedrich der Weise von Sachsen, welcher einige Jahre später für Luther und die Reformation gegen dieselben Dominikaner eintreten sollte, der Markgraf von Baden, welcher sich im Anfang für die Juden verwendet hatte, der Meister des deutschen Ritterordens, die Bischöfe von Straßburg, Konstanz, Worms und Speyer, endlich noch fünfzehn Äbte und dreiundfünfzig schwäbische Städte.[2] Daraus konnte der Papst ersehen, wie sehr die öffentliche Meinung gegen die Dominikaner eingenommen war. Die Streitfrage schien auch anfangs eine günstige Wendung für Reuchlin zu nehmen trotz Hochstratens Geldverschwendung und polterndem Auftretens. Seine und seiner Gesinnungsgenossen Anstrengung, den Kardinal Bernardino de Santa Croce als zweiten Richter in die Kommission zu bringen, wurde durch die Gegenmine der Reuchlinisten vereitelt. Der Papst ernannte dazu einen zweiten Gönner Reuchlins, den Kardinal Pietro Anconitani de St. Eusebio. Diese zwei Kommissarien erließen ein Mandat, daß sich kein anderer Richter und keine Körperschaft mit dem Prozesse befassen oder ein Urteil abgeben dürfe, bis der Spruch in Rom gefällt sein würde.

Aber die Dominikaner trotzten der öffentlichen Meinung, der Kommission und dem Papste. Den Kardinal Grimani verdächtigten und verlästerten sie als einen Dummkopf. Vom Papst sprachen sie wie von einem Schulbuben, der unter ihrer Zuchtrute stünde. Wenn er nicht in ihrem Sinne die Entscheidung treffen sollte, so würden sie ihm den Gehorsam aufkündigen, von ihm abfallen und selbst eine Kirchenspaltung nicht scheuen. Sie ließen Drohungen fallen, daß sie

---

[1] Maximilians Brief in Briefsammlung II, Ende.
[2] Reuchlins Schreiben an den Papst, bei Friedländer a. a. O., Nr. 13, Ende. Epilog zu dessen de arte cabalistica und auch in Acta Judiciorum.

im Falle Reuchlin den Sieg davon tragen sollte, sich mit den Hussiten in Böhmen gegen den Papst verbinden würden. So verblendet war diese Rotte in ihrem Rachegefühl, daß sie aus bloßer Rechthaberei den Katholizismus untergrub. Auch die Majestät des Kaisers schonten sie nicht, als sie erfuhren, daß Maximilian sich für Reuchlin beim Papst verwendet hatte, und häuften Schmähungen auf ihn.[1]

Ihre Hoffnung setzten die Dominikaner auf den Ausspruch der Pariser Universität, der Mutter sämtlicher europäischer Hochschulen. Wenn diese angesehenste theologische Fakultät Reuchlins Schrift und den Talmud verdammte, dann würde der Papst selbst nicht wagen, sich mit ihr in Widerspruch zu setzen. Alle Hebel setzten sie daher in Bewegung, von Paris aus ein ihnen günstiges Gutachten zu erlangen. Besonders wurde der König von Frankreich, Ludwig XII., durch seinen Beichtvater Guillaume Haquinet Petit bearbeitet, auf die theologische Fakultät zugunsten der Dominikaner einen Druck auszuüben. Die Politik, welche Frankreich und den deutschen Kaiser entzweit hatte, spielte ebenfalls in diesen Streit hinein. Weil der Kaiser von Deutschland für Reuchlin war, entschied sich der König von Frankreich für die Dominikaner und gegen den Talmud. — Wie sehr das Ansehen des Papsttums selbst bei den Rechtgläubigen damals gelitten hatte, zeigt sich an diesem Beispiele. Die Pariser theologische Fakultät durfte die Entscheidung gar nicht in die Hand nehmen, nachdem die päpstliche Kommission ein Verbot hatte ergehen lassen, daß kein Tribunal sich damit befassen dürfte. Nichtsdestoweniger setzte die Pariser theologische Fakultät selbständig die Prüfung fort, ob Reuchlins Schrift zugunsten der Juden und des Talmud Ketzerei enthalte oder nicht. Die Entscheidung war aber nicht leicht getroffen, da Reuchlin auch in Paris viele und warme Freunde zählte, namentlich den königlichen Leibarzt Cope und den griechischen Humanisten Jakob Lefèbre d'Étaple, der ein angesehenes Mitglied der Hochschule war. Daher zog sich die Beratung in die Länge (Mai bis anfangs August 1514).

In siebenundvierzig Sitzungen wurde darüber verhandelt. Es gab unter den Stimmenden manche, welche sich teils zugunsten Reuchlins aussprachen, teils die Ungesetzlichkeit der Verhandlung hervorhoben, aber sie wurden von den Fanatikern so sehr überschrien, daß sie gar nicht zu Worte kommen konnten.[2] Für viele französische Theo-

---

[1] Kaiser Maximilians Brief an den Papst. Briefsammlung das. vom 23. Oktober 1515: qui (illi captiosi theologi) etiam non veriti sunt in commissione eorum nuper apud Beatitudinem vestram impetrata nos et alios principes nostros Germaniae taxare.

[2] Die Vorgänge während der Verhandlung im Schoße der Pariser Universität sind anschaulich geschildert in der Pièce: Contra Sentimentum

logen war das Beispiel maßgebend, daß Ludwig der Heilige auf Drängen des getauften Juden Nikolaus Donin¹) und im Auftrage des Papstes Gregorius IX. drei Jahrhunderte vorher den Talmud hatte verbrennen lassen. Und in diesem Sinne fällte die Pariser theologische Fakultät den Spruch, daß Reuchlins Augenspiegel, der Ketzereien enthalte und mit allem Eifer die talmudischen Schriften verteidige, zum Feuer verurteilt und daß der Verfasser zum Widerruf gezwungen zu werden verdiente (2. August 1514). Sie scheute sich nicht hinzuzufügen, daß die Verurteilung auf Drängen des französischen Königs geschehen sei. Ludwig XII. sagte zum Leibarzt Cope, welcher zugunsten Reuchlins ein gutes Wort einlegte, er judaisiere ebenfalls.²) An den Papst soll dieser König besonders geschrieben haben, er solle es mit dem Augenspiegel streng nehmen.³)

Groß war der Jubel der Dominikaner und namentlich der Cölner über dieses Urteil. Sie glaubten dadurch gewonnenes Spiel zu haben und den Papst selbst zwingen zu können, sich demselben zu unterwerfen. Sie säumten nicht, diese mühsam durchgesetzte Errungenschaft durch eine neue Schmähschrift dem Publikum bekannt zu machen. Unter Pfefferkorns Namen verfaßte ein Dominikaner, wie man sagte, **Wigand Wirth**, eine neue Schmutzschrift unter dem Titel „**Sturmglocke**."⁴) „Sturm über und wider die treulosen Juden, Anfechter des Leichnams Christi und seiner Gliedmaßen; Sturm über

---

Parrhisiense bei Friedländer a. a. O. Nr. 31, S. 118 ff. Diese Pièce ist eine sehr gelungene Satire auf die Dunkelmänner, ganz im Geiste der Epistolae obscurorum virorum, wahrscheinlich auch von Crotus Rubianus. Das. I, Nr. 35, wird der Beichtvater Ludwigs XII. persifliert in dem Schreiben an Guillelmus Hackinetus, qui est Theologorum Theologissimus . . . . quod rex in Gallia diligit vos . . . ac scitis regem cum regina optime informare in confessione. Auch Reuchlin hielt den Beichtvater Haquinet Petit für denjenigen, welchen die Cölner bewogen hätten, den König gegen ihn einzunehmen. (Brief an Ellenbog vom 8. Oktober 1514, in Reuchlins Briefwechsel von 1875, S. 228, Nr. 184): Invocaverunt regem Franciae per confessorem seu verius poenitentiarum suum, quendam fratrem de ordine praedicatorum, ut mandet . . . librum meum condemnet. Der Herausgeber dieses Briefwechsels bemerkt irrtümlich, daß dieser Petit sich zugunsten Reuchlins ausgesprochen hätte (das. S. 226, Note 3). Er hat die Konstruktion in Lefèbres Brief an Reuchlin vom 30. August mißverstanden (bei Friedländer, Beiträge, S. 34): licet enim habueris . . . eximios et gravissimos patres, cancellarium Parisiensem, Poenitentiarum G. Castalium . . . sibi faventes Der Pönitentiar Castellius war ein Gönner Reuchlins, aber nicht der Pönitentiar oder richtiger Beichtvater Haquinet Petit.

¹) Vergl. Bd. VII, S. 94 f.
²) Briefsammlung II.
³) Pfefferkorn, Mitleidig Klag, Bl. G.
⁴) Gedruckt 1514: vergl. Note 2.

einen alten Sünder Johann Reuchlin, Zuneiger der falschen Juden und des jüdischen Wesens. Der Augenspiegel mit Recht und Urteil in Cöln abgetan, vertilgt und am Feuer verbrannt, welche Verbrennung durch die ehrwürdige und allerhöchste Universität von Paris bestätigt ist." Dadurch war aber des Kaisers Befehl, der beiden Parteien Stillschweigen auferlegt hatte, gebrochen, und Pfefferkorn wurde dafür von dem kaiserlichen Fiskal zur Verantwortung gezogen, weil diese Schmähschrift unter seinem Namen erschienen war. Das war natürlich den Cölner Dominikanern doppelt unangenehm, daß ihnen, die das Recht zu haben glaubten, immer das große Wort zu führen, untersagt wurde, zu schmähen und daß Pfefferkorn für einen andern bestraft werden sollte. Wie es scheint, hat hierbei wieder des Kaisers Schwester Kunigunde ausgeholfen; sie übergab abermals Pfefferkorn ein Empfehlungsschreiben an den Kaiser.[1] Auf diese bigotte Fürstin gestützt, wagten die Dominikaner sich noch mehr über des Kaisers Befehl hinwegzusetzen. Sie veröffentlichten (Dez. 1514) sämtliche Aktenstücke zu ihren Gunsten, welche den „Augenspiegel" verurteilt hatten, die Urteile der vier Universitäten Löwen, Cöln, Erfurt und Mainz.[2]

Der Zufall aber spielte ihnen wieder einen Streich, der ihren Helfershelfer Pfefferkorn in der öffentlichen Meinung brandmarkte. Ein getaufter Jude, namens Pfaff Rapp, nach andern ebenfalls Pfefferkorn genannt, war nur wenige Tage vor der Verdammung des „Augenspiegels" in Paris, wahrscheinlich wegen Kirchendiebstahls in Halle im Auftrag des Bischofs Albert von Magdeburg, zugleich Kurfürsten von Mainz, zum Tode verurteilt und mit glühenden Zangen zerfleischt worden. Es scheint, daß Ulrich von Hutten dabei als Richter fungiert hatte. Dieser oder andere Reuchlinisten beeilten sich, diesen Vorfall gegen die Dominikaner auszuspielen und auf den ersten Urheber dieses ganzen Streites, auf Johann Pfefferkorn, einen Schlagschatten zu werfen. Hutten schilderte die Verbrechen dieses getauften Missetäters von Halle in lateinischen Versen mit geflissentlicher Übertreibung. Bei dieser Gelegenheit zeigte er sich auch lieblos gegen die Juden, als wenn nur Judäa und nicht Germanien ein solches Scheusal hervorbringen könnte. Man solle, warnte er, Juden gar nicht zur Taufe zulassen; denn nur getrennt und geschieden von ihnen könnten sich

---

[1] Pfefferkorn, Defensio contra famosas M. 3: Novum edidi libellum teutonice „Sturmglock" ... citatus tamen ab Caesareae Majestatis fiscali (velut Capnion ipse malevolis suis delationibus subornaverat) .. Eo tempore, quo super memorato libello injuste accusatus essem, profectus sum continuo ... ad imperatorem cum literis promotorialibus ducissae de Monychen, sorore ipsius. Dieser Punkt ist in den Monographien gar nicht berührt.

[2] Sentimenta quatuor universitatum, Note 2.

Christen vor ihnen hüten.¹) Andere Reuchlinisten beschrieben diesen Vorfall in deutscher und lateinischer Prosa²), ebenfalls mit Übertreibung der Verbrechen dieses Schelmes, als wenn er, obwohl ungeweiht, als Priester fungiert und Messe gelesen, dabei es heimlich mit den Juden gehalten, so und so viel Hostien geschändet, so und so viel Christenkinder geschlachtet, viele erwachsene Christen durch ärztliche Behandlung umgebracht, ja, durch jüdisches Geld bestochen, den Vorsatz

¹) Hutten, Exclamatio in sceleratissimum Joannem Pfefferkorn, in dessen opera poetica.

²) Im Jahre 1514 erschien „die Geschichte und Bekenntnis des getauften Juden Johansen Pfefferkorn, verbrannt auf der St. Morizienseburg bei Halle", auch lat. unter dem Titel: Baptizati Judaei Joan. Pf.... Hallis assati historia etc. Ich halte diese Schrift nicht für eine geschichtliche Relation, sondern für ein tendenziöses Pamphlet der Reuchlinisten. Mehrere Umstände sprechen dafür. Pfefferkorn sagt es deutlich in seiner deutsch geschriebenen Defensio contra famosas oder „Beschyrmung" L. 2: „Auch ist ungehört, dessen einiger Jude .... Christ worden wäre, den man Pfefferkorn geheißen hätte; allein den man zu Magdeburg (?) verbrannt hat, hat sich Pfaff Rapp genannt, ein geborner Christ und kein Priester, sondern ein Schalksnarr, wann er unter die Juden gekommen ist, so hat er es mit ihnen gehalten, und wann er unter den Christen war, hat er sich für einen getauften Juden ausgegeben und pflog wider die Juden zu predigen. Denselben Pfaff Rappen hat man um seiner begangenen Missetat verbrannt. Und haben die Reuchlinischen mir zur Schmach davon gedruckt, als ob ich der Mann gewesen wär." In der lat. Defensio contra famosas (M. 3) sagt Pf.: Impressus etiam est Moguntiae libellus contra Maleficum auctore Ulrico Hutteno igne combustum, in cujus praefatione mihi et prosapiae meae immerito maledicitur. Böcking, der gelehrte Herausgeber der Huttenschen Werke, versteht die Worte „auctore Hutteno ... combustum", als ob Hutten bei der Verurteilung mitgewirkt hätte, assessore judice" (Einleitung zu Huttens Exclamatio). Es könnte auch dafür angeführt werden, daß nach Strauß' Kombination Hutten vom Kurfürsten Albrecht im Jahre 1414 als richterlicher Kommissar von Mainz nach Erfurt, also in die Magdeburger Diözese, gesandt wurde (Strauß, Hutten I, S. 110, Note 2). So könnte er wohl bei der Hinrichtung des Maleficus in Halle fungiert haben. Allein auctore Ulrico Hutteno bezieht sich richtiger auf impressus est libellus. Vergleicht man das Sündenregister des verbrannten Bösewichtes in der „Geschichte und Bekenntnis" mit dem, welches Hutten in der exclamatio davon aufgestellt, so stimmen die Vergehen keineswegs. Man darf daher nicht mit Böcking annehmen, Hutten habe diese „Geschicht" in Verse gebracht. Beide scheinen vielmehr selbständige Pamphlete zu sein. Daß das von Pfefferkorn zitierte libellus contra maleficum auctore ... Huttteno identisch sei mit der „Geschicht", ist um so mehr zweifelhaft, als letzteres kein Vorwort hat, in dem Pfefferkorn und sein Geschlecht geschmäht worden wären. Möglich, daß noch ein drittes Pamphlet damals erschienen war. Jedenfalls ist es wohl als Tatsache anzunehmen, daß die Reuchlinisten aus der Hinrichtung des „Hallischen Pfefferkorn", wie sie ihn nun einmal genannt wissen wollten, Kapital geschlagen haben.

gehabt hätte, ganze Landstriche zu vergiften, und nahe daran gewesen wäre, den Erzbischof Albert und seinen Bruder, den Kurfürsten Joachim von Brandenburg, aus der Welt zu schaffen. Alle diese Verbrechen waren rein erfunden, nur um Pfefferkorn und seine Bundesgenossen damit zu verunglimpfen, als wenn er selbst es gewesen wäre oder doch sein könnte. Zu einem Bilde des Heiligen Christophorus in Berlin hätte Rapp oder Pfefferkorn die lästerlichen Worte gesprochen: „Was stehst du da, langer Schalk, und trägst ein H... Kind auf den Schultern?" Ein scheußliches Bild veranschaulichte, wie diesem Schelm Glied nach Glied mit glühenden Zangen ausgerissen worden. Das Publikum sollte durch Schmähschriften gegen den Hallischen Pfefferkorn gewarnt werden, dem judenfeindlichen Cölner Pfefferkorn Vertrauen zu schenken, da er es auf Schwindelei gegen die Christen abgesehen habe und es heimlich mit den Juden hielte.

Indessen schleppte sich der Reuchlin=Hochstratensche Prozeß in Rom durch die Ränke und den Goldregen der Dominikaner lange hin. Kaum daß Reuchlin einen Rechtsanwalt finden konnte, weil die Juristen es scheuten, sich mit den boshaften Predigermönchen aufzulegen. Er hatte bei Einsendung der Akten erster und zweiter Instanz (Mainzer und Speyerscher Verhandlung) versprochen, die verbrieften Privilegien der Juden beizulegen, um für seine Behauptung den Nachweis zu führen, daß nicht er es gewesen wäre, der den Juden das Wort geredet. Aber das, was er als Beleg auftreiben konnte, entsprach sehr wenig dem Satze, den er in edelmütiger Regung aufgestellt hatte, sie sollten von jeher als Mitbürger im deutsch=römischen Reiche anerkannt worden sein. Er konnte aber nur vergilbte Pergamente beibringen, daß sie vom päpstlichen Stuhl einige Privilegien erhalten hätten, daß sie in ihrer Religion und ihren heiligen Schriften nicht belästigt werden sollten und daß sie des Kaisers Kammerknechte wären.[1]) Das letztere hätte Reuchlin nicht durch Schriftstücke zu belegen brauchen, die deutschen Juden waren allzu sehr Kammerknechte des Kaisers. Aber gerade aus diesem ihren Kammerknechtschaftsverhältnis folgerten die Juden=feinde, der jedesmalige Herrscher habe das volle Recht, nach Willkür mit ihnen zu verfahren, sie zu verjagen oder gar auszurotten und um wieviel mehr ihre Schriften zu vernichten; das sei keine Rechtsverletzung. Ohne Zweifel wurde diese schwache Beweisführung Reuchlins von den Privilegien der Juden von Hochstraten gebührend angefochten.

---

[1]) Bei Friedländer, Beiträge Nr. 8, S. 44, Reuchlin an Kaspar (Wirth) vom 18. Oktober 1514: Mitto etiam privilegia quaedam Judaeorum, ex quibus videbitur, quod Judaei commorantes in Alemannia sint a sede apostolica privilegiati de non molestando eos in suis libris, et quod sint camerarii imperatoris.

Der Prozeßgang, an sich in Rom außerordentlich schleppend, wurde von den Dominikanern geflissentlich noch mehr hingehalten. Hochstraten hatte der Anklageschrift eine Übersetzung des „Augenspiegels" beigelegt, welche das Original an vielen Stellen geradezu gefälscht und dem Verfasser ketzerische Sätze in den Mund gelegt hatte. Die niedergesetzte Kommission ließ zwar von einem in Rom anwesenden Deutschen, Martin von Gröningen, eine andere und zwar wortgetreue Übersetzung veranstalten; aber daran mäkelte wieder die Gegenpartei. Durch solche Hindernisse rückte der Prozeß nicht von der Stelle und kostete bereits im ersten Verlauf Reuchlin über 400 Goldgulden.[1]) Das war's, worauf die Dominikaner gerechnet hatten, ihren Gegner, den Judengönner, der ihnen die Beute abgejagt, in Armut zu versetzen, damit er verhindert werde, sein Recht zu verfolgen. So schwand immer mehr die Aussicht, Reuchlins Sache in Rom triumphieren zu sehen. Daher waren Reuchlins Freunde darauf bedacht, einen andern Richterstuhl für diese Streitsache zu schaffen, von dem übelberatenen oder eingeschüchterten Papste an die öffentliche Meinung zu appellieren.

Während der Spannung der Gemüter, als kleine und größere Kreise, hohe und niedrige Geistliche, Fürsten und gebildete Bürger auf Nachrichten lauschten, wie der Reuchlinsche Prozeß in Rom ausgefallen sei oder ausfallen dürfte, dichtete einer der jüngeren Humanisten (wahrscheinlich zuerst Crotus Rubianus in Leipzig) eine Reihe von Briefen, welche ihresgleichen, was Witz, Laune und beißende Satire betrifft, noch nicht in der Literatur hatten. Die „Briefe der Dunkelmänner" betitelt (epistolae obscurorum virorum, verfaßt im Laufe des Jahres 1515)[2]), größtenteils an den schuftigen Ortuin Gratius gerichtet, reden die Sprache der ungehobelten Mönche. Sie legen deren niedrigen Sinn, ihren Hochmut, ihre erstaunliche Unwissenheit, Lüsternheit, Gehässigkeit und Unflätigkeit, ihr erbärmliches Latein und ihre noch erbärmlichere Moral, ihre logikalische Faselei, ihr widriges Geklätsche bloß, kurz sie führen alle ihre Untugenden und Unausstehlichkeiten so handgreiflich vor Augen, daß sie auch dem Halbgebildeten einleuchteten. Alle Feinde Reuchlins, Hochstraten, Arnold von Tongern, Ortuin Gratius, Pfefferkorn, alle ihre Helfershelfer, Peter Mayer, Wigand, die Pariser Universität mußten darin Spießruten laufen. Sie wurden mit Stacheln und Skorpionen gegeißelt, daß nicht ein gesunder Fleck an ihnen blieb. Diese künstlerischen Satiren, welche mehr als aristophanischen Spott enthalten, wirkten um so drastischer, als die Dominikaner, die Thomisten, die Doktoren der

---

[1]) Bei Friebländer, Beiträge Nr. 11, S. 49 Reuchlin an Kardinal de St. Eusebio vom 10. Febr. 1515.

[2]) Vergl. Note 2.

Theologie, sich selbst gaben, wie sie waren, sich selbst in ihrer widrigen Blöße zeigten, gewissermaßen sich selbst an den Pranger stellten. Es konnte aber nicht fehlen, daß bei dieser Verhöhnung der Dunkelmänner auch die Schäden des Papsttums, der ganzen hierarchischen Tyrannei und der Kirche überhaupt bloßgelegt wurden. Waren doch die Dominikaner mit ihrer hochmütigen Unwissenheit und frechen Unzucht nur Ausflüsse und naturgemäße Wirkungen der katholischen Ordnung und Institution! So wirkten die satirischen Briefe der „Dunkelmänner" wie eine ätzende Säure, um den ohnehin faulen Leib der katholischen Kirche vollends zu durchfressen.

Die Juden und der Talmud waren die erste Veranlassung zu den Reuchlinschen Händeln, sie durften in den Dunkelmännerbriefen nicht fehlen. Solchergestalt wurden die so sehr verachteten Juden auf die Tagesordnung gebracht. Im zweiten Briefe legte angeblich der Magister Johannes Pellifex dem sogenannten Gewissensrat Ortuin Gratius eine Gewissensfrage vor. Er sei neulich mit einem jungen Theologen zur Zeit der Frankfurter Messe an zwei anständig aussehenden Männern vorübergegangen, welche schwarze Röcke und Kapuzen mit Mönchshüllen getragen, so daß er sie für Geistliche gehalten, vor ihnen eine Reverenz gemacht und das Barett gezogen habe. Sein Begleiter habe ihn aber zu seinem Entsetzen darauf aufmerksam gemacht, daß es Juden gewesen. Sein Begleiter habe gar behauptet, er habe damit eine Todsünde begangen, weil es an Götzendienst anstreife und gegen das erste der zehn Gebote verstoße. Denn wenn ein Christ einem Juden Ehre erweise, handle er gegen das Christentum und scheine selbst ein Jude zu sein, und die Juden könnten sich rühmen, sie seien mehr als die Christen, würden dadurch nur in ihrem Unglauben bestärkt, verachteten den Christenglauben und wollten sich nicht taufen lassen. (Es ist das dieselbe Anklagereihe, welche die Dominikaner gegen Reuchlin wegen seiner Begünstigung der Juden ausspintisiert hatten.) Der junge Theologe erzählt darauf eine Geschichte, wie er einmal vor dem Bilde eines Juden mit dem Hammer in der Hand in der Kirche, in der Meinung, es sei der heilige Petrus, das Knie gebeugt, dann bei näherer Betrachtung tiefe Reue darüber empfunden hätte. In der Beichte bei den Dominikanern hätte ihm der Beichtvater auseinandergesetzt, daß er damit, wenn auch unwissentlich, eine Todsünde begangen habe, und er, der Beichtvater, hätte ihm nicht die Absolution erteilen können, wenn er nicht zufällig bischöfliche Befugnis gehabt hätte. Wenn das aber wissentlich geschehen wäre, so hätte nur der Papst die Sünde tilgen können. Und so rät der junge Theologe dem Magister Pellifex wegen seiner Reverenz vor den zwei Juden vor dem Offizial zu beichten, weil er hätte genau hinsehen müssen und solchergestalt die Juden durch das gelbe Rad am Kleide von den Geistlichen unterscheiden können. Pellifex richtet nun an Ortuin Gratius die gewichtige Frage, ob er damit eine Todsünde oder eine verzeihliche Sünde begangen, ob es ein einfacher oder ein vor den Bischof oder gar vor den Papst gehöriger Fall sei. Auch möge Ortuin ihm schreiben, ob die Frankfurter Bürger recht daran täten, die Juden in derselben Tracht wie die Doktoren der heiligen Theologie einhergehen zu lassen. Der Kaiser sollte solches nicht dulden, daß ein Jud, der wie ein Hund ist, ein Feind Christi ... (das war die Sprache der Dominikaner). Gewiß, nichts konnte besser die Erbärmlichkeit und Spitzfindigkeit der scholastischen Theologen geißeln, als dieser Brief es tut.

Ein Jünger Ortuins, Schirruglius, schüttet vor diesem sein beschwertes Herz aus, wie die zu Mainz gar nicht so fromm seien wie die Cölner. Ein Mainzer wage zu behaupten, der Rock von Trier sei gar nicht Christi Rock, sondern ein altes l....... Kleidungsstück, daß das Haar der gebenedeiten Jungfrau gar nicht mehr in der Welt existiere, und daß er den Ablaß der Dominikaner verachte, weil diese Schwindler seien und Weiber wie Bauern täuschten. Darauf ich: „Ins Feuer, ins Feuer mit diesem Ketzer," — „Wenn das Hochstraten hörte, der Ketzermeister!" Der Mainzer aber lachte und sagte, Hochstraten sei ein abscheuliches Tier, Reuchlin aber ein Biedermann, die Theologen dagegen Teufel. Die Pariser Universität, welche Reuchlins Buch verdammt habe, sei von den Dominikanern bestochen gewesen; sie sei nicht die Mutter der übrigen Hochschulen, sondern die Mutter der Dummheit. Der Mainzer behauptete auch, der Talmud sei von der Kirche nicht verdammt worden. Darauf der Pfarrer Peter Mayer von Frankfurt: „Es steht aber in der Glaubensfeste des Spaniers Alfonso de Spina, daß der Talmud ein abscheuliches Buch sei." Der Mainzer entgegenete darauf, die Glaubensfeste sei eine Schmutzschrift, und wer Beweise daraus ziehe, sei ein Dummkopf.[1]) In diesem läppischen Tone fährt der Brief fort, die Untaten der Dominikaner auseinanderzusetzen. Ein Professor der Theologie redet Ortuin ins Gewissen, daß er doch den Jüngern durch sträflichen Verkehr mit Frauenzimmern kein böses Beispiel geben solle. Aber er gleiche diese Sünde dadurch wieder aus, daß er gegen Reuchlin schriebe. Man erzählt sich aber, daß Pfefferkorn, den Ortuin verteidigt, ein nichtsnutziger Mensch sei, der nicht aus Liebe zum Glauben Christi worden, sondern weil die Juden ihn wegen seiner Untaten hätten hängen wollen, da er ein Spitzbube und Angeber sei. Auch sagt man, er sei ein schlechter Christ und werde nicht im Glauben bleiben, wie der in Halle verbrannte Pfefferkorn; daher möge sich Ortuin vorsehen.[2])

---

[1]) Epistolae Obscurorum I, Nr. 22.
[2]) Das. Nr. 23.

Eitelnarrabianus von Pessenek teilt Ortuin mit, er habe jüngst in Worms mit zwei Juden disputiert, ihre Messiashoffnung als eine Täuschung dargestellt und sie auf Pfefferkorn verwiesen. Darauf hätten die Juden gelacht: „Euer Pfefferkorn in Cöln ist ein gemeiner Schwindler. Vom Hebräischen versteht er nichts, er ist nur Christ geworden, um seine Schlechtigkeit zu verbergen. Als er noch Jude in Mähren war, schlug er eine Frau, die vor einer Geldbank saß, ins Gesicht, damit sie nicht sehen konnte, wie er mehr als 200 Gulden daraus stahl und dann davonlief. Und an einem andern Orte war schon wegen Diebstahls ein Galgen für ihn aufgerichtet; er wurde aber, man weiß nicht wie, davon befreit. Wir haben den Galgen gesehen, auch einige Christen und Adlige, die wir Euch nennen können. Darum dürft ihr diesen Dieb nicht als Gewährsmann anführen." Darauf habe Eitelnarrabianus geantwortet: „Ihr schlechten Juden lügt in euren Hals, und wenn ihr nicht ein Privilegium hättet, würde ich euch am Haar packen und in Kot werfen. Pfefferkorn ist ein guter Christ, da er mit seiner Frau viel bei den Dominikanern beichtet; er hört gern Messe, und wenn der Priester die Hostie in die Höhe hebt, sieht er nicht zu Boden, es sei denn, daß er gerade ausspeit. Meint ihr, daß die Gottesgelehrten und Bürgermeister in Cöln dumm sind, daß sie ihn zum Spitalaufseher und Salzvermesser gemacht haben? Das würden sie nicht getan haben, wenn Pfefferkorn nicht ein guter Christ wäre. Ihr sagt aber, nur wegen seines schönen Weibchens sei er den Gottesgelehrten und dem Bürgermeister angenehm. Das ist aber nicht wahr, denn die Bürgermeister haben selbst schöne Frauen, und die Gottesgelehrten kümmern sich nicht um Weiber. Man hat auch noch nie gehört, daß ein solcher Ehebrecher gewesen wäre." Dann folgt eine unübersetzbare Bemerkung über Pfefferkorns Frau im zynischen Geschmack der Dominikaner und jenes Jahrhunderts.[1]) Von derselben Art ist auch der folgende Brief, eine theologisch-gelehrte Anfrage von Federfusius an Ortuin Gratius: Wie der Leib eines getauften Juden bei der einstigen Auferstehung wohl beschaffen sein werde, eine schmutzige subtile Auseinandersetzung, der scholastischen Dominikaner würdig.

Ein schallendes Gelächter ging durch das westliche Europa beim Lesen der Dunkelmännerbriefe. Alle, die in Deutschland, Italien, Frankreich und England Lateinisch verstanden, lachten oder kicherten über Form und Inhalt dieser Selbstbekenntnisse der Dominikaner und Scholastiker. Diese plumpen Gemeinheiten, diese dickköpfige Unwissenheit, diese überklug sich spreizende Albernheit, diese Unzüchtigkeit in Wort und Wendung stachen allzu grell ab gegen die äußerliche Gelahrtheit und Ehrbarkeit des Standes, dem alle diese Lächerlichkeiten

---

[1]) Epistolae Obscurorum Nr. 36.

in den Mund gelegt wurden, und regten auch den ernstesten Mann
zum Lachen an. Man erzählte sich, daß Erasmus, der beim Lesen dieser
Briefe an einem Halsgeschwür gelitten, durch das krampfhafte Lachen
davon befreit worden wäre. Die lustige Komödie der Einfältigen scharte
vollends die Lacher auf Reuchlins Seite, und die Dominikaner waren
in der öffentlichen Meinung gerichtet, wie auch das Urteil des päpstlichen Stuhles ausfallen mochte. Man riet hin und her, wer der Verfasser derselben sei. Einige meinten, Reuchlin selbst, andere Erasmus,
Hutten oder der und jener aus dem Humanistenkreise. Hutten gab
die rechte Antwort auf die Frage nach dem Verfasser: „Gott selbst wars."[1]
Es zeigte sich in der Tat immer mehr, daß der so kleinlich begonnene
Streit um Verbrennung des Talmud eine weltgeschichtliche Bedeutung
angenommen hatte, in welcher der Einzelwille gewissermaßen unter-
geht und für den Dienst des Allgemeinen getrieben wird. In Rom
erkannten tieferblickende Reuchlinisten darin das Werk der Vorsehung.

So rasch waren die Dunkelmännerbriefe vergriffen, daß in kurzer
Zeit eine neue Auflage erscheinen mußte, welche einen neuen Anhang
in demselben Genre enthält.[2] Einer dieser neuen Briefe läßt Jakob
von Hochstraten klagen: „Ich wollte, ich hätte die Sache gar nicht angefangen; alle lachen mich aus und necken mich. Man kennt hier (in
Rom) Reuchlin besser als in Deutschland. Viele Kardinäle, Bischöfe,
Prälaten und päpstliche Hofleute lieben ihn. Wenn ich nicht angefangen
hätte, säße ich noch in Cöln, äße und tränke gut, während ich hier zuweilen nicht einmal trockenes Brot habe. Ich glaube auch, daß die
Sachen in Deutschland während meiner Abwesenheit schlecht gehen.
Alle schreiben nach Belieben Bücher über Theologie." In diesem
ärgerlichen und platten Tone ist der ganze Brief gehalten. Das gab
neuen Stoff zum Lachen. Die Finsterlinge waren so dumm, daß sie
anfangs glaubten, die Dunkelmännerbriefe wären zu ihren Gunsten
verfaßt. Als sie aber an dem hellen Lachen ihrer Gegner merkten,
es sei auf ihre Verspottung abgesehen gewesen, wurden sie voll Ingrimm, waren aber ohnmächtig gegenüber einer solchen Angriffsart,
auf die sie nicht vorbereitet waren. Pfefferkorn und seine Einflüsterer
wollten die Wirkung abschwächen und erließen wieder eine Schrift
in deutscher und lateinischer Sprache unter dem Titel: „Verteidigung
gegen die berüchtigten Dunkelmännerbriefe"; aber sie gossen damit
erst recht Öl ins Feuer und erhöhten nur noch mehr das Lachen der
Reuchlinisten.

Nur die deutschen Juden konnten sich dem Lachen nicht überlassen.
Die Dominikaner hatten inzwischen auf einem anderen Wege daran

---

[1] Est Deus met, eine glückliche Persiflage des damaligen Mönchslateins.
[2] Epistolae obscc. virr. I. Appendix Nr. 7.

Tagsatzung zu Frankfurt wegen Ausweisung der Juden.

gearbeitet, zu ihrem Hauptziele zu gelangen oder wenigstens Rache an den Juden zu nehmen. Was frommte es ihnen, daß einige erleuchtete Christen, auf das Judentum aufmerksam gemacht, eine besondere Vorliebe für dasselbe faßten und ihre neugewonnene Überzeugung in Schriften kundgaben?[1]) Die christliche Gesellschaft im ganzen und großen war nun einmal gegen die jüdische Lehre und deren Anhänger eingenommen. Mit Recht sagte Erasmus damals: "Wenn es christlich ist, die Juden zu hassen, so sind wir sehr christlich."[2]) Daher wurde es ihren Feinden leicht, sie zu schädigen. Pfefferkorn hatte öfter darauf hingewiesen, daß es in Deutschland nur noch drei große jüdische Gemeinden gäbe, Regensburg, Frankfurt und Worms, und mit der Vertilgung derselben würde es mit der Judenheit im deutschen Reiche ganz und gar zu Ende sein.

Wenn sich vielleicht viele Glieder des Humanistenkreises von dem entsetzlichen Wahne, daß die Juden darauf versessen wären, Christenkindern das Blut abzuzapfen und Hostien zu schänden, frei gemacht hatten, im allgemeinen fand eine solche Anschuldigung Glauben und wurde von ihren nach Rache schnaubenden Feinden zu ihrem Unheil benutzt. Eine solche Anklage wurde während des Prozeßganges in Rom gegen die Gemeinde in einem elsässischen Städtchen (Mittelberg) erhoben und mehrere Personen in strenge Haft gebracht, darunter auch Joselin von Roßheim, der Verteidiger der Judenheit (1514). Er sollte verhindert werden, den Kaiser Maximilian um Schutz anzugehen. Erst nach sieben Wochen kam die Unwahrheit der Anschuldigung an den Tag, und die Verhafteten wurden entlassen. Im folgenden Jahre verschworen sich der Bischof von Straßburg mit den Adligen derer von Andlau und dem Bürgerrat von Obernai, welche von jeher erbitterte Feinde der Juden waren, die Gemeinden aus dem Elsaß auszuweisen. Glücklicherweise gelang es dem unermüdlichen Joselin, der mehrere Male den Kaiser aufsuchte und vor ihm über den geplanten Gewaltakt Klage führte, den Schlag abzuwenden.[3])

Um eine Austreibung der Juden aus Frankfurt und Worms zu bewirken, hatten die Judenfeinde ein zweckmäßiges Mittel ersonnen. Der junge **Markgraf Albert von Brandenburg**, bisher Bischof von Magdeburg, der später in der Reformationsgeschichte eine

---

[1]) Erasmus' Brief an Capito v. Februar 1516: Nuper exierunt in vulgus aliquot libelli, merum Judaismum resipientes. Video quantum sudarit Paulus: . . . quo Christum ex Judaismo vindicaret, et sentio quosdam eodem relabi clanculum.

[2]) Das. an Hochstraten 1519: Si Christianum est, odisse Judaeos, hic abunde omnes Christiani sumus.

[3]) Joselins Tagebuch Revue Nr. 6—7. Über die Feindseligkeit von Obernai und Colmar Rev. XIII 67 f.

traurige Berühmtheit erlangte, war zum Erzbischof von Mainz erwählt worden (März 1514). Er war ein vornehmer Herr, der sich mit hoher Politik beschäftigte und die Verwaltung seines Erzbistums dem Domkapitel überließ. Albert hatte einen Anstrich von Bildung und ließ sich auch gern als Freund der Humanisten rühmen, aber es war nicht mehr als Schein. Für die Juden hatte er kein besonderes Interesse, wenn er ihnen auch den Aufenthalt in Mainz wieder gestattet hat.[1]) Die Mehrzahl der Mainzer Domherrn verschmähte auch den Schein von Bildung, hielt mehr auf Hunde und Falken, als auf Bücher, auf Geld und Wohlleben mehr als auf klassische Gelehrsamkeit.[2]) Einige Herren vom Domkapitel waren mit Hochstraten und den Cölner Dominikanern befreundet und hatten dazu geholfen, Reuchlins „Augenspiegel zu verdammen (v. S. 129)." Diese Judenfeinde hatten wahrscheinlich auf Anregung von Cöln aus, den Erzbischof Albert bewogen, eine Einladung an geistliche und weltliche Herren und an einige Städte, namentlich Frankfurt und Worms, ergehen zu lassen, auf einer Tagsatzung in Frankfurt zusammenzukommen, um zu beraten, die Juden auszuweisen, daß sie nimmermehr zugelassen werden sollten. Der Einladung folgend, erschienen in Frankfurt (7. Januar 1516)[3]) Abgeordnete des Erzbistums **Mainz** und der Abtei **Fulda**, des Pfalzgrafen **Ludwig**, der Landgräfin **Anna von Hessen**, des Burggrafen von **Friedberg** und der Städte **Worms, Frankfurt, Wetzlar, Hanau, Gelnhausen**, der Fürsten von **Nassau**, Graf **Michael von Wertheim** in eigener Person und noch andere kleine Herrschaften. Sie traten tags darauf zu einer Beratung der Judenfrage zusammen. Das Programm lautete, daß sämtliche Stände sich einigen und bündig verpflichten sollten, auf alle Gerechtsame und Nutzen von den Juden zu verzichten, ihre jüdischen Untertanen auszuweisen und solche niemals mehr unter welchem Titel auch immer für die Dauer oder zeitweise aufzunehmen. Diesen gemeinsamen Beschluß sollten sie dem Kaiser unterbreiten und um dessen Bestätigung bitten.

Bei der Beratung über das Wehe der Juden des westlichen Deutschlands stimmten Kurmainz, die Pfalz, die Vertreter der Landgräfin von Hessen und mehrere Stände unbedingt für die Ausweisung. Frankfurt, Worms und noch einige sagten nur bedingt zu, wenn eine vollständige Einigung zustande kommen sollte. Der Deputierte von Worms bemerkte, der Rat dieser Stadt habe früher schon darüber

---

[1]) Folgt aus der Urkunde bei Schaab, diplomatische Geschichte der Juden von Mainz S. 167 f.
[2]) David Strauß, Hutten I. S. 109.
[3]) Aktenstücke bei Schaab a. a. O. 104 ff.

verhandelt, die Juden auszuweisen; es sei aber bisher aus vielen Ursachen unterblieben. Nur die Vertreter der Abtei Fulda, der Graf von Wertheim und noch einige wenige Stimmen waren gegen die Ausweisung, freilich aus Eigennutz. Die Standschaft Fulda machte geltend, die Vertreibung der Juden würde dem Stifte zum Nachteile gereichen, weil die Ausgewiesenen in Unterhessen, Henneberg und Thüngen Aufnahme finden und die diesseitigen Untertanen mehr Beschwerden davon haben würden, als wenn sie im Lande blieben. Außerdem habe das Stift erst jüngst den aufgenommenen Juden Schutz auf einige Jahre verbrieft und wolle nicht gegen seine Zusage handeln. Kurmainz möge daher mit seinen Nachbarn verhandeln, daß auch sie die Juden verjagten. In demselben Sinne äußerte sich der Graf Michael von Wertheim, daß die aus seinem Gebiete ziehenden Juden in Würzburg, Thüngen und Rosenburg Schutz finden würden, wo ohnehin viele Juden wohnten, was zum Schaden seiner Untertanen ausschlagen würde. Keine einzige Stimme machte das Recht der Menschlichkeit geltend oder zeigte Mitleid darüber, daß die Juden ins Elend gestoßen werden sollten; so entmenscht und verstockt hatte die damalige Kirche das Herz der Gläubigen gemacht. Auf dieser Tagsatzung zu Frankfurt wurde indes nur — wie es bei den deutschen Ratsversammlungen zu geschehen pflegte — ein neuer Tag zur endgültigen Entscheidung (8. März) beschlossen.

Die Juden dieser Gegend sahen eine sichere Gefahr über ihrem Haupte schweben; denn wenn die deutschen Fürsten und Herren sonst uneinig und saumselig waren, in der Verfolgung der Juden waren sie stets einig und rührig. Es blieb ihnen daher nichts übrig, als eine Deputation an den Kaiser Maximilian zu senden und ihn anzuflehen, ihnen mit seiner Gnade gegen den Beschluß der ihnen übelwollenden Stände beizustehen. Vermutlich war bei dieser Gelegenheit Joselin von Roßheim für seine Glaubensgenossen tätig. Der Kaiser erinnerte sich glücklicherweise, daß die Juden, wenn auch unter verschiedener großer und kleiner Herren Untertänigkeit, doch im Grunde seine und des Reiches Kammerknechte wären, und daß ihre Vertreibung einem Eingriffe in seine Souveränitätsrechte gleichkäme. Maximilian beeilte sich demgemäß, ein sehr strenges Handschreiben an den Kurfürsten Albert und das Domkapitel von Mainz, an sämtliche geistliche und weltliche Herrschaften, sowie an die Städte zu richten (28. und 29. Januar 1516), drückte ihnen darin unumwunden sein Mißfallen an ihrer Beratung aus und untersagte ihnen, zur angemeldeten Zeit zusammen zu kommen. Die verabredete Tagsatzung unterblieb auch. Die Juden dieser Gegend waren für den Augenblick gerettet. Der Erzbischof von Mainz, oder in dessen Abwesenheit das Domkapitel, gab aber die Betreibung der Sache nicht auf. Es sollten Schritte geschehen, um den Kaiser zu bewegen, die Ausweisung der Juden doch endlich zuzugeben, da sein Mandat doch nur „auf unwahrhaftiges, ungegründetes und ungestümes Drängen der Juden erlassen" sei. Die Judenfeinde, die Freunde der Cölner Dominikaner, hofften immer noch, den Kaiser gegen die Juden umzustimmen. Ihre Hoffnungen wurden aber getäuscht. Die Juden wurden vor der Hand nicht ausgewiesen. Der Kurfürst Albert nahm sogar wieder Eingewanderte als Judenbürger in sein Gebiet auf — weniger aus Wohlwollen als aus Eigennutz — erteilte ihnen die üblichen Privilegien — Zins nehmen zu dürfen, nur seiner Gerichtsbarkeit zu unterliegen — allerdings nur auf Zeit und für eine jährliche Judensteuer von 12 Gulden auf den Kopf. Der Kirchenfürst zeigte aber dabei die Herzlosigkeit, in dem Aufnahmebriefe ausdrücklich zu bemerken, daß, wenn nahe Verwandte aus einem andern Bezirke seine Schutzjuden besuchen sollten, dieselben — Eltern bei ihren Kindern oder umgekehrt — bei Geldstrafe nicht länger als zwei Nächte bleiben dürften.[1]) Welche Umwälzungen mußten erfolgen, bis dieses verstockte Geschlecht mit einem Herzen von Stein für die Stimme der Menschlichkeit und des Mitgefühls zugänglich gemacht wurde!

[1]) Bei Schaab das. S. 164, 169.

Sechstes Kapitel.

Der Reuchlinsche Streit und die lutherische Reformation.

Größere Verwickelung des Streites; Spruch der Konzilskommisson. Zweideutige Entscheidung des Papstes Leo. Der Kampf wird immer leidenschaftlicher. Fortsetzung der Dunkelmännerbriefe. Klagen der Dominikaner über Verachtung beim Volke. Schwärmerei christlicher Gelehrten für die Kabbala. Paulus Ricio: kabbalistische Fälscher. Reuchlin über die kabbalistische Theorie, eine Empfehlungsschrift für den Papst Leo. Galatinus' kabbalistische Abgeschmacktheiten. Mischehe zwischen Kabbala und Christentum. Luthers Auftreten, begünstigt durch die Reuchlinsche Bewegung. Wirren durch Maximilians Tod. Reuchlin und Luther, Talmudfrage und Reformation zusammengeworfen. Die Dominikaner verleugnen Hochstraten und der Papst wünscht den Talmud gedruckt zu sehen. Erste Ausgabe des babylonischen und jerusalemischen Talmud von Bomberg. Fortschritt der Reformation. Pfefferkorns letzte Schmähschrift gegen Reuchlin und die Juden. Quälerei der Juden von Regensburg. Der fanatische Prediger Hubmaier. Schmähliche Ausweisung der Juden von Regensburg. Vollendung der Reformation. Luther anfangs für die Juden. Der Eifer für Bibel und hebräische grammatische Studien. Elia Levita, Lehrer christlicher Meister. Die hebräische Literatur in Frankreich; Justinianis More Nebochim. Die Bibelübersetzungen: Biblia Rabbinica.

(1516 bis 1525.)

Der Anfang zu einer durchgreifenden Umwälzung war eben der Reuchlinsche Streit mit den Dominikanern wegen des Talmud, und diese sollte die versteinerte und entsittlichte Welt bessern. In Rom hatte nämlich der Prozeß einen, zwar wegen des Hin- und Herziehens zweier Parteien, durch Minen und Gegenminen sehr langsamen, aber doch merklichen Fortschritt gemacht. Hochstraten, einsehend, daß die Kommission aus den zwei Kardinälen Grimani und Anconitani zugunsten Reuchlins entscheiden würde, verlangte mit Ungestüm die Entscheidung durch ein Konzil, weil es sich nicht um einen Rechtsstreit, sondern um eine Glaubenssache handle. Papst Leo, der es mit keiner Partei verderben wollte, mußte im Widerspruche mit seinen eigenen wiederholten Befehlen zum Teil darauf eingehen.

Auf der einen Seite drängte nämlich der Kaiser Maximilian mit vielen deutschen Fürsten darauf, Reuchlin freizusprechen und den Dominikanern den Mund zu schließen, und ließ einen Prozeß wegen Majestätsbeleidigung gegen Pfefferkorn einleiten,[1]) gegen den Wicht, den er aus Kopflosigkeit solange begünstigt hatte. Von der andern Seite führten der König von Frankreich und der junge Karl (damals Herzog von Burgund), künftiger Kaiser von Deutschland, König von Spanien und Amerika, eine fast drohende Sprache gegen den Papst, daß die Sache mit mehr Ernst betrieben und das judenfreundliche Buch endlich verurteilt werden solle.[2]) Leo hielt es für geraten, die bedenklich werdende Angelegenheit von seinen Schultern abzuwälzen. Er übertrug die Entscheidung einer Prüfungskommission bestehend aus den Mitgliedern des damals tagenden großen Lateranonzils. So wurde die Talmudfrage zur wichtigen Sache einer ökumenischen Synode, gewissermaßen zu einer europäischen Frage erhoben und damit an die große Glocke gehängt.

Reuchlin, der sich anfangs der Hoffnung hingegeben hatte, seine Sache werde in Rom schnell erledigt werden, überließ sich, nachdem sie sich zwei Jahre hingezogen hatte, einer kleinmütigen Verzweiflung. Er fürchtete, daß der Eifer seiner Freunde erkalten, sein Vermögen im Betrieb des Prozesses erschöpft werden, er dem herannahenden Alter erliegen und nach seinem Tode dann doch von der offiziellen katholischen Welt als Ketzer gebrandmarkt werden würde. Seine Freunde mußten ihm wiederholt Mut zusprechen. Keiner derselben tat es mit mehr Nachdruck als der jugendlich feurige Ulrich von Hutten, der sich damals in Italien aufhielt. Er allein erkannte am tiefsten die ganze Tragweite dieses weltgeschichtlich gewordenen Prozesses. Er wollte die Sache so betrieben wissen, daß dadurch der Sturz des Dominikanerordens, der Sturz des Papsttums und womöglich der Untergang des mittelalterlichen Spukes herbeigeführt werde.

Endlich wurde der Spruch gefällt (2. Juli 1516). Die erste Stimme, die des Bischofs Georgius Benignus von Nazareth, welche sich in der synodalen Kommission darüber vernehmen ließ, lautete, daß der Reuchlinsche Augenspiegel keine Ketzereien enthalte, daß vielmehr das Urteil der Pariser Universität und der übrigen Hochschulen als ungerechte Schmähungen zu verdammen sei. Er war ebenfalls für die hebräische und chaldäische Literatur eingenommen[3]) und konnte dem Verdammungsurteil der Dominikaner nicht das Wort reden. Ebenso lautete das zweite Votum des Bischofs von Malfi, nur noch

---

[1]) Chronicon Spalatini bei Mencken, scrr. rerr. Germ. II, 592, auch bei Pfefferkorn defensio contra famosas.
[2]) Pfefferkorn, das. T. 2 b ff.
[3]) Vergl. Briefsammlung II, Pitkas Brief an Reuchlin.

mit dem Zusatze, daß Hochstraten, der Ketzerrichter, der sich für eine Säule der Kirche halte, wegen seiner Unbotmäßigkeit mit Strafe zu belegen sei. In demselben Sinne sprachen sich sämtliche Mitglieder der Kommission aus, bis auf den fanatisch-finstern Kardinal Sylvester Prierias, freilich ein Dominikaner, welcher ebenfalls für Scheiterhaufen schwärmte; er allein redete Hochstraten das Wort. Der Ketzermeister war über dieses Verdammungsurteil wider ihn betroffen, aber nicht entmutigt. Er suchte noch durch allerhand Winkelzüge seinen Willen durchzusetzen und schlug gar seinen verketzernden Artikel gegen Reuchlin, Juden und Talmud an verschiedenen Stellen in Rom öffentlich an. Sie wurden aber von den Reuchlinisten, deren es auch in Rom immer mehr gab, in dem Maße, als Hochstratens Säckel immer leerer geworden war, herabgerissen und in den Straßenkot getreten. Indessen, erfindungsreich im Bösen wie er war, und mit den regierenden Persönlichkeiten an der päpstlichen Kurie bekannt, gab er seine Sache noch nicht verloren. Noch hatte der Papst nicht das Wort gesprochen. Hochstraten und seine Freunde bestimmten daher Leo X. ein Mandat zu erlassen, daß der Prozeß vor der Hand niedergeschlagen werde (mandatum de supersedendo).

Dieser Ausweg entsprach vollständig Leos Charakter und Stellung zu den leidenschaftlich erregten Parteien. Er liebte die Aufregung nicht, und er würde sie sich zugezogen haben, wenn er sich für die eine oder die andere Seite entschieden ausgesprochen hätte. Er wollte es auch weder mit den Humanisten, noch mit den Dunkelmännern, weder mit dem deutschen Kaiser, noch mit dem König von Frankreich und dem Regenten von Spanien verderben; so blieb der Prozeß in der Schwebe und konnte jeden Augenblick bei günstigerer Zeitlage von den Dominikanern wieder aufgenommen werden. Hochstraten mußte zwar Rom mit Schimpf und Schmach verlassen; aber er gab die Hoffnung nicht auf, sein Ziel doch endlich zu erreichen. Er war ein willensstarker Mann, der sich durch Demütigungen nicht niederbeugen ließ; er war auch so gewissenlos, daß ihm Lügen und Verdrehungen leicht wurden.

Wenn Papst Leo geglaubt hat, durch seinen Machtspruch die Händel niederschlagen zu können, so hat er das Ansehen des Papsttums überschätzt und die Parteien, sowie den innersten Kern der Entzweiung verkannt. Die Gemüter waren zu sehr erhitzt, als daß sie durch ein Wort von oben herab sich hätten beruhigen sollen. Beide Parteien wollten nicht den Frieden, sondern den Krieg, den erbittertsten Krieg auf Tod und Leben. Als Hochstraten aus Rom zurückkehrte, war er seines Lebens nicht sicher. Wütende Reuchlinisten machten öfter Anschläge auf ihn, und es bedurfte der nachdrücklichsten Warnung von seiten Reuchlins, daß ihm weiter nichts Leides widerfahren ist, als daß ihn Hutten — später — verächtlich mit dem Degenrücken schlug. Beide Parteien steigerten die Aufregung noch mehr. Die Dominikanerpartei, von der päpstlichen Kurie halb und halb im Stich gelassen und in der öffentlichen Meinung gebrandmarkt, wollte ihre Sache ertrotzen. Die Prediger in Deutschland, welche größtenteils aus dem Dominikanerorden hervorgegangen waren, bekamen die Parole, von der Kanzel gegen Reuchlin und die Reuchlinisten zu donnern, und Prediger vom Schlage des Peter Mayer ließen es sich nicht umsonst gesagt sein. Andere, die weniger Mut hatten, stichelten wenigstens auf den und jenen der Reuchlinisten, deren es in jeder Stadt gab. Durch Schriften und Abbildungen beschmutzten die Dunkelmänner ihre Gegner und spekulierten auf den Beifall der rohen Menge.[1]) Gegen die Dunkelmännerbriefe, welche sie und ihre Sache so sehr an den Pranger gestellt hatten, knirschten sie natürlich am meisten, und hätten sie gern aus der Welt geschafft. Sie machten daher die größten Anstrengungen und ließen es sich schönes Geld kosten, um vom Papste eine Verbotsbulle dagegen zu erwirken. Leo X. hat seine Klugheit nicht bewährt, als er sie erteilte (15. März 1517),[2]) und noch weniger in der Art und Weise, wie er das Verbot verschärfte, weil diese Briefe soviel Schmähungen und Verspottungen der Professoren der Theologie in Cöln und der Pariser Universität, und weil sie soviel Gift enthielten, darum solle jeder, der sie läse, mit dem höchsten Banne belegt sein; jedermann solle gehalten sein, sie den Dominikanern auszuliefern oder zu verbrennen. Alle Prediger wurden angewiesen, in der Landessprache darüber zu sprechen und die Bulle dem Volke zu verkünden. — Nun, diese werden es nicht an Eifer haben fehlen lassen, schwerlich jedoch haben sie oder die Bulle irgend eine Wirkung gehabt. Es war in kurzer Zeit ein neuer Geist über die europäischen Menschen gekommen, der sich nicht mehr durch Bullen bannen ließ. Die Dunkelmännerbriefe konnten umso weniger unterdrückt werden, als sich Domherren und Genossen anderer Orden daran ergötzten und, voll Schadenfreude gegen die Dominikaner, sie nicht missen mochten.

Die Humanisten und Reuchlinisten ließen es auch nicht an Eifer fehlen, die Entzweiung fortdauern zu lassen. Durch Briefe ermunterten sie einander, durch Veröffentlichung von Aktenstücken — wie das Votum des Bischofs Benignus gegen Hochstraten — und durch polemische Flugblätter suchten sie die öffentliche Meinung immer mehr

---

[1]) Vergl. Reuchlins Brief an den Kardinal Anconitani vom Novbr. 1518 bei Friedländer, Beiträge, Nr. 82, und Huttens Brief an Nuenaar im April deßs. Jahres in Huttens Werken.

[2]) Mitgeteilt in den Lamentationes obscurorum virorum p. 3.

gegen die Dominikaner einzunehmen und zu erbittern. Hutten war, seitdem er das Treiben in Rom mit geschärftem Blick kennen gelernt hatte, am eifrigsten, den Sturz der Geistlichenherrschaft in Deutschland herbeizuführen. Indem er Reuchlin wegen seines Kleinmutes tadelt, bemerkt er in seiner kurzen, schneidenden Weise: „Einen großen Teil Deiner Bürde nehmen wir auf uns. Ich blase jetzt einen Brand zusammen, der zur Zeit auffliegen wird. Ich werbe Genossen, welche nach Alter und Lebensstellung der Kampfesart gewachsen sind. Ich sollte die Sache der Wahrheit verlassen? Wie wenig kennst du Hutten! Vielmehr, wenn du sie heute verließest, würde ich nach meinen Kräften den Kampf aufnehmen, und meine Begleiter werden nicht träge sein." Hutten hielt auch Wort. Seitdem Reuchlin durch Alter und zunehmende Schwäche sich nur noch in Klagen ergoß, stellte sich Hutten in die erste Reihe und sprach Dolche und Flammen.

Der zweite Teil der Dunkelmännerbriefe, die wohl größtenteils von ihm verfaßt sind (Sommer 1517), hat das Lachen der Reuchlinisten und das Grinsen ihrer Gegner womöglich nur noch mehr gesteigert. Ein Magister klagt seinem Genossen Ortuin Gratius, was er Lästerliches aus dem Munde des Franziskaners Thomas Murner habe hören müssen, der ein warmer Freund Reuchlins sei. Er habe unter andern geäußert: „Wenn die Cölner eine gerechte Sache haben, warum lassen sie ihre Geschäfte durch den getauften Juden betreiben? Wenn es noch einen schlimmeren und nichtswürdigeren Menschen in Deutschland gäbe, würden sie sich mit ihm verbinden. Gleich und gleich gesellt sich.[1]) Da konnte ich nicht dazu schweigen und sagte: ‚Johannes Pfefferkorn ist ein ehrlicher Mann und ist aus dem Stamme Naphtali geboren, aus altem Adel; er rühmt sich dessen nur nicht, weil er bescheiden ist.‘ Darauf Thomas Murner: „Von Pfefferkorns Ehrlichkeit hab' ich nicht viel gehört, was ich gehört habe, ist, daß, wenn die Juden ihn wegen seiner Missetaten nicht hätten töten wollen, er nicht Christ geworden wäre. Ein Jude habe gesagt: ‚Sehet, was bei den Juden nichts taugt, ist für die Christen immer noch gut genug.‘ Darauf nimmt der Magister Pfefferkorn in Schutz und Thomas Murner sagt zum Schluß: „Pfefferkorn ist würdig, einen solchen Verteidiger zu haben".

Über die Unfehlbarkeit des Papsttums, die sich in der Talmud-Pfefferkorn-Reuchlin-Hochstratenschen Streitsache, ebenso wie die Festigkeit des Kaisers bloßgestellt hatte, verhandelte einer der Dunkelmännerbriefe in einem so wegwerfend burschikosen Tone, daß man daraus den baldigen Niedergang desselben ahnen konnte. „Der Papst soll den ‚Augenspiegel‘ freigesprochen haben, er kann ihn aber wieder

---

[1]) Epistolae obscuror. virr. II, No. 3, quia Schlem schlem, quaerit sibi similem.

verdammen. Der Papst steht nicht unter dem Gesetz, ist vielmehr das lebendige Gesetz auf Erden; darum kann er alles tun und braucht auf niemanden Rücksicht zu nehmen. Und wenn er auch einmal Ja gesagt hat, kann er darum doch Nein sagen!"[1]

Ein Brief eines Dominikanermönches berichtet an Ortuin — über das Gerede der Leute von den Händeln. Man sagt unter anderem, daß der Pfefferkorn, welcher die ganze schmutzige Geschichte eingebrockt hab, nicht besser sei, als jener, welcher in Halle mit glühenden Zangen vom Leben zum Tode gebracht wurde (v. S. 145), und wenn man ihn ins Verhör nehmen wollte, würde er eben so viele Verbrechen einzugestehen haben. Die Leute sprechen weiter: „Pfefferkorn hat die Cölner Theologen und sie ihn aufgestachelt, die Schriften der Juden zu verbrennen, und das haben sie nur getan, damit die Juden mit vielem Gelde zu ihnen kommen und sprechen sollten: ‚Erlaubet uns unsere Bücher, da habt ihr vierzig Goldgulden.' Einige Juden würden dafür gern hundert geben, andere gar tausend. Da kam Reuchlin und hinderte diesen Plan; daher sind sie über ihn aufgebracht und nennen ihn einen Ketzer. Auch schreiben sie einige Bücher in lateinischer Sprache unter Pfefferkorns Namen, obwohl er nicht einmal das Alphabet kennt. Sie tun es aber, weil sie wissen, daß niemand ihm antworten wird, weil sich niemand mit diesem Wicht beschmutzen mag." Dann folgen Ausfälle gegen Arnold von Tongern, daß er als Fälscher befunden worden, gegen Ortuin, der beim Ehebruch ertappt worden, gegen Wigand Wirth (den Verf. der Sturmglocke), der die unbefleckte Geburt Marias geleugnet und dann zu widerrufen gezwungen worden. Darauf ein einfältiger Dunkelmann: „Ihr dürftet solches dem Volke nicht sagen, auch wenn es wahr wäre, weil der ganze Dominikanerorden dadurch verlästert wird, und die Menschen sich ein böses Beispiel daran nehmen." Zum Schluß klagt der Mönch: Ich wollte, o Ortuin, die Sache hätte ein Ende, weil sie uns fast nachteilig ist; die Menschen wollen uns keine Almosen mehr geben. Ich ging die vergangene Woche Käse zu sammeln und habe in zehn Tagen nicht mehr als 15 zusammengebracht, weil alle sagen: Gehe zu Johannes Reuchlin und sage, daß er dir Käse geben möge." [2]

Außerordentlich belustigend ist ein Brief, worin von der einen Seite nachgewiesen wird, daß in Pfefferkorns Verteidigung gegen die erste Reihe der Dunkelmännerbriefe Ketzereien und Schmähungen gegen den Kaiser und Papst enthalten seien, und wie diese Ausstellung von der anderen gerechtfertigt wird. Angriff: Pfefferkorn nannte seine Heiligkeit eine Dienerin des Herrn auf Erden, sagte somit, der

---

[1] Epistolae obscuror. virr. II. Nr. 5.
[2] Das. Nr. 7.

Papst sei ein Weib, spielte darauf an, daß einst eine Päpstin auf Petri Stuhl gesessen, und deutet auch damit an, daß der Papst wie ein Weib irren kann, also auch die Kirche, und das ist Ketzerei. Verteidigung: Pfefferkorn ist ein schlechter Grammatiker und versteht nicht lateinisch; er glaubt nämlich, das Wort Papa (Papst) sei weiblichen Geschlechts. Er schrieb in diesem Punkte wie die Gottesgelehrten, und diese brauchen sich nicht um die richtige Sprache zu kümmern; das ist nicht von ihrer Fakultät.[1]) Ein anderer Bericht: Pfefferkorn reist in Glaubensgeschäften in ganz Deutschland herum, was ihm sehr unangenehm ist, weil er Frau und Kinder in Cöln zurücklassen muß, obwohl die Theologen in seiner Abwesenheit seiner Frau viel Gutes erweisen und sie trösten. Auch kommen zuweilen die Mönche aus dem Kloster zu ihr und sagen ihr: „Wir bedauern euch, daß ihr so allein seid." Und sie antwortet: „Besuchet mich zuweilen, denn ich bin beinahe eine Witwe, und gebet mir euren Trost".[2])

Ein Dominikaner schreibt an Ortuin, er habe noch nicht die Überzeugung, ob Pfefferkorn im Glauben bleiben werde. Neulich sei ein Dekan der Andreaskirche, ein getaufter Jude (Viktor von Karben?) gestorben, und er habe vor seinem Tode an einem Beispiel gezeigt, daß ein Jude seine Natur nicht lassen könne; er habe geäußert, „auch er wolle als guter Jude sterben." Ein anderer Konvertit habe vor seinem Ableben einen Stein in einem Topfe ans Feuer setzen lassen und habe öfter gefragt, ob er noch nicht weich gekocht sei. Und als ihm geantwortet wurde, ein Stein könne nicht weich gekocht werden, habe er bemerkt: „So kann auch kein Jude ein guter Christ werden; sie taufen sich nur aus Gewinn oder Furcht, oder um ihre Glaubensgenossen zu verachten".[3])

Die Dunkelmännerbriefe, sowohl die erste Reihe (wahrscheinlich von Crotus Rubianus), als auch die zweite (von Ulrich von Hutten) taten ihre volle Wirkung. Die Dominikaner mochten sich noch so sehr auf Leugnen und Lügen verlegen, mochten Reuchlin und seine Anhänger mit Kot bewerfen, mochten „trübselige Klagen der Dunkelmänner, nicht vom Papste verboten"[4]) schreiben, worin sie in schaler Prosa und noch schlechterer Poesie Feuer und Schwefel auf ihre Gegner herabschwuren, und ihnen „abgehauene Hände, ausgeschnittene Zungen und zugeschnürte Kehlen" anwünschten —, das verschlug alles nicht mehr; ihr Ansehen war dahin. Mit ihren erdichteten „Klagen der Dunkelmänner" haben sie nur den ätzenden Spott ihrer Gegner

---

[1]) Epistolae obscuror. virr. II. Nr. 28. Sed Theologi non curant Grammaticam, quia non est de sua facultate.
[2]) Das. Nr. 37.
[3]) Das. Nr. 47.
[4]) Lamentationes obscurr. virr. non prohibitae ab sede apostolica, 1518.

über ihren schalen Witz, ihre Geschmacklosigkeit und Rechthaberei besiegelt. Der Dominikanerwitz schreibt in einem der Gegen-Dunkelmännerbriefe: „Ich höre, die Juden freuen sich über den Fortgang ihrer Angelegenheit. Sie lesen ein gewisses Buch bei Tische und in ihren Teufelssynagogen, verhöhnen täglich die Christen und behalten ihre gotteslästerlichen Schriften. Daher, wenn die nichtswürdigen Feinde des Kreuzes aus angeborener und eingewurzelter Bosheit sich freuen, müssen wir, wollen wir anders selig werden, trauern. Diese Ehre haben wir, daß die Juden zum Skandal der Kirche die Dunkelmännerbriefe ins Deutsche übersetzen".[1]

Das Geheimnis konnte nicht mehr gewahrt werden, es wurde von den Dächern laut verkündet, daß die Kirche einen klaffenden Riß erhalten hatte. Nicht ihre Gegner, sondern der Provinzial des Dominikanerordens, Eberhard von Cleve, und das ganze Kapitel gestanden in einem offiziellen Schreiben an den Papst ein, daß der Streit ihnen, den Predigermönchen, Haß und Verachtung eingetragen, daß sie für alle zur Fabel geworden, daß sie — jawohl, unverdient! — als Feinde der brüderlichen Liebe, des Friedens und der Eintracht in Rede und Schrift verschrieen würden, daß ihre Predigten verachtet, ihre Beichtstühle gemieden, daß alles, was sie unternähmen, verlacht und als Hochmut und Überhebung ausgelegt werde.[2] Die Jünger Domingos, welche ihren Aufschwung dem zunehmenden Fanatismus gegen die Albigenser verdankten, weil sie anfangs sittenstrenger als Welt- und Ordensgeistliche waren, hatten damals, wenigstens in Deutschland, beinah ausgespielt, da sie tief unter diese gesunken waren.

Inzwischen pflanzte sich der Streit zwischen Reuchlin und den Dominikanern und namentlich Hochstraten auf einem andern Gebiete fort und berührte das Judentum an einer andern Fläche. Die Kabbala bildete eigentlich den dunklen Hintergrund dieser Bewegung. Aus Schwärmerei für diese Geheimlehre, welche den Schlüssel zum tiefern Verständnis der Philosophie und des Christentums bieten sollte, hatte Reuchlin auch den Talmud geschont wissen wollen, weil darin nach seiner Meinung mystische Elemente enthalten seien. Die junge Kabbala war die Schutzpatronin des grauen Talmuds geworden. Reuchlin verstand aber noch wenig von dieser Afterwissenschaft, selbst zur Zeit, als er das Werk von „dem wundertätigen Wort" (o. S. 79) geschrieben. Seine Wißbegierde und sein Eifer ließen ihm keine Ruhe, sich darin zu orientieren. Es war für ihn bei den Angriffen seiner Gegner auf seine Rechtgläubigkeit, Redlichkeit und Gelehrsamkeit nun gar zu einer Ehrensache geworden, die Übereinstimmung der Kabbala mit dem

---
[1]) Lamentationes obscurr. virr. non prohibitae ab sede apostolica Nr. 44.
[2]) Sendschreiben an den Papst v. 10. Mai 1518 bei Friedländer a. a. O. S. 113 ff.

Christentum gründlich nachweisen zu können. Allein er hatte das Unglück, in seinen hebräischen Studien in schlechte Hände zu geraten. Seine Lehrer in der hebräischen Grammatik, Jakob Loans und Obadja Sforno, waren keine Meister darin. Als er gegen Pfefferkorns Verleumdungen des jüdischen Schrifttums dieses zu verherrlichen sich angelegen sein ließ, und sich auch nach einem jüdischen Dichterwerk umsah, um dartun zu können, daß die hebräische Sprache auch von den Musen begünstigt wäre, fiel ihm gerade ein mittelmäßiges Gedicht in die Hände, „die silberne Schale des Joseph Ezobi" (B. VII, S. 80), für das er so sehr schwärmte, daß er es ins Lateinische übersetzte.[1]) Wie hätte er erst für die neuhebräische Poesie geschwärmt, wenn ihm der Zufall die süßen und gedankenreichen Verse der Dichter Gebirol oder Jehuda Halevi zugeführt hätte! Ebenso erging es Reuchlin mit der Kabbala. Nachdem er lange nach einem Leitfaden gesucht, machte ihn das Ungefähr mit der trübsten Quelle derselben bekannt, mit einigen sinnlosen Schriften des Kabbalisten Joseph Gicatilla aus Kastilien, welche der Täufling Paul Ricio jüngsthin ins Lateinische übersetzt hatte. Dieser Ricio, ein deutscher Jude, erst Professor in Pavia, dann Leibarzt des Kaisers Maximilian, brachte aus dem Judentume einige nicht allzu bedeutende Kenntnisse des Hebräischen mit hinüber und verwertete sie unter den Christen. Viel Geist hatte er nicht; wenigstens verraten ihn seine Schriften nicht. In der Talmudfrage hatte ihm der Kaiser, der sich nachgerade selbst von dem Wert oder Unwert des Talmuds, worüber so viel hin und her gestritten wurde, überzeugen wollte, den Auftrag gegeben, ihn ins Lateinische zu übersetzen.[2]) Sein ganzes Leben beschäftigte sich Ricio damit, ohne jedoch etwas Vollständiges zu liefern, und dem Außenstehenden auch nur einen ahnenden Begriff davon zu geben. Er machte aus diesem und jenem talmudischen Traktat und aus diesem und jenem rabbinischen Buch Auszüge und verfiel oft dabei auf sein Steckenpferd, Jesu Messianität daraus beweisen zu wollen.[3])

[1]) Gedruckt zuerst Tübingen 1517 unter dem Titel: Rabi Joseph Hyssopaeus Perpinianensis, Judaeorum poeta dulcissimus ex hebraica lingua in latinam traductus a. J. Reuchlino. Der Titel des Gedichtes Lanx argentea, oder acceptabulum für קערת כסף. Text und Übersetzung, auch bei Wolf, Bibliotheca hebraea IV. Ende.

[2]) Pauli Ricii opuscula varia in talmudicae traditionis farraginem. In der Einl. heißt es: Monuerat quondam divus Maximilianus Caesar, uti vetusta illa et obsoleta Moseorum (quae Talmud appellari libuit) volumina de Hebraicis latebris in latinum mutarem eloquium.

[3]) P. Ricios Übersetzungen sind: 1) de sexcentis et tredecim mosaicae legis mandatis; 2) Farrago ex talmudico; 3) Aegyptii R. Mosis in librum Misnaios prooemium; 4) Compendium sive Mischna in codicem Senatorum, dictum Sanhedrin. Ricio soll auch Auszüge aus Traktat Berachot gemacht haben.

Von dem Wahne des Grafen Pico de Mirandola befangen, daß die Kabbala das Christentum lehre und bestätige, machte sich Paul Ricio auch daran und übersetzte etwas aus einem Werke des Joseph Gicatilla (Lichtpforte), oder vielmehr machte er in seiner nachlässigen Art Auszüge daraus und widmete sie dem Kaiser Maximilian.[1]) Überhaupt haben sich damals getaufte Juden förmlich darauf geworfen, aus kabbalistischen Schriften das Christentum zu verherrlichen, und wenn sie solche nicht nach Wunsch fanden, so erfanden sie sie. Wie Paulus de Heredia (Bd. VIII, S. 224) schrieben in dieser Zeit getaufte spanische Juden — man sagt ein ganzer Verein von zwölf Mitgliedern, darunter Vidal de Saragossa de Aragon und ein Dabila — eine ganze Sammlung erlogener Schriften

---

[1]) Die Übersetzung der portae lucis Rabi Josephi Castiliensis erstreckt sich nur auf die Einleitung und einen Teil der שׁערי אורה, wie Wolf bemerkt hat III, p. 392. Sie ist wohl zuerst Augsburg 1516 erschienen. Reuchlin erhielt diese Übersetzung erst auf besonderes Verlangen im August dieses Jahres von dessen Sohn Hieronymus Ricius zugeschickt, wie aus dessen Brief II, Nr. 58 hervorgeht: Ceterum, quam tantopere exoptas, Portam lucis libellum, tibi . . . mitto et munere trado. Im dritten Buche de arte Cabbalistica, wo Reuchlin lange Auszüge daraus machte, sagt er deutlich an mehreren Stellen, daß dieses die einzige Quelle für seine Arbeit gewesen ist (vergl. ed. Frankfurt a. M. p. 735): quae facile nunc . . . de libro Cabbalistico compendii portae Lucis, quem P. Ricius . . . ex Rabbi quondam Castiliensi collegit et de Isagogis, quas scripsit in Cabbalam discere potestis. (Diese Stelle ist merkwürdigerweise in Picos Apologia III, p. 735 hinein interpoliert worden, und daraus haben einige, auch der Bibliograph Wolf, fälschlich angenommen, Pico habe aus Ricius geschöpft, während Reuchlin und Galatinus öfter den Grafen Mirandola als ersten Kabbalisten unter den Christen aufstellen). Eigen ist es, daß Reuchlin den Joseph Castiliensis, Verf. von שׁערי אורה, durchweg unterscheidet von Joseph filius Karnitolus (d. h. גיקטיליא, öfter verschrieben als קרניטול), dem Verf. von גנת אגוז oder hortus nucis (a. a. O. 631). Was noch auffallender ist: Jmanuel Aboab läßt den Joseph, Verfasser der אורה 'ש, zur Zeit der Vertreibung der Juden aus Spanien leben, also fast zwei Jahrhunderte später, als J. Gicatilla, Verf. des אגוז 'ג (Nomologia p. 301): Salió de Aragon . . . el Rab Joseph Chequitilla famosissimo Cabalista, hizo tres libros muy excellentes, que llamó puertas de luz, puerta de los cielos y comento de quadriga de Jechazquiel. Ebenso der Verfasser der מלבד אלו (הבאים בתוך הגולה): יש רבנים אחרים אשר פורחם הרוח לא (p. 7): מאורעית עולם נודע אצלנו מכון שבחם ואלה שמותם הר' יוסף גקיטילייא אשר חבר ס' שׁערי אורה ושער השמים וגרוש מרכבת יחזקאל. Sollte dieser Joseph Gicatilla, Verfasser der portae lucis, nach Italien gewandert und mit jenem Dattilus identisch sein, von dem Pico Kabbalistisches vernommen hat? (Apologia gegen Ende): cujus res testem habeo Au. Granicum, qui suis auribus audivit Dattilum Hebraeum, peitum hujus scientiae (Cabbalae). Dattilus kann wohl eine Korruptel für Gicatillus sein.

im Stile der Agada oder des Sohar, worin die Dogmen des Christentums in jüdische Gewandung gekleidet wurden. Unter anderem wurde der herrrliche jesaianische Schriftvers: „Heilig, heilig, heilig ist der Herr Zebaot" von solchen Lügenschmieden in agadischer Manier auf die Dreifaltigkeit umgedeutet: „Heilig der Vater, heilig der Sohn, heilig der heilige Geist".¹) Mit Recht bemerkte ein christlicher Kenner des Hebräischen und der Kabbala, daß damals sehr viele wunderliche Lehren aus der Kabbala, wie aus dem trojanischen Pferde, in die Kirche eingedrungen seien.²)

Sobald Reuchlin von der Fundgrube des sinnverwirrten Joseph Gicatilla erfuhr, hatte er keine Ruhe, bis er sie erhielt, und er machte sich darüber her, die Kabbala von neuem für die Dogmen des Christentums auszubeuten und seine Behauptung, die Kabbala sei gut christ-katholisch, zu belegen. Von seinen Freunden und Verehrern war er öfter angegangen worden, ihren Turst nach den aus schauerlichen Tiefen fließenden Gewässern zu stillen.³) Mittels der Spielereien des Gicatilla glaubte Reuchlin das Rätsel der Welt lösen zu können — ein Lächeln erregender Irrtum des sonst so besonnenen Mannes. Daß die Kabbala nicht uralt, sondern nachweisbar jüngeren Ursprunges sei,

---

¹) Diese Nachricht gibt Abraham Farissol in seinem handschriftl. מגן אברהם (Codex der Breslauer Seminarbibliothek, Nr. 59, Bl. 106 v.): ושמעתי כי יחברו מדעתם על ידי רשעי יש״אל חבור מאמר כלשון בבלי א״י ירושלמי בדמות לשונות הזוהר אשר בו יזכרו המצאה מה אש״ר בדו מלבם על עניני משיחנו ... והיום בעיר מושב״י פירה ספ״י חשובים שמעתי וספרדים מבני ציון היקרים אשר הגידו והעידו איך בספרד קט פרשעי בני ישראל בחורים כ״ב במספר וראש אחד לחם. ואלה שמות ג׳ מהם אלטינציאו דיכולצון (?) וידאל די סאראגוצא דאראגון והג׳ אילקיקי די כורישן (?) דילא... (*) וחברו קובץ אחד קטון מדרשות ש״ל חוני נדו מלבם דרך לשון הזוהר ומדרשות רבה והדרשות אשר הודיעו בהם גשמם האלהים והתהלדות וההתגלמות וההתחיה אהרי רבים מעיני משיחם עם הדורא פסוקים טורים הענין. וכתבו בשם חכמי המדרשות ואמרי שעש עם ושם העתיקים.. כדנה שמעתי והוגד לי היות הדבר הלו בסדרש לא יכחי בקם על בא״ר קדוש קרוש קדוש ג׳ פעמים אמר כן במדרש: הרי מאן דאמרין ק׳ק׳ק׳ ג״פ דוי אימר קדישא דאבא קדישא ברא קדישא דרוחא קדישא. Diesen lächerlichen pseudepigraph. Passus zitiert auch Galatinus (de arcanis L. II. Anf.) Quod Esaias quoque aperte monstravit, cum dixit ... ק׳ק׳ק׳ ... quod per R. Simeonem Jochaï filium et per R. Jonathan Uzielis filium super textum hunc aperte probatur. Nam R. quidem Simeon sic hebraice ait: קדוש זה אב קדוש זה בן קדוש זה רוח הקדוש, et Jonathan: קדיש אבא קדיש ברא קדיש רוחא קדישא. Merkwürdig ist es, daß Farissol auf diese plumpe Interpolation halb und halb eingeht und sie im Sinne des Judentums auf die Patriarchen Abraham, Isaak und Jakob, abgeschmackt genug, deutet.

²) Widmannstadt bei Perles, Beiträge 186: Ex hac Judaeorum Cabbala infinita opinionum portenta, veluti ex equo Trojano educta, impetum in Christi ecclesiam fecisse.

³) Vergl. Briefsammlung II, Nr. 29.

*) Ein unleserliches Wort.

hätte sich Reuchlin nicht einreden lassen. Er und viele seiner Zeitgenossen aus dem Humanistenkreise waren fest überzeugt, daß sie eigentlich nur eine ins Chaldäische übertragene pythagoräische Weisheit enthalte, oder auch umgekehrt, Pythagoras habe seine Weisheit aus dem Judentum geschöpft.

Infolge der ihm aufgegangenen Wahrheit, daß die Kabbala die höchste Erkenntnis, die Mysterien des Christentums offenbare und bestätige, arbeitete Reuchlin ein Werk aus, von der **kabbalistischen Wissenschaft**[1]) und widmete es dem Papste Leo X., um seiner Streitsache, daß die jüdischen Schriften, statt verbrannt, gehegt zu werden verdienten, neues Gewicht zu geben. Diese Schrift ist in Dialogform, der beliebten Stilweise jener Zeit, gehalten, zwischen einem Griechen **Philolaus**, einem Mohammedaner **Marranus** und einem Juden **Simon**, den die beiden anderen Weisen in Frankfurt aufgesucht hätten, um sich von ihm in die kabbalistischen Geheimnisse einweihen zu lassen. Beide machten dem Juden, d. h. dem Judentume überschwängliche Komplimente. Seitdem so viele hunderttausend Juden aus Spanien vertrieben und Trümmer derselben bis in die entferntesten Gegenden der Erde zersprengt worden, hätten diese ihn, Simon, als den Besitzer vieler Kenntnisse, einer unglaublichen Geistesschärfe, philosophischer Klarheit und besonders Eingeweihtheit in die kabbalistische Spekulation gerühmt, so daß aller Augen bis jenseits des Landes der Sarmaten und bis zum Eismeere auf ihn gerichtet seien. Simon kann der liebenswürdigen Zudringlichkeit der beiden Philosophen Philolaus und Marranus nicht widerstehen, und entwickelt ihnen die Grundlehre der Kabbala, zunächst die Seite, daß Schrift und talmudische Agada nicht nach dem Buchstaben, sondern allegorisch und symbolisch auszulegen seien.[2]) Der jüdische Kabbalist von Frankfurt oder vielmehr Reuchlin stoppelt nun einen schwindelerregenden Wust zusammen von

[1]) De arte cabbalistica, gedruckt März 1517.

[2]) Es ist interessant, zu bemerken, wie sehr sich Reuchlin angelegen sein ließ, anstößigen Agada-Sentenzen, welche Pfefferkorn Gelegenheit gaben, den Talmud zu denunzieren, eine Umdeutung zu geben und ihnen eine berechtigte Unterlage zu vindizieren. Er zitiert die Agadastelle (I, p. 626b): שבא אדם על בהמה וחיה ולא נקררה דעתו עד שבא על האשה, und fährt fort: quibus e verbis obtortum scelus malignitate perversorum hominum (nämlich Pfefferkorn und die Cölner) contigit, si modo sint homines, ac non magis diaboli incarnati ... qui seditionem Christianitatis adversum nos, quamvis secundum leges imperatorum innocenter et pacifice viventes, tamen quolibet genere injuriarum excitare parati, cum saepe alias, tum nuper in ista urbe (Francofurti) dicta magistrorum nostrorum falso interpretati, sic exposuerunt, quo Adam etc. Darauf erklärt der Sprecher, der Jude, eigentlich Reuchlin, die Stelle allegorisierend, während Pfefferkorn, sie nach dem Buchstaben auslegend, dem Talmud mit Unrecht Zynismus aufgebürdet habe.

klassischen, kirchenväterlichen, talmudischen, kabbalistischen Sätzen und Auslegungen von heidnischer Mythologie, Bibelversen, Agadasprüchen — um zum Ergebnisse zu gelangen, daß die kabbalistische Spielerei des halbverrückten Abraham Abulafia[1]) und seines Jüngers Joseph Gicatilla mittels Buchstabenversetzung und Zahlenkombination[2]) ihre volle Berechtigung hätte und den Schlüssel zur höchsten Weisheit böte. Was war die Ausbeute davon? Uns erscheint allerdings der Gewinn lächerlich gegen den Aufwand von Gelehrsamkeit. Aber für Reuchlin war es voller Ernst, daß die im Talmud nur flüchtig hingeworfene Andeutung der Gottesnamen von zwölf und von zweiundvierzig Buchstaben die Dreieinigkeit von Vater, Sohn und heiligem Geist mystisch lehre. Die Spielerei der Kabbalisten aus der Abulafianischen Schule wendete Reuchlin auf die christliche Symbolik von Holz, Kreuz und Bild an,[3]) indem beide Wörter im Hebräischen den Zahlenwert 160 haben. Daher die Wundertätigkeit des Kreuzes und des Kreuzeszeichens, in dem der erste christliche Kaiser Constantin gesiegt habe. Der aufgesuchte jüdische Kabbalist in Frankfurt führt, je mehr sich das Gespräch dem Ende zuneigt, desto mehr eine christliche Sprache, als hätte sich das Judentum mit dem Christentum in der Kabbala versöhnt, und der so lang dauernde Widerstreit wäre ausgeglichen.

Reuchlin muß auf den Beifall des Papstes, dem er das Werk gewidmet hatte, gerechnet haben, daß er dem schwankenden Glauben von einer andern Seite neue Stütze zu verleihen imstande sei. Er knüpfte daran die Hoffnung, daß Leo X. den Urteilsspruch in dem Streit zwischen ihm und den Dominikanern, der zwar niedergeschlagen, aber von den letzteren doch noch mit Eifer betrieben wurde, endgültig fällen und ihm Frieden und Ruhe gewähren würde. Er verfehlte nicht, dabei aufmerksam zu machen, wie seine Gegner dem päpstlichen Stuhle Gesetze vorzuschreiben wagten. Die christlich gefärbte Kabbala sollte seine Fürsprecherin am päpstlichen Hofe sein. In der Tat stand er damals nicht vereinzelt mit seiner Affenliebe für die Geheimlehre. Nicht nur Kardinäle, sondern der Papst selbst versprachen sich viel von

---

[1]) Reuchlin zitiert ihn in seinem anachronistisch angelegten Kabbalistenkatalog sunt et quos (libros) edidit in Cabbala Abraham Alafia.

[2]) Gematria d. h. Grammatia. Notaricon, Temura.

[3]) De arte cabbalistica, vorletzte Seite: Certe hanc figuram crucis sapientiores Cabbalistae ad lignum aenei serpentis ... referre volunt, idque per נסטריא‎ i. e. per aequalitatem numeri. Horum namque עלם‎ i. e. crucis et עץ‎ i. e. ligni characteres utrinque centum et quinquaginta (leg. sexaginta) symbolissant. עלם‎ bedeutet zwar nur Bild; aber da die Juden es auch für Götzenbild, Kruzifix und andere Ikonen gebrauchten, hielt sich Reuchlin für berechtigt, es mit עץ‎ durch die Spielerei des Buchstabenzahlenwertes zu allegorisieren.

einer Ausbeute der Kabbala für das Christentum. Daher drängten sie den Franziskaner **Petrus Galatinus** aus Rom, der einige Kenntnis davon hatte, zugunsten Reuchlins ein Werk darüber auszuarbeiten, ehe sie noch wußten, daß Reuchlin sich selbst daran gemacht hatte. Galatinus, der als Franziskaner ein Gegner der Dominikaner war, stoppelte infolgedessen ein umfangreiches Machwerk zusammen, „**von den Geheimnissen der katholischen Wahrheit**."[1]) Es ist ein Dreigespräch zwischen **Reuchlin, Hochstraten** und dem Verfasser über die Mysterien des Christentums, welche durch Beweise aus Talmud und Kabbala bestätigt sein sollten, Beweise, welche nur von den blinden Juden übersehen würden. Es scheint, daß der damals in Rom weilende hebräische Grammatiker **Elia Levita**,[2]) der Hausfreund des zum Kardinal erhobenen Egidio von Viterbo, dem zum christlichen Kabbalistenkreise gehörigen Galatinus bei Abfassung dieses Werkes behilflich war. Denn dieser Franziskaner benutzte für sein Werk auch Stellen aus dem mystischen Buche Sohar, das kein Christ ohne Hilfe eines gelehrten Juden verstehen konnte. Dieses Werk ist ein anekelndes Zusammenkehricht aus jüdischen und christlichen Schriften ohne Zusammenhang und Gedankenfäden, namentlich aus de Heredias Machwerk und der Lügenschmiede getaufter spanischer Juden, und sollte beweisen, wie nützlich und förderlich es für die christliche Welt sei, wenn ein christlicher Gottesgelehrter die jüdischen Schriften kenne, aus denen soviel Geheimnisse für die katholische Wahrheit gezogen werden können. Dadurch werde nicht bloß der Unglaube der gegenwärtigen Juden (die Juden des Altertums sollen im Innern christgläubig gewesen sein) so sehr widerlegt werden, daß sie nicht einmal den Mund dagegen auftun könnten, sondern auch die katholische Wahrheit bestätigt werden. So nichtig und geschmacklos diese christelnde Kabbala war, so kam sie dennoch durch Reuchlins Patronat in Mode. Die nicht allzu geistesfesten Humanisten ließen sich

---

[1]) De arcanis catholicae veritatis libri VII., beendet September 1516, gedruckt 1518. Vergl. dazu die Einleit. und Reuchlins Briefs. II, Nr. 74. Es gilt jetzt als ausgemacht, daß Galatinus ein geborener Christ, und nicht ein getaufter Jude war.

[2]) Elia Levita verteidigt sich in der Einleitung zu מסורת המסורה, er habe Christen nur hebräische Grammatik gelehrt. Dem ist aber nicht so. Er hat wenigstens seinen Gönner Egidio de Viterbo in die Kabbala eingeführt; er kopierte für ihn: a) פירוש ס׳ יצירה; b) סוד רזיאל; c) ס׳ חכמת הנפש. Er bemerkt dabei: ונכתבתי הספר הזה לאחד מחסידי אומות העולם ובהני כמות אגוסטינו שמו אדון זידיו . . . . . (Orient Literbl. Jahrgang 1849, c. 78), also noch zur Zeit, ehe Egidio Kardinal geworden war, vor 1516. In Almanzis Katalog findet sich aufgeführt: סודי רזיא וס׳ ספר יצירה וספר חכמה הנפש לר׳ אליעזר מגרמיזא übersetzt von Elia Levita für den Kardinal Egidio 1515.

in diesen Strudel hineinzuziehen. Selbst der steife Geheimrat und Patrizier Pirkheimer in Nürnberg, ein Kenner und Verehrer der klassischen Literatur, der Gewissensrat der Humanisten, schwärmte für die Kabbala und kaute an deren unverdaulichen Formeln. „Um wieviel löblicher wäre es für die Dominikaner und Theologisten", sagte er, „anstatt ihre geschwätzige Zunge gleich einem Schwert zu spitzen, in trägem Geiste und mit frechem Munde Dummes und Geschmackloses auszustoßen, um wieviel löblicher wäre es für sie, die Lehren, welche in Kabbala und Talmud noch verborgen liegen, zu erforschen, wie es Reuchlin und Paul Ricio getan. Sie könnten sprechen über die **zweiunddreißig Bahnen der Weisheit** und die Geheimnisse der göttlichen Namen, der Worte des Gesetzes und der Synagoge, der großen zehn Siegel Gottes, der Buchstabenversetzung, was die Kabbalisten über die Geburt der Jungfrau, die Fleischwerdung des Gottessohnes, über dessen Tod, Auferstehung, Wandlung seines Leibes in Brot und Wein gedacht haben".[1]) Nur Hochstraten blieb von diesem kabbalistischen Wirbel unberührt. War es Einsicht oder Eingebung seiner Verbissenheit gegen Reuchlin? — der Haß macht scharfsichtig — genug, er behauptete in einer Schrift, die Kabbala sei eine Feindin des Christentums und lehre Unglauben.[2])

Als das Interesse an dem Reuchlinschen Streit lauer zu werden anfing, tauchte eine andere Bewegung in Deutschland auf, welche das fortsetzte, was jener angebahnt hatte, die festen Säulen des Papsttums und der katholischen Kirche bis ins Innerste zu erschüttern und eine Neugestaltung Europas vorzubereiten. Die so weittragende, von Luther ausgegangene Reformation, hatte durch den ursprünglich sich um den Talmud drehenden Streit einen günstigen Luftzug vorgefunden, ohne welchen sie weder hätte entstehen, noch wachsen können. Aber die reformatorische Bewegung, welche in kurzer Zeit eine weltgeschichtlich wirkende Macht wurde, entstand aus winzigen Anfängen und bedurfte eines kräftigen Rückhaltes, wenn sie nicht im Keim erstickt werden sollte. **Martin Luther** (geb. 1483, gest. 1546) war eine kräftige, derbe, eigensinnige und leidenschaftlich erregte Natur, die mit Zähigkeit an ihren Überzeugungen und Irrtümern festhielt. Diese Natur war beherrscht von religiöser Durchdrungenheit, von einer zu dieser Zeit beispiellosen Hingebung an Gott und die Anforderung des Glaubens, der ihm nicht bloß Anflug, sondern tiefer Ernst, einzige Lebensaufgabe war, gegen die ihm alles unwichtig und bedeutungslos erschien. Luther war unstreitig der Frömmste und

---

[1]) Pirkheimers Brief an Lorenz Beheim vom 28. August 1517.
[2]) Destructio Cabbalae seu Cabbalistae perfidiae a Reuchlino in lucem editae 1519.

Gläubigste seiner Zeit innerhalb des Christentums, auch von einem
fleckenlosen Wandel und wahrhafter Demut. Sein Feuereifer für die
Religion hatte die entschiedenste Ähnlichkeit mit dem des Apostels
Paulus; darum fühlte er sich auch von dessen apostolischen Briefen
am meisten angezogen. Paulus' Rechtfertigungslehre, die er dem
damaligen Judentume entgegensetzte, daß der Mensch seine Seligkeit
weder durch religiöse Werktätigkeit, noch durch Sittlichkeit und Tugend,
sondern einzig und allein durch den unbedingten Glauben an Jesu
messianische Erlösung erlangen könne, diese Lehre hatte sich Luther
zu eigen gemacht, hegte sie in stiller Brust, und sein Inneres stand
bereits, ohne daß er es ahnte, in grellem Widerspruch zur ganzen
kirchlichen Einrichtung von der Seligkeit durch Sakramente, Ablaß,
Messen, päpstlichen Gnadenschatz. Die ganze Einseitigkeit des Apostels
von Tarsus gegen das jüdische Religionsgesetz wendete der Mönch
von Eisleben auf die Kirchensatzungen an. In Rom hatte er die ganze
Fäulnis der Kirche, den Unglauben der Geistlichkeit, mit eigenen Augen
gesehen; aber so sehr es ihm auch wehe tat, erschütterte diese Wahrnehmung nicht einen Augenblick seine blinde, mönchische Gläubigkeit
von der Göttlichkeit der katholischen Kirche und von der Unfehlbarkeit
des Papsttums. Wie der Apostel Paulus anfangs ein strenger Gesetzesgläubiger war, und die erste Christengemeinde mit seinem leidenschaftlichen Feuereifer verfolgte, so war auch Luther anfangs ein verfolgungssüchtiger Anbeter des Papsttums. „Ich war einstmals", bemerkte er, „ein Mönch und rasender Papist, so trunken, so ganz voll
von den Dogmen des Papstes, daß ich bereit war, wenn ich es vermocht, alle diejenigen zu töten, welche an dem Gehorsam gegen den
Papst auch nur mit einer Silbe mäkeln". Und diesen eigensinnigen
Mönch hatte die Vorsehung erkoren, die Befreiung von dem
Papsttum und dem ganzen mittelalterlichen Wust zu vollbringen. Es
gehörte aber viel dazu, bis diesem Hartkopfe die Schuppen von den
Augen fielen.

Die erste Veranlassung dazu war der Ablaßschacher. Im Mainzer
Erzbistum waren in kurzer Zeit drei Erzbischöfe gewählt worden, von
denen jeder beim Antritt dem päpstlichen Hofe 20 000 Goldgulden
Palliengelder zahlen mußte. Der dritte derselben, Kurfürst Albrecht,
war nicht mehr imstande, die Gelder aus seinem Stifte zu erschwingen,
weil die Bewohner durch die Habgier der Kirche völlig ausgesogen
und reiche Juden infolge der Vertreibung nicht vorhanden waren. Er
mußte sie also aus eigenen Mitteln hergeben, oder vielmehr eine Anleihe bei den Fuggers in Augsburg dafür machen. Um ihn schadlos
zu halten, versprach ihm der Papst Leo einen Anteil an dem Erlös
von dem Ablaß, den er in lügenhafter Schwindelei zum Ausbau der
Peterskirche ausschrieb. Die wichtigste Angelegenheit der Kirchenfürsten

war die Erschwingung von Geld. Der Erzbischof Albrecht erlaubte also das Feilbieten von Ablaßzetteln in seinem Sprengel, während der Kurfürst von Sachsen es in seinem Gebiete verbot. — Warum? Um das Geld nicht außer Landes bringen zu lassen. Die Franziskaner mochten sich mit dem Ablaßkram nicht befassen, und so blieb dieses Geschäft dem Dominikanerorden, dessen meiste Glieder die Unverschämtheit nicht scheuten.

Der Dominikanermönch Johann Tetzel, der Frechste unter diesen Frechen, den der Kaiser Maximilian einst wegen Übeltaten in der Inn zu ertränken befohlen hatte, und der das Ausbieten der Ablaßzettel für Kurmainz übernommen hatte, erging sich in Übertreibung und Marktschreierei, um nur viel Geld herauszuschlagen. Im Namen des Papstes, der mehr Macht hätte, als alle Heiligen, Apostel, Engel, ja mehr als Maria, bot er Sündenvergebung. Jesus habe sich nämlich seiner Macht bis zum jüngsten Tage begeben und auf seinen Statthalter übertragen, daher vermöge dieser in der Zeitlichkeit alles im Himmel und auf Erden. Wer Geld für einen Ablaßzettel gäbe, könne alle seine Sünden los werden und sogar Seelen aus dem Feuer erlösen, brauche auch gar nicht Reue und Zerknirschung zu empfinden. Sobald das Geld in dem Kasten klinge, fahre die erlöste Seele hinauf gen Himmel. Selbst wenn jemand die Gottesmutter geschändet hätte, könne er durch den Kauf eines Ablaßzettels Vergebung erhalten. Wer in Blutsverwandtschaft geheiratet, könne dadurch Dispens erlangen. Ja, selbst für eine zukünftige Sünde könne man durch Beisteuer zum Bau Vergebung erkaufen. Kurz, es war ein Aufruf an die häßlichsten Leidenschaften durch Geldspenden alle Sünden und Verbrechen zu begehen. Die Prediger waren angewiesen, von der Kanzel die Vortrefflichkeit des Ablaßkrams zu loben. Der Verkäufer wurde beim Eintritt in eine Stadt — mit der päpstlichen Bulle auf einem Kissen von Samt oder Goldbrokat — unter hellem Glockengeläute, mit Gesängen und Fahnen, von sämtlichen Priestern, Mönchen, dem Rate, der Schuljugend und der ganzen Bevölkerung in bunter Mischung eingeholt.

Es nahmen manche Ärgernis an der frechen, von der Religion selbst gutgeheißenen Umkehrung aller Ordnung, an dieser Anreizung zu sündhaften Taten und Freveln, aber keiner fühlte sich so sehr davon verletzt, als Martin Luther — freilich weniger in sittlicher Entrüstung, als vielmehr aus seiner Auffassung des Christentumes heraus, daß kein Mensch vor Gott gerecht befunden werde, nicht einmal ein Heiliger, geschweige denn ein Papst, um aus dem Überschusse seiner Verdienste die Last der Sünden anderer erleichtern zu können. Als nun seine Beichtkinder nach den benachbarten Städten zu Tetzels Kloster strömten — nach Wittenberg durfte er wegen Konkurrenz nicht kommen — und sich infolge erhaltenen Ablasses einem sündhaften Leben überließen, faßte Luther Mut dagegen einzuschreiten, predigte dagegen und schlug an der Schloßkirche seine 95 Thesen gegen den Ablaßhandel an, worin er sich anheischig machte, die Verkehrtheit und Unchristlichkeit dieses Ablaßschachers zu beweisen (31. Oktober 1517). In kaum vierzehn Tagen war sein Widerspruch gegen Tetzels Frechheit in ganz Deutschland bekannt. Es kam daher, weil die Aufregung wegen des Talmud und der Reuchlin-Hochstratenschen Händel bereits eine öffentliche Meinung ausgebildet und die Dominikaner so sehr verhaßt gemacht hatte, daß nicht bloß die Vornehmen, sondern auch der Kern des Volkes Partei gegen den Aberglauben und den pfäffischen Betrug nahm. Reuchlin mit seiner Verteidigung des Talmud war wider Willen Luthers Elias geworden, ohne dessen Vorläuferschaft des letztern Widerspruch gegen Tetzels empörende Frechheit verhallt oder erstickt worden wäre. Luther selbst erkannte an, daß Reuchlin durch seine Verteidigung des Talmud und Fehde mit den Dominikanern, ohne es zu wissen, ein Organ des göttlichen Ratschlusses gewesen sei.[1]) Auch so fand Luthers Aufschrei anfangs nur stillen Beifall. Die Deutschen waren damals nicht besonders rasch zum mannhaften Eintreten für gewonnene Überzeugungen, und wenn die Dominikaner nicht ein Verfolgungssystem gegen ihn eingeleitet hätten, wie gegen Reuchlin, wäre die Reformation in ihrem Keime totgeschwiegen worden. Aber nicht bloß der angegriffene Mönch Tetzel und ein anderer Streithahn, Doktor Johann Eck in Ingolstadt, der eine Zeitlang mit den Humanisten geheult hatte, sondern auch der Kardinal Prierias, der Gegner Reuchlins, ferner der unermüdliche Hochstraten, endlich die Fugger, die ihre Kapitalien auf den Sündensold der Geistlichen ausgeliehen hatten, sie stachelten die päpstliche Kurie gegen Luther auf. Leo X., der die neuen Händel in Deutschland anfangs als Mönchsgezänk mit derselben vornehmen Gleichgültigkeit wie früher den Reuchlin-Hochstratenschen Prozeß behandelte, wurde gedrängt, die Ablaßlehre in ihrer ganzen seelenverderbenden Kraßheit im Sinne der Dominikaner durch eine Bulle gut zu heißen. Eben dadurch wurde die Reformation erst recht gefördert. Der willensstarke Luther wurde durch den Widerspruch allmählich zu der Überzeugung geführt, daß der jedesmalige Papst, und dann noch weiter, daß das Papsttum überhaupt nicht unfehlbar sei, und daß der Glaubensgrund nicht der päpstliche Wille, sondern das Schriftwort sei. Es dauerte noch lange Zeit, bis sein Kopf die Vorstellung faßte, der Papst sei der Antichrist, und die römische

---

[1]) Luthers Schreiben an Reuchlin vom Dez. 1518, Briefs. II, Nr. 73: ... fuisti tu sane organum consilii divini, sicut tibi ipsi incognitum, ita omnibus purae theologiae studiosis exspectatissimus.

Beginn der Reformation.

Kirche mit ihren Satzungen und ihrer Sittenlosigkeit sei die Feindin des Christentums. Luther war einmal nahe daran, seine Sache wieder aufzugeben und die Gläubigen zu ermahnen, der heiligen römischen Kirche treu zu folgen (Januar 1519). Aber die Tatsachen waren stärker als der Wille des Urhebers selbst. Die Heftigkeit der Finsterlinge von der einen und die Rührigkeit der Humanisten, namentlich des Feuergeistes Hutten, von der andern Seite, drängten in gleicher Weise zum entschiedenen Bruche.

Der Tod des greisen Kaisers Maximilian, dem die theologischen Wirren, die er hervorgerufen, über den Kopf gewachsen waren, und die Wahl des neuen Kaisers, die sich ein halbes Jahr hinschleppte, zogen das Spiel der Politik hinein, und es entstand dadurch ein Wirrwarr, in welchem Freunde und Feinde der freien religiösen Richtung oder der wüsten Stockgläubigkeit nicht mehr zu unterscheiden waren. Hutten und die Humanisten waren für die Wahl Karls V., in dessen Hauptland Spanien doch die Dominikaner die Oberhand hatten und die Flammen der Scheiterhaufen nicht erlöschen ließen, und der päpstliche Hof war gegen ihn. Immerhin wurde die Reuchlinsche und Luthersche Sache, gewissermaßen der Talmud und die Reformation untereinander gemischt. Soweit war es gekommen, daß die Kurfürsten zur Zeit ihrer Versammlung zur Königswahl sich entschieden für Reuchlin gegen die verfolgungssüchtigen Cölner aussprachen.[1]) Hutten, der keine unternommene Sache fallen ließ, schonungslos den Purpurlappen von den Eiterbeulen des römischen Hofes riß und dessen Scheußlichkeit an den Tag legte, nahm den geächteten Ritter **Franz von Sickingen** für Reuchlin und Luther so sehr ein, daß dieser beide auf seine feste Burg einlud und ihnen Schutz gegen ihre Feinde versprach. Was weder der Kaiser, noch der Papst gegen die Dominikaner durchzusetzen vermochten, das erledigte Sickingen. Er, im Verein mit den Dalbergs und anderen Rittern, sagte dem Provinzial und dem Konvente des Dominikanerordens Fehde an (26. Juli 1519), wenn Hochstraten nicht nach dem Beschluß des Speyerschen Urteils ihm die 111 Goldgulden Kosten zahlen und Bürgschaft gegen fernere Verfolgungen gegen ihn leisten würde. Die klugen Prädikanten wußten, daß dieser Ritter nicht Spaß mit sich treiben ließ, und daß von seinem Worte nicht wie von dem des Kaisers oder des Papstes Umgang genommen werden könnte. Sie versuchten zwar noch allerhand Ausflüchte und Winkelzüge, wandten sich an Reuchlins mildes Herz; aber dieser war diesmal fest genug, sie wieder an Sickingen zu

---

[1]) Reuchlins Brief an Galatin vom 12. Febr. 1519 bei Friedländer a. a. O. Nr. 23: Omnes imperii electores mirifice me amant et incredibili clementia prosequuntur.

weisen, und dieser bestand auf seinem Worte. So waren denn die Dominikaner gezwungen, klein beizugeben. Der halsstarrige Hochstraten wurde seiner Befugnisse als Prior und Ketzermeister entsetzt; und der Provinzial Eberhard von Cleve und der ganze Konvent des Ordens mußte den Papst unter vollständiger Verleugnung Hochstratens anflehen (10. Mai 1520), die Streitsache für alle Zeiten niederzuschlagen und zu begraben, da Reuchlins Gelehrsamkeit, reiner Charakter und Glaubensaufrichtigkeit alle Berücksichtigung verdienten.¹) Anstatt den Talmud zu verdammen, ermunterte der Papst Leo einige Unternehmer, denselben zu drucken.²) So war durch die allen Zeitgenossen unbegreifliche Bewegung das Unerwartete eingetroffen: Reuchlin gerechtfertigt, der Talmud gerechtfertigt und gewissermaßen vom Papsttum begünstigt. In der Tat unternahm Daniel Bomberg, der reiche und edle christliche Druckereibesitzer aus Antwerpen, in demselben Jahre eine vollständige Ausgabe des babylonischen Talmuds in zwölf Foliobänden mit Kommentarien zu drucken, das Muster sämtlicher späteren Ausgaben, während früher von Gerson Soncin nur einzelne Traktate gedruckt waren.³) Leo versah die Talmudausgabe mit schützenden Privilegien. Einige Jahre vorher hatte Bomberg den unangefochtenen, weil unbekannten jerusalemischen Talmud (um 1523 bis 1524) verlegt.⁴) Er beschäftigte dabei gelehrte Juden und soll mehr als 400 000 Dukaten auf jüdische Druckerei verwendet haben. Die Dominikaner erlitten auf der ganzen Linie eine vollständige Niederlage. Hochstraten war gezwungen, Reuchlin die Strafgelder von 111 Goldgulden zu zahlen, welche der arm gewordene kaiserliche Rat sehr brauchte; denn er hatte seinen Acker, wovon er sich und die Seinigen ernährt hatte, verkaufen und noch dazu eine Anleihe machen müssen. Er war ein Märtyrer seines aufrichtigen Herzens und des Wahnes geworden, daß der Talmud mystische Elemente enthalte, welche für die Wahrheit des Christentums

¹) Das interessante Schreiben an den Papst das. Nr. 29.
²) Hac occasione Sententiam contra libellum Capnionis extorserunt (Cardinalis Prierias et tota Praedicatorum factio), quamvis paulo ante Pontifex quosdam exhortatus fuisset, ut Talmut imprimerent ac adeo privilegiis exornasset. Sendschreiben aus Rom v. 1521 in Riederers zur Kirchen-Gelehrten- und Büchergeschichten I. S. 180.
³) Vergl. darüber Wolf, Bibliotheca II. p. 890 f., 895 f. De Rossi, Annales Typographici von 1501—1540. (Ersch. und Gruber Enzyklop. Sekt. II B. 28 Art. jüd. Typographie p. 35 ff. Von Soncin waren zuerst 1483—89 nur die Traktate Berachot, Chulin und Nidda gedruckt Übrigens gab es eine portugiesische Ausgabe vom Talmud, die Lampronti zitiert in מהר יצחק Artikel נגבה.
⁴) Geht aus dem Vorwort hervor. Vergl. Frankel, Einl. in den jerus. Talmud, p. 139 a.

Zeugnis ablegten. Das Alter des armen Reuchlin war indessen getrübt. Er hatte bis an sein Lebensende keine Freude mehr. Er mußte, wenn auch von Freunden und Fürsten geschätzt, seine Vaterstadt verlassen, um in der Fremde zu leben. Die Wut der Päpstlichen gegen Luthers immer kühneres Auftreten traf auch Reuchlin, obwohl er keineswegs mit jenem sympathisierte und seinem Großneffen und Liebling Me - l a n ch t h o n wegen dessen Beteiligung an der Reformation das ihm zugedachte Erbe entzogen hat.

Der Augustinermönch von Wittenberg hatte nämlich endlich, durch den Widerspruch gereizt, dem kirchlichen Unfuge den Krieg erklärt in seiner Schrift: „An den christlichen Adel deutscher Nation von des christlichen Standes Besserung" (Juni 1520). Er hatte darin die Widerlichkeiten der Kirche, welche das damalige junge Deutschland und namentlich Hutten in Pamphleten aufgedeckt hatten, zusammengefaßt, aber den Beschwerden eine religiöse Unterlage gegeben und nachgewiesen, daß sie durchweg im schreiendsten Widerspruche zum Bibelwort ständen. Den Papst ließ er zwar noch bestehen, aber er degradierte ihn zu einem Oberbischof. Und da Luther in diesem kühnen, reformatorischen Sendschreiben den Fürsten die Obergewalt über Kirche und Geistlichkeit zusprach, so fanden seine Worte bei diesen, wie beim Volke Beifall. Die Finsterlinge in Rom, die Dominikanerpartei, der fanatische Kardinal Sylvester Prierias, auch die Fugger, die Goldkönige damaliger Zeit, welche durch die Unzufriedenheit mit dem Ablaßgeschäfte Geldverlust erlitten hatten, bearbeiteten indes den Papst Leo, der ein Feind von Gewalttätigkeiten war, eine Verdammungsbulle gegen Luther und seine Anhänger zu erlassen (15. Juni), worin auch der Humanist Willibald Pirkheimer eingeschlossen war. Zugleich wurde Reuchlins „Augenspiegel" im Widerspruch mit einer früheren Erklärung in Rom verurteilt. Die Finsterlinge und Gewissenlosen, welche von der kirchlichen Knechtung und Verdummung lebten, hatten dem Papste in den Ohren gelegen und seine Nachsicht hart getadelt. Wenn er früher Reuchlins Kühnheit mit Strenge entgegengetreten wäre, hätte Luther nicht soviel gegen die katholische Kirche gewagt. Sie gingen soweit, zu behaupten, der Papst habe Unrecht getan, Reuchlin nicht einfach als Ketzer verbrennen zu lassen.[1]) Aber die Bannbulle gegen Luthers und Reuchlins Schrift war ein kalter Schlag, sie zündete nicht mehr, weil der Glaube daran geschwunden war; sie wurde nur wenig in deutschen Städten angeschlagen, in den meisten nicht zu-

---

[1]) Sehr gut gibt diese Stimmung der Ultrakatholiken wider jenes trockenwitzige Pamphlet: Modus inquirendi Haereticos ad usum Romanae Curiae, gedr. 1519. In quo maximam gloriam inquisitores fuissent consecuti, quum talem virum, tam doctum (Reuchlinium) combussissent. Quia semper combustores sunt doctiores combustis etc.

gelassen, in vielen heruntergerissen, und der Überbringer derselben, der Trunkenbold Dr. Eck aus Ingolstadt, eine gleich dem Legaten Cajetan besonders verhaßte Kreatur, entging kaum der Todesgefahr. Die Folge davon war, daß Luther durch öffentliches Verbrennen der Bulle (10. Dezember 1520) sich vollständig vom Papsttum lossagte. Der förmliche Bruch zwischen dem Katholizismus und der in Gärung begriffenen neuen Kirche, welche noch keinen festen Namen hatte, datiert von diesem Tage an. So erschüttert war bereits das Ansehen des Papsttums in der öffentlichen Meinung, daß die zum Reichstag von Worms versammelten Fürsten den bereits vom Papste als Ketzer verurteilten, und dem Feuertode verfallenen Reformator von Wittenberg einluden, seine Gründe geltend zu machen. In allen Städten, die er durchzog, wurde er wie ein Triumphator gefeiert. An Demonstrationen und Adressen fehlte es ihm nicht. Es war aber ein Werk der Vorsehung, daß der junge Kaiser Karl V., der Beschützer der die Scheiterhaufen unterhaltenden Dominikaner in Spanien, der die Neuerungen gern mit Stumpf und Stiel ausgerottet hätte, sich ihrer bedienen mußte, um dem Papste auf politischem Brette Schach zu bieten; sonst hätte Luther damals schwerlich außer Hutten und einigen Rittern Arme gefunden, ihn zu verteidigen. Es war eine außerordentlich günstige Lage, daß die Reformation nach dem Herzen der Deutschen anfangs mit dem Worte durchgekämpft werden konnte.[1]) Aber daß das Wort damals wie eine Waffe oder wie ein Mauerbrecher wirken konnte, das hat Pfefferkorns und der Dominikaner erbitterter Krieg gegen den Talmud veranlaßt.

Dieser Wicht war in dem Weltbrande, den er mit einem Zündhölzchen angesteckt hatte, vollständig verschollen. Das behagte ihm aber nicht, er wollte sich daher durch eine neue Frechheit in Erinnerung bringen. Er war noch immer ein Schützling der Cölner Dominikaner — deren Prior Hochstraten wieder in seine Würde eingesetzt war — und hatte noch immer eine Spitalmeisterstelle; ein bereits erwachsener Sohn, der sich dem geistlichen Stand gewidmet hatte, stand ihm zur Seite. Entweder auf Anreizung seiner Gönner oder aus eignem Antriebe, um von seinen Kindern die durch ihn auch auf sie gefallene Brandmarkung abzuwenden, schleuderte er nach fünfjähriger Pause eine neue Schmähschrift gegen Reuchlin in die Welt[2]) unter dem Titel „Eine mitleidige Klage über alle Klagen" und

---

[1]) Bezeichnend für den deutschen Geist ist Luthers Äußerung in einem Schreiben an Spalatin vom 10. Jan. 1521 in seinen Briefen ed. de Wette I. S. 543. Quid Huttenus petat, vides. Nollem vi et caede pro evangelio certari. Ita scripsi ad hominem: Verbo victus est mundus, verbo servata est ecclesia, etiam verbo reparabitur.

[2]) Gedruckt 21. März 1521. Vergl. Note 2.

widmete sie dem jungen Kaiser Karl. Obwohl man bei ihm auf Gemeinheiten aller Art gefaßt ist, so überrascht doch die zügellose Unverschämtheit dieses Pamphlets in Wort und Bild. Reuchlin erscheint darin auf einem beigegebenen Bilde geviertelt und gehängt mit einigen scheußlichen Versen:

„Du henkst allda mit Fuß und Hand";

der Kehrvers lautet:

„Da liegt der Hase im Kote."

Reuchlin hätte verdient, heißt es darin, wie ein Gottesverächter in vier Teile zerstückelt und an alle kaiserliche Straßen gehenkt zu werden.[1]) Man erkennt daraus, was Reuchlin, den Humanisten und ihren Schützlingen, den Juden, widerfahren wäre, hätte diese Rotte gesiegt. Pfefferkorns Schmähschrift behandelt den würdigen Greis, der bereits an den Pforten des Grabes stand, wie einen verworfenen Menschen, wie einen Buben. Er nennt ihn einen „Münzmeister der Bosheit", einen „Schulmeister der Lügen", einen „Lästerer der heiligen Kirche", einen „Fälscher der heiligen Schriften", einen „Betrüger und Verführer des christlichen Volks", einen „Patron der treulosen Juden", auch „Doktor Holzlöffel, Saulöffel". In Sodom und Gomorrha sei nicht ein solcher Übeltäter wie Reuchlin gewesen. Der junge Kaiser sollte dadurch gegen Reuchlin und die Juden gehetzt werden. Die Schmähschrift hebt ferner hervor, welche Irrungen und Ketzereien durch Reuchlin überhand genommen, und daß die falschen treulosen Juden und andere Ungläubige dadurch in ihrem Übel bestärkt worden seien. Einige Proben genügen, die Frechheit dieser Schrift zu charakterisieren. „Du meinst, man habe jetzt mit Martinus Luther zu schaffen und zu schicken, daß man Deiner soll vergessen. Reuchlin, ich sage Dir, und glaub mir das, Deiner wird nicht vergessen." — Die ganze Schrift ist voll von den niedrigsten Beschimpfungen und Lügen. Sie wiederholt alle früheren Anklagen und den Widerspruch, den sich Reuchlin in betreff der Juden hat zu schulden kommen lassen, streicht ihm abermals an, daß er gar kein Hebräisch verstände, sondern sich von einem gelehrten Juden helfen ließe,[2]) und daß er sich von den Juden für deren Verteidigung habe 1000 Dukaten zahlen lassen.[3]) Nur einmal spricht sie ein wahres Wort: „Hätte es Dir (Reuchlin) der Papst vor acht Jahren getan (den Augenspiegel zu verdammen), so hätte Martin Luther und Deine jüngeren obscurorum virorum nicht dürfen wünschen, noch gedenken, was sie jetzt zum Nachteil des christlichen Glaubens öffentlich treiben. Und alles dessen bist Du ein Funken und Aufrührer, die heilige Kirche in

---

[1]) Mitleidig Klag, Bl. E.
[2]) Das. Bl. F. 4.   [3]) Das. Bl. F. 2 b.

Irrungen und Aberglauben zu führen".[1]) Pfefferkorn wünschte, auf dem Wormser Reichstage eine öffentliche Disputation mit Reuchlin zu halten, Mund gegen Mund, Schrift gegen Schrift.[2])

Er hätte nicht Pfefferkorn sein müssen, wenn er nicht bei dieser Gelegenheit auch den Juden etwas angeflickt hätte. Auch gegen sie wiederholte er die alten Verleumdungen, daß sie Jesus und die Kirche in ihren Schriften und Gebeten schmähten, und daß sie junge Christen gemartert und getötet, sowie Hostien mißhandelt hätten.[3]) Er sei gar nicht ungerecht gegen die Juden, er verlange ja nur, daß man ihnen nicht gestatte, auf Zins zu leihen, daß man ihnen ihre Schriften wegnähme, und daß man sie zwinge, in den Kirchen Predigten anzuhören und schwere Arbeiten zu verrichten, als da sei Straßenkehren, Kaminfegen, heimliche Gemächer reinigen, Steine tragen, Lehm treten, Kalk und Kohlen brennen, Lumpen und Hundekot aufsammeln.[4]) Sein sehnlichster Wunsch und heißes Gebet sei stets gewesen, daß die Juden aus den drei größten Gemeinden Frankfurt, Worms und Regensburg, verjagt würden, und er habe zu seiner Freude erlebt, daß sein Gebet in betreff der letzten Stadt erhört worden sei.

In der Tat waren die Juden aus Regensburg zwei Jahre vorher auf eine schmähliche Weise ausgewiesen worden. Diese Stadt, welche ihre Blütezeit bereits hinter sich hatte und durch schlechtes Regiment und Dummheit von Augsburg und Nürnberg weit überflügelt worden war, aber gern noch ferner im Schleppengewande einer Großstadt einhergehen wollte, ohne die Mittel dazu zu besitzen, schob ihren Verfall auf die Juden und kam aus den Reibungen mit ihnen nicht heraus. Sämtliche Handwerker beklagten sich, daß die Juden ihnen die Bissen vom Munde nähmen. Wenn es damit seine Richtigkeit hatte, wie sich die christlichen Ärzte und Bader beklagten, daß Geistliche wie Weltliche, Arme und Reiche, Städtische und Auswärtige nur von den Juden Arznei nehmen wollten,[5]) so hätten sie die Schuld nur in ihrer eigenen Unfähigkeit suchen sollen. Die Juden hatten sich ihrerseits über Druck, Verfolgung und Quälerei zu beklagen. Der Kaiser Maximilian war daher von beiden Seiten so sehr überlaufen, daß er seiner Regierung in Innsbruck den Auftrag gegeben hatte auf einer Tagsatzung beide Parteien zu vernehmen und die Mißhelligkeit zu schlichten. Als die Parteien — von der Bürgerschaft zwei, von den Juden drei Abgeordnete mit ihrem Sachwalter, Dr. Zasius in Innsbruck — erschienen, trugen die ersteren geradezu auf Ausweisung der Juden an. Der Kaiser, der als Erzherzog von Österreich doppelte Steuern von den Juden bezog, gab das nicht zu. Es

---

[1]) Mitleidig Klag Bl. G. 2.   [2]) Das. Ende.   [3]) Das. D. 3.
[4]) Das. G. 2.   [5]) Gemeiner, Regensburgsche Chronik IV. S. 271.

kam also, wie es damals bei Prozessen üblich war, zu Verschleppungen.¹) Inzwischen schürten die Dominikaner und Franziskaner, namentlich ein wütender Domprediger Balthasar Hubmaier, ein ungestümer Jünger Ecks, der später als Wiedertäufer verbrannt wurde, das Feuer zu einem Judenbrande in Regensburg an. Der Klerus gab vor, eine Bulle vom Papst Leo X. erhalten zu haben — man sagte mittels der Fugger in Augsburg für 300 Dukaten — welche den Wucher verböte. Der Bischof Johann ließ darauf an alle Kirchtüren anschlagen, Klagen der Juden wegen Zahlung der Schulden, wenn Zinsen dabei wären, abzuweisen.²) Nun kam noch dazu, daß zwei jüdische Jünglinge aus einem reichen Hause eines Tages unbedachte Äußerungen gegen Hubmaier getan und, durch eine verächtliche Miene von zwei christlichen Knaben verhöhnt, Steine nach dem Fenster im Kanonikushofe werfen wollten. — Das wurde nun als Kapitalverbrechen angesehen. Die Jünglinge wurden mit Stricken gebunden und sechs Tage in Haft gehalten. Neue Klagen der Juden gegen die Geistlichkeit und den Rat, neues ohnmächtiges Einschreiten vom Innsbrucker Regiment. Der Bischof, zur Rede gestellt, leugnete die aufreizenden Predigten gegen sie.³)

Die Juden hatten aber einen Christen gewonnen, welcher ihnen den Inhalt der gegen sie gerichteten Aufreizungen von den Kanzeln treu hinterbrachte, damit die allen kundige Tatsache nicht mehr offiziell geleugnet werden könnte. Darauf stellten sie neue Klagen an, namentlich gegen Balthasar Hubmaier. Der Kaiser Maximilian war so aufgebracht darüber, daß er einen eigenen Sendboten nach Regensburg an den Rat sandte mit dem Ausdruck seines Unwillens: daß die Juden unter Österreichs Schutz noch viel härter behandelt würden als früher, und mit dem Befehle, den Domprediger aus der Stadt zu weisen.⁴) Die Mönche behaupteten, die deutschen Juden seien aus allen Gegenden nach Augsburg zum Kaiser zusammengeströmt, um das Unglück von der alten und geachteten Gemeinde abzuwenden, sie hätten das Oberhaupt des deutsch-römischen Reichs mit mehr als 12 000 Goldgulden bestochen, für sie Partei zu nehmen.⁵) Es war in der Tat viel, daß der Kaiser von der Geistlichkeit verlangt hatte, ihm die angebliche Bulle, welche die Zinsnahme verboten haben sollte, auszuliefern. Darauf befahl er, an den Kirchtüren anzuschlagen, daß jeder Schuldner, der sich darauf zur Tilgung seiner Schuld beriefe, dem Kaiser verant-

---

[1] Gemeiner, 289. [2] Das. S. 310.
[3] Das. S. 314. Vergl. dazu die zynische Darstellung des Mönches Christophorus Ostrofrancus, de Ratisbonae metropoli, Cap. 3.
[4] Gemeiner, das. S. 333 ff.
[5] Ostrofrancus a. a. O.

wörtlich gemacht und wegen Ungehorsams bestraft werden sollte. Der Bischof war feige genug, der kaiserlichen Regierung gegenüber alles gegen die Juden Gesprochene und Getane zu widerrufen und die Bulle auszuliefern.¹) Hubmaier selbst erhielt nur die Freiheit, nach Regensburg zurückzukehren, unter der Bedingung, nicht gegen die Juden zu predigen.²) Desto verbissener wurde die Geistlichkeit und namentlich Hubmaier gegen sie, und auch die Bürgerschaft wandte allerhand Quälereien gegen sie an, um sie mürbe zu machen. Die unschuldigsten Dinge wurden ihnen als schwere Verbrechen angedichtet. Unter anderem wurde ihnen vorgeworfen, daß sie sich im ganzen ungebührlich betragen, in geteilten Kleidern, wie die Landsknechte, mit schönen Baretten, samtenen Wämsern, nicht selten auf hohen Pferden, mit Armbrüsten, Spießen und Hellebarden ein- und auszögen, welche Verbrechen die Prediger von der Kanzel öfter gerügt hatten.³) Das konnte höchstens in der Judengasse geschehen sein; denn sowie ein Jude in dem christlichen Stadtteil ohne Abzeichen an seiner Kleidung betroffen wurde, verfiel er sofort in schwere Strafe. So schleppten sich Klagen und Gegenklagen eine Zeitlang hin, bis der Tod des Kaisers Maximilian eine allerdings für die Juden unglückliche Entscheidung herbeiführte.

Zur Beschleunigung des Unglücks kamen noch Entzweiung innerhalb der bisher einigen Gemeinde und Verräterei hinzu. Von auswärts war nämlich eine reiche Familie namens Wolf eingezogen, deren Haupt namens Moses von Ehrgeiz besessen war, eine Rolle zu spielen, d. h. in den Vorstand gewählt zu werden. Da aber die erbeingesessenen Gemeindeglieder fremde Zuzügler von den Ämtern auszuschließen pflegten, so suchte Moses Rache an den Vorstehern zu nehmen und verleumdete sie beim kaiserlichen Hauptmann Korbel, sie hätten ihn mit dem Erzjudenfeinde Haman auf eine Linie gestellt. Dieser ließ die Vorsteher in Haft bringen, und dadurch entstanden häßliche Reibungen und gegenseitige Angebereien in der Gemeinde. Zu den Angebern gehörte auch der Sohn des Rabbiners Jakob Margoles, der, wegen seiner Schlechtigkeit geächtet, zum Katholizismus unter dem Namen Anton Margaritha übertrat und ein krauses, lügenhaftes Buch drucken ließ, um Juden und Judentum zu verlästern.

Sobald der Kaiser Maximilian die Augen geschlossen hatte (12. Januar 1519), eilten die Regensburger Abgeordneten, welche in Innsbruck an der Ausweisung der Juden gearbeitet hatten, sofort nach der Heimat,

---

¹) Vom Sept. 1518. Bei Gemeiner a. a. O. S. 337.
²) Das. S. 348.
³) Das. a. a O. S. 337 ff.

Vertreibung der Juden aus Regensburg.

mit dem freudigen Gefühl, daß der Tod den Prozeß zu ihren Gunsten entschieden hatte. In der Ratsstube, in den Zunftversammlungen, in den Wein- und Bierhäusern war man einig darüber, die günstige Gelegenheit während der Kaiservakanz schnell zur Vertreibung der Juden zu benutzen. Die Dominikaner- und Franziskanerprediger, namentlich Hubmaier, hatten bereits gut vorgearbeitet. Der Rat nahm die Sache in die Hand, wollte aber, nach echt deutscher Peinlichkeit, die empörende Ungerechtigkeit auf gesetzlichem Wege vollstrecken. Es wurde daher beschlossen, daß die Geistlichkeit, die erste Anregerin, die Sache ausführen sollte. Aber der Bischof und das Domkapitel, obwohl damit einverstanden, hatten doch Bedenken. Man zauderte; da äußerte einer der Beisassen, der mehr Mut hatte: „Wer viel fragt, begegnet viel Antwort, man solle nicht soviel über die Verbannung der Juden verhandeln, sondern nur zufahren. Wer Gott, Maria, Ehr und Recht liebt, wird die Notwendigkeit einsehen!" Infolgedessen wurde von dem engern und weitern Rat und den Zunftmeistern, der Beschluß gefaßt (Februar 1519), an die Ausweisung der Juden herzhaft zu gehen, ihn aber bis zum Tage der Ausweisung geheim zu halten. Die Juden hatten zwar Wind davon bekommen und sich beeilt, bei dem kaiserlichen Regiment in Innsbruck Anzeige davon zu machen und um Schutz zu flehen. Aber dieser traf zu spät ein. Die ganze Bürgerschaft hatte bereits den Plan verabredet und die Ausführung in Szene gesetzt. Die Handwerker erschienen in Masse vor dem Rathause (21. Februar 1519) und verlangten ungestüm Gehör. Ihr Wortführer setzte mit lauter Stimme auseinander, wie die Stadt einzig und allein durch die Juden heruntergekommen und verarmt wäre. Aller Handel sei in deren Hände geraten. Sie hätten Getreide fürs Ausland aufgekauft, den Weinhandel von Schwaben und das Eisengeschäft von den Hammermeistern an sich gerissen. Die Stadt habe durch sie in den letzten vier Jahrzehnten 132 000 Gulden Schaden erlitten. Nun sei die Stunde gekommen, sich diese verfluchten Leute vom Halse zu schaffen und auszurotten. Wenn der Rat nicht auf ihr Gesuch eingehen wollte, so würden sie selbst Hand an die Juden legen. Das war alles abgekartetes Spiel. Die Ratsherren brauchten einen Vorwand, daß die Handwerker einen Druck auf sie ausgeübt hätten, und daß das Leben der Juden bedroht gewesen wäre, so daß deren Ausweisung zu ihrer eigenen Sicherheit geschähe. Der Rat zog sich scheinbar zur Beratung zurück und in der kürzesten Zeit eröffnete er den Handwerkern, was sie gebeten, sollte ihnen gewährt werden. Sofort begaben sich die Mitglieder des Rates in das Judenviertel und verkündeten den Bewohnern, daß sie nicht länger geschützt werden könnten, und daß sie in fünf Tagen die Stadt verlassen müßten. Sie könnten allerdings ihre Habe mitnehmen, doch müßten sie ihre Pfänder zur Bürgschaft für

Schuldforderungen an sie zurücklassen. Die „Synagoge des Teufels", in der sinnverwirrten Sprache jener Zeit genannt, sollten sie binnen zwei Stunden räumen, weil sie sofort niedergerissen und in eine Kirche verwandelt werden sollte. Der Jammer der an 500 Seelen zählenden Judenschaft war groß, rührte aber die Steinherzen der Regensburger Christen wenig. Alles, was sie den Unglücklichen gewährten, war eine Galgenfrist von drei Tagen (bis Ende Februar). Ihre ausstehenden Schulden wurden ihnen für eine Pauschsumme von 6000 Gulden abgekauft; aber ihre Habseligkeiten konnten sie nicht losschlagen, weil die Wachen an den Toren des Judenviertels den Christen den Zugang zu ihnen verwehrten. So mußten sich denn die Juden in das Unabänderliche fügen und die Stadt verlassen, die sie seit deren erster Entstehung bewohnt und mit deren Bürgern sie ehemals auf dem besten Fuße gestanden hatten, von denen sie während des allgemeinen Gemetzels zur Zeit des schwarzen Todes geschützt worden waren. Groß war das Elend der Verbannten; die Schwachen und Kranken starben schon auf dem Wege zu den Schiffen; die meisten von ihnen ließen sich in der jenseits der Donau liegenden S t a d t a m H o f unter dem Schutze der Herzöge von Bayern nieder.

Die Bürgerschaft hatte noch vor dem Abzuge der Juden nichts Eiligeres zu tun, als die aus festen Quadern gebaute, auf Säulen ruhende Synagoge niederzureißen und an deren Stelle eine Kirche zu erbauen. Es lag ihr daran, das Besitzergreifen zu einer vollendeten Tatsache zu machen, damit nicht einmal der neu zu wählende Kaiser imstande sei, sie ungeschehen zu machen. Nachdem die Juden unter Trauergesängen ihre beweglichen Heiligtümer geräumt hatten, gingen die Maurer und Steinmetzen sofort daran, den „Tempel im Kleinen" zu zerstören. Beim Niederreißen desselben und beim Aufbau der Kirche zeigte sich der kirchliche Wahn in seiner ganzen Erbärmlichkeit und war umso widriger, als er nicht einmal ganz ehrlich und nur künstlich angefacht worden war, um die Ausweisung der Juden unwiderruflich zu machen. Nicht nur Männer, Frauen und Jungfrauen, nicht nur das Geschlecht der heiligen Einfalt, das eigens dazu vom Lande herbeigeströmt war, und nicht nur Mönche aller Orden legten Hand daran, sondern auch die Vornehmsten der Stadt, der Weihbischof und Bischof, als Administrator, arbeiteten mit eigenen Händen daran.

Mit Wetteifer sollen 4000 Menschen sich an dem „heiligen" Werke beteiligt haben, und jeder war glücklich, auch nur einen Stein dazu beizutragen. In aller Eile wurde eine Kapelle auf dem Platze der Synagoge erbaut, ein Altar errichtet und kurz nach der Ausweisung der Juden (25. März) zum ersten Male Gottesdienst gehalten. Später wurde die dort erbaute Kirche für „M a r i a d i e s c h ö n e" eine der besuchtesten und einträglichsten,¹) dadurch aber ein Zankapfel zwischen den Geistlichen und Bürgern.

Die Regensburger Bürgerschaft schwebte aber eine lange Zeit von seiten der bayrischen Herzöge und des österreichischen Kaiserhauses in Sorge wegen des Gewaltstreiches an den Juden. Den Zorn der ersteren mußte die bigotte Herzogin-Witwe und Äbtissin K u n i g u n d e, welche Pfefferkorn und die Dominikaner so eifrig unterstützt hatte, zu beschwichtigen.²) Aber die österreichische Regierung zu Innsbruck bestand zäh auf vollständiger Wiederaufnahme der Juden in Regensburg und ihrer Schadloshaltung, freilich nicht um ihrer selbst willen, sondern der Einnahmen wegen, welche dadurch dem Hause Österreich entzogen worden waren. Joselin von Roßheim war auch vom Kaiser Karl V. als Vertreter und Anwalt der deutschen Judenheit anerkannt und setzte bei ihm die Bestätigung ihrer Privilegien im allgemeinen durch (1520).³) Er hat wohl auch ein Wort zugunsten der ausgewiesenen Juden von Regensburg gesprochen. Aber entschieden wurde die Streitsache nicht. Sie blieb noch lange auf der Tagesordnung; sie kam auch auf dem Wormser Reichstag vor dem jungen Kaiser Karl V. zur Sprache (1521). Jüdische Vertreter hatten sich daselbst mit gefüllten Beuteln eingefunden und die begründetste Hoffnung gehegt, daß die Ausgewiesenen den Judenfeinden zum Trotze, wieder aufgenommen werden würden;⁴) sie erwies sich aber hinterher als eitel. Der Kaiser als Oberhaupt des österreichischen Kaiserhauses verständigte sich endlich mit den Regensburgern, allerdings zu ihrem eigenen Schaden, indem sie dadurch den letzten Rest ihrer Freiheit einbüßten und in ein straffes Abhängigkeitsverhältnis gerieten. Dafür hatten sie aber die Genugtuung, daß ihnen das Privilegium verbrieft wurde, daß sie für ewige Zeiten keinen Juden aufzunehmen gezwungen werden sollten. Den ausgewiesenen Juden wurde für den Verlust ihrer Häuser eine geringe Entschädigung — in Raten zahlbar — geboten und auch zugesichert, daß die Gräber ihrer Väter verschont und deren Gebeine nicht entweiht werden sollten.⁵) Aber über 4000 Grabdenkmäler des sehr alten jüdischen Friedhofes hatten bereits schwielige Hände des Landvolkes und zarte fanatisierter Jungfrauen in der ersten Aufwallung zerstört.⁶)

---

[1] Quellen über die Vertreibung der Juden aus Regensburg, Christophorus Ostrofrancus de Ratisbonae Metropoli etc. . . subita ibidem Judaeorum proscriptione, Augsburg, Juni 1519; Gemeiner, Regensburgsche Chronik IV, S. 351 ff.; Aretin, Geschichte der Juden in Bayern, S. 93 ff. Joselins Tagebuch Revue XVI, Nr. 8. Vergl. auch Note 4.

[2] Gemeiner, das. S. 367.

[3] Joselins Tagebuch. Das. Nr. 9.

[4] Gemeiner, S. 380 ff., 408 ff.

[5] Das. S. 412—115. [6] Das. S. 366.

Mit teuflisch boshafter Schadenfreude weidete sich Pfefferkorn an dem Elend der Regensburger Juden und zählte mit innerer Befriedigung auf, aus welchen deutschen Städten seine ehemaligen Glaubensgenossen bereits ausgewiesen waren, nämlich aus Cöln, Augsburg, Straßburg, Nürnberg, Nördlingen, Speyer, Eßlingen, Reutlingen und Colmar. Er legte noch in seiner letzten Schmähschrift Bürgermeister, Rat und Bürgerschaft von Frankfurt und Worms ans Herz, den letzten großen deutschen Gemeinden — in Worms gab es noch ein Lehrhaus mit achtzig Talmudjüngern[1]) — dem guten Beispiele zu folgen und von dem Nutzen, den die Juden ihnen brächten, um Christi willen abzustehen. Der junge Kaiser, meinte er, werde nichts dagegen haben, da er den Juden nicht sehr gewogen sei. Sie möchten es aber ebenso rasch wie die Regensburger machen, die Synagogen zu schleifen, abzubrechen und umzuwerfen und auf deren Plätzen Kapellen und Klöster zu bauen. Ihr Vermögen dürften sie ihnen mit Fug und Recht sogar mit Gottes Bewilligung abnehmen.[2])

Pfefferkorns giftige letzte Schrift hatte indes für den Augenblick nicht die Wirkung, weder zum Nachteil der Juden, noch zu dem Reuchlins. Die Frankfurter und Wormser Gemeinden wurden damals nicht ausgewiesen, und Reuchlin wurde in seinen letzten Lebensjahren noch mehr geehrt. Die Universität Tübingen bat ihn eindringlich, einen Lehrstuhl in ihrer Mitte einzunehmen. Er durfte nun frei über hebräische Sprache Vorträge halten, wozu sich viele Zuhörer, selbst Studenten von der Heidelberger Universität, drängten, während er es früher, vor dem Streite mit den Dominikanern, nur heimlich vor wenigen Zuhörern tun konnte. So hatten sich die Ansichten der Menschen während des kurzen Zeitraumes verändert. Wenn Pfefferkorn ein scharfes Auge für diese Veränderung gehabt hätte, hätte er sich wie ein Mordbrenner vorkommen müssen, der aus Rache oder angeborener Bosheit eine baufällige Stadt in Brand gesteckt und dafür eine neue, schönere, geräumigere aus der Asche entstehen sieht. Sein Bileamsfluch hatte sich in Segen verwandelt. Pfefferkorns Name ist seit dem Erscheinen seiner letzten Schrift vollständig in Vergessenheit geraten. Das Andenken Reuchlins dagegen wurde im Laufe der Zeit immer mehr gesegnet. Er starb zwar als Katholik (30. Juni 1522), aber er war doch durch seine Inschutznahme der talmudischen Schriften der erste Hauptanreger der Reformation und galt auch in seiner Zeit dafür. Die geistvolle stumme Komödie, welche kaum zwei Jahre nach seinem Tode in französischer oder lateinischer Sprache erschien (und bald ins

---

[1]) Gemeiner, das. S. 360.
[2]) Pfefferkorn, Mitleidig Klag zum Schluß.

Deutsche übersetzt wurde), stellt ihn bereits recht anschaulich als Urheber der großen immer mehr um sich greifenden Bewegung dar. Sie läßt einen Doktor, dessen Name Capnion (Reuchlin) auf dem Rücken zu lesen, auftreten, ein Bündel krummer und gerader Reiser auf die Bühne hinwerfen und sich entfernen. Eine andere Figur (Erasmus) bemüht sich vergebens, die Stäbe zu ordnen und die krummen gerade zu biegen, schüttelt den Kopf über das Chaos und verschwindet. Auch Hutten kommt darin vor. Luther erscheint im Mönchsgewande, bringt einen Feuerbrand und zündet die krummen Reiser an. Eine andere Figur in kaiserlicher Tracht schlägt mit dem Schwerte auf das um sich greifende Feuer und gibt ihm dadurch noch mehr Spielraum. Endlich erscheint der Papst, will löschen, greift nach einem Eimer, der aber voll Öl ist, gießt es ins Feuer und schlägt die Hände über dem Kopf zusammen wegen der hell auflodernden Flammen, die nicht mehr zu ersticken gehen.¹) Pfefferkorn und der Talmud hätten in dieser stummen Komödie nicht fehlen sollen; denn diese haben den Zunder zu dem Brande geliefert.

Schon lagen die Verhältnisse derart, daß jeder Luftzug den Brand nur noch mehr begünstigte. Luther hatte auf dem Reichstage zu Worms Standhaftigkeit und Mut erlangt und durch sein: „Hier stehe ich, ich kann nicht anders" oder durch ein anderes Festigkeit verratendes Wort den Bruch mit dem Papsttum vollendet. Obwohl der Kaiser Karl durch eigenen bigotten Sinn, von Finsterlingen belagert, und von Fürsten, auch vom König Manoel von Portugal und Heinrich VIII. von England ermahnt, geneigt war, den Reformator als Ketzer dem Scheiterhaufen zu überliefern, so ließ er ihn doch, teils aus Rücksicht auf den Kurfürsten Friedrich von Sachsen, teils aus politischer Berechnung, den Papst dadurch in Händen zu haben, ungefährdet abziehen und erklärte ihn erst einen Monat später in die Reichsacht. Indessen war Luther bereits auf seinem Patmos, auf der Wartburg, verborgen und geborgen. Während er hier in der Stille an einer deutschen Übersetzung der Bibel arbeitete, wurde im Wittenbergischen von den reformatorischen Ultras, Karlstadt und anderen, alle kirchliche Ordnung umgestoßen, der Gottesdienst in den Kirchen verändert, Messe und Priesterornamente abgeschafft, die Mönchsgelübde aufgehoben und Priesterehen eingeführt — d. h. die Priester erklärten ihre bisherigen heimlichen Konkubinen öffentlich als ihre Gattinen, wozu Luther — wenn anwesend — vielleicht nicht die Hand geboten hätte. Günstig für den Fortgang der Reformation war auch der Tod des Papstes Leo X. und die Wahl

---

¹) Forstemann, Jahrbücher für wissenschaftl. Kritik, S. 229. Vergl. Revue de deux mondes, Jahrg. 1868, p. 104 fg. In München wurde 1524 die Komödie gedruckt, und gespielt wurde sie in Paris im Saale des Königs. Es traten darin die Figuren Reuchlin, Erasmus, Hutten, Luther und der Papst auf.

Hadrians IV., jenes beschränkten Parteigängers von Hochstraten, der durch seine guten Eigenschaften und strenge Sittlichkeit noch mehr verdarb, indem er durch den Versuch, Zucht, Keuschheit und Einfachheit in die römische Kurie einzuführen, sich im Kardinalskollegium und unter den Höflingen erbitterte Feinde machte und daher in seinen Unternehmungen gelähmt wurde. Die Gemüter waren für die Reformation vorbereitet; sie faßte daher in Norddeutschland, Dänemark und Schweden feste Wurzel, drang in Preußen, Polen und anderseits in Frankreich und sogar in Spanien ein, in das Land düsterer, dumpfer Kirchlichkeit und blutdürstiger Verfolgungssucht. Zwingli, der Reformator der Schweiz, sagte sich nach vielem Schwanken ebenfalls vom Papsttum los, und so wurden auch da — wo mehr Freiheit der Bewegung als in dem geknechteten Deutschland herrschte — der neue Gottesdienst eingeführt, Priesterehen eingesegnet, Bilder und Kruzifixe zerstört und Klöster aufgehoben. Eine neue Ordnung der Dinge war eingeführt, das allmächtige Rom war gegenüber dem neuen Geiste ohnmächtig. Schwärmereien der Wiedertäufer begannen die Gemüter zu erhitzen und alle Lebensverhältnisse umzugestalten.

Für die Juden hatte Luthers Reformation anfangs nur eine geringe Wirkung. Sie bestand darin, daß, da sich Katholiken und Neuerer namentlich in Deutschland in jeder Stadt in den Haaren lagen, sie keine Muße zu Judenverfolgungen hatten; es trat daher hier eine kleine Pause ein. Luther selbst, dessen Stimme bereits mächtiger als die der Fürsten klang, nahm sich ihrer anfangs an und strafte die vielfachen Beschuldigungen gegen sie Lügen. In seiner derben Weise äußerte er sich gleich anfangs darüber: „Diese Wut (gegen die Juden) verteidigen noch einige sehr abgeschmackte Theologen und reden ihr das Wort, indem sie aus großem Hochmut daher plaudert, die Juden wären den Christen Knechte und dem Kaiser unterworfen. Ich bitte euch darum, sagt mir, wer wird zu unserer Religion übertreten, wenn es auch der allersanftmütigste und geduldigste Mensch wäre, wenn er sieht, daß sie so grausam und feindselig und nicht allein nicht christlich, sondern mehr als viehisch von uns traktiert werden? — Die meisten Passionsprediger (in der Osterwoche) tun nichts anderes, als daß sie der Juden Mutwillen, den sie an Christo verübt, sehr schwer und groß machen und die Herzen der Gläubigen wider sie erbittern."[1] In einer eigenen Schrift, deren Titel schon die verbissenen Judenfeinde stutzig zu machen geeignet war: „Daß Jesus ein geborener Jude gewesen" (1523), sprach sich Luther noch derber gegen den unvertilgbaren Judenhaß aus: „Unsere Narren, die Papisten, Bischöfe, Sophisten und Mönche, haben bisher also mit den Juden ver-

---

[1] Luthers Auslegung des 22. Psalmes vom Jahre 1519.

fahren, daß, wer ein guter Christ gewesen, hätte wohl mögen ein Jude werden. Und wenn ich ein Jude gewesen wäre, und hätte solche Tölpel und Knebel den Christenglauben regieren und lehren gesehen, so wäre ich eher eine Sau geworden als ein Christ. Denn sie haben mit den Juden gehandelt, als wären es Hunde und nicht Menschen, haben nichts mehr tun können, als sie schelten. Sie aber sind Blutsfreunde, Vettern und Brüder unseres Herrn; darum, wenn man sich des Blutes und Fleisches rühmen soll, so gehören die Juden Christo mehr an denn wir. Ich bitte daher meine lieben Papisten, wenn sie müde geworden, mich Ketzer zu schimpfen, daß sie nun anfangen, mich einen Juden zu schelten."

„Darum wäre mein Rat," so fährt Luther fort, „daß man säuberlich mit ihnen (den Juden) umgehe; aber nun wir mit Gewalt sie treiben und gehen mit Lügenteiding um und geben ihnen schuld, sie müßten Christenblut haben, daß sie nicht stinken und weiß nicht, was des Narrenkrams mehr ist, — auch daß man ihnen verbietet, unter uns zu arbeiten, hantieren und andere menschliche Gemeinschaft zu haben, damit man sie zu wuchern treibt, wie sollen sie zu uns kommen? Will man ihnen helfen, so muß man nicht des Papstes, sondern der christlichen Liebe Gesetz an ihnen üben und sie freundlich annehmen, mit lassen werben und arbeiten, damit sie Ursache und Raum gewinnen, bei uns und um uns zu sein."[1]) Das war ein Wort, wie es die Juden seit einem Jahrtausend nicht gehört hatten. Man kann darin Reuchlins milde Verwendung für sie nicht verkennen. Luther hatte zwar dabei den Zweck im Auge, die Juden durch freundliche Behandlung für das Christentum zu gewinnen, aber diese Neben= oder Hauptabsicht war ihm, der so ganz in seinem Christusideal lebte, nicht zu verdenken. Manche heißblütige Juden sahen dagegen in der Auflehnung der Lutheraner gegen das Papsttum den Untergang der Jesuslehre überhaupt und den Triumph des Judentums. Drei gelehrte Juden kamen zu Luther, um ihn für das Judentum zu gewinnen.[2]) Es galt überhaupt nicht mehr für zeitgemäß, auch in katholischen Kreisen nicht, nach dem göttlichen Strafgerichte die Juden totzuschlagen oder zu verfolgen. Was auch Sophisten dagegen höhnend einwenden mögen, so bleibt es doch wahr, es bildet sich in jeder ausgeprägten Geschichtsepoche ein Zeitgeist, den jeder widerwillig respektieren muß. Das Menschliche hatte sich in der Zeit der humanistischen Bewegung und im Anfang der Reformation ehe sie durch allzu theologische Konsequenzmacherei verwilderte eine Macht errungen und die Anforderungen des Kirchlichen zum Schweigen gebracht. Diesem Zeitgeist mußten selbst die Stockkirchlichen ihren Tribut zollen. Mit Bedauern sah ein Kirchenfürst (Bischof

---

[1]) In Luthers gesammelten Schriften, Ausgabe von 1841, polemische Schriften, B. III.
[2]) Luthers Schrift, von den Juden und ihren Lügen, Anfang.

Sadolet von Carpentras) die veränderte Zeitströmung, deren Wandlung er selbst erlebte, und sprach es mit Unmut aus: „Ich behaupte nicht, daß alles nach der alten Strenge und Herbigkeit eingerichtet werden müßte (die Juden zu verfolgen). Ich sehe nämlich wohl ein, daß das den Zeiten entgegen ist. Unsere Sitten können nicht das dulden, was mehr Göttliches als Menschliches zeigt."[1] — Schwärmerische Gemüter unter den Juden knüpften daher an diesen unerwarteten Umschwung und namentlich an die Erschütterungen, welche das Papsttum und der abgöttische Reliquien- und Bilderdienst erfuhren, die kühnsten Hoffnungen von dem baldigen Untergange Roms und dem Herannahen der messianischen Zeit der Erlösung.[2]

Aber viel mehr als der jüdische Stamm gewann die jüdische Lehre durch die Reformation. Bis dahin wenig beachtet, kam sie in der ersten Zeit der Reformation gewissermaßen in Mode. Reuchlin hatte nur den bescheidenen frommen Wunsch ausgesprochen, daß an den wenigen deutschen Universitäten auf einige Zeit Lehrer der hebräischen Sprache angestellt werden sollten (v. S. 96). Durch seinen Eifer für diese Sprache (er hatte auch eine Schrift über die hebräischen Akzente und Prosodie veröffentlicht)[3] und durch die zunehmende Einsicht, daß die Bibel ohne diese Kenntnis ein verschlossenes Buch bleibt, suchten Fürsten und Universitäten förmlich nach Lehrern derselben und errichteten Lehrstühle für die hebräische Sprache nicht nur in Deutschland und Italien, sondern auch in Frankreich und Polen. Die leichte, lachende klassische Muse, welche die Herzen von den kirchlichen Formen abgezogen hatte, wurde immer mehr vernachlässigt und dafür die ernste hebräische Matrone hervorgesucht. Jünglinge und Männer scheuten es nicht, sich um Juden zu scharen, von denen sie die hebräische Sprache erlernen konnten. Es entstand dadurch ein gemütliches Verhältnis zwischen jüdischen Meistern und christlichen Jüngern — allerdings zum gräulichen Ärger der Stockfrommen auf beiden Seiten; manches Vorurteil wurde dadurch beseitigt. Der Hauptlehrer der Christen war der Grammatiker von deutscher Abkunft Elia Levita (geb. in

---

[1] Sadoleti epistolae XVI, Nr. 17 vom Juli 1540. Quid est, quod isti (fautores Judaeorum) tam diligenter exquirunt mala jura Judaeis, qui in Christianis optima (jura) perdita et profligata patiuntur? Neque tamen is ego sum, qui ad antiquam illam continentiam severissimam redigi omnia contendam opportere; plane enim intelligo hoc contrarium esse temporibus, nec facile mores nostros posse pati id quod plus divini quam humani contineat. . . Sed tamen est modus omnibus in rebus. . . Si sit dandum aliquid Judaeis, semper ita detur, ut ne aperte Christianorum commoda oppugnemus.

[2] S. Note 5. Das Anagramm des Joseph von Arli.

[3] De accentibus et orthographia linguae Hebraicae, Hagenau 1518.

Neustadt bei Nürnberg um 1469, gest. 1549).¹) Dieser arme Mann, der um das tägliche Brot zu kämpfen hatte, hat den Grund zur Kenntnis der hebräischen Sprache gelegt. Die Plünderung Paduas führte ihn über Venedig nach Rom, wo ihn, wie schon erzählt, der Kardinal Egidio de Viterbo zum Behufe grammatischer und kabbalistischer Studien ins Haus genommen und ihm mit seiner Familie mehr als zehn Jahre den Lebensunterhalt gewährt hatte. Aber nicht bloß dieser Kirchen= fürst, sondern auch andere hochgestellte Christen saßen zu Levitas Füßen: George de Selve, Bischof von Lavaure, französischer Gesandter, ebenso gelehrt wie staatsklug,²) und andere. Gegen den Vorwurf, den ihm überfromme Rabbiner deswegen machten, verteidigte sich Levita mit der Bemerkung, daß seine christlichen Jünger durchweg Freunde der Juden wären und deren Wohl zu befördern suchten. Auch lehre er sie doch nur harmlose hebräische Sprachkunde, ohne sie in das tiefere Verständnis der hebräischen und jüdischen Literatur einzuweihen — eine Entschuldigung, die nicht ganz auf Wahrheit beruhte. Auf Veranlassung seines Gönners Egidio bearbeitete er Teile der hebräischen Grammatik in hebräischer Sprache, die meistens von Reuchlins Jünger Sebastian Münster ins Lateinische über= setzt wurden. Elia Levita hatte keinen besonders tiefen Geist, hat auch im hebräischen Sprachbau keine wichtige Entdeckung gemacht, er folgte fast sklavisch dem grammatischen System der Kimchiden, weil er die bessern Vorgänger nicht kannte. Die Brauchbarkeit seiner Lehrbücher bestand lediglich darin, daß ihm das ganze biblische Sprachgut zu Gebote stand und er Lehrgeschicklichkeit und faßliche Darstellungsgabe besaß. Über die Elemente ging er zwar nicht hinaus, aber diese genügten voll= kommen dem damaligen Bedürfnisse. Nur mit einer einzigen Be= merkung hat Levita Bahn gebrochen. Gegen den festen Glauben der damaligen Zeit, daß die hebräischen Vokalzeichen uralt, womöglich vom Sinai zugleich mit dem Gesetzbuche geoffenbart oder mindestens

---

¹) Vergl. außer den Angaben bei den Bibliographen Bartolocci, Wolf und de Rossi, die Biographie Levitas von Wunderbar, Orient. Litbl. 1848 Nr. 4 bis 6 und S. Buber, eine hebr. geschriebene Biographie, Leipzig 1856. Dr. J. Levi, Elia Levita 1888. Der Widerspruch in Levitas Angaben, einmal, daß er in Egidios Haus 10 Jahre geweilt (Einl. zu Massoret): אשר היה (איגידיו) קרדינאל תלמידי וכעשר שנים תמיד בביתו עמדתי und ein andermal von dreizehn Jahren: מן הקרדינאל אשר עמדתי עמו שלש עשרה שנה כבלתי כל אלה (Einl. zu משבי), dieser Widerspruch, der seine Biographen stutzig machte, läßt sich dahin lösen, daß Egidio mehrere Jahre von Rom abwesend war, wie aus Reuchlins Briefen in Friedländers „Beiträge zur Reformationsgeschichte" S. 79, 89 hervorgeht. Levita war in Egidios Haus in Rom 10 Jahre und in seiner Nähe außer= halb Roms noch 3 Jahre.

²) Vergl. darüber die Notizen von Frensdorf in Frankels Monatsschrift 1863, S. 97 ff.

von Esra eingeführt worden seien, stellte er die Behauptung auf, diese Zeichen seien jung und nicht einmal in der talmudischen Zeit bekannt gewesen, weil sie bei dem vollen Leben der Sprache entbehrlich waren.¹) Man kann sich denken, welchen Sturm diese Meinung gegen ihn erhoben hat. Sie warf mit einem Schlage die festgewurzelte Ansicht um. Die Stockfrommen erhoben ein Zetergeschrei gegen ihn, als hätte er mit seiner Behauptung das ganze Judentum geleugnet. Elia Levita war daher bei seinen Glaubensgenossen wenig beliebt und hielt sich mehr zum christlichen Gelehrtenkreise, was ihm nicht weniger Tadel von den Stockfrommen zuzog und auch Folgen für seine Nachkommen hatte.

Übrigens war er nicht der einzige Lehrer der hebräischen Sprache und Literatur für Christen.²) Wie vor ihm Obadja Sforno Reuchlin im Hebräischen Unterricht erteilt hatte, so tat es gleichzeitig mit Levita **Jakob Mantin** und auch **Abraham de Balmes**, Arzt und Sprachkundiger. Dieser behandelte die Erscheinungen der hebräischen Sprache philosophisch, ging tiefer auf die Bildungen und Formen ein, um in der scheinbaren Willkür und Zufälligkeit das Gesetz des Notwendigen zu finden. Balmes' Werk hatte aber weniger Gunst als die Elia Levitaschen Schriften gefunden, weil es tiefer und daher schwerfälliger gehalten ist und sich in Widerlegungen des Kimchischen Systems einläßt.

Es entstand überhaupt eine förmliche Schwärmerei für die hebräische Sprache in der Christenheit. Die Drucker rechneten so sehr auf guten Absatz, daß in mehreren Städten Italiens und Deutschlands ältere oder jüngere hebräische grammatische Schriften verlegt wurden, auch da, wo keine Juden wohnten. Alle Welt wollte Hebräisch lernen, das hebräische Sprachgut und Schrifttum verstehen. Wenige Jahre vorher galt den Vertretern der Kirche die Kenntnis des Hebräischen als Luxus oder gar als ein verderbliches Übel, an Ketzerei streifend, durch die Reformation dagegen wurde es unter die notwendigen Fächer der Gottesgelehrtheit eingereiht. Luther selbst lernte Hebräisch, um gründlicher in den Sinn der Bibel eindringen zu können.

Am auffallendsten zeigte sich dieser Umschwung der Gesinnung in Frankreich. Die tonangebende Pariser Universität hatte in der Mehrzahl ihrer Mitglieder Reuchlins Augenspiegel zugunsten des Talmud und der hebräischen Studien zum Feuer verurteilt (o. S. 144). Kaum sechs Jahre später entstanden daselbst ein Lehrstuhl und eine

---

¹) Ausführlich in Levitas Einleitung zu Massoret.

²) Elia Levita bemerkt zu seiner Verteidigung in der reimprosaischen Einl. das.: אנשים שהיו לפני . . . למדו גוים יותר ממני מהם שהם חיים עדן . . . כהם לופרוס ורבנים מהם חכמים ורופאים. Unter den Ärzten ist wohl Jakob Mantin zu verstehen, welcher mit Justiniani in Verbindung stand.

Druckerei für das Hebräische, und gerade jener Beichtvater des Königs
Ludwig, Guillaume Haquinet Petit, dessen Ohrenbläserei
die Verdammung der Reuchlinschen Schrift durchgesetzt hatte (o. S. 143),
dieser Dominikaner selbst trat als Förderer der hebräischen Literatur auf.

Auf seinen Antrag ließ der König Franz I. den in hebräische
Literatur eingelesenen Bischof von Korsika, Augustin Justiniani,
nach Frankreich kommen. Dieser junge König, der zuerst den ritterlichen
Charakter der französischen Fürsten hervorkehrte und aus Feindseligkeit
gegen das Haus Österreich mit den ungläubigen Türken liebäugelte,
hatte oder zeigte wenigstens seinem Vorgänger unähnlich Interesse
für die Hebung der Studien und auch des Hebräischen. Er ließ Elia
Levita einladen, nach Frankreich zu kommen, um dort den Lehrstuhl
der hebräischen Sprache einzunehmen,[1]) wahrscheinlich auf Antrag seines
Verehrers de Selve. Man muß erwägen, was das damals bedeutet
hat. Im eigentlichen Frankreich durfte seit mehr als einem
Jahrhundert kein Jude wohnen oder auch nur weilen, und nun wurde
ein Jude berufen, nicht bloß dort seinen Aufenthalt zu nehmen, sondern
eine Ehrenstellung einzunehmen und Christen Unterricht zu erteilen.
Welcher Umschwung! Elia Levita schlug jedoch diesen zuvorkommenden
Antrag aus; er hätte sich als einziger Jude dort nicht behaglich fühlen
und die Zulassung der Juden in Frankreich nebenbei zu betreiben,
dazu war er nicht der Mann. Justiniani übernahm dafür die Aufgabe,
die Kenntnis des Hebräischen in Frankreich anzubahnen. Er hatte
sich diese wahrscheinlich unter Anleitung des vielseitigen jüdischen Arztes
Jakob Mantin angeeignet. Auf der Universität zu Rheims fingen unter
ihm die französischen Studenten an, Hebräisch zu radebrechen. Da es
aber an Exemplaren mangelte, so ließ Justiniani die schlechte hebräische
Grammatik von Mose Kimchi drucken.[2]) Was noch merkwürdiger ist,
in Paris, wo 300 Jahre vorher die jüdischen Stockorthodoxen mit Hilfe
der Dominikaner Maimunis religionsphilosophisches Werk, „Führer
der Irrenden", verbrannt hatten, ließ der Dominikaner Justiniani eine
lateinische Übersetzung desselben drucken (1520) und wälzte die Schuld
der ehemaligen Verketzerung auf die Juden. Bei dieser gedruckten
Übersetzung, welche nach einer älteren bearbeitet ist, hat entschieden
Jakob Mantin geholfen; der Bischof von Korsika gab sie aber stillschweigend
als seine eigene Arbeit heraus.[3]) Auch Levitas umfangreiches Werk
über die biblische Orthographie (Masora), welches sein Jünger, der
Bischof von Lavaure, auf seine Kosten druckfertig machen ließ, sollte in
Paris gedruckt werden, wahrscheinlich auf desselben Betrieb, ist aber

---

[1]) Einleit. zu Levitas Tischbi.
[2]) Vergl. darüber Wolf, Bibliotheca II p. 449 ff.
[3]) Das. III p. 680, vergl. Perles' Monatsschr. 1875 S. 10.

aus unbekannten Hindernissen unterblieben.¹) Natürlich blieben die christlichen Lehrer der hebräischen Sprache von den jüdischen Meistern abhängig; sie konnten keinen Schritt ohne diese tun. Als Paulus Fagius, reformatorischer Priester und Jünger Reuchlins, eine hebräische Druckerei in Isny anlegen wollte, berief er Elia Levita dahin; diese Einladung nahm er an, weil er in Not war und für seine chaldäischen und rabbinischen Wörterbücher keinen Verleger fand. Paul Fagius waren diese Werke gerade sehr lieb, weil sie ihm den Schlüssel zu der von christlichen Gelehrten so sehr gesuchten Kabbala zu bieten schienen.²)

Durch die Reuchlinsche und Luthersche Bewegung kam auch die so lange vernachlässigte Bibelkenntnis einigermaßen in Schwung. Judentum und Christentum beruhen auf der heiligen Schrift, und doch war diese gerade den Bekennern beider Religionen durchweg fremd geworden. Dieses herrliche Denkmal einer gnadenreichen Zeit war von so vielen Hüllen verschleiert, von dem Spinngewebe zumeist sinnloser Auslegungen so sehr eingeschlossen und überhaupt durch das Beiwerk so sehr verunstaltet, daß es seinem wahren Werte nach vollständig unkenntlich geworden war. Weil man alles in der heiligen Schrift suchte und hineindeutelte, fand man gerade den wahren Sinn nicht. Dem christlichen Laienvolke war die Bibel seit langer Zeit unzugänglich geworden, weil das Papsttum deren Übertragung in die Volkssprache aus instinktmäßiger Furcht untersagt hatte. So kannten die Gläubigen nur Bruchstücke daraus, nur abgerissene Texte, und auch diese nicht einmal recht, weil sie durch die verkehrte Auslegung entstellt waren. Selbst Geistliche fanden sich nicht heimisch darin, weil sie sie nur aus der lateinischen Sprache der Vulgata kannten, und diese den Grundgedanken der biblischen Wahrheiten öfter durch Unverstand und Verkehrtheit verwischt hatte. Es war daher eine wichtige Tat, als Luther in seiner Einsamkeit auf der Wartburg die Bibel, das alte und neue Testament, in die deutsche Sprache übersetzte.³) Luther mußte dazu, wie schon angegeben, etwas Hebräisch lernen und Juden um Auskunft fragen. Es war den damals Lebenden, als wenn das Gottesbuch erst neu geoffenbart worden wäre; diese reine Stimme hatten sie noch nicht vernommen. Ein frischer Hauch strömte den Menschen daraus entgegen, als die Wälle entfernt waren, welche diese Lebensluft des Geistes so lange abgesperrt hatten. Das klassische Altertum hatte den Geschmack eines kleinen Kreises gebessert, das hebräische Altertum dagegen hat das ganze Geschlecht verjüngt, ihm wieder Sinn für Ein-

---

¹) Frensdorf a. a. O.
²) Levita wurde berufen und weilte daselbst 1540—1544.
³) Der von Luther ins Deutsche verdolmetschte Pentateuch erschien 1523, die historischen Schriften, Hiob, Psalter, Salomonische Schriften 1524.

sachheit und ungekünstelte Lebensverhältnisse beigebracht. Bald wurde die Bibel in andere europäische Sprachen übertragen, und die Katholiken selbst waren genötigt, von dem päpstlichen Verbote abzugehen, sie dem Volke in verständlicher Sprache zu übergeben, bedienten sich aber aus Unkenntnis und Unehrlichkeit dabei der Lutherischen Übersetzung.[1]) Auch die Juden fühlten das Bedürfnis nach der heiligen Schrift in der Landessprache. Diesem half der unermüdliche Elia Levita teilweise ab, der eine deutsche Übersetzung der Psalmen in Konstanz auf seiner Rückreise von Isny nach Venedig anfertigte.[2]) Eine spanische Übersetzung besorgte ein aus Portugal entkommener Marrane **Duarte de Pinel** in Ferrara, der sich als Jude Abraham Usque nannte.[3])

Die Nachfrage nach hebräischen Bibeln war so bedeutend, daß Daniel Bomberg das großartige Werk unternahm, das alte Testament mit den Kommentarien von Raschi, Jbn Esra, Kimchi, Gersonides und anderen zu drucken, zugleich mit einer ausführlichen Masora,[4]) dessen korrekte Herstellung einem Kenner, **Jakob ben Chajim**, anvertraut wurde, der in seiner Vorrede sich sehr jüdisch-rechtgläubig geberdete und später doch zum Christentum überging.[5]) Der Absatz der umfangreichen rabbinischen Bibel war so groß, daß immer neue Auflagen davon erschienen.

---

[1]) Der Katholik Emser in Dresden edierte ein Plagiat der lutherischen Übersetzung 1527; der Dominikaner Dietenberger in Mainz 1534; der Streithahn Dr. Eck selbst mit heuchlerischem Bedauern, daß das kanonische Gesetz vom Ausschluß der Bibel für die Laien nicht aufrecht erhalten werden könne, übersetzte die Bibel 1537. In englische Sprache wurde die Bibel übersetzt 1535 von Tyndal und Coverdal, und in französische Sprache in demselben Jahre von Pierre Robert Olivetau. Über die polnische Verdolmetschung der Bibel vergl. weiter unten.

[2]) Er übersetzte die Psalmen in deutsche Sprache. Die Übersetzung des Pentateuch stammt nicht von ihm.

[3]) Vergl. Note 7 II.

[4]) Biblia Rabbinica מקראות גדולות, Bombergiana zuerst 1517, dann 1526, 1548, vergl. Wolf II S. 366 ff.

[5]) Vergl. darüber Luzzatto in Ozar Nechmad III p. 112 f. Jakob b. Chajim muß also schon vor 1538 zum Christentum übergetreten sein, da Levita das Faktum schon in Massoret, in diesem Jahre erschienen, andeutet.

Siebentes Kapitel.

Die messianische Schwärmerei, die Marranen und die Inquisition.

Innerer Zustand der Juden; Synagogenritus und Predigtweise. Elia Kapsali und die griechische Haftara. Zersplitterung in Gemeindeparzellen und Zerfahrenheit. Dürre und Poesielosigkeit. Interessenahme an Geschichte. Achtung philosophischer Forschung. Leon Medigos Dialoghi d'amore. Die Herrschaft der Kabbala. Messianische Berechnungen und Erwartung. Lämmlein und das messianische Bußjahr. Die spanischen Marranen und die Inquisition; Luceros Mordtaten. Die portugiesischen Marranen; Gemetzel in Lissabon; der Marrane Mascarenhas. João III. Schliche gegen die Marranen. Henrique Nunes (Firme Fés) Spionage und Tod. Schritte zur Einführung der Inquisition und plötzliches Einstellen derselben. Der Abenteurer David Rëubeni in Rom und Portugal von João III. mit Auszeichnung behandelt. Messianische Verzückungen unter den Marranen.

(1500 bis 1525.)

Es ist erstaunlich und doch wieder leicht erklärlich, daß die hochwogende Bewegung, die krampfhafte Erschütterung in dem ersten Viertel des sechzehnten Jahrhunderts, welche die christliche Welt aus den Angeln gehoben, die Juden innerlich kaum berührt haben. Während in der Christenheit eine durchgreifende Veränderung in Denkweise, Sitte, Studiengang und selbst in Sprache vorging, das Alte, Überkommene hier abgelegt und verworfen und dort frisch aufgeputzt wurde, damit es wie neu aussähe, mit einem Worte, während sich eine neue Zeitepoche herausarbeitete, blieb bei den Juden alles beim alten. Es kam daher, daß sie bis dahin kein eigentliches Mittelalter hatten, darum brauchte für sie auch keine neue Zeit anzubrechen. Sie bedurften keiner Wiedergeburt, brauchten nicht den unzüchtigen Lebenswandel abzustellen, den Krebsschaden sittlicher Fäulnis zu heilen, dem Übermut und der Raubsucht ihrer geistlichen Führer einen Damm entgegenzusetzen. Sie hatten nicht so viel alten Wust wegzuräumen. Damit soll aber nicht gesagt sein, daß innerhalb der Judenheit alles lauter Glanz war. Die erhebenden und versittlichenden Gedanken des Juden-

Zersplitterung unter den Juden.

tums waren infolge der gehäuften Leiden und der verkehrten Richtung von den Satzungen und Ritualien überwuchert. Beim Volke fehlte die Innerlichkeit der Religion und bei den Führern die Klarheit des Geistes. Werktätigkeit und scholastischer Dunst waren auch unter den Juden heimisch. Im Gottesdienste wurde die Erhebung und im Geschäftsleben der redliche Sinn vermißt. Der Synagogenritus hielt krampfhaft alles fest, was aus dem Altertum überkommen war, füllte sich mit unverständlichen Bestandteilen und hatte im ganzen einen unschönen Charakter. Predigten gab es in den deutschen Gemeinden und ihren anderweitigen Kolonien so gut wie gar nicht, höchstens talmudische Vorträge, welche dem Volke, namentlich dem weiblichen Geschlechte, unverständlich waren und daher das Gemüt kalt ließen. Die spanisch-portugiesischen Prediger bedienten sich zwar der klangvollen Sprache ihrer Heimat; aber ihre Vorträge waren von scholastischem Wust erfüllt und für die Laienwelt nicht weniger unverständlich.

Bei den Gemeinden auf der Insel Kandia war es von Alters her Sitte, wenigstens am Versöhnungstag nachmittags den Propheten Jona in griechischer Sprache vorzulesen. Diesen Gebrauch fand der dortige Rabbiner, der noch zu den Gebildeten gehörte, Elia Kapsali, durchaus anstößig und wollte ihn beseitigt wissen. Der Rabbiner von Padua, Meïr Katzenellenbogen, der auf eine Anfrage dessen Fortbestehen befürwortete, machte nicht innere Gründe dafür geltend, sondern lediglich rabbinische.[1]) Die Erbauung und Belehrung des Volkes kamen wenig oder gar nicht in Betracht.

Ein Übelstand war auch die zäh unterhaltene Zersplitterung der Gemeinden. Die Hetzjagd gegen die Juden hatte in größeren Städten Italiens und der Türkei Flüchtlinge aus der pyrenäischen Halbinsel und Deutschland zusammengewürfelt, die, weit entfernt, sich mit der Urgemeinde zu verbinden, sich vielmehr gegeneinander absperrten. Es gab daher in manchen Städten fast ebenso viel Gemeindegruppen, als es Landschaften oder Städte in deren jeweiligem Mutterlande gab (o. S. 28). Kastilianische Gemeinden schlossen sich gegen aragonische und katalonische ab, und apulische gegen kalabresische. Die aus Lissabon eingewanderten Juden mochten sich nicht einmal mit den übrigen portugiesischen verbinden.[2]) Es gab daher z. B. in Konstantinopel, Adrianopel, Salonichi, Arta (Larta) in Griechenland und vielen anderen Städten eine bunte Karte von Gemeinden, von denen jede ihren eigenen Vorstand, Synagogenritus, Rabbiner, Lehrhäuser, Armenpflege, ihren eigenen Dünkel und gegenseitige Eifersüchteleien hatte. Unter diesen

---

[1]) Respp. Meïr Katzenellenbogen von Padua Nr. 78.
[2]) Vergl. darüber Respp. Gam. Ibn-Jachja (חמת ישרים) Nr. 108 p. 82 c; Respp. Mose di Trani I. Nr. 307, II Nr. 48.

Umständen konnte nichts Großes, Gemeinnütziges, Allgemeines zustande kommen. Die geistlichen Führer, obwohl im allgemeinen sittlich und auch innig religiös, beugten sich nicht selten vor den Reichen ihrer Gemeinde, sahen ihrem Übermut und ihren Ungebührlichkeiten nach und traten ihnen nicht mit Mut entgegen. In Padua z. B. gab es einen reichen Deutschen, namens H e r z W e r t h e i m, welcher die Eitelkeit hatte, mit seinem Wappen (einem Hirsch) zu prunken. Er ließ ein Ornament mit seinem Wappen aus Perlen anfertigen und wollte es in der Synagoge anbringen. Der greise Rabbiner der deutschen Gemeinde J u d a M e n z, hielt es für ungesetzlich, solchen aufschneiderischen eitlen Prunk im Gotteshause zuzulassen. Herz Wertheim, der ein Gegner dieses würdigen Mannes war, wollte aber seinen Willen durchsetzen und fand manche Rabbiner, die, von seinem Reichtum bestochen, ihn darin zum Verdrusse des Juda Menz unterstützten.[1]) Streitigkeiten und Reibungen zwischen Rabbinen waren die Folgen dieser zerfahrenen Zustände.[2])

Schlimmer noch als diese Zersplitterung in lauter Gemeindeatome war die Gebrochenheit der Kraft, der kleinliche Geist, das gewissermaßen am Bodenkriechen nicht bloß unter den Juden deutscher Zunge, sondern selbst unter den Schichten der sefardischen Auswanderer. Nur wenn es galt, für das von den Vätern Überkommene zu sterben, zeigten sich alle groß und heldenmütig; sonst war die Tätigkeit auch der Großen aufs Kleinliche gerichtet. Keine neue Bahn wurde eingeschlagen, selbst nicht beim Anblick der täglichen Umwälzungen in der christlichen Welt. Diejenigen, welche sich noch auf der Höhe der Wissenschaft hielten, wandelten meist auf betretenen Bahnen und traten sie nur noch breiter. Die vorherrschende Richtung war, das Alte und die Alten zu erläutern, Kommentarien zu schreiben, sogar Kommentarien zu Kommentarien (Superkommentarien). Die Talmudisten legten den Talmud und die philosophisch Gebildeten Maimunis „Führer" aus. Aufschwung und hoher Geistesflug fehlten ganz und gar. Kein Laut echter Poesie entströmte dem Munde derer, welche doch an dieser Brust groß gezogen worden waren, nicht einmal ein markerschütterndes Klagelied, das den Schmerz zu verklären vermag, hallte aus dieser Zeit wieder. Die einzige Erscheinung, welche eine Veränderung der Lage und der Zeit beurkundete, ist das Interesse an geschichtlichen Erinnerungen, freilich meistens auch nur unter den Juden pyrenäischer Abkunft. Diese trachteten danach, die grenzenlosen Leiden, die sie erduldeten, den nachfolgenden Geschlechtern aufzubewahren. Die neuen Leiden brachten ihnen die alten seit der grauen Vorzeit in frische Erinnerung

---

[1]) Respp. Joseph Karo א קפא רו״ל Nr. 65.
[2]) Vergl. Respp. Meïr von Padua Nr. 46.

und ließen sie erkennen, daß die Geschichte des jüdischen Stammes eine lange Reihe schmerzensreichen Märtyrertums war. Gleichzeitig mit Abraham Zacuto (o. S. 14) arbeitete Isaak Abrabanel an einer solchen geschichtlichen Aufzeichnung[1]) von den ältesten Zeiten bis auf seine Gegenwart, die wohl geordneter und eleganter geschrieben war als der Wirrwarr des Chronikers Zacuto. Auch sein Sohn Leon Medigo weihte seinen Griffel den tragischen Erinnerungen seiner Stammesgenossen in Spanien.[2]) Von der Geschichtserzählung des Elia Kapsali war bereits die Rede. Auch er widmete der Leidensgeschichte der spanischen Vertreibung einen großen Raum in seiner Chronik.[3])

Sonst tauchte nichts Neues in dieser Zeit auf. Das freie Denken der philosophischen Forschung war nicht beliebt. Isaak Abrabanel, der Überlieferer des alten jüdisch-spanischen Geistes, fand in Maimunis philosophischen Schriften manches anstößig, dem Judentum widersprechend und verdammte die freien Forscher Narboni und andere, welche über das Gegebene hinausgegangen waren. Ein portugiesischer Flüchtling, Joseph Jabez, wälzte alle Schuld an der Ausweisung der Juden aus Spanien und Portugal auf die Philosophie. Sie sei die große Sünderin gewesen, welche Israel verführt habe, darum sei das Strafgericht über dasselbe so herb ausgefallen.[4]) Joseph ben David Ibn-Jachja IV. in Imola, ein Enkel des portugiesischen Staatsmannes Joseph Ibn-Jachja III., verwarf alle Philosophie, sogar die Maimunische und kehrte zur Ansicht des Dichterphilosophen Jehuda Halevi zurück, daß dem jüdischen Stamme eine eigenartige, von den übrigen Menschen dem Wesen nach verschiedene, ihnen weit überlegene Seele innewohne, welche sich durch Ausübung der religiösen Vorschriften auf ihrer Höhe erhalten und sich zur Prophetie emporschwingen könne.[5]) Ähnliches Mißbehagen am freien Denken bekundete der Arzt Obadja Sforno, der Lehrer Reuchlins.

Ein frischer Hauch weht nur aus der philosophischen Schrift des geistvollen Leon Abrabanel oder Medigo, die schon durch ihren Titel: „Gespräche von der Liebe" (Dialoghi d'amore)[6])

---

[1]) Unter dem Titel ימות עולם schon in dem 1497 verfaßten Werke מעיני הישועה genannt.

[2]) Ibn-Verga Schebet Jehuda Nr. 50: גרושי קסטיליה ופורטוגאל וגזרת פראי ויסינטי .. ושטרות אחרות ראיתי לדון יהודה אברבניל בפ' תוכחות שבס כתב כלם. Diese Schrift Juda Abrabanels wird von den Bibliographen nicht genannt.

[3]) S. o. S. 35.

[4]) Der Hauptinhalt seiner polemischen Schrift אור החיים.

[5]) Sein Hauptwerk אור תורה, vollendet 1537, gedruckt Bologna 1539. Er kommentierte auch mehrere biblische Schriften.

[6]) Es sollte eigentlich nicht mehr die Rede davon sein, daß Leon Medigo, Verfasser der Dialoghi d'amore, zum Christentum übergetreten sei. Aber es

zu verstehen gibt, daß der Leser es nicht mit den Abgeschmacktheiten der Alltagsphilosophen zu tun hat. Wenn einer, so bewies dieser Sprößling einer alten edlen Familie die Schmiegsamkeit des jüdischen Geistes. Aus einem behaglichen Leben herausgerissen, in ein fremdes Land geworfen, unstät durch ganz Italien gehetzt und im Herzen den nagenden Schmerz um den lebendigen Tod seines ihm entrissenen

gibt Irrtümer, die mit Zähigkeit festgehalten werden, und man darf nicht müde werden, sie zu widerlegen. Delitzsch gefiel sich noch in dem Gedanken, daß dieser gefeierte Schriftsteller bei der Abfassung Christ gewesen (Orient. Litbl. 1840 S. 98) und führt einen Schnitzer als Beweis dafür an. Gedalja Jbn-Jachja referiert nämlich von ihm: הוא חבר ספר נוצרי הנקרא דיאלוגי די ליאו היהודי. Delitzsch verstand nun unter נוצרי einen Christen. Bei etwas mehr Verständnis hätte er die Ungereimtheit einsehen müssen; das Wort bedeutet hier nämlich, daß dies Buch nicht Hebräisch, sondern Italienisch geschrieben war. Zu den Beweisen gegen Leons Übertritt bei Wolf, Bibliotheca II p. 435, und der Bezeugung bei de Rossi und Jbn-Jachja läßt sich noch Folgendes hinzufügen. Amatus Lusitanus kannte ihn noch nach seinem Tode als einen Juden (o. S. 6, Anmerk). Ferner die Dialoge sind verfaßt 1502, und vom selben Jahre stammt sein versifiziertes Sendschreiben an seinen geraubten Sohn in Portugal, worin er Liebe zum Judentum und Bitterkeit gegen das Christentum ausspricht und auf Zions Glanz, sowie auf das Erscheinen des Davidsohnes hofft (Ozar Nechmad II p. 70). Noch mehr. Diejenigen, welche seine Bekehrung behauptet haben, scheinen die Dialoghi gar nicht gelesen zu haben. Denn darin nennt der Verf. die Talmudisten „die Weisen" schlechthin (Dialoghi, I p. 6 b) .. et li savii dicono, che il vero ricco è quello, che se contenta di quel que possiede; (Dialog. III p. 106): e li sapienti metaphoricamente declarano, che morirono (Moïse ed Aaron) bacciando la divinità. Beides Zitate aus der agabisch-talmudischen Literatur. Ferner nennt er Maimuni „den Unsern" (Dial. II. p. 96 b): ed il nostro Rabi Moïse d'Egitto nel suo Morhe. Eben so nennt er Abensubron, d. h. Jbn-Gebirol (Dial. III p. 160): Come pone il nostro Abensubron nel suo libro de fonte vitae. Bei Angabe eines Datums gebraucht er die jüdische Aera der Weltschöpfung (daf. III p. 107). Siamo secondo la verità Hebraica à cinque milia ducento sessanta due dal principio della creatione. Braucht man schließlich noch mehr Beweise, als den, daß sein Vater in seinem Schreiben an Saul Kohen noch im Jahre 1506 von ihm mit Zärtlichkeit spricht? — Der Irrtum, Leon Abrabanel Medigo zum Christen zu stempeln, beruht auf zwei Scheinbeweisen. Der erste Editor der Dialoghi von 1535, Mariano Lenzi, hat auf dem Titelblatt, wahrscheinlich, um christliche Leser dafür zu gewinnen, angegeben: Dialoghi di amore composti per Leone Medico di natione Hebraeo, e depoi fatto Christiano. Das beweist also gar nichts. Dann wird im Texte unter denen, welche mit ihrem Leibe in den Himmel entrückt worden seien, Enoch und Elia, auch Johannes der Täufer angeführt. Aber das ist ohne Zweifel ein Einschiebsel von christlicher Hand. Kurz, Leon Abrabanel Medigo ist bis an sein Ende Jude geblieben und hat die Dialoghi als Jude geschrieben. Was Delitzsch darin von der Trinitätslehre hat finden wollen, ist Phantasmagorie.

Erstgeborenen, behielt Leon Medigo die Geisteskraft, sich in die neuen
Verhältnisse zu schicken, sich in italienische Sprache und Literatur zu
versenken und die zerstreuten Züge philosophischer Gedanken in seinem
Kopfe zu einem einheitlichen Bilde zu sammeln und abzurunden.
In kaum zehn Jahren seit seiner Flucht aus Spanien konnte er als
gelehrter Italiener gelten, konnte mit den feingebildeten Männern
des mediceischen Zeitalters an Geschmack wetteifern und sie noch an
Vielseitigkeit des Wissens übertreffen. Mit derselben Feder, mit der
er seinem in Portugal im Scheinchristentum erzogenen Sohne einen
herzzerreißenden Ermahnungsbrief in hebräischen Versen schrieb „des
Judentums stets eingedenk zu bleiben, die hebräische Sprache und
Literatur zu pflegen und sich die Trauer seines Vaters, den Schmerz
seiner Mutter zu vergegenwärtigen, die den ganzen Tag um ihn
weine und seinen Namen rufe",[1]) mit derselben Feder schrieb er seine
„Dialoge der Liebe", worin sich der Faden der tiefen Liebe
Philos zu Sophia hindurchzieht. Dieser scheinbare Roman
bildet den Rahmen zu Leon Medigos philosophischem Systeme. Von
Hause aus mit der aristotelischen und maimunischen Philosophie vertraut und in Italien mit der platonischen oder vielmehr neuplatonischen
Metaphysik bekannt geworden, hatte er beide in seinem Kopfe zu
einem einheitlichen Ganzen verschmolzen. In fließendem anmutigen
Italienisch wickelt sich das Wechselgespräch zwischen Philo und Sophia
über die höchste Bestimmung des Menschen ab.

Das Lebensprinzip des Weltalls ist, nach Leon Abrabanel, die
innige Liebe und das Verlangen jedes Wesens, eins für das andere
zu sein. Sie ist der lebende Geist, welcher die Welt durchdringt,
das Band, welches das All einigt. Mit Liebe hat Gott die Welt hervorgebracht. Er regiert und verbindet auch die Geisteswelt mit der Körper-
welt mittels der Liebe. Diese Liebe muß aber gegenseitig sein. Die
Seele des Menschen muß ihrem Schöpfer Liebe entgegentragen, dann
erreicht sie ihr Ziel. Dieses besteht in Tugend und Weisheit. Dadurch
wird die höchste Glückseligkeit der Menschen erzielt, gewissermaßen ein
wonnevolles Genießen der Gottheit. Durch die Innigkeit des Verhältnisses
der Menschen zu Gott wird die ganze Natur veredelt und zur Vereinigung
mit der Gottheit gebracht. Dies ist ungefähr der Hauptgedanke der Liebesdialoge Leon Medigos. Das Ganze klingt mehr wie eine philosophische
Idylle, denn wie ein strenges System; es herrscht darin mehr Phantasie
als Gedanke vor, und die darin niedergelegten Bemerkungen sind mehr
sinnig als wahr. Dem Judentume stehen seine Liebesdialoge durchaus fern. Wenn auch manche biblischen Anschauungen und sogar talmudische Aussprüche eingeflochten sind, so verschwinden diese gegen

[1]) S. B. VIII 3 S. 359.

die Anhäufung von Ideen aus dem aristotelischen und platonischen Kreise und von Deutungen der heidnischen Mythologie. Leon Medigo bezeugte der „hebräischen Wahrheit" hohe Verehrung und bemühte sich, die biblische Schöpfung aus nichts gegenüber der griechischen Philosophie festzuhalten, aber die eigenartige Lehre des Judentums war ihm nicht aufgegangen. Daher kam es denn auch, daß sein Werk unter Christen mehr als unter Juden geschätzt wurde. Die Italiener waren stolz darauf, philosophische Gedanken zum erstenmal in ihrer von ihnen so schwärmerisch geliebten Sprache entwickelt zu sehen. Ein italienischer Schriftsteller bemerkte: „Wenn die Dialoge des Hebräers Leon so gut italienisch stilisiert wären, wie sie es verdienen, würden wir weder die Lateiner, noch die Griechen zu beneiden haben.¹) Ein Römer **Mariano Lenzi**, zog die „göttlichen Dialoge", wie er sie nannte, ans Licht und widmete sie einer edlen und geistvollen römischen Dame. Sie wurden eine Lieblingslektüre gebildeter Leser und in zwei Jahrzehnten fünfmal überdruckt.²) Zwei französische Schriftsteller (Denys Sylvestre und Sauvage Du-Parc) übertrugen sie ins Französische, und der letztere widmete sie der mächtigen Königin-Mutter Katharina de Medici.³) Ein anderer Schriftsteller (Karl Saracenus) übertrug Leons Wechselgespräche ins Lateinische und widmete sie Granvella, Minister Philipps II. von Spanien.⁴) Nicht lange darauf übersetzte sie ein Jude, **Gedalja Ibn-Jachja**, ins Spanische und widmete sie dem finsteren Könige selbst.⁵)

Die christliche Welt begann damals Interesse an philosophischen Fragen zu nehmen, die jüdische dagegen, auch die gehetzten Flüchtlinge aus der pyrenäischen Halbinsel, hatten den Sinn dafür eingebüßt. In die, der strengen logischen Zucht entwöhnten Köpfe nistete sich die Kabbala mit ihrem tönenden Nichts ein; sie füllte gewissermaßen den leer gewordenen Raum aus. Im sechzehnten Jahrhundert begann erst ihre Herrschaft über die Gemüter. Ihre Gegner, zuletzt noch **Saul Kohen** aus Kandia, würdiger Jünger des Elia Delmedigo, waren tot oder nicht gelaunt, sich mit der ganzen Zeitrichtung auf den Kriegsfuß zu setzen, welche dem Geheimnisvollen, dem Paradoxen und Auffallenden nur allzu geneigt war. Sefardische Flüchtlinge wie **Juda Chajat, Baruch von Benevent, Abraham Levi**,

---

¹) Zitat bei Delitzsch a. a. O. col. 88.
²) Erste Ausgabe Rom 1535, dann Venedig 1541, 1545, 1549, 1558.
³) 1550, 1551. Die Übersetzung Sylvestres wurde korrumpiert in ein Disputa di San Salvestro et di Leone Hebreo.
⁴) 1564.
⁵) 1568. Später wurden sie noch zweimal ins Spanische übertragen; vergl. Delitzsch a. a. O. und Katalog der Bodleiana s. v. Ins Hebräische übersetzte sie Leon Modena, erschienen unter dem Titel ויכוח על האהבה Lyck 1871.

Meïr ben Gabbai, Jbn-Abi Simra hatten die Kabbala nach Italien und der Türkei eingeschleppt und erweckten ihr mit außerordentlicher Rührigkeit eifrige Anhänger. Auch die Schwärmerei christlicher Gelehrter, Egidio von Viterbo, Reuchlin, Galatini und anderer für die Kabbala übte auf die Juden eine Rückwirkung aus. War die Geheimlehre bisher innerhalb der Judenheit nur geduldet, so erhielt sie nun in der Zerfahrenheit und im Wirrwarr durch die Verfolgung und Wanderung einen offiziellen Charakter. Dieser Lehre müsse doch eine tiefe Wahrheit zugrunde liegen, wenn sie von vornehmen Christen so sehr gesucht werde! Die kabbalistisch-gläubigen Prediger entwickelten deren Lehre — was bisher nicht vorgekommen war — von der Kanzel[1]). In Fragen über Ritualien und Satzungen wurden auch die kabbalistischen Schriften zu Rate gezogen und gaben öfter den Ausschlag.[2]) Kein Wunder, wenn nach und nach mystische Elemente aus dem Sohar in die Gebetordnung Eingang fanden und ihr überhaupt einen geheimnisvollen Charakter aufdrückten.[3]) Mit frecher Anmaßung behaupteten die Kabbalisten, daß sie allein im Besitze der mosaischen Überlieferung seien, und daß der Talmud und die Rabbinen sich vor ihnen beugen müßten.[4]) Es ging soweit, daß selbst ein Kabbalist, Abraham Levi, eine Gotteslästerung in der Gebetweise der Kabbalisten fand, daß sie sich an die Engel oder an die Sefirot um Gehör ihrer Wünsche wendeten.[5]) Sie wagten sogar in den Pentateuchrollen manche Wörter nach soharistischen Spielereien zu ändern und zu verunstalten, obwohl hierbei die skrupulöseste Korrektheit und Unveränderlichkeit des Textes zur Pflicht gemacht war. Denjenigen, welche die ursprüngliche Lesart wiederherstellen wollten, flößten sie abergläubische Furcht ein, daß dadurch Erblinden oder sonst ein Unglück unfehlbar erfolgen würde.[6]) Solchergestalt wurde die Geheimlehre mit ihren Träumereien und Spielereien, die bisher nur in den Köpfen weniger Adepten spukte, allgemein unter der Judenheit verbreitet und berückte den gesunden Sinn. Der Widerstand von seiten der Rabbinen gegen mystische Eingriffe in den Ritus und das religiöse Leben überhaupt war nur schwach, da auch sie von der Göttlichkeit der

---

[1]) Respp. Levi b. Chabib Nr. 8 und Nr. 75.
[2]) Respp. David Jbn-Abi Simra ed. Livorno Nr. 8, ed. Ven. I Nr. 170.
[3]) Siehe B. VII 2 S. 436.
[4]) Respp. Tam Jbn-Jachja und Respp. Elia Misrachi, siehe B. VIII₃ 3 Seite 455.
[5]) Abraham Levis Sendschreiben an den Nagid Jsaak Schalal Kerem Chemed IX p. 141 fg.
[6]) Respp. David Jbn-Abi-Simra ed. Livorno Nr. 101. על מה שעשה אחר מן המתקוממים שהגיה כל הספרים על פי מדרש של ר' שמעון בן יוחאי . . . ואף על פי ש־בעיה הפתידני באמרו כי אחד מן החכמים תקן הספר כאשר בתחילה ולא בלה שנהו עד שנעשה סגי נהור, לא חששתי לדבריו.

Kabbala überzeugt waren und sich daher den Neuerungen nur mattherzig widersetzten.

Es konnte nicht fehlen, daß die hohle Kabbala in den hohlen Köpfen Schwärmerei erzeugte. Wie bei den Essäern, so war auch bei den soharistischen Mystikern die Messiashoffnung der Angelpunkt ihrer ganzen Lehre. Das messianische Reich oder das Himmelreich oder das Reich der sittlichen Ordnung[1]) zu fördern und das Eintreffen desselben durch Buchstaben- und Zahlenspielereien im voraus zu berechnen und zu verkünden, das war ihr Hauptaugenmerk. Isaak Abrabanel, obwohl der Kabbala nicht zugetan, hatte dieser messianischen Schwärmerei aus frommer Besorgnis Vorschub geleistet. Die gehäuften Leiden der wenigen Überbleibsel von den Juden Spaniens und Portugals hatten vielen den Mut gebrochen und die Aussicht auf bessere Zeiten geraubt. Nicht bloß Ungebildete, sondern selbst gelehrte und fromme Männer gaben die so lang gehegte Messiashoffnung auf, wie einen süßen Traum, dem jede Möglichkeit zur Verwirklichung fehle. Der jüdische Stamm sei für immer zum Leiden geboren, werde nimmermehr von dem Drucke erlöst werden, nimmermehr zur Freiheit und Selbständigkeit gelangen.

Diese Hoffnungslosigkeit und Verzweiflung seiner Landsleute, die, wenn um sich greifend, die Wünsche der Kirche erfüllt hätten, schmerzten den im innigsten Glauben bewährten Isaak Abrabanel, und er machte sich daran, diesem gefährlichen Unmute entgegenzutreten. Er verfaßte drei Schriften,[2]) um aus der Bibel, namentlich aus dem Buche Daniel und aus agadischen Sentenzen, den, wie er glaubte, allerstrengsten Beweis führen zu können, daß Israel auf eine glänzende Zukunft fest bauen dürfe, und daß die Messiaszeit unfehlbar eintreffen müsse. Mit dem ganzen jüdischen Schrifttum und auch mit der christlichen Literatur, mit Geschichte und Geographie vertraut, konnte Abrabanel dieses Thema gründlicher als bisher behandeln und entgegenstehende Ansichten, sei es von jüdischer oder christlicher Seite, widerlegen. Die Wärme, mit der er diesen Stoff behandelte, stammte eben so sehr aus seinem Kopfe wie aus seinem Gemüte, denn die Messiashoffnung war für ihn ebenso sehr eine feste Überzeugung, wie eine Herzensangelegenheit. Man verzeiht dem mehr von Leiden als vom Alter gebrochenen sechzigjährigen Abrabanel, der diese Schriften mit zitternder Hand geschrieben, die herben Ausfälle gegen die Schriftsteller,

---

[1]) עולם התקן.

[2]) Komment. zum Daniel מעיני ישועה, vollendet 1. Tebet = 6. Dez. 1496 (gedr. Ferrara 1551); II. über messianische Stellen in den Agadas ישועות משיחו, voll. 20. Tebet = 26. Dez. 1497 (Karlsruhe 1826); III. über messianische Stellen in den Propheten und Psalmen משמיע ישועה, voll. 4. Adar = 26. Febr. 1498 (Salonichi 1526).

welche den Messiasglauben nicht anerkannt (Galipapa) oder ihm eine untergeordnete Stellung innerhalb des Judentums angewiesen hatten (Albo)[1]; da es ihm eine Herzenssache und ein Notanker war. Aber er ging in seiner Rechtfertigung der Messiashoffnung zu weit, er wollte zuviel beweisen und geriet dadurch ebenfalls in kindische Spielerei. Nach seiner Berechnung müßte die messianische Zeit notwendigerweise im Jahre 5263 seit der Weltschöpfung (1503) anbrechen und die Vollendung derselben mit dem Falle Roms, etwa vier Jahreswochen später, eintreten.[2] Seine Berechnung war aber ebenso willkürlich und erwies sich ebenso trügerisch, wie die seiner Vorgänger, Saadias, Abraham ben Chijas, Nachmanis und Gersonides' (welche drei übereinstimmend 1358 als das messianische Jahr bezeichnet hatten) und ebenso eitel wie die Vorausverkündigungen des Abraham Abulafia, des Mose de Leon (im Sohar) und anderer Kabbalisten.

Diese so bestimmt von einem besonnenen Manne, einer hochgeachteten Persönlichkeit verbürgte messianische Berechnung scheint, verbunden mit anderen kabbalistischen Träumereien einen Schwärmer aufgeregt zu haben, für die allernächste Zeit das Eintreffen der messianischen Erfüllung zu verkünden. Ein Deutscher, Ascher Lämmlein (oder Lämmlin)[3], trat in Istrien in der Nähe von Venedig als messianischer Vorläufer auf (1502). Er verkündete, daß, wenn die Juden strenge Buße, Kasteiungen, Zerknirschung und Wohltätigkeit betätigten, der Messias nach einem halben Jahre unfehlbar eintreffen müsse. Eine Wolken- und Feuersäule werde ihnen, wie beim Auszug aus Ägypten, vorangehen, um sie ungefährdet nach der heiligen Stadt zu führen. Als Zeichen soll er angegeben haben, sämtliche christliche Kirchen würden plötzlich einstürzen. Die Gemüter waren durch die Leiden und den kabbalistischen Dusel für solche krampfhafte Erwartungen empfänglich. Ascher Lämmlein hatte daher einen Kreis von Anhängern gewonnen, welche seine Verkündigung verbreiteten. Sie fand in Italien und Deutschland Anklang und Glauben. Es wurde viel gefastet, viel gebetet, viel gespendet. Man nannte die Zeit das „Bußjahr". Alle bereiteten sich zum Eintritt des Wunders vor. Man rechnete so gewiß auf die Erlösung und Rückkehr nach Jerusalem, daß man das Bestehende geradezu niederriß. Die Nüchternen und Besonnenen wagten nicht, der allgemeinen Schwärmerei entgegenzutreten. Selbst Christen sollen an Ascher Lämmleins messianische

---

[1]) Vergl. B. VIII₃ S. 32, 177. Abrabanels Ausfälle gegen dieselben im Werk I p. 91, II p. 15, 17 und Anf. von III, auch in seinem ראש אמנה.

[2]) Im Jahre 1531 und 1532. Vergl. Abrabanel I p. 78, 86, 102, 122; II p. 6 b, 12 c; III p. 16 b, 22 d.

[3]) Siehe über ihn Note 3.

Prophetie geglaubt haben. Aber der Prophet starb oder kam plötzlich um, und damit hatte der Schwindel ein Ende. Diejenigen, welche fest und hingebend an ihn geglaubt, waren am meisten von der Enttäuschung betroffen. Viele Juden traten infolgedessen zum Christentum über.[1]) Isaak Abrabanel, der das von ihm ausgerechnete messianische Jahr und die Lämmleinsche Bewegung erlebt hatte, mag nicht wenig davon beschämt gewesen sein. Er hütete sich daher, in den Büchern, die er nach diesem Jahr vollendet hat, eine messianische Berechnung aufzustellen.

Allein mit dem erfolglosen Ende des Lämmleinschen Bußjahres war die Messiashoffnung keineswegs in den Gemütern erloschen; sie war ihnen notwendig, um sich in dem Elende aufrecht zu erhalten. Die Kabbalisten hörten darum nicht auf, diese Hoffnung von neuem anzuregen und deren wunderbare Verwirklichung von neuem zu verheißen. Selbst im Kreise der Marranen war der Messiasglaube rege; sie klammerten sich daran, weil er ihnen einen Hoffnungsstrahl, die Erlösung aus ihrem Elend bot. Ungefähr zur selben Zeit verkündete eine junge Marranin von fünfzehn Jahren in Herrera in der Gegend von Badajoz, daß der Messias mit ihr gesprochen und sie in den Himmel gehoben habe, wo sie alle die Märtyrer, welche auf den Scheiterhaufen verbrannt worden waren, auf goldenen Stühlen sitzen gesehen. Dieses marranische Mädchen bestärkte die Hoffnung, daß der Messias sich bald offenbaren und alle ins gelobte Land führen werde. Viele Marranen in der Stadt und auswärts glaubten der Prophetin des Messias und suchten sie auf, auch solche, welche früher wegen Judaisierens angeklagt, durch reuiges Geständnis absolviert worden waren. Als die Schwärmerei an den Tag kam, wurden achtunddreißig, welche durch den Glauben an den Messias den Rückfall ins Judentum verraten hatten, in Toledo auf dem Scheiterhaufen verbrannt.[2]) Drei Jahrzehnte später entstand unter ihnen eine viel bedeutendere messianische Bewegung, welche vermöge ihres Umfanges und durch die dabei beteiligten Persönlichkeiten einen interessanten Verlauf nahm. Die Marranen in Spanien und Portugal spielten dabei eine Hauptrolle.

Diese Unglücklichsten aller Unglücklichen, die ihrem angestammten Glauben entsagt, sich gewissermaßen ihrem eigenen Selbst entfremdet hatten, Kirchenriten mitmachen, ja sie noch peinlicher befolgen mußten, obwohl sie ihnen in tiefster Seele verhaßt waren, wurden deswegen von der Inquisition und dem Hasse der christlichen Bevölkerung verfolgt und an ihre Abstammung gewiesen. Der Großinquisitor Torquemada hatte es beim Papste Alexander VI. durchgesetzt, daß

---

[1]) Vergl. oben Seite 72 Note 3.
[2]) Llorente histoire de l'Inquisition I, 345 S. B. VIII 3, 479.

Marranen nicht in den Dominikanerorden von Avila als Mönche aufgenommen werden sollten, weil er ihnen mißtraute.¹) Sie erduldeten ohne Redeschwulst ein wahres Höllenleben. Der größte Teil von ihnen konnte bei aller Selbstüberwindung keine Zuneigung zum Christentum fassen. Wie konnten sie auch ein Bekenntnis liebgewinnen, dessen Träger täglich Menschenopfer verlangten, und diese unter den nichtigsten Vorwänden unter den Scheinchristen aussuchten? Unter dem zweiten spanischen Großinquisitor Deza waren fast noch größere Grausamkeiten vorgekommen, als unter dem ersten, Torquemada. Er und seine Werkzeuge, ganz besonders Diego Rodriguez Lucero, ein frommer Henker in Cordova, hatten so viele Schändlichkeiten begangen, daß ein von sittlicher Entrüstung erfüllter Zeitgenosse die Inquisition drei Jahrzehnte nach ihrer Entstehung mit den grellsten Farben schilderte. „Der Erzbischof von Sevilla (Deza), Lucero und Juan de la Fuente haben alle diese Provinzen entehrt. Ihre Leute achten weder Gott, noch die Gerechtigkeit, töten, stehlen und schänden Weiber und Mädchen zur Schmach der Religion. Die Schäden und das Unglück, welche die schlechten Diener der Inquisition in meinem Lande verursacht haben, sind so groß und so vielfach, daß jeder darüber betrübt sein muß". Lucero (der Lichtvolle), von seinen Zeitgenossen wegen seines finstern Tuns Tenebrero (der Finstere) genannt, hat die Schlachtopfer zu Tausenden gehäuft; er war unersättlich nach jüdischem Märtyrerblut. „Gebt mir Juden zum Verbrennen", soll er immer gerufen haben. Sein Fanatismus war in kannibalische Raserei umgeschlagen.

Jede Anzeige eines Marranen, daß er jüdische Riten beobachtet, galt Lucero als begründeter Verdacht, und jeder Verdacht als erwiesene Schuld, die auf dem Scheiterhaufen gebüßt werden müßte. Unter den von Lucero eingezogenen Marranen ersannen einige aus Verzweiflung oder Rachegefühl oder aus List ein Anklageverfahren, welches recht viele von altchristlichem Blute und hohem Stande als Mitschuldige verwickeln sollte. Sie gestanden das ihnen zur Last gelegte Verbrechen ein und gaben an, daß in Cordova, Granada und anderen südspanischen Städten von Marranen Häuser als Synagogen benutzt würden, zu denen der und der, die und die, sogar Nonnen und Mönche und harmlose Mädchen von spanischem Vollblute zu wallfahren pflegten, um die jüdischen Feste mitzufeiern und jüdische Prediger anzuhören. Diese Anklage schien ganz unglaublich, ganz unwahrscheinlich. Wohlerzogene christliche Mädchen, die selten die Schwelle ihres Hauses zu überschreiten pflegten, sollten meilenweit gewandert sein, um unter Todesgefahr dem Gottesdienste in einer versteckten,

¹) Boletin 1887, 429, Revue d. Et. XVIII 137 B. VIII S. 406.

geächteten Synagoge beizuwohnen! Nichts destoweniger ließ Lucero
eine Menge alter Christen mit neuen zugleich einkerkern und die be=
zeichneten Häuser niederreißen. Die Schergen der Inquisition hatten
alle Hände voll zu tun. Es entstand aber dadurch eine drohende Gärung
in Cordova; die angesehensten Personen klagten über dieses Verfahren
des Inquisitors Lucero und gingen den Großinquisitor an, ihn seines
Amtes zu entsetzen. Deza war aber mit ihm einverstanden, und so
wurden auch die Unzufriedenen, Ritter, Vornehme, Doñas, Geist=
liche und Nonnen als Begünstiger jüdischer Ketzerei angeklagt. Ihren
Verwandten gelang es indes bei dem kastilianischen Könige von wenigen
Monaten, dem deutschen Prinzen P h i l i p p I., Isabellas Schwieger=
sohn und Nachfolger, die Entsetzung Dezas und Luceros zu bewirken.
Dafür nahmen diese aber nach dem Tode desselben schwere Rache an
ihren Feinden unter dem frömmelnden Fernando, seinem Nachfolger in
Kastilien. Es entstand eine so einhellige förmliche Revolution in Cordova
gegen die Inquisition, geleitet von hohen Adeligen, daß der zum zweiten
Mal zur Regierung gelangte König genötigt war, Lucero zu verbannen
und auch einen andern Großinquisitor in der Person des X i m e n e s
v o n C i s n e r o s zu ernennen.¹) Der dritte Großinquisitor verfuhr
schonender gegen die verdächtigen Altchristen, ließ aber nicht weniger
Neuchristen von jüdischer und maurischer Abstammung verbrennen.
Er war es auch, der gegen Karl V. eine drohende Sprache führte, als
er im Begriffe war, den spanischen Marranen für 800 000 Goldkronen
die Freiheit ihres jüdischen Bekenntnisses einzuräumen. Die flan=
drischen Räte, denen der Kaiser die Frage zur Entscheidung vorgelegt,
waren dafür gestimmt, aber der Begriff Freiheit und Duldung waren
Ximenes' Ohr und Herz leere Laute. Er verbot seinem kaiserlichen
Zöglinge, die Juden zu dulden, wie es Torquemada Karls Urahnen
verboten hatte.²) Seine Nachfolger waren nicht weniger rechtgläubig,
d. h. nicht weniger unmenschlich. Unter diesen bekamen die jüdischen
Schlachtopfer christliche Mitschuldige und Leidensgenossen. Die refor=
matorische Bewegung in Deutschland hatte auch in Spanien einen
Widerhall gefunden. Luthers und Calvins Lehre von der Verwerf=
lichkeit des Papsttums, der Priesterschaft und des Zeremoniendienstes
war durch die Verbindung Spaniens mit Deutschland infolge der
Personalunion des Kaisers Karl auch über die Pyrenäen gedrungen.
Der Kaiser, dem die Reformation in Deutschland so viel zu schaffen
machte, gab dem heiligen Offizium die Weisung, streng gegen die
lutherisch Gesinnten in Spanien zu verfahren. Dem blutdürstigen
Ungetüme war die ihm zugewiesene Beute willkommen, und fortan

---

¹) Llorente, histoire de l'Inquisition en Espagne I p. 345 ff.
²) In allen Biographien des Kardinals, Großinquisitors und Regenten
Ximenes mitgeteilt.

ließ es eine Art Gleichheit gegen Juden, Mohammedaner und lutherische Christen eintreten. Jedes Auto da Fé verkohlte in gleicher Weise die Märtyrer der drei verschiedenen Religionsbekenntnisse.¹)

Mit den jüdischen Marranen in Portugal hatte es eine andere Bewandtnis als mit denen in Spanien. Der König Manoel, welcher die zum Auswandern gerüsteten Juden gewissermaßen an den Haaren zur Taufe zerren ließ, hatte ihnen, um sie nicht zur Verzweiflung zu treiben, sein Wort verpfändet, daß sie zwanzig Jahre unbelästigt von der Inquisition wegen ihres Glaubens und Tuns bleiben sollten.²) Selbst hebräische Bücher zu besitzen und zu lesen war ihnen gestattet. Vertrauend darauf, wagten die portugiesischen Marranen mit weniger Heimlichkeit als die spanischen, die Satzungen des Judentums zu beobachten. In Lissabon, wo die meisten derselben wohnten, hatten sie eine Synagoge, in der sie um so andächtiger zum Gebet zusammen zu kommen pflegten, als sie äußerlich die Kirchenriten mitmachen mußten und daher in ihrem Gotteshause mit Zerknirschung Gott um Verzeihung wegen der begangenen Sünde des Götzendienstes anflehten. Die Erwachsenen unterrichteten die Unmündigen in Bibel und Talmud und legten ihnen das Judentum eindringlich ans Herz, um sie vor Versuchungen zum aufrichtigen Übertritt zum Christentum zu warnen. Die portugiesischen Marranen hatten auch mehr Freiheit auszuwandern und begaben sich nach Veräußerung ihrer Besitztümer einzeln oder in Gruppen nach der Berberei oder nach Italien und von da nach der Türkei. Zwar hatte Manoel, um der Auswanderung der Marranen zu steuern, eine Ordonnanz erlassen, daß ein Christ ein Tauschgeschäft mit Neuchristen bei Verlust des Vermögens nicht abschließen und liegende Gründe von ihnen nur mit königlicher Erlaubnis kaufen, und daß kein Marrane mit Frau, Kindern und Gesinde ohne ausdrückliche Bewilligung des Königs außer Landes reisen dürfte.³) Aber wie leicht konnte ein solches Gesetz umgangen werden! Sind auch manche Marranen bei der Auswanderung ertappt und bestraft worden — wie einst eine Gesellschaft solcher Unglücklicher, auf einem Schiff heimlich nach Afrika segelnd, vom Sturme getrieben, erst am Gestade der Azoren landend, dort zur Sklaverei verdammt wurde,⁴) — so gelang es doch anderen, der Wachsamkeit der Grenzaufseher zu entgehen. Die spa-

---

¹) Llorente a. a. O. II Auf. und p. 337 ff.
²) Siehe B. VIII 3 S. 386. Auszüge aus Archiven über die Schicksale der Marranen in Portugal, Herculano da origem e estabelecimento da Inquisição em Portugal I p. 29 fg. p. 42 Note. Aus dens. Quellen bei G. Heine in Schmidts Zeitschrift für Geschichte, Jahrg. 1848 S. 154 f.; auch aus einem italienischen Gesandtschaftsbericht, abgedruckt aus einem Kodex am Ende Note 6.
³) Gesetz v. April 1499.
⁴) Bei Herculano a. a. O. p. 134.

nischen Marranen hatten alle Ursache, ihre Leidensgenossen in Portugal zu beneiden, und gaben sich daher alle erdenkliche Mühe, über die Grenze des Landes, wo für sie Scheiterhaufen flammten, zu entkommen. Dem arbeitete natürlich die rachsüchtige spanische Regierung entgegen und bewog Manoel, ein Gesetz zu erlassen (1503), daß kein Spanier den portugiesischen Boden betreten dürfe, wenn er nicht eine Bescheinigung beibrächte, daß er nicht der Ketzerei beschuldigt sei.[1]) Fernando von Spanien hatte zwar mehr verlangt. Mit Berufung auf eine päpstliche Bulle hatte er das Verlangen gestellt, daß die aus Spanien vor der Inquisition entflohenen Marranen ausgeliefert werden sollten. Manoel gab aber nur zu, daß ein Inquisitionsrichter nach Portugal kommen sollte, um die Flüchtlinge dort anzuklagen, damit nach portugiesischem Rechte über sie gerichtet werde.[2]) Solchergestalt hätten die portugiesischen Marranen ein leidliches Dasein gehabt, wenn nicht der Volkshaß es ihnen verleidet hätte. Es zeigte sich nach ihrer Taufe, daß sie weniger als Bekenner des Judentums, denn als eine rührige, betriebsame, den Christen überlegene Klasse verhaßt waren. Die Antipathie der Altchristen steigerte sich noch mehr, als die Neuchristen die Befugnis erlangt hatten, alle Gewerbe zu betreiben, die Pacht der Kirchenzehnten zu übernehmen, Ämter zu bekleiden und sogar geistliche Würden zu erhalten und in Mönchsorden einzutreten. Zuerst machte sich der Haß gegen sie durch beschimpfende Benennungen: „Jude, verfluchter Neuchrist" (Judeo Marrano, converso) Luft, und Manoel mußte solche Bezeichnungen für sie durch ein Gesetz verbieten, konnte aber die Antipathie gegen sie nicht entwurzeln. Mißernten, welche mehrere Jahre in dem kleinen Portugal Hungersnot erzeugt hatten, wozu sich noch die Pest gesellte, gaben dem Hasse neue Nahrung; denn es hieß allgemein, die getauften Juden trieben Kornwucher, verteuerten die Lebensmittel und exportierten das Getreide ins Ausland. Am glühendsten gehaßt war ein marranischer Emporkömmling, João Rodrigo Mascarenhas,[3]) Oberpächter aller Steuern, und dieser Haß traf sämtliche Mar-

---

[1]) Bei Heine a. a. O. S. 155. Herculano das. 141.

[2]) Das.

[3]) In dem Berichte eines anonymen deutschen Augenzeugen über die Massakre der Marranen in Lissabon unter dem Titel „von dem Streyt kürzlich geschehen in L... zwischen den Christen oder neueren Christen und Juden," mitgeteilt von G. Heine a. a. O. S. 173 ff. heißt es: Johann Roberich Mastarenus.. war das Haupt aller Juden, voll Büberei, falsch und böswillig, so daß nicht zu schreiben ist, was er in seinen Tagen für Bosheit und Büberei erdacht und getrieben 2c. Von demselben erzählt auch der Augenzeuge Salomo Ibn-Verga (in Schebet Jehuda Nr. 60 p. 97): אמרו קצת כי משנאת איש ידוי נקרא שאטקרינייאס פובה היה כל שנאת הנוצרים לפי שהיה מתגאה עליה ומרבה חקים כנגדה

ranen. Er mag wohl die Steuern mit großer Strenge eingetrieben und vom Könige Erlasse gegen Umgehungen erwirkt haben, vielleicht war er auch bösen Herzens. Ihn betrachtete nun das Volk von Lissabon als einen Ausbund aller Schlechtigkeiten.

Diese Stimmung gegen die Marranen benutzten die boshaften Dominikaner, um sie, die Lieblinge des Königs Manoel, der Vertilgung preiszugeben. Einige Neuchristen wurden am Passahabend (8. April 1505) betroffen, wie sie den jüdischen Riten zur Erinnerung an die Befreiung aus Ägypten oblagen. Sie wurden natürlich angeklagt und eingekerkert; aber es scheint, daß das geistliche Gericht der Bischöfe sie nicht verurteilen mochte, weil es noch im frischen Andenken hatte, wie die mit Gewalt zur Taufe Geschleiften ihren Widerspruch dagegen laut und nachdrücklich erhoben hatten.[1]

Diese Milde der Bischöfe war natürlich den portugiesischen Dominikanern ein Greuel. Die Macht ihrer Brüder in Spanien ließ ihnen keine Ruhe. Sie begannen nun ihrerseits nicht bloß gegen die Gottlosigkeit der Neuchristen zu predigen, sondern veranstalteten geradezu ein Wunder, um das Volk zu fanatisieren. Es war eine sehr günstige Zeitlage für sie. Die Pest wütete damals in Portugal und raffte täglich viele Tausende hin, und die anhaltende Regenlosigkeit drohte mit einer neuen Mißernte. An diesen Plagen wären einzig und allein die Marranen schuld, so hieß es allgemein oder wurde ausgesprengt. Die Dominikaner verkündeten laut, daß in ihrer Kirche ein, in einem Kreuz angebrachter Spiegel in einem Feuerglanz Maria gezeigt und noch andere staunenswerte Wunder versichtbart habe. Sie waren in solchen Vorspiegelungen geübt. Viel Volks strömte nach ihrer Kirche, um das Wunder zu bewundern. An einen Sonntag nach Ostern (19. April, 1506) war die Kirche voll von andächtigen Gaffern, darunter auch gezwungener Weise Marranen. Einer derselben soll dabei eine ungläubig klingende Bemerkung gemacht haben, entweder, der Wunderglanz rühre von einer Lampe hinter einem gefärbten Glase her oder, was vermöge ein dürres Holz für Wunderzeichen zu tun, oder, was wahrscheinlicher klingt, "es wäre in der Dürre ein Wasserwunder

---

וראיה . . . מיד שמצאו למאסקריניאש נחו מן ההריגה. Mascarenhas ist ein echter portugiesischer Familienname; im Bericht des anonymen Deutschen ist er offenbar in Mastarenus verstümmelt.

[1]) Gutachten des Bischofs Coutinho bei Heine a. a. O. S. 178: . . . et adeo aliqui (Judaei baptizati) qui coram me adducti fuere, tamquam inculpati a crimine haereseos (i. e. relapsus in Judaismum) Doc. Joh. Petrus et episcopus Funchalen et pater Ferdinandus eos Judaeos reputabant et non haereticos. Das. S. 180: . . qua de causa episc. Funchalen et ego illos, qui ad nostras manus veniebant propter similes causas haereseos, dimitti mandavimus.

nötiger als ein Feuerwunder".[1]) Bei dieser Äußerung fielen die Weiber über den unvorsichtigen Marranen her, schlugen und rauften ihn, Männer kamen dazu und schlugen ihn tot. Auch seinen Bruder, der ihm zu Hilfe gekommen war, tötete die aufgeregte Volksmenge. Richter und Polizeimänner, welche die Mörder verhaften wollten, wurden verfolgt und mit dem Tode bedroht, so daß sie sich in ein Haus retten mußten.

Durch diese Vorgänge entstand ein Auflauf in der Stadt. Ein Dominikaner forderte die an der Kirche versammelte Volksmenge in einer wütenden Predigt zur Ermordung der verdammten Neuchristen auf, weil der König sie begünstige, und zwei andere, João Mocho und Fratre Bernardo, zogen gar mit Kreuzen durch die Straßen unter dem Rufe „Ketzerei, Ketzerei!" Die ganze Volkshefe der unruhigen Hauptstadt kam in Aufruhr, und zu ihr gesellten sich deutsche, niederländische und französische Matrosen, die Gelegenheit zum Plündern benutzend. So zogen nahe an 10 000 Mörder durch die Stadt und erschlugen die Marranen, Männer, Frauen, Kinder, wo sie sie antrafen, auf den Straßen, in den Häusern und Verstecken. Auf dem Platze der Dominikanerkirche, dem Ausgangspunkte der Bewegung, wurde ein lodernder Scheiterhaufen angezündet und Marranen darauf verbrannt. Dorthin schleiften die Buben die Leichname der Gefallenen an Stricken und schichteten zwei große Haufen davon auf. So ging es die ganze Nacht hindurch. Von Sonntag nachmittag bis Montag gegen Mittag sollen fünf- bis sechshundert Marranen auf solche elende Weise umgekommen sein.

Damit war aber das Gemetzel noch lange nicht zu Ende, sondern wurde noch zwei Tage fortgesetzt. Ein Deutscher, der damals in Lissabon anwesend war, berichtete: „Am Montag bekam ich Dinge zu sehen, die fürwahr unglaublich zu sagen oder zu schreiben sind, wenn man sie nicht selber gesehen hat, von so großer Grausamkeit sind sie. Ich sah drei Mönche in der Stadt umlaufen, jeder mit einem Kreuze und sie schrien: „Barmherzigkeit, Barmherzigkeit! Wer dem Christenglauben und dem Kreuze beistehen will, der komme zu uns, wir wollen gegen die Juden kämpfen und sie alle totschlagen!" So wurde das Kreuz abermals eine Fahne für Mörder, die den Trägern desselben in verschiedenen Haufen nachzogen, die Marranen aus ihren Verstecken bei Christen und selbst aus Kirchen zogen und sie tot oder

---

[1]) Nachrichten über dieses Gemetzel bei sämtlichen portugiesischen Chronisten; neue Quellen: der Bericht eines deutschen Augenzeugen (o. S. 210), ferner eine Klageschrift der Marranen für den Papst, die G. Heine und Herculano benutzt haben p. 142 fg. Von jüdischer Seite Salomon Ibn-Verga a. a. O., der angibt:

גזירת ההריגה אשר שם בליסבונה מחוץ לעיר הייתי ובשוכי אחר ימים אמרו לי לא ראי זה כראי זה.

lebendig zu den Scheiterhaufen zerrten. Schwangere Frauen wurden aus den Fenstern geworfen und von Draußenstehenden auf Spießen aufgefangen, und die Frucht wurde öfter weithin geschleudert. Am meisten wurde Jagd auf den verhaßten Zollpächter Mascarenhas gemacht, der sich tags zuvor aus seinem Hause, wo er bereits belagert war, gerettet hatte. Als er gefangen und erkannt wurde, kühlte jedermann, auch Weiber und junge Mädchen, ihren Fanatismus an ihm. Jedermann stieß, stach und schlug ihn; wer nicht einen Hieb oder Stich seinem Leibe versetzen konnte, glaubte nicht selig werden zu können. Dann wurde sein Hausmöbel zertrümmert und nach dem Dominikanerplatz geschleppt, um einen eigenen Scheiterhaufen für ihn anzuzünden. Es war aber nicht genug Holz für den Brand vorhanden, da schossen deutsche Matrosen in heiliger Einfalt Geld für Brennmaterial zusammen und fühlten sich ganz selig, das Mascarenhas auf ihrem Scheiterhaufen verbrannt wurde. Auch am dritten Tage dauerte das wahnsinnige Gemetzel fort, namentlich in der Umgegend von Lissabon, wohin sich Marranen geflüchtet hatten. Das Bauernvolk folgte dem Beispiele des hauptstädtischen Gesindels. Schändungen an Frauen und Jungfrauen fehlten nicht bei dieser fanatischen Hetzjagd. Ein marranisches Mädchen, auf deren Keuschheit ein Mönch einen Angriff gemacht hatte, tötete ihn mit seinem eigenen Messer. Vergebens forderte der Gouverneur die Volksmassen im Namen des Königs auf, vom Morden, Rauben und Plündern zu lassen, vergebens ermahnte er die Mönche, ihre aufwiegelnden Kruzifixe in die Kirche zurückzustellen. Sie hielten es für eine fromme Tat, die Neuchristen zu morden und deren Güter an sich zu ziehen. Doch legte sich nach und nach der Sturm, nachdem Mascarenhas' Tod bekannt geworden war, und der Gouverneur an verschiedenen Plätzen aufgegriffene Mörder hatte hängen lassen. Es gab auch keinen Marranen weiter zu erschlagen. Die Zahl der umgekommenen Neuchristen wird zwischen 2000 bis 4000 geschätzt. Selbst alte Christen wurden bei dieser Gelegenheit von ihren Feinden erschlagen. Der König war natürlich über dieses Gemetzel entrüstet: war es doch halb gegen seine Nachsicht gegenüber den Marranen gerichtet. Er ließ daher viele Rädelsführer fangen und bestrafen, zwei aufwieglerische Mönche wurden verbrannt. Die Bürgerschaft büßte ihre Selbstregierung ein, weil sie nicht tatkräftig gegen das Mordgesindel aufgetreten war.

Durch dieses Gemetzel war das Los der Marranen in Portugal gefallen. Das Volk wurde durch die Parteinahme des Königs für sie um so erbitterter gegen sie und sehnte sich nach ihrer Vertilgung. Ihr Leben hing also nur von der augenblicklichen Gunst des Königs ab. Vergebens fuhr Manoel fort, sie zu beschützen. Er bestimmte durch ein Dekret (vom März 1507): daß die Neuchristen den alten

gleichgestellt seien, und daß sie auswandern dürften, und durch ein
anderes (1512), daß sie noch sechzehn Jahre wegen ihres religiösen
Verhaltens nicht vor ein Gericht gestellt werden sollten.[1] Die altchristliche Bevölkerung blieb indes aus Rassenantipathie und Brotneid
gegen die neuchristliche feindselig und erbittert. Aufreizende Schriften
gegen die Marranen wurden an öffentlichen Plätzen angeschlagen.
Manoel selbst wurde fast gegen seinen Willen wiederum zu Beschränkungen gegen sie hingerissen. Er verbot ihnen abermals das Auswandern aus Portugal und unterhandelte schon mit dem Papste Leo X.
— trotz wiederholter Zusicherung von Straflosigkeit wegen Judaisierens — eine Art Inquisitionsgericht für sie einzuführen.[2] Der König
Manoel wurde gewissermaßen von dem Fluche seiner Untat gegen die
Juden verfolgt, er konnte ihre unheilvolle Wirkung nicht bemeistern.

Eine andere Wendung nahm das Verhältnis der portugiesischen
Marranen unter seinem Nachfolger João III. (1522—1557), jenem
Dummkopf, der den Ruin seines Landes geradezu herbeigeführt hat.
Schon als Infant galt er als entschiedener Feind der Neuchristen. Zwar
achtete er anfangs die Bestimmung seines Vaters, sie den Altchristen
gesetzlich gleichzustellen und keine Untersuchung wegen ihres Religions-
verhaltens bis zur abgelaufenen Frist anstellen zu lassen (1522, 1524)[3].
Aber diese günstige Nachsicht verdankten die Marranen den älteren
Räten seines Vaters, welche einerseits noch erfüllt von der gewaltsamen
Art bei deren Bekehrung waren und anderseits die Nützlichkeit derselben
für das Gedeihen dieses kleinen damaligen Großstaates zu würdigen
wußten. Denn die Marranen waren die nützlichste Volksklasse wegen
ihrer Tätigkeit, ihres Großhandels, ihrer Bankgeschäfte und ihrer Kunst-
fertigkeit, selbst als Waffenschmiede und Kanonengießer. Sie waren
im Alleinbesitze der nützlichen Kenntnisse der Medizin und Naturwissenschaften, und was damit zusammenhing. Es gab in Portugal fast nur
jüdische, d. h. marranische Ärzte und Apotheker.[4] In dem Maße,
als sich entgegengesetzte Einflüsse auf João geltend machten, und er
sich jener Räte allmählich entledigte, erlangte seine fanatische Stimmung
gegen die Neuchristen die Oberhand. Die Königin Katharina,
eine spanische Infantin, von Bewunderung für das Glaubensgericht
ihres Vaterlandes erfüllt, und die blutdürstigen Dominikaner, neidisch

---

[1] Bei Heine a. a. O. S. 159; Herculano das. p. 153 fg. Llorente, Inquisition en Espagne II p. 99. Vergl. das. II p. 42 Note, wo nachgewiesen
ist, daß, da das erste Indulgenz-Privilegium, 1497 ausgestellt, für 20 Jahre
dauern sollte, so liefen diese 1517 ab, durch die Prolongation auf 16 Jahre
dauerte also die Indulgenz bis 1533.

[2] Urkunde bei Herculano von 1515 das. p. 162 fg.

[3] Am besten das. p. 178 fg. 207. Die Frist sollte also erst 1533 ablaufen.

[4] Das. I p. 186, II p. 30, 275.

auf die Macht ihrer Ordensgenossen in Spanien, bestürmten den König
mit Klagen über das lästerliche Verhalten der Marranen gegen den
Jesusglauben und drangen darauf, deren Treiben durch Einführung
der Inquisition zu steuern.¹) João III. trug infolgedessen einem Beamten, Jorge Themudo, auf, das Leben der Marranen in
Lissabon, ihrem Hauptsitze, zu beobachten und ihm Bericht darüber zu
erstatten. Wie dieser ausgefallen ist, läßt sich von selbst denken; allzu
rechtgläubig und christkatholisch fromm waren die Neuchristen keineswegs. Liebe zum Christentume konnte nun einmal in ihren Herzen
keine Wurzel fassen. Themudo wich wohl nicht weit von der Wahrheit
ab, wenn er dem Könige mitteilte (Juli 1524), daß einige Marranen
Sabbat und Passahfest beobachteten, daß sie dagegen die christlichen
Riten und Zeremonien so wenig als möglich mitmachten, nicht der
Messe und dem Gottesdienste beiwohnten, nicht zur Beichte gingen,
beim Sterben nicht die letzte Ölung verlangten, ihre Leichen in jung-
fräulicher Erde und nicht in Kirchhöfen beerdigten, daß sie für ihre
verstorbenen Verwandten keine Seelenmesse halten ließen und ähnliches
mehr.²)

João hatte sich aber mit Themudos Bericht nicht begnügt, sondern
eine spionierende Aufpasserei gegen die Marranen veranstaltet. Ein
aus Spanien eingewanderter Neuchrist, namens Henrique Nuñes, der später den kirchlichen Ehrennamen Firme-Fé erhielt,
wurde vom König dazu gebraucht. Dieser hatte sich in der Schule des
Blutmenschen Lucero (o. S. 207) zum glühenden Marranenhasser
ausgebildet, und es war sein sehnlichster Wunsch, auch in Portugal
Scheiterhaufen für sie entzündet zu sehen. Ihm gab der König den
förmlichen, natürlich geheim gehaltenen Auftrag, sich in die Familien
der Neuchristen einzuschleichen, mit ihnen wie ein Bruder und Leidensgenosse zu verkehren, sie zu beobachten und ihm seine gesammelten
Erfahrungen mitzuteilen. Von Fanatismus und Haß gegen seine
Stammesgenossen verblendet, merkte Nuñes gar nicht, welch eine
verwerfliche Rolle als gemeiner Spion ihm zugeteilt wurde. Er übernahm den Auftrag nur allzu willig, erfuhr die Geheimnisse der seelen-
gemarterten Marranen in Lissabon, Evora und anderen Orten und
berichtete alles, was er gesehen und vernommen, in Briefen an den
König. Mit dem Bruderkusse verriet er sie, die ihn in jede Falte ihres
Herzens blicken ließen. Er berichtete an den König nicht nur, daß sie
keine katholischen Gebetbücher in ihrem Hause, keine Heiligenbilder
auf ihren Schmucksachen und auf Tafelgeschirr hätten, daß sie keine
Rosenkränze gebrauchten und dergleichen mehr, sondern er gab auch

---

¹) Urkunde bei Herculano, p. 181 f., 188, 206 fg.
²) Das. p. 189 fg.

die Namen der judaisierenden Marranen an, und erteilte gehässige
Ratschläge gegen sie. Henrique Nuñes beging noch einen grausigeren
Verrat — fast möchte man ihn von dieser Ungeheuerlichkeit freisprechen und die Schuld auf das glaubenswütige Christentum damaliger
Zeit wälzen — er zeigte seinen eigenen Bruder an, daß derselbe,
anstatt, seinem Rate gemäß, nach Spanien zu gehen, um dort fromm
katholisch erzogen zu werden, nach Lissabon zurückgekehrt, sich
heimlich dem jüdischen Bekenntnisse ergeben habe.[1]) João III.
war infolge dieser durch Verräterei erlangten Nachrichten entschlossen,
die Inquisition nach dem Muster der spanischen in sein Land einzuführen, und sandte heimlich den zuverlässigen Nuñes an Karl V. nach
Spanien, wahrscheinlich um ihn dafür zu gewinnen und Einfluß auf
den Papst auszuüben, daß er die Einführung der Inquisition innerhalb der den Marranen bewilligten Frist gewähren solle. Die Marranen hatten aber Wind davon bekommen und waren über den gewissenlosen Spion so sehr erbittert, daß zwei derselben ihm nachsetzten,
um seinen Verrat mit dem Tode zu bestrafen. Es waren zwei Fran-
ziskanermönche oder solche, die sich zum Scheine in das Mönchsgewand
gehüllt hatten, Diego Vaz aus Olivença und André Dias
aus Vianna. Sie erreichten ihn unweit der spanischen Grenze bei
Badajoz und töteten ihn mit Schwert und Lanze. Sie fanden auch
Briefe bei ihm, welche von der Einführung der Inquisition handelten.
Die Rächer oder Mörder, wie sie die rechtgläubigen Christen nannten,
wurden aber entdeckt, zur Rechenschaft gezogen, und ohne daß sie ihr
Mönchsgewand schützen konnte, auf die Folter gespannt, um ihre
Mitschuldigen anzugeben, und zuletzt zum Galgen verurteilt. Das
Gericht verhängte die strengste Strafe über sie, und es wurden ihnen
vor der Hinrichtung die Hände abgehauen und sie an Pferdeschweifen
zum Richtplatz geschleift (Anfang 1525).[2]) Der Verräter Nuñes wurde
aber als Märtyrer verehrt, fast heilig gesprochen und erhielt den
Ehrennamen Firme Fé (Glaubensfest); die Stätte, wo er getötet
worden, galt in den Augen der verblendeten Menge als ein Heiligtum
und die Dominikaner sprengten Wunder aus, welche dieser Verräter
verrichtet haben sollte.

Man sollte nun erwarten, daß der fanatisierte König nach diesem
Vorfalle mit noch größerem Eifer die Einsetzung des Inquisitions-
tribunals gegen die judaisierenden Marranen betrieben hätte, deren

---

[1]) Das. p. 195 fg., 199 fg., 205. Diese Schändlichkeit wäre unglaublich,
wenn der Fanatiker sie nicht selbst erzählte: En la primera audiencia que
me hizo merced (el Rei) de me oyr me quexè deste mi hermaño, que lo
habia mandado hurtar de acà para Castilla por lo hazer Catholico, como
lo tenia hecho, e vino a Lisboa a hazerse judio como los otros.

[2]) S. die italienische Information Note 6 und Herculano a. a. O. p. 200 fg.

Namen ihm durch Nuñes' Liste bekannt geworden und die, wie vorausgesetzt war, an dessen Tod mitschuldig waren. Der König ließ in der Tat sogleich eine strenge Untersuchung, um die Mitschuldigen der beiden marranischen Mönche zu ermitteln, durch einen Hauptfeind der Neuchristen anstellen, durch den Professor Petro Margalho, denselben, welcher ihm Nuñes als zuverlässiges Werkzeug empfohlen hatte.¹) Er hatte um so mehr Veranlassung, mit Strenge gegen die Marranen zu verfahren, als zur selben Zeit die Cortes Klagen gegen diese erhoben, die, wie ungerecht sie auch waren, ihm einen Vorwand zur Verfolgung der für gemeinschädlich gehaltenen Volksklasse bieten konnten. Die in Torras-Novas (1525) versammelten Cortes hatten nämlich Beschwerde geführt,²) daß die Marranen die Renten der großen Besitzungen an sich gerissen, daß sie Getreidewucher im großen trieben und die notwendigsten Lebensmittel verteuerten, daß sie allein die Arzneikunde ausübten, auch im Alleinbesitze der Apotheken wären und dadurch den alten Christen schädliche Medikamente verabreichten. Die Cortes hatten daher an den König das Gesuch gestellt, daß den Neuchristen verboten werden sollte, Apotheken zu besitzen und den marranischen Ärzten, die Rezepte in lateinischer Sprache zu schreiben, da außer ihnen sie nur wenige verständen. Sie hatten auch verlangt, daß dafür gesorgt werden sollte, altchristliche Jünglinge Medizin studieren zu lassen, um den neuchristlichen Ärzten dieses Monopol aus den Händen nehmen zu können. Unerwarteterweise ging Don João gar nicht auf diese Klagen ein und erließ keinerlei Beschränkungen gegen die Marranen.³) Auch die Untersuchung gegen die Mitschuldigen an Nuñes' Tod wurde, wie es scheint, geflissentlich in die Länge gezogen.⁴) Es wird ausdrücklich berichtet, der König habe damals den Plan zur Einführung der Inquisition fallen lassen.⁵) Welchem Umstande hatten die bereits aufs Schlimmste gefaßten portugiesischen Marranen diese Gunst zu verdanken? Ein Zufall, die Kühnheit eines Abenteurers scheint anfangs eine günstige Umstimmung im Gemüte des schwachen, wankelmütigen Königs hervorgerufen zu haben.

Ein aus dem dichten Dunkel herausgetretener Mann aus dem fernen Osten, von dem man nicht weiß, ob er ein Betrüger oder ein alles wagender Schwärmer war, und ob er eine messianische oder

---

¹) Herculano das. p. 208 fg., s. auch dieselbe Note 6.
²) Herculano, das. p. 185 fg.
³) Das. p. 187.
⁴) Nach Herculano, p. 195 Note, wurde der Prozeß im Februar 1525 eingeleitet, und die Berichterstattung darüber erfolgte erst etwa Oktober 1527; das. p. 208 f., 209 Note.
⁵) Italienische Information Note 6.

eine politische oder Abenteurerrolle zu spielen gedachte, hat in derselben Zeit eine tiefgehende Bewegung in der Judenheit veranlaßt, und davon sind die Marranen im äußersten Westen berührt worden. David, der Abstammung nach wohl ein Morgenländer,[1]) der eine geraume Zeit in Arabien und Nubien geweilt, trat nämlich plötzlich in einer eigentümlichen Rolle in Europa auf und erweckte durch Wahrheit und Dichtung unerfüllbare Hoffnungen. Er gab sich nämlich als Abkömmling des angeblich unabhängig in Arabien lebenden altisraelitischen Stammes Rëuben aus, und zwar als Prinz und Bruder eines dort regierenden jüdischen Königs, vormals Joseph, und ließ sich daher David Rëubeni nennen. In Arabien hatte er sich tatsächlich aufgehalten und zwar in der Landschaft Chaibar im nördlichen Hegas, wo zur zeit Mohammeds und noch später unabhängige jüdische Stämme wohnten.[2]) Möglich, daß noch im sechzehnten Jahrhundert neuerdings eingewanderte Juden ihre Unabhängigkeit von den herrschenden, mohammedanischen Stämmen durchgesetzt hatten. Aber daß diese Juden Überbleibsel der ehemaligen Stämme Rëuben und Gad waren, und daß sie unter einem jüdischen Herrscher standen, der noch dazu aus der Davidischen Königsfamilie stammte, (wie David Rëubeni erzählte), war unstreitig ein von ihm erfundenes Märchen.

Dieser Mann mit einer großen Lust an Abenteuern und Irrfahrten verließ Chaibar (Dezember 1522), wanderte mehrere Monate in Nubien umher, öfter unter mohammedanischer Verkappung, wollte auch dort zwischen dem weißen und blauen Nil Überbleibsel ehemaliger Stämme gefunden haben und traf endlich in Ägypten ein. Dort erzählte er zuerst sein Märchen von einem mächtigen jüdischen Staate in Chaibar, scheint aber wenig Glauben gefunden zu haben. Auch in Palästina, wo er mehrere Monate weilte, (März bis Juni 1523), scheint er kein geneigtes Ohr für seine abenteuerlichen Erzählungen und Pläne gefunden zu haben, und reiste daher über Alexandrien nach Venedig (Februar 1524). In diese ehemalige Weltstadt, die Vermittlerin zwischen Europa und Asien, war bereits von Palästina aus der Ruf von dem Sendboten der altisraelitischen Stämme und seinen Fabeln gedrungen und hatte die Neugierde rege gemacht. Die kurz aufeinanderfolgenden Entdeckungen neuer Welten zum großen Staunen des damaligen Geschlechtes, das mit einem Male von Ländern, Menschen, Sitten und Dingen reden hörte, von denen man bis dahin in dem engen Gehäuse der mittelalterlichen Geographie keine Ahnung hatte, diese alltäglich gewordenen Wunder hatten die

---

[1]) Siehe Note 5.
[2]) Vergl. Band V S. 69 ff. und Band V Note 10. Von unabhängigen Stämmen in Arabien im 16. Jahrh. liefern nicht ganz unglaubwürdige Zeugnisse Isaak Akrisch im קול מבשר gegen Ende und Abr. Megasch Predigten כבוד אלהים.

damals Lebenden leichtgläubig gemacht. Sie waren darauf gefaßt, das Unglaublichste verwirklicht zu sehen. Die Köpfe, die noch von mittelalterlichen Vorstellungen befangen waren, zweifelten nicht daran, daß sich auch die verbreiteten geographischen Fabeln durch neue Entdeckungen bewähren würden. Die Christen hofften auf die Auffindung des Reiches des fabelhaften Priesters Johannes, in dem das Urchristentum seinen Sitz habe. Die Könige von Portugal, die Anreger der Entdeckungen neuer Ländergebiete, hatten eigens Kundschafter nach Asien und Afrika gesendet, dieses Land aufzusuchen. Die Juden hatten erwartet, daß eines Tages die verschwunden geglaubten israelitischen Zehnstämme in irgend einem Winkel von Asien aufgefunden, und daß selbst der fabelhafte Fluß S a b b a t i o n oder S a m b a t i o n, der an den Werktagen fließe und am Sabbat stillstehe, mit den daran wohnenden M o s e s s ö h n e n, die das uralte Judentum bewahrten, irgendwo entdeckt werden würden. Nun war ein Abgesandter angeblich unabhängiger israelitischer Stämme in David Rëubeni in Venedig eingetroffen. Welch ein Wunder! Die Phantasie der europäischen Juden war die zuverlässigste Bundesgenossin für diesen Abenteurer; sie bahnte ihm den Weg. Sein angeblicher Reisezweck, den er halb durchschimmern ließ und sein Diener ganz ausplauderte, erhöhte noch die Erwartung. Es hieß, er sei von seinem Bruder, der über dreimal hunderttausend auserwählte Krieger gebiete, und von den siebzig Ältesten des Landes Chaibar an die europäischen Fürsten, namentlich an den Papst abgeordnet, um von ihnen Feuerwaffen und Kanonen zu erwirken, um damit einerseits die mohammedanischen Völker, welche die Vereinigung dies- und jenseits des roten Meeres wohnender jüdischer Stämme hinderten, zu bekämpfen und anderseits mit den kriegstüchtigen jüdischen Armeen die Türken aus dem heiligen Lande zu jagen.

David Rëubenis Person und Benehmen trugen dazu bei, ihm Glauben zu verschaffen. Beides hatte etwas Fremdartiges, Geheimnisvolles, Exzentrisches. Er war von schwarzer Hautfarbe, zwerghaft und von einer Magerkeit, welche durch anhaltendes Fasten ihn zum durchsichtigen Skelett machte. Dabei besaß er Mut, Unerschrockenheit und ein barsches Wesen, welches jede Vertraulichkeit fernhielt. Er sprach nur hebräisch, aber in einem so verdorbenen Jargon (wahrscheinlich nach fremder Aussprache und ungrammatisch), daß ihn weder die asiatischen, noch die südeuropäischen Juden verstanden. Er gab vor, nie Talmud gelernt zu haben, noch überhaupt die jüdische Literatur zu kennen, sondern ein Krieger zu sein, der in einer einzigen Schlacht vierzig Mann erschlagen habe. Später stellte es sich aber heraus, daß er in den kabbalistischen Dusel eingeweiht war und nur Unwissenheit heuchelte.

In Venedig angekommen, kehrte er bei keinem Juden ein, sondern blieb im Hause des Schiffskapitäns, der ihn dahin gebracht hatte: aber sein mitgebrachter Diener hatte indessen die Juden auf ihn aufmerksam gemacht; sie suchten ihn auf. Ein jüdischer Maler, M o s e , und ein angesehener reicher Mann, M a z l i a c h (Felice), verwendeten sich eifrig für ihn, obwohl er ihnen nur im allgemeinen angedeutet hatte, er habe einen Auftrag für den Papst zum Wohle der Judenheit, und sie sollten ihm ein Schiff verschaffen, um so bald als möglich nach Rom gelangen zu können. In Rom angekommen (Februar 1524), ritt er auf einem weißen Roß mit einem Diener und einem Dolmetsch an den päpstlichen Hof und erlangte gleich eine Audienz bei dem Kardinal G i u l i o im Beisein anderer Kardinäle. Auch vom Papste Clemens wurde er in Audienz empfangen und überreichte ihm Beglaubigungsschreiben.

Clemens VII. (auf dem päpstlichen Stuhle 1523—1534) war einer der edelsten Päpste, aus dem florentinisch-mediceischen Hause, in unehelicher Geburt erzeugt, klug und milde, der von dem Bestreben beseelt war, Italien unabhängig von den Barbaren, d. h. von den Deutschen zu machen. Aber seine Regierung fiel in eine Zeit, wo Europa aus den Angeln gehoben war. Auf der einen Seite drohte die von Luther ausgegangene Reformation, die täglich Riesenfortschritte machte, das Papsttum zu untergraben, und auf der andern Seite drückte die Wucht des in der Hand Karls V. vereinigten großen Reiches von Spanien und Deutschland, wozu noch Burgund und ein Teil von Amerika gehörten, auf Italien, und es war nahe daran, in sklavische Abhängigkeit vom Kaiser zu geraten. Überwarf sich Clemens mit dem Kaiser, so begünstigte dieser die Reformation und machte Miene, die päpstliche Gewalt einzuschränken. Versöhnte er sich mit ihm, so geriet Italiens Freiheit in Gefahr. So war er trotz seines festen Charakters in steter Schwankung und nahm, wie die meisten seiner Zeitgenossen, zu astrologischen Künsten seine Zuflucht, um das, was menschliche Klugheit nicht voraussehen konnte, durch Konstellation zu erfahren. Clemens war kein Fanatiker, überhaupt mehr weltlich als geistlich gesinnt und seinem Verwandten Leo X. ähnlich; daher war er auch milde gegen die Juden und schützte sie vor Verfolgungen.

In dem kleinen Kirchenstaate innerhalb Frankreichs, in der Grafschaft Venaissin, in den größeren Städten Avignon und Carpentras, wo auch Juden aus Spanien sich angesiedelt hatten, waren diese und die Urbewohner nicht bloß geduldet, sondern mit außerordentlichen Freiheiten bedacht. Sie durften unbeschränkt Handel und Gewerbe treiben. Sie waren befreit von dem lästigen Zwang, Bekehrungspredigten anzuhören, welche früher Päpste und Konzilien ihnen auf-

erlegt hatten. Sie waren auch von dem Tragen einer jüdischen Tracht
befreit. Vor Gericht waren sie gleichgestellt. Dieser Papst nahm die
Juden dieses Kirchenstaats in besonderen Schutz und bedrohte diejenigen, welche ihren Frieden antasten sollten, mit dem Kirchenbanne.[1])
Wegen dieser besonderen Begünstigung der Juden beklagten sich Deputierte der Städte und wünschten deren Beschränkung.

Dem Papste Clemens VII. scheint David Rëubeni Beglaubigungsschreiben von portugiesischen Kapitänen oder Geschäftsträgern, die er
in Arabien oder Nubien angetroffen haben mag, überreicht zu haben,
welche ihm wohl das Vorhandensein von kriegerischen Juden in jenem
Himmelsstrich bezeugt haben, vielleicht noch mehr, was ihnen der
Abenteurer mit seiner imponierenden Erfindungsgabe aufgebunden
haben mochte. Diese Kreditive überschickte der Papst dem portugiesischen Hofe, und als man sie dort bewährt gefunden, wurde David
mit großer Auszeichnung und mit allen Ehren eines Gesandten behandelt. Auf einem Maulesel ritt er durch Rom, begleitet von zehn
Juden und mehr als zweihundert Christen. Der Plan mag dem
Papste, dessen Unternehmungen durch den Widerstreit der verwickelten
Verhältnisse jeden Augenblick durchkreuzt wurden, geschmeichelt haben,
einen Kreuzzug gegen die Türkei, und zwar durch ein israelitisches
Heer zu veranlassen, den gefährlichsten Feind der Christenheit aus
dem heiligen Lande vertreiben zu lassen und solchergestalt wieder die
kriegerischen Angelegenheiten in Händen zu haben. Selbst die Ungläubigsten unter den Juden, welche Davids Worten nicht ganz
trauten, konnten sich der überraschenden Tatsache nicht verschließen, daß ein Jude von dem päpstlichen Hofe mit solcher Zuvorkommenheit und Ehre behandelt wurde, und waren auch ihrerseits
überzeugt, daß mindestens ein Korn Wahrheit in Davids Angaben
liegen müsse. Die römischen und fremden Juden drängten sich seitdem an ihn, der ihnen eine hoffnungsreiche Zukunft zu eröffnen schien.
Die Senora Benvenida Abrabanela, Frau des reichen
Samuel Abrabanel (v. S. 38), sandte ihm aus Neapel bedeutende
Geldsummen, eine kostbare Seidenfahne mit den zehn Geboten eingestickt, und sonst noch reiche Gewänder. Er aber spielte seine Rolle
meisterhaft, die Juden in scheuer Entfernung zu halten. Nur einem
steinreichen Manne, Daniel aus Pisa, machte er vertrauliche Mitteilungen. Dieser hatte Zutritt zum päpstlichen Hofe und sorgte für
Davids Bedürfnisse und Bequemlichkeiten.

Als endlich ein förmliches Einladungsschreiben vom König von
Portugal an David Rëubeni einlief, sich an dessen Hof zu begeben,
verließ er Rom nach mehr denn einjährigem Aufenthalte und reiste

---

[1]) Revue des Etudes Juives VII 235 II.

mit einer jüdischen Fahne zu Schiffe dahin. In Almeria, der Residenz des Königs João III. bei Santarem, wo David (im November 1525) mit einer zahlreichen Dienerschaft wie ein Fürst mit reichen Geldmitteln und mit einer schön gestickten Fahne eingetroffen war,¹) wurde er ebenfalls mit Auszeichnung behandelt, und es wurde mit ihm ein Plan verabredet, wie für die israelitischen Reiche in Arabien und Nubien Waffen und Kanonen von Portugal geliefert werden sollten. Davids Erscheinen in Portugal hat gewiß eine Umstimmung gegen die Marranen hervorgerufen und João²) bewogen, die beabsichtigte Verfolgung gegen sie fallen zu lassen. Zu einer so weitreichenden Unternehmung brauchte er ihre Unterstützung, ihre Kapitalien und ihren Rat. Wollte er ein Bündnis mit einem jüdischen König und seinem Volke eingehen, durfte er die Halbjuden in seinem Lande nicht verfolgen. Darum erkaltete plötzlich sein Eifer für die Einführung der Inquisition in Portugal.

Man kann sich das Erstaunen und die Freude der Marranen in Portugal denken bei der Wahrnehmung, daß ein Jude nicht nur in Portugal eingelassen wurde, sondern auch Zutritt bei Hofe erhielt und mit demselben in Verkehr trat! So hätte denn die Erlösungsstunde für sie geschlagen, nach der sie sich in tiefster Seele gesehnt hatten! Unerwartete Hilfe sei für sie eingetroffen, Befreiung und Rettung aus ihrer Angst. Sie atmeten wieder auf. Gleichviel ob sich David Reubeni als messianischer Vorläufer ausgegeben hat oder nicht, die Marranen hielten ihn dafür und zählten die Tage bis zur Zeit, wo er sie das neue Jerusalem in herrlicher Pracht sehen lassen würde. Sie drängten sich an ihn, küßten ihm die Hände und behandelten ihn, als wäre er ihr König. Von Portugal aus drang die angebliche Heilsbotschaft nach Spanien zu den dort noch unglücklicheren Marranen, die sich einem förmlichen Freudentaumel überließen. Der Gemütszustand dieser Menschenklasse war ohnehin ungewöhnlich, exzentrisch und unberechenbar geworden. Täglich und stündlich die Seelenqual erdulden, Religionsgebräuche mitmachen zu müssen, die sie im Grund ihrer Seele verabscheuten, und im Versteck die Vorschriften des Judentums zu beobachten, in steter Gefahr dabei ertappt oder auch nur durch einen leisen Verdacht oder eine Denunziation in die Inquisitionskerker geworfen, gemartert und zum Scheiterhaufen geschleppt zu werden! Es war kein Wunder, daß manche von ihnen das Gleichgewicht ihrer Seelenkräfte verloren und in

---

¹) Siehe Note 5.
²) Vergl. Kayserling, Geschichte der Juden in Portugal 157 fg. Der von João de Sousa genannte Abraham ben Zamaira, welcher zu Gunsten der Portugiesen einen Waffenstillstand abgeschlossen hat, kommt auch in Davids Reisebericht vor: נתן אלי כתבים מאת היהודים מפיסה ומאת ר׳ אברהם בן זמירו מאסּפי.

wahnsinnähnliche Zustände verfielen. Ein Marrane in Barcelona, ein Jünger des Rabbiners Jakob Berab (o. S. 12), hatte die fixe Idee, Gott in drei Personen zu sein; er prophezeite, er werde den Tod erleiden und in drei Tagen wieder auferstehen, und daß alle, die an ihn glaubten, selig werden würden.[1]) Er wurde allerdings hingerichtet, dafür hatte die Inquisition gesorgt, statt ihn als Wahnsinnigen einer Seelenheilanstalt zu übergeben. Messianische Hoffnungen, d. h. Erlösung durch ein Wunder vom Himmel, das war die Atmosphäre, in der die in ihrem Herzen der Religion ihrer Väter treugebliebenen Marranen atmeten und webten. Bei der Nachricht von dem Eintreffen des Gesandten eines jüdischen Reiches am portugiesischen Hofe, flüchtete eine Menge spanischer Neuchristen nach Portugal, um dem angeblichen Erlöser nahe zu sein.[2]) David, der die Freiheit genoß, in Portugal sich frei zu bewegen, scheint sich aber sehr vorsichtig benommen zu haben; er machte ihnen keine Hoffnung und ermunterte sie nicht, sich offen zum Judentum zu bekennen. Er wußte wohl, daß er über einem Abgrunde schwebte, und eine Äußerung oder eine Tatsache von ihm zur Überredung der Neuchristen hinterbracht, ihm das Leben kosten könnte. Dennoch hefteten sich ihre Blicke auf ihn; sie waren mehr denn je erregt und gespannt auf wunderbare Ereignisse, die unfehlbar eintreffen müßten.

[1]) Llorente, Histoire de l'Inquisition en Espagne I p. 338.
[2]) S. Note 5.

Achtes Kapitel.

Die kabbalistisch-messianische Schwärmerei Salomo Molchos und die Einführung der Inquisition in Portugal.

Diogo Pires = Salomo Molchos schwärmerische Verbindung mit David Rëubeni. Seine Auswanderung nach der Türkei. Sein Umgang mit Joseph Karo und sein Einfluß auf ihn. Karos Magid. Molcho erweckt überall messianische Hoffnung, Aufregung unter den spanischen und portugiesischen Marranen. Rëubenis Rückkehr nach Italien. Neue Schritte zur Einführung der Inquisition in Portugal. Clemens VII. den portugiesischen Marranen günstig, Asyl in Ancona. Molcho in Ancona und Rom, seine Träume und seine Beliebtheit beim Papste und einigen Kardinälen. Seine Vorausverkündigung eingetroffen. Verfolgung durch Jakob Mantin. Prozeß gegen ihn und Flucht aus Rom. Clemens bewilligt die Inquisition für Portugal. Grausamkeiten gegen die Marranen. Schritte Clemens' zur Aufhebung der Inquisition. Molchos Tod auf dem Scheiterhaufen und Davids Gefangennahme. Schwärmerei für Molcho auch nach dessen Tode. Minen und Gegenminen zur Vereitlung der Inquisition. Duarte de Paz. Neue Intrigen unter Paul III. Karl V. und die Juden. Emanuel da Costa. Die Nuntien zugunsten der Marranen.

(1525—1538.)

Am mächtigsten wurde ein edler, begabter, schöner Jüngling von David Rëubenis Erscheinen und den Hoffnungen, die er erweckte, ergriffen und umgewandelt. Diogo Pires (geb. um 1501, starb als Märtyrer 1532),[1]) der in einer günstigeren Umgebung mit seiner glühenden dichterischen Phantasie auf dem Gebiete des Schönen viel hätte leisten können, wurde ein Werkzeug für die Aufschneiderei des angeblichen Gesandten von Chaibar. Als Neuchrist geboren, hatte sich Pires eine gelehrte Bildung angeeignet, verstand und sprach das Lateinische, die Weltsprache der damaligen Zeit, hatte es bis zum königlichen Beamten an einem hohen Gerichtshofe gebracht und war bei Hofe außerordentlich beliebt. Er muß aber auch in die hebräische

---

[1]) Vergl. über die Identität von Salomo Molcho und Diogo Pires, Note 5.

und rabbinische Literatur von frühester Jugend eingeweiht gewesen sein, und selbst in die Kabbala hatte ihn wohl einer der marranischen Lehrer eingeführt. Sonst ist weiter nichts von dem Jüngling bekannt, dessen Name bald in Europa und Asien einen so hellen Klang erlangen sollte. Als David mit seinen chimärischen Plänen in Portugal aufgetreten war, wurde Diogo Pires von wilden Träumen und Visionen förmlich besessen, die sämtlich einen messianischen Hintergrund hatten. Er drängte sich daher an ihn, um zu erfahren, ob dessen Sendung mit seinen Traumoffenbarungen übereinstimmten. David Reubeni soll ihn aber kalt behandelt und ihm geradezu bemerkt haben, seine militärische Botschaft habe mit der messianischen Mystik nichts gemein; er verstünde überhaupt nichts von der Kabbala. Diogo Pires war aber im Wahne, die Kälte des angeblichen Gesandten gegen ihn rühre davon her, weil er selbst noch nicht das Bundeszeichen an seinem Leibe trage, und schritt daher zu dieser gefahrvollen Operation; ein dadurch erzeugter Blutverlust warf ihn aufs Krankenlager. David war sehr ungehalten darüber, als ihm Pires Mitteilung davon gemacht hatte, weil beide in Gefahr kommen könnten, wenn es dem Könige kund würde, daß ein Marrane sich durch einen entschiedenen Akt zum Judentume bekannt habe, und es dann heißen würde, er sei von jenem dazu überredet worden. Nach der Beschneidung hatte Pires, der entweder damals den Namen Salomo Molcho angenommen oder ihn schon früher geführt, wahrscheinlich durch die Körperschwäche noch fürchterlichere Traumgesichte. Ihr Inhalt bezog sich immer auf die Marranen und deren messianische Erlösung. Einst sah er drei verschiedenfarbige Tauben, welche von mächtigen Schützen zu Boden gestreckt wurden: weiße Tauben (treugebliebene Juden), grüne Tauben (schwankende Marranen mit dem Judentum im Herzen) und schwarze (dem jüdischen Bekenntnis bereits fremd gewordene Neuchristen). Durch Gottesboten seien die Schützen vernichtet worden, und die grünen Tauben erhielten ihre weiße Farbe wieder.[1]) Im Traume will er auch vom Himmel durch ein eignes Wesen, das sich mit ihm unterredete (Maggid), den Auftrag erhalten haben, Portugal zu verlassen und nach der Türkei auszuwandern. Auch David Reubeni hatte ihm geraten, eilig Portugal zu verlassen, weil der Akt der Beschneidung auch ihm Gefahr bringen und seine Pläne vereiteln konnte. Die Entfernung der Marranen aus Portugal muß damals nicht schwer gewesen sein. Es ist nicht bekannt, auf welchem Wege er nach der Türkei gelangte.

Dort machte der junge, schöne, schwärmerische, dem Judentum neugewonnene Kabbalist großes Aufsehen. Er gab sich zuerst als einen

---

[1]) In dem ersten ausführlichen Schreiben Molchos, Note 5.

Sendboten des David Reubeni aus, von dessen guter Aufnahme am päpstlichen und portugiesischen Hofe auch im Morgenlande Gerüchte im Umlauf waren und die Köpfe erhitzt hatten. In Salonichi nahm ihn der kabbalistische Kreis des Joseph Taytasak (o. S. 33) in Beschlag und lauschte auf seine Träume und Gesichte. In Adrianopel bekehrte Pires-Molcho den nüchternen, aus Spanien als Knabe ausgewanderten Joseph Karo, der sich bis dahin lediglich mit Anhäufung von talmudischer Gelehrsamkeit beschäftigt hatte, zur Kabbala.[1]) Schwärmerei ist ansteckend. Karo verfiel auch seinerseits in kabbalistische Schwärmerei gleich Molcho, hatte auch seinen Traumsouffleur (Maggid), der ihm geschmacklose mystische Schriftdeutungen offenbarte und die Zukunft enthüllte. Sein Kopieren ging so weit, daß er gleich Molcho in sicherster Erwartung lebte, er werde auf einem Scheiterhaufen als ein „dem Herrn angenehmes Ganzopfer" verbrannt werden. Molcho steckte seine Anhänger mit der Sucht nach dem Märtyrertum an. Er hielt sich auch eine Zeitlang in Palästina und namentlich in Safet auf, das, wie schon erwähnt, ganz besonders ein Kabbalistennest war. Molchos einnehmende Persönlichkeit, seine reine Begeisterung, sein romantisches Wesen, seine Vergangenheit, seine überraschende Kenntnis der Kabbala, obwohl als Christ geboren, alles an ihm erweckte ihm eine Schar von Anhängern, die seinen mystischen Äußerungen lauschten und sie gläubig hinnahmen. Er pflegte oft zu predigen, und die Worte flossen ihm sprudelnd über die Lippen. Ergraute Männer wandten sich mit Fragen an den Jüngling, bald ihnen dunkele Schriftverse zu deuten, bald die Zukunft zu offenbaren. Auf das Drängen seiner Freunde in Salonichi veröffentlichte er einen kurzen Auszug seiner kabbalistischen Predigten,[2]) deren Hauptinhalt war, die messianische Zeit werde bald, mit dem Ende des Jahres 5300 der Welt (1540) anbrechen. Die Plünderung und Verheerung Roms (5. Mai 1527) bestärkte die kabbalistischen Schwärmer in ihren messianischen Hoffnungen. Das mit der Beute der ganzen Erde gefüllte Rom, das sündenvolle katholische Babel, war von deutschen, meistens lutherischen Landsknechten im Sturm erobert und gewissermaßen auf Befehl des katholischen Kaisers Karl V. wie eine feindliche Stadt behandelt worden. Der Papst und die katholische Kirche wurden von der rohen Soldateska verhöhnt und Luthers Name in der Hauptstadt des Katholizismus mit Jubel genannt, während Clemens VII. in der Engelsburg belagert wurde. Der Fall Roms sollte nach messianisch-apokalyptischer Annahme als ein Vorzeichen zum Erscheinen des Messias eintreffen. Nun war Rom gefallen. In Asien, der Türkei,

---

[1]) Vergl. dieselbe Note.
[2]) דרשות oder ספר המפואר, gedruckt Salonichi 1529.

Ungarn, Polen, Deutschland regten sich daher im Herzen der Juden messianische Hoffnungen, die sich an Salomo Molchos Namen knüpften, und die er zur Verwirklichung bringen sollte.¹)

In Spanien und Portugal klammerten sich die Marranen noch mehr an die Aussichten auf die messianische Erlösung und an David Rëubeni, den sie mit oder gegen seinen Willen für einen Vorläufer hielten. Ihre Illusionen machten sie so sicher, daß sie kühne Unternehmungen wagten, die ihnen unfehlbar den Tod bringen mußten. Mehrere spanische Marranen, die dem Scheiterhaufen geweiht waren, hatten merkwürdigerweise eine Zuflucht in Portugal (in Campo-Mayor) gefunden und blieben geduldet. Eine Schar junger Leute unter ihnen drang gar mit bewaffneter Hand von da aus nach Badajoz, von wo sie entflohen waren, um mehrere marranische Frauen, die im Kerker der Inquisition schmachteten, zu befreien, setzten die Stadtbewohner in Schrecken und erlösten in der Tat die unglücklichen Schlachtopfer. Dieser Vorfall machte viel Aufsehen in beiden Ländern und führte die nachteiligsten Folgen für die Scheinchristen herbei. Der Inquisitor von Badajoz, Selaya, beklagte sich in einem Schreiben an den König von Portugal über diese Kühnheit und wies auf die Ursache derselben hin: Ein Jude aus fernem Lande habe den Marranen soviel Mut und Hoffnung eingeflößt, daß sie sich aus Spanien an der portugiesischen Grenze gesammelt und in Badajoz soviel Unfug zu treiben gewagt hätten.²) Er verlangte die Auslieferung sämtlicher nach Campo-Mayor geflüchteten spanischen Neuchristen und ermahnte zugleich den König von Portugal, die Marranen seines Landes nicht ungestraft judaisieren zu lassen. Durch eine eigene, man könnte sie eine Dominikanerlogik nennen, suchte Selaya das Bedenken des Königs als grundlos zu stempeln. Man sagt, die portugiesischen Neuchristen seien mit Gewalt zur Taufe gezerrt worden, und darum habe sie keine Verbindlichkeit für sie. Aber wie könnte man, so urteilte der Inquisitor von Badajoz, es gewaltsam nennen, wenn sie dadurch eine so große Wohltat, wie die Taufe, erlangt hätten? Dann sei es auch kein rechter Zwang gewesen, da es den Juden damals unter Manoel freigestanden hätte, sich mit dem Mute der Makkabäer töten zu lassen, wenn sie gegen die Taufe einen so großen Widerwillen empfunden hätten. Zugleich bemerkte Selaya dem Könige von Portugal, daß der Jude aus dem Morgenlande, der sich der königlichen Gunst zu erfreuen hätte (David Rëubeni), ebenso wie seine Anhänger vollständige Ketzer wären, indem sie das alte Testament falsch auslegten. Die einzige rechtgläubige Sekte unter den Juden seien die Karäer, welche die

---

¹) Siehe Note 5.
²) Siehe Note 5.

Bibel wörtlich auslegten. Die Marranen in Portugal müßten demnach so oder so, sei es als Apostaten vom Christentum oder als Ketzer innerhalb des Judentums verbrannt werden.[1]) Wegen der gewaltsamen Entführung der marranischen Frauen aus Badajoz beklagte sich auch die Königin von Spanien bei João III., und der Kaiser Karl selbst machte ihm ernste Vorstellungen darüber.[2])

Diese Vorfälle, verbunden mit anderen Anklagen gegen einige Marranen in Gouvea wegen Schändung eines Marienbildes und die ungestüme Forderung der Bürger, strenge Gerechtigkeit gegen sie zu üben, brachten den König wieder auf den Plan des Inquisitionsgerichtes. David Reubenis Gunst bei dem König von Portugal war nur von kurzer Dauer gewesen. Anfangs von João III. mit außerordentlicher Freundlichkeit aufgenommen und öfter zu Audienzen zugezogen (wobei ein arabischer und portugiesischer Dolmetscher die Unterredung vermittelte), erhielt er die bestimmte Zusage, daß ihm acht Schiffe und 4000 Feuerwaffen zur Verfügung gestellt werden sollten, um seinen Bruder, den angeblichen König von Chaibar, in den Stand zu setzen, die Araber und Türken zu bekämpfen; aber allmählich wurde der König ernüchtert. Miguel de Silva, welcher bei Davids Anwesenheit in Rom portugiesischer Gesandter am päpstlichen Hofe war und damals schon den angeblichen jüdischen Prinzen von Chaibar für einen Abenteurer gehalten hatte, war nach Portugal zurückberufen worden, und er machte die größten Anstrengungen gegenüber den anderen Räten, welche sich von Davids keckem Wesen hatten täuschen lassen, ihm die Gunst des Königs zu entziehen. Ohnehin hatten die Huldigungen, welche die Marranen ihm offen und auffallend dargebracht hatten, Mißtrauen gegen ihn erweckt. Miguel de Silva, welcher beauftragt war, die Einführung der Inquisition in Portugal durchzusetzen, konnte darauf hinweisen, daß der König selbst durch Begünstigung des angeblichen jüdischen Fürsten die Marranen in ihrem Unglauben oder in ihrer Anhänglichkeit an das Judentum förmlich bestärke. Dazu kam noch die Beschneidung und die Flucht des königlichen Beamten Diogo Pires. Dieser Vorfall wurde am portugiesischen Hofe mit großem Mißfallen vernommen, und es wurde dem König beigebracht, daß David ihn dazu ermuntert habe.

So erhielt dieser mit einem Male die Weisung, Portugal zu verlassen, nachdem er beinahe ein Jahr da geweilt und mit Auszeichnung behandelt worden war. Nur zwei Monate Frist wurden ihm gewährt, sich einzuschiffen. Er hatte aber, als wollte er sich an das Land an-

---

[1]) Bei Herculano a. a. O. I p. 210 fg.
[2]) Bei Heine, in Schmidts Zeitschr. für Gesch. 1848 S. 160 u. Herculano das. 209 fg. Der letztere las nur von der Befreiung einer einzigen Marranin, Heine dagegen von der mehrerer Frauen.

klammern und als hoffte er auf eine Sinnesänderung des Königs, länger als vier Monate zugebracht und mußte fast mit Gewalt aufs Schiff gebracht werden. Das Schiff, das ihn und seine Begleitung trug, wurde an die spanische Küste verschlagen, und David war in Spanien in Gefangenschaft geraten und sollte vor ein Inquisitionsgericht gestellt werden. Indessen hatte der Kaiser Karl ihm die Freiheit gewährt, und so konnte sich David Reubeni nach Avignon, in das päpstliche Gebiet begeben.[1]) Sobald der König João mit David Reubeni gebrochen hatte, war der Grund zur Schonung der Marranen weggefallen. Immer mehr wurde der schwankende König von der Königin, den Dominikanern und einigen Großen zum Entschlusse gedrängt, die Inquisition einzuführen. Den Ausschlag gab der Bischof von Ceuta, Henrique, ein ehemaliger Franziskanermönch und ein fanatischer Priester. In seinem Sprengel Olivença wurden fünf Neuchristen des Judaisierens verdächtigt,[2]) und er machte kurzen Prozeß mit ihnen. Ohne sich viel darum zu kümmern, ob das Inquisitionstribunal vom Papste genehmigt und vom Könige gesetzlich eingeführt worden war oder nicht, errichtete er einen Scheiterhaufen und ließ die ohne regelmäßiges Verhör Verurteilten verbrennen (um 1530). Das Volk jauchzte ihm dafür zu und feierte den Mord der Judenchristen durch Stiergefechte. Weit entfernt, seine Tat oder Untat zu verheimlichen, rühmte sich Henrique derselben und drang in den König, endlich mit der Züchtigung der ketzerischen und lästernden Neuchristen Ernst zu machen. Darauf entschloß sich João beim Papste Clemens auf Einrichtung von Untersuchungskommissionen in Portugal anzutragen.

Indessen gab es noch einige Priester aus der alten Zeit, welche es wagten, ihre Stimme laut gegen diese beabsichtigte neue Gewaltmaßregel wider die Marranen zu erheben. Es waren besonders Fernando Coutinho, Bischof von Algarvien, und Diogo Pinheiro, Bischof von Funchal; ihre Namen verdienen der Nachwelt überliefert zu werden. Sie waren Zeugen dessen gewesen, unter welchen unmenschlichen Grausamkeiten die Juden unter Manoel zur Taufe gebracht worden waren — Coutinho war bereits ein achtzigjähriger Greis — und sie konnten sie nach keiner Seite als volle Christen anerkennen, sei es um sie als rückfällige Ketzer zu bestrafen, oder ihnen Richterämter oder geistliche Pfründen anzuvertrauen. So oft Neuchristen vor ihrem bischöflichen Tribunal der Ketzerei angeklagt waren, gaben sie ihnen die Freiheit und bekundeten ihre Gesinnung offen vor dem Könige und dessen Räten. Coutinho, welcher den falschen Eifer der jüngeren Geistlichkeit nicht genug verspotten konnte, erinnerte

---

[1]) Note 5.
[2]) Italienische Information in Note 6 und Herculano das. p. 221.

auch den König daran, daß der Papst Clemens VII. selbst vor kurzem einigen Marranen gestattete, sich in Rom selbst offen zum Judentume zu bekennen. Dieser Papst, überzeugt von der Ungerechtigkeit gegen die Neuchristen, hatte ihnen nämlich mit Zustimmung des Kardinalkollegiums ein Asyl in Ancona eröffnet und ihnen gestattet, unbelästigt das Judentum zu bekennen.[1]) Auch in Florenz und Venedig durften sie ungestraft leben. Das päpstliche Konsistorium selbst habe sich dahin ausgesprochen, daß die portugiesischen Marranen als Juden angesehen werden sollten. Er wäre dafür, so sprach sich Coutinho in seinem Gutachten darüber aus, daß statt der Neuchristen, welche der Schändung christlicher Heiligtümer angeklagt seien, die Zeugen gezüchtigt werden sollten, weil sie falsches Zeugnis ablegten. Nur durch milde Behandlung müßten die Neuchristen für den Glauben gewonnen werden.[2]) Endlich entschloß sich João, die Frage dem Papste vorzulegen, der, falls er die Einführung der Inquisition gutheiße, ihn zugleich seines Wortes gegen die Marranen entbinden würde. Der portugiesische Gesandte am römischen Hofe, Bras Neto, erhielt den Auftrag, dafür eine Bulle vom Papste zu erwirken. Allein, was in Spanien so leicht durch einen Federstrich bewilligt worden war, das kostete dem Könige von Portugal viele Anstrengung und Kämpfe, und er hat sich der Inquisition nicht recht erfreuen können.

In die Speichen dieses rollenden Rades griff nämlich die schwache Hand des liebenswürdigen kabbalistischen Schwärmers Diogo Pires oder Salomo Molcho ein. Er hatte sich vom Orient nach Italien begeben, um die messianische Sendung, die er in sich fühlte, oder die man ihm zugedacht hatte, zu vollbringen. Er wollte in der christlichen Welthauptstadt ohne Scheu vor Fürsten von der baldigen Erlösung sprechen. In Ancona, wo er mit einem Gefolge eingetroffen war (gegen Ende 1529),[3]) stellten ihm, wie er erzählte, einige Übelwollende nach; es waren wohl richtiger bedächtige Menschen, die von seinem Auftreten im Orient Kunde erhalten hatten, von seiner ungestümen Märtyrersucht Leiden für die Gesamtjudenheit oder wenigstens für die Marranen in Italien, Portugal und Spanien befürchteten und darum ihn beim Bischof von Ancona angaben, daß er als Neuchrist zum Judentum zurückgetreten sei. Der Kirchenfürst lud ihn vor sich und stellte ihn zur Rede. Molcho soll furchtlos eingestanden haben, er habe das Judentum vorgezogen, weil es die Wahrheit lehre. Der Bischof entließ ihn tatsächlich, als einen der Marranen, denen vom Papste und den Kardi-

---

[1]) Herculano das. p. 227; Imanuel Aboab, Nomologia p. 294; Italien. Information Note 6.

[2]) Herculano p. 224 fg. Die Sentenz Coutinhos ist in Schmidts Zeitschr. a. a. O. S. 178 von G. Heine als Anhang mitgeteilt.

[3]) Über alles Folgende s. Note 5.

nälen Bekenntnisfreiheit bewilligt worden war, ungefährdet, verbot ihm aber, gegen das Christentum zu predigen. Molcho hielt sich noch einige Zeit dort auf, seine Predigten wurden sehr besucht, selbst Geistliche und vornehme Christen fanden sich in der Synagoge dazu ein. Er führte auch eine öffentliche Disputation mit einem Prälaten, scheint aber dadurch seine Sicherheit gefährdet zu haben, und begab sich infolgedessen mit dem Herzog von Urbino, Francesco Maria della Rovere I., der sich von der Niederlassung der Marranen in seinem kleinen Staate Vorteile versprach, nach Pesaro. Es ließ ihm da aber keine Ruhe; er brannte vor Ungeduld, nach Rom zu reisen, um dort der Ankunft des Messias vorzuarbeiten. Molcho hatte aber keine klare Vorstellung von dem, was er eigentlich beginnen sollte. Er erwartete daher eine höhere Eingebung, die, wie er glaubte, nicht ausbleiben könnte. Mit Zurücklassung seiner Dienerschaft in Pesaro begab er sich, einem Traumgesichte zufolge, zu Roß allein nach Rom. Beim Anblick der ewigen Stadt, die Molcho gleich Luther für den Sitz des Antichrists hielt, übermannten ihn seine Gefühle, und er verfiel in ein inbrünstiges Gebet, in welchem er um die Sündenvergebung und die Erlösung Israels flehte. Da will er eine Stimme vernommen haben, welche in sein Gebet einfiel und ihm in Bibelversen andeutete: „Edom (Rom) wird Israels Erbe werden, sein Fuß wird wanken, Israel aber wird Sieg erringen." In dieser Stimmung zog er abends in Roms Mauern ein, begab sich in eine christliche Herberge, gab vor, ungekannt eine Geliebte aufsuchen zu wollen, und bat den Wirt, ihn zu einer Verkleidung behilflich zu sein. Er ließ dann sein Roß und seine Kleider in der Herberge, zog Lumpen an, schwärzte sein Gesicht, umwickelte seine Füße mit schmutzigen Lappen und setzte sich unter das Bettelvolk an der Tiberbrücke, dem Palaste des Papstes gegenüber. Das sollte eine messianische Ausstaffierung sein; denn nach der Sage soll der Messias unter den Aussätzigen und Zerlumpten Roms weilen und von dort aus zum Triumphe erweckt werden. Dreißig Tage hintereinander führte der portugiesische Schwärmer ein solches Bettlerleben, aß kein Fleisch, trank keinen Wein, sondern begnügte sich mit der allerdürftigsten Kost und erwartete eine prophetische Verzückung.

In dieser Abspannung der Körperkräfte und in der Exaltation des Geistes fiel Molcho in einen tiefen Schlaf und hatte einen wirren Traum, der darum merkwürdig ist, weil er sich zum Teil buchstäblich erfüllt hat. Ein Greis war ihm erschienen, mit dem er schon öfter im verzückten Zustande verkehrt haben will, der ihn nach dem heiligen Lande versetzte, und er sah zwei Berge und Wesen in schneeweißen Gewändern, von denen eines eine Rolle in der Hand hielt, in welcher die Schicksale Roms verzeichnet waren, die mitzuteilen ihm aber verboten worden sei. Darauf fühlte er sich im Traume wieder an die

Tiberbrücke versetzt, sah zwei Vögel von verschiedener Größe und Farbe, von denen der eine (nach Erklärung des Greises) bedeuten sollte, es werde eine verheerende Wasserflut über Rom und über ein Nordland hereinbrechen, und ein Erdbeben werde sein Geburtsland Portugal in Schrecken setzen. Der kleinere Vogel deute an, daß die Flut keine allgemeine sein werde. Nach der Flut würden zwei Kometen mit goldenen Schweifen sichtbar werden, die über Rom einige Tage zu sehen sein würden, von denen wiederum der eine Gottes Zorn über das sündhafte Babel, der andere Gottes Gnade für Israel bedeuten solle. Der Greis verkündete Molcho ferner im Traume, daß er von seiten seiner Glaubensgenossen Verfolgungen erleiden werde. Nach sieben Monaten, wenn Molcho das dreißigste Jahr erreicht haben werde, werde er in einen höheren Grad treten und in Byssusgewand gehüllt sein, dafür, daß er sich freiwillig dem Tode geweiht. Dann solle er nach Rom zurückkehren, aber vor dem Eintreffen der Flut es wieder verlassen. Dann werde auf dem messianischen König der heilige Geist, der Geist der Weisheit und Einsicht ruhen, die Toten würden aus dem Staube erwachen, und Gott werde seinem Volke Ruhm verleihen.

Ermattet von der langen Kasteiung und dem wirren Traumgesicht schleppte sich Molcho des Morgens nach seiner Herberge, ruhte sich aus, entledigte sich seiner Verkleidung und begab sich ins Freie, um Juden zu begegnen (Februar 1530). Da er noch völlig unbekannt in Rom war, gab er sich, um der Angeberei von seiten seiner Gegner zu entgehen, für einen Boten des Salomo Molcho aus, der selbst in Pesaro zurückgeblieben sei. Er wurde aber dennoch erkannt und als aufwiegelnder Marrane dem Inquisitionstribunal denunziert. Mit dem Papste und einigen Kardinälen hatte er aber schon früher angeknüpft und ihnen die drohende Wasserflut verkündet. Clemens VII., der seit einigen Jahren den Leidenskelch gekostet und Demütigung erfahren hatte, wie nur wenig Päpste vor ihm, der seinen Todfeind Karl V. in Bologna zum König von Italien und römischen Kaiser hatte krönen müssen (22. bis 24. Februar 1530), dessen Verschwörungen und Verbindungen mit Frankreich und England sich als trügerisch erwiesen hatten, war nur allzu geneigt, auf Träume und Visionen zu hören. Es mögen noch andere unbekannte Beziehungen zwischen dem Papste und Molcho bestanden haben, in deren Folge jener diesem eine überraschende Gunst zuwendete.[1]) Er hatte Zutritt zum Papste und einigen judenfreundlichen Kardinälen, Egidio von Viterbo, dem Schwärmer für die hebräische Sprache, Elia Levitas Gönner, Parteigänger Reuchlins und der Humanisten, sowie auch zum Kardinal

---

[1]) Siehe Note 5.

Geronimo de Ghinucci, später zum Papste erwählt.[1]) Auch der Kardinal Lorenzo Pucci, Großpönitentiar der päpstlichen Kurie, der auch für Reuchlin Partei gegen die Dominikaner genommen hatte, war ihm zugetan. Während daher die päpstliche Polizei Molcho in den Toren Roms auflauerte, war dieser über die Mauer entkommen, zum Papste geeilt und hatte von ihm ein Sicherheitsschreiben (Breve) erlangt, daß ihm kein Leid zugefügt werden solle.

Damit versehen, kehrte Molcho heimlich nach Rom zurück (Mai?), trat an einem Sonnabend plötzlich in der Hauptsynagoge auf und predigte über den Text eines Prophentenabschnittes zum Erstaunen aller Anwesenden. Seine Anhängerschaft wuchs in Rom so sehr, daß er bis zum Herbste unangefochten jeden Sabbat in den Synagogen predigen durfte; er begeisterte seine Zuhörer förmlich, ohne jedoch seine Gegner entwaffnen zu können. Pires=Molcho war der jüdische Savonarola. Von seinem Traumgesichte sprach er mit unumstößlicher Gewißheit und ließ sogar dem Könige von Portugal durch den Gesandten Bras Neto das Lissabon bedrohende Erdbeben ankündigen, damit er Vorkehrungen treffen könne. Molcho selbst war so sicher vom Eintreffen der Wasserflut überzeugt, daß er sich beim Herannahen derselben nach Venedig begab; dort veranstaltete er den Druck neuer kabbalistischer Auslegungen. Mit David Reubeni, der inzwischen von Avignon nach Italien zurückgekehrt war, kam Molcho wieder zusammen. Beide sahen einander erstaunt an und erwarteten voneinander Wunderdinge. Einer wollte durch den andern zu der erhabenen Rolle gehoben werden. Sie waren beide in Verlegenheit. Molcho erkannte bei dieser Gelegenheit die schwindelhafte Aufschneiderei seines früher bewunderten Meisters. Er glaubte ihm nicht mehr, daß er unwissend sei, sondern war überzeugt, daß er sich nur, um die Leute zu täuschen, unwissend stellte; als Prinz von Arabien durfte er keine talmudische und kabbalistische Gelehrsamkeit besitzen. Molcho widerrief sogar seine früheren eigenen Aussagen, als wenn er Davids Botschafter gewesen wäre: „Ich will die Wahrheit vor dem Schöpfer des Himmels und der Erde bekennen, daß meine Beschneidung und mein Aufgeben der Heimat nicht auf Anraten von Fleisch und Blut (David), sondern im besonderen Auftrage Gottes geschehen ist". Trotzdem ordnete sich Molcho ihm noch immer unter. Es zeigte sich bei dieser Gelegenheit, daß Molcho ein betrogener Schwärmer, dagegen David ein Abenteurer war, der es auf Blendwerk abgesehen hatte. Nachdem sein Versuch,

---

[1]) Der portugiesische Gesandte Bras Neto berichtete an den König, daß Pires Zutritt bei Papst und Kardinälen hätte (Herculano p. 235). Dann referiert Herculano (238 f.), daß gegen die Zulassung der Inquisition sich entschieden ausgesprochen hätten: o Cardeal Egidio et Jeronymo de Ghinucci.

den König von Portugal und Karl V. für seine chimärischen Pläne zu gewinnen, mißlungen war, hatte er sich nach Venedig begeben, um die Beherrscher der noch immer mit dem Morgenlande in Verbindung begriffenen Republik günstig dafür zu stimmen. Merkwürdigerweise fand er auch hier Anklang. Er wohnte im Palast eines Grafen, und der venezianische Senat schickte einen Länderkundigen an ihn, um ihn über Pläne und Mittel zu Eroberungen im Morgenlande zu befragen (1530).[1]

Beide wurden indessen von nüchternen Juden, welche Gefahr für sich und die Judenheit fürchteten, verfolgt. Molcho geriet noch dazu in Venedig in eine Privatgegnerschaft mit dem wissensreichen, aber wenig gewissenhaften Arzt Jakob Mantin (o. S. 41). Dieser hatte einen Streit mit einem andern Arzte, dem mehr talmudisch-gelehrten Elia Menahem Chalfon.[2] Molcho wollte eine Versöhnung zwischen beiden zustande bringen, Mantin war aber nicht dazu zu bewegen und übertrug seinen Haß gegen seinen Gegner auch auf ihn, klagte ihn bei der venezianischen Behörde an und brandmarkte seine Verkündigungen als Zauberei. Molcho wurde sogar in Venedig durch jüdische Hände vergiftet und verfiel dadurch in eine schwere Krankheit.

Indessen traf die von ihm verkündete Überschwemmung in Rom wirklich ein, verwandelte Rom in einen reißenden See und richtete große Verheerungen an (8. Oktober 1530).[3] Merkwürdigerweise war von der jüdischen Bevölkerung bei der Flut nur eine alte Frau umgekommen. Auch die Überschwemmung im Norden, die Molcho im Traume gesehen, war eingetroffen. Flandern erlitt (November) das Schicksal Roms. Auch ein glänzender Komet erschien mit großen Feuerstrahlen, daß es schien, als wenn der Himmel sich öffnete. In Portugal erzitterte die Erde dreimal und das Erdbeben zerstörte

---

[1] Vergl. Note 5.
[2] Außer der Nachricht von ihm in Molchos Sendschreiben kommt von ihm ein Responsum vor in Mose Isserles Respp. Nr. 56. Daraus geht hervor, daß Chalfon noch 1550 am Leben war.
[3] Nächst der Nachricht über die Überschwemmung in Rom bei Muratori: Annali d'Italia X p. 240 (vergl. Frankels Monatsschrift Jahrg. 1856 S. 205, 241 ff., 250) berichtet darüber der zeitgenössische portugiesische Chronikschreiber: Coronyca dos Reis de Portugal in Colleçào de libros ineditos V p. 355, wo zugleich die Nachricht über das Erdbeben in Portugal und die Kometerscheinung, die Molcho im Voraus verkündete, vorkommt. Die Überschwemmung in Rom wird hier auf einen Sabbat 8. Oktober 1530 angesetzt und das Erdbeben 26. Jan. 1531. Foi grande terramoto in iste regno de Portugal; tremeo a terra tres vezes; antes de tremer a terra huma estrella de pessar foi nisto cometa corer de ponente contra levante con raios do fogno grandes, que parecia, que abria o ceo.

in Lissabon viele Häuser und begrub viele Menschen unter den Trümmern (26. Januar 1531). In Santarem wären die Marranen damals um ein Haar Opfer des aufgeregten Fanatismus geworden. Die blindgläubige und fanatisierte Bevölkerung betrachtete das Erdbeben als Strafe des Himmels wegen der Duldung der Neuchristen und wollte deren Häuser stürmen. Es gelang aber dem Dichter Gil Vicente durch ernste und scherzende Reden sie davon abzubringen.¹)

Nach der Überschwemmung Roms war Molcho wieder in dieser Stadt erschienen. Hier wurde er wie ein Prophet verehrt. Der Papst, dem er die Unglücksfälle vorher verkündet hatte, schien ihn ins Herz geschlossen zu haben; er erwies ihm förmliche Ehrenbezeugungen. Der portugiesische Gesandte, Bras Neto, sagte ihm, wenn der König von Portugal wüßte, daß Molcho ein so gottgefälliger, zukunftskundiger Mann sei, würde er ihm gestattet haben, in seinem Staate zu leben. Gerade in dieser Zeit hatte dieser Gesandte von seinem Fürsten den Auftrag erhalten, vom päpstlichen Stuhle ganz im Geheimen eine Bulle zur Einführung der Inquisition in Portugal gegen die Marranen zu erwirken. Es war ein sehr ungünstiger Augenblick dafür gewählt. Die Sache wurde dem Großpönitentiar Kardinal Lorenzo Pucci zur Entscheidung vorgelegt. Aber dieser, sowie der Papst Clemens, von Salomo Molcho beeinflußt, waren gleich anfangs entschieden dagegen.²) Pucci bemerkte dem portugiesischen Gesandten geradezu, der König von Portugal habe es, wie die Könige von Spanien, mehr auf die Reichtümer der Marranen, als auf die Reinheit des Glaubens abgesehen. Möge er ihnen lieber erlauben, frei nach ihren Gesetzen zu leben, und nur diejenigen bestrafen, welche, freiwillig den Katholizismus bekennend, dann wieder zum Judentume zurückfallen sollten.³) Bras Neto konnte für den Augenblick nichts ausrichten. Er fürchtete sich geradezu vor Molchos Einfluß beim Papste und mußte seine Schritte geheimhalten, damit es die Marranen in Portugal nicht erführen und Summen an Molcho sendeten, um die Umgebung des Papstes noch mehr zu gewinnen, gegen die Einführung der Inquisition zu arbeiten.⁴)

Inzwischen wurde Molcho von seinen eigenen Glaubensgenossen und besonders von seinem Feinde, Jakob Mantin, aufs hartnäckigste verfolgt. Dieser Rachsüchtige begab sich eigens zu dem Zwecke von Venedig nach Rom, das Verderben dessen, den er ohne Grund haßte, zu betreiben. Er stellte gewissermaßen den portugiesischen Gesandten

---

¹) Herculano a. a. O. I. p. 223.
²) Vergl. Note 5.
³) Inhalt des Briefes des Gesandten Bras Neto an Jeão III. vom 11. Juni 1531 bei Herculano das. p. 233 fg.
⁴) Note 5.

zur Rede, daß er einen ehemaligen Christen aus Portugal, der gegen das Christentum predige, frei in Rom einherwandeln ließe. Da ihm der Gesandte kein Gehör schenkte, wendete sich Mantin mit derselben Anklage an die Inquisition, brachte Zeugen aus Portugal, die aussagten, daß Salomo Molcho früher als Christ in Portugal gelebt, und bewirkte, daß der Angeklagte vor die Kongregation geladen wurde. Molcho legte hierauf dem Inquisitionsgericht seinen vom Papste erhaltenen Freibrief vor und glaubte, darauf gestützt, unbelästigt zu bleiben; allein die Richter rissen ihn ihm aus den Händen, begaben sich damit zum Papste und hielten ihm das Ungebührliche vor, daß er einen Verhöhner des Christentums schütze. Clemens erwiderte, er brauche Molcho zu einem geheimen Zwecke und wünsche, daß man ihn unbehelligt lasse. Als die Inquisition von der Anklage abstehen wollte, brachte Mantin neue Punkte gegen ihn vor. Er wußte sich den Brief zu verschaffen, den Molcho einige Jahre vorher von Monastir aus über sein früheres Leben und seinen Rücktritt zum Judentum an Joseph Tahtasak geschrieben hatte, übersetzte ihn ins Lateinische und legte ihn dem Tribunal vor. Da dieser Brief ohne Zweifel Schmähungen gegen Edom, d. h. gegen Rom und das Christentum enthielt, so mußte die Inquisition darauf eingehen, und auch Clemens durfte sich nicht mehr der Anklage desselben widersetzen. Die Kongregation machte hierauf Molcho den Prozeß und verurteilte ihn zum Feuertode. Ein Scheiterhaufen wurde angezündet, der eine große Volksmenge herbeilockte. Ein Verdammter wurde im Büßerhemd herbeigeführt, ohne Umstände ins Feuer geworfen, und ein Richter zeigte dem Papste an, daß der Glaubensakt durch den Tod des Verbrechers geschehen sei. Das Erstaunen des Richters und der Zeugen der Hinrichtung soll groß gewesen sein, als Salomo Molcho in den Zimmern des Papstes lebend angetroffen wurde.

Clemens soll nämlich, um seinem Schützling das Leben zu retten, einen andern untergeschoben haben, der den Scheiterhaufen bestiegen habe, während Salomo Molcho in den päpstlichen Gemächern verborgen gehalten worden sei. Dies soll der Papst selbst dem betretenen Richter mitgeteilt und ihm Stillschweigen über die Sache auferlegt haben, damit die Aufregung unter Christen und Juden nicht neue Nahrung erhalten solle.[1]) Salomo Molcho war gerettet; aber er durfte nicht länger in Rom weilen; das sah er selbst ein und bat den Papst ihn zu entlassen. Unter Begleitung einiger treuer Diener des Papstes ritt Salomo Molcho Nachts aus Rom (Februar oder März 1531). Wohin er sich begab, ist nicht bekannt, vielleicht nach Bologna, wo er auch öfters öffentlich gepredigt hat.[2]) Alle diese Vorgänge

---

[1]) Sendschreiben bei Joseph Kohen p. 94 b.   [2]) Joseph Kohen p. 91 a.

berichtete Molcho selbst in einem Sendschreiben an seine Freunde im heiligen Lande und beglaubigte sie durch Zeugnisse von den römischen Gemeindevorstehern und durch Aussagen von Personen, denen er das Schreiben übergeben hatte. Es ist also an der Wahrheit derselben nicht zu zweifeln. Er fügte in dem Sendschreiben hinzu, er habe noch mehr Verfolgungen und Schikanen von Juden erlitten, als er beschrieben, er wolle jedoch die Namen und Untaten seiner Feinde aus Schonung nicht nennen. Er erwarte die Zeit, in welcher Gott an ihm Wunder tun werde; denn es sei gerade jetzt die Zeit der Gnade und der Liebe.

Nach Molchos Entfernung aus Rom und besonders nach dem Tode des ihn und die Marranen besonders begünstigenden Kardinals Lorenzo Pucci (August 1531) trat eine andere Stimmung in Betreff der Marranen ein. Ein neuer portugiesischer Unterhändler Luiz Alfonso erlangte vom Papste, der dazu vom Kaiser Karl und von dem Großpönitentiar, Antonio Pucci, Nachfolger seines Oheims, gedrängt wurde, die so lang erbetene Bulle zur Einführung der Inquisition (ausgestellt 17. Dezember 1531), obwohl die Kardinäle Egidio von Viterbo und Geronimo de Ghinucci sich dagegen ausgesprochen hatten. Als schämte sich dieser milde Papst, seine ehemaligen Schützlinge verfolgen zu lassen, gesellte er ihnen die Lutheraner zu.[2]) Er war aber darauf bedacht, daß nicht die glaubenswütigen Dominikaner Gewalt über die Marranen erlangten. Ein Franziskaner, der milde gesinnte Beichtvater des Königs, Diogo de Silva, wurde zum Generalinquisitor von Portugal ernannt. Indessen wurden doch drei Bluttribunale errichtet, in Lissabon, Evora und Coimbra, und sie nahmen sich die spanischen von Torquemado eingeführten und von Nachfolgern verbesserten, d. h. noch grelleren Konstitutionen, zum Muster. Die portugiesischen Marranen waren noch viel schlimmer daran als die spanischen, nachdem der König und die Granden ihnen ihre Gunst entzogen hatten; sie waren beim Volke längst so verhaßt, daß auch ehrbare Christen aus Fanatismus umherspähten, um sie anzugeben, während in Spanien Spione dafür gewonnen werden mußten.[3])

Als die Inquisition ihre fluchwürdige Arbeit beginnen sollte, dachten viele Marranen natürlich an Auswanderung. Aber wie schwer wurde ihnen die Flucht! Es ging ihnen wie ihren Vorfahren beim Auszuge aus Ägypten, hinter ihnen her die Feinde, vor ihnen das Meer mit seinen Gefahren und Schrecknissen. Es wurde ein Gesetz erlassen (14. Juni 1532), welches ihnen das Auswandern nach Afrika

---

[1]) Bei Herculano das. S. 239.
[2]) Die Bulle bei Herculano das. S. 240.
[3]) Das. II S. 40 fg.

und selbst nach den portugiesischen Besitzungen aufs strengste verbot. Den Schiffskapitänen wurde bei Todesstrafe verboten, Marranen zu transportieren, und sämtlichen Christen wurde untersagt, Grundeigentum von Neuchristen zu kaufen; diese durften ihre Habe nicht nach dem Auslande versenden und keine Wechsel im Lande ausstellen.[1]) Nichtsdestoweniger rüsteten sich viele von ihnen heimlich zur Auswanderung, „fliehend das Land, welches die Giftschlange (Inquisition) berührt hatte; aber ehe sie noch das Schiff betraten, wurden sie von ihr mit Frauen und Kindern ergriffen und in düstere Kerker und von da zum Feuer geschleppt. Andere, ehe sie noch das Fahrzeug erreicht hatten, das sie in Sicherheit bringen sollte, gingen in den Meeresfluten unter. Viele von ihnen wurden aus den geheimsten Verstecken hervorgezogen und in den züngelnden Flammen verbrannt.[2]) — Diejenigen, welche aus dieser Angst und Gefahr den Klauen des blutdürstigen Tieres entgangen waren, fanden in den fremden Ländern keine Erleichterung, gefangen in Flandern, angehalten in Frankreich, übel aufgenommen in England. Bei solcher Quälerei verloren viele ihre Habe und dadurch auch ihr Leben. Diejenigen, welche Deutschland erreichten, kamen auf den Alpen durch äußerstes Elend um und hinterließen Frauen dem Gebären nah, die auf verlassenen und kalten Straßen Kinder zur Welt brachten und eine neue Art von Unglück erduldeten."

Als wenn solche Mühsale noch nicht genügten, erhob sich gegen sie in Italien ein grausiger Verfolger. Giovanni della Foya erwartete die Flüchtigen im Gebiete von Mailand und nahm ganze Wagen voll von ihnen gefangen. Da seine Gewalt sich nicht soweit erstreckte, sie zu töten, beraubte er sie des letzten Gewandes und unterwarf schwache Frauen und gebrechliche Greise tausend Folterqualen, damit sie entdeckten, was sie bei sich führten und andere verrieten, welche nachkommen sollten, um auch sie zu erwarten und anzuhalten. So von allem entblößt, ließ er sie in äußerster Verzweiflung und Elend. Waren sie der Giftschlange entkommen, fielen sie in die Krallen noch grausamerer Wesen.[3]) — Indessen stellten die Marranen des-

---

[1]) Herculano das. I, p. 251 sg. Bei Heine a. a. O. S. 102.
[2]) Herculano I, 259 Samuel Usque tribulaçaõ III. Nr. 30.
[3]) Usque das. Nr. 31. Das war die Quelle für Joseph Kohen in Emek ha-Bacha p. 91. Zunz scheint die Urquelle nicht gekannt zu haben, und darum wußte er aus dem Eigennamen ראן דילה יאן nichts zu machen. Dieser Raubritter war gewiß kein Franzose und am allerwenigsten ein Foix, sondern ein Italiener. In dem Memoriale, welches die Marranen einige Jahre später dem Papste überreichten, klagten sie: et in quamplurium fuga talia contra ipsos (novos christianos) pluries comprehensos perpetrata sunt, quod mirandum profecto, quod non ad Turcarum dominia, sed ad diabolorum domos non transferrentur. Bei Herculano das. I p. 259 Note.

wegen ihre Fluchtversuche nicht ein, sondern betrieben sie nur mit noch größerer Vorsicht. Es blieb ihnen kein anderer Ausweg; ihr Anrufen der Gerechtigkeit, der Menschlichkeit und ihrer verbrieften Privilegien fand nur taube Ohren beim Kabinett.

Die nach Rom entkommenen Marranen führten daher beim Papst Clemens bittre Klagen über die Unmenschlichkeit, mit der die Inquisition sie und ihre Brüder verfolgte, und machten auch geltend, daß die Bulle, welche er erlassen, vom König lediglich erschlichen sei, da dem päpstlichen Konsistorium der Tatbestand nicht im richtigen Lichte bekannt gewesen sei. Sie beklagten sich ganz besonders darüber, daß ihnen trotz der ihnen zugestandenen Gesetzesgleichheit das Auswandern untersagt sei. Clemens VII., der ohnehin Reue darüber empfand, die Bulle erlassen zu haben, wozu er gewissermaßen gedrängt worden war, ging auf die Beschwerde ein. Er mochte auch fühlen, wie die katholische Kirche durch die Scheiterhaufen der Inquisition, angewendet auch auf solche, die nicht dazu gehören wollten, gebrandmarkt wurde, was den Lutheranern noch mehr Stoff gab, ihre feindseligen Angriffe auf dieselbe fortzusetzen, sie als blutdürstig zu schildern und verhaßt zu machen. Außerdem wußte er recht wohl, daß die Inquisition in Portugal nur auf Betrieb Spaniens und seines Erzfeindes, des Kaisers Karl, eingeführt war, um dadurch die Abhängigkeit Portugals von demselben noch fester zu begründen. Clemens ging daher mit dem Plane um, die Bulle zu widerrufen. In dieser Zeit nahmen Salomo Molcho und Rëubeni — der in Venedig einen Wink erhalten hatte, es zu verlassen — ihre mystische Tätigkeit wieder auf und faßten den abenteuerlichen Plan, sich zum Kaiser nach Regensburg zu begeben, wo damals der Reichstag versammelt war. Welchen Zweck wollten der Schwärmer und der Abenteurer damit verfolgen? Ob im Interesse der Marranen, oder richtiger, den Kaiser zu bewegen, mit Hilfe der Marranen in Spanien und Portugal und mit dem Heere des angeblich jüdischen Königs in Arabien die Türkei zu bekriegen? Mit einer fliegenden Fahne,[1]) worin die Buchstaben Machbi (Anfangsbuchstaben des Verses: „Wer ist unter den Mächtigen Dir gleich, Herr"), reisten beide von Bologna nach Regensburg, dem Aufenthaltsorte des Kaisers. Hier trafen sie mit Joselin von Roßheim zusammen, dessen rastlose Tätigkeit zur Abwendung neuer Übel von seinen Glaubensgenossen ihn nötigte, das Hoflager

---

[1]) Dem Schriftzug in seinem Namen שלמה gab Molcho in der Verlängerung des ל nach oben die Figur einer geteilten Fahne. Revue d. Et. j. XVI 32 f. In der Beschreibung zur Übergabe seines Sendschreibens an Abraham Treves in Ferrara, in welchem dieser Namenszug vorkommt, bemerkte er: זה ההעתק
נתתי לאהובי בעל בריתי ר' אברהם טרוביש בן שלמה טריש לזכות את בריתו את אברהם לעולם
החום בחותמי פה פיראדה בהיותי בדרך דרך ה' . הוא יזכני לראות סוף שליחותי בסהרה בימינו

des Kaisers Karl oder des Königs Ferdinand von Österreich aufzusuchen. Der Gegensatz dieser beiden Männer, Molcho und Joselin, obwohl beide demselben Stamm angehörten, beide für das Heil ihrer Stammesgenossen und ihres Bekenntnisses glühten und bereit waren, den Märtyrertod dafür zu erleiden, war scharf ausgeprägt. Pires-Molcho war äußerlich nicht als Jude zu erkennen, trug die abendländische Tracht, konnte sich in der damaligen Weltsprache verständlich machen und trug als Sendbote einer erträumten Mission den Kopf hoch. Joselin dagegen ging in der jüdischen Tracht einher mit schändendem Judenabzeichen, konnte sich nur der deutschen Sprache im Elsässer Dialekt bedienen und trat demütig und gebeugt auf, wenn er etwas durchsetzen wollte. Jener von hochfliegenden Plänen erfüllt, schwärmte für die Erreichung eines großen Zieles, die messianische Erlösung Israels herbeizuführen, und dieser, nüchtern und die augenblickliche Lage in Rechnung ziehend, arbeitete nur daran, das Erreichbare zu erzielen.

Mit seiner Nüchternheit und seiner demütigen Haltung hatte Joselin der Judenfeindlichkeit von Städten und Mächtigen entgegengearbeitet. Während des wilden Bauernkrieges, als die Leibeigenen und nichtzünftigen Arbeiter fast den Juden gleich von Gutsherren und Patriziern bedrückt, und auf die von Luther verkündete evangelische Freiheit vertrauend, im Elsaß, Süddeutschland, Franken und Thüringen, das Joch ihrer Zwingherren abzuschütteln versucht hatten, kamen die Juden zwischen zwei Feuer. Von der einen Seite beschuldigte sie der Adel und die vornehmen Städte, daß sie mit ihrem Gelde die aufrührerischen Bauern unterstützten und aufreizten[1]) und von der andern Seite überfielen sie die Bauern als Beförderer des Adels und der Reichen. Schwerlich haben sie den Rittern Hilfe geleistet, da diese ihre Erbfeinde waren. Ein deutsches Sprichwort sagte damals: „Ein reicher Jud und ein armer Edelmann sind nicht gut beieinander".[2]) Gewiß waren aller Hände gegen sie. Balthasar Hubmaier, jener fanatische Priester, welcher die Verbannung der Juden aus Regensburg betrieben hatte (o. S. 181), war Ratgeber der Schwarzwälder Bauernhaufen und wahrscheinlich Verfasser der zwölf Forderungen (Artikel), welche die Bauern geltend gemacht haben. Er war nach seinem Abfall vom Katholizismus nicht milder und menschlicher, ja als Anhänger der Wiedertäufer noch fanatischer geworden. Wahrscheinlich hat er die Bauern gegen die Juden gehetzt. Der Haufen im Rheingau hatte die Forderung aufgestellt, daß kein Jude in dieser

---

[1]) Mutians Brief an den Kurfürsten Friedrich von Sachsen in Tenzel Supplementum historiae Gothanae II 75: et meris adjuvantibus Judaeis... principales et illustres familias opprimere.

[2]) Dr. Ed Verlesung eines Judenbüchleins im Anfange.

Gegend wohnen und hausen sollte.¹) In einigen Landstrichen hatten sie bereits tätliche Angriffe auf Juden gemacht. Diese wären in den Gegenden, wo Sieger und Besiegte schonungslos wüteten, vertilgt worden, wenn nicht Joselin ihnen einige Hilfe gebracht hätte. Er suchte geradezu die Löwenhöhle auf. Er begab sich zu den Führern der Bauern im Elsaß, Hans von der Matten, Erasmus Gerber, Georg aus Roßheim und anderen, welche sich beim Kloster Alttorf in der Nähe von Roßheim aufhielten, und gewann sie durch sein Wesen und seine Geldmittel so sehr, daß sie versprachen, die Juden im Elsaß unangefochten zu lassen. Er erlangte noch von ihnen ein Schreiben an andere Haufen, daß sie den Juden kein Leid zufügen sollten, und erhielt auch Sicherheitsgeleite für jüdische Wanderer. Die Elsasser Führer ließen durch Herolde bekannt machen, daß sich keine Hand gegen Juden erheben sollte.²) Mit seinem rastlosen Eifer hatte Joselin seinen Wohnort Roßheim vor Zerstörung und Plünderung gerettet. Er hatte von den Führern erfahren, daß die Bauern am nächsten Tag einen Überfall der Stadt planten. Bei seiner Heimkehr in tiefer Nacht weckte er die Bürgermeister, sich eiligst zu dem Haufen zu begeben und ihn durch Unterwerfung und Leistung zu beschwichtigen; aber der eine Ratsmeister zitterte vor Angst, und der andere mochte den Schritt nur in Joselins Begleitung tun. Die Führer ließen sich darauf durch Bitten und Tribut für Schonung gewinnen. Auf dem Rückwege dankte der Bürgermeister dem jüdischen Anwalt für seinen Dienst und sprach: „Du und Deine Kinder sollen die Früchte Deiner Wohltat genießen". Aber die Väter der Stadt haben sie ihm schlecht vergolten.³)

Zwei erlogene Anklagen drohten, die Vertilgung der Juden in Deutschland und den Nebenländern herbeizuführen. Der Sultan Suleiman der Große hatte die Zwietracht in der Christenheit infolge der Reformation benutzt, um weite Eroberungen zu machen. Die Türken hatten bereits Ungarn überschwemmt, Ofen genommen und waren bis vor die Mauern Wiens vorgedrungen. Da hieß es, die Juden wären an der Niederlage der christlichen Heere schuld, sie hätten den Türken Spionendienste geleistet. Auf der andern Seite hatte der

---

¹) Schaab, Geschichte der Juden von Mainz 123 nach Schunk vom Jahre 1525. Vgl. über das Schicksal der Juden während des Bauernkrieges Alfred Stern in Geigers jüd. Zeitschr. VIII. Jahrg. 1870 57.

²) Eli Scheid aus Altenstücken in Revue d. Et. j. XIII 251, Joselins Tagebuch das. XVI Nr. 11. Daselbst muß gelesen werden: שהכריזו קול שלא להרים יד נגד היהודים statt des sinnlosen יד קול טלין להרים. Der Passus נכתבו חיורי רבים לכל עיר ומדינה bedeutet: die Führer der Bauern haben für die Juden sauve-Conduite ausgestellt.

³) Scheid a. a. O.

Bauernkrieg einen großen Teil von West-, Süd- und Mitteldeutschland zerrüttet. Städte und Dörfer waren in Not geraten. Um sich ein wenig aufzuraffen, brauchten sie Barschaft, und diese verlangten sie von jüdischen Geldbesitzern auf Zins. Da sie aber nicht mit dem Gelde haushälterisch umzugehen verstanden und nicht Zahlung leisten konnten, erhoben die christlichen Schuldner ein lautes Geschrei über die Wucherei der Juden. Schon hatte Kaiser Karl und sein Bruder König Ferdinand den Beschluß gefaßt, sie deswegen aus ganz Deutschland, Böhmen und Ungarn zu verjagen, als es dem rastlosen Joselin abermals gelang, die Herrscher von der Ungerechtigkeit der Anschuldigung zu überzeugen. Er war auf dem Reichstag in Augsburg vor zahlreicher Versammlung erschienen, wo die Entzweiung der Christenheit ausgeglichen werden sollte, und er hatte die Freude, daß die beiden königlichen Brüder Karl und Ferdinand seine Verteidigung anhörten und die Vertreibung der Juden verboten.[1]

Joselin von Roßheim erlangte auch in Regensburg von den Herrschern die Bestätigung der Privilegien, welche Kaiser Sigismund den Juden gewährt hatte, daß sie unangefochten bleiben und Freizügigkeit genießen sollten und besonders, daß es den Handeltreibenden unverwehrt sein sollte, Frankfurt a. M. zur Messe zu besuchen. Auch regelte Kaiser Karl die Verhältnisse des Darlehns und die Zinsnahme, um Klagen wegen Wuchers zu verhüten.[2] Bis nach Flandern und Brabant, wo keine Juden wohnten, wo er sich nur kümmerlich ernähren konnte, war Joselin dem Kaiser nachgereist, hatte eine geheime günstige Audienz bei ihm und konnte ein Gewebe von neuen Anschuldigungen gegen seine Stammesgenossen zerreißen. Während der Monate, die Joselin in den Niederlanden weilte, hat er eine Art Erbauungsbuch verfaßt.[3]

Als Joselin in Regensburg, wohin abermals, um den Schmalkaldischen Bund der Protestanten zu sprengen, ein Reichstag ausgeschrieben war (1532) den Kaiser aufgesucht hatte, um neue judenfeindliche Bestrebungen zu vereiteln, traf er mit Salomo Molcho zusammen. Der nüchterne Verteidiger der Juden und der kabbalistisch-messianische Schwärmer konnten einander nicht verstehen. Joselin schrieb dringend an den marranischen Apostel, den Kaiser nicht zu reizen, da die Schwärmerei ihm und der Judenheit zum Nachteil ausschlagen würde. Da sich aber Molcho nicht warnen ließ, reiste Joselin eiligst ab, um nicht der Teilnahme verdächtigt zu werden.[4] Das Ende war, daß der

---

[1] Joselins Tagebuch a. a. O. Nr. 14—15 vom Jahr 1538.
[2] Das. und Revue II 273 vom Jahre 1531.
[3] Tageb. das. Nr. 16 vom Jahre 1531. Das Erbauungsbuch hat den Titel דרך הקדש.
[4] Tagebuch Nr. 17 vom Jahre 1532.

Molchos Märthrertod.

Kaiser Molcho und seinen bösen Geist, David Rëubeni, in Fesseln schlagen ließ. Er führte darauf beide gebunden mit sich auf seiner Reise nach Mantua. Die Fahne blieb in Regensburg zurück. In Mantua ließ der Kaiser ein Glaubensgericht zusammentreten, und dieses verurteilte Molcho als Abgefallenen und Ketzer zum Feuertode. Während der Kaiser sich seinen Aufenthalt in Mantua durch Triumphe, Feste, Jagden, Komödienspiel und Lustbarkeiten aller Art angenehm machte, wurde der Scheiterhaufen für den Marranen aus Lissabon, Diogo Pires oder Salomo Molcho angezündet. Mit einem Knebel im Munde wurde er dahin geführt. Denn seine Beredsamkeit war so hinreißend, daß der Kaiser und das Tribual den Eindruck derselben auf die Menge fürchteten, wenn er seine Zunge hätte gebrauchen können. Darum verurteilten sie ihn zum Schweigen. Doch als die Henkersknechte schon bereit waren, ihn in die lodernde Flamme zu werfen, kam ein Bote des Kaisers, löste ihm den Knebel und fragte ihn in dessen Namen, ob er sein Verbrechen bereue und in den Schoß der Kirche zurückkehren wolle, in diesem Falle solle er begnadigt werden. Molcho erwiderte darauf, wie zu erwarten war, da er sich gewissermaßen nach dem Märthrertode gesehnt hatte, er wolle „als angenehmes Ganzopfer auf dem Altar des Herrn aufsteigen." Seine Antwort lautete, er bereue nur eines, in seiner Jugend Christ gewesen zu sein. Man möge mit ihm nach Belieben verfahren, er hoffe, daß seine Seele in Gott eingehen werde. Darauf wurde er auf den Scheiterhaufen geworfen und starb seelenstark (November/Dezember 1532).[1]

Molcho fiel, ein Opfer seiner Phantasterei und seines Wahnes, in den er sich in stetem Kampfe mit der Wirklichkeit hineingeträumt hatte. Die reichen Gaben, welche die Natur ihm verliehen hatte: Schönheit, glühende Einbildungskraft, Fassungsgabe, Begeisterungsfähigkeit, die für eine minder phantastische Persönlichkeit Staffeln zum Glücke gewesen wären, brachten ihm nur Verderben, weil er, in den Wirbel der Kabbala hineingerissen, damit das Erlösungswerk vollbringen zu können vermeinte. — David Rëubeni erhielt nicht einmal den Glorienschein des Märtyrers. Karl ließ ihn nach Spanien bringen und ihn in einen Kerker der Inquisition werfen, wo er drei Jahre später noch lebte. Er soll zuletzt durch Gift aus dem Wege geräumt worden sein.[2] Das Glaubenstribunal hatte keine Gewalt über

---

[1] Vergl. Frankel, Monatsschrift 1856 S. 260. Josselmanns Tagebuch gibt an, daß Molcho in Bologra verbrannt worden wäre. Es ist aber ein Irrtum.

[2] Schwerlich ist der, bei Herculano III p. 12 erwähnte „Jude von Capato", welcher in Evora 1541 mit dem messianischen Schuhmacher Luis Dias und anderen verbrannt wurde, identisch mit D. Rëubeni. Die Stelle lautet: tambem sahio o Judeo de Capato, que veio da India a Portugal a manifestar-se aos seus, dizendo les que era o Messias promettido e

ihn als Juden. Aber von den Marranen in Spanien, welche mit ihm verkehrt hatten, und deren Namen er vielleicht auf der Folter angegeben hatte, wurden manche verbrannt.¹) — So groß war indes die Begeisterung für Molcho, daß der Wahnglaube auch nach seinem Tode sich an ihn heftete und allerlei Fabeln über ihn erdichtete. In Italien und der Türkei glaubten viele, er sei auch diesem Feuertode, wie schon früher einmal, wunderbar entronnen. Einige wollten ihn acht Tage nach dem an ihm ausgeführten Auto-da-fé gesehen haben. Andere gaben vor, er habe noch seine Braut in Safet besucht. Joseph Karo, dessen Name bald einen weiten Klang haben sollte, sehnte sich nach demselben Märtyrertum wie Molcho.²) Selbst der besonnene, dem Wunderglauben abholde Geschichtsforscher Joseph Kohen aus Genua war betroffen und wußte nicht, was von der Sache zu halten sei.³) Ein italienischer Kabbalist, Joseph aus Arli,⁴) gab die Hoffnung nicht auf, daß die von Molcho verkündete und angeregte messianische Zeit bald anbrechen werde. Molchos Feuertod werde bald seinen Rächer finden. Durch die Spielerei von Versetzung der Buchstaben zweier jesaianischer Verse (Notaricon) deutete er den Untergang der Jesusreligion aus mancherlei Zeichen: aus Luthers Auftreten, aus den vielen neuen christlichen Sekten, die sich damals bildeten, aus der Plünderung, welche Rom erfahren, und aus der feindlichen Stellung des Papstes und des Kaisers zueinander: „Unser Heil wird eintreten, wenn der Glaube an Jesus zur Erde fallen wird durch die verschiedenen neuen Glaubensbekenntnisse; Martin wird Neuerung einführen gegen Völker und Fürsten; denn seine Herrschaft wird stark sein. Rom wird der Plünderung preisgegeben sein, die Götzen (Heiligenbilder) werden für immer zerstört. — Wenn Luther auftreten wird, wird Deutschland geeint sein, er wird sehen, und verachten Clemens, sein Reich, seine Priester und Götter, auch Rache wird er üben und Gemetzel. Fallen wird der Blödsinn des Frevels, seine Torheit wird der Himmel offenkundig machen im vierten Jahre, seit er selbst die Plagen der Zerstörung herbeiführt, zu füllen die Stadt Bologna mit Kriegsleuten, als seine Hände die Krone Roms aufgesetzt haben nach Wunsch und Willen des Kaisers, des Spaniers. Kriegsverhängnisse, außerordentliche Übel, Umwälzungen, Umkehr der Ordnung; dann wird das Unglück sich wälzen, das Verbrennen Mol=

que vinha do Eufrates, onde todos os Judeos o crêrão. D. Rëubeni kam nicht vom Euphrat, und da er in dem Kerker von Llarena war, in Spanien, konnte er nicht in Portugal gerichtet worden sein.

¹) Joseph Kohen Emek ha-Bacha p. 100
²) S. Note 5.
³) In seiner Chronik ed. Amsterd. p. 96.
⁴) Dieselbe Note 5.

chos zu rächen. Israel niedergeworfen und verbannt, fünf Schiffe von den Zehnstämmen werden es erheben zu seiner Herrlichkeit, um zu retten die Heiligkeit seines Ebenbildes. Salomos (Molcho) Gestalt wird der Feind erblicken. Diese Geheimnisse sind für Israel, Heil hat Gott verkündet, Heilung für Israel." Es war ein wenig Sinn in diesem Unsinn.

Der Kabbalist aus Arli war auf den Papst Clemens nicht gut zu sprechen; aber mit Unrecht, denn dieser hatte gewiß an Molchos Tod keine Schuld, im Gegenteil, es war nur ein Schachzug des Kaisers, von den beiden Günstlingen des Papstes den einen hinrichten und den andern einkerkern zu lassen. Clemens scheint aber einen Gegenzug gemacht zu haben. Er arbeitete daran, jene so verhängnisvolle Bulle — nach jahrelangem Widerstand zur Einführung der Inquisition in Portugal bewilligt — zu widerrufen oder wenigstens ihre Wirkung zu mildern. Die Marranen wußten das und machten alle Anstrengungen, die päpstliche Kurie für sich zu gewinnen. Sobald sie einsahen, daß auf Salomo Molcho, ihren wirksamsten Verteidiger, nicht mehr zu rechnen war, hatten sie einen andern nach Rom abgesandt, der ihre Klagen vor den Papst bringen und ihre Sache vertreten sollte. Dieser neue Sachwalter der Marranen, Duarte de Paz, war völlig entgegengesetzter Natur als Molcho, ein nüchterner Kopf, fern von jeder Schwärmerei, schlau, berechnend, beredt und kühn, eingeweiht in alle Schliche damaliger Diplomatenkünste, ein tiefer Menschenkenner, der die menschliche Schwäche zu nutzen verstand. Duarte de Paz, welcher fast acht Jahre die Angelegenheiten der portugiesischen Neuchristen in Rom leitete, war selbst von marranischer Abstammung und hatte durch Dienste, die er in Afrika dem portugiesischen Hof geleistet — wobei er ein Auge verloren hatte — eine angesehene Stellung und das Vertrauen des Königs João III. erlangt. Von diesem zu einer geheimen Sendung auserwählt, und dafür im voraus am Tage der Abreise mit dem Grade eines Ritters des Christusordens beehrt (auch Commendatore betitelt), begab er sich nicht nach dem ihm angewiesenen Platze, sondern nach Rom, um für die Marranen zu arbeiten. Duarte de Paz hat aber die Fäden seiner Intrigen so sehr verschlungen, daß man nicht mehr genau ermitteln kann, ob er den König oder die Marranen hinters Licht geführt hat.[1]) An Geld ließen es seine Klienten,

---

[1]) Herculano, die beste Quelle für die Einführung der Inquisition in Portugal, welche durch die Notizen von Aboab (in dessen Nomologia), von G. Heine und von Kunstmann (Münchner Gelehrte Anzeigen 1845) bereichert und ergänzt werden kann, hat zuerst das Intrigenspiel des Duarte de Paz aus einer geheimen Korrespondenz ans Licht gezogen (I p. 269 f. u. a. a. O.). Aber Herculano tut ihm wahrscheinlich Unrecht, wenn er ihn als Verräter an seinen Stammes-

die Marranen, nicht fehlen, mittels dessen der päpstliche Hof für Recht und Unrecht zu gewinnen war. Trotz der Gegenminen des Antonio Pucci, Kardinals de Santiquatro, der im Gegensatz zu seinem Oheim es mit dem portugiesischen Hofe gegen die Marranen hielt, erlangte Duarte de Paz wesentliche Erfolge seiner Bemühung und Spenden. Clemens war wiederum überzeugt von dem himmelschreienden Unrechte, das den Neuchristen widerfuhr, von den mit brutaler Gewalt zur Taufe Geschleiften katholische Rechtgläubigkeit zu verlangen, und besonders, daß ihnen die Freiheit genommen wurde, Reisen außerhalb Portugals zu machen. Infolgedessen erließ der Papst eine Breve (17. Oktober 1532), wodurch er bis auf weiteres das Verfahren der Inquisition einstellen ließ.[1]) Duarte de Paz arbeitete noch weiter daran, eine allgemeine Verzeihung für die angeklagten und eingekerkerten Marranen zu erwirken (7. April 1533). Eigen ist es, daß der portugiesische Hof, der durch seinen Parteigänger Antonio Pucci auf die in Aussicht stehende Begünstigung der Marranen aufmerksam gemacht wurde, lange Zeit so gut wie nichts dagegen getan hat. Ein außerordentlicher Gesandter, Martinho de Portugal, Erzbischof von Funchal, wurde zwar für Rom neben Bras Neto ernannt, vielleicht diesen zu überwachen; aber er verzögerte den Antritt seines Postens. Es scheint, daß am Hofe Joãos III. selbst Intrigen zugunsten der Marranen im Spiele waren, was nicht durchweg auf Rechnung der großen Summen zu setzen ist, welche diese ausgestreut haben, um die Inquisition zu vereiteln. Die Partei, welche für die Inquisition arbeitete, hielt es nämlich mit Spanien und war im voraus darauf bedacht, bei der voraussichtlichen Kinderlosigkeit des Königs die portugiesische Krone mit der spanischen zu vereinigen. Da-

genossen und Klienten schildert (p. 281 f.). Die geheime Korrespondenz Duarte de Paz' mit dem König und das Vertrauen des Königs auf ihn, woraus die Verräterei gefolgert werden kann, können ebensogut eine Intrige gewesen sein, um den Hof irre zu führen. Daß er den König hintergangen hat, beweist die Tatsache, daß er später von Meuchelmördern, die von João oder seinen Kreaturen gemietet waren, verwundet wurde. Tatsache ist auch, daß die Marranen ihm bis zuletzt vertraut und ihm nur Eigennutz vorgeworfen haben, und daß João später, trotz der verräterischen Briefe an ihn, den Sendling des Christusordens entkleiden wollte (das. II. p. 95). Noch im Jahre 1536 war der König so aufgebracht auf ihn, daß er nur ungern die Amnestie für dessen Familie bewilligte, „wegen der Schuld dieses Menschen, pelas culpas desse hommem" (das. II. p. 169). De Paz hat allerdings eine verräterische Anklage gegen die Marranen geschleudert 1539 (das. p. 263 fg.); aber sie entsprang aus einem Rachegefühl, weil diese ihm zuletzt einen anderen Vertreter substituiert haben. Er hat auch später sich wieder zum Judentum bekannt; aber daß er zuletzt Türke geworden sei, ist wohl nur Verleumdung oder Vermutung (das. II. 268 Note).

[1]) Herculano das. I. p. 276 fg.

gegen scheint die nationale Partei, welche die Selbständigkeit Portugals gewahrt wissen wollte, gegen die Inquisition eingenommen gewesen zu sein. Daher die Minen und Gegenminen, welche mehrere Jahre ins Werk gesetzt wurden. Der Herzog von Braganza, Don Jayme, stand mit Duarte de Paz' Vater, einem noch im Judentume geborenen Marranen, in geheimem Briefwechsel, gewiß in Angelegenheiten der Inquisition.¹) Es ging so weit, daß der vom Papste selbst ernannte Großinquisitor Diogo de Silva erklärte, er wolle die große Verantwortlichkeit nicht übernehmen und seine Stelle niederlegte.²)

Der schlaue Duarte de Paz scheint, um vom König die Geheimnisse in Betreff der Schritte gegen die Neuchristen zu erfahren, ein sehr kühnes Spiel eingefädelt zu haben. Mit dem portugiesischen Gesandten hatte er sich auf einen guten Fuß zu setzen gewußt, und er wagte sich sogar in die Löwenhöhle. Mit João III. selbst knüpfte er eine geheime Korrespondenz an,³) entschuldigte seinen kleinen Ungehorsam, des Königs Sendung vernachlässigt zu haben und nach Rom gegangen zu sein, und rechtfertigte sein Benehmen in Rom mit der Erklärung, er habe das alles im Dienste des Königs getan. Durch kleine Verrätereien von dem, was am päpstlichen Hofe damals vorging, und durch Enthüllungen dessen, was in Lissabon Politisches hinter dem Rücken des Königs gesprochen und geschrieben wurde, wußte er dessen Vertrauen zu gewinnen. Er sandte ihm dazu den Schlüssel zu seiner Chiffreschrift. Er gab dem König ferner zu verstehen, daß er sechs Spione unterhalte, welche ihn von allem, was die Marranen in Italien und in der Türkei täten und trieben, in Kenntnis setzten. Er verriet endlich dem König diejenigen Marranen, welche sich heimlich zur Flucht aus Portugal anschickten, um angehalten werden zu können. Alles das scheint ein mit den Marranen abgekartetes Spiel gewesen zu sein. Es gelang in der Tat Duarte de Paz, den portugiesischen Hof zu täuschen, der auf seine Spionsdienste rechnen zu können vermeinte. Der König selbst empfahl ihn warm seinem Sachwalter in Rom, dem Kardinal Pucci,⁴) und er durfte auch frei mit dem Gesandten Martinho von Portugal verkehren.

¹) Das. p. 283 Note 3.
²) Das. 275 fg. 277, 279 fg. Herculano konnte sich die plötzlich eingetretene Gleichgültigkeit gegen die Inquisition am portugiesischen Hofe nicht erklären. Auch die Minister waren nicht dafür. Das Faktum kann nur durch die politische Parteistellung erklärt werden.
³) Das. p. 281 fg. Herculano fand im Archive dessen Schreiben vom 4. Nov. 1532 und noch andere aus späterer Zeit an den König in Chiffreschrift.
⁴) Der König schreibt noch 1536 an Pucci: e pera verdes a vertude que ha nelle (em Duarte de Paz) vos envio com esta carta as proprias cartas que elle las deu ao arcebispo do Funchal pera me enviar, porque me

Während er mit dem portugiesischen Hofe scheinbar zum Nachteil der Marranen unterhandelte, erlangte er vom Papste Clemens ein zweites außerordentlich wichtiges Breve zu deren Gunsten (vom 7. April 1533),[1]) bei dessen Beratung der portugiesische Gesandte geflissentlich ausgeschlossen worden war. Der Papst erkannte darin die von den Scheinchristen geltend gemachten Gründe für ihre geringe Anhänglichkeit an die Kirche als tatsächlich und berechtigt an. „Da sie mit Gewalt zur Taufe geschleppt worden waren, so können sie nicht als Glieder der Kirche gelten, und sie wegen Ketzerei und Abfall bestrafen, hieße die Prinzipien der Gerechtigkeit und Billigkeit erschüttern." Eine andere Bewandtnis hätte es zwar mit den von den ersten Marranen geborenen Söhnen und Töchtern; sie gehörten der Kirche als freiwillig zugeführte Glieder an. Allein da sie, von den Ihrigen im Judentume erzogen, deren Beispiel stets vor Augen hätten, so wäre es grausam, sie wegen Judaisierens nach den bestehenden kanonischen Gesetzen zu bestrafen; sie sollten mit Milde in dem Schoße der Kirche erhalten werden. Mit diesem Breve hob Clemens VII. die Tätigkeit der portugiesischen Inquisition auf, berief alle Anklagen gegen die Marranen vor sein eigenes Tribunal und erteilte damit allen eine durchgreifende Absolution oder Amnestie für vergangenen Abfall von der Kirche. Die in den Inquisitionskerkern Schmachtenden sollten in Freiheit gesetzt werden, die Verbannten zurückkehren dürfen und die ihrer Güter Beraubten in deren Besitz wieder eingesetzt werden. Freilich sollten die Marranen nach Veröffentlichung dieser Verordnung ihre Vergehungen heimlich vor dem päpstlichen Nuntius oder vor den von ihm dazu erwählten Geistlichen beichten; aber wenn einige derselben auch nach der Beichte und Absolution des Judaisierens angeklagt werden sollten, und sie imstande wären, nachzuweisen, daß sie zu den ersten Zwangstäuflingen gehörten, sollten sie nicht als Rückfällige (Relapsi) behandelt und bestraft werden. Mit der dem damaligen Papsttum eigenen Verlogenheit, von welcher sich auch die besten Päpste nicht frei machen konnten, versicherte Clemens, er habe dieses Breve aus freien Stücken ohne Anregung dazu von seiten der Marranen erlassen, obgleich alle Welt das Gegenteil wußte und die Studi nachrechnete, welche die Kurie dafür erhalten hatte.[2]) Clemens

descubria alguns de sua gente e dos principaes, que da cá se queriam fugir, pera serem presos e se proceder contra ells, e o que n'isso se offerecia fazer e as provisões minhas que pera isso me queria. Herculano daſ. II. p. 55 Note. [1]) Bei Herculano daſ. II. p. 5 fg.

[2]) Memorial bei Herculano daſ. II p. 20 Note: Rex (Johannes) credens, ut dicebatur, Clementem de hujusmodi negotiis non informatum, pecunia tantum motum veniam praedictam concessisse. — Kopie daſ. p. 24: He fama nestes Reynos que por peita grossa de dinheiro que se deo em sua corte, se negoceam estas provisões contra tão santa ... obra. Vergl. auch daſ. S. 65 Note.

erklärte alle, Geistliche wie Weltliche, welche sich der Ausführung dieses Breve widersetzen würden, in den Bann, und schärfte seinem Geschäftsträger Marco della Rovere ein, es sofort in ganz Portugal bekannt zu machen. Nichtsdestoweniger blieb es ein toter Buchstabe. Der portugiesische Hof war entrüstet über die den Marranen durch Bestechung gewährte Begünstigung, beeilte sich keineswegs, sie auszuführen, knüpfte vielmehr neue Unterhandlungen an und erlangte, obwohl Clemens sein Breve noch einmal bestätigte (19. Oktober), einen Aufschub desselben (18. Dezember), bis der König seine Gründe zur Behauptung der Inquisition vorgebracht hätte[1]) — als wenn die Sachlage auch nur im geringsten dunkel gewesen wäre. Der portugiesische Hof begnügte sich aber damit noch nicht, sondern machte alle Anstrengungen, dieses Breve vollständig widerrufen zu lassen. Ein außerordentlicher Botschafter, Henrique de Meneses, wurde zu dem Zwecke nach Rom beordert (Februar 1534), neben dem ständigen Gesandten dafür zu wirken, dem Papste eine Strafpredigt wegen seiner milden Auslegung des Christentums zu halten und ihn auf das Beispiel seiner Vorgänger zu verweisen, welche die gewaltsame Bekehrung der Juden von seiten des westgothischen Königs Sisebut gebilligt und im Sinne des Christentums gefunden hätten. Man muß dem Papste Clemens VII. Gerechtigkeit widerfahren lassen, er hat mit vieler Standhaftigkeit die Sache der Menschlichkeit für die unglücklichen Marranen gegen den blutdürstigen Geist des damaligen Christentums vertreten, wenn ihn auch dabei andere, nicht so reine Beweggründe geleitet haben mögen: sein Haß gegen Karl V., welcher die Behauptung der Inquisition in Portugal betrieb, und die Gier nach den Summen, die er und seine Höflinge dafür einsteckten. Es fiel ihm schwer, die Marranen den Blutmenschen in Portugal ohne Gnade zu überliefern. Obwohl die Frage vielfach durchgesprochen war, ließ Clemens von neuem eine Kommission darüber beraten, die aus zwei neutralen Kardinälen erwählt war, de Cesis und Campeggio. Freilich durfte der Großpönitentiar, Antonio Pucci, Kardinal de Santiquatro, obwohl parteiisch für den portugiesischen Hof, dabei nicht fehlen. Nichtsdestoweniger hat diese Kommission die haarsträubendsten Unmenschlichkeiten der Inquisition gegen die Scheinchristen offiziell beurkundet. Infolge ihres Berichtes erließ Clemens VII. fast auf dem Totenbette (26. Juli 1534) — er fühlte damals schon sein Hinscheiden — ein Breve an den Nuntius am portugiesischen Hofe, die Befreiung und Lossprechung der eingekerkerten Marranen energisch durchzusetzen.[2]) Ob diese, deren Zahl sich auf zwölfhundert belief, dadurch ihre Freiheit erlangt haben? Es scheint, daß

---

[1]) Herculano p. 21 fg.
[2]) Das. p. 21—66.

Clemens' Tod (25. September 1534) seinen guten Willen und ihre Hoffnung vereitelt hat.

Unter seinem Nachfolger **Paul III.** Farnese (1534—1549) spielten die Intrigen in Betreff der Inquisition von neuem, und zwar anfangs zum Nachteil der Marranen.[1]) Dieser Papst gehörte zwar noch der alten Schule der weltlich gesinnten, diplomatischen, nichts weniger als bigotten Kirchenfürsten an. Er war überhaupt ein fein berechnender Kopf und nahm mehr auf irdische, als auf himmlische Gewalten Rücksicht. Die kirchliche Reaktion, die sich während seines Pontifikats durch die Theatiner und Jesuiten vorbereitete und alle Errungenschaften der Bildung und Gesittung inner- und außerhalb Italiens auf lange Zeit vereitelte, war nicht sein Werk; er war ihr auch innerlich abgeneigt, und duldete sie nur oder bediente sich ihrer aus Politik. Den Juden war Paul III. besonders gewogen. Wenn die Schilderung, welche ein beschränkter Bischof (Sadolet von Carpentras) von dessen Judenfreundlichkeit entwarf, auch nur teilweise begründet war, so muß sie bedeutend genug gewesen sein. „Christen sind noch von keinem Papste mit soviel Gnadenbezeugungen, Privilegien und Zugeständnissen beschenkt worden, wie die Juden von Paul III. Mit Ehrenvorrechten und Wohltaten sind sie nicht bloß gefördert, sondern sogar bewaffnet worden".[2]) Paul III. hatte seinen jüdischen Leibarzt an **Jakob Mantin**, der ihm einige seiner Schriften widmete.[3]) Er verbot die Aufführung der Passionsvorstellung im Kolosseum, weil die Menge, von der drastischen Darstellung der angeblich durch die Juden verursachten Leiden Jesu fanatisiert, die Juden auf der Straße mit Steinwürfen zu verfolgen pflegte.[4]) Den Marranen aus Spanien und Portugal, welche bei ihm Schutz vor der Inquisition suchten, gestattete er, sich in Ancona und andern Städten der Romagna niederzulassen und erteilte ihnen ein Privilegium, daß sie nicht wegen Apostasie von der Kirche und wegen Ketzerei verfolgt

---

[1]) S. Imanuel Aboab, Nomologia p. 292.

[2]) Sadolet Epistolae L. XII Nr. 5: ad Cardinalem Alexandrum Farnesium von 1539: Qui potest videre amore religionis in suis provinciis Luteranos persequi, qui in iisdem provinciis tantopere sustinet Judaeos? Immovero anget, condecorat, honestat? Nulli enim unquam ullo a pontifice Christiani gratiis, privilegiis, concessionibus donati sunt quod per hosce annos a Paulo III. pontifice honoribus, praerogativis, beneficiis non aucti solum, sed armati sunt Judaei.

[3]) De Pomis de medico Hebraeo p. 70: . . . Paulus III praesertim qui Jacob Mantini praesentia usus omni fere in tempore fuit. Vergl. darüber die Bibliographen über Mantin.

[4]) Alessandro d'Ancona, studii nelle sacre rappresentazioni, Florenz 1877; Revue d. Et. j. IX, 81 Note 3.

werden dürften.¹) Und dieser Papst sollte die Hand dazu bieten, die Inquisition mit Scheiterhaufen in Portugal einzuführen? Sobald er den päpstlichen Stuhl bestiegen hatte, erachtete es allerdings der König von Portugal und noch mehr sein Bruder, der ein Kardinal und kirchlich gesinnt war, als eine wichtige Angelegenheit, Clemens' Bullen und Breven zugunsten der Marranen aufheben zu lassen, welche die Wirksamkeit der Inquisition hinderten. Aber auch der Sachwalter der Marranen, Duarte de Paz, dem ein Beistand an **Diogo Rodrigues Pinto** beigegeben war, ließ es nicht an Bemühungen fehlen, dem entgegenzuarbeiten. Gold wurde nicht gespart. Duarte de Paz, obwohl scheinbar in verräterischer Korrespondenz mit dem König, bot dem Kardinal Santiquatro, dem Parteigänger Portugals, eine jährliche Pension von 800 Crusados an, wenn er den Marranen seinen Schutz zuwenden wollte. Der Papst, diplomatisch bedächtig wie er war, der sich nicht gern durch ein Wort binden mochte, entschied zuerst (3. November 1534), daß Clemens' Breve nicht veröffentlicht werden sollte.²) Als er aber erfuhr, daß es bereits in Wirksamkeit getreten war, ließ er die Sache von neuem untersuchen und ernannte dazu zwei Kardinäle, **Ghinucci** und **Simoneta**, von denen der erstere die Marranen entschieden begünstigte und eine Schrift zu ihrer Verteidigung veröffentlicht hatte.³) Mag dieser sich den Marranen verkauft haben, wie die Dominikanerpartei behauptete. Aber sein Kollege Simoneta galt als ein unbestechlicher Charakter, und auch er gab sein Gutachten zugunsten der Marranen ab. Infolgedessen ermahnte Paul III. den portugiesischen Hof nachdrücklich, Clemens' VII. Absolutionsbulle Gehorsam zu erweisen. Er bemerkte, wenn auch die von dem Könige den Marranen erteilten Privilegien, wegen ihres Verhaltens nicht zur Untersuchung gezogen zu werden, gegen das kanonische Gesetz verstießen, so müßte ein königliches Wort die Herrscher binden. Er war entschieden gegen die Gefangenhaltung der Marranen in unzugänglichen Kerkern und gegen die Güterkonfiskation. Aber wie alle damaligen katholischen Könige nur

---

¹) Privilegium des Herzogs von Savoyen Revue d. Et. j. V, 223, s. w. u... perche per le lettere Apostoliche .. del Papa Giulio terzo in confirmatione d'altre lettere simili di Papa Paulo terzo, suo predecessore, si vede che loro santità concedono a Portughesi et Spagnuoli che possano venir, star et habitar .... nella città d' Ancona et altre terre suddite alla Chiesa Romana .... con proibitione espressa che contra di lor non si possi do inquisitore ... in esser chiamati ne citati in giudicio per causa de apostasia o sia apocrisia ...

²) Herculano, origem da Inquisição II p. 69 ff.

³) Das. II p. 86: Auditor Camerae (Ghinucci) est suspectissimus in ista causa, tum quia fuit advocatus praedictis conversis, tum quia scripsit pro eis et consilium fecit stampare.

soweit dem päpstlichen Stuhle Gehorsam leisteten, als ihr Interesse im Spiele war, kehrte sich João III. wenig an des Papstes Ermahnung. Riet ihm doch ein Gesandter, um die Inquisition durchzusetzen, sich, gleich England, von der römischen Kirche loszusagen!¹) Ein wahrer Knäuel von Intrigen entspann sich daher in dieser Angelegenheit in Rom und Portugal. Hier einerseits der Hof und anderseits der Führer der Marranen, Thomé Sarrao und Manuel Mendes mit dem päpstlichen Legaten, und dort Duarte de Paz und Pinto — gegen oder mit dem portugiesischen Gesandten und dem Kardinal Santiquatro.

Der Züge und Gegenzüge überdrüssig, erließ Paul III., der ein einmal gefaßtes Vorhaben nicht gern fallen ließ, eine neue entschiedene Bulle (2. Oktober 1535), wodurch er den Marranen Absolution erteilte und sie vor allen kirchlichen und weltlichen Strafen wegen Apostasie und Ketzerei in Schutz nahm, insofern sie sich in Zukunft nicht dergleichen würden zu schulden kommen lassen. So war denn abermals die Inquisition in Portugal, welche, zum Schein wenigstens, der päpstlichen Autorisation bedurfte, damit aufgehoben. Der Nuntius della Rovere ging ebenfalls mit Entschiedenheit in Portugal vor, ließ die Bulle bekannt machen und brachte es dahin, daß selbst der den Marranen feindlich gesinnte Infant Don Alfonso die Kerker öffnete und diejenigen in Freiheit setzte, welche man von Rom aus am dringendsten empfohlen hatte — im ganzen 1800 Marranen (Dezember 1535).²)

Der portugiesische Hof, anfangs wie von einem plötzlichen Schlage betäubt, setzte später alle Hebel in Bewegung, abermals die unumschränkte Gewalt über die Marranen und ihr Vermögen zu erlangen. Er scheute sich nicht einmal Meuchelmord anzuwenden, um nur zum Ziele zu gelangen. Der Prokurator Duarte de Paz schien dem portugiesischen Hof das einzige Hindernis für die Einführung der Inquisition zu sein. Er hatte in der Tat das so günstige Ergebnis durchgesetzt, und nicht nur die Kardinäle und die Umgebung des Papstes, sondern auch einen der beiden portugiesischen Gesandten, Don Martinho, Erzbischof von Funchal, und sogar den spanischen Gesandten, Grafen de Cifuentes, Karls V. Minister, gewonnen.³) Eines Tages wurde Duarte de Paz von Meuchelmördern auf der Straße überfallen und vierzehn Wunden wurden ihm beigebracht; er blieb scheintot liegen (Januar 1536).⁴) Alle Welt war in Rom überzeugt, daß die Mörder vom portugiesischen Hof gedungen waren. Schon

---

¹) Bei Herculano p. 97.
²) Das. p. 141 fg. Die Zahl der damals Befreiten gibt Imanuel Aboab Nomologia p. 293 an.
³) Herculano das. p. 87.   ⁴) Das. 151 f.

Schicksal der Juden während des Krieges in Tunis.

vorher hatte der Gesandte Don Martinho an den König João geschrieben, er möge Veranstaltungen treffen, diesen Ränkeschmied aus der Welt zu schaffen.¹) Don João lehnte aber die Mitschuld oder Urheberschaft des versuchten Meuchelmordes mit einer Wendung ab, welche die bodenlose Unsittlichkeit der damaligen Regenten grell beleuchtet. „Wenn der Anfall von ihm befohlen worden wäre, so hätte er das Opfer unfehlbar getroffen". Der Papst war über diese Untat sehr entrüstet und ließ dem Prokurator alle ärztliche Pflege angedeihen; er wurde auch wiederhergestellt. Nichtsdestoweniger mußte der Papst dem portugiesischen Hof in Betreff der Inquisition willfahren. Der Hof schlug nämlich endlich den rechten Weg ein, sein Ziel zu erreichen; er wandte sich dringend an den siegreichen Karl V., die Sache zu betreiben. Der Kaiser hatte damals nämlich einen schweren Kampf bei Tunis gegen den Mohammedaner Barbarossa geführt, welcher, unterstützt von der Türkei, die ganze Christenheit beunruhigt hatte. Nach vieler Anstrengung wurde Tunis von dem zahlreichen christlichen Heere, welches Karl selbst angeführt hatte, genommen und Barbarossa besiegt. Den Juden von Tunis, die sich wieder daselbst angesammelt hatten, erging es dabei, wie sich denken läßt, am schlimmsten; sie wurden von beiden kriegführenden Parteien mißhandelt. Ein Leidensgenosse, Abraham von Tunis, der in Gefangenschaft geraten war, schrieb darüber: „Einen Teil von uns verschlang die Erde, einen Teil vernichtete das Schwert, ein Teil starb vor Hunger und Durst." Die Überlebenden wurden als Gefangene nach Europa geschleppt, wobei sich die Gemeinden von Neapel und Genua brüderlich erwiesen und diejenigen mit schwerem Gelde auslösten, die in ihre Nähe geführt worden waren.²) Der Kaiser Karl zog darauf als Triumphator durch Italien. Hatte doch durch ihn endlich einmal das Kreuz einen Sieg über den Halbmond errungen! Karl V. war, wie schon erwähnt, kein Freund der Juden. Er schrieb ihnen strenge das Tragen der Judenabzeichen vor — einen gelben Ring am Rocke oder ganz offen an Kappen — und verbot den Wucher bei Androhung ihrer Ausweisung,³) bestätigte aber auch, wiederholt von Joselin angefleht, ihre dürftigen Privilegien, daß sie nicht totgeschlagen und beraubt, nicht zur Taufe gezwungen werden dürften, auch Freizügigkeit haben sollten. Wer sich an ihnen vergriffe, solle 15 Mark Silbers zur Hälfte an den Fiskus und zur Hälfte an die Juden als Strafgelder zahlen. Seine Dekrete waren zwar so wenig wirksam, daß er in

---

¹) Bei Herculano p. 152 N.
²) Joseph Kohen, Emek ha-Bacha p. 101. Der bescheidene Historiker verschwieg seinen Anteil an der Sammlung zur Auslösung der Gefangenen. Vergl. Revue d. Et. XVI, 37.
³) O. S. Reichstagsabschiede von 1530, 1548, 1551.

kurzer Zeit mehrere aufeinander folgen lassen mußte.¹) Aber auch der gute Wille wäre anerkennenswert gewesen. Allein Karl war es mehr um seine Einnahmen von den Juden zu tun, deren er verlustig gegangen wäre, wenn sie vertilgt worden wären, als um Gerechtigkeit. Sodann waren die deutschen Juden unschädlich, ihre Existenz störte seine Pläne nicht; darum ließ er sie seine anerzogene Judenfeindlichkeit nicht allzusehr empfinden. Dagegen haßte er, als Enkel Fernandos und Isabellas von Spanien, die Marranen gründlich und gönnte ihnen die Flammen der Inquisition.

Als nun der Kaiser, als Triumphator über Barbarossa durch Italien ziehend, in Rom eingetroffen war (5. bis 18. April 1536), verlangte er von Paul III. als Lohn seiner Siege (es war Sitte, daß ein Triumphator sich die Erfüllung eines innigen Wunsches vom Oberhaupt der Christenheit ausbitten durfte) die Bewilligung der Inquisition für Portugal.²) Noch immer sträubte sich der Papst, darauf einzugehen. Er kam immer wieder darauf zurück, die portugiesischen Marranen seien ursprünglich mit Gewalt zur Taufe geschleppt worden, und darum hafte das Sakrament nicht an ihnen.

Allein zum Unglück für die Marranen waren ihre Mittel erschöpft, die Geldgier des päpstlichen Hofes zu befriedigen. Ihr Sachverwalter Duarte de Paz hatte unerschwingliche Summen für die Vereitlung der Inquisition versprochen und noch dazu einen Teil des ihm zur Verfügung gestellten Geldes zur eigenen Bereicherung veruntreut. So waren die Scheinchristen gezwungen, dem päpstlichen Nuntius della Rovere, welcher auf Zahlung gedrungen hatte, zu erklären, sie seien nicht imstande, die übertriebenen Versprechungen des Duarte de Paz einzulösen. Zudem wurde dieser Handel zwischen dem Nuntius und den Marranen dem Hofe verraten und zwang diese noch mehr zur Vorsicht, weil der Bruder des Königs, Don Alfonso, sie selbst mit einer Judenhetze durch das Gesindel wie dreißig Jahre vorher bedrohte. Auf seiner Reise nach Flandern erhielt zwar der

---

¹) Dekrete vom 18. Mai 1530, an ganz Deutschland und eins für Elsaß, dann wieder eins vom 24. Mai 1541, Urkunden bei Limnaeus, jus publicum imperii Romani, additamenta I, p. 301 f.

²) Herculano a. a. O. II, p. 153 fg. vergl. Note 6. Diese für den Ursprung der Inquisition in Portugal wichtige Nachricht findet sich nur bei E. Aboab Nomologia p. 293: . . se resolvió el Rey Don Juan, que passando aquel tiempo por Roma Carlos V., victorioso de los Turcos por aver ganado a Tunez y a la Goleta, aviendo de triumphar, pidiesse esta gracia al pontifice, de que el Rey de Portugal pudiesse meter la inquisicion en suos Reynos, como era costumbre de aquellos que triumphavan pedir al papa lo que mas les agravada. Weder Herculano, welcher die Verhandlung Karls mit dem Papste berichtet (a. a. O. II, p. 153 fg. 162) noch G. Heine, welcher dieselben Urkunden benutzt hat, wissen von diesem Motive.

Nuntius von den Marranen Diogo Mendes und seiner verwitweten Schwägerin Doña Mendesia (welcher später ein Schutzengel für die Marranen wurde) eine bedeutende Abschlagssumme¹); aber diese befriedigte in Rom nicht, wo man auf viel mehr gerechnet hatte. So erkaltete am päpstlichen Hofe allmählich das Interesse an den Marranen. Als der Kaiser Paul III. immer mehr drängte, die Inquisition für Portugal zu bewilligen, sanktionierte der Papst endlich endgültig die Glaubenstribunale für die portugiesischen Besitzungen (23. Mai 1536). Da der judenfreundliche Papst die Sanktion nur mit schwerem Herzen und unter dem vom Kaiser auf ihn ausgeübten Druck erteilt hatte, so brachte er allerlei Beschränkungen an, daß in den ersten drei Jahren das gewöhnliche, bei weltlichen Gerichten übliche Verfahren eingehalten werden sollte, d. h. öffentliches Gegenüberstellen der Zeugen — wenigstens für die Klasse der nicht als mächtig angesehenen Marranen — und die Konfiskation der Güter der verurteilten Marranen sollte erst nach zehn Jahren erfolgen.²) Mündlich empfahl der Papst noch durch den Protektor Portugals mildes Verfahren gegen die Scheinchristen, ferner, daß nicht der finstere Bischof von Lamego, sondern der milder gesinnte Bischof von Ceuta, Diogo de Silva, zum Generalinquisitor ernannt werden, und endlich, daß der Familie des Duarte de Paz gestattet werden sollte, unangefochten Portugal zu verlassen. Don Joãos Freude über den endlich erfüllten Wunsch seines Herzens war so groß, daß er auch auf diese Bedingungen einging.³) Doch war dieses Zugeständnis nur Schein; in Wirklichkeit sollte dieselbe Strenge gegen die portugiesischen Marranen angewendet werden wie gegen die spanischen. Die Ermahnung, welche die Inquisitoren erließen, daß jedermann verpflichtet sei, judaisierende Handlungen oder Äußerungen der Scheinchristen bei Strafe der Exkommunikation oder einer noch schärferen anzugeben,⁴) unterschied sich in nichts von der, welche der erste kannibalische Großinquisitor von Spanien, Torquemada, erlassen hatte. Im November desselben Jahres begannen die Bluttribunale ihre die Menschheit schändende Tätigkeit, nachdem die dreißig Tage der sogenannten Gnadenfrist vorüber waren. Die Anstrengungen, welche die Marranen unter Mithilfe des Infanten Don Luis⁵) machten, noch einen Zeitraum

---

¹) S. Note 6 Ende.
²) Herculano a. a. O. II. p. 163 fg. Das Datum ist das., wie oben, angegeben, bei G. Heine dagegen falsch, 26. Juli, das war vielmehr der Tag der Publizierung in Portugal.
³) Das. p 169.
⁴) Das. p. 171 fg. Monitorio vom 18. August 1536.
⁵) Das. II p. 177 fg. Die zwei marranischen Vertreter, welche mit Don Luis und dem Könige darüber unterhandelten, hießen Jorge Leão und Nuno Henriques.

von einem Jahre zur Besinnung zu erhalten, führten zu nichts. Die portugiesische Inquisition verfuhr fast noch grausamer als die spanische, einerseits, weil ihre Einführung soviel Mühe gekostet hatte, und die Gemüter dadurch erbittert waren, anderseits, weil die Standhaftigkeit der portugiesischen Marranen größer war als die der spanischen, und endlich, weil das gemeine Volk Partei für die Inquisition und gegen die Neuchristen nahm. Sogar ein eigenes Zeichen legte ihnen João III. auf, um sie von alten Christen zu unterscheiden.

Sie gaben sich indessen noch nicht sobald gefangen, wandten vielmehr noch allen Eifer an, um die Bulle zurücknehmen zu lassen. Die feinsten Intrigen wurden wieder am päpstlichen Hofe gesponnen: Duarte de Paz entwickelte wieder seine diplomatische Schlauheit. Die Marranen erhoben Klagen über die grausame Behandlung von seiten der Bluttribunale, daß die Richter sich nicht an die päpstlichen Instruktionen hielten. Ganz besonders beklagten sie sich, daß ihnen noch immer die Freiheit, auszuwandern und ihre Liegenschaften zu verkaufen, untersagt würde.

In einer Denkschrift an den Papst wagten sie fast eine drohende Sprache zu führen: „Wenn Ihre Heiligkeit die Bitten und Tränen des hebräischen Geschlechtes verachten, oder, was wir nicht hoffen, verweigern dem Übel abzuhelfen, wie es dem Stellvertreter Christi geziemt, so protestieren wir vor Gott, und mit Klagen und Seufzern, die weithin ertönen, werden wir im Angesicht des Universums protestieren, daß, da wir keinen Ort finden, wo uns die christliche Herde aufnahm, verfolgt am Leben, an der Ehre, in den Kindern, welche unser Blut sind, und bis an unsere Seligkeit, wir zwar versuchen werden, uns vom Judentum fern zu halten, bis daß, wenn die Tyrannei nicht aufhören sollte, wir das tun werden, an welches keiner von uns sonst denken würde, d. h. wir werden zur Religion Moses zurückkehren und das Christentum verleugnen, welches man uns gewaltsamerweise zwingt, anzunehmen. Wir rufen feierlich aus, daß wir Opfer sind, bei dem Rechte, welches diese Tatsache uns gibt, ein Recht, von Eurer Heiligkeit anerkannt. Das Vaterland verlassend, werden wir Schutz suchen bei minder grausamen Völkern!"[1]

Der aus Portugal zurückgekehrte Nuntius della Rovere, welcher den Stand der Dinge und die Persönlichkeiten durch langjährige Beobachtungen kannte, wußte den Papst zu überzeugen, daß die Gewährung der Inquisition ein Fehler war, und da Paul III. nur dem augenblicklichen Drucke nachgegeben hatte, so erfolgte bald darauf eine Umstimmung und sogar Reue über den getanen Schritt. Er ging soweit, die von ihm erlassene Bulle von neuem einer Kom-

---

[1] Herculano das. II. 181 fg.

mission zur Prüfung zu unterwerfen, ob sie nicht ungesetzlich bewilligt sei, und in diese Kommission wurde wieder der den Marranen günstige Kardinal **Ghinucci** gewählt und ein gleichgesinnter Kardinal **Jacobaccio**. Diese zwei wußten den dritten, den ehrlichen, aber beschränkten Kardinal Simoneta, so sehr gegen die Inquisition einzunehmen, daß er den Papst bat, das von ihm selbst angerichtete Übel — er hatte die Bewilligungsbulle ausgearbeitet — durch Widerruf wieder gut zu machen. Ein neuer Nuntius wurde nach Portugal geschickt, **Geronimo Ricenati Capodiferro**, der gewissermaßen Vollmacht hatte, alle Handlungen der Inquisition gegen die Marranen zu vereiteln, diese zu schützen und namentlich ihre Auswanderung aus Portugal zu erleichtern. In der Instruktion, die der Papst ihm übergab, herrschte ein Ton der Erbitterung gegen den König, die fanatische Partei und die Inquisitoren.[1]) Dem Nuntius schickte der Papst ein Breve nach (vom August 1537), wodurch er jedermann ermächtigte und gewissermaßen ermunterte, den angeklagten Marranen Schutz und Beistand zu leihen — gerade das, was in Portugal als Mitschuld und Teilnahme an der Ketzerei galt.[2]) Capodiferro machte den weitesten Gebrauch von seinen Befugnissen; er warf sich zum Retter der Unglücklichen auf — allerdings für Geld — sprach diejenigen frei, welche das Tribunal verurteilt hatte, und beförderte ihre Flucht außer Landes.[3]) So liefen lauter Klagen an den päpstlichen Hof ein, Klagen des Königs über den Skandal und die Beförderung von seiten des Nuntius. Es mag in der Tat dem König wunderlich vorgekommen sein. Er hatte endlich eine Bulle, ein Tribunal, einen Großinquisitor mit Kollegen und den ganzen Apparat der Menschenschlächterei zur Ehre Gottes, und doch hatte er wiederum so gut wie nichts. Denn Capodiferro machte deren ganze Tätigkeit unwirksam und eitel, und der Generalinquisitor de Silva, eben wegen seiner Milde gewählt, brachte mit Rücksicht auf den Nuntius nicht viel Brandopfer.

Ein Zufall mischte indessen das Spiel wieder zugunsten des Königs und der Partei der Fanatiker. Man las eines Tages (Februar 1539) in Lissabon einen an der Tür der Kathedrale und anderer Kirchen angehefteten Zettel des Inhalts, der Messias sei noch nicht gekommen, Jesus sei nicht der Messias gewesen, das Christentum sei eine Lüge. Ganz Portugal war natürlich über eine solche Lästerung entrüstet, und eine strenge Untersuchung wurde angestellt, um den Täter zu ermitteln. Der König setzte einen Preis von 10 000 Crusados (Dukaten) auf dessen Entdeckung aus. Aber auch Capodiferro setzte dafür 5000 Crusados aus, weil er mit vielen andern der Meinung war, es sei ein von den Feinden der Marranen geführter Schlag, um den König

---

[1]) Herculano II p. 185—191.   [2]) Das. p. 195 fg.   [3]) Das. p. 201 fg.

noch mehr zu fanatisieren, und den Nuntius in Verlegenheit zu bringen. Um jeden Verdacht abzuwenden, ließen die Neuchristen an denselben Plätzen anschlagen: „Ich, der Verfasser, bin weder Spanier, noch Portugiese, sondern ein Engländer, und wenn ihr den Preis auf 20000 erhöht, werdet ihr meinen Namen doch nicht erfahren." Dennoch wurde der Urheber in der Person eines Marranen Emanuel de Costa entdeckt.[1]) Er wurde vor die Inquisition geladen, gestand alles ein, wurde dann vom Zivilgericht auf die Folter gespannt, um Mitschuldige anzugeben und zuletzt — nachdem ihm beide Hände abgehauen worden waren — auf dem Scheiterhaufen verbrannt. Die Marranen sahen schlimme Zeiten voraus und viele derselben entflohen.[2]) In der Tat ergriff nun der König die Gelegenheit, die Inquisition strenger und blutiger auftreten zu lassen und dem Nuntius sein Spiel zu verderben. Der bisherige Großinquisitor Diogo de Silva, der sich auch bei diesem Vorfalle lässig benommen hatte, wurde beseitigt und dafür der siebenundzwanzigjährige Bruder des Königs, Don Henrique, ernannt (Juni 1539), ein entschieden fanatischer Feind der Marranen. Der Hof fürchtete natürlich den Zorn der päpstlichen Kurie, weil damit den ausdrücklichen Bestimmungen des Papstes zuwidergehandelt wurde, und sandte daher einen festen, rücksichtslosen Gesandten, Pedro Mascarenhas, nach Rom, der die schwache Seite der Kardinäle und päpstlichen Nepoten kannte und die Marranen an Bestechungen überbot.[3]) Die wütendsten Fanatiker wurden sofort zu Inquisitoren ernannt — zum größten Ärger des Nuntius und des Papstes. João Soares, den der Papst selbst beurteilte: „Er ist ein Mönch von wenig Wissen, aber von großer Kühnheit und äußerstem Ehrgeize. Seine Gesinnungen sind die allerschlechtesten, und er ist ein öffentlicher Feind des apostolischen Stuhles, dessen er sich noch rühmt,"[4]) dieser wurde zum unumschränkten Herrn über das Leben der Scheinchristen gemacht und mit ihm zugleich ein anderer, Doktor Mello, ein Erzfeind der Judenchristen.

Der portugiesische Hof hatte endlich Mut gefaßt, kräftig vorzugehen, anstatt bloß zu protestieren und zu verschleppen. Mit jedem Tage verschlimmerte sich der Stand der Angelegenheiten für die Marranen. Der Papst blieb zwar in der Verhandlung mit dem portugiesischen Gesandten in drei Punkten unbeugsam fest, daß der Infant Don Henrique nicht Großinquisitor bleiben dürfe, daß den der Ketzerei angeklagten Marranen die Namen der Zeugen, d. h. der Ankläger, genannt werden müßten, und daß endlich ihnen nach dem Urteilsspruche die Berufung an die Instanz der päpstlichen Kurie gestattet

---

[1]) S. Note 6.   [2]) Herculano das. II, p. 207 Note.
[3]) Herculano das. II, p. 211 fg.   [4]) Das. p. 220.

Grausige Schilderung der Inquisition.

werden solle.¹) Paul III. ließ sogar eine neue Bulle ausarbeiten (12. Oktober 1539) — eine Ergänzung zu der drei Jahre vorher erlassenen — die durchweg günstig für die Neuchristen lautete und die Inquisition vollständig gelähmt hätte.²) Allein sie blieb ebenfalls toter Buchstabe. Der Bote, welcher ihre schnelle Besorgung in die Hände der Scheinchristen nach Portugal befördern sollte — versteht sich, auch ein Marrane — verzögerte seine Reise so sehr, daß der Nuntius bereits Lissabon oder gar Portugal verlassen hatte. Es ruht sogar der Verdacht auf ihm, daß er geflissentlich zeitiger als nötig war, seinen Posten verließ, um nicht in die Lage zu kommen, diese Ergänzungsbulle (vom Oktober 1539) verkünden und ausführen zu müssen Denn auch Capodiferro war, wie sein Vorgänger della Rovere, zuletzt mit den Marranen in Spannung und Mißstimmung geraten, weil sie seine übertriebenen Geldforderungen nicht befriedigen konnten oder mochten,³) obwohl beide 30 000 Dukaten Juden- oder Marranengelder aus Portugal mitgebracht hatten.⁴) Möglich, daß er vom Papste selbst die Weisung erhalten hatte, diese günstige Bulle nicht offiziell werden zu lassen; sie war vielleicht nur darauf berechnet, die Marranen zu täuschen. Denn trotz aller Zerwürfnisse mit dem portugiesischen Hofe wollte der kluge Paul III. — so gut er es auch innerlich und aus Interesse mit den Marranen meinte — es nicht aufs äußerste treiben und mit dem König brechen und schonte daher dessen Empfindlichkeit.

So blieb denn der erbittertste Feind der Marranen, Don Henrique, tatsächlich, wenn auch nicht vom Papste anerkannt, Großinquisitor von Portugal, und damit hatte die Zeit der Milde für die Marranen ein Ende. Mehr als früher wurden seit der Zeit Scheiterhaufen für die hartnäckigen Ketzer angezündet, und es fielen seitdem mehr Schlachtopfer zu zehn bis vierzig jährlich, ohne daß ihrer Berufung an den Papst Folge gegeben wurde.⁵) Die Kerker füllten sich mit angeklagten und verdächtigen Marranen.⁶)

Grausig ist die Schilderung des zeitgenössischen Dichters Samuel Usque von den Martern der portugiesischen Inquisition, die er selbst als Jüngling erlebt hat. „Ihr Eintreffen störte den Juden die Ruhe ihres Geistes, erfüllte ihre Seele mit Schmerz und Trauer, zog sie aus der Behaglichkeit ihres Hauses und brachte sie in dunkle Kerker, wo sie unter Pein und Seufzern lebten. Da wirft sie (die Inquisition) die Schlinge um sie und schleift sie zum Feuer; da verhängt sie, daß sie ihre Söhne töten, ihre Gatten verbrennen, ihre

---

¹) Herculano p. 252. ²) Das. p. 254 fg.
³) Das. p. 269 fg.   ⁴) Das. p. 322.
⁵) Informazioni Note 6. Herculano das. p. 303 Note.
⁶) Herculano das. p. 325.

Brüder des Lebens beraubt sehen müssen, ihre Kinder zu Waisen gemacht, ihre Witwen vermehrt, die Reichen verarmt, die Mächtigen heruntergebracht, Edelgeborene in Straßenräuber verwandelt, zurückgezogene und keusche Frauen schandbare und schimpfliche Stätten bevölkern aus Armut und Verlassenheit, die sie über sie bringt. Sie hat eine große Zahl verbrannt, nicht einzelne, sondern je dreißig und dreißig, je fünfzig und fünfzig zusammen. Und nicht genug, dieselben verbrannt und vertilgt zu haben, bringt sie das christliche Volk dahin, daß es sich dessen rühmt und sich freut, meine Glieder (die Söhne Jakobs) auf dem Scheiterhaufen verbrennen zu sehen, den es mit auf dem Rücken weit herbeigeschleppten Holzstücken anschürt und anzündet. Die widerwillig Getauften schleichen umher voll von Furcht vor diesem wilden Tiere (der Inquisition), daß sie auf den Straßen ihre Augen überall hinwenden, ob es sie nicht ergreift. Mit unsicherem Herzen gehen sie umher, zitternd wie ein Blatt vom Baume und bleiben entsetzt stehen, aus Furcht, sich von ihm gefesselt zu sehen. Jeder Stoß dieses Tieres beunruhigt sie, und sie empfinden ihn, als wenn er ihr Innerstes träfe; denn in diesem Unglücke sind sie alle zum Leiden ein einziger Körper. Mit Angst bringen sie den Bissen in den Mund an ihrem Tische, und die Stunde, welche für alle Wesen Ruhe bringt, beunruhigt und erschreckt sie noch mehr. Die Freuden und Feste der Hochzeiten und Geburten verwandeln sich ihnen in Trauer und Seelenunruhe. Endlich läßt sie jeder Augenblick tausend tödliche Übel kosten. Denn es genügt nicht, sich durch äußere Zeichen als Christen zu erkennen zu geben. — Das Feuer zehrt an ihrem Leibe. Unzählig sind die Arten ihrer Marter.[1])

[1]) Samuel Usque Consolação III. Nr. 30. Das Jahr für Anfang der Inquisition ist dabei angegeben: 5291 = 1531, aber nicht ganz genau. Wenn Hefele, der Biograph des Kardinals Ximenes, diese von einem Zeitgenossen, wahrscheinlich von einem Opfer der Inquisition ausgegangene Schilderung der Ungeheuerlichkeiten der Inquisition gekannt hätte, oder vielmehr wenn er nicht von der Tendenz besessen gewesen wäre, diese Schandflecken an der Kirche reinzuwaschen und sie in die Farbe der Unschuld zu verwandeln, so hätte er nicht schreiben können, daß die Grausamkeiten dieses Ketzertribunals nur in historischen Romanen oder romantischen Historien existierten. Hefele beschuldigt Llorente der Übertreibung; aber die jüdischen Blutzeugen des XVI. und XVII. Jahrhunderts, die als halbe Leichen der Inquisition entgangen waren, schildern die raffinierte Unmenschlichkeit derselben noch viel eindringlicher. Der neueste Geschichtsschreiber der portugiesischen Inquisition, A. Herculano, hat die haarsträubende Grausamkeit derselben ebenso wie Llorente aus laut redenden Archiven kennen gelernt. Er schreibt in der Einl. zu seinem höchst interessanten Werke Origem da Inquisição em Portugal: „Wir könnten eine Geschichte der Inquisition schreiben, dieses Dramas der Greueltaten, welches sich über zwei Jahrhunderte hinzieht. Die Archive des schrecklichen Tribunals sind hier fast unberührt. Nahe an 40000 Prozesse sind noch geblieben, um Zeugnis von fürchterlichen Szenen, von beispiellosen Abscheulichkeiten,

Ist diese Schilderung übertrieben? Hat vielleicht die Phantasie des Dichters geringe Leiden allzu empfindlich zu Märtyrerschmerzen vergrößert? Ein Kardinalskollegium, welches das Verfahren der portugiesischen Inquisition gegen die Marranen offiziell zu untersuchen hatte, bestätigte diese Schilderung Wort für Wort urkundlich. „Wenn ein Scheinchrist angeklagt wird — manchmal durch falsche Zeugnisse — so schleppen ihn die Inquisitoren in ein finsteres Loch, wo ihm nicht gestattet wird, Himmel und Erde zu sehen und am wenigsten mit den Seinigen zu sprechen, daß sie ihm beistehen könnten. Sie beschuldigen ihn auf dunkle Zeugnisse hin und geben ihm weder Ort noch Zeit an, in denen er das, wessen er angeklagt wird, begangen haben solle. Später geben sie ihm einen Sachwalter, der öfter, anstatt ihn zu verteidigen, ihn zum Gang zum Richtplatz verhilft. Gesteht ein Unglücklicher ein, wahrhaft gläubiger Christ zu sein, und leugnet fest die ihm zur Last gelegten Vergehungen, so verdammen sie ihn zu den Flammen und konfiszieren seine Güter. Wenn er beichtet, diese oder jene Handlung getan zu haben, aber ohne Absicht, so behandeln sie ihn auf dieselbe Weise unter dem Vorwande, daß er hartnäckig seine bösen Absichten verleugne. Trifft es sich, daß er offen das Angeschuldigte eingesteht, so bringen sie ihn in die äußerste Dürftigkeit und verdammen ihn zu ewiger Kerkernacht. Und das nennen sie gegen den Schuldigen mit Barmherzigkeit und christlicher Milde verfahren! Selbst der, dem es gelingt, seine Unschuld sonnenklar zu beweisen, wird zu einer Geldstrafe verurteilt, damit man nicht sage, sie hätten ihn ohne Grund verhaftet. Die in Gewahrsam gehaltenen Angeklagten werden durch allerlei Marterwerkzeuge gepeinigt, die ihnen aufgebürdeten Anschuldigungen zu gestehen. Viele von ihnen sterben im Kerker, und die in Freiheit Gesetzten bleiben, sie und die Ihrigen, mit der Brandmarkung ewiger Schande entehrt."[1])

Je grausiger und blutiger die Inquisition verfuhr, desto mehr klammerten sich die portugiesischen Scheinchristen an den letzten Hoffnungsanker, der ihnen noch geblieben war, an den Papst und ihre anderen Gönner, um, wenn auch nicht das Bluttribunal ganz zu be-

von langen Todeskämpfen abzulegen." Enthält das Lissaboner Archiv auch lauter historische Romane über die Inquisition? Viele Züge haarsträubender Grausamkeit der portugiesischen Inquisition haben die Marranen in einem Promemoria für die Kurie zusammengestellt. Memoriae porrectum a noviter conversis regni Portugalliae continens narrativam rerum gestarum circa eos a regibus et inquisitorr. illius regni spatio 48 annorum, mit 44 appendices. Aus diesem Memoriale, das Herculano in der Bibliothek zu Ajuda in den Symmicta Lusitana entdeckt hat, hat er die Geschichte der Inquisition und das Martyrologium der Marranen dargestellt. Dieses Werk müßte gedruckt werden, um die katholischen Schönfärber zu beschämen.

[1]) Herculano das. II. S. 40 fg.

seitigen, doch seine fluchwürdige Tätigkeit einigermaßen zu hemmen. Sie hatten einen neuen Vertreter und Sachwalter gefunden, der ehrlicher und nachdrücklicher für sie tätig zu sein verhieß. Duarte de Paz konnten sie nicht länger als solchen gelten lassen; er hatte sich zu eigennützig und habgierig erwiesen und sie am Ende durch seine übertriebenen Versprechungen und allzu kecke Schlauheit mehr in Verlegenheit gebracht als gefördert. Leidenschaftlich wie dieser Mann war, schleuderte er aus Rachegefühl wegen seiner Entsetzung blutige Anklagen gegen die Marranen bei dem portugiesischen Hof und dem Papst, heuchelte sogar Gläubigkeit und Zerknirschung, um seinen verräterischen Enthüllungen mehr Gewicht zu geben. Aber seine Ausbrüche schadeten ihm hier wie dort. Verdrießlich über das Mißlingen seiner Rache bekannte er sich, um den König von Portugal zu kränken, zuletzt offen zum Judentum und soll gar Türke geworden sein.[1]) Sein Nachfolger Diogo Antonio hatte sich auch nicht bewährt, und so wählten die portugiesischen Marranen (1540) als dritten Sachwalter Diogo Fernandes Neto, der auch glücklicher operierte. Gelder wurden ihm natürlich zur Verfügung gestellt, und sie gingen durch die Hand des Marranen Diogo Mendes und seiner edlen Schwägerin Doña Gracia Mendesia in Flandern.[2]) Neto hatte einen kräftigen Beistand gewonnen an dem Kardinal Parisio, der schon früher eine Schutzschrift für die Marranen veröffentlicht hatte, „daß sie durch Zwang zum Christentum geführt, nicht als Glieder der Kirche betrachtet und behandelt werden dürften."[3]) Die Überhebung des Infanten Henrique hatte ihnen noch zwei Bundesgenossen zugeführt, welche viel beim Papste Paul III. galten und voller Haß gegen den portugiesischen Hof waren. Miguel de Silva, Bischof von Viseu, aus einer altadeligen Familie, wurde vom portugiesischen Hof wegen des Kardinalshutes, den er erhalten sollte und erhalten hatte, aus Neid so sehr verfolgt, daß er nach Rom entfliehen mußte, dort auch keine Sicherheit fand und aus Erbitterung ein eifriger Parteigänger der Marranen wurde. Dasselbe tat ein beliebter Arzt Ayres Vas, welcher von der Inquisition wegen Astrologie verfolgt, nur mit Not nach Rom entkommen war und dort der Liebling des Papstes wurde,[4]) welcher gleich mehreren Kardinälen an die Trefflichkeit dieser Afterwissenschaft glaubte.[5]) Beide arbeiteten gegen den Hof. Es handelte sich für die

---

[1]) Herculano p. 263—68. S. oben S. 245, Anm. 1.
[2]) Das. p. 321 und Note 6.
[3]) Das. Immanuel Aboab, Nomologia p. 262 zitiert Parisios Schrift in Gemeinschaft mit Alsatio: consilia pro Christianis noviter conversis.
[4]) Herculano das. II. p. 340. Ayres Vas war schwerlich Marrane, s. das. p. 221. Note 2.
[5]) Das. p. 221.

Marranen zunächst darum, daß wieder ein apostolischer Nuntius nach Portugal gesandt werde, welcher wie Capodiferro dort den päpstlichen Stuhl vertreten, der Grausamkeit der Inquisition Halt gebieten und die Auswanderung der Marranen begünstigen sollte. Der portugiesische Hof verweigerte aber standhaft, einen solchen anzunehmen, weil es nur Brauch war, in außerordentlichen Fällen einen Nuntius auf kurze Zeit an den Hof zu senden, aber nicht einen ständigen Gesandten. Der König klagte, der Nuntius würde sämtliche geistliche Befugnisse an sich reißen und den geistlichen und weltlichen Ämtern des Landes alle Macht und alles Ansehen rauben. Außerdem hatten die beiden letzten Nuntien geradezu die Marranen begünstigt. Um so mehr bestanden die Neuchristen auf Absendung eines Vertreters des apostolischen Stuhles. Sie boten dem Papste dafür 8000 bis 10 000 Dukaten und verpflichteten sich, dem Nuntius monatlich 250 Dukaten zu seiner Repräsentation zu geben.¹) Diese Unsummen, welche der Papst, einige Kardinäle und ihre Kreaturen erhielten, gingen durch die Hand des Diogo Mendes und seiner Schwägerin in Flandern, welche wie Schutzengel für ihre Leidensgenossen sorgten.²) Nach langen vergeblichen leidenschaftlichen Verhandlungen, wobei der portugiesische Gesandte **Christovam de Sousa** dem Papste die gröbsten Schmähungen wegen Käuflichkeit der Kurie ins Gesicht schleuderte, wurde ein Nuntius nach Portugal abgeordnet in der Person des Bischofs **Luis Lippomano**. Aber João III. gab Befehl, ihn nicht sein Land betreten zu lassen. Er mußte daher einige Zeit an der portugiesischen Grenze gewissermaßen umherirren, bis es beinahe zum Bruch zwischen dem Hofe von Lissabon und dem Papste gekommen wäre.³)

Der Kampf zwischen dem portugiesischen Hofe und dem apostolischen Stuhle entbrannte nämlich von neuem oder eigentlich noch heftiger, da der prinzliche Großinquisitor nicht nur fanatisch, sondern auch halsstarrig war, während ihm noch immer die päpstliche Bestätigung fehlte. Es war ein Kampf auf Tod und Leben nicht der Ringer, sondern der Unglücklichen, welche bei aller Selbstüberwindung sich mit dem Christentum nicht befreunden und versöhnen konnten und doch nicht den Mut hatten, Opfer für das Judentum zu bringen, weder von ihrer Überzeugung, noch von ihrem Mammon und ihrer Stellung lassen mochten.

Wie konnten sie Liebe zu einer Religion gewinnen, deren Diener, Welt- und Klostergeistliche, den scheußlichsten Lastern offen fröhnten? Die Klöster waren in Portugal damals Schandhäuser. Nonnen ge-

---

¹) Herculano II, 321. Der Papst gestand selbst zu, daß de Moute auf Kosten der Marranen unterhalten wurde. Das. 327.
²) Das. 321.
³) Das. III, 13, bei Heine in Schmidts Zeitschr. 1848, 167 f.

baren innerhalb der Klostermauern Söhne und Töchter und behielten sie bei sich bis zu ihrer Mannbarkeit. Die Töchter wurden wieder Nonnen und die Söhne Geistliche. Eine Nonne von einer Äbtissin geboren, wurde von dem Nonnenkapitel zur Nachfolgerin in derselben Würde gewählt und hatte einen Liebhaber.[1]) Der König von Portugal kannte diese allgemeine Verworfenheit, konnte sie aber nicht hindern, die Geistlichkeit war mächtiger als er.[2]) Den Marranen blieben solche Schandtaten nicht verborgen, und sie sollten sich zu einer solchen Religion bekennen? Je grausamer die Inquisition gegen sie verfuhr, desto teurer wurde ihnen die Religion ihrer Väter.[3])

Um den Papst oder doch seine Umgebung gegen die Marranen einzunehmen, ließ der Infant und Großinquisitor Henrique ein Sündenregister der Neuchristen zusammenstellen und sandte es nach Rom (10. Februar 1542). Ein Schuhmacher aus Senbal, Lodovico Diaz, habe sich zum Messias aufgeworfen und viele Marranen zu seinem Glauben betört, darunter sogar den Leibarzt des Don Alfonso, des Bruders des Infanten-Großinquisitors. Es sei eine geheime Synagoge entdeckt worden mit Marranen, die zum Gebet versammelt gewesen. Die Synagoge sei freilich zerstört und die Beter dem Scheiterhaufen überliefert worden. Ein Arzt in Lissabon habe sich nicht gescheut, von Haus zu Haus den Marranen das Judentum zu predigen und ihre Knaben zu beschneiden. In Coimbra habe ein Marrane eine eigene Schule unterhalten und seine Schüler hebräisch gelehrt. Die Frechheit derselben sei so weit gegangen, daß sie sogar einen geborenen Christen zum Judentum bekehrt hätten.[4]) Dies sollte zugleich eine Rechtfertigung sein für die zuletzt geschehene massenhafte Verurteilung der Marranen.

Zwei ungünstige Umstände entwaffneten den Papst und die Gönner der Marranen, tatkräftig für sie einzutreten, eine ganz niederträchtige Fälschung und der zunehmende Fanatismus in der Umgebung Pauls III. (1542). Ein Richter legte dem König zwei Bündel Briefe vor, welche angeblich aus Flandern gekommen und an zwei Marranen adressiert waren. Sie waren meistens in Chiffreschrift geschrieben; nur der Name des „Mannes von Viseu" (des die Marranen begünstigenden und vom König mit bitterm Haß verfolgten Miguel de Silva) und der Name des Agenten für die Marranen in Rom, Fernandes Neto, waren deutlich zu lesen. In diesen Briefen sollen die

---

[1]) Herculano III 40 f.   [2]) Das.

[3]) Aus den Prozeßakten der Inquisition entnahm Herculano, daß viele Schlachtopfer der Inquisition tatsächlich judaisiert, d. h. jüdische Riten beobachtet haben, das. p. 83: que muitas das victimas da Inquisição effectivamente judaizado.

[4]) Das. III, 12. Bei Heine a. a. O. 168, s. Note 6.

Beeinflussung des Papstes durch Fälschung.

Marranen in Rom und Flandern in Chiffreschrift ihre geheimen Umtriebe zur Verhinderung der Inquisition niedergelegt haben. Mit diesen Briefen machte der portugiesische Hof großes Wesen, legte die Entzifferung dem Kaiser Karl und dem Papste vor, daß die geheimen Schliche der Marranen und ihrer Gönner nun entdeckt seien. Es war aber eine grobe Fälschung.[1]) Außerdem hatte der Papst sich eine Bulle abzwingen lassen, welche in Rom die Inquisition gegen Protestanten und Ketzer einführte. Unter den Anhängern der Reformation und den Gegnern der katholischen Kirche waren auch Unitarier, welche die Dreieinigkeit als Götzentum betrachteten und verwarfen; sie galten als Judaisierende. Die Inquisition in Rom war auch gegen sie gerichtet. Warum nicht auch gegen Marranen, d. h. judaisierende Apostaten? Ketzer sind Ketzer.[2]) Diese Konsequenz lag zu nahe, als daß die fanatisch-kirchliche Partei in Rom sie nicht hätte ziehen sollen. Die Marranen ließen indes, um ihren Gegnern in Rom und allerwärts die Waffen zu entwinden und die verlogenen Angaben und Berichte des portugiesischen Hofes ein für allemal gründlich zu widerlegen, eine umfangreiche Denkschrift ausarbeiten (1544)[3]), worin sie ihr trübes Geschick von der Zeit der Könige João II. und Manoel, die sie durch Elend aller Art zum Christentum gebracht, bis auf die jüngste Zeit durch Urkunden belegen und auseinandersetzen — ein ewiges Schanddenkmal für den Stand der Kirche in jener Zeit.

Diese Denkschrift schildert mit ergreifenden Worten die Pein, welche die Marranen täglich und stündlich zu erdulden hatten, daß sie ihr ganzes Leben, auch die, welche nicht in Kerkern schmachteten, und im Anblick der für ihr Geschlecht errichteten Scheiterhaufen in Todesangst lebten. Denn die portugiesische Bevölkerung, roher als die spanische, nahm Partei für die Inquisition, empfand Schadenfreude an der Peinigung der Neuchristen und lieferte durch Angeberei Opfer über Opfer. Einige Einzelheiten in der Denkschrift sind denkwürdig.

Sobald die Inquisition — gegen den Willen des päpstlichen Stuhles — ihre fluchwürdige Arbeit begonnen hatte, wurden in Lamego sämtliche Marranen der Stadt, ein jeder kenntlich an einem körperlichen Gebrechen, an dem Pranger in grotesker Gestalt abgebildet und mit der Bezeichnung „Hunde und Verfluchte" gebrandmarkt. Dabei wurde ein Schreiben verbreitet mit dem Inhalt: „Danken wir Gott für die Gnade, daß wir in unseren Tagen Rache sehen werden an diesem hündischen, ketzerischen und ungläubigen Geschlechte. Alle müssen wir einen Lobgesang für diese Wohltat anstimmen. Schonet nur das Holz,

---

[1]) Herculano das. 56 f.
[2]) Die römische Inquisition ließ daraufhin den Agenten der Marranen Fernandes Neto als judaisierenden Ketzer einkerkern, das. 85, 92.
[3]) Vergl. w. unten.

damit es uns nicht für das Opfer fehle."¹) In Porto haben einige Mönche an der Tür der Neuchristen das Geschick eines jeden derselben im voraus bezeichnet.²)

Die Bevölkerung arbeitete solchergestalt der Inquisition in die Hand. Diese wählte meistens ihre Werkzeuge aus der verworfensten Volksklasse. Ein des Mordes beschuldigter Wicht Francisco Gil erhielt den Auftrag, Neuchristen zur Anklage aufzusuchen. Seine Methode, solche zu ermitteln, war einfach. So oft er in eine Stadt kam, veranstaltete er ein Kirchenfest für irgend einen Heiligen. Sämtliche Marranen besuchten um so eifriger die Kirche, um nicht durch Versäumnis Anlaß zur Anschuldigung zu geben. War die Kirche voll von Besuchern, so ließ Gil die Türen schließen und forderte die Altchristen unter Androhung der Exkommunikation auf, sich von den Neuchristen zu trennen und anzugeben, was sie von deren ketzerischen Übungen wüßten. Die solchergestalt ermittelten Marranen führte er in Fesseln in die für sie bestimmten Kerker, mißhandelte und beraubte sie unterwegs.³) Die Verließe, in denen er sie unterbrachte, waren enge Löcher von kaum acht Handbreiten im Umfange, schmutzig, dunkel, vollgepfropft.⁴)

Die von dem Infanten-Großinquisitor ausgewählten Ketzermeister waren durchweg wilde Fanatiker, Menschen von rohen Sitten, welche nicht die Besserung der Sünder, sondern deren Tod wünschten. Der Ketzerrichter Manuel de Almador, den seine Standesgenossen „die Geißel für die Geistlichen" nannten,⁵) bezeichnete im voraus, sobald die Neuchristen ihm zugeführt waren, den Platz, wo der Scheiterhaufen für sie errichtet werden sollte, und bestimmte im voraus mit höllischer Ausführlichkeit, welche von ihnen verbrannt werden sollten.⁶) Als Zeugen wurden meistens Individuen aus der Volkshefe aufgestellt, welche im voraus sich auf die Flammen des Scheiterhaufens freuten, oder Dienstboten der Marranen wurden aufgefordert, gegen ihren Herrn zu zeugen.⁷)

In der Stadt Porto waren neun Zeugen vorausbestimmt, welche stets belastend gegen die Angeklagten aussagen sollten, darunter ein öffentliches Frauenzimmer, welche bis zum unzüchtigen Verkehr mit Sklaven herabgesunken war.⁸) Aber noch empörendere Mittel wendeten die Inquisitoren an, die, aus dem Dominikanerorden gewählt,⁹) gewissermaßen die Niederlage ihrer Ordensgenossen in dem Reuchlinschen Streit (o. S. 164) an den Juden mit christlichem Bekenntnis rächen wollten. Ein Ehepaar, Simon Albares, war mit einem sechs-

---

¹) Herculano das. III 123 f.   ²) Das. 124.
³) Das. 128 f. und 266.   ⁴) Das. 135.
⁵) Das. 134.   ⁶) Das. 137.   ⁷) Das. 267 f.
⁸) Das. 165.   ⁹) Das. 158.

jährigen Töchterchen im Inquisitionskerker in Coimbra. Die Eltern sollten als schuldig befunden und verbrannt werden; es waren aber keine Zeugnisse gegen sie aufzutreiben. Was tat der Ketzerrichter? Er ließ das Töchterchen auf sein Zimmer bringen, stellte es vor ein Gefäß mit Kohlen und bedrohte es, sein Händchen auf den Kohlen zu verbrennen, wenn es nicht aussage, daß es gesehen habe, wie die Eltern ein Kruzifix geohrfeigt hätten. Das Kind sagte das Verlangte aus, und die Eltern wurden verurteilt.[1]) Ein andermal sollte ebenfalls ein Ehepaar verurteilt werden, dem eine christliche Dienerin bei der Verhaftung gefolgt war. Diese wurde gedrängt, Zeugnis gegen ihre Herren auszusagen. Da sie aber nur Günstiges für sie angab, so wurde sie eingesperrt und bald durch Strafe, bald durch Schmeicheleien zum Lügen aufgefordert. Da alles nichts half, so ließ der Inquisitor sie so lange an Kopf und Seiten schlagen, bis das Blut floß. Als die Unglückliche unter Schmerzensgeschrei etwas herausstotterte, ließ er es als nachteiliges Zeugnis gegen ihre Herren unterschreiben.[2]) Dieser Unmensch hieß Bernardo de Santa-Cruz und war Bischof. Wenn dieses Ungeheuer bei guter Laune war, ließ er eingekerkerte marranische Frauen und Jungfrauen zu sich kommen, erlaubte sich ihnen gegenüber schlüpfrige Scherze, und betastete sie in unanständiger Weise.[3])

Selbstverständlich haben die teuflischen Dominikaner-Ketzerrichter die Folter angewendet, um von den Unglücklichen neue Namen von Schuldigen zu erpressen. Von der Tortur befreite weder die Ehrwürdigkeit des Alters von Matronen, noch die Schönheit und Jugend blühender Mädchen. Bei der Folterung weiblicher Angeklagter, deren Körper halb entblößt wurden, fügten die Höllensöhne zur Grausamkeit noch schlüpferige Redewendungen hinzu, welche die Opfer erröten machten.[4])

Der Bischof Balthasar Limpo von Porto war frei von solchen Unflätigkeiten. Er galt als ein streng sittlicher Kirchendiener, und seine rücksichtslose Grobheit wurde als Gradheit angesehen. Auf den Konzilien, deren Mitglied er war, brandmarkte er die Unzüchtigkeit des römischen Hofes und der Geistlichkeit mit unfeinen Worten. Aber die Marranen, die in seine Hände fielen, hatten noch mehr von ihm wegen seiner Reizbarkeit und seines Jähzornes zu dulden. Er hatte einen Streit mit den Marranen in Porto anläßlich der Bebauung eines Platzes, wo eine Synagoge gestanden hatte, mit einer Kirche. Dieser Streit reizte seine Gallsucht so sehr, daß er aus Rachsucht keinen

---

[1]) Herculano, 145.   [2]) Das.   [3]) Das. 149.
[4]) Das. 184: ponunt illas (uxores et virgines) ad torturam septem vel octo quolibet die, et unus dicit: „oh quae facies Judaeae", alius, „et qui oculi", alter vero: qualia pectora et manus!"

der ihm als verdächtig zugeführten Neuchristen verschonte. Trotz seiner Sittenstrenge war er nicht wählerisch in der Verwendung seiner Helfer. Der Ankläger in seinem Inquisitionsgericht war ein sittenloser Geselle und nur wegen seiner Herz- und Rücksichtslosigkeit von ihm gewählt. Der Schließer seines Inquisitionskerkers war ein Verworfener, welcher während der Haft eine marranische Frau und deren Tochter zugleich verführte.[1])

Die haarsträubendsten Unmenschlichkeiten beging die Inquisition in der Hauptstadt Lissabon, wo zahlreiche Marranen wohnten. Hier fehlte es an Platz, die Menge der zur Untersuchungshaft Eingezogenen einzukerkern. Hier galt es aber vorzubeugen, daß nicht ein Sonnenstrahl zu den Eingekerkerten dringe und nicht ein Laut von ihnen nach außen hörbar werde, damit die Grausamkeit nicht zu den Ohren des in der Hauptstadt residierenden Hofes gelangen könne. Der Großinquisitor von Lissabon, João de Mello, war an Grausamkeit und Haß gegen die Marranen Lucero in Spanien (v. S. 207) gleich. Erbarmen kannte sein Steinherz nicht. Das erste Scheiterhaufenschauspiel in Lissabon schilderte dieser Unmensch selbst dem König mit einer Gemütsruhe und einer Behaglichkeit, die nur durch die von allen Seiten genährte Glaubenswut auf der pyrenäischen Halbinsel begreiflich wird. De Mello schrieb dem König: „Etwa hundert Verurteilte bildeten den prächtigen Zug. Der Laienrichter führte sie in Begleitung der Kleriser von zwei Kirchspielen. An dem Richtplatz angekommen, sang man die Hymne: veni creator spiritus. Ein Mönch bestieg die Kanzel, die Predigt war kurz, weil die Tagesarbeit viel Zeit erforderte. Die Verurteilungen wurden verlesen, zuerst derjenigen zur Verbannung und zeitlicher Haft, dann derjenigen zu ewigem Kerker und endlich derer, die zum Tode verurteilt waren. Es waren zwanzig. Sieben Frauen und zwölf Männer wurden an den Pfahl gebunden und lebendig verbrannt. Nur eine Frau wurde wegen überzeugend reumütigen Bekenntnisses begnadigt."

Der entmenschte Ketzerrichter de Mello machte die Bemerkung, daß der Himmel an dem Tage der Menschenbrandopfer voller Glanz gegen die stürmischen Tage vorher war, als wenn der Himmel zu dem Bluttribunal gnädig gelächelt hätte. Er fügte noch hinzu, daß noch eine Menge solcher Sünder in den Kerkern läge, welche nächstens zu einem neuen Scheiterhaufen geschleppt werden sollten. Der König war seiner Diener wert, er hatte seine Freude an dem Tod der Sünder.[2])

Ein Umstand machte auf den gefühllosen Mello einen tiefen Eindruck. Die Schlachtopfer stießen beim Anblick der Flammen nicht

---

[1]) Herculano, 161—171.
[2]) Das. 158 f.

einen Laut aus und vergossen keine Träne, sondern nahmen Abschied
voneinander, Eltern von ihren Kindern, Frauen von ihren Männern,
Bruder vom Bruder, als wenn sie gewärtig wären, einander bald
wiederzusehen. Die Väter erteilten den Kindern in der letzten Stunde
den Segen, und die Eheleute gaben einander den Abschiedskuß.[1]

João de Mello pflegte auch von Zeit zu Zeit mit seinen Schergen
und Familiaren die Schiffe zu überfallen, welche auslaufen sollten.
Und wehe den Marranen, welche betroffen wurden, die Flucht
ergreifen zu wollen. Sie wurden sofort verhaftet und in die dunkeln
Kerker gebracht, wenn auch nicht die mindeste Schuld an ihnen haftete.[2]

Der Papst übersandte diese die Untaten der Inquisition brand-
markende Denkschrift seinem Nuntius in Lissabon, um sie dem König
und dem Infanten General-Inquisitor vorzulegen. Sie sollte wenigstens
dazu beitragen, eine Milderung in der Bestrafung eintreten zu lassen.
Aber weder der eine noch der andere haben sie des Lesens gewürdigt,
sondern sie wurde den Inquisitoren vorgelegt, ihre Meinung darüber
zu äußern. Diese leugneten entweder die von ihnen begangenen Ungeheuerlichkeiten oder sie beschönigten sie unter dem Vorwande, daß
die Reinheit des christlichen Glaubens nur dadurch erhalten werden
könnte.[3] So war auch dieses Mittel fehlgeschlagen.

Die gegenseitigen Anklagen des Papstes gegen die Unmenschlichkeit der Inquisitoren und des Hofes gegen die Begünstigung der
Marranen von seiten der Kurie führten nicht zum Ziele. Der Nuntius
Lipomano in Lissabon unterstützte nämlich die Neuchristen nicht tatkräftig genug, ließ sie vielmehr anklagen, einsperren, verurteilen,
verbrennen und ihre Güter konfiszieren.

Zum wiederholten Male versuchte der päpstliche Stuhl der Unmenschlichkeit der Inquisition durch Sendung eines andern Nuntius
Einhalt zu tun, um sie erst dann zu bestätigen, wenn der Papst sich
von dem Stande der Dinge an Ort und Stelle volle Überzeugung
durch denselben verschafft haben werde. Indessen vermochte auch dieser
nicht viel durchzusetzen. Anfangs verweigerte ihm der portugiesische
Hof den Eintritt ins Land, und als er endlich nach mehreren Unterhandlungen eingelassen wurde, (September 1545), fand er den König
außerordentlich starrsinnig und zu keinem Zugeständnis geneigt. Dem

---

[1] Herculano, 190: de nenha cousa estou taõ espantado como dar nosso
senhor tanta paciencia en fraqueza humana, que vissem os filhos levar
seus pais a queimar, et as molheras seus maridos, e huns irmaõs aos
outros, et que naõ ouvesse persoa que fallasse, nem chorasse, nem fizesse
nenhum otro movimento, senaõ despedirem se huns dos otros com suas
bençoões, como que se partissem pera tornar ao outro dia.

[2] Das. 197.

[3] Das. 235.

Papste wie den Marranen lag zuletzt, als sie einsahen, daß die einmal
ins Leben gerufene Inquisition ihre fluchwürdige Tätigkeit nicht ein-
stellte, viel daran, zwei Zugeständnisse wenigstens zu erzielen, daß
den Neuchristen das Auswandern aus Portugal unverwehrt bleiben
und daß den bereits Angeklagten und Eingesperrten eine allgemeine
Absolution (Perdão) erteilt werden sollte, wenn sie ihr judaisierendes
Bekenntnis eingestehen und versprechen wollten, für die Zukunft gute
Christen bleiben zu wollen. Aber gerade in diesen Punkten wollten
der König und die Dominikaner nicht nachgeben.

Paul III. war gelähmt. So sehr er auch einen Schauder vor den
Grausamkeiten der portugiesischen Inquisition empfand und so sehr er
auch die bedeutenden Summen brauchte, welche die Marranen
ihm spendeten, um seine Politik in Italien und seinen Krieg gegen die
Protestanten durchsetzen zu können, so durfte er doch nicht allzu schroff
gegen den Hof von Lissabon auftreten. Er lag selbst in den Banden der
katholischen Fanatiker. L o y o l a und C a r a f f a waren die Herren
in Rom, der Papst nur ihr Diener. Zudem sollte das tridentinische
Konzil zustande kommen, um die Glaubensnorm festzustellen, wodurch
die Protestanten gedemütigt und zur Ohnmacht gebracht werden
sollten. Dazu brauchte Paul III. fanatisch eifrige Mitglieder, um den
Lauen die Stange zu halten. Solche Konzilsmitglieder konnte nur
Spanien und Portugal stellen. In Portugal fanden die Jesuiten
die freundlichste Aufnahme. So war denn der Papst gezwungen,
milde gegen den portugiesischen Hof aufzutreten und sich aufs Bitten
zu verlegen, wo er hätte befehlen sollen.

Anderseits konnte auch der König seinen Willen nicht durchsetzen. So lange der Papst die Inquisition nicht als vollberechtigt anerkannt hatte, konnte er sie ganz und gar aufheben und die Anklagen
wegen Judaisierens vor den apostolischen Stuhl berufen. João III.
wußte auch, daß einige Kardinäle ihren Unwillen über die Untaten
des Glaubensgerichtes laut ausgesprochen hatten. „Was wollen die
Inquisitoren? Wollen sie Menschenfleisch?"[1] sprachen sie offen.
Auch fürchtete er, daß der Papst die Inquisitionsfrage dem Konzil vorlegen und daß dieses ein Verdammungsurteil darüber sprechen würde.
Darum entschloß er sich zu einem Schritte, den er seinem Hochmut abringen mußte. Er berief vier angesehene Marranen[2] und trug ihnen
auf, eine Denkschrift auszuarbeiten, um ihre Meinung über die Mittel
anzugeben, wie die Beruhigung der Gemüter herbeigeführt werden
könne. Diese vier Personen sprachen mit Freimut, so lange nicht
eine allgemeine Absolution erteilt und so lange anonyme Zeugnisse
und Aussagen von niedrigem Gesindel und unter der Tortur oder sonst-

---

[1] Herculano III 263. [2] Das. 265 f.

wie durch Zwang erpreßt, gegen Angeklagte nicht für ungültig erklärt und die Grausamkeit der Inquisition eingeschränkt werden würde, könne keine Beruhigung eintreten, und die Flucht der Marranen außer Landes würde fortdauern. Sie bemerkten auch, daß die Neuchristen in Spanien glimpflicher behandelt würden. Dort dürften sie nicht beschimpft und verhöhnt werden. Das war aber zu viel von diesem durch Glaubenswut verdummten König verlangt, der lieber sein Land in Verarmung und Entvölkerung verfallen ließ, als daß er Milde hätte walten lassen.

Er sandte einen seiner würdigen Vertreter zum Konzil, den Bischof **Balthasar Limpo**, jenen jähzornigen und ungehobelten Marranenmörder (o. S. 267), welcher sich herausnehmen durfte, gegen den Papst eine Sprache zu führen, die ihm hätte klar machen können, daß er nicht mehr Herr im eigenen Hause war. Dieser verlangte ungestüm von Paul III., daß er endlich die Inquisition gegen die rückfälligen Neuchristen im vollen Umfange gut heißen solle, und tadelte dessen Parteinahme für sie. Er bemerkt ganz richtig: „Als Christen und unter christlichem Namen verlassen sie heimlich Portugal und nehmen ihre Kinder mit, welche von ihnen selbst zur Taufe geführt worden waren; kommen sie nach Italien, geben sie sich für Juden aus, leben nach jüdischen Satzungen und lassen ihre Kinder beschneiden. Das geschieht vor den Augen des Papstes und des Konzils, in den Mauern Roms und Bolognas, das geschieht, weil seine Heiligkeit den Ketzern ein Privilegium gegeben hat, daß niemand sie selbst in Ancona des Glaubens wegen beunruhigen darf. Unter solchen Umständen ist es unmöglich, daß der König ihnen freien Abzug aus dem Lande gestatten kann. Verlangt das Se. Heiligkeit etwa, damit die Auswanderer sich als Juden in seinen Staaten niederlassen und die Kurie dergestalt Vorteile von ihnen ziehen kann? Statt die Errichtung der Inquisition in Portugal zu verhindern, wäre es längst die Pflicht Sr. Heiligkeit gewesen, sie in dem eigenen Gebiete einzuführen.[1]". Auf eine solche Standrede hätte der Papst nur antworten können, wenn er ein reines Gewissen gehabt, und das Christentum tatsächlich als Religion der Milde und Menschlichkeit gepredigt hätte. Da er aber den wahnbetörten Fanatismus brauchte, um den Protestantismus hartnäckig zu bekämpfen, und beim Ausbruch des schmalkaldischen Krieges die mörderische Kreuzesbulle erließ, worin den Katholiken im Namen des Statthalters Christi zugerufen wurde: „Schlaget die Protestanten tot!" so mußte er einem Limpo gegenüber verstummen. Er war in den eigenen Schlingen gefangen. Eins noch wollte Paul III. retten, die freie Auswanderung der Marranen aus Portugal; unter dieser Bedingung wollte

---

[1] Herculano das. 313 f.

er dem portugiesischen Hofe in allem nachgeben. Die Neuchristen, welche das Land verlassen wollten, sollten nur eine Bürgschaft stellen, daß sie nicht in das Gebiet der Ungläubigen nach Afrika oder der Türkei auswandern würden. Auch darauf gab der Bischof Limpo eine schlagende Entgegnung. „Ist etwa ein Unterschied, ob diese Ketzer sich unter die Herrschaft der Ungläubigen oder nach Italien begeben? Sie lassen sich in Ancona, Ferrara oder Venedig beschneiden und gehen von da nach der Türkei. Sie besitzen ja päpstliche Privilegien, so daß niemand sie fragen darf, ob sie vielleicht Juden sind! Erkennungszeichen tragen sie nicht, und so können sie frank und frei gehen, wohin sie wollen, ihre Zeremonien beobachten, die Synagogen besuchen. O, wie viele von denen besuchen diese nicht jetzt schon, die in Portugal in ihrer Jugend getauft, zum Tode verurteilt oder in effigie verbrannt sind! Räumt man ihnen die freie Auswanderung ein, so brauchen sie nur den Fuß in das Land der Ungläubigen zu setzen und können sich offen zum Judentum bekennen. Nie wird der König einen solchen Zustand dulden, kein Theologe, was sage ich, kein einfacher Christ kann ihm dazu raten. Statt daß Se. Heiligkeit sich bemüht, die geheimen Juden in Sicherheit zu bringen, möge er lieber die Inquisitionstribunale in seinen Staaten vermehren und nicht bloß die lutherischen Ketzer, sondern ebenso gut die jüdischen bestrafen, welche in Italien Schutz und Zuflucht suchen."[1]

Paul III. war noch durch einen andern Umstand zur Nachgiebigkeit gezwungen. Durch den Sieg Karls V. über die Protestanten im Schmalkaldischen Krieg (April 1547), wollte dieser sich zum Herrn über das Papsttum machen und eine Kirchenordnung eingeführt wissen, welche auch den Protestanten zusagen sollte. Die spanischen Mitglieder auf der Kirchenversammlung von Trient hatten von ihrem König die Weisung, seinen Plan durchzusetzen. Das war aber eine Kriegserklärung gegen den Papst. Demzufolge verlegte er das Konzil nach Bologna. Dadurch mußte er mit dem Kaiser brechen, und um nicht ganz vereinzelt diesem Mächtigen gegenüber zu stehen, war er genötigt, Portugal, sowie die katholischen Mittelstaaten für sich zu gewinnen. Um daher Portugal zu versöhnen, sandte er dahin einen besonderen Kommissarius mit Bullen und Breven versehen. Die den Marranen günstigen Kardinäle und darunter des Papstes Enkel, Farnese und Santafiore waren durch Jahrgehälter von dem Hofe gewonnen worden,[2] und billigten ihrerseits des Papstes Beschlüsse. Immerhin waren diese unter den obwaltenden Umständen in der versengenden Glut des Fanatismus, der damals als Reaktion gegen die bisherige Lauheit in der Kirche um sich zu greifen begann, noch milde genug.

---

[1] Herculano 316 f.
[2] Das. III. 228, 291.

Vor allem aber sollten die der Ketzerei und des sogenannten Rückfalles angeklagten Neuchristen in Portugal für den Augenblick nicht verurteilt werden, im Gegenteil Verzeihung erhalten und erst in Zukunft verantwortlich gemacht werden. Auch dann sollten die ersten zehn Jahre die Güter der Rückfälligen nicht angetastet werden, sondern ihren Erben verbleiben. Auch sollten innerhalb eines Jahres die verurteilten Marranen nicht dem weltlichen Arm, d. h. dem Feuertode übergeben werden.[1]) In der Beschränkung der Auswanderung der Marranen hatte Paul III. doch nachgegeben. Es war das wichtigste Interesse für den König.

Infolge der den Neuchristen vom Papste erteilten allgemeinen Absolution wurden die Kerker der Inquisition in Lissabon, Evora und anderen Städten geöffnet und achtzehnhundert in Freiheit gesetzt (Juli 1547)[2]). Bald darauf wurden sämtliche Marranen zusammenberufen und mußten ihr Judaisieren abschwören, aber nicht, wie es der Papst bedungen hatte, in aller Stille, nur vor einem Notar, sondern das Neuebekenntnis wurde auf einem weiten Platze vor einer Kirche im Beisein einer großen Volksversammlung abgenommen.[3]) Erst von diesem Augenblick an wurden sie als volle Christen angesehen und sollten bei etwaiger Übertretung als Ketzer bestraft werden dürfen. Der Papst hatte aber in einem Breve dem König ans Herz gelegt, daß die Tribunale auch gegen solche in Zukunft mit Milde verfahren sollten, da sie doch nur aus Gewohnheit jüdische Gebräuche beobachteten. So hatte dieser Papst bis zu seinem Lebensende die Marranen in Schutz genommen. Nichtsdestoweniger fielen sie dem tragischen Geschick zum Opfer. Es war ein himmelschreiendes Unrecht, von ihnen ein aufrichtiges katholisches Bekenntnis zu verlangen und sie beim Ertappen bei judaisierenden Gebräuchen zu verurteilen, sie, die mit ihrem ganzen Wesen dagegen protestierten. Von der andern Seite konnte aber auch der Staat nicht zugeben, daß eine ganze Klasse der Bevölkerung, die äußerlich zur Kirche gehörte, die Freiheit erhalten sollte, sie gewissermaßen zu verhöhnen. Die Gerechtigkeit hätte allerdings gefordert, daß den Marranen die Wahl gelassen werden sollte, auszuwandern oder sich aufrichtig zur Kirche zu bekennen. Allein das konnte der Hof nicht zugeben, ohne den Staat zu ruinieren. Denn die Marranen jüdischer Abkunft bildeten den nützlichsten Teil der städtischen Bevölkerung. Ihre Kapitalien und ihr ausgebreiteter Großhandel vermehrten die Staatseinnahmen, machten überhaupt Geld flüssig und verwerteten die aus den indischen und afrikanischen Kolonien einlaufenden Rohprodukte;

---

[1]) Herculano III. 323.
[2]) Immanuel Aboab Nomologia p 293: Y no queriendo aun abdicer el Rey, hizo el Nuncio (Monte Peliciano) fixar el perdon en las puertas de las iglesias Cathedrales, y el mismo hizo abrir las carceres de donde salieron mil y ochocientos presos.   [3]) Herculano das. 324, 336.

ohne sie würde der Reichtum des Landes totes Kapital geblieben oder ganz wertlos gewesen sein. Die Marranen waren auch fast die einzigen Handwerker und beförderten die Industrie.[1]) So konnte sie der Staat nicht missen, und darum gedachte der König sie durch den Schrecken der Inquisition zu guten Christen zu machen, um den von ihnen erwachsenden Nutzen dauernd und sicher zu behalten. Aber es war vergebliche Mühe. Alljährlich fielen Opfer auf dem Scheiterhaufen, ohne daß die Überlebenden dadurch gläubiger geworden wären. So konnte sich der portugiesische Hof der Inquisition nicht so erfreuen wie der spanische. Denn in Portugal wurden die Neuchristen trotz ihres Bekenntnisses immer noch nicht als echte Christen angesehen, auf welche die Strafe der Ketzerei von der Inquisition kanonisch-gesetzlich anwendbar wäre. Nach Pauls III. Tod (November 1549) wurde Julius III. noch angegangen, den Marranen Absolution zu erteilen. Selbst die folgenden Päpste, welche die reaktionäre und verfolgungssüchtige Strömung begünstigten und förderten, haben die Inquisition für die portugiesischen Neuchristen mehr als vollendete Tatsache denn als gesetzliche Institution bestehen lassen. Darum hat noch ein halbes Jahrhundert später ein Papst (Clemens VIII.) die Justizmörderei der Inquisition gemißbilligt und abermals eine allgemeine Amnestie für die verurteilten Marranen erlassen.[2])

Die spanischen Marranen, auch diejenigen, welche durch ihren kirchlichen Eifer den Argwohn der Inquisition zu entwaffnen wußten, waren ebenso wenig frei von Anfechtungen, besonders diejenigen, welche vermöge ihrer ererbten Anlagen, durch Fleiß, Ausdauer, Lernbegier, Verstand und Strebsamkeit höhere weltliche und geistliche Bildung erlangt hatten. Gerade die vorsichtigsten unter ihnen strebten nach höheren Kirchenwürden oder traten in einen Mönchsorden, um durch die Kutte oder die Stola geschützt zu sein. Aber gerade deswegen wurden sie von ihren altchristlichen Mitbewerbern beneidet und gehaßt. An der Hauptkathedrale in Toledo waren die meisten Erzpriester und Kanoniker Geistliche von jüdischer Abkunft und bezogen

[1]) Don João selbst erklärt dem Papste: em cuja conservação (dos Christãos-novos) no reino o estado altamente interessava por exercerem, a bem dizer exclusivamente a industria fabril e o commercio, bei Herculano a. a. O. II, p. 30. Das. p. 275: os Christãos-novos constituiam uma grande parte de nação, e parte mais util que todo o resto do povo. Por ellos, pelos seus cabedaes, o commercio, a industria e as rendas publicas cresciam de dia para dia. das. III 95: Perdia diariamente subditos activos industriosos, opulentos.

[2]) Clemens VIII. erließ eine nova absolutio et venia generalis für die Marranen wegen ungerechter Behandlung von Seiten der Inquisition am 23. Aug. 1604, welche 16. Januar 1605 publiziert wurde, Bullarium ed. Cocquelines T. V. pars III, constit. Nr. 342.

reiche Präbenden. Darob war der Erzbischof von Toledo, **Juan Martinez Siliceo** (Guijarro) ergrimmt, zumal diese ihn durch boshafte Äußerungen und beleidigende Pasquille gereizt hatten. Vergebens hatte er Gesuche an den Papst Paulus III. gerichtet, Marranen zur Bekleidung von Kirchenämtern für unwürdig zu erklären. Er hatte zu diesem Zweck eine feindselige Schrift über die „Probe der Reinheit" von jüdischem Blut veröffentlicht, d. h. daß nur Altchristen zu Kirchenwürden zugelassen werden sollten, worin er die Neuchristen samt und sonders als Feinde Christi darstellte, weswegen eben die Inquisition mit Recht jahraus jahrein solche zum Scheiterhaufen verurteile. Um die Altchristen von den aus jüdischer Abstammung unterscheiden zu können oder vielmehr diese zu brandmarken, gab er ein genealogisches Gedenkbuch heraus, welches ein Geheimschreiber der Inquisition verfaßt hatte (bezeichnet als das **grüne Buch von Aragonien**.)[1] In diesem Buche waren mehr als hundert Familien namhaft gemacht, die von Juden abstammten, welche bei dem blutigen Gemetzel von 1391 oder bei der Massentaufe von 1412 bis 1414 zum Christentum bekehrt worden waren und sich mit Alt- und Neuchristen vermischt und verschwägert hatten. Dieser Geheimschreiber hatte auch nicht den Zweck seiner Ausarbeitung der genealogischen Verzweigung der Marranen verschwiegen, sondern es geradeheraus gesagt, damit die Altchristen sich hüteten, mit den Marranen zu verkehren, „denn es ist ein frevelhaftes, falsches, ungläubiges und verderbtes Geschlecht. Es ist von einem Weinstock, der immer wächst und trägt, und je mehr man ihn ausgehöhlt, benetzt und beschnitten hat, desto bitterer schmeckt seine Frucht". Unter den gebrandmarkten marranischen Familien sind auch aufgezählt die **Santa Maria**, die Verwandten des Salomo von Burgos,[2] die **Santa Fé**, Nachkommen des Josua Lorqui,[3] und die **de la Caballeria**,[4] welche in Wort und Schrift einen tödlichen Haß gegen ihre Stammgenossen gezeigt hatten.

Der Erzbischof Siliceo hatte also einen Anhaltspunkt, die Unreinen vor den Reinen zu kennzeichnen und zu ächten. Da aber alle seine Mühen, den Marranen den Zutritt zu Kirchenwürden zu verschließen, ohne Erfolg waren, beging er eine niederträchtige Falschmünzerei, welche augenscheinlich machen sollte, wie sämtliche Marranen nicht bloß falsche Christen, sondern nur darauf bedacht wären, die Kirche zu schänden und das Christentum zu verderben. Siliceo verfaßte selbst oder ließ einen Briefwechsel verfassen zwischen einem angesehenen Juden in Spanien und einem Rabbiner in Konstantinopel. Der erstere hätte sich zur Zeit, als den Juden in Spanien die Wahl zwischen Auswanderung und Taufe gestellt war, mit einer Klage und Anfrage an den letzteren

---

[1] S. Band VIII₃ S. 150 N.
[2] Das. VIII₃ S. 79 f.   [3] Das. S. 113.   [4] Das. S. 150.

gewendet, was in dieser Not zu tun sei. „Der König von Spanien will uns zum Christentum bekehren, uns Leben und Vermögen nehmen, die Synagogen zerstören und noch andere Qual erdulden lassen." Die Antwort aus Konstantinopel hätte darauf im Namen aller angesehenen Rabbinen gelautet: „Der König will euch zum Christentum bekehren, tut es, da ihr nichts dagegen tun könnt, aber bleibt im Herzen dem Judentum treu. Er nimmt euch euer Vermögen! Lasset eure Söhne Kaufleute werden, um die Christen um ihr Vermögen (durch Schlauheit) zu bringen. Lasset eure Söhne Ärzte und Apotheker werden, um den Christen das Leben zu nehmen. Lasset eure Söhne Geistliche, Kanoniker und Theologen werden, damit sie Religion und Kirche zerstören. Macht eure Söhne zu Advokaten und Notaren, damit sie sich an den Christen rächen können. Befolgt ja unsern Rat, ihr werdet aus Erfahrung sehen, daß ihr euch dadurch aus der Niedrigkeit zur hohen Stellung erheben werdet." Bei diesem gefälschten Briefwechsel beging Siliceo noch ein Bubenstück. Er nannte den Namen des angesehenen Juden, welcher angeblich die Anfrage nach Konstantinopel gerichtet hat, **Chamorro**. Es lag eine für seine Zeit erkennbare Niedertracht darin. **Mose Chamorro** hatte mit seiner Frau die Taufe genommen und den Familiennamen **Clemente** angenommen. Ihr Sohn **Felipe Clemente** war vom König Fernando zum Protonotar des königlichen Kabinetts ernannt worden. Sein Sohn **Miguel Velasquez Clemente** hatte dieselbe Stellung eingenommen. Durch den gefälschten Briefwechsel sollte erwiesen werden, daß der Großvater dieser am Hofe geachteten Familie, welcher in Konstantinopel um Rat gefragt, nur widerwillig sich bekehrt habe und daß seine Nachkommen auf Verderben der Christenheit sännen. Diesen Briefwechsel wollte Siliceo in einem Archiv von Toledo gefunden haben. Er beeilte sich, ihn dem Papste Paul III. vorzulegen, um diesen endlich zu überzeugen, wie gefährlich die Neuchristen der Kirche seien, und besonders, daß sie von Kirchenämtern ferngehalten werden müßten. Der Papst, entweder durch den Briefwechsel getäuscht, oder um das quälerische Gesuch des Erzbischofs los zu werden, verordnete kurz vor seinem Tode durch ein Breve, daß an der Kathedrale von Toledo kein Marrane mit irgend einem Amt belehnt werden solle.[1] Seitdem mußte, wer sich um eine Stelle an einer Kapelle dieser Kirche bewarb, eine ebenso strenge Ahnenprobe ablegen, daß er von altchristlicher Abkunft sei, wie für die Mitgliedschaft bei der Inquisition. So wurden die Marranen auch in Spanien gedemütigt und stets an ihren Ursprung gemahnt. Und da sollten sie kirchlichtreue Christen werden?

[1] Vergl. über diesen gefälschten Briefwechsel und seinen Hintergrund Revue des Etudes juives T. XIX. S. 106 fg.

Neuntes Kapitel.

Einheitsbestrebung der Juden im Morgenlande und ihre Leiden im Abendlande.

Bedürfnis nach synhedrialer Einheit; messianischer Anflug dabei. Jakob Berab und die Wiederherstellung der Ordination. Levi ben Chabibs Gegnerschaft und seine Winkelzüge. Gegenseitige Erbitterung und Anklagen. Joseph Karo, seine Jugend, seine talmudische Gelehrsamkeit, seine Verbindung mit Salomo Molcho und seine Visionen. Seine Schwärmerei für das baldige Eintreten der Messiaszeit und die dazu führende Ordination. Sein Eifer für die Vollendung eines neuen Religionskodex. Hinneigung mancher Christen zum Judentum im Reformationszeitalter. Halbjuden, Judenzer, Michael Servet gegen die Dreieinigkeit, Antitrinitarier, Judenhaß bei Katholiken und Protestanten. Ausweisung der Juden aus Neapel. Samuel Abrabanel und Benvenida Abrabanela. Ausweisung der Juden aus Prag und Zurückberufung. Beschuldigung gegen sie in Bayern. Das Judenbüchlein. Dr. Eck und seine judenfeindliche Schrift. Luthers giftige Ausfälle gegen die Juden im Alter. Verfolgungen in Genua. Die drei jüdischen Geschichtswerke. Joseph Kohen, die Ibn-Verga und die drei Usque. Die Druckerei des Abraham Usque, die Ferrarisch-spanische Bibel. Salomon Usques Dichtungen, Samuel Usques „Tröstungen".

(1538 bis 1553.)

Jeder neu aufsteigende Qualm von Scheiterhaufen in Spanien und Portugal trieb einzelne oder ganze Gruppen Marranen weit nach Osten, nach der Türkei, außerhalb der Gewalt des Kreuzes; denn auch in Italien fühlten sie sich nicht mehr sicher, seitdem auch die besseren Päpste gegen ihre bessere Überzeugung sich die Inquisition hatten abringen lassen. Die Türkei bildete daher immer mehr eine jüdische Welt im kleinen, in die sich selbst die despotische Regierung der Sultane keine Eingriffe erlaubte, so sehr auch die einzelnen der Willkür ausgesetzt waren. Hier wie in Palästina, wo sie sich durch Massenhaftigkeit und Wohlstand gehoben fühlten,[1]) durften sie Träumen nachhängen, eine

---

[1]) Jsaak ben Emanuel de Lates Respp. ed. Wien. p. 64 vom Jahre 1543:
הלא בא השכועה מארץ הצבי כי פקד ה׳ את עמו ואת ארצו ושם הולכים בני ישראל מגדולה
לגדולה בעושי וכבוד ברוב הס־חורות.

gewisse Selbständigkeit zu gründen, eine religiös-nationale Einheit zu erstreben und messianische Schwärmerei zu verwirklichen. Salomo Molchos, des Märtyrers von Mantua, Auftreten ging nämlich nicht ganz spurlos vorüber, hinterließ vielmehr einen Nachhall. In Safet, der größten Gemeinde Palästinas, wo er längere Zeit geweilt, Verbindung angeknüpft und Hoffnungen erweckt hatte, rechnete man nach seinem Tode noch immer auf Erfüllung seiner messianischen Verkündigungen. Der Ablauf der runden Zahl 5300 seit Erschaffung der Welt (1540) schien ein geeignetes messianisches Jahr zu sein. Aber die Messiaszeit, so dachte man damals, könne nicht urplötzlich eintreten; es müßten vielmehr dazu von seiten der Israeliten Vorbereitungen getroffen werden. Maimuni, die gewichtigste Autorität, hatte gelehrt, daß der messianischen Zeit die Einsetzung eines allgemein anerkannten jüdischen G e r i c h t s - h o f e s, eines S y n h e d r i n, vorangehen werde oder müsse. Allgemein wurde daher das Bedürfnis gefühlt, autorisierte und ordinierte Richter, Synhedristen, wie sie zur Zeit des Tempelbestandes und des Talmuds in Palästina vorhanden und anerkannt waren, zu besitzen und überhaupt die so lange vermißte Ordination solcher Synhedristen (Semichâ) wiederum einzuführen. Von seiten des türkischen Staates war kein Hindernis vorauszusehen. Die Rabbinen hatten hier ohnehin eine eigene bürgerliche und selbst peinliche Gerichtsbarkeit. Nur waren die von den Gemeinden angestellten Rabbinen, die zugleich Richter waren, ohne innere, berechtigte, in der talmudischen Lehre begründete Machtbefugnis. Sie fanden Gehorsam, aber auch Widerspruch. Ihr Ansehen beruhte auf Herkommen und nicht auf dem Boden des talmudischen Judentums. Eine Einheit der Gesetzgebung und Gesetzauslegung war nicht möglich, solange jeder Rabbiner in seiner Gemeinde selbständig war und keine höhere Autorität anzuerkennen brauchte. Es war daher ein Zeitbedürfnis, eine Art religiösen Hohen Rates zu schaffen.[1]) Und wo anders als in Palästina? Nur die heiligen Erinnerungen dieses Landes vermochten einem Kollegium von Rabbinen Würde und Autorität eines Synhedrin zu verleihen. Nur von Zion durfte die Lehre, welche allgemeine Anerkennung finden sollte, ausgehen und das Wort Gottes nur von Jerusalem.

Viele hatten von der Vortrefflichkeit und Notwendigkeit gesprochen, die Ordination von Richterrabbinen mit einer höheren Autorität wieder einzuführen, aber nur einer hatte die Tatkraft, Ernst damit

---

[1]) Selbst der Hauptgegner der Wiederherstellung der Semicha (Ordination), L e v i b. C h a b i b, hat ihre Notwendigkeit anerkannt. Abhandlung ויכוח הסמיכה in dessen Respp. (der einzigen Quelle darüber) p. 320 c. unten: ר"י ומה שהעיד בירנ, שכל החכמים שראה היו מתאוים לעשותה (הסמיכה), גם אני כאחד מהם הייתי מתאוה לכך בראשונה. וגם שמעתי שחכם אחד מחכמי ספרדי זקן ונשוא פנים שנפטר בכאן היה גם כן מתאוה להמצא בעתה.

Versuch die Ordination wiederherzustellen.

zu machen. Das war der scharfsinnige, aber querköpfige und darum auch kühne Jakob Berab (o. S. 12). Nach vielen Wanderungen und Ortswechsel von Ägypten nach Jerusalem und von da nach Damaskus hatte sich Berab im Alter in Safet angesiedelt (um 1534). Er war vermögend[1]) und genoß also durch Reichtum und Geist ganz besondere Auszeichnung. Er faßte den Plan, der messianischen Gefühlsszerflossenheit einen festen Punkt zu geben. Berab hatte wohl dabei einen löblichen Zweck im Auge, aber auch ein wenig Ehrgeiz spielte in den Plan hinein, als erste Autorität, ja gewissermaßen als Synhedrialpräsident in Palästina zu gelten,[2]) dadurch auch selbstverständlich im ganzen Morgenlande und warum nicht gar in der Gesamtjudenheit, anerkannt zu werden. Aber der erste Schritt war schwer. Nur Ordinierte können gesetzlich weiter ordinieren, und solche gab es schon lange nicht mehr. Glücklicherweise bot ein anderer Ausspruch Maimunis einen Anhaltepunkt dafür, nämlich, wenn die Weisen in Palästina übereinstimmten, einen aus ihrer Mitte zu ordinieren, so hätten sie das Recht dazu, und derselbe könnte zugleich die Ordination auf andere übertragen. Nun zählte damals keine palästinensische Gemeinde neben Safet, welches durch zahlreiche Einwanderer zu mehr denn 1000 jüdischen Familien angewachsen war. Safet oder vielmehr die Talmudkundigen dieser Stadt hatten es demnach in Händen, insofern sie nur einig darüber wären, die Synhedrialwürde wiederherzustellen, selbst im Widerspruche mit Kollegen anderer Gemeinden, weil die Safetenser eben die Mehrzahl bildeten. Die fungierenden und nicht fungierenden Rabbinen Safets, Männer ohne Klang und Namen, hatten eine zu große Hochachtung vor Berabs Geist, talmudischer Gelehrsamkeit und Reichtum, als daß sie Widerspruch dagegen erheben oder ihm Hindernisse in den Weg hätten legen sollen. Er brauchte bloß zu winken, und sofort traten fünfundzwanzig Männer zusammen, um ihm die Würde eines ordinierten Richterrabbiners zu erteilen. Damit war die Ordination wiederhergestellt (1538) und der erste Kristallpunkt zu einem neuen Synhedrin angesetzt. Es hing nur von Jakob Berab ab, so viele Kollegen, als ihm beliebte, weiter zu ordinieren. In einem Vortrage setzte Berab die Gesetzlichkeit des Schrittes nach talmudischen Prinzipien auseinander und widerlegte alle möglichen Einwürfe dagegen[3].) Daraufhin gaben

---

[1]) Levi b. Chabib. Respp. Nr. 93. Abhandlung a. a. O. p. 391 b: ואם היות שתהלה לאל עושר וכבוד אתו וזקנה וגם חכמה יותר מן הכל לדעתו. Vergl. Respp. Mose Trani I, Nr. 37 Ende, daß Berab 1533 noch nicht in Safet lebte, auch das. Nr. 247.

[2]) Levi b. Chabib imputiert ihm diesen Hintergedanken, Abhandlung p. 283 b: ועשו מעשה (בצפת) על פי למנות ראש ישיבה בפרסום ובהסתר ובהמשך הזמן . . גם נשיא.

[3]) Das. p. 299 b.

auch andere palästinensische Talmudkundige in den übrigen Gemeinden nacheinander ihre Zustimmung zu dieser Neuerung zu erkennen.¹) Dadurch glaubten Berab und seine Anhänger die erste Vorbereitung zur Ankunft der messianischen Zeit getroffen zu haben.²) In der Tat hätte die erneute Ordination wenn auch nicht die messianische Zeit herbeiführen, so doch einen Kern zur Einheit des Judentums bilden können. Ein wiederhergestelltes Synhedrin im heiligen Lande hätte einen mächtigen Klang auch in Europa gehabt, einen besonderen Reiz ausgeübt und noch mehr Einwanderer angezogen. Die Quälereien der Juden in Italien und Deutschland, der Vernichtungskrieg gegen die Marranen in Spanien und Portugal, die Sucht nach dem Exzentrischen und Außerordentlichen in dieser Zeit, die mächtig angeregte messianische Sehnsucht, alles das wäre Anregung genug gewesen, gebildete und reiche Juden aus dem Abendlande nach dem Morgenlande zu locken. Mit Hilfe der mitgebrachten Kapitalien und auf Grund der synhedrialen Autorität hätte sich ein jüdisches Gemeinwesen mit staatlichem Charakter organisieren können. Berab wäre die geeignete, rechte Persönlichkeit gewesen, einen so großen Plan mit Beharrlichkeit, ja mit Eigensinn ins Werk zu setzen.

Es stellten sich aber alsogleich Schwierigkeiten ein. Es war vorauszusehen, daß die Gemeinde von Jerusalem und ihre Vertreter sich verletzt fühlen würden bei einem so folgenreichen Akte übergangen zu werden, und die ganze Anordnung als null und nichtig erklären könnten. Gebührte doch der heiligen Stadt die erste Stimme in einer so wichtigen Angelegenheit für das heilige Land und für ganz Israel! Jakob Berab sah das wohl ein und beeilte sich, den ersten Gebrauch, den er von seiner erhöhten Würde machte, die Ordination auf das damalige Oberhaupt des Jerusalemer Rabbinatskollegiums zu übertragen. An der Spitze desselben stand damals Levi ben Jakob Chabib, aus Zamora gebürtig, ungefähr gleichen Alters mit Berab. Zur Zeit der Zwangstaufen unter dem König Manoel war er als Jüngling Scheinchrist geworden, hatte einen christlichen Namen geführt, das Kreuz geschlagen und andere Zeremonien des katholischen Kultus mit Verzweiflung in der Seele mitgemacht. Er hatte natürlich die erste günstige Gelegenheit benutzt, um aus Portugal zu entfliehen, das Scheinchristentum von sich zu schleudern und Sicherheit in der Türkei zu suchen. In Salonichi war er eine Zeitlang mit seinem Vater Jakob ben

---

¹) Levi b. Chabib p. 288 d.
²) Das. p. 306: שרוא (בירב) כתב למעלה ולמטה כמה טעמים שבטיכתו תהיה סבה לביאת המשיח מהרה. Mit welcher Gewißheit man damals auf die Sammlung der Juden in Palästina und selbst der Marranen aus Spanien rechnete, beweist ein Respp. des Mose de Trani I, Nr. 307: אנו בטוחים שלא יאבד עוד שם (בארנו) יהודי כי האל יתברך הוא מקבץ נדחי ישראל בארץ ישראל בזמן קרוב.

Chabib zusammen, wo er dessen agadisches Werk vollendete und hatte sich zuletzt nach Jerusalem begeben (um 1525). Hier wurde er vermöge seiner umfassenden Talmudgelehrsamkeit, die zwar mehr in die Breite als in die Tiefe ging, nach dem Ableben des Nagid Isaak Schalal[1]) als Rabbiner die erste Person in der Gemeinde. Er hatte sich auch um ihr leibliches und geistliches Wohl verdient gemacht und besonders der Zerfahrenheit gesteuert, in welche sie durch neue Zuzügler aus verschiedenen Ländern, die sich nicht gern der Zucht und Ordnung unterwerfen mochten, von neuem zu geraten drohte.[2]) Levi ben Chabib besaß auch einige Kenntnis von Mathematik, Astronomie und Kalenderwesen. Zwischen ihm und Jakob Berab, mit dem er eine Zeitlang in Jerusalem zusammenlebte, bestand aber kein freundliches Verhältnis, und die Schuld lag wohl mehr an dem letzteren, der von Natur hochfahrend, anmaßend und unverträglich war, worüber sich mehrere ebenbürtige Zeitgenossen bitter beklagten.[3]) Levi ben Chabib war daher bei mehreren gutachtlichen Entscheidungen mit ihm zusammengestoßen, doch hatte er sich ihm gegenüber stets freundlich und bescheiden verhalten und alles vermieden, was ihn hätte verletzen können. In den letzten Jahren war auch zwischen den beiden ein leidliches Verhältnis eingetreten, aber Levi ben Chabib konnte es nicht vergessen, wie geringschätzig, als tief unter ihm stehend, ihn Berab behandelt hatte.

Nun war an ihn, als ersten Rabbiner von Jerusalem, die Aufforderung ergangen, die Wahl des Jakob Berab zum ersten gesetzlich ordinierten Richterrabbiner, zum Synhedristen, anzuerkennen, und durch seine Zustimmung gut zu heißen. Jerusalem wurde dadurch gegen Safet und er selbst gegen Berab zu einer untergeordneten Stellung herabgedrückt. Es war allerdings eine Verletzung in Wesen und Form, denn Berab hatte es nicht einmal der Mühe wert gehalten, die Zustimmung des Jerusalemer Kollegiums vorher nachzusuchen, sondern hatte seine Neuerung von oben herab dekretiert, er ernenne vermöge der ihm erteilten Würde Levi ben Chabib zum ordinierten Richter.[4]) Er hatte auch dabei zu verstehen gegeben, daß ein Widerspruch von Jerusalem aus ihn wenig stören würde, da ein solcher nur als der

---

[1]) S. oben S. 18 und Note 1.
[2]) Abhandlung über die Ordination a. a. O. p. 291 d ff.
[3]) Vergl. das. p. 319 c: שאומר חמיד (ר"י בירב) בפיו גם בכתב בשבחי עצמו . . . כי
הוא גדול לירד לעומקה של הלכה מתוך פלפולה יותר מכל רבני הדור . . . שבכל גלית ישראל
והוא ; Respp. Nr. 105: ולהיות דרכו לחרחר ריב עם הכל ;das. p. 318 c: שבמסירה למערב
הוסיף לבזותי כמנהג על רבל. Vergl. Respp. Mose Alaschkar, Ausfälle gegen Berab Nr. 31, 60. Dagegen behauptet sein Hauptjünger Mose de Trani in seinen Respp., die Gegner hätten Berab schreiendes Unrecht getan, er wäre gar nicht so anmaßend, absprechend und streitsüchtig gewesen.
[4]) Der Wortlaut dieser Ordination ist mitgeteilt in Levi b. Chabibs Abhandlung a. a. O. p. 310 c.

von einer Minderheit gegen die Safetaner Mehrheit angesehen werden
würde. Der Augenblick, als ein wichtiger Schritt zum Zusammen=
schluß der Judenheit getan werden sollte, fand Levi ben Chabib,
dessen Stimme jedenfalls gewichtig war, nicht groß genug. Er unterlag
der Empfindlichkeit und vergaß schnell, daß es auch früher sein Wunsch
gewesen war, die Ordination von Richterrabbinen wieder zu erneuern.
Sobald ihm die Anzeige von dem Akt in Safet zugekommen war,
erklärte er sich sofort und entschieden gegen die bereits vollzogene
Wahl und verfehlte nicht zu bemerken, daß er vorher darüber hätte befragt
werden müssen.[1]) Sein Widerspruch scheint aber in Jerusalem keinen
Eindruck gemacht zu haben, denn nur ein einziger rabbinischer Kollege,
Mose de Castro, stand ihm zur Seite; die übrigen Rabbinats=
mitglieder verhielten sich leidend. An Gründen gegen die Erneuerung
der Ordination und eines Synhedrin konnte es in den talmudischen
und rabbinischen Gesetzen nicht fehlen. Es herrscht darin ein so ver=
wirrendes Meinungsgewimmel, daß daraus für jede Sache das Für
und Wider geltend gemacht werden konnte. Und wann hätte es über=
haupt dem bösen Willen oder der verletzten Eitelkeit an Scheingründen
gefehlt, einen unangenehmen Schritt zu verdächtigen und zu ver=
kleinern? Berab und seine kopfnickenden Wähler hatten auch eine Hand=
habe zur Verdächtigung der Ordination gegeben. Das rabbinische Juden=
tum ist so durch und durch praktisch, daß es für romantische Schwärmerei
und Gefühlsverschwommenheit keinen Boden bietet. Die Safetaner
durften also nicht ihren Herzenswunsch als Grund zur Einführung der
Ordination geltend machen, daß dadurch die messianische Zeit gefördert
werden könne; das hätte in den Ohren der Rabbinen, so voll auch ihre
Brust von der Messiashoffnung war, als gar zu abenteuerlich und lächer=
lich geklungen. Andere dafür sprechende Gründe gab es zurzeit nicht.
Das Festkalenderwesen, das früher von ordinierten Kollegen geordnet zu
werden pflegte, war seit einem Jahrtausend festgestellt, und es durfte
daran nicht gerüttelt werden. Andere Fälle, für welche im Talmud
ordinierte Richter gefordert werden, wie etwa zur Verurteilung eines
Diebes, eines Mädchenschänders, kamen gar zu selten vor, als daß
daraus die Notwendigkeit der Ordination hätte hergeleitet werden können.
Daher hatten die Safetaner einen Grund geltend gemacht, der praktisch
und zeitgemäß scheinen sollte, aber doch weit hergeholt war. Es trafen
viele Marranen aus Portugal und Spanien in Palästina ein, welche
während ihres kürzern oder längeren Verweilens im Scheinchristentum
nach talmudischer Lehre Todsünden zu begehen gezwungen waren.
Diese bereuten zerknirscht ihr Vergehen und lechzten nach innerer
Sühne und Sündenvergebung — sie hatten mit der Maske des Christen=

---

[1]) Levi b. Chabib p. 285.

tums nicht das katholische Prinzip abgelegt von der Äußerlichkeit der Buße — eine solche Sündenvergebung könne ihnen aber erst voll gewährt werden (das machte Berab geltend), wenn die gesetzlich vorgeschriebene Geißelstrafe (39 Streiche) an ihnen vollzogen würde. Diese Strafe vermöge aber nur ein gesetzmäßig ordiniertes Kollegium zu verhängen. Darin läge also die Notwendigkeit für die Ordination.[1]

Es wurde Levi ben Chabib nicht schwer, wenn er einmal seine Antipathie gegen den Urheber der Anordnung auf dessen Werk übertragen wollte, diesen Grund als nicht stichhaltig genug zu erschüttern. Aber er begnügte sich damit nicht, sondern brachte auch allerlei Sophistereien vor. Er wollte Jakob Berab die Absicht beilegen, daß er, wenn einmal berechtigt ordiniert, die Machtvollkommenheit beanspruchen würde, den bisherigen Festkalender umzustoßen und einen neuen, d. h. den uralten zur Zeit des Talmud gebräuchlichen, einführen zu dürfen — obwohl dieser sich ernstlich dagegen verwahrte — nur um böswillig behaupten zu können, wie gefährlich diese Neuerung für die Gesamtjudenheit werden und wieviel Verwirrung sie anrichten könne. Dieser Widerspruch von Jerusalem aus, von seiten des Levi ben Chabib und seines Kollegen Mose de Castro, welchen Jakob Berab nicht in dem Maße erwartete, da er ihnen nicht so viel Mut oder mehr Selbstverleugnung zugetraut hatte, erbitterte ihn in hohem Grade. Es war ihm um so peinlicher, als dieser Widerspruch geeignet war, das ganze Unternehmen scheitern zu lassen. Denn wie sollte er es der asiatischen, europäischen und afrikanischen Judenheit annehmbar und es zum Angelpunkte einer Reorganisation machen, wenn die Hauptgemeinde Palästinas, wenn Jerusalem, die heilige Stadt, es verwarf? Dazu kam noch, daß in dieser Zeit sein Leben in Safet gefährdet war, wahrscheinlich durch Denunziation bei den türkischen Behörden, welche irgend eine Gelegenheit benutzen wollten, sich seines Vermögens zu bemächtigen. Berab war genötigt, für den Augenblick Palästina zu verlassen. Um die Ordination nicht alsbald fallen zu lassen, erteilte er vier Talmudkundigen die Weihen, ähnlich wie es einst in der Hadrianischen Zeit Juda ben Baba gemacht hatte. Diese vier hatte er aber nicht aus den ältern Rabbinen ausgewählt, sondern aus jüngern. Darunter war **Joseph Karo**, der Schwärmer für Salomo Molcho und dessen kabbalistisches Messiastum, der mit ganzer Seele für die Ordination eingenommen war;[2] auch seinem besten Jünger **Mose de Trani** hatte Berab die Weihen erteilt.[3] Solche Bevorzugung jüngerer,

---

[1] Levi b. Chabib p. 277 b. c. Daß das Angegebene der Sinn der Motivierung für die Notwendigkeit der Ordination und daß dabei auf die ausgewanderten Marranen Rücksicht genommen ist, folgt aus p. 288 c. daſ.   [2] Vergl. Note 5.

[3] Die übrigen zwei waren vielleicht **Mose Corduero** und **Joseph Sagis**, beide Stock-Kabbalisten und Schwärmer für das messianische Himmelreich.

gefügiger, wenn auch begabter Männer machte in Jerusalem noch mehr
böses Blut.¹) In den darüber gewechselten Zuschriften, die für das
Publikum berechnet waren, erbitterten sich beide Rabbinergrößen
Palästinas immer mehr gegeneinander in einer so verletzenden Art,
daß sie selbst durch die leidenschaftliche Erregung nicht entschuldigt
werden können. Gegen die tadelnde Bemerkung des Levi ben Chabib
ein geweihter Ordinierter müsse nicht bloß gelehrt, sondern auch heilig
sein, hatte Jacob Berab eine boshafte Anspielung auf dessen Scheinchristentum gemacht: „Ich habe meinen Namen nie gewechselt, ich
bin in Not und Verzweiflung stets in Gottes Wegen gewandelt!"
Er warf Levi ben Chabib auch vor, daß noch immer etwas von den
christlichen Dogmen an ihm kleben geblieben sei. Das traf den Gegner
ins Herz. Er gestand zu, daß man zur Zeit der Zwangstaufen
in Portugal seinen Namen geändert, ihn zum Christen gemacht hatte
und er nicht imstande war, für die angestammte Religion zu sterben.
Er entschuldigte sich mit seiner Jugend, er sei damals noch nicht zwanzig
Jahre alt gewesen, sei kaum ein Jahr im Scheinchristentum geblieben,
und hoffe, daß der Tränenstrom, den er bisher darüber vergossen
und noch immer vergieße, seinen Sündenfleck vor Gott ausgelöscht
haben werde. Nach dieser Zerknirschung kannte ben Chabibs Heftigkeit
gegen Berab keine Grenzen mehr. Er schleuderte ihm die gröbsten
Beleidigungen zu und erklärte, ihn nimmermehr von Angesicht zu
Angesicht sehen zu wollen. Durch diese maßlose Heftigkeit des Haupt-
rabbiners von Jerusalem und durch den gleich darauf erfolgten Tod
Berabs (Frühjahr 1541)²) zerfiel die Einrichtung der Ordination.
Nur Joseph Karo, einer der von demselben Ordinierten, gab sie noch
nicht auf.

Diese Persönlichkeit (geb. 1488, gest. 1575) hat tief in die Aus-
gestaltung des rabbinischen Judentums eingegriffen. Als Kind mit
seinen Eltern aus Spanien vertrieben, hatte Karo frühzeitig die herbe
Leidensschule kennen gelernt und war nach langer Wanderung in
Nikopolis in der europäischen Türkei angekommen. Von seinem

¹) Levi b. Chabib Abhandlung a. a. O. p. 298 a.

²) Berabs Todesjahr hat Zunz (zur Geschichte und Literatur S. 231)
kritisch zu fixieren versucht, weil die Notiz darüber in den Daten nicht stimmt.
Mose de Trani referiert nämlich Respp. I, Nr. 103: . . ‏וצאלה לרבג הגדול
‏יעקב בירב ולא רםפיק להשלימה עד שנהבקש בישיבה של מעלה ליל שבת ר"ח אייר שנת
‏ה'א'ש'ה' ורשלמחה. Es ist richtig, daß das Tagesdatum mit der Jahresform von
1541 nicht stimmt. Darum wollte Zunz das Zahlwort ‏ה' als Einheit 5 betrachten und machte daraus 1546. Allein das ‏ה' bedeutet bei allen Schriftstellern
dieser Zeit, auch bei M. de Trani, 5000. Berab starb also gewiß 5301 = 1541.
Der Fehler steckt aber im Monatsdatum; es muß heißen ‏אדר, statt ‏אייר.
Der erste Adar I dieses Jahres fiel auf Sonnabend. So stimmen die Daten
vollständig.

Vater Ephraim im Talmud unterrichtet, verlegte er sich auf einen sonst vernachlässigten Zweig desselben. Er vertiefte sich so sehr in den Mischna=text, daß er ihn auswendig konnte. Später siedelte Karo von Nikopolis nach Adrianopel über, wurde dort wegen seiner erstaunlichen Talmud=gelehrsamkeit bereits als respektable Persönlichkeit angesehen und bildete Schüler aus. In den dreißiger Jahren unternahm er das Riesenwerk, den Religions= und Ritualkodex des Jakob Ascheri[1]) zu kommentieren, mit Belegstellen zu versehen und zu berichtigen, ein Werk, woran er zwanzig Jahre seines Lebens wendete (1522 bis 1542) und zu dessen nochmaliger Revision er noch zwölf Jahre brauchte (1542 bis 1554). In diese seine trockene Beschäftigung, wobei seine Phantasie müßig blieb, hatte Salomo Molchos Erscheinen einen Wechsel gebracht. Der junge Schwärmer aus Portugal hatte einen so überwältigenden Eindruck auf Karo gemacht, daß er sich von ihm in die sinnverwirrende Kabbala einweihen ließ und dessen messianische Träume teilte. Seit dieser Zeit war seine Geistestätigkeit zwischen der trockenen rabbinischen Gelehr=samkeit und der phantastischen Kabbala geteilt. Er stand mit Molcho während dessen Aufenthalts in Palästina in Briefwechsel und machte Pläne, ebenfalls dahin auszuwandern. Er bereitete sich wie Molcho auf einen Märtyrertod vor, daß er „als heiliges Ganzopfer auf dem Altar des Herrn verbrannt werde" und hatte wie dieser phan=tastische Träume und Visionen, die ihm, wie er glaubte, durch Ein=gebung eines höheren Wesens zugekommen waren. Dieses höhere Wesen (Maggid) sei aber nicht ein Engel oder eine phantastische Stimme, sondern — drollig genug — die personifizierte Mischna gewesen, die sich zu ihm herabgelassen und ihm namentlich in der Nacht Offenbarungen zugeflüstert habe, weil er sich ihrem Dienste geweiht habe. Solche Visionen, die er größtenteils niedergeschrieben, hatte Joseph Karo nicht in einer kurzen Zeit, sondern bis an sein Lebensende fast vierzig Jahre hindurch in gewissen Zwischenräumen. Sie sind später zum Teil veröffentlicht worden[2]) und machen einen betrübenden Eindruck wegen der Verheerung, welche die Kabbala in den Köpfen angerichtet hat. Das höhere Wesen oder die Mischna legte Karo die schwersten Kasteiungen auf, verbot ihm den Genuß von Fleisch und Wein — mit Ausnahme an Sabbaten und Festtagen — und untersagte ihm gar das viele Wassertrinken. Hatte er sich irgend ein Vergehen zu schulden kommen lassen, sich dem Schlafe zu sehr überlassen, sich zu spät zum Gebet eingefunden oder das Studium der Mischna ein wenig vernachlässigt, so erschien die Mutter-Mischna und machte ihm zärtliche

---

[1]) B. VII, S 249.
[2]) Unter dem Titel מגיד משרים. Über die Echtheit des Karoschen Maggid siehe Note 5. Sehr oft kommt darin die Phrase vor: אני אני המשנה המדבר בפיך . . . האם המוסרת את בנה.

Vorwürfe. Es ist erstaunlich, was sie ihm alles offenbart hat. Nachdem er zwei Kinder verloren und ein Sohn stumm geworden war, verkündete sie ihm, daß seine Frau einen frommen Sohn gebären, daß er dann sie verlieren und als Witwer noch zwei Frauen hintereinander heiraten werde, die ihm Vermögen zubringen würden.[1]) In der Tat hat Karo drei Frauen hintereinander geheiratet und eine derselben, eine deutsche, hatte ihm Vermögen zugebracht. Diese Verkündigungen waren keineswegs betrügerische Schwindeleien, sondern Eingebungen einer aufgeregten Zeit und einer aufgeregten Phantasie, wie sie im heißen, üppigen Morgenlande häufiger vorkommen als im kalten, nüchternen Norden.

Joseph Karo war so voll von dem Gedanken, daß er berufen sei, eine Rolle in Palästina zu spielen und infolge derselben in der durch Salomo Molcho vorbereiteten messianischen Vorzeit als Märtyrer zu sterben, daß er Adrianopel verließ. Eine Zeit lang hielt er sich jedoch in dem von Kabbalisten wimmelnden Salonichi auf, in der Nähe des Joseph Taytasak.[2]) Endlich traf er in dem Kabbalistennest Safet mit einem Gesinnungsgenossen, Salomo Alkabez, ein, einem geistlosen Schriftsteller, dessen Bewillkommnungslied für die Braut Sabbat (Lecha Dodi) berühmter geworden ist als der Dichter. Joseph Karo hatte die Freude, daß sich ein Teil seiner phantastischen Träume in Safet erfüllte; er erhielt von Berab die Weihen als künftiges Synhedrialmitglied (v. S. 283). Nach dem Tode Berabs träumte Karo von nichts anderem als von seiner einstigen Größe; er werde die gestörte Ordination wieder ins Werk setzen, werde von den Weisen Palästinas und des Auslandes anerkannt werden, werde Fürst und Führer der Juden in Palästina, ja, im ganzen türkischen Reiche werden, werde die besten Talmudjünger ausbilden, so daß nur die Jünger seiner Schule Anerkennung finden würden. Alle würden ihn als das **heilige Bild** (Diokna Kadischa) verehren, und er werde Wunder vollbringen. Er werde zwar gleich Molcho zur Heiligung des Gottesnamens den Märtyrertod sterben, aber bald darauf wieder die Auferstehung erleben und in das Messiasreich eingehen.[3])

---

[1]) Maggid-Meschárim, Eingang. 1 b, p. 7 a, 13 b ff.; 31 a, 34 a und noch einige mal. Das viele Geld, das ihm das. 2 b vom Auslande verheißen wird, sollte ihm wohl durch eine neue Heirat zufallen. Einer seiner Schwiegerväter war ein Deutscher Respp. אבקת רוכל Nr. 29 und öfter; er hieß Zacharias Sachsel.

[2]) Nach Conforte הדורות קורא 35 a war Karo noch 1533 in Salonichi, vergl. Maggid p. 50 (eigentlich p. 70) . . ואם קודם לכן תרצה ללכת לשאלאניקי לחקן; ספרך עשה . . . אלא שלא תתישב שם; vergl. Note 5.

[3]) Hauptstelle Maggid p. 38: כי ארוממך להיות שר ונגיד על כל גלות ישראל שבמלכות ערביסתאן ויען כי מסרת נפשך על חזרת הסמיכה ליושנה תזכה להיות מוסמך

Alle diese Vorzüge und Vorrechte hoffte Joseph Karo durch ein Werk zu erringen, das in sich selbst die Einheit des Judentums erzielen und ihm ungeteilte Bewunderung einbringen sollte. Wenn er seinen gründlichen Kommentar zu Jakob Ascheris Religionskodex vollendet, durch den Druck veröffentlicht, verbreitet und auf Grund desselben ein eigenes umfassendes Religionsgesetzbuch ausgearbeitet haben würde, dann werde und müsse er als der Erste in Israel, als Fürst und Gesetzgeber anerkannt werden. Sein Schutzgeist hatte ihm zugeflüstert, er werde ihn würdig machen, viele Jünger auszubilden, seine Schriften gedruckt und in ganz Israel verbreitet zu sehen. Wenn er den Vorschriften des Schutzgeistes nachkommen werde, dann würden die höheren Welten selbst fragen: „Wer ist der Mann, an dem der König der Könige Wohlgefallen hat, das Oberhaupt von Palästina, der große Schriftsteller des heiligen Landes?" Seinen Kommentar, seine Erklärungen und Entscheidungen (Kodex) würde er ohne Fehler veröffentlichen können.[1])

So bestimmten hingebende Frömmigkeit, Phantasterei und auch ein wenig Ehrgeiz den Mann, den letzten Religionskodex für die Gesamtjudenheit auszuarbeiten, der allen Schwankungen, Ungewißheiten und allem Meinungswirrwarr ein Ende machen sollte. Die von Salomo Molcho angeregte kabbalistisch-messianische Schwärmerei und die von Berab ausgegangene Ordination gönnten Karo keine Ruhe, die von jenen geahnten Zustände durch ein umfassendes Schriftstück zu verwirklichen, wenigstens die Einheit im religiösen Leben anzubahnen. Doch vergingen noch einige Jahrzehnte, ehe die jüdische Welt dieses Gnadengeschenk erhalten sollte. Es war eine Riesenarbeit, die viel Zeit erforderte. Was Joseph Karo an Geist mangelte, mußte sein erstaunlicher, unausgesetzter Fleiß ersetzen. Nur religiöse Hingebung und Begeisterung, gepaart mit Phantasterei, konnten ein solches Werk zustande bringen. Von allen seinen hochfliegenden Träumen wurde indes vor der Hand nur der eine verwirklicht, daß er nach Jakob Berabs Tod erster Rabbiner von Safet und allerdings erst nach und nach als rabbinische Autorität anerkannt wurde. Aber unangefochten war sein Ansehen nicht; er hatte einen Nebenbuhler an dem besten Jünger Berabs, an M o s e d e T r a n i.

Während sich die Juden im Morgenlande einer gewissen Ruhe und Unabhängigkeit erfreuten, infolgedessen messianische Luftschlösser bauen konnten und daran arbeiteten, einen scheinbar idealen Zustand,

---

מכל חכמי ישראל ומחכמי חוצה לארץ ועל ידך תחזור הסמיכה לישנה, אזכך לגבור חנוך
ואחר כן תיחקך על קדושת שמי ותיה לתחית המתים. Diese Vision hatte er Nissan 5303 = 1543, also 2 Jahre nach Berabs Tod. Vergl. ähnliche Stellen das. p. 11, 16 b, 20 a, 24 a, 31 a; s. Note 5.

[1]) Das Hauptstelle p. 9 b, auch p. 32 b u. a. St.

allerdings mit verkehrten Mitteln, herbeizuführen, unterlagen die
abendländischen Juden dem Elend der stets frisch über sie verhängten
Verfolgungen. Die alten Anklagen über ihre Gemeinschädlichkeit,
ihren Kindermord, ihre feindselige Haltung gegen das Christentum,
einige Zeit während der Reformationsbewegung verstummt, tauchten
von neuem auf. Die stockkirchliche Richtung, welche sich um diese Zeit
in der katholischen Welt geltend machte, um sich gegen das immer mehr
erstarkende Luthertum zu behaupten, übte auch ihre Wirkung auf die
Juden aus und brachte ihnen zunächst in katholischen Ländern neue
Leiden. Zu den alten Anklagen kam noch eine neue hinzu, welche auch
die Lutheraner gegen sie einnahm. Die lutherische und calvinische Reformation, die bis nach England und Polen gedrungen war, hatte
vielen über Religion und Christentum die Augen geöffnet und sie zum
Selbstdenken gebracht, vieles als falsch, irrtümlich und lästerlich zu finden,
was die Reformatoren selbst als wesentliche Bestandteile des Christentums ansahen. Die in die meisten europäischen Volkssprachen übersetzte Bibel gab denkenden Lesern an die Hand, sich selbst einen eigenen,
von den Dogmenschmieden in Rom, Wittenberg und Genf abweichenden
Lehrbegriff der Religion zu bilden. Beim Lesen der Bibel kam das alte
Testament vor dem neuen, und beim Übergang von dem einen zum
andern gewahrten so manche, daß da vieles nicht miteinander stimme,
daß die Lehre von der strengen Gotteseinheit der Propheten im grellen
Widerspruch stehe zu der Dreifaltigkeitslehre der Kirchenväter und daß
selbst die Apostel noch nicht die Dreieinigkeit kannten. Außerdem hatte
die Reformation einen Anlauf genommen, neben der religiösen Befreiung auch die politische Freiheit von dem eisernen Joche der Fürsten
anzubahnen, in deren Augen das Volk gar nicht zählte, sondern nur gut
zum Steuerzahlen und zu Frondiensten der Leibeigenschaft war. Nun
fiel es nicht wenigen auf, daß die biblischen Schriften des Judentums
alles Recht dem Volke zusprechen und den Despotismus der Könige
verdammen, während das evangelische Christentum ein Volks-
tum gar nicht anerkennt, sondern nur himmelnde Gläubige, denen
es empfiehlt, den Nacken unter das Joch der Tyrannen zu beugen.
Der Gegensatz zwischen dem alten und dem neuen Testament, daß
das eine nebst einem gottesfürchtigen Leben tätige Tugenden lehrt,
und das andere neben blindem Glauben nur leidende Tugend verherrlicht, dieser Gegensatz wurde von den durch das rege Vertiefen in
die Bibel geschärften Augen nicht übersehen. Unter dem Gewimmel
religiöser Sekten, welche die Reformation in den ersten Jahrzehnten
zutage gefördert hat, entstanden auch einige, welche sich dem Judentum
mehr zuneigten und von den herrschenden Parteien als H a l b j u d e n ,
J u d e n z e r (Judaïzantes, Semijudaei) gebrandmarkt wurden. Diese
nahmen besonders an der Dreieinigkeit Anstoß und wollten Gott nur

als strenge Einheit gedacht wissen. Michael Servet, (eigentlich Miguel Serveto) ein Aragonier, vielleicht von Marranen in Spanien belehrt, verfaßte eine Schrift über die „Irrtümer der Dreieinigkeit", die viel Aufsehen machte und ihm anhängliche Jünger zuführte. Er wurde dafür von Calvin selbst in Genf auf dem Scheiterhaufen verbrannt. Die Reformatoren hatten die fanatische Unduldsamkeit der katholischen Kirche beibehalten. Nichtsdestoweniger bildete sich eine Sekte der Einheitslehre (Unitarier, Antitrinitarier), welche Jesu Wesensgleichheit mit Gott verwarf. In England, wo der Katholizismus nur durch die Laune und Liebesbrunst eines Tyrannen, Heinrichs VIII., gestürzt worden war, fing jene religiös-politische Partei sich zu bilden an, welche das alttestamentliche Staatswesen den englischen Verhältnissen anpassen und verwirklichen wollte. Sie schien nur alttestamentliche Vorbilder zu kennen und von den Betbrüdern und Betschwestern des neuen Testaments nichts wissen zu wollen. Manche feierten den Sabbat, als den von Gott eingesetzten Ruhetag, allerdings bei verschlossenen Fenstern.[1]) Einige exzentrische Christen faßten wie zur Zeit Ludwigs des Frommen in Frankreich, eine Art von Vorliebe für die Juden als Nachkommen der Patriarchen, als Reste jenes Volkes, das Gott einst seiner Gnadenfülle gewürdigt, als Blutsverwandte der großen Propheten, die schon deswegen allein die höchste Achtung verdienten. Es erschien damals unter der Unzahl von Flugschriften auch ein Dialog zwischen einem Juden und Christen, worin die Stützen für die christlichen Dogmen aus alttestamentlichen Schriftversen umgestoßen wurden, wahrscheinlich von einem Christen verfaßt.[2]) Solche Erscheinungen trugen dazu bei, die Juden auch im Kreise der Reformatoren mißliebig zu machen. Die Anhänger der neuen Kirche heuchelten gewissermaßen Judenhaß, um den Verdacht von sich abzuwenden, als wollten sie das Christentum untergraben und das Judentum an dessen Stelle setzen. Die Juden hatten also hüben und drüben Feinde und mußten den Wahn bald aufgeben, daß der Katholizismus gestürzt werden und das Luthertum mit ihnen sympathisieren würde. Man kann daher auch noch aus der Zeit der Reformationsbewegung Jahrbücher der Judenverfolgung anlegen und für jedes Jahr Beschränkungen, Quälereien und Ausweisung eintragen. Aber die Zeit hatte sich doch gebessert. Nicht mehr plötzliche Überfälle, Niedermetzlung, Mord in Massen, wie früher, sondern ruhige gesetzliche Ausweisung, einfaches Hinausjagen ins Elend, immer auf Grund erlogener Beschuldigungen.

Luthers Erbarmen mit ihren tausendfältigen Leiden, das er im Beginne seiner Reformlaufbahn offen bekundet hatte, war nicht von

---

[1]) Quellen bei Schudt, jüdische Denkwürdigkeit I, S. 538.
[2]) Luther, von den Juden und ihren Lügen, Anf. also noch vor 1543.

langer Dauer und verwandelte sich nun in einen ingrimmigen Haß. In seinen Predigten, Schriften, Tischreden verlästerte er sie als Verblendete, Verderbliche und Auswürflinge. Seine Erbitterung entstammte der Enttäuschung, daß die Juden nicht, wie er erwartet hatte, durch das reine Evangelium, das er predigte und lehrte, sich in Massen bekehrt hatten. Es war ein vereitelter Triumph. In dieser Stimmung lieh Luther elenden jüdischen Täuflingen sein Ohr, welche ihre ehemaligen Genossen mit alten und neuen Anschuldigungen belasteten.[1]) Der giftigste dieser verlogenen und meistens rachsüchtigen Wichte war **Anton Margaritha**,[2]) Sohn eines Rabbiners **Jakob Margoles** aus Regensburg, welcher mit seinen Anklagen gegen seine ehemaligen Brüder, vom Kaiser Karl abgewiesen und bestraft, sich den Protestanten zugewendet hatte. Er hatte eine Schrift „Der ganze jüdische Glaube" drucken lassen, worin er die jüdisch-religiösen Bräuche zum Gespötte aufzählte und zudem Beschuldigungen gegen sie schleuderte; daß sie Jesus und die Christenheit schmähten und verlästerten, daß sie Christen zum Judentum bekehrten — er selbst will in Ungarn mehrere solche Proselyten gesehen haben — daß sie Wucher trieben und dem Müßiggang fröhnten. Dieser gemeinen Schmähschrift schenkte Luther vollen Glauben und wurde noch mehr gegen die Juden erbittert. Auch der mildere **Martin Bucer** in Straßburg war gegen sie eingenommen. Er hatte von seiner Dominikanergalle gegen die Juden noch viel behalten. In leichten Streitschriften, welche damals in großer Zahl verbreitet wurden, hetzten diese Prediger gegen die unglücklichen deutschen Juden und fanden nur allzu sehr Beifall bei dem niedrigen Volke, das, auf die Autorität der Reformatoren gestützt, einen Freibrief erhalten zu haben glaubte, sie mit Seelenruhe zu mißhandeln und zu quälen. Aber auch einige Fürsten, welche der religiösen Neuerung beigetreten waren, und für die Luthers Wort päpstliche Unfehlbarkeit erlangt hatte, wurden zur Verfolgung gestimmt, so **Johann Friedrich**, Kurfürst von Sachsen, der starrsinnige **Philipp von Hessen** und **Joachim II.** von Brandenburg, die Hauptsäulen des neuen Bekenntnisses. Weil einige jüdische Vagabunden irgend etwas Straffälliges begangen hatten, und auch dafür bestraft worden waren, hatte der Kurfürst von Sachsen befohlen, die Juden aus seinem Lande auf Nimmerwiederkehr auszuweisen. Händeringend hatten sich diese an den bewährten Beschützer Joselin

---

[1]) Joselins Schreiben an den Magistrat von Straßburg aus Aktenstücken in französischer Übersetzung Revue d. Et. XIII 83: depuis il (Luther) s'est de nouveau laissé exciter par des Juifs Mamelucks. (Das. 84:) Martin Luther s'est laissé exciter par quelques Juifs baptisés, lesquels nous ont calomnié d'infames mensonges.

[2]) Vergl. Note 4.

von Roßheim gewendet, für sie Fürsprache einzulegen, und er war wie immer bereit, Helfer in den Nöten zu sein. Er ließ sich ein Empfehlungsschreiben vom Magistrat von Straßburg an den Kurfürsten ausstellen, der ein nicht zu unterschätzender Bundesgenosse in dem Schmalkaldischen Bund gegen den Kaiser und die Katholiken war.

Der Prediger Wolfgang C a p i t o gab ihm ein sehr warm gehaltenes Schreiben an Luther mit, mit der dringenden Bitte, den Kurfürsten von Sachsen umzustimmen.[1]) Joselins Schritte waren aber vergeblich. Johann Friedrich zeigte sich ihm nicht so zugänglich wie Kaiser Karl, und Luther mochte nicht ein Wort zugunsten der Juden bei ihm sprechen. Er wollte ihn nicht einmal vor sich lassen und schrieb ihm nach vielem Drängen einen Brief, welcher seine Lieblosigkeit gegen die Juden bekundet und einen grellen Mißklang bildet gegen seine frühere mitleidsvolle Teilnahme für sie. Luther bemerkte darin, er habe sich früher für die Juden warm verwendet, aber weil sie einen schlechten Gebrauch von seinem Dienste gemacht, habe er die Lust verloren, sie zu verteidigen, weil sie dadurch nur in ihrem Irrtum bestärkt und noch schlimmer würden, als sie waren,[2]) daß sie trotzdem in ihrer Verblendung beharrten und der Kirche noch immer den Rücken kehrten.

Joselin ermüdete indes nicht, weitere Schritte zu tun, um die Verfolgung seiner Schützlinge in den protestantischen Ländern abzuwenden. Er erlangte Zutritt zu einer Versammlung der Fürsten des Schmalkaldischen Bundes in Frankfurt a. M., um die Anschuldigungen zu widerlegen, welche Luther und Bucer gegen die Juden im allgemeinen aus mißverstandenen Stellen der heiligen Schrift vorgebracht hatten. Da er den hebräischen Text der Bibel gründlicher verstand, als die Führer der Reformation, so war die Verteidigung für ihn ein leichtes Spiel. Sie wirkte auch so überzeugend, daß mehrere Fürsten von ihrer Intoleranz gegen die Juden abgingen, darunter auch Joachim II. von Brandenburg, da es ihm noch dazu bei dieser Gelegenheit klar wurde, daß sein Vorfahr Joachim I., vom Betrug der Geistlichen verleitet, die Juden in Berlin dreißig Jahre vorher hatte unschuldigerweise verbrennen lassen.[3]) Dieser Markgraf entledigte sich so sehr seiner Vorurteile gegen die Juden, daß er sich von einem jüdischen Leibarzt L i p p o l d behandeln ließ und eine Art jüdischen Hofagenten in Dienst nahm, den reichen M i c h e l von Berlin, welcher einen augenblendenden Aufwand machte, sich von Dienern begleiten ließ und in diesem Gefolge zu Roß auf den Reichstagen zu

[1]) Revue daf. 78 f. Dabei ist bemerkt, daß auch Bucer Luther anging, sich für die Juden zu verwenden.
[2]) Daf. p. 83 und Joselins Tagebuch Nr. 22.
[3]) Tagebuch dieselbe Nummer. Vergl. o. S. 90.

erscheinen pflegte.¹) Aber der Kurfürst von Sachsen blieb ein hartnäckiger Judenfeind, wie auch Philipp von Hessen. Sie ließen die Juden ihrer Länder ausweisen oder unverwehrt quälen.²) Aus der protestantischen Stadt Magdeburg und anderen Orten wurden sie in dieser Zeit abermals verjagt.³) So war die Lage der deutschen Juden in dem Herde der Reformation, welche die Hoffnung auf Entfesselung aller Bedrückten, auf eine Art evangelische Erlösung erweckt hatte. In katholischen Ländern erging es ihnen zwar nicht besser, aber mit den Leiden war nicht das bittere Gefühl der Enttäuschung verbunden. —

Im Königreich Neapel, wo die Spanier herrschten, arbeitete die ultrakatholische Partei schon lange daran, die Inquisition gegen die dort weilenden Marranen einzuführen. Als Karl V. von seinem Siegeszuge aus Afrika zurückkehrte, ging sie ihn an, die Juden überhaupt aus Neapel zu vertreiben,⁴) weil die Marranen durch Verkehr mit ihnen in ihrem Unglauben nur bestärkt würden. Dem Kaiser lag nicht viel daran, die Juden daselbst zu beschützen. Aber die auch von den Spaniern hochgeachtete Doña Benvenida, die edle Gattin des Samuel Abrabanel (o. S. 38), hatte den Kaiser so eindringlich angefleht, den Ausweisungsbefehl zurückzunehmen, und ihre junge Freundin, die Tochter des Vizekönigs, hatte das Gesuch so warm unterstützt, daß er es ihnen nicht versagen konnte. Möglich auch, daß das Vermögen des Abrabanel dabei mitgewirkt hat. Aber einige Jahre später erließ Karl an die neapolitanischen Juden den Befehl, daß sie das Land verlassen sollten (1533).

Aber so, wie Joselin von Roßheim für die deutschen Juden, so unterließ Don Samuel Abrabanel für die neapolitanischen nicht, jeden,

---

¹) Über Lippold oder Lippolt s. w. u. Über den reichen Michel, Frankel Monatsschrift Jahrg. 1861, 293 aus Raumers historischem Taschenbuch im Jahrg. 1865, 428.

²) Joselin Tagebuch a. a. O. und sein Schreiben an den Magistrat von Straßburg, Revue XIII p. 81, 83.

³) Luther vor den Juden; Vergl. w. u.

⁴) Hauptquellen über die Auswanderung aus dem Neapolitanischen: Samuel Usque, Consolação III, Nr. 32. Joseph Kohen, Emek ha-Bacha p. 102. G. Ibn-Jachia Schalschelet gegen Ende, und von christlicher Seite Zurita, Annales de Aragon T. VII, Cappacio hist. Neapol. XVII, 87. Die meisten setzten das Faktum 1540, nur Usque ein Jahr später, und sein Datum wird von Widmannstadts Angabe bestätigt, der in seinen Notizen bemerkt hat: Pulsis hoc anno Chri. 1541 Judaeis Neapolitano regno etc. (Orient. Ltbl. 1845 col. 323). — Die Differenz entstand wohl daher, daß einige früher, andere später ausgewandert sind. Der Zeitgenosse Joselin, welcher in derselben Zeit während des Reichstagsabschieds in Regensburg weilte, setzte ebenfalls das Jahr 1541 dafür an (Tagebuch Nr. 32). Über den günstigen Vertrag mit den Juden vom Jahre 1535 vergl. das Aktenstück, mitgeteilt von Kaufmann, Revue d. Et. j. XX p. 39 f.

wenn auch scheinbar aussichtslosen Versuch, das sie bedrohende Elend abzuwenden. Es gelang ihm auch mittels einer bedeutenden Geldsumme den Aufschub der Verbannung auf zehn Jahre zu erwirken, und noch dazu günstige Bedingungen für ihre geschäftlichen und religiösen Interessen während ihres Aufenthaltes zu erlangen. Unter anderem sollten sie nicht gezwungen werden, christliche Predigten anzuhören, Judenabzeichen zu tragen, Sabbat und Feiertage zu entweihen. Dieser Vertrag, welchen der Vizekönig Pedro de Toledo, der Gönner der Juden, mit Samuel Abrabanel und anderen angesehenen Juden im Namen des Kaisers abgeschlossen hatte (1535 bis 1536), wurde vom Kaiser kaum fünf Jahre später gebrochen. Er erließ einen unwiderruflichen Verbannungsbefehl.

Vergeblich hatten die neapolitanischen Juden einen Abgeordneten an Karl geschickt, namens Salomo Rom, welcher einiges Gewicht bei ihm zu haben glaubte. Der Kaiser wollte ihn nicht anhören und bedrohte ihn mit seiner strengen Ungnade, wenn er es wagen sollte, ihn noch mit einem Bittgesuch zu belästigen. Jeder Jude wurde mit schweren Strafen bedroht, der sich in Neapel ferner blicken lassen würde (1540 bis 1541). Viele von ihnen wendeten sich nach der Türkei, einige nach Ancona unter päpstlichen Schutz oder nach Ferrara unter die Herrschaft des Herzogs Ercole II., welcher als Judenfreund galt. Die zu Schiff ausgewandert waren, erlitten viel Ungemach, wurden teils gekapert und nach Marseille gebracht. Hier taten die daselbst lebenden Marranen viel für sie, und auch der König Heinrich II. zeigte sich menschenfreundlich. Da er sie nicht im Lande behalten durfte, so beförderte er sie auf seinen Schiffen nach der Türkei. Auch Samuel Abrabanel verließ Neapel, obwohl es ihm freigestellt war, ausnahmsweise dort zu bleiben; er wollte sich aber von dem Geschicke seiner unglücklichen Religionsgenossen nicht trennen.[1]) Er ließ sich in Ferrara nieder, wo bereits einige seiner Verwandten wohnten, und lebte etwa noch ein Jahrzehnt daselbst. Seine edle Frau, hochgeehrt von Leonora, der Tochter des Vizekönigs von Neapel, inzwischen Herzogin von Toskana geworden, überlebte ihn.[2])

Ein Jahr darauf empfanden die Juden Böhmens den, so zu sagen, gemilderten, anständigen Judenhaß. Es waren in den Städten, namentlich in Prag, öfters Feuersbrünste entstanden. Juden wurden neben Hirten als Urheber beschuldigt, daß sie Mordbrenner zu dieser verruchten Tat gedungen hätten; bestimmte Personen unter ihnen waren als solche bezeichnet worden. Diese, ergriffen, angeklagt und gefoltert, hatten Geständnisse gemacht und den Tod erlitten. Außerdem wurden die Juden beschuldigt, die heimlichen Kriegsrüstungen

---

[1]) Samuel Usque das.   [2]) Sie starb 1552.

gegen die Türken dem Sultan verraten zu haben. Die böhmischen Stände faßten daher den Beschluß, sämtliche Juden Böhmens auszuweisen, und der König Ferdinand, Karls V. Bruder, erteilte seine Bestätigung dazu. So mußten sie mit ihren Habseligkeiten den Wanderstab ergreifen (Adar 1542); von der zahlreichen Judenschaft Prags erhielten nur zehn Personen oder Familien die Erlaubnis, daselbst zu weilen. Viele von ihnen wanderten nach Polen und der Türkei, den beiden tolerantesten Ländern der damaligen Zeit. Indessen stellte sich noch im Laufe desselben Jahres die Unschuld der hingerichteten und folglich der ausgewiesenen Juden heraus. Einige Große verwendeten sich daher für die Zurückberufung derselben; sie waren doch unentbehrlicher, als der Brotneid, kirchliche Fanatismus und Rassenhaß glauben machen wollten. Auch der unermüdliche Joselin, welcher bei dem König von Böhmen ebenfalls in Gunst stand, von den Ausgewiesenen dringend berufen, verwandte sich für die Rückkehr, obwohl er einige Jahre vorher, nach Prag geladen, um heftige Streitigkeiten in dieser Gemeinde zu schlichten,[1]) von einem Teil boshaft verfolgt worden war. Und so durften diejenigen, welche sich in der Nähe der böhmischen Grenze niedergelassen hatten, wieder in ihre Heimat zurückkehren. Sie mußten aber für diese Gnade ein jährliches Schutzgeld von 300 Schock Groschen erlegen und wurden gehalten, einen gelben Tuchlappen als Unterscheidungszeichen zu tragen.[2])

In derselben Zeit hetzten zwei hochstehende einflußreiche Persönlichkeiten, die eine auf katholischer und die andere auf protestantischer Seite so gewaltig gegen die Juden, daß es als ein Wunder zu betrachten ist, daß sie damals nicht bis auf den letzten Mann vertilgt worden sind. Die Veranlassung der einen Aufreizung war folgende. Im Bayerland, im Herzogtum Neuburg, war um die Osterzeit ein vierjähriger Bauernknabe aus Zappenfeld vermißt worden, und der Argwohn vermutete ihn bei den Juden. Nach Ostern war der Knabe von einem Hunde entdeckt worden, und der Judenhaß glaubte Zeichen der Marterung an seinem Leibe zu finden. Der Bischof von Eichstätt hatte darauf einige Juden ergreifen und nach seiner Residenz schleppen lassen, um ihnen den Prozeß zu machen, und außerdem an alle benachbarten Fürsten das Ansuchen gestellt, auch ihre Juden gefänglich

---

[1]) Joselins Tagebuch Nr. 20.
[2]) Quellen: von Herrmann, Geschichte der Israeliten in Böhmen S. 41 nach Urkunden: Joseph Kohen a. a. O. p. 103. Beide haben das Datum 1542 für die Ausweisung. Gans dagegen im Zemach David I setzt 1541; Usque das. Nr. 35 ein falsches Jahr 1546 und eine andere Motivierung, nämlich eine Beschuldigung des Kindesmordes. Auch Joselin fixiert das Jahr 1542 und deutet an, daß einige Juden hingerichtet worden wären (Nr. 25 .... מדת הדין היתה מתוחה
מנחשים השרפים במדת הדין הקשה ארבע שפטים שבי הריגה שריפה צליבה וגירוש מר.

einzuziehen. Die Untersuchung hatte aber die Schuld der Juden
nicht ergeben. Bei dieser Gelegenheit hatten sich, wiederum durch
eifrige Verwendung Joselins, der Herzog **Otto Heinrich von
Neuburg-Sulzbach** und die Herren von **Pappenheim**
der Juden eifrig angenommen und dem Bischof von Eichstätt ent=
gegengearbeitet. Dieser hatte dagegen Himmel und Hölle in Be=
wegung gesetzt, die Juden wenigstens ausweisen zu lassen. Ein Dichter=
ling, **Thiermaher von Ebertshafen**, hatte darauf eine
Schmähschrift in deutschen Versen gegen den Herzog Otto Heinrich,
als Judengönner, verfaßt, dem viel daran gelegen war, aller Welt
die Unschuld der Juden klar zu machen. Wahrscheinlich auf seine
Veranlassung hatte ein mutiger Schriftsteller freimütig die Juden
gegen das Vorurteil der Christen in einer Schrift in Schutz
genommen. Diese Schrift, „ein Judenbüchlein" [1]) — dessen Verfasser
ein lutherischer Geistlicher (vielleicht **Hosiander**) war — hat zum
erstenmal die ganze Lügenhaftigkeit und Bosheit der Beschuldigung
des Christenkindermords in helles Licht gesetzt. Mit lauter Stimme
rief der Verfasser — der viel mit Juden verkehrt und ihre Sprache,
Gesetze und Sitten gründlich kennen gelernt haben wollte, daß den
Juden mit den ewigen Anschuldigungen des Kindermords' himmel=
schreiendes Unrecht geschähe. Der Reichtum und der reine Glaube
der Juden seien die Veranlassung dazu. Einerseits pflegten hab=
süchtige und grausame Fürsten oder verarmte Edelleute oder den
Juden verschuldete Bürger solche Märchen zu erfinden, um den Juden
zu Leibe gehen zu können, und anderseits erfänden und verbreiteten
Mönche oder Weltgeistliche solche Fabeln, um neue Heilige zu machen
und neue Wallfahrtsorte zu stiften. In dem langen Zeitraum, seit
der Zerstreuung der Juden unter den Christen, bis vor dreihundert
Jahren habe man nichts davon gehört, daß sie Christenkinder ge=
schlachtet hätten. Erst seit dieser Zeit, seitdem Mönche und Pfaffen
viel Betrug mit Wallfahrten und Wunderkuren angerichtet, seien diese
Märchen aufgekommen. Denn die Pfaffen hätten niemanden mehr
gefürchtet als die Juden, weil diese nichts auf Menschenerfindung
gäben, und weil sie die Schrift besser als die Pfaffen verstünden,
hätten sie die Juden aufs ärgste verfolgt, verunglimpft und verhaßt
gemacht. Sie hätten ihnen sogar die heiligen Bücher verbrennen

---

[1]) Diese Schrift ist wohl untergegangen und nur auszugsweise bekannt durch
Ecks „Judenbüchleins Verlegung, darin ein Christ ganzer Christenheit
zu Schmach will, es geschehe den Juden Unrecht in Beziehung des Christen=
Kinder-Mords," vollendet Sept. 1541. Gedruckt Ingolstadt im selb. Jahre. Bl.
D 4 deutet Eck an, daß der Verf. der Apologie für die Juden „der lutherische
Prädikant **Hosiander** sei." Über den Vorfall, der den Schriften zu Grunde
liegt, s. Aretin, Geschichte der Juden in Bayern S. 44 ff.

wollen. Es sei daher gerechtfertigt, anzunehmen, daß die Pfaffen auch den Mord des Kindes im Neuburgschen erdichtet hätten.[1]) Der Verfasser weist ferner darauf hin, daß die Christen bis ins dritte Jahrhundert bei den Heiden als Kindermörder und Blutzapfer verrufen waren.[2]) Die Geständnisse von Juden selbst, auf die man sich zur Begründung der Anklage berufe, seien unter der Folter gemacht worden und könnten nicht als Beweise angeführt werden.[3])

Die fanatischen katholischen Geistlichen, und namentlich der Bischof von Eichstätt, sahen diese Wendung mit Unwillen an, daß die Juden, statt verabscheut und verfolgt zu werden, in dieser Schrift verherrlicht wurden, und sie beeilten sich, den Eindruck zu verwischen. Doktor Johann Eck berüchtigten Andenkens aus der Reformationsgeschichte, ein Schützling des Bischofs von Eichstätt, erhielt den Auftrag, eine Gegenschrift zu verfassen, die Blutbeschuldigung zu beweisen und die Juden zu verunglimpfen. Dieser juristische Theologe mit der Breitschultrigkeit eines Metzgerknechtes, der Stimme eines Aufrührers und der Disputiersucht eines Sophisten, der durch seine Eitelkeit, seine Stellenjägerei und Trunksucht die katholische Kirche, die er gegen die Lutheraner verteidigen wollte, erst recht in Mißkredit gebracht hatte, in Deutschland zuletzt bei Katholiken und Protestanten zugleich gehaßt und verachtet, dieser gewissenlose Streithahn übernahm gern den Auftrag, den Juden Fußtritte zu versetzen. Wo es galt, Skandal zu machen, zu denunzieren, das Volk aufzuwiegeln, alte Vorurteile und Irrtümer mit sophistischer Zungendrescherei zu verteidigen, ließ sich Eck gern bereit finden. Er verfaßte (1541) eine judenfeindliche Gegenschrift gegen das „Judenbüchlein", worin er sich anheischig machte, zu beweisen „was Übles und Büberei die Juden in allen deutschen Landen und anderen Königreichen gestiftet haben." Alte Beschuldigungen von getauften Juden, von Paulus de Burgos an bis auf

[1]) Eck, Judenbüchleins Verlegung, Bl. N 4.
[2]) Das. Bl. J führt Eck die Erklärung des judenfreundlichen Verf. von dem Ursprung der Beschuldigung des Blutgebrauches an. Er stamme aus dem Mißverständnis eines hebr. Wortes. Das Wort דמים (Blut) bedeute im Talmud und im Sprachgebrauch der Juden auch Geld (wie im Lat. sanguis). Wenn nun ein Jude von דמים Geld gesprochen, so habe ein Christ darunter Blut verstanden und darum die Juden des Blutvergießens bezichtigt. Der Zeitgenosse Joselin hat dieses Faktum ebenfalls in sein Tagebuch eingetragen (Nr. 24) und dabei bemerkt, daß durch seinen Einfluß der Herzog von Neuburg und die Grafen von Pappenheim, sich der Juden angenommen hätten: ודרכתי לפעול בפעולות רבות עם הדוכס טיוונבורק גם עם שרים פאפנהיים עד שנקיה"י יצאו לחירות. Das Wort טיוונבורק ist zu lesen נייבורג. Auffallend ist es, daß sich einige unsaubere Juden aus Heidelberg von Frankreich gebrauchen ließen, diesen ihren Verteidiger um die Sukzession in der Pfalz vermittelst einer Intrige zu bringen. Vergl. J. Landsberger in Fr.-Graetz Monatsschr. 1883, 379.
[3]) Siehe Band VIII, S. 67, 95, 259 f., 341.

Pfefferkorn wärmte er wieder auf; was irgend ein altes Weib von dem Blutdurst der Juden ausgesagt, oder was Juden unter der Folter bekannt hatten, namentlich die erlogene Geschichte von dem Kind Simon aus Trient stoppelte er zusammen und fügte angeblich seine eigenen Erlebnisse hinzu. Eck war unverschämt genug, aus dem alten Testamente selbst den blutdürstigen Charakter der Juden zu beweisen. Nicht bloß die Erzählung, daß Simon und Levi Rache an den Sichemiten genommen, die Brüder Joseph verkauft, sondern auch daß Mose die Kanaaniter zu vertilgen befohlen und David Uria hatte töten lassen, legte er den Juden seiner Zeit zur Last.[1]) Um ihnen Schaden zuzufügen, verunglimpfte er auch die von der Kirche gefeierten Helden des alten Testamentes. Mit seiner Zungendrescherei und seiner falschen Gelehrsamkeit behauptete er steif und fest, daß die Juden Christenkinder verstümmelten und deren Blut gebrauchten, um damit ihre Priester zu weihen, die Geburt ihrer Weiber zu fördern, Krankheiten zu heilen, und daß sie Hostien schändeten, die natürlich Wunder getan hätten. Mit Entrüstung rief er aus: „Es ist ein großer Mangel bei uns Christen, daß wir die Juden zu frei halten, ihnen viel Schutz und Sicherheit gewähren."[2]) Er äußerte den frommen Wunsch, daß sämtliche kanonischen Beschränkungen gegen sie aufs strengste gehandhabt, und daß sie namentlich zum Anhören christlicher Predigten und zum Abstellen von Geldgeschäften gezwungen werden sollten.

Recht lehrreich ist es, daß Luther, der Vorkämpfer gegen veraltete Vorurteile, der Stifter eines neuen Bekenntnisses, mit seinem Todfeinde, dem Doktor Eck, welcher ähnliche Verlogenheit mit derselben Unverschämtheit gegen ihn vorgebracht hatte, in Betreff der Juden vollständig übereinstimmte. Die beiden leidenschaftlichen Gegner waren im Judenhasse ein Herz und eine Seele. Luther war im zunehmenden Alter verbittert worden. Durch seinen Eigensinn und seine Rechthaberei hatte er im eignen Kreise vieles verdorben, die Eintracht mit den Gesinnungsgenossen gestört und eine dauernde Spaltung im eigenen Lager geschaffen, welche der Reformation mehrere Jahrhunderte hindurch zum größten Schaden gereichte. Seine derbe Natur hatte immer mehr das Übergewicht über seine sanfte Religiosität und Demut erlangt. Sein schwacher Kopf konnte die durch sein Werk selbst aufgehäuften schroffen Gegensätze nicht bewältigen, und was er mit seinem Verstande nicht ausgleichen konnte, sollte mit derber Faust niedergeschlagen werden. Er konnte nicht ins Reine damit kommen, wie er die evangelische Freiheit mit der Despotengewalt der damaligen großen und kleinen Fürsten — die er als von Gott eingesetzte Obrigkeit

---

[1]) Eck a. a. O. Bl. C 1; E 2.   [2]) Das. Bl. C 2b.

mit sklavischem Gehorsam geachtet wissen wollte — in Einklang bringen sollte, und hatte daher die Junker ermutigt, die zu ihrer Befreiung von ihrem tausendfachen Drucke aufgestandenen Bauern „zu stechen, zu schlagen, zu würgen, wer da kann." In den Evangelien und Grundschriften des Christentums konnte er sich nicht zurecht finden. Der Gegensatz zwischen den gesetzverachtenden paulinischen Elementen und den das Gesetz hochstellenden judenchristlichen Bestandteilen in denselben blieb ihm ein Rätsel. Daher tappte er im Dunkeln umher. Das eine Mal erklärte Luther das Gesetz des alten Testaments für vollständig aufgehoben, auch die zehn Gebote: „Du sollst nicht stehlen, nicht ehebrechen, nicht morden", das andere Mal gestattete er dem Landgrafen von Hessen zwei Frauen nach alttestamentlichem Muster zu heiraten — aber im Geheimen. Er konnte vollends das Judentum mit seinen nicht den Glauben, sondern die Versittlichung und Veredelung der Menschen erzielenden Gesetzen gar nicht begreifen, und er geriet in förmliche Wut, wenn sich seine Genossen (Karlstadt, Münzer) darauf beriefen, z. B. auf das Jubeljahr zur Befreiung der Sklaven und Leibeignen. Nun war ihm eine Schrift zugekommen, worin das Judentum gegen das Christentum in einem Dialoge in den Kampf geführt wurde (o. S. 295) wahrscheinlich von einem christlichen Verfasser. Das war zuviel für ihn. Das Judentum sollte sich erdreisten, sich mit dem Christentum messen zu wollen! Flugs ging Luther ans Schreiben, um eine so leidenschaftlich giftige Schrift: „von den Juden und ihren Lügen" (1542)[1]) zu verfassen, daß sie Pfefferkorns und Doktor Ecks Gehässigkeiten noch übertraf. Die Tatsachen zur Beschuldigung der Juden entnahm er nicht aus dem Leben, sondern aus der Darstellung des boshaften Täuflings Anton Margaritha, von dessen Schrift er vollständig beeinflußt war.

Luther bemerkte im Eingange, er habe sich zwar vorgenommen, nichts mehr, weder von den Juden, noch wider sie zu schreiben, aber weil er erfahren, daß „die elenden heillosen Leute" sich unterfingen, Christen an sich zu locken, wollte er warnen, sich nicht von ihnen narren zu lassen. Disputieren mit den Juden wolle er gar nicht, denn sie seien unverbesserlich. — Luthers Hauptbeweisführung für die Wahrheit des Christentums gegen die Leugnung von Jesu Messianität seitens der Juden ist ganz im mönchischen Geschmack gehalten: Weil die Christen ihnen über ein Jahrtausend alle Menschenrechte geraubt, sie wie schädliche Tiere behandelt, sie getreten, zerfleischt und niedergemetzelt haben, mit einem Worte, weil sie durch die Lieblosigkeit der Christen im Elende sind, darum müssen sie verworfen, und der Heiland der Welt müsse erschienen sein! Es ist noch immer die mittel-

---

[1]) Zuerst erschienen Wittenberg 1543.

alterliche Logik. Wenn er den Stolz der Juden auf ihre Abstammung, auf ihr hohes Alter, auf ihre Auserkorenheit und ihre Treue zunichte machte, so kann man das seinem theologischen Standpunkt, und wenn er sie verstockt und verdammt, Lügner und Bluthunde, giftige Ottern, rachgierige, hämische Schlangen nannte, weil sie die christologische Deutelei der heiligen Schrift nicht anerkennen wollten, so kann man das seiner Derbheit zugute halten, sowie auch, daß er sie als Teufelskinder bezeichnete, da er an allen Orten nur Teufelei erblickte mit Ausnahme seines sehr winzigen engern Kreises von Nachbetern. Es überschreitet aber das Maß aller Nachsicht mit der Eigenart einer ausgeprägten Persönlichkeit, wenn Luther sich in Lieblosigkeit gegen die Juden erging, wie man sie nur von Judenbrenzern gewöhnt war: „Was klagen die Juden über harte Gefangenschaft bei uns", heißt es bei ihm, „wir Christen sind beinah 300 Jahr lang von ihnen gemartert und verfolgt, daß wir wohl klagen möchten, sie hätten uns Christen gefangen und getötet. Dazu wissen wir noch heutigen Tages nicht, welcher Teufel sie hier in unser Land gebracht hat" (als wenn Juden nicht vor den Germanen in einigen jetzt zu Deutschland zählenden Landstrichen gewohnt hätten). „Wir haben sie zu Jerusalem nicht geholt; zudem hält sie auch niemand, Land und Straßen stehen ihnen jetzt offen, mögen sie ziehen in ihr Land; wir wollen gern Geschenke dazu geben, wenn wir sie los werden; denn sie sind uns eine schwere Last, wie eine Plage, Pestilenz und eitel Unglück". Wie Pfefferkorn und Eck teilte Luther mit Schadenfreude mit, wie die Juden öfter mit Gewalt vertrieben worden „aus Frankreich und neulich vom lieben Kaiser Karl aus Spanien (verworrene Geschichtskenntnis), dieses Jahr aus der ganzen böhmischen Krone, da sie doch zu Prag der besten Nester eins hatten, auch aus Regensburg, Magdeburg und mehreren Orten bei meinen Lebzeiten".[1])

Ohne Blick für die Duldergröße der Juden in der allerfeindseligsten Umgebung und unbelehrt von der Geschichte, wiederholte Luther nur die lügenhaften Anschuldigungen des Franziskaners Nikolaus de Lyra, des aus Ehrgeiz übergetretenen Rabbiner-Bischofs Salomon Paulus von Burgos und des vom Judentum zur katholischen Kirche und von dieser zum Protestantismus übergetretenen Margaritha.[2]) Dieser Erzjudenfeinden schrieb er nach, daß der Talmud und die Rabbiner lehrten, Gojim, d. h. Heiden und Christen zu töten, ihnen den Eid zu

---

[1]) Luther, von den Juden Bl. D 4 b fg.
[2]) Luther schrieb Margaritha die Anschuldigung nach (das. Bl. C b), daß die Juden Christen mit „Sched Willkommen" begrüßen. Ebenso Luthers Tischreden II, Nr. 2927, Ausgabe der Lutherschen Schriften von Irmischer. Nicht Pfefferkorn hat er benutzt, wie ich in den früheren Ausgaben geschrieben.

brechen, zu stehlen und zu rauben, sei nicht Sünde,¹) und daß die Juden an nichts anderes dächten, als die christliche Kirche zu schwächen. Es ist ganz unbegreiflich von Luther, der in seinem ersten reformatorischen Aufflammen sich so kräftig der Juden angenommen hatte, daß er all die lügenhaften Märchen von Brunnenvergiftung, Christenkindermord und Benutzung von Menschenblut wiederholen konnte.²) Übereinstimmend mit seinem Antipoden Eck behauptete auch er, die Juden hätten es zu gut in Deutschland, und daher stamme ihr Übermut.

Was soll nun diesem verworfenen, verdammten Volke, das gar nicht mehr zu dulden sei, geschehen, fragte Luther, und er erteilte auch eine Antwort darauf, die von Fanatismus wie von Lieblosigkeit zeugt. Fürs erste, riet der Reformator von Wittenberg, sollte man die Synagoge der Juden einäschern und „solches soll man tun unserm Herrn und der Christenheit zu Ehren." Dann sollten die Christen ihre Häuser zerstören und sie etwa unter ein Dach oder in einen Stall wie die Zigeuner treiben. Alle Gebetbücher und Talmudexemplare, ja selbst die heilige Schrift alten Testamentes sollte man ihnen mit Gewalt nehmen (gerade wie es Luthers Gegner, die Dominikaner geraten hatten), und selbst das Beten und Aussprechen des göttlichen Namens sei ihnen bei Verlust des Leibes und Lebens verboten. Ihren Rabbinen sollte das Lehren untersagt werden. Die Obrigkeit sollte den Juden überhaupt das Reisen verbieten und die Straßen verlegen, sie müßten zu Hause bleiben. Der Wucher sollte ihnen nicht bloß untersagt, sondern alle ihre Barschaft sollte ihnen abgenommen werden. Luther riet, damit einen Schatz anzulegen und davon diejenigen Juden zu unterstützen, welche sich zum Christentum bekehrten. Die starken Juden und Jüdinnen sollte die Obrigkeit zum Frohndienste zwingen, sie streng anhalten, Flegel, Axt, Spaten, Rocken und Spindel zu handhaben, damit sie ihr Brot im Schweiß ihres Angesichts verdienten und nicht in Faulenzerei, in Festen und Pomp verzehrten.³) Die Christen sollten keine schwache Barmherzigkeit für die Juden haben.⁴) Dem Kaiser und den Fürsten redete Luther zu Herzen, sie sollten die Juden ohne weiteres aus dem Lande jagen, sie in ihr Vaterland zurücktreiben.⁵) In der Voraussetzung aber, daß die Fürsten nicht eine solche Torheit begehen sollten, ermahnte er die Pfarrer und Volkslehrer, ihre Gemeinden mit giftigem Hasse gegen die Juden zu er-

---

¹) Luther, von den Juden, Bl. V.
²) Das. Bl. G 2 b. In den Tischreden (II, Nr. 2910) stellte er die unwahre Behauptung auf: „Die Juden, so sich für Ärzte ausgeben, bringen die Christen, welche die Arznei brauchen, um Leib und Gut. Und wir tolle Narren haben noch Zuflucht zu unseren Feinden . . in Gefahr unsers Lebens."
³) Das. Bl. E 2 fg. J. fg.   ⁴) Das. Bl. K 3.
⁵) Das. Bl. J 3 unten.

füllen.¹) Wenn er Gewalt über die Juden hätte, bemerkte er, würde er ihre Gelehrten und Besten versammeln und ihnen mit der Androhung, „ihre Zungen hinten am Halse herauszuschneiden, den Beweis auflegen, daß das Christentum nicht einen einzigen Gott, sondern drei Götter lehre".²) Luther hetzte geradezu die Raubritter gegen die Juden. Er habe gehört, daß ein reicher Jude mit zwölf Pferden durch Teutschland reise, nämlich der reiche Michel (o. S. 291). Wenn nun die Fürsten ihm und seinen Glaubensgenossen nicht die Straße verlegen wollten, so möge sich Reiterei wider sie sammeln, weil die Christen aus seinem Büchlein erfahren würden, wie verworfen das jüdische Volk sei.³)

Noch kurz vor seinem Ende ermahnte er seine Zuhörer in einer Predigt, die Juden zu vertreiben: „Über das andere habt ihr auch noch die Juden im Lande, die großen Schaden tun .. Wiewohl ich Sorge trage, das jüdische Blut sei nunmehr wässerig und wild geworden, sollt ihnen ernstlich anbieten, daß — sie sich täufen lassen — wo nicht, so wollen wir sie nicht leiden. Nun ist mit den Juden also getan, daß sie unsern Herrn nur täglich lästern und schänden — drum sollt ihr sie nicht leiden, sondern sie wegtreiben. — Wenn sie uns könnten alle töten, so täten sie es gerne und tun es auch oft, sonderlich die sich für Ärzte ausgeben ⁴) — so können sie auch die Arznei, die man in Teutschland kann, da man einem Gift beibringt, davon er in einer Stunde — ja in zehn oder zwanzig Jahren sterben muß, die Kunst können sie. — Das habe ich als ein Landkind euch nur sagen wollen zum letzten — wollen sich die Juden nicht bekehren, so sollen wir sie auch bei uns nicht dulden, noch leiden".⁵)

So hatten denn die Juden an dem Reformator und Regenerator Teutschlands einen fast noch schlimmeren Feind als an Pfefferkorn, Margaritha, Hochstraten und Eck, jedenfalls einen schlimmeren, als an den Päpsten bis zur Mitte des Jahrhunderts. Auf die Worte jener Wichte, die als sophistisch und verlogen bekannt waren, hörten wenige, während Luthers lieblose Aussprüche gegen sie von den Christen neuen Bekenntnisses wie Orakel beachtet und später nur allzu genau befolgt wurden. Wie der Kirchenvater Hieronymus die katholische Welt mit seinem unverhüllt ausgesprochenen Judenhasse angesteckt hat, so vergiftete Luther mit seinem judenfeindlichen Testamente die protestantische Welt auf lange Zeit hinaus. Ja, die protestantischen Kreise wurden fast noch gehässiger gegen die Juden, als die katholischen. Die

---

¹) Luther, von den Juden, Bl. J fg.
²) Das. Bl. K. Ebenso Tischreden II, 2927.   ³) Das. Bl. E 4 b.
⁴) Auch diese Beschuldigung hat er Margaritha nachgebetet.
⁵) Luthers Predigten von 1546 in Irmischers Ausgabe von Luthers sämtlichen Werken IV, Band 63, S. 187 fg.

Stimmführer des Katholizismus verlangten von ihnen lediglich Unterwerfung unter die kanonischen Gesetze, gestatteten ihnen aber unter dieser Bedingung den Aufenthalt in den katholischen Ländern. Luther aber verlangte ihre vollständige Ausweisung. Die Päpste ermahnten öfter, die Synagogen zu schonen; der Stifter der Reformation dagegen drang auf deren Entweihung und Zerstörung. Ihm war es vorbehalten, die Juden auf eine Linie mit den Zigeunern zu stellen. Das kam daher, daß die Päpste auf der Höhe des Lebens standen und in der Weltstadt residierten, wo die Fäden von den Vorgängen der vier Erdteile zusammenliefen; daher hatten sie kein Auge für kleinliche Verhältnisse und ließen die Juden meistens wegen ihrer Winzigkeit unbeachtet. Luther dagegen, der in einer Krähwinkelstadt lebte und in ein enges Gehäuse eingesponnen war, lieh jedem Klatsch über die Juden ein geneigtes Ohr, beurteilte sie mit dem Maßstabe des Pfahlbürgertums und rechnete ihnen jeden Heller nach, den sie verdienten. Er trug also die Schuld daran, daß die protestantischen Fürsten sie quälten und aus ihren Gebieten verwiesen.[1]) In den römisch-katholischen Staaten waren lediglich die Dominikaner ihre Todfeinde.

Als wegen der gefundenen Leiche eines Christen die Juden zum hundertsten Mal des Mordes angeklagt, ein Mann, drei Frauen und eine Jungfrau deswegen eingekerkert und gefoltert wurden, ohne sich schuldig zu bekennen, übergab zwar Kaiser Karl dem rastlosen Joselin ein Schreiben zum Schutze der Juden, worin er sie von der Blutbeschuldigung freisprach (1544).[2]) — Aber nach Karls Sieg über den König von Frankreich, stellten die auf dem Reichstag in Worms anwesenden Fürsten beim Kaiser den Antrag, die Juden aus allen deutschen Gauen zu verjagen. Eine hochstehende Persönlichkeit — wahrscheinlich der Kardinal Alexander Farnese,[3]) Enkel des

---

[1]) Joselins Tagebuch berichtet, daß Granvella dem Kaiser gegenüber die Bemerkung machte: הנה היהודים סבלו כמה צרות מהני מינים לוטרין (Nr. 28).

[2]) Joselin, Tagebuch Nr. 26. ובאותן הימים פעלתי חודש ימים בק"ק ווירצבורג גם בשפירא עם כתבי הקיסר... לצאת השבויים. Darauf bezieht sich gewiß das von Wolf mitgeteilte kurze Aktenstück, daß der Kaiser von Speyer aus 3. April 1544 einen Erlaß erteilt hat, worin die Juden von der Beschuldigung freigesprochen wurden, daß sie Christenblut gebrauchten (Maskir I p. 136). Privilegien im vollen Sinne können es übrigens nicht gewesen sein, denn in Nr. 28 berichtet Joselins Tagebuch, er habe außerordentliche Privilegien für die Juden vom Kaiser erlangt, welche ihm im Speyer zugesagt worden wären: ובכר הבטיחני הקיסר ויועציו בשפירא לתתנו.

[3]) Joselin, Tagebuch Nr. 27. Es spricht viel dafür, daß der das. erwähnte עד קם איש טוב זכיר לטוב לדרוש ולהטעים לדם (הדוכסים והשרים)... להחזיק היהודים בממשלות הקיסר וסלו רומי לזכרון, Kardinal Farnese war, welcher sich zu diesem Reichstag eingefunden hatte.

Papstes Pauls III., welcher die Marranen in Portugal begünstigte — sprach so eindringlich zugunsten der Schonung der Juden, daß die meisten Fürsten ihr Vorhaben aufgaben. Nur einige protestantische Fürsten und Städte verjagten sie, Eßlingen, Landau und andere (1545).

Bis in die Türkei hinein verfolgte sie der Judenhaß. Waren es nicht Dominikaner oder Protestanten, so waren es griechisch-katholische Christen. In den kleinasiatischen wie in den griechischen Städten wohnten Türken und Griechen untereinander. Die letzteren, welche ihren Übermut nicht aufgeben mochten, ihn aber an den herrschenden Türken nicht auslassen konnten, verfolgten die Juden mit ihrem stillen Hasse und benutzten jede Gelegenheit, ihnen Verfolgungen von seiten der Herrscher zuzuziehen. Eines Tages veranstalteten einige Böswillige unter ihnen in der Stadt A m a s i a in Kleinasien eine solche. Sie ließen einen armen Griechen, der mit Juden zu verkehren pflegte, und von ihnen unterhalten worden war, verschwinden und klagten einige derselben an, ihn ermordet zu haben. Die türkischen Kadis zogen hierauf die Angeklagten ein, folterten sie und erpreßten ihnen das Geständnis des Mordes. Sie wurden gehängt, und ein angesehener jüdischer Arzt, J a k o b A b i = A j u b , wurde deswegen verbrannt (um 1545). Nach einigen Tagen erkannte ein Jude den ermordet geglaubten Griechen, entlockte ihm die Art seines Verschwindens und brachte ihn vor den Kadi. Dieser, mit Recht über die boshaften griechischen Ankläger erzürnt, ließ sie hinrichten. Auch in der Stadt T o k a t in derselben Gegend, kam in derselben Zeit eine ähnliche Anschuldigung gegen Juden vor, und auch deren Lügenhaftigkeit kam an den Tag. Von diesen trüben Vorfällen nahm der jüdische Leibarzt des Sultans S u l e i m a n , M o s e H a m o n (o. S. 27), Gelegenheit, ein Dekret von demselben zu erwirken, daß eine Anklage gegen Juden in der Türkei, sie hätten einen Christen gemordet, dessen Blut in Osterkuchen getan, und ähnliche boshafte Anschuldigungen, nicht vor die gewöhnlichen Richter, sondern vor den Sultan selbst gebracht werden sollten.[1]) In der Christenheit dagegen wiederholten sich erlogene Anklagen gegen sie immer und fanden Glauben beim Volke und auch bei vorurteilsvollen Richtern, und am meisten in Deutschland. Ausgedehnte und ernstgemeinte Privilegien, welche Kaiser Karl neuerdings (1545)[2]) zu ihrem Schutze erteilte, lediglich durch Bittgesuche von Joselin erwirkt, nützten nicht viel. Die Juden wurden nichtsdestoweniger bald hier, bald da, im Elsaß, in Bayern, im Württembergischen ausgewiesen, mißhandelt, auf den Straßen ihrer Habseligkeiten beraubt

---

[1]) Zeitgenössische Quellen: Joseph Ibn = Verga, Schebet Jehuda III. Joseph Kohen, Emek ha Bacha 105. Der letztere gibt das Datum 1545.

[2]) Joselin Tagebuch, Nr. 28 u. ספר המקנה Katalog Bodl. Neubauer Nr. 2240, p. 737.

oder gar totgeschlagen.¹) Aus Roßheim selbst, Joselins Wohnort, dem er in Fährnissen wesentliche Dienste geleistet hatte, wurden in seiner Abwesenheit Sohn und Schwiegersohn mit ihren Familien hinausgejagt.²)

Grell beleuchtet wird die judenfeindliche Unduldsamkeit unter dem Kreuze und die freundliche Duldung unter dem Halbmonde durch einen Schriftwechsel zwischen hier und dort. Sobald der letzte Papst aus dem Humanistenkreise, der den Juden wohlwollende Paul III., die Augen geschlossen hatte, kam infolge der Kirchenspaltung die strengkirchliche Partei der Jesuiten und Theatiner ans Ruder, und diese wollte nichts von Duldung und Gewährenlassen wissen. Alle Organe des Papsttums drangen auf unerbittliche Durchführung der kanonischen Maßlosigkeit. Die Juden in dem kleinen Kirchenstaat Venaissin, innerhalb des französischen Gebietes, empfanden bald den Umschlag der Windrichtung. Bis dahin von den duldsamen Päpsten und besonders von Paul III. gewissermaßen gehegt, zeigten auch die päpstlichen Beamten ihnen Wohlwollen und Zuneigung.³) Die Juden in den größeren Städten Avignon, Carpentras besaßen Reichtum, Güter aller Art und auch Äcker. Die Bankinhaber hatten das Privilegium, einen hohen Zinsfuß zu nehmen, wodurch allerdings Schuldenmacher Gelegenheit hatten, sich zu ruinieren. Die Kurie bezog durch den Geschäftsumfang der Juden von Venaissin bedeutende Einnahmen. Zwei reiche Brüder in Carpentras, **Samuel** und **Bondian Crescas** standen in besonderem Ansehen bei den päpstlichen Behörden, waren vielleicht Finanzmeister und nahmen sich viel gegen Juden und Christen heraus.⁴)

Diese Begünstigung hörte mit der Inthronisation des Nachfolgers von Paul III. von der streng kirchlichen Observanz auf. Die kanonischen Vorschriften von der Ausschließung der Juden aus der Gesellschaft und von anderen Bedrückungen sollten rücksichtslos gehandhabt werden. Die Gemeinden sahen schlimmen Tagen entgegen und fürchteten massenhafte Ausweisung. Sie faßten daher eine freiwillige Auswanderung ins Auge und zwar nach der duldsamen Türkei, und beorderten zwei Sendboten nach Salonichi, wo ihre ehemaligen Landsleute angesiedelt waren, um sichere Erkundigungen über die Lage der Juden in diesem Lande einzuziehen (1550).

Die Gemeindevertreter von Salonichi konnten den Sendboten beruhigende Auskunft geben, und entwarfen, wie Isaak Zarfati zwei-

---

¹) Revue d. Et. II, 273, V 95 aus Aktenstücken.
²) Das. XIII, 252 f.
³) Vergl. Sadoleti episcopi Carpentracensis epistolae XII, 17; XIII, 3.
⁴) Respp. Isaak de Lates p. 3. (שמואל ובונדיאן קרישקאש) כי האחים האלה
בעלי זרוע נשיאי עדה עשירים קרובים למלכות אשר כל הממשלה על פיהם.

Vertreibung der Juden aus Genua. 305

hundert Jahre vorher,¹) eine begeisterte Schilderung in hellen Farben und mit verlockenden Aussichten von der Lage der Juden in der Türkei. Die Auswanderer würden dort nicht bloß Ruhe und Freiheit, sondern auch Wohlstand und Lebensbehaglichkeit finden, denn Volk und Regierung hegten nur Wohlwollen gegen die Juden, besonders gegen die aus der Christenheit ausgewanderten. Die Reichen würden Gelegenheit finden, ihr Gut zu vermehren, und die Armen durch Handwerke ihre Existenz zu sichern. Sie sollten nur nicht durch Selbsttäuschung mit der Auswanderung zögern, sonst würde es ihnen wie denen in Spanien und Portugal ergehen, in der letzten Stunde durch Drangsale aller Art gezwungen, zum Scheine das christliche Bekenntnis zu heucheln. Denn das Ende der Quälereien werde doch die Austreibung sein.²) Sultan Suleiman brauchte nicht, wie Karl V., den Juden fort und fort Schutzbriefe zu erteilen. Sie fänden ausreichenden Schutz an dem duldsamen Geiste, der in der Türkei herrschte. Wie anders in der Christenheit!

Die Republik Genua hatte eine Zeitlang keinen Juden länger als drei Tage auf ihrem Gebiet geduldet. Indessen wurden nach und nach Flüchtlinge aus Spanien oder der Provence in dem Städtchen Novi bei Genua aufgenommen, verkehrten auch in der Hauptstadt und wurden daselbst stillschweigend geduldet. In der Parteistreitigkeit der Patrizierfamilien wurde die kleine Gemeinde in Mitleidenschaft gezogen, von der einen verwiesen, von der andern wieder zugelassen.³) Es waren meistens gewerbtätige, intelligente Juden, Kapitalisten, Ärzte. Aber auch hier wühlten die Dominikaner gegen sie und stachelten in ihren Predigten namentlich den Brotneid der christlichen Ärzte gegen sie auf. Gegen den Willen des Dogen Doria wurden infolgedessen die Juden aus Genua vertrieben (April 1550), und unter Trompetenklang wurde verkündet, daß kein Jude künftig daselbst geduldet werden

¹) Band VIII 3, S. 214.
²) Das interessante Antwortschreiben der Saloniker Gemeinde an die der Provence hat Isidor Loeb aus einer Handschrift mitgeteilt Revue d. Et. XV, 270 f. Es hat die Überschrift: אחינו גלות ירושלים אשר בכל גליות ... שלומי אמוני und ist datiert: גלילות) פרוינצה .... ר״ח אלול ש״ת ש״י למורא l.). Mr. Loeb findet es auffallend, daß die Juden der Provence sich damals nach einem Asyl umgesehen haben sollten, da sie doch ein halbes Jahrhundert vorher ausgewiesen waren. Er vermutet daher, daß das Ausweisungsedikt von Ludwig XII. nicht streng durchgeführt worden sei, oder daß später wieder Juden aufgenommen worden wären. Er gibt aber selbst zu, daß sich kein Beleg für diese Annahme findet. Die Korrespondenz kann daher nur von den Gemeinden in Venaissin, Avignon und Carpentras ausgegangen sein, welche unter dem strengen Kirchenregiment Quälereien erduldet und eine Ausweisung befürchtet haben. Sie sind doch in der Tat 1569—70 ausgewiesen worden. Vergl. w. u.
³) Joseph Kohen, das. p. 93—94, 96, 108.

Graetz, Geschichte der Juden. IX. 20

sollte.¹) Diese Austreibung aus Genua hat nur insofern einige Bedeutung, als ein gewandter jüdischer Geschichtschreiber davon betroffen wurde, dessen Lebensschicksale im kleinen den Schmerzensgang des jüdischen Stammes im großen abspiegeln.

Der Auf- und Niedergang im Völkerleben, sowie die Wechselfälle im Leben des jüdischen Volkes brachten nämlich seit der grausigen Vertreibung der Juden aus Spanien und Portugal und der unmenschlichen Verfolgung der Marranen einigen scharfbeobachtenden Juden die Überzeugung bei, daß nicht der Zufall in der Geschichte walte, sondern daß sie eine höhere Hand leite und durch Blut und Tränenströme ihren Ratschluß zu Ende führe. Kein Jahrhundert seit den Kreuzzügen war reicher an wechselvollen, fast dramatischen Begebenheiten als das sechzehnte, in welchem nicht bloß neue Länderentdeckungen auftauchten, sondern sich auch ein neuer Geist unter den Menschen regte, der nach neuen Schöpfungen rang, aber von dem Bleigewicht des Alten und Bestehenden stets niedergehalten wurde. Diese Fülle der Tatsachen führte einige gedankenreiche Juden, größtenteils von sefardischer Abkunft, zu der Reife des Urteils, in der wilden, scheinbar launenhaften und unregelmäßigen Strömung der allgemeinen und jüdischen Geschichte ein Werk der Vorsehung zu erblicken. Sie betrachteten die Geschichtserzählung als Trösterin desjenigen Teils der Menschheit, welcher von dem wilden Ritte der heranstürmenden Begebenheiten umgeworfen, überritten und zerfleischt worden ist. Und welcher Volksstamm bedurfte mehr des Trostes, als der jüdische, das Märtyrervolk, das zum Leiden geboren schien und sein Brot stets mit Tränen aß? Fast zu gleicher Zeit faßten drei geisteswache Juden die Aufgabe ins Auge, sich in der Geschichte umzusehen und der jüdischen Lesewelt ihre ehernen Tafeln vorzuhalten. Es waren der Arzt **Joseph Kohen**, der Talmudist **Joseph Ibn-Verga** und der Dichter **Samuel Usque**. Alle drei gingen dabei von einem und demselben Grundgedanken aus. Der Geist der Propheten, welcher in der Betrachtung der Geschichtsbegebenheiten das geeignetste Mittel zur Belehrung und Erhebung erblickte, war über sie gekommen, und sie haben dadurch bekundet, daß die Juden auch in ihrer Niedrigkeit nicht dem Gesindel der Zigeuner glichen, das weder eine Geschichte hat, noch kennt, ja, daß sie in mancher Beziehung höher ständen, als diejenigen, die Zepter und Schwert, Rad und Kolben zur Knechtung der Menschheit gehandhabt haben.

Der bedeutendste unter diesen als Geschichtsschreiber war Joseph ben Josua Kohen (geb. in Avignon 1496, gest. 1575).²) Seine

---

¹) Joseph Kohen, das. 108, auch in seiner Chronik p. 135.

²) Die Daten sind in seinen beiden historischen Werken: **türkische und französische** (richtiger weltgeschichtliche) **Chronik** דברי הימים למלכי צרפת ועותמן,

Ahnen stammten aus Spanien. Bei der großen Austreibung war sein Vater Josua aus Huete nach Avignon ausgewandert und von da nach Novi im Genuesischen übergesiedelt, hatte auch einige Zeit in Genua geweilt und war auch von da vertrieben worden. Joseph Kohen hatte die Arzneikunde studiert, sie praktisch ausgeübt und theoretisch betrieben. Er scheint Leibarzt des Dogen Andreas Doria gewesen zu sein. Für seine Glaubensgenossen schlug sein Herz warm, und er ließ es nicht an Eifer fehlen, das Los der Unglücklichen unter ihnen zu erleichtern. Er gab sich einst Mühe, einen Vater und dessen Sohn, welche von dem herzlosen Gianettino Doria, Neffen und designiertem Nachfolger des Dogen, eingekerkert worden waren, zu befreien. Aber nur die Befreiung des Vaters gelang Joseph Kohen; der Sohn entkam erst in jener stürmischen Nacht, als Fieschi die Verschwörung ausführte.[1]) In den Seekriegen des Dogen Doria gegen Griechenland und die griechischen Inseln, sowie des Kaisers Karl gegen Tunis, wurden jüdische Gefangene wie Galeerensklaven behandelt oder mißhandelt. Da verwendete sich Joseph Kohen mit warmem Eifer, um Lösegeld für die Unglücklichen von jüdischen Gemeinden zu sammeln.[2]) Bei der Ausweisung aus Genua (1550) baten ihn die Bewohner der kleinen Stadt Voltaggio, sich bei ihnen als Arzt niederzulassen, worauf er auch einging, und achtzehn Jahr dort zubrachte. Mehr als die Arzneikunde zog ihn jedoch die Geschichte an, und er sah sich nach Chroniken um, um eine Art Weltgeschichte in Form von Jahrbüchern zu schreiben. Er begann mit der Zeit vom Untergang des römischen Reichs und der neuen Staatenbildung und stellte den weltgeschichtlichen Verlauf als einen Kampf zwischen Asien und Europa, zwischen dem Halb-

und Martyrologium עמק הבכא angegeben. Das erste vollendet November 1553, ein Jahr später in Venedig ediert; einzelne Partien daraus deutsch und französisch übersetzt und das Ganze englisch von Bialloblotzki 1835—36. Das zweite zweimal umgearbeitet oder vielmehr durch Additamente vermehrt, erste Rezension 1557—58, zweite 1563 und letzte 1575 kurz vor seinem Tode. Es wurde ediert von S. D. Luzzatto und M. Letteris Wien 1852, deutsche Übersetzung von Wiener 1858, französische von Julien See 1881. — Scaligers Tadel gegen J. Kohen wegen dessen Ungenauigkeit, daß er in seiner Chronik nicht einmal die Vertreibung der Juden aus Spanien erzählte, ist ungerecht. Er hatte bei Abfassung derselben schon in petto, dieses Martyrologium zu schreiben, darum hat er die Schicksale der Juden in der Chronik nur gelegentlich berührt. — Er hat auch ein medizinisches Werk von Joseph Alguades (secreta medicinae) aus dem Spanischen ins Hebräische übersetzt, und eben so ein geographisches Werk über die Entdeckung Amerikas aus dem Spanischen: la historia general de los Judios . . . que contiene la conquista de Mexico, welches 1552 erschienen. Vergl. darüber, so wie überhaupt interessantes Detail zu J. Kohens Biographie Isidor Loeb, Revue d. Et. XVI 28 f.

[1]) Chronik p. 129 fg
[2]) Vgl. Loeb a. a. O. p. 46 f.

monde und dem Kreuze, zwischen dem Islam und dem Christentume dar; jenes wird repräsentiert durch das mächtige türkische Reich, dieses durch Frankreich, das den ersten christlichen Gesamtmonarchen, Karl den Großen, aufgestellt hatte. An diese zwei großen Völkergruppen knüpfte Joseph Kohen die europäische Geschichte an. In die „Jahrbücher der Könige von Frankreich und des ottomanischen Hauses" (wie der Titel seines Geschichtswerkes lautet), zog Joseph Kohen alle Begebenheiten und Kriege in der Christenheit und der islamitischen Welt hinein. Er selbst sympathisierte mit der französischen Partei in Italien, und darum stellte er Frankreich, nicht das deutsch-spanische Kaiserhaus an die Spitze der Christenheit. Joseph Kohen verstand es allerdings nicht, den Geschichtsstoff künstlerisch zu gruppieren und ihn in einen einheitlichen Rahmen zu fassen. Die Zeitfolge ist das Band, welches die zusammenhanglos nebeneinander gestellten Ereignisse und Tatsachen zusammenhält. Aber was ihm an Gestaltungskunst abging, das ersetzten seine Wahrheitsliebe und seine ungemeine Genauigkeit. Freilich, soweit er sich in der älteren Geschichte der Führung seiner oft schlechten Quellen überlassen mußte, beging er Mißgriffe; aber in der Geschichte seiner eigenen Zeit, die er entweder selbst erlebt oder gewissenhaft durch Zeugenverhör erforscht hatte, ist er ein unparteiischer, zuverlässiger Zeuge und darum eine lautere Quelle. Der hebräische Geschichtsstil, den er den besten biblischen Geschichtsbüchern entlehnt hat, belebt seine Darstellung ungemein. Die biblische Gewandung und die dramatischen Wendungen geben ihm einen eigenen Reiz und heben das Werk über den Stand einer trockenen Chronik hinaus. An die betreffenden Zeitpunkte reihte Joseph Kohen die Geschichte der größeren Judenverfolgungen an, wozu er sich seltene Quellen zu verschaffen gewußt hat, die noch kein anderer vor ihm benutzt hatte. Seine Hauptaufgabe war, die gerechte Waltung Gottes in der geschichtlichen Begebenheit nachzuweisen, wie Gewalt und Arglist ihre gerechte Vergeltung fanden und von ihrer errungenen Höhe herabgestürzt wurden. Er empfand die Wehen der Geschichte mit, darum schrieb er nicht kalt, sondern öfter mit maßloser Bitterkeit und ließ es nicht an Verwünschungen gegen die blutigen Verfolger unschuldiger Märtyrer fehlen. Joseph Kohen hatte bei Abfassung der Jahrbücher den Plan, die Judenverfolgungen, die er darin nur gelegentlich angeführt hatte, der Zeitfolge nach in derselben Form aufzuzählen, hat ihn aber erst später ausgeführt, weil ihm noch Quellen gemangelt zu haben scheinen.

Von anderer Art ist ein Geschichtswerk aus derselben Zeit, woran drei Geschlechter, Ahn, Sohn und Enkel, gearbeitet haben. Aus der angesehenen Familie Ibn-Verga, welche mit den Abrabanels verwandt war, hatte Juda Ibn-Verga, zugleich Kabbalist und Astronom, in einem Werke gelegentlich einige Verfolgungen der Juden zu verschiedenen Zeiten und in verschiedenen Ländern angemerkt, die er aus mehreren Quellen, namentlich aus einer ähnlichen Sammlung des kenntnisreichen und geistvollen Profiat Duran [1]) entlehnt hatte. Salomo Ibn-Verga, der die Vertreibung der Juden aus Portugal und Spanien erlebte, eine Zeitlang Scheinchrist war [2]) und dann als Marrane nach der Türkei ausgewandert war, hatte zu den Bemerkungen seines Verwandten einige Erzählungen hinzugefügt. Er verstand auch die lateinische Sprache und hat daher aus lateinischen Schriften neue Tatsachen entlehnt und nachgetragen. Sein Sohn Joseph Ibn-Verga, der zum Rabbinatskollegium in Adrianopel gehörte, hat dann wieder das Werk durch einige Tatsachen aus früherer und aus seiner Zeit ergänzt und diese Bestandteile als ein Ganzes veröffentlicht unter dem Titel: die Zuchtrute Judas (Schebet Jehuda).[3]) Auch Joseph Ibn-Verga war des Lateinischen kundig und hat aus lateinischen Schriften manches darin einverleibt. Dieses Marthyrologium der Ibn-Verga ist daher nicht aus einem Gusse, sondern ein zusammengewürfeltes Allerlei, ohne Plan und Ordnung, selbst ohne chronologische Reihenfolge. Erdichtete Gespräche zwischen gelehrten Juden und portugiesischen oder spanischen Königen sind darin als tatsächliche Begebenheiten mit angeführt. Der hebräische Stil ist aber, ohne eine biblische Färbung zu haben, wie die Geschichtswerke Elia Kapsalis und Joseph Kohens, glänzend und anmutig, bis auf die Stücke, welche aus lateinischen Schriften übersetzt sind, die sich schwerfällig und holperig ausnehmen. Salomo Ibn-Verga suchte (gegen Ende der ersten Sammlung) die Gründe, warum denn gerade der jüdische Stamm und am meisten die spanischen Juden mit so unsäglichen Leiden heimgesucht würden, und fand als solche einmal die Vorzüglichkeit des jüdischen Volkes, „was Gott am meisten liebt, züchtigt er am strengsten"; dann als Strafe für die noch ungesühnte Sünde mit dem goldenen Kalbe in der Wüste. Am meisten habe aber ihre Absonderung von den Christen in Speise und Trank die Verfolgung herbeigeführt; ferner die Rache der Christen für Jesu Kreuzigung, die Vergehen der spanischen Juden mit Christinnen, der Neid auf ihre Reichtümer und falsche Eide, die sie sich haben zu schulden kommen lassen. Ibn-Verga hat die Fehler seiner Stammesgenossen nicht verschwiegen, sie vielleicht grell übertrieben. Joseph Ibn-Verga fügte ein herzinniges Gebet hinzu über die Fülle der Leiden, welche Israel erduldet hat, und noch immer erduldet, so daß je die letzten die ersten in Vergessenheit bringen. Alle Völker

---

[1]) S. B. VIII Note 1.   [2]) S. oben S. 212, Anm. 1.
[3]) Vergl. die Einleitung dazu in der von Wiener veranstalteten Ausgabe, Hannover 1855.

der Erde sind einig im Haß gegen diesen Stamm, alle Kreatur des Himmels und der Erde ist gegen ihn feindlich verschworen; ehe noch das jüdische Kind zu lallen vermag, wird es schon von Haß und Schimpf verfolgt. „Wir sind wie die niedrigsten Würmer verachtet. Gott möge seine Verheißungen für sein Volk bald in Erfüllung gehen lassen."

Der bedeutendste und originellste der drei zeitgenössischen Geschichtschreiber war Samuel Usque, von dessen Lebenslauf bedauerlicherweise so gar nichts bekannt ist, nicht einmal in welchem verwandtschaftlichen Verhältnis er zu den andern beiden Usque stand, die jedenfalls einer und derselben Familie angehörten, ausgewanderte Marranen waren und literarische Bildung besaßen.

Abraham Usque hieß als Scheinchrist Duarte Pinel[1]) und bearbeitete unter diesem Namen eine lateinische Grammatik, die er noch in Portugal drucken ließ. Wie er diesem Lande und den Inquisitionskrallen entgangen und nach Ferrara gekommen ist, ist nicht bekannt. In dieser Stadt, wo die portugiesischen Marranen unter dem Schutze des Herzogs Ercole d'Este das Judentum frei bekennen durften,[2]) legte er unter dem jüdischen Namen Abraham Usque eine großartige Druckerei an, zunächst für die ehemaligen Scheinchristen in Italien und anderen Ländern, die, im Marranentum geboren, nach und nach das Hebräische, die Herzenssprache der Juden, verlernt hatten. Er selbst oder sein Verwandter, Samuel Usque, oder andere übersetzten die hebräischen Gebete verschiedener Gattung ins Spanische, und diese wurden in der Usqueschen Druckerei verlegt.[3]) Die zurückgetretenen Marranen hatten einen wahren Heißhunger nach Belehrung aus ihren Religionsquellen, und die Juden Italiens sorgten für dessen Sättigung. Sogar der trockene Religionskodex des Jakob Ascheri (Bd. VII₂, S. 249) wurde ins Spanische übersetzt oder ein kurzgefaßter Auszug daraus gemacht, als „Tafel für die Seele" (mesa de la alma) und bis nach Flandern versandt.[4])

Auch ein anderes großartiges Werk unternahm Abraham Usque oder Duarte Pinel für die Marranen. Er ließ die ganze heilige Schrift alten Testaments von kundigen Männern[5]) aus dem hebrä-

[1]) Vergl. über die drei Usque, Note 7.   [2]) S. weiter unten.
[3]) S. de Rossi, de typographia Hebraeo-Ferrarensi, p. 62 fg.
[4]) Hebräischer Katalog der Druckwerke in der Bodlejana p. 1686 fg. Die richtige Notiz in schlechter lat. Übersetzung lautet: Ein gewisser Meïr um 1600 machte einen Auszug aus Joseph Karos Schulchan Aruch in spanischer Sprache (Ladino) und bemerkte: mihi notum est, jam ante aliquot annos alium quendam omnes constitutiones usitatas ex טורים vertisse lingua et scriptura הליקים, cujus היתק non ita pridem Judaeis אנוסים urbe (urbem) פלאנדרים) missum fuisse.
[5]) Nach Joseph Athias haben 100 kundige Männer an der Ferrarensischen Bibelübersetzung gearbeitet.

ischen Text in gutes Spanisch wortgetreu übersetzen und gab sie heraus (1550 bis 1553). Ein begüterter Marrane, Jom=Tob Athias oder Geronimo de Vargas, trug die Kosten davon. Dieses großartige und sehr geschätzte Ferrarische Bibelwerk widmeten die Herausgeber zum Teil dem Herzog Ercole als Dankestribut für seine den Marranen gewährte Duldung, und zum Teil einer vornehmen marranischen Doña (Gracia Mendesia), welche der Schutzgeist ihrer Leidensgenossen geworden war.[1]) Aber nicht bloß spanische und portugiesische Schriften verlegte Abraham Usque oder Duarte Pinel in seiner Druckerei, sondern auch hebräische, ohne besondere Auswahl, rituelle, religions=philosophische und kabbalistische Werke.[2])

Der zweite des Namens Usque, Salomo, oder, wie er früher als Scheinchrist hieß, Duarte Gomez,[3]) war zugleich Dichter und Kaufmann in Venedig und Ancona, wohin er aus Portugal eingewandert war. Er überarbeitete Petrarcas verschiedenartige Dichtungen in schönen spanischen Versen, welche von seinen Zeitgenossen wegen ihres kunstvollen Baues und Wohllautes bewundert wurden. Gemeinschaftlich mit einem andern jüdischen Dichter Lazaro Gracian hat er ein spanisches Drama aus biblischem Stoffe, aus dem künstlerisch schönen Epos von der jüdischen Königin Esther und der Rettung ihres Volkes, gedichtet. Dabei war Gomez=Salomo Usque ein gewandter Geschäftsmann und führte schwierige Aufträge glücklich aus.

Der bedeutendste unter den drei Usque war Samuel, dessen Christenname nicht bekannt ist, der ohne Zweifel ebenfalls vor der Wut der Inquisition aus Portugal entflohen war; er ließ sich mit seinen Verwandten ebenfalls in Ferrara nieder. Auch er war Dichter; aber seine Muse befaßte sich nicht mit fremdem Stoffe, nicht mit Nachahmungen und Überarbeitungen, sondern schuf Eigenes und Eigenartiges. Die zugleich glanzvolle und tragische Geschichte des israelitischen Volkes zog ihn mächtig an, und sie lag nicht bloß in seinem Gedächtnisse als toter Gelehrtenstoff angehäuft, sondern lebte in seinem Herzen als frisch sprudelnder Quell, woraus er Trost und Begeisterung schöpfte. Die biblische Geschichte mit ihren Helden, Königen und Gottesmännern, die nachexilische Geschichte mit ihrem Wechsel von heldenmütiger Erhebung und unglücklicher Niederlage, die Geschichte seit der Zerstörung des jüdischen Staates durch die Römer, alle die Vorgänge und Wandlungen der drei Zeiträume waren Samuel Usque gegenwärtig. Er hatte sich Mühe gegeben, die geschichtlichen Quellen selbst zu befragen und sich an Literaturgebiete gemacht, welche bis dahin kein Jude angesehen hatte. Für die nachexilische Zeit hatte er

---

[1]) S. weiter unten.
[2]) De Rossi a. a. O. p. 28.   [3]) S. Note 7.

nicht aus der unsaubern Zisterne des falschen Josippon geschöpft, wie seine Vorgänger, sondern er hatte den echten Josephus gelesen, der, damals ein Liebling der literarischen Welt, bereits im griechischen Original und in lateinischer Übersetzung veröffentlicht war. Samuel Usque verstand das Lateinische, so wie er auch ein Meister nicht bloß seiner vaterländischen Sprache, der portugiesischen, sondern auch des Spanischen war. Aus lateinischen Quellen, aus dem Lügenwerke des Alfonso de Spina, aus spanischen, französischen und englischen Chroniken, selbstverständlich auch aus jüdischen Sammlungen trug er den Geschichtsstoff bis zur Vertreibung der Juden aus Spanien und Portugal zusammen. Diesen Stoff belebte er mit einem poetischen Hauche zu einem das Herz mächtig ergreifenden langen Klage- und Trostgedichte in portugiesischer Sprache, nicht in Versen, aber in so gehobener Prosa, daß es den Leser in seiner Einkleidung noch mehr anmutet. Es ist ein Gespräch zwischen drei Hirten Icabo, Numeo und Zicareo, von denen der erste das tragische Geschick Israels seit seinem Eintritt in die Geschichte mit blutigen Tränen beklagt, die beiden andern den Balsam des Trostes in das wunde Herz des unglücklichen Hirten träufeln und ihm die Leiden als notwendige Vorstufen zur Erreichung eines herrlichen Zieles darstellen. „Trost in den Trübsalen Israels"[1]) nannte Samuel Usque diesen geschichtlichen Dialog. Er beabsichtigte durch die lebensvolle Darstellung der jüdischen Vergangenheit die portugiesischen Flüchtlinge in Ferrara und anderwärts, die sich wieder an das Judentum angeklammert hatten, in ihren Trübsalen und schweren Leiden zu trösten und auf eine schöne Zukunft zu verweisen. Samuel Usque wollte keineswegs eine zusammenhängende und fortlaufende Geschichte der israelitischen Nation geben; sie diente ihm nur als Mittel, um die Herzen durch die Erinnerung an das tränenreiche Geschick und den Hinweis auf die sichtbare göttliche Leitung derselben zu erschüttern und zu erheben. Er zeigte die israelitische Nation bald als trauernde Witwe, welche jammervoll die Hände ringt und Tag und Nacht Tränen vergießt um die lange, lange, Tausende von Jahren umfassende Reihe von Leiden ihrer Söhne, die aus Glanz und Licht in Dunkel und Elend gestürzt sind, bald wieder als gottbegeisterte Prophetin im Strahlengewande, deren Auge die Finsternis durchdringt, eine herrliche Zukunft schaut, und deren Mund Weisheit und Linderung für die brennenden Schmerzen ausströmt. Aber wenn auch kein Geschichtsschreiber, so hat doch keiner wie Samuel Usque die Hauptzüge der jüdischen Geschichte so lichtvoll und lebendig von den ältesten Zeiten bis auf seine Zeit dargestellt. Er hat auch, weil er den Geschichtsverlauf wahrheits-

---

[1]) Consolação ás tribulações de Israel, vollendet 1552, s. Note 7.

getreu abspiegeln wollte, die chronologische Seite der Begebenheiten nicht vernachlässigt und auch die Quelle angegeben, aus denen er das Material zusammengetragen hat.

Die äußere Einkleidung dieses historisch = poetischen Dialogs ist folgende. Der Hirte Jcabo (oder Jakob, als Repräsentant von Gesamt= israel) beklagt in einer einsamen Gegend das Elend seiner Herde, die in alle Weltteile zerstreut, gedemütigt, zerfleischt ist. „Zu welchem Teil der Welt soll ich mich wenden, auf daß ich Heilung für meine Wunde, Vergessenheit für meinen Schmerz und Trost für die schwere, unerträgliche Pein finde? Der gewölbte Körper der ganzen Erde ist voll von meinem Elend und meinen Drangsalen. In den Reich= tümern und Genüssen des glücklichen Asiens, da finde ich mich als einen armen und mühebeladenen Pilger. In der Fülle des Goldes des sonnenverbrannten Afrika bin ich ein unglücklicher, ausgehungerter, verschmachtender Verbannter. Und Europa, Europa, meine Hölle auf Erden! was soll ich von dir sagen, da du mit meinen Gliedern die größten Triumphe gefeiert hast? Wie soll ich dich loben, lasterhaftes und kriegerisches Italien? Wie ein ausgehungerter Löwe hast du dich von dem zerstückelten Fleische meiner Lämmer genährt! Verderbte französische Weideplätze, Lämmer weideten auf euch vergiftete Gräser! Stolzes, rauhes und gebirgiges Deutschland, in Stücke zerschellt vom Gipfel deiner wilden Alpen hast du meine Jungen! Ihr süßen und frischen Gewässer Englands, einen bittern und salzigen Trunk schlürfte aus euch meine Herde! Heuchlerisches, grausames und blutdürstiges Spanien, gefräßige und heißhungrige Wölfe haben in dir meine woll= reiche Herde verschlungen und verschlingen sie noch".[1]) — Die zwei Hirten Numeo und Zicareo, von Jcabos herzzerreißenden Klagen herbeigezogen, bewegen ihn durch viel Zureden, seinen Schmerz aus= zusprechen, auf daß er seinem beschwerten Herzen Erleichterung ver= schaffe. Nur mit Überwindung versteht er sich dazu. Er schildert dann den beiden Freunden die ehemalige Herrlichkeit seiner Herde und führt ihnen so die glänzenden Tage Israels vor die Augen. Dann geht er zu dem Elend über, welches die Gottesherde betroffen hat. Infolge sanften Zuredens läßt sich Jcabo allmählich herbei, aus= führlich die Geschichte seines unglücklichen Stammes zu erzählen, zu= erst die Schläge und Verbannung während des ersten Tempelbestandes, dann in einem zweiten Dialoge die Bitterkeiten und das Exil bis zur zweiten Tempelzerstörung durch die Römer, und im dritten die Leiden, welche sein Volk in der langdauernden Verbannung erfahren, von der spanischen Gewalttaufe, die der westgotische König Sisebut über die spanischen Juden verhängt hat 712,[2]) die Vertreibung der Juden

---

[1]) Consolação p. 6. [2]) B. V., S. 61.

aus England und Frankreich, Spanien und Portugal, das Entsetzen der Inquisition, die Usque aus eigener Anschauung kannte, bis zur Schändung einer Synagoge in Pesaro 1552. Auf diese Weise geht Icabo (oder Samuel Usque) die lange Reihe der jüdischen Geschichte durch. Er schließt die Zusammenfassung der Leiden: „Ihr sehet also, mitleidsvolle Brüder, wie die Tage waren und noch sind, seitdem ich in dieser unglücklichen Verbannung zubringe, seitdem die Römer mich zerstreut haben. So haben die listigen und boshaften Spanier den irdischen Leib und die göttliche Seele der Meinigen getroffen. So haben meine Lämmer den Zorn und den Ungestüm der stürmischen Franzosen erduldet; die Nahrung von ihren verdorbenen Weideplätzen, mit Galle vermischt, mußten sie wieder ausspeien. Hier seht ihr, wie die herzlosen Engländer sie mit kaltem Eisen würgten, und die wilden Deutschen ihnen vergiftetes Wasser zu trinken gaben. Da seht ihr, wie die schlauen Flamländer sie schädigten, und die kriegerischen und undankbaren Italiener sie mißhandelten. Das ist die Art, mit welcher die tapfern und halbbarbarischen Spanier sie zerstückelten und die zarten Wesen von der Brust der Mutter rissen, um sie hier dem Feuer, dort dem Wasser oder den wilden Tieren zum Fraß zu überliefern. Und bis auf den heutigen Tag hat keine dieser Folterqualen für mich aufgehört, im Gegenteil, wie ein Schiff von entgegengesetzten heftigen Stürmen auf der hohen See geschleudert wird, so daß es in keiner der vier Richtungen mit Sicherheit steuern kann, so finde ich mich, gequältes Israel, in der Mitte meiner Leiden bis auf den heutigen Tag. Kaum hast du aufgehört, den vergifteten Kelch der Babylonier zu trinken, der dich fast entseelt hat, als du wieder auflebtest, um gewissermaßen die Qualen von seiten der Römer zu empfinden. Und als dieses doppelte Mißgeschick ein Ende hatte, das dich so grausam zerfleischt hat, lebtest du zwar wieder auf, aber bliebst angenagelt an deine Trübsal, gefoltert von neuen Qualen. Es ist allen entstandenen Geschöpfen eigen, Wandlungen zu erfahren, nur Israel nicht, dessen unglückliche Lage sich nicht ändert, noch endet".[1]) Die Freunde sprechen Icabo Trost und Beruhigung zu. Die Leiden, so schwer und unverträglich sie auch seien, hätten ihren guten Zweck. Sie seien zum Teil selbst verschuldet durch sündhaftes Leben und Abfall von Gott; sie dienten aber dazu, Israel zu bessern und zu läutern. Es sei auch eine Wohltat, daß es unter alle Völker der Erde zerstreut sei, damit es der Bosheit derselben nicht gelinge, es zu vernichten. „Denn wenn sich ein Reich in Europa gegen dich erhebt, um dir den Tod zu versetzen, bleibt dir ein anderes in Asien, um zu leben. Als dich die Spanier verbannten, veranstaltete es Gott, daß du ein Land fandest, das dich aufnahm und dich frei leben ließ, Italien".[2])

---

[1]) Consolação p. 213.   [2]) Das. p. 229.

Die Feinde, welche Israel so unbarmherzig behandelten, hätten durchweg ihre Strafen empfangen. Von den Spaniern kann man sagen, daß Italien ihr Grab geworden, von Frankreich, daß Spanien seine Zuchtrute gewesen, von Deutschland, daß die Türken seine Henker seien, die es zur Mauer machten, gegen welche ihre Feuerschlünde prasselten, und von England, daß das wilde Schottland seine beständige Geißel bleibe.[1]) Ein Haupttrost sei, daß alle diese Leiden, Trübsale und Qualen, welche der jüdische Volksstamm erduldet, von den Propheten buchstäblich vorausverkündet und genau vorgezeichnet worden seien. Sie dienten nur dazu, um Israel zu erhöhen, und so, wie sich die schlimmen Prophezeiungen erfüllt hätten, so sei mit Gewißheit darauf zu rechnen, daß auch die tröstlichen nicht ausbleiben würden.

Zuletzt verfällt Usque in eine eigentümliche Spielerei, um die stufenmäßige Erhöhung Israels zu veranschaulichen. Die erste Gefangenschaft in Assyrien und Babylonien erhob den Rest in den ersten Himmelskreis, wo der Mond seine Wohnung hat. Die grausige Zerstörung des zweiten Tempels durch Titus erhöhte es in den zweiten Zirkel, dessen Name Merkur ist. Die Wehen und Schmerzen durch die Grausamkeit, die es bei seiner unglücklichen Ankunft in Rom erfahren, brachten es in den dritten Kreis. Und so erhoben es die Leiden in Italien, Frankreich, England, Deutschland und Spanien immer höher, bis endlich die Wehklagen auf den Scheiterhaufen und die Trübsale in Portugal es in den neunten und letzten Stern heben, und damit werden die Leiden ein Ende haben.[2]) Tröstende Prophetenworte aus Jesaias balsamisch lindernden Reden beschließen die Dialoge. Jcabos Schmerzen beruhigen sich durch die Erwartung der gewiß eintretenden glorreichen Zukunft.

[1]) Consolação p. 230. [2]) Das. p. 241.

Zehntes Kapitel.

Die Reaktion in der katholischen Kirche, Caraffa und Loyola, der Theatiner- und der Jesuitenorden. Allgemeine Inquisition; die strenge geistliche Bücherzensur. Neue Anklagen gegen den Talmud. Die boshaften Täuflinge Eliano Romano und Vittorio Eliano. Neue Talmudkonfiskationen. Paul IV. und seine judenfeindlichen Bullen. Inquisition gegen die Marranen von Ancona. Amatus Lusitanus. Märtyrertod der Marranen in Ancona. Repressalien von Seiten der türkischen Juden. Doña Gracia Mendesia. João Miquez (Joseph Nassi) mit großem Gefolge in Konstantinopel. Drohendes Schreiben des Sultans wegen der Juden an den Papst. Repressalien der levantinischen Juden an dem Papst. Verkappte Juden in Mönchsorden. Neue Scheiterhaufen für den Talmud. Verschonung des Sohar, erster Druck desselben. Ausweisung der Juden aus Österreich und Böhmen. Papst Pius IV. und die Juden. Das tridentinische Konzil und der Talmud. Pius V. Härten gegen die Juden. Ausweisung der Juden aus dem Kirchenstaate.

(1553 bis 1569)

Joseph Ibn-Verga beschloß seine Geschichtssammlung von den Verfolgungen mit einem erschütternden Klageliede über das nimmer enden wollende Elend. Usque dagegen stimmte zuletzt ein Jubellied an, in der sichern Hoffnung auf bessere Tage. Er war eine poetische Natur und zeigte die jüdische Geschichte in romantischem Schimmer. Gewiß hat seine herzerhebende Darstellung viel dazu beigetragen, die Marranen in dem neugewonnenen Bekenntnisse zu erhalten, und dafür Mühsale aller Art und selbst den Tod mutig zu erdulden.

Samuel Usque hegte aber die Hoffnung, daß die Leiden des jüdischen Volkes damals i m A b n e h m e n begriffen seien, und daß der erwünschte Morgen bald auf die dunkle Nacht folgen würde.[1] Die Kirche strafte ihn Lügen. Er erlebte es noch, wie neue Leiden in seiner unmittelbaren Nähe hereinbrachen, und ein ganzes System neuer

---

[1] Consolação p. 2, Prolog: creo e direo por esta tormenta, que tee gora (agora) nos perseguió e persegue, começar se ja amainar e a desejada manhãa depois da tempestuosa noute do inverno quererse nos aperecer.

Verfolgungen in Anwendung kam, welche der jüdische Geschichts=
schreiber Joseph Kohen noch in seine Jahrbücher des Mär=
tyrertums eintragen konnte. Diese neuen Trübsale hatten ihren tiefern
Grund in der Reaktion, welche die katholische Kirche gegenüber der
immer mehr überhand nehmenden Reformation des Luthertums mit
aller Konsequenz durchzuführen bestrebt war. Zwei Männer haben
fast zu gleicher Zeit, aber unabhängig voneinander, den sinkenden
Katholizismus wieder aufgerichtet und eben dadurch dem Fortschritt
des Menschengeschlechts Fußangeln gelegt. Der Neapolitaner Pie=
tro Caraffa und der Spanier Jñez Loyola. Beide,
Männer der Tatkraft, haben mit Selbstbeherrschung begonnen und
mit Knechtung der Geister und Leiber geendet. Das wurmstichige
Papsttum, von dem man damals glaubte, es werde unter dem Ge=
lächter und Spott der Gegner von selbst zusammenstürzen, und für
das selbst seine Freunde nur Achselzucken hatten, haben diese beiden
Männer zu einer Macht erhoben, die fast noch größer war, als zur Zeit
Innocenz III. und seiner unmittelbaren Nachfolger, weil sie nicht auf
der schwankenden Unterlage traumhafter Mystik, sondern auf dem
festen Grunde willenskräftiger Überzeugung und rücksichtsloser Konse=
quenz ruhte. Caraffa, nachmaliger Papst Paul IV., und
Loyola, der Schöpfer des bis auf den heutigen Tag noch so
mächtigen Jesuitenordens, haben mit der Oberherrlichkeit des Papst=
tums über die Gemüter der Gläubigen, mit seiner Macht zu binden
und zu lösen auf Erden und im Himmel, strengen Ernst gemacht,
weil sie selbst davon überzeugt waren. Caraffa stellte die schlaff ge=
wordene kirchliche Disziplin wieder her, verschärfte sie noch mehr
und gab ihr eine eiserne Zuchtrute in die Faust. Loyola stellte ihr
ein Heer abgerichteter, blind ergebener Schergen zur Verfügung. So
konnte das halbgelöste Band der katholischen Kirche wieder straff zu=
sammengezogen werden. So verderbt war damals die katholische
Welt, daß ein Mann, der nur die niedrigen Leidenschaften zu bezwingen
wußte, die Maitressenwirtschaft aus dem Kreise der Geistlichkeit ent=
fernte und wieder Anstand und Ehrbarkeit einführte, schon allein
darum angestaunt wurde und Autorität erlangte. Und so verhaßt
waren die alten Mönchsorden aller Gattungen und Namen, daß ein
Mann, der nur der schamlosen Habsucht und Lüsternheit den Krieg
erklärte, einen so großen Zulauf von Anhängern erhielt, daß er einen
neuen Orden stiften konnte, welcher durch Berückung der Gewissen
und Gefangennehmung der Vernunft sämtliche Katholiken zu einer
Schar bewaffnete, mit ihrer ganzen Kraft das Papsttum zu decken.
Caraffa, der Stifter des Theatinerordens, nicht aus zusammen ge=
laufenen Bettlern, sondern aus begüterten Edelleuten, dessen Glieder
nach und nach die höchsten geistlichen Stellen und Würden einnahmen,

schlug dem Papste, der ratlos war, wie der Zerfahrenheit der Kirche, der Lockerung der Disziplin unter den Welt- und Klostergeistlichen und dem Abfall vom Katholizismus gesteuert werden sollte, die Einführung der strengen Inquisition vor. Dasselbe Mittel, welches Torquemada, Deza, Ximenes de Cisneros in Spanien anwendeten, um die Juden und Mauren zur Kirchlichkeit zu zwingen, den lodernden Scheiterhaufen, von unerbittlichen Richtern anbefohlen und von gehorsamen Schergen entzündet, empfahl Caraffa für die große katholische Welt. Alle diejenigen, welche eine vom Papsttum auch nur um eines Haares Breite abweichende Glaubensmeinung hegten, sollten sie abschwören oder verbrannt werden. Die erbarmungslose Gewalt, die nicht denkt und alles selbständige Denken totschlägt, sollte der geschändeten Kirche wieder ihr Ansehen verschaffen. Sobald Caraffa vom Papste die Befugnis erhielt, eine solche unnachsichtige Inquisition für die ganze katholische Welt einzuführen, beeilte er sich, sie sofort für Rom, den Sitz der geistlichen Weltherrschaft, ins Leben zu rufen. Er selbst legte Gefängnisse mit Schlössern, Riegeln, Ketten und Blöcken an, um alle diejenigen durch Kerkernacht zum Tode zu führen, welche mehr oder weniger von Luthers Ansichten angefressen waren und an der Unfehlbarkeit des Papstes auch nur einen leisen Zweifel hegten. Der Regeln der allgemeinen Inquisition waren wenige, aber sie waren durchgreifend. Es sollte keine Rücksicht auf Rang und Stand genommen, ja gegen hochgestellte, ungefügige Geistliche mit noch größerer Strenge verfahren werden. Den Reformationssüchtigen sollte auch nicht das geringste Zugeständnis gemacht werden, und endlich sollte die beschlossene Züchtigung der Ungefügigen keinen Aufschub erleiden. Sobald die Inquisition eröffnet war,[1] wurden selbst Träger hoher Kirchenwürden, welche eine eigene Ansicht über die kirchlichen Gnadenmittel hatten, vor ihr Tribunal geladen, gefoltert, gerichtet und verbrannt, wenn sie sich nicht durch Flucht nach Deutschland oder der Schweiz retten konnten. Die strenge Inquisition fand keinen Widerstand, im Gegenteil noch Aufmunterung und Unterstützung von seiten des Adels und der städtischen Behörden, weil alle diejenigen, die aus alter Gewohnheit und persönlicher Stimmung nicht dem Luthertum und Calvins Lehre huldigen wollten, die Kräftigung des Katholizismus wünschten und förderten. Jeder, der innerhalb des katholischen Kirchenverbandes blieb, wurde ein eifriger Parteigänger dafür und unterstützte die Gewaltmittel zu dessen Hebung. So wurden selbst die nach Unabhängigkeit strebenden Bischöfe gezwungen, sich dem Papsttum zu fügen und strengen Gehorsam zu leisten.

Um die entfesselten, nach Freiheit strebenden Geister wieder einzufangen und zu knechten, schien es der Inquisition als höchst dring-

[1] 21. Juli 1542.

lich, die Presse zu überwachen. Das Preßwesen hatte das Unheil der Spaltung und Zerrissenheit über die Kirche gebracht (so glaubten Carafsa und sein Gesinnungsgenosse), es sollte zuerst und zumeist geknebelt werden. Es dürfe nur das gedruckt und gelesen werden, was der Papst und seine Anhänger für gut befanden. Die Bücherzensur war zwar schon von früheren Päpsten eingeführt worden, jede Druckschrift sollte einer geistlichen Kommission zur Prüfung vorgelegt werden. Aber da bis dahin alles käuflich und bestechlich war, und keine Diszziplin herrschte, so konnten die Verleger mit oder ohne Wissen der zur Überwachung bestellten Geistlichkeit Brandschriften gegen die bestehende Kircheneinrichtung drucken und verbreiten. Die aufregenden Streitschriften in der Reuchlinschen Sache, die Dunkelmännerbriefe und andere zündende Pamphlete, Huttens Raketen gegen das Papsttum, Luthers erste Schrift gegen die römisch-babylonische Hure, dieser rasch aufeinander folgende Zündstoff, welcher das aus Werg gesponnene Kirchenzelt von allen Seiten anzündete, war eine Folge der nachlässigen Handhabung der Zensur. Das sollte nun anders werden. Die bestellten Zensoren waren aufs strengste angewiesen, innerhalb der katholischen Welt, die noch immer groß genug war, in Italien, einem Teil von Deutschland, Österreich, Spanien und Portugal, keine Schrift durchzulassen, welche auch nur im entferntesten an den Dogmen der Kirche und der Unfehlbarkeit des Oberbischofs von Rom rüttelte.[1])

Nur päpstlich treuen Geistlichen wurde das Zensoramt anvertraut, und aus Überzeugung oder Selbsterhaltungstrieb übten sie es ohne Nachsicht aus. Das heranwachsende Geschlecht wurde dadurch im blinden Glauben erzogen und das bereits reife wieder dazu zurückgeführt. Das Tridentiner Konzil, welches anfangs nur mit Widerwillen von dem Papst und den streng Kirchlichen zusammengerufen wurde, sanktionierte, von dem hinreißenden Fanatismus Carafsas und des wachsenden Jesuitenordens beherrscht, alle reaktionären Maßregeln und kräftigte das Papsttum so nachdrücklich, wie es die Träger der dreifachen Krone kaum selbst geahnt hatten.

Die Juden empfanden bald diese düstere katholische Reaktion, sie, die keinerlei Schutz hatten und nur der Inkonsequenz in Handhabung der bereits gegen sie vorhandenen kanonischen Gesetze ihre dürftige Existenz verdankten. Sobald die Kirche diese feindseligen Beschlüsse streng und ernst in Ausführung brachte, war das Dasein der Juden oder wenigstens ihre Ruhe gefährdet. Zuerst wurde wieder die Talmudfrage angeregt, aber nicht mit jener Lauheit wie vierzig Jahre vorher. Damals konnten die Cölner Dominikaner gar nicht hoffen bei dem päpstlichen Stuhle Gehör zu finden, den Talmud zu ver-

---

[1]) Diese strenge Zensur wurde 1543 eingeführt.

brennen, und mußten zu allerhand Schlichen greifen, nur um den Kaiser dafür zu gewinnen. Jetzt herrschte ein ganz anderer Geist. Die Gemeinschädlichkeit des Talmuds brauchte nur von boshaften Konvertiten angedeutet zu werden, um sofort ein Dekret dagegen zu erlassen. Die neue Anschwärzung desselben ging auch von solchen aus.

Elia Levita,[1]) der hebräische Grammatiker, der im Hause des Kardinals Egidio de Viterbo lange gelebt und viele Christen mündlich und durch Schriften in hebräische Sprachkunde und in oberflächliches Verständnis der Kabbala eingeweiht hatte, hatte zwei von einer Tochter hinterlassene Enkel, die von Haus aus in christlichen Kreisen verkehrten. Einer derselben, Eliano, hatte das Hebräische gründlich erlernt und war Korrektor und Abschreiber in mehreren Städten Italiens, während sein Bruder Salomo Romano weite Reisen in Deutschland, der Türkei, Palästina und Ägypten machte und vieler Sprachen kundig war: hebräisch, lateinisch, spanisch, arabisch und türkisch. Eliano, der Ältere, war zum Christentum übergetreten unter dem Namen Vittorio Eliano und Geistlicher, später sogar Kanonikus geworden. Über diesen Abfall war Salomo Romano so empört, daß er nach Venedig eilte, um seinem Bruder bittere Vorwürfe darüber zu machen und ihn zu bewegen, in den Schoß des Judentums zurückzukehren. Aber anstatt zu bekehren, wurde er selbst bekehrt. Ein kirchlich gesinnter venezianischer Patrizier Cantareno hatte sich an ihn herangemacht, um ihn für das Christentum zu gewinnen, und was er angefangen, das hatte ein Jesuite Andreas Frusius, vollendet. So nahm auch Salomo Romano die Taufe (1551) und den Namen Johannes Baptista an, zum großen Schmerz der noch lebenden Mutter. Er wurde Jesuit und später kirchlicher Schriftsteller, schrieb über Geheimnisse des christlichen Glaubens, einen hebräischen und arabischen Katechismus und anderes dieser Art. Dieser Enkel des Grammatikers Elia Levita[2]) mit noch zwei anderen

---

[1]) S. o. S. 190.

[2]) Joseph Kohen nennt als Delatoren gegen den Talmud in dieser Zeit: ואלה שמות האנשים המלשינים ההם אשר היו בעוכרינו חננאל די פוליניו, יוסף מורו ושלמה רומאנו (Emek ha-Bacha p. 111). Der letztere ist gewiß identisch mit Johannes Baptista Romano, Elia Levitas Enkel, wie die Vergleichung mit dem Berichte Algambes (Bibliotheca societatis Jesu p. 225) über ihn ergibt: J. B. Romanus sive Elianus .. is religione Hebraeus Elianus nomine ab avo materno Elia Aschenatio puer institutus ... Venetias appulsus, ut fratrem Christiana sacra complexum retraheret, ab Cantareno deductus ad Andream Frusium. Weiter wird das. berichtet, daß Eliano Romano vom Jesuiten Frusius Matthäi 1551 getauft, 1561 von Pius IV. nach Memphis geschickt, in Alexandrien von den Juden verfolgt wurde, weil er sie vielfach verleumdet habe et magnam Romae Talmudicorum librorum vim

Konvertiten, Joseph Moro und Ananel de Foligno, nicht genug, ihre Religion aufgegeben zu haben, traten gleich Donin vor dem Papst als Ankläger gegen den Talmud auf und wiederholten dessen Verleumdungen, daß die talmudischen Bücher Schmähungen gegen Jesus, die Kirche, die ganze Christenheit enthielten und die massenhafte Bekehrung der Juden hinderten. Julius III. war keineswegs streng kirchlich gesinnt und am wenigsten judenfeindlich; er ließ sich noch von jüdischen Ärzten, dem zu seiner Zeit berühmten Heilkünstler Vital Alatino aus Spoleto und dem Marranen Amatus Lusitanus behandeln.[1]) Aber es war nicht mehr des Papstes Sache, über den Talmud zu entscheiden, sondern er gehörte vor das Forum der Inquisition, d. h. des fanatischen Caraffa, und Julius III. mußte das Dekret, welches der Generalinquisitor vorlegte, gutheißen und unterschreiben (12. August 1553). Auch darin zeigte sich die so sehr gerühmte Unfehlbarkeit des Papsttums. Leo X. hatte den Druck des Talmuds befördert (o. S. 176), und sein dritter Nachfolger ordnete dessen Vernichtung an. Die Schergen der Inquisition überfielen darauf die Häuser der römischen Juden, konfiszierten die Talmudexemplare und Agadasammlungen und verbrannten sie mit besonderer Bosheit zuerst am jüdischen Neujahrstage (9. September), damit der Schmerz über die Vernichtung ihrer heiligen Schriften die Juden um so empfindlicher treffe. Aber nicht bloß in Rom fahndeten die Schergen der Inquisitoren auf talmudische Schriften, sondern auch in der ganzen Romagna und darüber hinaus in Venedig, wo in den hebräischen Buchdruckereien Tausende von Exemplaren angehäuft waren, in Ferrara, Mantua, Padua, auf der zu Venedig gehörenden Insel Candia, und überall; sie wurden zu hunderten und tausenden verbrannt. Die Schergen unterschieden in ihrer Wut nicht mehr Talmudexemplare von den andern hebräischen Schriften. Alles, was ihnen unter die Hände kam, wurde den Flammen überliefert; selbst an der heiligen Schrift

---

incendendam curaverat. Es wird noch weiter erzählt, wie die eigene Mutter seine Verfolgung in Alexandrien betrieben hat. Demnach sind Salomo Romano und Johann Baptista Romano Eliano identisch. Sein Bruder war der Kanonikus Vittorio Eliano (Wolf I, p. 471, III, 240, Katalog der Bodleiana 2066). Dieser war also vor 1551 wohl bald nach seines Großvaters Tod getauft. Er scheint bei dieser Delation nicht beteiligt gewesen zu sein, sondern erst 6 Jahre später legte er Zeugnis gegen den Talmud ab (w. u.).

[1]) David de Pomis, de medico hebraeo p. 70: Spoletum Umbriaque tota Vitalem Alatinum, patruum meum, in coelum tollunt .. qui Julium tertium curavit. Amatus Lusitanus, Centuria III Anf.: Romam superioribus annis me contuli, ut Julio III. aegrotanti opem ferrem. Aus Centuria IV, 19 geht hervor, daß dieses vor 1550, also gleich im Anfang von Julius' III. Pontifikat geschehen ist.

vergriffen sie sich.¹) Die Juden aller katholischen Länder waren in Verzweiflung, sie waren durch die Konfiskation auch solcher rabbinischer Schriften beraubt, welche die Vorschriften des religiösen Lebens enthalten, und worin vom Christentum nicht ein Wort vorkommt.²) Sie wandten sich daher flehend an den Papst, das Dekret zurückzunehmen oder ihnen wenigstens den Gebrauch der unverfänglichen rabbinischen Schriften zu lassen. Auf das letztere ging Julius III. ein und erließ eine Bulle (29. Mai 1554), daß die Juden zwar gehalten wären, ihre Talmudexemplare bei Leibesstrafe auszuliefern, daß es aber den Häschern nicht gestattet sei, sich auch anderer hebräischer Schriften zu bemächtigen und die Juden zu plagen. Die Übertreter sollten mit strenger Kirchenstrafe belegt werden.³) Seit dieser Zeit mußten alle hebräische Schriften vor ihrer Veröffentlichung der Revision unterworfen werden, ob nicht ein Schatten von Tadel gegen das Christentum oder gegen Rom darin enthalten sei. Die Zensoren waren meist getaufte Juden, welche dadurch Gelegenheit erhielten, ihre ehemaligen Genossen zu plagen.

¹) Mehrere Zeitgenossen geben Notizen über die große Talmudverbrennung dieses Jahres. Joseph Kohen, Chronik Ende und Emek ha-B. p. 111; Gedalja Ibn-Jachja Schalschelet p. 52 und gegen Ende. Von Venedig besonders: Juda Lerma Einl. zu Abot-Komment. (לחם יהודה); Arkevolti zum Schlusse der 2. Edition des Aruch. Von Ancona: Emanuel von Benevent, Einl. zur Grammatik לוית חן. Von Bologna: Portaleone שלטי הגבורים Ende. Von Candia: Isaak Akrisch, Einl. zur Esodischen Satire (אל תהי כאבותך o. S. 8, Anm.). Matthatia Delakrut, welcher zur Zeit in Venedig weilte, bemerkt in einem handschriftlichen Werke (Neubauer, Katalog Bodl. Nr. 1623):
ובוניציאה הבירה ש"פו יותר מאלף ספרי הלמוד שלמים מלבד חמש מאות ספרי אלפסי ושאר
ספרים אין קץ חדשים גם ישנים. Schlechte Verse auf die Talmudverbrennung von Jakob da Fano. Revue XI. 155—56 und von Mardochai B. Jehuda de Blaues in Chaluz XIII, 109. Die Bulle, welche das Verbrennen des Talmuds verordnet, ist nicht mehr vorhanden, sie wird aber in einer andern des Papstes Julius III. vom 29. Mai 1554 erwähnt (Bullarium magnum Romanum I, Nr. 16): Cum sicut nuper accepimus, licet alias fratres nostri haereticae pravitatis in universa republica christiana inquisitores generales certum Hebraicorum librorum volumen Ghemarot Thamud (Thalmud) nuncupatum, orthodoxae fidei offendentia continens de mandato nostro damnaverint et igne comburi fecerint, nihilominus inter eos Hebraeos adhuc esse dicuntur diversi libri etc. Diese Bulle befiehlt, die etwa noch zurückbehaltenen Schriften bei Vermeidung von Geld- und Leibesstrafen binnen vier Wochen auszuliefern und fährt dann fort: non permittentes (nos) de cetero eosdem Hebraeos etiam apostolica auctoritate fungentibus occasione cujusvis sortis librorum apud eos existentium vexari aut molestari. Contravenientes et rebelles ac nobis in praemissis non parentes per sententias et poenas ecclesiasticas compescendo.

²) Nämlich die Schriften der Deziforen, פוסקים.

³) Die oben zitierte Bulle und Joseph Kohen, Em. ha-B. p. 113.

Marcellus II. und Paul IV.

Nach dem Tode des Papstes Julius III. wurde es noch schlimmer für die Juden. Denn das Kardinalkollegium sah von jetzt an streng darauf, nur streng kirchlich gesinnte, womöglich mönchische Päpste zu wählen. Die gebildeten, humanistisch gesinnten, Kunst und Wissenschaft liebenden Würdenträger waren, wenn es noch welche gab, in Mißkredit geraten. Der erste reaktionäre Papst war Marcellus II., unter dessen kurzer Regierung die Juden des Kirchenstaats um ein Haar der Ausrottung verfallen wären. Ein elender mohammedanischer Täufling hatte, um sich die reiche Erbschaft seines Mündels anzueignen, den jungen Erben gekreuzigt und die Leiche heimlich auf den Campo Santo geworfen, einen Begräbnisplatz, wo, weil auf ihn Erde vom heiligen Lande gebracht worden war, nur Vornehme und Reiche für Entgelt beigesetzt wurden. Dieser Umstand machte den Vorfall noch auffallender. Einige gewissenlose Christen und der getaufte Jude Ananel di Foligno erhoben in der Tat die Anklage des Kindermordes gegen die Juden beim Papst Marcellus. Dieser war bereit ihr Wichtigkeit beizulegen und eine grausige Strafe über die römische Gemeinde zu verhängen, und nur die Klugheit und Menschlichkeit des judenfreundlichen Kardinals Alexander Farnese wendete das Mißgeschick von ihnen ab, indem er den wahren Mörder an den Tag brachte (April 1555).[1]

Auf Marcellus folgte der kirchlich fanatische Caraffa auf dem Petrusstuhl unter dem Namen Paul IV. (Mai 1555 bis August 1559).

---

[1] J. Kohen das. p. 114. Es existierte über diesen Vorfall eine hebräische Aufzeichnung unter dem Titel אגרת נסים, angeblich von zeitgenössischen Rabbinern gefaßt, von welcher Abraham Graziano im XVII. Jahrh. einen Auszug gegeben hat. Diesen Auszug hat Kaufmann in Revue d. Et. IV. 94 f. mitgeteilt. Dieser Auszug stimmt in den Hauptpunkten mit der Erzählung in Emek ha-Bacha überein und weicht nur in Nebenumständen davon ab. Er nennt den Namen des Mörders, eines spanisch-arabischen Konvertiten סולים = Sulaim, was eben beweist, daß der Bericht, wenn auch nicht von Augenzeugen, doch von Ohrenzeugen aufgezeichnet wurde. Die Hauptdifferenz besteht darin, daß der Auszug dem Papste das Verdienst beilegt, die Entdeckung des Mörders und dadurch die Verschonung der Juden herbeigeführt zu haben, während Joseph Kohen dieses dem Kardinal Alexander Farnese vindiziert. Nun konnte dieser, welcher mit hochgestellten Christen verkehrte, besser darüber unterrichtet sein, was bei dieser Gelegenheit im Kabinet des Papstes besprochen wurde, als die römischen Rabbiner. Ferner gehörte dazu ein hoher Grad von Vorurteilslosigkeit bezüglich der Juden, auf die Anschuldigung eines Konvertiten gegen sie nichts zu geben, welche eben Alexander Farnese tatsächlich öfter bekundet hat (o. S. 302, N. 3), von Marcellus dagegen, welcher von den ultra-katholischen Kardinälen gewählt war, liegt sein Beweis für eine solche ruhige Beurteilung vor. Die Darstellung in Emek ha-B. daß Farnese den Papst beschwichtigt: ודבר ... אל כאציל דברים נכוחים וחמתו שככה und den günstigen Umschwung herbeigeführt habe, empfiehlt sich daher als viel wahrscheinlicher. Bei Graziano hat nach Marcellus' Tod sein Nachfolger Caraffa-Paulus IV. den Mörder hinrichten lassen. Bei Joseph Kohen dagegen ist dieser Punkt unbestimmt gelassen.

Er hatte als Greis die ganze Heftigkeit und Leidenschaftlichkeit seiner Jugend bewahrt und seine Politik danach gestaltet. Er haßte die Protestanten und Juden, aber auch die Spanier, die brauchbarsten Werkzeuge des kirchlichen Fanatismus; er nannte sie und den bigotten König Philipp II. „verdorbene Samen von Juden und Mauren". Bald nach seinem Regierungsantritte erließ er eine Bulle, daß jede Synagoge im Kirchenstaat gehalten sei, zehn Dukaten zur Unterhaltung des Hauses der Katechumenen, wo Juden im Christentum erzogen wurden, zu leisten.[1]) Noch rücksichtsloser war seine zweite judenfeindliche Bulle (12. Juli 1555), welche mit aller Strenge die kanonischen Gesetze gegen sie in Ausführung brachte. Sie sollten in Ghettos eingeschlossen bleiben und nur eine einzige Synagoge besitzen, die übrigen müßten zerstört werden. Sie dürften keine christlichen Dienstboten, noch Ammen halten und überhaupt nicht mit Christen Umgang pflegen, nicht mit ihnen essen oder spielen. Sämtliche Juden sollten gezwungen werden, grüne Barette und sämtliche Jüdinnen grüne Schleier zu tragen, auch außerhalb der Stadt. Sie sollten auch nicht von der christlichen Bevölkerung mit „Herr" angeredet werden. Es wurde ihnen verboten, liegende Gründe zu besitzen; innerhalb eines Jahres müßten sie dieselben verkaufen. Daher mußten sie ihre Güter, die über 500 000 Goldkronen wert waren, für den fünften Teil veräußern. Daß sie ihre Handelsbücher nur in italienischer Sprache führen sollten, war eine nicht ungerechte Maßregel. Aber wozu sollten sie ihnen dienen, wenn ihnen jeder Handel verboten war, es sei denn mit alten Kleidern? Aber auch für den Trödel fanden sie keine Käufer, da Christen laut der Bulle jeden Verkehr mit Juden mieden. So kamen die Handeltreibenden an den Bettelstab. Das Schlimmste in dieser Bulle war, daß den jüdischen Ärzten untersagt wurde, Christen ärztliche Hilfe zu leisten, ihnen, denen so mancher Papst seine Gesundheit zu verdanken hatte. Schwere Strafe war für die Übertretung verhängt.[2]) Mit aller Strenge wurde diese feindselige Maßregel ausgeführt. Fortan mußten italienische Fürsten, wenn sie einen jüdischen Leibarzt in ihrer Nähe haben wollten, einen der folgenden Päpste bitten, ihnen diese Erlaubnis zu erteilen. Welche Wandlung seit kaum einem Menschenalter![3]) In der päpstlichen Stadt Avignon wurde nicht lange vorher der jüdische Arzt Emmanuel de Lates von den Räten dieser Stadt für einen Ehrensold gewonnen, die Heilkunde auszuüben und

---

[1]) Gedalja Jbn-Jachja Schalschelet gegen Ende.
[2]) Die Bulle abgedruckt in Bullarium magnum I. und in Bartolocci Bibliotheca III, p. 742 fg., wird auch erwähnt von Joseph Kohen a. a. O. p. 116 und Jbn-Jachja das. Über die Wirkung dieser Bulle s. Note 6, Ende.
[3]) Gustave Bayle, les médecins d'Avignon p. 73, Revue V p. 331. Emmanuel de Lates wurde berufen im Jahre 1529.

zu lehren.¹) Und nun durfte sich kein christlicher Sieche von einem jüdischen Arzte behandeln lassen. Auf Talmudexemplare wurde unter Paulus IV. ebenfalls mit Strenge gefahndet. Mehrere Juden verließen darauf das boshaft gewordene Rom, um sich nach duldsameren Staaten zu begeben; sie wurden aber unterwegs von dem fanatisierten Pöbel mißhandelt. Die in Rom zurückgebliebenen schikanierte der Theatinerpapst auf kleinliche Art. Bald hieß es, sie hätten ihre Liegenschaften nur zum Schein verkauft und falsche Verkaufsurkunden ausgestellt, und er ließ sie dafür in Haft bringen. Bald ließ er bekannt machen, diejenigen Juden, welche nicht für das allgemeine Beste tätig wären, sollten binnen einer Frist Rom verlassen. Als die geängstigten Juden sich eine Erklärung darüber erbaten, was denn „zum allgemeinen Besten tätig sein" bedeute, erhielten sie die pharaonische Antwort: „Ihr sollt's zur Zeit erfahren". Paul IV. zwang sie zu Frondiensten bei der Ausbesserung der Mauern Roms, die er gegen den selbst heraufbeschworenen Feind, die Spanier, widerstandsfähig machen wollte. Einst befahl er, den die Juden mit Recht Haman nannten, in seiner rasenden Judenfeindlichkeit seinem Neffen, in dunkler Nacht sämtliche Wohnungen der Juden in Brand zu stecken. Schon eilte dieser, wenn auch mit Widerwillen, den Befehl zu vollstrecken, als ihm der einsichtsvolle Kardinal *Alexander Farnese* begegnete und bedeutete, mit diesem unmenschlichen Beginnen noch zu zögern, um dem Papst Zeit zur Besinnung zu lassen. In der Tat nahm dieser Tages darauf den Beschluß zurück. Infolge der Grausamkeit dieses Papstes gegen die Juden traten viele reiche und angesehene unter ihnen zum Christentum über.

Wenn der fanatische Papst Paul IV. so gegen die Juden wütete, wie nun erst gegen die Marranen in seinem Gebiete! Viele mit Gewalt zum Christentum gezwungene Juden aus Portugal oder ihre Kinder hatten in Ancona ein Asyl gefunden und vom Papst Clemens VII. Indemnität erhalten, dem Judentum anhängen zu dürfen, ohne von der Inquisition belästigt zu werden (v. S. 230). Die zwei nachfolgenden billig denkenden Päpste Paul III. und Julius III. hatten dieses Privilegium der Marranen bestätigt,²) überzeugt wie sie waren, daß die an diese mit Gewalt vollzogene Taufe keine sakramentale Bedeutung haben könne. Je mehr die in Portugal eingeführte Inquisition gleich der spanischen gegen die Marranen wütete, desto mehr Flüchtlinge kamen auch nach Italien und ließen sich mit ihren geretteten

---

¹) J. Kohen a. a. O. p. 116—118. Man übersehe nicht, daß dieses Alles ein glaubwürdiger Zeitgenosse erzählt.
²) Über die Duldung von seiten Pauls III. v. S. 251, 271, und von seiten Julius III. geht aus Gedalja Jbn-Jachjas Angabe hervor (Schalschelet gegen Ende): שהיה להם רשיות משלשה פפה. Ausdrücklich, italienische Information Note 6.

Reichtümern in Ferrara und Ancona nieder, auf die zugesicherten Privilegien des Oberhauptes der katholischen Christenheit vertrauend. Zu Ancona hatten sie eine Synagoge im Hause eines Christen.[1]) Was aber galt dem haßerfüllten Papst Paul IV. eine von seinen Vorgängern und von ihm selbst eine Zeitlang stillschweigend anerkannte Schutzzusicherung, wenn sie mit seiner vermeintlichen Rechtgläubigkeit im Widerspruch war? Er sollte es zugeben, daß Menschen, welche, wie äußerlich auch immer, mit dem Taufwasser einst besprengt worden waren, unter seinen Augen judaisieren durften? Das konnte seine Verkehrtheit nicht ertragen. Paul erließ daher einen heimlichen Befehl, sämtliche Marranen von Ancona, die bereits mehrere Hunderte zählten, in die Kerker der Inquisition zu werfen, ein Verhör wegen ihrer Rechtgläubigkeit mit ihnen anzustellen und ihre Güter mit Beschlag zu belegen (Ellul = August 1555).[2]) Es war ein harter Schlag für die Marranen, welche zum Teil bereits ein halbes Jahrhundert dort geweilt und sich in Sicherheit gewiegt hatten. Auch solche Marranen, welche türkische Untertanen waren und nur in Handelsgeschäften in der, durch ihren levantischen Handel blühend gewordenen Hafenstadt eine kurze Zeit geweilt hatten, wurden in die Anklage wegen Judaisierens hineingezogen und eingekerkert. Ihre Waren wurden natürlich ebenfalls konfisziert. Der rasende Papst hatte sich selbst dadurch bedeutende Einnahmequellen abgeschnitten, im Augenblick, als er sich in einen kostspieligen Krieg mit Spanien stürzen wollte.

Nur wenigen Marranen war es gelungen, den Häschern der päpstlichen Generalinquisition zu entkommen; sie wurden sämtlich vom Herzog Guido Ubaldo von Urbino aufgenommen und in Pesaro einquartiert, weil dieser damals in Gegnerschaft zu dem Papste stand und den levantischen Handel durch die Verbindung der Marranen mit der Türkei von Ancona nach Pesaro zu ziehen gedachte. Auch der Herzog Ercole II. von Ferrara bot den Portugiesen und Spaniern jüdischen Geschlechts, von welchem Lande sie auch kommen mochten, Asyl in seinem Staate und lud sie förmlich dahin ein (Dezember 1555).[3]) Unter den nach Pesaro Entkommenen befand sich

---

[1]) C. Feroso (Michele Maroni): Gli Ebrei portoghesi giustiziati in Ancona sotto Paolo IV, gedruckt Foligno 1884. Auszüge daraus Revue XI, 150 f.

[2]) Quellen darüber vergl. w. u. Joseph Ibn-Lab Respp. ed. Amst. p. 63 c., wo die Aufnahme der Marranen von Guido Ubaldo referiert ist: קצת מאותם אנשים שהיו ישבים באנקונא ומלטו מחרב השם של אפיפיור חדש צורר ושונא את היהודים וברחו להם לפיזארו ונתקבלו בסבר פנים יפות מאת הדוכוס. Beginn ihrer Einkerkerung folgt aus Ibn-Jachjas Angabe: אלול = August, כשנה ההיא d. h. שט"ו ה' = 1555, also von August 1555 bis Mai und Juni des folgenden Jahres, nahe an 10 Monate. Daher bei J. Kohen: בבית הכהר ימים רבים ‎ וישבו (האנוסים באנקונה).

[3]) Über Ferrara s. Maskir 1864 S. 45. Aktenstück von Wolf.

eine damals in hohem Ansehen stehende Persönlichkeit, der zu seiner Zeit berühmte Arzt Amatus (Chabib) Lusitanus (geb. 1511, gest. 1568),[1]) ein verständiger und geistvoller Mann, ein erfahrener Arzt, ein bedeutender Gelehrter und ein ebenso gewissenhafter, wie liebenswürdiger Mann. Als Scheinchrist hatte er einen anderen Namen geführt, João Rodrigo de Castel-branco. Auch ihn scheint wohl die Einführung der Inquisition in Portugal aus der Heimat vertrieben zu haben. Er hatte sich längere oder kürzere Zeit in Antwerpen, der damaligen Hauptstadt von Flandern, unter den dortigen Marranen, später in Ferrara und Rom aufgehalten, sich aber dauernd in Ancona niedergelassen (um 1549), wo er ganz offen den jüdischen Familiennamen Chabib angenommen und ihn in Amatus Lusitanus latinisiert hatte. Obwohl er sich offen als Jude bekannte, wurde er öfter an den Hof des Papstes Julius III. gerufen, um dessen kranken Leib zu heilen.[2]) Selbst mit dem portugiesischen Gesandten in Rom, dem aus doppelt königlichem Geblüte, englischem und portugiesischem, stammenden Fürsten Alfonso von Lancaster, stand Amatus Lusitanus auf freundschaftlichem Fuße, verkehrte, so oft er in Rom war, in seinem Palaste und widmete ihm eine seiner Schriften über Krankheitsgeschichten. Von Nah und Fern wurde er von Leidenden aufgesucht, denn er war ein gewissenhafter und vorsichtiger Arzt, der wohl an der alten (Galenischen) Heilmethode festhielt, aber sich nicht wie die meisten seiner zeitgenössischen Fachgenossen gegen das Neue in blinder, verstockter Konsequenz und in Unverstand verschloß; er selbst erfand manches wirksame Heilverfahren. Amatus behandelte die Leidenden, die sich seiner Kunst anvertrauten, nicht, wie damals üblich, in Bausch und Bogen, für alle dieselben Heilmittel anwendend, sondern ging auf die Natur und Eigenart derselben ein. Die Heilkunst war für ihn ein heiliges Amt, das er mit ganzer Seele ausübte, um das Menschenleben zu verlängern. Amatus konnte daher einen feierlichen Eid ablegen — bei Gott und seinen heiligen Geboten —, daß er stets nur für das Wohl der Menschen besorgt gewesen, sich um Lohn niemals gekümmert, reiche Geschenke niemals angenommen, Arme umsonst behandelt und keinen Unterschied zwischen Juden, Christen und Türken gemacht habe. Nichts habe ihn an seinem ernsten Beruf gehindert, nicht Familienrücksichten, nicht beschwerliche Reisen, nicht die Verbannung.[3]) Welch ein Gegensatz zu den meisten Quacksalbern seiner

---

[1]) Amatus' Geburtsjahr folgt aus seiner Angabe Centuria IV. Ende, daß er 1553, 42 Jahr alt gewesen. Einer seiner Verehrer schreibt von ihm daselbst Anf.: ipse (Amatus) amabilis et re et nomine. — Über den Namen vergl. Respp. Samuel de Medina ח״מ Nr. 5 ה׳ר׳ חביב אטטו.

[2]) Siehe v. S. 321, Note 1.

[3]) Centuria VII, Ende.

Zeit, die nur auf Geldgewinn ausgingen, denen das Menschenleben gleichgültig war, die gelehrten Krimskrams auswendig wußten und von der Natur der Krankheiten nichts verstanden.[1]) Amatus hatte viele Jünger seiner Kunst, die mit Liebe an ihm hingen, und die er als seine Kinder betrachtete. Bereits in seiner Jugend hatte er medizinische Schriften bearbeitet, die so sehr geschätzt waren, daß sie bei seinem Leben vielfach gedruckt wurden. Am meisten Aufsehen machten seine medizinischen sieben Centurien (je hundert Krankheitsfälle), in welchen er sein eingeschlagenes Heilverfahren und dessen Erfolge genau beschrieb und zugleich die Charakteristik der von ihm behandelten Kranken angab. Diese „Kuren" haben ihm noch beim Leben einen weitverbreiteten Ruf gebracht; sie wurden in Italien, Frankreich, Deutschland und sogar in Spanien vielfach gedruckt und von den Ärzten als Wegweiser benutzt.[2]) Amatus war nicht bloß einseitig Arzt, sondern er verstand auch andere Fächer; er übersetzte die kurzgefaßte Geschichte Roms von Eutrop ins Spanische. Auch Hebräisch und Arabisch verstand er. Vom König von Polen erhielt er einen Ruf an seinen Hof zu kommen und sein Leibarzt zu werden, nahm ihn aber nicht an.

Ein solcher Wohltäter der Menschheit, die Zierde seiner Zeit, mußte, weil er nicht ein albernes Glaubensbekenntnis vor der blutdürstigen Inquisition Paulus' IV. ablegen und sich nicht dem Feuertode aussetzen mochte, wie ein Verbrecher die Flucht aus Ancona nach Pesaro ergreifen[3]) und später noch weiter wandern. Mehr als achtzig portugiesische Marranen, welche nicht entfliehen konnten, mußten in den Kerkern der Generalinquisition schmachten, bis ihnen das Urteil verkündet wurde. Es lautete, daß diejenigen, welche ein reumütiges katholisches Glaubensbekenntnis ablegen, freigesprochen, aber nach der Insel Malta transportiert werden und Ansehen und Würden verlieren sollten. Sechzig Marranen verstanden sich zu dieser Heuchelei und wurden zu Schiff wie Galeerensklaven nach Malta geführt; es gelang ihnen aber zu entkommen und in der Türkei ihrem Bekenntnis zu leben.[4]) Vierundzwanzig dagegen, darunter auch eine Frau, Doña Majora, blieben fest bei ihrem angestammten Bekenntnis: „Der Herr, unser Gott, ist einzig," und wurden auf Scheiterhaufen verbrannt (Mai 1556). Drei Trauerlieder verewigen den Märtyrertod dieser vierundzwanzig und nennen ihre Namen, gedichtet von Jakob da Fano, von Salomo Chasan und von Mardochaï de

---

[1]) Die gewissenlosen Quacksalber des 16. Jahrhunderts sind treffend gegeißelt in den Schriften des Theophrastus Paracelsus.
[2]) Vergl. darüber die Bibliographien und Carmoly, histoire des médecins juifs.
[3]) Centuria VII. Nr. 49: Pisaurum veniens sub Guidano Ubaldo.
[4]) G. Ibn-Jachja in Schalschelet gegen Ende.

Blanes. Das Trauerlied des letzteren pflegte in der Synagoge von Pesaro Jahr aus Jahr ein am Tage der Zerstörung Jerusalems rezitiert zu werden.¹) — Ein Schrei des Entsetzens erscholl bei der Nachricht von diesen Scheiterhaufen der Marranen in Ancona unter allen Juden. Die Verurteilung war ebenso widerrechtlich wie grausam, weil, wie schon erwähnt, die Religionsfreiheit der Marranen in Ancona von drei Päpsten hintereinander ihnen feierlich zugesichert war. Namentlich waren die portugiesischen Marranen in der Türkei von diesem Schlage gegen ihre Leidensgefährten betäubt. Sie sannen auf Mittel, Rache an dem wahnsinnig herzlosen Papste zu nehmen. Die eigentümliche Lage der Juden in diesem Jahrhundert gab ihnen die Möglichkeit an die Hand, an einen Kampf mit dem boshaften Feinde auf dem Petrusstuhle zu denken. Eine gewisse Einheit der Juden im Morgenlande konnte die Mittel dazu liefern.

Es lebte damals eine edle jüdische Frau, die durch weibliche Anmut, Geist, Gemüt, Charakter und Seelengröße eine Zierde ihres Geschlechtes und Volkes war und zu den auserwählten Erscheinungen gehörte, welche die Vorsehung von Zeit zu Zeit in die Welt zu setzen scheint, um die göttliche Ebenbildlichkeit des Menschen nicht ganz in Vergessenheit geraten zu lassen. Doña Gracia Mendesia²) hatte einen klangvollen Namen wie selten eine Frau, den ihre jüdischen Zeitgenossen nur mit Verehrung und Liebe nannten. Mit großartigen Geldmitteln gesegnet und sie nur zum besten anderer und zur Hebung des Geistes weise verwendend, gebot sie über einen Einfluß gleich einer Fürstin und herrschte über Hunderttausende ihr freudig entgegenschlagender Herzen. Man nannte sie die Esther ihrer Zeit. Aber welche Seelenkämpfe mußte sie durchmachen, bis sie sich frei Gracia (Channa) nennen durfte. Der Schmutz der Gemeinheit und Schlechtig-

---

¹) Die Quellen über den Tod der Märtyrer von Ancona, welcher früher nur aus Schalschelet und gelegentlicher Erwähnung bekannt war, fließen gegenwärtig reichlich. Ein Trauerlied von Jakob de Fano, veröffentlicht in Revue d. Ét. X, 154 f. Ein Trauerlied von Salomo Chasan, abgedruckt aus einem Bodl. Ms. in der Zeitschrift Libanon V, 343. Die Namen der Märtyrer wurden richtiggestellt von Kaufmann Revue das. 152 f. Auch ein Mardochai de Blanes hat ein Trauerlied darüber wie über die Vernichtung des Talmuds gedichtet (o. S. 322), das unbekannt ist. Darüber berichtet Graziano, Revue IV 96 f. וזכר חבר קינה אחת יפה על זה החכם ר' מרדכי בן מ' יהודה דבלאניש אשר נהגו לאמר אותה בכ"ה ספרדית בשחרית באב בשנה ט' ביום . Von christl. Seite, italienische Information (Note 6) und aus Aktenstücken Feroso o. S. 325 u. 326 vgl. w. u. Nichts desto weniger hatte ein Kanonikus Cäsar Garibaldi die Unverfrorenheit zu behaupten, daß dieses Martyrium eine Erfindung der Juden sei, in einer Broschüre: un asserto autodafé sotto Paolo IV; vergl. darüber Revue XI, 149.

²) Über Gracia Mendesia, ihren Neffen und ihre Familie Note 6.

keit wälzte sich an sie heran, vermochte aber nicht, die Reinheit ihrer
Seele zu trüben. Geboren in Portugal (um 1510, gest. um 1568),
aus einer Marranenfamilie B e n v e n i s t e, wurde sie unter dem
christlichen Namen B e a t r i c e an einen reichen Genossen desselben
Unglücks aus dem Hause N a ß i verheiratet, der den Patennamen
F r a n c i s c o M e n d e s angenommen hatte. Dieser hatte ein umfangreiches Bankgeschäft gegründet, das seine Verzweigungen bis
Flandern und Frankreich ausdehnte. Der deutsche Kaiser und Herrscher
zweier Weltteile, Karl V., der König von Frankreich und wer weiß, wie
viele Fürsten sonst noch, waren Schuldner des Hauses Mendes. Ein
jüngerer Bruder D i o g o M e n d e s stand der Filialbank von Antwerpen vor. Als Beatrices Gatte mit Hinterlassung einer Tochter
namens R e y n a gestorben war (vor 1535) und die grausige Einführung
der Inquisition in Portugal ihr Vermögen, ihr und ihres Kindes Leben
zu gefährden drohte, begab sie sich zu ihrem Schwager nach Antwerpen
und brachte ein Gefolge mit, eine jüngere Schwester und mehrere
junge Neffen. Sie hat ärmeren Marranen die Mittel gereicht, sich
ebenfalls dem Feuer der Inquisition durch die Flucht zu entziehen[1].)
Durch ihre und ihres Schwagers Vermittlung gingen die Summen,
welche die portugiesischen Scheinchristen den päpstlichen Gesandten
und Kreaturen bezahlten, um die Inquisition zu vereiteln.[2]) Begüterte
Marranen suchten nämlich, wenn sie den Fangarmen der Inquisition
unter de Mello (o. S. 268) entgehen konnten, Antwerpen auf, welches
damals eine Welthandelsstadt war. Kaiser Karl V., obwohl er das
Feuer der Scheiterhaufen in Spanien für die Scheinchristen immer noch
ungerührt lodern ließ und die Einführung der Inquisition mit all ihrer
Grausamkeit in Portugal befördert hatte, begünstigte doch die Ansiedlung der Marranen aus Portugal in seiner Lieblingsprovinz, den
Niederlanden, um ihren Reichtum dorthin abzuleiten.[3]) Mendesias
Anwesenheit in der belgischen Hauptstadt war um so notwendiger,
als das Hauptgeschäft nach und nach dorthin verlegt war, woran sie
einen Hauptanteil hatte, da ihr Gatte ihr die Hälfte seiner Hinterlassen-

---

[1]) Samuel Usque, Consolação p. 231.   [2]) Siehe o. S. 262.
[3]) Herculano, a. a. O. III p. 112. A Inglaterra, a França, mas so-
bretudo os Paїsesbaixos fortaleciam (os Judeos Portugueses) a sua industria e o seu commercio com os elementos de riqueza. Das. 196: . .
a torrente da emigração . . . dirigia-se em boa parte para os Paїsesbaixos, o que bastaria para explicar o favor que em Carlos V achavam
os loucos esforços do cunhado para destruir a classe mais rica e mais
industriosa dos propios estados. As cidades commerciaes de Flandres
offereciam aos Christiãos novos portugueses, não só um refugio contra
a intolerancia, mas tambem um theatro adequado á sua industriosa ac-
tividade. Muitos . . . haviam com tempo buscado alli a segurança e
a paz . . .

schaft urkundlich gesichert hatte. In Antwerpen nahm die Familie Mendes eine geachtete Stellung ein; der junge, gewandte, schöne Neffe Mendesias, João Miques, verkehrte mit den ersten Männern der Hauptstadt und war selbst bei der Statthalterin der Niederlande, Maria, ehemals Königin von Ungarn, Schwester Karls V., sehr beliebt.

Indessen fühlte sich Mendesia in Antwerpen nichts weniger als behaglich. Die Liebe zu ihrer angestammten Religion, die sie verleugnen mußte, und der Abscheu vor dem aufgezwungenen katholischen Bekenntnis, das sie täglich durch Kirchenbesuch, Kniebeugung und Beichte betätigen mußte, wobei sie vielleicht gar von Spionen umlauert war, machte ihr Flandern ebenso widerwärtig wie Portugal. Sie sehnte sich nach einem Lande, wo sie dem Zuge ihres für das Judentum glühenden Herzens frei folgen könnte. Daher bestürmte sie ihren Schwager, den Leiter des Bankgeschäftes, der inzwischen ihre jüngere Schwester geheiratet hatte, mit ihr nach Deutschland oder sonst wohin zu ziehen oder den ihr zukommenden Anteil vom Gesamtvermögen herauszuzahlen. Diogo Mendes hatte bereits eine Zeit für die Auswanderung festgesetzt, als er gegen Ende derselben (1540 bis 1546) das Zeitliche segnete; auch er hinterließ eine Witwe und eine Tochter, Gracia die Jüngere. Seit dieser Zeit begannen sorgenvolle Tage für die edle Mendesia. Sie war von ihrem verstorbenen Schwager letztwillig als Haupt des weitverzweigten Geschäftes anerkannt, weil er volles Vertrauen zu ihrer Klugheit und Rechtlichkeit hatte, und ihr standen nur zwei junge Männer, ihre Neffen, zur Seite. Sie konnte die Geschäfte nicht so rasch abwickeln, um dem Drange ihres Herzens zu folgen und sich auf einem duldsamen Flecken der Erde offen zum Judentum zu bekennen. Dazu kam noch, daß die Habgier Karls V. ein Auge auf das große Vermögen des Hauses Mendes geworfen hatte. Gegen den verstorbenen Diogo Mendes wurde von dem kaiserlichen Fiskal die Anklage erhoben, er habe heimlich judaisiert. Es mag auch bekannt geworden sein, daß er durch Rat und Tat die Gegner der Inquisition in Portugal unterstützt hatte. Als Strafe dafür sollte das ganze Vermögen, als das eines Ketzers, dem Fiskus verfallen, denn es waren scharfe Verordnungen gegen die Duldung eingewanderter Marranen in Flandern erlassen.[1]) Schon war der Befehl erteilt, die Güter und Handlungsbücher des Hauses Mendes mit Beschlag zu belegen und sie zu versiegeln. Indessen gelang es noch der Witwe Mendesia, die Habsucht durch eine bedeutende Anleihe und Bestechung der Beamten für den Augenblick zu beschwichtigen. In dieser Lage konnte sie noch weniger Antwerpen verlassen, um nicht den Verdacht gegen sich rege zu machen und ihres Vermögens erst recht verlustig zu gehen. So mußte sie unter stetem schweren

---

[1]) Siehe weiter unten das letzte Kapitel.

Seelenkampf noch über zwei Jahre daselbst weilen, bis die Anleihe von dem Kaiser zurückbezahlt war.

Endlich schien die Stunde der Freiheit für sie zu schlagen, sie konnte endlich Antwerpen verlassen, um nach Venedig auszuwandern. Man erzählte sich, ihr Neffe João Miques habe ihre Tochter Reyna, um deren Hand sich hohe christliche Adlige beworben hatten, entführt und sei mit ihr nach Venedig entflohen. Vielleicht war das nur ein von der Familie Mendes geflissentlich ausgebreitetes Gerücht, um ihrer Abreise nach Venedig einen Vorwand zu geben, damit ihr kein Hindernis in den Weg gelegt werde. Indessen hatte ihre Vorsicht keinen Erfolg. Nach ihrer Entfernung befahl Karl V. wiederum, auf die Güter ihres Hauses, so weit sie sich innerhalb seines Gebietes befanden, Beschlag zu legen, weil die beiden Schwestern heimliche Jüdinnen wären, und Mendesia die Ältere (wie sie genannt wurde) mußte wiederum bedeutende Summe aufwenden, um den Schlag abzuwenden.

In Venedig begannen für sie (sie nannte sich wohl damals d e L u n a) Unglückstage, schlimmer, als sie sie bisher erfahren hatte, denn sie kamen ihr von einer Seite, von wo sie sie am allerwenigsten erwartet hatte, von seiten ihrer jüngeren Schwester. Diese, ebenso unbesonnen und zerfahren, als die ältere gesammelt und charakterfest war, verlangte von ihr die Herausgabe des ihr und ihrer Tochter zukommenden Anteils am Vermögen, um selbständig darüber verfügen zu können. Doña Mendesia mochte und durfte aber nicht darauf eingehen, weil sie von ihrem Schwager zur alleinigen Leiterin des Geschäftes und auch zum Vormund über ihre noch unmündige Nichte eingesetzt worden war. Wegen dieser unwillig ertragenen Bevormundung und wahrscheinlich von schlechten Ratgebern geleitet, tat die jüngere Schwester einen Schritt, der zu ihrem eigenen Nachteil ausschlug. Sie machte der venezianischen Signoria die Anzeige, daß ihre ältere Schwester mit den großen Reichtümern nach der Türkei auszuwandern im Begriffe sei, um offen zum Judentum überzutreten, während sie selbst mit ihrer Tochter im Christentum zu verbleiben gedächte; die venezianischen Behörden möchten ihr zu ihrem Vermögensanteil verhelfen, damit sie denselben als gute Christin in Venedig verbrauchen könnte. Die venezianischen Machthaber, welche dabei einen guten Fang zu machen glaubten, zögerten nicht, auf die Klage einzugehen, luden die Angeklagte vor ihre Gerichtsschranken und gingen so weit, sie in Gewahrsam zu bringen, um ihre Flucht zu verhindern. Ihre übelberatene oder charakterlose Schwester sandte noch dazu einen habsüchtigen und judenfeindlichen Boten nach Frankreich, um die dort dem Hause Mendes zustehenden Güter mit Beschlag belegen zu lassen — gewiß durch Erhebung derselben Anklage gegen ihre ältere Schwester, daß sie judaisiere. Der Bote, welcher sich nicht genug für seine Sendung belohnt glaubte, denunzierte aber die jüngere Schwester ebenfalls als heimliche Jüdin und bewirkte, daß der französische Hof das Vermögen des Hauses Mendes in Frankreich mit Beschlag belegte. Die Schuld an dasselbe Haus zu zahlen, hielt sich der König Heinrich II. ebenfalls für überhoben. Indessen arbeitete die unglückliche Mendesia daran, die gegen sie und ihr Vermögen geführten Schläge so viel als möglich abzuwenden. Ihr Neffe João Miques spendete mit vollen Händen, um die Verluste abzuwenden, und seine edle Verwandte zu befreien. Entweder er oder sie selbst hatte einen Weg zum Sultan Suleiman gefunden und ihn bewogen, sich der Verfolgten anzunehmen. So bedeutende Reichtümer sollten in seinen Staat eingeführt werden, und die venezianische Republik, die nur noch von seiner Gnade existierte, wagt es, sie ihm vorzuenthalten? Das reizte seinen Zorn. Sein jüdischer Leibarzt, Mose Hamon (o. S. 27), der sich Hoffnung machte, die Hand der reichen Erbin Reyna für seinen Sohn zu gewinnen, hatte den Sultan günstig für die Familie Mendes gestimmt. Ein eigener Staatsbote (Tschaus) wurde von der Pforte nach Venedig abgesandt mit der Weisung, die gefangene Marranin sofort in Freiheit zu setzen und sie ungehindert mit ihrem Vermögen nach der Türkei ziehen zu lassen. Es entstand dadurch eine Spannung zwischen dem türkischen Hofe und der venezianischen Republik, welche später zum Ausbruch kam. Die unbekannt unter dem Namen Mendesia oder Beatrice de Luna lebende Gracia Naßi war die Veranlassung, nicht bloß Venedig, sondern auch den französischen Hof in Unruhe zu versetzen. Wider ihren Willen wurde ihr eine bedeutende Rolle zugeteilt.

Inzwischen war es ihr gelungen — man weiß nicht, auf welchem Wege — eine Zufluchtsstätte in Ferrara zu finden unter dem Schutze des Herzogs Ercole d'Este II., wo sie mehrere Jahre (um 1549 bis 1553) zum Segen und zum Troste ihrer Religions- und Leidensgenossen lebte, und zwar unter ihrem jüdischen Namen. Es war ihr jetzt erst vergönnt, alle ihre hehren Tugenden, ihr weiches Mitgefühl, ihren Edelmut, ihre innige Frömmigkeit, mit einem Worte ihr großes Herz offen und frei zu betätigen. Auch ihre Klugheit und Besonnenheit kam den Marranen in Italien zustatten. Der Dichter Samuel Usque welcher ihr sein schönes Werk „Die Tröstungen für Israels Trübsale" (o. S. 312), gewidmet, sprach mit Begeisterung und tiefster Verehrung von ihr. „Das Herz wird als das edelste und vorzüglichste Organ des menschlichen Körpers gehalten, weil es schneller den Schmerz empfindet als die übrigen Organe. Es muß daher besonders befriedigt werden, wenn es die anderen sein sollen. Es liegt in meiner Absicht, mit diesem kleinen Zweig frischer Frucht unserer portugiesischen Nation (den Marranen) zu dienen. Ist es nicht billig, ihn Ew. Gnaden, als dem Herzen dieses Volkes, zu überreichen, da Sie in den Mitteln, welche

Sie spenden, deren Leiden mehr fühlen als jeder andere? Mich blendet dabei keineswegs die Liebe, daß ich, erlauchte Señora, Ihr Geschöpf bin, der ich durch Taten, Schriften und Werke für die großen Wohltaten danken möchte, welche ich von Ihrer freigebigen Hand empfangen habe. Denn seitdem Sie angefangen haben, Ihr Licht zu verbreiten, haben sämtliche Glieder bis zu den kleinsten Geschöpfen dieses Stammes herab die Wahrheit eingesogen, in deren Herzen Ihr Name und Ihr segensreiches Angedenken für ewige Zeiten eingegraben bleiben werden".[1])

Noch mehr verherrlichte sie der Dichter Samuel Usque im Verlauf seines Werkes. Er läßt seinen Numeo, den Tröster im Dialoge, unter anderen Trostgründen für Israels Leiden auch den anführen, daß es unerwartete Hilfe durch diese edle Frau erlangt habe. "Wer hat nicht die göttliche Barmherzigkeit im menschlichen Gewande sich offenbaren gesehen, wie sie sich Dir zur Abwehr Deiner Mühseligkeit gezeigt hat und noch zeigt? Wer hat Mirjams inniges Mitleid auferstehen gesehen, das Leben hinzugeben, um ihre Brüder zu retten? Jene große Klugheit Deborahs, um ihre Volksgenossen zu regieren? Jene unendliche Tugendhaftigkeit und Heiligkeit Esthers, um die Verfolgten zu schützen? Jene ruhmwürdige Anstrengung der keuschen Witwe Judith, um die von Angst Belagerten zu befreien? Sie hat der Herr in unsern Tagen vom hohen Heere seiner Engel entboten und alles in eine Seele niedergelegt, und diese Seele hat er zu Deinem Glücke in den weiblichen schönen Leib der segensreichen Israelitin Naßi eingepflanzt. Sie hat im Anfang der Auswanderung der (Marranen) Deinen dürftigen Söhnen, welche ihr geringes Vermögen mutlos machte, dem Feuer (Scheiterhaufen) zu entgehen und einen so weiten Weg anzutreten Kraft und Hoffnung gegeben. Sie unterstützte diejenigen mit freigebiger Hand, welche bereits ausgewandert, in Flandern und in anderen Gegenden durch Armut geschwächt, von der Seefahrt niedergebeugt und in Gefahr waren, nicht weiter zu kommen, und stärkte sie in ihrer Dürftigkeit. Sie gab ihnen Schutz in der Rauheit der wilden Alpen Deutschlands, in dem äußersten Elende der Mühsale und Mißgeschicke, die sie betroffen. — Sie versagte selbst ihren Feinden keine Gunst. Mit ihrer reinen Hand und ihrem himmlischen Willen hat sie die meisten dieser Nation (Marranen) aus der Tiefe unendlicher Mühsal, aus Armut und Sünden befreit, sie in sichere Gegenden geleitet und sie unter den Gehorsam der Vorschriften ihres alten Gottes gesammelt. So war sie die Kraft in Deiner Schwäche."[2])

Die beiden Herausgeber der ferrarisch-spanischen Bibel A b r a h a m U s q u e und A t h i a s (o. S. 311), welche sie zum Teil der "durch-

---

[1]) Samuel Usque, Consolaçao, Widmung an sie.   [2]) Das. p. 24.

lauchten Señora Gracia" widmeten, schilderten mit wenigen Worten deren große Verdienste. „Wir wünschen die Übersetzung an Ew. Gnaden zu richten, als an die Persönlichkeit, deren Verdienste unter den Unsern stets den höchsten Platz einnehmen. Möge Ew. Gnaden sie annehmen, sie begünstigen und verteidigen mit dem Geiste, der immer diejenigen begünstigt hat, welche Hilfe von Ihnen verlangten." Freilich hat sie alle drei Usques beschützt; der dichterische Geschichtsschreiber hatte ihr, wie er selbst bekennt, alles zu danken; den Dichter Salomon Usque (Duarte Gomez) hat sie an einem Bankgeschäfte teilnehmen lassen, und Abraham Usque hat sie wahrscheinlich zur Unterhaltung der hebräischen und spanischen Druckerei unterstützt. Die Lobeserhebung aus deren Munde könnte parteiisch erscheinen; aber alle, auch die gewissenhaftesten Rabbinen jener Zeit, waren des Lobes von ihr voll und schrieben ebenso begeistert, wenn auch nicht so zierlich, von ihren Tugenden. „Die erhabene Fürstin, der Ruhm Israels, die weise Frau, die ihr Haus in Heiligkeit und Reinheit erbaut. Mit ihrer Hand unterstützt sie Arme und Dürftige, um sie diesseits glücklich und jenseits selig zu machen. Sie hat viele vom Tode gerettet und sie aus der Niedrigkeit des eitlen Lebens erhoben, die im Kerker schmachteten, dem Tode geweiht waren. Sie hat Häuser für die Gotteslehre und Weisheit gestiftet, damit jedermann sich darin unterrichten könne. Sie hat vielen Vorschüsse gemacht, damit sie sich nicht bloß ernähren, sondern auch in Wohlstand leben können."[1]

Nachdem sich Doṅa Gracia Naṡi auch mit ihrer Schwester ausgesöhnt, welche eingesehen haben mochte, daß sie durch ihre feindselige Haltung gegen jene nur sich selbst gefährdete, nachdem sie deren Tochter, die schöne jüngere Gracia II., mit ihrem Neffen Samuel Naṡi in Ferrara verlobt, damit das große Vermögen in der Familie bleiben sollte, und nachdem sie für alle ihre Familienglieder mütterlich gesorgt hatte, führte sie das längst gehegte Vorhaben aus, nach der türkischen Hauptstadt auszuwandern, um allen Anfechtungen auf christlichem Boden zu entgehen. Ihr begabter Neffe, João Miques, welcher mit ihrer Tochter Reyna versprochen war, machte inzwischen weite Reisen, um ihre Angelegenheiten zu ordnen, in Lyon, Marseille, Rom, Sizilien. Er hatte ihr durch seine Gewandtheit einen guten Empfang in Konstantinopel bereitet. Mit schlauer Diplomatie, die er im Umgange mit christlichen Staatsmännern gelernt hatte, ließ er sich von dem Gesandten des französischen Hofes, mit dem die Familie Mendes-Naṡi in stillem Kriege lebte, von Herrn de Lansac, in Konstantinopel warm empfehlen,[2] und fand dadurch daselbst eine günstige Aufnahme.

---

[1] Josua Soncin, Respp. Nr. 12.
[2] Charrière, Négociations de la France dans le Levant II p. 403, Note.

Erst in Konstantinopel trat João Miques offen zum Judentum über, nahm den Namen **J o s e p h N a ß i** an und heiratete seine reiche Base Reyna. Er war aber nicht allein dahin gekommen, sondern hatte ein großes Gefolge von 500 Personen Spanier (Portugiesen) und italienische Juden nachgezogen. Er trat dort gleich anfangs wie ein Fürst auf. Durch seine Gewandtheit, seine Kenntnis der europäischen Verhältnisse und seinen Reichtum wurde Joseph Naßi in den Hofkreis eingeführt und galt viel beim Sultan Suleiman. Aber seine edle Schwiegermutter blieb wie bisher die Hauptleiterin des großen Vermögens.

Bald empfanden die jüdischen Bewohner Konstantinopels die wohltätige Hand Doña Gracias und ihres Schwiegersohnes. Sie unterstützten die Armen, legten Bet- und Lehrhäuser an und setzten den Lehrern des Talmud Jahrgehälter aus. Der aus Salonichi wegen erlittener Beleidigung und der Pest nach Konstantinopel ausgewanderte spanische Rabbiner **J o s e p h I b n - L a b** erhielt seine ganzen Existenzmittel von Gracia und Joseph Naßi. Aber nicht bloß auf Spanier und Portugiesen in der Türkei erstreckte sich ihre Mildtätigkeit, sondern auch auf Deutsche und über Konstantinopel hinaus.

Als daher die Nachricht einlief, der Papst Paulus IV. habe die Marranen in Ancona einkerkern lassen, um sie früher oder später verbrennen zu lassen, fühlte Doña Gracia einen brennenden Schmerz wie eine Mutter bei dem Unglück ihrer Kinder. Sie hatte sie alle wie Söhne und Brüder in ihr Herz geschlossen. Doch überließ sie sich nicht einem untätigen Jammern, sondern handelte in Gemeinschaft mit Joseph Naßi tatkräftig. Zunächst wandte sie sich an den Sultan Suleiman, um ihn anzuflehen, wenigstens die Freiheit derjenigen marranischen Juden aus der Türkei, welche in Ancona in Handelsgeschäften anwesend mit eingekerkert waren, zu verlangen. Sie war so glücklich, dieses Gesuch erfüllt zu sehen. Der Sultan Suleiman richtete an den Papst ein Schreiben (9. März 1556)[1]) in jenem hochmütigen Tone, den sich die türkischen Herrscher im Gefühle ihrer Macht gegenüber der Zerfahrenheit der christlichen Fürsten erlaubten. Er beklagte sich, daß seine jüdischen Untertanen widerrechtlich eingekerkert worden, wodurch seinem Schatze ein reiner Verlust von 4000 Dukaten und außerdem eine noch größere Einbuße an Einnahmen erwachsen sei, weil die türkischen Juden dadurch geschädigt worden wären. Der Sultan bestand darauf, daß der Papst die zur Türkei gehörigen Marranen in Ancona sofort in Freiheit setzen sollte, und ließ die Drohung durchblicken, daß er im Falle ungünstiger Aufnahme seiner Vorstellung Repressalien an den unter seinem Zepter wohnenden Christen zu nehmen gedächte. Paul IV. mußte zähne-

---

[1]) Siehe Note 6.

knirschend gehorchen, die Juden aus der Türkei in Freiheit setzen und ungefährdet abreisen lassen. Die übrigen, die keinen mächtigen Schützer hatten, wurden, wie erzählt, verbrannt. Dafür wollten die Juden sich empfindlich an dem Papst rächen, und sie rechneten dabei auf die tatkräftige Unterstützung der Doña Gracia und ihres Schwiegersohnes.

Der Handel der türkischen Juden war sehr bedeutend, alles ging durch ihre Hände, sie konkurrierten mit den Venezianern und sandten ihre eigenen Schiffe und Galeeren aus.[1]) Die jüdisch-levantinischen Kaufleute hatten bis dahin, um den Venezianern den Rang abzulaufen, den Hafen von Ancona als Stapelplatz für ihre Waren, die von der Türkei nach Europa und umgekehrt gingen, benutzt. Der Herzog Guido Ubaldo von Urbino hatte die aus Ancona geflüchteten Marranen in Pesaro nur deswegen aufgenommen, weil er darauf gerechnet hatte, daß der sogenannte levantinische Handel in den Händen der Juden seiner Hafenstadt zugewendet werden würde. Die Gemeinde von Pesaro und besonders die marranischen Flüchtlinge ließen sich daher angelegen sein, ein Sendschreiben an sämtliche türkische Gemeinden, welche in Geschäftsverbindung mit Italien standen, ergehen zu lassen, ihre Waren nicht mehr nach Ancona, sondern nach Pesaro zu senden.[2]) Von Pesaro wurde eigens ein Sendbote J u d a F a r a g nach der Türkei beordert, um mündlich zu ergänzen, was sie dem Papier nicht anvertrauen wollten und um ihrem Vorschlage Nachdruck zu geben. In der ersten Aufwallung der Entrüstung über die Untat des Papstes Pauls IV. stimmten viele levantinische Gemeinden diesem Antrage zu (Ellul = August 1556) und machten miteinander ab, ihn empfindlich zu strafen, ihm die bedeutenden Einnahmequellen von dem levantinischen Handel vollständig abzuschneiden. Da aber eine solche Maßregel nur ausführbar und wirksam sein konnte, wenn sämtliche nach Italien handeltreibenden Juden damit einverstanden waren, sagten die Zustimmenden vor der Hand ihre Mitwirkung nur auf acht Monate zu, nicht mehr in Ancona Geschäfte zu machen (bis März 1557), damit inzwischen die wichtige Angelegenheit, welche so tief in die Geschäftsinteressen eingriff, wohl erwogen und die Zustimmung aller europäischtürkischen Juden erzielt werde. Die besonders dabei beteiligten Juden von Pesaro und die ehemaligen Marranen im türkischen Reich gaben sich natürlich alle Mühe, einen gemeinsamen Beschluß, den Papst und seine Hafenstadt in den Bann zu tun, durchzusetzen. Es wurde dafür unter anderem geltend gemacht, der Herzog Guido Ubaldo habe nur in

---

[1]) Alberi Relazioni Serie III T. I p. 275, Bericht des venezianischen Gesandten Marino Cavalli.

[2]) Die Sendschreiben der Pesarenser an die Levantiner hat David Kaufmann veröffentlicht Revue d. Et. XVI, 66 f. Vergl. über die Inzidenzpunkte dieses Faktums Kaufmann das. 61 f.

Aussicht auf Gewinn von dem pesarenischen Hafen den Marranen
ein Asyl geboten, und diese hätten sich ihm verpflichtet, dafür zu wirken.
Er habe die Zumutung des Papstes, die Flüchtlinge zur Bestrafung
auszuliefern, zurückgewiesen und sich dadurch dessen Zorn zugezogen,
da er ihn seines Kapitanats entsetzt habe, das ihm so und so viel ein=
brachte, alles um der Juden willen. Es sei daher zu befürchten, wenn
die levantinischen Juden nach wie vor nach Ancona Geschäfte machen
sollten, daß der Herzog die Marranen in Pesaro der Wut des Papstes
überliefern werde; es sei also die größte Lebensgefahr für sie, zu deren
Abwendung jeder Jude religiös verpflichtet sei. Der Bann, welcher
zuerst von dem Rabbinate in Salonichi über diejenigen, welche Ancona
geschäftshalber aufsuchen würden, ausgesprochen wurde, hatte in der
Tat eine für diese Stadt empfindliche Wirkung. Ein Jahr ungefähr
nach Entzündung des Scheiterhaufens in dieser Stadt klagte der Magistrat
beim Papste über den Verfall ihres Wohlstandes. Wenn er nicht für
Abhilfe sorgte, würde Ancona, das mit den anderen Seehäfen gewett=
eifert habe, zu einem unbedeutenden Flecken herabsinken (10. August
1556)[1]. Die anconesischen Juden, welche nicht zu den Marranen gehörten,
erlitten dadurch ebenfalls bedeutenden Verlust und säumten nicht,
auch ihrerseits Schreiben durch ihren Rabbinen M o s e B a s u l a (einen
in Ansehen stehenden Kabbalisten) an die türkischen Gemeinden zu
richten und sie zu beschwören, keinen bindenden Beschluß zu fassen,
weil sie selbst dadurch in große Gefahr geraten würden bei dem leiden=
schaftlichen Gemüte des Papstes, der sie unfehlbar ins Elend jagen
würde, wenn er erfahren sollte, daß die Juden Rache an ihm zu nehmen
gedächten. Dagegen sei für die Pesarener nichts zu fürchten, da Guido
Ubaldo ein einsichtsvoller Fürst sei und die Marranen nicht für das
Verhalten der levantinischen Juden verantwortlich machen würde.
Er habe auch ohne weiteres einen Aufruf ergehen lassen, daß die flüch=

---

[1] Die Klage der Anconenser beim Papste über den Verfall ihrer Stadt
hat Feroso (Maroni) aufgefunden: Beatissime Pater. La malignità grande
delli perfidi marrani ne sforza contro ogni nostro volere a fastidiare la
benignità di v. Bne, quali hanno avuto tanta possanza, que hanno indotto
alcuni ebrei a far certe loro maledette scomuniche et scelerate maledi-
zioni de' loro rabini in una sinagoga di Salonicchio et publicare in
molti luoghi, per le quali proibiscono il venire et mandare mercanzie et
robe di ogni sorte in Ancona et hanno levato totalmente il traffico et
commercio delle robe di Levante di questa città, et hanno inviato in
Pesaro, ove si riducono et trafficano al presente essi marrani, di maniera
che le facende sono in gran parte cessate et vanno mancando ogni di
più di tal sorte, que se la bontà della Stà. Vra. non ci socorre, questa
città . . restera abbandonata et derelitta et sarà come un castello o una
villa . . . la quale solea essere piena di negozi et traffichi, quanto altra
nobil città d'Italia. Mitgeteilt in Revue das. 618 Note.

tigen Marranen aller Länder in seinem Staate das Judentum offen bekennen dürften.

Inzwischen hatte die Entrüstung der türkischen Juden gegen den Papst vielfachem Bedenken materieller Art Platz gemacht. Die jüdischen Kaufleute, welche ihre Schiffe nach Pesaro geschickt hatten, fanden, daß der dortige Hafen nicht dieselbe Sicherheit bot, wie der von Ancona. Guido Ubaldo hatte zwar versprochen, ihn zu verbessern; aber daraufhin mochte der jüdisch-levantinische Handelsstand seine Kapitalien nicht wagen. Aller Augen waren daher auf die Hauptgemeinde von Konstantinopel gerichtet; dorthin hatten die übrigen Vertreter der Handelsplätze Salonichi, Adrianopel, Brussa, Aulona, Morea Schreiben gerichtet, die Angelegenheit wohl zu erwägen und ihre Interessen zu berücksichtigen. Hier hatte natürlich Doña Gracia und Joseph Naßi die Hauptstimme, und sie waren von vorn herein entschieden dafür, den unmenschlichen Papst empfindlich zu züchtigen. Sie hatten zugleich allen ihren Agenten die Weisung erteilt, die Waren ihres Hauses nach Pesaro zu expedieren. Auch die portugiesischen und ein Teil der spanischen Gemeinden in der Türkei waren sofort damit einverstanden, einen durchgreifenden Beschluß zu fassen und unter Androhung des Bannes der jüdischen Handelswelt zu verbieten, Geschäfte nach Ancona zu machen. Es zeigte sich aber in Konstantinopel selbst eine kleine Opposition, indem ein Teil der Kaufleute seine Interessen durch die Bevorzugung von Pesaro zu gefährden fürchtete. Die Sache lag also in der Hand der Rabbinen von Konstantinopel; wenn diese sich einstimmig dahin aussprächen, daß aus Rücksicht auf die nahe Gefahr der pesarener Marranen der Hafen von Ancona zu meiden sei und die Übertreter dieses Verbotes dem Banne verfallen sollten, so würde ihre Autorität ins Gewicht fallen und den Ausschlag geben. Die Rabbinen von Salonichi und den übrigen großen türkischen Gemeinden würden ihnen unfehlbar nachfolgen. Gracia und Joseph Naßi bewogen daher den von ihnen unterstützten Rabbinen **Joseph Ibn-Lab**, die übrigen Rabbinen der verschiedenen Konstantinopeler Gemeindegruppen zu bestimmen, sich für die Züchtigung des Papstes auszusprechen. Anfangs hatte auch ihr Vorhaben einen guten Fortgang. Drei Rabbinen, die Spanier **Salomo Ibn-Villa** und **Samuel Saba**, sowie ein romaniotischer, der angesehene Greis **Abraham Jeruschalmi** auf seinem Sterbebette, unterzeichneten den gefaßten Beschluß. Ibn-Lab hatte ein rabbinisches Gutachten darüber ausgearbeitet, worin er es nach dem Wunsche Doña Gracias als selbstverständlich hinstellte, daß ein allgemeines Verbot erlassen werden müßte, nach dem päpstlichen Ancona Geschäfte zu machen.

Aber zwei Rabbinen waren gegen einen solchen Beschluß, **Josua Soncin**, ein eingewanderter Italiener, aber Rabbiner einer der

spanischen Gemeinden, und ein Rabbiner einer deutschen Gemeinde=
gruppe. Jener erklärte, er könne es nicht über sich gewinnen, dem ge=
wünschten Beschlusse seine Unterschrift zu geben, bis er die Überzeugung
gewänne, daß die in Ancona wohnenden Juden dadurch keinerlei Gefahr
ausgesetzt würden; sonst hieße es das Leben der einen durch das Leben der
andern retten zu wollen. Für ihn war das Sendschreiben des Rabbiners
Mose Basula maßgebend, daß den Juden von Ancona eine größere
Gefahr drohe, falls der Beschluß ausgeführt würde. Josua Soncin
war entrüstet darüber, als einige Speichellecker der Doña Gracia hin=
warfen, auf das Zeugnis des Mose Basula sei nichts zu geben; er sei
möglicherweise von den anconesischen Kaufleuten bestochen worden.
Darüber rief jener Weh aus, ob denn die Rabbinen, die Lehrer der
Thora den katholischen Priestern (damaliger Zeit) gleichzusetzen wären
daß sie aus Eigennutz handelten! Josua Soncin schlug daher vor,
einen eigenen Eilboten nach Italien, namentlich nach Padua
an den allgemein geachteten, gewissenhaften Rabbinen Meïr
Katzenellenbogen zu senden, damit dieser, in der Nähe des
Schauplatzes, darüber endgültig entscheiden sollte, auf welcher Seite
eine größere Gefahr zu befürchten sei; er selbst wolle die Kosten des
Sendboten tragen. So sehr auch Josua Soncin Joseph Naßi zugetan
war und so sehr er Doña Gracia bewunderte, so mochte er doch nicht
aus Liebedienerei sein Gewissen beschweren und auf den Vorschlag ohne
weiteres eingehen. Er erklärte rund heraus, er könne vor der Hand
sich nicht an dem Beschlusse beteiligen. Auch der Rabbiner der deutschen
Gemeinde versagte den Beschluß in seiner Synagoge bekannt zu machen,
und opferte dadurch seinen Jahrgehalt, den er von Joseph Naßi bezog.
Denn dieser, obwohl von edler Gesinnung, konnte keinen Widerspruch
vertragen, war ein wenig gewalttätig und mag in dieser Angelegenheit
Recht gehabt haben, da er den Herzog Guido Ubaldo besser als die
Rabbinen kannte und wenig auf dessen Judenfreundlichkeit rechnete,
wenn derselbe keinen Gewinn davon ziehen würde. Da nun in der
Hauptgemeinde Konstantinopels kein einstimmiger Beschluß zustande
kam, so waren die jüdischen Kaufleute der übrigen türkischen Gemeinden
froh, ihren Handel nach Ancona fortsetzen zu können. Vergebens
forderte Doña Gracia, die es als eine Herzensangelegenheit betrachtete,
den Marranen in Pesaro Vorschub zu leisten, ein Gutachten von dem
Rabbinate der Gemeinde Safetz, das durch dessen zwei Vertreter,
Joseph Karo und Mose di Trani, die höchste Autorität in
der morgenländischen Judenheit genoß. Der Bann der Rabbinen über
den Papst Paul IV. trat nicht in Wirksamkeit.[1]) Während die Rabbinen

---

[1]) Josua Soncin, Respp. Nr. 39, 40; Respp. Ibn-Lab II p. 63; Respp.
Mose di Trani I Nr. 237.

noch berieten, trat zum großen Schmerze der Doña Gracia und ihrer Anhänger endlich doch das ein, was sie befürchtet hatte. Der Herzog Guido Ubaldo, welcher seine Erwartung getäuscht sah, seine Hafenstadt Pesaro zum Mittelpunkte des levantinisch-jüdischen Handels erhoben zu sehen und von dem Papste in judenfeindlichem Sinne bestürmt wurde, wies die in Pesaro aufgenommenen Marranen wieder aus (März 1558). Man muß es ihm indes noch hoch anrechnen, daß er sie nicht den Schergen der Inquisition überliefert hat. Die Ausgewiesenen steuerten auf gemieteten Schiffen meist ostwärts. Die päpstliche Schiffspolizei lauerte ihnen aber auf, und sie entkamen nur mit Not. Einige von ihnen gerieten in Gefangenschaft und wurden als Sklaven behandelt.[1]) Der ebenso geschickte wie menschenfreundliche marranische Arzt Amatus Lusitanus, der eine kurze Zeit in Pesaro geweilt und dann in Ragusa vielen Christen das Leben gerettet oder die Gesundheit wiedergegeben hatte, mußte ebenfalls die christliche Erde verlassen und nach der fast jüdischen Stadt Salonichi auswandern (1558 bis 1559).[2]) Auch den Marranen in Ferrara scheint dieses Jahr Unglück gebracht, und der Herzog ihnen den Schutz entzogen zu haben, denn die Druckerei des Abraham Usque wurde in diesem Jahre eingestellt.[3]) Der Kardinal Michele Ghislieri, nachmaliger Papst Pius V., welcher zu der zelotischen, mönchischen Partei gehörte, richtete ein Schreiben an diesen Herzog mit der Aufforderung den Dichterling Jakob da Fano, welcher den Märtyrertod der Marranen in Ancona in Versen verherrlicht (o. S. 328), und den Druckereibesitzer, der sie veröffentlicht hatte (Abraham Usque?) zu bestrafen, da doch die Ketzer gerechterweise verbrannt worden seien.[4]) Joseph Naßis Bruder, Don Samuel Naßi, welcher die Geschäfte des Hauses in Ferrara leitete, wurde von dem Herzog Ercole so sehr chikaniert, daß jener erst die Vermittlung des türkischen Hofes anrufen mußte, um freie Übersiedlung nach Konstantinopel zu erlangen.[5]) Ein drohender Blick des ungläubigen Sultans vermochte mehr bei den christlichen Fürsten als die Stimme der Gerechtigkeit und Menschlichkeit.

Je mehr sich der Papst Paul IV. dem Grabe näherte, desto rasender wurde er gegen die Juden. Weil ein Jude, David d'Ascoli, es gewagt hatte, das Dekret des Papstes, gelbe Hüte zu tragen, in einer

---

[1]) Joseph Kohen, Emek ha-Bacha p. 119.

[2]) Seine VI. Centuria ist in Ragusa geschrieben; 1558 nahm er Abschied von seinen italienischen Freunden. Die VII. Centuria 1559 schrieb er schon in Salonichi.

[3]) De Rossi, de Typographia Hebraeo-Ferrarensi p. 44.

[4]) Feroso in Revue d. Et. XI, 150.

[5]) v. Hammer, Geschichte der Osmanen III, S. 364, Note.

Schrift zu kritisieren, wurde er in den Kerker geworfen.[1]) Getaufte Juden, **Sixtus Senensis** und **Philipp** oder **Joseph Moro**, zogen auf seinen Befehl in den Gemeinden des Kirchenstaates umher und quälten die Juden mit ihren aufreizenden Predigten. Der letztere drang einst mit einem Kruzifix, das die Juden nun einmal als Götzenbild betrachteten, am Versöhnungstage (1558) in die Synagoge von Recanate und stellte es mit Ungestüm in die Lade, wo die „heilige Thora" aufbewahrt wurde. Als die Juden ihn wegen Verletzung ihres Heiligtums hinausdrängten, versammelte er den wütenden Pöbel um das Gotteshaus, und zwei Juden, welche Hand an ihn gelegt hatten, wurden auf Befehl des Stadthauptmanns gefesselt und gegeißelt.[2]) Am meisten aufgebracht war dieser leidenschaftliche Papst gegen Marranen und Talmud. Die ersteren suchte er in den entlegensten Schlupfwinkeln auf. Viele Scheinchristen Spaniens und Portugals, die sich nicht durch die Flucht retten konnten, pflegten nämlich in einen Mönchsorden zu treten und heulten sozusagen mit den Wölfen, um von ihnen nicht angefallen zu werden. Den Jesuitenorden, der in kurzer Zeit die älteren Orden bei weitem überflügelt hatte, zogen die Marranen vor, weil sie da, wo feine Köpfe Wert hatten, eher Gelegenheit fanden, die Listigsten zu überlisten und ihren Leidensgenossen Dienste zu leisten. Die spanische Regierung unter dem düstern Philipp II., Karls Sohn, begünstigte daher die Jesuiten nicht; sie fürchtete mit Recht oder Unrecht, die vielen Scheinchristen in ihren Reihen könnten sich einmal wegen der vielen erlittenen Mißhandlungen rächen.[3]) Auch in Franziskanerkutten hüllten sich die Marranen, sie schlichen sich in die Winkel ihrer Feinde. Paul IV., bei dem über die Aufnahme von Judenchristen in Mönchsorden geklagt wurde, verbot Mitglieder von jüdischem Geblüt in Orden aufzunehmen.[4])

Mit dem Talmud hatte er noch gründlicher aufgeräumt; es gab im Kirchenstaat und in dem größten Teil Italiens kein Talmudexemplar mehr, die Besitzer eines solchen waren einer schweren Strafe ausgesetzt. Die Lehrhäuser hatten meistens aufgehört. Es wäre, wenn dieser Zustand allgemein geworden wäre, eine große Unwissenheit und Stumpfheit unter den italienischen Juden eingerissen, die den Endzweck des Papstes, die Bekehrung derselben, leicht gefördert hätten. Es entstand aber damals ein großes Lehrhaus und ein Asyl für den verfolgten Talmud in einer oberitalienischen Stadt, in **Cremona**, die zu Mailand gehörte. Dort hatte unter dem Statthalter von Mailand ein aus Deutschland eingewanderter Talmudkundiger **Joseph**

---

[1]) Wolf, Bibliotheca III, p. 181.
[2]) J. Kohen a. a. O. p. 120.
[3]) Ranke, Fürsten und Völker Südeuropas II. S. 369.
[4]) Italienische Information Note 6.

Ottolenghi aus Ettlingen (blühte 1540 bis 1576) ein Lehrhaus eröffnet, den Talmud gelehrt und rabbinische Schriften drucken lassen.¹) Jeder Besitzer von Talmudexemplaren ließ sie daher heimlich nach Cremona bringen, und so entstand dort eine reichhaltige Niederlage dafür, von wo aus sie nach dem Morgenlande, Polen und Deutschland exportiert wurden. Diese allerdings dürftige Religionsfreiheit behielten die Juden auch unter den Spaniern, welche mit Paul IV. Krieg zu führen gezwungen waren. Nachdem der Papst sich zu einem schimpflichen Frieden bequemen mußte, sann er darauf, die jüdischen Schriften auch in Cremona verbrennen zu lassen. Die Dominikaner, diese Polizei des Papsttums, bearbeiteten in seinem Sinne die Bevölkerung, um einen Druck auf den Statthalter, den spanischen Herzog von Siesa (Sessa) auszuüben. Aufreizende Schriften wurden in Cremona verbreitet, welche das Volk geradezu aufforderten, die Juden totzuschlagen (8. April 1559). Einige Tage später wurde der Statthalter von zwei Dominikanern, von denen der eine, Sixtus Senensis, ein getaufter Jude war, angegangen, einen Scheiterhaufen für Talmudexemplare zu errichten, da er lauter Schmähungen gegen Jesus usw. enthalte. Da der Herzog von Siesa der Klage der Dominikaner nicht ohne weiteres Glauben schenken mochte, traten zwei Zeugen gegen den Talmud auf (17. April), der getaufte Jude Vittorio Eliano, Tochterenkel des jüdischen Grammatikers Elia Levita (o. S. 320), und ein gewissenloser deutscher Jude Josua bei Cantori (?), der in Streit mit Joseph Ottolenghi lebte und dadurch Rache an ihm nehmen wollte. So wurde denn der spanische Statthalter von Mailand von der Gemeinschädlichkeit des Talmuds überzeugt und gab seiner Soldateska den Befehl, in den Häusern der Juden von Cremona und in den Druckoffizinen Haussuchung zu halten, sämtliche Exemplare zusammenzuschleppen und damit einen großen Brand anzulegen. Zehn- bis zwölftausend Bücher wurden bei dieser Gelegenheit verbrannt (April oder Mai 1559).²) Hat doch dieser Papst sämtliche in

¹) In Riva di Trenta von 1559—1562, vergl. Ersch und Gruber, Enzyklopädie, sect. II B. 28, S. 46.
²) Quellen: Sixtus Senensis, Bibliotheca sacra II s. v. traditiones, IV; s. v. catalogus expositorum — Rabbinorum: Pius V... cum ante pontificatum suum anno 1559 misit me Cremonam ad abolendos Thalmudicos.. libros, quos Judaei ex omni fere Italia in eam urbem, tanquam in commune judaicae nationis converterunt. Joseph Kohen das. p. 120 fg. Es ist kein Zweifel, daß einer der das. erwähnten דומיניקאני שנים כומרים Sixtus Senensis war, der vom Franziskanerorden zu den Dominikanern übergetreten war. Endlich ist noch eine Quelle dafür „der Auszug eines Aktenstückes (Wolf. in Maskir I, S. 131): „17. April 1559 Kanonikus Vittorio Eliano, getaufter Jude, und Josua bei Cantori, ebenfalls getauft, legen gegen den Talmud Zeugnis ab." Der letztere ist ohne Zweifel identisch mit Josua בן חח bei Joseph Kohen das.,

Italien vorgefundenen Schriften der Protestanten und selbst die Bibel, welche in neuere Sprache übersetzt war, aufsuchen und verbrennen lassen. Wie sollte er den Talmud verschonen.

Beinahe wäre Vittorio Eliano, der boshafte Täufling, durch den Scheiterhaufen für den Talmud selbst zu Schaden gekommen. Denn die spanischen Soldaten, denen der Befehl zugegangen war, auf die Schriften der Juden zu fahnden, kümmerten sich wenig darum, ob dieselben talmudischen oder andern Inhalts waren. Sie hätten daher um ein Haar auch die kabbalistische Grundschrift, den Sohar, das Schoßkind des Papsttums, mit verbrannt. Seit der Schwärmerei Picos de Mirandola und noch mehr Reuchlins, des Kardinals Egidio de Viterbo, des Franziskaners Galatino für die Mystik glaubten nämlich die orthodoxesten Kirchenlehrer und Kirchenfürsten steif und fest, die Kabbala enthalte die Mysterien des Christentums. Der Vernichtungsbann, welcher gegen den Talmud geschleudert wurde, traf daher den Sohar, das kabbalistische Grundbuch, nicht. Ja, er wurde gerade unter dem Papste Paul IV. mit Bewilligung der Inquisition von Emanuel de Benevent zuerst gedruckt.[1]) Die Kabbala sollte sich auf den Trümmern des Talmuds aufbauen. Die angesehenen italienischen Rabbinen, Meïr von Padua und andere gaben zwar nicht ihre Einwilligung dazu, sie trugen Scheu, dasjenige, was eine Geheimlehre bleiben sollte, durch den Druck jedermann zugänglich machen zu lassen. Allein der eingefleischte Kabbalist Mose Basula (v. S. 338), ferner ein Rabbiner aus Mantua Mose Provenzali und ein hergelaufener Halbrabbiner Isaak ben Emanuel de Lates,[2]) der es im Alter nicht weiter als bis zum Hauslehrer bei Isaak Abrabanel II. in Ferrara gebracht hat, diese drei unterstützten und förderten die Veröffentlichung des Sohar (Mantua 1558 bis 1559).

---

der durch einen Streit mit Ottolenghi das Verbrennen des Talmuds veranlaßt hatte. Aber bei Kohen gilt er als Jude (das. p. 121): ולא יצדק עליו שם יהודי כי אם בהשאל־. Der Name בן חת scheint ein Spitzname zu sein. Dei Cantori ist schwerlich identisch mit der Familie Cantarini. — Auch die Notiz von dem Pasquill gegen die Juden von Cremona (Wolf das.) gehört zu diesem Faktum von der Hetze gegen den Talmud.

[1]) Zuerst תקוני הזוהר, die Einl. zum Ganzen, Mantua 1558.

[2]) Mose Basula gab eine Approbation zu תקוני הזוהר, die letztern zum זוהר, de Lates' Approbation von Pesaro 1558 in der Princepsausgabe und ein apologetisches Gutachten in seinen Respp. (ediert von M. J. Friedländer, Wien 1860). Aus diesen Responsen ließen sich de Lates' Biographica zusammentragen, wenn es sich überhaupt lohnte. Aus den apologetischen Respp. das. geht hervor, daß der Druck des Sohar mit Bewilligung der Zensur erfolgte: שהמלכות התירה הזוהר וספרי הקבלה. Mose Basula machte den Einwand gegen den Sohar geltend: נראים מדברים כי הזוהר וספרי קבלה חדשים מקרוב באו ולא שערום אבותינו; f. B. VII. S. 473.

Erhaltung des Sohar.

Noch während des Druckes in Mantua wollten ihn aber einige italienische Rabbinen verbieten und den Bann über die Herausgeber aussprechen, weil das Papsttum den Talmud verbrennen ließ und ihn verschonte und weil die Beschäftigung mit dem Sohar zur Ketzerei führe und er daher weit eher verdiente, dem Gebrauche entzogen oder gar verbrannt zu werden. Aber Isaak de Lates trat als geharnischter Kämpfer für ihn und die Herausgeber auf. Unter den albernen Gründen, die er dafür anführte, ist einer charakteristisch, „daß durch die kabbalistische Betrachtung die Übung der Ritualien nicht so nüchtern, trocken, geistlos, wie angelernte Menschengebote erscheine." So wurde der Druck des Buches fortgesetzt, welches dem Judentum fast schwerere Wunden beigebracht hat als alle bisherigen Schläge. — Aus Brotneid auf die Mantuaner Herausgeber, weil der Absatz in Italien und dem Oriente viel Gewinn versprach, ließ ein christlicher Verleger Vicenti Conti in Cremona in derselben Zeit ebenfalls den Sohar drucken, versprach viel mehr zu liefern, um die Mantuaner Ausgabe zu verdächtigen, hielt aber nicht Wort, sondern gab einen fehlerhaften Text heraus. An diesem Cremonesischen Sohar war der getaufte Enkel des Elia Levita, der giftige Kanonikus Vittorio Eliano, beteiligt, und er scheute sich nicht, ein marktschreierisches hebräisches Vorwort dazu zu schreiben, um Kundschaft anzulocken und seinen Namen dabei zu nennen.[1]) Als nun während des Druckes die spanischen Soldaten nach jüdischen Schriften in Cremona suchten, fanden sie zweitausend Exemplare des Sohar und waren im Begriff, auch sie auf den Scheiterhaufen zu werfen. Vittorio Eliano und seine Geschäftsgenossen wären dadurch beinahe um ihren Gewinn und ihre Auslagen gekommen. Aber ein anderer Täufling, jener Sixtus von Siena, der selbst schon wegen Ketzerei den Scheiterhaufen bestiegen hatte, von einem Kardinal — zur Schädigung der Juden — gerettet wurde und von der päpstlichen Inquisition den Auftrag hatte, den Talmud in Cremona vernichten zu helfen, tat der Wut der spanischen Soldaten Einhalt und rettete den Sohar.[2]) So wurde für den Augenblick der Talmud verbrannt und der Sohar verschont. Es war ein richtiger Instinkt der Judenfeinde, diese geistige Giftquelle den Juden zu lassen, in der Hoffnung, daß die Anhänger des Sohar sich eher vom bestehenden Judentum lossagen würden. Durch den Druck wurde der Sohar immer mehr als ein kanonisches Buch verehrt, und eine geraume Zeit wurde in jeder hebräischen Schrift, die nicht gerade trocken talmudisch gehalten war, der Sohar ebenso wie Bibelverse und gleichberechtigt mit der heiligen Schrift angeführt. Aber die Liebe des Papsttums

---

[1]) Zum Schlusse der Cremoneser Ausgabe heißt es: והשלם מלאכת הקדש ע"י
 חיים גטיניו וע"י הבחור כמר' ויטוריו אלינו נכדו של ראש המדקדקים החר' אליהו.
[2]) Sixtus Senensis das. ad nomen Simon ben Jachay.

zur Kabbala dauerte nicht lange; einige Jahre später wurden auch die kabbalistischen Schriften in den Katalog der zu verbrennenden Schriften (Index expurgatorius) gesetzt.[1])

Pauls IV. Feindseligkeit gegen die Juden und ihre Schriften blieb nicht auf Italien beschränkt, sondern erhielt, durch den von ihm entzündeten fanatischen Geist genährt, größere Ausdehnung. Getaufte Juden waren stets die Werkzeuge solcher Verfolgungen. Ein solcher Täufling Ascher aus Udine erhob ebenfalls Anklagen gegen die jüdischen Schriften in Prag, und die Obrigkeit konfiszierte alle samt und sonders, auch Gebetbücher, an achtzig Zentner, und schickte sie nach Wien (1559). Die Vorbeter waren infolgedessen genötigt, in der Synagoge auswendig vorzutragen. Ein Feuer, das in derselben Zeit (17. Tamus = 22. Juni) in Prags Judengasse ausbrach und einen großen Teil ihrer Häuser — 72 — in Asche legte, zeigte noch mehr den fanatischen Haß der Christen gegen sie. Anstatt den Unglücklichen beizuspringen und Rettung zu bringen, warfen sie selbst schwache Weiber in die prasselnden Flammen und plünderten die Habseligkeiten der Juden. Als wenn das Maß des Unglückes für sie nicht voll gewesen wäre, machte der seit einem Jahre zum Kaiser ernannte Ferdinand I. mit der Ausweisung der Juden aus Böhmen und Prag Ernst. Noch beim Leben des Kaisers Karl V. hatte er als Erzherzog demselben vorgeschlagen, die Juden aus dem böhmischen Lande zu vertreiben, weil sie mit Münzen und Zinsen nicht nach Gebühr verführen — auf die Zustimmung des Landtages konnte bestimmt gerechnet werden. Ein halbes Jahr später wiederholte er diesen Antrag, die Juden aus Prag zu vertreiben, die Synagogen in Kirchen zu verwandeln und ihre Häuser zu verkaufen. Er hatte sich auch vergewissert, daß sich viele Käufer für die Häuser finden würden und der Fiskus dadurch keine Einbuße erleiden würde (10. Oktober bis 16. November 1557). Indessen hatten die Juden doch eine Galgenfrist erlangt; sie durften noch auf jährliche Kündigung bleiben.[2]) Kaiser Ferdinand war zwar ein milder Fürst, der an dem Frieden zwischen Katholiken und Protestanten ernstlich arbeitete, aber gegen die Juden hatte er eine unüberwindliche Antipathie. Er war es, der zuerst für die wenigen österreichischen Juden die Zettelmeldung oder die Judenzettel einführte. Er hatte verordnet, daß jeder in Österreich wohnende Jude, wenn er geschäftshalber nach Wien käme, sich in der kürzesten Zeit beim Landesmarschall melden und angeben sollte, womit er Geschäfte zu

---

[1]) Das. ad nomen Esdras: Ceterum ex decreto sanctae Romanae inquisitionis omnes libri . . ad Kabbalam pertinentes nuper (vor 1564) damnati sunt.

[2]) Wolf Aktenstücke in Maskir IV, S. 150. David Gans ad annum 5319, Joseph Kohen a. a. O. p. 123 fg.

treiben und wie lange er daselbst zu weilen gedächte. Fremde Juden, die nicht Kammergut waren, mußten sich ebenfalls wegen eines Zettels melden, durften aber nicht länger, als ihnen der Stadtrichter bewilligt hatte, dort bleiben. Auch sollten die Juden, österreichische wie fremde, nur in zwei Herbergen verkehren, und wenn sie anderswo betroffen würden, dafür schwer bestraft werden. Vergessen war nicht, daß sie während ihres Aufenthaltes in Wien zur Unterscheidung die Judenabzeichen tragen müßten. Inmitten dieser Unduldsamkeit zeigt sich indes ein Zug der Milde in Ferdinands Verfügung. Das Dekret zur Beschränkung der inländischen Juden vom Lande sollte nicht öffentlich bekannt gemacht werden, „weil ihnen dadurch auf dem Lande, in Dörfern und Märkten, bei dem gemeinen Manne große Verachtung, Unwillen und Gefährlichkeit zugezogen werden könnte, und leichtfertige Christen vorgeben könnten, den Juden wäre die Stadt Wien wegen großer Verbrechen und Übeltaten verboten". Die Anzeige von der Verfügung sollte den jüdischen Vorstehern gemacht werden, damit diese die andern unter einander vor Übertretung warnten. Dagegen sollte die Beschränkung der auswärtigen Juden öffentlich bekannt gemacht werden; wenn diese von leichtfertigen Personen gefährdet werden sollten, hätte es nicht so viel auf sich.[1]) Dieser Beschränkung der Juden ließ Ferdinand andere folgen, bis er ihre Ausweisung mit ihren Weibern, Kindern, Gesinde, Hab und Gut aus dem Lande Niederösterreich und Görz bis zum nächsten Johannestage befahl.[2]) Sie erhielten zwar nach und nach Aufschub zur Auswanderung auf zwei Jahre, aber doch mußten sie endlich den wandernden Fuß in die Fremde setzen.[3])

Dasselbe Los dachte Kaiser Ferdinand auch der alten Gemeinde von Prag zu. Was die Veranlassung dazu gewesen sein mag, ist je nachdem leicht oder schwer zu erraten. Die Prager Gemeinde stand damals bei ihren Schwestern in sehr üblem Rufe, als niedrig, habsüchtig, gewissenlos, gewalttätig und streitsüchtig. Selbst vor Meineid schreckten viele Gemeindemitglieder nicht zurück. Die Vorsteher und ihre Verwandten durften sich alle Ungerechtigkeiten erlauben, und die Bedrückten erhielten kein Recht. Um die Besetzung der Rabbinen und die Wahl der Vorsteher entstanden regelmäßig so heftige Streitigkeiten, daß auf des Kaisers Veranlassung die angesehensten Rabbinate Deutschlands und Italiens eine Wahlordnung für die Gemeinde von Prag ausarbeiten mußten, Meïr von Padua, Jakob von Worms (Oberrabbiner sämtlicher deutschen Gemeinden) und Elieser Treves in Frankfurt a. M.[4]) Das Prager Rabbinats-

---

[1]) Urkunden von 1548 bei Wertheimer, Juden in Österreich I, S. 110 fg.
[2]) Das. S. 118 von 1554. [3]) Das. und S. 164 von 1556.
[4]) Wolf Aktenstücke, Maskir, Jahrgang 1861. S. 151, Note.

Kollegium dieser Zeit, aus drei unbedeutenden Männern bestehend, war so kraftlos, daß unter seinen Augen Verbrechen geschehen durften. Mit großer zynischer Offenheit wurden falsche Zeugen gesucht und gefunden. Auf Angeberei mußte sich jedermann gefaßt machen. Der Grund dieser trüben Erscheinung war wohl, daß bei der Zurückberufung der Juden nach der zwei Jahrzehnte vorher stattgefundenen Ausweisung nicht die bessergesinnten Juden, sondern nur die Hefe wieder nach Prag zurückgekehrt war. Die Christen wurden gewiß von diesem jüdischen Gesindel vielfach übervorteilt. Aber schwerlich waren die Christen derselben Klasse gesitteter und gewissenhafter. Die Anschauung war aber damals einmal so. Die christliche Gesellschaft übte gegen ihre Glieder große Nachsicht, an die Judenheit dagegen stellte sie die Anforderung der Tugendhaftigkeit und Rechtlichkeit mit äußerster Strenge. Über die zweite Austreibung der Juden aus Prag wurde übrigens lange verhandelt, denn selbst die Erzherzöge, die sich damals im Lande befanden, waren entschieden dagegen; sie erfolgte aber dennoch (1561).[1]) Die Abziehenden wurden von Raubrittern überfallen und ausgeplündert. Aber auch damals, wie nach der ersten Ausweisung schien es, als wenn die Prager Christen oder wenigstens der Adel eine Sehnsucht nach den Juden empfände. Kaum waren sie ausgetrieben, so geschahen schon wieder Schritte, sie zurückzurufen, und die Erzherzöge begünstigten sie. Der Kaiser Ferdinand wies aber das Gesuch um abermalige Zulassung der Juden unter dem Vorwande oder mit aufrichtiger Einfalt ab, er habe geschworen, die Juden aus Prag auszuweisen und dürfe seinen Eid nicht brechen. Darauf unternahm ein edler Jude von Prag eine Reise nach Rom, um von dem neuen Papste Pius IV. — der judenfeindliche Paulus IV. war bereits gestorben — die Entbindung des Kaisers vom Eide zu erwirken.

Dieser edle Mann war Mardochaï Zemach ben Gerschon aus der berühmten Druckerfamilie Soncin, deren Urahn Gerson oder Girolamo Soncino nicht bloß schöne hebräische, sondern auch lateinische Druckschrift gießen ließ und neben rabbinischen Schriften auch Petrarcas Gedichte herausgegeben hat, und deren Glieder in mehreren Städten der Lombardei, in Konstantinopel und Prag jüdische Druckereien mit vielem Erfolg betrieben.[2]) Obwohl Mardochaï Zemach von der Prager Gemeinde schwere Kränkungen an seiner Ehre erfahren hatte, und seine verehelichte Tochter trotz ihrer Unschuld, eine zweite Susanna, von falschen Zeugen des Ehebruchs bezichtigt und von

---

[1]) Quellen Mardochaï Jafa לבוש I. Einl.: גזירת גירוש בארץ מולדתי מדינת
שכ״א בשנת ... פיהם. Gans das. I. Joseph Kohen das. und 137. von Herrmann, Geschichte der Juden in Böhmen S. 41.

[2]) Zunz in Geigers Zeitschrift I. S. 38 fg. Ersch und Gruber Enzykl. I. sect. 38 S. 42, Maskir I. 126 ff.

feigen Rabbinen verurteilt worden war, so ließ er sich doch bereit finden, Opfer zugunsten der Prager Gemeinde zu bringen. Er unternahm zum angegebenen Zweck eine Reise nach Rom unter vielen Mühsalen und Fährlichkeiten. Seine Mühe war von Erfolg gekrönt. Der Papst, welcher damals die Macht zu binden und zu lösen hatte, entband den Kaiser seines Eides, und dieser fühlte sein Gewissen erleichtert. Sein Sohn Maximilian (später Kaiser) nahm ganz besonders die Juden von Prag in Schutz, und so wurde das Ausweisungsdekret rückgängig gemacht.[1]) Sie durften wieder in Prag und einigen böhmischen Städten weilen, auch im Österreichischen wurden sie wieder zugelassen. Aber selbst unter den besten Kaisern, wie Maximilian II. und Rudolph, hatten sie ein dornenvolles Dasein: die Hand der offiziellen katholischen Kirche lastete schwer auf ihnen.

Der erste konsequente Vertreter des fanatischen, verfolgungssüchtigen katholischen Kirchentums, der Papst Paul IV. war zwar gestorben (August 1559), und die Römer hatten sein Andenken und sein System verwünscht. Das Volk hatte sich wie zu den alten Zeiten der römischen Republik auf dem Kapitol zusammengerottet, war durch die ewige Stadt gezogen, hatte Feuer an das Inquisitionsgebäude gelegt, die Schergen und die Dominikaner gemißhandelt, die Wappenschilde und die Bildsäule des Papstes zerschlagen und den Kopf derselben durch die Straßen geschleift, während der von diesem Kirchenfürsten vielfach gekränkte römische Adel diesem Treiben mit Schadenfreude zusah oder es noch unterstützte. Mit Hohngelächter hatten die Römer es angesehen, wie ein Jude das von diesem Papste so unerbittlich befohlene gelbe Judenbarett auf den Kopf von dessen Bildsäule gesetzt hatte.[2]) Allein was nützte diese kindische Wut gegen den Verstorbenen? Das System überlebte seinen Urheber um Jahrhunderte. Die Römer hatten ihren Plan, keinen geistlichen Fürsten mehr über sich zu dulden, nicht ausgeführt, und diese Unterlassungssünde rächte sich schwer an ihnen und an der Menschheit. Es verging fast ein halbes Jahr, ehe ein neuer Papst gewählt wurde, und dieser Pius IV. (1559 bis 1565), war zwar ein milder, weltlich gesinnter Mann, der nichts oder wenig von Theologie verstand und sogar die Unmenschlichkeit der Inquisition verabscheute. Allein er mußte nichtsdestoweniger dieses

---

[1]) Grabschrift des Mardochai Zemach: מצבת הר' מרדכי . . . . פה נטמן צדיק כשר ראש וכנהיג הרבה גירושים בטל מסר נפשו ולרומו הלך בשבועה הקיסר על ידי האפיפיור התיר. Vergl. dazu die Anmerkung seines Enkels bei Gans a. a. O. Ergänzung des Emek ha-Bacha p. 137, Anm. 181. Bericht eines Anonymen in Zion II p. 72 sq. März 1562 kehrten die Juden nach Prag zurück, Hoof in Liebens Epitaphien des Prager Friedhofes, S. 16.

[2]) Pallavicini historia concilii Tridentini XXV, 9, 7. . . . Permiserunt (Romani), ut Judaeus quidam probroso crocei coloris pilleo suo illud simulacrum (Pauli IV) contegeret, ad ulciscendam Pauli sanctionem etc.

höllische Institut bestehen lassen und durfte die gefallenen Opfer nur im Stillen beklagen. Die Jesuiten und die streng Kirchlichen hatten bereits in der katholischen Kirche die Oberhand erlangt, und jeder nachfolgende Papst mußte sich ihnen willig oder widerwillig fügen. Wurden doch unter dem Papste Pius IV., einem der besten der römischen Hohenpriester, die Satzungen des tridentinischen Konzils zum Beschlusse erhoben, welche die Geister der Katholiken bis auf den heutigen Tag knechten!

Eine Deputation der römischen Juden hatte sich zu dem neugewählten Papste begeben, um ihm zu huldigen, und schilderte mit beredten Worten die Leiden, welche sein Vorgänger über sie verhängt hatte. Pius IV. versprach ihnen Abhilfe und erließ etwas spät eine Bulle für die Juden des Kirchenstaates (27. Februar 1562), die allerdings günstig genug für sie ausfiel; aber die mildernden Bestimmungen lassen die noch zurückgebliebenen Beschränkungen um so greller hervortreten. Die Einleitung dazu ist deswegen interessant, weil sie die Heuchelei der päpstlichen Kurie an den Tag legt. „Die von meinem hochseligen Vorgänger aus Eifer für die Religion erlassenen Vorschriften für euer Verhalten haben (wie wir vernommen) einige nach euren Gütern Lüsterne zum Vorwand falscher Anklagen und Quälereien gegen euch genommen und sie gegen die Absicht meines Vorgängers ausgelegt, wodurch ihr gequält und beunruhigt wurdet. Darum verordnen wir in Erwägung, daß die heilige Mutter Kirche vieles den Juden gewährt und einräumt, damit der Rest von ihnen selig werde und gestützt auf das Beispiel unserer Vorgänger" — nun, was verordnet der Papst Großes? — daß die Juden des Kirchenstaates außerhalb der Stadt ihre Abzeichen, das gelbe Barett, ablegen, daß sie Grundbesitz bis zum Wert von 1500 Dukaten erwerben, daß sie auch andere Geschäfte als mit alten Kleidern betreiben und daß sie allenfalls mit Christen verkehren, aber ja nicht christliche Dienstboten halten dürfen. Auch außerhalb des Ghetto dürften sie Kramladen halten, aber nur von Sonnenaufgang bis abends. Das war so ziemlich alles, was einer der besten Päpste ihnen gewährt hat, gewähren konnte. Wichtiger war für die römischen Juden der Punkt, daß die Anklagen wegen Vergehungen gegen die harten Gesetze Pauls IV. niedergeschlagen wurden, auch wegen des Verbrechens derjenigen, welche ihre Talmudexemplare nicht vorgezeigt hatten. Auch die Ungerechtigkeit, daß jüdische Gläubiger die bereits von christlichen Schuldnern eingezogenen Zinsen zurückzuerstatten gehalten seien, hob Pius IV. auf. Er gestattete ihnen auch, mehrere Synagogen zu besitzen.[1]) Die italienischen Juden ließen

---

[1]) Die Bulle im Bullarium magnum Romanum und im Auszuge bei Bartolocci Bibliotheca III p. 741, auch in Jbn-Jachjas Schalschelet gegen Ende. In der Bulle seines Nachfolgers Pius V. heißt es: Plures synagogas retinere possint, indulsit Pius IV.

es sich auch angelegen sein, von dem Papste die Lösung des Bannes über die talmudischen Schriften zu erwirken. Diese Angelegenheit lag aber damals in den Händen der auf dem Konzil zu Trient tagenden Kardinäle und Bischöfe. Um sie durchzusetzen, wählten die italienischen Gemeinden zwei Deputierte (Oktober 1563), daß der Talmud und die übrigen angefochtenen jüdischen Schriften nicht in den Katalog (Index) der verbotenen Bücher aufgenommen oder daß mindestens das Urteil, ob das jüdische Schrifttum verboten sei, der päpstlichen Kurie allein überlassen werden sollte. Das letztere scheint ihnen gelungen zu sein. Da das Konzil nur dasjenige Verzeichnis verbotener Schriften genehmigte, welches vorher in der päpstlichen Kanzlei ausgearbeitet worden war, so war auch für die Behandlung der jüdischen Schriften die Ansicht des Papstes und seiner Umgebung maßgebend. Die Entscheidung darüber wurde dem Papste überlassen, und dieser stellte — für Summen — eine Bulle aus, daß der Talmud zwar überhaupt verdammt sei — gleich der ganzen humanistischen Literatur, gleich Reuchlins „Augenspiegel und kabbalistischen Schriften", samt den „Dunkelmännerbriefen", Erasmus' und Pirkheimers Schriften — daß er aber, wenn der Name Talmud wegbliebe und er vor der Veröffentlichung von den angeblich christenfeindlichen Stellen gesäubert, d. h. zensiert worden, doch erscheinen dürfe (24. März 1564).[1]) Sonderbar, der Papst gestattete die Sache und verbot den Namen! Allein er scheute die öffentliche Meinung, die den Widerspruch zu grell gefunden haben würde, daß der eine Papst den Talmud aufsuchen und verbrennen und der andere ihn frei gelassen hätte. So war doch wenigstens Aussicht vorhanden, daß dieses für die Juden unentbehrliche Schriftdenkmal, wenn auch in verstümmelter Gestalt, wieder ans Licht treten konnte. In der Tat wurde der Druck des Talmud einige Jahre darauf in Basel unternommen.

---

[1]) Die Milde im Index Tridentinus in Betreff des vorher so verfolgten Talmud war bisher nicht recht verständlich. Zuerst heißt es: verboten zum Drucke sind: Talmud Hebraeorum ejusque glossae, commentationes, interpretationes et expositiones omnes. Si tamen prodierint sine nomine Talmud et sine injuriis et calumniis in religionem christianam tolerabuntur. (Auch bei Wolf, Bibliotheca II p. 935, nur ist dort dafür ein falsches Datum nämlich 1559; die dem Gesamtindex vorangehende Bulle Pius' IV. ist aber 1564 datiert.) Der Fortsetzer des Emek ha-Bacha gibt das Faktum wieder (p. 138): גם את התלמוד התירו בעצה ההיא — קונצילייו בעיר טרינטו — אך כי (zu lesen, את שמו). ישנו את טעמו Den Schlüssel zu dieser päpstlichen Milde lieferte neulich M. Mortara im Auszug aus einer seltenen Schrift ספר הוקוק, Canon purificationis oder über die regelrechte Verstümmelung der jüdischen Schriften durch die Zensur (Maskir 1862, S. 74, 96, Note 17). Daraus erfahren wir, daß das Geld der Juden die päpstliche Kurie tolerant gestimmt hatte, den Talmud der Sache nach zu dulden und nur den Titel zu verbieten. Seit der Zeit wurde in den Ausgaben ש"ס statt תלמוד oder גמרא gesetzt.

Aber auch dieses wenige wurde den Juden des Kirchenstaates entrissen, als Pius IV. einen Nachfolger erhalten hatte, welcher die düstern mönchischen und unduldsamen Satzungen höher als Menschenglück und Menschenleben achtete und die kirchliche Richtung Caraffas und seiner Genossen auf die Spitze trieb. Pius V. (1566 bis 1572) überbot noch sein Vorbild Paul IV. an Verfolgungssucht und Grausamkeit; denn jener hatte noch neben kirchlichem Eifer ein warmes Interesse für die Unabhängigkeit Italiens und mußte öfter das Kirchliche dem Politischen hintansetzen. Pius V. dagegen, an dem jeder Zoll ein Dominikanermönch war und der nichts von Politik verstand, opferte Menschen und Interessen dem einen Götzenbilde, der Unantastbarkeit des päpstlichen Stuhles. Ein Gemisch von Einfachheit, Edelmut, Strenge gegen sich selbst und hingebender Frömmigkeit mit herber Unduldsamkeit, bitterm Hasse und blutiger Verfolgungssucht,[1]) hätte Pius V. gern die ganze Erde in ein großes Kloster und alle Menschen in sich kasteiende, grämliche, himmelnde Mönche und Nonnen umgewandelt. Ihm tat die Inquisition nie genug, so viel der Opfer auch waren, welche dieser Moloch in seiner Zeit verbrannte. Selbst die strengsten Katholiken schienen ihm nicht rechtgläubig genug, wenn sie in einem unbedeutenden Punkte von dem Glaubensbekenntnisse abwichen, welches das tridentinische Konzil verknöchert hatte; sie wurden ins Feuer oder in den Kerker geworfen. Er war eine Zeitlang selbst Großinquisitor gewesen, und sein Ohr war gegen die Wehklagen der zum Tode verdammten Opfer stumpf geworden. Die Juden haßte dieser Papst nicht weniger als die deutschen Protestanten, die schweizerischen Calvinisten und die französischen Hugenotten. Sie empfanden bald das Herbe der neuen Kirchlichkeit. Drei Monate nach seiner Inthronisation (19. April 1566) bestätigte er nach allen Seiten hin die Beschränkungen Pauls IV. gegen sie, verschärfte sie noch mehr und setzte die Milderung seines Vorgängers außer Kraft, als wenn sie gar nicht verordnet gewesen wäre. Also abermals Ausschließung vom Verkehr mit Christen, Verbot, Grundbesitz zu haben, andere Geschäfte als Trödelhandel zu treiben, Einschärfung, Judenabzeichen zu tragen, und Verbot mehr als eine Synagoge zu besitzen. Aber nicht nur gegen die Juden des Kirchenstaates erließ er diese Verordnungen, sondern auch gegen die der ganzen katholischen Welt.[2]) Denn damals, in der Zeit hämisch-kirchlicher Reaktion gegen den Protestantismus, hatte des Papstes Wort einen ganz andern Klang als früher und fand willige Vollstrecker. So traten abermals trübselige Tage für die Juden der katholischen Länder ein.

---

[1]) Ranke, Fürsten und Völker II S. 373.
[2]) Seine Bulle im Bullarium magnum Romanum: non solum in terris nostris, sed etiam ubique locorum; auch bei Joseph Kohen a. a. O. p. 130 und bei seinem Kontinuator p. 138.

Mißhandlung der Juden von Bologna.

Namentlich wurden damals die mailändischen Gemeinden besonders geplagt, da dort der Statthalter des spanischen Königs Philipp II. regierte, jenes düstern Tyrannen, der an dem Anblick gefolterter und verröchelnder Juden und Ketzer Freude fand. Er hatte seinen Statthalter öfter angewiesen, die Juden aus dem Mailändischen zu vertreiben. Die Ausweisung ist zwar unterblieben, aber andere Plackereien wurden über sie verhängt, und die Inquisition konfiszierte wieder jüdische Schriften in Cremona und Lodi. Der überkirchliche Kardinal Carl Borromeo, den die Kirche heilig gesprochen, ließ es ebenfalls nicht an Feindseligkeiten gegen die Juden fehlen.[1] Auch verjagte in dieser Zeit (15. Juni 1567) das stets judenfeindliche Genua die wenigen Juden wieder aus seinem Gebiete. Eine Ausnahme sollte mit dem jüdischen Arzte und Geschichtsschreiber Joseph Kohen gemacht werden, der in Voltaggio weilte. Aber der edle Mann mochte keine Gunst genießen, von der seine Stammgenossen ausgeschlossen waren. Er teilte ihr Los und wanderte nach Casteletto (in Monferrat) aus, wo er von den christlichen Bürgern freundlich aufgenommen wurde.[2]

Immer neue Leiden hatte Joseph Kohen im Alter in sein „Jahrbuch der Verfolgungen" einzutragen, immer neue Tränen seiner Volksgenossen in seinem „Jammertale" (Emek ha Bacha) zu sammeln. Der geistliche Wüterich Pius V. gab öfter Gelegenheit dazu. Unter dem Vorwande, die Juden des Kirchenstaates hätten die von ihm eingeschärften kanonischen Gesetze übertreten, ließ er viele von ihnen in Kerker werfen und ihre Schriften aufsuchen und verbrennen. Namentlich wurde der wohlhabenden Gemeinde von Bologna hart zugesetzt; es war auf ihr Vermögen abgesehen. Um einen gesetzlichen Grund für den Raub zu haben, wurden mehrere Reiche in Kerker geworfen (1567) und ihnen dann in einem förmlichen Verhör vor einem Inquisitionstribunal verfängliche Fragen über das Christentum vorgelegt, z. B. ob die Juden die Katholiken als Götzendiener betrachten, ob die Verwünschungsformel gegen „die Minäer" und „das Reich des Frevels" im Gebete sich auf Christen und das Papsttum beziehe, und besonders ob die Erzählung in einer wenig gelesenen Schrift von einem „Bastard, Sohn einer Verworfenen" auf Jesus anspiele. Ein getaufter Jude Alessandro hatte die Anklagepunkte zusammengestellt, und darauf hin wurden die Eingekerkerten unter Anwendung der Folter befragt. Einige derselben erlagen den Qualen der Folter und gestanden alles ein, was das Bluttribunal von ihnen verlangte. Nur der Rabbiner von Bologna, namens Ismael Chanina, hatte den Mut, während der Folterung zu erklären, falls er in der Betäubung der Schmerzen Geständnisse machen sollte, diese im voraus

---

[1] Joseph Kohen das. p. 129 fg.   [2] Das. p. 131.

für null und nichtig anzusehen seien.¹) Indessen da andere Lästerungen der Juden gegen das Christentum zugestanden hatten, so hatte die päpstliche Kurie einen Anhaltepunkt zu Beraubungen. Den Reichen und Vornehmen wurde unter Androhung der schwersten Strafen untersagt, die Stadt zu verlassen. Aber gerade dieses unsinnig strenge Verbot regte in den Juden von Bologna den Gedanken an, die Stadt ganz und gar und auf immer zu verlassen. Durch Bestechung des Pförtners gelang es ihnen, mit Frauen und Kindern dem Fallstricke zu entgehen und nach Ferrara zu entfliehen. Darüber wurde der Papst Pius V. so sehr gegen sämtliche Juden erzürnt, daß er dem Kardinalskollegium seinen Willen kundgab, die Juden des Kirchenstaates allesamt zu vertreiben. Vergebens machten einige Kirchenfürsten dagegen geltend, daß der Petrusstuhl von jeher die Juden geschützt, ja sich verpflichtet dazu gehalten habe, damit der Rest der Juden nicht untergehe und selig werde. Vergebens bestürmte die Geschäftswelt von Ancona den Papst, die Handelsblüte des Kirchenstaates nicht mit eigener Hand zu zerstören. Sein Judenhaß betäubte die Stimme der Vernunft, der Gerechtigkeit und des Vorteils. Die Bulle wurde erlassen (26. Februar 1569), daß sämtliche Juden des Kirchenstaates mit alleiniger Ausnahme derer von Rom und Ancona binnen drei Monaten auswandern sollten; die Zurückbleibenden würden der Sklaverei und noch härterer Strafe verfallen.²) Da für die Ausweisung doch ein, wenn auch scheinbarer Grund angegeben werden mußte, so beschuldigte Pius V. in seiner Bulle die Juden der Unverbesserlichkeit in Übertretung der kanonischen Gesetze, des übertriebenen Wuchers, der Zauberei und der Verführung der Christen und stellte die Tatsache in Abrede, daß die Juden durch die Handelsverbindung mit der Türkei dem Kirchenstaate von großem Nutzen wären.³) Die Duldung der Juden in Rom und Ancona rechtfertigte der Papst damit, daß diese unter den Augen der kirchlichen Behörden besser überwacht werden könnten. Eine besondere Härte lag in der Verordnung, daß diese beiden Gemeinden den Ausfall der Kopfsteuer der Ausgewiesenen decken sollten.⁴)

¹) Aus einer Handschrift in der Sammelschrift ha-Schachar Jahrg. II, Heft 1. Monatsschrift Jahrg. 1871 S. 379 fg.

²) Bullarium magnum, Pius V. const. 60; J. Kohen das. p. 132, Continuatio p. 139. Die letztere gibt an, die Ausweisung sei durch die Flucht der Juden aus Bologna provoziert worden, und beide Fakta stünden in Kausalnexus.

³) Bulle das.: . . . cogitantes (nos) praeterea, supradictam gentem (Hebraeorum) praeter mediocres ex Oriente commeatus nulli reipublicae nostrae usui, esse.

⁴) Auszug aus einem Ms. im Besitze des Großrabbiners Zadok Kahn, Revue des Et. X, 199: זה עשרים שנה ויתר יצאה גזרה מאת אפיפיור שהיה באותו זמן גרש וגרש היהודים הדרים בממשלתו חוץ מרומי ואנקונה באופן כי להם לבדם שאר פרנן רצישטאצו (leg. testazo, טישטאצו) יתפשר ק״ק אנקונה. וגם קהילות רומי בסך ידוע לשנה בתנאי שאם

Vertreibung der Juden aus dem Kirchenstaate.

In dem Kirchenstaate gab es damals außer in Rom, Ancona und Bologna über 1000 jüdische Familien mit 72 Synagogen. In Campanien (19 Synagogen), der Romagna (13), in dem Gebiete des sogenannten Peterserbes (Patrimonium Petri) (12), in Umbrien (8), Benevent (2), Fano (1) und in dem in Südfrankreich liegenden päpstlichen Gebiete Venaissin (6 Synagogen), am meisten jedoch in der Mark, in Ancona (30), in Rom (9) und in Bologna (11).[1]) Trotz des ihnen drohenden Elends entschlossen sich fast alle davon Betroffenen zum Auswandern; nur wenige gingen zum Christentum über. Die Verbannten büßten noch dazu ihre Habe ein, weil sie in der kurzen Zeit ihre Liegenschaften nicht veräußern und ihre außenstehenden Schulden nicht einziehen konnten. Der Geschichtsammler Gedalja Ibn-Jachja allein verlor an seine Schuldner in Ravenna über 10 000 Dukaten.[2]) Die Verbannten zerstreuten sich, suchten teilweise Schutz in den nahegelegenen kleinen Staaten Pesaro, Urbino, Ferrara, Mantua und Mailand. Die Juden von Venaissin, die einzigen auf französischem Boden seit der Vertreibung der Juden aus Frankreich, in Avignon und Carpentras haben ebenfalls die Heimat verlassen müssen (1570), wo sie unter den früheren Päpsten fast verhätschelt worden waren.[3])

יחזרו היהודים לגור במדינות למר'קה אסק'ולי וזאנו יגבו מהם ק"ק אנקונה אעורטיאני למען הקל כעליהם. הנה עתה כי פקד ה' את עמו ונתן אותו לחן בעיני מעלת האפיפיור יר"ה וחזרו היהודים כבללותם זעיר שב, זעיר שם. Da die Ausweisung der Juden aus dem Kirchenstaat 1569 erfolgte, so ist die Erlaubnis zur Rückkehr 20 Jahre später etwa 1589, anzusetzen, welche tatsächlich Sixtus V. in diesem Jahre erteilt hat (w. u.). — Auf dieses Faktum, die Verbannung der Juden aus dem Kirchenstaate unter Pius V. beziehen sich wohl die interessanten Piècen, welche David Kaufmann aus einer Briefsammlung mitgeteilt hat. (Revue d. Et. XVI, p. 71 f. Nr. III — IV und Bd. XX, p. 70 f. Nr. XI—XIII). Es sind Sendschreiben der Gemeinden von Pesaro und Sinigaglia für die etwa 6—700 Ausgewiesenen, welche sich da angesammelt hatten, um nach der Türkei auszuwandern, ohne Mittel zu besitzen. Diese Gemeinden haben deswegen Sendboten beordert, um in den norditalienischen Gemeinden Gelder für sie zu sammeln. In Nr. XII. ist erwähnt גזרת הגולה, worunter die Ausweisungsbulle Pius' V. zu verstehen ist. Das. ist auch erwähnt: באים מכל סביבות הקרובים הרחוקים מלמארקה ורוטניא רוכה וקמפאייא, nämlich המגורשים, die Ausgewiesenen (das. XX. 72 oben). Auf die von Paul IV. verfolgten Marranen von Ancona können sich diese Piècen durchaus nicht beziehen.

[1]) Vergl. Bartolocci,. Bibliotheca III p. 757. Der selbst von der Ausweisung betroffene Gedalja Ibn-Jachja zählt etwa 1000 ausgewanderte jüdische Familien außer denen, die in Rom und Ancona geblieben, und den Wenigen, welche sich getauft haben; Schalschelet, Ende.

[2]) Schalschelet das. Vergl. Revue des Et. IX. p. 85..

[3]) 1570 sind sie aus Avignon und Carpentras ausgewiesen worden und fanden Aufnahme in Marseille, Orange und anderen Städten. Vergl. darüber Isidor Loeb in Revue d. Et. XII. 163 f.

Unter den humanistischen Päpsten Leo X., Clemens VII. und besonders Paul III. waren sie nämlich von den Beamten des Kirchenstaates außerordentlich begünstigt worden. Die Kurie hatte durch deren Geschäftsumsatz fast ihre einzige Einnahmequelle in dieser Enklave, denn die Juden von Avignon, Carpentras und anderen Städten besaßen große Reichtümer, Güter aller Art und sogar Äcker. Sie hatten das Privilegium, einen hohen Zinsfuß zu nehmen, wodurch Schuldner allerdings Gelegenheit hatten, sich zu ruinieren. Zwei reiche Brüder, Samuel und Bondian Crescas in Carpentras, standen in hohem Ansehen bei den päpstlichen Behörden, waren vielleicht gar Finanzmeister und durften sich viel gegen Juden und Christen herausnehmen.[1]) Nun wurden sie samt und sonders verbannt. In Carpentras durften sechs reiche jüdische Familien mit ihren Dienern noch zwei Jahre weilen, um ihre ausstehenden Schulden einzuziehen. Aber ihre Kinder durften sie nicht bei sich behalten.[2])

Die meisten Juden des italienischen und französischen Kirchenstaates wanderten wie alle aus unduldsamen christlichen Gebieten Verwiesene nach der Türkei und fanden dort die beste Aufnahme, wenn sie sie glücklich erreichen konnten und nicht unterwegs von dem maltesischen Raubritterorden aufgefangen und gemißhandelt wurden.[3]) Es schien damals mit den Juden im christlichen Europa zu Ende zu gehen. Überall Haß, Verfolgung und Ausweisung. In den katholischen Gebieten der Fanatismus des zelotisch gewordenen Papsttums und in protestantischen Ländern die Engherzigkeit und Verblendung des von seiner Höhe zum albernen Schulgezänk herabgesunkenen Luthertums. Beide schienen den oft ausgesprochenen Gedanken der Erzjudenfeinde, daß die Juden im Abendlande nichts zu suchen hätten, verwirklichen zu wollen. Ausnahmsweise erhielten noch die ehemaligen Scheinchristen aus Portugal und Spanien, auf welche die päpstliche Inquisition unerbittlich fahndete, eine Zufluchtsstätte in Savoyen — für Gold. Der Herzog dieses Landes, Emanuel Philibert, war zwar nichts weniger als judenfreundlich. Er bedrohte die winzigen Gemeinden in seinem Lande mit Ausweisung, ließ sich indes einmal für die Summe von 2000 Dukaten und eine jährlichen Abgabe von 1500 Dukaten bewegen, sie zu dulden.[4]) Seine Geldgier benutzten portugiesische und spanische Marranen, ihn anzugehen, ihnen zu gestatten, in seinem Lande zu weilen. Ihre Kapitalien, Gewerbfleiß und Handwerks-

---

[1]) Vergl. Sadoleti episcopi Carpentocratensis epist. XII, 17; XIII, 3 und Respp. Jsaak de Lates, p. 3: כי האחים האלה (שמואל ובונדיאו קרישקאש) בעלי זרוע נשיאי עדה עשירים קרובים למלכות אשר כל הממשלה על פיהם.

[2]) Revue XII 165.
[3]) Emek ha-Bacha 132, 140.
[4]) Das. 125, 129.

geschicklichkeit verlockten ihn, ihr Gesuch zu genehmigen, und er räumte ihnen außergewöhnliche Freiheiten ein (1572).[1] Besonders wichtig war für sie, daß sie von der päpstlichen Inquisition wegen Abfalles von der Kirche nicht verfolgt werden, daß die jüdischen Ärzte ihre Kunst an Christen, wie an den Juden ausüben und äußerlich sich wie ihre Standesgenossen kleiden und daß sie hebräische Bücher besitzen und drucken dürften. Mit den Marranen und ihretwegen duldete Emanuel Philibert auch die Ansiedlung von italienischen, deutschen und levantischen Juden — wer weiß, für welche Unsummen er diesen allen solche Privilegien erteilt hat. Allein nicht für die Dauer gewährte er sie ihnen, sondern lediglich für die Frist von fünfundzwanzig Jahren. Darum zogen besonnene Juden die dauernde und unentgeltliche Duldung unter dem Halbmonde der beschränkten und erkauften unter dem Kreuze vor.

[1] Über die Privilegien von Emanuel Philibert vom Jahre 1572 aus dem Archiv der israelitischen Gemeinde von Padua, Revue d. Et. V, 232 ff. Aus dem ganzen Tenor dieses Textes ist ersichtlich, daß die Privilegien lediglich die Portughesi et Spagnuoli de stirpe Hebrea im Auge haben. Nur aus Rücksicht für sie ist der lange Passus gegeben, daß sie nicht von der Inquisition wegen Apostasie verfolgt werden sollten. Schlau beruft sich Eman. Philibert auf die Indulte der Päpste Paul und Julius III. für die Marranen in Ancona und verschweigt die fanatischen Erlasse gegen sie von deren Nachfolgern.

Elftes Kapitel.

Die Juden in der Türkei, Don Joseph Naßi.

Stand der Politik in der Türkei unter Suleiman, Joseph Naßis steigende Gunst unter diesem Sultan, wird Vertrauter des Prinzen Selim. Feindseligkeit Venedigs und Frankreichs gegen ihn. Er wird Herzog von Naxos und der zykladischen Inseln. Ränke der französischen Diplomatie gegen ihn. Verräterei gegen ihn fällt zu Josephs Vorteil aus. Parteinahme der Rabbinatskollegien für ihn. Der cyprische Krieg durch ihn durchgesetzt. Einfluß der Juden in der Türkei. Salomo Aschkenasi, jüdischer Diplomat. Er entscheidet über eine polnische Königswahl. Er schließt Frieden zwischen der Türkei und Venedig. Günstige Rückwirkung für die Juden Venedigs. Gehobene Stellung und Stimmung der Juden in der Türkei. Moje Almosnino, Samuel Schulam, Gedalja Ibn-Jachja und seine Poetenschule, Jehuda Zarko, Saadia Longo und Israel Nagara. Sinn der türkischen Juden für Unabhängigkeit. Joseph von Naxos will einen jüdischen Staat gründen; erbaut Tiberias als kleines jüdisches Gemeinwesen. Er zeigt wenig Sinn für jüdische Wissenschaft. Sein despotisches Benehmen gegen die Rabbinen. Joseph Karos Kodex Schulchan Aruch. Asaria dei Rossi. Gedalja Ibn-Jachja und seine Kette der Überlieferung. Die schwärmerische Kabbala Isaak Lurjas und Chajim Vitals; ihre schädlichen Wirkungen. Tod des Joseph von Naxos und der Herzogin Reyna. Salomo Aschkenasi unter Murad; die jüdische Haremsvertraute Esther Kiera. Abnahme des Einflusses der Juden in der Türkei.

(1560 bis 1600.)

Wiederum wie so oft lagen die Fäden des weltgeschichtlichen Gewebes so verschlungen, daß die systematische Verfolgung der Juden in der Christenheit sie nicht vertilgen konnte. Die Sonne, die sich ihnen im Westen in düsterm Gewölke verdunkelte, ging ihnen wieder strahlend im Osten auf. Es trat für sie in der Türkei durch eine günstige Wendung der Umstände eine Zeit ein, die dem oberflächlichen Blicke wie eine Glanzepoche erscheint. Ein Jude, der in den Ländern des Kreuzes ohne Umstände auf dem Scheiterhaufen verbrannt worden wäre, nahm eine sehr einflußreiche Stellung im Reiche des Halbmondes ein, brachte es zum Herzogsrange und herrschte über viele Christen. Mit ihm und durch ihn erhoben sich sämtliche nach Millionen zählenden

Juden in der Türkei zu einer freien und geachteten Stellung, um die
sie ihre minderzähligen, geächteten Brüder im christlichen Europa beneiden durften. Zähneknirschend sahen die judenfeindlichen christlichen
Machthaber ihre Pläne hier und da von jüdischer Hand durchkreuzt
und ihre inneren Verwicklungen nur noch mehr verknotet und verschlungen. Der getretene Wurm konnte seinen Peinigern denn doch
unangenehm werden. Joseph Naßi oder João Miques,
der geächtete Marrane aus Portugal, machte manchem christlichen
Herrscher und Diplomaten unruhige Stunden, und sie mußten in
knechtischer Gesinnung dem schmeicheln, den sie, wenn seiner habhaft
geworden, wie einen räudigen Hund totgeschlagen hätten. Die erlauchte
Republik Venedig, das allmächtige Spanien, das aufgeblasene Frankreich und selbst das hochmütige Papsttum sah sich von ihm bedroht.

João Miques oder Don Joseph Naßi,[1]) bei seinem Eintreffen in
Konstantinopel mit Empfehlungsschreiben von französischen Staatsmännern dem türkischen Hof empfohlen, hatte sich noch mehr durch
sein einnehmendes Äußere, seinen erfinderischen Geist, seine Erfahrung und Kenntnis der christlich-europäischen Länder und ihrer
politischen Lagen empfohlen. Bei Sultan Suleiman, der sich auf
Menschen verstand, stand er bald in Gunst. Er hatte weitreichende
Pläne, auch mit Spanien einen Kriegstanz zu beginnen, und den
Mohammedanern an der afrikanischen Küste Hilfe gegen die Scheiter-
haufenschürer zu senden. Durch seine Reichtümer und die Anhänglichkeit seiner Glaubensgenossen in den christlichen Ländern erfuhr
Joseph Naßi vieles, was sich an den christlichen Höfen zutrug,
und konnte die Wahrheit über den Stand der politischen und
kriegerischen Angelegenheiten dem Sultan berichten, ohne daß dieser
es nötig hatte, Spione zu unterhalten, oder sich von den christlichen
Gesandten an seinem Hofe täuschen zu lassen. Don Joseph konnte
ihm mit klugem Rate beistehen. So wurde er als fränkischer Bey
in kurzer Zeit eine hervorragende Persönlichkeit in Konstantinopel
und konnte seinen Glaubensgenossen wesentliche Dienste leisten. Sein

---

[1]) Vergl. über ihn oben S. 333 f. Nachrichten über diesen Staatsmann
kommen in fast allen zeitgenössischen diplomatischen Berichten und historischen
Darstellungen vor, namentlich in italienischen und französischen, selbstverständlich
auch in jüdischen Relationen. Es gibt jetzt mehrere Monographien über ihn.
Abgesehen von der unvollständigen und zum Teil verfehlten Behandlung von
Ernst Curtius (Naxos, ein Vortrag für den Berliner wissenschaftl. Verein,
1846 S. 40 fg.) und in Ersch. und Gruber, Enzyklop. (II 27. S. 202 fg.) haben
successive mehr Material zusammengetragen: Carmoly, Don Joseph, duc de
Naxos (1855), Graetz, in Wertheimers Wiener Jahrbuch 1856, und zuletzt
M. A. Levi, Don Joseph Nassi (1859). Ich verweise im allgemeinen auf
diese Monographien, und nur bei prägnanten oder bisher nicht genug betonten
Tatsachen führe ich die Grundquelle an.

Ansehen stieg aber noch mehr durch einen günstigen Zufall. Nachdem Suleiman seinen ältesten Sohn Mustafa wegen Verschwörung gegen sein Leben und seine Krone hatte hinrichten lassen, waren zwei Prinzen als mutmaßliche Thronfolger geblieben: Selim, sein friedlicher, sanfter, die Genüsse liebender, aber doch edel empfindender Sohn von der Russin Roxolane, und Bajazid (Bajazet), sein kriegerischer, ungestümer, jüngerer Sohn, der Liebling der Krieger und der Ehrgeizigen. Suleimans Plan, den jüngern dem ältern vorzuziehen, wurde durch Ränke vom Harem und andern Kreisen aus durchkreuzt. Bajazid ließ sich durch seine Natur zu unbesonnenen Handlungen, zum Ungehorsam gegen seinen Vater und zum Kriege gegen seinen Bruder hinreißen (1556—59). Er wurde geschlagen und mußte nach Persien entfliehen. Selims Nachfolge schien gesichert, wenn Suleiman seinen rebellischen Sohn Bajazid überlebte. Aber wenn er früher stürbe, und der kriegerische Prinz von dem Heere als Nachfolger ausgerufen würde? Dieses Bedenken fühlten die berechnenden Höflinge und mochten sich nicht durch Parteinahme für Selim in den Augen seines Bruders ihre Laufbahn verderben. Sie hielten sich daher von Selim fern und redeten ihm auch nicht bei seinem Vater das Wort. Nur Joseph Naßi vertrat warm Selims Interesse bei dessen Vater, und als dieser jenem seine Gunst durch ein reiches Geschenk von 50000 Dukaten baren Geldes und 30000 in Wertsachen bezeugen wollte, wählte er seinen jüdischen Günstling zum Überbringer derselben nach Selims Residenz in Kleinasien (1558—59). Der Prinz, hocherfreut über Geschenk und Gunstbezeugung, wurde von der Stunde an dem Botschafter und Überbringer hold und sicherte ihm lebenslang seine Dankbarkeit zu.[1]) Wie es scheint, wurde Joseph Naßi dem Prinzen Selim als vertrauter Ratgeber beigegeben, um ihn vor den Schlingen zu sichern, welche die höfischen Ränkeschmiede während des Bruderkrieges ihm zu legen nicht unterließen. Seit dieser Zeit machte Selim den jüdischen Bey zu seinem Liebling und Vertrauten und ernannte ihn zum Edelmann der Leibwache (Mutafarrica), eine Würde, wonach selbst christliche Fürstensöhne gierig haschten, und womit ein hoher Gehalt verbunden war. Auch dem Bruder seines Günstlings, Samuel Naßi, der durch Suleimans Machtgebot von dem Herzog von Ferrara freigelassen werden mußte (o. S. 341), bestimmte Selim ein Jahrgehalt. Die Gesandten der christlichen Höfe sahen mit Ingrimm den wachsenden Einfluß eines jüdischen Günstlings, der alle ihre Schliche kannte, auf den künftigen Sultan und verbreiteten daher die lügenhaftesten

---

[1]) Dieser Umstand war die erste Stufe zu Josephs Gunst bei Selim; das Faktum kommt nur bei dem Zeitgenossen Serono, Commentarii della Guerre di Cipro p. 7 vor.

Gerüchte über ihn. Sie berichteten an ihre Höfe, daß Joseph Naßi den Prinzen zu Schwelgereien und Orgien verführe und ihn verderbe. Am meisten feindlich gestimmt gegen ihn waren die Gesandten von Venedig und Frankreich, weil er ihre ränkevollen Pläne gegen den türkischen Hof durchschaute und zu vereiteln vermochte, und besonders weil er Privathändel mit ihnen hatte. Die venezianische Signoria hatte seine Schwiegermutter eingekerkert, sie um Geldsummen gebracht und ihn selbst wegwerfend behandelt; der französische Hof schuldete dem Hause Mendes-Naßi eine bedeutende Summe (150000 Dukaten) und dachte nicht daran, ihm gerecht zu werden. Der französische Gesandte, Herr de la Vigne, war daher eifrig bemüht, Don Joseph zu verderben: er schrieb an Heinrich II., er möge an den Sultan Suleiman berichten, daß Joseph Naßi ein Gewerbe daraus mache, die Feinde Frankreichs von allem in Kenntnis zu setzen, was am türkischen Hofe verhandelt werde, und daß er dieses im spanischen Interesse täte, da er ein Spanier sei. An den Pascha möge der König schreiben, daß Joseph die französischen Untertanen in der Türkei mit Übermut behandele. Bei beiden solle er darauf dringen, daß sie ihn wegen seines Hochmutes gebührend züchtigten. Als Mittel gab der französische Gesandte an die Hand, der König möge die Briefe vorlegen, die sich Joseph an ihn zu richten herausgenommen hätte (wegen der Schuldforderung); das würde genügen, dessen Stolz zu beugen und ihn streng bestrafen zu lassen, da er als Untertan es gewagt, an die französische Majestät zu schreiben.[1] Aber weit entfernt, ihn zu züchtigen, nahmen Prinz Selim und auch der regierende Sultan Josephs Angelegenheit in ihre Hände und forderten dringend, daß der französische Hof die Schuld an ihren jüdischen Günstling tilge. Heinrich II. und sein Nachfolger hatten nämlich einen Einwand gegen Josephs so begründeten Anspruch geltend gemacht, welcher für die damalige — soll man sagen christliche? — Sittlichkeit charakteristisch ist. Gesetz und Religion verböten dem König, seinem jüdischen Gläubiger die Schuld zurückzuzahlen, weil es Juden überhaupt nicht gestattet sei, in Frankreich Geschäfte zu machen, daß vielmehr alle ihre Güter vom König konfisziert werden dürften. Natürlich erkannten der Sultan und sein Sohn eine solche Moral nicht an und drangen mit halber Drohung auf Befriedigung des Joseph Naßi. Der König Karl IX., zweiter Nachfolger dieses Königs, der die Anleihe bei Gracia Naßi gemacht, war daher genötigt, einen besondern Botschafter nach der Türkei zu senden, um womöglich Joseph Naßi in Ungnade zu bringen und so der Zahlung überhoben zu sein. Aber dieser,

---

[1] Charrière, Négociation de la France dans le Levant II p. 416.

der den französischen Diplomaten an Schlauheit nicht nachstand, wußte alle ihre Ränke zuschanden zu machen. Selim bestand hartnäckig darauf, daß sein jüdischer Liebling befriedigt werde. Der jüdische Dichter und Kaufmann Duarte Gomez (Salomo Usque), der Schützling der Doña Gracia, erhielt Vollmacht und Geleitsbrief, nach Frankreich zu reisen, um die Schuld einzufordern.[1]) Joseph Naßi stieg so sehr in Gunst beim Sultan Suleiman, daß dieser ihm einen Strich Landes am Tiberiassee in Palästina schenkte, um die Stadt Tiberias unter eigener Herrschaft aufzubauen, mit der ausdrücklichen Bewilligung, daß nur Juden darin wohnen sollten. Die Schenkungsurkunde wurde vom regierenden Sultan, vom Thronfolger Selim und von dessen Sohn Murad unterzeichnet, damit sie auch in fernerer Zeit Gültigkeit behalten und nicht angefochten werden sollte.[2]) Selim schlug seinem Vater vor, Josephs Dienste noch mehr zu belohnen und ihn zum souveränen Fürsten der Insel Naxos und einiger anderer Inseln zu machen.[3]) Aber dagegen scheint der Vezier Mohammed Sokolli, ein christlicher Renegat, welcher die wachsende Macht des jüdischen Günstlings mit scheelen Augen ansah, dagegen gearbeitet und den Plan hintertrieben zu haben. Der liebenswürdige Prediger Mose Almosnino aus Salonichi, der in Naßis Haus verkehrte, hatte bereits einen lebhaften Traum von der außerordentlichen Rangerhöhung desselben und teilte ihn ihm mit einer Ausarbeitung über die Träume mit. — In diplomatischen Kreisen flüsterte man einander zu, Joseph Naßi werde König der Juden werden, und der französische Gesandte in Konstantinopel beeilte sich, diese überraschende Neuigkeit seinem Hofe mitzuteilen.

Nun, König ist er zwar nicht geworden, aber doch ein Fürst. Nach Suleimans Tode, als Selim II. in seine Hauptstadt einzog und die Huldigungen entgegennahm (1566), und auch Joseph bei ihm zum Handkusse zugelassen wurde, ernannte er ihn auf der Stelle zum Herzog von Naxos und der zykladischen Inseln Andros, Paros, Antiparos, Melo, im ganzen zwölf, die er ihm nach und nach schenkte, wovon er nur einen geringen Tribut zu leisten hatte. Außerdem überließ er ihm die Pacht der einträglichen Steuer, welche von der Einfuhr von Weinen auf dem schwarzen Meere erhoben wurde. So durfte ein Jude ebenfalls seine Befehle im pompösen Stile erlassen: „Wir, Herzog des ägäischen Meeres, Herr von Andros."[4]) Joseph

---

[1]) Charrière, das. p. 773 Note. S. Note 7 I.
[2]) Das. p. 736; Joseph Kohen, Emek ha-Bacha p. 128.
[3]) Almosnino, Extremos y grandezas de Constantinopla p. 77.
[4]) Bei Curtius a. a. O., Ende; aus den Papieren der Erben des Coronello, welcher Josephs Statthalter auf Naxos war, eine Schenkungsurkunde auf Pergament, halb Lateinisch und halb Italienisch: Josephus Naci, Dei Gratia

residierte indes nicht in der Hauptstadt seines Herzogtums, wo er den Weltbegebenheiten fern gerückt wäre. Er blieb vielmehr in seinem schönen Palaste in Belveder bei Konstantinopel und ließ die Inseln von einem christlichen, spanischen Edelmann, Coronello, verwalten, dessen Vater Gouverneur von Segovia gewesen war, und von dem getauften jüdischen Finanzminister Abraham Senior abstammte.¹) Ein spanischer Hidalgo war demnach der erste Diener eines Juden, dessen Eltern aus Spanien verjagt worden waren. So scheel auch die christlichen Fürsten auf diesen ihnen gleichgestellten jüdischen Herzog blickten, so lagen doch die europäischen Verhältnisse derart, daß sie ihn fürchteten und ihm noch dazu schmeicheln mußten. Er kannte recht gut die blutige Zwietracht in der Christenheit, die erbitterte Feindseligkeit der Katholiken und Protestanten gegeneinander und ermutigte die letztern zur standhaften Auflehnung gegen die tyrannische katholische Kirche, deren Häupter, der Papst und Philipp II. von Spanien, die Marranen blutig verfolgten. Er hatte erfahren, daß der niederländische Adel und einige Städte sich verbunden hatten, mit aller Macht sich der Einführung der Inquisition zu widersetzen. Darum schrieb der jüdische Herzog an den reformatorischen Kirchenrat von Antwerpen (Herbst 1566), die Bundesmitglieder sollten nur mutig im Widerstande gegen den König von Spanien ausharren, denn Sultan Selim habe große Pläne gegen Spanien vor, und seine Waffen würden den König bald so sehr in die Enge treiben, daß er nicht mehr an die Niederlande werde denken können.²) Wollten die christlichen Machthaber etwas an dem türkischen Hofe durchsetzen, so mußten sie ihn und seine Glaubensgenossen schonen, da sie wußten, wie hoch er in Selims Gunst stand, und wie sehr sein Rat maßgebend im Divan war. Als eine österreichische Gesandtschaft vom Kaiser Ferdinand I. nach neuen Eroberungen der Türken in Ungarn und nach dem Fall von Szigeth in Konstantinopel eintraf, um einen Friedensschluß zu erbetteln,

---

Dux Aegei Pelaghi, Dominus Andri etc. Universis et singulis ministris et officialibus nostris has partes inspecturis notum sit . . . . . Qualmente havendo risguarda alla buona, diligente e fidel servitù di Fr. Coronello I. U. D. e luogotenente nostro nell' administratione di tutte le isole nostre sia nelle cose di Giusticia come nelle altre di servitio nostro, volendo in parte gratificarlo . . e havendo il predetto nostro luogotenente humilmente supplicato a gli conceder li infrascritti terreni e pascoli della Signoria esistente alle isole di Naxia . . . . pagando il tutto annuatim al mese di Settembre p. p alla Signoria. Datum in Palatio Ducali Belveder prope Peram Constantinopulis 1577 XV. Julii. Joseph Naci. De mandato Ducis Joseph Cohen secretarius et ammanuensis.

¹) Bei Curtius das. S. 40. Vergl. Bd. VIII 3 S. 332, 348, 421.
²) Strada de bello Belgico I, 284 f.

und die türkischen Großwürdenträger durch Geschenke und Jahrgehälter dafür zu gewinnen, hatte sie den Auftrag, sich auch bei Joseph von Naxos abzufinden. Die Botschafter sagten ihm ein Jahrgehalt von 2000 Thalern zu (1567). Seine erbitterten Feinde mußten ihren Haß gegen ihn verleugnen. Diejenigen, welche ihn nicht fahren ließen, Frankreich und Venedig, empfanden die Macht des jüdischen Herzogs schwer. Der König von Frankreich wollte noch immer nicht die beim marranischen Hause Mendes kontrahierte Schuld, welche auf Joseph übergegangen war, zahlen. Leicht verschaffte dieser sich einen Ferman vom Sultan, vermöge dessen er auf alle Schiffe unter französischer Flagge, die in einen türkischen Hafen einliefen, Beschlag legen durfte. Bis nach Algier sandte Joseph von Naxos Kaperschiffe aus, um Jagd auf französische Kauffahrer zu machen. Endlich gelang es ihm, auf mehrere Fahrzeuge im Hafen von Alexandrien Beschlag zu legen, sich die Ware anzueignen und sie für seine Schuldforderung zu veräußern (1569). Der französische Hof schlug Lärm darüber, protestierte, tobte, alles umsonst. Selim schützte seinen Günstling. Es trat dadurch eine Erkältung in den diplomatischen Beziehungen zwischen beiden Reichen ein, die für Frankreich unangenehmer wurde als für die Türkei.

Dem französischen Gesandten an der Pforte, dem Herrn de Grandchamp lag daher viel daran, den Sturz des Joseph von Naxos herbeizuführen. Nicht seine Ehre allein war dabei beteiligt, sondern die Ehre der französischen Krone. Sie hatte so oft den europäischen Kabinetten großsprecherisch vorgeschwindelt, daß ihr Wort am türkischen Hofe von entscheidendem Gewichte und Einflusse sei, und daß sie imstande wäre, den Divan für Krieg oder Frieden je nach ihrem Belieben zu stimmen. Und nun hatte es sich gezeigt, daß ihrer Flagge ein empfindlicher Schimpf von eben diesem Hofe angetan wurde, und daß sie nicht einmal imstande war, Genugtuung dafür an einem Juden, dem Urheber desselben, zu erhalten. Der französische Gesandte sann daher darauf, diese Niederlage in einen Triumph zu verwandeln, wenn es ihm gelänge den Sturz des einflußreichen, mächtigen Juden herbeizuführen. Eine Gelegenheit bot ihm dazu die Unzufriedenheit eines von Josephs Agenten. Ein jüdischer Arzt, namens David oder Daud, einer der Leibärzte des türkischen Hofes[1]) und auch im Dienste des Herzogs beschäftigt, der die Beschlagnahme der französischen Schiffe in Alexandrien ausgeführt hatte, glaubte sich von seinem Brotherrn gekränkt und benachteiligt. Es entstand eine Reibung zwischen beiden. Sobald der

---

[1]) Daß dieser Daud oder Daout, wie der französische Gesandte schreibt, ein Hamon gewesen sei, wie M. A. Levy a. a. O. behauptet, ist durch nichts erwiesen und auch sehr unwahrscheinlich.

französische Gesandte Wind davon erhalten, suchte er das Feuer der Zwietracht zu schüren, ließ Daud eine Summe und eine Anstellung als Dolmetsch bei der französischen Gesandtschaft mit einem Jahrgehalte versprechen und setzte sich dann mit ihm selbst in Verbindung, um ihm Geheimnisse über Joseph von Naxos zu entlocken. In seiner Gereiztheit ließ sich Daud zu unbesonnenen Äußerungen hinreißen. Er versprach dem französischen Gesandten de Grandchamp vollgültige Beweise zu liefern, daß Joseph von Naxos seine Schuldforderungen von der französischen Krone gefälscht, daß er die Sultane über seine frühere Stellung belogen, und — noch schlimmer — daß er eine verräterische Korrespondenz gegen die Pforte geführt habe. Er machte sich anheischig, zu beweisen, daß Joseph täglich an den Papst, an den König von Spanien, an den Herzog von Florenz, an die genuesische Republik, kurz an alle Feinde des Sultans Bericht erstatte und die Vorgänge an der Pforte denselben verriete. Voller Freude über die Gelegenheit, den jüdischen Herzog zu stürzen, berichtete de Grandchamp an den König von Frankreich und an die schlaue Königin-Mutter Katharina von Medici (in Chiffreschrift), daß er bald imstande sein werde, den mächtigen Feind des französischen Einflusses am türkischen Hofe an den Strang zu bringen, und erbat sich dazu einen Gehilfen aus Frankreich, einen Menschen mit großsprecherischem Wesen und langem Barte, der als außerordentlicher Gesandter ausstaffiert werden und vom Sultan energische Schritte gegen Joseph von Naxos verlangen sollte (3. und 16. Oktober 1569).

Der jüdische Herzog schwebte in der größten Gefahr und mit ihm wahrscheinlich die Gesamtjudenheit im türkischen Reiche. Wenn Daud seine Gehässigkeit gegen ihn hätte bis zur offenen Anklage treiben, wenn französisches Geld der Intrige vollen Nachdruck hätte geben und wenn der Großvezier Mohammed Sokolli, der Todfeind Josephs, die Sache in die Hände hätte nehmen können, so wäre dieser verloren gewesen. Der französische Gesandte hielt es aber für angemessen, die Sache noch eine Zeitlang als Geheimnis zu behandeln, wahrscheinlich um Daud Gelegenheit zu geben, sich gewisse Schriftstücke zum Beleg zu verschaffen. Er schärfte daher dem Könige von Frankreich ein, die Sache nicht verlauten zu lassen, namentlich dem türkischen Sendboten, der damals an den französischen Hof abging, nichts davon zu verraten. „Denn sobald dieser es erführe, würde er sofort Joseph von Naxos einen Wink darüber geben, und dieser würde den Sultan und seine Minister zuvorkommend bearbeiten können, daß die Pläne gegen ihn vereitelt würden."

Trotz dieses Geheimhaltens wurden doch Joseph von Naxos die von Daud und dem französischen Gesandten angezettelten Ränke verraten, und er kam ihnen in der Tat zuvor. Es konnte ihm nicht schwer werden, den Sultan Selim zu überzeugen, daß er ihm stets treu gedient und daß er unter allen Hofdienern am aufrichtigsten zu ihm gehalten habe. Er erlangte auch vom Sultan ein Dekret, vermöge dessen der Verräter Daud lebenslänglich nach Rhodus, der Verbrecherinsel des türkischen Reiches, verbannt wurde. Entweder auf Antrag Don Josephs oder aus eigenem Antriebe sprachen sämtliche Rabbinen und Gemeinden Konstantinopels den schwersten Bann über Daud und zwei Helfershelfer desselben aus. Ihnen schlossen sich die Rabbinatskollegien der größten türkischen Gemeinden an — Joseph Karo an der Spitze — freilich in zu gefälliger Liebedienerei, ohne sich vorher von der Schuld oder Unschuld Dauds Gewißheit verschafft zu haben.[1]) Die außerordentliche Bemühung des französischen Gesandten und Hofes, den jüdischen Günstling Selims zu stürzen, mißlang vollständig und hinterließ in dessen Gemüt eine nur allzugerechte Erbitterung, vermöge welcher er die diplomatischen Pläne Frankreichs zu durchkreuzen und zu vereiteln nur noch mehr bemüht war.

Noch mehr spielte Joseph von Naxos dem Staate Venedig mit. Es herrschte nämlich eine stille Feindschaft zwischen dem jüdischen Herzoge und der erlauchten Republik, welche beide vergebens durch

---

[1]) Quellen über diese Intrigen Charrière, Négociation III p. 80 vom 3. Okt. 1569 und p. 83 vom 16. d. M. und Respp. Elia b. Chajim עמודים מים Nr. 55, 56. Der Streit zwischen Joseph und seinem Agenten Daud muß schon vor 3. Okt. d. J. ausgebrochen sein, da der französische Gesandte in dem ersten Bericht auf eine bereits früher darüber gegebene Mitteilung beruft. Wann aber Exil und rabbinischer Bann über Daud verhängt wurden, läßt sich nicht genau ermitteln. In den genannten Responsen finden sich zwar zwei Bannsprüche mit Daten gegen ihn, das des Salonicher Rabbinats mit Samuel de Medina an der Spitze und des Safetenser Kollegiums, Joseph Karo vorangestellt. Das zweite trägt das Datum 24. Tischri 5331 = 23. September 1570 und das erste יום השישי ר"ח אלול ש' ה'של"ג = 1573. Das Monatsdatum ist hier jedenfalls korrumpiert. Der Neumond Elul fiel in diesem Jahre nicht auf den Freitag. Aber auch das Jahr kann nicht richtig sein; denn abgesehen von dem Widerspruche gegen das Datum im Banntexte der Salonicher Gemeinde, läßt es sich nicht denken, daß die Zwistigkeit sich von 1569 bis 1573 hingezogen haben sollte. Vielleicht muß man dafür lesen הש"ל = 1570, und zwar Elul = August. Dann hätte sich die Intrige etwa ein Jahr hingezogen. Aus dem Responsum geht hervor, daß Dauds Machinationen verraten worden sind: שבח לאל que lo sacó á los (Judios): (עון דוד המוסר) לולי ה' שהיה לנו ונגלו שמים עונו. Es ist möglich, daß der französische Agent Claude de Bourg Don Joseph verraten hat; denn er lebte im Streit mit dem Gesandten de Grandchamp, suchte dessen Pläne zu durchkreuzen und wurde daher von diesem beim französischen Hofe verleumdet und mißhandelt. Der Gesandte hielt es darum für nötig, gerade zur Zeit der Rückkehr de Bourgs nach Frankreich dem König Verschwiegenheit darüber zu empfehlen.

Komplimente zu verdecken suchten. Abgesehen von der Mißhandlung, welche seine Schwiegermutter von der venezianischen Regierung erfahren, hatte sie ihm das Gesuch um freies Geleite durch ihr Gebiet für sich und seinen Bruder geradezu abgeschlagen.[1]) Selim, welcher den Venezianern ebenfalls nicht wohlwollte, wurde von seinem jüdischen Günstlinge öfter aufgestachelt, Venedig den lange bestandenen Frieden zu kündigen und die Eroberung der venezianischen Insel Cypern zu unternehmen. Trotz der Abneigung, welche der erste Vezier, Mohammed Sokolli, der eine Vorliebe für die Venezianer hegte, gegen den cyprischen Krieg hatte, wurde er doch unternommen. Der Sultan soll Joseph das Versprechen gegeben haben, wenn die Eroberung gelingen sollte, werde er ihn zum König von Cypern machen. Der Herzog von Naxos soll bereits eine Fahne in seinem Hause gehalten haben mit der Inschrift: „Joseph, König von Cypern."[2]) Seine Verbindungen mit Europa erleichterten diese Unternehmung. Während noch Mohammed Sokolli Schwierigkeiten machte, einen solchen Seekrieg zuzugeben, kam Joseph die Nachricht zu, daß das Kriegsarsenal von Venedig durch eine Pulverexplosion in die Luft geflogen war. Diesen Augenblick der Verlegenheit für die Republik benutzte Joseph und die Partei im Divan, welche er für den Krieg gewonnen hatte, den Sultan zu bewegen, die Flotte sofort auslaufen zu lassen. Im ersten Sturme fiel ein Hauptort von Cypern, Nikosia, und der andere Famagusta, wurde hart belagert (1570).

Wie so oft, wurden auch diesmal für das Tun eines einzelnen alle Juden verantwortlich gemacht. Daß die venezianische Regierung sämtliche levantinische, größtenteils jüdische Kaufleute, die sich beim Ausbruche des Krieges in Venedig befanden, arme wie reiche, eingekerkert und deren Waren eingezogen hat, lag in der damaligen barbarischen Behandlung des Verkehrs zwischen Staat und Staat. Aber daß der Senat auf Antrag des judenfeindlichen Dogen Luis Mocenigo den Beschluß gefaßt hat (18. Dezember 1571)[3]), sämtliche Juden Venedigs, gewissermaßen als Mitverschworene des Joseph Naßi und des türkischen Reiches, auszuweisen, war ein Ausfluß des vom damaligen Christentum genährten Rassenhasses. Glücklicherweise

---

[1]) Alberi, Relazioni, serie III T. 2 p. 66; auch Maria Gratiani, de bello Cipri p. 35: Infestus (Michesius) praecipue Venetis, a quibus, dum Venetiis fuit, illiberaliter habitum se querebatur.

[2]) Bei v. Hammer, Geschichte der Osmanen III S. 564, Alberi, Relazione das. T. 3 p. 87, und Gratiani das. p. 38. Quin Michesium ipsum, ejus insulae (Cypri) regem facere destinasse (Selimum); sunt qui ferunt, auditamque vocem illius Michesium regem appellasse.

[3]) Fortsetzung des Emek ha-Bacha, Wolf, Aktenstücke in Maskir I, S. 18.

kam es nicht dazu. Trotz der Anstrengung des fanatischen Papstes Pius' V., eine Liga der christlichen Staaten gegen die Türkei, eine Art Kreuzzug gegen die sogenannten Ungläubigen, zustande zu bringen und die türkische Flotte aus den Gewässern von Cypern zu vertreiben, mußte sich die Stadt Famagusta dem türkischen Feldherrn ergeben, und damit fiel die ganze Insel der Türkei zu. Die Venezianer mußten um Frieden betteln und setzten ihre ganze Hoffnung, ihn zu erlangen, auf einen einflußreichen Juden, der ihn vermitteln sollte. Trotz des feierlichen Beschlusses des venezianischen Senats, daß niemand sich unterfangen sollte, ein Wort zugunsten der Juden zu sprechen, mußten sie doch geduldet werden, weil man es mit den Juden in der Türkei nicht ganz und gar verderben durfte.

Die Macht derselben war in der Tat so groß, daß sie, die sonst Hülfeslehenden, von Christen um Hilfe angefleht wurden. Die Niederlande hatten einen ernsten Aufstand gegen Spanien und den finstern König Philipp II. gemacht, weil er das Bluttribunal der Inquisition in ihre Mitte gegen die dem Katholizismus Entfremdeten einführen wollte. Der Blutmensch Alba suchte den Abfall niederzuhalten und den Katholizismus durch Hekatomben von Menschenopfern in die Gemüter zurückzuführen. Der Galgen sollte das wankend gewordene Kreuz stützen. In dieser Bedrängnis wandten sich die niederländischen Aufständischen, die Geusen, an Joseph von Naxos, der mit einigen Adligen in Flandern von seinem frühern Aufenthalte daselbst Verbindungen hatte. Der Herzog Wilhelm von Oranien, die kräftige Seele des Aufstandes, schickte einen eigenen Boten an Joseph von Naxos, daß er den Sultan bewegen möge, Spanien Krieg zu erklären, wodurch die spanischen Truppen von Flandern hätten abberufen werden müssen.[1]) Dieser machte allerdings alle Anstrengung, Sultan Selim für einen Krieg mit dem verhaßten Philipp geneigt zu machen. Aber der erste Vezier Mohammed Sokolli, der für Spanien, wie für Venedig und die christlichen Völker überhaupt viel Sympathien hatte, war dagegen und mit ihm mehrere Würdenträger. — Der österreichische Kaiser Ferdinand ließ sich ebenfalls herab, um die Gunst der Pforte zu erhalten, an den jüdischen Herzog ein eigenhändiges Schreiben durch seinen Botschafter zu richten, worüber der Neid des Großveziers nur noch vermehrt wurde.[2]) Sigismund August, König von Polen, welcher von der Pforte einen wichtigen Dienst erwartete, wandte sich auch an ihn, gab ihm den Titel „durchlauchtigster Fürst", und, was noch mehr bedeutet, versprach günstige Privilegien für die Juden seines Landes, um ihn für seine Pläne geneigt zu machen (1570[3]).

---

[1]) Charrière, Négociation III p. 61; Strada de bello Belgico p. 135.
[2]) Bei v. Hammer a. a. O. S. 610.   [3]) Note 6.

Man kann fast sagen, daß der Divan oder türkische Staatsrat unter dem Sultan Selim aus zwei Parteien bestand, aus einer geheimen christlichen durch den ersten Vezier, und aus einer jüdischen, durch Joseph von Naxos vertreten, die einander Schach boten. Mit und neben ihm gab es noch andere Juden, welche, allerdings in untergeordneter Stellung, Einfluß übten, Männer auf die Würdenträger, Frauen auf die Sultaninnen.[1]) Sultan Selims Gunst für die Juden war so offenkundig, daß sich ein Märchen bildete, er sei gar ein geborener Jude, der als Kind im Harem statt eines Prinzen untergeschoben worden.[2]) Selbst der Großvezier Mohammed Sokolli, so sehr er auch ein Feind des Joseph von Naxos und des jüdischen Einflusses war, war darauf angewiesen, sich eines jüdischen Unterhändlers zu bedienen und ihm wichtige diplomatische Aufträge anzubertrauen. Der venezianische Botschafter, der eigentlich die verschwiegene Aufgabe hatte, den Juden am türkischen Hof entgegen zu arbeiten, trug selbst dazu bei, einem solchen Einfluß zu verschaffen.

Salomo ben Nathan Aschkenasi[3]), welcher fast drei Jahrzehnte die diplomatischen Angelegenheiten der Türkei mit den christlichen Höfen leitete und Joseph von Naxos später verdrängte, war zur Zeit, als dieser eine gewichtige Stimme im Divan hatte, eine unbekannte Persönlichkeit in Konstantinopel. Aus Udine von einer deutschen Familie stammend, hat er frühzeitig Reisen gemacht, war nach Polen gekommen und hatte es bis zum ersten Arzte des Königs von Polen gebracht. Als Untertan der venezianischen Republik stellte er sich bei seiner Übersiedlung nach der türkischen Hauptstadt unter den Schutz der diplomatischen Agenten von Venedig. Salomo Aschkenasi verstand Talmud und wurde Rabbi genannt, hatte aber am meisten Sinn und Fähigkeit für seine diplomatische Fädenspinnerei, für Entwirrung verschlungener Knoten, für Vermittlung, Ausgleichung und Glättung. Als solcher war er bei mehreren venezianischen Agenten in Konstantinopel nacheinander, bei Bragadin, Soranzo und Marc-Antonio Barbaro sehr beliebt. Dem letztern diente er beim Ausbruch des cyprischen Krieges als geheimer Agent, leistete ihm bedeutende Dienste und geriet dadurch in manche Gefahr. Noch während des Krieges hatte Barbaro um Frieden unterhandelt, und da er selbst in Haft war, führte er Salomo von Udine bei dem ersten Dragoman Janus-Bey ein, und dieser empfahl ihn wieder dem Großvezier Mohammed Sokolli.[4])

---

[1]) S. Note 8.
[2]) v. Hammer das. S. 563; Charrière das. p. 78.
[3]) S. über ihn Note 8.
[4]) Dieselbe Note.

Der erste Minister des türkischen Hofes erkannte dessen diplomatische Gewandtheit, fesselte ihn an sich und betraute ihn bis an sein Lebensende mit solchen Aufträgen, bei denen es galt, durch Klugheit und Feinheit zum Ziele zu gelangen. Während die türkischen Waffen gegen die Venezianer geführt wurden, mußte Salomo Aschkenasi schon die ersten Fäden zum künftigen Friedensschlusse spinnen. Freilich wurde er dadurch von den Gegnern des Großveziers, wahrscheinlich auch von Joseph von Naxos umlauert, beargwöhnt und verdächtigt. Als der Sultan in der zweiten Residenz, Adrianopel, weilte, wurde Salomo von Mohammed Sokolli auch dahin beordert, unter dem Vorwande, dessen Gattin ärztlich zu behandeln; eigentlich sollte er alle Vorgänge und Bewegungen beobachten und darüber berichten. Infolgedessen wurde er von der Kriegspartei des Spionierens angeklagt, in ein scharfes Verhör im Nebenzimmer des Sultans gezogen und geriet in augenscheinliche Gefahr. Seine Klugheit zog ihn aber aus der ihm gestellten Schlinge.

Die christlichen Kabinette ahnten gar nicht, daß der Gang der Begebenheiten, der sie zwang, Stellung nach der einen oder andern Seite zu nehmen, von jüdischer Hand in Bewegung gesetzt wurde. Das war besonders bei der polnischen Königswahl in dieser Zeit der Fall. Der Tod des letzten jagellonischen Polenkönigs Sigismund August (Juli 1572), der keinen Thronerben hinterließ und eine förmliche Wahl ins Ungewisse nötig machte, setzte ganz Europa, wenigstens die Kabinette und diplomatischen Kreise in aufregende Spannung. Zunächst waren der deutsche Kaiser Maximilian II. und der russische Herrscher Iwan, der Grausame, als Nachbarn Polens, dabei beteiligt. Jener setzte alles in Bewegung, um seinen Sohn durchzubringen, und dieser pochte darauf, daß er oder sein Sohn zum Könige gewählt werde. Der Papst arbeitete daran, daß ein katholischer Fürst den polnischen Thron einnähme, weil sonst zu fürchten war, daß die Wahl eines der Reformation günstigen Königs die im Zunehmen begriffene reformatorische Bewegung unter dem Adel und in den Städten Polens und Litauens kräftigen, und diese Länder sich vom Papsttum losreißen würden. Er hatte seinem Nuntius und außerordentlichen Legaten Commendoni die Weisung gegeben, in diesem Sinne tätig zu sein. Dagegen hatten wieder die protestantischen Länder, Deutschland und England, und vor allem die Anhänger der neuen Kirche verschiedener Sekten in Polen selbst das höchste Interesse, einen König ihres Bekenntnisses oder wenigstens einen, der nicht entschieden kirchlich-katholisch wäre, durchzusetzen. Dazu kam noch der persönliche Ehrgeiz einer mächtigen französischen Königin, die in dieses wirre Getriebe mit geübter Hand eingriff.

Die ebenso kluge, wie falsche Königin-Witwe Catharina von Medici, die viel auf Astrologie gab, und der verkündet worden war, alle ihre Söhne werden Kronen tragen, wollte ihrem Sohne Heinrich, Herzog von Anjou, eine fremde Krone verschaffen, damit die astrologische Verkündigung sich nicht durch den Tod ihres regierenden Sohnes Karl IX. erfülle. Sie und ihr Sohn, der König von Frankreich, setzten daher alle Hebel in Bewegung, um Anjou auf den polnischen Thron zu bringen. Aber auch die Türkei hatte wichtige Interessen und eine gewichtige Stimme bei der polnischen Königswahl.

Vor allem sah die Pforte ungern in Polen einen König, welcher mit den mächtigen christlichen Reichen in Zusammenhang stehen und also ihre Feinde verstärken würde; sie war daher gegen die Wahl eines Fürsten aus dem österreichischen oder russischen Hause. Sie wünschte aber noch besonders, daß die Wahl auf einen einheimischen Adligen fiele, damit dieser sich an sie anzulehnen gezwungen sei. Der Großvezier Mohammed Sokolli, die Seele des türkischen Divans, hätte gern einen Potocki wählen lassen, weil er mit diesem Hause verwandt war. Ein wahrer Knäuel von Kabalen und Ränken verwirrte sich daher infolge der polnischen Königswahl; jeder Kandidat suchte eine starke Partei unter dem polnischen Groß- und Kleinadel zu werben, aber sich auch die Pforte geneigt zu machen. Heinrich von Anjou hatte anfangs Aussichten, aber diese schwanden durch die blutige Bartholomäusnacht in Frankreich. Auf des Königs und der Königin-Mutter Wink waren nämlich Hunderttausende von Hugenotten überfallen und gemordet worden, klein und groß, Männer, Weiber und Kinder (24. August 1572). Eine solche Unmenschlichkeit, mit kaltem Blute angeordnet und ausgeführt, war unerhört in der europäischen Geschichte seit den Mordtaten an den Albigensern im dreizehnten Jahrhundert auf päpstlichen Befehl. Die Lutheraner und Anhänger der Reformation aller Länder waren von diesem Schlage betäubt. Die Kandidaten des polnischen Thrones suchten daher die Untaten der Bartholomäusnacht gegen Anjou auszuspielen, selbst der katholische Kaiser Maximilian stellte sich entrüstet darüber, um die reformatorisch Gesinnten in Polen gegen ihn einzunehmen. Destomehr mußten der französische Kandidat, seine Mutter und sein Bruder die Pforte bearbeiten, seiner Wahl günstig zu sein. Ein außerordentlicher Gesandter, der Bischof von Acqs, wurde zu diesem Zwecke nach Konstantinopel gesandt. So lag die polnische Königswahl letztentscheidend in der Hand eines im Hintergrund stehenden Juden. Denn Salomo Aschkenasi beherrschte den Großvezier vollständig und lenkte seinen Willen, und dieser leitete im Namen des Sultans die auswärtigen Angelegenheiten. Salomo entschied sich für Heinrich von Anjou und gewann den Großvezier dafür, als es sich zeigte, daß Potocki keine Aussicht hatte. Auch nach einer andern Seite konnte der jüdische Diplomat für den französischen Prinzen tätig sein, durch seine Bekannten unter dem polnischen Adel von seinem frühern Aufenthalte in Krakau als Leibarzt des verstorbenen Königs Sigismund August. Als Heinrich von Anjou endlich durch Vereinigung günstiger Umstände fast einstimmig gewählt war (Mai 1573), rühmte sich der französische Gesandte, Bischof von Acqs, daß er nicht einer der letzten gewesen, welche diese Wahl gewünscht und herbeigeführt hätten. Salomo Aschkenasi durfte aber darüber an den König von Polen, später König von Frankreich, unter dem Namen Heinrich III., schreiben: „Am meisten habe ich Euer Majestät dabei Dienste geleistet, daß Sie zum König gewählt wurden; ich habe alles bewirkt, was hier (an der Pforte) getan wurde, obwohl ich glaube, daß Herr von Acqs alles auf sich bezogen haben wird."[1]

Großes Aufsehen machte es aber im christlichen Europa, als dieser jüdische Arzt und Diplomat von der Pforte abgeordnet wurde, den Frieden mit Venedig, an dessen Zustandekommen er mehrere Jahre gearbeitet hatte, endlich abzuschließen, und also als geachtete offizielle Persönlichkeit aufzutreten. So ganz ohne Widerstand wurde indessen der jüdische Botschafter von der erlauchten Republik nicht angenommen. Im Gegenteil, es war vorher im Schoße des Senats darüber eifrig verhandelt worden, und die Männer der Regierung waren dagegen. Allein einerseits bestand der Großvezier Mohammed Sokolli darauf, weil Salomo dessen unbedingtes Vertrauen besaß, und er durch ihn diplomatische Fäden für andere Zwecke anknüpfen lassen wollte. Anderseits sprach ihm aufs wärmste das Wort der heimgekehrte Konsul Marc-Antonio Barbaro, welcher wiederholentlich versicherte, der jüdische Diplomat habe die wärmsten Sympathien für Venedig. Unter diesen Umständen kam „Rabbi Salomo Aschkenasi", wie er genannt wurde, als außerordentlicher Botschafter der Türkei nach Venedig. Einmal angenommen, mußten die Würdenträger der Republik, der Doge und die Senatoren, ihm die größten Ehren und Aufmerksamkeiten erweisen, weil der türkische Hof in diesem Punkte sehr empfindlich war und den Mangel an gebührender Auszeichnung seines Vertreters als Beleidigung angesehen haben würde. Salomo wurde daher in feierlicher Audienz im Dogenpalaste aufgenommen, und dort wurde die Urkunde des Friedens zwischen der Türkei und Venedig von ihm im Namen der erstern unterzeichnet. Auch sonst erwies ihm die Signoria die zuvor-

---

[1] S. Note 8.

kommendsten Aufmerksamkeiten während seines Aufenthaltes in Venedig (Mai—Juli 1574), und sämtliche europäische Gesandte in Venedig drängten sich an ihn. Der jüdische Botschafter hatte auch den Auftrag, die venezianischen Machthaber dafür zu gewinnen, ein Schutz- und Trutzbündnis mit der Türkei gegen Spanien zu schließen, mit dem der Sultan stets auf dem Kriegsfuße stand. Salomo machte im Namen der Regierung die glänzendsten Versprechungen für ein solches Bündnis; indes drang er damit nicht durch.

Für seine Glaubensgenossen in Venedig war Salomo ein Retter. Ihre Freude über die Ehre, welche einem der ihrigen von den Machthabern erwiesen wurde, war nämlich mit Trauer und Besorgnis gemischt wegen der ihnen drohenden Ausweisung. Der Doge Mocenigo hatte nämlich darauf bestanden, den früher gefaßten Beschluß zur Verbannung der Juden (o. S. 367) vollstrecken zu lassen. Schon waren manche jüdische Familien, ohne den letzten Termin abzuwarten, ausgewandert. Salomo hatte aber noch in Konstantinopel mit dem venezianischen Agenten, Jakopo Soranzo, verhandelt, sich der unglücklichen Juden anzunehmen. Bei dessen Rückkehr nach Venedig brachte Soranzo sogleich die Judenfrage in der Sitzung des Dogen und der mächtigen Zehnmänner in Beratung. Er machte ihnen begreiflich, welcher Schaden der Republik durch die Ausweisung der Juden erwachsen würde. Die aus Spanien und Portugal vertriebenen Juden seien es, welche den Türken Kanonen und Kriegswaffen aller Art fabrizierten. Es sei sehr bedenklich, sich die Juden zu Feinden zu machen, welche eine Macht in der Türkei bildeten, und Freundschaft mit diesem Staate zu erhalten, sei für Venedig vielmehr die sicherste Gewähr friedlicher Zustände, da es sich weder auf den Papst, noch auf Spanien verlassen könne, die sich in der Zeit der Not als ein geknicktes Rohr erwiesen hätten. Diese eifrige Verwendung Soranzos zugunsten der Juden bewirkte eine Umstimmung in den Gemütern des Dogen und der Dieci. Das Ausweisungsdekret wurde widerrufen (19. Juli 1573), und Salomos Anwesenheit in Venedig erhöhte noch die Freude seiner Glaubensgenossen, da er auch das Versprechen erlangte, daß sie nie mehr mit Ausweisung bedroht werden sollten.[1]) Mit Ehren überhäuft und mit einem Geldgeschenk von zehn Pfund Goldes, kehrte Salomo nach Konstantinopel zurück, wo seine Stellung sich noch mehr befestigte und sein Ansehen noch mehr stieg. Sein in Venedig zur Erziehung weilender Sohn Nathan wurde vom Dogen mit Aufmerksamkeit behandelt.[2])

[1]) Joseph Kohen, Emek ha-Bacha p. 134. Fortsetzung p. 147 fg., 151; Wolf, Aktenstücke in Maskir I, S. 18.
[2]) v. Hammer, a. a. O., IV, S. 38.

Infolge des Einflusses des Joseph von Naxos auf den Sultan Selim und des Salomon Aschkenasi auf den ersten Minister Mohammed Sokolli bewarben sich auswärtige christliche Höfe um die Gunst der türkischen Juden in Stambul. Wollte einer derselben etwas bei der Pforte durchsetzen, so suchte er vor allem einen jüdischen Vermittler dafür zu gewinnen, weil ohne einen solchen keine Aussicht vorhanden war, mit etwas durchzudringen.¹) Selbst der finstere Philipp II. von Spanien, der eingefleischte Juden= und Ketzerhasser, mußte sich, um Waffenruhe von den Türken zu erlangen, nach jüdischen Unterhändlern umsehen. Die Stellung der Juden in der Türkei und namentlich in der Hauptstadt, unter den Augen ihrer mächtigen Beschützer, war daher außerordentlich günstig. Sie durften alle ihre Kräfte frei entfalten und erwarben Reichtümer, welche auch damals Macht verliehen. Der Großhandel und der Zoll waren größtenteils in ihren Händen. Auch Schiffahrt im großen trieben sie und wetteiferten mit den Venezianern. In Konstantinopel besaßen sie die schönsten und größten Häuser mit Gärten und Kiosks, die denen des Großveziers gleichkamen.²)

Wurden die Juden in den Provinzen irgendwo bedrängt, was namentlich von den boshaften Griechen geschah, oder wollten sie überhaupt etwas durchsetzen, so brauchte sich nur eine Deputation nach Konstantinopel zu begeben, um vermittelst der jüdischen Großen die Plackereien abzuwenden. Die Juden von Salonichi, welche die Hauptbevölkerung der Stadt bildeten, aber nichtsdestoweniger von der Minderzahl der Griechen öfter geplagt wurden, hatten unter dem Sultan Suleiman vergebens um Bestätigung von Privilegien zu ihrem Schutze nachgesucht. Ihr Prediger, Mose Almosnino, welcher mit mehrern Abgeordneten in Konstantinopel dafür tätig gewesen, verzweifelte schon, damit durchbringen zu können. Sobald aber Selim den Thron bestiegen hatte und Joseph von Naxos zu hohem Ansehen gelangt war, erhielt er unerwartet einen Ferman zur Bestätigung der gewünschten Privilegien.³)

Es konnte nicht fehlen, daß der Wohlstand, die Freiheit, die Behaglichkeit und Sicherheit des Daseins unter den türkischen Juden

---

¹) Charrière, Négociation III, p. 470 Note.
²) Alberi, Relazioni Serie III T. 1 p. 275 fg., T. 3 p. 389; Gerlach, Tagebuch S. 192. Gratiani de bello Cypro p. 24: Judaeorum nationem beneficiis ornaverat (Selimus) atque in gratiam Johannes Michesii Judaei ex Hispania pro Fugi, quo familiariter utebatur, ab Solimano patre urbem in veteribus Hebraeorum sedibus habitandam . . . agrumque colendum impetraverat.
³) Almosnino, Predigtsammlung מה יפאס Nr. I. Einl. zu dessen Extremos y grandezas de Constantinople. S. Frankels Monatsschr. 1864 S. 42 fg.

ihnen auch eine erhobene Stimmung verliehen, einen freien Blick über die Spanne Gegenwart hinaus geöffnet und ihren Geist wieder zum Schaffen angeregt haben. Die geistige Fruchtbarkeit der jüdisch-spanischen Rasse, welche Schönes und Tiefes zutage gefördert, war auch in der Türkei nicht ausgetrocknet und erloschen. Der Sinn für Geschichte und Vorgänge jenseits der jüdischen Welt war ihr noch nicht verschlossen. Mose Almosnino photographierte während seiner Anwesenheit in Konstantinopel, um Privilegien für die Saloniker Gemeinde zu erlangen, sehr anschaulich das Leben in der türkischen Hauptstadt mit seinen Gegensätzen von glühender Wärme und erstarrender Kälte, erstaunlichem Reichtum und abschreckender Armut, verweichlichendem Luxus und strenger Enthaltsamkeit, verschwenderischer Mildtätigkeit und herzlosem Geize, übertriebener Frömmigkeit und gottvergessener Lauheit, die sprungweise, ohne sanfte Übergänge einander folgten. In seiner Schrift über die „Gegensätze und Größe Konstantinopels"[1]) in spanischer Sprache hat Almosnino die Macht und Entwicklung des türkischen Staates mit Kennerblick geschildert. Er hatte überhaupt Vorliebe für Wissenschaften und Philosophie und gab seinen Predigten wie seiner Schriftauslegung eine wissenschaftliche Form. Für Geschichte war auch eingenommen der Arzt Samuel Schulam, ebenfalls ein Spanier von Geburt, der lange ein Abenteuerleben geführt, bis er in Konstantinopel von einer bei der Sultanin in Ansehen stehenden jüdischen Frau Esther Kiera[2]) unterstützt wurde. Auf ihre Kosten gab er Zacutos zwar schlechte, aber brauchbare Chronik (o. S. 14) heraus (1566—67), aber vielfach gekürzt und gedrängt. Er fügte zur Ergänzung ein Geschichtswerk hinzu, das bis dahin von Juden gar nicht beachtet worden war, die arabische Chronik der Dynastien des syrischen Chronisten Abulfarag Barhebräus, zu der Schulam die türkische Geschichte selbständig nachgetragen hat. Auch übersetzte dieser Günstling der jüdischen Hofagentin aus dem Lateinischen die interessante Schutzschrift des alten jüdischen Geschichtsschreibers Josephus gegen die Angriffe des alexandrinischen Judenfeindes Apion — der erste jüdische Schriftsteller, der davon Gebrauch gemacht hat. Von weit größerem Werte waren zwei Urkunden, die er der Zacutoschen Chronik hinzugefügt hat, Scheriras geschichtliches Sendschreiben und die wichtigen Nachrichten des Nathan Babli über die gaonäische Zeit[3]), ohne die ein ganzer Zeitraum der jüdischen Geschichte einem leeren Blatte gliche. Auch

---

[1]) Die genannte Schrift Extremos y grandezas de Constantinople, in spanischer Sprache mit hebräischen Buchstaben, verfaßt 1567, wurde in spanische Schrift übertragen und herausgegeben von dem jüdischen Dolmetscher der spanischen Krone, Jakob Cansino, Madrid 1638.
[2]) S. Note 8.   [3]) B. V, 2 S. 287, 288.

eine Verfolgungsgeschichte wollte Samuel Schulam zusammentragen[1]), man weiß nicht, ob er sein Vorhaben ausgeführt hat. Indessen diese Nachtseite der jüdischen Geschichte, das tausendjährige Martyrium des jüdischen Stammes hat in derselben Zeit ein fähigerer Geschichtsschreiber dargestellt, der bereits greise Joseph Kohen von spanischer Abkunft. Sein „Jammertal"[2]) bietet eine lange Reihe düsterer Anblicke, Zerfleischung, Tod, Jammer in allen Gestalten; aber er konnte doch seine Geschichte mit einer freudigen Erzählung schließen, wie die Veneizaner eifrig dahinterher waren, den jüdischen Gesandten der Türkei, Salomo Aschkenasi, zu ehren und auszuzeichnen, sei es auch nur aus Politik.

Die glänzende Stellung der Juden in der Türkei in der Gegenwart führte sie von selbst darauf, sich nach Parallelen in der Vergangenheit umzusehen und sie den damals Lebenden vorzuführen. Niemand war dazu geeigneter als der hinkende Wandersmann Isaak Akrisch, welcher viele Länder gesehen und sich auf Sammlung seltener Schriften verlegt hatte. Nach vielen Irrfahrten und großem Elend war er in den sichern Hafen eingelaufen; er wurde von der jüdischen Gönnerin der Wissenschaft, Esther Kiera, unterstützt; später war er Hausgelehrter des jüdischen Herzogs von Naxos geworden und hatte Muße, seiner Liebhaberei nachzuhängen. Aus seiner Sammlung suchte er zwei Schriften heraus, deren Inhalt Ähnlichkeit mit der damaligen Gegenwart hatte, und gab sie unter dem Titel: „Stimmen eines frohen Botschafters"[3]) heraus: die Geschichten des Exilarchen Bostanaï, angeblich aus dem davidischen Hause, der von dem ersten Kalifen Omar begünstigt worden und eine persische Königstochter geheiratet[4]), und den Briefwechsel des jüdischen Staatsmannes Chasdaï Ibn-Schaprut in Spanien mit dem jüdischen Chazarenkönig Joseph.[5])

---

[1]) Samuel Schulam fügte, weil Zacutos Chronik der Gaonen gar zu dürftig ist, Scheriras historische Sendschreiben hinzu und auch den wertvollen Bericht des Nathan Kohen Babli über die letzten Gaonen aus einer bisher noch unentdeckt gebliebenen Quelle. Am Schlusse des Werkes bemerkt er, er habe geflissentlich Zacutos Nachrichten über Vertreibung der Juden aus Spanien weggelassen, weil er die Absicht habe, die Geschichte der Verfolgung vollständig zu geben. Statt Zacutos kurzer, welthistorischer Chronik lieferte Schulam eine chronikartige Diadoche der zehn Weltdynastien. Er folgte darin unverkennbar der historia Dynastiarum des Abulfarag Barhebräus. Die türkische Geschichte in dieser Partie ist sein eigener Nachtrag. Endlich gab er zum Schlusse eine hebr. Übersetzung von Josephus' Buche contra Apionem.
[2]) Vergl. o. S. 353. Das עמק הבכא schließt mit dem 24. Tammus 1575.
[3]) קול מבשר, gedruckt um 1577, vergl. o. S. 9, Anm. 1, und Note 7, III.
[4]) Band V S. 113.
[5]) Das. S. 302.

Nachblüte der hebräischen Poesie in der Türkei.

Selbst die hebräische Poesie trieb in dieser Zeit in der Türkei einige Blüten, allerdings Herbstblumen, welche die Spuren einer kalten Sonne und feuchter Nebel an sich trugen, die aber doch wohltuend abstechen gegen die freudlose winterliche Öde anderer Gegenden und späterer Zeit. Mehr noch als die Erzeugnisse selbst flößt ihr Anreger und Beförderer Interesse ein. Es war ein Ibn-Jachja aus der türkischen Linie dieser weitverzweigten Familie. Diese Familie hat in einer Reihe von Geschlechtern den Geistes- und Herzensadel ihres Stammes bewahrt. Der Urahn Jacob Tam, der Großvater Gedalja Ibn-Jachja, der Enkel Mose und der Urenkel Gedalja Ibn-Jachja II. mit allen Seitenverzweigungen waren sämtlich bei talmudischer Gelehrsamkeit Freunde der Wissenschaft und teilten ihr Vermögen mit den Armen. Mose Ibn-Jachja hatte in der Pestzeit nicht nur Tausende von Dukaten für die Leidenden gespendet, sondern sich auch bei der Behandlung der Kranken dem Tode ausgesetzt. Seine Gastfreundschaft für Fremde kannte keinen Unterschied unter verschiedenen Religionsgenossen. Sein Sohn Gedalja, ein Weiser und angenehmer Redner, eiferte seinem Vater in allen Tugenden nach[1]) und hatte vor ihm noch

---

[1]) Amatus Lusitanus, Centuria VII, Einl. Sie ist Guedelia Jahiae gewidmet, 1561. Vergl. über den Dichterkreis dieses Ibn-Jachja: Carmoly, die Jachjiden p. 39 fg., wo auch einige Epigramme mehrerer Dichter mitgeteilt sind. Über Zarko und Saadia Longo f. Edelmann, דברי חפץ Einl. p. IV fg. und p. 12 fg. Der erstere hat eine Versammlung moralischen Inhalts, לחם יהודה, hinterlassen, gedruckt Konst. 1560; von Longe existiert eine Sammlung von Oden, Epigrammen und Elegien, סדר זמנים, gedruckt Salonichi 1594. Israel Nagara stand mit dem Saloniker Dichterkreis in Verbindung. Seine Gedichte gesammelt unter dem Titel: זמירות ישראל, zum Schlusse weltliche Poesien und Reimprosa. Eine neue Sammlung פזמונים, Wien 1858. Über Israel Nagara f. Menahem Lonsano p. 142: מה שראוי למאוס הוא קצת שירים שהתחילו במילות דומות שתי ידות (muero-me, "מוארומי מי אלמא איי מוארומי" ללשון הלעז כאותו שחבר שיר לנעים, mi alma, ay muero-me). ואמר: "מרומו על מה עם רב הומה". ורוא לא ידע כי שר כצה פגול הוא. כי האומרו זוכר דברי דנאף והנאפת. ואולם ראיתי בעל זמירות ... הכחתני בדטשט בהיותי ואני .כלל חושש שאיני (נגאר) ישראל. Noch Schlimmeres sagt der Kabbalist Vital Calabrese von Nagara aus, oder läßt einen Geist in einem besessenen Mädchen über ihn urteilen (Selbstbiographie, שבחי חיים ויטאל): p. 6 oder 7b אמת הוא שהפזמונים שחבר הם בעצמם טובים אבל הוא בעצמו אבוד לדבר עמו . ומי שיוציא הפזמונים שחבר רע לו, כי המיד פיו דובר נכלה וכל ימין שבור. והנה ביום פלוני בין המצרים קבע ס״ודתו בשעה פלונית . . והנה כובעו בקרקע וזמר שירים בקול רם ואכל בשר ושתה יין וגם נשתכר ואיך כבריו משירות (?) בגו״אך (!. אגונאר, כפר כרוב לדמשק) ודוש להם השובה. (ואני חיים ספרתי לו זה הענין והודה לי שכן היר). . . Ohne daß hier der Name genannt ist, erkennt man Israel Nagara darin. In einem Auszuge, welchen der anonyme Verfasser עולם מאורעות (p. 39) von dieser Partie gegeben, ist der Name sogar deutlich genannt, nur sind die Sätze das. verrenkt: ישראל נאגר . . ושהפזמונים שחבר הם טובים מצד עצמם . . פיו דובר נבלה וכל ימין שבור.

die Liebe zur Poesie voraus. Er bildete eine Art poetischer Schule oder poetischen Kreises. Er ließ nämlich von Zeit zu Zeit diejenigen, welche in der neuhebräischen Poesie etwas leisten konnten, auf seine Kosten zusammenkommen, um ihre Gedichte vorzulesen oder von Entfernten die Früchte ihrer Muße einsenden, um ihren Eifer für die so sehr verwaiste schöne Kunst rege zu machen. Unter den zahlreichen Dichtern des Jbn=Jachjanischen Kreises zeichneten sich zwei aus, Jehuda Zarko und Saadia Longo. Allenfalls läßt sich noch der in Damaskus lebende, im Versemachen fruchtbare, letzte Poetan Israel Nagara dazu zählen. Freilich im Inhalte ihrer Verse ist nicht viel von Poesie zu finden. Sie zeigen weder Erhabenheit, noch Schwung, noch irgend welche Empfindung. Die religiösen Oden und moralischen Betrachtungen dieser drei bessern Dichter bewegen sich in Gemeinplätzen und haspeln nur das Längstgedachte und Empfundene in anders versetzten, oft auch in denselben Klängen ab. Allenfalls in Epigrammen haben sie noch einiges Leidliche geleistet, namentlich Zarko. Nur wegen ihrer Formenglätte und wohlklingenden Verse verdienen sie den Namen Dichter. Es versteht sich von selbst, daß dieser Dichterkreis seinen Gönner und Beschützer Gedalja Jbn=Jachja durch Verse verherrlicht hat. Israel Nagara hat in seiner Jugend viele weltliche Verse gemacht, und auch seine religiösen Verse sind — auffallend genug — dem Versmaß und Reime weltlicher Gedichte und sogar türkischer, spanischer und neugriechischer Liebeslieder nachgebildet. Israel Nagara warf man vor, der Weinrausch habe seine poetischen Ergüsse gefördert, und in der heitern Stimmung soll er sich gar nicht ehrbar geberdet haben.

Auch lateinische Verse zu machen, waren die Juden der Türkei infolge der Sicherheit und Behaglichkeit ihres Daseins aufgelegt. Selbstverständlich waren es eingewanderte Marranen, welche in dem großen Kerker Spanien oder Portugal auch die Sprache ihrer Zwingherren gelernt hatten. Als der gewissenhafte Arzt Amatus Lusitanus, der von Königen und Bettlern gesuchte Helfer, welcher wegen der Unduldsamkeit des reaktionären Regiments von Italien (o. S. 327 f.) nach Salonichi ausgewandert war und dort sich neue Freunde und Bewunderer erworben hatte, ein Opfer seiner Tätigkeit geworden und an der Pest gestorben war, setzte ihm einer seiner Freunde, der Marrane Flavio Jacobo de Evora, ein Denkmal in schönen lateinischen Versen. „Er, der das entfliehende Leben so oft im siechen Körper zurückgerufen, bei Königen und Völkern darum beliebt war, liegt fern von seinem Geburtslande im mazedonischen Staube".[1]

---

[1]) Barbosa Machado Bibliotheca Lusitana I, p. 129. Amatus starb 21. Januar 1568.

Das Hochgefühl und die Befriedigung der türkischen Juden an der Gegenwart flößten ihnen den Gedanken an Unabhängigkeit ein. Während die Juden in der Christenheit gar keinen Sinn dafür hatten und sich selbst von jeher nur in Untertänigkeit und in gebeugter Gestalt vor ihren Herrn denken konnten, machten sich jene mit dem Bewußtsein vertraut, jüdische Selbstherrscher und unabhängige Juden zu sehen. Die Berichte des Abenteurers David Reubeni von kriegerischen jüdischen Stämmen und gekrönten jüdischen Häuptlingen in Arabien oder Nubien beschäftigten türkische Juden ernstlich. Sie lauschten auf Nachricht von dorther, um das unter der Hand von vielen Seiten Erfahrene als Gewißheit bestätigt zu hören. Messianische Träumereien liefen dabei mit unter. Wenn es noch selbständige jüdische Stämme gäbe, so sind die Worte der Propheten von dem künftigen Glanze des jüdischen Volkes nicht zur Erde gefallen und dürften sich einst verwirklichen. Samuel Usque, der dichterische Geschichtsschreiber, der aus Ferrara nach Konstantinopel infolge der Wut in Italien gegen die Marranen ausgewandert zu sein scheint, zog mit noch andern geflissentlich Nachrichten solcher Art ein und gab ihnen die weiteste Verbreitung.[1] Selbst Isaak Akrisch, der sich sehr ungläubig gegen solche Nachrichten stellte und Samuel Usque und Genossen als Phantasten und Lügenschmiede verdächtigte, ließ sich mit Wohlgefallen ähnliche Berichte von einem unabhängigen jüdischen Staate in Afrika erzählen und druckte sie als glaubwürdig ab.[2] Die Lage in der Gegenwart machte solche Mären glaublich.

Joseph von Naxos trug sich nämlich lange mit dem Gedanken, ein kleines jüdisches Gemeinwesen zu gründen. Der Jude und der Staatsmann in ihm, beide hingen diesem Plane nach, und die großartigen Reichtümer seiner Schwiegermutter, über die er verfügen konnte, sollten ihm als Mittel dazu dienen. Schon als flüchtiger Marrane hatte er an die Republik Venedig ernstlich das Gesuch gestellt, ihm eine der zu diesem Staate gehörenden Inseln zu überlassen, um sie mit jüdischen Bewohnern zu bevölkern. Er wurde aber damit abgewiesen[3], entweder aus christlicher Engherzigkeit oder aus kaufmännischer Furcht vor Konkurrenz. Als er später in Gunst

---

[1] Vergl. Note 7.   [2] Akrisch in קול מבשר, Ende.
[3] **Strada** de bello Belgico p. 135: Venetias contendit (Michesius), ibi ausus est cum senatu agere de attribuenda Judaeis sede in aliqua insularum Venetiis adjacentium rejectusque est. **Gratiani**, de bello Cypro p. 35: Michesius (in numero Marranorum) cum Venetias missu aliorum venisset deque assignando loco sedeque in aliqua insularum urbi adjacentium cum senatu egisset, nulla re impetrata, errando jam fessus, Constantinopolin se contulit.

beim Prinzen Selim und auch beim Sultan Suleiman stand, ließ er sich von ihnen die Trümmer der Stadt Tiberias und sieben Dörfer dazu schenken, um sie in einen kleinen jüdischen Staat zu verwandeln. Nur Juden sollten darin wohnen. Joseph von Naxos sandte einen seiner Agenten dahin, den Neubau von Tiberias zu leiten, Joseph ben Arbut, der von Selim 60 Aspern (1¹/₅ Dukaten) täglich erhielt. Die Reichtümer der Doña Gracia wurden besonders dazu verwendet. Der türkische Prinz gab dem Pascha von Syrien den gemessenen Befehl, den Bau mit allen Mitteln zu fördern. Die arabischen Dorfbewohner der Umgegend wurden gezwungen, Frondienste dabei zu leisten. Sie taten es aber nur mit Widerstreben, weil die Mohammedaner eine Überlieferung hatten, wenn Tiberias erbaut werden würde, so würde das Judentum über die übrigen Religionen obsiegen, und der Islam würde untergehen. Bei diesem Unternehmen rief ein alter Mohammedaner diesen Wahnglauben wieder wach und machte die mohammedanischen Arbeiter gegen den Bau aufsässig. Der Pascha von Damaskus mußte einschreiten und an zwei widerspenstigen Arbeitern türkische Justiz üben, bis sich die übrigen zur Arbeit verstanden. In einem Jahre war die Stadt Tiberias mit schönen neuen Häusern und Straßen vollendet. Joseph von Naxos wollte daraus eine Fabrikstadt machen, welche mit den Venezianern konkurrieren sollte. Er ließ dort Maulbeerbäume für die Zucht von Seidenraupen pflanzen und Gespinste von Seidenstoffen anlegen; er ließ auch seine Wolle aus Spanien kommen, um dort seine Tuche weben zu lassen.[1]

Joseph von Naxos hatte einen Aufruf an die Judenheit erlassen[2], daß die von der christlichen Liebe Gequälten und Bedrückten Ruhe in dem von ihm geschaffenen Asyl Tiberias suchen sollen. Praktisch, wie er war, wünschte er aber als Ansiedler Erwerbsfähige und Handwerker, welche durch Fleiß die jüdische Kolonie zur Blüte zu bringen imstande wären, aber nicht Mystiker und Phantasten, welche den Wahn hegten, mit der Wiederherstellung von Tiberias werde der Anbruch des messianischen Himmelreichs im heiligen Lande eintreten. Der Aufruf fand selbstverständlich freudigen Anklang. Ganz besonders machten die Juden des Kirchenstaates, welche die judenfeindliche Bulle des Papstes Pius V. zur Verzweiflung gebracht

---

[1] Charrière, Négociation II, p. 736, auch Gratiani, de bello Cypro, v. S. 374, Anm.; Joseph Kohen, Emek ha-Bacha p. 227 fg. Der Familienname des das. genannten ארדוט ; אבדיט scheint verschrieben zu sein für ארדוט, ein oft vorkommender Name portugiesischer Juden, unter denen es noch jetzt eine Familie gibt: Arbuto. Ist vielleicht dieser Joseph identisch mit dem Sekretär Joseph Kohen in der Urkunde v. S. 363?

[2] Note 6, Ende.

hatte, davon Gebrauch. Der jüdische Fürst hatte auch dafür gesorgt, daß die Auswanderer Gelegenheit zur Überfahrt finden sollten. Seine Schiffe erwarteten sie in den italienischen Häfen Venedig, Ancona und andern, um sie sicher vor den gottgeweihten Piraten des Malteserordens an Ort und Stelle zu bringen; denn diese heiligen Ritter bekundeten ihre Ritterlichkeit an Juden, welche nach dem Orient segelten, um sie auszuplündern oder zur Taufe zu zwingen. Wie viele neue Ansiedler in Tiberias eingetroffen sind, ist unbekannt, und zweifelhaft, ob sie Josephs Plan gefördert haben.

Er selbst scheint dem kleinen jüdischen Gemeinwesen nicht seine ganze Tatkraft zugewendet zu haben; seine Pläne gingen überhaupt ins Weite, und darum hat Neu-Tiberias keine Rolle gespielt. Er arbeitete zunächst daran, die Insel Naxos mit den nahen Inseln im ägäischen Meere als Herzogtum zu erhalten. Und als er so glücklich war, vom Sultan Selim zum Herzog ernannt zu werden, dachte er gar nicht daran, seinen kleinen Inselstaat mit Juden zu bevölkern; vielleicht war es auch nicht ausführbar. Dann war sein Sinn darauf gerichtet, König von Cypern zu werden. Möglich, daß er die Insel der Göttin der Schönheit in einen jüdischen Staat umgewandelt hätte, wenn er sie in Besitz bekommen hätte. Aber sein Feind, der Großvezier Mohammed Sokolli, ließ es nicht dazu kommen. So zerrannen seine Träume, einen selbständigen jüdischen Staat zu gründen.

Überhaupt hat Joseph von Naxos nichts Wesentliches und Dauerndes für das Judentum getan. Er hat immer Anläufe dazu genommen, ist dann aber wieder erschlafft oder vergriff sich in den Mitteln. Der Grund lag in seiner geringen Kenntnis des jüdischen Schrifttums und in seinem Mangel an wissenschaftlichem Sinn. Joseph von Naxos hielt nach dieser Seite keinen Vergleich aus mit dem Staatsmanne Chasdaï Schaprut oder gar mit Samuel Nagid, welche die Förderung der jüdischen Wissenschaft als eine Lebensaufgabe betrachtet hatten. Er hat wohl ein Lehrhaus in seiner Residenz Belveder in Konstantinopel angelegt und auch sonst die Ausleger des Talmuds unterstützt. Aber das war mehr Sache äußerlicher Religiosität als innerer Überzeugung, das Studium des Talmuds zu fördern. Er würde, wenn Christ geblieben, mit derselben Äußerlichkeit Klöster erbaut haben. Wohl hat Joseph von Naxos seltene hebräische Handschriften angekauft und auf seine Kosten seltene Schriftwerke kopieren lassen.[1]) Aber der arme Isaak Akrisch hatte auf eigene Hand noch früher eine größere Sammlung seltener Schriften angelegt.[2]) Joseph hatte auch eine Druckerei in Konstan-

---
[1]) Zusammengestellt bei M. A. Levi, Note 91.
[2]) Akrisch, Einl. zum Tripelkommentar zu Canticum.

tinopel errichtet, aber weiter nichts als einen Teil der hebräischen Bibel veröffentlicht und dann sie wieder eingehen lassen, weil sie wenig Gewinn brachte.¹) Aber vor- und nachher haben weit weniger bemittelte Unternehmer Druckereien in Konstantinopel und Salonichi unterhalten. Mußte doch Joseph Karo, die hochverdiente Autorität Palästinas, der sich so sehr des Joseph von Naxos angenommen hatte, als ihm Gefahr gedroht, für den Druck eines seiner umfangreichen Schriften in Italien betteln lassen, ohne bei dem reichen jüdischen Herzog Unterstützung zu finden. Denken und Forschen über Religion und Bestimmung des Menschen war nicht Sache des Joseph von Naxos. So viel Geist er auch hatte, er richtete ihn nicht nach dieser Seite hin, sondern auf weltliche Dinge; er nahm die Religion des Judentums als etwas Gegebenes hin, worüber weiter nicht viel zu grübeln sei. Im Alter hat er zwar ein Schriftchen drucken lassen, das ein Religionsgespräch sein soll, welches er mit einem zugleich ungläubigen und im astrologischen Wahne befangenen Christen geführt haben will.²) Aber man weiß nicht, wieviel daran ihm und wie viel der geschäftigen Feder des Herausgebers Isaak Onqueneira angehört, und selbst wenn der ganze Inhalt Joseph von Naxos angehört, würde es nur beweisen, daß er sich bei der Anschauung des Talmuds beruhigt hat, um andringender religiöser und philosophischer Fragen überhoben zu sein.

Joseph von Naxos war überhaupt nicht geeignet, die geistige Blüte der Juden zu fördern; er hatte sich durch den Verkehr mit dem türkischen Hofe Stolz und herrisches Wesen angeeignet, und konnte keinen Widerspruch vertragen. Er behandelte daher die Rabbinen, die von ihm lebten, als seine Kapläne, die selbst seine ungerechten Launen durch ihre Gelehrsamkeit rechtfertigen und durch ihre Autorität ausführen mußten, wenn sie nicht seiner Ungunst gewärtig sein wollten. Als ihn daher eine Laune oder ein Interesse anwandelte, sich mit seinem verräterischen Agenten Daud, den er hatte bannen und verbannen lassen (o. S. 366), wieder auszusöhnen und ihn aus der Verbannung in Rhodus zurückzurufen, sollten die Rabbinen auf sein Geheiß den über jenen verhängten Bann ebenso schnell lösen, wie sie ihn aus Zuvorkommenheit ausgesprochen hatten. Nun war die Sache nicht so leicht. Denn ein so feierlicher Bann von so vielen Rabbinaten und Gemeinden verhängt, konnte

---

³) Bei Charrière a. a. O. II, p. 779, Note um 1564. Seit 1503 war in Konstantinopel eine Druckerei; seit 1530 druckte das. Soncin viel; f. de Rossi, Annales typographici saeculi XVI und jüdische Typographie in Ersch und Gruber, Enzyklop. II T. 28 S. 37.

¹) Titel פרת יסף, herausgegeben von Joseph Onqueneira 1577; vergl. darüber Wertheimers Wiener Jahrbuch 1856 zu Josephs Biographie.

nach rabbinischen Gesetzen gar nicht mehr aufgehoben werden, zumal mehrere Rabbinen, die sich an dem Bannspruche beteiligt hatten, bereits dahingeschieden waren. Nichtsdestoweniger verlangte Joseph von Naxos namentlich von den konstantinopolitanischen Rabbinen, daß sie Daud vom Banne lösen sollten; er hatte ihnen bei etwaigem Widerspruche nicht nur mit Entziehung seiner Unterstützung, sondern auch mit seiner Ungnade gedroht. Indessen gab den Rabbinen ihre Sittlichkeit und Religiosität Selbständigkeit genug, sich von dem kleinen Tyrannen nicht einschüchtern zu lassen. Gerade der von Joseph unterstützte greise Rabbiner Joseph Ibn-Lab versagte seine Zustimmung zur Aufhebung des Bannes, und mit ihm stimmten sein ganzes Kollegium, ferner die Rabbinate von Ägypten, Alexandrien und Salonichi, welche um Gutachten angegangen waren. Nur zwei Rabbinen Konstantinopels sprachen sich im Sinne von Joseph von Naxos aus, Elia ben Chajim und Jehuda Algasi.[1])

Die so überaus günstige Lage der Juden in der Türkei während eines ziemlich langen Zeitraums hatte also keine nachhaltig günstige Erhebung zur Folge. Sie erzeugte keinen einzigen Kraftgeist, welcher befruchtende Gedanken für die Zukunft aus sich heraus geholt und den Mittelmäßigen eine neue Richtung vorgezeichnet hätte, allenfalls mit Ausnahme des Asarja deï Rossi. Nicht ein einziger der damals lebenden Führer der Gemeinden ragte über das Maß eines Alltagsmenschen hinaus. Die Rabbinen und Prediger waren grundgelehrt in ihrem Fache, wandelten aber durchweg in ausgefahrenen Gleisen, ohne auch nur auf ihrem eigenen Gebiet eine neue Seite hervorzukehren oder eine Leistung besonderer Art zu hinterlassen. Nur ein einziger Rabbiner hat ein epochemachendes Werk der Zukunft überliefert, das noch heute seine, wie wohl bestrittene, Geltung hat; aber dieser hat damit nicht etwas Neues oder Ursprüngliches geleistet. Joseph Karo, erster Rabbiner der palästinensischen Stadt Safet, der Lehrling Molchos in der Mystik (o. S. 226), der Jünger Berabs und der Geisterseher (o. S. 285 f.) hat nach langjährigem Fleiße ein neues religiöses Gesetzbuch (Schulchan Aruch) vollendet.[2]) Religiöser Drang, kabbalistische Schwärmerei und Ehrgeiz hatten gleichen Anteil an diesem Werke. Joseph Karo hätte nämlich noch

---

[1]) Respp. Elia b. Chajim מים עמוקים Nr. 55, 56. In der letzten Nummer wird angedeutet, daß Joseph von Naxos die Rabbinen gezwungen hat, ihm dienstwillig zu sein: (דון יוסף הנשיא) אשר הוא קרוב בעיני רצון השר וכל שכן אם יש
למלכות ואיכא קפידא לעשות השר שאין לנו לקפח פרנסתנו ודאי ולהכניס עצמנו בסכנת
שנאתו מפני הנדוי . . ואין לנו להכניס עצמנו בשנאת השר כדי להחזיק הנדוי.

[2]) Zuerst erschienen in zwei Ausgaben mit verschiedener Schrift, Venedig 1567, dann bis 1598 — in 30 Jahren — 7 neue Auflagen; vergleiche die Bibliographen.

immer Verzückungen und Erscheinungen im Traume, er werde durch
Vollendung seines Religionskodex als Norm für die ganze Judenheit
überall als die erste Autorität anerkannt werden, er werde dadurch
die dem Jakob Berab mißglückte Erneuerung der Weihen (Ordination)[1]
für Richterrabbiner durchsetzen, die Einheit des Judentums wieder
herstellen und dadurch die messianische Zeit fördern. Und er hat
ein ganzes Menschenleben damit zugebracht[2], um den weitschichtigen
Stoff zusammenzutragen, das Für und Wider abzuwägen, das
Schlußergebnis zu machen und es an die betreffende Stelle einzu-
reihen. Er ist allerdings damit einem Bedürfnisse entgegen gekommen.
Es mangelte in der Tat an einer das ganze Gebiet der religiösen
Praxis umfassenden Norm, nicht aus Unkunde, wie ehemals in
Maimunis Zeit, sondern gerade wegen Überladung des Wissens.
Die Wanderung der Juden von West nach Ost, von Nord nach Süd
und die Buchdruckerkunst hätten nämlich einen bedeutenden Umschwung erzeugt. Die jüdischen Druckereien in Italien hatten die
Beschaffung von sonst teuren und seltenen Schriften ungemein erleichtert. Je mehr der Talmud, die Kommentarien dazu, die Religionskodizes verschiedener Art und die Gutachtensammlungen ver-
vielfältigt worden waren, desto mehr nahm die Zahl der Talmudbeflissenen in fortschreitendem Verhältnisse zu. Die begabten Armen
erhielten diese Bücher durch den frommen Sinn Reicher oder konnten
sie in Bibliotheken benutzen, welche fast jede größere jüdische Gemeinde in einem unterhaltenen Lehrhause besaß. Die zahlreichen
Gemeindegruppen, welche sich namentlich im türkischen Reiche Europas
und Asiens bildeten, machten zudem das Bedürfnis nach Rabbinen
fühlbar; jede Gemeindegruppe stellte einen Rabbinen und meistens
gar ein Kollegium an. Jeder nur irgendwie beanlagte Kopf verlegte sich daher auf das Studium der talmudischen und rabbinischen
Literatur, weil jeder sicher war, irgendwo ein Unterkommen zu
finden. Die Zahl der Talmudkundigen war daher im sechzehnten
Jahrhundert viel, viel größer, als bis dahin. Dadurch trat aber
eine große Zerfahrenheit ein. Da der Talmud und noch mehr die
spätern Religionskodizes eine Meinungsverschiedenheit über fast jeden
einzelnen Punkt des religiösen, rituellen, rechtlichen und eherecht-
lichen Lebens begünstigen, so trat eine Zerklüftung ein, welche zu
Zänkereien und Zerwürfnissen in den Gemeinden führte, weil selten
zwei Rabbinen über eine aufgeworfene Frage eines Sinnes waren.
Jeder war imstande, aus dem weitschichtigen Schrifttum Gründe für
Ja oder Nein beizubringen. Der eine hielt sich an Maimuni, der

---

[1] S. o. S. 284 f. und Note 5.
[2] Von 1522 bis 1558.

andere an Alfaßi, ein dritter an Ascheri oder an den Kodex von Jakob Ascheri, oder an Nachmani, an Bet-Abret oder an eine andere Autorität, die deutschen Juden meistens an deutsche Autoritäten.

Dieser Zerfahrenheit und Zerklüftung wollte nun Joseph Karo mit seinem neuen Religionskodex steuern. Er umspannte das ganze, fast unübersehbare talmudische und rabbinische Gebiet in seinem Gedächtnisse — wenn er es auch nicht im Geist zu beherrschen vermochte. Bei der Ausarbeitung folgte er der Ordnung im Kodex des Jakob Ascheri, berichtigte ihn aber aus anderweitigen Entscheidungen anderer Autoritäten und ergänzte ihn vielfach aus spätern Elementen. Karo gab seinem Werke überhaupt mehr den Charakter eines Gesetzbuches, indem er den Stoff selbständig verarbeitete, formulierte und abrundete, während Jakob Ascheri die aufgenommenen Elemente oft in ihrem ursprünglichen Gefüge gelassen, wie er sie vorgefunden hatte, und daher die Träger derselben bei Namen bezeichnete. Karo dagegen hat sich nach dieser Seite mehr an die maimunische Form gehalten. Meistens zählte er die Stimmen. Wenn Alfaßi, Maimuni und Ascheri nicht über einen Punkt zusammenstimmten, so folgte er zweien derselben als der Mehrzahl gegen den einzelnen. Da er von Geburt Spanier war, so bevorzugte er unwillkürlich die Ansichten spanischer Lehrer vor deutschen und französischen — und beging dadurch eine Einseitigkeit. Dem Gebrauche und dem Herkommen der spanischen Juden huldigte er über Gebühr und nahm sie als feste Norm in seinen Religionskodex auf. Nur in betreff der abergläubischen Praktiken, die aber teils vom Talmud stammen, wenn auch von Maimuni und auch von Jakob Ascheri mit Stillschweigen übergangen, und teils von spätern herrühren, hielt er sich an die deutsche Schule und räumte ihnen einen Platz ein. Karo stellte z. B. als Vorschrift auf das Waschen des Morgens nach dem Schlafe oder nach gewissen Verrichtungen, um die bösen Geister zu bannen[1]; — das Fasten auch am Sonnabend, um böse Träume unschädlich zu machen[2]; endlich daß man Feinde nicht nebeneinander begraben soll.[3] An Überfrömmigkeit übertraf er noch Jakob Ascheri. Man dürfe keine Verse und Fabeln am Sabbat lesen, eigentlich auch nicht an Wochentagen, um so weniger solche, welche Liebeleien oder Ausgelassenheit zum Inhalt haben, wie die Novellen des Immanuel Romi[4]; Verfasser, Abschreiber und Drucker solcher Schriften seien zu den Verführern zur Sünde zu zählen. Kabbalistische Elemente hat Karo selbstverständlich auch aufgenommen[5], wenn auch nur wenige, als hätte er es gescheut, für das praktisch-religiöse Leben

---

[1] Kodex Orach Chajim § 4. [2] Das. § 288. [3] Jore Deah § 362.
[4] S. Band VII₃ S. 268. [5] Orach Chajim § 61, 3.

den Sohar mit dem Talmud auf eine Linie zu stellen. Es sind allerdings auch in seinen Kodex aus Talmud und rabbinischen Schriften vortreffliche Lehren über Heiligkeit, Keuschheit, Bruderliebe, Sittlichkeit und Redlichkeit im Wandel übergegangen; aber sie verschwinden in diesem Meere von kasuistischen Einzelheiten und Äußerlichkeiten, in diesem Fachwerk von Ober- und Untereinteilungen, von Wenn und Aber. Alle Fragen, mögliche und unmögliche, die irgendwo aufgeworfen wurden, sind in Karos Kodex berücksichtigt, auseinandergesetzt und ausgesponnen. Kurz, es erscheint darin ein ganz anderes Judentum als das, welches am Sinaï offenbart, von den Propheten verkündet und selbst von Maimuni gelehrt wurde. Aber dieses Judentum entsprach vollständig den Vorstellungen der Juden jener Zeit, und darum wurde Karos Kodex allsogleich mit Freuden aufgenommen, verbreitet und als unverbrüchliche Norm festgehalten, in der Türkei, im ganzen Orient, in Italien und auch in Polen.[1]) Karo war ein abgesagter Feind des Nachdenkens über religiöse Fragen und betrachtete das geringste Bezweifeln einer im Talmud vorkommenden Äußerung als schwere Ketzerei; er stand damit nicht allein, sondern dachte und fühlte gleich der Mehrzahl seiner Glaubensgenossen, gelehrter und ungelehrter.

So hat das religiöse Leben wohl einen Abschluß und eine Einheit erlangt, aber auf Kosten der Innerlichkeit und des freien Denkens. Durch Karo erhielt das Judentum diejenige feste Gestalt, die es bis auf den heutigen Tag bewahrt hat. Karos Traum hatte sich zum Teil erfüllt. Seine rabbinischen Schriften sind Gemeingut der Judenheit geworden und haben ihr die religiöse Einheit gegeben. Aber Oberhaupt derselben, wie ihm der „Geist der Mischna" wiederholentlich versichert hat, ist er nicht geworden, er wurde nur als Autorität neben vielen andern verehrt. Noch weniger hat er dadurch die Weihen von Richterrabbinen als Synhedristen wiederhergestellt, oder gar die Ankunft des Messias gefördert.

Es gab damals einen Mann in Italien, der mit seinem Forschungssinn und Wahrheitstrieb nicht nur alle seine jüdischen Zeitgenossen überragte, sondern auch imstande gewesen wäre, das Judentum von den Schlacken ungünstiger Jahrhunderte zu reinigen, wenn die Zeitrichtung nicht diesem Streben entgegen gewesen wäre, oder wenn er mehr Mut gehabt hätte, ihr offen entgegen zu treten. Asarja ben Mose deï Rossi (min ha-Adomim, geb. in Mantua um 1514, gest. 1578)[2]) aus einer alten italienischen Familie, hatte sich

---

[1]) Vergl. Salomo Lurja של שלמה ים zu Chulin Einl.: והנה שנו בזה מאחר
שראו שכך כתב בספרו שכך הלכה. אמרו: כך כתב הקארו להדיא.

[2]) Vergl. die vortreffliche Biographie von Zunz in Kerem Chemed V. p. 131 fg.

so sehr in Bücher vergraben, daß sein Körper davon Spuren tiefen Leidens an sich trug. Schwach, gelb, ausgetrocknet, mit Fieber behaftet, schlich er wie ein Sterbender einher. Aber in dieser lebendigen Leiche arbeitete rührig ein kräftiger, gesunder Geist. Er hatte sich das ganze jüdische Schrifttum zu eigen gemacht, sich noch außerdem in die lateinische Geschichtsliteratur eingelesen und auch Medizin getrieben. Dabei führte er ein Wanderleben, wohnte eine Zeitlang in Ferrara, dann in Bologna, mußte diese Stadt infolge der Folterung und Ausweisung der Juden unter Pius V. (o. S. 354) meiden und ließ sich endlich dauernd zum zweiten Male in Ferrara nieder. Mit den Besten seiner Zeit, Juden, Marranen und Christen, pflegte er Umgang und wurde von allen als ein Wunder der Gelehrsamkeit angestaunt. Dieser Schatz seines Wissens lag keineswegs tot in seinem Innern, sondern wucherte reichlich. Die ältere Geschichte hatte für ihn besondere Anziehungskraft. Deï Rossi war einer der wenigen, welcher die jüdisch-griechischen Glanzschriftsteller Philo und Josephus — wenn auch nur in lateinischem Gewande — und die kirchenväterliche Literatur gründlich kannte. Aber mehr noch als seine erstaunliche Belesenheit ist die Verwendung derselben an ihm zu bewundern. Er war der erste, welcher diese zwei Literaturgebiete, die weitab voneinander lagen, den Talmud mit seinen Nebenzweigen einerseits und die Elemente in Philo, Josephus und der kirchenväterlichen Literatur anderseits in Berührung und Beziehung brachte, um aus dem Munde so verschiedener Zeugen die Wahrheit der geschichtlichen Nachrichten zu prüfen. Deï-Rossi war auch der einzige, welcher sich nicht bei dem Gegebenen beruhigte, es nicht eher für wahr hinnahm, bis er es einer eingehenden Prüfung und Läuterung unterworfen hatte. Das war eben das Verkehrte in christlichen nicht minder als in jüdischen Kreisen, daß alles, was in dem alten und für religiös angesehenen Schrifttum mitgeteilt ward, ohne weiteres als unumstößliche Wahrheit gehalten wurde. Diese Verkehrtheit war die Quelle trauriger Irrtümer, beschämenden Wahnglaubens und einer feindseligen Stimmung und Abschließung voneinander. Der Jude glaubte alles, was im Talmud als Geschichte und Geschehenes erzählt wird, und ebenso der Christ, was die Evangelien und die Kirchenväter überliefert haben. Weil die Träger dieses entgegengesetzten Schrifttums als religiöse Autoritäten galten, so nahmen die Bekenner der zwei verschiedenen Religionen alles darin Mitgeteilte gläubig hin, ohne zu untersuchen, ob es der Wahrheit entspricht. Es ist daher nicht hoch genug anzuschlagen, daß deï Rossi sich von dieser Befangenheit frei gemacht hat, daß er zuallererst Geschichte von Sage, Wahrheit von Märchen, Kernhaftes von Hohlem zu unterscheiden anfing. Der Glanz, womit die allzu gläubige Nachwelt die alten Autoritäten der Überlieferung ausgestattet hatte, blendete ihn nicht; er entkleidete sie desselben, um sie als Menschen anzusehen, welche wohl Wahres überliefert und gedacht, aber auch Falsches mitgeteilt und geäußert haben können.

Ein zufälliges Ereignis brachte die in deï Rossi liegenden geistigen Schätze zutage. Ferrara, wohin er kurz vorher aus Bologna übersiedelt war, war von einem grausigen Erdbeben heimgesucht worden (18. November 1570); die zertrümmerten und baufällig gewordenen Häuser zwangen die Einwohner, Zufluchtsstätten außerhalb der Stadt aufzusuchen. In einem Dorfe war deï Rossi mit einem gelehrten Christen zusammengetroffen, welcher seine schwermütigen Gedanken infolge des Erdbebens durch das Lesen eines griechischen Buches aus dem jüdischen Altertume erheitern wollte. Im Gespräche darüber wurde deï Rossi inne, daß selbst seine gebildeten Glaubensgenossen aus einseitiger Beschäftigung mit dem Talmud oder mit abgelebten philosophischen Schriften ihre eigene glänzende Literatur aus der Epoche des zweiten Tempels so wenig kannten, während Christen daran ihr verdüstertes Gemüt aufrichteten. Er faßte daher den Entschluß, von dem christlichen Freunde ermuntert, den **Aristeasbrief**, die angeblichen Gespräche eines griechischen Königs mit jüdischen Weisen über die jüdische Weisheit, ins Hebräische zu übertragen, um sie seinen Glaubensgenossen zugänglich zu machen. In zwanzig Tagen hatte er diese Arbeit vollendet. Das waren die Erstlinge seiner Gelehrsamkeit, und sie führten ihn zu andern Arbeiten. Sein Hauptwerk „Augenleuchte" oder „Augenspiegel"[1]) hat zum Hauptinhalte, Parallelen talmudischer und profaner Angaben über dieselben Themata zusammen- oder gegenüber zu stellen. Vorangehend mußte sich aber deï Rossi entschuldigen, daß er auch auf außerjüdische Zeugnisse Gewicht lege. Im Verlaufe kommt er gar zum Ergebnis, daß manche Angaben talmudischer Lehrer in betreff geschichtlicher und wissenschaftlicher Punkte falsch seien, daß sie also gegen die Zeugnisse profaner Schriftsteller zurücktreten müßten. Er scheute sich nicht, den kühnen Satz auszusprechen, daß die Zählungsweise nach Jahren der Weltschöpfung innerhalb der Judenheit nicht richtig sei, weil sie auf falscher Chronologie im Talmud beruhe. Vermöge seines Wahrheitsgefühls sprach er agadischen Erzählungen im Talmud jeden geschichtlichen Wert ab und ließ sie allenfalls als poetische oder moralische Ausschmückungen gelten. Deï Rossis Bedeutung besteht eben einzig und allein darin, daß er überhaupt nicht beim Gegebenen stehen blieb, daß er Forschung und Prüfung auf

---

[1]) מאור עינים, ein Teil vollendet Nov. 1573, der andere Teil mit Berichtigungen und Nachträgen 1575.

Gegenstände angewendet hat, welche bei der großen Menge als unantastbare Wahrheit galten, daß er Profanquellen zur Beleuchtung herangezogen und daß er die Agada auf ihren eigentlichen Wert zurückgeführt hat. Denn die positiven Ergebnisse jener geschichtlichen Forschung sind meistens nicht stichhaltig ausgefallen. So stark er im Wegräumen störenden Schuttes war, so gering war seine Leistung im Aufbauen.

Seine Leistung erscheint erst in ihrem rechten Lichte, wenn man sie mit der seiner zeitgenössischen Umgebung oder gar mit der seiner Fachgenossen vergleicht, namentlich mit der des Geschichtsschreibers Gedalja Ibn-Jachja. Sie bildeten förmlich Gegenpole. — Ein Abkömmling der edlen Familie der Jachjiden italienischer Linie, hatte Gedalja (geb. 1515, st. um 1587[1]) den Sinn derselben für Wissen geerbt, und sein Reichtum ermöglichte ihm, diesen in einer reichen Bücherwelt zu befriedigen. Er hatte auf seinen freiwilligen und gezwungenen Wanderungen in Norditalien — er war Prediger und mußte durch die Unduldsamkeit der Päpste ein unstätes Leben führen — viel gesehen und viel gelesen, auch Profanliteratur, aber alles ohne selbständiges Urteil, ohne Unterscheidungsvermögen und ohne Sinn für den Kern der Wahrheit. Ibn-Jachjas kurzgefaßte „Geschichte der Juden", verbunden mit einer weltgeschichtlichen Chronik, „die Kette der Überlieferung"[2]), woran er beinahe vierzig Jahre gearbeitet, liefert ein buntes Muster von zuverlässigen geschichtlichen Nachrichten und Fabeleien, von Urkunden und blödsinnigen Erzählungen. An Verzauberungen und böse Geister glaubte Gedalja Ibn-Jachja ebenso fest, wie an die sinaitische Gesetzgebung und an den Talmud. Und doch oder gerade wegen seiner Märchenhaftigkeit hat sein Buch mehr Anklang unter den Juden gefunden als deï Rossis Untersuchungen. Als des letztern „Augenleuchte" im ersten Abdrucke nach Safet gelangte, fanden die dortigen Überfrommen den Inhalt äußerst ketzerisch. Joseph Karo trug einem Mitgliede seines Rabbinatskollegiums, Elisa Galica, auf, eine Verdammungsschrift zu formulieren, die an die ganze Judenheit gerichtet werden sollte, deï Rossis Schrift zu verbrennen. Die Safetäner übten ebenfalls eine Ketzerinquisition aus. Joseph Karo starb aber, ehe er das Verdammungsurteil unterzeichnet hatte (Nisan = April 1575). Indessen waren die italienischen Juden doch nicht so fanatisch, deï Rossi zu verdammen, da sie ihn als einen rechtgläubigen und sittlich lautern Juden kannten. Das Mantuaner Rabbinat wendete darauf nur das Verfahren ben Adrets gegen die Beschäftigung mit Profan-

---

[1]) Vergl. seine Biographie von Carmoly, die Jachjiden p. 33 fg.
[2]) שלשלת הקבלה oder ספר יחיא, gedruckt zuerst Venedig 1587.

literatur an, es verbot das Lesen des deï Rossischen Werkes für Jünglinge unter fünfundzwanzig Jahren.¹) Durch diese, wenn auch nicht ganz offizielle Verketzerung hat es wenig Einfluß auf die jüdische Mit- und unmittelbare Nachwelt ausgeübt, ist daher erst in der neuesten Zeit gewürdigt worden und hat eine neue lichtvolle Geschichtsbetrachtung in jüdischen Kreisen angeregt. Im christlichen Kreise ist deï Rossis Werk viel früher beachtet, beleuchtet und daher ins Lateinische übersetzt worden.

Wie konnte auch die nüchterne, prüfende Betrachtungsweise Anklang finden in einer Zeitströmung, in welcher die Schwindel erregende Kabbala das große Wort führen durfte, die Blindgläubigkeit als höchste Tugend und die Schwärmerei bis zum fanatischen Taumel anzupreisen und zu steigern. Die Verzückungen Salomo Molchos und Joseph Karos und ihre messianische Schwärmerei können als nüchtern gegen das Tun und Treiben gelten, welches nach ihnen auftauchte und einen wahren Hexensabbat feierte. In den letzten drei Jahrzehnten des sechzehnten Jahrhunderts errang die Kabbala in Palästina eine unbedingte Alleinherrschaft, veranstaltete Geistererscheinungen, Beschwörungen, trieb wahrhaft mystische Orgien, verbreitete sich von da aus über die ganze Türkei, Polen, Deutschland und Italien, verdunkelte und verwirrte die Köpfe, verschlechterte sogar die Herzen, ließ keinen gesunden Gedanken aufkommen oder brandmarkte ihn als Ketzerei und Sünde. Abermals wie zur Zeit des jungen Christentums wurde Galiläa und namentlich die Gegend von Safet der Schauplatz für eine Menge böser Geister und Besessener, welche mystische Beschwörungen herausforderten und tiefe Geheimnisse offenbarten, und man weiß nicht, ob die Beschwörer um der Besessenen oder diese um jener Willen aufgetaucht sind. Es entstand eine Zeit wahrer kabbalistischer Raserei, welche mit Zuchtlosigkeit und Herzensverderbnis Hand in Hand ging und nicht bloß die Wissenschaften, sondern auch den zur Nüchternheit anleitenden Talmud heruntersetzte. Für die Judenheit begann damals erst ein eigentümliches, dummgläubiges Mittelalter, als sich in der europäischen Welt nur noch die letzte Spur des nächtlichen Grauens zeigte. Diese Richtung wurde von zwei Männern angeregt, die mit ihrer Schwärmerei und ihren Verzückungen einen immer größern Kreis ansteckten, von Isaak Lurja und seinem Jünger Chajim Vital Calabrese.

Isaak Lurja Levi, geb. in Jerusalem (1534, st. 1572²), stammte aus einer deutschen Familie. Früh des Vaters beraubt, kam der

---

¹) Quelle bei Zunz a. a. O.
²) S. über ihn Note 9.

junge Isaak nach Ägypten in das Haus eines reichen Oheims, Mardochaï Francis¹), eines Steuerpächters, und wurde zum Talmudstudium angehalten. Er zeigte frühreifes Verständnis unter den Jüngern des David Ibn-Abi-Simra, und im vierundzwanzigsten Lebensjahre galt er bereits als ebenbürtige rabbinische Autorität neben dem angestaunten Kenner der talmudischen Literatur, neben Bezalel Aschkenasi.²) Vermutlich wurde er auch von Ibn-Abi-Simra in die Kabbala eingeführt, die ihn fortan so sehr beherrscht hat, daß sein Geist davon benebelt wurde. Das trockene Talmudstudium, welches mit massenhafter Gelehrsamkeit, unfruchtbarem Haarspalten und Formelwesen die Köpfe erfüllte, aber das Herz leer ließ, scheint Lurja widerwärtig geworden und ihn zur phantastischen Mystik getrieben zu haben. Er zog dem lärmenden Lehrhause die schauerliche Einsamkeit der Nilgegend und dem Operieren mit Verstandesformeln die Vertiefung in mystische Welten und schwärmerisches Beten vor.³) Der Sohar, welcher damals durch den ersten Druck überall hin verbreitet und jedermann zugänglich geworden war, zog ihn mächtig an. Je mehr ihm durch die Vertiefung in das tönende Nichts des Sohar die Kabbala vertrauter wurde, desto mehr suchte er die Einsamkeit auf, stellte den Verkehr mit Menschen ein, vernachlässigte selbst seine junge Frau, besuchte sein Haus nur von einem Sabbat zum andern — sein reicher Schwiegervater sorgte nämlich für ihn und die Seinigen — sprach wenig und das wenige nur in hebräischer Sprache. Mehrere Jahre soll Lurja auf diese Weise in stiller Einsamkeit zugebracht haben, und sie machte ihn, wie alle diejenigen, deren Verstandeskraft nicht stärker ist als ihre Phantasie, zu einem verzückten Schwärmer; sein steter Begleiter in dieser Abgeschiedenheit, das mystische Buch Sohar, trug dazu bei, seine Einbildungskraft zu erhitzen. Fest überzeugt von der Echtheit desselben, als Werk von Simon ben Jochaï, und von der Göttlichkeit der darin geoffenbarten Phantasterei und Albernheiten, suchte Lurja darin durchaus höhere Bezüge und tiefere Weisheit. Er betete und vergoß Tränen, daß ihm die Rätsel und Dunkelheiten, die er darin fand, durch höhere Eingebung gelöst werden möchten, und wenn er den Schlüssel dazu gefunden zu haben glaubte, so war es kein anderer, als der Prophet Elia, der ihn ihm gebracht; in seiner erhitzten Phantasie sah er wohl auch Elia, den Lehrer von Geheimnissen, von Angesicht zu Angesicht.

¹) Asulai s. v. Isaak Lurja.
²) Das. und Conforte, Kore ha-Dorot p. 40b. Bezalel Aschkenasi Verf. der שטה מקובצת.
³) Elieser Askari, Charedim p. 66a: כך למד ר" יצחק המקובל דניכר שזה
(התבודדוה) מועיל לנפש שבעתים מהתלמוד ולפי כח ויכולת האדם יתבודד.

Was offenbarte ihm der Prophet Elia, oder der Sohar, oder vielmehr seine eigene Einbildungskraft? Zunächst gab er sich Mühe, in die Verworrenheit und Zerfahrenheit des Sohar Systems, Einheit und Folgerichtigkeit zu bringen, wie wenn jemand in der Geschwätzigkeit eines halb Blödsinnigen Gedankenstrenge nachweisen wollte. Der Einsiedler von Kairo suchte herauszubringen, wie Gott die Welt vermöge der Zahlwesen (Sefirot) geschaffen und geordnet, oder wie sich die Gottheit in den Formen der Wesenheiten geoffenbart, oder wie sie sich in sich selbst zusammengezogen hat[1]), um aus ihrer Unendlichkeit die Endlichkeit der Wesen zu entfalten. So kam ihm ein außerordentlich verschlungenes Netz und Gewebe von Kräften, Gegenkräften, Wirkungen und Gegenwirkungen, Formen und Stufen (Parsophin) in den vier Sphären der Sonderung, Schöpfung, Bildung und Wandlung heraus. Diese leeren Begriffe belegte er mit so wunderlichen Namen, daß er später sich mit Recht beklagen konnte, daß niemand sein mystisches System verstehen könnte. Lurja wollte nämlich jedem Ausdrucke und jedem Worte im Sohar, die aus Spielerei und Sucht nach Klängen und überhaupt als Effektberechnung hingeworfen sind, eine tiefe, unendlich tiefe Bedeutung beilegen, und so erhielt das, was in jenem Lügenbuche Mose de Leons nur Nebenpartie bildet, in Lurjas Gehirn einen wesentlichen Charakter: Der Urmensch (Adam Kadmon), der Alte der Tage (Atik Jomin), das lange Gesicht (Arich Anpin), das kurze Gesicht (Seïr Anpin), Männliches und Weibliches, Vater und Mutter, Gehirn, Lichter, Funken und Gefäße (Organe, Kelim), Schwängerung, Säugen und Wachstum, Verbindung und Trennung (Siwug, Nesira) und vieles andere hatte für ihn in dem Wahne, daß mit solchen leeren Nußschalen ein Weltgebäude aufgeführt werden könne, eine tiefe Bedeutung. Einen neuen Zug bildet in diesem wirren Knäuel die Theorie, daß die Leitungsorgane, durch welche die göttliche Fülle sich der Welt mitteile, vor Überströmung geborsten wäre (Sod Schebirat Kelim), wodurch ein neues Chaos durch sieben Stufen (Schewa Melachim) entstanden, und aus diesem chaotischen Gewirre sei eine neue Schöpfung hervorgegangen. Doch galt Lurja diese vielfach verschlungene Weltschöpfungstheorie nur als eine Art Voraussetzung zu einem viel wichtiger scheinenden

---

[1]) Die Lehre von der Selbstkontraktion der Gottheit, סוד צמצום, scheint von J. Lurja zuerst aufgestellt zu sein. Mein verstorbener Freund, Isaak Mises, hat die kabbalistischen Termini und die ihnen zugrunde liegenden Begriffe lichtvoll entwickelt in dem Werkchen Zofnat Paaneach (Krakau 1862—1863) Heft II, p. 34 fg. Allein diese scheinbar pantheistische Theorie der Kabbala ist nicht Lurjas System, sondern von Abraham de Herrera und andern bereits sublimiert und philosophisch zugestutzt; vergl. weiter unten.

praktischen Teile der Kabbala, wodurch die Welt der Gottesordnung (Olam ha-Tikkun) herbeigeführt werden könnte. Diese Lurjanische praktische Kabbala beruht auf einer nicht minder wunderlichen Seelenlehre, immer auf Grund soharistischer Träumerei.

Die Seelen spiegeln die enge Verbindung des Unendlichen und Endlichen ab und haben dadurch eine Mannigfaltigkeit. Die ganze Seelenfülle, welche in die Zeitlichkeit eingehen sollte, sei mit Adam geschaffen worden, aber jede Seele je nach ihrer höhern oder niedern Stufe, an oder aus oder mit dem ersten Menschen von höhern oder niedern Organen und Formen gebildet. Es gebe demnach Gehirnseelen, Augen-, Ohren-, Hand- und Fußseelen.[1]) Jede derselben ist als Ausfluß oder Funke (Nizuz) von Adam anzusehen. Durch die erste Sünde des ersten Menschen — auch die Kabbala braucht für ihre Wahngebilde die Erbsünde — sei das Hohe und Niedere, die Ober- und Unterseelen, Gutes und Schlechtes in Verwirrung und Vermischung geraten. Auch die lautersten Wesen haben dadurch eine Beimischung von dem Bösen oder dem Dämonischen „der Schale" (Kelipha) erhalten. Die sittliche Weltordnung oder die Läuterung des ersten Menschen könne aber nicht eher eintreten, bis die Folgen der Erbsünde, das Durcheinander von Gut und Böse, getilgt und abgetan seien. Von dem schlechtesten Teil der Seelenfülle stamme die Heidenwelt, vom guten dagegen das israelitische Volk; aber jene sei ebensowenig ohne ein Gemengteil des Urguten, wie dieses nicht ohne Beimischung des Verderbten und Dämonischen, und dieses gebe eben die ewige Anregung zur Sünde und hindere den auserwählten Bruchteil des Menschengeschlechtes, die Vorschriften Gottes, die Thora, zu befolgen. Die messianische Zeit werde eben diese Umkehrung der Ordnung durch die Erbsünde oder die eingetretene Unordnung wieder aufheben und die Vergöttlichung der Welt, d. h. das Durchdrungensein des All von den frei waltenden Ausströmungen der göttlichen Gnadenfülle, herbeiführen oder herbeigeführt sehen. Es müsse daher vorher eine durchgängige Scheidung des Guten vom Bösen erfolgen, was eben nur durch Israel geschehen könne, wenn es, oder die Gesamtheit seiner Glieder, die Beimischung des Schlechten loswerde oder von sich weise. Zu diesem Zwecke müßten die Seelen (zunächst der Israeliten) Wanderungen durchmachen, Wanderungen durch Menschen- und Tierleiber, ja sogar durch Flüsse, Holz und Steine.[2]) Die Lehre von der Seelenwanderung

---

[1]) Alle diese Bezeichnungen wollen nicht buchstäblich und materialistisch, sondern metaphorisch gebraucht sein, aber unter der Hand werden sie in der Lurjanischen Operation doch realiter angewendet.

[2]) Chajim Vital Calabrese גלגולים, ed. Frankfurt 36 c: בסוד הגלגולים אמר
מורי ר' יצחק לוריא שאפילו בעצים ובאבנים יתגלגל האדם . . . ובזמננו נתגלגל אדם אחד שהיה

bildet den Mittel- und Schwerpunkt der Lurjanischen Kabbala; er hat
sie aber eigentümlich weiter ausgesponnen. Nach seiner Theorie
müssen auch die Seelen der Frommen Wanderungen durchmachen,
da auch sie von dämonischer Beimischung nicht frei seien; es gebe
keinen Gerechten auf Erden, der nur Gutes täte und nicht sündigte.
Damit hatte Lurja die Schwierigkeit gelöst, welche ältere Kabbalisten
nicht zu überwinden vermochten, wie denn z. B. Seths Seele in
Mose übergegangen sei.

Diese Scheidung der guten und bösen Elemente in der Seelenfülle oder diese Sühne und Tilgung der Erbsünde, oder die Wiederherstellung der Ordnung in Adam würde aber, bei der steten Anreizung zu sündigen, eine sehr lange Zeitreihe erfordern. Es gäbe
aber Mittel, diesen Prozeß zu beschleunigen, und das war die ur-
eigene Erfindung Lurjas. Neben der Wanderung der sündhaften
oder mit dämonischen Kräften behafteten Seelen bestehe nämlich
noch eine andere Art, eine **Seelenaufschwingung** oder **Seelen-
schwängerung** (Jbbur, superfoetatio). Hat eine selbst geläuterte
Seele hienieden manches Religiöse verabsäumt oder keine Gelegenheit gehabt, eine Pflicht zu erfüllen, so müsse sie ins Erdenleben
zurückwallen, sich der Seele eines lebenden Menschen anzuschmiegen,
sich mit ihr vereinigen und eng zusammenschließen, um das Verab-
säumte nachzuholen. Auch abgeschiedene Geister frommer, sündenfrei
gewordener Menschen treten hin und wieder auf Erden wieder auf,
um schwache, schwankende Seelen, die aus eigener Kraft das Gute
nicht zusammenbrächten, darin zu unterstützen, zu kräftigen und zum
Ziele zu führen. Diese lautern Geister wüchsen mit den im Kampfe
ringenden Seelen zusammen und bilden eins mit ihnen. Selbst drei
Seelen können sich zu einer einzigen vereinigen, vorausgesetzt, daß
sie einige Verwandtschaft miteinander haben, d. h. von demselben
adamitischen Funken oder Organe stammen, wie denn überhaupt
nur gleichartige (homogene) Seelen eine Anziehung aufeinander ausüben, ungleichartige (heterogene) dagegen einander abstoßen. Nach
dieser Theorie habe die Verbannung und Zerstreuung Israels einen
welt- oder seelenerlösenden Zweck. Die geläuterten Geister frommer
Israeliten sollen sich mit den Menschenseelen aus andern Völker-
kreisen verbinden, um sie von den ihnen innewohnenden dämonischen
Schlacken zu befreien.[1]

בעל לשון רע בנחל שוטף והכירו מורי שהיה מגלגל ונודע אצלו מי היה. Auch an anderen
Stellen. Der alberne Verf. des ספר חרדים, Elieser Askari, bemerkt in kindlicher
Naivität, daß Pythagoras mit der Lehre der Kabbalisten übereinstimme (p. 42a):
אילו צדיק גמור חוזר בגלגול ... כמבואר בדברי ר' שמעון בן יוחי ובן פטרוש בדברי המקובלים
ופיטגורס הסכים בזה.

[1]) Gilgulim c. 2. 5. Die Theorie von גלגול, Metempsychose und עבור הנשמות,
superfoetatio animarum, bildet einen Hauptteil der Vitalschen oder Lurjanschen

Isaak Lurja träumte ein ganzes System von Seelenwanderung und Seelenverdopplung. Er glaubte das Geheimnis des Ursprungs, der Verwandtschaft und der Verzweigung der Seelen zu wissen. Wichtig schien ihm auch, das Geschlecht der Seelen zu kennen; denn es gebe auch weibliche Seelen in männlichen Leibern und umgekehrt, je nach der Anziehung und Wanderung. Das sei besonders für das Eingehen einer Ehe wichtig, ob die Seelen des Paares ihrer Abstammung und Stufe nach zueinander stimmten oder nicht; in dem einen Falle gäben sie eine gute, gediegene Nachkommenschaft, in dem andern Falle flöhen sie einander. Mit diesem Geheimnis vermeinte der Schwärmer von Kairo auch das andere zu besitzen, wie die guten Geister herabbeschworen, gewissermaßen zum Eingehen in den Leib lebender Menschen genötigt und so Offenbarungen aus der jenseitigen Welt zu machen gezwungen werden könnten. Damit glaubte er, den Schlüssel zum Messiasreiche und zur Herstellung der Weltordnung in Händen zu haben. War er imstande, an der Stirn lebender Menschen zu erkennen und ihnen begreiflich zu machen, welchen Zusammenhang mit der höhern Welt die ihnen innewohnende Seele habe, wodurch sie sich vergangen, und von ihr losgelöst sei, welche Wanderung sie bereits durchlaufen habe, wodurch sie die Schädigung und Störung an dem höhern Weltenbau wieder gut machen könne, wie sie sich von den Banden der sie umstrickenden bösen Geister befreien, welchen Geist sie sich zur Gesellschaft und Paarung aussuchen sollte, und wußte er auch die Mittel, die Beschwörungsformeln und die Anwendungen des Gottesnamens anzugeben, um reine Geister zur Betätigung eines höhern, sittlich-religiösen und asketischen Lebens auf sich herabzulocken, so könnte es ihm nicht schwer werden, die messianische Erlösung, die eigentlich nichts anderes sei, als Erlösung der Seelen in den Adamssöhnen, zu fördern. Lurja glaubte die Seele des Messias von Josephs Linie zu besitzen und eine messianische Sendung zu haben. Er sah überall Geister und hörte deren Geflüster in dem Rauschen der Gewässer, in der Bewegung der Bäume und Gräser, im Gesange oder Gekrächze munterer Vögel, im Flimmern der Flamme. Er sah, wie sich die Seelen beim Verscheiden von dem Leibe loslösten, wie sie sich in die Höhe schwangen oder aus den Gräbern aufstiegen. Ganz besonders verkehrte er mit den Geistern biblischer, talmudischer und rabbinischer Frommen und namentlich mit Simon ben Jochaï; er erkannte, welchem seiner Zeitgenossen sich dieser oder jener Geist angeschlossen habe, und redete sie als solche an.

Kabbala, von Vital zusammengestellt unter dem Titel עץ חיים. Das künstliche Herabziehen der Seelen nennen die Kabbalisten aus der Lurjanschen Schule מיין נוקבין, „Wasser von der weiblichen Seite", ein noch dunkel gebliebener Terminus.

Kurz, Lurja war ein entschiedener Geisterseher und Totenbeschwörer, ein zweiter Abraham Abulafia, oder auch ein Salomo Molcho, mit kabbalistischem Krimskrams messianische Hoffnungen zu erwecken, dabei aber doch nüchtern und sophistisch; er trug die talmudische Kasuistik in die Kabbala hinein.

Von der Höhe seiner welterlösenden Mystik sah er mit einer gewissen Verachtung auf die meisten Kabbalisten der Vergangenheit und seiner Zeit herab, gestand nur wenigen diesen Titel zu, verwarf daher die meisten kabbalistischen Schriften, mit Ausnahme derer von Isaak dem Blinden und Nachmani, als unecht, als selbstgemachte Klügeleien, und erkannte sie nicht als wahrheitsgetreue Überlieferung an.[1]) Den Geist, welcher Joseph Karo Offenbarungen mitgeteilt haben soll, bezeichnete Lurja geradezu als Lügengeist. Ohne hochmütig zu sein[2]), glaubte er sich im Alleinbesitze der kabbalistischen Geheimlehre. — In Ägypten fand Isaak Lurja mit seinem Labyrinth höherer Welten, seiner Schöpfungs- und Erlösungstheorie wenig oder gar keinen Anklang. Es kümmerte sich niemand um den einsamen Schwärmer, wie er sich auch nicht um die wirkliche Welt kümmerte. Wohl um sein Erlösungswerk durchzuführen, siedelte er mit Weib und Kind nach Safet, dem kabbalistischen Jerusalem, über, wo die Geheimlehre in höchster Blüte stand, und der Sohar, die Trugschrift des Mose de Leon, ebenso sehr vergöttert wurde, wie das Gesetzbuch des Mose Sohn Amrams. Fast das ganze Rabbinatskollegium und sämtliche Tonangeber von Safet waren Kabbalisten. An der Spitze Joseph Karo, sein Doppelgänger Salomo Alkabez, ferner Mose Corduero (geb. 1522, st. 1570), der eine eigene Schule hatte, Mose Alschaich, der geschwätzige und flachköpfige Prediger, Elia de Vidas, Elisa Galico, Joseph Sagis, Mose Vasula, aus Ancona nach Safet ausgewandert, und viele andere, namentlich eine ganze Schar junger Mystiker. Diese Stadt war damals eine nur mit Juden bevölkerte und wohlhabende Stadt.[3]) Von Druck und Nahrungssorgen empfanden die Gemeindeglieder wenig; die Kabbalisten konnten daher nach Herzenslust ihr Wesen treiben. Sie fühlten sich geschützt von der Gunst des jüdischen Herzogs von Naxos beim

---

[1]) S. Einl. zu עץ חיים, wo Vital spricht: מהרמב״ן ז״ל עד מורי (הא״רי) לא היה, auch Gilgulim Ende das. p. 43 b.: מה שאמר המגיד להר״י קארו על בנו שהיה לו נשמת בצלאל, שקר ענה לו, כי שיורע להשיג בחכמה זאת על אמתתה כמוהו.

[2]) S. Note 9.

[3]) Charrière, Négociations de la France III, p. 811. Brief des Mr. Juyé v. 4. Aug. 1579. Il est venu nouvelles que les Arabes habitant aux montagnes près Damasque, sachant que le passa du dit lieu avec ses forces estoit allé à la guerre de Perse, se sont eslevés et ont saccagé et bruslé Zefet près Hiérusalem, où y avait grand nombre des Juifs et de fort

Sultan, wie in einem eigenen Staate, dessen Gesetzgeber und Herrscher sie allein waren. Ein kabbalistischer Kreis bildete auf Joseph Sagis' Vorschlag ein Konventikel mit eigenen Formen; die Mitglieder desselben kamen am Freitag zusammen und beichteten einander ihre Sünden ganz offen.[1]) Die Kabbalisten hatten es bereits in Nachahmung des Katholizismus zur Ohrenbeichte und zur Verehrung der Märtyrer gebracht. — So war der Schauplatz beschaffen, auf dem Isaak Lurja, der Schöpfer der neuen Kabbala, neue Verirrungen anstiften sollte.

In der ersten Zeit seiner Ankunft (um 1569)[2]) scheint er wenig Beachtung in der Kabbalistenstadt gefunden zu haben. Was konnte er den ergrauten Mystikern lehren, das sie nicht schon wüßten? Ohnehin war seine Art verschieden von der aller übrigen. Er hockte nicht über Büchern, nicht einmal den Sohar führte er bei sich, sondern liebte es, auf freiem Felde oder auf Gräbern zu weilen. Erst durch seine Bekanntschaft und Verbindung mit einem noch größern, vielleicht nicht so ehrlichen Schwärmer wurde er eine gesuchte Persönlichkeit und steckte alle Welt mit seinen wachen Träumen an. Dieser Mann war der Italiener Chajim Vital Calabrese (geb. 1543, gest. Tammuz 1620)[3]), dessen Vater, ein Gesetzesrollenschreiber, aus Italien nach Palästina gewandert war. Vital hatte in seiner Jugend nichts Rechtes gelernt, sondern etwas von Talmud oder Geheimlehre bei Mose Alschaich und Mose Corduero gekostet. Dafür besaß er eine ausschweifende Phantasie und eine entschiedene Neigung für das Abenteuerliche und für Lärmschlagen. Zwei und ein halb Jahr hatte sich Vital mit Alchemie und Goldmacherkunst beschäftigt[4]), wobei er sich ohne Zweifel kabbalistischer Formeln be-

riches, et se doutoit encore de quelque plus grand progrès. Die Tatsache von der Verwüstung in Safet scheint mir zweifelhaft, denn wir besitzen aus dieser Zeit Detailnachricht über diese Stadt, und es wird auch nicht mit einem Worte darauf hingedeutet. Der französische Gesandte in Konstantinopel scheint Tiberias mit Safet verwechselt zu haben, denn aus jener Stadt sollen die Juden um diese Zeit, wenig nach dem Tode des Joseph von Naxos, von den Arabern ausgewiesen worden sein (Robinson, Palästina III 524).

[1]) Vitals Selbstbiographie p. 13 b: בשנה ההיא (ש' הש"ל) הסכימו קצת תלמידי חכמים שעיר צפת יראי ה', וחסידים להתקבץ יחד כלם בבית הכנסת בכל ע"ש ולספר כל אחד מהם כל המעשים שעשה בשבוע ההוא כי על ידי זה יתבייש האדם ויחדל מלחטא. Im Verlaufe ist das. angegeben: אבי ר' שלמה סגיס (ר' יוסף) היה המתחיל בענין ההסכמה זו. Es ist wohl dasselbe, was Elieser Askari (חרדים Anf.) berichtet: בצפת עשינו חברה קדושה קראנו שמה סכת שלום ורבים מתחכצים מתוקים לשוב בכל לב.

[2]) S. Note 9. [3]) Dieselbe Note.

[4]) Selbstbiographie p. 22 a: גם אמר לי (מורי) שראה כתוב במצחי פסוק: "לחשוב מחשבות לעשות בזהב ובכסף" לרפוי על ענין ב' שנים ומחצה שנטלתי מן התורה ועסקתי בחכמת האלכימיא. Darauf spielt auch die Einl. an: חכם גדול אמר לי כי בהיותך כ"ד שנים יבואו הרהורים רעים בלבך להתבטל מעמך הנורה שתי שנים ומחצה.

diente. Von dieser mystischen Kunst wandte er sich Lurjas Kabbala zu. Man weiß nicht, wer von diesen beiden den andern aufgesucht hat, und ob es wahr ist, was die Verehrer derselben erzählen, Lurja habe auf Vitals Stirn gelesen, daß dieser eine ganz besonders auserwählte Seele aus dem reinsten Seelenäther besäße, die nicht einmal von der adamitischen Erbsünde befleckt worden sei, und daß er nur seinetwegen von Ägypten nach Safet ausgewandert sei, oder ob Vital zuerst sich zu Lurja begeben habe, um ihn über dessen neue Kabbala auszuforschen. Gewiß ist es, daß beide, ohne es zu wollen, einander betrogen haben. Lurja, von Vitals Zügen und abenteuerlichem Wesen getäuscht, hegte von ihm die Hoffnung, er werde sein messianisches Erlösungswerk vollenden helfen, und dieser wiederum wurde von jenem in die Täuschung gewiegt, er sei zu einer großen Sendschaft berufen. Auf den hellen Spiegel des Tiberiassees warfen wieder zwei Gestalten einen Schatten, der bestimmt schien, manch hellen Geistesspiegel Jahrhunderte hindurch zu trüben. Als der Nachen, der sie schaukelte, gegenüber dem Fenster einer Synagoge war, eröffnete Lurja seinem neu gewonnenen Jünger zuerst seine kabbalistischen Geheimnisse, er fand ihn erst da würdig dazu, weil er von der Mirjamquelle getrunken.[1]) Seit dieser Zeit waren der in den dreißiger Jahren stehende Geheimlehrer aus Kairo und der um einige Jahre jüngere Novize aus Italien so unzertrennlich, daß sie in den Überlieferungen nur eine einzige Erscheinung bilden. Sie suchten zusammen Einöden und Gräber, namentlich das Grab des Simon ben Jochaï, des erdichteten Urhebers des Sohar, in Meïron auf. Es war der Lieblingsplatz Lurjas, weil er da den Geist dieses vermeintlichen Urmystikers auf sich herabziehen zu können vermeinte. Hin und wieder sandte Lurja seinen Jünger aus, Geisterbeschwörungen vorzunehmen und überlieferte ihm dazu gewisse Formeln aus versetzten Buchstaben der Gottesnamen.[2]) Natürlich flohen böse Geister vor Vitals Anblick, gute Geister schlossen sich ihm an und teilten ihm Geheimnisse mit.

Vital war es nun, der von der außerordentlichen, fast göttlichen Begabung seines Meisters, von dessen Macht über die abgeschiedenen und lebenden Seelen, von dessen Eingedrungenheit in die soharistische Geheimlehre und von dessen Erlösungsplan, die Menschen durch genaue Bezeichnung ihrer Fehltritte und Sünden zur Besserung zu führen, großsprecherischen Lärm schlug[3]) und, wie es scheint, mit künstlicher Berechnung auf Effekt und Marktschreierei. Der zuerst vereinsamte Lurja sah sich mit einem Male von Besuchern

---

[1]) Gilgulim, Ende.
[2]) Viele Stellen in der Selbstbiographie und bei Schlomel, Sendschreiben
[3]) Vital, Selbstbiographie p. 2 b.

umschwärmt; jüngere und ältere Kabbalisten kamen, um auf die neue Offenbarung zu lauschen. Mehrere Jünger schlossen sich ihm an, und er teilte ihnen die Ausgeburten seines wirren Kopfes mit, gab jedem an, welche adamitische Urseele ihm innewohne, welche Wanderungen sie vor ihrem gegenwärtigen Leibesleben durchgemacht, welche Aufgabe jeder hinieden habe, um die durch Adams Fall verletzte höhere Welt der Sefirot wieder herzustellen und so die Gnadenzeit fördern zu helfen. An der Wahrheit der Mitteilungen zu zweifeln, fiel den ohnehin in kabbalistischem Dusel Befangenen gar nicht ein. Es schmeichelte den sich ihm Anschließenden außerordentlich, zu hören und verbreitet zu wissen, daß die Seele dieser oder jener biblischen Persönlichkeit, dieses oder jenes talmudischen Weisen in ihnen wiedergeboren sei. Von den Jüngern, die sich um Lurja gesammelt hatten, bildete er zwei Klassen, Eingeweihte und Novizen.[1])

Kabbalistische Unterredungen und Aufzeichnungen, Geisterseherei und Beschwörungen bildeten die Tätigkeit Lurjas und seines Kreises. Ofter begab er sich mit ihnen nach dem nahe gelegenen Meïron, der angeblichen Grabstätte Simon ben Jochaïs, und wies einem jeden von ihnen einen Platz an und zwar dieselben Plätze, welche die im Sohar aufgezählten Jünger Ben-Jochaïs eingenommen haben sollen (die nie existiert haben). Lurja fand in der wundersüchtigen Zeit und in der wundersüchtigen Gegend einen erstaunlichen Anklang. Es war ihm bereits gelungen, eine eigene kabbalistische Gemeinde aus seinen Jüngern und deren Familien zu bilden, welche einen eigenen geschlossenen Hof einnahm und sich von der Hauptgemeinde fernhielt.[2]) Kurz, Lurja stand auf dem Sprunge, eine neue jüdische Sekte zu bilden. Am Sabbat kleidete er sich weiß, der Farbe der Gnade, und trug ein vierfaches Gewand, um den vierbuchstabigen Gottesnamen darzustellen, lauter Spielereien.[3])

Der Hintergrund aller seiner Offenbarungen und Tätigkeiten war, daß er der Messias vom Stamme Joseph, der Vorläufer des Davidischen Messias, sei. Dieses deutete er indes seinen Jüngern nur verstohlen an. Sein Wahn war, die messianische Zeit habe mit dem Beginne der zweiten Hälfte des zweiten Tausendtages seit der Tempelzerstörung begonnen.[4]) Aus diesem Grunde hielt er sich für berechtigt, die soharistischen Geheimnisse zu veröffentlichen — weil die Gnadenzeit nahe sei. Eines Tages, an einem Freitag,

---

[1]) S. Note 9.
[2]) Schlomels Sendschreiben, a. a. O. p. 46 a.
[3]) Lurjas Minhagim, p. 4 b, 5 b.
[4]) S. Einl. zu Vitals עץ חיים. Die Berechnung war: 1 Tag = 1000 Jahre, $1/2$ Tag = 500 Jahre seit der Tempelzerstörung, also 1500 + 68 = 1568.

kurz vor Eintritt des Sabbats, versammelte Lurja seinen Jüngerkreis, führte ihn, Sabbatlieder singend, ins Freie und richtete an ihn die Frage: „Wollt ihr, daß wir nach Jerusalem ziehen und den Sabbat dort feiern?" (Die Entfernung von Safet bis dahin beträgt etwa 25 Meilen.) Die Jünger waren bereits Lurja so sehr ergeben, daß sie auf sein Geheiß sich auch über die Sabbatheiligkeit hinweggesetzt hätten. Er aber hatte es in Verzückung gesprochen, im Wahne, daß in diesem Augenblicke der Messias in Jerusalem auftreten werde. Einige Jünger hatten bedächtig geantwortet: „Wir wollen zuerst unsere Frauen von unserer plötzlichen Reise in Kenntnis setzen." Lurja bemerkte darauf, daß sie durch diese Bedächtigkeit das Erscheinen des Messias wieder hinausgeschoben hätten.[1]) Noch bei seiner Lebenszeit war die Gläubigkeit geschäftig, die erstaunlichsten Wunder von ihm zu erfinden, daß er sogar Tote erweckt habe. Es war auch ihm zu Ohren gekommen, und er war ehrlich genug, zu erklären, daß an diesem Märchen kein wahres Wort sei.[2])

Indessen machten sich auch Bedenken gegen die nicht harmlose Schwärmerei Lurjas und der Lurjanisten geltend. Es gab doch noch immer einige, wenn auch sehr wenige, welche die Berechtigung der Kabbala überhaupt nicht anerkannten.[3]) Der hundertjährige Greis, David Jbn-Abi-Simra, Lurjas Lehrer, in Safet zurückgezogen lebend, soll ihn gewarnt haben, solche tiefe und gefährliche Geheimnisse wie alltägliche Dinge zu behandeln.[4]) Joseph Karo, der erste Rabbiner von Safet, der sich mit einer gewissen Eifersüchtelei von diesem Kabbalisten überflügelt sah, stellte ihn nicht sehr hoch.[5]) Ein Mann in Safet hatte sogar den Mut, Lurja ins Gesicht zu sagen, er halte nichts von allen diesen kabbalistischen Extravaganzen.[6]) Die Jünger Corduëros machten kein besonderes Wesen aus Lurja.[7]) Selbst unter seinen Jüngern hegte mancher in nüchternen Augenblicken Unglauben an diese glühende Schwärmerei.[8]) Lurja war genötigt, einen seiner Jünger, Elia Falco, auszustoßen. Überhaupt gaben seine Jünger kein Beispiel messianischer Einträchtigkeit. Trotzdem sie ihr Meister wiederholentlich zum friedlichen Zusammenleben und Zusammenwirken ermahnte — wodurch ihre Seelen in eins zusammenwachsen würden — hatten sie öfter Reibungen miteinander; jeder wollte der erste im Himmelreiche sein. Namentlich

---

[1]) Diese Anekdote bei Schlompel p. 38 b. halte ich für echt.
[2]) S. Note 9.   [3]) Corduero אור נערב, Abschn. I.
[4]) Asulai s. v. Jsaak Lurja.   [5]) S. Note 9.
[6]) Vital, Gilgulim p. 36 c.
[7]) Elia da Vidas, der sein ראשית חכמה nach Lurjas Tod geschrieben, zitiert ihn hin und wieder, aber keineswegs als außerordentliche Erscheinung.
[8]) S. Note 9.

geberdete sich Chajim Vital Calabrese sehr anmaßend, drängte sich überall vor und, wie es scheint, beherrschte er sogar seinen Meister.[1]) Lurja ging zuletzt damit um, die meisten seiner Jünger von sich zu weisen und nur drei oder vier von ihnen zu behalten, als ihn der Tod durch eine ausgebrochene Pest (5 Ab = August 1572) ereilte.[2]) Während seiner fünftägigen Krankheit jammerten seine treuen Jünger über den ihnen und der Weltordnung drohenden Verlust und fragten ihn, was denn aus seinen Verheißungen werden würde? Er habe ihnen darauf die Trostworte zugesprochen, so erzählten sie, er werde wieder zu ihnen kommen im Traum und im wachen Zustande, vielleicht gar sichtbarlich und handgreiflich.[3]) Glaublicher klingt, daß Lurja geäußert habe, er verzeihe seinen Geschäftsfreunden, wenn sie ihn betrogen hätten, und wenn er sie übervorteilt haben sollte, wollte er ihnen vor seinem Tode alles ersetzen.[4])

Der unerwartet eingetretene Tod des achtunddreißigjährigen Mystikers hat noch mehr zu seiner Verherrlichung beigetragen. Solche Naturen pflegt erst der Tod zu verklären, und ihre Verehrung steigt im Verhältnis der zunehmenden Jahre vielfältig. Mit morgenländischer Übertreibung betrachteten ihn seine Jünger noch mehr denn als einen Wundermann; sie nannten ihn den „Heiligen und Göttlichen" und suchten zu ihrem eigenen Ruhme für ihn und seine schwärmerische Träumerei Anhänger zu werben. Sie versicherten, daß, wenn Lurja nur noch fünf Jahre hätte leben können, er die Welt so gründlich gebessert haben würde, daß die messianische Zeit unfehlbar eingetreten wäre. Abraham Abulafia, der aus sich heraus kabbalistischen Wirrwarr gesponnen hatte, wurde verketzert und verfolgt. Isaak Lurja, der dasselbe auf Grund des Sohar getan hatte, wurde fast vergöttert.

Nach Isaak Lurjas Tode trat Vital Calabrese in den Vordergrund; er maßte sich sofort eine Art Meisterschaft über seine Mitjünger an, gab vor, Lurja habe ihn in den letzten Stunden zu seinem Nachfolger ernannt, und entzog ihnen, einer angeblich letztwilligen Anordnung zur Folge, die schriftlichen Aufzeichnungen, die sie von Lurja in Händen hatten. Er allein wollte im Besitz der neuen Geheimlehre bleiben[5]), vorgebend, daß, wenn die Jünger die neuen Offenbarungen veröffentlichen würden, dadurch nur Ketzerei und Gefährdung des Seelenheils entstehen könnte. Vital Calabrese gab noch zu verstehen, daß er der Messias vom Stamme Joseph sei. Indessen kehrten sich einige Jünger nicht daran und lehrten

---

[1]) Vital, Selbstbiographie p. 22 b, 18 a; Schlomels Sendschreiben a. a. O. p. 46 a.   [2]) Vital das. 23 b.
[3]) Das. 20 a.   [4]) S. Note 9.
[5]) Vital, das. p. 20 a, 22 b, Schlomel das. 46 a und öfter.

frischweg, was sie von Lurja vernommen hatten, in verschiedenen
Ländern; so namentlich **Israel Saruk** in Italien¹), wohin er
gewandert war. So groß war die Verehrung für Lurja, daß Liebhaber für die von ihm gebrauchten Gegenstände und nun gar für
seine Schriften hohe Preise zahlten.²)

Unsäglich war der Schaden, den die Lurjanische Kabbala im
jüdischen Kreise angerichtet hat. Sie hat das Judentum mit einem
so dichten Schimmelüberzug bedeckt, daß es bis heute noch nicht
gelungen ist, ihn ganz zu entfernen. Durch Lurja bildete sich neben
dem talmudisch-rabbinischen Judentum ein soharistisch-kabbalistisches.
Denn erst durch ihn ist das Lügenwerk des Sohar zur völligen
Ebenbürtigkeit mit der heiligen Schrift und dem Talmud erhoben,
ja noch höher als diese gestellt worden. Lurjas Schule hat jedes
Wort im Sohar gewissermaßen zu kanonischer Heiligkeit gestempelt.
Der geistesverwirrende Wust von sinnlosen Formeln und Wörtern,
Buchstabenversetzung, Verrenkung des Gottesnamens, Verdrehung
der heiligen Schrift galt seit der Zeit erst recht als tiefe Weisheit,
die albernste Spielerei als Religiosität. Die Lurjanische Kabbala
erblickte auf Grund des Sohar in jeder Kleinigkeit und Winzigkeit
etwas Erhabenes und Welttragendes, und sie drückte dadurch dem
Judentume noch mehr, als es bisher die rabbinische Skrupulosität
getan hatte, den Stempel des Kleinigkeitskrames auf. Lurjas Bräuche
(Minhagim) stimmen zum Lachen, erfüllen aber auch mit Trauer,
daß das Erhabene so sehr in den Wust der Niedrigkeit herabgezogen
werden kann. Man soll nach diesen kabbalistischen Afterlehren am
Sabbat weiße Kleider tragen, oder wenigstens schwarze oder rote
Farben vermeiden, man soll nur auf einem Tische von vier Füßen
speisen, Fische am Sabbat genießen, weil sie keine Augenlider haben
und dadurch die göttliche Vorsehung veranschaulichen.³) Man soll
stets auf die Fingernägel blicken, aber man dürfe nicht die Finger
beider Hände ineinanderschlagen.⁴) Lurja machte eine Art Brahmanentum aus der Lehre Israels. Man dürfe keine Tiere töten, auch
nicht einmal die kleinsten und häßlichsten.⁵) Einen neuen Wust von
Aberglauben setzte die Lurjanische Kabbala an den schon aus aller
Herren Ländern und aus allen Zeiten zusammengetragenen Grund-

---

¹) Durch die Vermittelung Saruks und seines Jüngers Abrahm de Herrera
wurde die Lurjanische Kabbala in Europa bekannt.
²) Für Lurjas תפילין zahlte einer 25 Duk.; Schlomel a. a. O. p 41 b.
³) Lurjas Tikkunim cap. über Sabbat, הכונות ב׳ ed. Mose Trento p. 5.
⁴) Das.
⁵) Vital, Gilgulim p. 35; Trento, Kewanot 6 b: גם היה אוסר מורי (האר״י) כי
הכנים דנולדים מזיעת האדם ובפרט לאנשים כשרים שהם מצר מותרי האדם וסגיו ומהם נעשו
קליפות . . . ולכן לא יקוץ הכנים סן האדם שלו כי הוא תקון לעצמו.

stock an. Man dürfe keine Tauben im Hause aufziehen; das bringe den Kindern den Tod; man dürfe ein Haus, das man einmal bewohnt habe, erst nach Ablauf von sieben Jahren wieder beziehen.[1]) Man dürfe nicht zwei Kleidungsstücke mit einem male ausziehen. Überhaupt gab die Lurjanische Kabbala eine ins Lächerliche gehende, skrupulöse Vorschrift für An- und Ausziehen der Kleider an.[2])

Wohl hat die Lurjanische Mystik Wert auf einen Umstand gelegt, der im jüdischen Kreise sonderbarerweise vermißt wurde, auf Andacht beim Gebete, aber auch diese Andacht artete in eine kabbalistische Spielerei aus. Jedes Wort und jede Silbe in den Gebetstücken sollte andächtig erwogen werden, um dabei an die Sefirotwelten, an die Zahl der Gottesnamen, die darin versteckt seien, und an vieles andere zu denken.[3]) Wohl schärfte die Lurjanische Kabbala eine heitere Stimmung ein und verpönte jeden Trübsinn und jedes Aufwallen des Zornes und des Unmuts. Aber diese Heiterkeit hat durch den mystischen Beisatz etwas Beklemmendes und Unheimliches erhalten, wie das Lachen eines Wahnwitzigen. Den Mittelpunkt der Lurjanischen Kabbala bildet der Sabbat, die Gebete und Mahlzeiten an demselben. Er galt als Versichtbarung der Sefirotwelten, als die Verkörperung der Gottheit (Schechina) in der Zeitlichkeit; sie nannte ihn den Apfelgarten (Chakal Tappuchin). Jedes Tun und Lassen an demselben wirke auf die höhere Welt ein. Mit einem Singsang eröffnete der Lurjanische Kreis den Sabbat, „die mystische Braut". Lurja hatte zu diesem Zwecke chaldäische Lieder gedichtet voll dunkler sinnloser Formeln. Den Knotenpunkt des Sabbats bildeten die Nachmittagsandacht und Nachmittagsmahlzeit (Mincha) bis zum Ausgang des Sabbats, „die Abschiedsstunde der Braut". Das Zählen der Tage vom Passahfeste bis zum Wochenfeste, nach dem Talmud lediglich eine skrupulöse Formalität, umgab die Lurjanische Kabbala mit einem eigenen mystischen Qualm.[4]) Joseph Karo, so sehr er auch Kabbalist war, hatte in seinem Kodex angemerkt, man solle das opferähnliche Umschlagen von Geflügel am Rüsttag des Versöhnungstages vermeiden. Isaak Lurja dagegen und seine Schule steigerten diesen abergläubischen Brauch zu einem hohen religiösen Akt und gaben mannigfaltige Vorschriften darüber. Die Lurjanische Kabbala führte gar eine Art zweiten Versöhnungstags ein. Der Hosiannatag, der siebente Tag des Hüttenfestes, galt in der ältern Zeit als ein Freudentag, an dem man Bachweidenzweige, Symbol des Wassers und der Fruchtbarkeit, im Tempel um

---

[1]) Gilgulim a. a. O.
[2]) In verschiedenen Lurjanschen und Vitalschen Schriften.
[3]) Der größte Teil des Abschnittes כוונת ist diesem Thema gewidmet.
[4]) Alles in den כוונת oder עץ חיים enthalten.

den Altar aufstellte.¹) Später war unter den babylonischen jüdischen Gemeinden der Brauch aufgekommen, solche Zweige in die Hand zu nehmen, damit zu schütteln und sie zu entblättern. Joseph Karo wagte noch nicht in seinem Kodex, diesem Tage eine höhere, mystisch-religiöse Weihe zu geben. Erst die Lurjanische Richtung erhob ihn auf Grund des Sohar zu einem Versöhnungstage im kleinen, machte eine Vorschrift, die Nacht vorher mystische Wache zu halten, erblickte in jedem Blättchen des Weidenzweiges und in dem siebenmaligen Umkreisen der Gesetzrolle eine höhere mystische Beziehung. Die Lurjanische Kabbala legte ferner den Frommen einen förmlichen Gewissenszwang auf, sich mit ihr zu beschäftigen und zu befreunden. Wer solches unterließe, dekretierte sie, dessen Seele müsse so lange durch verschiedene Körper wandern, bis sie es sich angeeignet hätte.²) Auch in sittlicher Beziehung wirkte die Lurjanische Mystik verderblich. Sie stellte eine Art Seelenharmonie für die Ehe auf; eine solche, natürlich nicht gerade eine poetische, sondern eine mystisch geartete, fände sich selten vor. Wo sich daher Mißhelligkeit in der Ehe zeige, sei sie eben keine von der Sefirotharmonie vorherbestimmte Vereinigung. Die Kabbalisten — und wer war es nicht? — pflegten sich daher bei dem geringsten Zerwürfnis in ihrer Ehe von ihren Frauen zu scheiden, um die harmonische, ihnen durch Vorherbestimmung zugedachte Hälfte zu suchen. Ehescheidungen kamen daher im Kabbalistenkreise häufiger vor. Nicht selten verließen Kabbalisten ihre Weiber und Kinder im Abendlande, zogen nach dem Morgenlande und gingen dort eine oder mehrere neue Ehen ein, ohne daß die Kinder aus den verschiedenen Ehen etwas voneinander wußten.

Diese verderblichen kabbalistischen Lehren blieben nicht etwa toter Buchstabe, sondern wurden von den Anhängern sofort in die Praxis umgesetzt. Die Anhänger derselben trugen gar eine Art kabbalistischen Kodex zusammen³), nach welchem sie ihr religiöses Leben regelten. Die Gräberverehrung in Palästina stieg durch Lurja noch viel höher, bis zum wahnsinnigen Rausche. Es war seit langer Zeit Sitte, am achtzehnten Ijar (im Mai) das angebliche Grab des Simon ben Jochaï in Meïron zu besuchen und dort kostbare Gegenstände, selbst wertvolle Kaschmirschals zu verbrennen. Es beteiligten sich dabei Frauen, Kinder und auch Mohammedaner, wobei es lustig hergegangen und mancher unsittliche Unfug getrieben worden sein soll. Die Kabbalisten aus der Lurjanischen Schule wollten aber etwas vor

¹) G. B. III, S. 89.

²) מי שלא עסק בפדות . . . חוזר בגלגול לקיים את כלה, in Lurjas Schulchan Aruch p. 37.

³) שלחן ערוך של אר"י, öfter gedruckt, zuerst Krakau, dann Frankfurt a. d. O. 1691.

Josephs von Naxos Tod.

der Menge voraushaben. Sie brachten an diesem Grabe zweimal des Jahres 10 Tage und 10 Nächte vor dem Wochen- und dem Neujahrsfeste zu. Ein Zelt wurde von dem angeblichen Grabe ben Jochaïs bis zu dem angeblichen seines Sohnes Eleasar ausgespannt. Unter diesem Zelte trug je einer der Kabbalisten laut den Sohar vor und legte ihn nach Lurjas Anleitung aus. Ein Diener besorgte für die auf den Gräbern Brütenden Speise und Trank und vier mohammedanische Trabanten hielten Wache bei ihnen.[1])

So glich denn der Glanz, der von dem jüdischen Herzog von Naxos und andern einflußreichen Juden am türkischen Hofe auf ihre morgenländischen Glaubensgenossen fiel, genau betrachtet, einem Irrlichte, das einen Sumpf mit hellem Schimmer flimmern macht. Denn in der Tat war die religiöse Versumpfung grell genug in dieser Zeit, es war ein entschiedener Rückfall ins Heidentum, und was noch schlimmer war, es gab nicht einen einzigen Warner, der die Schäden erkannte, und mit wie schwacher Stimme auch immer die Verkehrtheit als solche gebrandmarkt hätte. Ob vielleicht das Vollgefühl der Sicherheit, in das sich die Juden der Türkei unter mächtigen Beschützern ihres Stammes gewiegt, dieses Unwesen gefördert hat? Jedenfalls nahm es nicht ab, als dieser Schutz allmählich schwand. Denn der Einfluß des Joseph von Naxos auf den Sultan Selim hörte mit dem Tode dieses letztern auf (1574). Sein Nachfolger, Sultan Murad III. (1574—1595), ließ zwar gemäß letztwilliger Verfügung seines Vaters den jüdischen Herzog in seiner Würde und seinen Ämtern. Aber direkten Einfluß auf den Divan hatte er nicht mehr; er wurde von seinem Gegner, dem Großvezier, Mohammed Sokolli, und seinem Nebenbuhler, Salomo Aschkenasi, daraus verdrängt und konnte nur noch durch Intrigen vermittelst des Harems etwas durchsetzen.[2]) Joseph Naßi überlebte seine teilweise Ungnade nicht lange; er starb an einem Steinleiden (2. August 1579), von seinen Stammgenossen aufrichtig betrauert. Der Dichter und Prediger Saadia Longo in Salonichi hielt ihm eine Gedächtnisrede. Seine angehäuften Schätze zerrannen ebenso wie seine weitfliegenden Pläne. Der geldgierige Sultan Murad, welcher auf Goldhaufen schlief, damit sie ihm nicht entwendet würden, zog auf den Rat des Mohammed Sokolli dessen ganzes Vermögen ein, angeblich um dessen Schulden zu decken. Die verwitwete Herzogin Reyna Naßi erhielt kaum aus der Hinterlassenschaft ihre eingebrachte Mitgift von 90000 Dukaten heraus. Diese edle Frau, auf welche zwar weder der Geist ihrer Mutter, der Doña Gracia, noch

---

[1]) Schlomel, Sendschreiben a. a. O. p. 46 b.
[2]) Charrière, Négociations de la France III p. 648, Note.

der ihres Gatten übergegangen war, gedachte gleich diesen ihr Vermögen im Interesse der jüdischen Wissenschaft zu verwenden. Sie legte eine hebräische Druckerei in ihrem Palaste **Belbeder** und später in einem Dorfe **Kuru-G'ismu** auf der europäischen Seite von Konstantinopel an. Allein sie wurde von einem geschmacklosen Geschäftsführer, **Joseph Askaloni**, dem sie die Presse anvertraut hatte, irre geführt, so daß nur bedeutungslose Schriften, die besser im Dunkeln hätten bleiben können, in ihrer Offizin (1579 bis 1598) erschienen sind.¹) Das größte Bedürfnis war, den Talmud neu aufzulegen, da das Papsttum und die Dominikaner ihn noch immer in den christlichen Ländern ächteten. Doña Reynas Druckerei nahm auch einen Ansatz dazu, es blieb aber beim Versuch. So hat sich diese edle Familie, zwei Männer und zwei Frauen, die so viel von sich zu ihrer Zeit reden gemacht, kein würdiges Denkmal von Dauer gesetzt; ihr Wirken mit der edelsten Absicht ging im Strome der Zeiten unter.

Mit dem Abtreten des Herzogs Joseph vom Schauplatze stieg das Ansehen des jüdischen Staatsmannes Salomo Aschkenasi (o. S. 369 f.), des Friedensstifters zwischen der Türkei und Venedig. Aber so viel er auch durch seine feinen diplomatischen Künste durchzusetzen vermochte, er stand nicht wie Joseph von Naxos im Vordergrunde der Begebenheiten als türkischer Würdenträger, sondern im Hintergrunde als kluger, verschwiegener Vermittler. Salomo Aschkenasi hatte keinen Zutritt zum Sultan selbst, sondern verkehrte nur mit den Großvezieren hintereinander, deren rechte Hand er war. Die Unterhandlungen zwischen der Türkei und Spanien wegen eines Friedens oder wenigstens eines leidlichen Verhältnisses, von beiden Seiten gewünscht, aber wegen gleichen Stolzes immer hinausgeschoben, abgebrochen und wieder angeknüpft, leitete Rabbi Salomo, der wie kein anderer dazu geschickt war, und führte sie auch teilweise durch. Dabei zeigte er im Interesse des türkischen Staates eine damals seltene Uneigennützigkeit. Der spanische Gesandte hatte ihm Tausende von Dukaten versprechen lassen, wenn er es durchsetzen wollte, daß der Waffenstillstand auf acht Jahre ausgedehnt würde. Darauf erwiderte Salomo aus Udine mit Verachtung: „Gott behüte mich, daß ich einen solchen Verrat an meinem Herrn begehen sollte, ich weiß, daß der König Philipp von Spanien den Waffenstillstand nur dazu benutzen würde, um sich zum Schaden der Türkei zu stärken."²) Er brachte den Frieden doch zustande

---

¹) S. Carmoly, Joseph, duc de Naxos p. 12 fg; Maskir, Jahrg. 1858 p. 67 fg.; Fürst, Bibliotheca III p. 150.

²) Charrière a. a. O. p. 832.

und unterzeichnete Präliminarien im Namen des Sultans mit dem ersten Dragoman Churrem.¹) Für das gute Einvernehmen der Pforte mit Venedig sorgte er mit vielem Eifer. Dafür wurde er von dem Dogen dadurch belohnt, daß seine Söhne auf Kosten des Staates in Venedig lebten.²)

Für seine Stammgenossen wirkte Salomo Aschkenasi nur abwehrend. Sultan Murad hatte einmal in Anwandlung einer Laune den Befehl erlassen, sämtliche Juden im türkischen Reiche einfach totzuschlagen. Die Veranlassung dazu war, daß die Juden und namentlich ihre Frauen übertriebenen Aufwand machten; eine jüdische Frau hatte sich die Freiheit herausgenommen, einen Halsschmuck von Edelsteinen und Perlen im Werte von 40000 Dukaten zu tragen. Das war dem Sultan hinterbracht worden und hatte seinen Zorn oder seine Geldgier gereizt. Indessen mochten sich Salomo und die andern einflußreichen Juden bei den Vezieren für ihre Stammgenossen verwendet haben; eine bedeutende Summe Geldes wurde der Sultanin-Mutter und dem Anführer der Janitscharen von seiten der Juden überreicht, und infolgedessen wurde das Vertilgungsdekret in eine Luxusbeschränkung verwandelt. Die Juden durften fortan gleich den Christen in der Türkei nicht in seidenen Gewändern einhergehen und keine Turbane tragen, sondern nur eine Art Mütze (um 1579³). Nichtsdestoweniger behielten die Juden unter Murads Regierung die Steuerpacht, wie auch der Großhandel in ihren Händen war.⁴) Salomo blieb Ratgeber und diplomatischer Agent bei sämtlichen Großvezieren, die Murad oder vielmehr der Harem in kurzen Zwischenräumen ein- und abgesetzt hatte. Auch unter Mohammed IV. (1595—1603) hatte er noch Einfluß und leistete dem Vezier Ferhad Pascha in seiner Bedrängnis treue Dienste. Als dieser Großvezier beim Sultan verleumdet wurde, die Truppen, die er ins Feld führen sollte, aufständisch gemacht zu haben, und gezwungen war, nach Konstantinopel zu fliehen, erwirkte ihm Salomo vom Sultan vermittelst eines überreichten kostbaren Dolches ein Handschreiben, das Ferhads Leben sicherte (Juli 1595)⁵). Sein Sohn Nathan, wahrscheinlich ebenfalls Arzt, stand in Ansehen bei dem Sultan Achmed I., und seine Frau Bula Jschtaki bei einer Sultanin.⁶) — Jeder Vezier hatte seinen jüdischen Geschäftsführer; ein Bruder Salomos stand bei Ibrahim Pascha in Gunst, und

---

¹) v. Hammer, Geschichte des osmanischen Reiches IV, S. 40.
²) Das. 38.
³) Bericht des venezianischen Gesandten Maffeo Venier bei Alberi, Relazioni, serie 3, T. II p. 299.
⁴) Bericht des venez. Ges. Zane das. 3, III p. 389 vom Jahre 1594.
⁵) v. Hammer, a. a. O. IV, S. 247 fg.   ⁶) Note 5.

ein Arzt Benveniste bei Siavus Pascha, welcher dreimal Großvezier war.¹)

Auch jüdische Frauen mit klugem Sinne und ein wenig in Arzneikunde eingeweiht, erlangten unter den Sultanen Murad III., Mohammed IV. und Achmed I. vermittelst des Harems großen Einfluß. Unter diesen zeichnete sich Esther Kiera²), Witwe eines sonst unbekannten Elia Chendali, besonders aus. Sie stand in besonderer Gunst bei der Sultanin Baffa, Lieblingsgemahlin Murads, welche die Politik unter ihrem Gatten und später unter ihrem Sohne Mohammed leitete. Wenn ein christlicher Staat irgend etwas bei der Pforte durchsetzen wollte, mußte er die jüdische Unterhändlerin Kiera gewinnen. Das wußten namentlich die Venezianer auszubeuten. Dafür, daß ihr der Staat ein Lottospiel in Venedig bewilligte, erhielt er bedeutende Handelsvorteile vom Sultan Murad, die ihm sonst versagt worden wären. Sie vergab zuletzt wichtige Ämter im Staate und ernannte Kriegsobersten. Alle Ehrgeizigen, die zu einem hohen Amte gelangen wollten, bezeigten daher der Kiera hohe Verehrung und Schmeichelei. Sie bereicherte sich natürlich durch ihre stille Macht, wie jedermann in der Türkei, der, wie schwach oder stark auch immer, in die Speichen des Staatsräderwerkes eingriff. Für ihre Stammgenossen zeigte sie großes Interesse; sie unterstützte Arme und Leidende, speiste Hungrige und tröstete Traurige. Auch die jüdische Wissenschaft empfand ihre spendende Hand. Auf ihre Kosten wurde Zacutos Geschichtswerk veröffentlicht (S. 375). Natürlich erregte ihre Stellung Neid. Esther Kiera hatte sich unklugerweise in die Ernennung der Reiterobersten eingemischt, zuerst einen hohen Posten dem einen zugesagt und ihn dann einem andern zugewendet. Die türkischen Sipahis, die stolzeste Soldatenklasse, nahmen solches sehr übel, rotteten sich zusammen und forderten ihren Kopf. Der stellvertretende Großvezier Chalil wollte sie zwar mit ihren Söhnen retten und sie in seinen Palast kommen lassen. Aber auf der Treppe wurde Esther Kiera samt dreien ihrer Söhne von den Sipahis ergriffen, zerfleischt und ihre Gliedmaßen an die Türen der Großen gehängt, welche durch ihre Hilfe ihre Stellen erlangt hatten. Nur einer ihrer Söhne blieb am Leben, weil er sich zum Islam bekannte (März 1600)³). — Unter dem Sultan Achmed I. gelangte eine andere jüdische Frau zu hohem Ansehen, die Witwe des Staatsmannes Salomo Aschkenasi, namens Bula Jschtaki (o. S. 407). Sie war so glücklich, den jungen Sultan von den Blattern zu heilen, die kurz nach seiner Thronbesteigung sein Leben bedrohten, und für welche die türkischen Ärzte

---

¹) S. Note 8. ²) Dieselbe Note. ³) Das.

kein Heilmittel kannten. Dafür, daß sie ihn bis zur Genesung pflegte, wurde sie reichlich belohnt. Aus Dankbarkeit wurde ihr Sohn an den Dogen **Grimani** in Venedig, wohin er eine Reise antrat, warm empfohlen und dort wie sein Vater mit Ehren empfangen (1603)[1]. Allein solche Gunstbezeugungen gegen Juden wurden auch in der Türkei immer seltener und hörten endlich ganz auf, je mehr das Reich erschlaffte, die Sultane Sardanapale wurden, und einerseits der Harem und anderseits die Prätorianer der Sipahis und der Janitscharen das Regiment führten. Der Glanz der türkischen Juden erlosch wie ein Meteor und verwandelte sich auch da in dunkle Nacht, die nur noch von Zeit zu Zeit verzerrte Traumbilder zum Vorschein brachte. Erpressungen, Plünderungen, offenkundige Gewalttätigkeiten der Paschas gegen die Juden der Provinzen fingen an, alltäglich zu werden, seitdem sie eines kräftigen Schutzes in der Nähe des Sultans entbehrten.[2] Der Mittelpunkt für die Judenheit wurde seitdem nach einem andern Schauplatze verschoben.

[1]) Fortsetzung von Joseph Kohen Emek ha-Bacha Ende; v. Hammer das. IV, S. 354. In der hebräischen Quelle ist aber das Datum 1602 in Ende 1603 und der Name Mohammed in Achmed zu berichtigen. Vergl. Note 8.

[2]) Vergl. Israel Nagara über Bedrückungen in Safet und Damaskus כי מצור in seiner Liedersammlung זמירות ישראל p. 159; über solche in Jerusalem s. חרבות ירושלם.

Zwölftes Kapitel.

Die Juden in Polen.

Lage der Juden in Polen; die judenfeindlichen deutschen Zunftkolonien. Zahl der Juden Polens. Ihre Beteiligung an den Wissenschaften. Das Talmudstudium. Schalom Schachna, Salomo Lurja und Mose Isserles, erste drei rabbinische Größen Polens. David Gans' Geschichtswerk. Supremacie der polnischen Rabbinen, talmudische Atmosphäre. Die Wahlkönige, Heinrich von Anjou feindselig gegen die Juden. Stephan Bathori und Sigismund III. judenfreundlich. Die jüdisch-polnischen Synoden. Mardochai Jafa und Falk Kohen. Die Reformation in Polen, die Antitrinitarier, Simon Budny und Martin Seidel. Disputation zwischen Juden und polnischen Dissidenten. Jakob von Belzyce und der Karäer Isaak Troki. Das polemische Werk Chisuk Emuna.

(1566—1600.)

Polen, in diesem Jahrhunderte durch Vereinigung mit Litauen unter den Söhnen Kasimirs IV. eine Großmacht geworden, war so ziemlich wie die Türkei ein Asyl für alle Geächtete, Verfolgte und Gehetzte. Das kanonische verfolgungssüchtige Christentum hatte dort noch keine festen Wurzeln geschlagen, und auch die monarchische Despotie mit ihrem von Priestern genährten Eigensinn, alles rücksichtslos durchzusetzen, konnte bei dem Unabhängigkeitssinn des polnischen Groß- und Kleinadels nicht durchdringen. Die Starosten durften auf ihrem Gebiete wie die englischen und schottischen Lords und Lairds unumschränkt herrschen und königliche Eingriffe abwehren. Das reformatorische Bekenntnis, namentlich Calvins Lehre, fand unter dem Adel und der Bürgerschaft Eingang, wie sich früher die hussitische Opposition gegen den Katholizismus auch daselbst behauptet hatte. Polen war daher auch in diesem Jahrhunderte wieder ein zweites Babylonien für die Juden, wo sie im ganzen und großen vor blutigen Verfolgungen geschützt waren, einige von ihnen es zu einer gewissen Stellung bringen konnten und sie ihre Eigenart ungehemmt entfalten durften.[1] Als die Juden aus Böhmen aus-

---

[1] Czacki, o Zydach p. 44. J. M. Zunz, Geschichte der Krakauer Rabbinate (עיר הצדק) Berichtigungen S. 14, (o. S. 56 f.).

gewiesen worden waren und sich nach Polen gewendet hatten, wurden sie wohlwollend aufgenommen.¹) Ja, es wurde so hoher Wert auf sie gelegt, daß man sie gar nicht entbehren zu können vermeinte. Als viele derselben, angelockt von der günstigen Stellung ihrer Stammgenossen in der Türkei, sich anschickten, dahin auszuwandern, bot der Palatin von Krakau im Namen des Königs alle Mittel auf, um sie freiwillig oder gezwungen im Lande zu behalten²), während in Deutschland Herren und Städte keine andere Sorge zu haben schienen, als wie sie sich der Juden entledigen könnten. Allerdings waren sie in Polen fast unentbehrlich. Sie hatten die Pacht von den Salzbergwerken, von den Zöllen und Brauereien inne, weil sie durch Fleiß und Sparsamkeit und auch durch Findigkeit Barschaft besaßen, welche sie dem nur auf das Waffenhandwerk und politische Intrigen bedachten Groß- und Kleinadel als Vorschüsse vorzustrecken imstande waren. Es kam nicht viel darauf an, wie sich die Könige zu ihnen verhielten, ob sie ihnen gewogen oder übelwollend gesinnt waren, der Adel schützte sie meistens auf seinen Gütern gegen feindselige Anfälle, insofern sein Interesse dabei nicht geschädigt wurde. Die letzten jagellonischen Könige Sigismund I. (1506—1548) und Sigismund August (1548—1572) hatten weder eine entschiedene Abneigung gegen, noch Zuneigung für die Juden, wie sie denn überhaupt keine entschiedenen Charaktere waren, sondern die Regierungsangelegenheiten nach Gunst, augenblicklichem Einfluß oder nach Stimmung und Laune entschieden. Begünstigungen und Beschränkungen der Juden wechselten unter diesen beiden Königen miteinander ab, je nachdem eine judenfreundliche oder judenfeindliche Persönlichkeit auf sie einwirkte.

Nach dem Tode des einsichtsvollen Kanzlers Christoph Szydlowiezki begannen allerdings unter Sigismund I. Quälereien für die Juden. Die geldgeizige Königin Bona³) bediente sich eines gesinnungslosen Woiwoden, Piotr Kmita, um von den Juden Geld zu erpressen, und zwar durch Androhung oder Erlaß von Beschränkungen für sie. Es ist charakteristisch für

¹) Zünz das.
²) Ald. Kraushaar, Historia Żydach II. 198 fg. Zünz das.
³) Über die Königin Bona s. Responsen Salomo Lurja Nr. 35 vom Jahre 1547 und über Kmita Czacki, Rosprawa o Żydach p. 82 Note, auch p. 81. Note m. Judaeos deplumabat (Kmita) commotis et concitatis in eos clamoribus nuntiorum terrestrium, vel ad restringendam eis mercaturae licentiam, vel ad futura inhibenda . . . Ad haec avertenda Judaei collata in commune pecunia, ei munera offerebant. Haec eadem ratione mercatores Cracovienses emulgebat proposito, ac promulgato rumore de permittenda ex totius Conventus decreto libera Judaeis omnis generis mercatura . . . . .

diesen Wicht von Werkzeug, daß er einerseits den deutschen Krakauer Kaufleuten Furcht einflößte, daß auf einem Reichstag die Handels-freiheit der Juden noch mehr ausgedehnt werden würde, und ander-seits unterstützte er scheinbar der ersteren Antrag, die Juden aus-zuweisen, und versprach seinen Einfluß in ihrem Interesse geltend zu machen, um von beiden Teilen Summen zu erlangen.

Es gab nämlich eine judenfeindliche Partei in Polen, welche mit mißgünstigem Auge die bessere Lage der Juden in diesem Lande als in der übrigen Christenheit betrachtete und beharrlich dahinter war, das noch immer zu Recht bestehende Statut von Kasimir IV. zum Schutze gegen allzu grelle Verfolgung aufzuheben; sie konnte aber unter diesen Umständen ihre Wünsche nur teilweise durchsetzen. Es war einerseits die katholische Geistlichkeit, welche die kanonischen Beschränkungen der Juden in der polnischen Gesetz-gebung vermißte, und anderseits der deutsche Kaufmanns- und Handwerkerstand, welcher die Konkurrenz der Juden fürchtete. Diese Partei hatte unter Sigismund I. die Judenfrage auf dem Landtag zur Sprache gebracht, und es hatten sich dabei verschiedene Meinungen geltend gemacht. Einige — und das waren die Vertreter der Partei-gänger der deutschen Städte — waren für vollständige Ausweisung der Juden aus Polen, andere für eine ihnen zu gewährende Frei-heit und endlich eine Mittelpartei für Beschränkung ihres Handels.[1]) In Deutschland hätte wahrscheinlich keine Stimmenverschiedenheit darüber geherrscht, in Polen dagegen drang die vermittelnde Ansicht durch. Den deutschen Zünftlern war natürlich dieser Beschluß nicht recht, und sie arbeiteten mit mehr Rührigkeit, als ihnen sonst eigen zu sein pflegte, daran, die Juden verhaßt zu machen. Der Posener Magistrat gab ihnen Schuld, als ein heftiger Brand, von dem Juden-viertel ausgegangen, einen großen Teil der Stadt in Asche gelegt hatte, ihr Hochmut und ihre Unverschämtheit hätten das Unglück herbeigeführt. Er zog die Markgräfin von Brandenburg ins Mittel, daß sie sich bei ihrem ohnehin nicht besonders judenfreundlichen Gemahl Joachim II. verwenden möge, und dieser wieder bei dem polnischen Könige, die Juden aus Posen ausweisen zu dürfen oder wenigstens sie zu zwingen, außerhalb der Stadt zu wohnen.[2]) Die Krakauer Kaufleute — immer wieder Deutsche — richteten ein Bittgesuch an den König Sigismund mit Klagen über die Geschäfts-tätigkeit der Juden, daß sie aus der Walachei Produkte bezögen und dadurch das Geld außer Landes führten und andere ähnliche kleinliche Querelen.[3]) Dieselben Krakauer deutschen Bürger stellten

---

[1]) Reichstagsverhandlungen von 1532—34. Czacki, das. 82.
[2]) Petition von 1536 bei Lukaszewicz, angeführt bei Perles, Geschichte der Juden in Posen S. 18 fg.   [3]) Czacki, a. a. O. p. 83.

an den König das wunderliche Gesuch, er solle das von dem Kanzler Szydlowiezki im Namen des Königs streng gehandhabte gerechte Gesetz, daß Mörder eines Juden mit dem Tode bestraft und auch nur ein Auflauf zur Zerstörung des Eigentums der Juden mit einer hohen Geldstrafe geahndet werden sollte, zu ihren Gunsten aufheben. Und Sigismund war so kopflos, das Gesuch so weit zu genehmigen, daß er das Gesetz bis auf seine Rückkehr suspendierte mit der eitlen Warnung, daß die Bürger die Juden vor Unbilden schützen und ihre Privilegien achten sollten.[1]

Die katholische Geistlichkeit war anderseits erbittert darüber, daß die Juden in Polen sich von dem schändenden Abzeichen zu befreien gewußt hatten und sich in die Landestracht kleideten. Sie hetzte so lange, bis die Landboten auf einem Reichstage einen Gesetzesantrag stellten, daß die Juden durch eine schwere Strafe gezwungen werden sollten, wenn nicht auf Reisen, eine gelbe Kopfbedeckung zu tragen.[2] Um allen Anklagen zu begegnen, arbeiteten polnische Juden oder ließen eine Verteidigungsschrift in lateinischer Sprache ausarbeiten, worin sie auseinandersetzten, daß die Glaubensansichten sich änderten, und was heute Frömmigkeit sei, morgen als Wahn (in der Zeit der Reformation) gelte. Daher sollten sich die Menschen nicht um des Glaubens willen verfolgen. Die Juden machten durch den Handel den Ertrag des Bodens fruchtbar und verschafften dadurch dem Lande Geld, weit entfernt es ihm zu entziehen. Es gäbe in Polen allerdings 3200 jüdische Kaufleute auf 500 polnische, aber dreimal so viel Handwerker. Wenn die christlichen Kaufleute nicht so verschwenderisch lebten und ihre Waren ebenso billig wie die Juden verkauften, würden sie ebenso viele Kunden haben. In dieser Schrift protestierten die Juden auch gegen die Verfügung der christlichen Geistlichkeit, welche sie meistern und ihre neugebauten Synagogen nach kanonischer Anmaßung abbrechen lassen wollte. Sie erklärten, daß sie der königlichen Autorität allein unterworfen wären, unter deren Schutz sie ins Land gekommen wären und es bewohnten.[3] Es war damals die Zeit der Streitschriften, wodurch alle Welt auf die öffentliche Meinung einwirken wollte. Die Verteidigung hat ihre Feinde nicht entwaffnet, noch haben die vielfachen Anklagen ihnen wesentlich geschadet.

Über die Zahl der Juden in Polen in dieser Zeit liegt keinerlei Schätzung vor. Es sollen damals 200000 Männer und Frauen dort gelebt haben, obwohl eine Zählung nur 16509 herausgebracht hat,

---

[1] Bei Sternberg, Geschichte der J. in Polen 130 f. Note, vom Jahr 1536.
[2] Das. S. 135. Note, vom Jahre 1538.
[3] Ad querelam mercatorum Cracoviensium responsum Judaeorum de mercatura 1530 bei Czacki p. 84.

weil sie den Zweck hatte, Kopfgeld von ihnen zu erheben, wobei die Juden ein Interesse hatten, ihre Zahl geringer anzugeben.[1]) Allzugroß war ihre Zahl nicht. Die Posener Gemeinde zählte damals 3000 Mitglieder, die in achtzig Häusern wohnten[2]), und wohl ebenso viel die Krakauer, oder vielmehr die in der Vorstadt Kasimierz Wohnenden, wohin sie früher ausgewiesen waren. Die drittgrößte Gemeinde war Lublin. Steuern hatten sie viel zu zahlen unter verschiedenen Titeln. Dazu wurden sie ja im Lande aufgenommen, geduldet und von den Königen und dem Adel geschützt. Sie waren so ziemlich die einzigen, welche in dem geldarmen Lande Geld besaßen. Daher begünstigten die Könige ihre Handelsunternehmungen. Als Sigismund August bald nach seiner Thronbesteigung mit dem russischen Großfürsten oder Zaren Iwan IV. (der Grausame genannt) Unterhandlungen wegen Verlängerung des Friedens pflog, stellte er die Bedingung, daß die Litauischen Juden, wie früher, freie Handelsgeschäfte in Rußland machen dürften. Allein Iwan schlug diese Bedingung rund ab; er wollte keine Juden in seinem Lande sehen. „Wir wollen diese Menschen nicht, welche Gift für Leib und Seele zu uns gebracht; sie haben tödliche Kräuter bei uns verkauft und unsern Herrn und Heiland gelästert."[3]) Es hatte sich nämlich etwa siebzig Jahre vorher eine jüdische Sekte in Nowgorod durch einen Juden Zacharias (Scharja) gebildet, welcher auch Popen, ein Metropolitan Zosima, die Fürstin Helena, Schwiegertochter des Großfürsten von Litauen, und mehrere aus dem Volke anhingen. Diese judaisierende Sekte hielt sich bis zum Anfang des sechzehnten Jahrhunderts; ihre Anhänger wurden aber, wenn entdeckt, streng verfolgt.[4]) Daher wurden die Juden in Rußland gar nicht geduldet. Der König Sigismund August war indes trotz seiner gelehrten Bildung, die er sich im Auslande mit den fremden Sprachen angeeignet hatte, ebenso unselbständig wie sein Vater und daher Einflüssen des Augenblickes zugänglich. Nach seiner Thronbesteigung bestätigte er die Privilegien seines Großvaters Kasimir IV.[5]) Er verkehrte mit den Dissidenten und selbst mit den christlichen Sektierern, welche von Katholiken und Protestanten in gleicher Weise verdammt wurden. Und dennoch duldete er die Jesuiten im Lande, welche durch ihre Verfolgungssucht dem Lande zwar den katholischen Charakter aufgeprägt haben, aber seine Freiheit und Macht untergruben.

---

[1]) Schätzung von 1451—53 das. bei Czacki p. 80. Vgl. Sternberg S. 144.
[2]) Lukaszewicz bei Perles das. S. 20. Schätzung vom Jahre 1549.
[3]) Karamsin, Geschichte des russischen Reichs, deutsche Übersetz., VII S. 281 vom Jahre 1549. [4]) Das. VI, S. 153 fg.
[5]) Bei Sternberg 138, bei Perles 144.

Ein Verdienst dieses Königs war, daß er die schöne und wissenschaftliche Bildung aus Italien, Frankreich und Deutschland in Polen unter dem Adelsstande heimisch machte.

Polnische Edelleute, welche gern Reisen machten, brachten ebenfalls Interesse dafür aus Deutschland und Italien mit und ließen ihre Söhne an den reformierten Universitäten von Wittenberg und Genf studieren. Es entstanden Schulen in Polen, woran jüdische Knaben und Jünglinge mit christlichen gemeinschaftlich teilnahmen.[1]) Eine jüdische Synode soll sogar an die Gemeinden ein Sendschreiben erlassen haben, worin sie die Juden zur Pflege der Wissenschaft aufgemuntert habe. Dieses Sendschreiben, wenn es echt ist, hat eine sehr interessante Seite. Die Mitglieder der Synode belehrten: „Gott hat verschiedene Sefirot (Ausstrahlungen). Adam gab uns das Vorbild verschiedener Vollkommenheiten. Ein Israelit darf sich daher nicht auf eine einzige Wissenschaft beschränken. Die erste Wissenschaft ist zwar heilig (die Theologie), aber die übrigen Wissenschaften dürfen darum nicht vernachlässigt werden. Die beste Frucht ist der Apfel des Paradieses, aber soll man darum nicht auch andere Früchte kosten? Alle Wissenschaften sind von unsern Vätern erfunden; derjenige, der nicht gottlos ist, wird den Ursprung unseres Wissens in den Büchern Mose finden. Was der Ruhm unserer Väter war, kann jetzt nicht in Unehre verwandelt sein. Es hat Juden an den Höfen der Könige gegeben . . . Leget euch auf die Wissenschaften, seid nützlich den Königen und den Herren, und alle Welt wird euch achten. Es gibt so viele Juden auf Erden wie Sterne am Himmel und Sandkörner im Meere, aber bei uns leuchten sie nicht wie die Sterne, sondern alle Welt tritt uns mit Füßen wie den Sand. Unser König, weise wie Salomo und heilig wie David, hat bei sich einen andern Samuel, fast einen Propheten (Samuel Maciejowski, Kanzler). Er betrachtet sein Volk wie einen unermeßlichen Wald. Die Winde streuen die Samen aller Bäume hin, und niemand fragt, woher die schönen Pflanzen kommen. Warum soll sich nicht auch unsere Zeder des Libanon erheben in der Mitte grüner Matten?"[2])

[1]) Worüber der Primas von Polen, Pater Gamrat, im Jahre 1542 bittere Klage führte, bei Czacki das. p. 180, Note b.

[2]) Das Fragment auf einem Papierstreifen, das Czacki in einem Archiv gefunden, und woraus er das Obige mitgeteilt hat (das. p. 178 fg), erscheint höchst apokryph. Wer waren die Mitglieder der Synode, welche diesen Hirtenbrief zur eifrigen Pflege der Wissenschaft erlassen haben? Doch wohl auch Rabbiner. Aber es ist keiner aus dieser Zeit bekannt, der ein so warmes Herz für die Wissenschaften gehabt hätte. Man erfährt auch nicht aus Czacki, ob der Papierstreifen hebräische, lateinische oder polnische Buchstaben enthielt. Manche stilistische Wendungen klingen gar nicht hebräisch oder rabbinisch.

Auf Wissenschaften haben sich die Juden Polens zwar nicht verlegt, aber so ganz bar derselben, wie die deutschen Juden, waren sie keineswegs. Aristoteles, die in der jüdischen Welt so heimische, dem jüdischen Geiste so verwandte philosophische Autorität, fand auch im jüdisch-polnischen Kreise Verehrer; er zog die Jugend besonders mächtig an.[1]) Auch Maimunis religiös-philosophische Schriften hatten daselbst einige, wenn auch nicht viele Leser. Die Sternkunde und die Medizin, diese beiden Lieblingswissenschaften der Juden von jeher, wurden auch von polnischen Juden gepflegt.[2]) Im allgemeinen herrschte unter den Juden polnischer Zunge nicht diese Öde wie unter den jüdischen Bewohnern Deutschlands, wo selbst das Talmudstudium einen schlendrianmäßigen, langweiligen, einschläfernden Charakter hatte. Die deutschen Rabbinen waren daher von ihren polnischen Kollegen vollständig abhängig geworden. Sie bedurften, um in ihren Gemeinden etwas durchzusetzen, der ausdrücklichen Nachhilfe der Autoritäten Polens.[3]) Hier hatte in der Tat das Talmudstudium einen Aufschwung genommen, wie kaum in Frankreich zur Zeit der Toßafistenschule. Unter allen Juden Europas und Asiens haben die polnischen sich am spätesten mit dem Talmud vertraut gemacht, dafür haben sie ihn mit schwärmerischer Liebe gepflegt, als wollten sie das Versäumte schnell nachholen. Es schien, als wenn die tiefen Falten des Talmuds erst in Polen ihr rechtes Verständnis, ihre vollständige Durchdringung und Würdigung finden sollten; es schien, als wenn sich erst dort die rechten Steuermänner „für das talmudische Meer" bewähren sollten. Umfassende Gelehrsamkeit und erstaunlicher Scharfsinn waren unter den Talmudbeflissenen Polens auf eine überraschende Weise verbunden, und jeder, den die Natur nicht vernachlässigt oder ihm allen Geist vorenthalten hat, verlegte sich auf die Erforschung des Talmuds. Der tote Buchstabe belebte sich förmlich unter der warmen Begeisterung der jüdischen Söhne Polens; hier wirkte er wie eine vollstrotzende Kraft, zündete Geistesblitze und erzeugte übersprudelnde Denkfülle. Die polnisch-talmudischen Hochschulen waren daher seit dieser Zeit die berühmtesten in der ganzen europäischen Judenheit. Wer Gründliches lernen wollte, begab sich dahin. In einem jüdisch-polnischen Lehrhause ausgebildet sein, galt ohne weiteres als Empfehlung, und wer diese nicht hatte, wurde nicht als ebenbürtig angesehen.

Drei Männer waren es, welche nach Jakob Polak den Ruf der polnischen rabbinischen Hochschulen begründet haben, S ch a l o m

---

[1]) Vergl. Respp. Mose Isserles' Nr. 6 von Salomon Lurja: ועתה הנני הגבר ראיתי כתוב בתפילות ובסדורים הבחורים רשום בהן תפלת ארסטו; auch das. Nr. 7.

[2]) Commendoni, o. S. 57, Note.

[3]) Folgt aus mehreren Responsen Mose Isserles'.

Schachna, Salomo Lurja und Mose Isserles. Schalom Schachna, der älteste unter ihnen (blühte 1528, gest. 1558[1]), hat die haarspaltende, gesuchte, witzelnde (pilpulistische) Lehrweise Jakob Polaks (v. S. 54) in Polen weiter verpflanzt. Schachnas Lehrhaus füllte sich mit Jüngern, und er erhob es zur ersten, bedeutendsten Hochschule, aus der die meisten Rabbinen der polnischen Gemeinden hervorgingen. Von seiner sonstigen Wirksamkeit wie von seiner Persönlichkeit ist wenig bekannt. Nur der Zug verdient hervorgehoben zu werden, daß Schachna, gleich seinem Lehrer Polak, Scheu trug, ruhmsüchtig seine rabbinischen Auseinandersetzungen und Entscheidungen schriftlich zu hinterlassen, ein hervorstechendes Verdienst gegen die Schreibseligkeit seiner Zeit.

Von einer andern Art war Salomo Lurja (geb. in Posen? um 1510, starb um 1573)[2] aus einer eingewanderten deutschen Familie. Er wäre, in einer bessern, kraftvollern Zeit und in einer andern Umgebung geboren, ein Fortbildner des Judentums geworden. Als Sohn einer verkommenen Zeit dagegen wurde er nur ein gründlicher Talmudist in einem höhern Sinne des Wortes, insofern er sich nicht bei dem Gegebenen beruhigte, sondern jedes einzelne prüfte und auf die Goldwage kritischer Genauigkeit legte. Schon in seinem Jugendalter hatte er die Selbständigkeit, auszusprechen, er teile nicht die Schwäche seiner Zeitgenossen, den geschriebenen oder gedruckten Buchstaben von älteren Autoritäten wie unfehlbare Wahrheit zu verehren. Sein Vorbild war die französische Toßafistenschule, welche es mit Wort und Sache haarscharf nahm, die zerstreuten und zersprengten talmudischen Aussprüche einem Kreuzverhör unterwarf, kitzliche Fragen aufstellte und noch kühnere Schlußfolgerungen zog. Lurja war ein Rabbenu Tam des sechzehnten Jahrhunderts. Der gründlichen, haarscharf abwägenden Durchforschung des so umfassenden talmudischen Gebietes war seine ganze Geistestätigkeit gewidmet, und er war mit den besten Anlagen zu einem solchen kritischen Geschäfte versehen. Mit seinem kühnen Forschungssinne, unnachsichtig alles einer strengen Prüfung zu unter-

[1] Seine Funktionsdauer und sein Todesjahr sind bekannt durch seine Grabschrift auf dem Begräbnisplatze in Lublin, mitgeteilt von Halberstamm in der Zeitschrift Jeschurun von Kobak Jahrg. V, 194.
[2] Sein Geburtsjahr läßt sich jetzt besser ermitteln. In seinen Responsen Nr. 64 gibt er an, daß er in seiner Jugend von seinem Großvater, Isaak Klauber aus Worms, nur Talmud gelernt, und daß dessen Bibliothek bei dem großen Brande in Posen untergegangen sei. Dieser Brand fand statt am 2. Mai 1535, Perles a. a. O. S. 18 fg. nach Lukaszewicz. Damals war S. Lurja noch jung. Auch im Jahre 1547 nennt er sich noch תלמוד גמור צעיר בשנים Respp. Nr. 35. Sein Todesjahr wird von David Gans 1573 angesetzt, es spricht aber manches dagegen.

werfen, wäre Lurja zu einer andern Zeit selbst über den Talmud
hinausgegangen, wenn ihm die Widersprüche grell entgegengetreten
wären. Die so weit auseinandergehende Meinungsverschiedenheit
über jeden einzelnen Punkt in dem Wirrwarr der talmudischen und
rabbinischen Diskussionen war auch ihm anstößig, aber er legte sie
sich durch eine eigene kabbalistische Seelenlehre zurecht. Sämtliche
Seelen seien von jeher geschaffen und im Seelenraume vorhanden.
Sie alle seien bei der sinaitischen Offenbarung zugegen gewesen,
und je nach dem höhern oder niedern Grade des Verständnisses
auf der Stufenleiter der 49 Pforten oder Kanäle (Zinorot) hätten
sie das Vernommene schärfer oder schwächer erfaßt. Von dieser
Verschiedenheit der ursprünglichen Auffassung stamme die auseinandergehende Auslegung der Thora durch die in die Zeitlichkeit ein-
getretenen Geister.[1]) Natürlich galt dem Sohne einer gläubigen
Zeit der ganze Talmud als die echte Erweiterung der sinaitischen
Offenbarung, als unanfechtbare Autorität, die nur verstanden sein
wolle, an der nur hier und da etwas zu berichtigen sei, die aber
im ganzen und großen die Wahrheit enthalte. Aber auf alles,
was in der spanischen und deutschen Schule über den Talmud geschrieben war, sah Salomo Lurja von seiner stolzen kritischen Höhe
mit Verachtung herab, selbst auf Maimunis Leistungen. Er betrachtete sie als Verkleisterung und oberflächliche Übertünchung, welche
einer ernsten Prüfung nicht Stand halte. Ganz besonders war er
der Spielerei der nur auf Witz ausgehenden, von Jakob Polak an-
geregten (pilpulistischen) Lehrweise gram. Er suchte Wahrheit, und
daher war ihm die Geistesspielerei auch der Schachnaschen Schule
widerwärtig. Lurja war zugleich ein ausgeprägter Charakter mit
aller Herbigkeit und Eckigkeit eines solchen. Unrecht, Käuflichkeit,
Scheinheiligkeit waren ihm so verhaßt, daß er darüber in einen
öfter unklugen Feuereifer geriet. Mit dieser seiner Selbständigkeit
und Charakterfestigkeit, die er überall geltend zu machen wünschte,
stieß er freilich öfter an und verletzte manche Eitelkeit. In herbem
Ton geißelte er die Talmudgelehrten, deren Tun nicht der Lehre
entsprach, die nur des Disputierens wegen, oder um sich einen
Namen zu machen, dem Studium oblägen. Daher zog er sich viele
Feinde zu, namentlich im eigentlichen Polen, wo die Schachnasche
Schule tonangebend war. Salomo Lurja war daher zu seiner Zeit
mehr gefürchtet als beliebt, und war gezwungen, ein unstätes Leben
zu führen. Er eröffnete hier und da eine Schule, noch im kaum
beginnenden Mannesalter, sammelte Jünger um sich, verließ sie
wieder und siedelte sich erst in seinem vierzigsten Lebensjahre in

---

[1]) Einleitung zu sämtlichen Traktaten seines ים של שלמה.

Ostrog in Wolhynien an.¹) Gleich nach seiner Ankunft in diese Gegend geriet er in Streit mit einem Isaak Bezalels, Rabbiner von Wladimir, weil dieser in einem Prozesse über Konkurrenz um Branntweinpacht einer Stadt im Gebiete der Königin Bona sich allein, ohne Hinzuziehung eines Kollegiums, zum Richter aufgeworfen hatte und ein ungerechtes Urteil erlassen haben soll. Lurja behandelte ihn, den Ältern, wie es scheint, wegwerfend.²) So war er in seiner Polemik rücksichtslos, derb ohne Schonung, forderte natürlich Vergeltung heraus, wurde dadurch nur noch mehr gereizt, klagte über Verfolgung, sogar über Undank seiner eigenen Jünger, die sich gegen ihn gekehrt hätten, und sah alles im düstern Lichte. Bald geißelte er die Talmudbeflissenen seiner Zeit, daß der Unwissenden viele, der Kundigen nur wenige wären, die Hochmütigen zunähmen, und keiner sei, der den ihm gebührenden Platz einnehmen wolle. Sobald einer derselben ordiniert sei, geberde er sich als Meister, sammle für Geld eine Schar Jünger um sich, wie die Adligen sich Leibdiener mieten. Es gäbe „ergraute Rabbinen, die vom Talmud wenig verstehen, sich herrschsüchtig gegen Gemeinden und Kundige benehmen, bannen, entbannen, Jünger ordinieren, alles aus Eigennutz".³) Salomo Lurja überschüttete mit der Lauge seines Spottes diejenigen unter den deutschen Talmudkundigen, welche gegen Reiche und Angesehene eine weitgehende Nachsicht bei Übertretung rabbinischer Satzungen übten, dagegen über wenig bemittelte, fremde Männer, wenn sie auch nur um ein Geringes abwichen, z. B. unbedeckten Hauptes zu gehen, einen bösen Leumund verbreiteten.⁴)

Es stand übrigens nicht so schlimm in diesem Kreise, wie es seine gereizte Stimmung schilderte; das beweist am bündigsten die Anerkennung, welche dieser grämliche Tadler selbst gefunden hat.

---

¹) Vergl. Respp. Nr. 10 gegen Ende, Nr. 8 vom Sept. 1553, datiert aus Ostrog. In Nr. 66 klagt er: תלמידים המורדים ונפושעים בי, סומכין על גבורת הזקן ובנו הגאון ... ואף בהיותי בארץ אויבי וכפוי תחת ידם לא מאס ונעל ה' להפר ברית אתי והרבה גבולי בתלמידים הגונים מכל קצוי ארץ. „Der Greis und sein Sohn" scheinen Schachna und sein Sohn Israel zu sein, und „das Land seiner Feinde" das eigentliche Polen, verschieden von Litauen, wo er dauernd geweilt hat; denn Isserles nennt ihn ר' שלמה פליטא in seinen Respp. Nr. 132, 10.

²) Lurja, Respp. Nr. 35, 36; die Kompromißurkunde das. ausgestellt im Laufe 1546. Aus Respp. des Joseph Kaz (שארית יוסף) Nr. 17) ergibt sich, daß der Prozeß in Litauen gespielt, und daß der von S. Lurja wegwerfend behandelte Rabbiner Isaak Bezalels war, von dem es öfter heißt: הדר בולאדמיר. Damals um 1546 war S. Lurja bereits in dieser Gegend; im Respp. Nr. 95 sagt er: כי אני קרוב לחלל אשר בגלי, d. h. Litauen.

³) Kommentar ים של שלמה zu Baba Kama III, Nr. 58.

⁴) Lurja, Respp. Nr. 72.

Jüngere wie ältere Talmudbeflissene waren noch bei seinem Leben voll Bewunderung für seine Leistungen. Selbst derjenige, den Lurja so wegwerfend behandelt hatte, Isaak Bezalels von Wladimir, brachte ihm freiwillige Huldigung entgegen. In der Tat unterschied sich Lurjas Behandlungsweise des Talmud bedeutend von der seiner Zeitgenossen. Er hatte etwas von Maimunis klar ordnendem Geiste. Noch an der Grenze von Jugend und Mannesalter unternahm er sein Hauptwerk[1]), die talmudische Diskussion zu läutern und zu sichten, um daraus die religiöse Praxis festzustellen, und er arbeitete daran bis an sein Lebensende, ohne es ganz zu vollenden. Er war nämlich mit den bisherigen Ergebnissen höchst unzufrieden, und namentlich mit Karos Religionskodex.[2]) Salomo Lurja vollzog allerdings diese Aufgabe mit mehr Gründlichkeit, Klarheit und Tiefe, als seine Zeitgenossen und Vorgänger. Aber wenn er glaubte, wie es den Anschein hat, andere Werke derselben Gattung, die verschiedenen Kodizes, vielleicht gar Maimunis (dem Lurja nicht sehr hold war) überflüssig und der Vielköpfigkeit und dem Meinungswirrwarr ein Ende zu machen, so lebte er in demselben Irrtume wie Maimuni und andere. Er hat nur dazu beigetragen, diesen Knäuel noch mehr zu verwickeln. — Alle seine übrigen zahlreichen Schriften tragen denselben Stempel von Gründlichkeit und kritischem Sinne, aber die Schäden vermochte er ebenso wenig wie andere zu heilen; sie lagen zu tief.

Vermöge seines kritischen Sinnes legte Lurja auch Wert auf das, was seine polnischen und deutschen Fachgenossen als zu kleinlich gar nicht beachteten, auf grammatische Richtigkeit und Genauigkeit zur Unterscheidung der hebräischen Sprachformen. Dagegen war er ein abgesagter Feind der scholastischen Philosophie; sie schien ihm gefährlich und vergiftend für den Glauben. Freilich räumte er auch der Kabbala einen hohen Vorzug ein, beschäftigte sich viel mit ihr und wollte manche kabbalistische Schrift erläutern und hat es getan. Aber sein gesunder Sinn bewahrte Salomo Lurja doch vor der Verirrung, den Sohar, diese Ausgeburt des Lügengeistes, über den Talmud zu stellen, wie die zeitgenössische Schule des Isaak Lurja in Palästina.[3])

Die dritte tonangebende rabbinische Größe in Polen war Mose ben Israel Isserles in Krakau (geb. um 1520, starb 18. Ijar

---

[1]) Praktischer Kommentar zum ganzen Talmud unter dem Titel ים של שלמה begonnen 1546, nur zu sechs Traktaten vorhanden.

[2]) Einleitung zu Chulin.

[3]) Vergl. darüber die bittersüße Polemik zwischen S. Lurja und Isserles in des letzteren Respp. Nr. 6 fg. und Respp. Lurja Nr. 98 und 73.

1572).¹) Sohn eines sehr angesehenen, mit dem Vorstandsamte bekleideten Vaters, verwandt mit Meïr Katzenellenbogen in Padua, zeichnete er sich mehr durch Frühreife und umfassende Gelehrsamkeit, als durch eine besondere Eigenart des Geistes aus. Jünger und Schwiegersohn Schachnas war Isserles selbstverständlich für dessen dialektische Lehrweise eingenommen, und dessen Lehrsätze galten ihm als unanfechtbar. Von Haus aus so vermögend, daß er eines seiner Häuser als Bethaus weihte²), konnte Isserles in Behaglichkeit dem Zuge seines Geistes folgen, sich in den Talmud zu vertiefen und sich in dessen Irrgängen heimisch zu machen. Er erlangte bald einen solchen Ruf, daß er, noch halb im Jünglingsalter, zum Rabbinerrichter in Krakau, oder vielmehr in Kasimierz, ernannt wurde.³) Als zwei christliche Handelshäuser Bragadini in Venedig einander Konkurrenz machten, Maimunis Religionskodex zu gleicher Zeit zu drucken, und dadurch der Herausgeber, Meïr Katzenellenbogen in Padua, zu Schaden kommen konnte, wandte sich dieser an Isserles, daß er mit dem Gewichte seiner Stimme den Verkauf des Nachdrucks in Polen verbieten sollte.⁴) Es wurde mit der Zeit mehr Gewicht auf sein Urteil gelegt als auf das des greisen Mitrabbinen Mose Landau, der aus Prag nach Krakau gewandert war.⁵) Mit dreißig Jahren umfaßte er das ganze Gebiet der talmudischen und rabbinischen Literatur ebenso gründlich wie der noch einmal so alte Joseph Karo.

Auch Isserles fühlte das Bedürfnis, das weithin zerstreute Material des rabbinischen Judentums zu sammeln und abzuschließen. Da ihm aber Joseph Karo darin mit Abfassung seines Kodex zuvorgekommen war, so blieb ihm nur übrig, Anmerkungen und Berichtigungen daran anzubringen. Denn er vermißte darin manche Elemente, namentlich die Berücksichtigung deutsch-rabbinischer Entscheidungen und Bräuche. Die Ergänzung zu Karos Kodex oder „Tafel" nannte er witzelnd „Mappa" oder „Tafeltuch". Da die deutsche Judenheit von jeher skrupulöser als die übrige war, so

¹) Über beide Data ist viel gestritten worden. Das Gewisse ist, daß er 1572 gestorben ist. Wenn Asulais Sohn das Datum 1573 auf seinem Grabstein in Krakau gelesen hat (Asulai s. v.): מת ביום ל״ג לעומר שנת של״ג כן ל״ג שנה, so hat er falsch gelesen. Der Grabstein ist gegenwärtig gefunden und die Schrift aufgefrischt worden. Da lautet sie: ביום ג׳ב . . . שנת של״ב. Vergl. J. M. Zünz, Geschichte der Krakauer Rabbinate (עיר הצדק) S. 171, ferner S. 3 fg. und Berichtigungen S. 18. Auf Isserles' Grabschrift bei Wolf IV, Ende fehlt das Datum.
²) Asulai s. v.
³) Vielleicht schon vor 1550, vergl. Isserles, Respp. Nr. 10.
⁴) Respp. das.
⁵) S. über denselben J. M. Zünz, a. a. O. Text S. 4 fg.

fielen Isserles' Nachträge und Ergänzungen erschwerend aus. Seine Entscheidungen fanden allsogleich völlige Anerkennung und bilden bis auf den heutigen Tag für die deutschen und polnischen Juden — und was dazu gehört — die religiöse Norm, das offizielle Judentum. Man kann nicht gerade sagen, daß er dadurch noch mehr zur Verknöcherung desselben beigetragen hat; denn diese Erschwerungen hat er nicht erfunden und eingeführt, sondern festgehalten und abgeschlossen; er war nur dem allgemeinen Zuge gefolgt. Hätte sie Isserles nicht in den Religionskodex gebracht, so würde es ein anderer getan haben, wie denn auch einer seiner Jünger, M a r d o c h a ï J a f a, einen ähnlichen Abschluß anlegte.

Isserles hatte indes auch regen Sinn für anderweitige außertalmudische Fächer, zunächst für Astronomie: er arbeitete einen Kommentar zu Frohbachs astronomischem Werke (Theorica)[1] aus. Eine Neigung hatte er auch zur Philosophie und beschäftigte sich mit ihr, so weit sie ihm aus hebräischen Schriften zugänglich war; Maimunis „Führer" war auch sein Führer. Dafür mußte er sich eine derbe Abfertigung von Seiten des stolz redenden Salomo Lurja gefallen lassen, der etwas gegen ihn persönlich oder als Jünger der Schachnaschen Schule hatte. Lurja sagte oder schrieb ihm, daß er sich den Schlingen der Verderbnis so unvorsichtig näherte und ein böses Beispiel gäbe, er möge lieber sich befleißigen, Sprachschnitzer im hebräischen Stile zu vermeiden. Isserles mußte sich rechtfertigen, daß er die Philosophie, Gott behüte, nicht von den Griechen in ihrer Sprache gelernt habe, sondern aus den Schriften rechtgläubiger Juden.[2] Er verfaßte eine Art philosophische Schrift[3], eine Symbolisierung des Tempels, der Tempelgeräte und der Ritualien, die, so geschmacklos und albern sie uns auch vorkommt, im Geschmacke der Zeit war, und dem gebildeten Asarja deï Rossi sehr gefallen hat. Der Kabbala war Isserles nicht besonders hold.[4] Indessen war ihre Zugkraft in dieser Zeit so stark, daß auch er sich ihr nicht entziehen konnte; auch er verfaßte einen Kommentar zum Sohar. Für Geschichte war Isserles auch nicht ohne Sinn, und sobald ihm Zacutos Chronik (Jochasin) zu Händen gekommen war, brachte er Anmerkungen und Ergänzungen dazu an[5], wie es seine Art war.

Durch sein Interesse an der Geschichte regte Isserles einen seiner Jünger an, sich ernstlich damit zu beschäftigen. D a v i d

---

[1] Siehe die Bibliographien.
[2] Respp. Isserles, Nr. 6 fg. Vergl. auch seine Anmerkung zu Jochasin gegen Ende. [3] תורת העולה, gedruckt 1570, noch bei seinem Leben.
[4] Das. III, 4; Respp. Nr. 6.
[5] Gedruckt Krakau 1580—81 mit Weglassung der Stelle, die den Sohar verdächtigt.

Gans (geb. in Westfalen 1541, gest. in Prag 1613[1]), war als Jüngling nach Krakau gekommen, um die dortige rabbinische Hochschule zu besuchen; aber unwillkürlich wurde sein angeborener Sinn für wissenschaftliche Fächer, Geschichte, Geographie, Mathematik und Astronomie von Isserles, der ihn erzogen und geleitet hat, lebhaft geweckt. Gans verlegte sich auf diese Studien, machte persönliche Bekanntschaft mit den beiden Größen in Mathematik und Astronomie der damaligen Zeit, mit Kepler und Tycho de Brahe, und arbeitete mehrere Schriften über diese Fächer, natürlich in hebräischer Sprache aus. Berühmt ist seine Chronik (Zemach David)[2] geworden, welche aus Jahrbüchern der jüdischen und der allgemeinen Geschichte besteht. Es war viel, sehr viel für einen deutschen Juden, sich diese außerhalb des Bereiches der Alltäglichkeit liegenden Kenntnisse angeeignet zu haben. Aber bedeutend kann man David Gans' Leistungen in der Geschichtsschreibung durchaus nicht nennen. Er führte für jüdische Kreise die nackte, trockene Form der Geschichtserzählung ein, wie sie früher geistlose Mönche gebraucht hatten, und die damals bereits einer künstlerischen Darstellung gewichen war. So waren die Juden, wenigstens die deutschen, gegen die gebildete Welt um mehrere Jahrhunderte zurück. Indessen so gering auch Gans' Chronik ist, so hat sie doch insofern ein Verdienst, daß sie die in den Talmud Versenkten daran erinnerte, daß eine lange Geschichtsreihe ihnen vorangegangen war. Freilich paßte diese Wissenschaft so wenig in den Kreis der alltäglichen Studien, daß sie Gans vor dem gelehrten jüdischen Publikum rechtfertigen und besonders auseinandersetzen mußte, daß ein frommer Jude sich keine Gewissensbisse zu machen brauche, seine Chronik am Sabbat zu lesen. Er berief sich dabei auf seinen Lehrer Isserles, der in diesem Punkte sich allerdings mehr von seiner Vorliebe für Geschichte als von der geltenden rabbinischen Satzung leiten ließ. Die geringe Achtung der Geschichte unter den deutschen Juden zeigt sich auch in der knappen Inschrift, welche Gans' Grabsäule trägt, kaum zwei Zeilen[3]), während die Lobrednerei keine Grenzen fand, wenn es galt, das Andenken irgend einer rabbinischen Winkelgröße zu verherrlichen. Das Talmudstudium, wenn auch nur gedächtnismäßig betrieben, gab damals mehr Ruhm als jedes auch noch so tief erfaßte Wissensfach.

Diese drei dem Range und der Zeit nach ersten rabbinischen Größen, Schachna, Salomo Lurja und Isserles, mit andern Rabbinern

---

[1]) Zunz zu Ashers Edition des Itinerarium von Benjamin von Tudela; Hoot zu Liebens Prager Grabsteininschriften.

[2]) Gedruckt zuerst Prag 1592.

[3]) Lieben, Prager Grabsteininschriften Nr. 9.

von örtlicher Berühmtheit, haben den Grund zum außerordentlichen Aufschwung der jüdisch-polnischen Gelehrsamkeit gelegt. Jede verwickelte und Aufsehen erregende Frage wurde ihnen, besonders aber dem letztern, aus Deutschland, Mähren, Böhmen, sogar aus Italien und der Türkei zur endgültigen Entscheidung vorgelegt. Die widrigen Gemeinheiten in der Prager Gemeinde, denen gegenüber das dortige Rabbinatskollegium ohnmächtig war, wurden vor die Rabbinen Polens gebracht, und diese schritten kräftig dagegen ein.[1]) Leidenschaftliche Streitigkeiten in Frankfurt a. M., welche eine Verfolgung oder Ausweisung herbeizuführen drohten, wurden von Polen aus beschwichtigt.[2]) So begründete dieses rabbinische Triumvirat eine gewisse Suprematie Polens über die europäische Judenheit, die von allen Seiten zugestanden wurde. Die Rabbinen Polens haben sich bis zum Ende des achtzehnten Jahrhunderts und teilweise auch darüber hinaus als tonangebend behauptet.

Es entstanden in diesem Lande durch das Triumvirat, dessen zahlreiche Jünger einen Wetteifer für das Talmudstudium bekundeten, Hochschulen, welchen die meisten Juden Polens als Schüler angehörten, so daß nach und nach fast sämtliche polnische Juden talmudkundig und sogar rabbinatsbefähigt wurden. Selbst in kleinen Gemeinden von nur 50 Mitgliedern gab es mindestens 20 Talmudgelehrte, die wiederum wenigstens 30 Jünger unterrichteten. Überall entstanden Lehrhäuser mit einem vortragenden Rabbinen an der Spitze, und die Funktion eines solchen bestand hauptsächlich darin, Lehrvorträge zu halten; alles übrige war Nebensache für ihn. Die Jugend drängte sich in die Lehrhäuser; sie konnte sorglos leben, da die Gemeindekasse oder vermögende Privatleute für ihre Subsistenz sorgten. Von zarter Jugend an wurden die Kinder — allerdings zum Nachteile der natürlichen Entwicklung des Geistes — zum Talmudstudium angehalten, weil die höchste Ehre darin bestand, ein rabbinisches Lehrhaus zu leiten, und so regte sie den Ehrgeiz an, danach zu streben. Aufseher wurden ernannt, den Fleiß der Studierenden (Bachurim) und der Kinder zu überwachen. Diese hatten die Befugnis, die Trägen und Unwissenden körperlich zu züchtigen. Nach und nach wurde eine Art Lehrplan für die talmudischen Vorträge im Sommer- und Wintersemester mit abwechselnden Themata eingeführt, der sich so ziemlich bis zum Beginn der Neuzeit erhalten hat.

Nach Schluß der Semester zogen sämtliche Talmudlehrer mit ihren zahlreichen Jüngern zu den polnischen Hauptmessen, im Sommer

---

[1]) Respp. Isserles' Nr. 11, 15 fg., 55, 66, 82 fg., 90 fg. Respp. Lurja Nr. 33.
[2]) Mehrere Respp. Isserles'.

nach Zaslaw und Jaroslaw und im Winter nach Lemberg und Lublin. So kamen mehrere Tausend Talmudjünger zusammen. Dort fand ein lebendiger Austausch der Bemerkungen und Subtilitäten über den talmudisch-rabbinischen Lehrstoff statt. Es wurden öffentliche Disputationen gehalten, an denen sich jedermann beteiligen konnte. Die guten Köpfe erhielten auf diesen Reisen als Lohn für ihre Geistesanstrengung reiche Bräute.[1]) Denn vermögende und halbvermögende Eltern setzten einen Stolz darein, talmudisch-geschulte Schwiegersöhne zu haben, und suchten solche auf den Messen. Die Juden Polens erhielten durch diesen Feuereifer sozusagen eine talmudische Haltung, die sich in jeder Bewegung und Äußerung, im unschönen Achselzucken, in eigentümlicher Daumenbewegung kund gab. Jedes Gespräch gleichgültiger oder auch geschäftlicher Natur glich einer talmudischen Disputation; talmudische Wörter, Bezeichnungen, Phrasen, Wendungen und Anspielungen gingen in die Volkssprache über und waren selbst Weibern und Kindern verständlich.

Aber diese Übertreibung des Talmudstudiums in Polen hat dem Judentume keinen Nutzen gebracht. Wurde es doch nicht betrieben, um ein rechtes Verständnis desselben zu erzielen, sondern lediglich um etwas ganz Besonderes, Ausgesuchtes, Witziges, Pikantes, den Verstandeskitzel Anregendes zu finden! Bei dem Zusammenströmen so vieler Tausende Talmudkundiger, Meister und Jünger, Lehrer und Schüler, an den Hauptmeßplätzen strengte sich jeder an, etwas Neues, Überraschendes, recht Kniffiges zu finden, auf den Markt zu bringen und die übrigen zu überbieten, unbekümmert, ob es stichhaltig oder auch nur relativ wahr sei, sondern nur, um in den Ruf eines scharfsinnigen Kopfes zu kommen. Das Hauptbestreben der Talmudbeflissenen Polens ging dahin, etwas Neues in der talmudischen Diskussion zutage zu fördern, etwas zu erfinden (Chiddusch). Die Vorträge der Schulhäupter und aller Rabbinen hatten nur dieses eine Ziel im Auge, etwas Unübertroffenes aufzustellen und ein Spinngewebe von sophistisch-talmudischen Sätzen zusammen zu leimen, unfaßliche Haarspaltungen noch mehr zu spalten (Chillukim). Dadurch erhielt die ganze Denkweise der polnischen Juden eine verkehrte Richtung; sie stellten die Dinge auf den Kopf und gerieten von einer Verkehrtheit in die andere. Die Sprache litt besonders dadurch, sie artete zu einem lachenerregenden Kauderwelsch, zu einem Gemisch von deutschen, polnischen und talmudischen Elementen, zu einem häßlichen Gelalle aus, das durch

---

[1]) Die Schilderung aus Nathan Hannovers מצולה יון Ende; sie stammt zwar vom Jahre 1648, aber der Grund zu diesem leidenschaftlichen Talmudstudium war früher gelegt.

die witzelnde Art nur noch widriger wurde. Die verwilderte Sprache, welche alle Formen verachtete, konnte nur noch von einheimischen Juden verstanden werden. Mit der Sprache büßten die Juden Polens das Wesen ein, was den Menschen erst zum Menschen macht, und setzten sich selbst dem Gespötte und der Verachtung der nichtjüdischen Kreise aus. War die Bibel schon durch den Gang der Entwicklung seit der Maimunischen Zeit nach und nach in den Hintergrund getreten, so schwand ihre Kenntnis in Polen ganz und gar. Wenn man sich mit ihr befaßte, so geschah es auch nur, um Witz oder Aberwitz darin zu finden.

Die Umstände lagen damals derart, daß die Juden Polens gewissermaßen einen eigenen Staat im Staate bilden konnten. Freilich hatte es die kirchlich-reaktionäre katholische Partei, welche unter dem eifervollen Papste Caraffa Paul IV. den Petrusstuhl beherrschte, auch auf die Verfolgung oder wenigstens Knechtung der Juden Polens abgesehen. Der päpstliche Nuntius Alois Lipomano, der in das slavische Königreich gesandt worden war, um das Umsichgreifen der Reformation zu hemmen, begann seine Henkerrolle sofort mit den Juden. Den Dominikanern hatte er es abgesehen, wie man durch erlogene Anschuldigungen die Masse der Bevölkerung fanatisieren könne. Lipomano veranstaltete auch in Polen eine Hostienszene. Ein Mädchen mußte aussagen, daß Juden von Sochaczew (Kreis Rawa in Masovien) eine geweihte Oblate von ihm gekauft, geschändet und zum Wundertun gebracht hätten. Darauf wurden drei Juden von dem für den Plan gewonnenen Palatin Barkow gefesselt, und der Kanzler Przemberz, Bischof von Chelm, hatte den Auftrag, den König Sigismund August zu fanatisieren, daß er den Befehl zur Hinrichtung der Gefesselten erteilen möge. Indessen hatte der Mundschenk Mischkow, ein Protestant, dem Könige die Überzeugung von der Erlogenheit der Hostienschändung beigebracht, und Sigismund August war einsichtsvoll genug, zu erklären, daß er an eine solche abgeschmackte Fabel nicht glaube. Er erteilte dem Starosten von Sochaczew den Befehl, die angeschuldigten Juden in Freiheit zu setzen. Die Gemeinde von Sochaczew hatte auch unter Tränen die Nichtigkeit der Anklage beteuert. Allein der gewissenlose Bischof von Chelm übergab dem Boten, welcher den drei Juden die Freiheit verkünden sollte, ein gefälschtes Schreiben vom Könige aus Wilna mit, daß sie wegen ihres Gottesmordes hingerichtet werden sollten. Und so wurden sie verbrannt (1558). Lipomano, der diese Intrige geleitet hatte, wollte damit Schrecken einflößen. Er hatte sich aber verrechnet. Der König Sigismund August war über diese Untat unter Mißbrauch seines Namens entrüstet und verhehlte keineswegs seinen Unwillen dem Nuntius gegenüber. Er sagte es ihm ins Gesicht: „Ich erzittere über diese Grausamkeit und wünsche nicht für einen solchen Narren zu gelten, der da glaubt, daß aus einer durchstochenen Hostie Blut fließe." Die ganze reformatorische Bevölkerung nahm Partei für die Juden, beleuchtete die Schändlichkeit des Nuntius und verfolgte ihn mit stachlichen Satiren.¹) Mehrere Landboten und besonders der Hetman Tarnowski drangen in den König, die Unheil stiftenden Bischöfe aus dem Staat zu weisen. Aber zu dieser Tatkraft vermochte sich Sigismund August nicht aufzuraffen. Aber er erließ ein Gesetz (1559), daß, wenn in Zukunft ein Jude des Kindermordes oder Hostiendiebstahls beschuldigt werden sollte, der Prozeß nicht vor einem Würdenträger des Reiches, sondern vor dem Reichstag verhandelt werden sollte, und zwar nicht auf Grund einer frivolen Anklage, sondern nur durch glaubwürdige Zeugen und Beweisstücke.²) — Von protestantischer Seite hetzte der Kronmarschall Rey v. Naglowic mit giftigen Schriften gegen die

¹) Ausführlich erzählt diese Geschichte mit ihrem Hintergrunde Lubieniec, historia reformationis II, 4. p. 76 fg. Polnische Quellen bei Czacki a. a. O. p. 87. In einer seltenen polemischen Schrift, die in demselben Jahre in Königsberg erschienen ist: Duae epistolae altera . . Lipomani Legati . . altera Radzivili, sind zum Schluß einige Satiren gegen Lipomano wegen der Hostiengeschichte beigegeben: De . . Lipomano . . pontifico, quod Judaeos Sochacoviae . . . exurere jusserit:

> Judaeos ferro violantes corpora panis,
> Plebs addicta Papae quem putat esse Deum,
> Lippomanus flammis, tanquam illi idcirco fecissent
> Haeretici, perdens, Haeresiarcha fuit.
> An parva est, panem esse Deum, Christumque putare,
> Haeresis? et verus quod fluat inde cruor?
> . . . .

Aliud epigramma ironicum.

> Illapsam caelo Christi concidere carnem
> Quod ferro auderent denuo grande nefas
> Vindicibus flammis Judaeos urere jussit
> Legatus, praesul summe Carapha, tuus.
> Res mira, et saeclis merito memoranda futuris,
> Denuo sic Christum vulnera posse pati!

Vier Satiren dieses Genre sind von Andreas Tricesius, eques Polonus, gedichtet.

²) Urkunde bei Perles, a. a. O. S. 147. Auffallend ist die Aufschrift zu diesem Gesetze: „Sigismund August dekretiert, daß die Juden in Szochaczewo, der Ermordung eines christlichen Knaben angeklagt . . . von der Anklage freizusprechen seien". In allen Quellen dagegen lautet die Anklage lediglich wegen Hostienschändung.

Juden, sie auszurotten.¹) Hin und wieder gelang es auch den Judenfeinden, den wankelmütigen König zu bewegen, die den Juden erteilten Privilegien zu brechen, ihnen Beschränkungen aufzulegen und sie dem Brotneid der deutschen Zünftler preiszugeben. Er verbot ihnen auch einmal, goldene Ketten und kostbare Edelsteine an Gürteln und Schwertern zu tragen.²) Er war aber aus Rücksicht auf den jüdischen Herzog von Naxos³) genötigt, den er seinen lieben Freund nannte, ihnen ein freundliches Gesicht zu zeigen und ihre Privilegien mehr zu achten oder neue auszustellen. Der Posener Gemeinde, welche am meisten von den deutschen Zünftlern und Beamten geplagt wurde, erteilte er kurz vor seinem Tode einen sehr günstigen Schutzbrief.⁴) Aber selbst die Beschränkungen hatten nur Folgen, wenn die Palatine und Woiwoden damit einverstanden waren; diese Adligen waren aber meistens auf Seiten der Juden. Daher fand denn auch der Nuntius Commendoni, klüger und ruhiger als sein Vorgänger Lipomano, zu seinem Erstaunen die Juden in Polen, wenigstens in der Provinz Reußen (Lembergischen), nicht so schmählich behandelt wie in Italien und Deutschland. Im Gegenteil, statt der Abzeichen trugen sie Waffen und Ritterschmuck, und statt der Zurücksetzung verkehrten sie mit allen Christen auf dem Fuße der Gleichheit.⁵) Den Ohrenbläsereien der fanatisch-kirchlichen Partei am Hofe wirkten die jüdischen Leibärzte entgegen. Salomo Aschkenasi aus Udine stand dem Könige Sigismund August eine Zeitlang als Hofarzt nahe, ehe er in der Türkei eine so weitgreifende diplomatische Rolle spielte. Simon Günzburg (geb. um 1507, gest. 1586)⁶) hatte eine Zeitlang das Ohr desselben Königs. Er war reich, gelehrt, angesehen, wohltätig und bescheiden, Vorsteher der Posener Gemeinde, von dessen Lob die Zeitgenossen überströmten. Simon Günzburg und andere Günstlinge des Hofkreises oder des Adels konnten drohende Wolken, ehe sie sich noch verdichtet hatten, zerstreuen.

Nach dem Tode dieses Königs (1572) kam das Wahlkönigtum den Juden Polens recht zu statten. Denn jeder neugewählte König brauchte vor allem Geld, und dieses konnten nur Juden herbeischaffen oder er brauchte eine Partei unter den Adligen, und

---

¹) Czacki a. a. O. p. 88. Sternberg 144.
²) Das. p. 89—91. ³) Siehe Note 5, Ende. ⁴) Bei Perles 24.
⁵) Siehe oben S. 58, Anm. 2.
⁶) Über diesen Simon, David Gans Zemach David I zum J. 5346. Czacki das. p. 93 Note k zitiert einen handschriftlichen Brief Commendonis, worin von dem bedeutenden Gewichte eines jüdischen Arztes beim König und dem Adel die Rede ist und er glaubte, er spielte auf Szymoniez Gintzburga, przełozonym Poznańskim (Posener Vorsteher) an. Er soll gar Feldmesser und Architekt gewesen sein. Bei Sternberg 148.

dadurch erlangte dieser im allgemeinen ihnen zugetane Stand das Übergewicht über die engherzige, judenfeindliche deutsche Bürgerschaft. Unter dem ersten Wahlkönige, dem Herzog Heinrich von Anjou, dem die angestrengtesten Ränke seiner Mutter die polnische Dornenkrone aufs Haupt gesetzt hatten, konnten sie sich zwar nicht sehr glücklich fühlen. Obwohl er seine Wahl in letzter Instanz einem Juden, dem Leibarzte Salomo Aschkenasi, zu verdanken hatte[1]), so hat dieser leichtsinnige, nur den Vergnügungen ergebene König den Juden kein freundliches Gesicht gezeigt. Hat sich doch durch ihn zum ersten Mal die rührige, kühne, katholische Partei gebildet, welche die bisher bestandene Religionsfreiheit in Polen untergrub! Wie sollte oder wie konnte er die Juden begünstigen? Heinrich hat nicht einmal die Privilegien der Juden Polens anerkannt und damit sie gewissermaßen für vogelfrei erklärt. Er soll direkt feindselige Schritte gegen sie beschlossen haben.[2]) Daher erhob unter ihm und unter Leitung des Jesuitenordens der kirchliche Fanatismus sein Hydrahaupt wieder und klagte einige litauische Juden des Christenkindermordes an. Glücklicherweise regierte dieser gelangweilte König nicht lange (16. Februar bis 18. Juni 1574).

Nach einer Zwischenregierung von dreizehn Monaten und nach langen Wahlverhandlungen und Intrigen gelangte der kluge Fürst von Siebenbürgen, Stephan Bathori, auf den polnischen Thron, wohl auch nicht ohne Mitwirkung des jüdischen Agenten Salomo Aschkenasi, da die Türkei dessen Wahl gefördert hat. Nicht lange nach seiner Thronbesteigung richtete er milde Worte an die Juden, nahm die von Litauen in Schutz gegen die lügenhafte Anschuldigung des Christenkindermordes und sprach die Überzeugung aus, daß die Juden darin gewissenhaft der jüdischen Lehre folgen, Menschenblut nicht zu vergießen.[3]) Seine fast zwölfjährige Regierung (1575—1586) bildet einen freundlichen Abschnitt in der Geschichte der Juden Polens.

Unter der langen Regierung Sigismunds III., des Schwedenprinzen (1587—1632), dessen Wahl das Vorbild für innere Spaltung und Bürgerkriege gab, erging es den polnischen Juden besser, als man von ihm, dem Jesuitenzögling und eifrigen Katholiken, erwarten sollte. Obwohl er die polnischen Dissidenten so sehr verfolgen ließ, fühlten sich die Juden unter seiner Regierung nicht unbehaglich.[4])

---

[1]) Oben S. 370 ff.
[2]) Fortsetzer von Joseph Kohens Emek ha-Bacha p. 149.
[3]) Czacki das. p. 94, Fortsetzer des Emek ha-Bacha p. 150.
[4]) Isaak Troki schreibt von dessen Regierungszeit in Chisuk Emuna I c. 46: כי מלכי אלו הארצות ושריהם . . הם אהבי חסד לפיכך אינם עושים עול וחמס ליהודים

Auf dem Reichstage zu Warschau (1592) bestätigte er die für günstig geltenden alten Kasimirschen Privilegien der Juden.[1]) Die bitteren Schmähungen zweier polnischer Schriftsteller gegen sie, Mojezki und Minzinski beweisen eben deren günstige Lage, da diese dieselbe geschmälert wissen wollten. Es gab noch einsichtsvolle Polen, welche Minzynskis Ausfälle mißbilligten und ihn einen Ruhestörer nannten; freilich viele andere lobten ihn als Apostel der Wahrheit.[2]) Nur eine gesetzliche Bestimmung führte Sigismund III. zum großen Nachteil der Juden ein, die seinen erzkirchlichen Sinn bekundet. Er verordnete, daß sie zum Bau neuer Synagogen die Erlaubnis von Geistlichen einholen müßten[3]), eine Befugnis, welche die Religionsübung der Juden von der verfolgungssüchtigen Kirche abhängig machte.

Unter dem Könige Stephan Bathori führte die polnische Judenheit eine Institution ein (um 1580)[4]), wie sie bisher im Verlaufe der jüdischen Geschichte in dieser Form noch nicht bestand, und sie verlieh den Gemeinden in Polen eine außerordentliche Einigkeit, auch Halt, Stärke und dadurch Ansehen nach innen und außen. Es hatte sich bisher von selbst gemacht, daß bei dem Zusammenströmen von Rabbinen und Schulhäuptern mit ihrem Anhange an den polnischen Hauptmeßplätzen wichtige Fragen daselbst verhandelt, Prozesse geschlichtet und gemeinsame Verabredungen getroffen wurden. Die Nützlichkeit solchen Zusammengehens mag sich augenfällig herausgestellt und die Idee angeregt haben, regelmäßige Zusammenkünfte der Hauptgemeindeführer zu veranstalten, um allgemeine, bindende Beschlüsse zu fassen. Die Führer und die Gemeinden müssen damals von einem guten Geiste beseelt gewesen sein, daß sie auf ein solches Zusammenwirken eingingen. Es einigten sich zunächst die Gemeinden der Hauptländer Kleinpolen, Großpolen und Reußen zu dem Zwecke, regelmäßig wiederkehrende Synoden (Waad) zu veranstalten, die an einem Hauptmeßplatze Lublin und Jaroslaw tagen sollten. Die Hauptgemeinden sandten Deputierte, gelehrte, bewährte Männer, welche Sitz und Stimme in der Synode hatten. Sie wählten einen Vorsitzenden, der die Verhandlungen über die zur Sprache gebrachten Fragen leitete und ein Sitzungsprotokoll führte. Streitigkeiten in den Gemeinden und zwischen einheimischen und fremden Geschäftsleuten, Steuerverhältnisse, religiöse und sittliche Anordnungen, Abwendung von drohenden Gefahren, gemeinsame Unterstützung leidender Brüder, das waren die Punkte, welche von den Synoden

---

[1]) Perles a. a. O., S. 12, 130.   [2]) Czacki das. p. 95.   [3]) Das.
[4]) Vergl. Note 10.

verhandelt und bindend verabredet wurden. Auch eine Bücherzensur übte die Synodalversammlung, indem sie für gewisse Bücher die Erlaubnis erteilte, gedruckt und verkauft zu werden, für andere, die ihr schädlich schienen, Druck und Verbreitung untersagte. Die Krone, welche ein Interesse daran hatte, daß Handel und Wandel der Juden keine Störung erleiden und die ihnen auferlegten Steuern ungehemmt eingehen sollten, begünstigte die von der Synode gehandhabte Ordnung. Wahrscheinlich hat Stephan Bathori die Erlaubnis zu den synodalen Versammlungen erteilt. Ihre innere Organisation und Geschäftsordnung ist nicht bekannt, weil die Protokolle später ein Raub der Brände und der Judenschlächtereien wurden, und so bleibt es zweifelhaft, ob schon im Anfang dieselbe Ordnung wie später geherrscht hat; daß die Synode aus mehr denn zehn Männern bestand, nämlich aus mehr als vier Delegierten der Hauptgemeinden Krakau, Posen, Lublin, Lemberg und andern und aus sechs Rabbinen, welche diese dazu beriefen. Vermutlich trat Litauen später hinzu, und davon wurden die Synoden die der Vier-Länder genannt (Waad Arba Arazot). Sehr wohltätig wirkten die Synodalversammlungen. Sie verhüteten tiefgreifende Zwistigkeiten, wehrten Ungerechtigkeiten ab und bestraften sie, hielten den Gemeinsinn wach, lenkten ihn auf die Gesamtheit und arbeiteten solchergestalt der Engherzigkeit und Selbstsucht örtlicher Interessen entgegen, welche die Zersplitterung und Vereinzelung der Gemeinden so sehr nährte, wie sie namentlich in Deutschland heimisch war, wo auch unter den Juden das Pfahlbürgertum mit beschränktem Gesichtskreise herrschte. Aus diesem Grunde war die polnisch-jüdische Synode auch auswärts angesehen; entfernte deutsche Gemeinden oder Privatpersonen, die sich über Unbill zu beklagen hatten, wendeten sich an diese höchste Behörde in der Gewißheit, von ihr Abhilfe ihrer Beschwerden zu erlangen. Es gereicht den Männern, welche eine geraume Zeit von fast zwei Jahrhunderten die Synoden leiteten, zum Ruhme, daß ihre Namen, die würdig gewesen wären, der Nachwelt bekannt zu werden, dunkel geblieben sind, als hätten sie geflissentlich ihre persönliche Bedeutung vor dem Allgemeinen zurückgedrängt. Ebensowenig ist der oder sind die ersten Urheber bekannt, die das gewiß mühsame Werk durchgesetzt haben, den doppelt anarchischen Sinn von Juden und Polen zu überwinden und zu bewegen, sich einem großen Ganzen unterzuordnen. Nur vermuten kann man, daß Mardochaï Jafa, ein aus Böhmen stammender Rabbiner (geb. um 1530, starb 1612)[1], der viele Wanderungen und Leiden durchgemacht, diese regelmäßigen Synodalversammlungen organisiert

---

[1] Vergl. über ihn Perles a. a. O. 42 f.

hat. In seiner Jugend war er nach Polen gekommen, um zu den Füßen Salomo Lurjas und Mose Isserles' das Talmudstudium zu betreiben. Nebenher lernte er auch etwas von Philosophie und Astronomie und vertiefte sich in die Mystik. In seine Geburtsstadt Prag zurückgekehrt, sammelten sich Jünger um Jafa, um von ihm die aus Polen mitgebrachte talmudische Weisheit zu hören; aber er konnte sich dort nicht lange halten, da er durch die Ausweisung der Juden aus dem ganzen Lande[1]) gezwungen war, zum Wanderstab zu greifen. So kam Jafa nach Venedig und von Italien wieder nach Polen. Dort hatte er als Rabbiner zuerst in Grodno, dann in Lublin und Kremnitz (um 1575 bis Frühjahr 1592) gelehrt. In Lublin, als Hauptmeßplatz, strömten, wie gesagt, viele Tausend Juden zusammen, und es gab daselbst immer schwebende Prozesse und Streitigkeiten zu schlichten. Dadurch mag Mardochai Jafa auf den Gedanken gekommen sein, die zufälligen Synoden in regelmäßige zu verwandeln und Statuten dafür auszuarbeiten. Er hatte in Venedig von den italienischen Juden Sinn für Ordnung empfangen. Seine Autorität war auch gewichtig genug, um seinen Vorschlägen, die zugleich einem Bedürfnis entsprachen, Eingang zu verschaffen. Als er wieder im Alter nach Prag zurückkehrte, um das dortige Rabbinat zu übernehmen, scheint den Vorsitz bei den Synoden **Josua Falk Kohen**[2]), Schulhaupt von Lemberg (1592—1616), geführt zu haben, dessen großes Lehrhaus sein reicher und angesehener Schwiegervater unterhielt. Die häufigen Synoden der Dissidenten in Polen, der Lutheraner und Antitrinitarier mit ihren Nebensekten in verschiedenen Städten, scheinen den jüdischen zum Muster gedient zu haben. Nur wurden hier nicht wie dort haarspaltende Dogmen verhandelt, sondern praktische, ins Leben eingreifende Fragen entschieden.

Denn äußerlich betrachtet, boten Polen und Litauen in dieser Zeit das Bild eines von religiösen Streitigkeiten durchwühlten Landes, aus dem sich eine neue Gestaltung des Christentums emporarbeiten sollte. Als in Deutschland die reformatorische und gegenreformatorische Bewegung sich bereits gelegt, die titanischen Himmelstürmer sich in alltägliche Pastoren verwandelt hatten, die neue Kirche ihrerseits einem Verknöcherungsprozeß entgegen ging und nach kurzem Jugendrausche in Altersschwäche verfiel, gingen in den polnischen Landesteilen die Wogen religiöser und sektiererischer Spaltung erst recht hoch und drohten, eine allgemeine Überflutung herbeizuführen. Die deutschen Kolonien in Polen hatten die

---

[1]) O. S. 348.
[2]) S. Note 10.

Reformation dahin verpflanzt, und der polnische Adel, nachahmungssüchtig und ohne eigene Überzeugung, betrachtete es als eine gebietende Modesache, der gegenpäpstlichen Neuerung zu huldigen. Dieser nahm die Reformation an, die Kleinbürger und Bauern dagegen, d. h. die Leibeigenen, waren zu stumpf, um für oder gegen den Papst und die Messe Partei zu nehmen. Das Christentum war in Polen und Litauen überhaupt noch zu jung, um feste Wurzeln zu haben. So drang die Reformation, weil sie wenig Widerstand fand, in Adel- und Bürgerkreise schnell und sich fast überstürzend ein. Im allgemeinen war die Genfer Lehre Calvins von dem polnischen Adel, das Luthertum von den deutschen Bürgern bevorzugt. Neben diesen zwei Bekenntnissen, die auf polnischem Boden einander ebenso feindlich gegenüber standen, wie in Westeuropa, gab es noch Hussiten aus der Bewegung der vorangegangenen Jahrhunderte, erbärmliche Zeichen eines vor seinen eigenen Konsequenzen zurückschreckenden Denkens. Mit diesen liebäugelten beide Bekenntnisse, um ihre Zahl zu vergrößern. Die Könige Sigismund I. und Sigismund August hatten diese Bewegung gewähren lassen, ja von den Radziwills in Litauen, die seinem Throne nahe standen, beherrscht, war der letztere nahe daran, dem Papsttum untreu zu werden. So wurde Polen in weitester Ausdehnung ein Freistaat und ein Tummelplatz für die von dem Augustinermönch zu Wittenberg ausgegangene neue Lehre. Auf einem Reichstage zu Warschau (1566) wurde ein Gesetz angenommen, daß es jedem Edelmann frei stünde, in seinem Bereich den von ihm gewählten Gottesdienst einzuführen, nur müsse sein Bekenntnis auf der Grundlage der heiligen Schrift beruhen. Wie verachtet der Vertreter des Katholizismus in Polen war, zeigte sich darin, daß, als der Nuntius Lipomano in diesem Reichstage erschienen war, er von den Landboten mit den Worten „**Willkommen, du Viperbrut**" empfangen wurde.[1]) Selbst die in Italien, der Schweiz oder Deutschland von katholischer oder reformatorischer Seite verfolgten Denker oder Schwärmer, welche die religiöse Bewegung weiter treiben wollten, fanden unter dem Schutz der auf ihrem Gebiete selbständigen polnischen Adligen zuvorkommende Aufnahme und Schutz.

So konnte sich in Polen eine Sekte bilden, welche folgerichtig fortgesetzt, dem Christentum überhaupt vernichtende Stöße, die anfangs nur dem Katholizismus zugedacht waren, hätte beibringen können. Die Asche des auf dem Scheiterhaufen zu Genf verbrannten

---

[1]) Bei Sternberg 139: Hunc (Lippomanum) quamprimum nuntii terrarum in Comitio viderent, extemplum compellarunt: salve, progenies viperarum!

Aragoniers S e r v e t, der „über die Irrtümer der Dreieinigkeit" geschrieben hatte, schien einen neuen Keim kirchlicher Spaltung befruchtet zu haben. Eine Reihe seiner Jünger, S o c i n, B l a n d r a t a, P a r u t a, Italiener von kühnen Gedanken, die an dem Grundgebäude des Christentums rüttelten, in katholischem und reformatorischem Lager geächtet, trat über die polnische Grenze und durfte dort nicht nur frei leben, sondern auch frei sprechen. Die Hauptangriffe der S o c i n i a n e r und P i n c z o w i a n e r (wie diese in Polen wuchernde Sekte genannt wurde) war gegen die Dreieinigkeit als eine Art Vielgötterei gerichtet, freilich ohne folgerichtige Gedankenschärfe. Davon erhielten sie den Namen U n i t a r i e r oder A n t i t r i n i t a r i e r.[1]) Einer dieser Sekte, G e o r g P a u l, ein Pole, eine Zeitlang Prediger in Krakau, erkannte und bezeichnete richtig die Halbheit der lutherschen Reformation. „Mit Luther fing Gott an, die Kirche des Antichrist vom Dache abzutragen, nicht vom Grund aus, damit das morsche Gebäude ihn nicht verschütte." Es entstand infolgedessen in Polen ein Gewimmel von Sekten, welche auf synodalen Versammlungen zusammenkamen, um sich zu einigen, aber stets noch weiter getrennt und zerklüftet auseinander gingen.

Die Schwärmerei, welche damals in Polen überhand nahm, macht es glaublich, daß manche Christen, von der Bibel geleitet, in der Verwerfung der katholischen Satzungen über das Christentum selbst hinausgingen und sich dem Judentum näherten. Die Tochter des Fürsten M i k o l a u s R a d z i w i l l empfand große Vorliebe für die Lehre M o s e s. Die Witwe eines Krakauer Ratsherrn, K a t h a r i n a Z e l a z e w s k a, bekehrte sich geradezu zum Judentum, wurde selbstverständlich in Krakau verbrannt, ging aber in den Tod mit froher Seele, wie zu einer Hochzeit. — Die Verbindung der reformatorischen Bewegung in Polen mit der Sektiererei der S c h a r a j i t e n in Nowgorod erzeugte in Rußland eine halbjüdische Sekte, die S u b o t n i k s. Die Anhänger des S c h a r j a (S. 414) waren ebenfalls Unitarier, leugneten Jesu Gottheit und verwarfen die Verehrung des Kreuzes, der Heiligenbilder und das

---

[1]) Die Geschichtsliteratur über die polnischen Trinitarier ist sehr reich. Die erste Quelle: S a n d, Bibliotheca Antitrinitariorum ist vielfach ergänzt und bereichert: L u b i e n e c, historia reformationis; B o c k, historia Antitrinitariorum, M o s h e i m, Kirchengeschichte des sechzehnten Jahrhunderts, V a l e r i a n K r a s i n s k i, Geschichte der Reformation in Polen 1848, auch bei L u k a s z e w i c z, Geschichte der reformierten Kirche in Lithauen 1848, M a r h e i n e c k e, theologische Vorlesungen 1848 B. III, F i s c h e r, Geschichte der Reformation in Polen 1855. Die letzte Sekundärquelle enthält viele wichtige Urkunden, ist aber polemisch und verworren.

Mönchtum. Der Metropolitan Zosima, der Apostel dieser Sekte, äußerte sich öffentlich: „Wer ist denn dieser Jesus Christus? Er sollte doch zum zweiten Male erscheinen? Wo bleibt die Auferstehung der Toten?" Nachdem die Scharajiten Gunst und Ungunst bei den russischen Großfürsten gefunden hatten und zuletzt durch den Verfolgungseifer eines Bischofs Genadji und anderer orthodoxer Geistlichen in Nowgorod verbrannt worden waren, trat ein zu dieser Sekte Bekehrter, Theodosius Kosoj aus Moskau, mit Feuereifer für die Verbreitung derselben auf — er soll gar eine Jüdin geheiratet haben — und gewann Anhänger in Weißrußland, in Witebsk und Moskau, selbst unter den Mönchen. Kosoj und sein Anhang erkannten nur das Fünfbuch Moses als heilige Schrift an und verwarfen demzufolge die Dreieinigkeit und Vieles aus dem Ritus der griechischen Kirche. Sie wurden natürlich verfolgt und mußten ihr ketzerisches Bekenntnis verheimlichen. Kosojs Anhänger, durch die Verfolgung zersprengt, zerfielen in Untersekten, von denen sich die Molokani („Milchzehrer") bis auf den heutigen Tag erhalten haben. Sie feierten statt des Sonntags, und deshalb bezeichnete sie der Volksmund als „Subotniks" (Sabbatfeirer); sie haben auch sonst Manches vom Judentum beibehalten und gelten daher in Rußland für judaisierende Christen.[1]

Unter den Unitariern oder den Gegnern der Dreieinigkeit wurden diejenigen, welche sich halb und halb dem Judentume näherten und namentlich die Anrufung und Verehrung Jesu als eine göttliche Person verwarfen, von ihren verschiedenen Gegnern als Halbjuden (Semi-judaizantes) verlästert. Zu den konsequentesten Unitariern in Polen gehörte Simon Budny aus Masovien, Pastor des Calvinschen Bekenntnisses in Klezk (gest. nach 1584), der eine eigene Sekte, die Budnier, stiftete. Er war gelehrter als die übrigen Sektenhäupter, verstand Griechisch und war auch des Hebräischen ein wenig kundig, das er wohl von Juden erlernt hatte. Simon Budny hat sich durch seine einfache Übersetzung des alten und neuen Testamentes ins Polnische (Zaslaw 1572) berühmt gemacht. Seinen Umgang mit Juden bekundete er auch durch seine Hochachtung vor dem sonst von aller Welt geschmähten Talmud[2]. Eine eigene Stellung zu diesem wuchernden Sektenwesen nahm Martin Seidel ein, der zwar ein Schlesier (aus Ohlau) war, aber sich an den Grenzen Polens, wo mehr Gedanken- und Schwärmereifreiheit herrschte, aufhielt. Seidel verwarf Jesus ganz und gar und wollte ihn nicht einmal als Messias

---

[1]) Bei Sternberg 116 f. aus Rudnjews Abhandlung über die russischen Sekten.
[2]) Budnys Urteil über den Talmud bei Bolafio: בן זקונים p. 32a:
עוד יש חכם אחד הנקרא סימון בודיני משבחו מאד (התלמוד) וחושבו יותר מכל ספרי האומות.

und noch weniger als Gott anerkennen. Nach Seidels Ansicht sei der Messias nur den Juden wie das Land Kanaan verheißen, aber nicht als außerordentlich übermenschliches Wesen, sondern als menschlicher König wie David. Das Gesetz des Judentums sei nur für die Juden Norm, für die übrigen Menschen aber seien lediglich die Zehngebote verbindlich.[1])

Wiewohl die reformatorisch-sektiererische Bewegung in Polen und Rußland ungeachtet der häufigen Synoden, Disputationen, Protestationen im ganzen nicht tief eingreifend war, weil der größte Teil der Bevölkerung sich gleichgültig dazu verhielt, und der Adel selbst, der Beschützer derselben, nur oberflächlich davon berührt war, und daher viele Glieder desselben mit einem Sprunge zum Katholizismus zurückkehrten[2]), so ging sie an den Juden doch nicht ganz spurlos vorüber. Sie ließen sich gern mit den Sektenhäuptern oder Anhängern in Disputationen ein, wenn auch nicht gerade um sie zum Judentum zu bekehren, so doch um ihre Überlegenheit in Bibelfestigkeit zu zeigen. Religionsgespräche zwischen ihnen und den Dissidenten (wie man sämtliche vom Katholizismus abgefallenen Polen nannte) kamen daher nicht selten vor.[3]) Ein Unitarier Martin Czechowic (geb. 1530, gest. 1613) aus Großpolen, ein unklarer Kopf, der alle Wandlungen der religiösen Bewegungen durchgemacht — als katholischer Priester (in Kurnik) sich zuerst den Hussiten zuneigte, dann sich abwechselnd zu Luthers, Calvins und Zwinglis Lehre hielt, endlich Schismatiker wurde, die Kindertaufe verwarf und behauptete, ein Christ dürfe kein Staatsamt annehmen — dieser Martin Czechowic hatte in einem Werke die Einwürfe der Juden gegen Jesu Messianität zu widerlegen gesucht und die fortdauernde Verbindlichkeit des Judentums mit alten, rostigen Waffen bekämpft. Gegen diese Beweisführung schrieb, wie es scheint, ein rabbinitischer Jude Jakob (Nachman) von Bełżyce[4]) in Lublin (1581) eine Widerlegung, die so

---

[1]) Über Seidel, Lukaszewicz a. a. O. II p. 829 fg.
[2]) Vergl. Lukaszewicz a. a. O. S. 11, Note 13.
[3]) Martin Czechowic, Rozmowy Christianskie (christliche Dialoge): Lehrer: „Warum hast du mich nicht besucht? Schüler: „Zufällig traf ich gestern Juden, so bald ich nur mit ihnen zu sprechen anfing, gingen sie auf die Sache (Religionsdogmen) ein, empfahlen mir ihre Religion und tadelten alle übrigen, besonders die christliche und türkische. Es ist eine schwere Sache, daß ein Christ einen Juden bekehre." Das Vorkommen häufiger Disputationen geht auch aus Chisuk Emuna hervor: שאלני חכם אחד מחכמי הנוצרים — טען אלי איש אחד מאומות גרציא (רוסיא) — הקשה אלי חכם אחד מחכמי הנוצרים — טען אלי שר אחד מכת מרטין לוטר (I, 1; 4—6; 8f., 40f.).

[4]) Bei Sand und Bock (o. S. 434, Anm. 1) wird eine Schrift angeführt: Odpis Jakuba Żyda z Bełżyce na Dialogi Marćina Czechowica.

scharf gewesen sein muß, daß sich Czechowic herausgefordert sah, seine Behauptung in einer Gegenschrift zu rechtfertigen.

Mehr noch als Jakob von Belzyce ließ sich ein Karäer **Isaak ben Abraham Troki** (aus Trok bei Wilna, geb. um 1533, gest. 1594[1]) in Disputation mit polnischen und litauischen Anhängern verschiedener Bekenntnisse ein. Er hatte Zutritt zu Adligen, Kirchenfürsten und andern christlichen Kreisen, war bibelfest und auch im neuen Testamente, sowie in rabbinischen und in den verschiedenen religiös-polemischen Schriften seiner Zeit belesen und solchergestalt ausgerüstet, gründlichen Bescheid zu geben. Die Ergebnisse seiner ruhig gehaltenen Religionsgespräche sammelte Isaak Troki kurz vor seinem Tode (1593) zu einem Werke, das später berufen war, als Arsenal für die niederschmetternden Geschosse gegen das Christentum zu dienen. „**Befestigung des Glaubens**" (Chisuk Emuna) nannte er sein Werk; aber er entkräftete nicht bloß die vielfachen Angriffe von christlicher Seite gegen das Judentum, sondern ging auch dem Christentume zu Leibe und hob recht geschickt und mit Sachkenntnis die Widersprüche und unhaltbaren Behauptungen hervor, welche in den Evangelien und andern christlichen Urschriften vorkommen. Es ist das einzige Buch eines karäischen Schriftstellers, das sich einigermaßen lesen läßt. Besonders Neues enthält es zwar nicht; alles was darin zur Verteidigung des Judentums und zur Bekämpfung des Christentums vorgebracht wird, ist bereits von

---

Lublin 1581 d. h. Responsio Jacobi Judaei a Bel. ad Dialogos Czechowici. In demselben Jahre schrieb Czechowic dagegen: Vindiciae duorum dialogorum contra Jacobum Judaeum de Belzyce, wahrscheinlich untergegangen. Ferner hat ein Ms. des Chisuk Emuna von Unger (bei Wolf IV. p. 760) zum Schluß die Worte: טען נוצרי אחד לרב נחמן המכונה יעקב מבעל שיץ ואמר הנה בהתחלת הורתכם רמוז כי אלהים הוא אב ובן ורוח הקדש כי אותיות בֹּרָא רומיים זה למפרע . והוא השיב לו וכו׳ Es ist derselbe Notarikon-Unsinn, den auch Reuchlin aufgestellt hat (v. S. 80). Aus dem Umstand, daß Nachman Jakob von Belzyce in einer karäischen Schrift zitiert wird, zu schließen, er sei selbst Karäer gewesen, ist sehr übereilt. Aus seiner Abstammung aus Belzyce und seinem Aufenthalt in Lublin möchte im Gegenteil geschlossen werden können, er sei Rabbinit gewesen; denn daselbst gab es keine Karäer.

[1]) Über ihn Geiger, in Liebermanns Kalender-Jahrbuch Jahrg. 1854, S. 21fg. Schon de Rossi hat bewiesen, daß der Verf. des חזוק אמונה Karäer war. Es bedurfte um so weniger des weitläufigen Gelehrtenapparats im genannten Jahrbuche, um diese Tatsache zu beweisen, als der Verf. im Memoriale der Karäer als erster in der Reihe der Litauischen Karäer aufgeführt wird: זכר החכם המובהק בעל חזוק אמונה .כה' יצחק. Dieses polemisch-apologetische Werk wurde zuerst von Wagenseil ediert 1681 in Tela ignea Satanae mit lateinischer Übersetzung, aber nach einem fehlerhaften Texte, den Wagenseil in Afrika erworben hatte. Korrekt ist die neueste Edition vom Rabbiner M. **Deutsch**, Sorau 1865 und 1873, mit Benutzung der Verbesserungen aus Ungers Kodex.

jüdisch-spanischen Schriftstellern früherer Zeit, namentlich von dem geistvollen Profiat Duran[1]) in schönerer und überzeugenderer Weise gesagt worden. Und doch machte Trokis Werk mehr Glück — so haben auch Schriften ihr eigenes Geschick. Es wurde in die spanische, lateinische, deutsche und französische Sprache übersetzt und erhielt durch das Ankämpfen gegen dasselbe christlicherseits noch mehr Ruf. Ein Herzog von Orleans[2]) machte sich daran, des polnischen Karäers Angriffe auf das Christentum zu widerlegen. Und als die erwachte und gekräftigte Vernunft sich die Aufgabe stellte, die Hebel anzulegen, um die Grundfesten des Christentums zu erschüttern und das ganze Gebäude abzutragen, holte sie auch aus dieser Waffenkammer ihre Werkzeuge.

[1]) B. VIII$_3$ S. 87. [2]) De Rossi, Bibliotheca Antichristiana p. 45.

Dreizehntes Kapitel.

Ansiedelung der Juden in Holland. Erste schwache Anfänge zu ihrer Gleichstellung.

Rückgang der Bildung. Verfolgungen in protestantischen und katholischen Ländern. Kaiser Rudolph II. und der hohe Reb Leb. Mardochai Meisel und seine erstaunliche Wohltätigkeit. Die Juden Italiens und Papst Gregor XIII. Bulle gegen jüdische Ärzte, jüdische Gönner der Marranen und den Talmud. Bekehrungseifer. Papst Sixtus V. David de Pomis. Unterhandlung mit dem Papste wegen Abdruck des Talmud. Clemens VIII. Die Zensurplackereien. Ausweisung aus Mantua und Ferrara. Die Niederlande und die Marranen. Samuel Palache. Die schöne Maria Nuñes und die Auswanderer nach Holland. Jakob Tirado und sein Zusammentreffen mit Mose Uri Halevi in Emden. Erste heimliche Synagoge in Amsterdam. Neue Ankömmlinge; Alonso-Abraham de Herrera. Überraschung der ersten Gemeinde in Amsterdam am Versöhnungstage. Der erste Tempel Jakob Tirados. Beteiligung der portugiesischen Juden an der indischen Handelskompagnie. Märtyrertod des Proselyten Diego de la Ascension. David Jesurun, Paul de Pina-Reül Jesurun, Elia Montalto. Zuwachs der Amsterdamer Gemeinde, ihr Tempel, Rabbinen und Begräbnisplatz. Joseph Pardo, Juda Vega und Jakob Usiel. Beschränkte Duldung in Holland.

(1593—1618.)

Der freie Geist der europäischen Völker, welcher zu Anfang des sechzehnten Jahrhunderts einen so kühnen Hochflug genommen, die alten Fesseln, womit die Kirche die Gemüter so lange geknechtet, gebrochen und den Mehltau des Zweifels an der bis dahin heilig gehaltenen Autorität bis in das Gehirn der Träger der römischen Kurie geworfen hatte, dieser Geist, welcher eine Wiedergeburt der zivilisierten Menschheit und auch politische Befreiung zu bringen versprach, schien in der zweiten Hälfte desselben Jahrhunderts vollständig niedergebeugt zu sein. Das Papsttum oder der Katholizismus hatte sich von seinem ersten Schrecken erholt und sich zusammengerafft. Durch das Konzil von Trient außerordentlich gehoben, schmiedete es neue Fesseln, in welche sich die treugebliebenen Völker gern fügten. Der Orden der Jesuiten, dieser rührige und unermüdliche Vorkämpfer, der den Gegner nicht bloß entwaffnete, sondern ihn auch in seine Reihen herüberzog, hatte mit seinen großartigen Zielen und weiten Plänen bereits viel verlorenen Boden zurückerobert und neue Lagen geschaffen, das Eingebüßte mit doppeltem Zins zurückzugewinnen. Italien, ein großer Teil Süddeutschlands und der österreichischen Länder, Frankreich nach langen Zuckungen und Bürgerkriegen nach der blutigen Bartholomäusnacht und dem Morde zweier Könige und größtenteils auch Polen und Litauen waren wieder katholisch geworden und zwar fanatisch katholisch wie Spanien und Portugal, die lodernden Höllen der Inquisition. In dem lutherischen und reformierten Deutschland, England und Skandinavien war ein anderes Papsttum zur Herrschaft gelangt, das Papsttum der trockenen Glaubensformel, die Knechtschaft des Buchstabens. Das byzantinische Gezänk um schattenhafte Dogmen und begriffsleere Wörter spaltete die evangelischen Gemeinden in ebenso viele Sekten und Untersekten, als es Mittelpunkte gab, und wirkte lähmend auf die politische Neugestaltung. Der Eifer der deutschen Fürsten für die Reformation war, nachdem sie die geistlichen Güter an sich gerissen hatten, bedeutend erkaltet, und sie traten teilweise zum Katholizismus über oder ließen ihre Söhne in ihm erziehen. Die klassische Philologie, welche so befreiend und befruchtend im Anfange gewirkt hatte, war durch die strenge Bibelgläubigkeit von der einen und die Autoritätgläubigkeit von der andern Seite vernachlässigt und zur spielenden Schönschreiberei oder zu gelehrtem Kram herabgesunken. Das Studium der hebräischen Sprache, welches zuerst zündend gewirkt hatte, lag ebenfalls darnieder oder wurde nur oberflächlich für kirchliches Gezänk getrieben. Die Kenntnis der hebräischen Sprache galt in stockkatholischen Kreisen noch immer oder damals erst recht als Ketzerei. Und nun gar erst die rabbinische Literatur! Als der gelehrte spanische Theologe Arias Montano die erste vollständige Polyglottenbibel auf Kosten Philipps II. in Antwerpen herausgegeben, zugleich eine hebräische und verwandtsprachliche Grammatik nebst Wörterbüchern dazu ausgearbeitet und auch auf ältere jüdische Schriftausleger Rücksicht genommen hatte, wurde er, der Liebling des Königs Philipp, er, der selbst einen Index ketzerischer Bücher angelegt hatte, von den Jesuiten und der Inquisition der Hinneigung zur Ketzerei und des heimlichen Judaisierens angeklagt und als Rabbiner verlästert. Wenn sich nicht der König und der Papst seiner kräftig angenommen hätten, wäre er der Inquisition verfallen. Allerdings haben dabei persönliche Gehässigkeit und Neid seiner Gegner eine Rolle gespielt. Aber einen großen Anteil an Montanos Verfolgung hatte das dunkle Gefühl, daß die Verallgemeinerung der hebräischen

Sprache und der Bibelkenntnis die katholische Kirche untergrabe.¹) Die Naturwissenschaften waren auf katholischer wie protestantischer Seite geächtet oder zur demütigen Stellung gegenüber der finstern Theologie mit der Zuchtrute verdammt. Das philosophische Denken mußte sich verkriechen; freie Denker wurden verfolgt und auf dem Scheiterhaufen verbrannt, wie Giordano Bruno, oder mußten heucheln, wie Baco von Verulam. So schien die menschliche Gesellschaft einen Rückgang anzutreten, nur mit dem Unterschiede, daß das, was früher heitere, naive Gläubigkeit war, seitdem finsterer, verbissener Glaubenstrotz geworden war.

Die übereifrige Kirchlichkeit, welche jene Spannung erzeugte, die sich später in der gegenseitigen Vernichtung des dreißigjährigen Krieges entlud, machte den Aufenthalt der Juden in katholischen wie in protestantischen Ländern zu einer immerwährenden Qual. Luthers Anhänger in Deutschland vergaßen, was Luther im Anfang zu deren Gunsten so eindringlich geäußert hatte, um sich nur dessen zu erinnern, was er in seiner Verbitterung im Alter Gehässiges gegen sie vorgebracht hatte (o. S. 297 f.). So wurde den Juden Berlins und des Brandenburgischen Gebietes die traurige Wahl gestellt, sich taufen zu lassen oder auszuwandern, weil der jüdische Finanzminister, der mächtige Günstling des Kurfürsten Joachim II. und seine rechte Hand in finanziellen Schwindeleien, der Arzt Lippold, von seinem Nachfolger Johann Georg in Untersuchung gezogen, unter der Folter ausgesagt hatte, seinen Gönner vergiftet zu haben, obwohl er es später widerrufen hatte.²) Die katholischen Völker und Fürsten brauchten ihren protestantischen Gegnern nicht an Duldsamkeit und Menschlichkeit voranzugehen, und so wurden denn auch um dieselbe Zeit in einigen mährischen Städten die Juden von der Bevölkerung totgeschlagen³) und im Mainzischen von dem Erzbischof Daniel gequält, geschunden und dann ausgewiesen.⁴)

Es war ein halbglücklicher Zufall für die Juden Deutschlands und der österreichischen Erbländer, daß der damalige Kaiser Rudolph II., obwohl ein Jesuitenzögling, in dem Lande der

---

¹) Vergl. über Arias Montanus' Verfolgung Llorente, histoire de l'Inquisition en Espagne III p. 75 fg. und über den Charakter der ersten Polyglotte (Regia), gedruckt Antwerpen 1569—1572, bei Wolf Bibliotheca II p. 341 fg.
²) 1573. S. Menzel, Geschichte von Preußen in Heeren und Uckert I. p. 346. Mendelsohns Vorrede zu Manasse ben Israel.
³) Gans, Zemach David I. und II. zum J. 1574.
⁴) Schaab, diplomatische Geschichte der Juden von Mainz S. 182 fg. Zeit zwischen 1577—1582.

stets rauchenden Scheiterhaufen erzogen und ein Todfeind der Protestanten, gegen die Juden nicht allzu vorurteilsvoll war. Wenn er auch vermöge seiner Schwäche und Haltlosigkeit nicht imstande war, Verfolgungen gegen sie Einhalt zu tun, so beförderte er sie doch wenigstens nicht. Rudolph richtete doch wenigstens einen Erlaß an einen Bischof (von Würzburg), die Juden in ihren Privilegien nicht zu kränken, und an einen andern (von Passau), sie nicht vermittelst der Folter zu peinigen.[1]) Damit er aber ja nicht von seinen Zeitgenossen oder der Nachwelt als Judengönner verschrieen werde, erließ er zur Abwechslung einen Befehl, die Juden innerhalb eines halben Jahres aus dem Erzherzogtum Österreich auszuweisen.[2])

Die Zeitgenossen machten damals viel Wesens von einer Unterredung, welche der Kaiser mit dem damaligen Rabbiner oder vielmehr Lehrhausleiter Liwa (Juda) ben Bezalel (geb. um 1525, starb 1609)[3]) geführt, ja ihn eigens dazu berufen hat. Dieser Mann ist unter dem Namen „der hohe Rabbi Leb" mehr durch die Sage als durch seine Leistungen bekannt geworden. Seine talmudischen und rabbinischen Kenntnisse waren nicht so bedeutend, daß er den zeitgenössischen Großen der polnischen Schule an die Seite zu stellen wäre. Er beschäftigte sich auch mehr mit agadischer als mit halachischer Auslegung und schriftstellerte meistens auf jenem Gebiete. Liwa ben Bezalel hatte sich zwar einige mathematische und oberflächliche philosophische Kenntnisse angeeignet, die er aber zur leidenschaftlichen Bekämpfung der freien Forschung und zur Verketzerung der Denker, namentlich des Asarja deï Rossi (o. S. 386) benützte.[4]) Das Volk glaubte von ihm, er habe aus Ton einen Menschen (Golem) gebildet, ihm durch einen Zettel, mit Gottesnamen beschrieben, Leben eingehaucht und ihn zu seinem Dienste verwendet. So oft er ihm den kabbalistischen Zettel entzogen, sei der Golem wieder in einen Tonkoloß zurückgesunken. Über die wesenhaften Geister in den Seelen und Gemütern der Menschen hatte Liwa keine Macht. Hatte Kaiser Rudolph, der sich selbst auf Erforschung der Naturgeheimnisse in müßiger Spielerei verlegt hatte, Liwa ben Bezalel zur Audienz eingeladen, um von ihm Wundertaten

---

[1]) Wolf, Aktenstücke in Maskir I. p. 131 vom Jahre 1577.
[2]) Wolf a. a. O.
[3]) Seine Biographie von Hook, in Liebens Grabsteinschriften des Prager Friedhofes S. 2 fg.
[4]) Seine Schrift באר הגולה (Prag 1580) ist eine fortlaufende Polemik gegen alle diejenigen, welche auch nur einen leisen Zweifel an der talmudischen Agada ausgesprochen haben; von p. 38 b an ist die Polemik gegen Asarja deï Rossi gerichtet.

solcher Menschennachbildung zu lernen oder sonst kabbalistische Geheimnisse von ihm zu erfahren? Der Rabbiner verschwieg hartnäckig den Gegenstand der Unterredung mit dem Kaiser. Aber erfreulicher Art war sie wohl nicht. Denn Liwa verließ mehrere Monate darauf Prag, um das Rabbinat in Posen anzunehmen, das gerade auch nicht glänzend gewesen sein kann, da die Gemeinde kurz vorher durch einen großen Brand in äußerste Not geraten war.¹)

Der kleinliche, habgierige Charakter des Kaisers, der sich mit den Sternen und mit Goldmacherkunst beschäftigte und für seinen Schmelztiegel edles Metall gebrauchte, zeigte sich in seinem Verfahren gegen einen edlen Prager Juden, den die Zeitgenossen nicht genug verherrlichen konnten, und dessen Andenken bis auf den heutigen Tag durch Denkmäler der Wohltätigkeit geblieben ist.

Marco oder Mardochaï Meisel (Mehsell, geb. 1528, gest. 1601)²) gehörte zu den selten auftauchenden Menschen, welche den Mammon, die Quelle so vieler Übel und Verbrechen, zu heiligen vermögen und den rechten Gebrauch davon zu machen wissen. In Geschäftsgemeinschaft mit einem Arzte Isaak hatte er so glückliche Erfolge erzielt, daß er, nachdem er mit einem großen Teil seines Vermögens Segen um sich verbreitet hatte, noch über 600000 Mark Silbers hinterlassen haben soll. Meisel war der erste jüdische Kapitalist in Teutschland. Ein solcher Mann, den Wohltätigkeitssinn und Edelmut noch mehr als Reichtümer hoben, hätte es in jedem andern Lande zu einer angesehenen Stellung gebracht; in Deutschland soll Meisel höchstens den Titel Rat des Kaisers Rudolph erhalten haben. Für die zerrüttete, verkommene und verarmte Prager Gemeinde war Meisels reiche und weise spendende Hand ein erquickender Tau. Er speiste die Hungrigen, kleidete die Nackten, verheiratete jährlich zwei verwaiste Jungfrauen, baute Armenhäuser und Hospitäler, und, was noch mehr bedeutet, er schoß auch dem Herabgekommenen zinsfreie Gelder zum Geschäftsbetriebe vor. Durch seine unermüdliche Wohltätigkeit steuerte er der schrecklichsten Not, welche in Prag seit der Rückkehr der Juden aus ihrer Verbannung (o. S. 349) geherrscht hatte. Sogar den Schmutz des Judenviertels verbannte er durch Pflasterung desselben. Es versteht sich von selbst, daß, religiösen Sinnes, wie er war, er auch Anstalten zur Förderung des Juden-

---

¹) Ganz, Zemach David I. z. J. 5352. Die Unterredung Liwas mit dem Kaiser fand statt 1592 und schon Ijar desselben Jahres verließ er Prag. Über den großen Brand in Posen Juni 1590 s. Perles a. a. O. 30.

²) Quellen über ihn bei seinem Zeitgenossen Ganz das.; die Grabschrift auf ihn bei Lieben a. a. O. Nr. 16 und Hook dazu; Fortsetzer des Emek ha-Bacha p. 171 fg. Wolf, Aktenstücke, Maëtir Jahrg. 1862 p. 40.

tums ins Leben rief, ein Lehrhaus (Klaus), dessen Leiter (Liwa ben Bezalel)[1]) und Jünger auf seine Kosten unterhalten wurden und zwei Synagogen, wovon der Bau der einen, der Meiselsynagoge, ihm über 10000 Thlr. gekostet, die damals als ein Kunstwerk galt und seinen Namen bis auf den heutigen Tag verewigt. Meisels Wohltätigkeit beschränkte sich weder auf Juden allein, noch auf seine eigene Gemeinde. Verfolgte und in Gefangenschaft geratene Juden befreite er mit reichen Mitteln aus Not und Knechtschaft. Als das Judenviertel in Posen ein Raub der Flammen geworden (1590) und, der größte Teil der Gemeinde in Armut geraten war, schenkte er ihr die beträchtliche Summe von 10000 Talern und eben so viel später der in Not geratenen Krakauer Gemeinde. Daß er auch die Gemeinde in Jerusalem mit Spenden bedacht hat, lag in der religiösen Richtung jener Zeit und kann nicht besonders hoch angeschlagen werden. Mehr noch als für die Steuerung der Not leistete Meisel für die Steuerung der Zerrüttung der Prager Gemeinde, in welcher damals die Ungerechtigkeit und Käuflichkeit ihr Zelt aufgeschlagen hatten. Die Vorstandswahl gab stets Veranlassung zu schreiendem Skandal. Nicht Würdigkeit oder Unwürdigkeit, sondern Gunst oder Feindschaft gab den Ausschlag für Wahl oder Ausschließung von derselben. Die kaiserlichen Behörden mußten sich daher in die Gemeindeangelegenheiten mischen und Vorsteher aufdrängen, wobei natürlich auch nicht immer nach Billigkeit verfahren wurde. Durch Meisels Bemühung erhielt die Prager Judenschaft wieder ihre Wahlfreiheit für Älteste, Rabbiner und Richter, und er hat wohl dafür gesorgt, daß sich die Ungebührlichkeiten dabei nicht wiederholten.[2])

Wie wurde dieser edle Mann oder dieser kaiserliche Rat vom Kaiser Rudolph behandelt? Meisel hatte einem Edelmann eine Summe Geldes geliehen und sie sich auf dessen Güter versichern lassen. Der Schuldner machte aber den Einwand geltend, daß es gegen das Gesetz sei, liegende Güter an Juden zu verpfänden, und demgemäß erklärte die kaiserliche Kammerkanzlei Meisels Schuldforderung für verfallen. — Er hatte ferner der kaiserlichen Kasse eine bedeutende Summe vorgeschossen und Silbergeschirr für die Tafel geliefert, natürlich auf Interessen. Aber er erhielt weder die Zinsen, noch das Kapital zurück.[3]) Noch habgieriger und gewissenloser zeigte sich des Kaisers Sinn nach Meisels Ableben. Wohl ehrte er Meisels

---

[1]) Auf Meisels Grabschrift heißt es: ועשה בית ועד לחכמים, und von Liwa b. B. referiert Gans I. 5352: יסד בית ועד לחכמים הנקרא קלויז . . . ; ליוא ב' ב' ; daraus scheint die Identität Beider hervorzugehen.

[2]) Folgt aus dem Aktenstück, mitgeteilt von Wolf, Maskir a. a. O.

[3]) Das.

Hülle indem er sich bei dessen Leichenbegängnis vertreten ließ. Viele Hofbeamte folgten dem Zuge des aufrichtig betrauerten Wohltäters, aber dessen letzten Willen ehrte der Kaiser nicht. Er hatte bei Ermangelung eines Leibeserben seine Neffen zu Erben eingesetzt und ihnen wahrscheinlich aufgetragen, sein Andenken durch Gründung von Wohltätigkeitsanstalten zu erhalten. Aber der Kaiser ließ dessen ganze Hinterlassenschaft, bares Geld und unbewegliches Gut, über eine halbe Million, einziehen, indem der kaiserliche Fiskus die Erbschaft kinderlos verstorbener Juden, als kaiserlicher Kammerknechte, anzutreten berechtigt sei. Die Rabbinen wurden noch dazu gezwungen, unter Androhung des Bannes, allen Schuldnern Meisels und denen die sonst etwas von ihm in Händen hätten, zur Pflicht zu machen, alles vollständig an die kaiserliche Kammer auszuliefern. Der Prozeß wegen dieser Hinterlassenschaft zog sich 10 Jahre in die Länge.

In dieser Lage, von Katholiken und Lutheranern ohne Unterschied gerupft und mit Füßen getreten oder ins Elend gejagt, vom Kaiser wenig geschützt, aber dafür ausgesogen, steigerte sich die Verkommenheit und Gesunkenheit der deutschen Juden noch mehr, wenn das noch möglich war. Sie waren so sehr von Sorgen für den Augenblick erfüllt, daß sie sogar das Talmudstudium, das ihrem Geiste sonst Nahrung gegeben, vernachlässigt haben. Außer Liwa ben Bezalel, seinem Bruder Chajim ben Bezalel[1]) und allenfalls ihren zwei andern Brüdern, gab es damals in Deutschland keinen Talmudisten von einiger Bedeutung.

Den Juden Italiens erging es in dieser Zeit fast noch schlimmer, und auch sie sanken in Elend und Verkommenheit. Hier war der Hauptsitz der verbissenen, schadenfrohen, unerbittlichen, kirchlichen Reaktion, die auf nichts sann, als darauf, die Gegner des Katholizismus vom Erdboden zu vertilgen. Vom Vatikan aus wurde die Brandfackel des Bürgerkrieges nach Deutschland, Frankreich, den Niederlanden geschleudert. Da nun die Juden seit Paul IV. und Pius V. (o. S. 324 f., 353 f.) auf der Liste der Ketzer oder der Feinde der Kirche standen, so war ihr Los nicht beneidenswert. Mit dem Verlust des letzten Restes ihrer Freiheit verloren sie auch ihre Zahl. In Süditalien wohnten keine Juden mehr. In Norditalien zählten die größten Gemeinden Venedig und Rom etwa zwischen 2000 und 1000 Seelen, in Mantua 1844 und im ganzen Mailändischen (Cremona, Lodi, Pavia, Alessandria, Casalmaggiore wohnten nur 889).[2])

Auf Pius V., der von Natur finster kirchlich und verfolgungssüchtig war, und die Juden wie verfluchte Söhne Chams behandelt

---

[1]) Jünger Schachnas und Genosse Isserles', starb in Friedberg 1588.
[2]) Maskir V. p. 75.

hatte, war Gregor XIII. gefolgt (1572—1585), der von den Jesuiten und Theatinern künstlich zum Fanatismus abgerichtet worden war. Und der Wille des strengen Papsttums war für Italien maßgebend. Für die Juden war Gregor der konsequenteste Fortsetzer der Lieblosigkeit seines Vorgängers. Es gab trotz wiederholter Verbote noch immer viele Christen in Italien, welche — in ihrer Verblendung — sich lieber von jüdischen bewährten Ärzten, wie David de Pomis, Elia Montalto, als von christlichen Quacksalbern heilen lassen wollten. Das wollte Gregor aufs strengste verboten wissen. Indem er das alte kanonische Gesetz erneuerte,[1]) daß christliche Kranke nicht von jüdischen Ärzten behandelt werden dürften, und daß sie innerhalb dreier Tagen vom Beginn der Krankheit die Sterbesakramente nehmen müßten, belegte er nicht bloß die christlichen Übertreter desselben mit schwerer Strafe, sondern auch die jüdischen Ärzte, wenn sie sich einfallen ließen, einem christlichen Leidenden das Leben zu verlängern oder auch nur die Schmerzen zu mildern. Seine Strenge drang diesmal durch. Ein anderes gregorianisches Gesetz traf nicht bloß einen Stand, sondern die Juden im allgemeinen. Er stellte sie unter die Argusaugen der Generalinquisition. Wenn einer von ihnen irgend etwas Ketzerisches, d. h. der Kirche Mißliebiges, behauptete oder lehrte, ja, wenn er mit einem Ketzer oder einem von der Kirche Abgefallenen umginge oder ihm auch nur die geringste Hilfeleistung oder Gefälligkeit erwiese, solle er von der Inquisition vorgeladen und, je nach Befund, zum Verlust des Vermögens, zur Galeerenstrafe oder gar zum Tode verurteilt werden. Wenn also ein aus Spanien oder Portugal entflohener Marrane in Italien betroffen wurde, daß sein jüdischer Bruder ihm Herberge gegeben oder Erquickung gereicht, so konnten beide gewärtig sein, dem unerbittlichen Arm der italienischen Generalinquisition zu verfallen. Auch gegen den Talmud entlud sich der Zorn des Papstes Gregor XIII. Die Juden wurden abermals ermahnt, die talmudischen und andere als kirchenfeindlich verdächtigen Bücher auszuliefern, die römischen innerhalb zehn Tagen, die übrigen innerhalb dreier Monate. Die Inquisitoren und andere geistliche Behörden wurden angewiesen, überall Nachsuchungen nach solchen zu halten. Wer später im Besitze derselben betroffen werden sollte, selbst mit Angabe, daß sie von den angeschuldigten Stellen gereinigt und zensiert wären, sollte einer schweren Strafe verfallen[2]) — Am meisten ließ sich Gregor XIII. die Bekehrung der

---

[1]) Bulle vom 30. März 1581: Multos adhuc ex Christianis hominibus esse, qui ... praecipue Judaeorum et aliorum infidelium cura sanari volunt.

[2]) Bulle vom 1. Juni 1581. Ne quosvis libros Thalmudicos ... etiam sub praetextu, quod expurgati fuerant vel donec expurgentur, legere, habere vel retinere, emere vel vendere aut evulgare audeant vel praesumant (Judaei).

Juden angelegen sein. Er, der die Jesuiten und ihre fangarmige Schule aufs nachdrücklichste beförderte, ein propagandistisches Seminar aller Nationen — damals mit fünfundzwanzig Sprachen — ausstattete und als Collegium Germanicum begründete, um vermittelst der darin gebildeten Zöglinge die abgefallenen Deutschen wieder in den Schoß des Katholizismus zu locken, er schärfte das kanonische Gesetz ein, daß christliche Prediger an Sabbaten und Feiertagen in den Synagogen, womöglich in hebräischer Sprache, über die christliche Glaubenslehre Vorträge halten sollten, und die Juden, mindestens der dritte Teil der Gemeinde, beide Geschlechter, Erwachsene über zwölf Jahre, mußten sich dazu einstellen. Die katholischen Fürsten wurden ermahnt, solchen Bekehrungseifer zu unterstützen.[1]) Was der halbtolle schismatische Papst (Benedictus XIII.) in leidenschaftlicher Erregtheit ersonnen hatte, das verschärfte bei kaltem Blute der Oberhirt der gesamten katholischen Kirche, einen Religionszwang aufzulegen, welcher dem des Antiochus Epiphanes, den Tempel des einigen Gottes dem Jupiter zu weihen, nicht ganz unähnlich war. Charakteristisch ist der Zug für die damalige Anschauung, daß die Juden gehalten sein sollten, den ihnen widerwärtigen Predigern für den ihnen angetanen Gewissenszwang Gehalt zu geben! Wie sein Vorgänger Pius V. scheute Gregor kein Mittel, Juden anzulocken. Wie jener einen angesehenen Juden der römischen Gemeinde von spanischer Abkunft Elia Corcos nach seinem Übertritt zum Christentum adelte, so erhob auch dieser einen Verwandten dieser Familie, Salomo Corcos samt Sohn und Schwiegertochter in den römischen Adelsstand.[2]) So manche ließen sich aus Furcht oder Vorteil zur Bekehrung bewegen, und einige von ihnen unterstützten die Plackereien der italienischen Juden. Denn Gregors Erlasse blieben nicht toter Buchstabe, sondern wurden mit aller Strenge und Herbigkeit durchgeführt.

Eine besondere Freude machte es der bekehrungssüchtigen Klerisei, wenn sie einen jüdischen Täufling fand, der, des Hebräischen kundig, sich dazu hergab, den Juden das Christentum in ihrer Synagoge zu predigen. Ein solcher war Andrea de Monti. Er war so hochherzig, für seine Bekehrungspredigten von ihnen keine Belohnung zu verlangen. Ein Jude hatte den Mut, diesem Überläufer in einem anonymen Brief zu sagen, was die Zuhörer von ihm und von dem unbarmherzigen päpstlichen Regimente dachten. Diese Regierung

---

[1]) Bulle vom 1. Sept. 1584 im Bullarium magnum Romanum, auch bei Bartolocci Bibliotheca III p. 784.

[2]) Bei Bartolocci das. p. 785. Der das. genannte Elia Corcossus et doctrina et divitiis inter suos princeps, scheint nicht identisch zu sein mit כמה׳ אליה קורקוס רופא bei de Pomis, Einleitung zu seinem צמח דוד von 1587.

sei eben so weltlicher Natur, wie die der Pharaonen, der Chaldäer und der alten Römer, und wie diese nicht imstande waren, dem von Gott erwählten Volke, dem Samen Abrahams, beizukommen, so werde es ebenso wenig dem christlichen Despoten gelingen. Gottes fortdauernder Schutz für dieses Volk erweise sich auch darin, daß selbst unter der Allgewalt des Papsttums die Juden von einigen Fürsten geachtet, geehrt, frei und reich seien. Ihm, dem apostatischen Prediger werde es wie Haman ergehen. Gott habe tausend Wege die Verfolger und Bedrücker seines Volkes zu züchtigen. Sie dankten ihm keineswegs dafür, daß er ihnen unentgeltlich predige. Sie würden lieber von jedem urchristlichen Prediger für Bezahlung die Predigten anhören als von ihm.[1]) Infolge dieses Gewissenszwanges und anderweitiger Quälereien verließen viele Juden Babel-Rom.[2])

Unter seinem Nachfolger Sixtus V. (1585—1590), jenem Papste, dessen Erhebung vom Schweinehirten zum Oberhirten der katholischen Christenheit und dessen rücksichtslose Energie in der Verwaltung des Kirchenstaates ihn zu einer außergewöhnlichen Erscheinung gestempelt hat, änderte sich scheinbar die Lage der Juden Roms. Er duldete sie um sich und hegte einen aus Portugal entflohenen Marranen, Lopez, der ihm Ratschläge zur Verbesserung der kirchenstaatlichen Finanzen gab.[3]) Es war keine geringe Nachsicht, einem vom Katholizismus Abtrünnigen, den seine unmittelbaren Vorgänger auf dem Petrusstuhle hätten verbrennen lassen, ein solches Vertrauen zu schenken! Aber er ging noch weiter und erließ eine Bulle (22. Okt. 1586), welche fast sämtliche Beschränkungen seiner Vorgänger aufhob. Sixtus gestattete nicht bloß den Juden, in allen Städten des Kirchenstaates zu wohnen, sondern auch mit Christen zu verkehren und sich ihrer als Gehilfen zu bedienen. Ihre Religionsfreiheit umgab er mit schützenden Paragraphen und erteilte ihnen Amnestie für vergangene Verbrechen, d. h. für Verurteilungen wegen des Besitzes ihrer Religionsschriften. Er verbot ferner den Rittern des Malteserordens, zur See von Europa nach der Levante oder umgekehrt fahrende Juden zu Sklaven zu machen, was diese gottgeweihten Streiter bis dahin zu tun pflegten. Papst Sixtus

---

[1]) Charles Dejob in Revue d. Et. XI 87. Dejob vermutet, daß dieser Prediger Andrea de Monti identisch sei mit demjenigen, welchen Montaigne im Jahre 1581 in Rom gehört hat, und den er bezeichnet als: un Rabi renié qui prêchait les Juifs le Samedi après-diner.

[2]) Leti, vita di Sisto Quinto c. 14. Auffallend ist, was der Fortsetzer des Emek ha-Bacha von ihm berichtet p. 147: וישנו . . . אפיפיור גרינורין
שארית ישראל בימיו בשלוה ובמישור.

[3]) Ranke, Fürsten und Völker II. S. 466.

war der Mann, welcher seinem Gesetz gewordenen Worte Achtung zu verschaffen wußte, darum kehrten die ehemals ausgewiesenen Juden wieder nach dem Kirchenstaate zurück. Die römische Gemeinde zählte unter ihm 200 Mitglieder.[1]) Endlich hob er den Bann, welcher auf den jüdischen Ärzten lastete, christliche Leidende nicht behandeln zu dürfen, auf. Nur die von seinem Vorgänger eingeführten Zwangspredigten ließ Sixtus bestehen.

Diese damals wichtige Toleranz, jüdische Ärzte zu christlichen Kranken zuzulassen, hat wahrscheinlich der damals berühmte Arzt David de Pomis für sich und seine Kollegen vom Papste erwirkt. David de Pomis (geb. in Spoleto 1525, gest. in Venedig 1588) aus einer sehr alten jüdischen Familie, deren Stammvater schon unter Titus nach Rom gekommen sein soll, war eine nicht alltägliche Erscheinung. Er verband mit medizinischer Kenntnis Sprachkunde und Belesenheit in der jüdischen und klassischen Literatur, schrieb Hebräisch und Lateinisch gleich elegant und verstand auch Philosophie. Den Wechsel der Stimmungen in der päpstlichen Kurie erfuhr er recht empfindlich auf seinem Lebenswege. Durch Pauls IV. judenfeindliche Erlasse war er um sein ganzes Vermögen gekommen. Von Pius IV. freundlich behandelt, gestattete man ihm infolge eines schönen lateinischen Vortrages, vor diesem Papste und dem Kardinalskollegium gehalten, ausnahmsweise bei Christen zu praktizieren; aber von Pius V. wieder quälerischen Beschränkungen unterworfen, mußte er seine Kunst im Dienste kleiner und launenhafter Adliger verwerten. Um die unburchdringlichen Vorurteile gegen die Juden und namentlich gegen die jüdischen Ärzte in ihr Nichts aufzulösen, arbeitete de Pomis ein lateinisches Werk: „Der hebräische Arzt[2]) aus, das ein sehr günstiges Zeugnis für seine edle Gesinnung und seine gediegene Bildung ablegt. Mit einem Aufwand von Beredsamkeit führte de Pomis den Beweis, daß der Jude von seiner Religion verpflichtet sei, den Christen als seinen Bruder zu lieben, und daß der jüdische Arzt, weit entfernt, dem leidenden Christen Schaden zufügen zu wollen, ihm vielmehr die aufmerksamste Pflege zuzuwenden pflege. Er zählte eine Reihe von jüdischen

---

[1]) Bulle vom 22. Okt. 1586: Christiana pietas infelicem Hebraeorum statum commiserans, findet sich nicht in allen Bullarien, sondern nur in Coquelines' Bullarum etc. amplissima collectio Tomus IV. pars IV. Nr. 69 der sixtinischen Konstitutionen. Sie ist größtenteils in italienischer Sprache abgefaßt, in der ausgesprochenen Absicht, damit sie von dem Volke gelesen werde. Der Inhalt ist auch angegeben in der Fortsetzung des Emek ha-Bacha p. 155. Vergl. Leti das.

[2]) De medico Hebraeo enarratio apologetica (Venedig 1588); sein zweites Hauptwerk צמח דוד, Lexicon Hebraicum (das. 1587). Die Einleitung enthält das angegebene Biographische.

Ärzten auf, welche Kirchenfürsten, Kardinäle und Päpste behandelt und deren Gesundheit wiederhergestellt hatten und von diesen, sowie auch von ganzen Städten ausgezeichnet worden waren. Zum Schlusse teilte Pomis sittliche Kernsprüche aus dem Talmud in lateinischer Übersetzung mit, um darzutun, daß dieses vielfach verlästerte Buch nicht so verderblich sei, wie die Judenfeinde angaben. Diese Apologie für das Judentum und die jüdischen Ärzte, die er dem Fürsten Francisco Maria von Urbino gewidmet hat, und deren eleganter lateinischer Stil von einem kundigen Geschmacksrichter seiner Zeit sehr gepriesen wurde, scheint einen Eindruck auf den Papst Sixtus gemacht zu haben. De Pomis muß ihm überhaupt nahe gestanden haben, da er ihm seine zweite bedeutende literarische Arbeit, ein talmudisches Wörterbuch in drei Sprachen, widmen durfte.

Das günstige Verhalten dieses Papstes gegen die Juden ermutigte sie zu der Hoffnung, welche für sie zugleich eine Gewissens- und Existenzangelegenheit war, den Bann über den Talmud und das jüdische Schrifttum für immer aufgehoben zu sehen. Unter den zwei letzten Päpsten durfte in Italien kein Talmudexemplar zum Vorschein kommen, ohne dem Besitzer Fährlichkeiten von seiten der lauernden Inquisition zuzuziehen. Auch andere ganz harmlose Schriften in hebräischer Sprache zu besitzen, war nicht ohne Gefahr; denn da die Inquisitoren und die geistlichen Behörden nichts davon verstanden, so verurteilten sie durchweg alles als kirchenfeindlich — ein weiter Spielraum für Denunziationen! Es hing dann in letzter Instanz von der Stimmung getaufter, des Rabbinischen kundiger Juden ab, ob der Besitzer eines hebräischen Buches zum Verluste seines Vermögens oder gar zu den Galeeren verurteilt werden sollte. Um nun solchen Plackereien zu entgehen, hatte die Gemeinde von Mantua die Beratung einer Bitte an Sixtus V. angeregt, den Juden zu gestatten, Talmudexemplare und andere Schriften zu besitzen, wenn dieselben vorher von den angeschuldigten, scheinbar christenfeindlichen Stellen gesäubert und zensiert würden. Die Gemeinden von Mailand, Ferrara und andere schlossen sich dem Schritte an. Sie konnten sich auf den Beschluß des Papstes Pius IV. berufen, daß der Talmud nicht ohne weiteres verdammt sei, sondern daß er nur verdammungswürdige Stellen enthalte, die durch Zensurstriche entfernt werden sollten (o. S. 351). Mit 2000 Skubi versehen, hatte sich ein jüdischer Deputierter Bezalel Masserano (Juni 1586)[1] nach Rom begeben, um die Bitte der Juden zu den

---

[1] Vergl. darüber Emek ha-Bacha p. 155; Bericht M. Mortaras, Zensur hebr. Bücher in Italien und Canon purificationis = ספר הזקוק in Maskir V. p. 72 fg., 96 fg.

Füßen seiner Heiligkeit zu legen. Und sie wurde in einer Bulle (vom 22. Okt. 1586) bewilligt, vielleicht durch Vermittlung des Lopez und jedenfalls durch Aussicht auf Geldgewinn. Sixtus gestattete den Wiederabdruck des Talmuds und anderer Schriften, allerdings nach vorangegangener Zensur. Dazu wurden zwei Kommissionen ernannt, zu welchen natürlich getaufte Juden als Sachverständige zugezogen wurden. Schon freuten sich die italienischen Juden, einen, wenn auch verstümmelten Talmud besitzen zu dürfen. Sie gingen daran, eine neue Ausgabe desselben zu veranstalten; denn die kurz vorher in Basel erschienene Ausgabe des Talmuds[1]) war gar zu sehr von der Zensur mißhandelt und unbrauchbar geworden. Ein ganzer Traktat, der vom Götzentum und Heidentum handelt (Aboda Sara), war weggelassen, als bezöge sich das, was in diesem Traktate von Götzendienst und Abgötterei gesagt ist, ohne weiteres auf das Christentum. Viele Summen waren aber zur neuen Auflage des Talmuds erforderlich; um diese zu beschaffen, richtete das römische Rabbinat Rundschreiben an die Gemeinden, ein so frommes Unternehmen durch reiche Spenden zu unterstützen. Allein kaum hatte die Kommission die Zensurbedingungen zusammengestellt (7. August 1590), so starb der kluge Papst und das begonnene Unternehmen, den Talmud, wenn auch mit Verstümmelung wieder abzudrucken, unterblieb teils aus Mangel an Eifer von seiten der reichsten venezianischen Gemeinde, teils durch eingetretene Ungunst der Zeiten.

Sixtus' V. Nachsicht gegen die Juden war nämlich nicht einem Gerechtigkeitsgefühl entsprungen, sondern aus seiner glühenden Leidenschaft, einen bedeutenden Schatz zu sammeln. „Den Christen," sagt sein Biograph, „ließ dieser Papst an der Kehle zur Ader, den Juden dagegen zapfte er das Blut aus allen Gliedern."[2]) Sie sahen sich öfter genötigt, unglaubliche Summen in die päpstliche Schatzkammer zu liefern. Er schützte sie wohl gegen Mißhandlung recht kräftig. Einen Diener des gräflichen Hauses Conti, der einem Juden den Hut vom Kopfe gerissen und in den Tiber geworfen hatte, ließ er im Ghetto vor den Augen der Juden hängen. Aber Geld mußten sie hergeben, viel Geld.

Für Geld ging er auch zuweilen von seiner sprichwörtlich gewordenen Regentenstrenge ab. Unter seiner Regierung kam nämlich ein christlicher Shylock in Rom vor. St. Domingo, die spanische Besitzung in Westindien, wurde von den Engländern unter Drake hart belagert (1586). Ist die Insel von den Engländern

---

[1]) 1570—1580 vergl. darüber Wolf Bibliotheca II p. 900 fg.
[2]) Leti a. a. O.

erobert worden oder nicht? Darüber entstand auf der Börse in Rom ein hitziger Wortwechsel zwischen einem christlichen Kaufmann **Pietro Secchi**, der gewisse Nachricht über den Fall St. Domingos erhalten haben wollte, und einem jüdischen **Sansone Ceneda**, welcher es in Abrede stellte und im Eifer des Streits eine Wette einging, ein Pfund Fleisch aus seinem Leibe schneiden zu lassen, wenn er verlieren sollte. Der christliche Kaufmann gewann die Wette und bestand auf dem verpfändeten Pfund Fleisch des Juden. Als Sixtus von dieser Wette vernahm, lud er beide vor sich, sprach dem Gewinner sein Recht zu, aber mit der Drohung, sein Leben zu verwirken, wenn er ein Drachme mehr ausschneiden sollte. Er verurteilte aber beide zum Tode, den Christen, weil er den Tod des Juden geplant hatte, und diesen, weil er seinen Leib, der dem Souverän gehört, verwettet hatte. Erst durch Vermittlung eines Kardinals begnadigte sie der Papst zuerst zur Galeere und dann zu einer Geldstrafe von je 2000 Skudi.[1]) Der christliche Shylock ist noch gelinde genug davongekommen.

Es scheint, daß im Kardinalskollegium kurz nach Sixtus' Tode seine Behandlung der Juden maßgebend geblieben ist. Denn Gregor XIV., obwohl ein Fanatiker, gestattete trotz des kanonischen Verbotes gleichgesinnter Vorgänger dem halbnärrischen jüdischen Arzte und langweiligen Schriftsteller **Abraham ben David Portaleone** (geb. 1542 in Mantua, gest. 1612)[2]), die ärztliche Praxis für Christen (August 1591). Dieser Papst brachte aber die Zeit seines Pontifikats größtenteils auf dem Siechenbette zu, es ist also eher anzunehmen, daß diese Nachsicht von sixtinisch gesinnten Kardinälen ausgegangen war. — Mit Clemens VIII. dagegen (1592—1605) kehrte das unduldsame System Pauls IV., Pius' V. und Gregors XIII. in Behandlung der Juden wieder. Gleich im Beginne seiner Priesterherrschaft führte er wieder die drückendsten Beschränkungen gegen die Juden des Kirchenstaats Venaissin ein, daß sie ja nur mit alten Kleidern Handel treiben sollten, mit einem leisen Tadel gegen Sixtus V., daß sie durch Lässigkeit nicht beachtet worden wären (Febr. 1592).[3]) In Carpentras und andern Städten dieses päpst-

---

[1]) Leti zum Jahre 1587 in den Ausgaben vom Jahre 1593 und folgendenden, Parte terza, libro II p. 135. In den älteren Ausgaben fehlt diese Erzählung, weil Leti sie erst später zur Charakteristik dieses Papstes nachgetragen hat.

[2]) Vergl. über ihn die hebr. Bibliographie und Wolfs Aktenstücke in Maslir I. p. 18.

[3]) Revue d. Et. X, 180 fg. Auf ein dringliches Gesuch der Bürgerschaft von Ferrara gestattete er ausnahmsweise dem ihm als geschickt geschilderten jüd. Ärzte Mose Alatino (wahrscheinlich Sohn des Vital Alatino) und seinem Sohne Bonajudo christliche Patienten zu behandeln, Juli 1592. Revue XIX, 134 f.

lichen Enklaves hatten sich wahrscheinlich unter Sixtus V. wieder Juden angesiedelt. Der Papst wiederholte abermals das Verbannungsdekret gegen die Juden des Kirchenstaates (25. Febr. 1593)[1]) und ließ sie nur in Rom, Ancona und Avignon wohnen. Würde ein Jude in einer andern päpstlichen Stadt betroffen werden, so sollte er es mit Verlust seines Vermögens und mit Galeerenstrafe büßen. Den in drei Städten Geduldeten legte Clemens die alten Beschränkungen auf, namentlich daß sie den Talmud und andere rabbinische Schriften weder lesen, noch besitzen dürften (28. Febr. desselben Jahres).[2]) Da er aber politischer als seine gleichgesinnten Vorgänger war und den für die päpstliche Schatzkammer einträglichen Anconitanischen Handel mit der Levante nicht schädigen mochte, so gestattete er zugunsten der Juden aus der Türkei Ausnahmen von den Beschränkungen (8. März 1593).[3])

Die aus dem Kirchenstaat ausgewiesenen Juden scheint Ferdinand, Herzog von Toskana aufgenommen und ihnen Pisa zum Aufenthalt angewiesen zu haben (Juli 1593). Er gestattete ihnen auch Bücher jeder Art und Sprache, also auch den Talmud zu besitzen; aber die Exemplare sollten vorher nach den Regeln der von Sixtus V. eingesetzten Kommissionen zensiert werden.[4]) So sehr war der Fanatismus des apostolischen Stuhles maßgebend, daß auch edle Fürsten wie Ferdinand de Medici von Toskana, und Vicenzo Gonzaga von Mantua — der einen jüdischen Günstling Joseph de Fano hatte[5]) — nicht davon abzuweichen sich getrauten. Auch da, wo den Juden der Besitz zensierter Bücher aus Gnade gestattet war, waren sie allerhand Plackereien und Schindereien ausgesetzt. Sie mußten für die Verstümmlung derselben Summen an die Zensoren, größtenteils getaufte Juden, zahlen und waren doch nicht sicher, daß sie ihnen nicht wieder konfisziert und sie selbst in Strafe genommen wurden, weil noch das eine oder andere verdächtige Wort darin ungestrichen geblieben sei. Weh' denen, welche einen angebrachten Zensurstrich wieder ausgelöscht hätten! — Sie selbst legten, um nicht Schikanen ausgesetzt zu sein, Hand an ihre literarischen Heiligtümer und strichen nicht bloß alles, was von Abgötterei handelte, sondern auch alles, was Rühmliches von dem jüdischen Stamme angegeben war, oder wo von dem Messias und seinem einstigen Erscheinen die Rede ist.[6])

---

[1]) Bulle in Bullarium Clementis VII. constitutio 19; Emek ha-Bacha p. 158.
[2]) Bulle das. const. 20.   [3]) Das. const. 26.
[4]) M. Mortara in Maskir a. a. O. p. 75.
[5]) De Barrios Historia Universal Judayca p. 69; Emek ha-Bacha p. 155
[6]) M. Mortara das. p. 76, 97 fg.

Da nun Italien damals der Hauptmarkt für jüdische Druckwerke war, so erhielten die auswärts wohnenden Juden nur verstümmelte Exemplare, worin die lauten oder stillen Proteste gegen Rom vollständig verwischt waren.

Wenn solches unter den Augen halb und halb judenfreundlicher Fürsten vorging, was hatten sie erst von systematisch judenfeindlichen zu erwarten! Die Duldung der Juden im Mailändischen, das dem für Scheiterhaufen schwärmenden Philipp II. gehörte, beruhte eigentlich auf einer Inkonsequenz. In Spanien und im ganzen großen Reiche, in welchem damals die Sonne stets am Horizonte stand, dem Feuertode überliefert zu werden, wenn ein Jude darin betroffen wurde, und in diesem von Spanien beherrschten Winkel Italiens geduldet zu werden, war zu unnatürlich. Sobald daher die Aufmerksamkeit des Madrider Hofes auf sie gelenkt wurde, mußte diese Inkonsequenz zu deren Nachteil fallen. Mißhelligkeit zwischen Juden und Christen in Cremona zog die Aufmerksamkeit auf sie. Der Mörder eines Juden war aus einer Kirche zum Tode geschleift worden, allerdings mit Bewilligung des Bischofs. Das reizte den Zorn der Bürger von Cremona, und diese, im Verein mit denen von Pavia, führten Klage am Hofe Philipps II. gegen die Juden. Vergebens sprach sich der Vizekönig zu ihren Gunsten aus, da deren Unentbehrlichkeit sich erst jüngsthin bei einer wütenden Pest bewährt hatte. Vergebens war auch die beredte Verwendung eines jüdischen Deputierten, Samuel Coen aus Alessandria, beim König. Die Judenfeinde hatten auch ihrerseits einen Vertreter in der Nähe des Königs, welcher die Ausweisung der Juden betreiben sollte. Bald diente der Wucher der Juden, bald ihre Religionsschriften, die trotz des päpstlichen Verbots bei ihnen gefunden worden seien, zum Vorwande, den Zorn des finstern Königs gegen sie zu reizen. Ein Beichtvater Philipps II. tat das Seinige, und so wurden die Juden aus dem Mailändischen, aus den Städten Cremona, Pavia, Lodi und andern — etwa 1000 Seelen — ausgewiesen (Frühjahr 1597)[1]; sie mußten um ein Unterkommen in Mantua, Modena, Reggio, Verona und Padua betteln. Bei der Auswanderung wurden sie noch von herzlosen Christen ihrer Habe beraubt, und ihre außenstehenden Schulden einzutreiben, kostete ihnen große Anstrengung. Auch über die Juden Ferraras, das von jeher ein zuverlässiges Asyl für sie und sogar für die eingewanderten Marranen war, schwebte eine Zeitlang das kanonische Schwert. Der herzogliche Stamm de Este, dessen Träger an Edelmut und Kunstsinn mit den Mediceern wetteiferte, war ausgestorben. Die Juden Ferraras hatten sich mit

---

[1] Emek ha-Bacha p. 154, 157 fg.

dem Geschicke dieses fürstlichen Hauses so verwachsen gefühlt, daß sie bei der schweren Krankheit der sinnigen Prinzessin Leonora — welche zwei große Dichter in den Himmel der Poesie versetzt und unsterblich gemacht haben — ein öffentliches Gebet in der Synagoge um ihre Genesung veranstaltet hatten¹); sie war selbst eine Gönnerin der Juden und hat sie oft in Schutz genommen. Nun war der letzte Stammhalter Alfonso II. ohne Leibeserben gestorben (1597), und Ferrara wurde gegen seine letztwillige Verfügung von Clemens VIII. dem Kirchenstaate einverleibt. Die jüdische Gemeinde, meistens aus ehemaligen eingewanderten Marranen bestehend, hatte sich schon auf Verbannung gefaßt gemacht, da sie bei diesem Papste nicht auf Duldung rechnen konnte. Sie baten nur noch den päpstlichen Nepoten Aldobrandini, der Besitz von Ferrara genommen hatte, ihnen eine günstige Frist zur Vorbereitung für die Auswanderung zu gönnen. Da dieser die Handelsblüte der Stadt in den Händen der Juden sah, so war er doch einsichtsvoll genug, sie im Interesse des Kirchenstaates nicht zu knicken; er erteilte ihnen daher Toleranz auf fünf Jahre und setzte es gegen den fanatischen Willen des Papstes Clemens VIII. durch, der sie zu verbannen gedachte.²) Aber ein flüchtiger Marrane durfte nicht mehr in Ferrara Halt machen, ohne den Fangarmen der blutigen Inquisition zu verfallen. So war auch das letzte Asyl für diese Klasse von Juden in Italien aufgehoben, und es gab eigentlich damals in der ganzen Christenheit keine sichere Stätte mehr für sie.

Es gab allerdings eine winzige marranische Gemeinde in Bordeaux, portugiesische Flüchtlinge, welche der Tollwut der Inquisition entronnen waren.³) Ihre Stammverwandten, welche lange vorher sich in derselben Stadt angesiedelt und als Ärzte, Advokaten oder Professoren an hohen Schulen und an der Universität Ansehen erlangt hatten, ganz besonders die gelehrte Familie der Gobea, hatten für sie eine günstige Aufnahme von der Bürgerschaft und die Erlaubnis vom Könige Heinrich II. erwirkt, in Bordeaux ihre Geschäfte zu machen und auch Grundbesitz zu erwerben. Sie waren indes nur als Neuchristen und portugiesische Kaufleute geduldet. Sie mußten ihr jüdisches Bekenntnis verheimlichen, mußten noch

---

¹) Luzzatto aus einem Kodex von 1581 in Maskir VII. p. 23. תפלה נעשית בפיראדה שנת שמ״ה לפ״ק בעד סינורה ליאונורא די איסטי . . . . ,,אוהבת היהודים דורשת טוב לעמינו בכל צדי צדדים.‟

²) Fortsetzer des Emek ha-Bacha p. 165 fg.

³) Vergl. über die Ansiedelung und Geschichte der Marranen in Bordeaux Malvesin, histoire des Juifs à Bordeaux 104 ff. Das Privilegium für sie von Heinrich II. das. 106 f. stammt vom Jahre 1550.

die Kirche besuchen, die Sakramente mitmachen und ihre Kinder taufen lassen. Trotzdem wurden die fünfzig oder sechzig Familien, welche nach und nach aus Portugal und Spanien in Bordeaux eingewandert waren, als heimliche Juden beargwöhnt. Ein fanatischer Parlamentsrat de Lancre, beauftragt, auf Hexen und Zauberer zu fahnden und sie dem Feuer zu überliefern, klagte diese marranischen Familien geradezu an, daß sie judaisierten, kein Schweinefleisch äßen und am Sabbat nicht ihre Speisen bereiteten. Wenn sie nicht das Parlament und die Schöffen dieser Stadt in Schutz genommen hätten, wären sie verfolgt worden. Diese winzige Gemeinde und ihre Kolonie in Bayonne müssen von einer außerordentlichen Liebe zu ihrem Bekenntnis durchdrungen gewesen sein, daß sie nicht im Christentum untergegangen sind, obwohl sie lange das Scheinchristentum bewahren mußten.

Es erscheint abermals als ein Werk der Vorsehung, daß der jüdische Stamm, der in Europa und Asien, in der Christenheit und unter dem Islam, am Ende des sechzehnten Jahrhunderts keinen rechten Halt mehr hatte, gerade in dem Lande ihres hartnäckigsten Feindes, Philipps II. von Spanien, festen Boden fassen und von da aus sich eine Gleichstellung erobern konnte. Und in letzter Verkettung von Ursachen und Wirkungen war es gerade das blutige Inquisitionstribunal, welches ihnen die Freiheit vorbereiten half. Holland, dieses der Meeresflut abgerungene Stück Erde, wurde für die gehetzten Opfer des grausigen, raffinierten Fanatismus ein Ruhepunkt, auf dem sie sich lagern und ihre Eigenart entfalten konnten. Aber welche Wandlungen und Wechselfälle mußten vorangehen, bis diese kaum geahnte Möglichkeit eine Wirklichkeit werden konnte? Der nordwestliche Winkel Europas wurde von jeher nur von wenigen Juden bewohnt, und es ist von ihnen nur eine geringe Kunde vorhanden; hervorgetan haben sie sich durch nichts. Sie litten wie ihre Nachbarbrüder unter den Zuckungen des aufgeregten Fanatismus, waren zur Zeit der Kreuzzüge und des schwarzen Todes niedergemetzelt oder verjagt worden, hatten sich wieder hier und da gesammelt, alles in lautloser Ungekanntheit und in dunkler Vergessenheit. Als dieser Strich unter dem Namen der Niederlande unter dem weitreichenden Zepter Karls V. mit Spanien vereinigt war, wurden die Grundsätze der spanischen Judenfeindlichkeit auch auf die Juden dieses Landes übertragen. Dieser Kaiser hatte Befehle über Befehle erlassen, daß die wenn auch geringzähligen Juden aus den niederländischen Städten ausgewiesen werden sollten. Jeder Bürger war gehalten, die widergesetzliche Anwesenheit von Juden den königlichen Beamten anzuzeigen. Infolge der Einführung der Inquisition in Portugal hatten sich mehrere marranische Familien mit ihren Reichtümern, ihrer Gewerbtätigkeit und ihrem Kunstfleiße nach den aufblühenden Städten der Niederlande Antwerpen, Brüssel, Gent begeben, um dort ungefährdeter ihrer Religion heimlich leben zu können. Den Mittelpunkt derselben hatten eine Zeitlang Diogo Mendes und seine hochherzige Schwägerin Doña Gracia gebildet.[1]) Auch diese traf die strenge Gesetzgebung Karls, doch noch mehr die seines Sohnes Philipps II.; sie wiederholten den Befehl, sie nicht zu dulden. Die Magistrate kamen in diesem Punkte dem Befehle ihres Herrn pünktlich nach, weil sie fürchteten, die Anwesenheit von Neuchristen könnte für sie die Inquisition herbeiziehen — ein Übel, das ihnen in ahnungsvoller Seele als eine große Gefahr für sie vorschwebte.[2])

Der Inquisition konnten die Niederländer doch nicht entgehen. Waren sie doch, obwohl ein Anhängsel von Spanien, von lutherischen Ketzern umgeben und hatten solche gar in ihrer Mitte! Sie sollte auch bei ihnen eingeführt werden. Das war eine der Hauptursachen, welche den Abfall der Niederlande herbeigeführt und jenen langdauernden Krieg erzeugt hat, der klein in seinen Anfängen und groß in seinen Erfolgen war, der das gewaltige Spanien ohnmächtig und das winzige Holland zu einer Macht ersten Ranges erhoben hat. Die niederländischen Unabhängigkeitskriege zeigten in der Geschichte das erste Beispiel vom Siege zähen Bürgertums über höhnische Überhebung blutiger Tyrannei. Der zähneknirschende Ingrimm des düstern Philipp II., des Henkerfeldherrn Alba, der Blutfeder Varga mit ihren Hunderttausenden von Soldknechten vermochten zuletzt nichts gegen den unvertilgbaren Freiheitssinn eines Völkchens. Der fanatisch grausame Papst Pius V. war mit der Menschenernte, welche Alba und der Blutrat unter den niederländischen Ketzern hielt, sehr zufrieden. Aber es schien, als ob aus jedem Kopfe, den Alba in den Niederlanden abschlagen ließ, hydra-

---

[1]) S. oben 331 f.
[2]) Über die Geschichte der Juden in Belgien und Holland: Carmoly, Revue orientale I. p. 42 fg., 168 fg. Koenen Geschiedenis der Joden in Nederland p. 127 fg. Emile Ouverleaux „Notes et Documents sur les Juifs de Belgique" Paris 1885, Separatabdruck aus Revue d. Et. J., Tome VII, VIII, IX. Eine Kommission vom Jahre 1653 richtete an den Erzherzog Leopold Wilhelm eine Denkschrift, worin angegeben ist, daß Karl V. und Philipp II. Befehl erlassen hätten, die Marranen aus den Niederlanden auszuweisen. (Bei Ouverleaux p. 32). „Pero hallamos que en el año 1550 y 1559 fueron publicados en este pais dos edictos sobre la salida de los marranos judios o nuevos christianos que echados de Portugal y España havian venido á este pais, mas esto se hizo entonces de autoridad del Rey." Koenen S. 130 das. bemerkt mit Recht, daß die Furcht vor der Inquisition die Bürger gegen die Marranen eingenommen hat.

artig hunderte emporwüchsen. Daß in diesem blutigen Strauß, der das ganze Land in einen glühend heißen Kampfplatz verwandelt hat, keines Bleibens für die Juden war, versteht sich von selbst. Alba hatte an den Rat von **Arnheim** und **Zütphen** eine Ermahnung ergehen lassen, wenn Juden sich da befänden, sie in Gewahrsam zu bringen, und so lange zu halten, bis er darüber verfügen würde. Man wußte, was diese Sprache aus solchem Munde zu bedeuten hatte. Die Antwort des Rates war, es gäbe keine Juden in ihrer Mitte.[1]) Indessen gab es doch einige in dem Städtchen **Waggeningen** (Gelderland), und diese wurden zur Erhöhung der Feier für die Geburt eines spanischen Infanten ausgewiesen[2]).

Die portugiesischen Marranen, welche auch im dritten Geschlechte ihre jüdische Abstammung nicht vergessen konnten und nicht aufgeben wollten, hatten ihr Augenmerk auf die um Freiheit ringenden Freistaaten gerichtet, zumal die Inquisition noch immer gegen sie wütete und sie in Kerker warf und zu Scheiterhaufen schleifte.[3]) Seit den ersten Anzeichen von dem Erlöschen des spanischen Glücksternes, seit dem Untergang der unüberwindlichen Flotte, vermittelst welcher Philipp II. nicht bloß für England, sondern womöglich bis ans Ende der Erde die Ketten körperlicher und geistiger Knechtung zu tragen gedachte, seitdem regte sich im Herzen der Scheinchristen unter dieses Thrannen eiserner Zuchtrute immer mehr das heiße Verlangen nach Freiheit.[4]) Da Italien für sie durch die verfolgungssüchtige Politik der reaktionären Päpste verschlossen war, so blieb ihnen nur noch die Hoffnung auf ein Asyl in den Niederlanden.

Ein angesehener Jude **Samuel Pallache**, welcher vom König von Marokko als Konsul nach den Niederlanden gesandt worden war (um 1591), machte dem Magistrate von **Middelburg** (Provinz Seeland) den Vorschlag, Marranen aufzunehmen und ihnen Religionsfreiheit zu gewähren; dafür wollten sie aus dieser Stadt vermittelst ihrer Reichtümer einen blühenden Handelsplatz machen. Die weisen Väter der Stadt wären gern auf diesen Vorschlag eingegangen; aber der so leidenschaftlich geführte Religions- und Freiheitskrieg gegen den doppelten spanischen Despotismus hatte auch die reformierten Prediger fanatisch und unduldsam gestimmt. Diese waren gegen die Aufnahme der Juden in Seeland.[5])

---

[1]) Koenen a. a. O. p. 133 vom J. 1570.
[2]) Das. vom J. 1571.
[3]) Samuel Valerio, Komment. zum Daniel (gedr. 1586) p. 76a. Siehe italienische Information Ende, Note 6.
[4]) Koenen das. p. 190f.   [5]) Das.

Die Marranen gaben aber nichtsdestoweniger den Gedanken nicht auf, in den bereits vom spanischen Joche befreiten Provinzen der Niederlande eine sichere Stätte zu suchen. Mit mächtigen Banden fühlten sie sich zu dieser Bürgerrepublik hingezogen, sie teilten mit ihr den glühenden Haß gegen das nach Menschenopfern lechzende Spanien und seinen König Philipp II. Der große Statthalter Wilhelm von Oranien, die Seele des niederländischen Unabhängigkeitskampfes, hatte den Gedanken gegenseitiger Duldung und freundlichen Zusammenlebens verschiedener Religionsparteien, Bekenntnisse und Sekten ausgesprochen. Wenn auch dieser erste Keim echter Humanität anfangs zu Boden fiel, so knüpften die Marranen doch daran die Hoffnung auf eine Erlösung aus ihrer täglichen Pein. Eine beherzte marranische Frau Mayor Rodrigues scheint den Plan befördert zu haben, ein Asyl zunächst für ihre Familie in Holland zu suchen. Sie, ihr Gatte, Gaspar Lopes Homem, ihre zwei Söhne und Töchter, sowie mehrere Glieder dieser reichen und geachteten Familie waren dem Judentum noch immer zugetan und der Heuchelei müde, christliche Bräuche mitmachen und ein Glaubensbekenntnis hersagen zu müssen, die ihnen in tiefster Seele verhaßt waren und sie doch nicht vor den Schrecknissen der Inquisition zu schützen vermochten. Als ein Schiff mit auswandernden Marranen unter Leitung eines Mannes, namens Jakob Tirado[1]), von Portugal aus — wer weiß unter welchen Vorsichtsmaßregeln — absegelte, scheint Mayor Rodrigues ihre liebreizend schöne Tochter Maria Nuñes und ihren Sohn Manuel unter dem Schutze ihres Schwagers Lopez Homem dem Fahrzeug anvertraut zu haben. Die Mutter scheint auf den Zauber ihrer Tochter gerechnet zu haben; die außerordentliche Schönheit der Maria Nuñes sollte den von Gefahren umringten Auswanderern als Schild dienen und ihnen in Holland ein Asyl eröffnen. In der Tat gelang es ihrer Schönheit, die erste Gefahr, welche den marranischen Flüchtlingen zugestoßen war, abzuwenden. Sie wurden nämlich von einem englischen Schiffe, welches Jagd auf die spanisch-portugiesische Flagge machte, gekapert und nach England geführt, und Maria Nuñes hatte den Kapitän, einen englischen Herzog, so sehr bezaubert, daß er ihr, in der Meinung, sie gehöre dem portugiesischen Grandenkreise an, die Hand bot. Sie schlug aber den ehrenvollen Antrag aus, weil sie als Jüdin leben wollte. Die Schönheit der in Gefangenschaft geratenen Portugiesin machte indes so viel von sich in London reden, daß die jungfräuliche, männliche Königin Elisabeth selbst neugierig wurde, die so sehr gefeierte und für die Liebe eines Herzogs

---

[1]) S. Note 11.

unzugängliche Schöne kennen zu lernen, sie zu einer Audienz einlud und mit ihr in einem offenen Wagen durch die Straßen der Hauptstadt fuhr. Wahrscheinlich durch Maria Nunes' Vermittlung konnten die ausgewanderten Marranen ungefährdet England verlassen, um nach Holland steuern zu können. Aber ein Sturm bedrohte die von aller Welt Ausgestoßenen mit dem Untergang; die zwei Schiffe, auf denen sie mit ihren Reichtümern fuhren, wurden leck. Indessen beruhigte sich das Meer, und sie konnten in den Hafen von Emden einlaufen. In Emden wie überhaupt in Ostfriesland wohnten damals wenige deutsche Juden, vielleicht schon seit längerer Zeit.[1])

Sobald die Marranen zufällig durch hebräische Buchstaben und andere Zeichen von der Anwesenheit von Stammgenossen in dieser Stadt erfuhren, begab sich der angesehenste unter ihnen, Jakob Tirado, zu dem für gelehrt geltenden Mose-Uri Halevi (geb. 1544, gest. 1620), an dessen Haus sie hebräische Buchstaben bemerkt hatten, entdeckte sich ihm und äußerte seine und seiner Genossen Absicht, das Scheinchristentum los zu werden und vollständig, womöglich sofort, ins Judentum aufgenommen zu werden. Mose-Uri hatte aber Bedenken, einen so auffallenden Schritt, anscheinend die Bekehrung von Christen zum Judentum, in einer nicht bedeutenden Stadt, wo nichts verborgen bleiben konnte, zu tun. Er riet daher den Marranen, sich nach Amsterdam zu begeben, gab ihnen den Platz an, wo sie sich ansiedeln sollten, und versprach ihnen, mit seinem Sohne Ahron und seiner ganzen Familie zu ihnen zu kommen, bei ihnen zu bleiben und sie im Judentume zu unterweisen. Verabredetermaßen trafen die Marranen unter Tirado in Amsterdam ein (22. April 1593), suchten Wohnungen, die ihr Zusammenleben ermöglichten, ließen sich, als Mose-Uri mit den Seinen nachgekommen war, ins Judentum aufnehmen und unterwarfen sich freudigen Herzens der schmerzhaften und nicht gefahrlosen Operation. Der bereits betagte Jakob Tirado ging ihnen mit dem Beispiel des Mutes voran. Mose-Uri und sein Sohn richteten den Marranen darauf ein Bethaus ein und fungierten darin als Vorbeter. Dabei zeigten großen Eifer nicht nur Jakob Tirado, sondern auch der Konsul Samuel Pallache und ein aus Madeira eingewanderter marranischer Dichter Jakob Israel Belmonte, welcher die von der Inquisition verhängten Qualen in Versen unter dem passenden Namen Hiob geschildert hat.[2])

---

[1]) Vergl. Gans, Zemach David II. zum J. 1581 משארי ... דבר זה שמעתי
ויבש עסדן. ובד ארון כמר וויבלמן נגירדן ומרביס אחרים יושבי מדינת וריזלנד.

[2]) De Barrios, Triumpho del goviorno popular p. 61 fg, wo auch die übrigen ersten Gemeindemitglieder aufgezählt sind; über Belmonte das. und in andern kleinen Schriften desj. Verf.

Neue Ankömmlinge verstärkten die junge Gemeinde durch Personenzahl und Ansehen. Eine englische Flotte, die unter dem Grafen Essex die Festung Cadix überrumpelte und den Spaniern empfindlichen Schaden zufügte (Sommer 1596), brachte mehrere Marranen nach Holland und darunter einen originellen Mann, der nicht ohne Bedeutung für die Folgezeit war, Alonso de Herrera (geb. um 1570, starb 1631). Er stammte von jüdischem und altspanischem Blute ab; sein Ahn war der große Kapitän Gonsalvo de Cordova, Eroberer Neapels für Spanien (o. S. 6). Er selbst war spanischer Resident für Marokko in Cadix und geriet bei der Einnahme dieser Stadt in englische Gefangenschaft. Freigelassen, kam er nach Amsterdam, nahm das Judentum und den Namen Abraham de Herrera an (falsch Irira). Er wurde von Israel Saruk belehrt, ein Hauptbeförderer der lurjanischen Kabbala unter den gebildeten Juden (o. S. 420) und verlieh ihr einen gleißnerischen Firnis von der neuplatonischen Philosophie.[1]

Indessen wurde den Marranen in Amsterdam die Ausübung ihrer Religion nicht so leicht. Als diese erste portugiesische Gemeinde zum vierten Mal heimlich den Versöhnungstag feierte (Oktober 1596), fiel den christlichen Nachbarn das heimliche Hineinschleichen vermummter Gestalten in ein und dasselbe Haus auf; sie witterten verräterische Zusammenkünfte verschworener Papisten und zeigten es dem Magistrate an. Während die marranischen Juden in Gebet vertieft waren, drangen Bewaffnete in das Bethaus ein und ver-

---

[1] Ders. Historia universal Judayca p. 20. Diese Relation ist noch wenig beachtet. Darum gebe ich sie hier mit einer kurzen Beleuchtung. Es heißt daselbst, daß der Prinz Moritz von Oranien samt dem Adel vom Haag der Leiche des Residenten Samuel Pallache (1616) folgte. Dasselbe geschah zu Ehren des Abraham Herrera; dann fährt de Barrios fort: come un el de 1531 (leg. 1631) el del insigne Jaxam Abr. Herrera, cuya vida canta este soneto; es ist eine Grabschrift:

"Don Alonso de Herrera con nobleza
Fue del gran Capitan gran descendiente,
Y del Rey de Marruecos Residente.
Donde en el Cabo Herculeo el mar empieza,
Prendiolo la Anglicana fotaleza,
Quando a Cadiz rindio su naval gente.
Y en la tierra de Hollanda al fin sapiente
Guardó la ley Mosayca con firmeza,
Llamose Abraham Herrera, y el loado
Libro de Cabalá con docto anhelo
Hizo, Puerta del Cielo intitulado etc.

Das Faktum von der Einnahme von Cadix durch die englischen Flotten fiel 1596 vor, wie aus der englischen Geschichte bekannt ist.

breiteten Schrecken unter den Versammelten. Da die meisten, noch erschreckt von den Überfällen der Inquisition, in Amsterdam ein ähnliches Los befürchtend, sich durch die Flucht retten wollten, erregten sie noch mehr den Verdacht der Amsterdamer Offiziere. Diese suchten nach Kruzifixen und Hostien und führten den Vorbeter Mose-Uri und seinen Sohn in den Kerker. Indessen wußte Jakob Tirado, der sich mit der Behörde lateinisch verständigen konnte, dieselbe zu überzeugen, daß die Versammelten nicht Papisten, sondern Juden, dem Moloch der Inquisition entflohen, wären, ferner daß sie viele Schätze mitgebracht hätten, und endlich daß sie viele Gleichgesinnte mit ihren Reichtümern aus Portugal und Spanien nachziehen und dem Handel Amsterdams Aufschwung geben würden. Tirados Rede machte Eindruck und die Gefangenen wurden entlassen. Da ihr Religionsbekenntnis einmal bekannt war, so wagten sie durch Jakob Tirado das Gesuch an den Magistrat zu richten, ihnen den Bau einer Synagoge zu gottesdienstlichen Zusammenkünften zu gestatten. Nach vielfacher Beratung wurde das Gesuch gewährt. Jakob Tirado kaufte einen Platz und baute darauf den ersten jüdischen Tempel im europäischen Norden, „das Haus Jakobs" genannt (Bet Jakob, 1598), das mit Begeisterung von der kleinen Gemeinde eingeweiht wurde.[1])

Die günstigen Nachrichten von den angesiedelten Marranen, die auf heimlichem Wege nach Spanien und Portugal gelangten, lockten immer mehr zu Auswanderungen. Die erste Anregerin derselben Mayor Rodrigues Homem fand auch Gelegenheit aus Portugal zu entkommen und sich mit ihrer schönen Tochter Maria Nuñes und ihrem Sohne Manuel zu vereinigen. Sie brachte ihren jüngern Sohn Antonio Lopez und ihre jüngere Tochter Justa Pereyra mit (um 1598); ihr Gatte scheint vorher das Zeitliche gesegnet zu haben. Zur selben Zeit traf auch eine andere angesehene Familie aus Portugal ein, die bereits den Flammen der Inquisition verfallen schien, die Familie Franco Mendes, Eltern mit zwei Söhnen Francisco Mendes Medeyros, einem literarisch gebildeten Manne, der den jüdischen Namen Isaak annahm, und Christopal Mendes Franco, reich und wohltätig, der sich Mardochaï nannte. Diese beiden spielten eine bedeutende Rolle in der Amsterdamer Gemeinde, haben aber später zu einer Spaltung Anlaß gegeben.

Philipp II. erlebte es noch, daß die zwei Volksstämme, die er am blutigsten gehaßt und verfolgt hatte, die Niederländer und die Juden, sich zum Verderben seiner Schöpfungen gewissermaßen

---

[1]) S. Note 11; andere Quellen geben diese Fakta ein wenig verschieden an.

die Hand reichten. Denn der Staat Holland hatte seinen Nutzen von den eingewanderten portugiesischen Juden. Er war früher einer der ärmsten; der blühende Handel und der Luxus waren nur im Süden, im eigentlichen Flandern heimisch; die Abgeordneten der Nordstaaten dagegen pflegten sich zu den wichtigen Versammlungen unter Wilhelm von Oranien ihr Schwarzbrot und ihren Käse mitzubringen. Die erbitterten verheerenden Kriege hatten das Land noch ärmer gemacht. So waren denn die Kapitalien, welche die Marranen allmählich nach Amsterdam brachten, sehr willkommen und kamen dem ganzen Lande zustatten. Erst dadurch waren die Holländer imstande, den Grund zu ihrer Größe zu legen, indem sie den indischen Handel den mit Spanien in einer Mißehe verbundenen Portugiesen entrissen. Die Kapitalien der Marranen haben ohne Zweifel die Gründung der großen überseeischen Gesellschaften und die Ausrüstung von Handelsexpeditionen (Maatschappy van derre) erst ermöglicht, die Eingewanderten waren dabei beteiligt.[1]) Auch die Verbindungen, welche die portugiesischen Juden mit heimlichen Glaubensgenossen in den indischen Besitzungen der Portugiesen hatten, beförderten die Unternehmungen der Holländer.

Philipp II. starb (Sept. 1598) als ein abschreckendes Beispiel für eigensinnige und gewissenlose Despoten. Geschwüre und Ungeziefer hatten seinen Leib bedeckt und ihn zum Gegenstand des Abscheues gemacht, dem sich selbst seine zitternden Diener nur mit Ekel nähern konnten. Ein Geistlicher soll ihm diesen schmählichen Tod wegen seiner blutigen Härte gegen die Marranen prophezeit haben.[2]) Auch das große Reich, das er seinem schwachen Sohn Philipp III. hinterließ, war voll von Eiterbeulen und Ungeziefer; es ging seinem Siechtum entgegen und zählte nicht mehr im europäischen Völkerrate. Die Zügel der Regierung erschlafften, und dadurch wurde es den Marranen noch leichter, durch die Flucht den Fangarmen der Inquisition zu entkommen. Sie hatten jetzt ein Ziel, dem sie zusteuern konnten. Ein außerordentlicher Vorfall in Lissabon hatte auch die lauesten Marranen entzündet, sich dem Judentume wieder zuzuwenden. Ein Franziskanermönch Fray Diogo de la Asumção von altchristlichem Blute, durch das Bibellesen von der Wahrheit des Judentums und dem Ungrund des Christentums überzeugt geworden — das Bibellesen ist gefährlich — hatte diese seine Überzeugung gegen seine Ordensgenossen

---

[1]) Manasse Ben-Israel, Humble Address to the Protector Cromwell in Jewish Chronicle, Jahrg. 1859 Nov. Dec.; deutsch von Kayserling, Jahrb. des literarischen Vereins 1861 p. 158; de Barrios, Historia universal Judayca p. 4.

[2]) Mitteilung des Marranen Abraham Ibn-Jaisch bei Chajim Vital, Selbstbiographie p. 24.

offen ausgesprochen. Wozu wäre die Inquisition erfunden worden, wenn sie solche Verbrechen ungestraft lassen sollte? Diogo wurde in den Kerker geworfen; aber es gab da nichts auszuforschen, da er seine Missetat, seine Liebe zum Judentume, offen und ohne Rückhalt eingestand; höchstens mochte das Tribunal mit der Folter versuchen, ihn zu bewegen, seine Mitschuldigen anzugeben. Denn er hatte versichert, mehrere seiner Ordensgenossen teilten seine Überzeugung. Gelehrte Theologen wurden darauf angewiesen, den apostatischen Franziskaner durch Disputation von seiner Überzeugung abzubringen und die Schmach vom Christentume und dem Orden abzuwenden. Vergebens. Diogo blieb seiner Überzeugung von der Wahrheit des Judentums treu. Nachdem er ungefähr zwei Jahre im Inquisitionskerker zugebracht hatte, wurde er endlich bei einem feierlichen Autodafé in Lissabon in Gegenwart des Vizekönigs mit noch einigen andern Personen lebendig verbrannt (August 1603)[1], darunter auch eine Marranin Thamar Barocas, die wahrscheinlich mit ihm in Verbindung gestanden hatte.

Diese Tatsache, daß ein geborener Christ, ein Mönch, für das Judentum gelitten hatte und standhaft gestorben war, machte auf die portugiesischen Marranen einen gewaltigen Eindruck und riß sie förmlich zum Bekenntnis ihrer Väter hin. Die Inquisition hatte seitdem ihre Schrecken für sie verloren; sie traten offener mit ihrem Judentume auf, unbekümmert darum, ob sie dadurch dem Tode entgegen gingen. Ein junger Dichter David Jesurun, den die Muse schon von Kindesbeinen an anlächelte, und der daher von seinen Bekannten „der kleine Dichter" genannt wurde, besang in einem feurigen Sonett in portugiesischer Sprache den Feuertod des Märtyrers Diogo de la Asumçao:

„Du warst das Gold, vergraben im dunklen Gange des Blutgerichts,
Und wie das Gold das Feuer von Schlacken reinigt,
So wolltest Du im Feuer geläutert werden.
Du warst der Phönix, der sein Leben erneut
Und dem Tode nicht untertan bleibt.
Du verbranntest in der Glut,
Um aus der Asche wieder zu erstehen,
Ein Ganzopfer,
Im Feuer Gott dargebracht.
Im Himmel lachst du derer, die dich gemartert,
Und heißest nicht mehr Fray Diogo,
Sondern goldner Phönix, Engel, Opfer."[2]

---

[1] Manasse Ben-Israel, Spes Israelis p. 88. Ishak Cardoso, Excellencias p. 363; de Barrios, Govierno popular Judayco p. 43. Die Spanier nannten den portugiesischen Proselyten-Märtyrer in ihrer Aussprache Diego de la Assención. [2] De Barrios, Triumpho del Govierno popular p. 75.

Dieser glühende junge Dichter war so glücklich, der Inquisition zu entgehen und nach Amsterdam zu eilen. Er dichtete ein schwungvolles Lied in spanischer Sprache beim Anblick dieser Stadt, die ihm wie ein neues Jerusalem erschien.[1]) Auch auf sein Beschneidungsfest dichtete er einige Verse. Ein anderer marranischer Dichterjüngling wurde gerade durch den tragischen Tod des Franziskaners Diogo dem Judentum anhänglich. **Paul de Pina**, von poetischen Anlagen, hatte ein schwärmerisch-religiöses Gemüt und war im Begriff, Mönch zu werden. Einen seiner Verwandten, **Diogo Gomez Lobato**, im Herzen dem Judentum anhänglich, erfüllte ein solcher Schritt mit Schmerz, und er wollte ihn daran hindern. Er gab ihm daher auf seiner Reise nach Italien ein Schreiben an den zu seiner Zeit gefeierten jüdischen Arzt **Elia Montalto**, früher als Scheinchrist **Felix Montalto**[2]) ge-

[1]) Das. p. 74.
[2]) Das. Relacion los Poetas p. 55; Barbosa Machado Lusitana II, p. 75; derselbe bemerkt, Montalto sei ein jüngerer Bruder des Amatus Lusitanus gewesen. Von Montaltos Entrüstung über die Aufschneidereien der Lurjanisten, als er noch in Italien war, w. u. Über seine Schriften s. die Biographien und Carmoly, histoire des Médecins Juifs p. 169. Handschriftlich ist von ihm noch vorhanden: Trattado sobre o Capitulo 53 de Isaias e otros textos de sagrada Escritura in portugiesischer Sprache, im Besitze des Dr. Kayserling (vergl. Frankel, Monatsschrift 1868 S. 323). Die Seminarbibliothek besitzt ebenfalls eine Handschrift von Montalto (Nr. 87) unter dem Titel Trattado por el Doctor Montalto sobre el capitulo de Ezayas in spanischer Sprache, kopiert 1670. Es ist nur ein Auszug aus dem Original. Die Veranlassung zur Abfassung dieses Traktats, welche im Original im Anfang gegeben ist, befindet sich im Spanischen zum Schluß. Das von de Rossi in der Bibliotheca judaica antichristiana Nr. 120 angeführte libro feyto por el illustre Eliau Montalto ist entschieden identisch mit dem Trattado nach dem von de Rossi angegebenen Inhalt. Dagegen ist das Razonamiento del señor Haham Montalto en Paris eine Pseudepigraphie, so wie das ganze in Brüssel 1868 von Kaplan edierte Werkchen unter dem Titel Danielló repuesta á los Christianos pseudepigraph ist. Alles, was darüber in der Monatsschrift a. a. O. gesagt ist, hat nicht den geringsten historischen Wert. Interessant ist, was Leon Modena über Montalto berichtet in ארי נהם p. 66. Der kabbalistische Sendbote aus Palästina, Juda Galante, hatte in Venedig von den Wundern erzählt, die Isaak Lurja verrichtet haben soll. Da er krank wurde, behandelte ihn Montalto in Venedig und war außer sich über diese Wundertäterei. ויצחק הרופא ישב על מטתו והתחיל לצעוק בקול גדול . לא ידענו מה היה לו . כי חשבנו אחזו אותו הכאב מהחולי . ובצעקתו אמר: איני יכול לסבול הי הפוני! אותחינו לא אין עוד נביא ואין אתנו יודע עד מה. Modena bemerkt דבל שקר וכזב. dabei ein Datum: מה שהיה בפני זה יותר מן כ"ה שנה. Dieses Datum muß indes näher bestimmt werden. Das antikabbalistische Werkchen ארי נהם vollendete der Verf. Winter 1638 (zum Schluß); 25 Jahre und mehr vorher, wäre etwa 1613 oder 1612. Allein Montalto war noch vor Heinrichs IV. Tod (1610) nicht in Venedig, sondern in Paris (s. w. u.). Man müßte also lesen כ"ח ויותר. Das wäre 1610 oder 1609.

nannt, folgenden Inhalts mit: „Unser Vetter Paul de Pina geht nach Rom, um Mönch zu werden. Ihre Gnaden werden mir die Gunst erweisen, ihn davon abzubringen." Wenn dieser Brief einem Mitgliede der römischen Inquisition in die Hände gefallen wäre, so hätte es dem Schreiber und Empfänger das Leben gekostet. Elia Montalto, jüngerer Bruder des ausgezeichneten Arztes Amatus Lusitanus (o. S. 327), hatte ebenfalls Portugal, sein Geburtsland verlassen, um dem Judentume zu leben. Er ließ sich in Livorno nieder, der neuen Hafenstadt, welche die Herzöge von Toskana nach der Zerstörung des Hafens von Pisa zur Blüte erhoben. Montalto galt als ein ebenso geschickter Arzt wie sein Bruder, und der Herzog ließ sich von ihm behandeln. Er war auch eingelesen in die theologische Literatur und hatte das klare Bewußtsein darüber, warum er die Dogmen des Christentums für falsch hielt. Als er in Venedig weilte, führte ihm ein Edelmann einen Franziskaner- mönch zu, welcher mit ihm disputieren und die Wahrheit des Christentums beweisen wollte. Da die Disputation sich in die Länge zog und Montalto gerüstet war, die landläufige kirchliche Beweisführung zu widerlegen, so bat ihn der Mönch, seine Wider- legung gegen die christlichen Dogmen ihm schriftlich nach Spanien nachzusenden, wohin er sich eiligst begeben müßte. Zu diesem Behufe verfaßte Montalto eine Widerlegungsschrift, welche von der Unhaltbarkeit der Erbsünde und des daraus gefolgerten Erlösungs- dogmas ausging und die falsche Auslegung des dreiundfünfzigsten Kapitels des Propheten Jesaia beleuchtete[1]) — die wertlose Fund- grube für die christliche Dogmatik. Es fiel Montalto nicht schwer, den jungen de Pina, der ihm den Brief überbrachte, von seinem Entschlusse abzubringen und ihn für die Religion seiner Väter zu gewinnen. Es scheint ihm indessen nur soweit gelungen zu sein, daß de Pina zunächst die Reise nach Rom aufgab, sich nach Brasilien einschiffte, dann wieder nach Lissabon zurückkehrte, aber im Christentum verharrte. Erst der Märtyrertod des Diogo de la Asumção scheint ihn vollständig gegen das Christentum eingenommen zu haben. Mit der Trauerbotschaft eilte er nach Amsterdam (1604), trat mit Begeisterung zum Judentum über und nahm den jüdischen Namen Rohel (Reüel) Jesurun an. Der für sein Heil so sehr besorgte Verwandte Lobato nahm ebenfalls offen das jüdische Bekenntnis an und nannte sich Abraham Cohen.[1]) De Pina wurde einer der eifrigsten Bekenner des Judentums und eine Zierde der Amsterdamer Gemeinde.

Die Anhänglichkeit an das Judentum, welche portugiesische Marranen seit der Zeit unvorsichtig zeigten, mehrte natürlich die

[1]) Barrios, Casa de Jacob 18.

Opfer der Inquisition. Hundertundfünfzig derselben wurden nicht lange darauf in finstere Kerker geworfen, gemartert und zum Geständnis gebracht. Es schien dem Regenten von Portugal selbst bedenklich, eine so große Zahl verbrennen zu lassen. Außerdem hatten die marranischen Kapitalisten den spanischen Hof, dem seit der Vereinigung beider Königreiche auch Portugal zugehörte, gewissermaßen in Händen. Er schuldete ihnen hohe Summen, die er wegen der zunehmenden Verarmung beider Länder nicht zahlen konnte. Diese Marranen boten dem König Philipp III. Entlastung von den Schulden und überdies noch ein Geschenk von 1200000 Cruzados (2400000 Mark), wenn den eingekerkerten Marranen Verzeihung gewährt werden würde. Um die Räte dafür zu gewinnen, den König für die Begnadigung der Marranen umzustimmen, wurden auch ihnen 150000 Cruzados gegeben. Infolgedessen zeigte sich der Hof für den Gnadenweg geneigt und wandte sich an den Papst Clemens VIII., die Inquisition zu ermächtigen, diesmal nicht auf dem Tod der Sünder zu bestehen. Dieser erinnerte sich oder wurde daran erinnert, daß seine Vorgänger Clemens VII. und Paul III. den portugiesischen Marranen Absolution erteilt hatten. Er tat dasselbe und erließ eine Bulle der Begnadigung für die eingekerkerten Scheinchristen (23. August 1604). Die Inquisition begnügte sich daher mit der erheuchelten Reue der Eingekerkerten. Mehrere Hundert derselben wurden in Büßerhemden zum Autodafé in Lissabon geführt (10. Januar 1905), nicht um die Scheiterhaufen zu besteigen, sondern um, ihre Schuld öffentlich bekennend, lediglich dem bürgerlichen Tode zu verfallen.[1]) Von diesen aus den Kerkern

---

[1]) Ohne Zweifel jene Massenanklage in Portugal, welche die Bulle Clemens' VIII. vom 23. August 1604 veranlaßt hat, Nr. 342 der Clementinischen Constitutiones: Absolutio et venia generalis pro conversis a Judaismo ad fidem Christianam, iisque, qui ab iis descederunt in locis . . Portugalliae. Der Anfang lautet: Postulat a Nobis officii pastoralis ratio. Dann heißt es: Cum itaque . . in Portugalliae et Algarbiorum regnis . . . post editas a Clemente VII. et deinde a Paulo III. . . . literas super generali venia et absolutione . . . omnibus et singulis . . ex Hebraica perfidia ad Christi fidem conversis . . . . . nonnulli ex genere hujusmodi oriundi Hebraicam perfidiam rursus sectari . . . . non dubitaverint . . . Da die rücksichtslose Strenge der Inquisition das Übel nur noch schlimmer gemacht habe, von der Milde dagegen eine aufrichtige Bekehrung zu erwarten sei . . . et hi omnes . . . sub ejusdem Philippi (III.) regis id summopere desiderantis et a Nobis exposcentis ac enixe postulantis obedientia revertantur. Darum erteilt der Papst eine allgemeine Absolution und befiehlt der Inquisition, die Eingekerkerten in Freiheit zu setzen. Über das Faktum der Absolution vergl. Kayserling, Geschichte der Juden in Portugal S. 284. Manuel Thomaz referiert darüber (Leis extravagantes do Reino de Portugal p. 1888):

Befreiten begaben sich alle oder doch sehr viele nach dem neueröffneten Asyle, darunter auch Joseph ben Israel nach dreimal erlittener Höllenpein und mit zerrütteter Gesundheit und Verlust seines Vermögens. Er brachte seinen Sohn Manasse — oder wie er als Christ geheißen haben mag — als Kind mit[1]), das berufen war, ein schönes Blatt in der jüdischen Geschichte zu füllen.

Zweihundertachtundvierzig Männer nahm Mose-Uri allmählich in den Bund des Judentums auf[2]), so sehr wuchs die Zahl der jungen Amsterdamer Gemeinde. Sie ließen sich einen Rabbinen sefardischer Abkunft aus Salonichi kommen, Joseph Pardo (starb 10. Dez. 1619), der die Stimmung der halbkatholischen Gemeindeglieder gut kannte und ihnen ein Buch (in spanischer Sprache) in die Hand gab, das einen mehr christlichen als jüdischen Ton anschlägt.[3]) Bald genügte die von Tirado erbaute Synagoge Bet-Jakob für die große Zahl der Beter nicht mehr, und es mußte eine neue (Newe Schalom) erbaut werden (1608). Sie wurde von Isaak-Francisco Mendes Medeyros[4]) und seinen Verwandten gegründet. Wie den Entdeckern eines bis dahin unbewohnten Landes jeder Schritt, den sie in dasselbe setzen, jede neue Einrichtung, die sie ins Leben gerufen und alle Personen, die sich dabei durch irgend etwas hervorgetan, wichtig und denkwürdig bleiben, so zeichnete die junge Amsterdamer Gemeinde freudig alles auf, was bei ihren Anfängen in ihrer Mitte vorgegangen war. Sie bewahrte auch die Namen derer, welche in der zweiten Synagoge fungierten: Juda Vega, aus Afrika eingewandert, als Rabbiner, und Ahron Uri, Sohn des ersten Gemeindegründers, als Vorbeter. Vega, der mehr talmudische Kenntnisse besaß, als er in Amsterdam verwerten konnte, hielt es

Christiaõs Novos desobrigaraõ a fazenda Real da divida, a quel lhe eraõ credores, e contribuaraõ alem disso com o serviço de um milho e duzentos mil cruzados pelo perdão geral, que o Soberano obteve do Santo padre.

[1]) S. Kahserling, Manasse ben Israel im Jahrbuch des Lit.-Vereins 1861. S. 61 fg.

[2]) Scaligerana II. (vor Jan. 1609, Scaligers Todesjahr) Artikel Judaei: Il y a plus de 200 Juifs Portugais à Amsterdam. De Barrios, Casa de Jacob p. 1, 2.

[3]) De Barrios, vida de Ishak Huziel und an anderen Orten; Bartolocci Biblioth. III p. 817, Wolf I. p. 237, 556; der erstere sagt eigentlich J. Pardo vertit 1610 librum חובת הלבבות, also nicht gedruckt in diesem Jahre.

[4]) De Barrios, Casa de Jacob p. 10; Goviorno popular p. 27. Vergl. über die Gründungen der ersten Synagogen in Amsterdam S. H. de Castro, de Synagoge der Portugeesch-Israel. Gemeente te Amsterdam (1875) p. 5 fg.

nicht lange in einer Gemeinde aus, deren Mitglieder kaum richtig hebräisch zu lesen verstanden, verließ sie daher, um in Konstantinopel einem Lehrhause vorzustehen. Dort verfaßte er ein Geschichtswerk von der Tempelzerstörung bis auf seine Zeit[1]), das er lieber den portugiesischen Halbchristen in die Hand hätte geben sollen. — Besser paßte für diese eigentümliche Gemeinde sein Nachfolger Isaak Usiel (starb 1620), der ebenfalls aus Afrika (Fez) herübergekommen war, wahrscheinlich ebenfalls einer Flüchtlingsfamilie angehörte und daher seine Schicksalsgenossen in Amsterdam gut kannte. Er war Dichter, Grammatiker und Mathematiker, aber mehr als dieses alles ein eindringlicher, das Gemüt ergreifender Prediger, der es zuerst wagte, die durch katholische Gewohnheiten eingelullten Gewissen seiner Zuhörer mit gewaltiger Stimme aufzurütteln, daß sie nicht glauben sollten, durch gedankenlos ausgeübte religiöse Riten einen Freibrief, gewissermaßen einen Ablaß für Sünden, Torheiten und Modelaster erkauft zu haben. Isaak Usiel schonte auch die Angesehensten und Mächtigen seiner Gemeinde nicht, zog sich aber dadurch ihren Haß zu, der bis zur Spaltung führte. Dafür hatte er auch hingebende Anhänger gefunden, die ihn in begeisterten Versen besangen.[2])

Für die religiöse Sammlung und Kräftigung der religiös verwilderten portugiesischen Auswanderer war auf diese Weise gesorgt, aber noch nicht für die Bestattung ihrer Toten. Sie waren gezwungen, sie weitab von der Stadt nach Groede (in Nordholland) zu führen. Durch Bemühung der hervorragenden Gemeindeglieder, des Jakob Israel Belmonte, des dichterischen Rohel Jesurun (de Pina) und anderer, erlangten sie nicht gar zu weit von Amsterdam in Ouderkerk (bei Muiderberg) einen Begräbnis-

---

[1]) Die Nachrichten über ihn hat de Barrios erhalten: Vida de Ishak Huziel p. 42 und Triumpho del Govierno popular Judayco Bl. 3 b. An der ersten Stelle versifizierte er:

El sabio Vega ... Y hay en la rara Synagóga Griega
    El Libro Jazania (?) intitulado,
    De quanto á sus Hebreos ha passado,
    Desque que á destruirlos Tito llega.

Das heißt eigentlich, was den Hebräern zustieß seit der Tempelzerstörung durch Titus. Basnage, histoire des Juifs (V. p. 2093) hat die Stelle mißverstanden „bis zur Zerstörung des Tempels" und Wolf hat den Irrtum fortgepflanzt (Biblioth. III, p. 313). Über einen andern Juda Vega (ביגא, falsch bei Zunz und Fürst: Bigo), Verf. der Predigtsammlung מלכי יהודה (Lublin 1616), vergl. Conforte p. 40.

[2]) Hauptquelle über ihn de Barrios: Vida de J. Huziel. Dort ist angegeben, daß er 1607 von Fez nach Amsterdam gekommen ist. Gedruckt ist von ihm eine kurze hebr. Grammatik מעה לשי 1627.

platz (April 1514)¹), was der Gemeinde große Freude machte. Der erste Mann, welcher darauf begraben wurde, war **Manuel Pimentel** (jüdischer Name **Isaak Abenacar**), der ein vertrauter Spielgenosse des französischen Königs Heinrich IV. war und von ihm „König der Spieler" genannt wurde.²) Zwei Jahre später wurde die Hülle des bedeutenden und edlen **Elia Felice Montalto** nach diesem Friedhofe aus der Ferne gebracht.

Die Königin Maria de Medici, Gemahlin Heinrichs IV. von Frankreich, welche ihn von ihrem Vaterhause kannte, schätzte ihn so hoch, daß sie ihn bewog, nach Paris zu kommen. Montalto stellte aber die Bedingung, daß es ihm, seinem Hause und seinem Anhang frei stehen sollte, als Juden zu leben, was ihm auch bewilligt wurde. Der Hof nahm auch außerordentliche Rücksicht auf seine religiöse Observanz. Als eine Prinzessin entfernt von Paris erkrankt war und Montalto gedrängt wurde, an ihr Siechenbett zu eilen, aber Bedenken hatte, daß er die Reise nicht vor Eintritt des Sabbats zurücklegen könnte, ließ der König mehrere Postgespanne für den Weg vorauseilen, damit er noch rechtzeitig an Ort und Stelle ohne Zeitverlust eintreffen könnte.³) Nach dem Tode Heinrichs IV. blieb er Leibarzt des Hofes und begleitete ihn auf allen Reisen. In dieser Begleitung verschied er in Tours (16. Februar 1616). Die Königin ließ seine Leiche einbalsamieren und unter Begleitung seines Sohnes, seines Oheims und seines Jüngers **Saul Morteira** über Nantes nach dem Begräbnisplatze von Ouderkerk bringen.⁴) Indessen waren die Amsterdamer Juden gezwungen, eine sehr geraume Zeit von jeder Leiche eine Abgabe an die Kirchen zu leisten, vor welchen sie vorbeigeführt wurde.⁵) — Überhaupt waren sie in der ersten Zeit offiziell nicht geduldet, sondern lediglich übersehen. Es herrschte gar anfangs ein Mißtrauen gegen sie, daß sie unter der Maske von Juden Spionsdienste für das katholische Spanien leisteten und auf Verrat sännen. Aber auch als die Machthaber und die Bevölkerung sich von ihrem aufrichtigen Hasse gegen Spanien und Portugal überzeugt hatten, waren sie noch weit entfernt, sie als eine eigene Religionsgenossenschaft anzuerkennen und sie zu dulden. Auf eine kurze Zeit wurden die Synagogen ver-

---

¹) Das. Triumpho del Govierno popular p. 83 (falsche Pagina-Zahl), Gemilat Jassadim p. 50. ²) Das. Triumpho p. 84.
³) Ders. Vida de Huziel p. 37 fg. Relacion de los poetas p. 55 s. o. S. 85.
⁴) Auch Bassempierre, memoire de sa vie zum Jahre 1615 erzählt von Montaltos Tod und dessen Leichenkonduft nach Amsterdam auf Veranlassung der Königin Mutter.
⁵) Koenen a. a. O. p. 149.

boten und geschlossen.¹) Jüdische Flüchtlinge aus der pyrenäischen Halbinsel, die in Havre angekommen waren, wurden noch ins Gefängnis geworfen.²) Zu dieser Unduldsamkeit in dem Lande, wo die Religionsfreiheit zuerst ihren Tempel erbauen sollte, trug der leidenschaftliche Streit zwischen zwei reformatorischen Parteien bei, den Remonstranten und Kontraremonstranten. Die erstern, die Anhänger des Predigers und Professors Arminius (die Arminianer), waren milder in der Auslegung und Anwendung des Christentums als ihre Gegner, die finstern Calvinisten, holländische Independenten, die Parteigänger des Professors Gomarus (Gomaristen). In Amsterdam hatten die Kontraremonstranten das Übergewicht und verfolgten ihre Gegner, die als heimliche Anhänger Spaniens und als Verräter galten. Obwohl die Remonstranten Grund hatten, für allgemeine Duldung aller Glaubenssekten zu wirken, traten gerade sie als Ankläger gegen die Juden auf. Sie beschwerten sich öfter beim Magistrate von Amsterdam, daß alle Sekten in der holländischen Hauptstadt zugelassen würden, sogar die Juden, welche „den Heiland schmähen", nur sie selbst nicht.³) Das Staatsoberhaupt, der Prinz Moritz von Oranien, war zwar den Juden günstig, aber er vermochte nichts gegen den Geist der Unduldsamkeit und die Selbständigkeit der einzelnen Staaten und Städte. Auch in Holland wurde demzufolge eine Judenfrage verhandelt und eine Kommission zur Beratung ernannt. Endlich wurde beschlossen (1615), daß jede Stadt, so wie Amsterdam, eine besondere Verordnung in betreff der Juden erlassen könne, sie zu dulden oder auszuweisen; aber da, wo sie geduldet wurden, sollten sie nicht gehalten sein, ein Abzeichen zu tragen.⁴) Auf wiederholte Beschwerden der Remonstranten legte der Bürgermeister Reinier Pauw dem Rate die Erwägung vor (15. Oktober 1519), was dagegen geschehen sollte, daß die vielen aus Portugal geflüchteten Juden sich sogar mit den Töchtern des Landes vermischten, welches ein großes Ärgernis gäbe, und besonders den Remonstranten Gegenstand der Beschwerden wäre, denen der Gottesdienst verboten würde, während er den Juden gestattet sei. Darauf wurde der Beschluß gefaßt (8. November), daß fleischlicher Umgang der Juden mit christlichen Frauen, selbst mit Dirnen, streng untersagt werden solle, im übrigen bliebe es ihnen gestattet, sich frei zu ihrer Religion zu bekennen.⁵)

Indessen, das damals noch nicht reiche Amsterdam konnte die Juden, welche Reichtümer und Weltkenntnis dahin verpflanzt hatten, nicht mehr entbehren. Die veralteten Vorurteile gegen sie schwanden

---

¹) Koenen, p. 146. Vergl. S. H. de Castro a. a. O. p. 6 fg.
²) Das. p. 147, Note 1.
³) Das. p. 146. ⁴) Das. p. 147. ⁵) Das. p. 146.

daher im nähern Verkehr mit ihnen immer mehr. Denn die eingewanderten portugiesischen Juden verrieten durch ihre gebildete Sprache, ihre Haltung und Manieren nicht, daß sie zu einer verworfenen Kaste gehörten; sie traten vielmehr durchweg als Edelleute auf, mit denen zu verkehren es manchem christlichen Bürger zur Ehre gereichte. Sie wurden daher mit einer gewissen Vorliebe behandelt. Bald wuchs ihre Zahl zu vierhundert Familien an, und sie besaßen in der Stadt dreihundert Häuser.[1]) Es dauerte nicht lange, so entstand eine hebräische Druckerei in Amsterdam, welche die Argusaugen der Zensur nicht zu fürchten brauchte. — Aus Neid über den durch die portugiesischen Juden Amsterdam zugefallenen Wohlstand rissen sich manche christliche Fürsten um sie und luden sie in ihre Länder ein. Der König Christian IV. von Dänemark richtete ein Schreiben an den jüdischen Vorstand von Amsterdam (25. November 1622), daß er einige Mitglieder ermuntern möge, sich in seinen Staaten und besonders in Glückstadt niederzulassen; er verhieß ihnen Freiheit des Gottesdienstes und noch andere günstige Privilegien.[2]) Der Herzog von Savoyen lud portugiesische Juden nach Nizza und der Herzog von Modena nach Reggio ein, und beide räumten ihnen weitgehende Freiheiten ein.[3]) So bildeten sich inmitten der finstern verfolgungssüchtigen Christenheit, deren zwei Religionsparteien im dreißigjährigen Kriege Schwerter gegeneinander zückten, kleine freundliche Oasen für die Juden, von wo aus sie die eingebüßte Freiheit wieder erobern und sich allmählich aus der schweren Knechtschaft erheben konnten.

Die geduldete Niederlassung der portugiesischen und spanischen Marranen ermutigte die gehetzten Opfer der Inquisition, auch in Frankreich unter dem protestantisch gesinnten König Heinrich IV. sich anzusiedeln. Sie hatten die damals schon blühende Handelsstadt Nantes in Aussicht genommen. In Berücksichtigung des Wohlstandes, welchen die Flüchtlinge aus der iberischen Halbinsel überall förderten, und aus Feindschaft gegen Spanien gestattete ihnen dieser König die Ansiedlung in dieser Stadt (um 1600). Bald wuchs ihre Zahl auf mehr als fünfhundert Personen. Nur mußten sie, wie ihre Schicksalsgenossen in Bordeaux ihr Bekenntnis verheimlichen. Hier hatten sie aber Feinde nicht bloß an den katholischen Geistlichen, sondern auch an der auf ihren Welthandel neidischen Kaufmannschaft. Sobald Heinrich IV. die Augen geschlossen hatte, wies sein Sohn oder vielmehr die Königin-Regentin die Marranen aus Nantes (1615)[4]).

---

[1]) Manasse ben Israel, Estatua de Nabuchadnezar p. 248. Humble Adress to the Protector Cromwell.
[2]) Ders. Adress; David Franco Mendes bei Koenen p. 430; de Barrios, Historia Universal Judayca p. 4. [3]) Das. [4]) Vergl. Revue d. Et. XVII, 125 f.

Noten.

1.
Die Nagid-Würde in Ägypten und der letzte Träger derselben Isaak Schalal.

Nicht nur Maimuni, sein Sohn und sein Enkel, sondern auch vor und nach ihnen hatten die je an der Spitze der ägyptischen Judenheit stehenden Männer eine offizielle Würde und den Titel נגיד, arabisch ריס (Reis) „Oberhaupt". Es war damit eine gewisse Machtbefugnis verbunden. Vor Maimuni wird Nathanael Hibat-Allah Algami als solcher genannt (bei Benjamin von Tudela, vergl. Bd. VI, S. 258). Maimunis Ururenkel, Abraham Maimuni II., führte noch diesen Titel (bei Parchi Kaftor u Ferach c. 5, p. 13). Ob dessen Sohn Josua noch diese Würde inne hatte, ist nicht bekannt. Josuas Sohn David II. wird Nagid von Damaskus genannt (Einl. zu Joseph Sefardis Superkomment. zu Ibn Esra). Diese Würde bestand aber noch, wie eben nachgewiesen werden soll, bis Anfang des 16. Jahrhunderts. Von Ende des XV. bezeugt es Isaak Abrabanel (in seinem ישועות משיחו, verf. Ende 1497 p. 21): אמנם נשיאי בארץ ישראל הלא הוא הנגיד שעובד היום במצרים כי להיות בית מקדש מלך הארץ ההיא במצרים נעתק הנשיא מירושלם לשבת שם קרוב למלכות. ופעמים רבות עולים לירושלם לשפוט. Entstehung, Befugnis und Ende der Nagidwürde ist noch nicht kritisch untersucht worden. Der Gegenstand verdient es aber um so mehr, als sich daraus ergeben wird, daß die Einverleibung Ägyptens in das türkische Reich auch in den Verhältnissen der ägyptischen Juden eine Wandlung hervorgerufen hat.

Über Anfang und Untergang der Nagidwürde hat der in Ägypten lebende Rabbiner David Ibn-Abi-Simra eine interessante Notiz erhalten, die noch nicht beachtet worden ist. Sie findet sich in dessen Respp. T. III (ed. Fürth 1781, Nr. 509; sie beginnt mit Nr. 400). Ich muß sie in extenso geben: קרוב לתחילת מלכות הישמעאלים מלך מצרים הנקרא אצלם אל כליפא נשא בת מלך בנגד וכשבאה למצרים שאלה על ענין היהודים ואם יש להם מלך או נשיא ואמר המלך אין להם לא מלך ולא נשיא. אמרה לו והלא במלכות אבי יש ישראלים הרבה ויש להם נשיא נקרא ריש גלותא והוא מורע המלך ואני מתכרך בו ועושה לו כבוד גדול לפי שהוא מזרע המלכים והביאים. ומיד צוה המלך להביא לו משם איש אחד מזרע דוד המלך. ושלחו איש נגון וחכם מר פלוני מזרע הנשיאים ומנה אותו לנגיד על כל היהודים אשר בכל מלכותו. וכשם שנשתלשלה הנגידות במצרים והיה לו הרמנותא דמלכא ומאשר המלך לרדות את העם בשכל ובצניעה... ואחר שנפסקה זרע דוד ממצרים או שלא היו זרעו ראויים למנוי חזר הנגידות למי שראויה לה מצד חכמתו ומעשיו. והיה דן דן יחידי בדיני ממונות ומענש קנס ומכה. וקונסין ומחרים וכל זה במאמר וגזרת המלך עד שמלכו התוגרמאין. ואף על גב דבטלה הנגידות בעונותינו ואין לנו הורמנותא נשאר מנהג הראשון והיה דן דן יחידי דיין אחד במקום הנגיד.

Joseph Sambari, welcher dieselbe Relation hat (Neubauer, Anecdota Oxon. p. 115), nennt zwar den Namen des morgenländischen Kalifen und des ägyptischen, welcher des ersteren Tochter geheiratet hatte, die eben die Nagidwürde für Ägypten sollizitiert haben soll, und gibt auch ein chronologisches Datum dabei:

זימלוך בבבל טאייע (?) אלכליפה בשנת שס"ג לחשבונם והשיא בתו למלך מצרים ושמו עצר
[l.] נצר] אלדולה . ובשנת שס"ו לחשבונם היא ה' אלפים ותשס"ה ליצירה באה המלכה לארץ
מצרים ושאלה על ענין היהודים וכו' . Die Data stimmen nicht. Denn Hedschra 366 ist gleich 976 und müßte nach jüdischer Zeitrechnung 4736 lauten; indessen würden sich diese ausgleichen lassen, wenn das Übrige historisch wäre. Der Name des Kalifen טאייע ist gewiß korrumpiert und gibt keinen Anhaltspunkt. Aber der deutlich gegebene Name des Königs Naṣr-Abdaula, der in dieser Zeit über Ägypten geherrscht haben soll, beweist die Ungeschichtlichkeit der Relation.

Gemeint ist wohl der hochangesehene Hamdanide Naṣr-Abdaula, der um 942 vom Kalifen Almuttati zum Obersten der Emire (Emir al-Umra) ernannt wurde und mit demselben verschwägert war; aber dieser war nicht Beherrscher von Ägypten. Selbständige Könige oder Kalifen dieses Landes waren erst die Obeibiten, deren Herrschaft 910 begann, die aber als Fatimiden Todfeinde der Abassiden von Bagdad waren. Eine Verschwägerung dieser beiden Kalifenhäuser, von denen das morgenländische Sunniten, und das ägyptisch-fatimidische Schiiten waren, hat bis zum Untergang der letzteren durch Saladin 1169 nicht stattgefunden. Die Namen bei Sambari machen die Relation, die er von David Jbn-Abi-Simra entlehnt hat, nicht mehr geschichtlich als seine Daten.

Schwerlich ist die hier gegebene Motivierung des Ursprunges mehr als Sage, daß eine bagdadische Sultanstochter von ihrem ägyptischen Sultan-Gemahl gewünscht habe, in Ägypten eine Analogie oder Surrogat der Exilarchenwürde in der Nagidwürde zu schaffen, und daß Nachkommen des davidischen Hauses damit bekleidet worden wären, bis zu einer Zeit, wo auch nicht-davidische Persönlichkeiten dazu erhoben worden wären.

Wohl aber läßt es sich denken, daß eine am ägyptischen Hofe angesehene jüdische Persönlichkeit sich angelegen sein ließ, eine Art Oberherrlichkeit über die ägyptischen Gemeinden zu erhalten und dafür das Beispiel des vom orientalischen Kalifat unterstützten Exilarchats geltend gemacht hat. — Doch wichtiger als der Anfang ist das Ende der Nagidwürde. Für diesen Punkt kann David-Jbn-Abi-Simra als klassischer Zeuge angesehen werden, daß sie bis zur Dynastie der תוגראין bestanden habe. Es fragt sich nur, was dieses Wort bedeutet; es können nämlich damit Seldschuken und Türken gemeint sein. Indessen ergibt sich aus mehreren Zeugnissen, daß die Nagidwürde erst mit der Eroberung Ägyptens durch Selim I. 1517 ihr Ende erreicht hat. Wir kennen nämlich den Namen des letzten Nagids. Obadja de Bertinoro nennt nämlich einen solchen vom Jahre 1488 Namens Nathan Kohen, der noch die ganzen Machtbefugnisse von ehemals besaß (in seinem itinerärischen Briefe, Jahrbuch des Literaturvereins 1863, S. 209):

הנגיד היושב במצרים הוא רודה בכל היהודים אשר תחת
ממשלת מלך מצרים ויש לו כח מאת המלך לאסור ולהכות כטוב בעיניו לכל אשר ימרה את פיהו
מן היהודים אשר בכל הקהלות מסביב והוא ממנה דיינים בכל קהל וקהל . ואשר הוא היום נגיד
ישב בירושלים שנים רבות שמו ר' נתן הכהן והוא עשיר וחכם וחסיד ותקן מארץ ברבריאה.

Es ist ohne Zweifel derselbe Nathan Kohen, von dem Jbn-Abi-Simra referiert, er habe es vermieden, sich mit einer Familie in Kairo zu verschwägern, deren Vorfahren unter Abraham Maimuni II. (1313) vom Karäertume zum Rabbanitentum übergetreten waren (Respp. II., Nr. 796, p. 37 c.): הנגיד ר'

נתן ז"ל הכהן לא רצה לקחת אשה מאותם מאות משפחות (אשר שב: מהקראין לדת האמת במצרים

(על ידי דנגיד ר' אברהם). Sein Familienname ergibt sich aus einer Notiz des Abraham Levi in der seltenen Schrift כתר תורה von Sal. da Biba: ובימים ההם היה במצרים אחד מן החכמים נגיד ושר ממונה מתחת יד המלך על כל היהודים . . . ובכל מלכיות ארץ מצרים . . והאיש הזה שמו ר' נתן הכהן שוליל וילך . . . לאור באור החיים . . . ויקומו עליה לראש . . ולנגיד את הנבכד ר' יצחק הכהן שולל .

Der allerletzte ägyptische Nagid mit denselben Befugnissen war also sein Nachfolger Isaak Kohen Schalâl oder Scholâl (beide Lesarten kommen vor). Das Material über diese früher wenig beachtete Persönlichkeit ist in Ozar Nechmad (II, p. 149 f.) fleißig zusammengetragen. Doch kommt es hier weniger darauf an, wie oft und in welchen Schriften dieser Name auftaucht, als vielmehr darauf, an ihm ein geschichtliches Faktum zu konstatieren. Isaak Schalâl hatte auch noch die Befugnisse, Dajanim, d. h. Richter-Rabbiner zu ernennen. Eine seiner Ernennungen hat zu weitläufigen Korrespondenzen und Responsen Anlaß gegeben. Er hatte nämlich einmal ein feierliches Gelübde getan (ein Nasiräergelübde), eine gewisse Person nicht zum Dajanat zuzulassen, bereute es aber später, da er keinen geeigneteren für dieses Amt finden konnte (Respp. Elia Misrachi, Nr. 50): ראה ראיתי את האגרת השלוחה מבית דינו של הנגיד מר' יצחק שלא"ל (!. שלאל) יגדל כבודו . . . ותחיד ממשלחו . . שאמר אני מקבל עלי נזירות שטשון אם אעשה כך וכך. Als Ergänzung dazu das darauffolgende Responsum ראובן נדר ואסר הריני נזיר ששמשון אם יהיה שמעון דיין . . ואוחו ראובן נגיד ויש בידו יכולת. Noch deutlicher in einem Resp. des David ben Messer למנוע שמעון מלהיות דיין Leon (Kodex der Bodlejana, Ozar Nechmad a. a. O.). An der Beantwortung dieser rituellen Frage haben sich außer Elia Misrachi noch beteiligt Jakob Berab und Jakob ben Chabib. Wir sehen also daraus, daß es noch in der Hand des Nagid Isaak Schalâl lag, Rabbiner-Richter zu ernennen oder zurückzuweisen.

Isaak Schalâl war der Neffe des früher genannten Nagid Nathan. Der selten vorkommende Name Schalâl scheint einem Ort im Lande der Barbaresken anzugehören. Dort war die Urheimat Nathans, wie wir aus de Bertinoros Bericht ersehen haben: הוא מארץ ברבריאה. Aus einem Responsum des Zemach Duran (יכין ובעז I, Nr. 65) erfahren wir, daß dieser oder ein anderer Nathan Schalâl früher in Tlemsen gewohnt! ותשלחום לתלמסאן עניי ה' נתן בר ליד הזקן ר' נתן הכהן שלאל (daf. Nr. 136): חיים שלאל.

Suchen wir einen festen chronologischen Punkt, um zu konstatieren, daß Isaak Schalâl der letzte Nagid gewesen, und daß er seine Würde infolge der Eroberung Ägyptens durch die Türken eingebüßt hat. Elul = Sept. 1514 war er noch in seiner Würde, als die Jerusalemer Gemeinde den Beschluß gefaßt hatte, daß jeder, welcher Weihgeschenke einer Synagoge übergeben, damit sein Dispositionsrecht darüber verliere; sie ließ ihn durch Isaak Schalâl und sein Kollegium bestätigen (Respp. D. Jbn-Abi-Simra II., Nr. 1644, p 9d): הסכמנו . . . שמהיום הזה כ"ו לחודש אלול שנת ה' רע"ד ליצירה והלאה לא ישתחשו בבית הכנסת הנזכר בשום דבר של הקדש . . וחתימי עלה כל גדולי הקהל . . וחתימיה (?) הנגיד (כמהר"ר יצחק שלאל) עם בית דינו של מצרים . אני (דוד ן' אבי זמרה) הייתי מבני ישיבתו של הנגיד ז"ל וחתימתי בהסכמה הנזכרת. Die Statuten für die Jerusalemische Gemeinde und ihre Bestätigung sind mitgeteilt in da Bibas Werk כתר תורה. Es ergibt sich daraus, daß sie 1509 = רס"ט entworfen wurden. Dagegen war J. Schalâl um 1518 bereits in Jerusalem, wie ein Responsum des Levi ben Chabib ergibt (Nr. 25): Es handelt daselbst von dem Testamente eines Arztes Mose Vitalis von Jerusalem (vom Jahre 1503), dessen Erben ein Objekt, einen Hof, von der Gemeinde widerrechtlich als Heimfall zuerst verpfändet und dann ver=

kauft, zurückgefordert hatten. Die Verpfändung geschah 1518: ששה ימים לחודש
תמוז ה' רע״ח משבנו בני ק״ק ירושלים החצר . . . Dabei wird auch der Nagid (d. h.
Isaak Schalâl) genannt: וכן אמר לי הנגיד ז״ל. 1518 war er bereits in Jerusalem eingebürgert, wo ihn der italienische Tourist oder Pilger, Verf. des
אב לכלם הנגיד כמה״ר יצחק שולל המובחר בכתר, antraf (daf. p. 19, 21, a): שבחי ירושלים
כהונה וכתר עושר וכתר שם טוב מצדקות שהוא עושה לעניים וללומדי תורה על גביהן.
Nun ist Ägypten 1517 dauernd der Türkei einverleibt worden. Man kann also
annehmen, daß Isaak Schalâl infolge dieser Wendung der Verhältnisse
Ägypten verlassen hat und nach Jerusalem ausgewandert ist. Dadurch erhält
der Bericht des D. Jbn-Abi-Simra (oben), daß durch die Eroberung der הוגראין
die Nagidwürde aufgehört habe, eine geschichtliche Basis. Es scheint also,
daß der Eroberer Selim I. sie geradezu aufgehoben hat, um Ägypten auch
nach dieser Seite hin keine Selbständigkeit zu lassen. Nach diesem gewonnenen
Resultate lassen sich die Abhandlung des Kabbalisten Abraham Levi von dem
Mißbrauch der Kabbala und die darin vorkommenden Personen chronologisch
rangieren (Kerem Chemed XI, p. 141 ff.). Sie ist an Isaak Schalâl und
sein Kollegium in Ägypten gerichtet und hat die Überschrift: . . . . שמעו מלכים
והנשיא בתוכם . . . . הוא הרב המופלא הוא אדונינו עטרת ראשנו וצניף תלוכת דתנו . . אור עינינו
ראש הגולה . . . . (שלאל .l) נגיד ומצוה לאומים החכם השלם כמהר״ר יצחק הכהן שאל.
Diese Abhandlung muß vor 1518, oder 1517, vor dem Aufhören der Nagid-
Würde geschrieben sein.

Gestorben ist der letzte Nagid in Jerusalem um 1525, denn Levi ben
Chabib ist zwischen 1524 und 25 in Jerusalem eingetroffen. Dieser gibt selbst
an, er sei ungefähr 14 Jahre vor dem Streite über die Erneuerung der
Ordination (rückwärts von 1538 oder 1539) noch in Safet gewesen (Abhandlung über die Semicha in dessen Respp. Ende p. 319d), d. h. um 1524.
Ein Jahr vor Abar 1527, d. h. 1526, hat er in einem Prozesse eines Erben
des Isaak Schalâl interveniert (Nr. 95, 96), hatte aber Isaak Schalâl selbst
vorher noch am Leben angetroffen: ויען כי בחיי הנגיד ז״ל נבחרנו לדיינים ושלח הוא
בעצמו אחרינו. וגם אחרי באנו לעיר הזאת (חו׳רבב) נטל קנין וקבל עליו לקיים מה שנדין.

In Tischri-Sept. 1526 war Schalâl nicht bloß bereits hingeschieden, sondern
seine Witwe, Namens Kamr, hatte bereits wieder geheiratet (Respp. Jakob
Berab 4): אנו עדים חתומי מטה יודעים ומעידים בפנינו נשבעה קמר אשת ר׳ סולימאן ן'
דנון . . לדעת החכמים השלמים אפיטרופוסים של היתום כנה אברהם בנו של הנגיד. יצחק
הכהן שלאל שאמר שתתנרש . . עוד כל ימי עולם לא תנשא לשום אדם בעולם . . . והיה זה ביום
ג' י״ח לחודש תשרי שנת הרפ״ז ליצירה בירושלם.

Die Machtbefugnisse des Nagid in Ägypten, welche, wie sich gezeigt hat,
1517 aufgehört haben, sind im Verlaufe dieser Untersuchung genügend
charakterisiert. Er hatte das Recht, Richter-Rabbiner in sämtlichen Gemeinden
anzustellen, und so auch abzusetzen. Ihm war auch von dem Kalifen das
Strafrecht über sämtliche ägyptische Juden eingeräumt, kraft dessen er
Renitente züchtigen durfte. Er durfte Prozesse allein ohne Assessoren entscheiden.

2
Chronologischer Verlauf und tiefere Exposition des Streites zwischen Reuchlin einerseits und Pfefferkorn und den Dominikanern anderseits in betreff des Talmuds.

So viel auch schon über den welthistorisch gewordenen Streit des frechen Konvertiten Pfefferkorn und seiner Genossen, der Dominikaner, mit Reuchlin, dem Begründer des Humanismus in Deutschland, geschrieben worden ist, ein Streit, welcher die lutherische Reformation angebahnt und ermöglicht hat, so bleibt doch noch manche Nachlese übrig. Nicht bloß eine bessere Beleuchtung der Vorgänge wird vermißt, sondern auch manches Faktum ist den Forschern entgangen. Der Grund davon ist, daß ihnen nicht der ganze Umfang der Quellen zu Gebote stand, namentlich waren ihnen die Pfefferkornschen Pamphlete nicht vollständig bekannt. Diese frechen Schmähschriften, welche in der Hitze des Streites gierig gelesen wurden und einige Auflagen erlebt haben, wurden später, als die Reformation das Interesse nach einer andern Seite hinlenkte, ein Raub der Zeit, und nur wenige Exemplare sind in wenigen Bibliotheken eingesargt. Keine einzige besitzt eine komplette Sammlung derselben. Und gerade die Pfefferkornschen Libellen werfen ein grelles Licht auf diesen, die Juden damals so tief berührenden Streit. Die jüdische Seite an dieser Streitsache, die uns hier am meisten interessiert, ist aus naheliegenden Gründen in den Monographien nur nebenher und höchst oberflächlich berührt. Das Verhalten des Kaisers Maximilian in dieser Streitsache erscheint ohne volle Einsicht in die Gesamtquellen geradezu rätselhaft. Noch gar nicht bekannt ist es, daß eine bigotte Frau den Hauptanstoß zu diesem hitzigen Streite, woraus sich ein Weltbrand entzündete, gegeben hat.

Die Monographien über dieses Thema sind: 1. Majus, vita J. Reuchlini (1687); 2. Meiners, Lebensbeschreibung der Männer aus der Zeit der Wiederherstellung der Wissenschaften Bd. I (1795); 3. Meyerhoff, Reuchlin und seine Zeit (1830); 4. Erhard, Geschichte des Wiederaufblühens der wissenschaftlichen Bildung Bd. II. (1830); 5. Lamey, Reuchlin und seine Zeit (1855); 6. David Fr. Strauß in seinem Ulrich von Hutten, meistens in Bd. I; 7. Ed. Böcking, Zwei Supplementbände zu Ulr. Hutteni opera (1868 bis 1869) und 8. L. Geiger, Reuchlins Leben und Werke (1871) im dritten Buche. So wertvoll auch alle diese Arbeiten sind, teils wegen der Zusammenstellung der Quellen und teils wegen der Gruppierung der Tatsachen, namentlich bei Erhard, Strauß und Böcking, so gewähren sie doch sämtlich keinen vollen Überblick über den ganzen Verlauf des aus kleinen Anfängen zu so weittragender Bedeutung erhobenen Streites und machen den Einblick in die ersten Quellen nicht überflüssig. Einen hebräischen Brief und ein Promemoria von Reuchlin, welche Licht auf die Affäre werfen und in den älteren Monographien nicht behandelt sind, habe ich in die Untersuchung hineingezogen. Ich war außerdem so glücklich, handschriftliche Aktenstücke und Briefe aus der Bibliothek des verstorbenen Rosenthal in Hannover zu entdecken, welche den ersten Verlauf der Händel von jüdischer Seite darstellen und außerdem deutsche Urkunden darüber enthalten, welche anderweitig nicht bekannt sind. Ich habe diese nach der Hschr. Nr. 7 des Rosenthalschen Katalogs in Frankel-Graetz, Monatsschr., Jahrg. 1875, zum ersten Male veröffentlicht. Aus allen diesen Quellen hat sich manches Neue, namentlich ein präziserer chronologisch-pragmatischer Verlauf des Streites ergeben, und ich halte es nicht für überflüssig, dem Leser Rechenschaft darüber abzulegen.

Die Hauptquellenschriften über dieses Faktum sind sehr zahlreich; sie sollen hier kurz angegeben werden, um Wiederholungen zu vermeiden.

I. Die Pfefferkornschen Pamphlete, teils gegen die Juden, teils gegen den Talmud und teils gegen Reuchlin, wovon weiter unten.

II. Die Reuchlinschen Schriften.

a) Das Gutachten oder der „Ratschlag" über den Talmud für den Kaiser Maximilian in deutscher Sprache, beendet Oktober 1510.

b) Die lateinisch geschriebenen Argumenta und Erläuterungen dazu, beendet August 1511. Später hat er sie ergänzt und verdeutscht unter dem Titel: Ain clar verständnus in tütsch off Doctor Reuchlins Rathschlag von den judenbüchern, gedruckt 1512 nach Böckings Angabe (Supplement II, 53.)

c) Der Augenspiegel, d. h. die zwei ebengenannten Partien, Ratschlag und Argumente, im Eingange die Veranlassung dazu nebst Urkunden und zum Schluß Widerlegung der Pfefferkornschen Anklagen, gedruckt in Tübingen, August 1511. Diese Schrift ist ebenfalls selten geworden, neu aufgelegt ist sie in von der Hardts historia literaria reformationis, pars II.

d) Defensio Reuchlini contra calumniatores suos Colonienses an den Kaiser Maximilian, beendet 1. März 1513, gedruckt 1513 bis 1514 in Tübingen, auch bei v. der Hardt abgedruckt.

e) Halb und halb gehören auch dazu die Acta Judiciorum inter fratrem Jacobum Hochstraten, Inquisitorem Coloniensium et I. Reuchlin ex registro publico autentico et sigillato, gedruckt Hagenau 1518, auch bei v. der Hardt daselbst. Die Akta scheinen unter Reuchlins Auspizien zusammengestellt und gedruckt worden zu sein. Dazu gehört auch Reuchlins Brief an Wimphling vom 30. November 1513 über den Gang des Prozesses in Mainz, bei Majus.

III. Eine Hauptquelle bilden ferner die zahlreichen Briefe an und von Reuchlin über diesen Streit.

a) Epistolae clarorum (oder illustrium) virorum (ich bezeichne sie als Briefsammlung); der erste Teil, gedruckt Tübingen 1514, enthält nur wenige Briefe, welche auf die Streitsache Bezug haben. Dagegen ist der zweite Teil unter dem Titel Epp. illustr. virr., Hagenau 1519, voll davon, enthält auch ein hebräisches Promemoria Reuchlins über diesen Streit und ein apologetisches Schreiben des Kaisers Maximilian an den Papst für ihn.

b) Eine neue Sammlung von Briefen von Reuchlin und andern dabei beteiligten Personen hat der Bibliothekar G. Friedländer aus einem Berliner Schriftenkonvolut ediert unter dem Titel Beiträge zur Reformationsgeschichte, Berlin 1837. Es sind im ganzen 31 Nummern und geben manche interessante Einzelheiten. Dieselben sind in den oben aufgeführten Monographien nicht benutzt, nicht einmal von Strauß. Besonders interessant ist Reuchlins hebräischer Brief an den jüdischen Leibarzt des Papstes Bonet de Lates, den ich weiter unten seiner Wichtigkeit und Seltenheit wegen abdrucken lasse. Einzelne Briefe von und an Reuchlin sind in verschiedenen Sammlungen zerstreut, in Erasmus', Pirkheimers, Huttens, Mutians, Melanchthons Schriften, in Schnurrers biographischen und literarischen Nachrichten, von ehemaligen Lehrern der hebr. Literatur in Tübingen, und in Tenzels historia Gothana.

c) Auch die fingierten Briefe geben Aufschluß über diesen gewaltigen Federkrieg, zunächst die Epistolae obscurorum virorum, der Lachstoff für viele Jahrhunderte. Es kann jetzt nach den Untersuchungen von Erhard und Strauß als ausgemacht gelten, daß Crotus Rubianus der erste Anreger derselben und Verf. des ersten Teils gewesen ist, daß Ulrich von Hutten viele Briefe im Appendix und im zweiten Teil verfaßt und das Ganze wohl redigiert hat, und daß einzelne Briefe von verschiedenen Genossen des Humanistenkreises stammen. Über das Jahr der ersten Veröffentlichung derselben weiter unten.

IV. Die Quellen von gegnerischer Seite sind wenig ergiebig und nur mit Mißtrauen zu benutzen, weil das Verdrehen und Entstellen der Wahrheit zu den Hauptkunstgriffen der Dominikaner gehörte.

a) Arnoldi de Tungaro articuli sive propositiones, eine verketzernde Schrift gegen manche Sätze in Reuchlings Augenspiegel, verfaßt August 1512.

b) Ein Werkchen ohne markierten Titel, gedruckt Cöln, Febr. 1514, führt sich durch eine lange Beschreibung ein: Hoc in opusculo contra Speculum oculare Reuchliani ... in fidei et ecclesiae tuitionem continetur: Praenotamenta Ortuini Gratii ... contra malevolentiam, cunctis christianis fidelibus dedicata; Historia et vera enarratio juridici processus habiti in Moguntia contra libellum haereticas sapientem pravitates; Decisiones quatuor universitatum de speculo oculari ab ecclesia Dei tollendo.

c) Acta doctorum Parrhisiensium de sacr. facultate theologiae ... contra oculare speculum J. Reuchl., Cöln, Dez. 1514 (Böcking, Suppl. II, 82).

d) Dazu gehört auch die fade und kindische Nachäffung der Dunkelmännerbriefe von den Cölner Dominikanern, unter dem Titel Lamentationes obscurorum virorum non prohibata per sedem Apostolicam, Cöln, März 1518. Die zweite Edition vom August desselben Jahres enthält einige geschmacklose Briefe mehr. Das Wichtigste in diesem Machwerk ist noch die Bulle Leos X. gegen die Dunkelmännerbriefe.

Die wichtigste Quelle für Beginn und Verlauf dieses Streites sind, wie schon gesagt, die Pfefferkornschen Libellen. Obwohl sie ihre Stärke ganz besonders in Entstellung der Wahrheit haben, so äußern sie doch manches unbewacht, was die Wahrheit erkennen läßt. Außerdem enthalten sie wichtige Urkunden vom Kaiser und einigen Kirchenfürsten in dieser Angelegenheit, die anderweitig nicht bekannt sind. Sämtliche von den unter Pfefferkorns Namen gedruckten Schriften haben nicht ihn zum Verfasser, wie schon die Zeitgenossen behauptet haben.

Bei der ersten Bearbeitung waren Pf.'s Schriften noch nirgends vollständig zusammengestellt und noch weniger chronologisch fixiert, auch nicht bei Wolf und Panzer (Annalen der deutschen Literatur). Ich gab mir daher Mühe, Einsicht in sie zu nehmen. Seit der Zeit hat Böcking (a. a. O. S. 55 fg.) diese Pamphlete vollständig beschrieben. Ich verweise also auf das daselbst gegebene Verzeichnis.

1. Judenspiegel 1507, auf lat. Speculum hortationis Judaicae.

2. Die Judenbeichte, Februar 1508, in plattdeutscher und oberdeutscher Mundart, auch lat. libellus de Judaica confessione, sive de Sabbato afflictionis.

3. Das **Osternbüchlein**, Januar 1509, wohl auch platt- und oberdeutsch. Auch lat. Narratio de ratione Pascha celebrandi inter Judaeos recepta.

4. **Der Judenfeind** ist zu gleicher Zeit mit dem Osternbüchlein erschienen. Auch lat. Hostis Judaeorum, Cöln 1509. Mensis Martius. Der lat. Ausgabe geht ein Gedicht voran: Ortuini Gratii Daventriensis . . . de pertinacia Judaeorum epigramma politum. Dann von Pfefferkorn ein lat. Schreiben an den Kurfürsten und Erzbischof **Philipp** von Cöln. Darin heißt es: Conspiraverunt enim omnes Judaei in me, ut me vel aconito vel valida manu interficiant, quum ego errores et pessima illorum opera ostendo. Von Ortuin Gratius sagt Pfefferkorn in demselben Schreiben: qui etiam multa contra Judaeos et maxime in suum honorem alio in loco conscripsit. Das bezieht sich wohl auf die judenfeindliche Schrift von Victor von Karben, die eigentlich **Ortuin Gratius** zum Verfasser hat (o. S. 67). — Datiert ist das Schreiben an Philipp: tertio Kal. Martias 1509. Diese beiden Partien fehlen im deutschen Original.

5. **In Lob und Eer dem Kaiser Maximilian**, 1510. Auch lat. übersetzt von **Andreas Kanter**, Cöln, 8. März 1510 u. d. Titel: In laudem et honorem imperatoris Maximiliani et caet. Daraus folgt, daß das deutsche Original noch etwas früher, Januar oder Februar desselben Jahres, vollendet war, jedenfalls noch vor **Pfefferkorns Streit mit Reuchlin**. Dieses Pamphlet gibt einen sehr wichtigen Aufschluß über das Hineinziehen des Kaisers Maximilian in den Plan gegen den Talmud, der auch durch Reuchlins hebr. Brief an Bonet de Lates bestätigt wird, was aber sämtlichen Monographien unbekannt geblieben ist.

6. **Ein Brief an Geistliche und Weltliche in betreff des kaiserlichen Mandats, die jüdischen Schriften zu vertilgen.** Dieser handschriftliche, vier Quartseiten starke Brief war den Bibliographen vollständig unbekannt: Ich verdanke seine Benutzung der Wolfenbüttler Bibliothek, welche die meisten Pfefferkornschen Piecen besitzt. Wiewohl das Meiste darin leeres Gewäsche ist, so enthält das Sendschreiben doch manche nicht unwichtige Momente. Da dieses Sendschreiben von Böcking vollständig mitgeteilt ist (Supplem. II, S. 73 fg.), so sei hier darauf verwiesen.

7. **Der Handspiegel** gegen Reuchlins Gutachten zugunsten des Talmud. April 1511.

8. **Der Brandspiegel**. 1512.

9. Die **Sturmglock**. „Wider den alten Sünder Reuchlin", 1514. Es ist die einzige Piece, die ich trotz vieler Mühe nicht selbst einsehen konnte. Wie in Epistolae Obscurorum virorum angegeben wird, war ein Dominikaner **Wigand Wirt**, der beim Berner Betrug gegen die conceptio immaculata beteiligt war, Verfasser der Sturmglocke (appendix No. 6): . . . illi (in Franckfurdia) habent principalem apud eos qui vocatur Wigandus; ille est caput omnium nequitiarum . . . et fecit etiam . . . unum alium librum qui vocatur „Die sturmglock", et ipse non fuit ita audax, quod scriberet suum nomen, sed misit Joh. Pfefferkorn suum nomen scribere, ut daret sibi medium lucrum, tunc velit esse contentus, quia bene scivit, quod Joh. Pfefferkorn esset talis homo qui neminem curaret, etiam suam famam non curaret, quando nisi lucraret pecunias. Böcking hält diese Angabe für nicht ernst gemeint (das. S. 89). Indessen, warum sollte der huma-

nistische Satiriker gerade diese Piece gegen sein Wissen Pfefferkorn ab- und Wigand Wirt zugesprochen haben?

10. Beschyrmung Joh. Pfefferkorn (den man nicht verbrannt hat) 1516, auch lat. unter dem Titel: Defensio contra famosas et criminales obsc. virr. epistolas, dem Papste Leo und dem Kardinalskollegium gewidmet bei Böcking, abgedr. Suppl. I, 81 bis 176. Es enthält die retrospektive Erzählung der Vorgänge. Wahrscheinlich von Ortuin Gratius übersetzt.

11. Streydt-püchlein, wider den falschen Bruder Reuchlin und seine Jünger Obscurorum virorum, 1516.

12. Eine mitleidige Clag' gegen den ungläubigen Reuchlin, 21. März 1521. In der Mitte sind in dem von mir benutzten Exemplar der Wolfenbüttler Bibliothek einige leer gebliebene, den Zusammenhang unterbrechende Seiten. Es ist die frechste und unverschämteste dieser Schmähschriften, worin in Bild und Wort Reuchlin als der schwärzeste, ehrloseste Verbrecher behandelt wird.

Ob Pfefferkorn außer in diesen auch in anderen Schriften sein Gift ausgespritzt hat, ist weiter nicht bekannt. Es ist aber gewiß erlogen und lediglich eine Prahlerei vor dem christlichen Publikum, was er in seiner ersten Schrift behauptet, er habe die Evangelien zur Bekehrung der Juden ins Hebräische übertragen.

Aus diesen Quellen lassen sich die Anfänge, der Verlauf und die Inzidenzfälle in dieser welthistorisch gewordenen Streitsache gegen den Talmud genau verfolgen. Für den Anfang sind besonders die hebräischen Aktenstücke interessant, die ich aus der Rosenthalschen Bibliothek veröffentlicht habe (oben S. 477). Einiges Detail dazu liefern auch Notizen aus den Frankf. Bürgermeisterbüchern, mitgeteilt von L. Geiger im Archiv für Gesch. (1869, S. 208 fg.). Doch vorher müssen die Personalien abgemacht werden; die Geschichte muß ebenso wie die Justiz verfahren, solche auch bei gemeinen Verbrechern nicht zu übergehen. Ohnehin sprechen die Monographien mehr oder weniger davon, und am Ende hängt das Urteil über Grund oder Ungrund der von Pfefferkorn vorgebrachten Anschuldigungen gegen die Juden und ihr Schrifttum von der Beurteilung seines Charakters ab. — Pfefferkorn gibt seine Abstammung selbst an. Im Handspiegel (Bl. 17a) bemerkt er: „Alles, was ich davon (vom Talmud) schreibe, habe ich von ihrem (der Juden) höchsten, großgeachteten Fürsten des Talmud, und ist mein angeborener Vetter; sein Name Rabbi Meïr Pfefferkorn. Die Juden haben auch keinen solchen Hochgelehrten mehr; bei demselben Rabbi bin ich von Jugend aufgewachsen . . . von ihm gehört, gelernt, gesehen und gelesen." Nun das ist eitel Aufschneiderei. Rabbi Meïr Pfefferkorn war allerdings zu seiner Zeit ein Rabbiner, aber ein untergeordneter, und durchaus keine talmudische Autorität. Mein Freund, Herr Kirchheim, teilte mir eine Notiz mit, die sich in einem Exemplar der Respp. Joseph Kolon (מהרי״ק) geschrieben findet, die ihrem Schriftcharakter nach dem 16. Jahrhundert angehört und von einem Zeitgenossen zu stammen scheint. Aus ihr ergibt sich, daß Meïr Pfefferkorn 1482 gezwungen worden war, um für seine eingekerkerte Frau und Kinder die Freiheit zu erlangen, widerwillig Jakob Polak in Prag zur Auflösung der Ehe einer unmündig Verheirateten, gegen den Beschluß einer älteren Autorität und im Widerspruch mit sämtlichen zeitgenössischen bedeutenden Rabbinern, seine Zustimmung zu geben. Diese Notiz lautet: שנת רנ״ב היה המעשה שפסק רי״ק (ר' יעקב פולק) שימאן אחות אשתו באשה כ' דוד סענדריש ורכה על קרקרו כל חכמי ישראל

בשם מהר"ם (מנחם) ממידנבורג שאין ממאנין בדורות הללו והחרימו אותו¹). . . ור' מאיר
פעפירקאורן הסכים על ידו ואח"כ נתן דהנצלות עשאה משום אשתו ובניו שהיו תפוסים
וחטופים של מהר"יף היה קרובה למלכות ולא רצה להשתדל בעבורם עד שיסכים עם מהר"יף
.חותנה ואוחו ר' מאיר פעפורקאורן היה תלמידו של בעל התשובה הלו מהר"י קולו

Über diesen Vorfall und die Entrüstung, welche Jakob Polaks — seiner
Schwiegermutter zu Liebe — angeratene und ausgeführte Eheauflösung ver-
ursachte, vergl. Respp. Juda Menz Nr. 13 und Salomo Lurja, Kommentar
zu Jebamot (ים של שלמה) XIII, Nr. 17, wo es ebenfalls heißt, daß J. Polak
deswegen in den Bann getan wurde. Meïr Pfefferkorn scheint gleichzeitig mit Jakob Polak Rabbinatsbeisitzer in Prag gewesen zu sein, aber der
höchste und hochgeehrteste Rabbi seiner Zeit war er durchaus nicht. Sein
Name kommt in der zeitgenössischen und spätern rabbinischen Literatur nicht
vor. — Der Familienname Pfefferkorn war nicht selten unter den Juden.
Ein reicher Mann dieses Namens ר' פעפרקורן ב' שמריה hat sich 1344 eine
Bibel kopieren lassen (Katalog der Wiener hebr. Hs. S. 8). In Nürnberg gab
es 1486 einen vermögenden Pfefferkorn (bei K. Hegel, Chroniken der
fränkischen Städte I, S. 122). Unter den Epitaphien des Prager jüdischen
Friedhofes kommt ein 1585 verstorbener Jona ben Meïr Pfefferkorn vor, der
aus einer edlen Familie abstammte: יונה בן פוריא מאיר פעפרקורן ממשפחת מיוחסת
(Lieben, Gal-Ed. hebr. Teil p. 70). Wenn dieser Jona b. Meïr von dem
oben genannten Rabbinen Meïr Pfefferkorn abstammte, so könnte man wohl
annehmen, daß dieser Zweig seinen Sitz in Prag hatte. Der Konvertit
Joh. Pfefferkorn scheint in Prag heimisch gewesen zu sein (im Handspiegel).
Es würde wenig dagegen verschlagen, wenn die Dunkelmännerbriefe ihn
ursprünglich nach Mähren versetzen (I, Nr. 36): Vester Johannes Pfefferkorn . . . quando fuit adhuc in Moravia percussit unam mulierem
in faciem, oben S. 65. Mähren und Böhmen bildeten damals fast nur
ein Land.

Über Pfefferkorns elementare Unwissenheit herrscht nur eine Stimme
unter seinen Zeitgenossen. Nicht bloß die Spötter der Dunkelmännerbriefe
sagten es ihm, daß er nicht einen Buchstaben Lateinisch verstanden, sondern
auch der ernste und wahrhafte Reuchlin (Augenspiegel Bl. 49b, und Briefsammlung II. Bl. B. 3b). Aber auch im Hebräischen war er unwissend, obwohl
er sich den Schein gab, als wäre er darin so wie im Rabbinischen grundgelehrt.
Das, was Reuchlin von ihm urteilt (Augenspiegel), Sechste Unwahrheit
Pfefferkorns: „Der getaufte Jud' hat in seiner Kindheit nach Gewohnheit die
Bücher Mosi gelernt und vielleicht etlich lectiones . . . genannt Haphtoras
. . . Sunst kann er nichts Gründliches: denn ich han viel hebr. Bücher, die
weder lesen, noch verstehen kann . . . — und das ist die Wahrheit". — Und
an einer andern Stelle: „Wiewohl das wahr ist, daß er mir selber in meiner
Liberay, als ich ihm ein talmudisch Buch, genannt Mardochai, fürgelegt,
bekanntlich (geständig) ist gewesen, daß er allein in der Bibel gelernt hab' und
verstand deren Bücher kains." Dieses Urteil Reuchlins über ihn ist ganz der
Wahrheit gemäß. Pfefferkorn verrät in seinen Anklagen gegen das rabbinische
Schrifttum und gegen die Juden eine greuliche Unwissenheit. So z. B. wenn
er wiederholentlich in seinen Schmähschriften den Juden zum Vorwurf machte,
sie nennten Jesus ישו נוצרי, und das soll nach seiner Übersetzung bedeuten:

---

¹) Diese zwei durchschossenen Wörter sind unleserlich in der Handschrift,
und ich weiß nicht, ob ich das Richtige getroffen habe.

seductor populi. In dem Katalog der jüdischen Schriften, die er (in Lob und Eer dem Kaiser) fürs Feuer empfiehlt, „die bösen, falschen und unnutzen Schriften, die man von der Jüdischheit abtun und aufheben will, und auch ihre Rabi, die solche geschrieben und gemacht haben", führt er auf: Babo Meutzeo, Babo Cammo, Babo Baszro und als besonderes Buch: Arbo Ovos Nesykin. Er wußte also nicht, daß das letztere identisch ist mit Baba Kama. Er würfelte Tanaiten, Amoräer und Rabbinen untereinander: Rabbi Ischlokysch, R. Gamliel, R. Gerson, Raff Popo. Auch nicht ein Anfänger in Talmudicis könnte einen solchen Wirrwarr aufstellen. Schon der Name Rabbi Ischlokysch zeugt von Ignoranz. Es soll Simon ben Lakisch sein, abbreviert לקיש ר״ש; die Talmudisten sprachen den Namen Resch-Lokisch oder Lakisch aus; aber Rabbi Ischlokysch auszusprechen, verrät Unwissenheit.

Über Pfefferkorns Charakter gibt ein Aktenstück unter den handschriftlichen vollen Aufschluß, daß er ein Metzger gewesen, einen Diebstahl mit Einbruch begangen habe und dafür Gefängnisstrafe verbüßen mußte. Graf von Gutenstein bezeugt: „Nachdem Joseph Jud Metzger, Pfefferkorn genannt, so sich in neulicher Zeit zu Cöln taufen lassen hat, einen Untertan eingebrochen und an einem Diebstahl betreten worden, darauf er dann in einem Gefängnis kommen ist" (Aktenstücke, Monatsschrift a. a. O., S. 295). Die Verlogenheit dieses elenden Wichtes geht auch aus seinen Schriften hervor. Soll man ihm Glauben schenken, wenn er Tatsachen berichtet, deren Falschheit von keinem Geringern als Reuchlin dementiert werden? Soll man ihm Glauben schenken, wenn er in seinem „Streitpüchlein" ein Attest vom Bürgermeister und Rath der Stadt Dachau (Tachau) mitteilt, „daß er keinerlei Diepstal überwunden worden"? Er und seine Hintermänner haben sogar falsche Urkunden und Sendschreiben fabriziert.

Gehen wir jetzt auf den Verlauf der Händel ein. Anfangs 1509 hat Pfefferkorn zu gleicher Zeit zwei geharnischte Schmähschriften gegen die Juden von Stapel gelassen, das Osternbuch und den Judenfeind. In dem letztern hat er sie als Ausbund aller Schlechtigkeit geschildert und den Talmud als hochgefährlich für das Christentum angeschwärzt, der abgetan werden müsse. Im August desselben Jahres hatte er bereits ein Mandat vom Kaiser in Händen, welches ihm Gewalt über dasselbe Schrifttum einräumte. Durch die Einmischung des Kaisers ist erst der Hauch zu einem Sturm geworden. Was hat auf ihn, den sonst Besonnenen, bestimmend eingewirkt, sich zum Helfershelfer eines Erzschelms zu machen? Eine Andeutung in Reuchlins hebr. Briefe (vergl. weiter unten) gibt den Schlüssel dazu. Die Schwester des Kaisers, die verwitwete Herzogin von Bayern, Kunigunde, war zugleich Hebel in den Händen der Dominikaner und Stachel für ihren kaiserlichen Bruder! Diese herzogliche Abtissin hat von ihrer Zelle aus das erste Räderwerk des Reformationsjahrhunderts in Bewegung gesetzt. Es ist auffallend, daß keine der Monographien über den Reuchlinschen Streit des Anteils dieser Frau an der Erzeugung desselben gedacht hat, während Pfefferkorn ihn doch wiederholentlich so ziemlich in den Vordergrund gerückt hat. In „Lob und Eer Maximilian" (Bl. B. 1a): „Dieweil aber solche abgesetzte Artikel (von der Verderblichkeit der jüdischen Schriften) vormals durch Pfefferkorn auch gesetzt sein, die von etlichen andächtigen und gelernten Christen zu Herzen gefaßt, die den obengedachten Pf. an die Durchlauchtigste ... Fürstin N., gebornen Erzherzogin zu Österreich, des Fürsten Albrecht ... in Bayern ...

nachgelassenen Witwe... empfohlen, dabei wohl zu merken, als ihr Gemahl Albrecht... Todes halber abgegangen ist, sie in die dritte Regel Sanctae Francissin eingetreten ist. Und als derselbe Pf. der ... Fürstin solche Sach und Handel der Juden hat fürtragen lassen, hatte sie die angenommen und zu Herzen gefaßt und ihn mit ihren eigenen Handschriften an ihren ... Bruder, die röm. k. Majestät... gefertigt, welchen Brief dieselbe k. Majestät gnädiglich empfangen hat, für das förderlichst solchen Irrtum der Juden zu unterdrücken... Und darauf Pf. mit etlichen Mandaten... an alle Fürsten und Städte des Reiches abgefertigt wurde."

Das erste Mandat des Kaisers Maximilian an die Fürsten in betreff des jüdischen Schrifttums ist nicht bekannt geworden, nur das an die Juden, sich ihre hochverehrten Schriften ohne Widersetzlichkeit von Pf. nehmen zu lassen, ist erhalten. Es ist ausgestellt im Heer, Badua d. 19. August 1509 (das. und in den Aktenstücken, Monatsschrift, Jahrg. 1875, S. 295 fg.). Es redet ganz die Sprache Pfefferkorns und der Dominikaner. Der Hauptinhalt dieser Urkunde ist: "haben unsere Diener und des reiches getreuen Johann Pfefferkorn von Cöllen ...... erstlich befehl und gewalt gegeben, Alle eure bücher und schriften überall zu visentieren, zu erfahren und zu besehen, und was darunder befunden, die weder die Bucher und Gesetz Moysi, auch die Propheten waren, und wie ob ungegrundet, unsern cristglauben zu schmach und übel reichten, dieselben alle, doch an jeden ort mit wyssen eynes raths und in gegenwärtigkeit des pastors. Auch zweyer von rath oder der obrigkeit, von euch zu nennen, die abweg zu thun und zu undrucken .... Euch allen mit ernst gebietende .... wann und an welchen enden der obengenannte Pf. zu euch kommen .... yr ym und den gedachten pastor oder Pfarrer und geordneten Räthen alle eure bücher und schriften eures glaubens furbringet, die genugsamlichen sehen und erennen und die ungegrundeten, erdichten und bösten nennen und abthun lassen ...... bei vermeydung unserer schweren straff und ungnad an ewern leib und gutern". — Der Kaiser erließ auch, wie daselbst angegeben, einen Befehl an die Geistlichen, Pf. bei der Revision der Bücher beizustehen.

Pf. erzählt weiter (immer in der dritten Person) von sich, wie Cäsar: "Als nun Pf.... mit der k. Maj. Mandat abgefertigt worden, ist er bei der... Fürstyn .... k. M. Schwester wieder erschienen, Jhro Gnaden solche der k. M. Mandate angezeigt und Jhro Gnaden die sehen lassen, darin sie sonderliche Freud empfangen hat, denselben Pfefferkorn weiter an gehörige Ende und Stätten, in den Mandaten begriffen, gefördert". — Er erzählt weiter, wie er nach Frankfurt am Main gekommen, "daselbst viel Juden wohnen, und ist auch da eine von ihren höchsten Schulen," vom Rath unterstützt, eine große Menge jüdischer Schriften aus den Synagogen genommen und beim Rath niedergelegt. — Also auch bei der Konfiskation des Talmuds hat die herzogliche Abtissin Kunigunde kräftig mitgewirkt. Wir begegnen ihr noch öfter im Verlauf der Begebenheiten. Wie Hochstraten und Pfefferkorn müßte Kunigunde in den Vordergrund dieser kleinlichen und doch aus einem tiefen Hintergrunde hervorbrechenden Händel gestellt werden. — Kehren wir zur Aufeinanderfolge der Fakta zurück. Pfefferkorn erzählt uns weiter und hier wohl wahrheitsgemäß: "Und gleicherweise wie in Frankfurt hat Pfefferkorn auch in Worms gehandelt und den Juden solche Bücher, die sie viel verstohlen und verborgen hatten, genommen und beim Rath niedergelegt"... Die Konfiskation in Frankfurt fand am Vorabend des jüdischen Hüttenfestes,

28. September 1509 statt, wie aus den Aktenstücken hervorgeht, welche auch den weiteren Verlauf angeben.

ביום ו' בערב סוכות ע"ר לפ"ק בא טרפה קצב ימח שמו ואתו ג' גלחים ובי' עירוני העצה יר"ה פה ק"ק ורנקבורט דמיין ולקחו בעו"ה הספרים בבי כנישתא תפילות ומחזורים וסליחות את כל אשר מצאו צוה עליגו בצווי הקיסר יר"ה שלא להתפלל עוד בבית הכנסת. ודעתו היה לבא למחרת לקחת גם הספרים בבתינו. כי אותו היום היה קצר מהכיל והגלחים לא רצו לבטל השבת ויום א' אח"כ חגם שלהם. ואותו יום ו' שלחנו הר' יונתן לק"ק וירטייסא להשתדל עם הקמר-משפט אם אפשר לעכב העובדא בישא להני הספרים שבבתינו ולא יכול. וביום השבת שלחנו הנ"ל גוטפערכט וויושנ' לההגמון ממענץ יר"ה לאשבנבורג להסיר יד הגלחים טוה העניו. והשיג המבוקש. ות"ל רוח והצלה יעמוד ליהודים. והיה ביום שני בא טרפה קצב י"ש עם הגלחים והעירונים לקחת הספרים. ואותו היום עדיין לא בא הנ"ל גוטפראכט. והדינו אותו היום בגרמת צעקה וצוחה לקרא הדבר לפני אדונינו הקיסר יר"ה בלשון אפלירן. והסכימו יחד הגלחים והעירונים לעמוד הדבר על יום ג' לפני העצה לדרוש ולחקור אם כח בידינו לקרא לפני הקיסר יר"ה מאחר שהדבר יצא מפי הקיסר יר"ה. ותשובת העצה פה יר"ה היה בזה הלשון. "וויר וואלטען דען מנדאט גיניגען טון, אונד וואלטען דאן אפלירען" והיה ההסכמה ביניהם לבא אחר חצות. ובתוך כך ת"ל באו הכתבים מהאגמון מענץ יר"ה להגלחים שישתכו ידיהם טוה העניו, ודעתו לענוש על מה שעשו, ובשביל שהגלחים משכו ידיהם, גם העצה יר"ה אינם רשאים לפעול בעניו זה עוד. ועל יום ד' י"ט תשרי שלחנו ה"ר יונתן ס"ל לרכוב אל אדונינו הקיסר יר"ה לבטל מחשבות הרשע. וה' הצליח דרכו ומחשבתנו. ושלחנו ה' קנעבלן בכל שטח אשכנו בכל המדינות לבא אצלינו ליום המוגבל בחצי חשון ליעץ ולהועד מה לעשות כמבואר אח"כ.

Durch den Erzbischof Uriel von Gemmingen ist also die Konfiskation in den Häusern der Juden und in den Talmudbibliotheken verhindert worden. Dieser Prälat hat sich überhaupt bei dieser Gelegenheit den Juden günstig gezeigt, wie aus einem Schreiben an den Kaiser und noch mehr an Eitelwolf v. Hutten hervorgeht, beide 5. Oktober 1509 ausgestellt. Das letztere lautet:

„Uriel von Gottes Gnaden, Erzbischof zu Menz,
Lieber Getreuer!

Welcher Gestalt wir Kaij. M. . . . . einer Sach halben haben thun schreiben, willst du auch hierin (?) nehmen. Begehren daher an dich mit Ernst befehlen, du wollst bei K. M. fordern und an sein, damit dem Pfefferkorn kein weiter Befehl oder Gewalt in solcher Sach von K. M. geschehn, und du so von wegen der Juden solch Brief bringen und beförderlich sein, damit sie ihre Bitt bei K. M. erlangen mögen, darin wirst du unsere Meinung insonder guten Gefallen

Gegeben zu Aschaffenburg, Freitag Hieronymns.

Unserm Marschalk und lieben Getreuen
Freien von Hutten".

Pfefferkorn entstellt ein wenig den Hergang, wie er ihn in der Defensio contra famosas erzählt, woraus aber jedenfalls auch hervorgeht, daß der Erzbischof Uriel von Mainz Bedenken gegen die kaiserliche Vollmacht in Pfefferkorns Händen hatte. In expeditione hujus negotii venerunt mihi ab Uriele ... scripta, ut in hoc negotio supersederem et me ad Oschenburg (Aschaffenburg) quamprimum conferrem. Quo facto mihi praesul dixit ... metuendum hoc imperatoris mandatum veram formam in se non habet, quia solus ego sum in hoc mandato positus, propter quod quidem Judaei negotium hoc depellere possent. Praeterea dixi: me audivisse de quodam doctore, qui nominaretur J. Reuchlin ... Respondet praesul, ut quamprimum conferrem me ad Caesaris curiam ac Victorem (a Carben) et Dr. Reuchlin et me ipsum Caes. Majestatis mandato inscribere facerem. Pfefferkorn erzählt geschwätzig weiter, wie ihm Erzbischof Uriel ein Viatikum zur zweiten Reise zum Kaiser gegeben, und auch der Frankfurter Senat ihn kräftig unterstützt habe. Im Bürgermeisterbuch (Archiv a. a. O. S. 212) ist angegeben, daß er nur 2 Gulden von der Stadt erhalten hat.

Diese zweite Reise und das dadurch erlangte zweite Mandat bilden einen Einschnitt in diesem Geschichtsverlauf, wovon, wie von dem Folgenden in den Sekundärquellen keine Spur anzutreffen ist. Die Juden haben sich nämlich nicht so leicht gefangen gegeben, sondern alles aufgeboten, Pf. entgegenzuarbeiten.

Die Frankfurter protestierten zunächst beim Kammergericht und sandten einen Anwalt oder Prokurator an den Kaiser, um die Ungesetzlichkeit der Konfiskation ihrer Schriften zu beweisen und die Charakterlosigkeit Pfefferkorns ins Licht zu setzen. Ihr Anwalt war Jonathan Levi Zion, und zu diesem gesellte sich ein Mann Isaak Triest. Sie folgten dem kaiserlichen Lager auf Kreuz- und Querzügen und berichteten am 15. November von dem Resultat ihrer Tätigkeit.

ראשי העם, יודעי טעם באמרינו עם יתר שאר העם. כלם יתברכון בטעון קהל קדישא דק"ק ורנקבורט יצ"ו. הנה אהובי שומו לבבכם לכל הדברים אשר אני כותב לכם. כי מקדמת דנא כתבתי לכם מק"ק ויירדאו וגם מעיר פאצין כתבתי לכם ע"י ציר מק"ק ויירצבורג, וכתבתי לכם את כל הרעה אשר מצאוני בעו"ה שלעת הזאת אי אפשר לעשות חילוף או אשראה במדינה הזאת כדי להביא אל ידי טעות להתעסק בדבר הזה כפי הנכון והראוי. ביום ו' ה' חשון ע"ר לפ"ק כשבאתי לחצר בית אדונינו הקיסר יר"ה מצאוני דל ושפל אני. ולא מצאתי לכל האנשים אשר כתבתם רק לה"ר יצחק מטרישט אשר רכב אחר הקיסר יר"ה ועטו גיסו ה"ר מושיל יצ"ו ומכל מקום טרחנו והלכנו ה"ר יצחק וגיסו ואני השפל עבדיכם ונתנו קצת ונדרנו קצת עד שהבאנו הדבר לפני אדונינו הקיסר יר"ה עצמו ושמע צעקתנו ותאבותינו. ודברנו עם הקיסר יר"ה ע"י עצמינו וגם ע"י טושל אחד מטמשרתיו אשר טילא את דברינו איך שראה וקרא הקויטים אשר בידי מקיסרים ואפיפיורים הקדוטים. הקיסר יר"ה אמר ליתן לנו תשובה. ואיך וטה נעלמה ממנו. והיריעה קצרה מהכיל לטיפרט איטתי שיתן לנו תשובה מרוב עסקיו אשר אי אפשר להשיג. ולכן אהובי התחכמו

Note 2.

בדבר מה לעשות. כי חקרנו ומצאנו באמת שאדונינו הקיסר יר"ה הניח
לכתוב פתשגן הכתב של המנדאט ברצונו ובדעת טיושבת ויודע הכל מה
שכתוב בו. רק התנצלותו אמר לי ה"ר יצחק מטרישט שאין כונתו כל כך
להרע כמו שעשה הטומר לנו. ושומר ישמור שארית ישראל. כי יש לחוש
כשיצא הטומר שישיג כל רצונו ח"ו כי רוב יועציו טרשיעים מאוד. ובשם (1
הסרנטינר השיב לנו כי הטומר היה באהלו וצוח וצועק הדין. ואותה
הצעקה ובקשה באה לפני אדונינו הקיסר יר"ה. וע"כ נתן לו המנדאט הנכונה
והטיושרת בעיניו מאחר שמוטל עליו לסייע לכל העולים לדין. ודברים רבים
כאלה ודי מזה. כי סיומא דמלתא שלא יעלה על דעתכם כל יושבי
תחת הנשר הגדול, דהיינו כל בר ישראל, שיצא הדבר הזה מתחת יד טושל
אחד או שנים או שהתחילו הדבר הזה בשביל טעט מעות כאשר לקחתי לי
כח כשנפרדתי מכם, אל יעלה על לבבכם והתחכמו בדבר הזה ושלחו אנשים
חכמים ונבונים יותר ממני אשר צרור כספם בידם ותנסו אם אפשר לבטל
הרעה כי יש לחוש דתיפוק ח"ו חורבה מניה. וכל אשר תצוו עלי השפל
ברצון אשמע בקולכם. רק מהרו ושלחו איש עתי עם מעות ועשו כאשר
מוטל עליכם ואני בוטח בכם. והנה אהובי אחרי כל זה ביום ו' י"ב חשון
ע"ר לפ"ק שלח טרקגרוף מבאדן לבית היהודים בק"ק בערין וביקש שיבואו
אליו היהודים לאושפיזכנא להודיע תכלית בקשתם מחמת הטומר כי אדונינו
הקיסר יר"ה צוה עליו להיות (2 פרקריד שלנו. בכן באתי אצלו ביום ו' הנ"ל
והייתי אצלו בערך ג' שעות הוא והסופר שלו ואני והנח ליתן לי (3 סופלינאציון
כאשר תראו בהעתקה ונתתי לו דבר מה על הדבר הזה, וכשישיג רצוננו
לפי משטעות הזופלינגאציון אתן לו טיך מאה זהובים לפני טרחו. וכן עשה
והטריח עצמו בדבר עד מאוד. וגם כן ה"ר יצחק השתדל בגוי אחד אשר
אצל הקיסר יר"ה יומם ולילה אשר ירצה להוסיף ולדבר על לב אדונינו הקיסר
יר"ה ולנסות אם אפשר להוציא הדבר הזה מן הכח אל הפועל. ושהיה קרוב
לודאי שע"י ה"ר יצחק מטרישט ושריו וע"י המרקגרוף מבאדן וע"י המרשלק
גאלדקר אשר הטיב אתי עד מאוד השגנו דבר זה לטובת הכלל. כי לעת
בא הטומר פפעפירקארן לחצר אדונינו הקיסר יר"ה ביום (4 ב' ט"ו חשון
ע"ר לפ"ק הרים קולו עלי לפני רוכבי הרכב וגם לפני ההולכים והבאיש
בעיני העם שהוכרחתי ליפול על ברכי לפני אדונינו הקיסר יר"ה והשיב אלי
המרשלק מפי הקיסר יר"ה שלא אירא כי שלום יהי' לי. והקיסר יר"ה יכנה
ויפקוד שרים השומעים את הטומר ואנו מתווכחים יחד זה כנגד זה. וישמעו
ויבינו הדבר ויצדיקו הצדיק וירשיעו הרשע. וע"ו נטלכנו ה"ר יצחק ואני
השפל ובקשנו להחויר לנו הספרים שלקח בק"ק ורנקבורט ולהרחיב לנו זמן

---

[1]) Soll heißen Serentainer, Geheimsekretär des Kaisers Maximilian.
[2]) Prokurator.
[3]) Supplikation.
[4]) 29. Oktober 1509.

עד שיוכלו לבא לחצר אדונינו הקיסר יר״ה. היהודים יודעי דת ודין יותר טאנחנו והם יתווכחו עמו. ובתוך כך ביום ה׳ ח״י חשון בא שלוחכם ה״ר אייזק העלפענט לעיר ראבעריט והביא אלי מכתבכם וכתב מהההגמון מטעינץ יר״ה אשר בלבל על הדברים הנ״ל כי המרשלק של ההגמון בקש מאדונינו הקיסר יר״ה להפקיד ההגמון מטעניין על הדבר הזה והקיסר יר״ה לא רצה למלאות כל משאלתו רק מקצתו וצוה על אחד מסופרי הקיסר לכתוב ארבע כתבים א' להההגמון יר״ה לתבוע מיד המומר ויהודי' הספרים אשר לקח בק״ק וורגבורט וההגמון יר״ה והטוקטארים שלו יבדקו הספרים ומה שהוא היה נגד תורתינו וגם אינו טולל האמונה שלהם יחזור לנו. ומה שהוא טולל האמונה שלהם יותן ליד המומר. ושורש מכל דבר יודיע ההגמון יר״ה להקיסר יר״ה. וכתב אחד להעצה שישמעו דברי ההגמון, ויעשו אשר יכתוב להם, וכתב אחד ליאהניש פפעפירקארן שיל״ד ויבוא על היום. ועוד כתב תיר והגבלת היום באותו כתב לכל הנזכרים בהמנדאט הראשונה שיבואו על ט״ו שבט ע״ר לפ״ק או כחם להתוכח ולירד לדין עם המומר אחרי שיודיעו ההגמון יר״ה להקיסר יר״ה איך שנמצא הספרים, וכפל עוד בכתב ההגמון שאין כונת הקיסר לבטל הקוטים שהשיגו בקונצילייום, וכתב ההגמון קרא המרשלק של ההגמון יר״ה ושאר ג' כתבים כלם היו כתובים ונקראים לפני והם קצת כולם בשוה מאחר שהקיסר יר״ה לא רצה כלל לבטל המנדאט ראשונה, ועל זה המשיך הדבר שהקיסר יר״ה יכתוב כתיבת ידו בכתבים הנ״ל. וכמדומה לי שהקיסר סיים בכתיבת ידו כתב של ההגמון יר״ה. ובזה האופן הלכתי יותר מכ״ה ימים שסברתי לרכוב לדרכי באופן הנ״ל ואם היה בידי הסך אשר לקחתי כח מכם היה קרוב לודאי שהשגתי אותם הכתבים שיהיו כח ביד ההגמון יר״ה להחזיר לנו ספרינו ולהבאיש עיני המומר בדברים אמתים וכשבאנו אל היום לפני הקיסר יר״ה או מושליו לא היה לו פה להשיב ולא מצח להרים ראש. ומה אמר ואדבר כל דלעיל נתהפך והמומר ומושליו השיגו שאדונינו הקיסר יר״ה יטמנה ויכתוב להההגמון יר״ה שהוא יהיה קומיסאר בדבר זה והוא ישב אצל ההגמון בדין, ויקטאר הכומר טקוילן. ועוד טאקטר אחד טקוילן, וטוקטאר אחד מהיידלבורג, וטוקטר רייכלן טשטינגרטן, ובפירוש כתב בקומיסיאן שהההגמון מטעינץ יבלבל המומר שלא יוכל להשיג הספרים הנ״ל וליום בואו עם הטוקטרים הנ״ל יסייע ההגמון יר״ה להמומר שיבאו לפניו כל ספרים והם יבדקו אותם לפי מנדאט הראשונה וכן יעשה ההגמון יר״ה לכל יושבי תחת ממשלת הנשר הגדול הנ״ל. ולא כתב תוך אותו קאמיסיאן מאומה שהוא בצידינו רק שהקיסר יר״ה צוה על ההגמון יר״ה בל״א „וויין מיינונג זייא ניט, דאס דיא יודשהייט ווידער דיא בילקייט בישווערט ווערדא" והעתק כזה קרא לנו הסופר ביום ש״ק[1] כ״ח חשון ע״ר לפ״ק.

וסידרנו בקומיסיאן זאת ושלחנו להקיסר יר״ה זופלינאציאן השנייה כאשר

---

[1] 11. November.

Note 2.

תראה. וקרוב לודאי שהמומר יקח אותו קאמיסיאן. כי היום א' כסליו בערב הגיד לי הרב יצחק מטרישט שחקר ודרש שהעצה בק"ק ורנקבורט העידו עלינו ונתנו אותנו עדות להמומר שסירבנו בהמנדאט ובזה האופן שאטרנו שאין לקיסר כח עלינו רק אנו רובצים תחת מטמטשלחם ובזה נתמלא חימה של אדונינו הקיסר יר"ה ויועציו ויש לחוש שבוונתם להתגולל ולהתנפל עלינו ולזה צריכים אתם אנשים הכמים ונבונים כשאר קהלות אשר יבאו לפני אדונינו הקיסר יר"ה להתחנן לפניו ולבקש על נפשם ואשר צרור כספם וזהבם בידם שאולי ירחם הש"י עלינו וימצאו חן בעיניו להשיב דבר מה לטובת הכלל, כי יש לחוש דברים אשר לא נתנו לכתוב. ואילולי שהמרשלק של ההגמון יר"ה הלווה לי לא יכולתי להשיג ולמצוא דמי פזורי עד הנה. ונא"מ' לא שניתי לכם דבר והתחכמו וטוב בעיניכם עשו. ובכן אל רחם. וכו' כ"ח משרתכם יונתן לוי.

הכתב תוך ספר אחד אצל של עון ויצא שלוחו יום ה' ב' כסליו ע"ר וכל מה שלא כתבתי שאלו את הנוכח ה"ר חזקיה כי ידע כל דבר. ואילולי שהיה נראה בעיני שצורך גדול הוא לא יכולתי את עצמי אשר שלחתי מעלי משרתו כי הרבה פעמים בא הקיסר יר"ה למקום שאין כמבינים אותי ואני לא ידעתי לשאול להם. לכן אל תעזבני לאורך ימים.

והנה אחי כל בעלי בתים אם תאבו ושטעתם טוב תאכלו. ואם תמאנו ברכה והצלחה יפנו כאחד. ואע"פ שידעתי שישאר בני קהלות ויתר העם לא יאמינו אלי ולא ישמעו לקולי. וחשדוני בדבר זה. מאחר שאני אחד מיושבי ורנקבורט מכל מקום לעצור בטילין לא אוכל ושיהיו אל לבבכם הכתב של המנדאט הראשונה. כי נאמר אם שמיעתם וראיתם את אשר שמעתי וראיתי חיל ורעדה אחותכם יותר משאוכל לכתוב. לכן הסירו מעליכם לב האבן ואזרו כגבורים הלציכם ושלחו מכם אנשים חכמים ונבונים המתעסקים בדבר הזה ולראות אם חפץ ד' בידם יצליח לבטל מחשבות הרעות אשר חושבים עלינו שונאינו יותר משהפה יוכל לדבר. ובכ' ברוכים אתם בבואכם ובצאתכם כ"ד אה"ו יונתן לוי ציון.

שלומכם רבים כטיפי ימים למרנן ורבנן הכמי קהל ורנקבורט יצ"ו ולשאר ק"ק יושבי תחת הנשר הגדול שלומכם ישגה לעד, אהובי ורעי שום תשימו לכל אשר כתב למעלה אה"ו ה"ר יונתן יצ"ו ואל תשליכון אותו בחוץ גוכם. כי בעו"ה שעה נחוצה היא, לכן עושו גושו הושו ואל תעמדו בחוץ ותשלחו לחצר הקיסר יר"ה אנשים הכמים ונבונים מכם וצרור כסף וזהב בידם, יצחק טרישט. נכתב ב' כסליו ע"ר ובא הנה י"ו כסליו.

Ähnliches erzählt Pf. (in Lob und Ehr), daß der Kaiser geneigt war, zugunsten der Juden zu entscheiden, daß Pf. aber vermittelst der Schwester des Kaisers eine Umstimmung hervorgebracht hat.

Wir lassen ihn sprechen, geben aber sein Kauderwelsch in moderner Redeweise: „Und als die Juden solchen (der Konfiskation der Schriften) kein Widerstand geleistet, „sie Etliche mit merklichem Gelde und mit etlichen Furderbriefen durch etliche Christen ausgegangen, zu der k. Majestät solcher Fürnehmen abzutreiben, abgefertigt, welches Pfefferkorn nicht verholen blieb, der sich schnell wieder zu der Fürstin k. M. Schwester erhoben, ihr solches, der Jüden Fürnehmen, entdekt und daneben angezeigt, wo dieses löbliche Fürnehmen zurückgestellt würde, Solches dem Christenglauben nicht zu wenigem Nachtheil reichen . . . . . Auf Solches hat die lobwürdige Fürstin dem Pfefferkorn mit ihrer eignen Handschrift wieder zu ihren Bruder gefertigt. Und auf Solches hat die römische k. M. der Judenprokurator (so Ihrer Majestät von der Juden wegen angebracht hätten; wie solches Anbringen, so Pfefferkorn wider die Juden angebracht hätte, anders nicht, denn aus Neid, so derselbe zu den Juden trug, geschehen wäre, denn solche Schrift und Bücher, wie angezeigt wäre, sollten nicht gefunden werden, mit anderer mehr Anzeigung etlicher Freiheit und Privilegien, so sie von den Päpsten und Kaisern hätten) von der Hand gewiesen. Und den Uriel, Erzbischof von Mainz . . . . . in der Sache solche Bücher, die Pfefferkorn den Juden genommen, auf einen bekannten Tag durch gelehrte und verständige Doctores aus den Universitäten Cöln, Mainz, Heidelberg und Erfurt besichtigen lassen."

Dieses zweite Mandat, ebenfalls durch Kunigundens Vermittelung erwirkt, teilt Pfefferkorn in dem Pamphlet Beschyrmung, Defensio contra famosas (bei Böcking, Suppl. I, p. 88 ff.) mit, ausgestellt Rofereit (Roveredo) 10. November 1509. Darin ernannte der Kaiser Uriel zum kaiserlichen Kommissär in der Talmudangelegenheit; es ist auch an ihn gerichtet. Die wichtigste Stelle darin lautet: sed postquam Judaei rebellarunt suis aliquibus illicitis sermonibus, eos adhuc in nostra pena et mulcta retinemus, tamen secundum tenorem mandati nostri Frankfordenses acceperunt Judaeis certum numerum librorum . . . quos retinuerunt et custodierunt. Quamquam ergo Judaei ad nos miserint de hoc negotio, non secus ac si Joh. Pfefferkorn in hoc negotio non esset doctus et expertus, etiamque quod sibi non solum praenominati libri, sed plerique alii, qui neque contra praecepta Moysis, neque in contumeliam fidei Christianae essent, et sibi secundum tenorem privilegiorum suorum admissi, sunt ablati, tamen . . . ne Judaei contra aequitatem gravantur . . . damus tibi plenariam potestatem etc. Uriel sollte Professoren von den genannten Universitäten berufen, und wenn es ihm beliebte, auch gelehrte Männer hinzuziehen, wie Hochstraten, Reuchlin, Victor von Karben und Pfefferkorn. Wichtig ist noch der Schluß: insuper Judaeos de Frankfordia ad te atque illos doctores accessas. Die Juden sollten also in der sie so tief berührenden Frage wenigstens auch gehört werden. Die Juden sollten eine Disputation zur Verteidigung ihrer Schriften halten. Das geht entschieden aus dem Schreiben Jonathan L. Zions (o. S. 488) hervor. Mit Erlaß dieses zweiten Mandats tritt diese Talmudkonfiskationsfrage in das zweite Stadium. Sie hatte sich insofern ein klein wenig günstiger für die Juden gestaltet, als sie nicht der Willkür des Erzschelmes Pfefferkorn ganz allein preisgegeben war.

Der Erzbischof Uriel ernannte einen Subdelegierten und sandte ihn zugleich mit Pfefferkorn nach Frankfurt. Sic factum est, quod praedictos mille et quingentos libros ab Judaeis sustulerim (Defensio contra famosas bei Böcking, p. 90). In diese Zeit scheint auch die Konfiskation in den Gemeinden Worms, Mainz, Bingen, Deutz, Lorch, Lahnstein versetzt werden zu müssen, wovon Pfefferkorn in seinem Schreiben (o. S. 480, Nr. 6) spricht, da er dabei bemerkt, daß es auf Uriels Befehl geschehen sei. — Ob dieser auch verordnet hat, daß die obengenannten Personen die Bücher, welche beim Rat in Frankfurt niedergelegt waren, besichtigen und prüfen sollten, ist zweifelhaft (in Lob und Eer, 3. Absatz). Jedenfalls hatte Reuchlin also schon früher Gelegenheit, sich ernstlich mit der Frage zu beschäftigen. Die Aufforderung des Kaisers vom Juli 1510, sein Gutachten abzugeben, traf ihn nicht unvorbereitet. — Ehe es aber zur Prüfung kam, wehte wieder ein anderer Wind, wovon die Monographen wiederum keine Witterung haben. Aber sie hätten doch aus dem Schreiben des Kaisers an Uriel vom 6. Juli 1510, das Reuchlins Augenspiegel einverleibt ist, ersehen können, daß Maximilian verordnet hatte, den Juden ihre konfiszierten Schriften zurückzuerstatten. Das kaiserliche Handschreiben lautet: „Ich zweifle nicht, Deiner Liebden sei noch in frischem Gdächtniß der Handlung, so wir der Judenbücher halben in verschiedener Zeit vorgenommen, und darauf wir dich mit sammt etlichen Universitäten und Gelehrten und der Sache Verständigen zu Commissarien verordnet. Nun haben wir in verschiedener Zeit den Juden ihre Bücher wieder zu geben verschafft, dergestalt, daß die also beschrieben und unverruckt bis auf unsern weiteren befehl behalten werden". Also vor 6. Juli 1510 hatte der Kaiser die Restituierung der Schriften an die Juden befohlen. Aus Pf.'s Defensio contra famosas (B. 1 ff.) erfahren wir, daß dieses kein spontaner Entschluß des Kaisers gewesen, sondern von den Juden angeregt worden war, was sich auch denken läßt. Pf. erzählt, Satan habe den Juden eingegeben, den Befehl des Kaisers zur Konfiszierung zu vereiteln. Sic itaque factum est, quod Judaei aliquos insignes Christianos pecuniis corruperunt . . . illi probo imperatori diu jam ad aures inflarunt per falsas instructiones quod sua Caes. Majestas Judaeis libros restituere mandarit, sub tali conditione, quia hi libri conscripti et immoti usque ad ulteriorem commissionem apud eos remanerent . . . Insuper postquam Judaei Frankfordenses libros rehabuerunt, emiserunt continuo literas non solum per Romanum imperium, sed in alias etiam (ubi habitant) provincias, quibus rem omnem pro se ad tempus feliciter actam summa laetitia communicarunt.

Die aufgefundenen Urkunden geben Aufschluß darüber, wie der Kaiser dazu gekommen ist, ein drittes, den früheren entgegengesetztes Mandat zu erlassen. Der Rat von Frankfurt scheint sich den Juden günstig gezeigt zu haben. Er beauftragte den Gesandten Jakob Heller, die Sache auf dem Reichstage zur Sprache zu bringen und beschloß: „so vil mit Fugen bescheen möge, Inn (den Juden) behelfflich zu sein.[1])" Es kam eine Verlegenheit dazu, welche den Rat zwang, Partei für die Juden zu nehmen. Pfefferkorn wollte nämlich auch den fremden zur Frankfurter Messe anwesenden Juden die bei ihnen befindlichen Bücher konfiszieren. Diese standen aber unter dem Schutze der Fürsten und Herren ihrer Heimat, und so schien es bedenklich, Eingriffe in ihr Eigentum machen zu lassen. Diese fremden Juden weigerten sich auch, ihre Bücher auszuliefern[2]). Das übliche Meßprivilegium zu verletzen, hätte zu Verdrießlichkeiten führen können. Dieser Umstand mag den Rat bewogen haben, sich zugunsten der Juden bei dem Kaiser zu verwenden. Das Gesuch desselben ohne Datum findet sich in den „Aktenstücken" und lautet folgendermaßen:

[1]) Bürgermeisterbuch, im Frankf. Archiv f. Geschichte und Kunst, 1869, S. 213.
[2]) Das. S. 215.

„Allerdurchlauchtigster usw. Römischer Kaiser. Ew. Majestät Unterthan, Bürgermeister und Rath der Stadt Frankfurt, geschickter und verordneter nach folgenden Sachen, derselben Syndicus bringt Eurer Majestät vor: Wiewohl von Geistlichen und Kaiserlichen versehen ist, daß die Juden in ihren alten Gewohnheiten, Herrlichkeiten ... Wesen und ... in ihren Synagogen beschirmt sollen werden, auch keine Neuerung und neue Gewohnheit laut der päpstlichen Rechte mit ihnen eingeführt oder auch ihnen ihr Gut genommen soll werden, wie auch mit sonderlichen bischöflichen und kaiserlichen Rechten versehen und gefreit seien, wiewohl auch die Judenbücher nicht allein von Juden, sondern auch von Christen fleißiglich zu bewahren und zu hüten, sonderlich in päbstlichen Rechten versehen und nit ohne Ursache gesetzt, dieweil das alte Testament anfänglich in hebräischer Sprache geschrieben ist, daraus lateinische Bücher ausgebessert und geprüft sind worden, auch etliche Juden zum christlichen Glauben dadurch kommen, darum auch in geistlichem Recht geschrieben ist, wenn die Christen in den hebräischen Büchern und Zungen gelehrt werden und sie mit ihren eigenen Schrift überwunden, würden sie eher zum Christenglauben belehrt, darum auch der Pabst Clemens in geistlichem Rechte die hebräischen Bücher in etlichen hohen Schule und Universitäten zu lesen und zu lernen verordnet hat, damit verstanden wird, was ... solche jüdischen Bücher der Christenheit bringen mögen. Darum auch die Juden die Bücher in ihren Synagogen in großen Ehren behalten ... Aber solches unangesehen hat einer genannt Johannes Pfefferkorn nach Ew. kaiserlichen Maj. Befehlig ein Scheinmandat ordneter Jüdischheit zu Frankfurt aus ihren Synagogen ihre Bücher nehmen und hinter einen Rath nach Frankfurt führen lassen, so doch E. K. M. dieselben allein zu besichtigen laut des Mandats befohlen hat. Auch nachfolgend ein andere Schrift an einen Rath derselben Bücher dermaßen behalten, erlangt, damit gedachter Jüdischheit ihre Bücher ohne Besichtigung und ohne Unterschied wider Ew. k. Befehl beraubt und entsetzt worden seien und zum letzten Einvernehmen Commission allein wider die Jüdischheit zu Frankfurt und Verschweigung der Wahrheit und Vorbringung der Unwahrheit auf meinen gnädigen Herrn von Mainz erlangt, die Jüdischheit mit ihren Büchern zu Seiner fürstl. Gnade auch etliche Hochgelehrten von weiten Landen dazu erfordern, damit die Jüdischheit in ihren hochzeitlichen Festen, in ihren Synagogen wider die angezeigte geistliche Rechte beraubt und untersetzt wird, auch zu merklichem großen Schaden durch Abwendung und Hinwegführung ohne Unterschied ihrer Bücher kommt. In Maßen denn ein ehrbarer Rath zu Frankfurt wohl ermessen, deßhalber an Ew. kais. Maj. eine Vorschrift gethan haben. Ist deswegen meine demüthige Bitt aus angezeigten Ursachen solche letzte Commission meinem gnädigen Herrn von Mainz überschickt und abzuschaffen und ob Etwas darauf in neuester Zeit gehandelt wär, dasselb cassiren und abzuthun und vernichtigen, auch einem ehrbaren Rath zu Frankfurt befehlen, ihnen ihre Bücher folgen zu lassen, doch mit Aufzeichniß der Bücher durch einen Rath zu Frankfurt zu besichtigen, auch mit Gelob die Bücher in ihren Synagogen und Häusern zu behalten bis zur Besichtigung derselben zu Frankfurt und nirgends anders als auch in solchem heimsuchen und Besichtigung billigst zu bestehen. Das will ein ehrbarer Rath zu Frankfurt mit E. K. M., die Gott der Allmächtige lang gefristen, wohl mit ihrem schuldigen Dienst aller Zeit zu verdienen willig seien."

In dieser unbeholfenen Supplik sind drei Momente betont. Die Erhaltung der jüdischen Schriften sei notwendig, selbst im Interesse des Christentums; die Religion und die Schriften der Juden seien durch Priviligien der Kaiser und Päpste gewährleistet, und endlich Pfefferkorn sei widerrechtlich und nicht dem Mandat gemäß vorgegangen.

Auch von anderen Seiten scheinen Schritte zugunsten der Juden gemacht worden zu sein. Aus der Bemerkung der Bürgermeisterbücher¹): „Unterschiedliche Juden von Chur-Mainz, Chur-Brandenburg, Hessen usw. um Verfolgung der angefallenen Bücher verschrieben worden", geht hervor, daß die Juden dieser Länder denn doch zu einem Gemeindetag in Frankfurt zusammengekommen sind. Diese mögen sich an die Kurfürsten und Herren, unter denen sie standen, gewendet haben, daß ihnen himmelschreiendes Unrecht von dem Täufling Pfefferkorn geschehen sei. Denn das genannte Bürgermeisterbuch macht auch diese Bemerkung: „ohne Zweifel auf der Juden vortheilhaftes Ansuchen und von Churfürsten und anderen Herren geschehenen Intercessions" (sind ihnen die Schriften zurückgegeben worden.²) Maximilian scheint demnach von vielen Seiten in die Enge getrieben worden zu sein, und hat infolgedessen das dritte Mandat erlassen, den Juden ihre Bücher zurückzugeben, ein Mandat, das den Wankelmut und die Bestimmbarkeit seines Charakters dokumentiert. Es lautet in den Aktenstücken:

„Wir Maximilian ... erbieten den ehrsamen unsern des Reichs lieben Getreuen, Bürgermeister und Rath der Stadt Frankfurt ... Wir haben aus merklichen Ursachen uns dazu bewegt, die Commission so wir an Uriel, Erzbischof zu Menz ... von wegen etlicher Bücher, so die Jüdischheit im Reich brauchen und ist und hinter euch erlegt seien, ausgehen lassen, haben aufgehebt und seiner Lieb befohlen in beredten Sachen früher nit zu handeln, noch processiren bis auf unsern weitern Befehlich, daneben auch der Jüdischheit zu verlassen, dieselben Bücher, so bisher in euern Händen erlegt worden seien, wiederum zu ihren Händen und Gebrauch überantworten, dergestalt, daß dieselben Bücher all und jedes besonder, was sie inhalten, aufgezeichnet und darüber Gelob von Juden genommen werden, solche Bücher in ihren Synagogen, Schulen und Häusern unverändert zu brauchen und sonst nirgend zu wehren oder zu thun bis zur Vollendung unseres Vornehmens und Beschau derselben Bücher. Demnach empfehlen wir euch mit Ernst, geben auch das auch unsere Macht hiemit, daß ihr so viel Bücher hinter euch erlegt seien, den Juden wiederum überantwortet und dabei Gelob von ihnen übernehmt, solch Bücher in ihren Synagogen ... zu brauchen und sonst nirgend zu schicken, führen oder tragen, wo sie aber anders damit handeln, würden wir geursacht, dieselben Bücher wiederum von ihnen nehmen zu lassen. Das ist unser ernstlich Meinung. Gegeben in unserer Reichsstadt Augsburg 23. Mai unseres Reichs des Römischen 25." (1510)

Zur Ergänzung mag noch hinzugefügt sein, daß dieses Mandat dem Rat von Frankfurt am 9. Juni zugegangen ist. In den Bürgermeisterbüchern ist dabei bemerkt (daj.): „Darinnen Sr. Maj. Commission von gnädigen Herrn von Menz bescheen der jüdischen Bücher halber uffgehebbt (aufgehoben) und dieselben Bücher den Juden wieder zu ihnen zu stellen und Folge zu leisten." Der Rat ernannte eine Kommission von vier Beamten, die Zurückgabe der Bücher an die Eigentümer zu bewerkstelligen.

Innerhalb der Zeit zwischen dem Erlaß des zweiten Mandats, 10. Nov. 1509, und dem des dritten, 23. Mai 1510, hat Pfefferkorn oder haben die Dominikaner die zwei Schriften verfaßt (in Lob und Eer) Maximilian und das Rundschreiben

---

¹) Daj. S. 216, Anm.
²) Daj.

(o. S. 480, No. 6), um die den Juden günstige Stimmung zu paralysieren. In dem Rundschreiben ermahnt Pfefferkorn, von der löblich unternommenen Konfiskation nicht abzustehen. Er erzählt darin (bei Böcking II, S. 73): „eine merkliche Zahl von der Jüdischheit nit allein im Reich, sunder in allen Landen und Orten ... sich dann bei dem höchsten Pan (Bann) der Synagogen ... verbunden haben, dem Handel Widerstand zu thun ... und also bin ich ... von der Jüdischheit mehrere mal gütlich angeredet und dazu mit ihrem beweglichen Gut und Geschenk mich zu bewegen ersucht, in dem Handel still zu stehen ... wann ich denn mich von Jenen nit hob lassen belehren ... haben sie, die Ungetreuen seßhaftig überall verstanden, mich zu verfolgen und an meinem Leibe, Ehre und Glimpf abzuschneiden ... und dieweil sie aber Solches in eigenen Personen nicht leichtlich vollziehen mögen, haben sie etliche Christen mit Geld und Geschenk zugemacht den Juden beiständig, räthlich und behülflich zu sein." Er fährt dann fort, es wäre ein großer Skandal, „wenn die Bücher ihnen wieder zugelassen" würden ... Darum werden alle Christgläubige in diesem Brief ermahnt. Deutlich genug ist aus diesem Schreiben zu sehen, daß selbst Christen bestrebt waren, die Konfiskation rückgängig zu machen. Und es ist ihnen gelungen; denn das dritte Mandat vom 23. Mai 1510 befiehlt, den Juden die Schriften wieder einzuhändigen.

Es ist aber auch dabei nicht geblieben. Maximilian hat zum dritten Male seine Meinung geändert und das vierte Mandat erlassen, eben das vom 6. Juli aus Füssen ausgestellte (im Augenspiegel), das jüdische Schrifttum von den vier Universitäten und den drei Personen (Reuchlin, Hochstraten, Viktor v. Karben) prüfen und ein Gutachten über die Verwerflichkeit oder Unschädlichkeit desselben ausstellen zu lassen. Pf. wurde zum Übermittler der eingegangenen Gutachten ernannt. Dieses Mandat, aus dem Augenspiegel bekannt geworden, wird in den Monographien als das zweite behandelt, während, wie wir gesehen haben, es das vierte war: 1. von Padua 19. August 1509, 2. von Roveredo 10. Nov. 1509, 3. vom 23. Mai 1510 und endlich 4. von Füssen 6. Juli 1510. Was hat wiederum die Gesinnungsänderung des Kaisers hervorgerufen? Ein Inzidenzfall, die lügenhafte Anschuldigung der Juden Brandenburgs, eine Hostie geschändet zu haben — wodurch 38 in Berlin verbrannt worden waren. Dieses Autodafé in Berlin fand zwar erst Freitag nach Apostel = 19. Juli 1510 statt, und das vierte Mandat ist früher erlassen; aber der Prozeß machte schon vorher Rumor. Damit wurde auf den Kaiser eine Pression geübt, sein für die Juden oder das jüdische Schrifttum günstiges Dekret zu modifizieren. Den Zusammenhang dieser zwei scheinbar einander fremden Fakta gibt Pf. (in Defensio contra famosas bei Böcking II, 91): Sed postquam dominus Moguntinus (Uriel) et alii honesti Christiani audivere: contumeliam factam esse in Perlino, et quod Judaeis libri sunt restituti, fuit eam ob rem Reverentia ejus maxime perturbata. Putabat enim, satius esse tale negotium non incepisse quam male terminasse ... Rursus igitur me misit ad imperatoris curiam ad sollicitandum, ut Caes. Maj. latius circa illud negotium curam habere dignaretur. Et sic ingenti labore unam commissionem nactus sum, de verbo ad verbo sic sonantem. Pf. teilt hierauf den Inhalt des (vierten) Mandats mit; es lautet ganz so wie bei Reuchlin im Augenspiegel. Nun kennen wir die Windrichtung; es wehte von Cöln aus — denn daß Uriel von Mainz ebenso gesinnt war, ist mehr als zweifelhaft (vergl. S. 485) — wahrscheinlich auch von München aus, aus dem Kloster der Clarissinnen. Das Mandat ist in Füssen in Bayern ausgestellt zur Zeit des Regensburger Reichstags. Es ist recht gut denkbar, daß der Kaiser seiner Schwester einen Besuch in München abgestattet hat. Hier fügt sich Reuchlins Nachricht (im hebräischen Brief) gut ein, daß die Schwester-Äbtissin einen Fußfall vor dem Kaiser getan und weinend verlangt habe, der Kaiser solle die Vernichtung der Judenschriften dekretieren. Das ist es wohl, was Pf. schreibt, daß er erst mit großer Mühe das Mandat vom Kaiser durchgesetzt habe. Es ist auch, mit dem ersten und zweiten verglichen, viel milder gehalten: Es soll erst ein Urteil abgegeben werden: „ob solche Bücher — die jüdisch-talmudisch-rabbinischen außer den biblischen — zu vernichten göttlich, löblich und dem Christentum nützlich sei und zur Mehrung und Gut kommen mag." Der Kaiser wollte also andere Stimmen als die Pfefferkornsche darüber vernehmen, während er im ersten Mandat ihm allein vollen Glauben geschenkt und ohne weiteres darauf hin deren Vernichtung befohlen hatte.

Was darauf weiter erfolgte, Reuchlins Gutachten, die jedenfalls perfide Öffnung und noch perfidere Veröffentlichung desselben von seiten Pf.s und der Dominikaner, Pf.s Handspiegel und Reuchlins Augenspiegel, ist bekannt. Weil Reuchlins Gutachten so viel Aufsehen gemacht hat, sind die übrigen von den vier Universitäten, von Hochstraten und von Viktor v. Karben ausgestellten Gutachten wenig oder gar nicht beachtet worden. Sie sind aber sehr wichtig, weil sich erst daraus ergibt, welchen Dienst Reuchlin durch sein gerechtes Urteil den Juden nicht nur, sondern auch der Zivilisation geleistet hat. Die Cölner Dunkelmänner hatten nichts weniger im Plan, als den hebräischen Text der Bibel ganz und gar zu unterdrücken und nur die Vulgata bestehen zu lassen. Diese Gutachten der übrigen Votanten sind abgedruckt in Decisiones quatuor Universitatum (o. S. 479b) und in Pf. Defensio contra famosas bei Böcking I, S. 94 ff.

1. Das Votum der Cölner theologischen Fakultät vom 11. November 1510 (einen Monat später vollendet als das Reuchlinsche) läßt sich auf Beweise gar nicht ein, sondern schickt voraus: manifestum est, librum Judaeorum — Thalmut — tantos continere nedum errores et falsitates, verum etiam blasphemias et haereses contra legem propriam. Darum haben die Päpste Gregorius III. und Innocenz IV. denselben verbrennen lassen (was die gelehrte Fakultät erst aus der dritten und vierten Hand wußte, aus Andreas Novella). Die Juden besitzen noch andere lästerliche Schriften gegen das Christentum (ut dicitur, fügt die Fakultät vorsichtig hinzu), und es wäre irreligiös, ihnen den Gebrauch derselben zu gestatten. Es sei sogar zu vermuten, daß auch ihre übrigen Schriften (außer Talmud und Polemica) verdorben seien. Es wäre daher ein gottgefälliges und sogar vernünftiges Werk, ihnen nur die biblischen Schriften alten Testaments zu lassen, die übrigen dagegen sämtlich zu nehmen. Ja, man solle Auszüge aus den verdächtigen Büchern machen und die Juden darüber befragen. Wenn sie dieselben als blasphemisch und ketzerisch anerkennten, so dürften sie nichts dagegen haben, wenn solche Bücher verbrannt würden. Blieben sie aber hartnäckig, sie zu verteidigen, dann habe der Kaiser das Recht, den Stab über die Juden zu brechen: de hoc princeps habet judicare, sive deficiant in moralibus, sive contra legem suam haereses inveniant et observent. Die Fakultät fügt auch in ihrem Votum für Uriel hinzu, daß die Juden im Zinsnehmen beschränkt zu betreiben, ein Judenzeichen zu tragen und christliche Predigten anzuhören gezwungen werden sollten — ganz Pfefferkorn. — In dem Schreiben an den Kaiser empfiehlt die Cölner Fakultät Pfefferkorn aufs wärmste, weil die Juden

ihn verfolgen. Sie stellt ihm ein glänzendes Zeugnis der Rechtgläubigkeit und des christlichen Eifers aus.

2. **Das Votum des Ketzermeisters Hochstraten vom 9. Oktbr. 1510.** Es ist das Echo oder richtiger der Grundton des Gutachtens der Fakultät, weil von älterem Datum. Im Schreiben an Uriel beruft er sich auf das Urteil der Fakultät. Im Schreiben an den Kaiser dagegen führt er manches weiter aus, was jenes nur angedeutet hatte, namentlich den Punkt, eine Art Inquisitionsgericht gegen die Juden zu statuieren: Foret praeterea imperiali celsitudini opus dignissimum, si in praefata librorum examinatione per eos, qui judaïca intelligunt scripta, extraherentur inibi contenti articuli erronei, impii et blasphemi contra propriam legem, et institueretur contra Judaeos solemnis inquisitio, et super articulis extractis mature examinarentur. Et quidem si tunc articulos illos recognoscant erroneos, etiam si tunc consequenter fateri, habent libros tales eis esse periculosos et merito comburendos. Si autem articulos tales defenderint et obstinati in eis perseveraverint, et tunc poterit Caes. Maj. quum unice super se coram Pilato stantes regiam habere potestatem professi sunt, tanquam Haereticos sacrilegos in divina et propria eorum lege cum digna animadversione punire. Zum Schlusse wiederholt auch Hochstraten, was Pfefferkorn bis zur Ermüdung repetiert hatte, ein Rückgängigmachen der Talmudangelegenheit würde dem Christentume außerordentlich schaden.

3. **Die Mainzer theologische Fakultät vom 31. Oktober 1510** führt eine eigene Logik. Es sei zwar dem weltlichen Fürsten (terreno principi) kanonisch untersagt, die Juden zur Taufe zu zwingen; allein das gelte nur vom gewaltsamen Zwange, es sei ihm aber wohl gestattet, alle Mittel zu gebrauchen, um sie dahin zu bringen und namentlich Hindernisse zu beseitigen. Das größte Hindernis zur Bekehrung der Juden sei nun eben das talmudische Schrifttum (ut tradunt plures ex doctoribus nostris catholicis, qui utriusque linguae tam hebraeae quam latinae peritiam habuerunt), weil sie nicht bloß viele Irrtümer lehrten und den Sinn der heiligen Schrift verdrehten, sondern sogar mit den alten talmudischen Schriften, welche vor Christi Geburt geschrieben — etiam contra antiquissimos eorum Thalmudicos et scripta, — im Widerspruch stünden. Daher sei zu raten, ihnen solche Schriften zu nehmen. Es sei aber vorauszusehen, daß auch die übrigen Schriften der Juden, auch die Originaltexte der Bibel von den Juden ketzerisch verderbt worden seien (Ceterum quia timetur, quod non solum praetracti libri, sed etiam eorum textus originales sint in certis passibus et praecipue ubi maxime faciunt testimonium pro fide nostra christiana, corrupti et depravati). Daher sollten den Juden sämtliche Schriften, auch die Bibel abgenommen und den Diözesanbischöfen und dem Inquisitor übergeben werden. Diese sollten dieselben untersuchen, und, wenn laut Angabe ketzerisch befunden, dann müsse mit ihnen, wie mit ketzerischen Schriften verfahren werden. Auch an den Personen, welche solche Schriften besäßen, solle Strafe geübt werden. Es wäre überhaupt recht, wenn von je zehn zu zehn Jahren die jüdischen Schriften inquisitorisch untersucht würden. Den Kaiser rühmt die Mainzer Fakultät, daß er ein so gottgefälliges Werk unternommen, und ermahnt ihn, darin fortzufahren, um dadurch den Übertritt der Juden zu fördern. Auch sie empfiehlt dem Kaiser Pfefferkorn; er möge ihn, den musterhaft eifrigen Christen, unter seine schützenden Flügel nehmen.

4. Das Votum der Erfurter Fakultät, wegen Kriegsunruhen zu spät eingetroffen, fiel ebenso aus. — Am vernünftigsten sprach sich die Heidelberger Universität aus. Der Kaiser möge Gelehrte von allen deutschen Universitäten zusammenberufen, um diese Talmudfrage reiflich zu erwägen. — Das Votum von Viktor v. Karben ist wegen seiner Weitschweifigkeit von Pfefferkorn nicht mitgeteilt worden. Es stimmte gewiß in allen Punkten mit dem der Cölner überein, da er unter deren Zuchtrute stand.

Der weitere Verlauf, besonders das Schicksal, das Reuchlins Votum erfahren, bis es in des Kaisers Hand gelangte, ist bisher auch nicht quellengemäß dargestellt worden. Pfefferkorn berichtet darüber (Defensio contra famosas bei Böcking, S. 101), als wenn weder er, noch sonst jemand dabei eine Indiskretion begangen, sondern als wenn der Erzbischof Uriel die Schrift als einen unbedeutenden Wisch behandelt hätte. Dieser habe über dieses juden- oder richtiger talmudfreundliche Gutachten scherzweise geäußert: quod habuerit (Reuchl.) Judaïcum nequam post aures suas sedentem. Er habe ihm, Pfefferkorn, erlaubt, es sich aus der Kanzlei zu nehmen, wo die Schreiberburschen damit gespielt hätten: Ivi tunque ad cancellariam et inveni consultationem ipsius in scamnis jacentem, quam scribarum pueri saepius legerant pro ridiculo habentes. Uriel habe ihm dieses und die übrigen Vota mit einem Begleitschreiben an den Kaiser übergeben, worin er dem Urteile der Cölner und Mainzer seine Zustimmung gegeben. Das Schreiben Uriels wird das. S. 103 ff. mitgeteilt, aber es ist wegen des Datums: die Martis post festum Simonis et Judae 1510 d. h. 29. Oktober, verdächtig, weil die meisten Vota damals noch nicht vollendet waren. Pfefferkorns Bestreben ging sichtlich dahin, den Erzbischof Uriel als Gesinnungsgenossen der Cölner darzustellen. Uriel war nämlich zur Zeit der Abfassung der Defensio contra famosas nicht mehr am Leben; darum konnte ihm alles mögliche untergeschoben werden. — Was von der Nachricht zu halten ist, der Kaiser habe sämtliche Vota einer Dreimännerkommission übergeben, seinem Beichtvater, dem Kartäuser Georg, und dem Rechtslehrer Hieronymus Baldung, und diese hätten die Vota der Cölner und Mainzer gutgeheißen (das. S. 104 ff.), weiß ich nicht. Von Baldung ist die Nachricht wahrscheinlich erlogen. Denn dieser interessierte sich später sehr für Reuchlin, gehörte also zum Humanistenkreise. Einer von Reuchlins Freunden schrieb ihm, kaum drei Jahre nach diesem Faktum: Injunxit etiam mihi Dr. Hieronymus Baldung omnem operam suam nomine suo tibi in hac re polliceri (vom 22. Mai 1513, Briefs. II, Nr. 96). In einem Punkte hat Pf. gewiß die Wahrheit verdreht. Er legt dem Kaiser eine ehrenrührige Äußerung über Reuchlin in den Mund, als habe dieser sich zur Abgabe seines Votums von den Juden bestechen lassen. Reuchlinum suos articulos ad quendam nobilem (Missive) de Judaeis scripsisse atramento nigro, illa autem quae nunc pro Judaeis consultaverit, scripsisse atramento rubeo. Das soll der Kaiser gesagt haben, während Pf. selbst an einer andern Stelle diese Äußerung dem Kartäuser Georg zuschreibt (mitleidige Clag F. b): „Du (Reuchlin) hast den Rathschlag mit rother Farbe oder Tynten geschrieben." Diese Wendung scheint auch richtig. Denn nicht umsonst gebrauchte Reuchlin im Augenspiegel in seiner Entrüstung über die Verdächtigung der Bestechlichkeit den Ausdruck: „Wer das von ihm behaupte, der lüge, und wäre er auch fromm wie ein Kartäuser." — Auch das ist zweifelhaft, was Pf. weiter (in Defensio contra famosas, S. 108) behauptet, der Kaiser habe dem Erzbischof Uriel von Freiburg am 13. Jan. 1511 geschrieben, er wolle die Frage über Konfiskation des Talmuds dem nächsten Reichstage vorlegen.

Das Verhalten des Kaisers Maximilian in dieser Affäre verdient noch beleuchtet zu werden, da es in den Monographien kaum obenhin berührt ist. Es hat sich gezeigt, daß er im Anfange drei Schwenkungen gemacht hat. Zuerst versah er Pfefferkorn allein mit Vollmacht, die Schriften der Juden zu konfiszieren; dann ernannte er Uriel zum Kommissarius dafür, dann befahl er, sie ihnen wieder zuzustellen, und zuletzt ließ er Gutachten ausarbeiten, ob es löblich und göttlich sei, den Juden die Schriften zu nehmen. Im Verlaufe zeigte er dieselbe Schwenkung. Als er Nachricht von Pfefferkorns Schmähschrift, Handspiegel, gegen Reuchlin erhielt, bezeugte er in Worten und Geberden seinen Unwillen darüber (Reuchlin, Defensio contra calumniatores p. 56): Tu vero (Caesar) ... plane atque conspicuo abominaris et vultu et verbis tantum scelus et tam nefarium facinus, utique tibi libellum eundem famosum porrigerem imperasti. Nichtsdestoweniger hat er am 7. Oktober 1512 den Verkauf von Reuchlins Augenspiegel verboten, weil **Judengünstiges darin enthalten sei**, allerdings nur von Pfefferkorn bezeugt. Als Reuchlin nicht viel später dem Kaiser seine „Verteidigung gegen die Cölner Verleumder" widmete, schrieb ihm dieser einen beruhigenden Brief, daß er ihm kräftig beistehen werde. So wenigstens referierte der kaiserliche Geheimschreiber Jakob Spiegel an Reuchlin (Briefs. II, vorletzte Nr. vor dem hebräischen Schreiben): Sed tardiore id nunc praesto calamo, cum sis satis superque consolatus Caesaris literis, quae te plane eximunt a labyrinthiis spiris, in quos illi superbissimi hypocritae tui calumniatores innodaverunt ... defensionem tuam, qua me super donaveras, dum eam Caesari ... propriis manibus obtulisti ... Und zum Schlusse: vale et meliore ocio fruere, quod tibi jam redditum literis Caesaris confido. Und doch soll der Kaiser gerade diese Verteidigung in einem Schreiben von Coblenz 9. Juli 1513 verdammt haben, weil Reuchlin darin die Ehre der Cölner und besonders Arnolds von Tongern angegriffen (Pfefferkorn Defensio contra famosas B. S. 129 ff., auch in Sturmglock): Sicuti nos tempore exacto ispsis Judaeis ... eorum Talmud et alios libros tollere decrevimus . Itemque . cum nunc in hac urbe ad tempus quiescendum duximus, volentes tamen cum tempore in hoc negotio alterius tractare, facti nunc sumus certiores, quomodo Joh. Reuchlin singulariter iterum et nuper emiserit et imprimi publice fecerit libellum quendam, in quo ipse totam facultatem theologicam universitatis Coloniensis et honestum nobisque devotum virum Arn. de Tongari quam turpissime carpat et infamet ... quare mandamus, ut vos tales libros, quos Joh. Reuchlin in causis Judaeorum edidit in provinciis vestris ... e medio tollatis et suprimere faciatis, nec eos vendi aut emi permittatis.

Meiners, welcher diese kaiserlichen Mandate gegen Reuchlins Schrift zwar nicht aus den Quellen kannte, aber etwas darüber in Majus' vita Reuchlini gelesen hatte, hielt sie für unecht. Er bemerkte (zu Reuchlins Lebensbeschreibung Seite 144, Note): „Bei der unveränderlichen Gnade, welche Maximilian stets dem Reuchlin bewies, ist es gar nicht wahrscheinlich, daß dieser Kaiser die Schriften Reuchlins gegen die Cölner verboten hätte. Im folgenden werden mehrere Beispiele vorkommen, daß Hochstraten sich auch in öffentlichen und gerichtlichen Schriften die gröbsten Falsa erlaubt." Indessen, wenn es auch richtig ist, daß sich die gottesgelehrten und frommen Cölner Dominikaner mit ihrer Sippschaft in majorem Dei gloriam Urkundenfälschung erlaubt haben, ihre Frechheit überhaupt keine Moral anerkannt hat, so ist es doch undenkbar, daß sie gewagt haben sollten, untergeschobene Mandate des Kaisers bei dessen Leben zu veröffentlichen. Zudem bezeugt Reuchlin selbst Maximilians Mandat gegen den Augenspiegel (in einem Schreiben an Wikt vom April 1514, in Friedländer, Beiträge, S. 31): Tertio (praetendit Hochstraten) quoddam mandatum imperatoris. Certe credatis, quod nullum mandatum emanaverit de libello meo, oculari speculo, supprimendo, multo minus comburendo, sed bene fratres illi expressa falsitate et tacita veritate extorserunt mandatum de arrestando et non vendendo. Der feine Unterschied, daß der Kaiser den Augenspiegel nicht zu verbrennen befohlen, sondern nur zu verkaufen verboten habe, und daß ihm dieses von den Mönchen abgerungen worden sei, mag Reuchlin beruhigt haben; wir aber sehen darin eine Schwankung. Auch in den Acta judiciorum (p. 121 b) wird auf ein Mandat des Kaisers hingewiesen, welches den Verkauf des Augenspiegels und der Defensio contra calumniatores verboten hatte. — Diese Schwenkungen und Schwankungen Maximilians lagen in seinem Charakter, und mit Recht urteilte Reuchlin von ihm: qui rectus est, non rexit. Darum gab er das eine Mal den intoleranten und gehässigen Zubringlichkeiten Pfefferkorns, seiner Schwester Kunigunde, seines Beichtvaters Georg und überhaupt der Dominikanerpartei nach, und das andere Mal ließ er sich von seiner humanistischen Umgebung bestimmen. Pfefferkorn rühmte sich, vom Kaiser familiär behandelt und zur Geduld ermahnt worden zu sein (Defensio contra famosas Nr. 3): Novit quoque majestas Tua, quae mihi . . . proposuerit, cum ego te sequerer de Brussel Spiram versus proficiscentem. Sic enim dixisti mihi tecum ad aliquot miliaria equitanti: „Dilecte Pfefferkorn! patientiam habe ad tempus cum adversariis tuis et laudabili fine cuncta tandem terminabuntur". Dem gegenüber besitzen wir ein Schreiben dieses Kaisers an den Papst (vom 23. Oktober 1514), worin er nicht nur entschieden für Reuchlin und seine Schriften Partei nimmt, sondern dessen Gegner, die Cölner Dominikaner, ebenso brandmarkt, wie dieser: Intelleximus praefatos adversarios consiliarii nostri (Theologiae professores Colonienses) Capnionem . . . variis modis et viis . . . oppugnare et solum ad hoc tendere, ut litem in longum trahant, et hunc virum integrum bonum . . . et ea quae ab illo rescripta, sane potius ad instantiam nostram et in bonum finem et communem christianae reipublicae utilitatem . . . emissa. Existimamus omnino esse officii nostri, viri tam integri, . . . protectionem suscipere. Beatitudinem vestram rogamus, dignetur . . . hanc rem ferventius amplecti et imposito perpetuo silentio adversariis illis Theologis, qui etiam non veriti sint in commissione eorum nuper . . . impetrata . . . nos et alios principes nostros Germaniae taxare, causam istam extinguere et suffocare (in Brieff. Epistolae illustr. virr. II. Ende). Dieses schwankende und widerspruchsvolle Verhalten des Kaisers bei der so leidenschaftlich aufgeworfenen Frage, ob man den Juden den Talmud nehmen oder lassen sollte, war ein sehr wesentliches Moment in den Phasen des Streites, und hat die Reformation geradezu erst herbeigeführt. Die entgegengesetzte Strömung, von der sich Kaiser und Papst — Leo X. ließ sich dieselbe Schwankung zuschulden kommen — hinreißen ließen, hat den Humanistenkreis erst geschaffen und dann zur Selbsthilfe ermutigt. Hätten

Kaiser und Papst, nach Pfefferkorns Ratschlag, den Talmud entschieden und konsequent unterdrückt und, wie früher und später, zu Tausenden verbrennen lassen, so wären die Juden dabei allein beteiligt gewesen. Hätten sie im Gegenteil den fanatischen und eigennützigen Eingriffen der Dominikaner in die Religionsfreiheit der Juden von Anfang an und ernstlich Halt geboten, so wäre von dieser Affäre nicht viel die Rede gewesen. Eine öffentliche Meinung bildete und verstärkte sich erst durch das Nachgeben des weltlichen und geistlichen Oberhauptes bald gegen die eine und bald gegen die andere Partei.

Eine Unüberlegtheit des Kaisers zeigt sich auch in seinem Mandat, die Streitsache tot zu machen (o. S. 126). Dieses Mandat ist im Juni 1513 erlassen, und doch hat Hochstraten im September desselben Jahres den skandalösen Prozeß gegen Reuchlin eingeleitet, wodurch die Flamme der Zwietracht nur noch mehr angeschürt wurde. Hat sich der Cölner Ketzermeister über des Kaisers Befehl hinweggesetzt? Nein! Denn Maximilian hat nur Reuchlin einerseits und Pfefferkorn anderseits Stillschweigen geboten. Dadurch hielt sich Hochstraten, dem der Kaiser nichts verwehrt hatte, berechtigt, die Anklage auf Ketzerei zu betreiben. Reuchlin hat diese Lücke im Mandat erkannt und mit Recht befürchtet, daß die Dominikaner mit einer gewissen Berechtigung doch gegen ihn vorgehen würden. Deswegen schrieb er an Spalatin am 31. August 1513: Mitto etiam Caesaris mandatum, in quo ex omni parte inter nos pacem imperat et silentium. At quum soli ductores belli expressis in eodem verbis nominantur: Pfefferkorn, Arnoldus et Reuchlin, oro, ut diligenter apud ducem (Saxoniae, Friedricum) ... instes, sua dominatione apud imperatorem super eo mandato declarationem impetrare, scilicet quid intentio Majestatis suae fuerit etiam de adhaerentibus et quibuslibet sua vel alterius interesse putantibus, quare hoc mandatum non solum ad nominatos, sed etiam ad universos et singulos adhaerentes fautores ... extendendum ... Caesarea Majestas velit declaret et decernat ... Nam semper nescio, quid minantur et parvi, et pravi homines, quod ad curiam Romanam citare me praesumant (an Spalatin, Reuchlins Briefwechsel, ed. 1875, Nr. 170).

Über den Verlauf der Vorgänge von dem offen ausgebrochenen Kriege zwischen Reuchlin und den Dominikanern, durch die Mainzer Inquisitionsverhandlung und die Speyersche Sentenz bis zur Verhandlung in Rom, ist nichts Neues zu bemerken. Nur die Abfassungszeit des Briefes Reuchlins an Bonet de Lates und die Entstehungszeit der Epistolae obscurorum virorum — welche ebenfalls einen Inzidenzfall bilden, indem sie wegen ihres antiklerikalen und sogar antichristlichen Tones der Dominikanerpartei im sogenannten heiligen Kollegium Stimmen zugeführt haben, müssen noch erörtert werden.

Dieser bisher wenig beachtete Brief, worin Reuchlin mehr Gewandtheit im rabbinischen, als im klassisch-biblischen Stil zeigte, trägt kein Datum. Reuchlin teilt darin dem jüdischen Leibarzt des Papstes den ganzen Hergang des Handels mit, von der Zeit an, als der Kaiser bestürmt wurde, die jüdischen Schriften vernichten zu lassen, bis zum Zeitpunkt, als Pfefferkorn gegen ihn geschrieben und die Dominikaner ihn in Schriften verketzert haben. Er spricht darin aus, daß er an den Papst appelliert habe, aber befürchte, daß der Papst die Untersuchung einer Kommission übertragen könnte, welche außerhalb seiner Diözese ihr Tribunal aufschlagen würde, oder mit anderen Worten, daß die Cölner Dominikaner über ihn zu Gericht sitzen würden. Er bittet daher mit Berufung auf die Dienste, die er den Juden geleistet hat, Bonet de Lates, den Papst dahin zu bestimmen, daß der Ketzerprozeß gegen seine Schriften innerhalb seiner Diözese ausgetragen werden möge. Mit diesem Briefe stimmt fast durchgehends ein Artikel überein, welcher sich in Reuchlins epistolae illustr. virr. befindet. Er nennt ihn selbst ad perpetuam ... memoriam. Beide verdienen mitgeteilt zu werden.

A. Brief.

לאדוני שיושב בשבת תחכמונים המאור הגדול עמוד גולת אריאל בהיר הוא בשחקים רופא מומחה א"מ מזל טוב בל"עז בוניטו במדינת רוטי הגון רופא פיפיור.

אחרי דרך מבא הבאים בשערי הקידה נכנסים בשלום ויוצאים בשלום גם אני הצעיר החותם בשולי היריעה המשתחוה אפים ארצה כי אין כמנו למטה.

אדוני אחרי שלומות רבות ורשות מובערת מפני קוצר לשוני ומעוטו שכלי באתי להודיע למעלת כבודו איך תוך שני ינים הקיסר אדוננו יר"ה ירד לעיר קלוניאה מקום שיש שם ישיבה גדולה באמונתינו וחכמים גדולים בחכמת האלהות ובאו כולם אגודה אחת נבהלים ונחפזים נאנחים ובוכים קוראים בקול גדול: הושיעה המ֗ל֗ך וקיסר הנה במלכותך ישנו עם אחד מפוזר ומפורד ודתיהם שונות מכל עם וזה ע"י ספרי התלמוד שבידם, שבאיתם הספרים כתוב באופן זה כמה חירופים וגידופים וקללות ותפילות נגד אמונתינו ואדוני האמנה פיפיור והגמונים הכמים גלחים וכומרים. ולא על זה לבד כי אם על הקיסר ומלך ושרים ופחות וכל אומה ועם שלנו וזה בכל יום יום הם מתפללים ומקללים כמו שאיכרתי וכל זה עבור ספרי התלמוד. ועוד רעה גדולה יותר שיש לנו לשום על נפשינו שאם לא היו ספרים אלן

B. Promemoria.

Ad perpetuam calumniae memoriam a theologistis et fratribus Coloniensibus mihi Joanni Reuchlin turpiter illatae.

ידוע לכל כי תוך שנים לא רבים הקיסר מכסטיליאן אדוננו ז"ל ירד לעיר קולוניאה מקום שיש לשם ישיבה גדולה באומתינו וחכטים גדולים בחכמת האלהות ובאו כולם אגודה אחת נבהלים ונחפזים נאנחים ונבוכים קוראים בקול גדול. הושיעה המלך וקיסר הנה במלכותך ישנו עם אחד מפוזר ומפורד ודתיהם שונות מכל עם וזה ע"י ספרי התלמוד שבידם ושבאותם הספרים כתוב באופן זה כמה חירופים וגידופים וקללות ותפלות נגד אמנתינו ואדוני האמנה אפיפיור הגמונים חכמים גלחים וכומרים. ולא על זה לבד כי אם על הקיסר ומלך ושרים ופחות וכל אומה ועם שלנו וזה בכל יום הם מתפללים

Promemoria.

וּמְקַלְלִים וכו' עֲבוּר סִפְרֵי הַתַּלְמוּד.
וְעוֹד רָעָה גְדוֹלָה יוֹתֵר שֶׁיֵּשׁ לָנוּ לָשׂוּם
עַל נַפְשֵׁנוּ שֶׁאִם לֹא הָיוּ סְפָרִים אֵלוּ
הָיָה הָאֻמָּנָה כֻּלָּהּ אַחַת וְכֻלָּם יִהְיוּ
מַאֲמִינִים בְּיֵשׁוּ מָשִׁיחַ שֶׁלָּנוּ. רַק
אוֹתָם הַסְּפָרִים מַדִּיחִים אוֹתָם מִדֶּרֶךְ
יְשָׁרָה. לָכֵן לַמֶּלֶךְ אֵין שָׁוֶה לְהַנִּיחָם
וְלָכֵן אָנוּ מְיָעֲצִים לְפִי סוֹד אֲמוּנָתֵנוּ
וּבָתֵּי תְּפִלּוֹתֵינוּ וְגַם מַזְהִירִים שֶׁכָּל סִפְרֵי
הַיְּהוּדִים אִם עַל הַקֵּיסָר טוֹב יִכְתֹּב
לְלָקְחָם וְלַהֲבִיאָם לְאוֹצְרֵי הַקֵּיסָר וּמֶלֶךְ
בְּיַד שַׂר אֶחָד מְמֻנֶּה עַל זֹאת וְאַחַר
כֻּלָּם יִתְּנוּ לִשְׂרֵפַת אֵשׁ לְבַד עֶשְׂרִים
וְאַרְבָּעָה שֶׁהֵם עִיקָּר תּוֹרָתֵנוּ אֲבָל כָּל
סִפְרֵי תַּלְמוּד יִשָּׂרְפוּ בְּגוֹ נוּרָא יְקִידְתָּא
כְּדֵי שֶׁלֹּא יְהֵא לָהֶם סִבָּה לְקַלֵּל
מַלְכֵּנוּ וְלָךְ קֵיסָר אֲדוֹנֵנוּ וְכָל בְּנֵי
עַמֵּנוּ גַּם לְחָרֵף וּלְגַדֵּף אֱלֹהֵינוּ וּבָתֵּי
תְּפִלּוֹתֵינוּ, וְעוֹד עֲבוּר סִבָּה אַחֶרֶת
גְּדוֹלָה מִכָּל אֵלּוּ כְּדֵי שֶׁיּוּכְלוּ כֻּלָּם
לִקְרֹא בְּשֵׁם אֶחָד אַחַר שְׂרֵפַת כָּל
אֵלּוּ הַסְּפָרִים שֶׁהֵם מָסָךְ מַבְדִּיל בֵּינֵיהֶם

Brief.

הָיָה הָאֻמָּנָה כֻּלָּה אַחַת וְכֻלָּם יִהְיוּ
מַאֲמִינִים בְּיֵשׁוּ מָשִׁיחַ שֶׁלָּנוּ רַק אוֹתָם
הַסְּפָרִים לְבַד מַדִּיחִים אוֹתָם מִדֶּרֶךְ
יְשָׁרָה. לָכֵן לַמֶּלֶךְ אֵין שָׁוֶה לְהַנִּיחָם
וְלָכֵן אָנוּ מְיָעֲצִים לְפִי סוֹד אֲמוּנָתֵנוּ
וּבָתֵּי תְּפִלּוֹתֵינוּ וְגַם מַזְהִירִים אִם עַל הַקֵּיסָר טוֹב
יִכְתֹּב לְלָקְחָם וְלַהֲבִיאָם לְאוֹצְרֵי הַקֵּיסָר
וּמֶלֶךְ בְּיַד שַׂר אֶחָד מְמֻנֶּה עַל זֹאת
וְאַחַר כָּךְ כֻּלָּם יִתְּנוּ לִשְׂרֵפַת אֵשׁ
לְבַד עֶשְׂרִים וְאַרְבָּעָה שֶׁהֵם עִיקָּר
תּוֹרָתֵנוּ אֲבָל כָּל סִפְרֵי תַּלְמוּד יִשָּׂרְפוּ
בְּגוֹ נוּרָא יְקִידְתָּא כְּדֵי שֶׁלֹּא יְהֵא לָהֶם
סִבָּה לְקַלֵּל מַלְכֵּנוּ וְלָךְ קֵיסָר אֲדוֹנֵנוּ
וְכָל בְּנֵי עַמֵּנוּ גַּם לְחָרֵף וּלְגַדֵּף אֱלֹהֵינוּ
וּבָתֵּי תְּפִלּוֹתֵינוּ. וְעוֹד עֲבוּר סִבָּה
אַחֶרֶת גְּדוֹלָה מִכָּל אֵלּוּ כְּדֵי שֶׁיּוּכְלוּ
כֻּלָּם לִקְרֹא בְּשֵׁם אֶחָד אַחַר שְׂרֵפַת
כָּל אֵלּוּ הַסְּפָרִים שֶׁהֵם מָסָךְ מַבְדִּיל
בֵּינֵיהֶם וּבֵין אֲמוּנָתֵנוּ וְלָכֵן אֵינָם מַכִּירִין
בּוֹרְאֵנוּ: וְכָל זֶה עָשָׂה וְסִבֵּב אֶחָד
מִבְּנֵי עַמְּכֶם שֶׁחוֹזֵר לְדַעְתְּכֶם (?) כְּמוֹ
שֶׁנֶּאֱמַר מָמָךְ יָצָא חוֹשֵׁב עַל ד' רָעָה
יוֹעֵץ בְּלִיָּעַל גַּם כְּמוֹ שֶׁנֶּאֱמַר מְהָרְסַיִךְ
מִמֵּךְ יֵצֵאוּ. וְזֶה הַמְשֻׁמָּד כְּמוֹ שֶׁאַתֶּם
קוֹרְאִים בִּלְשׁוֹנְכֶם הָיוּ לוֹ כַּמָּה אִגְּרוֹת
מְשָׁרִים וְהַגֵּמוֹנִים וּבִלְבַד מְכֻתֶּרֶת
אַחַת אֲחוֹת אֲדוֹנֵינוּ הַקֵּיסָר
יר"ה וְלֹא לְבַד אִגַּרְתָּהּ רַק בְּעַצְמָהּ
הָלְכָה לִפְנֵי הַקֵּיסָר אָחִיהָ וְנָפְלָה אַרְצָה
וּבָכְתָה לְפָנָיו וְאָמְרָה: אֲדוֹנִי אָחִי עַמּוּד
עוֹלָם וּמוֹשֵׁל בַּגּוֹיִם! עָלֶיךָ כָּל חֲטָאִים
וּפְשָׁעִים שֶׁנַּעֲשִׂים עַל יְדֵי אֵלּוּ הַסְּפָרִים
מִפְּנֵי שֶׁבְּיָדְךָ יֵשׁ לְמַתְּחוֹת וְאֵינְךָ טוֹרֵחַ.
מַה עֵדוּת יוֹתֵר אַתָּה צָרִיךְ כִּי אִם
מֵאָדָם זֶה שֶׁהוּא הָיָה מַאֲמִינָם וְיוֹדֵעַ
כָּל סִפְרֵי הַתַּלְמוּד. לָכֵן אֲדוֹנִי אֲנִי

Note 2.

Brief.	Promemoria.

אבקש מימעלתך כדי שיהיה לך שם | ובין אמתינו ולכן אינם מכירים בוראנו:
בגוים ומלכים וקיסרים שהיו לפניך | לכן יכתב שבכל מקום ומקום שאיחם
כשתעשה זאת ובמה יודע אתה נאמן | ספרי תלמוד ימצאו ללקחם ולשרפם
ואדוק באמתינו רק אם תעשה זאת | מפני סבות שנאמרו. אחר זה אמר
כי יהיה טוב בעיני אלהים ואדם. | הקיסר שרוצה ליקח עצה מה לעשות
לכן יכתב שבכל מקום וטקום שאותם | מספרים אלו וכן עשה ואחר עצתו כתב
ספרי התלמוד ימצאו ללקחם ולשרפם | לי אגרת חתומה שאני יוחנן רוכלין
מפני סבות שאמרתי. ועתה אדוני | אהיה מבחין וחוקר ודורש בספרים
עבור כל כך אזהרות ובקשות ותחנונות | אלו אם כאלו נמצאו בהם אם לאו.
ציוה ללקוח אותם הספרים ולהביאם | ואני לפי מיעוט שכלי וקוצר השגתי
אל גנזי המלך ונלקחו. אחר זה אמר | לפי מה שחנני השם ע"י טורח גדול
הקיסר שרוצה ליקח עצה מה לעשות | שלמדתי ועיינתי בספרים אלו עבור
מספרים אלו. וכן עשה ואחר עצתו | חשק ואהבה שהיה לי כל ימי ללמוד
כתב לי אגרת חתומה והשביענו על | ולקראת בספרי לשון הקודש הרגלתי
מאמר גזירת הקיסר והמלכות שאני | והשגתי וכתבתי והשיבותי למאמר הקיסר
אהיה מבחין וחוקר ודורש בספרים | שאני לא ידעתי ולא שמעתי מספרי
אלו אם כאלו נמצאת בהם אם לאו. | תלמוד מאלו הדברים וכו' רק שספרי
ואני לפי מיעוט שכלי וקוצר השגתי | תלמוד יהיו נחלקים לדינים וחוקים
לפי מה שחנני הש"י על ידי טורח | ואגדות וכל מי שיאמין יאמין וכו'
גדול שלמדתי ועיינתי בספרים אלו | ואם ימצאו כדברים האלו שאותו
עבור חשק ואהבה שהיה לי בכל ימי | פלפל בלבל עם כותריו אותו הספר
ללמוד ולקראת בספרי לשון הקודש | או ספרים ישרף או ישרפו כי יש
הרגלתי והשגתי וכתבתי והשיבותי
למאמר הקיסר שאני לא ידעתי ולא
שמעתי מספרי התלמוד מאלו הדברים
וכו' רק שספרי תלמוד יהיו נחלקים
לדינים ולחוקים ואגדות וכל מי שיאמין
יאמין וכו' ואם ימצאו כדברים האלו
שאותו המשומד מדבר אותו הספר או
ספרים ישרף או ישרפו כי יש כמה
ספרי קבלה וספרים אחרים נכבדים
שיהיה הפסד גדול לשורפם. וכל מה
שאותו המשומד אמר, אמר רק
להבעיט ולהרשיע. ואחר שאדונינו
הקיסר יר"ה קרא סברתי וכונתי ציוה
אותם הספרים הנלקחים להשיבם
לידי אדוניהם: והנה אדוני כשאול

Brief.

המשומד וחכמי ישיבת קולוניאה ראו
שעל ידי עצתי נתבטלו עצתם צדקי
בקול גדול לאמור שאני מין ואפיקורוס
באמונתינו וכופר בעיקרינו. ולא די
להם שצעקו ברבים אלא שאותו
המשומד ועם הארץ הדיוט
גמור כתב עלי ספר אחד שהוא נגד
כבודי ואמונתי בכמה טעיות וכזבים.
ואותם חכמי אותו הישיבה כתבו עלי
גם כן ספר אחד ושלחו לרבים בכל
מקום כדי לפרסם הדבר נגד כבודי
ואמונתי ופרסמו זה הדבר לפני חוקי
האמנה והלשינו עלי. ואני פעם אחרת
כתבתי עבור כבודי ספר אחר בלשון
אשכנז וחלקתי תשובתי בכמה פנים
ונתתי טעם לדברי ורצו לשרוף אותו
הספר שחברתי וכשראו שלא יכלו
להבאיש רוחי בעיני חוקרי האמנה.
לשרוף ספרי וגם לקרא ברבים כטמני
כזו שכתבתי ושאני נתתי עצתי ועצתי
תחת משפט הפיפיור בדבר זה ולא
היה להם יכולת לעשות אי זה דבר
נגדי כתבו עלי ספר גדול ושלחו אותו
ברבים כדי לקללני בעיני אלהים ואדם.
ולכן אדוני מפני שאני ירא שהם
ידרשו אותי למשפט חוץ
ממקומי ומדינתי ויהי פיזור גדול
בדבר מחלה אני פניך הנעימים מאחר
ששמעתי מעלה כבודו תמיד בחדרי
הפיפיור אף כי גופו הקדוש נתן ביד
הכמתך מבקש אני מעלת כבודך
שתשתדל לי מאת הקדושת הפיפיור
אדונינו שלא יהיה להם יכולתם או
רשותם להכריחני לבוא לפני דין אחר
חוץ משופטי מדינתי כמו שנטצא
בחוקים ונימוסים שלנו ואם א״חך ירצו
לבוא לפני קדושת אדונינו הפיפיור

Promemoria.

כמה ספרי קבלה וספרים אחרים
נכבדים ולא לשרפם. ואחר שאדוננו
הקיסר ז״ל קרא סברתי וכוונתי ציוה
אותם הספרים הנלקחים להשיבם
לידי אדוניהם. והנה כשאותו
פילפל וחכמיו ישיבת קולוניא ראו
שעל ידי עצתי נתבטלה עצתם צעקו
בקול גדול לאמר שאני מין ואפיקורוס
באמונתינו וכוחש בעיקרינו ולא די
להם שצעקו ברבים אלא אותו המשומד
פילפל עם הארץ הדיוט גמור כתב
עלי ספר אחד שהוא נגד כבודי
ואמנתי בכמה טעיות וכזבים. ואותם
הכמי אותה הישיבה כתבו עלי גב
ספר אחד ושלחו לרבים בכל מקום
כדי לפרסם הדבר נגד כבודי ואמנתי
ופרסמו זה הדבר לפני חוקר האמנה.
ואני פעם אחרת כתבתי עבור כבודי
ספר אחד בלשון אשכנז וחלקתי
תשובתי בכמ׳ פנים ונתתי טעם לדברי
ורצו לשרוף אותו הספר שחברתי
וכשראו שלא יכלו להבאיש ריחו בעיני

Brief.	Promemoria.
לכל אני מזומן להשיב להם ולישר דבר על אופנו. אבל לבוא לקולוניאה למשפטם או בקרוב עליהם זה איני ישר בעיני וגם אינו דין שבראשונה חוץ למדינתי אצא למשפט ולדין ובזה אדע כי מצאתי חן בעיני מ״כ ושלא לחינם עמלתי והשתדלתי בדבר זה והייתי סבה שלא נשרפו כל ספרי תלמוד באשכנז כי בודאי אני יודע וטאמין שכל מה שאמרו והוציאו דיבה על ספרים אלו הכל עשה ועשו כדי להראות ברבים וכו' לכן אני מבקש ומתחנן כמו שאטרתי שלא תחזור בקשתי חינם אחר שבידך יש יכולת לעשות זה ויותר. ובמה שאוכל בכדינתי לשרת מ״כ או אחרים עבור מ״כ אעשה בלב שלם וברצון טוב ובנפש חפצה כי מ״כ יש לצוות ועלי למלאות. זה יודע האל הטיוחד שתטיד יקיים מ״כ עם הסי' צילך בקן הישר כרצונך ורצון אהובך החתום בשולי הדריעה. תמיד מבקש אהבתך ומזומן למאמר בכבודך הקטון בגוים יוהננים רויחלין מפורצעם דוקטור.	האפיפיור הגטונים וחכמים אחרים לשרוף ספרי וגם לקרא לרבים מטיני כמו שכתבתי ושאני נתתי עצמי ועצתי תחת משפט האפיפיור בדבר זה ולא היה להם יכולת לעשות איזו דבר נגדי כתבו עלי ספר גדול מלא דבר שוא וכזב ושלחו אותו ברבים כדי לקללני בעיני אלהים ואדם כי הייתי סיבה שלא ישרפו כל ספרי תלמוד באשכנז: ואתה יהוה אדני עשה אתי לטיען שמך כי טוב הסדך תצילני יקללו המה ואתה תברך יקומו ויבשו.

Dieses Ad memoriam oder Promemoria war entweder der Entwurf zu dem Briefe an Bonet de Lates oder eine Kopie desselben, die er mit Weglassung mancher Punkte zum Abdruck für die epistolae illustr. virr. übergeben hat. — Die Zeit, in der Reuchlin den Brief an V. de L. gerichtet hat, bestimmt Böcking (Suppl. II. 131) zwischen April und Mai 1514 d. h. nach Beendigung des Mainzer Prozesses und der Speyerschen Sentenz (29. März 1514). Aber mit Unrecht. In dem Briefe wird nicht einmal angedeutet, daß bereits inquisitorische Verhandlungen über seine Schriften stattgefunden hätten. Im Eingang bemerkt vielmehr Reuchlin, daß die Händel wegen Konfiszierung der Schriften innerhalb zweier Jahre הוך שני שנים begonnen haben; das würde auf 1511 oder 1512 hinweisen. Gegen Schluß spricht Reuchlin von einer Schrift Pf.'s gegen sein Urteil — das ist offenbar der „Handspiegel" — dann von seiner Schrift in deutscher Sprache, welche die Dominikaner verketzert hatten — das ist wohl sein „Augenspiegel", ferner von einer umfangreichen Schrift der

Dominikaner gegen ihn: כתבו עלי ספר גדול ושלחו אותו ברבים כדי לקללני. Damit können nur Tongerns: Articuli sive praepositiones vom August 1512 gemeint sein. Er führt also in diesem Schreiben die Vorgänge nur bis August 1512 herab. Infolge der denunziatorischen Schriften habe er sich dem Ausspruch des Papstes unterworfen und bitte darum B. de Latés diesen günstig für seine Sache zu stimmen, daß die Untersuchung wohl in Deutschland (nicht in Rom) erfolgen möge, nur nicht in der Cölner Diözese, wo seine Gegner ein ungerechtes Urteil ertrotzen könnten. Daraus ergibt sich, daß dieses Schreiben noch vor dem Mainzer Prozeß, vor September 1513, verfaßt wurde.

Was die Abfassungszeit der epistolae obscurorum virorum betrifft, so muß das Datum ebenfalls berichtigt werden. Die bisherigen Ergebnisse der Kritik sind, daß die ersten Dunkelmännerbriefe — bekanntlich ohne Datum erschienen — erst 1516 veröffentlicht wurden; so Strauß. Früher wurde gar angenommen, daß sie erst 1517 erschienen wären, bei Meiners und anderen. Nur v. der Hardt hat ihr Erscheinen 1515 angesetzt, aber ohne Beweis. Böcking setzte sie noch Ende 1515 und Anfang 1516 (Suppl. II. S. 138). Der Beweis für das Datum läßt sich aus Pfefferkorns Defensio contra famosas epistolas führen. Diese Schrift war August 1516 bereits vollendet, und darin heißt es (M. 4 bei Böcking I. S. 159): Impressae sunt igitur intra annum et silentii tempus epistolae aliquot famosissimae et infames, quae obscurorum virorum inscribuntur. Also innerhalb eines Jahres vom August 1516 zurückgerechnet, waren sie bereits erschienen. Aus einer anderen Stelle daselbst scheint sogar hervorzugehen, daß das Gerücht von den Dunkelmännerbriefen schon Mai 1515 verbreitet war. Pf. zitiert das. (L. 4 bei Böcking das. 151) ein Schreiben der Löwener theol. Fakultät an den Papst, ausgestellt decimo Kal. Junias = 23. Mai. Das Jahr ist zwar nicht dabei angegeben, aber es ist wohl dasselbe, wie in dem vorhergehenden und nachfolgenden Aktenstücke, nämlich 1515. Nun wird in diesem Schreiben der Löwner Fakultät geklagt: Nunc autem incessit auribus nostris horrendus, nec sine lacrymis referendus rumor per Germaniae partes, non parva scandala oborta esse Judaeis, Christianis insultantibus, immo quod fedius et intolerabilius est, nonnulli Christiani eis in manus porrigant libellos canino lepore ac viperea mordicitate plenos componendo, quibus et Theologiae facultatem et ipsius professores lacerant, eludunt, ac flocci faciunt et populis rudibus invisam reddunt. Die „Libellen mit hündischem Witz und Viperbissigkeit" gegen die theol. Fakultät und die Professoren (Hochstraten, von Tongern und Ortuin Gratius), sind das nicht die epistolae obscurorum virorum? Merken wir wohl darauf, daß die Löwener nur vom Rumor sprachen; gelesen hatten sie sie damals noch nicht. Aber die Cölner Humanisten von dem Busch und Nuenaar mögen bereits davon gesprochen haben, entweder daß sie sie damals bereits in ihren Händen hatten, oder daß sie einen Wink über baldige Veröffentlichung erhalten hatten. Die epistolae obscurr. virr. müssen also vor Mai 1515 erschienen sein.

3.

Der Pseudomessias Ascher Lämmlein.

Die Nachrichten über diesen Pseudomessias im Anfange des 16. Jahrhunderts wurden bisher nur aus Quellen zweiten Ranges entnommen. Daher

wurde das Datum seines Auftretens nur vage angegeben. Joseph Kohen, sonst eine zuverlässige Quelle, setzt das Faktum in seiner Chronik um 1501 an und im Emek ha-Bacha (p. 93) noch unbestimmter zwischen 1496 und 1509; Gedalja Jbn Jachja (in Schalschelet p. 34 b) auf 1500 und ebenso David Gans (in Zemach David I). Zeitgenössische Nachrichten, bisher unbeachtet, geben aber das Jahr von Lämmleins Auftreten ganz bestimmt 1502 an. Die eine Quelle ist Abraham Farissol in seinem apologetisch=polemischen Werke מגן אברהם, noch Handschrift. Nachdem Farissol mehrere pseudomessianische Bewegungen und ihre Ausgänge geschildert, fährt er fort: ואף גם היום כימי
ובפני ולעיני בגלילות הלו גלילות איטאליאה במדו וניצאה קם איש הבנים כמערבת אשכנז
שמו ר' אשר לימלי ובאמצעות תלמידיו דעה הגליל בביאת המשיח הגואל והיה משמיע
להאמין כבר בא. והכנים רוב גלות אדום בתשובה רבה ובאמנה בו ובהקדמותיו וב'בריו
ושהגואל בא. ולבסוף היה הכל דבל. וזה היה לפני ואני עד בשנת ר"ס"ב לאלף הששי פה
פיראדה.

Eine andere zeitgenössische Quelle ist Pfefferkorn. In seiner ersten judenfeindlichen Schrift „Judenspiegel" oder speculum hortationis judaicae von 1507 (v. S. 479) gibt er einen sehr langen Exkurs über Lämmlein (in der lat. Schrift Pars I Bl. C 3): Memini ego vobiscum (mit den angeredeten Juden), cum numeraretur a nativitate anni 1502 tumultum et turbam fuisse inter vos in Gallia (?), motam per Judaeum quendam nomine Lemmel, qui coepit et ausus erat praedicare omnibus, ut quisque se cum poenitentia et expiatione pararet in adventu messiae, quum prope esset, annum dimidium in hanc apparitionem definivit. Venturam postea dixit nubem a Deo, quae populum nostrum amplexura foret, uti majores nostros. Apparituramque columnam ignis ducem Hierosolymam versus. Immolanda iterum sacrificia . . . Adjecit in fidem pseudoprophetiae et praedicationis suae portentum futurum, ut sub id tempus aedes sacrae Christianorum ruerent atque perirent. Scitis fratres mecum, quam graves poenitentiae et expiationes vix tolerabiles . . . . per nostros tum actae sunt, . . . Ubi tandem fructus poenitentiae et tormenti vestri est aut manet? Primum majores vestri et vos omnes expectatis spem adventus Messiae ad annum 1500 post nativitatem Christi. Super id quod vobis extremum constituistis, tempus anni sex accessere. Wenn Pfefferkorn auch ein verlogener Schriftsteller war, so stimmt seine Nachricht von den Büßungen zur Zeit Lämmleins mit der anderer Quellen so genau überein, daß an seinen Angaben über denselben nicht zu zweifeln ist. Das Jahr 1502 für Lämmleins messianische Bewegung ist demnach durch zwei zeitgenössische Zeugen konstatiert. Es ist auch durch eine Stelle in Sebastian Münsters hebräischer Vorrede zu seiner Edition der Bibel und in seinem תידת המשיח, bestätigt, worin er bemerkte: והלא אתם בשנת רס"ב לפ"ק עשיתם השובה בכל מושבותיכם (N. Brüll, Jeschurun IV. 205 und Perles, Beiträge 41). — Der Schauplatz seines Auftretens wird in den meisten Quellen in Istrien oder im Gebiete Venedigs angegeben. Die Lokalität Gallia bei Pfefferkorn ist entweder ein Druckfehler oder eine ungenaue Angabe. — Gegen Ascher Lämmlein polemisierte Joseph Ibn=Sargu (Perles, Beiträge 41 N.) כללים מהחכם ר' יוסף אבן שרגא
שעשה תשובות על אשר המתנבא. Diese Polemik ist wohl enthalten in der Bodleiana (Cod. Ms. No. 16634): שרגא ן' יוסף answers on 3 Kabbalistical questions by Mose Hefez to ר' אשר לימלו.

4.

Zur Geschichte der Vertreibung der Juden aus Regensburg (1519) und Anton Margaritha.

Zwei Zeitgenossen, ihrem Charakter nach grundverschieden, bemerken übereinstimmend, daß Zwistigkeit und Haber in der sonst friedlichen Regensburger Gemeinde in den letzten Jahren vor ihrer Vertreibung mit Ursache derselben gewesen sei. Diese beiden Zeugen sind der verworfene Täufling Anton Margaritha und der biedere, für das Wohl seiner Glaubensgenossen in der Nähe und Ferne unermüdlich und unerschrocken eifrige Joselin (Josselmann von Roßheim). Der letztere bemerkt in seinem Sammelwerke ספר המקנה (Ms. Bodl. 2240, abgedruckt Letterbode, driemaandelijksch Tijdschrift, Jahrg. X, 1880—81, p. 137): ראה על החורבן רעגינשפורק ההתחלה אינה אלא בסיבת שני מוסרים. Der erstere bemerkt (Der ganz jüdische Glaub, ed. 1530, K. 3): „Das ein solche Uneinigkeit zu Regenspurk unter ihnen (den Juden) entsprungen ist, dardurch sie vertrieben worden seind; denn wenn sie eins gewesen wären, wären sie solcher Vertreibung wohl fürgekommen". Die Zwistigkeiten entstanden, wie Joselin angibt, durch zwei Verräter (מוסרים), die er nicht nannte. Aber den Namen des einen nennt Margaritha, und der andere war — nach Joselins von demselben geschilderten Untaten — Margaritha selbst, der Sohn des Rabbiners Jakob Margoles von Regensburg.

Der von diesem genannte Angeber war Moses aus einer Familie Wolf. Er war reich und zugleich ehrgeizig. Er und seine Familie waren von auswärts emigriert und er strebte nach einer angesehenen Stellung in der Gemeinde, die ihm aber, als Fremden, die Eingesessenen nicht einräumen wollten. Ich lasse jetzt Margaritha sprechen: „In derselben Zeit ist ein Norbek Hauptmann zu Regenspurk gewest. Ist der reiche Moses zu dem Hauptmann gegangen und gesagt . . . . „ich will euer Vst. anzeigen, wozu euch die hier altgesessenen Juden verglichen haben, nämlich zum Haman . . . . dem es gehen wird wie dem Haman, den man gehenkt hat" . . . . wo sie es nicht bekennen, will ich euer Strenge so viel wie 1000 Gulden verfallen sein." Darauf ließ Norbek drei Juden, welche diese Äußerung getan, gefänglich einziehen . . . . Darnach hat sich mein Vater, welcher oberster Rabi zum selbenmal in Regenspurk war, mit sampt anderen in die Handlung getan, den reichen Moses wollen in den Bann tun . . . . Darnach hat der Kläger (Moses) ein wenig hinter sich gezogen." Das will soviel sagen, Moses Wolf hatte einen Anhang, mit dem es der Rabbiner nicht hat verderben wollen. Dieser brachte indes einen Vergleich zustande. Der Hauptmann erhielt 3000 Gulden Sühnegeld für die Beleidigung und steckte den Haman ein. Er begünstigte selbstverständlich den Angeber „und dieser wurde der Oberst zu Regenspurk (in der Gemeinde) und hat alle Ämter nach seinem Willen besetzt. Seine (unterlegenen) Gegner nannten ihn nicht Moses, sondern „Moßer" (מוסר), und verbreiteten Schriften, darin vieles Übles von ihm und seinem Geschlecht zu lesen war." Dadurch entstanden leidenschaftliche und häßliche Reibungen. So weit Margaritha.

Diese Einzelnheiten geben das Verständnis für die Andeutung bei Joselin: (המוסר) בא לאכול קורצא בבית מושל העיר היפמן [.I] דופטמן לאמר . . פרנס הקהל גם הוא גם סיעתו קרא: עליך שם גנאי . . . לקראתך המן הנצלב כדי להוריד כבודך . . . ועלה ביום ההוא זהלאה העשן והקצף למעלה למעלה. Damit sind Moses Wolfs Angeberei und unheilvolle Folgen gezeichnet. Dieser war also der eine der beiden Angeber, von denen Joselin im Eingange spricht.

Den anderen werden wir noch besser erkennen, da Joselin noch mehr Tatsächliches über ihn mitteilt. Von dem andern sagt er: זאותו האיש האחד (1.) האחר) ציער כל בני הגולה בדפוס העמיק ותקן ספרי מינות לרוצים עלילות דברים בשלשה דברים אמר להם: היהודים מקללים האומות ישו בעלינו לשבח ומלים גרים. Joselin עד שבחמים שפוכה שלח הקסר כי (1. בי) להשיבו תשובה תכף בלי שהיה gibt auch das Datum für diese Angelegenheit an: המקום ב׳ה .... נתן לי לשון למודים באותו שעה ב״ח אב שנת ר׳ץ.

Dieses alles führt darauf, daß unter dem anderen Denunzianten Anton Margaritha zu verstehen ist. Derselbe hat nämlich ein giftiges Buch „Der ganz jüdisch Glaub" geschrieben, das im April 1530 in Augsburg gedruckt wurde. In diesem Buche, das die Gebetweise und Gebräuche der Juden lächerlich macht, kommt der Verfasser öfter auf drei Anklagepunkte gegen die Juden zurück, daß sie Jesus und die Christenheit schmähten, und daß sie Christen zu ihrem Glauben verführten und die Beschneidung an ihnen vornähmen. Bei der Verdolmetschung des Alenu-Gebetes gibt Margaritha an, daß die Juden bei den Worten: להבל וריק .... שהם כורעים dreimal ausspeien, wider Christum und seine Gläubigen (Bl. T.). Auf Bl. G. heißt es: „In Summa all der Juden Hoffnung und Beten ist dahin gerichtet, daß den Christen Scepter hinweggenommen und zunichte gemacht werden soll, wie sie denn jetzt an des Türken Krieg ein überflüssige Freud gehabt." Auf Bl. K.: „Ob aber die Juden sprechen wollen, sie machten jetztmal aus keinem Christen ein Juden, sage ich in göttlicher Wahrheit, daß es oft geschieht, wie in diesem Büchlein mehr angezeigt."

Es ist also nicht zweifelhaft, daß Joselin unter dem andern der Angeber, welcher Mitveranlassung zum Hader in Regensburg war, Margaritha gekennzeichnet hat. Dieser muß aber, noch ehe er die Taufe genommen, Angebereien in Regensburg getrieben haben. Dieses deutet Joselin mit den Worten an: שנעשו סמוך לחרבן .... עם יותר מסירות, d. h. außer der Angeberei durch Moses Wolf von früher (als Margaritha, wie er angibt, 13 bis 14 Jahre alt war, und während Korbels Hauptmannschaft, vor 1512), waren auch solche kurz vor der Vertreibung vorgekommen. Diese sind gewiß von Margaritha ausgegangen, noch ehe er getauft war. Gelegenheit genug war dazu in der Erbitterung der Bürgerschaft gegen die glückliche Konkurrenz der jüdischen Geschäftsleute und bei der fanatischen Wut der Dominikaner in der Stadt gegen die Juden, wovon der ungestüme Domprediger Balthasar Hubmaier (welcher später Führer im Bauernkrieg war) die Kanzel erdröhnen ließ. Margaritha scheint in seiner Schrift selbst zu verraten, daß er sich der Angeberei schuldig gemacht hatte. Er bemerkt (Bl. K 2): „Wenn ein Jude den andern vor einer christlichen Obrigkeit verklagt, auch vor einer christlichen Obrigkeit angezeigt ihre Büberei und Händel und dergleichen, wird er מוסר bei ihnen genannt." Von der Giftigkeit, die er in seinem Buche gegen die Judenheit bekundet, muß eine Dosis bei seinem verworfenen Charakter in seinem Innern noch vor seiner Taufe gesteckt haben. Man kann sich wohl vorstellen, welch eine Aufregung es in der Gemeinde gemacht haben muß, daß der Rabbinersohn als heimlicher Angeber entlarvt worden war. Der Strafe von seiten der Gemeindevertretung entzog er sich wohl durch die Taufe. Margaritha muß noch vor der Taufe verlobt gewesen sein, also im Mannesalter gestanden haben. Joselin bemerkt darüber: ארוסתו ואף שמבני גדולים היו אביהם .... לא הועיל להן זכות אביהן.

Die von Joselin nicht genannten zwei Angeber waren demnach Moses Wolf und Anton Margaritha, und diese haben die Wirrnisse in der Gemeinde und als Folge davon die Vertreibung derselben veranlaßt. Nebenher sei beleuchtet, welch ein Wicht der letztere gewesen sein muß, weil Luther seine giftige Anklageschrift benutzt hat und auch persönlich von ihm gegen die Juden aufgestachelt worden sein muß. Joselin erzählt, daß der Kaiser Karl V. infolge der in Margarithas Schrift enthaltenen Anklagen gegen die Judenheit erbittert gewesen und Joselin habe vorladen lassen, um ihn darüber zu vernehmen. Was hat den Kaiser so sehr in Harnisch gebracht? Joselins Tagebuch gibt darüber Aufschluß. Im Jahre 1529 hatte Sultan Suleiman glückliche Eroberungen in christlichen Ländern gemacht, hatte Ofen genommen und stand mit seinen Heeresmassen vor Wien. Nun ging das Gerücht, die Juden stünden in geheimer Verbindung mit den Türken. Darüber war der Kaiser und König Ferdinand von Österreich so aufgebracht, daß sie die Juden aus ihren Reichen vollständig zu verjagen gedachten (Revue d. Et. XVI, 90, Nr. 14): ב׳׳ת ר׳׳ץ
יצא קול גדול וחזק מכל האומות דנה הירודים דילטורין דם לתגר עד הגישו דברי עלילות דברים
כזה באזני אדוננו הקיסר וכלך ורפקידו בנו שלא לתת לנו דריכת כף רגל בכמה ארצות. Nun hatte Margaritha in seinem Buche dieselbe Anklage erhoben, daß die Juden den Türken in dem Kriege Vorschub geleistet hätten, und diese Anklage schien glaubwürdiger als die Gerüchte, da sie doch von einem Juden herrührte. Im Tagebuch, wie in seiner Schrift המקנה ס׳ erzählt Joselin, daß es ihm gelungen war, diese Anschuldigung gegen die Juden auf Landesverrat vollständig zu widerlegen und die beiden Fürsten von dem Ungrunde derselben zu überzeugen und zu beschwichtigen. Im Tagebuch: ועל פי הסכמת הקהלות תקנתי וסדרתי בדברי
הנצלותינו וביותר בטיעתא דשמיא בעיר אישפורק לפני השני מלכים. ויוסף מצא חן שכלו
דברי הנצלותינו . . . . וקימו כל קיומינו כמאז. In der Erzählung von der Angeberei: נתן לי לשון למודים באותה שעה שנת ר׳׳ץ להשיב למין השבוחא נצחות ולהנצל באומה הישראלית כמספיק.

Joselins Apologie, welche er bezüglich der Anklage des Landesverrats mit reinem Gewissen geben konnte, hat den Kaiser so sehr überzeugt, daß er Margaritha zuerst in Haft nehmen ließ und dann aus dem Reiche verwies. Joselin erzählt nämlich zum Schlusse, daß Margaritha, der katholisch getauft wäre, zum Luthertum übertrat und für seine Glaubensgenossen Dornenstacheln war: עד נחרץ דינו של המין ההוא לבתים לקופה (לכיפה ?) בעד נפשו והוצרך לקבל
בשבועה לצאת מכדורי אשכנז והלך אל הלוטר לברית והיה בצנינים (לצנינים) בצדנו. Luthers leidenschaftlich verbissene Anklagen gegen die Juden in der Schrift „Von den Juden und ihren Lügen", vor seinem Tode verfaßt, sind größtenteils aus Margarithas Buch „Der ganz jüdisch Glaub" entnommen.

5.

Salomo Molcho und David Reubeni.

Welche erstaunliche Fortschritte die Erforschung der jüdisch-geschichtlichen Quellen in den letzten Jahrzehnten gemacht hat, dafür liefert nichts so sehr einen Beweis, als der Unterschied in der Kenntnis, die man früher von den beiden Persönlichkeiten, dem Abenteurer David Reubeni und dem kabbalistisch-messianischen Schwärmer Salomo Molcho, hatte, und die man jetzt von ihnen hat. Bartolocci und Basnage haben die Existenz des ersteren geradezu als Fabel oder vielmehr als Wechselbalg erklärt, indem das Faktum von der Gesandtschaft des äthiopischen Königs David aus dem Lande des Priesters Johannes 1533 von jüdischen Fabulanten auf einen jüdischen Prinzen David umgedeutet worden wäre. Der gelehrte von der Hardt hat zwar in seiner Schrift de abusu Psalmi 119 beide den Juden gelassen, hat aber ihre Biographien nach den ihm zugänglichen Sekundärquellen so entstellt, daß ihre wahren Züge daraus gar nicht zu erkennen sind. Jost hat ihnen in seiner umfangreichen Geschichte nur einige Zeilen gewidmet; er konnte in der Tat nach den ihm vorliegenden Quellen nichts Besonderes aus ihnen machen. Gegenwärtig kennt man als ganz neue Quellen nicht nur Berichte von jüdischen Zeitgenossen über die tiefe Bewegung, die sie erzeugt haben und ein umfangreiches Tagebuch von David Reübeni, sondern auch vier verschiedene Notizen aus zeitgenössischen christlichen Kreisen. Es stellte sich durch die neuentdeckten Quellen heraus, daß die von beiden ausgegangene Bewegung nicht eine verschwindende Wellenkräuselung war, sondern daß sie eine nachhaltige, allerdings nicht sehr erfreuliche Wirkung hatte. Davids Auftreten hat die Einführung der Inquisition in Portugal gegen die Scheinchristen zuerst retardiert und dann beschleunigt, und Salomo Molcho hat dazu beigetragen, daß sie die päpstliche Kurie eine Zeitlang ganz zurückgewiesen und zuletzt nur widerwillig sanktioniert hat. Molchos messianische Schwärmerei hat noch über seinen Tod hinaus nachgewirkt. Den Zusammenhang zwischen Molchos Beliebtheit beim Papste Clemens VII. und den Hindernissen, welche eben dieser Papst der Einführung der Inquisition entgegengestellt hat, habe ich früher schon geahnt und als Vermutung ausgesprochen in einer Monographie: David Reübeni und Salomo Molcho (in Frankels Monatsschrift 1856). Seitdem hat eine neue urkundliche Quelle diese Vermutung als historisches Faktum vollständig konstatiert. Durch den Einblick in die Primärquellen erscheint die Reübenische und Molchosche Bewegung in einem ganz anderen Lichte; sie verdient daher wegen ihrer Eigentümlichkeit und ihrer Tragweite eine eingehende kritische Untersuchung.

Vorausschicken will ich einen Überblick über die zuverlässigen Hauptquellen:

I. Chronologisch und pragmatisch ist als erste Quelle anzuführen: **Davids Reübenis Tagebuch**. Es ist ein noch handschriftlicher, sehr interessanter Kodex, der zur Michaelschen Sammlung gehörte. Er führt den Titel: נסיעת דוד הראובני, von der Bodleiana in Oxford angekauft. Eine Kopie ist von der Bibliothek des Breslauer Seminars erworben worden, Ms. Nr. 128.

II. Zwei **Sendschreiben** des Salomo Molcho, die er an seine Verehrer über seinen Rücktritt zum Judentume und über seine Erlebnisse gerichtet hat. Das Sendschreiben vom Jahre 1531 ist in Joseph Kohens Chronik mitgeteilt, und daraus ist es in die Schrift חית קנה (gedruckt Amsterdam, wohl um 1868) übergegangen. Diese Schrift enthält eine wichtige Partie, die merkwürdigerweise bei Joseph Kohen fehlt, von עתה באתי להגיד למעולתכם bis עתה באתי להגיד נסיעתי מפורטוגאל. Diese Partie findet sich auch handschriftlich in einem Almanzischen Kodex. Sie ist das erste Sendschreiben an Joseph Taytaßak in Salonichi von Monastir aus gerichtet. Das nur in Joseph Kohens דברי הימים erhaltene dagegen ist das später erlassene.

III. Das Aufsehen, welches Molcho unter den türkischen Juden gemacht hat, bekunden mehrere Äußerungen in einer Schrift, in der man das gar nicht sucht, nämlich unter Joseph Karos Visionen מגיד משרים, wovon weiter unten.

IV. Das Aufsehen, welches sein messianisches Auftreten in der ganzen Judenheit gemacht hat, dokumentiert eine Notiz des Elieser Treves, die sein Vater Naphtali Treves (in dessen kabbalistischem Gebetbuche דקדוק תפלה vom Jahre 1531, Bogen ד. 2) mitteilt: שנת רצ״א בא אלי מכתב מבני יקירי הר׳ אליעזר טריוש אשר העתיק כתבי קודש הובאו מקאפו לקהלת בודקו (בודזין?) —Buda ומשם קרקוב אשר בני דר שם נגד הגאולה כי התחילו וכבר החילו בני ברית עם קדש ירושלים עד שלוניקי תקנו תעניות ותשובה הה״ב בכל שבוע ... גם הנשים ישפכו לבם בצום. Also im Jahre 1531 berichtete man vom Orient nach Krakau, daß die messianische Erlösung bereits begonnen habe, und man tat von Jerusalem bis Salonichi Buße. Es ist gerade die Zeit, in welcher Salomo Molcho messianische Predigten im Orient und Italien gehalten hat. Über Elieser Treves siehe auch Brüll, Jahrb. I., 105.

V. Von den externen Quellen ist chronologisch die erste, das Sendschreiben des Inquisitors von Badajoz Selaya an den König von Portugal vom 30. März 1528. G. Heine teilte den Inhalt desselben mit (in Schmidts Zeitschrift f. Geschichte, Jahrg. 1848, S. 160). Dieser lautet: „Vor zwei oder drei Jahren ist ein Jude aus fremden Ländern nach Portugal gekommen und hat seinen Glaubensgenossen Mut eingesprochen, sagend, sie sollten sich anschicken, den Messias zu empfangen, der bald kommen werde, sie aus allen Ländern zusammenzubringen und ins Land der Verheißung zu führen. Der Mann hat vielen Anhang gefunden, und darum flüchteten alle Ketzer nach Portugal, wo sie Aufnahme fanden; es seien schon so viele an der Grenze des Reiches versammelt, daß neulich eine ganze Schar aus der Stadt Campo Mayor mit bewaffneter Hand nach Badajoz zu bringen gewagt und allerlei Unfug in der Stadt verübt hätte." Aus der Zeitangabe in diesem Sendschreiben des Inquisitors von Badajoz: zwei oder drei Jahre vor 1528 d. h. 1525 oder 1526, ist nicht zu verkennen, daß dieser Mann, der aus der Ferne nach Portugal gekommen und bei den Marranen in Spanien messianische Hoffnungen erweckt hat, kein anderer als David Reubeni war. Auch Herculano teilt den Inhalt dieses Schreibens mit, und daraus erkennt man noch mehr Davids Züge (Da Origem e Estabelecimento da Inquisição em Portugal I, p. 211). Die betreffende Stelle lautet: Relatava (Selaya, Inquisidor de Badajoz) como dous ou tres annos antes apparecêra em Portugal um Judeu do oriente, que annunciava a proxima vinda do Messias, a liberdade dos Israelitas e a restauração do reino de Judá. Er war also ein Jude aus dem Orient, der nach Portugal gekommen war und die Juden verführt hatte. Es ist schade, daß Selayas Originalbrief nicht wörtlich bekannt ist.

VI. Eine noch interessantere Nachricht liefert das Schreiben des portugiesischen Gesandten in Rom, Bras Neto, an den König João III. vom 11. Juni 1531 über die Schwierigkeiten, welche die Einführung der Inquisition in Portugal gerade am päpstlichen Hofe durch den Kardinal Lorenzo Pucci und den Papst Clemens VII. selbst gefunden hat. Herculano teilt den Inhalt dieses geheimen Schreibens mit, worin der Gesandte dem König berichtet: „Es lebte in Rom ein portugiesischer Jude, genannt Diogo Pires, welcher Sekretär der Räte im Departement der Suppliken gewesen und aus Portugal nach der Türkei ausgewandert war, um die Taufe abzuschwören, die ihm aufgelegt war. In Rom angekommen, hatte er vom Papste ein Breve erhalten, daß niemand ihn aus diesem Grunde belästigen solle, und da lebte er mit großem Rufe der Heiligkeit unter den Juden, denen er die mosaischen

Lehren auszulegen pflegte. Diogo Pires hatte Zutritt beim Papste und den Kardinälen, und der Gesandte (eben Bras Neto) fürchtete sich vor ihm, nicht bloß wegen dessen persönlichen Einflusses, sondern auch, weil die Marranen von Portugal, mit denen er Verbindungen der Freundschaft unterhielt, ihm Geld schicken könnten, um den Forderungen des Königs João III. durch Korruption zu widerstehen. Bras vermutete, daß ein Nepote oder Kämmerling des Kardinals Pucci oder gar des Papstes selbst sich hinein gemischt hätte." — Ich gebe die interessante Stelle im Original: Vivia em Roma um hebreu portugués chamado Diogo Pires, que fôra escrivão das ouvidores da Casa da supplicação, e que saíra de Portugal para a Turqia a abjurar o baptismo, que lhe avia sido imposto. Vindo a Roma, obtivera do papa um breve para que ninguem o incommodasse por tal motivo, et alli vivia com grande reputação de sanctidade entre os judeus, a quem costumava espór as doutrinas mosaicas. Tinha Diogo Pires entrada com o papa e cardenaes, e o embaixador temia se delle, naõ só pela sua influencia pessoal, mas tambem porque os conversos de Portugal, com quem conservava relacões de amizade, lhe poderiam enviar dinheiro para obstar ás pretensões de João III. por meio de corrupção, e Bras Neto suspeitava que algun soberinho ou cubiculario de Pucci, ou do proprio papa, andasse mettido nisto. Das Originalschreiben des Gesandten findet sich in Lissabon im Nationalarchiv (bei Herculano l. c. p. 235).

Ohne besondere Kombinationsgabe kann man erkennen, daß unter Diogo Pires, Sekretär, früher Marrane, aus Portugal nach der Türkei ausgewandert, dann in Rom als Jude lebend, mit Zutritt beim Papste, im Rufe der Heiligkeit stehend und den Juden die Thora auslegend, kein anderer gemeint sein kann, als Salomo Molcho. Er war es also, der die Einführung der Inquisition in Portugal bei der Kurie zu hintertreiben suchte. Jedes Wort in diesem Bericht stimmt mit dem, was Molcho in seinen beiden Sendschreiben berichtete, überein.

VII. Eine fernere zeitgenössische Nachricht über Molcho gab der erste gründliche Orientalist des 16. Jahrhunderts, Joh. Albert Widmannstadt, in einer Notiz zu Molchos kabbalistischen Predigten (von Landauer unter Papierschnitzeln gefunden, Orient. Libl. 1855, Kol. 419 Note). R. Salomonis Molcho, qui se Messiam Judaeorum esse praedicavit, atque Mantuae propter seditionis Hebraicae metum, Carolo V. . . . providente concrematus fuit anno (ni fallor) 1532, liber de secreta Hebraeorum Theologia. Hujus vexillum vidi Ratisbonae anno 1541 cum literis מככ׳. Das Motiv für die Hinrichtung Molchos ist dabei zu beachten; es widerspricht entschieden jener albernen Annahme, daß Molcho den Kaiser habe zum Judentum bekehren wollen.

VIII. Eine portugiesische zeitgenössische Chronik berichtet von Davids Eintritt in Portugal und Ende desselben (Coronyqua dos Reis de Portugal, in Collecção dos ineditos V, p. 351 ff.): O Novembre de 1525 entrou Davit Judeu neste Reino de Portugal em Sãotaro (Santarem) na corte deste Rei (João III.) em Almeirim, dizendo que era das tribus dez e outras causas não verdadeiras, segondo que Judeus sabem dizer, de maneira que se soube a verdade Judeu Turquesco; e foi presso na corte de Emperador Carlos e o mandarão e trouxerão a Llarena áos Inquisidores, onde esta presso em Castella na dita villa a cadea de Imquissisam, te que aja a fim que meres, ainda oje ano de trinta e cinque esta presso no carcere de Imquissisam de Llarena. So lebte David Reubeni noch 1535, oder war vielmehr damals im Kerker der Inquisition lebendig begraben.

Diese vier zeitgenössischen Zeugnisse von Christen, dem damaligen portugiesischen Gesandten, dem Inquisitor von Badajoz, von Widmanstadt, der Molchos Fahne in Regensburg gesehen, und von dem portugiesischen Chronikschreiber, schlagen für immer den Zweifel nieder, als ob die Persönlichkeiten David Reubeni und Salomo Molcho der Fabel angehören, und dokumentieren deren historische Existenz. Aus den Zeugnissen Nr. VI hat sich ergeben, daß Molcho die Einführung der Inquisition in Portugal unter Clemens VII. hintertrieben hat. Beider Geschichte verdient daher eine eingehende Untersuchung. Es sind darin fünf Stadien ins Auge zu fassen.

1. David Reubenis erste Reisen bis zur Ankunft in Italien.
2. Seine Geschäftigkeit in Italien und besonders in Rom.
3. Seine Reise nach Portugal und Tätigkeit daselbst.
4. Salomo Molchos Bekanntschaft mit ihm und seine Entfernung aus Portugal.
5. Molchos Reise in der Türkei und Italien und seine Tätigkeit mit David Reubeni bis zu ihrem letzten Gange.

1) David Reubenis erste Reisen.

Über diese Reisen in Arabien, Nubien, Afrika, Palästina bis zu seiner Ankunft in Italien gibt sein Tagebuch allein Aufschluß. Pag. 19 das. lautet von ihm selbst erzählt: אני דוד בן המלך שלמה ואחי יוסף המלך גדול ממני והוא יושב על כסא מלכותו במדינת חבור והוא מולך על לובא על בני גד ובני ראובן והצי מטה המנשה. נסעתי מאת פני המלך אחי ויועצי ע׳ זקנים וצוו עלי ללך בתחלה ברומא לפני אפיפיור יר״ה. ויצאתי מאתם מן מדבר חבור בדרך הרה י׳ ימים עד אשר הגעתי בנידו[1]‏ . . . . ועמדתי חולה ה׳ שבועות . . עד אשר שטעתי שספינה אחת הולכת לארץ כוש והלכנו בים סוף ג׳ ימים וג׳ לילות וביום הד׳ נכנסנו במדינת צואקין[2] בארץ כוש . . . ועמדתי ב׳ חדשים . . אחרי כן שטעתי שעם הרבה תגרים הולכים דרך עשה[3] בארץ כוש במלכות שבא. ואני קראתי לנגיד שבהם והוא היה מבני הנביא של ישמעאלים ושמו היה עומר אבוקמיל. והלכתי עמו במדברות גדולות . . . . מהלך ב׳ חדשים עד אשר הגענו בראש מלכות ארץ כוש ושם המלך היה עטרה אשר הוא שוכן על נהר נילום והוא מלך שחור ומלכותו על השחורים ועל הלבנים . . . והיא מלכות שבא . . . ושם המדינה לטאול[4] עמדתי עטו י׳ חדשים . . . והמלך היה

---

[1] נידו = Gyddi, eine ansehnliche Hafenstadt am roten Meere, an der arabischen Küste, die nach Mekka führt.

[2] צואקין = Suakim, eine Hafenstadt an demselben Meere, an der nubischen Küste.

[3] עשה, dieser geographische Punkt ist mir unbekannt geblieben.

[4] לטאול, wahrscheinlich Lamóule in Nubien, in der Gegend des fünften Nilkatarakts, davon ein Berg Gebel Lamoule und ein Tal Wady Lamoule genannt ist. Ritter, Erdkunde, Afrika I, S. 616.

קורא אותי בכל יום לפניו ואמר אלי: מה תרצה טטני אדוננו בן הנביא?
ואני השבתי לו . . . . ואמרתי אני אוהב אותך ואתן לך את ברכתי וברכת
אבותי וברכת הנביא מחטד . . . ותבא אלינו בשנה האחרת במדינת טיקא
מקום כפרת העוונות. אחר הדברים האלה בא ישמעאל לטדינת טיקא ובא
לבית אבוקטיל. ואבוקטיל . . . אמר הלא תדע כי זה הימים בא לנו חבר
שלישי מבני הנביא טטיקא. ואני והוא נהיה בחבורה אחת ונהיה כאחים יחד
. . . . הלך זה הטקולל בהחבא לפני הטלך והלשין אותי ואמר זה האיש
אשר (אהה?) מאמין בו, איננו מבני הנביא, רק הוא יהודי מטדינת חבור
. . . אחר כך שמעה אשת הטלך : . ואמרה אלי. לא תשב עוד בארץ
הואת כי זה קרובך החדש . . . הלשין אותך אל הטלך . . . אנשים רבים
מבקשים להרוג אותך . . . . . . אחרי כן נסעתי בבקר טלאול (1. טלמואל)
. . ועברנו על נהרות הרבה ושם טרעה לפילים ויש פילים הרבה בזה
המקום . . . והלכנו ח' (ימים) מהלך עד שהגענו בסונאר[1]) מקום עובדיה
השר מהמקום האל. ובבקר נסעתי אני ועבדי והשליח טן סינאר ממסע
למסע ה' ימים בנהר נילוס עד שהגענו לטדינת שבא והיא חרבה ושממה
ויש להם בתים מעצים . . . ובבקר נסעתי טשבא מקום אבוקטיל ונתן
לי אחיו והלכתי עשרה ימים לטלכות אלנעל[2]) והיא טלכות שבא ותחת
טלכות עטרם וטלך אלנעל שטו אבוקרב . . וישבתי לפני הטלך ג'
ימים אחר כך נסעתי אני ועבדי הזקן עד שהגענו להר אטאקקי[3]) ועטדתי
לפני שר גדול שמו עבד-אלוהב . . ועמדתי בביתו ו' ימים . . . . ונסעתי
אני ועבדי ועבד-אלוהב דרך מדבר י' ימים עד שהגעתי לטדינת דוננגילה[4])
מהלך חצי יום . . . [5]) ואחרי כן נכנסתי במצרים בר"ח אדר רפ"ג בין
השמשות . . . ונכנסנו בבית ר' אברהם[6]) בעל הטטבע והוא היותר גדול
במצרים (. .[7] .) ונכנסתי לירושלם בכ"ה באדר רפ"ג. ונסעתי ממצרים
. . . ועטדתי בעזה ה' ימים ואח"כ נסעתי מעזה בי"ט אדר רפ"ג . . . עד
שנכנסתי בחברון אל מקום מערת המכפלה כ"ג אדר ובאו אלי השוטרים . . .
לנשק ידי ורגלי ואמרו אלי בא ברוך ה' אדוננו בן אדוננו . . . אחר כך
. . . נסעתי מחברון והלכתי לירושלים. In Jerusalem besuchte er alle Moscheen
stets als Mohammedaner und angeblicher Nachkomme Mohammeds; er ließ

[1]) סונאר = Sennaar oder Sannar, eine bekannte Großstadt in Nubien
am weißen Nil.
[2]) אלנעל schwerlich das Land der Galla, vielleicht das Land der Galin
oder Djalein, Ritter, das. S. 542.
[3]) אטאקקי, Tufaki, ein Berg und Nilkatarakt, Ritter, das. S. 578.
[4]) דונגילה = Dongola, Alt-Dongola.
[5]) Eine lange Erzählung von seinen Reisen in Nubien und Ägypten.
[6]) Nämlich Abraham de Castro, Münzmeister, s. oben S. 8, Note.
[7]) Abraham wollte ihm nicht in seinem Hause Herberge geben, weil David
sich unter der Maske eines Mohammedaners verkappte. In Kairo will David
um einen großen Teil seines Vermögens, Edelsteine und 1000 Fiorini, betrogen
worden sein.

זעמדתי בבית המקדש והתעניתי בקדש sich in der Omarmoschee einsperren. הקדשים ח' שבועות . . . . ובאו י' שלוחים מהמלך אחי יוסף וזקניו לפני והם מתנכרים ועמדו לפני בבית המקדש אחר שנסע את דוד הראובני (?) למצרים ולא ראיתי אותו . . . ונסעתי לירושלם בכ"ד סיון רפ"ג . . . . והגעתי לעזה . . . ונסעתי מעזה ט"ו תמוז רפ"ג והלכתי לדמיאהט . . . ונכנסתי בספינה והגעתי באליסאנדריאה בכ"ד תמוז . . . ובא לפני החכם המקובל ר' מרדכי . . . .

Auch in Damiette gerierte er sich bei den Muselmännern als Nachkomme Mohammeds: אני אדוניכם בן הנביא.

ונסעתי אני ומשרת יוסף מאליסאנדריאה בחצי כסלו רפ"ד ואני מתענה בכל יום ומתפלל ביום ובלילה ולקחתי באליסאנדריאה מכל מיני מאכל בעד יוסף ולא שוה לי כי היה הכל מעורב עם הנוצרים והיה אוכל בכלים של גוים וצעקתי עליו ולא קבל עד שהגעתי בקנדיאה וקניתי שם מיני מאכלים הרבה. והנוצרים היו צועקים עלי גם הקאפיטאני בעבור יוסף והקאפיטאני אמר לי שוה לי יוסף גנב לחם ויין לאנשי הספינה עד שהיה לי בושה ממנו ולא יכולתי עמו כי לא היה מקבל דברי עד שהגעתי בויניציאה. והלכתי בבית הקאפיטניה היינו הראש ונתן לי מקום והתעניתי בביתו ששה ימים וששה לילות לחם לא אכלתי ומים לא שתיתי ומתפלל הייתי ביום ובלילה. ואחר שהשלמתי תפלתי ראיתי איש לאחורי ואמרתי לו בלשון הקודש: מי אתה? ואמר לי: אני יהודי. ואמרתי לו: מי הגיד לך שאני בזה המקום? והשיב יוסף טשרתך, שאתה שליח מצוה. ואמרתי לו: מה שמך? ואמר לי: אלחנן. ופעם אחרת חזר זה אלחנן ויהודי אחר עמו שמו ר' משה קאשטילין ציֵיר ואמרתי לר' משה יש לי צורך גדול ז' דוקאט שוה יוסף טשרתי עני חולה ואני הוצאתי בערו באליסאנדריא ובדרך מעות הרבה והשיב לי ר' משה הנזכר: תבא לביתי ואקרא הפרנסים. והלכתי עם ר' משה הנ"ל בגיטא מקום היהודים. ובא לפני יהודי נכבד שמו ר' מצליח ודברתי עמו על דבר ההוצאה ואמר לי. נצטרך שנלך בבית ר' חייא והלכנו ואמרתי לו אני יהודי מטדבר חבור שלוח בדבר מצוה טשבעים זקנים. והייתי כמצחק בעיניו ואמרתי לו צריך אני שבעה דוק' תדבר עם הפרנסים אם ירצו לתת אותם. ואמר אם שאר יהודים יתנו אני אתן חלקי. ואמרתי לו זה יום ששי לתעניתי ואיני אוכל עד הלילה תשלח לי מעט יין. וחזרתי למקומי לבית הקאפיטני ולא שלח לי דבר ולא אכלתי כי אם ביצות ולחם ומים. והנכבד ר' מצליח השתדל במצותו ובא לפני ר' שמעון בן אשר טשולם ואמר לי שטעתי שאתה שלוח מצוה שבעים זקנים ללכת ברומא הודיעני למה שלחוך ואשלח עמך שנים יהודים ואפרע כל ההוצאה. ואמרתי לו: אני הולך אל האפיפיור ולא אוכל לספר דבר כי אם אליו לטובת כל ישראל. אם תעשה עמי חסד למען אהבת השם והזקנים וכל ישראל תשלח עמי שנים אנשים יבואו עד רומא וחזקה במצוה הזאת והם

ישיבו לך בשורה טובה ואחר כן הלכתי אני וד' משה הנצייר לבית
הקאפיטאני ולקחתי ממנו רשות ולקחתי כל אשר לי והלכתי בגיטא בבית
ר' משה הנצייר ובא לפני ר' מצליח ואמרתי לו: תמצא לי ספינה ללכת
ברומא. נכנסתי בספינה קטנה והלכתי אל הספינה הגדולה ואני מתענה. וכן
עשה ועמדתי בבית ר' משה שנצייר צורות. ובלילה ההיא ישבתי בספינה
עד הבוקר. ובבוקר באו המוכסים לראות מה יש בתוכה ופחדתי ויראתי כי
לא ידעתי אנה הלך יוסף. ואחרי כן בא יוסף לפני ונסעתי ביום הששי
ראש חודש אדר רפ"ד וישבתי יום השבת בספינה עד שהגעתי בפיואר
בבית רי משה מפולונייו ואמרתי לו תעשה עמי חסד תדריכני ברומא כי
לא ארצה לישן פה בלילה הזה ולכן תראו לי. והלך ובקש לי סוסים.
ונסעתי אני ויוסף בעיר אחרת שהיה בה היהודים וכן בכל ערב וערב טסע
למסע עם היהודים הרבה עד שהגעתי בערב פורים במקום קרוב לרומא
חצי יום שמו קאשטילנווא בבית יהודי ושמו ר' שטואל וישבתי עמו יום
פורים וביום ההוא קניתי השור הידוע ועשיתי ממנו צוו אותי הזקנים
ולמחרת נסעתי והגעתי ברומא תהלה לאל. אני דוד בן המלך שלמה זצ"ל.
מדבר חבור הגעתי לפתח מדינת רומא בחמשה עשר יום לחודש
אדר הראשון שנת רפ"ד ובא לפני גוי אחד מוינציאה ודבר עמי בלשון
ערב וכעסתי עמו והלכתי בחצר האפיפיור ואני רוכב על סוס לבן וזקן והתשרת
שלי בפני וגם היהודים באו עמי ואני נכנסתי בבית האפיפיור ואני רוכב על
הסוס. ואח"כ נכנסתי לפני החשטן גוליא"ו ובאו כל החשמנים והשרים
לראות אותי והיה לפני החשטן גוליאו הנג' אח כמהר"ר יוסף אשכנזי
שהוא היה המלמד מהחשמן הנג' ובא לפנינו כמהר"ר יוסף צרפתי ואני
בפני החשמן מדבר אליו והטליץ שלי היה החבר שבא עמי והיהודים שמעו
כל אשר דברתי להחשמן.

Zunz' Berichtigung bezüglich der scheinbar widersprechenden Daten ist unnötig, da er sich von einer ungenauen Kopie verleiten ließ. In der mir vorliegenden Kopie sind die Data richtig. Auffallend bleibt das Datum ט"ו יום לחודש אדר ראשון, da das Jahr 1524 kein Schaltjahr war, also nur einen Monat Adar hatte.

2) Seine Tätigkeit in Rom.

Mit Übergehung des Unwichtigen soll hier nur das Wesentliche bezüglich seines Aufenthaltes in Rom und Italien exzerpiert werden.

בח' שעות הלכנו בבית האפיפיור . . . . . ודברתי עמו וקבל דברי בסבר פנים יפות ואמרתי
לו איך המלך יוסף וזקיניו צוו אותי לדבר אליך שתעשה שלום בין הקסר ובין המלך צרפת על
כל פנים כי הוא טוב לך . . . . . . ותכתוב לי כתב אל השנים מלכים הנג' יהיו בעזרותינו ונהיה
אנחנו בעזרתם וכתכתוב לי גם כן אל מלך פיטורי גואן. והשיב לי האפיפיור השנים כלכים אשר
אמרת עשה ביניהם שלום, לא אוכל. ואם אתה הצטרך לעזר, מלך פורטוגאל יספיק לך ואני
אכתוב אליו . . . . . וארצו יותר קרובה אל ארצך. ודרך הים הגדול הם רגילים ללכת בה בכל
שנה יותר מהשנים מלכים. . . . . והשמטה שבא עמי מקניא שם יוסף הרשע
שלחתי לאבינו בנאפולי מפני שבכל יום היה עושה קטטות ומריבות . . . . . . וגם היה לו לשון הרע לפני
האינבאשדור דון מיקל ממלך פורטוגאל והלשין אותי ואמר כי אני לא באתי כי אם להחזיר את

האנוסים יהודים. ושמעו האנוסים מרומם דברי אשר הלשין אליהם ובאו אלי ואמרו רצוננו
להרוג המשרת שלך . . . . . ושחבתי כי יהיה לי לעזור והיה חורגמן ביני ובין האפיפיור (תחת
החשמן יוליאו) וראיתי איש אחד . . ר' דניאל מפיסא שבא לפני . . . . . האפיפיור והוא
עשיר ונכבד עד מאד וחכם ומקובל . . . ואז אמרתי לו כל חדרי לבי . . . . . ונדר ר' דניאל
אלי איך הוא לא יסע . . . מרומם עד שיקבל כי כל המכתבים . . . . . ואז כתב לי כתב אל
האפיפיור . . . . . והביאו לי הסוס מר' דניאל והלכתי בבית האפיפיור עם כל משרתי ופתחו לי
כל החדרים . . . . . ונכנסתי אני והוא (ר' דניאל) לפני האפיפיור ודברתי עמו איך אני עמדתי
לפניך קרוב לשנה ורצוני . . . תתיב לי הכתבים . . . וגם לכל הנוצרים שאעבור בארצם . . .
והאפיפיור משיב דברים טובים ואמר . . אני אעשה כל מה שרוצה האינקוישדור . . . ויש
אחד ששמו משה לאטין והיה עומד כנגדי והיה מדבר כל היום אל דון מיקיל . . . ור' דניאל
מפיסא היה עושה לי כל הצריך . . . . ותוך ימים מועטים קבל המכתבים מאת האפיפיור
. . . ובאו לפני ד' נכבדים . . . מרומם ר' עובדיה ספפורנו ור' יהודה הרופא אסקל . . ורצו
לכתוב את בריויט שעשה אלי האפיפיור . . . . לזכרון וכעסתי עליהם . . . כי הם מרגלים
. . . . . ואחר כן קרא האפיפיור לר' דניאל ודבר עמו בעדי . . . . ואומר כי אלך לפניו כ"ח שעות
בכ"ד ימים לחודש הראשון . . . והלכתי לפניו . ודבר אלי איך אני עשיתי לך כתב אל פיטרי
גואן, וכתבתי גם למלך פורטוגאל . . . וידברו אותי Darauf folgt eine lange Erzählung,
wie der portugiesische Gesandte Miguel Ausflüchte machte, um ihm das
verlangte sauf-conduit (בטחון) nach Portugal vorzuenthalten. Von diesem
portugiesischen Gesandten Don Miguel da Silva berichtet auch Herculano
aus portugiesischen Urkunden über die Einführung der Inquisition (Da origem I,
p. 216): era nuncio e legado a latere em Lisboa D. Martinho de Portugal, que, tendo ido por embaixador a Roma em 1525 para substituir
D. Miguel da Silva. Auch das. II. 304 f. Don Miguel da Silva . . . .
enviado a Roma embaixador . . . Foi mandado retirar, sendo sub-
stituido por D. Martinho. Miguel da Silva war noch Gesandter in Rom
während Davids Aufenthaltes daselbst bis 1525. Auch von Don Martinho,
welcher auf Don Miguel folgte, ist in Davids Tagebuche die Rede (w. u.)
אחרי כן נסעתי מרומם בחצי היום בט"ו באדר כמו שנכנסתי בחצי היום ברומם בט"ו באדר
נמצא שעמדתי ברומם שנה חתימה . . . . ובאו היהודים ללוות אותי בשלושים סוסים ה' מילין
Über Roncelin (רונסלין), Viterbo, Boljena, Siena reiste er nach
Pisa und verweilte dort im Hause des Sohnes des angesehenen, reichen
und frommen Mannes Jechiel von Pisa beinah 7 Monate: dort wurde
er mit großer Aufmerksamkeit behandelt. Auch Señora Benvenida Abrabanela erwies ihm Ehre und machte ihm Geschenke: ושלחה אלי הסיניורא
מנבוילי בעיר פיסא א' דגל כשי יפה כתוב בו עשרת הדברות ויש בו זהב . . . גם שלחה אלי
הסינורא אסתרקה מורד ללבוש עצמי לשסה, מלבד ששלחה אלי בהיותי ברומם ג' פעמים מעות.
Er erzählt ferner, daß, nachdem Don Miguel vom Könige von Portugal abberufen und an seine Stelle Don Martinho als Gesandter nach Rom gesandt wurde, dieser ihm günstige Nachricht überbrachte und ihm ein Schiff in
Livorno zur Fahrt nach Portugal anwies. ואחרי כן לימם מעטים שלח המלך פורטוגאל
המלך (?) דוך מיקיל מרומם ושלח דין מקיל דין מרטין אינבאשדור . ורון מרטין תכף שהגיע
ברומם כתב אלי בפיסא איך המלך מפורטוגאל שמע עליך . איך אתה באת לעבודתו והוא שמח
וטוב לב . Von Pisa reiste er über Livorno auf . לכן חתקן עצמך ותלך ברומם בואת הספינה
einem Schiffe nach Cadix (קאליצי, zu lesen קאדיצי), wo er von den spanischen
Behörden beinahe arretiert und festgehalten worden wäre. Es wurde indes
seiner weiteren Fahrt kein Hinderniß entgegengesetzt, und er konnte auf einem
portugiesischen Schiffe über Almeria nach Tavira, der Grenzstadt Portugals,
gelangen. Hier zeigte er dem Richter ein Schreiben vom Papste vor, wurde
infolge dessen freundlich behandelt, und weilte dort 40 Tage im Hause eines
Marranen (אנוס), bis Empfehlungsbriefe für ihn vom König eingetroffen waren.

3) Seine Tätigkeit in Portugal.

Nach der Quelle (o. S. 513 VIII), traf David November 1525 in Portugal ein. Seine Beschreibung der Vorgänge während seines Aufenthaltes daselbst bis zur Abreise nimmt mehr als 50 Blatt des Manuskriptes ein. Der zwölfte Teil ist ausgefüllt mit Zänkereien und Stänkereien, die er mit seiner Dienerschaft hatte. Aber auch das historisch Wichtige würde hier zu viel Raum einnehmen, es müßte besonders ediert werden. Der Hauptinhalt ist, daß er von Marranen umschwärmt war, daß jüdische Gesandtschaften aus Afrika ihn aufgesucht und daß der König João III. und die Königin ihn mit großer Auszeichnung behandelt haben. Der König habe ihm versprochen, 8 Schiffe mit 4000 Kanonen ihm zur Verfügung zu stellen, sei aber eifersüchtig gewesen, daß er sich von den Marranen die Hände küssen lasse: ואחר כן המלך נתן לי ידו ואמר אלי. תעשה לי זה החסד. לא תניח שום אדם שישק את ידיך. והמלך נדר לי ח' ספינות בחדש ניסן עם ד' אלפים מורי"ט אש גדולים וקטנים.

Er berichtet auch, daß Miguel da Silva, welcher ihm als Gesandter in Rom feindlich war, als königlicher Rat seine Pläne zu vereiteln suchte, indem er dem Könige stets vorhielt, Davids Absicht sei, die Marranen zum Judentume zurückzuführen. Das habe er dem Könige schon vor Davids Ankunft insinuiert: ודון מיקל האויב שלי מרומא עד הנה . . . היה עומד לפני המלך וכי היה משנה למלך . . . ובעל הסוד מהמלך והוא היה מדבר כנגדי . . . ואז אמר דון מיקיל . . . הלא אמרתי לך כי בא (דוד) להחריב מלכותך ולהחזיר האנוסים יהודים. ואם משלח לפניו שרים של"ך שילוח אותו. יצאו כל האנוסים לפניו הם ונשיהם ובניהם וילוו אותו ויעצו עצה על הנוצרים בינהם ויחזרו יהודים.

Die Verehrung für ihn, welche die Marranen öffentlich kund gaben, brachte ihn in Verdacht und bestätigte die Angaben Don Miguels. David erzählt, der König habe ihn einmal rufen lassen und ihm Vorwürfe gemacht, daß die Marranen mit ihm in einer Synagoge zum Gebet zusammenkämen: ואמר לי (המלך) אני שמחתי כי באת לעזור לי וכי אתה באת כדי להחזיר האנוסים יהודים. ואני שמעתי איך האנוסים הם מתפללים עמך קוראים בספרים של"ך ביום ובלילה. ואתה המלך עשית בית הכנסת כשלה. David stellte aber dieses Faktum in Abrede und erklärte es als eine Verleumdung. Aus seiner Darstellung geht mit Entschiedenheit hervor, daß die Beschneidung, welche der königliche Sekretär Diogo Pires oder Salomo Molcho an sich vollzogen hatte, zuletzt den König so aufgebracht hat, daß er David den Abschied gegeben, indem er bemerkte, daß er nicht imstande sei, in diesem und in den folgenden Jahren ihm Schiffe zu stellen. וזה היום הלכתי לפני המלך ודבר עמי: איך אני יש לי עסקים רבים לעשות ואין אני יכול לשלוח הספינות עמך לא בזאת השנה ולא בשנה הבאה . . . . ואם חרצה תלך אל מלך קיסר . . . . או או חרצה ללכת ולחזור ברומא . . . או כפי"ץ בחר לך את אשר תחפוץ . . . . ותחשוב הדבר עד ח' ימים.
Die Veranlassung der plötzlichen Ungnade soll ihm die Königin eröffnet haben, weil David den Sekretär beschnitten und mit den Marranen heimliche Beratungen gepflogen habe. והמלכה אשתו שלחה בעדי אלי ביום השני . . . והשיבה . . . אלי . . . המלך שמע עליך כי אתה עשית של"ו הסופר אל ברית מילה והחזרת האנוסים יהודים גם אתה עושה עצות עם האנוסים כנגד המלך. וכל שרי המלך ועבדיו מדברים למלך שלא יתן עליך דבר בעבור זה.

Am meisten feindselig zeigte sich ihm דון מיקל, Miguel da Silva, der auch verhinderte, daß das ihm vom König verheißene Ehrengeleite und die Ehrengeschenke gewährt wurden. Dieser Don Miguel, später Bischof von Viseu, Liebling der drei Päpste, Leos X., Clemens' VII. und Pauls III., welche ihn zum Kardinal erheben und in Rom behalten wollten, wurde deswegen nach Portuga zurückberufen und von João III. ingrimmig gehaßt und verfolgt (Herculano II, p. 304 f.). Als er nach Rom entflohen und zum Kardinal kreiert war, unterstützte er energisch die Anstrengungen der Marranen in Rom, die Einführung der Inquisition in Portugal bei der Kurie zu hintertreiben (Herculano II, p. 310 f. und III, p. 58 f.). In des Königs ingrimmigen Haß gegen die Marranen, welcher sich durch den Widerstand steigerte, wurde Miguel da Silva hineingezogen. — Die Zeit der Abreise Davids von der Residenz Almerin ist nicht angegeben, sie muß indes im Sommer 1526 erfolgt sein, denn im Dezember desselben Jahres war er bereits in Almerin, wovon weiter unten. Es ist zwar im Ms. angegeben, daß er zwei seiner Diener, mit denen er fort und fort Stänkereien hatte, im Adar (März) 1527 entlassen habe. ואחרי נסעם שמני בחדש אדר רפ"ו. Es ist aber gewiß ein Schreibfehler, statt רפ"ז. Der König gewährte ihm eine Frist von zwei Monaten, sich einzuschiffen, er aber hielt sich noch einmal so lange auf der Rückreise, namentlich in Tavira, auf, um mit dem Hofe durch schwindelhafte Aufmerksamkeiten und Vorwände wieder anzuknüpfen, und verkehrte auf dem Wege von Almerin bis zur Hafenstation mit Marranen: והמלך לא נתן לו רשות שיעמור הנה כי אם ב' חדשים ועמד סבוך לד' חדשים . . . . . ואינו עומד הנה כי אם להחזיר האנוסים יהודים כי הם בביתם יום ולילה. Endlich wurde er gezwungen, die Hafenstadt Tavira (טאוילה) zu verlassen und sich einzuschiffen. Im Hafen von Almeria auf spanischem Gebiete wurde er und seine Begleitung angehalten, weil er als Jude den spanischen Boden nicht betreten durfte. Er zeigte zwar die vom Papste erhaltene Bulle vor, aber die spanischen Behörden gaben nichts darauf und gestatteten ihm nur, einen Boten an den Kaiser Karl V. zu senden, der damals in Granada geweilt. Nach 12 Tagen kam sein Bote mit einem Geleitschreiben für ihn vom Kaiser, daß ihm gestattet werde, durch das spanische Gebiet zu Wasser und zu Land zu reisen. Nichtsdestoweniger wollte ihn der Alkalde nicht ziehen lassen, weil ihn der Großinquisitor von Murcia (החוקר הגדול העומר במורסיאה) bedeutet habe, ihn in Gewahrsam zu bringen. Erst nachdem dem Inquisitor das Schreiben des Kaisers vorgelegt worden war, gestattete er ihm die Weiterreise. Hierbei bricht der Reisebericht Davids ab.

Seine anderweitigen Fährnisse erfahren wir nur aus dem Berichte seines Begleiters Salomo Kohen, welcher sämtliche Ausgaben aufzeichnete, die er in Davids Auftrage gemacht hatte, bis zur Zeit, als das Schiff, das ihn trug, im Monate Ijar (Mai) 1527 an einer Insel Schiffbruch erlitten hatte. פה אזכור אני שלמה כהן מפרונה (מפרטר, מפראנגה?) את כל ההוצאות אשר עשיתי בעד ארוננו . . ר' דוד כיום ח"י לחדש טבת רפ"ז כי ביום ההוא לקחתי החשבון מיד בן צין מקריויו מאת כל אשר רוציא הוא מן טאוילה עד אלמרינא . . . ואחרי כן עשיתי ההוצאות . . מיום י"ח טבת רפ"ו . . . עד היום חצי חדש אייר רפ"ז. כי ביום ההוא נשברה הספינה שלנו שרם כמו י"ב חדשים.

Weiterhin berichtet dieser Salomo Kohen, aber in einem Tenor, als wenn David ihm diktiert hätte, daß ihm nach dem Schiffbruche viele Wertsachen von einem spanischen Granden Claromonte konfisziert worden sind, obwohl er ihm die Pässe vom Papste, dem Könige von Portugal und dem Kaiser nebst Geschenken zugesandt hatte. Hierbei sind auch genaue Data angegeben, aber sie stimmen nicht ganz zu den ersten. פה אזכור אני שלמה . . . . . את כל הענינים שלקח השר קלארמונטי ביום ג' לירח אייר רפ"ז מאת . . . דור . . כ' דוקאט זהב אל השר קלארמונטי ביום כ"ד לחדש אייר רפ"ז על גבריאלה בולה בעל ספינה שלנו שהלך להתיר באדרי אל דשר למען יביא לנו את הכתבים. . . וכן שלחתי אל השר . . את כל הבולה וכל הכתבים . . . שהיו בידי הן מהאפיפיור וממלך פורטוגאל ומקיסר . . . זיהי ביום דשלישי ט"י ימים לחדש אייר רפ"ז בא השר אלינו עם כל שריו מאדרי לאי רם רחוק מהעיר ההיא ד' מילין

. . ותפשו אותנו משרתיו ולקחו כל אשר לנו . . . לא נשאר לנו מאומה אשר לא לקחו. ואני לקחתי אותם מאת הספינה בטרם נטבעה.

Zum Schluß des Berichtes ist angegeben, daß Don Claromonte David und seine Begleiter im Monate Ab (Juli) 1527 nach Avignon gebracht und daß er von den Gemeinden von Avignon und Carpentras als Lösegeld für die Gefangenen 600 Dukaten empfangen habe. Außerdem hätten die Juden große Ausgaben gemacht, um nach Rom zu senden, damit der Rest des geforderten Lösegeldes erlassen werde, weil Claromonte sehr viel verlangt und den Schreiber als Geisel zurückbehalten habe. אחר כן בכ״ד לחדש אב רפ״ז בא עמנו אח הראש מוקרנוליירה (?) ורוליכנו באויניון. עד קבל השר מקלארמונט מפני ק״ק אוינין וקרפינטראש וסביביתיה בער . . . . דוד . . . סך שש מאות דוק' זהב . . . אשר . . . קבל מיד היהודים בהתחננו לפניהם . . . וזה מלבד הרואות שיש׳ט היהודים לשלח ברומה בעד בטול מותר הפדיון. כי היה שואל גדולות עד אין חקר שהכריחני להשתעבד גופו (גופי?) לפרוע אליו עוד סך תשע מאות דוקאט.

Erstaunlich sind die Summen, über die David zu verfügen gehabt haben will. Die Reisespesen für die Hin- und Rückreise in Portugal sollen 2200 Dukaten, die Geschenke, die er den Dienern des portugiesischen Königs gemacht haben will, beinahe ebensoviel und die Wertsachen, die ihm Don Claromonte abgenommen, beinahe ebensoviel betragen haben.

David Rëubenis Bericht ist indes nicht als lauter Aufschneiderei anzusehen. Nüchterne Berichterstatter als Augenzeugen bezeugen die Hauptfakta.

Farissol, ein zeitgenössischer, glaubwürdiger Zeuge bestätigt, daß David Rëubeni Zutritt beim Papste und bei Kardinälen gehabt, und daß er sich gegen Juden hochfahrend und gegen hochgestellte Christen keineswegs kriechend benommen habe, sondern seiner Rolle als Gesandter einer jüdischen Großmacht treu geblieben sei. Nach Farissols Angabe hatte David in der Tat ein Beglaubigungsschreiben und Zeichen von portugiesischen Agenten aus Afrika mitgebracht, und diese wurden vom König von Portugal als echt anerkannt. Sonst ist es auch gar nicht denkbar, wie er den päpstlichen und den portugiesischen Hof so lange in Täuschung halten und so vieles bei ihnen hätte durchsetzen können. Farissols betreffende Worte lauten: וכתב (מלך פורטוגאל) אל האפיפיור שהדרוזי הוה נאמן ודבריו נאמנים . . וישב ברומא כח' חדשים עד בא הצוצה מלך פורטוגאל על אמיתת דבריו וענינו. Joseph Kohens Bericht über David ist zwar auch nicht ganz genau. Er läßt ihn (in der Chronik und in Emek ha-Bacha) zuerst in Portugal auftreten, dann erst nach Italien kommen und dort bei den Juden Hoffnungen erwecken. Das ist aber nach Davids eigener Darstellung und nach Farissols von Augen- und Ohrenzeugen vernommenem Bericht unrichtig. Joseph Kohen scheint Davids ersten Aufenthalt in Italien gar nicht zu kennen; seine Angaben betreffen dessen zweiten Aufenthalt daselbst. Er bestätigt indes, daß David in Avignon war: ויעמד צרפתים וילך לאבניון ויסע כשם ויבא לאיטאל"אה.

Zunz' Datumangaben für Davids Reisen zu Itinerary of Benjamin of Tudela (ed. Ascher II, p. 271 f.) sind ungenau; sie sind um ein ganzes Jahr zu viel.

4) Salomo Molchos Bekanntschaft mit David und Entfernung aus Portugal.

Dieses Moment in der Geschichte der beiden Schwärmer ist noch gar nicht ins rechte Licht gesetzt worden. Man nahm gewöhnlich an, daß Molcho von David zum Judentum zurückgeführt worden sei und mit ihm zugleich Portugal verlassen habe. Beides ist unrichtig, wie Molchos authentische Darstellung selbst in seinem **ersten** Sendschreiben an Joseph Taytaßak (o. S. 511 II.) ausweist, die mit Davids Bericht übereinstimmt. Dieser erzählt nämlich von Molcho — ohne ihn beim Namen zu nennen — daß der Sekretär des Königs von ihm verlangt habe, die Beschneidung an ihm vorzunehmen, daß er es aber verweigert und ihn auf die Gefahren aufmerksam gemacht, daß dieser sich heimlich beschnitten, und daß David ihm infolgedessen geraten habe, um dem Tode zu entgehen, nach Jerusalem auszuwandern.

ובא אלי הסופר ההוא אשר עשה הברית
מילה בהחבא וכי הוא מתחבא מפני המלך בדירת האנוסים . ובדבר עמי בזה הלילה וכעסתי עמו
ואמרתי לו: תראה מה שגרמת עלינו, הלך לך לירושלים והצא מפני המלך פן יש-וף . . . אותך
והלך מפני . וכי זה הסופר בא אלי בתחילה הגעתי לפני המלך. ואמר אלי. איך זה הוא חלם
בלילה איך זה עושה ברית מילה. ואמר לי תעשה עמי זה החסד ותעשה אלי הברית . . . .
וכעסתי עמו . . . פן יהיה לך סכנה וגם לנו, אי יודע הדבר הזה יאמרו אלי כי אני עשיתי
והשמר לך שלא תעשה . . יען אתה ואני וכל האנוסים נהיה בסכנה גדולה. ורלוך מפני
ועושה בינו לבינו זה הפועל . והוא סופר ומכובד לפני המלך . . . וברח והלך לו הסופר
ההוא . והמלך והשרים . . . אמרו איך אני גרמה שעושה זה הסופר הברית, אף אם לא עשיתי
לו . . אני בעצמי.

Dasselbe bestätigt Molcho in dem genannten Sendschreiben (das hier der Seltenheit des Druckwerks wegen, dem es entnommen ist, Platz finden mag), wie er sich an David gedrängt habe und von ihm eher zurückgewiesen als ermutigt worden, und wie er allein Portugal verlassen und angegeben habe, er reise in Davids Auftrage. Aus diesem Sendschreiben ergibt sich auch, daß er zunächst nach der Türkei gewandert ist und zur Zeit der Abfassung des Schreibens erst die Absicht hatte, sich nach den Ländern der Christenheit zu begeben. Joseph Kohens Angabe, daß er zuerst in Italien gewesen sei, muß demnach berichtigt werden.

עתה באתי להגיד סיבת נסיעתי מפורטוגאל. ויהי אחר אשר הגיע
האיש הגבור חיל החסיד מהור״ר דוד הראובני לחצר בית המלך מפורטוגאל
בחלום הלילה ראיתי מראות נוראות משונות זו מזו אשר נבהלתי מאוד ויאריך
זמן רב בסיפורם כאשר ינתן לי רשות להגידם. ותכלית המראה שראיתי ציוו
עלי שאעשה ברית מילה. ובכל יום ויום אני מתהלך לפני מהר״ר דוד י״ץ וטגיר
לו כאשר ראיתי בחלומי לדעת עצתו מזה . כי עלה בדעתי שבסיבתו נראו לי
הדברים ההם . והוא היה כעלים ומכסה טמני ואמר לי: טכל זה לא ידעתי
מאומה וכי מה אני שעל ידי יראו לך הטראות הנוראות אשר אתה רואה.
ואטרתי בלבי אולי אינו רוצה לגלות לי הדבר עד שאעשה ברית מילה והלכתי
מאתו. ובלילה עשיתי ברית מילה ואין איש אתי והקב״ה למען שטו
עזרני ורפאני אף על פי שצער גדול וכאב הרגשתי ונתעלפתי כי הדם
היה שותת כמעין נובע המתגבר. והרחמן הרופא נאטן רפא אותי בטעט
זמן לא נאטן (l. יאטן) כי יסופר. ואחר שעמדתי מטטתי והלכתי אל
מהר״ר דוד ואטרתי לו דבר אדוני עמי דבריך ואל תכסה טמני כי כבר
קיימתי מצות בוראי יתעלה והריני מהול כאחד טבני ישראל. ואז הראה
לי פנים זעופות וגער בי ואמר מה זאת עשיתי (l. עשית) שהבאת אותי
ואותך בסכנה גדולה שאם יודע למלך יאטר שאני פתיתי אותך לעשות
כן מה שלא ידעתי ולא עלה על לבי. ושמחתי מאוד על דבריו. ועם
כל זה היה בלבי כי מעלים הוא הדברים האלה ואחר שהייתי חתום בחותם

Note 5.

בוראי נראו אלי דברים גדולים ועצוטים ונגלו אלי סודות גדולות והודיעני
תעלומות חכמה הקבלה הקדושה וצירופים גדולים מהספירות והראוני אוצרות
חכמה והאירו את לבבי בתורת אלהינו, ואז ציוו עלי שאבוא במלכות
תוגרמה והגדשתי לפרסם הסיבות ולהקל מעלי דברי ריבות ותשובית
שאלות ודרשות וחקירות בני ישראל. והעברתי הרינה במחניהם כי מהר"ר
דוד שלחני בשליחות נסתר לתוגרמה אבל עתה האמת אגיד לפני עושה
שמים וארץ כי לא מלתי ולא נסיעתי על פי בשר ודם כי אם על פי
ה' אלהינו: ועתה אגיד המראות אשר ראיתי בחלומי:

וארא והנה זקן נכבד ווקנו ארוך מאוד וטראהו כשלג חיור ואמר לי בא
עמי לחורבה אחת מחורבות ירושלים והלכתי עמו לשם ובתוך הדברים האלה
נראה שאני בדרך זמן רב ובדרך ראיתי ג' אילנות שכולם יצאו משורש אחד
וענפיהם נפרדות לכל רוח ועל הענפים ראיתי יונת (I.) הרבה לבנות,
ובניהן יונות אחרות מגוון דשן והם רבות מהלבנות, וגוון דשן שעליהם נראה
שלא היה להם בטבע ככתחילה רק שהיו לבנות מקודם ונשתנו לגוון דשן.
ויונות אחרות שחורות ביניהם והם מעטים מן הלבנות. וסטוך לאלו הלבנות
היה שדה גדול רבוע ובתוך השדה. עבר נהר גדול ומעבר הנהר היה עם רב
אנשי המלחמה פרשים רוכבי סוסים בכלי מלחמה הרבה עד מאוד חרבות
ורמחים וקשתות וכלי מלחמה מורים כדורים ברזל עם אש. וכוונת החיל
הזה להכרית האילנות. ושמעתי אומרים האילנות הם משכונתינו לכך נכריתם
ונפילם לארץ. ולא היו יכולים להגיע לאילנות להכריתם שהנהר היה מפסיק
ביניהם והיו מכים ליונות שחורות וגם למדושנות. ומיד היו נופלות לארץ
והיו באים עופות גדולות והיו אוכלות את בשרם עד שלא נשאר אחד מהם:
ואני רואה את המכה הגדולה מאוד הנעשה ביונות השחורות והמדושנות.
ובעת ההיא קרבו אלי אנשים ושאלו טמני מה הדבר הזה. ואוטר להם הנה
הכו את היונות הללו הנופלות לארץ ועתה רוצים להכות גם את היונות אשר
היו יפות מאוד מלאוי (מנעו?) את האילן שלא ייבש. ויאמרו אלי האנשים
נעשה להם גדר מעלה ומחיצה להגן בעדם. ואומר להם נעשה כזה ומהרנו
להם לעשות להם מחיצה מעפר וקרשים סמוך לנהר ואנשי הטלחמה לא
השיבו אחור ידיהם מלהכות היונות ולהמיתם וכאשר ראו המחיצה שעשנו
להצילם היו הורסים אותה בכלי מלחמה של אש וגם הכו קצת האנשים
אשר היו עמי והעופות הגדולות היו יורדים לאכול את בשרם כמו שעשו
להיונות. ובתוך זה הכו אותי בחזה בכדור ברזל בכלי אש ויצא הכדור
מאחורי והתאמצתי :התחזקתי בטורח גדול שלא אפול לארץ ולא עצרתי כח
ונפלתי לארץ ובנפלתי אמרתי אוי לי שיאכלו העופות את בשרי כמו שאכלו
את בשר האנשים אשר אתי ולא יקברו אותי בין אחי. ועם כל זה הייתי
מיושב בדעתי וראיתי מראות גדולות ואומר אמת הוא מה שאמרו בהזותי
בחיים שדברים גדולים רואה אדם אחר המות יותר מחיים. ואראה היונות
הלבינות שהיו מקצתן באיל נשתנו לגוון דשן, והמדושנות נשתנו לגוון הלבן

והאנשים העומדים אצלי שנשארו היים הביאו לי אשה לרפאותי ושאלו אלו
לאלו: כי האשה הזאת והשיבו לי זאת האשה פלונית אשת פלוני ועדיין לא
הורשתי לגלות את שמה, ותתפלל האשה לפני הש"י בתחנונים ובתפילה
שירפאני והאנשים ההם היו מתאבלים עלי עד מאד והיונות היו הולכות
ומתעטפות והרבה מהם נשתנה גוון שלהן, ובתוך תפלת האשה ההיא ראיתי
כמראה איש ובגדיו לבנים כשלג ומראיהו כמראה אלהים וארא איש אחד
כנגדו וטראהו נורא מאד יותר מן הראשון ובגדיו יותר לבנים ויקרים ומפוארים
והנה בידו מאזנים גדולות והיו מכוון לתקן המאזנים שוה בלי הטיה והתחיל
ללכת בדרך איש הראשון שראיתי. השני איש הגדול ממנו היה הולך באויר
כנגדו עד שהגיעו שניהם קרוב אלי. שאל איש הראשון לאנשים העומדים
אתי: וכי ירד שום עוף על זה והשיבו. לא הגדנו לעעופות שיגיעו עליו
ועוד שלח האנשים ההם למרחוק עד שלא נראה שום אחד מהם בשדה
ונשארנו שנינו יחד. והאיש הגדול והשני עמד עלינו באויר. והאיש הראשון
נפל עלי וישת פיו על פי ועיניו על עיני וכפיו על כפי ודבר עטי דברים
בשם אלהינו בלחש פעמים מספר ויעמידני על עמדי ויאמר לי: ההבנת את
מקרה היונות האלה ושנוי גווניהם מה הן ועל מה הן טורות וגם הגוים
האלה הטכים אותם וטטיתים אותם מה הוא ? ואומר אדוני לא הבין עבדך
את הדבר הוה עד עתה. אך נכטרו רחמי על היונות הללו עם חברי
וחטאתי עליהם והיה לבי כואב עליהם אבל לא ידעתי מה הן וגם לא ידעתי
כראיהן, ויאמר אלי שא נא עיניך וראה את כל החיילות הללו ובין סופן
תדע מה הן היונות, ויפח על הגוים ההם ונעשו גל עפר והאיש הזה לא
עבר הנהר לחכות הגוים ההם והיה בעבור הנהר אשר היו שם היונות וגם
נפח על היונות אשר שינו גוונים הם וכולם נתלבנו ובהן לא היתה אחת
כשניה מחברתה והנהר הרבה מים יותר מבראשונה ויצאו אילנות על שפת
הנהר מזה ומזה ופירותיהם משונות זה מזה בעת ההיא ואומר אל האיש הגד
אדוני אל עבדו מה המופתים והנסים האלה אם מצאתי חן בעיניך. ויאמר
אלי לא תוכל עתה לדעת את הדברים אבל לא יהיה נעלם ממך. והשתחויתי
לפניו ואמרתי לו דבר אדוני אל עבדו כדי שאהיה בטוח שאדע פירושו כל
(של?) אלו הדברים ויברך אותי. ואיקץ מהמראה הזאת ולא הבנתי מאומה
ואחר כך ראיתי כמראה הוקן הראשון שראיתי בטראות הראשונות והוא פירש
לי הכל. ועדיין אין אני רשות לפרסם דבר מטה שפירש. וכשהגיעני הקדוש
ברוך הוא לשלח לארץ אדום אעשה חבור בארוכה מכל שראיתי עם
פירוש באר היטב ומשם אשלחנה ליראי ה' ולחושבי שמו.

Molcho muß demnach bereits vor 1526 Portugal verlassen haben.

5) Molchos Reisen in der Türkei und Italien und seine Tätigkeit mit David Reubeni bis zu ihrem letzten Gange.

Aus dem Eingange zu Molchos Predigten (auch unter dem Titel 'ס המפאר) geht hervor, daß er in Salonichi gewesen ist, und zwar noch vor 1526, dem Druckjahre dieses Werkchens (das im Jahre ט׳ר׳פ׳ט = 5289 = 1529 in Salonichi erschien). Es heißt daselbst: למען אחי ורעי הנא״הבים היושבים בשאלוניקי הדורשים ממני לשלוח להם איזה דרוש. Dort wurde er mit dem Kabbalisten Joseph Taytasak bekannt, an den er eben das ausgezogene Sendschreiben (I) von Monastir ausgerichtet hat. Dasselbe bezeugt ein Passus in seinem zweiten Sendschreiben, worin er das erste erwähnt (bei Joseph Kohen); ענין המראה אשר כתבתי מ׳יר׳ מונינשטיר׳יאו למהר״ר יוסף טיטסה (l. טיטסק) כי בהיותי שם שאל ממני. Im Verlaufe erzählt er, daß Jakob Mantin seine erste Vision, die er Taytasak mitteilt, als Anklagepunkt gegen ihn, ins Lateinische übersetzt und einigen Kardinälen übergeben habe: מראה הראשונה אשר שלחתי אל כמ״ר יוסף טיטסק הֶעְתִּיקָ . . . מִמֶנו גנוב הוא אתו והעתיקה (יעקב מאנטין) ללשון נוצרי והראה אותה לכמה חשמנים — Molcho hatte auch Bekanntschaft mit Joseph Karo, wahrscheinlich als dieser noch in Adrianopel wohnte. Bekanntlich war der Verfasser des Schulchan Aruch noch vor 1522 von Nikopol nach Adrianopel und von da nach Salonichi übergesiedelt, wo er noch 1533 war (Conforte p. 35 a). In Safet war er vor 1538, als Jakob Berab daselbst die Ordination einführte (o. S. 283). Karo hatte kabbalistische Visionen, die er niedergeschrieben hat, und die nebst seinen späteren Visionen in Salonichi und Safet in dem mystischen Werke מגיד משרים unvollständig gesammelt sind.[1]) Daß er noch während seines Aufenthaltes in Adrianopel kabbalistische Träume hatte, beweist ein Passus das. (p. 50 eigentlich p. 70): אם קודם לכן תרצה ללכת לשאלוניקי לתקן ספרך (בית יוסף) עשה אלא שלא חתישב שם. Hier lernte Karo, wie es scheint, Salomo Molcho kennen. Doch zuerst muß ich Belege für ihre Bekanntschaft beibringen, ein wichtiges Moment für die Entwicklungsgeschichte des kabbalistischen und rabbinischen Judentums. Maggid p. 65a verkündet Karo ein spiritus familiaris oder die personifizierte Mischna: ואזכך לאיתיקרא בארץ ישראל ברבים לקדשא שמי בפרהסיא ותיסם לעולתא על מדבחי . . . . ואזכך למגמר חיבורא דילך לאנהרה ביה עיני כל ישראל. דהא כל עמים חכמים ונבונים ומשכילים ישאכון כחמדות דילך דאקרי בית יוסף . . ופוק חזי מאי אדביקת ולמאי תזכה לקדשא שמי ברבים כך שלמה בחירי זכה דאתקרי מלכו דאתחמשא כמישח רבות ביתא. ועלאה וסליק לרעוא על מדבחא והכי נמי התחלק את. Der Sinn dieses Unsinns ist

---

[1]) Der Maggid, gedruckt zuerst Venedig 1645 und ein Nachtrag 1654, ist öfter ediert. (Ich zitiere nach der Amst. Edit. von 1708). An der Echtheit dieses Werkes, d. h. daß die Visionen wirklich von Joseph Karo niedergeschrieben sind, ist nicht zu zweifeln. Als Beleg dafür kann ein Datum angeführt werden. In Abschn. כי הכא p. 61b wird eine Vision mitgeteilt, die er am Beschneidungstage seines spätgeborenen Sohnes gehabt haben will: אור לט״ו אלול שנת ה'ש'כ'ט יום ברית הילד . . ושבא ה' את דתימול יומא דין יהודה. סימנא לך בתורה ותשבח לה' אשר הפלא חסדו ורחמיו עמד להאיר עיניך. Dieser Sohn Jehuda ist demnach 8. Elul = August 1569 geboren. Die Richtigkeit dieses Datums gibt dieser Sohn selbst an. Bei der Vorbereitung des Druckes der Responsen seines Vaters war Jehuda 27 Jahre alt. (Einl. כי צעיר יהודה . . . (תשבות חלק נשים) אמר אנכי לימים כבן כז שנים אנכי היום = פ' ויחי שנת ש׳ח׳ה. Der Druck war vollendet: Tebet 5358 = Dezbr. 1597. Wenn er also damals 27 Jahre alt war, so war er 1569 geboren (vergl. über ein anderes richtiges Datum aus dem Maggid, Note 9). Aus einer Stelle im Maggid scheint zwar auf den ersten Blick hervorzugehen, daß Karo noch während seines Aufenthaltes in Nikopolis, also noch vor 1522, eine Vision gehabt hätte (p. 22): והלא את חזי דההוא קרתא דניקופול איתגגר עלה בנין מיעוט צדקה . . . ואת קום ואפיק ביתא מהאי אתרא וגם יעץ לחותנך דיפיק ביתא. Allein es scheint eine Korruptel für אדרינופול zu sein. Denn es läßt sich nicht denken, daß er schon vor 1522, d. h. etwa im dreißigsten Lebensjahre (Karo wurde geboren 1488), einen Schwiegersohn gehabt haben soll.

so wie Salomo gewürdigt wurde, Molcho, d. h. königlich genannt, von oben
gesalbt und als Ganzopfer auf dem Altar, als Märtyrer, geopfert zu werden,
ebenso werde auch er, Joseph Karo, die Krone des Märtyrertums erringen.
Dieser Passus ist nach Molchos Tod, nach 1532 und vor 1542, vor Vollendung
des Werkes בית יוסף, geschrieben. Wir haben daraus gewonnen, daß überall
wo im Maggid שלמה בחירי ידידי oder שלמה בחירי ידידי vorkommt, Molcho darunter verstanden
ist. Aus p. 69a daselbst geht hervor, daß Karo mit Molcho in steter Verbindung war und von ihm Kabbalistisches gelernt hat: ומאי דאוליף לך שלמה
ובתר הכי אני אנדר לך למקרבא לדלחיה. Dann heißt es weiter: לא שפיר קאמר
ואנא קמך שלמה בחירי למחוי אי אנדע ליה וכי הוה לך דאשמודעתא ליה ואוליפת
מניה למדחל יתי ואוף כתבית (l.) פתחת) עליה טבן להחיא קרתא רבתא דאזל עד
דאתערו הנהו חבריא קדישא למכתב למריהון והאי זכותא תלי בך דאתערו דילך עביד.
Vergl.
noch daselbst p. 4a, p. 9b, p. 21b. Daraus folgt, daß Karo es sich zum
hohen Verdienste angerechnet hat, Molcho erkannt, auf ihn und seine
Bedeutung aufmerksam gemacht und ihn einer großen Stadt
empfohlen zu haben. Diese große Stadt könnte wohl Salonichi gewesen sein.
Dann müßte Molcho zuerst in Adrianopel und dann erst in Salonichi gewesen
sein und seine Reisen in der europäischen Türkei in Kreuz- und Querzügen gemacht haben. In Monastir war er auch, wie wir gesehen, aber zweifelhaft, ob
im Anfang oder am Ende seiner Reise in der Türkei. Aus einer anderen
Stelle folgt, daß Karo den Wunsch hatte, sich mit Molcho in Palästina zu vereinigen (p. 25b): כי אוכך לעלות לארץ ישראל ולהתחיה עם שלמה ידידי ועם החברים
ותלמוד ותלמד ואחר כך אוכך לישרף. Das. (p. 3b) zitiert Karo einen Passus aus
einem Werke Molchos: הלא לך למנדע דמאי דמדקדק האי צדיקא שלמה ידידי בספרא
נעלמת דקאמר האי חכימא ש"ט שמיה יאה דקדק).
    Daß Molcho in Palästina war, geht aus seinem zweiten Sendschreiben
aus Italien (Ende) hervor, das sicherlich dahin gerichtet ist, wahrscheinlich nach
Safet. Dort soll er eine Geliebte gehabt haben (Schalschelet). Wie lange
er in der Türkei und Palästina geweilt hat, läßt sich nur ungenau bestimmen.
Einige dreißig Tage vor Adar (Januar oder Februar 1530) war er bereits in
Rom (II. Sendschreiben bei Joseph Kohen). Vorher hatte er sich längere Zeit
in Ancona und Pesaro aufgehalten. Er ist also im Laufe von 1529 in
Italien angekommen. Wahrscheinlich kam er direkt dahin von Palästina, wo er
wohl seine Predigten, spätestens 1529, verfaßt hat. Da er während seines Aufenthaltes in Portugal sich schwerlich viel mit Kabbala beschäftigt hat, so muß er sie
nach seiner Flucht in der Türkei gründlicher erlernt haben. Seine Auswanderung aus Portugal hat noch im Laufe des Jahres 1525 stattgefunden (o. S. 524),
und er konnte die Kabbala während der Jahre 1525 bis 1528 gelernt haben.
Kenntnis des Hebräischen brachte er wohl aus Portugal mit.
    Von Palästina war er, wie sich gezeigt, nach Ancona gekommen, wo er
einige Zeit geweilt, und von da begab er sich über Pesaro nach Rom. Dort
weilte er kaum länger als ein Jahr, denn Adar 1531 (בחדש שנים עשר בשנת כ״י
שמעתי אמרים) hatte er es schon verlassen. Erst im Laufe des Jahres 1530 kam
er wieder mit David Reubeni zusammen und hatte die richtige Einsicht von
dessen Charlatanerie. In Rom predigte er jeden Sabbat (zweites Sendschreiben
und portugiesischer Bericht, o. S. 513). Im Verlaufe des Jahres 1530 wurde
er mit dem Papste Clemens VII. bekannt und erhielt von ihm einen Sicher-
heitsbrief בטחון האפפיור . . . . איך הוא נתן כח ורשות לעשות כרצוני, das. und die
portugiesische Quelle VI). Vor der Überschwemmung in Rom, die er dem
Papste vorausverkündet haben will, also vor 8. Oktober 1530, verließ Molcho

Rom und hielt sich in Venedig einige Zeit auf, um ein neues kabbalistisches Werk zu drucken. Nach der Überschwemmung kam er wieder nach Rom und war noch daselbst nach dem Erdbeben in Portugal, 31. Januar 1531, als die Nachricht davon in Italien eingetroffen war, also noch während des Februar. Erst zwischen 18. Februar und 18. März, d. h. im Adar desselben Jahres, muß er wegen gehäufter Anklagen gegen ihn Rom verlassen haben. Sein zweites Sendschreiben stammt aus dieser Zeit. In dieser Zeit war sein Ruf bereits so weit verbreitet, daß man im Orient, Polen und anderen Ländern messianische Hoffnungen an ihn knüpfte (dasselbe Sendschreiben und Quelle III). Seit dieser Zeit, vom Februar bis März 1531 und bis zu seiner Reise nach Regensburg zum Kaiser Karl, Sommer 1532, haben wir keine direkten Nachrichten über ihn. Er reiste damals zum ersten Male gemeinschaftlich mit Reubeni. Seine Abwesenheit von Rom hatte zur Folge, daß die Gegner der Marranen das Übergewicht bei der Kurie errangen, namentlich nach dem Tode seines Gönners Lorenzo Pucci, und sie setzten die Bulle des Papstes Clemens vom 17. Sept. 1531 cum ad nihil magis zur Einführung der Inquisition in Portugal durch.

Über die Reise Molchos und Davids nach Regensburg zu Karl V., den Feuertod des ersteren und die Einkerkerung des letzteren ist zu dem, in den jüdischen und christlichen Quellen Gegebenen nichts weiter hinzuzufügen, als daß die Nachricht, sie hätten den Kaiser zum Judentum bekehren wollen, eine Fabel ist. Das richtige Motiv ihrer Reise zum Kaiser gibt Josselmann Roßheim an, der mit ihnen gleichzeitig in Regensburg war, um, wie öfter, Schutz für seine verfolgten Glaubensgenossen zu suchen, sie aber nicht gesprochen, vielmehr Regensburg verlassen hat, um den Verdacht abzuwenden, als habe er mit ihnen die Hand im Spiele. Molcho wollte vom Kaiser die Zustimmung erlangen, die Juden zu einem Kriegszuge gegen die Türkei zu bewaffnen (Tagebuch in Revue des Etudes, XVI, p. 91, Nr. 17): בשנת רצ״ב . . . . . באותן הימים בא האיש לוצי גר צדק הסכונה ר׳ שלמה מולקא בדעות חיצוניות לעורר הקיסר באמרו שבא לקרא כל היהודים לצאת למלחמה נגד ההוגר . . . ובשמעי . . . כתבתי אגרת לפניו להזהירו שלא לעורר לב הקיסר . . . . . והלכתי כן העיר רעגינשפורק כדי שלא יאמר הקיסר ידי אתו במלאכתו. Das Richtige wird wohl gewesen sein, nicht sämtliche Juden zu einem Kriegszug zu führen, sondern die Marranen in Spanien und Portugal. Dazu sollte Karl der Erlaubnis geben, d. h. ihre Auswanderung aus den Ländern der Inquisition zu gestatten. Dieser Plan war gar nicht so abenteuerlich. Es war eine vernünftige Modifikation des Planes von David Reubeni, von den christlichen Fürsten Kanonen zu verlangen, um die Mohammedaner in Arabien zu bekriegen. Von David Reubeni spricht Josselmann nicht, sondern erwähnt nur zum Schluß, daß der Kaiser Salomo Molcho bei der ersten Unterredung in Fesseln schlagen und in Bologna verbrennen ließ. Widmannstadt und Joseph Kohen dagegen geben an, daß er in Mantua verbrannt worden sei. Der letztere und die portugiesische Quelle (o. S. 54 f.) referieren, daß David in Spanien eingekerkert wurde.

Die Schwärmerei für Molcho hörte mit seinem Tode nicht auf. Aus einer Spielerei des Kabbalisten Joseph de Arli sehen wir, wie viele Hoffnungen die Kabbalisten wenigstens auf ihn setzten, und daß sie ihre messianischen Erwartungen zugleich an die Lutherische Reformation knüpften. Aus einem Manuskript in der Almanzischen Bibliothek teilt nämlich Luzzatto (Maskir V, p. 45) ein Anagramm von Joseph de Arli mit, d. h. eine kabbalistische Prophezeiung aus zwei Jesaianischen Versen, wobei jeder Buchstabe als Wort ergänzt wird: נמטריאות לנפלת כמהר״ר · יוסף מארלי. Der erste Vers rückwärts gedeutet: הֲלוֹא פָרֹס לָרָעֵב לַחְמֶךָ וַעֲנִיִּים מְרוּדִים תָּבִיא בָיִת (Jesaias 58, 7) wird

folgendermaßen ergänzt: תהיה ישועתנו בעת אמונת ישי בארץ תפול מפני יד
דיחות וחקים רבים בשונים. מ'¹) . . יחדש נגד עמים ושרים. כד ממשלתו
חזקה לנצח. בכל צד רומה למשסת סירה יגולה. דעת פ²) . . אלילים לנצח הורס
Der andere Vers geradwärts gedeutet: כ' ע' אדם וקוי יאהיה הרשש
באשישנה לחביא בגיך מרחיק בספת ווהבם אדם לשם יהיה אלהיו ולקדוש ישראל
באשר יתעורר ל(יטור) יהיה אשכנז יחד ירא (baſ. 60, 9): כ' פארך
³) . . בזה קלים רנטר ומלכות כומריו ואלהיו אך נקמות יעשה והרג.
תבל תפלות רשש . שטותו יגלו עמים בשנה רביעית, אשר שלח והביא
נגעי דריסתו למלאת העיר בולוניא יד אוכלוסים בעת נתנו ידיו כתר
מלכות רובבה (רוומה?). חשך ורצון קיסר בלבב ספרד . פקודת מלחמות
ירעית זרות . הפזים . בלבול עמדות . אז התגלגל מרה לנקום שריפת
מלכו . ישראלי הושלך ישרך . ה' אניות לעשרת השבטים ונשאותו
ברצוני יצביני להציל קדושת דמתי . התמונת שלכה ירבי שונאי . רוים אלה
בישראל כלם . ישועות פקד אלהים רפיאת כלם.

Diese kabbaliſtiſch-anagrammatiſche Spielerei iſt nach Molchos Tod, nach
1532, aufgeſtellt worden. בשנה הרביעית, im vierten Jahre, ſcheint anzugeben,
daß nach Verlauf von vier Jahren ſeit der Krönung des Kaiſers Karl in Bologna
die meſſianiſche Paruſie Molchos eintreffen ſollte. Dieſe Krönung hat bekanntlich Papſt Clemens widerwillig vollziehen müſſen. Darauf ſpielt die
Deutung an. Die Krönung fand ſtatt 22. und 24. Febr. 1530, alſo im Jahre 1534.
Das Stück wäre demnach 1533 oder 34 geſchrieben. Der Verf. wird genannt
יוסף מארלי, oder auch ארלי, Luzzatto baſ. auch דרלי d. h. de Arli, oder איש ארלי
(in einem Briefe von ihm, Maskir IV, p. 98 Note). Nach einer Nachricht
Leon de Modenas (Ari Noham, p. 75) war dieſer Joſeph ungehalten über
den Druck des Sohar von Mantua und richtete ein ſatiriſches Sendſchreiben
an den erſten Herausgeber, Emanuel de Benevent: הוא (עמנואל) אשר כתב לו ר'
יוסף מארלו הכתב הרשום המחאל: מלא רחב ארצך עמנואל . . . כל מלתא דמתאמרי באנפי
מלתא לית בה משים לישנא בישא.

6.

Urkunde zur Entſtehungsgeſchichte der Inquiſition in Portugal;
Italieniſche Information; die Familie Mendes-Naſſi.

Während die Inquiſition in Spanien faſt durch einen einzigen Federſtrich ein-
geſetzt wurde, koſtete ihre Einführung in Portugal unter den Päpſten Clemens VII.
und Paul III. viele Kämpfe, zog ſich eine geraume Zeit hin und iſt reich
an Zwiſchenfällen, Intrigen, Minen und Kontreminen. Eine merkwürdige
Illuſtration dazu geben die von Herculano größtenteils noch jungfräulich in
Archiven vergrabenen mitgeteilten Urkunden. Eine Ergänzung dazu liefert der

---

¹) Das Wort war für Luzzatto unleſerlich; es iſt wohl מרטין = Martin Luther.
²) פ vielleicht = פיפיור = אפפיור, Papſt.
³) Ein ähnliches Notarikon, anknüpfend an den V. Micha 2, 13, welches, infolge des Krieges zwiſchen Franz und Karl V., den Untergang Roms und
eine meſſianiſche Zeit verkündet, hat Neubauer aus einer Kolleltion mitgeteilt
(Revue des Etudes XII, p. 92).

italienische Bericht (Informationi), wie es scheint, eines in Rom residierenden venezianischen Gesandten oder Agenten vom Jahre 1564, vielleicht Girolamo Soranzo. Diese Informationi befinden sich handschriftlich in der Berliner königl. Bibliothek (Manuscripti Italiani Folio No. 16, ein starker Kodex, der mehrere Piecen enthält, von denen diese die 13te Piece ist). Davon hat zwar David Cassel eine hebräische Übersetzung gegeben (Kerem Chemed VIII, Anfang); sie verdienen aber im Original angesehen und beleuchtet zu werden. Die Casselsche Übersetzung leidet ohnehin an der Entstellung mancher Eigennamen und an einem irreführenden Druckfehler, daß Paulus III. die Marranen in Ancona gezüchtigt und verbannt hätte, einem Fehler, der nur durch Einblick ins Original berichtigt werden kann. Der italienische Bericht enthält außer der Entstehungsgeschichte der portugiesischen Inquisition noch manche wichtige Fakta, die anderweitig nicht bekannt sind. Doch muß manches in diesen Informationi berichtigt und präzisiert werden. Denn der Verfasser teilt dasjenige, was in Portugal vorging, nur vom Hörensagen mit und ist in betreff der Chronologie nichts weniger als genau.

Informationi
sommarie del principio et progresso della conversione, che hanno havuto i Giudei nel Regno di Portugallo, et l'occasione che hanno dato in far mettere l'Inquisitione sopra di loro L'anno.

(Das Datum fehlt, aber im Texte ist das Jahr 1564 angegeben.)

Già LXV anni poco piu o meno il Re Don Emanuel di fe. me. di Portogallo converti li Giudei, che erano nei Regni suoi, alla nostra sancta catholica fede; i quali essendo Giudei erano poveri et dopo fatti Christiani diventorno ricchi, perche con il beneficio della fede si sono fatti Medici, Chirurgici et Speciali et cominciorno a trafficare in ogni mercantia grande et piccola come gli altri Christiani: di maniera che l'acrescimento delle richezze et l'incredulità loro nativa causorno, che ritornassero al Giudaismo osservando secretamente nelle loro case tutte le cerimonie Giudaiche et insegnandole alli suoi figli et tenendo nella città di Lisbona una sinagoga, ove celebravano tutti gli oficij suoi, come fanno qui in Roma, et nientedimeno si confessavano et communicavano all' usanza dei Christiani; et molti di essi portavano il sacramento a casa sua secretamente et lo gettavano nelle stalle.

Nè volendo piu patir nostro signore Dio questo et molti altri che facevano alla fede catholica volse scoprire per mezo d'un di loro, chiamato dai Christiani Fermafede[1]), perche lui mori per la fede catol. come buon Christiano, il quale vedendo che tutti erano Giudei in secreto, scopri al Re Don Giovanni 3º, figlio di Don Emanuele, Re di Portogallo, per mezo d'un Theologo, chiamato Maestro Pietro Margaglio, il quale menò al Re il detto Fermafede et l'informò ampiamente come passava la cosa. Et havuto consiglio sopra di questo si risolve il Re di metter l'Inquisitione nel Regno suo; et acciochè questo officio della Inq. si facesse ordinatamente, mandò qual medesimo Fermafede, per esser huomo di buon spirito et geloso della cathol. fede, all' Imperatore Carlo V.[2]), Re di Castiglia et d'Aragona, perche s'informasse del modo, que si haviesse a tenere in detta Inquisitione, la quale il Re Don Ferdinando Catholico, suo Avo, havia ordinata in tutti li Regni suoi, intendendo come tutti li Marrani giudaizavano. Costui non puote cosi secretamente andare, et trattare il negotio, che non fusse scoperto dalli Marrani per mezo degli intrinsechi et consigleri del Re, li quali erano corrotti da ditti Marrani con oro et altri presenti a fine che li rivelassero li secreti, che si trattavano in materia dell' Inquisitione; et scoperto questo trattato providero di due Giovani Marrani gagliardi et aspettorno, che questo Fermafede fusse spedito per ritornarsene con l'Informatione et mandorni questi due Giovani fuori ad incontrarlo et incontrato gli tagliorno la testa et li pigliorno l'Informatione et tutte le lettere, che seco portava dategli dall' Imper. Carlo V. et poi se n'andorno in Portogallo et portarno questa testa agli Hebrei, over Marrani, et fecero sopra di questo grandissima festa et allegrezza.

Et trovandosi vicino à una terra questo corpo morto, la Giustitia fece diligenza et avvisò il Re, il quale fece fare inquisitione sopra di questa morte et ritrovorno li malfattori et presi li diedero la corda et confessorno ogni cosa; ai quali fu determinato questo per giustitia, che gli fussero tagliate le mani, poi che fussero tirati a coda di cavalli et che fussero squartati, et cosi fu fatto.

Di modo che per il successo di questo caso il disegno dell' Inq. (la quale havea animo il Re di mettere nel Regno suo) non hebbe allhora effetto et stette sospeso un poco di tempo; nel qual tempo accade che il Vescovo di Septa, frate Francescano, ritrovò nella terra di Olivenza sua diocesi cinque Marrani che giudaizavano et osservavano la legge di Moisè et processò contra di loro per Giustitia et li fece abrusciare, et il detto Vescovo andò al Re et essortò sua Maestà a mettere questa Inq., rinovando nella memoria del Re la morte di quello Fermafede, laquale insieme con li cinque Marrani, che il Vescovo havea fatto abrugiare, causò che il Re si risolve a supplicare a Papa Paolo 3º l'Inq. la quale fu concessa da s. santità[3]).

Et vedendo li Marrani esser concessa l'Inqu. contra di loro con paura d'essere abbrugiati, impetrorno dal Papa una perdonanza generale di tutte li crimini, che havevano commissi contra la nostra santa et cat. fede, fino al di che si publicasse la Bolla della Inqu. nel Regno di Portogallo.

Havuta la perdonanza et publicata la Bolla dell' Inq. stettero in paura due ò tre anni et non giudaizavano, ma dipoi, come nella verità fussero di natura Giudei et affettionatissimi alla legge di Moisè, redierunt tanquam canes ad vomitum suum et cominciorno di nuovo a giudaizare; ma fuorno scoperti per mezi della Inquisitione et molti di loro fuorno abbrusciati, et altri condennati a carcere perpetua, cosi nella Città di Lisbona, come in quella di Evora, di Coimbra, del Porto, di Tomar et di molte altre terre del Regno. Continuandosi poi l'Inquisitione per spatio di vij. ò viij. anni, nei quali furono abbrusciati et condennati molti, vedendo loro come la cosa passava, impetrorno dal Papa un'altra perdonanza generale di tutti li crimini suoi; di tal modo che quelli ch'erano in prigione furono liberati per virtù della detta perdonanza.

Et stando tutti con questa allegrezza della seconda perdonanza, che il Papa gli havea concesso, come che trionfavano contra i Christiani, uno di loro chiamato Manuel da Costa⁴) il quale haveva un' offitio, che accommodava tutti quelli che cercavano padroni, mosso dal zelo della legge di Moisè, attaccò una notte una cedula sopra del Domo di Lisbona, nella qual cedula si conteneva, che'l Messia non era ancora venuto, et che Christo non era il vero Messia, allegando li Profeti, et le scritture. La qual cosa, veduta dalli Christiani, et al Re causò grandissimo scandalo; di maniera che il Re fece fare grande inquisitione et diligenza per scoprire, chi haveva fatto quella cedula et depositò nella mano di Luca Giraldi, Banchiero di Lisbona, $\overset{m}{\text{X}}$ scudi à chi scoprisse il malfattore, ancora che fosse compagno nel delitto: Et il Nuntio che all'hora era in Portogallo chiamato Capo di ferro che poi fu il Card. San Giorgio, depositò anco lui $\overset{m}{\text{V}}$ scudi in mano del medesimo Banchiero a requisitione di chi scoprisse quel delitto, molte persone sono state poste in prigione, delle quali si havea qualche sospetto, et si fecero molte processioni cosi de Preti, come de frati, et ancora de tutti, che pregavano Dio, che scoprisse li malfattori, et Dio hà voluto scoprire come hora dirò; ma avanti che si scoprisse li Marrani havendo paura, che il popolo non si levasse contra di loro, et li amazzassero come un'altra volta era accaduto, volsero incolpar gl'Inglesi in questo modo, i quali all'hora nuovamente s'erano fatti Lutherani, et attaccorno alle porte del medesimo Domo una cedula, che diceva così:

> Io no soi Castigliano, ni Portughes,
> Ma soi Ingles en che os pes
> Diez mil dais vinti mil dareis
> Y, no lo sabreis.

Nientedimeno si sospettava che gli Marrani havessero fatto questo, per che gl'Inglesi erano Lutherani et non Giudei; et facendosi la diligenza, et mostrandosi la lettera a molte persone fu' uno, che conobbe la mano di chi era questa lettera: et essendo posto in prigione costui, avanti che li fusse data la corda confessò d'havere scritto lui et così fu abbrusciato publicamente et tagliategli le mani. Non passorno molti giorni che l'Inquisitione scoprì à Lisbona una sinagoga publica, dove loro facevano tutte le sue ceremonie al modo Giudaico, et furno abbrusciati molti et penitentiati molti et la sinagoga fu' rovinata com' è hoggi dì ancora, perche i Re non han voluto che li si fabricasse in modo alcuno. Passato questo si scoprì un nuovo Messia che fra loro s'era levato, il qual'era un Calzolaro, chiamato Ludovico Diaz⁵), nativo nelle terra di Setuval, il qual perche dava qualche intendimento falso alle scritture, ma à essi piacevole, diventò fra loro un grand'huomo, et dopo che acquistò riputatione disse, che lui era Messia, et lo persuade a molte persone, pero fu'adorato da essi; frà i quali che l'adoravano fu' un Medico del Card. Don Alfonso, fratello di questo Cardinale di Portogallo; il qual medico si chiamava Francesco Mendez⁶), et si circoncise per commandamento del Messia, essendo huomo di 37 anni, li quali furno tutti abbrusciati con il Messia. Passato questo tempo mai hanno mancato di giudaizare, perche ogni anno abbrusciarano $\overline{XX}$. $\overline{XXX}$. $\overline{XXXX}$. persone, et si penitentiavano più di $\overline{200}$. Et questo mese di Giugno passato di questo presente anno 1564 nella città di Evora fu'messo in prigione con assai molti altri, un medico chiamato Mastro Rocco, perche erano molti anni, che quando si communicava, portava il sacramento à casa sua et lo gettava nella stalla, il quale s'amazzò da se stesso in prigione per non esser' abbrusciato, ma abbrusciorno l'ossa. Per il qual rispetto molti se ne vanno in Turchia, dove publicamente sono Giudei: altri stanno in Ferrara, et vivano come gli altri Giudei; i quali al tempo di Giulio tertio impetrorno da sua santità un Breve che potessero vivere come Giudei senza esser castigati, con falsa Informatione, che hanno dato a sua Sant. dicendo che loro furno fatti Christiani per forza, ma che sempre nell'animo suo furno Giudei et in questo modo stavano nella Città d'Ancona vivendo nella legge di Moisè; ma Paolo IV. sapendo come passava questa cosa, mandò un Commissario alla Città d'Ancona, et fece mittere in Galera et abbrusciare più di 80 persone. Ne è Città in Italia, dove non ci siano Marsani (l. Marrani) Portughesi, fuggiti dalla Inquisitione di Portogallo; i quali come diventano ricchi, perche trafficano in ogni cosa come Christiani, se ne vanno in Turchia dove avvisano il Turco di tutto quello che si fà di qui, fra i quali è una donna Portughese ricchissima, chiamata Madonna Brianda[7]), laqual è stata molto tempo à Ferrara et a Venetia come Christiana, et poi se n'andò in Turchia et maritò una figlia con un figliuolo del Medico del Turco, et vive nelle legge di Moisè lei et tutta la sua famiglia. Questo è tutto il discorso dal tempo che sono convertiti alla fide Christiana fino al presente anno.

Et per questo rispetto havendo Papa Paolo IV. informatione che i Marrani nelli Ordini dei frati erano potenti et ambitiosi, perche si avitavano dalli Marrani secolari nell'ambitione delle Prelature et altri officij, comandò per una Bolla sua, che nell'ordine di San Francesco nessun Marrano ottenesse nè Prelatura, nè officio nessuno, perche gli altri frati, che non sono Marrani si sdegnavano esser governati da loro, per il che ci erano molte divisioni, et scandali et seditioni nella Religione; et questa Bolla fù fatta nel anno 1557 overo 58. Laquale si trovarà nel Registro.

Einige Bemerkungen zu diesen Informationi werden manches in ein besseres Licht setzen.

1. Auch Herculano hat Nachrichten über Fermasede oder portugiesisch Firme-Fé gegeben (I, p. 195 ff.). Nach denselben war er ein Marrane und hieß eigentlich Henrique Nunes. Seinen Tod setzt Herculano um Februar 1525 (das. Note). Laut einem hinterlassenen Schreiben des Firme-Fé war er ein Spion. Er schreibt selbst an den König: Sua Alteza deve ser acordado, que en la segunda audiencia, quando me mandô a Santarem, me mandô S. A. que me metiesse con ellos (Christianos-novos) e comiesse e beviesse e lo que mas se offereciesse, para que S. A. por mi fuesse enformado de la verdad (das. p. 199, Note).

2. Herculano weiß nicht (p. 200), wozu sich Firme-Fé nach Spanien begeben sollte. Nach dieser Quelle hatte er einen Auftrag für Karl V. in betreff der Inquisition, wovon die Marranen heimlich Kunde erhalten hatten. Auch

besteht ein Widerspruch zwischen der Quelle bei Herculano und den Informationi. Nach der ersten wurde der Spion in der Gegend von Badajoz auf der Hinreise, nach der letzten auf der Rückreise ermordet.

3. Die Informationi übergehen die Bulle Clemens VII. zur Bewilligung der Inquisition, die Suspension derselben, sowie alles, was seit 1531 in dieser Angelegenheit verhandelt wurde und springen bis zur Bewilligung der Inquisition durch Paul III., 23. Mai 1536.

4. Das Anschlagen einer blasphemierenden Proklamation in Lissabon kennt auch Herculano (das. II, 205 ff.), und er bestimmt das Datum Februar 1539. Nur kennt er nicht den Namen des Urhebers, Manuel da Costa, welchen nur die Informationi erhalten haben.

5. Das Auftreten eines marranischen Messias Ludovico Diaz und seines Anhängers Francisco Mendes ist erst vor 10. Februar 1542 vorgefallen, laut dem Berichte, welchen G. Heine davon gegeben hat (o. S. 264 f.).

6. „Eine sehr reiche portugiesisch-marranische Doña, Namens Brianda, welche längere Zeit in Ferrara und Venedig als Christin lebte, dann nach der Türkei ging, ihre Tochter dort verheiratete und sich mit ihrer Familie zum Judentum bekannte", eine solche kennen die reichfließenden Quellen jener Zeit durchaus nicht. Das Porträt paßt aber Zug für Zug auf Gracia Mendesia. Der Berichterstatter der Informationi hat auch keine andere im Sinne gehabt, als er ein Beispiel davon geben wollte, wie die Marranen mit ihren Reichtümern nach der Türkei zu gehen pflegten. Brianda ist ohne Zweifel ein Schreibfehler für Mendezia. So hieß Doña Gracia als Christin; ihr Gatte hieß Francisco Mendes, ihr Schwager Diogo Mendes. Es darf nicht auffallen, daß der Berichterstatter angibt, sie habe ihre Tochter mit dem Sohne des Leibarztes des Sultans vermählt. Auch der damalige französische Gesandte in Venedig war im Irrtum darüber und schrieb, das Gerücht sei verbreitet, die portugiesische Mendes habe ihre Tochter dem Sohne des Arztes Hamon, Leibarztes des Sultans, vermählt oder versprochen (Charrière, Négociations de la France, II, p. 101). Bis 1566 war Joseph Naßi, ihr Schwiegersohn, noch eine unbekannte Persönlichkeit in Europa; daher war man in Europa über ihn und sein Verhältnis zur Doña Gracia schlecht unterrichtet. Die eigentümliche Lage der Marranen zwang sie, verschiedene Namen anzunehmen. Die französischen Gesandten nannten Gracia zur Zeit, als sie noch in Venedig und Ferrara war, durchweg Mende oder la Mende portugaloise (bei Charrière das. und ebenso ihre Schwester: les deux sœurs portugaloises, nommées Mendés (das. 119).

Was den Namen ihres Gatten und ihres Schwagers betrifft, so hat sie Herculano aus einem Originalbriefe des Nuntius vom Januar bis März 1536 erhalten, wodurch wir auch Kunde von der Rolle haben, welche diese Familie zur Abwendung der Inquisition in Portugal spielte. Die Schwierigkeiten, welche der päpstliche Hof Pauls III. bei der endgültigen Bestätigung der Inquisition machte, ließ er sich von den Marranen mit schwerem Gelde bezahlen. Duarte de Paz verhandelte mit der Kurie darüber in Rom, und die angesehenen Marranen in Portugal hatten geheime Zusammenkünfte darüber mit dem Nuntius Marco della Rovere, Bischof von Sinigaglia, in Portugal. Als sich aber die Forderungen der nimmersatten Umgebung des Papstes immer mehr steigerten, die Marranen die hohen Summen nicht mehr erschwingen konnten, und sich über ihren Prokurator Duarte de Paz beklagten, daß er unerfüllbare Versprechungen in ihrem Namen gemacht und sich an ihnen bereichert habe, wurde dieser häßliche Schacher am portugiesischen Hofe ruchbar, und der Nuntius bekam in Portugal die verlangten oder stipulierten Summen nicht. Aus Portugal abberufen, begab er sich nach Rom über Flandern, um das Geld von den dort wohnenden Marranen zu erpressen. Lassen wir nun Herculano oder vielmehr della Rovere sprechen (in seinem Schreiben von 1536): A ida a Flandres tinha (Marco della Rovere) por objecto falar com Diogo Mendes, o mais rico e respeitado hebreu português, e com a viuva de seu irmão, Francisco Mendes, a qual subministrára já a maior quantia para a solução dos 5000 escudos recebidos (Herculano l. c. II, p. 159). „Diogo Mendes, der reichste und angesehenste portugiesische Marrane in Flandern und seine Schwägerin, die Witwe seines Bruders Francisco Mendes", man erkennt sie auf den ersten Blick; es sind Doña Gracia Naßi, ihr verstorbener Gatte, der sie zur Universalerbin seines großen Vermögens eingesetzt hatte, und ihr Schwager, der Teilnehmer des bedeutenden und ausgedehnten Bankgeschäftes war, wie sie aus den Responsen des Joseph Karo (אבקת רכל Nr. 80) und Samuel de Medina (II, Nr. 3 bis 8), durch M. A. Levys glückliche Kombination bekannt geworden sind. Im Jahre 1541 hatten die Marranen wieder bedeutende Summen für den Papst zusammengeschossen, und ihr neuer Sachwalter, Diogo Fernando Neto erhielt sie abermals durch Diogo Mendes: christão-novo riquissimo, estabelecido em Flandres (das. p. 321). Es wäre auch sonst sehr auffallend, daß Doña Gracia Naßi, welche so viel für „sua nação portuguesa", für die portugiesischen Marranen getan (wie Samuel Usque nicht müde wird, zu wiederholen), nicht mit ihren Reichtümern und ihrem klugen Rat an der Spitze der geheimen Agitation gegen die Inquisition gestanden haben sollte. Nebenher sei noch bemerkt, daß sie bereits 1535 Witwe und in Flandern war (der Brief des Nuntius ist Januar 1536 angefangen), woraus sich ein ungefährer Schluß für das Alter ihrer Tochter und des Joseph von Naxos ziehen läßt, und daß ihr Schwager Diogo Mendes noch 1541 gelebt hat. D. Gracia ist also nach 1541 nach Italien gegangen, und zwar zwischen 1541 bis 48; denn in diesem Jahre war sie bereits in Venedig gewesen, und wie es scheint, einige Zeit. Denn der französische Gesandte in Venedig, Mr. de Morvilliers, schreibt am 12. Juli 1549: L'ainée de deux Mendés, qui a l'entière administration de tout le bien, s'est, il y a sept ou huit mois, retirée (de Venice) avec sa fille à Ferrare souls sauf conduit bien ample qui lui a taillé Mr. le duc. Also gegen Ende des Jahres 1548 hatte sie bereits Venedig verlassen. In Ferrara hat sie sich ganz unzweifelhaft aufgehalten, wie hier der französische Gesandte in Venedig angibt, der doch gut unterrichtet sein mußte; auch die Informationi bestätigen es. Sie muß mehrere Jahre dort gelebt haben, nämlich von Ende 1548 und noch September 1552, als ihr Samuel Usque sein Werk Consolação widmete, bis mindestens 1. März 1553, als ihr Abraham Usque die spanische Bibel dedizierte. Das Lob, das der erstere ihr in der Widmung und im Texte (p. 231) erteilte, daß Gott sie zum Heile der flüchtigen Marranen gesandt, um sie aus Elend und Verzweislung zu retten, ist aus Selbsterfahrung geflossen. Er und viele andere Leidensgenossen in Ferrara haben unmittelbar aus ihrer Hand Wohltaten empfangen. Wenn sich M. A. Levy (Joseph von Naxos, Note 42) auf Josua Soncin beruft, daß sie in Ferrara gar nicht oder nur kurze Zeit gewesen und unmittelbar von Venedig nach Konstantinopel gereist sei, so ist dieser Beweis nicht so schlagend. Soncin wollte bloß ihre Intention ausdrücken, daß sie Venedig verlassen,

um nach Konstantinopel zu gehen (Resp. Nr. 20): כנסעה הגברת מויניצייא לבא פה קושט׳.
In dem folgenden Passus daf. אחרי ד׳ שנים לצאת הגברת מויניצייא אירע באיטלייא הרבה מאורעות ומקרים מצאו שמה את אנשי עמנו, muß ein Zahlenfehler stecken. Die Kalamität, von der die Rede ist, betraf die Einkerkerung der Marranen in Ancona 1555. Es sind also 7 Jahre seit Gracias Abzug von Venedig bis dahin verflossen (nach Morvilliers Angabe). Es muß also heißen אחרי ז׳ שנים. Man ist zu dieser Emendation genötigt, weil Soncin selbst daf. angibt, ihr Neffe und Schuldner Agostin Enriques habe ihr 4 oder 5 Jahre regelmäßig Rechenschaft abgelegt, und zwar von ihrem Abgang von Venedig gerechnet, d. h. von 1548. Erst von dieser Zeit an habe er ihr die Bilanz verweigert. — Ihre Lebensdauer läßt sich auch dadurch einigermaßen ermitteln. Sie war 1535 bereits Witwe; 1565 bis 66 lebte sie noch, als Fürer von Haimendorf Tiberias besuchte (Reise ins gelobte Land, S. 278). Dagegen war sie 1568 wohl schon heimgegangen. Als nämlich Mose Almosnino die Leichenrede auf Josua Soncin hielt = 10. Nissan 1569, bemerkte er (Predigtsammlung Nr. VIII, p. 64): והנה בדרוש שדרשתי על הגברת מרת גראסיאה נשיא נ״ע מאמץ כח.
Es scheint, daß sie die Rangerhöhung ihres Schwiegersohnes zum Herzog nicht erlebt hat, starb also um 1565 bis 66. Sie kann demnach im Anfang des Jahrhunderts geboren sein.

Ihre energische Teilnahme für die Marranen betätigte Doña Gracia bekanntlich nach ihrer Ansiedelung in Konstantinopel dadurch, daß sie Sultan Suleiman um Intervention anflehte gegen Pauls IV. unmenschliche Grausamkeit wider dieselben. Der zuverlässige Joseph Kohen tradiert das Faktum, nachdem er die Einkerkerung der Marranen in Ancona erzählt (Emek ha-Bacha p. 117): ובקנסטנטינופולי אשה גדולה מיתר האנוסים ביאטריצי שמה והלך אל שוליימאן המלך ותתחנן לו. ושלח אל פאולו לבליעל לאמר שלח את אנשי עמי וישע בקולו. (Beatrice oder Beatrice de Luna war bekanntlich auch Gracias Name). Sultan Suleimans Schreiben an den halbtollen Papst Caraffa = Paul IV. infolge Gracias Petition hat die Briefsammlung Lettere di principi (Venedig 1581) T. III, p. 171 erhalten. Bei der Seltenheit des Buches teile ich die betreffende Stelle mit: „Soliman Sultan imperatore . . . à Papa Paolo IV. Dipoi che haverete ricevuto il mio divo et imperial sigillo . . . dovete sapere, che alcuni della generatione degli Hebrei hanno fatto notificare alla mia eccelsa . . . Porta che essendo alcuni sudditi et trabutarii nostri andati nei paesi vostri et massimente in Ancona per traficar, le robe et facoltà loro sono stati ritenuti ad instanza vostra. Il che in particolare è di pregiudicio al tesoro nostro di 400 mila duccati oltre al danno, che nostri sudditi, quali sono falliti et non possono pagare le obligationi loro al detto nostro tesoro per conto di datii et commercii dei porti nostri, che essi havevano in mano. Perciòe preghiamo la santità vostra, che secondo le virtù di questo universale et illustre sigillo nostro, del quale sarà portatore il secretario Cacciardo, huomo . . . del Rè di Francia . . . voglia esser contenta di librare li prefati sudditi . . . nostri con tutta quella loro facoltà che havevano et si trovavano, acciochè possano satisfare al nostro tesoro sopra la ritentione di detti prigioni. Con questo ci darete cagione di trattare amichevolmente i sudditi nostri et il resto de' Christiani che traficano in queste bande . . . L'ultimo della . . . luna di Rambelachi l'anno del profeta 964 = 9 di marzo 1556. —

Für das Faktum von den auf Pauls IV. Befehl hingerichteten Marranen, welches die Informationi erwähnen, sind gegenwärtig reiche zeitgenössische Quellen bekannt. S. o. S. 329 Note 1.

Die Geschichte Don Josephs, die mit der seiner Schwiegermutter Doña Gracia eng zusammenhängt, ist bereits von vielen Seiten aus den reichhaltigen Quellen beleuchtet. Hier seien nur noch nachgetragen zwei lateinische Briefe des Königs Sigismund August von Polen an ihn, von denen einer das Datum 1570 hat, wodurch Josephs Stellung und Einfluß noch mehr hervortritt. Diese zwei Briefe haben aus einem Archive abdrucken lassen Alex. Kraushar (Geschichte der Juden in Polen, historya Żydow w Polsce II, p. 318) und Mathias Berson (in Frankel-Gratz, Monatsschrift, Jahrg. 1869, S. 423).

1. Judaeo Nasi Sigismundus Augustus rex. Excellens domine amice noster dilecte. Redit ad felicitatem vestram Joannes Vancimulius Vincentinus pro expeditione negotii, per ipsum nobis enarrati, expectabimus nos ut communibus votis felices eventus respondeant.

Interimque procurabimus in prompta habere omnem illam summam quae ad centumquinquaginta millia suis temporibus exbursanda ascendit; Deus Optimus Maximus una cum suo Ministro transmittendo ad nos reducat, ut omnia hinc inde promissa adimpleri possint, ab eodem Celsitudo Vestra intelligere poterit, quam prompta sint voluntas nostra, et animi propensio erga illam tam espectu privilegiorum suo tempore confirmandorum quam cujusvis alterius officii praestandi, quod ab ipso Vancimulio plenius intelliget, quem illi pro secunitate sua ex animo commendamus. Varsaviae, die XXV. Februarii.

2. Illustris Princeps amice noster dilecte. Gratissima est nobis egregia ista voluntas. Illustritatis Vestrae erga nos, quam nobis partim litterae Illustritatis Vestrae repraesentant, partim etiam renuntiant ii, qui istinc ad nos reverti solent. Quod cum ita sit, persuadere sibi debet Illustritas Vestra, paratos nos vicissim esse atque fore ad referendam parem gratiam Illustritatis Vestrae, quotiescunque se ejus declarandae occasio praebuerit. Nunc cum in negotiis nostris mitteremus istuc ad Excelsam Portam nobilem Andream Taranowski, internuncium nostrum, noluimus illum sine nostris ad Illustritatem vestram litteris discedere, postulantes ab Illustritate Vestra, ut si qua in re, in negotiis nostris, opere, officio, favore Illustritatis Vestra opus habuerit, sentiat sibi has Nostras litteras magno apud Illustritatem Vestram in rebus omnibus adjumento fuisse.

Datum Varsaviae, die VII Martii anno MDLXX.

Der Passus im ersten Briefe: „espectu privilegiorum suo tempore confirmandorum" deutet wohl an, daß Joseph von Naxos für seine polnischen Glaubensgenossen Bestätigung gewisser Privilegien verlangt, und daß der König ihm darin zu willfahren versprochen hatte.

Herr Halberstamm teilte mir mit, daß in einem Ms. seines Besitzes (Nr. 390) enthaltend Briefe von italienischen Rabbinen, angegeben ist, Joseph von Naxos habe an den König von Polen eine Gesandtschaft mit einem großen Gefolge geschickt. Die Notiz lautet: שמעתי אחורי הפרגוד איך כמ' יוסף נשיא יר"ה שלח ציר מיוחד
אל המלך מפולוניא עם שרים ועבדים עמו ונעשה לו כבוד גדול ולכל העם אשר היה עמו . . .
אבל לא נודע מחמת עסק מה היה שם הציר.

Die gesandtschaftliche Verhandlung zwischen dem König von Polen und der Pforte in dieser Zeit (1570) betraf die Wahl des Woiwoden für die Moldau, an welche beide Ansprüche und Interessen hatten. Von Polen wurde der junge Bogdan unterstützt, die Pforte war aber gegen ihn eingenommen, weil sie wußte, daß er sich ihrer Souveränität völlig entschlagen wollte. Sie begünstigte dagegen einen Abenteurer Jwonia. Dem König Sigismund August lag aber so viel an Bogdans Bestätigung, daß er deswegen einen außerordentlichen Gesandten an den Sultan ernannte, und zwar Taranowski (vergl. Zinkeisen, Geschichte d. osman. Reiches III, 519). Von diesem Taranowski ist auch in dem zweiten Schreiben des Königs an Joseph von Naxos die Rede. Er wurde darnach angegangen, des Königs Vorhaben bei der Pforte zu unterstützen. Der Zweck von Josephs Gesandtschaft an Sigismund August ist mir unbekannt.

Zur Geschichte und den Plänen des Joseph von Naxos hat David Kaufmann einen neuen interessanten Beitrag geliefert aus einer Kollektion von Briefen und Sendschreiben, den er in Jewish Quarterly Review, (Vol. II, p. 305 ff.), mitgeteilt hat. Da diese Vierteljahrsschrift außerhalb Englands nicht allgemein bekannt ist, so dürften die Auszüge daraus, welche Don Joseph und die Geschichte der Juden des Kirchenstaates betreffen, nicht überflüssig sein. Es sind zwei Sendschreiben, das eine von der kleinen Gemeinde Core in Campanien an die italienischen Gemeinden, ihr, welche infolge der judenfeindlichen Bullen verarmt ist, Mittel zur Auswanderung zu spenden (Nr. 167), und das andere von der Gemeinde in Ancona, welche Beiträge für die Emigranten von Core empfiehlt und befürwortet (Nr. 168). Aus dem ersteren ergibt sich, daß die verarmte Gemeinde sich entschlossen hatte, samt und sonders auszuwandern, weil ein Aufruf von Joseph von Naxos an die Juden ergangen war, sich in dem von ihm neuerbauten Tiberias anzusiedeln. Gelegentlich wird erwähnt, welche Leiden die Gemeinden im Kirchenstaate durch die Bullen Pauls IV. und Pius V. erduldet haben. Retrospektiv referiert das erste Sendschreiben (p. 306): ויהי כי הקיפו ימי דצער והטרודים והמסיות והצרות ורע׳לות . . . .

. . . בזמן הפיפיור פאולו הרביעי שאז מה מאד הקיפה הצעקה אל גבול ישראל מן העכידה הקשה אשר עבד בינינו מהבולא שרוצא כנגדינו עד שלא נשאר לנו מחיה . והדוחקים עלו השתרגו על צוארינו ביציאת הקומיסארייו שהיו נוטלים את מכנינו וענשים אותנו או לגליא או למיתה , באיפן שמי לא היה בידו כח לסבול ולקדש את השם היו ממירים דתינו הקדושה עד שארכו (ל. שֶׁרָבּוּ) כמו רבן הממירים בזמן ההיא . ורנשארים לא נשאר להם בלתי אם גויות וצירתהם . . . . ובפרטו מלכות קמפנייאה אשר עינינו הרובה . . . . וזה אם הזמן בוקה וסנוקה וטכלקה . . . . כלנו קבצנו פארור מגדול סדרי הבולא קשה וצומה שיצאת (ל. שיצאה) עם כל דתי הנימוסים שיסדר (ל. שסדר) /עלינו פיאו חמישי שלא די עצירתינו בכל מקום שאנחנו דרים בנו עלינו ויקיפו חומות סוגרים ומסוגרים . . . . עד כי הפליא . . . . הנימוסים שאין אנו יכולים לעשות שום סחורה שבעולם לא מדבר רגוז ולא כבגדים חדשים . . . . הגם שהרעמים נהפכו כלם ממתוק למר באמרם שאסור להם לתת לנו שום סיוע והנאה ולהשתדל עמנו בשום צד . . . . והנה צעקת ותפילת ק״ק קורי ועניוים כי רבה . . . והנה אלינו קול רגלי מבשר משמיע שלום . . . לצאת מן הגולה . . . . רנשיא השר . . . . אדונינו דון יוסף שמאח ה׳ היתה לו דיח נהוגה ביתו אשר בו נחר א׳ יח׳ לעשות אות ומופת על גאולתנו כמו שפסק הרמב״ם . . . וקבלה היא שבתבריא עתידה לחזור תחלה שמעו כמכף הארץ . . . הנשיא האדון דנ״ל הזיל זרב מכים וסדר בבמה מקומות כגון בוניציאיא ובאנקונא אניות ויועים . . . להוציא ממסגר אסיר , וכו״ש ליחידים אשר כטה ידם . . . . וגם שמענו כי רבים נסעו ועכרו על סיעו הקרלות והרנשיא הנ״ו . . . ובפרט כי הוא מכקש אנשים ירודים בעלי מלאכות כדי לישב ולתקן את הארץ בישובה . . . . ולשׁבענֹתו שמחה אחותנו . . . . על ענין נסיעתנו כפה לבא להר׳ החת צל כנפי השם לצו״י הארון הנשיא דנ׳ בטבריא.

Der Entschluß der Gemeinde von Core, nach Tiberias auszuwandern, muß von ihr gefaßt worden sein, ehe Pius V. die Bulle erlassen hatte, sämtliche Juden des Kirchenstaates, mit Ausnahme von Rom und Ancona zu verbannen, also vor Februar 1569. Aus einer Notiz, welche Herr Charles Dejob aus einem Schreiben eines Bischofs an den auf Judenbekehrung versessenen Kardinal Sirleto mitgeteilt hat (Revue d. Et., IX, p. 85), könnte man entnehmen, daß die Gemeinde von Core ungeachtet aller Vorkehrung zum Auswandern, doch den Entschluß nicht ausgeführt und auch den Ausweisungsbefehl illusorisch gemacht hat. Die Notiz lautet: L'évêque de Minor. se plaignait qu'en donnant de l'argent (les Juifs) tant à Rome qu'à Coré, ils eussent empêché l'exécution d'un arrêt qui les chassait de cette petite ville. Woher mag die verarmte Gemeinde Geld hergenommen haben, um in Rom hochgestellte Kirchendiener und in der eigenen Mitte die geistliche und weltliche Polizei zu gewinnen, das Verbannungsdekret unvollstreckt zu lassen? Die Gemeinde zählte nicht mehr als 200 Seelen, wie uns das Schreiben der Anconenser berichtet: הם ונשיהם וטפם סך מאתים נפשות.

7.

Die drei Usque und die Ferrarensische Bibel.

Gegen die Mitte des XVI. Jahrhunderts tauchen in der jüdischen Literatur drei hervorragende Marranen, sagen wir, Schriftsteller namens Usque, auf, welche die Bibliographie bisher nicht kenntlich genug gemacht oder sogar manches Irrtümliche über sie verbreitet hat. Es sind Salomo Usque, Abraham Usque, und Samuel Usque. Ihre Namen und Leistungen sollen durch das Folgende bemerkbarer gemacht werden.

I. Salomo Usque.

Von demselben ist bisher nur bekannt, daß er Petrarcas Gedichte aus dem Italienischen ins Spanische gelungen übersetzt, daß er eine Canzone über die sechs Schöpfungstage gedichtet und sie dem Kardinal Borromeo gewidmet, und daß er gemeinschaftlich mit einem anderen (jüdischen) Dichter Lazaro Gracian ein Drama „Esther" ausgearbeitet hat (nicht gedruckt, von Leon di Modena ins Italienische übersetzt; vergl. Wolf, Bibliotheca III, p. 300, 1025 und de Rossi, Dizzionario s. v. Modena). Der portugiesische Bibliograph Barbosa Machado gibt mehr über ihn an (Bibliotheca Lusitana T. III, s. v. Salusque Lusitano), wodurch man auf die Spur geleitet wird, wie sein Name als Marrane gelautet hat. Salusque Lusitano nome affectado, com que encubrio o proprio, traduzeo da lingoa Italiana em a Castellhana com „sommarios e argumentos" que muito illustrão a tradução, sonetos, canciones, madrigales e sextinas do grande poeta .. Petrarcha, primeira parte Venetia 1567, dedicada a Alexandre Farnese, principe de Parma. Weiter teilt Barbosa Machado einen Passus des Alfonso de Ulloa mit, welcher Barros erste zwei Dekaden über die Entdeckungen der Portugiesen in Asien ins Italienische übersetzt hat, daß dieser Salusques Übersetzungskunst sehr gerühmt habe: Am schwierigsten seien Petrarcas Verse zu übersetzen; daher verdiene Salusque besonders Lob, daß er nicht bloß den Sinn, sondern auch Silbenmaß und alle Formenschönheit von Petrarcas Poesie wiederzugeben verstanden habe: El ingenoso Salusque Lusitano, que ha traduzido (la obra escrita en versos de Petrarcha), merece

Note 7.

mucho loor, por haver obligado no solo à la sentencia, mas aun a los mismos numeros de las sylabas de los versos etc. Endlich bemerkt derselbe Bibliograph, Alfonso de Ulloa habe seine übersetzten Dekaden dem Duarte Gomez gewidmet und auf Salusque ein Sonett gedichtet: Em aplauso de tradutor fez o sequinte Soneto o mismo Ulhoa o qual na dedicatoria que fez da tradução das Decadas .. a Duarte Gomes. In diesem Sonett preist de Ulloa Spanien glücklich, daß es jetzt in der eigenen Sprache Petrarcas Lieder besitze, „Dank dem guten Portugiesen Salusque": merced del buen Salusque Lusitano. So weit der Bericht von Barbosa Machado. Nun, Salusque ist eine Abkürzung für Salomo Usque, das ist nicht zu verkennen. Weiterhin (p. 407a) ist der Name bei Barbosa Machado in Seleuco Lusitano verstümmelt. Der unkritische Barbosa hat aber nicht erkannt, daß Salomo Usque, dessen Übersetzungskunst de Ulloa im Sonette feierte, und Duarte Gomez, dem derselbe die Dekaden gewidmet, eine und dieselbe Person war. Das erfahren wir aus den Zenturien des marranischen Arztes Amatus Lusitanus, des Zeit- und Leidensgenossen aller drei Usque.

Derselbe hat Duarte Gomez behandelt, und im Eingange zu dessen Krankheitsgeschichte (Centuria V curiatio 19) teilte er einige für uns interessante Biographica über ihn mit: Eduardus Gomez Lusitanus, vir gravis, doctus et poeta, ut qui Petrarcae numeros hendecasyllabos et cantiunculos hetrusca lingua scriptos in linguam Hispanicam vertat ita cordate, apposite et suis numeris consone, ut omnibus admirationi fuit, hoc anno aetatis suae quadragesimo quinto ex Venetiis, ubi varia et ingentia mercium negotia exercet, Anconam venit. Hier haben wir es deutlich, daß Duarte Gomez so kunstvoll Petrarcas Verse übersetzt hat. Niemand wird darauf fallen, anzunehmen, daß zwei verschiedene Personen zur selben Zeit dieses großen italienischen Dichters Poesien zur Bewunderung der Zeitgenossen ins Spanische übersetzt hätten. Also muß Salusque oder Salomo Usque und Duarte Gomez (oder portugiesisch Gomes) ein und dieselbe Person sein. Den letzten Namen führte er wohl als Scheinchrist. Vielfaches erfahren wir nun aus Amatus Lusitanus' Notiz, daß Salomo Usque oder Duarte Gomez zugleich Dichter und Kaufmann war und in Venedig bedeutende Geschäfte machte. Auch dessen Geburtsjahr ist dadurch bekannt. Die fünfte Zenturie sammelte Amatus zwischen August 1553, Zeit der Beendigung der vierten Zenturie, und während Albas Kriegsrüstung gegen Rom 1556 (vergl. Epilog zu derselben). Aber seine ärztliche Behandlung von Duarte Gomez fiel vor Frühjahr 1555, weil Amatus zu dieser Zeit wegen Paulus' IV. Grausamkeiten gegen die Marranen in Ancona sich nicht mehr in der römischen Hafenstadt befand, sondern nach Pesaro ausgewandert war (vgl. Zent. V. cur. 49). Also um 1553 bis 1555 war Duarte Gomez oder Salomo Usque 45 Jahre alt, also geb. um 1510. Er kann also im Druckjahre seiner übersetzten Poema'a 1567 noch gelebt haben. Daraus ergibt sich auch, daß er keineswegs der Vater des Abraham Usque gewesen sein kann, der, wie sich weiter zeigen wird, ihm an Alter ziemlich gleich war. Wohl hieß Abraham Usques Vater Salomo, wie aus dem Titelblatte eines מחזור hervorgeht (bei Wolf III, p. 1201 מחזר, orden de Rosh Haschana y Kipur traslado en Español por .. Abraham Usque ben Schelomo Usque Portugues, gedruckt in Abraham Usques Haus in Ferrara, Elul 5313 — 1553. Dieser Salomo Usque, Abrahams Vater, war also älter; aber es folgt daraus, daß die Usques untereinander verwandt waren.

Es läßt sich auch kombinieren, daß es derselbe Duarte Gomez oder Salomo Usque war, den Joseph Naßi zu seinem Agenten in der Schuldangelegenheit an den König von Frankreich gesandt hat. Dafür spricht nicht nur der Name, sondern auch der Umstand, daß er als „aus Venedig" bezeichnet wird. Der französische Gesandte Mr. de Petremol schrieb an Karl IX. vom 11. August 1564 (bei Charrière, Négociations II, p. 776), daß der Thronfolger Selim sich sehr für die Zahlung der Schuld an Joseph Naßi interessiere: En partie aussy que ladite debte prétendue n'avoit été encore veriffiée par devant les intendants de vos finances, commandement fut faict audit sieur Nazi de vous envoyer homme exprès ... Pour ceste cause ledit sieur Joseph Nazi envoy en vostre cour l'un de ses principauls facteurs demeurant à Venise, nommé Odouart de Gometz. Daraus läßt sich nun weiter folgern, daß es ebenfalls derselbe war, welchen Doña Gracia mehrere Jahre vorher zum Teilnehmer an einem Bankgeschäfte in Ferrara eingesetzt und ihm, sowie ihrem undankbaren Neffen Agostin Enriques zu diesem Geschäfte eine Summe vorgeschossen hat. Er besaß auch ihr Vertrauen, wie das ihres Schwiegersohnes Joseph Naßi; die Nachricht darüber hat Josua Soncin (Respp. Nr. 20) erhalten: ברצות הגברת (דונה גרסיא) להוריל ולהטיב את אגוסטין (אינריקיש) בנסיעו מונציא לבא פה קושטנטינא הניחה ביד אגוסטין י"ח אלפים זהובים ונעשו בשתפות עם אגוסטין ודוארטי גומיש. Als Agostin eine Ausflucht ersann, einen Vertrauensmann von Doña Gracia zu wünschen, dem er Rechenschaft über Summen, die er ihr schuldete, legen wollte, schrieb sie an ihn: לא ידעתי שמה אדם הגון וראוי אצלך אלא דוארטי גומיש. עמו תשא ותתן על החשבון Weiter heißt es daß.: זה הבתב שלחה הגברת לאגוסטין יום ד' לח' אבריל משנת שי"ט ליצירה והאיש דוארטי גוטיש מסר האגרת לאגוסטין בעיר פיראה.

Das Ergebnis dieser Untersuchung ist, daß Salomo Usque, früher als Marrane in Portugal Duarte Gomez genannt, zugleich ein gewandter Dichter und ein gewandter praktischer Geschäftsmann war, und mit den Schutzpatronen der Marranen, Gracia Mendes Naßi und ihrem Schwiegersohne, in Verbindung gestanden hat.

II. Abraham Usque.

Dieser ist bisher nur als Editor und Druckereibesitzer in Ferrara bekannt gewesen, in dessen Offizin spanische, portugiesische und hebräische Schriften erschienen sind von 1551/52 bis 1558 (vergl. de Rossi de Typographia Hebraeo-Ferrarensi p. 28 ff. und 62 ff.). Bei ihm erschien auch die berühmt gewordene Ferrarensische Bibel alten Testaments, die erste spanische Übersetzung derselben, mit gothischen Buchstaben gedruckt. Auf dem letzten Blatte ist angegeben: con industria y diligencia de Abraham Usque Portugues, estampada en Ferrara à costa y despesa de Yom Tob Atias, hijo de Levi Atias, Español, en 14. de Addar de 5313. Diese spanische Bibel, welche von sehr vielen beschrieben und besprochen wurde, von Bartolocci, Richard Simon, Vogt, Wolf, Nicolaus Antonio, Clement, Knoch, Osmont, de Bure, Creveña, de Rossi und Rodriguez de Castro, bietet ein Rätsel dar, welches bisher nur schlecht gelöst wurde. Denn es existiert eine ganz gleiche Bibel mit denselben Typen, demselben Format, in demselben Orte gedruckt und in demselben Jahre und Tage vollendet, die aber ediert wurde von Duarte Pinel auf Kosten des Geronimo de Vargas. Es finden sich nämlich zum Schlusse einiger Ferrarensischen Bibelexemplare die Worte: con industria y diligencia de Duarte Pinel Portugues, estampada en Ferrara à costa y despesa de Jeronimo de Vargas Español, en primero de Março de 1553. Der erste März 1553 entspricht gerade dem 14. Abar 5313. Dasselbe Druckwerk ist also zu gleicher Zeit zweimal erschienen und hat verschiedene Editoren und verschiedene Patrone gehabt, bald Abraham Usque und Jom-Tob Atias und bald Duarte Pinel und Geronimo de Vargas. Außer dieser Verschiedenheit fällt noch eine andere auf. Einige Exemplare sind dem Herzoge Ercole II. von Ferrara gewidmet, und unter der Widmung sind Duarte Pinel und de Vargas gezeichnet, andere wiederum sind Gracia Naßi dediziert, und unter der Dedikation sind Jom-Tob Atias und Abraham Usque unterschrieben. Woher diese Verschiedenheit bei sonstiger völliger Gleichheit? Einige Exemplare bieten indes noch eine allerdings unbedeutende Differenz. Die Usqueschen Exemplare (so wollen wir die einen nennen) übersetzen den Vers Jes. 7, 6 הנה העלמה הרה durch: he la moça concibien, die Pinelschen Exemplare dagegen durch: he la virgen concibien. Man sieht wohl ein, daß die Übersetzung: „die Jungfrau wird schwanger werden," zugunsten der christlichen Dogmatik veranstaltet wurde. Daraufhin haben die meisten der genannten Bibliographen angenommen, die Pinelsche Ausgabe sei für Christen, die Usquesche dagegen für Juden ediert worden.

Diese Hypothese hat aber Rodriguez de Castro (Bibliotheca Española I, p. 402 ff.) gründlich widerlegt. Er, als Spanier, war kompetent zu erklären, daß das spanische Wort moça ebensogut „Jungfrau, Mädchen" bedeutet, wie virgen. Mit Recht fragt er ferner, wenn die Pinelsche Übersetzung für Christen veranstaltet worden wäre, warum denn nicht auch andere Verse im Sinne der christlichen Exegese übersetzt sind, wovon aber keine Spur vorhanden ist, vielmehr bieten sämtliche Exemplare denselben Text nur mit Ausnahme dieser einzigen Variante. — Gegen die Hypothese von zwei Editionen verschiedener Editoren für Juden und Christen läßt sich überhaupt viel einwenden. Es ist nicht denkbar, daß überhaupt damit eine Edition für Christen veranstaltet worden wäre; denn gerade die angeblich christliche, die Pinelsche Edition, erhielt das päpstliche Imprimatur, und bekanntlich perhorreszierte damals der offizielle Katholizismus nichts mehr, als die Übersetzung der Bibel für Christen. Ferner sagt auch diese Ausgabe, wie die andere, daß sie die „alte, bei den Juden übliche Übersetzung beibehalten hat": fue forçado seguir el lenguaje, que los antiguos Hebreos Españoles usaron; sie hat also auf ein jüdisches Publikum gerechnet. Ferner, abgesehen davon, ob auch die Pinelsche Edition die Haftarot enthält (was die Bibliographen ungewiß lassen), so enthält sie gleich ihrer Zwillingsschwester mehreres, was nur für Juden Wert hat und nur ihnen verständlich ist. 1. Im Eingange nach dem Prologe ein Register der Richter, Könige, Propheten und Hohenpriester und ein Summarium der Jahre von Adam bis zum Jahre 4280 mundi entnommen dem סדר עולם: sumario de los años desde Adam hasta el año 4280 del mundo, sacado de Seder Olam. 2. Beide enthalten die Angabe der Lektionsabschnitte für den einjährigen Zyklus פרשית; mit Genesis beginnt Parascha Nr. 1 und läuft fort bis Parascha הברכה ואת. 3) Beide geben gewisse masoretische Indizien, die Zahl der Verse „Pesuchim", die Hälfte der Bücher „la mitad". Wozu das alles für Christen? Rodriguez de Castro, obwohl er alle diese Momente übersehen hat, erschüttert mit Recht die Hypothese von der Konfessionsverschiedenheit der beiden Editionen der Ferrarensischen Bibel, ohne jedoch eine bessere an ihre Stelle zu setzen. Denn seine Hypothese von einem Sozietätsverhältnis zwischen

Usque-Atias einerseits und Pinel-de Vargas anderseits zur Herausgabe der spanischen Bibel ist nicht stichhaltig.

Das Rätsel läßt sich aber leicht lösen, wenn man eine Eigentümlichkeit dabei ins Auge faßt. Ist es denn Zufall, daß je der Herausgeber ein Portugiese und je der Patron ein Spanier war? Man erwäge: con industria ... de Duarte Pinel Portugues, con industria de Abraham Usque Portugues; à costa ... de Jeronimo de Vargas Español, à costa ... de Yom Tob ... Atias Español. Erwägt man dieses, so kommt man sofort darauf, daß Duarte Pinel und Abraham Usque eine und dieselbe Person war, und ebenso der Patron de Vargas und Jom-Tob Atias. Beide waren Marranen, die als Christen den einen und dann nach ihrem Rücktritt zum Judentume den andern Namen geführt haben, wie so viele andere. Die Ferrarensisch-spanische Bibel hat nicht zwei Editionen, sondern nur eine einzige von einer einzigen Person, Pinel-Usque, herausgegeben, auf Kosten eines und desselben marranischen Juden, de Vargas-Atias. Aber warum ist der Prolog in einigen Exemplaren mit den spanischen Namen und in anderen mit den jüdischen Namen unterzeichnet? Diese Frage ist leicht zu beantworten. Die spanische Bibel ist unter den Auspizien des Herzogs Ercole II. von Ferrara ediert worden, wie das Titelblatt der Pinelschen Exemplare angibt: con privilegio de illustrissimo señor duque de Ferrara und die Dedikation: se imprimió por mandado y consentimiento de vuestra Excellencia. Sie wurde ferner der Zensurbehörde vorgelegt und von ihr geprüft und genehmigt: vista y examinada por el officio de la Inquisicion. In der Widmung an den Herzog heben der Editor und sein Sozius es ausdrücklich hervor, daß die Bibelübersetzung die Zensur passiert hat — und flehen ihn auch um Schutz gegen verleumderische Zungen an: de baxo de cuyo sublime favor navegaremos por el tempestuoso mar que las detractores lenguas pueden levantar. Wenn die Marranen auch in Ferrara geduldet wurden, so durften sie wohl in einem offiziellen Akte nicht geradezu als Juden auftreten. Daher mögen die Herausgeber, Pinel und de Vargas, in den Exemplaren, welche der Zensur und dem Herzoge vorgelegt und dem letztern gewidmet werden sollten, ihre jüdischen Namen verschwiegen und auch den Anstoß vermieden haben, den das Wort עלמה in Jesaias, durch „junge Frau" wiederzugeben, erregen könnte. Sie setzen daher dafür geradezu virgen in einigen Exemplaren, um die Zensur zu befriedigen. Aber sie hatten ebensoviel, wo nicht noch mehr, der edelherzigen Doña Gracia Naßi zu danken, und wollten auch ihr ein Zeichen ihrer Erkenntlichkeit durch eine Dedikation geben. Hier, en famille, durften sie die Maske fallen lassen, sich geradezu Abraham Usque und Jom-Tob Atias nennen und das Wort moça statt virgen gebrauchen, welches wie עלמה eine vox media ist, ebensogut „Jungfrau" wie „junge Frau" bedeuten kann. Mit einem Worte, die Ferrarensisch-spanische Bibel ist nur für Juden ediert, und es sind von ihr zweierlei Exemplare abgezogen worden, offizielle für die Augen des Herzogs und der Zensur und nichtoffizielle für die der Juden.

Nach dieser Auseinandersetzung ist an der Identität von Abraham Usque und Duarte Pinel einerseits und von Jom-Tob ben Levi Atias und Geronimo de Vargas anderseits nicht zu zweifeln. Daraus folgt, daß beide Marranen waren — der erstere aus Portugal und der letztere aus Spanien. — Der erstere war nicht bloß Druckereibesitzer in Ferrara, sondern auch Schriftsteller. Denn Nikolaus Antonio führt von Pinel eine Schrift an: Eduardi Pinelli Lusitani latinae grammaticae compendium.

Ejusdem tractatus de Calendis, gedruckt Lissabon 1543. In diesem Jahre scheint Abraham Usque noch in Portugal als Marrane gelebt zu haben. Rodriguez de Castro schreibt ihm zwar noch einen Traktat über die jüdischen Riten für das Neujahr zu; es ist aber ein Irrtum, wozu ihn Wolf verleitet hat. Es ist weiter nichts, als orden ha schana, d. h. ein מחזור, das Abraham Usque ediert hat. — Es sei noch zum Schlusse hervorgehoben, daß auch Abraham Usque wie Salomo Usque in Beziehung zu Doña Gracia Naßi stand, indem er mit seinem Sozius ihr die Bibel gewidmet hat.

III. Samuel Usque.

Von diesem, vielleicht dem bedeutendsten der drei Usque, ist viel weniger bekannt und eigentlich weiter nichts Bestimmtes, als seine paränetische Behandlung der jüdischen Geschichte in seinem, man kann sagen Meisterwerke: Consolação as tribulações de Israel, gedruckt Ferrara September 5313 bei Abraham Usque und gewidmet mit einer schwärmerischen Dedikation der Doña Gracia. Ohne Zweifel war auch er Marrane, wie aus vielen Äußerungen in seinem Werke hervorgeht, aber seinen marranischen Namen habe ich bisher nicht ermitteln können. Aus einer Notiz bei Isaak Akrisch (in dessen קול מבשר gedruckt um 1577) geht hervor, daß Samuel Usque später in Safet gelebt und dort national-romantische Agitationen getrieben hat. Ich gebe wegen der Seltenheit des Buches und anderweitiger Wichtigkeit dieser Notiz hier in extenso wieder: ואף על פי שראיתי אגרת פרישטי זואן ומסיעת של רבי בנימין וספר אלדד הדני שהם
בדפוס והראובני שבא לקיסטפנדינא (?) והלך לפורטוגאל שנת רפ"ב כפו שכתוב בדברי הימים לר' יוסף הכהן, נכל לומר שהם המצאות שהכציאו לחוק ברכים כושלות . . וכפרט המצאה אחת שראיתי אני בעיני מכתב אחד שלח מצפת ירודה אנגילו שצ"ו ישי"ו ורוא שטן ומלאך המות וזה היה בהיות בן ט"ו(¹ שנה היום קרוב לשנים ושלשים שנים שנת הש"ה והיה כתוב בכתב סבאי קרוב לצפת השכטים והם לאלפים ורבבות ע' פעמים כיוצאי מצרים, והיה ניחן סמנים לגליהם כמו ציורים וצנועיהם ושם מלכם . . ומי יתן והיו דברי נכונים . . ולא די שהיה לך ומתלוצץ (אנגיל) אלא שכבב את פני הרעה ונשמעה השמועה בין העמים והיה לועגים עלינו ועל הורהנו. ואחריו כמו שני רשעים בצפת שם האחד שבוא"ל, אושקי ושם השני שמואל צרפי וגם המה היו ליצני הדור והיה אומר כל אחד בפני עצמו אני דבריהו עם ערבי אחד שבא מארץ רשכצים . . . ואלו השני רשעים אחד מעיד על חברו . . . ועניי צפת היו מאמינים כהם. . . . ואחרי מות שמואל צרפי ש"ל שהיה רשע יותר מחברו העידו עליו אנשים רבים וכו'.

Daß Samuel Usque von Ferrara nach Safet ausgewandert wäre — vielleicht infolge der kirchlichen Reaktion unter Paulus IV. — ist nicht unwahrscheinlich. Es ist auch möglich, daß er nationalen Hirngespinsten nachhing. Denn er hatte, trotz seiner Bildung und umfassenden Kenntnis der Profanliteratur, auch eine Vorliebe für die Kabbala. In seiner Consolação (p. 228b) läßt er folgendes Thema zwischen Numeo und Jcabo besprechen: Numeo: „Diejenigen Juden, welche im Gewande des Judentums in diesem Leben ihre Sünden abbüßen und an Gott und seinem Gesetze festhalten, erlangen Anteil am jenseitigen Leben, nicht aber diejenigen, welche sich von Israels Körperschaft losgelöst haben. Jcabo: „So wären also die Seelen derer verloren, welche durch Zwang und Gewalt das Gesetz aufgegeben, aus Todesfurcht die Maske einer anderen Religion angenommen hätten und in ihr gestorben wären (die Marranen)?" Numeo: „Pera estes outra grande misericordia usa a magestade

---

¹) Der Passus בהיותי בן מ"ו שנה ist wohl eine Korruption für בהיות בן ט"ו שנה; denn im fünfzehnten Jahre war Akrisch von diesem Schauplatze entfernt und lebte noch in Italien. Vergl. a. S. 8, Note 1.

divina, passando aquellas almas de uns noutros corpos, que nelles se emendem et purgem aquella yncostancia, de que usaram; d. h. die Seelenwanderung soll die im Christentum gestorbenen Marranen läutern. Daraus und aus noch anderen Momenten ergibt sich, daß Samuel Usque von der Mystik durchdrungen war. Die Marranen hatten überhaupt durchschnittlich eine besondere Inklination für die Kabbala. Er mag daher sich in dem Kabbalistenneſt Safet angesiedelt haben.

Daß Samuel Usque mit Doña Gracia in Verbindung gestanden, bemerkt er wiederholentlich in seinem Werke; er nennt sich in der Widmung „ihr Geschöpf, vossa feitura." — Nebenher sei hier bemerkt, daß die consolação nicht 1553, sondern ein Jahr vorher erschienen ist; der 27. September 5313 ist 1552. Das Werk ist noch vor dem großen Scheiterhaufen für jüdische Schriften in Italien gedruckt worden, sonst hätte der Verfasser auch diese Kalamität mit aufgenommen, wie es Joseph Kohen zum Schluſſe des דברי הימים getan. — Bemerkenswert sind die Quellen, welche Samuel Usque für die zum Zweck der Erbauung umgearbeitete Geschichte benutzt hat. In der Einleitung bemerkt er, er habe sich Mühe gegeben, Geschichtsfakta zu sammeln, sie aus authentischen Quellen am Rande angegeben (p. 3): recolhendo (eu os trabalhos) por certo nam (não) com pouca fadiga e trabalho de diversos e muy aprovados autores, como nos margens se pode vir et os mais modernos trabalhos autorizados com as memorias dos velhos que en elles se am (hão) achado. Im ersten und zweiten Dialoge ist am Rande öfter angegeben: Josefo das ystorias iudaicas, mit Angabe des Buches und Kapitels. Usque hat also Josephus gelesen, wohl in der damals bereits edierten lateinischen Übersetzung. Von jüdischen Quellen zitiert er bei der Geschichte von Bar-Kochba: livro de Sanhedrin, capitulo que comença, bislossa l'erakim (p. 140), ferner Echa Rabbati. Er zitiert Abraham Jbn-Daud: Abrahão Levi no livro de Cabala (p. 192b). Von externen Quellen zitiert er: Corónica dos emperadores Romanos de Dion (p. 142, 154); Ovid, Lucian, Plutarch (p. 151b). Für die diasporische Geschichte im dritten Dialog meistens fortalitium fidei (Chiffre F. F.) des Alfonso de Spina, öfter Coronica de España, ystoria de Sam Denis de França (p. 109), Coronica (de) Ingraterra (p. 177), Coronica dos emperadores e dos Papas (p. 186). In Band VIII, Note 1, habe ich nachgewiesen, daß er Profiat Durans (Efodis) ס׳ הזכרונות vielfach benutzt hat.

8.

Der Arzt und Staatsmann Salomo Aschkenaſi und die Favoritin Esther Kiera.

Fast noch mehr Einfluß auf die maßgebenden Persönlichkeiten an der Pforte und dadurch auf Staatsangelegenheiten als Joseph von Naxos hatten unter Sultan Murad III. ein jüdischer Arzt und eine jüdische Favoritin des Harems. Dadurch waren sie beide imstande, zugunsten ihrer Glaubensgenossen in der Türkei zu wirken, wenigstens jene elende Lage von ihnen fern zu halten, in die sie nach deren Tod vom Anfang des 17. Jahrhunderts an geraten sind. Der jüdische Arzt und Diplomat Salomo Aschkenaſi ist zwar bekannt; er war bereits Gegenstand historischer Behandlung (Ersch und Gruber, Enzyklop., Sek. II, Bd. 27, S. 203 ff.; Luzzatto zu Emek-ha Bacha, p. 150 ff. N. 2. Levi, Joseph von Naxos, S. 8). Aber einige wichtige Notizen über ihn wurden übersehen, und erst dadurch ist man imstande, seine nicht uninteressante Biographie zu verfolgen. Von der jüdischen Favoritin Kiera ist bisher nur das Wenige bekannt, was v. Hammer in seiner Geschichte der Osmanen über sie mitgeteilt hat. Einige ergänzende Nachrichten über sie dürften daher nicht unwichtig sein.

I. Salomo Aschkenasi.

Fast alle Gesandtschaftsberichte, französische, deutsche und italienische, namentlich venezianische Berichte aus dem 16. Jahrhundert nennen den jüdischen Arzt Salomo Aschkenasi. Er war dadurch so bekannt geworden, weil er den Frieden zwischen der Türkei und Venedig nach dem Cyprischen Kriege vermittelt und abgeschlossen hat. Ein französischer Gesandter an der Pforte bezeichnet ihn als Rabi Salomon, favori de tous les Bassas (Charrière, Négociations III, p. 883). Bekannt ist es auch, daß er bestimmend darauf eingewirkt hat, daß Heinrich von Anjou (später Heinrich III. von Frankreich) zum König von Polen gewählt wurde. Salomo schrieb 1580 an diesen König: massime in la electione che vostra magestà so electo rè de Polonia, che io fu causa de tutto quello se operò qui, si ben credo che monsior de Axe (Mr. d'Acqs) averà tirato il tutto a se (Charrière das. p. 932 Note). Wenig bekannt aber ist es, daß derselbe früher, vor seiner ärztlichen und diplomatischen Wirksamkeit in der Türkei, Leibarzt des Königs Sigismund August von Polen gewesen ist, obwohl dieselbe Hauptquelle, der Bericht eines französischen Gesandten, es mitteilt. Zur Zeit, als dieser Heinrich bei der Nachricht von dem Tode seines Bruders, Karls IX. von Frankreich, heimlich Polen verlassen wollte, um die französische Krone zu übernehmen, berichtete der französische Gesandte in Venedig, Mr. de Ferriers, darüber an die Königin-Witwe Katharina de Medici 25. Juni 1574 und teilt den, nach seiner Ansicht, weisen Rat eines jüdisch-türkischen Gesandten bei dem venezianischen Senate mit, der Heinrichs von Anjou Schritte für gefährlich hielt. Es würde durch Heinrichs Aufgeben der polnischen Krone eine große Verlegenheit in Polen entstehen und der Türkei Gelegenheit zur Intervention geben: „pour la crainte qu'ils (les Polonais) ont d'estre invadéz par le Grand-Seigneur sans couleur de la guerre qu'il a commencé en Moldavie et aussi par le moyen de Transsylvain. Laquelle (— comme m'a esté dit encores hier par l'ambassadeur envoyé par le Grand-Seigneur devers ces seigneurs (le sénat de Venice) pour la confirmation de la paix, homme de lettres, et fort affectioné à notre service, ainsi que m'a écrit par lui Mr. d'Acqs, et est encores en cette ville fort honorablement receu et caressé de ces seigneurs) — est aujourd'hui de fort grande importance, non seulement contre l'empereur . . . mais aussy contre la Pologne . . . Et semble à iceluy ambassadeur (qui est juit et a esté long-temps premier médecin de feu roy de Pologne, comme à présent il l'est du Grand-Seigneur et de son premier bassa, qu'il possède, comme l'on dit, entièrement etc. (Charrière, das. III, p. 521). Obwohl der Name dieses jüdischen Gesandten, der ein Mann der Wissenschaften und früher lange Zeit erster Arzt bei dem verstorbenen Könige von Polen (Sigismund August) war, nicht genannt ist, so ist er doch an den Zügen, daß er sich damals in Venedig wegen Abschlusses des Friedens aufhielt, und daß er Leibarzt des Sultans und des ersten Pascha (Mohammed Sokolli) war und den letzteren vollständig beherrscht, kenntlich genug als Salomo Aschkenasi.

Durch diese Nachricht sind wir in den Stand gesetzt, sein früheres Leben zu ergänzen. Er war erster Arzt bei König Sigismund August von Polen (1548 bis 1572). Es ist ohne Zweifel derselbe **italienische Arzt Salomo in Krakau**, von dem in den Respp. Salomo Lurjas (Nr. 21) und Mose Isserles (Nr. 30) die Rede ist. Es ist nämlich daselbst von der zweifelhaften Verlobung der Schwägerin eines italienischen Arztes dieses Namens die Rede. An der ersten Stelle: נשאל נשאלתי מהרופא החכם השלם ואשר באמונתו יחיה בער חלי ישראל איש אשר שמי בקרבו על אחות אשתו הבתולה המשודכת לבחור אברהם ברונשווייג וכו׳. Bei Isserles: מעשה שהיה פה ק״ק קראקא באחד ששמו אברהם היה משדך עם בתולה אחת באה ממרחקים לגור עמנו פה קראקאי . . . והערב מצד הכלה הוא המומחה ר׳ שלמה לועז. Ein Arzt Namens **Salomo aus Italien**, der in dieser Zeit in Krakau lebte, kann kein anderer als Salomo Aschkenasi gewesen sein; er war, obwohl er den Beinamen Aschkenasi führt, ein Italiener und stammte aus Udine. Aus Isserles' Responsum erfahren wir auch das Jahr. Das Zeugenverhör über diesen Eheprozeß ist aufgenommen: י״ב שבט שנ״ט, d. h. Januar 1559. In diesem und dem vorangegangenen Jahre war S. Aschkenasi gewiß in Krakau, in der damaligen Residenz der Könige von Polen. Carmoly gibt an, eine Handschrift gesehen zu haben, welche von weiten Reisen dieses jüdischen Arztes in Frankreich, Deutschland, Polen und Rußland berichtet (histoire des médecins juifs p. 185). Aus dem wichtigen Bericht über ihn von einem venezianischen Gesandten (wovon weiter) wird sich ergeben, daß Salomo bereits 1564 in Konstantinopel war. Wenn der französische Gesandte Mr. du Ferrier mitteilt, er **sei lange Zeit** erster Arzt des polnischen Königs Sigismund August gewesen, so ist diese Zeit zwischen 1548 bis 1564 einzuschränken. Sonderbarerweise leugnet Jechiel Zünz in seinem Werke (Geschichte der Krakauer Rabbinate, עיר הצדק Additamm. p. 68 ff.) die Identität des Arztes Salomo Aschkenasi mit dem Arzte Salomo, von dem bei Lurja und Isserles die Rede ist. Er polemisiert gegen meine Identifizierung und behauptet, der Arzt in Krakau sei **Salomo Calahorra** (auch Kalwar genannt) gewesen. Aber die von ihm zitierten Zeugnisse hätten ihn belehren können, daß er auf falscher Fährte gewandelt ist. Denn der in polnischen Urkunden genannte Doktor Salomon Calahorra, dessen Identität mit (¹) שלמה רופא ספרדי קליפארא (Vater des Verf. von ישמח ישראל) sicher ist, war ein Spanier aus Calahorra, während der Arzt Salomon bei Isserles ויהלו, der **Italiener**, genannt wird.

Für Salomo Aschkenasis Biographie, namentlich für seinen Eintritt in das Vertrauen des Großveziers Mahommed Sokolli und sein allmähliches Avancieren ist der Bericht des venezianischen Gesandten Marcantonio Barbaro von 1573 (in Alberi's Relazioni degli ambasciatori Veneti T. XVI. oder Appendice Florenz 1863) von großem Interesse. Barbaro war es, welcher die Unterhandlung über Abschluß des Friedens mit der Türkei durch Vermittelung Salomos leitete, er hat die allergünstigsten Berichte über ihn an den

---

¹) קליפארא ist kein Erratum, wie Zünz glaubt, sondern die richtige Aussprache **Calafora**. In jedem spanischen Lexikon kann man lesen, daß f anstatt h gebraucht wird, besonders in der alten Orthographie. In dem Aktenstück des Königs Stephan (Metryka Korona von 1578 bei Math. Bersohn: Tobiasz Kohn p. 48) Salomon **Calehore** med. dr. hebraeus, civis Cracoviensis. Seine Familie stammte demnach aus dem spanischen Städtchen **Calahorra**. Dieser Name wurde aber **Calafora** und von den Juden **Kalifora**, korrumpiert **Kalwari**, ausgesprochen.

Senat geschrieben, und diejenigen zu widerlegen sich angelegen sein lassen, welche zu dem jüdischen Diplomaten kein Vertrauen hatten. Barbaro erzählt (daselbst p. 399), daß er beim Ausbruch des Cyprischen Krieges (1570) in Konstantinopel Hausarrest gehabt, mit keinem Würdenträger verhandeln gekonnt, sich des jüdischen Arztes zu Unterhandlungen bedient habe: mi valeva dell'opera di Rabi Salomone, al quale il bassa . . . aveva dato facoltà di venire in casa mia liberamente; il qual Rabi essendo stato aliquanti mesi prima introdotto col mezzo mio a curare Janus bei (Dragomano grande), me ne valsi anco . . . Ed essendo Rabi Salomone uomo di Spirito e per opinione mia di buona volontà . . . Dann heißt es weiter von ihm (das. p. 400): Quest'huomo non aveva da principio pratica alcuna, nè conoscenza con Mehemet bassà, ma era bene, como suddito di vostra Signoria, stato amico dei clarissimi baili Bragadin e Soranzo[1]), miei predecessori — daß er unter diesen der Republik viele Dienste geleistet — et Janus bei l'avera introdotto al bassà . . . essendo nato suo suddito in Udine et avendo in Verona et Oderzo fratelli e nepote. Barbaro erzählt weiter, wie er selbst während des Cyprischen Krieges durch Salomo Nachrichten von Wichtigkeit erhalten habe, die dieser ihm mit Gefährdung seines Lebens verschafft habe — di che ne fu anco accusato con gran pericolo della vita e fu sforzato, per liberarsi, di pagare molti ducati. Er rühmt ferner (p. 401) mit besonderer Wärme seine klugen Ratschläge, seine Opferwilligkeit und Dienstbeflissenheit: e son anco tenuto di dire che in sei anni che ha pratico meco, non ho potuto veder cosa che mi abbia scandalizzato, nè della sua bontà, nè della sua diligenza; p. 402 teilt Barbaro mit, daß Salomo dem Hofe nach Adrianopel folgte, um die Prinzessin, Gemahlin Mohammed Sokollis, zu kurieren, daß er von dessen Gegner angeklagt und in der Nähe des Sultans in Verhör genommen wurde, daß er sich aber sehr geschickt aus der Schlinge gezogen. P. 407 bis 408 berichtet er, daß Salomo den Entwurf zum Frieden zwischen der Türkei und Venedig ausgearbeitet hat. Der ganze Bericht ist eigentlich ein Panegyrikus auf Salomos diplomatische Tüchtigkeit und Treue gegen Venedig und eine eindringliche Bitte an den Senat, ihn zum Unterhändler für den Friedensschluß zuzulassen; p. 414: Nella qual cosa sia pur sicurissima, che è più che necessaria l'opera di Rabi Salomone, e la sua venuta qui è stata tenuta da me, e la tengo, di sommo beneficio alle cose nostre etc. Es folgt daraus, daß Salomo erst gegen 1570 mit dem ersten Pascha Sokolli bekannt wurde.

Marcantonio Barbaro drang endlich durch. Salomo wurde als Gesandter für den Friedensschluß zugelassen und in Venedig mit außerordentlicher Zuvorkommenheit behandelt, worüber Joseph Kohen, der französische Gesandte (oben S. 545) und der Herausgeber eines Schulchan Aruch, beendet Tammus 1574, berichten (Emek ha-Bacha, p. 150). Selten ist einem Juden in der Christenheit eine solche Ehre und Auszeichnung zuteil geworden wie ihm. Im Mai 1574 war er nach Venedig gekommen, und weilte mehrere Monate daselbst. Wenn er auch Venedig Dienste geleistet hat, so hat er doch nicht minder das Interesse der Türkei wahrgenommen. Er hatte einen Auftrag, ein Schutz- und

---

[1]) Vittorio Bragadini wurde zum Baile für Konstantinopel Februar 1564 gewählt und Jacopo Soranzo Juni 1565. Also war Salomo mindestens bereits seit 1564 in Konstantinopel.

Trutzbündnis mit der Republik gegen Spanien in Anregung zu bringen, drang aber damit nicht durch, (Morosini, Historia veneta LXII, p. 583 ff.). Verum nulla in parte priori decreto mutato dimissus Salomon ac decem auri libris Reipublicae nomine donatus est. Später hat er seine Dienstbeflissenheit für Venedig aufgegeben. Matteo Zane berichtet über ihn 1594: Ferrat bassà (ha per famigliare) Salomone tedesco poco amico delle cose della S. V. ed uno suo fratello è famigliar d'Ibraim bassà (Alberi Relazioni, Serie 3, III, p. 389). Er hatte noch unter Mohammed IV. (1595) Einfluß (Quelle bei v. Hammer, Gesch. d. Osmanen, IV, S. 247), kann also frühestens, wenn man dazu nimmt, daß er in den fünfziger Jahren bereits Leibarzt war, um 1520 geboren sein.

Perles hat auf eine wenig beachtete Notiz aufmerksam gemacht, woraus hervorgeht, daß der Diplomat Salomo Aschkenasi im Jahre 1605 bereits aus dem Leben geschieden war, ferner, daß seine Frau, welche großes Ansehen am türkischen Hof genoß, weil sie den jungen Sultan Achmed I. von den Pocken geheilt hatte, den Namen Bula Ikschati führte; daß er drei Söhne hinterlassen hat, Nathan, Samuel und Obadja, und endlich, daß der erstere in den Jahren 1605 bis 160 die Gunst des Sultans Achmed genossen hat. Diese Notiz findet sich in dem Vorwort zu den Responsen des Mose Alschaich (השוכנה מהר"ם אלשיך) in der von seinem Sohne veranstalteten ersten Ausgabe derselben (gedruckt Venedig 1605 bis 1606, mitgeteilt von Perles in Frankel-Graetz, Monatsschrift, Jahrg. 1879, S. 287 ff.). In diesem Vorworte dankt der Sohn des Verfassers dem Nathan Aschkenasi, dem Sohne des Diplomaten, dafür, daß derselbe sämtliche Kosten des Druckes getragen hat, und bemerkte dabei die oben erwähnten Punkte. Sie lauten: . . . . ואפריון נקטירין אל חטר היחם גזע המעלה

המחיק טובה אל הכלל כלו הוא השר המרומם נתן אשכנזי . . . כן כמהר"ר שלמה אשכנזי זלה"ה אשר פיזר נתן לחת כסף מוצא הכל דצריך להדפסת אלו השאלות . . . . לכן אמרתי אני הצעיר נכון יהיה זכרונו פה בפתח עינים . . . ידעו כלם ויתפללו לאל . . ימלא משאלות לבו וטובו וחנו וטוב וחן וחסד לנבררת המעטירה והנשאה ממשפחת רם מרת בולא איקשאתי . . בעיני המלך והשרים ולאחד הסגנים אשר מאצילי בני ישראל: הלא הם הגביר הוקם על רם ונשא כה"ר שמואל אשכנזי. והיקר נשא ונעלה כה"ר עובדיה.

Auch Joseph Kohen Continuator berichtet, daß im Jahre 1605 Nathan Aschkenasi ein Empfehlungsschreiben vom Sultan Achmed I. an die Signoria von Venedig überbracht habe und infolgedessen von dieser und von dem Dogen Grimani mit Auszeichnung behandelt worden sei (Emek ha-Bacha, p. 177).

II. Die Favoritin Esther Kiera.

Venezianische Gesandtschaftsberichte und türkische Sultanschroniken erzählen von dem Einfluß, den eine Jüdin auf eine Sultanin hatte, und vermittelst ihrer auf den Gang der wichtigsten Staatsangelegenheiten, als diese unter Murad III. und Mohammed IV. vom Harem aus geleitet wurden. Die europäischen Gesandten mußten sich um ihre Gunst bewerben, wollten sie irgend einen Vorteil für ihre Höfe erlangen. Ihr Name lautet in den europäischen Nachrichten verschieden: Kiera, Chiera, Chierara, Chirazza oder Chiarazza. Sie war Favoritin der Sultanin Baffa, einer geborenen Venezianerin, Gemahlin des Sultans Murad III., welche als Chaffaki (Sultanin-Gemahlin) und nach dessen Tode als Walide (Sultanin-Mutter) unter ihrem Sohne die Zügel der Regierung leitete. Der venezianische Gesandte Contarini berichtete im Jahre 1583 von einiger Zeit vorher: Et perchè il ambasciator Soranzo non la presentò (la Sultana), se ne risentì assai con la Chierara, ebrea

Note 8.

che pratica seco famigliarmente (Alberi Relazioni, Serie 3, III, p. 236). In einem anderen venezianischen Berichte heißt sie: la Chirazza Hebrea (bei v. Hammer, a. a. O., IV., S. 156). In demselben Berichte kommt auch vor: l'polizza scritta dalla Sultana in favore della Chiarazza per il lotto suo, Marzo 1587 (daſ. p. 159, Note d). Die Venezianer haben nämlich der jüdischen Favoritin eine Lotterie bewilligt, und dadurch erlangten sie ausgedehnte Privilegien von der Sultanin. Soranzo Bernardo berichtet 1592: Soleva in tempo mio usarci per mezzo con la Serenissima Sultana la Chiarazza Ebrea (Alberi a. a. O., Serie 3, II., p. 361). Die Sultanin schrieb an einen venezianischen Gesandten, sie habe den Samt erhalten per la Chiera nostra schiava (bei v. Hammer a. a. O., S. 615). Die türkischen Geschichtsschreiber nennen sie Kira, berichten von ihr, daß sie sogar Reiterämter der Sipahi verteilt habe, und erzählen von ihrem Tode durch den Aufstand der Sipahi gegen sie (daſ. 303 ff.).

Es wäre auffallend, wenn in der jüdischen Literatur nichts von dieser einflußreichen Frau vorkommen sollte. Und in der Tat sprechen jüdische Schriftsteller von ihr, und zwar mit großem Lobe, als einer hochherzigen Wohltäterin und Beförderin der jüdischen Literatur. Der wandernde Hinfuß Isaak Akrisch erzählt, daß die hochgestellte Frau Kiera Esther, Witwe des Elia Chendali, ihn vor dem großen Brande in Konstantinopel reichlich unterstützt hat, und noch mehr beim Ausbruch desselben (1569), als fast das ganze Judenquartier ein Raub der Flammen geworden war (Einleitung zum Tripel-Kommentar zu Canticum): ואחר ה' ימים (לשרפה) הלכתי אל בית הגברת הנקראת קיירה אסתר . . אלמנת כהר' אליה חנדלי . כי בביתה מצאו מרגוע רבים עשרים ודלים.
וגם קודם השרפה היתה מסייעת אותי בנדרבתה ומתנת ידיה ובשלחתי לביתה מצאתי שם את אשתי ואת בתי ומעט מספרי שהצילתה אשתי . Wir erfahren daraus ihren jüdischen Namen; der Name קיירה ist wohl ihr türkischer gewesen. Durch die Ermittelung ihres jüdischen Namens ergibt sich, daß durch ihre Unterstützung Zacutos hebräisches Geschichtswerk Jochasin von Samuel Schulam 1566 ediert wurde, und daß sie eine Mutter der Armen, Witwen und Waisen gewesen ist. In der Einleitung dazu bemerkt nämlich der erste Editor: שלום . . . . בן שמואל אמר מאת ה' היתה נסבה ונסבה קרובה להעיר את רוח גברתי עטרת תפארתי אשת חיל מ' אסתר נודע בשערים בעלה נשא ונעלה כהר' אליה חנדלי נוחו עדן אשה יראה ה' אשה חכמה אשה גדולה במעשיה שמש צדקה ומרפא בכנפיה . מכנף הארץ ינבאו העניים והאביונים כל הנחשלים לשמע אוזן ישמעו מבין עם תלמיד ובכל יום ויום סביב לשולחנה חברים מקשיבים . . . ידיה שלחה לאביון . . חדר בחדר ולא בקולי קולות . יתומים ואלמנות ידיה חלקתה להם והנערות הראויות לבא אל בית הנשים . מספרי ידיה נשא ינשאו. עמדה ונכזבה כל אוצרותיה. Samuel Schulam, unerschöpflich in ihrem Lobe, erzählt, als an ihrer Tafel unter den anwesenden Männern von Kenntnis von diesem Werke und der Nützlichkeit, es durch den Druck zu verbreiten, die Rede war, forderte sie ihn auf, es auf ihre Kosten drucken zu lassen: ואמרה אלי קום קרא לחנונות ואני אהיה למחזיק בצל הכסף . Samuel Schulam hat zwei mißlungene Verse zu ihrer Verherrlichung gedichtet. — Zacutos Werk, welches trotz seiner Mittelmäßigkeit die Kenntnis der jüdischen Geschichte verbreitet und gefördert hat, verdankt seine Veröffentlichung dieser Kiera-Esther, deren Namen und Taten bisher verschollen waren. Noch vor 1566 muß sie also sehr reich, aber schon verwitwet gewesen sein. — Ihre und ihrer Söhne Ermordung durch den Aufstand der Sipahi setzten türkische Geschichtsschreiber 15. Ramadhan 1008 Hegira = 30. März 1600 (bei v. Hammer daſ. S. 303). Auch der Fortsetzer von Joseph Kohens Emek ha-Bacha (p. 172) erzählt von ihrem Einfluß, Ansehen und schmählichem Tod, aber ohne

ihren Namen zu nennen: גם בקונסטינא אשה חשוכה יושבת בשער מלך החגור וכל הסרים
כורעים ומשתחוים אליה וכו'. Ihr konfisziertes Vermögen betrug nach dem türkischen
Geschichtsschreiber 5 000 000 Asper = 100 000 Dukaten, nach dem eben genannten
jüdischen Historiker: יותר מתשע מאות שקל כסף.

Französische und venezianische Gesandtschaftsberichte haben noch den Namen
eines sonst unbekannten jüdischen diplomatischen Agenten unter Murad III.
aufbewahrt, eines Arztes **Benveniste**. Bei Charrière, Négociations IV.
p. 236 berichtet der französische Gesandte an Heinrich III. vom 13. Dez. 1559
von intimen politischen Verhandlungen, ainsy qu'a rapporté le **Bennveniste
Juif**. Vom 15. Januar 1594 lautet der Bericht, derselbe sei plötzlich in der
Nacht vom Sultan mit noch zwei Vertrauten des Paschas in Kerker geworfen
worden (das. 246 und in der Note): comme en estant non seulement du tout
remis la charge de deçà ès mains du dict juif (Bennveniste), mais quasi la
déliberation et décision à son arbitre et volunté. Auf Anklagen der
Schwester des Sultans sollte er streng bestraft, dann gezwungen werden, den
Turban zu nehmen, kam aber zuletzt mit der leichtern Strafe der Verbannung
davon. Er durfte später wieder frei zurückkehren und wurde abermals vertrauter Geschäftsführer des ersten Pascha Siawus oder Scians, wie Matteo
Zane berichtet (Alberi, Serie 3, III, p. 389 vom Jahre 1594): Scians Bassà
ha per famigliare il **dottore Benveniste**.

9.

Isaak Lurja und Chajim Vital Calabrese.

Über diese Begründer der jüngeren Kabbala hat man bisher nur Nachrichten aus einer einzigen Quelle geschöpft, dem Sendschreiben des Schlomel
Prosnitz aus Lundenburg, aus den Jahren 1607 bis 1609 (abgedruckt in Joseph
del Medigos תעלומות הכמה p. 37 ff. und andern Schriften). Diese Quelle erweist sich aber als sehr getrübt. Denn dieser aus Mähren eingewanderte Kon-
fusionarius hat alles aufgenommen und zurücktönt, was ihm der oder jener
naiv oder mystifizierend mitgeteilt hatte. Wir sind noch imstande, dessen
Angaben zum Teil wenigstens zu berichtigen durch Vitals Selbstbiographie,
unter dem Titel שבחי ר׳ חיים ויטאל, (sine anno et loco gedruckt, aber wohl
Ostrog 1826, überdruckt Lemberg 1865 ohne Seitenzahl). Es ist dasselbe Schriftchen,
welches Asulai (s. v. חיים ויטאל) unter dem Titel ס׳ החזיונות zitiert. Diese Selbstbiographie hat Vital im Alter in den Jahren 1610 bis 1613 geschrieben, und
wiewohl er darin meistens Mystifikationen, Visionen, Träume und Aussprüche
von Besessenen mitteilt, so schimmern doch zuweilen durch den dichten mystischen
Qualm, den er verbreitet, die Umrisse von Tatsachen durch. Auch aus andern
Schriften lassen sich Schlomels Aufschneidereien berichtigen. Wenn man diesem
Glauben schenkt, so muß Isaak Lurja in einem beständigen mystischen Dusel gelebt haben, ohne sich auch nur einen Augenblick um die Dinge dieser Welt zu be-
kümmern. Leon Modena dagegen teilt die Nachricht eines Freundes von Lurja
mit, eines **Jakob Abulafia**, daß dieser die von Lurja erzählten Wundertaten in
Abrede gestellt, und daß jener noch vor seinem Tode seine Geschäftsbücher durch-
gesehen habe, כמה פעמים החבר יעקב אבולעפיא שהיה כרע כאח להאר״י. p. 66: ארי נהם
אשר לא היה דברים מעולם מהספור מנפלאותיו אלו ושהאר״י גם הוא היה אומר לו שלא היו

Note 9. 551

כנים הדברים שאומרים עליו . . . שהיה האר"י רוב היום עוסק בסחורה וג' ימים קורם מותו
חשב חשבונות עם הכל ואמר להם אני מוחל לכם ואם יש אונאה בעדכם בואו ונשלם.

In Vitals Selbstbiographie ist Lurjas Todesjahr genau angegeben:
5. Ab 5332 = 1572 (woraus es Asulai entnommen, falsch bei Conforte שלי״ג
oder korrumpiert). Daß er 38 Jahre alt geworden (Mnemonicon: חוכת עליו ח"ל
(דכעו) mag richtig sein. Dagegen ist die gewöhnliche Annahme, daß er erst
zwei Jahr vor seinem Tode von Aegypten nach Palästina, d. h. Safet, übergesiedelt sei, unrichtig. Zwar erzählt das nicht nur Schlomel, sondern auch Vital
(Selbstbiographie p. 6): 5330 = 1570 habe ihm eine Kartenlegerin verkündet,
Ende dieses Jahres werde ein großer Weise vom Süden nach Safet kommen
und ihn in der Kabbala unterweisen: השנה זה בסוף יבא גדול חכם . . . ש"ל (שנת)
לצפת מצד דרום כמו מצרים והוא ילמדני (חכמת הקבלה). וכן היה שבשנה ההיא בא מורי
ז"ל מן מצרים. Es ist aber an sich kaum denkbar, daß Lurja in der kurzen Zeit von
kaum zwei Jahren in Safet so viele Jünger geworben haben sollte und einige
später von sich weisen wollte, oder gar, daß Vital eigentlich nur ein halbes Jahr
mit ihm verkehrt hätte, was auch Asulai auffallend findet. Vital widerspricht sich
selbst an einer andern Stelle der Selbstbiographie (p. 11b, 13a), wo er einen
Traum von 1566 erzählt und dabei bemerkt, zwei Jahre später sei Lurja
in Safet eingetroffen: שנה הש כ"ו ליל שבת ה' לתמוזה . . . נרדמתי מתוך הבכיה ואחלום
. . . אחר ג' חדשים ליל שבת הגדול ואישן והנה חלום . . . ואיקץ ואחר זה בשנתים ימים
בא מורי ז"ל האשכנזי לצפת ולמדת עמו. Das wäre also 1568. Auch aus einer
Andeutung Joseph Karos in seinem Visionsbuche Maggid (zu הבא כי) geht
hervor, daß Isaak Lurja noch vor 1569 in Safet war und damals bereits
dort einen bedeutenden Ruf hatte. Seine Inspiratrix, die Mischnah, verkündet
Karo nämlich im Jahre 1569, sie werde ihm beistehen, daß er tiefer in die
Kabbala eindringen werde, „als das Haupt in Meïron": אלול לט"ו אור
שנת הש כ"ט . . . . . . והא מימרי בסעדי . . . . . ולירד לחכמת הקבלה יותר מהראש
מינך למילף יתי והוא בכפירין. "Das Haupt von Meïron", das sich zu Karo
verfügen werde, um von ihm die Kabbala zu lernen, kann in diesem Zusammenhange und in dieser Zeit nur von Isaak Lurja verstanden werden. Lurja hielt
sich mit seinem Jüngerkreise öfter in Meïron, dem wahren oder angeblichen
Grabe Simon ben Jochai's, auf, wie Isaak Sarug und Schlomel tradieren. In
diesem Orte glaubte er sich mit der Seele des angeblichen Autors des Sohar
in nähern Rapport setzen und sie auf sich herabziehen zu können. Daraus folge,
daß Lurja 1569 bereits in Palästina lebte. — Die Lurjanisten haben freilich
das Entgegengesetzte behauptet, Karo habe Lurjas Kabbala gar nicht begreifen
können, sie sei für sein Verständnis zu tief gewesen (bei Schlomel).

Es wäre töricht, alle Extravaganzen bei Schlomel zu berichtigen, nur
einige Punkte dürften von Interesse sein. Derselbe gibt nämlich an, Lurja
habe zehn Jünger um sich gehabt. Die Zahl ist falsch. Vital spricht in der
Selbstbiographie (14b) von Jüngern zweier Ordnungen oder Rangstufen
(ושניי ראשונה כת). Er teilt auch die Namen der Lurja-Jünger erster Ordnung
mit (23b): 1. Elia Falcon (den Jmanuel Aboab Nomologia p. 31: el ex-
celente señor Eliah Falcon nennt); 2. Joseph Arzin; 3. Jonathan (vielleicht Joseph) Sagis; 4. Gedalja Levi; 5. Isaak Kohen Aschkenasi;
6. Samuel Uceda; 7. Abraham Gamaliel; 8. Sabbataï Moje;
9. Jehuda Mascha'n; 10. Joseph Jbn-Tewil Maghrebi. Diese mit
Vital wären schon elf, dazu kommt noch 12) Jsrael Sarug (סרוג und (כרוג),
der Hauptverbreiter der Lurjanischen Kabbala in Europa, der Lehrer Abraham
Herreras und anderer. In der Schrift über die Seelen-Emigration (גלגולים),

wo der mystisch-psychische Zusammenhang sämtlicher Lurjajünger, als einander in der höhern Sefiraordnung ergänzend, betont wird, scheint eine Zwölfzahl der Jünger, den zwölf israelitischen Stämmen entsprechend, angenommen zu sein, oder sogar zwei Klassen von je zwölf. Vital spricht selbst von neun anonymen Genossen und noch dreien: ט׳ חברים הקודמים לו ואינ׳ יודע הסדר
אך כפי שסדר שסדר כורי. הבנתי כי כן סדרם. תחלה אני הצעיר ואח״כ הרב ר׳ ישראל
סרוג ואח״כ מהר״ר אבקן (ו. ארוין) ואח״כ ר׳ יצחק הכהן. An einer anderen Stelle (Selbstbiographie 14b) bemerkt Vital, daß um 1610 von den Lurjajüngern erster Ordnung außer ihm nur noch drei am Leben waren, nämlich Nr. 4, 7 und 9. Als Jünger zweiter Ordnung nennt er das.: 1. Jom-Tob Zahalon (um 1580 noch jung, nach dessen Responsen Nr. 31, 33); 2. David Kohen; 3) Isaak Crispin; 4) Joseph (אלטרף wohl אלטרף); 5) Jehuda Uriel; 6) Ismael Levi Aschkenasi. Außerdem wird noch in Vitals פרי עץ חיים genannt: מפי האר״י זל לתלמידו כה׳ שמעון אשכנזי. Von einem der Jünger erzählt Vital sehr naiv, er habe nicht genügend an seinen Meister geglaubt (das. 23 b);
ד׳ יצחק הכהן היה רובו טוב ויש בו ספק ולא מפני חסרון האמונה במורי רק סיבה אחרת
ולא רצה (מורי) לפרשו.

Auch über Lurjas kabbalistische Hinterlassenschaft haben Schlomel und Andere, und wie es scheint, Vital selbst in besonderer Absicht allerlei Mystifikationen verbreitet. Sie behaupteten, Lurja habe gar nichts Schriftliches hinterlassen, mit Ausnahme einer kurzen Einleitung. So ein Jünger Vitals, Chajim Kohen aus Moßul (מקור חיים Einl.): מעולם לא כתב דאר״י זולת הקדמה אחת לענ״י
קשר עם הצדיקים, und er gibt an, dieses von Vital selbst gehört zu haben. Dagegen zitiert der außerhalb dieses Kreises stehende Kabbalist Elieser Askari (חרדים p. 66a) ein handschriftliches Werk von Lurja unter dem Namen בית מדות. Ferner haben die Vitalisten ausgesprengt, Lurja habe vor seinem Tode befohlen, daß Vital sämtliche schriftliche Aufzeichnungen seiner Jünger ihnen abnehmen solle, was er auch getan, so daß er im Alleinbesitz der Lurjanischen Kabbala geblieben sei. In der Selbstbiographie und in der Einleitung zum עץ חיים läßt sich Vital angelegen sein, die kabbalistischen Traditionen seiner Mitjünger zu verdächtigen: דע כי קצת מחברינו כתבו להם ספרים ממה ששמעו ממורי
ואולתו על שמו וכולם כתבו הדברים בתוספות וגרעון . . . לכן אין לסמוך על אלו הספרים וצריך
להרחיק מהן. Über den Schwindel, der mit den Lurjanischen Schriften während Vitals Krankheit getrieben wurde, vergl. Asulai שם הגדולים s. v. Chajim Vital Nr. 21. Auch das ist Mystifikation. Denn wir besitzen Lurjas kabbalistische Theorien auch durch ein anderes Medium, nämlich durch Israel Sarug; sie haben ihren Niederschlag in den kabbalistischen Schriften des Abraham de Herrera gefunden, und sie differieren durchaus nicht von dem System, welches durch Vital und die Vitalisten bekannt geworden ist. Aber darin haben die Vitalisten wohl Recht, daß Vital selbst nichts Eigenes in der Kabbala aufgestellt, sondern nur Lurjas Traditionen treu wiedergegeben hat; er war auch gar nicht der Mann der Erfindung, sondern der Ausbeutung und Verwertung. Man darf also sämtliche Schriften, die entweder unter dem Namen Lurjas oder Vitals kursieren, dem ersteren vindizieren; nur Form und Einteilung gehören Vital oder seinem Sohne Samuel an. Die Schriften sind gedruckt und handschriftlich in großer Menge vorhanden, oft dasselbe nur unter einem anderen Titel oder einem anderen Gusse. Man kann sie ihrem Inhalte nach in fünf Rubriken bringen; sie sind in den Sammelschriften Vitals אוצרות חיים (seit 1772 gedruckt) und in andern Partien enthalten.

1. Die abstrakte Theorie der Lurjanischen Kabbala, die Lehre von den

Perſonen oder Stufen, פרצופין der Seſirot, einer Art Proſopopöie, von der Verbindung und Trennung derſelben (זווג und נסירה) und anderen abenteuerlichen Diſtinktionen. Die Lurjaniſten behaupten ſelbſt, daß die Lehre von den Proſopen den älteren Kabbaliſten unbekannt war: הרמב״ן וחבריו לא הזכירו רק ע״ס ספירות ולא גלו עניני פרצופים.

2. Die Auslegung und Kommentierung der heiligen Schrift, der Agada, namentlich des Traktats Abot, auch der Halacha, des Buches Jezira, des Sohar und ſeiner Teile, beſonders der beiden **Idra** und des ספרא דצניעותא nach dieſer Theorie. Dieſe Rubrik führt den allgemeinen Titel: לקוטים oder דרושים.

3. Die Theorie von der Metempſychoſe und der Superfötation (גלגולי נשמות ועבור), ein Hauptbeſtandteil, wo nicht der Mittelpunkt der Lurjaniſchen Kabbala, enthalten in den Schriften unter dem Titel גלגולים.

4. Die Anwendung der Kabbala auf die Gebete, Ritualien, Feſt- und Faſttage unter dem Begriffe כונית oder טעמי מצות.

5. Neue Ritualien oder Modalitäten, welche Lurja vermöge ſeiner kabbaliſtiſchen Theorie eingeführt oder ſanktioniert hat. Sie haben radikale Autorität erlangt, und die Spätern haben davon einen Kodex zuſammengeſtellt: שלחן ערוך של האר״י; eine Partie derſelben bildeten die Ritualien und Zeremonien für den Sabbat: הקוני שבת. Die von Lurja eingeführte kabbaliſtiſche Askeſe heißt תקון האר״י. — Es lohnt ſich nicht, kritiſch den myſtiſchen Qualm zu analyſieren, den die Lurjaniſten über die Erhaltung der Vitalſchen Schriften verbreitet haben, wie ſie zuerſt geheim gehalten, dann kopiert, vergraben, entdeckt und ans Licht gezogen worden wären. Für die weitere Entwickelung der Kabbala, wie ſie den Sabbataismus und Chaſſidismus aus ſich erzeugt hat, welche beide eine feindſelige Stellung zum Rabbinismus einnahmen, iſt es nicht überflüſſig, anzuführen, daß der Keim dazu in der Lurjaniſchen Theorie liegt. Dem Talmud wird darin eine niedrige Stufe angewieſen. Wie Joſeph Ibn-Kaspi die Philoſophie höher als den Talmud ſtellte, und dieſe als die „Seele", jenen als den „Körper" bezeichnete, ganz ebenſo brachte die Lurjaniſche Myſtik den Talmud in ein untergeordnetes Verhältnis zur Kabbala. „Wer den Talmud nicht mit Erfolg betreiben kann, ſoll ganz davon laſſen und ſich ausſchließlich mit der Kabbala beſchäftigen" (Einl. zu עץ חיים): ואנחנו הלומדים בחכמה זאת (חכמת הקבלה) צריך שילמדו מקרא ומשנה ותלמוד כל מה שיד שכלם מגעת בעיון קשיות ותרוצים לשבר הקליפות. כי זה בלא זה לא יקום כנוף בלא נשמה. ומי שרוא שבחן בלמוד שאינו מצליח בעסק דגמרא, יניח ידו מהתלמוד ויעסוק בחכמת הקבלה. Die niedrige Stellung, welche die Lurjaniſten dem Talmud anwieſen, zeigt ſich auch in ihrer Klaſſifikation der Fächer, nächſt der Bibel zuerſt die Kabbala und dann unter ihr Miſchna mit Talmud: קביעות התורה בכל יום מעילא לתתא: תורה נביאים נגיד ומצוה oder כונת אר״י (Jakob Zemach: כתובים קבלה בחכמת משנה תלמוד p. 33 a).

10.

Die regelmäßigen jüdiſchen Generalſynoden in Polen.

Eine intereſſante Erſcheinung, einzig in der jüdiſchen Geſchichte der diaſporiſchen Zeit, bieten die regelmäßig wiederkehrenden Synodalverſammlungen in Polen, welche ſich bis zur Teilung Polens erhalten haben. Eljakim Milſahagi hat zuerſt darauf aufmerkſam gemacht in ſeiner halb tollen und halb geistesklichten Schrift ראביה (Ofen 1837), und seine Angaben sind in Orient (Litbl. 1840, col. 173 ff.) mitgeteilt worden. Aber mehr als das Faktum erfahren wir daraus nicht; Entstehungszeit, Urheberschaft, Ordnung, Funktion und Entwicklung der, nennen wir sie rabbinischen Synoden in Polen, sind noch immer unaufgehellte Punkte. Es sind zwar regelmäßige Protokolle (פנקס הארצות) über die Beschlüsse der Synoden geführt worden; aber diese sind entweder ein Raub der Zeit geworden, oder liegen noch bestäubt in Gemeindearchiven. Einiges Wichtige darüber hat Dr. Perles aus einem Memoriale des Posener Gemeindearchivs (ספר הזכרונות) mitgeteilt (Geschichte der Juden in Posen, S. 35 ff.). Folgende Untersuchung hat nicht die Prätension, dieses Thema zu erschöpfen, will vielmehr nur einen Fingerzeig geben, worauf die geschichtliche Forschung bei etwaiger Erschließung der Quellen ihr Augenmerk zu richten hat.

Diese Synoden werden im allgemeinen die der **Vierländer** genannt (ועד ארבע ארצות), abgekürzt ד"א oder ד"א = (ד' ארצות). Wann diese zuerst zustande gekommen sind, läßt sich nur negativ bestimmen. Zur Zeit, als noch R. Schachna lebte, vor 1558, bestand noch keine Synode; denn bei einem wichtigen Prozeß zu seiner Zeit wurden die streitigen Parteien zur Messe nach Lublin vorgeladen, ohne daß dabei von einer großen und noch weniger regelmäßigen Versammlung (ועד) die Rede ist (Respp. Mose Isserles, Nr. 63, 64). Auch im Jahre 1568, zur Zeit des Druckes der Lubliner Talmudedition, wird eine solche nicht erwähnt, obwohl angegeben ist, daß die Rabbinen der drei Länder Polen, Reußen und Litauen die Ausgabe approbiert und vorgeschrieben haben, die Traktate durchzunehmen in der Reihenfolge, wie sie durch den Druck vollendet würden. Das Titelblatt zu Traktat סוכה lautet: בהסכמת גאוני עולם וראשי ישיבות דשלש מדינות פולין רוסיא וליטא שהסכימו בהסכמה אחת . . . . . . שילמדו בכל ישיבה דף מדינות הנ"ל מסכתא אחר מסכתא כאשר נדפוס אותן (Katalog der hebräischen Druckwerke der Bodleiana p. 271 ff.). Hier ist lediglich vom Beschlusse einzelner und nicht von einem gemeinsamen Synodalbeschluß die Rede. Bei Salomo Lurja kommen wohl partielle oder provinzielle Synoden vor, wie solche von Reußen (ים של שלמה zu Baba Kama Nr. 10; zu Chulin I. Nr. 31, 39), aber noch nicht von einer autoritativ gebietenden allgemeinen Versammlung.

Mit diesem bestimmt ausgesprochenen Charakter ist der Beschluß einer Synode vom Jahre 1580 konstatiert. Herr Chaim Nathan Dembitzer, Mitglied des Rabbinatskollegiums von Krakau, welcher die Geschichte der VierländerSynoden als Fortsetzung seines Werkes über die Rabbiner von Lemberg (כלילת יפי) zu geben versprach, hat mir freundlichst aus seinen Notizen darüber eine mitgeteilt, welche dieses Faktum und Datum bestätigt. Diese Notiz befindet sich nach seiner Angabe im Memoriale einer Synagoge von Krakau. Sie betrifft den allgemeinen Beschluß, daß die Juden in Polen die Schanksteuer von Bier, Branntwein, Met und Wein nicht in Pacht nehmen sollten, weil deren Erhebung die Juden beim Volke verhaßt machen würde. Der Inhalt dieser Verordnung ist mitgeteilt in den Responsen des Joel Serkes (בית חדש — ב"ח) Nr. 61): ראיתי בגוף התקנה שתקנו וגזרו בהרבה עונשים על מקצות ארצות במלכותנו שלא ישכור שום יהודי הטשפאווי[1]) בשום ענין שבעולם. כי היה הסכנה גדולה מצעקת הגוים ברוב המקומות שהיהודים

---

[1]) Das polnische Wort: טשאווי = Czopowe erklärt Siegfried Hüppe (Verfassung der Republik Polen, S. 318) als **Zapfengeld**, nämlich das deutsche Wort „Zapfen" polonisiert — eine Steuer auf Bier, Met, Wein und Branntwein. Diese Steuer wurde seit dem 15. Jahrhundert zuerst in Städten und später auch auf abligen und geistlichen Gütern erhoben. Es läßt sich

Note 10.

שולטים ומושלים עליהם ואוחזים בם כמלכים ושרים. Im genannten Memorialbuch ist nun angegeben, daß diese Verordnung erlassen worden war „von den Leitern und Rabbinen der Vierländer von Polen", wobei auch das Datum angegeben ist: התקנה יצאה ממנהיגי וגאוני ד' ארצות פולין דועד לובלין ביום ג' ט"ו כסלו בשנת שלט"ל d. h. 5341 = Nov. 1580. In diesem Jahre bestand demnach bereits das Institut der Synodalversammlungen und zwar aus Laien und Rabbinern.

Wenn die Protokolle echt sind, die ein Herr Atlas veröffentlicht hat, die er von einem Manne mit verschnörkeltem Namen erhalten haben will, welcher wiederum sie nicht im Original, sondern als Kopie in einer andern Hand gesehen hat, ich sage, wenn diese echt sind — und sie scheinen echt zu sein — so haben wir reichhaltige Nachrichten von den Verhandlungen und den Beschlüssen der Synoden aus den Jahren 1595 bis 1597. Diese Protokolle, aus vier Nummern bestehend, sind abgedruckt in der von Sokolow edierten hebräischen Zeitschrift: האסיף (Jg. II, 1886, p. 451 ff.). Aus diesen Protokollen geht hervor, daß die Synoden damals bereits eine feste Konstitution hatten mit einer Wahlordnung, einer Kommission und einer Kasse für ordentliche und außerordentliche Ausgaben. Diese Protokolle ergeben auch das Faktum, daß die Gemeinden von Litauen sich an den Synoden beteiligt haben.

In Nr. 4 wird ein Mann aus Gnesen von der Synode mit schweren Strafen bedroht, weil er sich eine Illoyalität bei der Steuererhebung hatte zuschulden kommen lassen. Die Überschrift lautet: עסק משנת שנ"ו und der Schluß: וזולת זה עוד נענשה קשה יושת עליו כפי ראות עיני הועד. In Nummer 3 lautet die Überschrift: ברירת דייני המדינות מן כלות יריד גראמניץ לפ"ק שנ"ו. In derselben Nr. werden zwölf Deputierte namhaft gemacht, je zwei aus Krakau, Posen, Lemberg, Chelm, Lublin, Wolhynien und Litauen: מדינת ליטא מהור"ר חיים ומהור"ר ואלף.
In derselben Nummer ist auch eine Berechnung über Schuldentilgung und Ausgaben detailliert, wobei einige Posten figurieren, welche zur Abwendung von falschen Anklagen und Befreiung von Gefangenen verausgabt worden waren. In dieser wie in der folgenden Nummer sind fünf Namen von Deputierten verzeichnet, welche mit dem Rabbinerstande angehört haben.

In Nr. 2 vom Jahre 1595 ist ein Beschluß mitgeteilt, der zum Inhalte hat, daß, falls der König eine neue Kopfsteuer der Gesamtjudenheit in Polen auflegen sollte, sie nicht als Pauschale übernommen werden, sondern es überlassen bleiben solle, sie von den einzelnen zu erheben: הסכמת של יריד סיון לפ"ק שנ"ה
בהתאסף ראשי עם יחד נענו וגמרו והסכימו כלם כאיש אחד על הצרה שלא תבא עוד, שאם חס ושלום יבקש עוד מפי המלך והשרים לגבות גלגולת מבני ישראל שלא ישתדלו עוד לשבור המלכל והשרים רק יניח הדבר על הגלגולת. Zum Schlusse kommt ein dunkler Passus vor, welcher anzugeben scheint, wie groß die Pauschalsumme war, welche die Gesamtjudenheit in Polen jährlich als Kopfsteuer zu leisten hatte: ואף אם אחרי כל זאת יהיו מוכרחים לחזור ולהן. מכל מקום לא יסיעו להם רק כפי ערך שהגיע אליהם לסך כ"ב אלפים וכפי ערך שהיתה הגביה לעת עתה על פי הסבון ועל פי הגלגולת.

Dieses Faktum von der Leistung einer Pauschalsumme als Kopfsteuer, welche dann die jüdischen Deputierten (d. h. die Mitglieder der Synode) auf die Landesteile und einzelne Gemeinden zu repartieren pflegten, kommt auch in einem Aktenstücke vor, welches sich im Königlichen Staatsarchiv der Provinz

denken, daß diese Steuer, besonders vom Branntwein, in Polen mißliebig war. Es war also eine weise Maßregel, den Juden die Pacht dieser Getränksteuer zu untersagen, weil die Mißliebigkeit der Steuer auf den Pächter und die Gesamtjudenheit übertragen worden wäre.

Posen unter der Rubrik Schwersenz C. 122 befindet. Auf die Forderung der Gemeinde Posen an die Schwersenzer Gemeinde hat die letztere folgendes erwidert: „Wir sind der Posener Synagoge ganz und gar nichts schuldig; wir haben sie . . . . . nur gegeben, weil vor alten Zeiten alle Juden der Krone Polen jährlich 220 000 fl. bezahlen mußten, welches durch vier jüdische Landesälteste und Deputierte erhoben worden ist. Da wir eine kleine Synagoge und nahe an Posen waren, so haben wir sie, unsere landesherrlichen Beiträge und anderen Abgaben, welche durch die Deputierten auferlegt waren, durch Repartition der Posener Ältesten bezahlt und entrichtet; auch ist zu bemerken, daß die gedachten Landesdeputierten durch die vier Hauptstädte, nämlich Krakau, Lublin, Lemberg, Posen, die ganze Summe erhoben haben". Zum Schluß heißt es: „Anno 1764 hat der König Stanislaus . . . die Abgabe im ganzen, weil sie nach eigenem Nutzen gehandelt haben, denen vier Landesdeputierten aus den Händen genommen und jede Stadt vor sich selbst ihre Abgabe abliefern sollte . . . . jeder Kopf 2 fl. jährlich an die Krone Polens nebst Rauchfangsgelder selbst geben mußte[1])". Auffallend ist in diesem Aktenstück die Pauschalsumme 220 000 fl. und in dem früher angeführten Protokoll nur 22 000. Steckt in dem einen oder anderen ein Zahlenfehler? Jedenfalls ergibt sich daraus sicher, daß die Synoden sich auch mit Steuerverhältnissen befaßt haben, und zwar bereits im Jahre 1595.

Aus einer Notiz, welche ich ebenfalls der Freundlichkeit des Herrn Dembitzer verdanke, geht auch hervor, daß die Vierländersynode Beschlüsse über Abgaben gefaßt hat. Diese Notiz stammt ebenfalls aus einem alten Memoriale einer Krakauer Synagoge. Sie betrifft eine Art Geschenk für den König unter dem Namen Spilkowo. Sie lautet: תקנת שפילקאוי שנעשה בקבוץ מנהיגי

ונאוני ד' ארצות בועך לובלין ביום כ' פ' כי תצא שנת שס"ו לפ'ק ושם נמנו וגמרו שהמהנה
אשר הבטיחו מנהיגי ד' ארצות ליתן להמלך בשביל כלל היהודים ממדינת פולין והמהנה הזאת
נקראה בשם שפילקאוי. יותן מהיום והלאה מקהל קראקא . . . . . שהמהנה ההיא ברצוי
ולטובת כל היהודים במדינת פולין קטן ומדינת פולין גדול פאדעליע ואוקריינא.

Dieser Beschluß stammt aus dem Jahre 1606. Fügen wir noch eine Notiz aus der ersten Zeit der Synodaltätigkeit hinzu, nämlich vom Jahre 1607, wobei erwähnt ist, daß dabei der Rabbiner Josua Falk Kohen (Verfasser des סמ"ע = ס' מאירת עינים) beteiligt war (in einem unter seinem Namen edierten

---

[1]) Auf diese Umwandlung der Kopfsteuer beruft sich die Konstitution vom Jahre 1775 (volumina legum, Bd. VIII, p. 95): „Die Kopfsteuer von den Juden, die auf Grund der Konstitution vom Jahre 1764 auf alle Juden und Karaimen der Krone Polens . . . . von jedem Kopfe beiderlei Geschlechts vom ersten Jahre der Geburt auf zwei poln. Gulden bestimmt wurde." Dagegen heißt es (daselbst B. VII, p. 81) von den Abgaben der Juden in Litauen in der Konstitution vom Jahre 1764: „Da wir genügend wissen, daß die Judenältesten (żydzi starsi) gewohnt waren, über die auf Grund der Konstitution vom anno 1717 festgesetzte Kopfsteuer von 60 000 poln. Gulden hinaus nach willkürlicher Verteilung bedeutend größere Summen mit nicht geringem Druck der Gesamtjudenheit eingetrieben haben . . . verordnen wir, die erwähnte Summe der Kopfsteuer ut supra aufhebend, eine allgemeine Kopfsteuer von allen Juden und Karaimen . . . . nach dem Modus der in der Krone existierenden und festgesetzten Kopfsteuer, das heißt zwei poln. Gulden per Kopf." Also von 1717 bis 1764 betrug die Pauschalsumme der Kopfsteuer von den litauischen Gemeinden 60 000 poln. Gulden. In diesem Verhältnis wäre die Gesamtsumme für die Landesteile Groß- und Kleinpolen, Reußen und Wolhynien ungefähr richtig 220 000.

קונטרים oder תקנות, gedruckt Sulzbach 1692, Brünn 1775). Daselbst heißt es auf dem Titelblatt: כמה עניני אסורים אשר העם נכשלין בהם והיה מפקח בהן הגאון ב״ד בית ועד הוא מקום קבוץ חכמים המה ראשי ישיבות דשלש ארצות מדינת פולין ברהאסף ראשי עם יחד בשנת ש״ס"ז Im Texte zu den Beschlüssen über Zinsnahme Ende Nr. 14: עניני אסור שבת בהיות שאינן כוללין בג' ארצות כי כאנ״י פוונא וקראקא ושאר גלילות אינם מתעסקים בארונדות ורחיים . . . גם לא היה מושכם גמור בינינו בענין החרם קודם נסיעת ראשי דברי. Zum Schlusse heißt es: ישיבות מפה בידיד לכן הנחתיהו מלכתוב הסכמתי לבדי הקטן והשוא בן . . . אלכסנדרי . . . ולק כדן יכחה הכותב והחתום פה בהסכמת רבותיו ורעיו גרבניץ be‑ (der Ausdruck יריד גרמני, eigentlich שנתוועדו פה ביריד גראמני שס״ז deutet die Messe zu St. Gromnice). Diese Synoden werden auch zuweilen die der „Dreiländer" genannt, je nachdem Litauen mitgezählt wird oder nicht. Im oben angeführten Protokoll (S. 555) werden die Delegierten von Litauen mit erwähnt. In anderen wieder ist dieser Landesteil ausgeschlossen. Das Verhältnis von Litauen zu den übrigen Landesteilen wird erst richtig gestellt werden können, wenn mehr Material darüber zusammengestellt sein wird.

So viel ist sicher, daß diese Synodalversammlungen vor dem Jahre 1572 nicht organisiert waren, also noch nicht zur Zeit des Königs Sigismund August. Unter dem Ephemerenkönig Heinrich von Anjou können sie wohl nicht entstanden sein. Denn wenn sie auch nicht von der Krone autorisiert waren, so hat sie dieselben doch vielleicht in ihrem eigenen Interesse gebilligt. Ja, wenn man in Betracht zieht, daß die Synoden auch die Steuerverhältnisse geregelt und repartiert haben, so muß der König geradezu seine Zustimmung zu dieser Organisation gegeben haben. Aus dem oben angeführten Aktenstücke geht hervor, daß erst der König Stanislaus Poniatowski im Jahre 1764 die Machtbefugnis der Deputierten aufgehoben hat. Bis dahin müssen sie also sozusagen οὐ μετὰ τοῦ λανθάνειν τὸν βασιλέα fungiert haben. So läßt sich vermuten, daß unter dem König Stephan Bathori, welcher den Juden Wohlwollen gezeigt hat, zwischen 1575 bis 1580 die Organisation der Vierländersynode begonnen hat.

Aus den oben angeführten Notizen geht mit Entschiedenheit hervor, daß sie tatsächlich wohl organisiert war. Es war ein Wahlmodus dafür eingeführt, die Verhandlungen und Beschlüsse wurden protokolliert, kurz, es zeigte sich darin ein zivilisierter Charakter. Diese Organisation kann nur von Männern aus‑ gegangen sein, welche eine gewisse Weltkenntnis neben Autorität besessen haben und imstande waren, in das formlose polnische Wesen Ordnung zu bringen.

Aus diesem Umstande ließe sich folgern, wer die Regelmäßigkeit der Synoden eingeführt hat. David Gans berichtet mit zeitgenössischer Treue, daß Mar‑ dochaï Jafa, der 20 Jahr Rabbiner in Grodno, Lublin und Kremniz war, als das Haupt der Rabbiner und Richter der Drei Länder galt; Ijar 1592 sei nach Prag gekommen: (צמח דוד I zum Jahre 5352): . . . ר' מרדכי יפה הוא ראש ועקר מגדולי ראשי ישיבות ודייני דשלש ארצות הוא בא רנה בחור אייר שנ״ב. Jafa war nach dem Tode seines Lehrers Mose Isserles und Salomo Lurjas die bedeutendste rabbinische Autorität in Polen, hatte in Deutschland und Italien Reisen gemacht, und hatte so viel anderweitige Bildung und auch, so zu sagen, deutschen Ordnungssinn oder deutsche Pedanterie, um öffentliche Angelegenheiten nicht mit polnischer Formlosigkeit leichthin zu behandeln. Da er in Lublin, einer der zwei polnischen Hauptmessen, Rabbiner war, so verstand es sich eigentlich von selbst, daß er bei wichtigen Prozessen, Verhandlungen und Beratungen, die zur Zeit der Messen ausgemacht zu werden pflegten, den Vorsitz führte. Zu diesen Messen in Lublin und Jaroslaw strömten so viele Tausend Juden aus den drei polnischen Landesteilen zu‑

sammen, daß ein christlicher Satiriker bemerkte: „Auf der berühmten Meß zu Jaroslaw in Polen, so auf Mariä Himmelfahrt angeht, die Juden allein für 20000 Gulden an Zwiebeln und Knoblauch verzehren" (bei Schudt, jüdische Denkwürdigkeiten I, S. 209). Da die Messen regelmäßig waren, in Jaroslaw im Juli und in Lublin im Beginne des Frühjahrs, so ergab sich eigentlich die Regelmäßigkeit synodaler Versammlungen von Rabbinern und Gemeindevorstehern von selbst. Es gehörte nur dazu, daß ein Wahlmodus für die Gemeindedelegierten, welche bei der Synode Sitz und Stimme haben sollten, entworfen, und daß endlich eine Autorität vorhanden sei, in welche sämtliche Gemeinden ihr Vertrauen setzen könnten, um sich den von ihr sanktionierten Beschlüssen zu unterwerfen. Dafür war nun **Mardochai Jafa** sehr gut geeignet, und man könnte daher annehmen, daß er als Rabbiner von Lublin zwischen 1573 bis 1592 die Regelmäßigkeit der Synodalversammlungen der **Dreiländer** in Anregung und Ausführung gebracht hat. Dafür spricht auch die Bemerkung des Josua Falk Kohen (Einl. zu מאירת עינים 'ס): Mardochai Jafa habe seinem Kodex (לבוש) nicht die Vollendung geben können, weil er mit öffentlicher Angelegenheit beschäftigt gewesen: בריות (ר' מרדכי יפה), עמוס התלאות וטרדות של צבור והישיבה שהיו כוששלים עליו לא היה לו פנאי לחקור ולמצא מוצא הדינים . . . . וכן שמעתי מפיו.

Im Jahre 1624 ist von der **Synode der Vierländer** die Rede ohne Angabe, ob Litauen dazu gerechnet wurde. (Memoriale des Posener Gemeindearchivs, mitgeteilt von Perles a. a. O.): מה לך תקנות רוזני ד' ארצות יצ"ו בענייני הבורחים כל הנ"ל הועתקו אות באות מפנקס הארצות בהסכת יריד שד"ץ לפק. Diese Beschlüsse über Bankrotteure, welche eben in diesem Jahre von der Synode erlassen wurden, sind auch mitgeteilt Ende des Werkes כאמר קדישין von Kaim Kalisch mit vielen Zusätzen und Varianten; in der Überschrift heißt es: דיני בורחים העתק מפנקס ארבע ארצות דמדינת פולין.

Um 1640 berichtet darüber Jom-Tob Lipman Heller (Verfasser des תוספת י"ט in seiner מגילת איבה p. 30): נסעתי ליריד יערסלאו בשנה ההיא בקבוץ הרבה ראשי ישיבות. גם מנהיגי וקציני ארבע ארצות פולין גדול וקטן רוסיא ואלין כרווז קרא בחיל גדול. Die begeisterte Schilderung von der Herrlichkeit der Vierländersynoden, welche Nathan Hannover (Ende יון מצולה) gegeben hat, bezieht sich auf dieselbe Zeit, nämlich vor der Verfolgung unter Chmiel 1648. Dieses Referat gibt die beste Auskunft über die Institution in ihrer Glanzzeit: ואם שני ראשי קהלות כהדינים זה עם זה הולכין לדון לפני פרנסי דארבע ארצות. והיו יושבים ב' פעמים בשנה בקבוץ יחד מכל ראשי הקהלות פרנס אחד וצרפו להם ששה גאונים מארץ פולין והם הנקראים ארבע הארצות והיו יושבין בכל יריד לובלין בין פורים לפסח ובכל יריד יערסלב בחדש אב או אלול והפרנסים דארבע הארצות היו כמו סנהדרין בלשכת הגזית והיה להם כח לשפוט כל ישראל שבמלכות פולין לגדור גדר ולתקן תקנות ולענוש אדם לפי ראות עיניהם וכל הדבר הקשה יביאון אליהם וכו'. Man sieht daraus, daß die Synoden mehr eine laienhafte als rabbinische Grundlage hatten. Nicht die Rabbiner bildeten den Grundstock und die Majorität, sondern die Gemeindedelegierten — von jeder bedeutenden Gemeinde je einer oder je zwei (v. S. 555) —, und daß diese erst sechs Rabbiner zugezogen haben. Doch waren die Delegierten, wenn auch Laien, auch talmudkundig. Daß diese Vierländersynode auch die Bücherzensur gehandhabt hat, ergibt sich aus den Approbationen vieler in Polen gedruckter Schriften.

Nach der großen Verfolgung der Juden in Polen 1648 hatte die synodale Tätigkeit, wenn auch nicht ganz abgenommen, doch ihren Glanz eingebüßt. Wir erfahren es aus der Klage des Elia Lublin (Respp. יד אליהו Einleitung) aus der zweiten Hälfte des XVII. Jahrhunderts בק"ק . . . . בימי חרופי נתגדלתי

לובלין ובימי היה שם בית מועד לחכמי ישראל בידידי גראמניין מדי שנה בשנה ואח"כ ראיתי
אלקים עולים כהתהדם במדינת פולין וליטא בכמה שנים באסיפת הרועים. ויש מעט קט בזמננו
כשנת חכמים) זה אשר ראה כינוס הצדיקים. Aus einer Schilderung des Mose Chages
Nr. 349) vom Anfang des XVIII. Jahrhunderts scheint hervorzugehen, daß
damals die Synodalsitzungen nicht mehr jährlich oder gar zweimal im Jahre,
sondern von drei zu drei Jahren stattfanden: (לאחינו אמרו לי כי הועד הירוד שיש להם
שבגלות פולוניא) אחת לג' שנים ביערסלוב אינו אלא כדי ששה יבואו מקצוי ארץ כל הרבנים
הוזשי ישיבה וכל אחד יציג לפני הרבנים את כל ונוכחת שנסתפקו בו במשך שנים אלו. וכל דבר
מצֹוָק בקהלחו ובמעמד כלם . . . . לעשות גדר . . . . ולתקן לכל הגולה תקנות הרבה במה
שצריך להם הן בענין המסים והמשא ומתן ונדר הערוים ולהשגיח על פרנסי ומנהיגי ונבאי
הירוד דצדקות וכל הדבר הקשה ישפטו הם באותו הירוד. Weitere Forschungen über dieses
Thema werden hoffentlich diese Skizze ergänzen. Aufgehoben wurden die
Synoden wahrscheinlich von Stanislaus August Poniatowski in der Konstitution
von 1764.

11.

Die erste Einwanderung der Juden in Amsterdam.

Die erste Ansiedelung portugiesisch-marranischer Familien in Amsterdam,
welche die Muttergemeinde für Kolonien in England, Dänemark, Hamburg und
Brasilien geworden ist, hat noch immer keine kritische Untersuchung gefunden,
obwohl viel darüber geschrieben worden ist. Selbst das Jahr der ersten Einwanderung ist noch immer schwankend gehalten. Einige setzen es 1590, andere
1593; Hugo Grotius in seiner historia Belgica bestimmt 1597 dafür, und
endlich eine Quelle gar erst 1604. Diese varianten Zahlen stammen aus verschiedenen Sekundärquellen. Eine Primärquelle gibt es nicht dafür. Die eine
Quelle, welche anscheinend die richtigste ist, stammt von Uri (Phöbus) Halevi
Enkel der ersten Religionsbeamten der ersten portugiesischen Gemeinde in Amsterdam, welche die marranischen Mitglieder daselbst in den Abrahamsbund aufgenommen haben, nämlich Mose-Uri-Halevi, ihr erster Chacham, und sein
Sohn Ahron, ihr erster Vorbeter. Aus den Erinnerungen und Überlieferungen
derselben hat Uri die Geschichte der ersten Ansiedelung aufgezeichnet unter dem
Titel: memorias para os siglos futuros in portugiesischer Sprache. Diese Memorias erschienen (mit Approbation der Rabbinen David Cohen de Lara und Isaak
Aboab de Fonseca vom Jahre 1673 bis 74) im Jahre 1711; die zweite Edition
1768. Aus der letztern brachten die Jaarboeken voor de Israëliten in Neder-
lande ein Abregé (Jg. 1835, I, p. 21 ff.). Diese Überlieferung, welche doch
von den Zeitgenossen der Ansiedelung stammt, setzt die erste Einwanderung
5364 = 1604.

Die zweite Sekundärquelle ist Daniel de Barrios, der die Einwanderung
mit geschmacklosen Intermezzos vom Jahre 1684 in einer Piece: Triumpho
del govierno popular en la casa de Jacob, erzählte. Er kannte Uris Aufzeichnung, denn er zitiert die beiden Approbationen von de Lara und Aboab (Casa
d. J. p. 2). Nichts destoweniger setzte er die Einwanderung der schönen Maria
Nuñez, ihres Bruders und ihres Oheims Manuel Lopes 1593 an (p. 5):
Manuel y Maria (Nuñez) se embercaron para Hollanda en anno
Judaico 5350 que corresponde al de 1593. Im jüdischen Datum ist die
Zahl korrumpiert statt 5353.

Die dritte Sekundärquelle ist der Dichter David Franco Mendez, Sekretär der portugiesischen Gemeinde in Amsterdam. Er hatte mehr historischen Sinn als die beiden genannten Vorgänger und hatte Gelegenheit, aus dem Gemeindearchiv Authentisches zu erfahren. Von dem Ursprung dieser Gemeinde schrieb er in portugiesischer Sprache: Memorias do establicemento e progresso dos Judeus Portugueses e Espanhoes nella cidade de Amsterdam no anno 1769 (bei Koenen, Geschiedenis der Joden in Amsterdam, p. 149). Aber diese handschriftlichen Memorias sind nicht bekannt. In diesen setzt Mendez die Einwanderung merkwürdigerweise einmal 1593, das andere Mal 1604. Mit de Castro zweierlei Immigration anzunehmen (de Synagoge der portug. israel. Gemeente te Amst. 1875, Anmerkung, S. II), ist untunlich. Mendez hat aber auch einen hebräischen Bericht über die Einwanderung gemacht, den, ebenfalls handschriftlich, mir Carmoly zur Benutzung überlassen hat. In dieser hebräischen Schrift sind die betreffenden Data genau angegeben, wodurch sich die anderweitigen Angaben berichtigen lassen.

Der Sturm, welcher die mit auswandernden Marranen besetzten Schiffe nach Emden verschlagen hat, infolgedessen diese mit Mose-Uri Halevi Bekanntschaft gemacht haben und von ihm auf eine Niederlassung in Amsterdem aufmerksam gemacht wurden, wird von Mendez ausdrücklich in das Jahr 1593 gesetzt: ויהי היום . . . בשנת ערבה כל שמחה עמד רוח סערה בים קרוב לחוף הימדין . . . והנה שתי אניות באות מספרד נשאות עשרה יהודים אנוסים (4)353=1593. Ihr Eintreffen in Amsterdam wird ebenfalls in dasselbe Jahr (1593) gesetzt mit genauer Angabe des Tages- und Monatsdatums. ויבואו בכי טוב פה העירה . . . וישכרו להם בית בכ"א אפריל שנת (הנוצרים) אתקצ"ג סימן לכם לזכור. Das Jahr 1593 ist demnach durch zwei, wenn auch nicht klassische Zeugen, bestätigt, während das Datum 1604 schon dadurch unhaltbar ist, weil die beiden Fakta, die Überraschung in dem Bethause und der Bau der Synagoge (1596 bis 97) das Vorhandensein der marranischen Ansiedler vor 1596 voraussetzten. Wie ist aber Uri-Phöbus zu dem Datum 1604 gekommen? Es scheint einfach eine korrumpierte Zahl zu sein: ה' שס"ד statt שנ"ד oder שנ"ג, vielleicht in der zweiten Edition. Denn de Barrios, welcher Uris Memorias gelesen hatte, setzt die Gründung der Gemeinde durch Mose-Uri 5340 (a. a. O. p. 31): Y el Rabi Uri Levi . . . fundó el Judaismo desde el año de 5340. Dieses Datum ist offenbar eine Korruptel: ה' ש"ם, welches er vorgefunden haben muß. Beide Datumangaben, 5340 bei Barrios und 5364 bei Uri-Phöbus, sind als Korruptelen anzusehen. So ist nur das Datum 5353 = 1593 gesichert.

Die Szene der Überraschung der kleinen Gemeinde im Bethause am Versöhnungstage setzt Franco Mendez Tischri 5357 = September 1596: ויהי היום . . . יום אחד בשנת כפר לפ"ק בהקהל העדה לחלות כפרת עוונתיהם. Diese Szene blieb den Zeitgenossen so denkwürdig, daß sie der jüdisch-portugiesische Dichter Antonio Alvares Soares in Verse gebracht hat, worin er dieselbe Jahreszahl an die Spitze stellte (bei Barrios das. oder Triumpho del govierno popular p. 16, falsche Zahl 70):

             Cayó el dezimo dia del maduro
             Septimo mes, y el sol en la balança
             Cinco mil y trecientas y cincuenta
             Y siete vezes, quando el Pueblo puro
             En dia de Kipur halla propicia . . .

Im Eingange hat zwar de Barrios dafür ein Jahr früher: Congregaronse en este sacro dia del año de 1595 las emboçados Judicos Amstelodamos

Note 11.

(daf. p. 13, falsch p. 67). Aber darauf ist nichts zu geben: Barrios' Schriften wimmeln von Druckfehlern, besonders bei Zahlen. Die Einweihung der ersten Synagoge בית יעקב des Jakob Tirado bestimmt David Franco Mendez am ersten Abend des Neujahrsfestes = September 1597: ונתחנך באורים ובשירי זמרה ליל ר"ה שנת שנ"ח וס' כי לא נ(ט)ש בי(ע)קב כתיב. Die Auswanderung der zahlreichen Familie Mendes Franco aus Oporto setzt de Barrios 27. April 1598 (daf. p. 10) und in demselben Jahre die Einwanderung der Mutter der schönen Maria Nuñes und ihrer Familie (daf. p. 6, falsch p. 9).

Als die ersten Gründer der Gemeinde nennt de Barrios drei: Samuel Pallache (Payache), Jacob Tirado und Jacob Israel Belmonte (Govierno popular Judaico, das durch erstaunliche Verwahrlosung der Paginierung mit p. 23 bis 24 und mit p. 61 ff. fortgesetzt wird, p. 62): creceo la gente . . . . . con el Govierno politico que començo en los illustres Samuel Payache, Jahacob Tirado y Jahacob Israel Belmonte. Von dem zweiten bemerkt er, daß sein Andenken in der Synagoge jedes Jahr einmal gesegnet wurde. Er hat nämlich die erste Synagoge Bet-Jacob erbaut. Im Eingange bemerkt er in seinem bombastischen Stil (p. 61): desemboço el belico nostro Año de 5350 . . . . favorecido del insigne Magistrado de Amsterdam . . . . y començo a publicarse el de 5357. Das will sagen, daß die Einwanderung 1590, und die öffentliche Anerkennung durch Zulassung eines Synagogenbaues 1597 erfolgte. Nun, das Datum 5350 ist gewiß bei ihm ebenso korrumpiert wie oben (S. 559) statt 5353. Daraus geht hervor, daß Jacob Tirado in demselben Jahre eingewandert sein muß, wie die Gruppe mit Maria Nuñes, deren Einwanderung de Barrios 1593 = 5350 datiert. Gehörten diese beiden Gruppen zusammen, oder sind sie, wenngleich in demselben Jahre, so doch gesondert in Amsterdam eingetroffen? Welche Gruppe hat Emden berührt und Bekanntschaft mit Mose-Uri angeknüpft? Die Memorias nennen keine Namen derer, welche Mose-Uri nach Amsterdam dirigiert hat. Sie sprechen nur von zehn Männern und vier Kindern, welche auf zwei Schiffen in Emden eingetroffen waren. Barrios bringt indes Jacob Tirado mit Mose-Uri in Verbindung (in Prooemium): De los primos Judios que concurrieron á la ciudad de Amsterdam por el sabio Uri Levi y por el noble Jacob Tirado. Demnach gehörte der letztere zu den zehn Männern, welche in Emden mit dem ersteren Verbindung angeknüpft haben. Andererseits gibt Barrios an, daß auf dem Schiffe, welches Maria Nuñes nach Amsterdam brachte, sich nur drei Personen befanden, diese, ihr Bruder Manuel und beider Onkel Manuel (oder Miguel Lopez Homem). Er deutet aber an, daß diese Gruppe zu Jacob Tirado gehört hat, denn an die Erzählung von den ersten Gründern Jacob Tirado und Mose-Uri knüpfte er das Abenteuer von Maria Nuñes und ihre Ankunft mit ihrem Bruder und Onkel in Amsterdam. Dieser Punkt ist also zweifelhaft. — Wunderlich genug setzt Koenen die Szene von der Entdeckung der geheimen gottesdienstlichen Zusammenkunft der neu angekommenen Marranen und von der Verhaftung des Vorbeters Mose-Uri durch die Polizei um 1602 bis 3, nachdem er vorher erzählt hat, daß die Marranen mit Jacob Tirado 1598 öffentlich die Synagoge Bet-Jacob errichtet hatten (a. a. O., p. 142 bis 143).

Register.

A.

Abenacar, Isaak, s. Pimentel, Manuel.
Abi-Ajub-Jakob 303.
Ablaßschacher 172.
Abrabanela, Benveniba 38, 221, 292.
Abrabanel, Isaak 5, 7 f., 11, 37, 199.
Abrabanel, Isaak II. 7, 344.
Abrabanel, Jehuda (Leon Medigo) 5, 38, 199 f.
Abrabanel, Samuel 7, 38, 221, 292 f.
Abraham Levi 202.
Abraham von Tunis 235.
Abulfarag, Barhebräus 375.
Achmed I., Sultan 407.
Achmed Schaitan 20.
Adrian, Kardinal 140.
Adrianopel, Juden in 33.
Ägypten, Juden in 18 f.
Ägyptische Purim, siehe Purim.
Ärzte, jüdische 23, 36, 40, 72, 301, 305, 307, 321, 324, 327, 357, 364, 446, 449.
Afia, Daniel Ahron 35.
Ahnenprobe zum Ausschluß der Marranen 275.
Akrisch, Isaak 8 f., 376, 379, 381.
Alatino, Vital 321.
Alaschkar, Mose 14 f.
Alba, spanischer Feldherr 368, 457.
Albert (Albrecht) von Bayern-München 51, 74.
Albert (Albrecht) von Brandenburg, Bischof von Magdeburg und Mainz 145, 153, 154, 172.
Aldobrandini 455.
Alessandro, Konvertit 353.
Alexander von Polen 58.
Alexander VI., Papst 36, 81, 114, 206.
Alfonso II. d'Este, Herzog von Ferrara 455.

Alfonso, König von Neapel 5.
Alfonso, Don, Infant von Portugal 252, 254, 264.
Algasi, Jehuda 383.
Algawri, Kanßu 17.
Algier, Juden in 13.
Alkabez, Salomo 286, 396.
Almador, Manuel de 266.
Almoznino, Mose 33, 362, 374.
Alschaich, Mose 396 f.
Abalensi, Samuel 12 f., 15.
Alvarez, Simon 266.
Alvaro de Braganza, Don 4.
Amatus Lusitanus s. Lusitanus.
Amsterdam, Gemeinde in 460 f., 465, 470, 471.
Ancona, Juden in 37, 293.
Ancona, Marranen in 230, 250.
Anconitani de St. Eusebio, Kardinal Pietro 142, 157.
Andlau 153.
Angelus von Freiburg 101.
Anklagen gegen Juden 49, 50, 67, 180, 242, 288, 296, 303, 354, 426, 429.
Anklagen wegen Hostienschändung und Blutgebrauch 48 f., 50, 53, 180, 288, 296 f., 300, 302, 323, 426, 429, 454.
Anklagen gegen den Talmud 68.
Anna von Brandenburg 50.
Antitrinitarier s. Unitarier.
Antonio, Diogo 262.
Arabien, Juden in 218.
Arbut, Joseph ben 380.
Aristeasbrief, Übersetzung des 388.
Arli, Joseph de 244.
Arminius, Prediger 471.
Arnold von Tongern 66, 102, 113, 119, 123, 129, 148.
Arnoldisten 138.
Arta (Larta) 34.

Ascher, Lämmlein s. Lämmlein.
Ascher aus Udine 346.
Aschkenasi, Bezalel 391.
Aschkenasi, Nathan 373, 407.
Aschkenasi, Salomo ben Nathan 369, 370, 371, 376, 406, 428 f.
Aschkenasii, Saul Kohen 7 f.
Askaloni, Joseph 406.
d'Ascoli, David 341.
Astrologischer Wahnglaube 262, 371.
Asumção, (Ascencion) Diogo de, Franziskaner-Proselyt 463 f.
Athias, Jom-Tob de Vargas 311, 334.
Augenspiegel 106 f., 114, 128, 132.
Augsburg, Juden in 45, 186.
Augsburger Schule 54.
Ausweisung der Juden aus Augsburg 45.
Ausweisung der Juden aus Brandenburg 90.
Ausweisung der Juden aus Böhmen 52, 293, 348.
Ausweisung der Juden aus Colmar 51, 186.
Ausweisung der Juden aus Cöln 44.
Ausweisung der Juden aus Eßlingen 186, 303.
Ausweisung der Juden aus Ferrara 341.
Ausweisung der Juden aus Genua 305 f., 307, 353.
Ausweisung der Juden aus dem Kirchenstaat 354.
Ausweisung der Juden aus Magdeburg 51, 292.
Ausweisung der Juden aus dem Mailändischen 451.
Ausweisung der Juden aus Mainz 44, 441.
Ausweisung der Juden aus Neapel 293.
Ausweisung der Juden aus Niederösterreich 347.
Ausweisung der Juden aus Nördlingen 51.
Ausweisung der Juden aus Nürnberg 49 f.
Ausweisung der Juden aus Prag 294.
Ausweisung der Juden aus Regensburg 180 f.
Ausweisung der Juden aus Reutlingen 186.
Ausweisung der Juden aus Schwaben 45.
Ausweisung der Juden aus Speyer 186.
Ausweisung der Juden aus Steiermark, Kärnthen, Krain 48.
Ausweisung der Juden aus Ulm 51.
Avignon, Juden in 304, 324.

B.

Bachur, Elia, s. Levita, Elia.
Bachurim, Talmudjünger 424.
Baco von Verulam 440.
Baffa, Sultanin 408.
Bajazet, Sultan 25, 360.
Balbung, Hieronymus 101.
Balmes, Abraham de 40, 141, 192.
Bames 46.
Barbaro, Marc-Antonio, venezianischer Agent 369, 372.
Barbarossa, Chairredin 253.
Barkow, Palatin 426.
Barocas, Thamar 464.
Bartholomäusnacht 371.
Baruch von Benevent 41, 82, 202.
Basula, Mose 338, 340, 344, 396.
Bathori, Stephan 429.
Bauernkrieg 240, 242.
Bayern, Juden in 51.
Beatrice de Luna s. Mendesia.
Beifuß, Rabbiner in Wiesenau 131.
Belmonte, Jacob Israel 460, 469.
Benevent, Emanuel de 344.
Benignus, Georgius 158, 160.
Ben-Israel, Joseph 487.
Ben-Israel, Manasse 487.
Benveniste, Jehuda 33.
Benveniste, Arzt 408.
Benvenida, s. Abrabanela.
Berab, Jakob 12 f., 17, 54, 223, 279, 283, 284, 384.
Berlin, Juden in 90, 440.
Bernadino de Santa-Croce 140, 142.
Bernardo, Fratre 212.
Bertinoro, Obadja de 23 f.
Bezalel, Chajim ben 445.
Bezalels, Isaak 419.
Bibelübersetzung, neusprachliche 194.
Bibelübersetzung, persische 27.
Bibel in Übersetzung verbrannt 341.
Biblia Rabbinica 195.
Blandrata 434.
Blanes, Juda de 40.
Blanes, Mardochai de 329.
Böhmen, Juden in 52, 293, 346.
Bologna, Juden in 353.
Bomberg, Daniel 40, 176, 195.
Bona, Königin von Polen 59, 411 f.
Bonet, s. Lates, Bonet de.
Bordeaux, Juden in 455.

Borromeo, Carl, Kardinal 353.
Bragadino, venezianischer Gesandter 369.
Brandenburg, Mark 90, 410.
Briefe berühmter Männer 140.
Briefwechsel, gefälschter 275.
Briefwechsel zwischen Juden in Venaiffin und denen in der Türkei 304 f.
Bruno, Giordano 441.
Bucer, Martin 290.
Budny, Simon 435.
Bürgerrecht der deutschen Juden 98, 123, 147.
Bugia, Juden in 14.
Bula Jschtaki 407 f.
Bulat, Juda Ben- 32.
Bullen Papst Julius III. 322.
Bullen Papst Paul IV. 324 f.
Bullen Papst Pius IV. 350.
Bullen Papst Pius V. 352.
Bullen Papst Gregor XIII. 446.
Bullen Papst Sixtus V. 448.
Bullen Papst Clemens VIII. 467.
Busche, Hermann von dem 124, 132, 138.

C.

Cajetan, Legat 178.
Calabrese, Chajim Vital 390, 397, 398, 401.
Calo Kalonymos 40.
Campeggio, Kardinal 249.
Cantareno 320.
Cantori, Josua de 343.
Capistrano 58.
Capito, Wolfgang 291.
Capnio, f. Reuchlin.
Capobiferro, Geronimo Ricenati 257 f.
Caraffa, f. Papst Paul IV.
Carpentras, Juden in, f Venaiffin.
Castel-Branco, Joāo Rodrigo de, siehe Lusitanus.
Castro, Abraham de 18, 20.
Castro, Mose 282.
Ceneda, Sansone 452.
Cesis, de, Kardinal 249.
Chabib, f. Lusitanus.
Chabib Levi Jbn 283 f.
Chabib Jakob Jbn 33, 280 f.
Chaibar 218 f.
Chajat, Juda 202.
Chalfon, Elia Menahem 234.
Chalil, Großvezier 408.
Chamorro, Mose 276.
Chandali, Elia 408.

Chanina, Jsmael 353.
Chasan, Salomo 328.
Cheibeg, Vizesultan von Ägypten 18.
Chisul Emuna 437.
Christian IV., König von Dänemark 472.
Clemente, Familie, f. Chamorro.
Clemente, Felipe 276.
Clemente, Miguel Velasquez 276
Clemens VII., Papst 36, 220, 226, 230, 232, 239, 245, 248, 249, 325.
Clemens VIII., Papst 274, 452, 467.
Cifuentes 252.
Cleve, Eberhard von 164, 176.
Coen, Samuel 454.
Cohen, Abraham, f. Lobato.
Collegium germanicum 447.
Cöln, Juden in 45, 65, 186.
Colmar, Gemeinde in 186.
Commendoni 370, 428.
Conti, Vicenti 345.
Cope, Leibarzt 143 f.
Corcos, Elia 447.
Corcos, Salomo 447.
Cordova, f. Gonsalvo de C.
Corduero, Mose 396 f.
Coronello 363.
Costa, Emanuel de 258.
Coutinho, Fernando 229.
Cremona, Juden in 454.
Cremona, Lehrhaus in 342.
Cremona, Verbrennung des Talmud 345.
Crescas, Bondian 304, 356.
Crescas, Samuel 304, 356.
Czechowic, Martin 436 f.

D.

Dalbergs, Familie der 175.
Dalberg, Bischof von Worms 80, 135.
Damaskus, Gemeinde in 25.
Daniel Cohen, f. Afia.
Daniel aus Pisa 221.
Daniel, Erzbischof von Mainz 441.
David (Daud), Raßis Agent 364 f., 382.
David Rëubeni, f. Rëubeni.
Delmedigo, Familie 34.
Delmedigo, Elia 34, 40, 141, 202.
Delmedigo, Juda 34.
Denys Sylvestre 202
„Der ganze jüdische Glaube" von Margaritha 290.
Deutschland, Juden in 44, 147, 152, 198, 238, 254, 445.

Deza, Großinquisitor 207.
Dialoghi d'amore 199.
Diaz, Andre 216.
Diaz, Lodovico 264.
Dichterkreis, jüd. in der Türkei 378 f.
Dissidenten in Polen 436 f.
Dolmetscher, Juden als 27.
Dominikaner 48, 65, 68, 76, 87, 90, 93, 99, 125, 130, 137, 139, 142, 144, 148 f., 173, 175 f., 177, 181, 206, 211, 266, 302, 343.
Doria, Andreas 305, 307.
Doria, Gianettino 307.
Duarte Gomez, s. Usque, Salomo.
Duarte Pinel, s. Usque, Abraham.
Dunkelmännerbriefe 148, 151, 160 f.
Duran, Juden 13.
Duran, Salomon 13.
Duran II., Simon 13.
Duran II., Zemach 13.

E.

Eberhard, Herzog v. Württemberg 79.
Eck, Johann 174, 178, 296.
Edom, s. Rom.
Egidio von Viterbo 39, 82, 138, 140, 191, 232, 237, 320, 344.
Ehe, kabbalistische 395, 404.
Eheauflösung einer Minderjährigen 56.
Elia Levita, s. Levita.
Elia Misrachi, s. Misrachi.
Elia b. Chajim 383.
Eliano, Vittorio 320, 343, 345.
Elisabeth, Königin von England 459.
Elsaß-Lothringen, Juden in 46.
Emanuel, Philibert, Herzog von Savoyen 356.
Epistolae obscurorum virorum, siehe Dunkelmännerbriefe.
Erasmus von Rotterdam 78, 110, 152.
Erbsünde, kabbalistische 393 f.
Ercole I. d'Este 43.
Ercole II. d'Este, Herzog von Ferrara 293, 310, 311, 326, 333, 341.
Erdbeben in Portugal 234.
Esther, Drama des Salomo Usque 311.
Esther, Kiera 375, 376, 408.
Evora, Flavio Jacobo de 378.

F.

Fagius, Paulus 194.
Falco, Elia 400.

Famagusta 367.
Fano, Jakob de 328.
Fano, Joseph de 453.
Farag, Juda 337.
Farissol, Abraham 42 f.
Farnese, Alexander, Kardinal 272, 302, 323, 325.
Ferdinand I., Kaiser von Deutschland 240, 294, 346, 363, 368.
Ferdinand I., König von Neapel 5.
Ferdinand, Herzog von Toskana 453.
Ferhad, Pascha 407.
Fernando der Katholische von Spanien 13, 210.
Ferrara, Juden in 42, 310, 354, 450, 454.
Fez, Juden in 11.
Fieschi 307.
Firme Fé 215, 216.
Fischel, Mose, von Krakau 59, 89.
Flandern 234.
Florenz 230.
Foligno, Ananel de 321, 323.
Folterqualen der Inquis. in Portugal 267.
Foya, Giovanni della 238.
Francis, Mardochai 391.
Francisco Maria von Urbino 450.
Franco, Samuel 33.
Franco, Mendes Christoval 462.
Frankfurt a. M., Juden in 51 f., 75, 85, 122, 180, 424.
Franz I., König von Frankreich 193.
Franziskaner 68, 105, 139, 181.
Friedrich III., Kaiser von Deutschland 45, 51, 79.
Friedrich der Weise, Kurfürst von Sachsen 127, 142, 187.
Frusius, Andreas 320.
Fuente, Juan de la 207.
de Funchal, s. Martinho Bischof.
„Führer der Irrenden" (More Nebuchim) 139, 198.
Fugger, Familie der 174, 177.

G.

Galatinus, Petrus 170, 344.
Galico, Elisa 389, 396.
Galipapa 205.
Gans, David 443 f.
Gasthold, Kanzler 60.
Gavisia, Peter 96.
Gemeindegruppen 28 f, 31, 34, 197, 339, 384.

Gemetzel unter Marranen in Portugal 212 f.
Genabji, Bischof 435.
Genua, Juden in 321, 353.
Georg, Herzog von Bayern 135
Georg von Bayern-Landshut 52.
Georg aus Roßheim 241.
Gerber, Erasmus 241.
Geschichtsschreibung, jüdische 14, 35, 198 f., 308 f., 312, 316, 375, 389, 408, 422, 469.
Geusen 368.
Ghetto in Venedig 37.
Ghinucci, Geronimo 233, 237, 251, 257.
Ghislieri, Michele, s. Papst Pius V.
Gicatilla, Joseph 165.
Gil, Francesco 266.
Giulio, Kardinal 220.
Glückstadt, Juden in 492.
Goldecker 84.
Gomarus 471.
Gomez, Duarte, s. Usque, Salomo.
Gonsalvo de Cordova 6 f.
Gottesname, mehrbuchstabiger, mystisch gedeutet 169.
Govea, Familie 455.
Gracia, Dona, s. Mendesia.
Gracian, Lazaro 311.
Graes (Gratius), Ortuin de 66 ff., 119, 123, 148, 162
Grandchamp, französisch. Gesandter 364.
Granvella 202.
Gregor XIII., Papst 446 f.
Gregor XIV., Papst 452.
Grimani, Domenico, Kardinal 40, 141 f., 157.
Grimani, Doge 409.
Guido Ubaldo, Herzog von Urbino 326, 337, 340.
„Grüne Buch von Aragonien" 275.
Günzburg, Simon 428.
Gurk, von 140, 142.
Guttenstein, Graf von 65.

H.

Hadrian IV., Papst 188.
Halbjuden 288
Halevi, Mose-Uri 460, 468.
Hamon, Joseph 27.
Hamon, Mose 27, 303, 333.
Handel der Juden im Morgenland 337 ff.
„Handspiegel" 102 f.

Handwerker unter den Juden in Polen 58.
Haquinet, Petit Guillaume 143, 193.
Hebräische Sprache 52, 80 ff., 192 f., 202, 426, 440.
„Hebräische Wahrheit" 84, 100.
Heilige Schrift, s. Bibel.
Heinrich II, König von Frankreich 41, 293, 333, 361, 455.
Heinrich III., König von Polen, später von Frankreich (von Anjou) 371, 429.
Heinrich IV., König von Frankreich 470, 472.
Heinrich VIII., von England 187, 289.
Helena, Fürstin von Litauen 414.
Helfenstein, Graf von 138.
Henrique, Bischof von Ceuta 229.
Henrique, Nuñes, s. Firmé Fé.
Henrique Don, Infant, Großinquisitor 258, 259, 262, 264.
Herrera, Alonzo de 461.
Herrmann, Erzbischof von Cöln 66.
Heß, Hermann 85.
Hochschulen, talmudische 416, 424.
Hochstraten 66, 85, 92 f., 115, 123, 126, 129, 142, 147 f., 157, 159, 176, 178.
Hof, Stadt am 184.
Holland, Juden in 456, 463, 471.
Homem, Antonio Lopez 459.
Homem, Gaspar Lopez 459.
Homem, Major Rodrigues 459, 462.
Homem, Manuel 459.
Hosiander 295.
Hosiannatag 403.
Hostienschändung, s. Anklagen.
Hubmaier, Balthasar 181 ff., 240.
Humanisten 118, 127, 137, 153, 160, 175.
Hussiten 433.
Hutten von, Eitelwolf, Anwalt des Erzbischofs von Mainz 77.
Hutten von, Ulrich 78, 114, 132, 138, 145, 158, 160, 163.

J.

Jbn-Abi Simra, David 17 f., 203, 391, 460.
Jbn-Villa, Salomo 339.
Jbn-Chabib, Jakob 33, 280 f.
Jbn-Jachja, Familie 377, 389.
Jbn-Jachja, David 39.

Ibn-Jachja, David III. b. Salomo 2 ff.
Ibn-Jachja, Jakob Tam 32, 377.
Ibn-Jachja, Joseph 3 f.
Ibn-Jachja IV., Joseph ben David 199.
Ibn-Jachja, Gedalja 202, 355, 377.
Ibn-Jachja, Gedalja II. 377, 389.
Ibn-Jachja, Mose 377.
Ibn-Jaisch, Abraham 32.
Ibn-Lab, Joseph 336, 339, 383.
Ibn-Schoschan, Abraham 17.
Ibn-Schoschan, David 24.
Ibn-Verga, Joseph 306, 309, 316.
Ibn-Verga, Juda 308.
Ibn-Verga, Salomo 309.
Ibrahim Pascha 407.
Index verbotener Schriften 346, 351, 410.
Inquisition 314, 518.
Inquisition in Italien 318, 321, 353, 446.
Inquisition in Portugal 217, 254, 255 f., 264, 265, 268, 271, 311, 325, 336.
Inquisition in Spanien 206 f., 223.
Inquisition in den Niederlanden 363, 368.
Irira, s. Herrera.
Isserles, Moje 417.
Italien, Juden in 36 f., 44, 445.
Iwan IV., der Grausame 370, 414.

J.

Jabez, Joseph 199.
Jachjiden 2, 4 f.
Jacobaccio 257.
Jafa, Mardochai 422, 431.
Jaeger, Johann, s. Crotus Rubianus.
Jakob von Belzyce 436.
Jakob Ben-Chajim Masoret 195.
Janus-Bey 369.
Jayme, Don 247.
Jechiel von Pisa, Söhne des 4 f.
Jerusalem, Gemeinde in 18, 22 ff., 281.
Jeruschalmi, Abraham 339.
Jesaia Messeni 3.
Jesuitenorden 270, 304, 317, 319, 342, 350, 429, 439, 447.
Jesurun, David 464.
Jesurun, Rohel, s. Pina.
Joachim I., Kurfürst von Brandenburg 90.
Joachim II., Kurfürst von Brandenburg 290, 412, 441.

João II., König von Portugal 3, 265.
João III., König von Portugal 214 ff., 217, 222, 228, 245, 247, 253, 256, 263, 270.
Johann Albert von Polen 58.
Johann, Bischof von Regensburg 181.
Johann Friedrich, Kurfürst von Sachsen 290.
Johann Georg, Kurfürst von Brandenburg 441.
Johannes Baptista, s. Romano.
Johannes, Priester, Legende von 219.
Jonathan Levi Zion 84.
Joselin (Josselmann) von Rosheim 45, 47 f., 134, 153, 155, 185, 239, 242, 253, 290, 294, 302, 303.
Joseph von Naxos, s. Naßi, Joseph.
Joseph aus Arli 244
Joseph ben Israel 468
Josselmann, s. Joselin.
Juden, spanisch-portugiesische, s. Sephardim.
Judenabzeichen 253, 256, 293, 324, 341, 347, 352.
Judenbegünstigung verketzert 105, 119, 129, 133.
"Judenbüchlein" 295.
Judenhaß, fanatischer 153, 303, 325.
Judentum, Stand des 197, 386, 403 f., 425.
Judenzer, s. Halbjuden.
Judenzettel 346
Julius II., Papst 36.
Julius III., Papst 274, 321, 325.
Justa Pereyra 462.
Justiniani, Augustin 193.

K.

Kabbala 33, 39, 164, 167, 199, 202 f., 204, 226, 285, 320, 344, 385, 390, 394, 397, 400, 402, 418.
Kabbala bei den Christen 80, 164 f., 344.
Kabbala christlich gefärbt 164 f.
Kabbalistische Schriften, gefälschte 166 f.
Kahals, s. Gemeindegruppen.
Kahija, Judenanwalt in der Türkei 31.
Kahijalik, s. Kahija.
Kairo, Gemeinde in 20 f.
Kammerknechte 147, 347.
Kandia 197.
Kapsali, Elia b. Elkana 34 f., 197, 199.
Kapsali, Familie 34.

Kapsali, Mose 29.
Karäer 60, 227.
Karäer in Konstantinopel 30.
Karben, Viktor von 66, 85, 89, 92.
Karl V. Kaiser von Deutschland 158, 178, 185, 187, 208, 216, 220, 232, 249, 253, -265, 272, 292, 294, 302, 303, 330, 346.
Karl VIII., König von Frankreich 3 f.
Karl IX., König von Frankreich 361, 371.
Karlstadt 187, 289.
Karo, Ephraim 285.
Karo, Joseph 226, 244, 283, 284, 286, 340, 366, 382, 383, 385, 389, 396, 400, 403.
Kasimir IV. von Polen 53, 58, 69.
Katharina von Medici 202, 365, 371.
Katharina, Königin von Portugal 214.
Katzenellenbogen, Meïr, s. Meïr von Padua.
Kepler 423.
Khotaib, Synagoge 25.
Kiera, s. Esther Kiera.
Kirchenstaat, Juden im 352, 380, 448, 453.
Kleinasien, Juden in 303.
Kmita, Piotes 411.
Koberger, Antonius 50.
Kodex, rabbinischer 287, 385, 421.
Konfiskation jüdischer Schriften 86, 321, 346, 353.
Konstantinopel, Juden in 27, 32, 335 ff, 339, 374.
Korbek, kaiserlicher Hauptmann 182.
Kohen, Berachja 33.
Kohen, David aus Korfu 34.
Kohen, Joseph, Geschichtsschreiber 244, 306, 317, 353, 376.
Kohen, Josua Falk 432.
Kohen, Saul aus Kandia 11, 202.
Kollin, Konrad 115.
Komödie, stumme 186 f.
Kommentariensucht 198.
Kontraremonstranten 471.
Konzil von Trient 271 f, 319, 351 f., 439.
Korfu 34.
Kosoj, Theodosius 435.
Krakau (Kasimierz), Gemeinde in 414.
Kunigunde, Tochter Friedrich III. 73 f., 87, 91, 145, 185.

L.

Ladislaus, König von Böhmen 53.
Lämmlein, Ascher 69, 205.

Lancaster, Alfonso von 327.
Lancre be 456.
Landau, Mose 421.
Lansac, be 335.
Larta, s. Arta.
Lates, Bonet de 36, 134 f.
Lates, Emanuel de 324, 344.
Laudabeus, s. Blances, Juda be.
Lecha Dodi, Gesang 286.
Lefèbre d'Étable, Jakob 143.
Lenzi, Mariano 202.
Leo X., Papst 36, 134 f., 141 f., 157, 159 f., 168, 174, 176, 181, 187, 214.
Leonora d'Este 455.
Leonora, Tochter Pedros de Toledo 38, 293.
Leon Medigo, s. Abrabanel Juda.
Levi, Abraham, s. Abraham Levi.
Levita Elia (Elias) 82, 170, 190, 193, 195, 320.
Limpo, Balthasar 267, 271.
Lipomano, Alois 426, 433.
Lipomano, Luis, 263, 269.
Lippold, Leibarzt Joachims II. 291, 441.
Liwa b. Bezalel 442.
Loans, Jakob b. Jechiel 45, 47, 79, 165.
Loans, Joseph s. Joselin.
Lobato, Diogo-Gomez 465 f.
Longo, Saadia 378, 405.
Lopez, Finanzmann Sixtus' II. 448, 451.
Lopez, Antonio 462.
Loyola 270, 317.
Lublin, Gemeinde in 414.
Lucero, Diego Rodriguez 207, 215.
Ludwig XII., König von Frankreich 144, 158.
Luiz Don, Infant von Portugal 255.
Lurja, Isaak 390, 395, 396, 397, 400, 401.
Lurja, Salomo 417 f.
Lurjanische Bräuche 399 f., 402.
Lusitanus, Amatus 321, 327, 341, 378, 466.
Luther 171 ff., 174, 177 f., 187, 192, 244, 289, 291, 297.
Luthers Judenfreundlichkeit 188.
Luthers Judenfeindlichkeit 291, 298 f.
Luthers Predigt gegen die Juden 301.
Luthers Schriften 188, 298.

M.

Machbi 239.
Maciejowski, Samuel 415.
Maggid, Spiritus familiaris 225 f., 285 f.
Mailand, Juden in 450, 454.
Majora, Doña 328.
Maltheserorden 381.
Manoel von Portugal 209, 213 f.
Mantin, Jakob 41, 192 f., 234, 250.
Marcellus II., Papst 323.
Margalho, Pedro 217.
Margaritha, Anton 182, 290, 298.
Margoles, Jakob von Nürnberg 55.
Margoles, Jakob von Regensburg 79, 182, 290.
Maria de Medici, Königin von Frankreich 470, 472.
Maria, Statthalterin der Niederlande 331.
Marranen in Ancona 230, 250, 325 f.
Marranen in Frankreich 472.
Marranen in Holland 330, 459.
Marranen in Italien 5 f., 325, 333, 342, 455.
Marranen in Portugal 209, 211, 213, 217, 222, 237, 249, 252, 257 f., 259, 261, 263, 264, 268, 273, 285.
Marranen in Savoyen 356.
Marranen in Spanien 222 f., 244, 271, 274.
Marranen in der Türkei 277, 336, 378.
Martin von Gröningen 148.
Martinho de Portugal, Bischof 246, 252.
Märtyrer von Ancona 328.
Märtyrer, jüdische von Brandenburg 90.
Mascarenhas, João Rodrigo 210, 213.
Mascarenhas, Pedro 258.
Masora 193 f.
Masserano, Bezalel 450.
Matten, Hans von der 241.
Maximilian I., Kaiser von Deutschland 45, 48 f., 51, 72, 91, 106, 126, 142, 153, 155, 158, 173, 175, 180, 182.
Maximilian II 349, 370, 371.
Mazliach, Felice 220.
Medrasch, Salomo del 17.
Medeyros, Francisco Mendes 462, 468.
Medigo, Leon, s. Abrabanel Juda.
Meïron 393, 404.
Meïr ben Gabbai 203.
Meïr von Padua, Katzenellenbogen 197, 340, 344, 317, 421.
Meisel, Marco (Mardochai) 443.

Meiselsynagoge 444.
Melanchthon 177.
Mello, Doktor 258, 268, 330.
Mendes, Diogo 255, 262, 263, 380 f., 457.
Mendes, Familie 330 ff.
Mendes, Francesco 330.
Mendes, Franco 462.
Mendes, Manuel 252.
Mendesia, Doña Gracia 255, 262, 329, 331, 335, 339 f., 362, 380, 457.
Mendesia, Gracia die Jüngere 331, 335.
Mendesia, Reyna 330, 332.
Mendoso, Diego 42.
Meneses, Henrique de 249.
Menz, Abraham 40.
Menz, Juda 30, 34, 40, 56, 198.
Merinos 12.
Messen, Frankfurter 86 f., 212.
Messen, polnische 424.
Messen, s. Jesaia Messeni.
Messias, Pseudo 205 f., 264, 399, 401.
Messianische Erlösung 225, 396.
Messiashoffnung 204 ff., 252, 386.
Messianische Schwärmerei 204, 223, 225, 278, 383.
Messianische Zeit, Berechnung der 205, 278, 399.
Meyer, Peter 109, 113, 148, 160.
Michael von Brzecz 60.
Michel, Hofagent in Berlin 291, 301.
Miques, João, s. Joseph Nassi von Naxos.
Miazynski 430.
Mirandola, Pico de 6, 78, 96, 166, 311.
Mirjamquelle 398.
Mischkow 426.
Mischna 285.
Misrachi, Elia 29.
Mocenigo, Luis, Doge 367, 373.
Mocho, Pedro 212.
Mönchsorden, den Marranen verschlossen 276, 342.
Mojezki 430.
Mohammed IV., Sultan 407.
Mohammed Bey 21.
Mohammed Sokolli, s. Sokolli, Moh.
Molcho, Salomo 224 f., 230, 232, 233, 236, 239, 242, 243, 278, 287.
Molokani 435.
Montalto, Elia 446, 465, 470.
Montano, Arias 440.
Monti, Andrea de 447.
Moriscos 24.
Moro, Joseph 321, 342.
Morteira, Saul 470.
Mosessöhne, Sage von 219.

Mostarabische Juden 19.
Mülhausen 46.
Münster, Sebastian 82, 191.
Münzer, Thomas 298.
Murad III., Sultan 405.
Mustafa 360.
Mutian von Gotha 110, 129.
Mystiker, s. Kabbalisten.

N.

Nagara, Israel 378.
Nagid, Fürstenwürde 18 f.
Naglowic 427.
Nantes, Juden in 472.
Narboni 199.
Naßi, Joseph 331, 333, 335, 339 f., 3 9 f., 362, 365, 368, 370, 374, 376, 379, 380, 396, 405.
Naßi, Samuel 341, 360.
Navarra, Pedro 13.
Naxos, Herzog von, s. Naßi Joseph.
Neapel, Juden in 6, 37, 292.
Negroponte 34.
Neto, Fernandes 262.
Neto, Braz 230, 233.
Neuchristen, s. Marranen.
Niederlande, Juden in den 330 f.
Nikopolis 33.
Nikosia 367
Nizza, Juden in 472.
Nuenaar, Graf Hermann von 120, 138.
Nuñes, Henrique, s. Firmé Fe.
Nuñes, Maria 459, 462.
Nürnberg, Juden in 49 f.
Nürnberger Schule 54.

O.

Obadja di Bertinoro, s. Bertinoro.
Obadja di Sforno, s. Sforno.
Obernai, Juden in 52, 153.
Occamisten 68.
Ohrenbeichte der Kabbalisten 397.
Onqueneira, Isaak 382.
Oranien, Moritz von 471.
Oranien, Wilhelm von 368, 459, 463.
Ordination 278 f., 286, 384.
Otto Heinrich, Herzog von Neuburg-Sulzbach 295.
Ottolenghi, Joseph 343.
Ortuin de Graes, s. Graes.

P.

Padua, Juden in 37, 39, 58.
Padua, Meïr von, s. Meïr von Padua.
Pallache, Samuel 458, 460.
Pardo, Joseph 468.
Pariser Universität 143, 148, 192.
Parisio, Kardinal 262.
Paruta 434.
Patras 34.
Paul III., Papst 42, 250, 251, 254, 256, 258, 259, 262, 264, 270, 271, 272 f., 275, 304, 325.
Paul IV., Papst 270, 317, 323, 325 f., 336 ff., 340, 341, 343, 344, 346, 348, 426, 445.
Pauw, Reinier 471.
Paz, Duarte de 245, 247, 251, 252 f., 254 f., 256, 262.
Pereyra, Justa, s. Justa Pereyra.
Pesaro, Juden in 314, 336 f.
Petit, s. Haquinet, P.
Peutinger, 106, 138.
Pfefferkorn, Joseph (Johannes) 65 ff., 71, 74, 83 ff., 90, 95 f., 97, 107, 111 ff., 118, 122, 145, 148, 158, 178, 186.
Pfefferkorn, Meïr 56, 65.
Philipp I., König von Spanien 208.
Philipp II., König von Spanien 202, 324, 342, 363, 368, 374, 440, 454, 457, 462, 463.
Philipp III., König von Spanien 463, 467.
Philipp von Hessen 290, 298.
Philipp, Erzbischof von Cöln 72, 120.
Pilpul 54, 425.
Pimentel, Manuel 470.
Pina, Paul de 465, 466, 469.
Pinczowianer 434.
Pinehas von Prag 55.
Pinel, Duarte de, s. Usque Abraham.
Pinheiro, Diogo, Bischof von Funchal 229.
Pinto, Diogo Rodrigues 251 f.
Pires, Diogo, s. Molcho Salomo.
Pirke-Abot, Übersetzung der 42.
Pirkheimer, Willibald 50, 110, 138, 177.
Pius IV., Papst 348, 349, 449.
Pius V., Papst 341, 352, 353, 368, 380, 387, 425, 449.
Poeten, jüdische 378 f., 464, 465.
Polak, Jakob 12, 54, 416.
Polen, Juden in 53, 56, 59, 410 ff.
Polen, Rabbiner in 59, 416.
Polyglottenbibel 440.

Pomis, David de 446, 449.
Portaleone, Abraham ben David 452.
Posen, Gemeinde in 412, 444.
Prag, Juden in 52, 293, 346, 347, 349, 424, 444.
Prädicanten, s. Dominikaner.
Predigten, christliche in Synagogen, s. Zwangspredigt, jüdische.
Prierias, Kardinal Sylvester 159, 174, 177.
Priester, Johannes, fabelhafter 219.
Privilegien der Juden 147, 242, 303.
Provenzali, Mose 344.
Przemberz, Bischof, 426.
Pucci, Antonio 246, 249.
Pucci, Lorenzo 233, 237.
Purim, ägyptische 21.

Q.

Questenberg 140.

R.

Rabbaniten 30.
Rabbi Leb, der hohe, s. Bezalel Liwa b.
Rabbinersteuer 29.
Rache der Juden an Papst Paul IV. 329 ff., 337 ff.
Radziwill, Nikolaus 434.
Rapp, Pfaff 145.
Reformation 53, 171, 178, 187, 189, 208, 220.
Reformation in England 289.
Reformation in Polen 433.
Regensburg, Juden in 51 f., 122, 180 f.
Regensburger Schule 54.
Reggio, Juden in 472.
Reisch, Georg 101.
Religionskodex des Joseph Karo und Mose Isserles, s. das.
Religionsgespräche 43.
Remonstranten 471.
Reubeni, David 218 ff., 224 f., 227, 233, 239, 243, 378.
Reuchlin 77 ff., 85, 92, 97, 105, 125, 130, 137, 140 f., 142, 147, 158, 159, 161, 167, 177 f., 186, 344.
Reuchlinisten 138, 146, 159 f., 161.
Reyna Naßi 405.
Ricco, Paul 165.
Rodrigues, Mayor 459, 462.
Rom, Salomo 293.
Rom-Babel 236, 319 f.

Rom, Juden in 37, 141, 354, 445.
Romagna, Juden in 355.
Romano, Salomo 320.
Rossi, Asarja b. Mose bei 383, 386, 422.
Roßheim, Stadt 241, 304.
Roßheim, Joseph von, s. Joselin.
Rovere, Maria della 231.
Roxolane 360.
Rubianus, Crotus 138, 148, 163.
Ruder, Andreas 89.
Rudolph II., Kaiser von Deutschland 441 f.

S.

Saba, Samuel 339.
Sabbatfeier bei Christen 289.
Sabbation 219.
Sadolet von Carpentras 190, 250.
Safet (Saphet), Gemeinde in 24, 278, 279, 281, 286, 340, 389, 396, 398.
Sagis, Joseph 396.
Salonichi, Gemeinde in 32 f., 304, 374.
Santa-Cruz, Bernardo de, Inquisitor 267.
Santafiore 272.
Santiquatro, Kardinal 251.
Saracenus, Karl 202.
Saragossi, Joseph 17, 25.
Sarrao, Thomé 252.
Saruk, Israel 402, 461.
Sauvage, Du-Parc 202.
Savanorola, Girolamo 5.
Schachna, Schalom 417.
Schalal, Isaak Kohen 16, 18, 24, 281.
Schalal, Nathan 16.
Schaltiel 31.
Scharajiten, Sekte 414, 434.
Scheiterhaufen in Portugal 229, 258, 259, 268, 274.
Scheiterhaufen in Mantua für Molcho 243.
Scheiterhaufen in Ancona für Marranen 328.
Schimeoni, Elieser 33.
Schriften, gegenchristliche 83, 94.
Schulam, Samuel 375 f.
Schulchan Aruch 383.
Schwärmerei messianische, s. Messianische Schwärmerei.
Schwalbach, von 135.
Schwarz, Peter 94.
Scotisten 68.
Secchi, Pietro 452.
Seelenlehre der Kabbalisten 393.
Seelenwanderung 394 f.

Sefardim 1, 8, 33, 202.
Sefirot 392, 399.
Seidel, Martin 435.
Sekten 435 f.
Selaya, Inquisitor von Badajoz 227.
Selim I., Sultan 17, 25, 29.
Selim II., Sultan 360, 362 f., 366, 368, 374, 380.
Selve, George de 191, 193.
Senensis, Sixtus 342, 343, 345.
Servet, Michel 289.
Sforno, Obadja 41, 81, 165, 192, 199.
Siavus, Pascha 408.
Sickingen, Franz von 175.
Sidillo, Samuel 16, 20.
Siesa, Herzog von 343.
Sigismund I., König von Polen 59 f., 411, 433.
Sigismund III, König von Polen 439.
Sigismund August, König von Polen 368, 370, 411.
Siliceo, Juan Martinez 275, 276.
Silva, Diogo 237, 247, 255, 257.
Silva, Miguel 228, 264.
Simoneta, Kardinal 251, 257, 262.
Simra, s. Ibn-Abi Simra.
Sixtus IV., 96.
Sixtus V., Papst 448, 450.
Sixtus von Siena, s. Senensis.
Soares, João 258.
Socin 434.
Socinianer 434.
Sohar 82, 344, 345, 386, 396, 402.
Sokolli, Mohammed 362, 365, 368, 369, 371, 381, 391.
Soncin, Gerson Kohen 53, 176, 339, 348.
Soranzo, venezianischer Agent 369, 373.
Sousa, Christovam de 263.
Speyer, Gemeinde in 186.
Spina, Alfonso de 50, 94.
Sprache, hebräische, s. hebräische Sprache.
Sprache der Juden in Deutschland 11.
Sprache der Juden in Polen 61, 425 f.
Steinheim, Ulrich von 113 f.
Straßburg, Gemeinde in 186.
Struß, Franz 120.
Subotniks, Sekte der 434.
Suleimann II., Sultan 25 ff., 241, 303, 305, 333, 336, 359, 362, 374, 380.
Superkommentarien 198.
Synagogenritus 197.
Synoden, jüdisch-polnische 430.
Synode von Worms 133.
Szyblowiezki, Christoph, Kanzler von Polen 59, 411, 413.

T.

Tagsatzung in Frankfurt gegen die Juden 154.
Talmud, Anklagen und Bedeutung des 64, 69, 88, 101, 127, 139, 165, 299 f., 319, 321, 351, 384, 386, 416, 418, 450.
Talmud, babylonischer 176.
Talmud, jerusalemischer 176.
Talmud, Auslegung spitzfindige 54, 425.
Talmudverbrennung 321, 342, 343, 345.
Talmudstudium 384, 424, 445.
Tarnowski 427.
Taytasak, Joseph 33, 226, 286.
Taws, s. Tus.
Tetzel, Johann 173 ff.
Theatinerorden 304, 317.
Theben, Juden in 34.
Themudo, Jorge 215.
Thiermayer von Eberthofen 295.
Thomas, jüdischer Arzt 104.
Thomisten 68, 130, 137.
Tiberias, Wiederaufbau von 362, 380.
Tirado, Jakob 459, 460, 468.
Tlemsen, Juden in 12.
Toledo, Pedro de 38, 293.
Tomizki, Bischof 59.
Torquemada 206.
Trani, Mose de 283, 287, 340.
Treves, Elieser 347.
Triest, Isaak 84.
Troki, Isaak b. Abraham 437.
„Trost in den Trübsalen Israels" 312, 333.
Truchseß, Lorenz von 130 f.
Truchseß, Thomas von 135.
Tumanbeg 17.
Tunis, Abraham von 253.
Tunis, Juden in 253.
Türkei, Juden in 25 ff., 277 f., 304 f., 337, 356, 358 f., 368, 374, 376, 383, 405, 409.
Tus, Jakob 27.
Tycho de Brahe 423.

U.

Überschwemmung in Rom 234.
Übersetzung der Bibel ins Deutsche 187, 194.
Übersetzung der Bibel in andere europäische Sprachen 195.
Übersetzung der Bibel ins Polnische 435.
Übersetzung der Bibel ins Spanische 195, 310 f.

Übersetzung des Pentateuch ins Persische 27.
Ulrich, Herzog von Württemberg 138, 142.
Unitarier 265, 289, 434.
Universität, Pariser 143 f.
Uri, Ahron 460, 468.
Uriel von Gemmingen, Erzbischof von Mainz 75, 85, 91, 100, 106, 131.
Usiel, Jsaak 469 f.
Unglaube in christlichen Kreisen 134.
Usque, Abraham 195, 310, 334, 341.
Usque, Salomo 311, 335, 362.
Usque, Samuel 25, 32, 38, 259, 306, 310, 311 f., 316, 333, 379.

V.

Vargas, Jeronimo d., s. Athias, Jom-Tob.
Vaz, Ayres 262.
Vaz, Diego 216.
Vega, Juda 468.
Venaissin, Juden in 220, 304, 355, 452.
Venedig 37, 366, 445.
Verga, s. Jbn-Verga
Vicente, Gil 235
Vicenzo, Gonzaga, Herzog von Mantua 453.
Vidal de Saragossa 166.
Vidas, Elia de 396.
Vierländersynode, s. Synode in Polen.
Vigne de la, französischer Gesandter 361.
Virginitas immaculata 68.
Vital, s Calabrese.
Vokalzeichen, hebräische 191.
Vulgata 100.

W.

Wallfahrten, zum Grabe Simons ben Jochaï 399, 404.
Wartburg 187.
Welser 138, 140.
Wertheim, Herz 198.
Wertheim, Michael von 154.
Wessel 78.
Widmannstadt, Johann Albert 39, 82.
Wien, Juden in 347.
Wirth, Wigand 144, 148.
Wissenschaft, Vernachlässigung der 9 f., 198, 202, 208.
Wolf, Moses 182.
Worms, Juden in 52, 122, 180.
Worms, Lehrhaus, talmudisches in 186.
Worms, Synode in 133.
Worms, Jakob von 347.

X.

Xerifs 12.
Ximenes von Cisneros 13, 208.

Z.

Zacharias (Scharja), Sektenstifter 414.
Zacuto, Abraham 14 f., 199, 408.
Zahlen, mystische Spielerei mit 169, 204.
Zarfati, Simeon 36.
Zarko, Jehuda 378.
Zasius 180.
Zenders, David 55.
Zehnstämme, angeblicher Sitz der 218.
Zeitrechnung nach der Weltschöpfung 19.
Zeitrechnung, selenzibische, Aufhebung der 19.
Zelazewska, Katharina, jüdische Proselytin 434.
Zemach, Mardochaï 348.
Zensur, päpstliche 319, 351.
Zensur jüdischer Schriften 351, 450, 453.
Zettelmeldung, s. Judenzettel.
Zinsennehmen 44.
Zobel, Propst 106.
Zosima, Metropolitan 414, 435.
Zwang, christliche Predigten anzuhören 342, 447 f.
Zwingli 188.

Druck von Oskar Leiner in Leipzig.